Die Bedeutung der Abgrenzung von Tat- und Rechtsfrage in der strafprozessualen Revision

# Criminalia

Herausgegeben von Klaus Volk

Band 58

PL ACADEMIC RESEARCH

Claudia Karl

# Die Bedeutung der Abgrenzung von Tat- und Rechtsfrage in der strafprozessualen Revision

## Vor dem Hintergrund der neueren obergerichtlichen Rechtsprechung

PL ACADEMIC RESEARCH

**Bibliografische Information der Deutschen Nationalbibliothek**
Die Deutsche Nationalbibliothek verzeichnet diese Publikation in der Deutschen Nationalbibliografie; detaillierte bibliografische Daten sind im Internet über http://dnb.d-nb.de abrufbar.

Zugl.: München, Univ., Diss., 2015

Umschlaggestaltung: Pierre Mendell

D 19
ISSN 0945-1811
ISBN 978-3-631-67108-5 (Print)
E-ISBN 978-3-653-06412-4 (E-Book)
DOI 10.3726/978-3-653-06412-4


PL Academic Research ist ein Imprint der Peter Lang GmbH.

Peter Lang – Frankfurt am Main · Bern · Bruxelles · New York · Oxford · Warszawa · Wien



Diese Publikation wurde begutachtet.

www.peterlang.com

# Vorwort

Die vorliegende Arbeit wurde im Wintersemester 2014/2015 von der Juristischen Fakultät der Ludwig-Maximilians-Universität München als Dissertation angenommen. Rechtsprechung und Literatur wurden bis Dezember 2014 berücksichtigt.

Ich danke meinem Doktorvater, Herrn Professor Dr. Ulrich Schroth, für die Betreuung des Promotionsprojekts. Er hat mit interessanten Anregungen zur Gestaltung der Arbeit wesentlich beigetragen und wichtige Impulse für die Struktur der Ausarbeitung gegeben. Gleichsam ließ er mir jedoch den Freiraum, eigene Vorstellungen umzusetzen und neue Ideen zu entwickeln. Herrn Professor Dr. Matthias Krüger danke ich für die angesichts des Umfangs der Arbeit zügige Erstattung des Zweitgutachtens und die kritische Auseinandersetzung mit den Inhalten der Arbeit.

Ich danke meiner Familie und meinen Freunden, die mich über die gesamte Dauer der Anfertigung der Dissertation in allen Lebenslagen unterstützt haben.

Mein besonderer Dank gilt meiner Mutter, meinem Vater, meiner Stiefmutter und meiner Freundin Anja Hufnagl, die mir bei der Durchsicht des Manuskripts maßgeblich behilflich waren. Ein herzlicher Dank geht auch an Peter Filip, der die nötigen technischen Hilfestellungen geleistet hat. Abschließend möchte ich vor allem meinen Eltern dafür danken, dass sie mich auf meinem gesamten Ausbildungsweg auf jede erdenkliche Weise gefördert und mir stets den nötigen Rückhalt und die erforderliche Kraft gegeben haben, meinen Weg fortzusetzen.

München, Dezember 2015 Claudia Karl

# Abkürzungsverzeichnis

| | |
|---|---|
| aA | andere Ansicht |
| abl. | ablehnend |
| Abs. | Absatz |
| AcP | Archiv für die civilistische Praxis |
| a.E. | am Ende |
| AG | Amtsgericht |
| Alt. | Alternative |
| Angekl. | Angeklagter |
| Art. | Artikel |
| Aufl. | Auflage |
| BAGE | Entscheidungen des Bundesarbeitsgerichts |
| BAK | Blutalkoholkonzentration |
| BayObLG | Bayerisches Oberlandesgericht |
| BayObLGSt | Entscheidungen des BayObLG in Strafsachen |
| Beschl. | Beschluss |
| betr. | betreffend |
| BGH | Bundesgerichtshof |
| BGHSt | Entscheidungen des Bundesgerichtshofs in Strafsachen |
| BGHZ | Entscheidungen des Bundesgerichtshofs in Zivilsachen |
| BtM | Betäubungsmittel |
| BVerfG | Bundesverfassungsgericht |
| BVerfGE | Entscheidungen des Bundesverfassungsgerichts |
| bzgl. | bezüglich |
| bzw. | beziehungsweise |
| ca. | circa |
| d.h. | das heißt |
| DJT | Deutscher Juristentag |
| DNA | Desoxyribonukleinsäure |
| Dr. | Doktor |
| DR | Deutsches Recht |
| DRiZ | Deutsche Richterzeitung |
| EG | Ehrengabe |
| EL | Ergänzungslieferung |
| EMRK | Europäische Menschenrechtskonvention |
| etc. | et cetera |
| evtl. | eventuell |
| f. | folgende |
| ff. | fortfolgende |
| FHS | Freiheitsstrafe |
| Fn. | Fußnote |

| | |
|---|---|
| Frankfurt a.M. | Frankfurt am Main |
| FS | Festschrift |
| GA | Goltdammer´s Archiv für Strafrecht |
| GBA | Generalbundesanwalt |
| GG | Grundgesetz |
| ggf. | gegebenenfalls |
| GS | Gedächtnis-/Gedenkschrift |
| hins. | hinsichtlich |
| hM | herrschende Meinung |
| HRRS | Onlinezeitschrift für Höchstrichterliche Rechtsprechung zum Strafrecht |
| hrsg. | herausgegeben |
| i.E. | im Ergebnis |
| inkl. | inklusive |
| iRv | im Rahmen von |
| iSv | im Sinne von |
| JA | Juristische Arbeitsblätter |
| JR | Juristische Rundschau |
| JuS | Juristische Schulung |
| JW | Juristische Wochenschrift |
| JZ | Juristenzeitung |
| KG | Kammergericht |
| krit. | kritisch |
| LG | Landgericht |
| LKA | Landeskriminalamt |
| LZ | Leipziger Zeitschrift für Deutsches Recht |
| MDR | Monatsschrift für deutsches Recht |
| m.w.Nw. | mit weiteren Nachweisen |
| NJW | Neue Juristische Wochenschrift |
| Nr. | Nummer |
| NStZ | Neue Zeitschrift für Strafrecht |
| NStZ-RR | NStZ-Rechtsprechungs-Report Strafrecht |
| o.ä. | oder ähnlichem |
| ow | ohne weiteres |
| OLG | Oberlandesgericht |
| PCR | Polymerase-Kettenreaktion |
| RG | Reichsgericht |
| RGSt | Entscheidungen des Reichsgerichts in Strafsachen |
| RGZ | Entscheidungen des Reichsgerichts in Zivilsachen |
| Rn. | Randnummer |
| RStPO | Reichsstrafprozessordnung |
| S. | Seite |
| StGB | Strafgesetzbuch |
| StPO | Strafprozessordnung |

| | |
|---|---|
| stRspr | ständige Rechtsprechung |
| StraFo | Strafverteidigerforum |
| StV | Strafverteidiger |
| teilw. | teilweise |
| TÜ | Telefonüberwachung |
| u.a. | unter anderem |
| Urt. | Urteil |
| usw. | und so weiter |
| v. | von |
| VersR | Versicherungsrecht |
| vgl. | vergleiche |
| VRS | Verkehrsrechtssammlung |
| vs. | versus |
| wistra | Zeitschrift für Wirtschaft, Steuer, Strafrecht |
| z.B. | zum Beispiel |
| zs. | zusammen |
| ZStW | Zeitschrift für die gesamten Strafrechtswissenschaften |
| ZRP | Zeitschrift für Rechtspolitik |
| zust. | zustimmend |
| ZZP | Zeitschrift für Zivilprozess |

# Inhaltsverzeichnis

# Einleitung

## A. Die Abgrenzung von *Tat*- und *Rechts*frage in der strafprozessualen Revision – ein Problemaufriss

„Rechtsfrage oder Tatfrage – Eine Frage ohne Antwort?"[1] – So überschrieb *Henke* 1968 einen Aufsatz über die Problematik der Abgrenzung von *Tat*- und *Rechts*frage im zivilprozessualen Revisionsrecht. Dieses Zitat lässt sich ohne weiteres auf die strafprozessuale Revision übertragen, in welcher die Frage, wie *Rechtliches* und *Tatsächliches* am besten zu scheiden sind, ebenfalls seit langer Zeit Schrifttum und Rechtsprechung beschäftigt.[2] Der erste Hinweis auf ein Aufkommen der Abgrenzungsfrage findet sich in einem Gutachten zum 2. Deutschen Juristentag 1861, welches sich mit der Frage beschäftigt, ob ein Rechtsmittel der dritten Instanz eingeführt werden soll, das auf die Rechtskontrolle beschränkt ist. *Von Sternenfels* gab dazu zu bedenken, es sei „oft auch sehr schwer, die Grenze zwischen einer Thatfrage und Gesetzesanwendung zu bestimmen".[3] Vergegenwärtigt man sich die Streitpunkte, die mit der Abgrenzungsfrage verbunden sind, leuchtet schnell ein, warum sich das Schrifttum bereits frühzeitig mit der Thematik zu befassen hatte: Da die Revision anknüpfend an die obigen Gedanken in der Reichsstrafprozessordnung (RStPO) von 1877 als letztinstanzliche *Rechts*instanz ausgestaltet wurde, hat die Trennung zwischen den *rechtlichen* und den *tatsächlichen* Bestandteilen des angefochtenen Urteils zum einen Bedeutung für die Bestimmung der Grenzen des revisibelen Bereichs, d.h. des mit dem Rechtsmittel der Revision angreifbaren Stoffs des angefochtenen Urteils. Der historische Gesetzgeber der RStPO ging unbestreitbar davon aus, dass die Grenzen der Revisibilität mit Hilfe des Gegensatzpaares *Tat*frage – *Rechts*frage zu bestimmen seien.[4] Die *Tat*frage – wozu insbesondere die Tatsachenfeststellung, die Beweiswürdigung und die Strafzumessung gezählt wurden – sollte grundsätzlich irrevisibel, die *Rechts*frage revisibel sein.[5] Zum anderen lösen nur *Rechts*fragen die Vorlagepflicht im Rahmen des Divergenzvorlageverfahrens gemäß §§ 121 Abs. 2, 132 Abs. 2 GVG

---

1 *Henke*, ZZP 81 (1968), 196.

2 Die nachfolgende Arbeit befasst sich nicht mit der Abgrenzung von *Tat*- und *Rechts*frage in der Revision anderer Verfahrensordnungen. Einen interessanten Überblick über die Abgrenzungsfrage in der zivil-, strafprozessualen und verwaltungsgerichtlichen Revision leistet insoweit *Uhl*, Die Abgrenzung der Rechtsprechungsbefugnisse von Tatsachen- und Revisionsgerichten, 24 ff., 38 ff., 45 ff.

3 *von Sternenfels*, in: Verhandlungen des 2. DJT, Bd. I, 3, 29; vgl. auch die Motive zur ZPO aus dem Jahr 1881, wonach „die Trennung der thatsächlichen Würdigung von der Subsumtion unter das Gesetz vielfach eine schwierige" sei, in: *Hahn/Mugdan*, Die gesamten Materialien zu den Reichs-Justizgesetzen, Bd. 2 ZPO, 366/319.

4 *Rosenau*, in: FS Widmaier, 521, 529.

5 Vgl. dazu ausführlich, 2. Kapitel, insbesondere A I 2.

aus – ein Institut zur Wahrung der Rechtseinheit zwischen den einzelnen Revisionsgerichten.

Die ersten, anlässlich des Zivilprozesses entwickelten Abgrenzungstheorien reichen bis ins 19. Jahrhundert zurück[6] und wurden später auch von einigen Vertretern des strafprozessualen Schrifttums aufgenommen; die ersten eigenen strafprozessualen Ansätze waren ab den dreißiger Jahren des vergangenen Jahrhunderts zu verzeichnen.[7] Zum Teil wurde die Frage, wie *Tat*fragen und *Rechts*fragen am sinnvollsten zu unterscheiden sind, bereits frühzeitig als unlösbar bezeichnet, als „Knoten, dessen Lösung allen Menschenwitz übersteigen würde“[8]. Trotz der Vielzahl der von der Rechtswissenschaft unternommenen Abgrenzungsversuche vermissen einige Autoren bis heute eine trennscharfe, zuverlässige Abgrenzungsformel.[9] Noch im 21. Jahrhundert wird die Suche nach einem Unterscheidungskriterium für die Grenzen der Revision als „Schlüsselfrage des Revisionsrechts überhaupt“[10] bezeichnet. Aufgrund dieser einerseits betagten, weit in die Tiefen der RStPO zurückgehenden, zugleich aber im Hinblick auf die ihr nach wie vor zugemessene Brisanz, hochaktuellen Frage erscheint ein Vergleich der historischen Hintergründe und Intentionen mit der modernen Revisionsrealität – vermittelt durch höchstrichterliche Entscheidungen der Revisionsgerichte – wissenschaftlich überaus interessant und erörterungswürdig.

Die zur Problemlösung seitens der Literatur entwickelten Abgrenzungstheorien lassen sich im Wesentlichen in zwei Lager unterteilen: Die einen wollen eine logische Abgrenzung entsprechend der gesetzgeberischen Intention vornehmen – die anderen gehen von der Unmöglichkeit eines sauberen Trennung von *Tat-* und *Rechts*frage aus bzw. halten diese zur Bestimmung der Grenzen der Revision nicht für erforderlich und stellen stattdessen teleologische Erwägungen an.[11] Wie schwierig die Abgrenzung im Einzelfall sein kann, zeigt sich an folgendem Beispiel: Wann ist eine Beleidigung „schwer“ im Sinne von § 213 StGB, sodass von einem minder schweren Fall des Totschlags auszugehen ist? Zum einen betrifft

6 Vgl. *Wach*, JW 1881, 73, 75; *ders.*, in: Vorträge über die Reichs-Civilprozessordnung, 1896, 290.

7 Vgl. *Mannheim*, Beiträge zur Lehre von der Revision wegen materiellrechtlicher Verstöße im Strafverfahren (1925), 37, 75; *Schwinge*, Grundlagen des Revisionsrechts (1. Aufl., 1935), 2. Aufl., 52 ff.; vgl. auch den Überblick bei *W. Schmid*, ZStW 85 (1973), 360, 362 ff. m.w.Nw.

8 *zu Dohna*, Das Strafverfahren, 216.

9 *Otto*, NJW 1978, 1, 2; *Paulus*, in: FS Spendel, 687, 708; *W. Schmid*, ZStW 85 (1973), 360, 365; *Schroth*, JR 1990, 93, 95; vgl. auch *Duske*, Die Aufgaben der Revision, 33, der von „vielfältigen erfolglosen Bemühungen“ spricht; *Lilie*, Obiter dictum und Divergenzausgleich im Strafverfahren, 51 mit dem Hinweis auf „bislang ungelöste Auseinandersetzungen“ und *Siegert*, DR 1935, 533, 534, der die Abgrenzung zwischen Tat- und Rechtsfrage als „unlösliche(n) Streit“ bezeichnet.

10 *Hamm*, Die Revision in Strafsachen, Rn. 1272.

11 Vgl. dazu ausführlich, 3. Kapitel.

die Frage die Auslegung einer Gesetzesvorschrift, wonach zu bestimmen ist, was abstrakt-generell unter dem Begriff „schwer" zu verstehen ist sowie ob der konkrete Sachverhalt unter den Rechtsbegriff subsumiert werden kann. Zum anderen erfordert die Einordnung einer Kränkung als „schwer" eine persönliche Wertung aller tatsächlichen Umstände des Einzelfalles. Während der eine Richter bei einer Gesamtschau von Täter- und Opferverhalten und sonstiger besonderer Umstände angesichts der unklaren Begriffskonturierung möglicherweise eine ausreichende Schwere der Missachtung annehmen mag, setzt der andere womöglich strengere persönliche Wertmaßstäbe an und lehnt eine solche ab. Ist dann die Beurteilung des Tatrichters, ob die Beleidigung im Einzelfall „schwer" war, *Tat-* oder *Rechts*frage?[12]

Seit Einführung der RStPO sind nunmehr fast 140 Jahre vergangen, in denen die Revision eine „nicht vorstellbare Entwicklung"[13] durchlaufen hat. Insbesondere im Hinblick auf die Prüfungsmaßstäbe hat die Revisionswirklichkeit mit der Vorstellung des historischen Gesetzgebers von 1877 nicht mehr viel gemein. Zwar hat *Alsberg* bereits 1913 zur Rechtsprechungspraxis des Reichsgerichts festgestellt: „Die Rechtsprechung des Reichsgerichts ist so oft völlig unberechenbar. Selbst derjenige, dem die Revision keine „Geheimlehre" ist, kann nur selten die Aufhebung eines Urteils in der Revisionsinstanz mit Sicherheit voraussagen."[14] Jedoch hat sich die Problematik im Laufe der Zeit durch durchgreifende Veränderungen, insbesondere die Ausweitung der Prüfungskompetenzen in den Bereich der ursprünglich als irrevisibel geltenden Tatsachenfeststellung, Beweiswürdigung und Strafzumessung noch erheblich verschärft, dem Bundesgerichtshof wird heute eine uneinheitliche, nicht prognostizierbare Rechtsprechung, insbesondere im Bereich seiner selbst aufgestellten Beweiswürdigungskriterien vorgeworfen.[15] Allgemein wird heutzutage überwiegend von einer Zunahme der Unsicherheiten ausgegangen, die Revision habe an Konturen und Berechenbarkeit verloren[16], es wird sogar vom „Revisionslotto"[17] gesprochen und manche sehen die Revision gar „in der Krise"[18]. Besonders unklar, monieren Kritiker, sei der Prüfungsumfang.[19] Diese moderne Vertrauenskrise lässt sich statistisch belegen: *Rosenau* spricht von der „grundsätzlichen Erfolglosigkeit dieses Rechtsmittels". Die Quote der Revisionserfolge bei Revisionen zum BGH – wobei unter Erfolgen in der Regel Aufhebungen mit Zurückverweisung, Freispruch oder Einstellung erfasst werden – liegt seit vielen Jahren relativ konstant bei ca. 10

12 BGH NStZ 1982, 27 nimmt eine Tatfrage an vs. BGH StV 1983, 198, wo ein Eingriff durch das Revisionsgericht erfolgt.

13 *Fezer,* in: Aktuelle Probleme der Strafrechtspflege, 89, 94.

14 *Alsberg,* Justizirrtum und Wiederaufnahme, 44.

15 Vgl. *Detter,* in: FS 50 Jahre BGH, 679, 684; *Herdegen,* NStZ 1999, 176, 177.

16 *Franke,* in: LR-StPO, vor § 333 Rn. 11; *Rosenau,* in: FS Widmaier, 521.

17 *Schünemann,* ZStW 114 (2002), 1, 55; ähnlich *Wagner,* ZStW 106 (1994), 259, 260: „Lotteriespiel".

18 *Schlothauer,* StraFo 2000, 289.

19 *Rosenau,* in: FS Widmaier, 521, 522 f., dort auch zum folgenden Text.

bis 20 %[20], die Erfolgsquote von Verfahrensrügen beträgt sogar teilweise unter 1 %[21]. Doch ist die Revisionsrechtsprechung der Obergerichte wirklich so uneinheitlich, unberechenbar, gar willkürlich, wie manche behaupten?

Angesichts der behaupteten Revisionswirklichkeit – die ausführlich zu untersuchen sein wird – stellt sich damit insbesondere im Hinblick auf die offenbar bestehende Rechtsunsicherheit hinsichtlich des Prüfungsumfangs die grundlegende Frage, ob an der Abgrenzung von *Tat-* und *Rechts*frage zur Bestimmung der Grenzen der Revisibilität festzuhalten ist. Bei der Vorlagepflicht verlangt das Gesetz in § 132 Abs. 2 GVG das Vorliegen einer Rechtsfrage. In § 337 StPO ist von „*Tat*frage" oder „*Rechts*frage" nicht die Rede. Ist eine rein theoretische Abgrenzung überhaupt noch zeitgemäß, wenn die Rechtspraxis ohnehin schon längst nach ihren eigenen, richterrechtlich entwickelten Regeln verfährt? Ist eine solche dann eigentlich noch in der Lage, die gegenwärtigen Grenzen der Revision abzustecken? Inwieweit greifen die Revisionsgerichte in eigentlich irrevisibele *Tat*fragen ein, hängen Erfolg oder Misserfolg der Revision gar von der eigenen Überzeugungsbildung des Revisionsrichters in der Sache selbst ab[22]? Wird die Revision durch die Rechtsprechungspraxis in eine zweite, mit schlechteren Mitteln ausgestattete Tatsacheninstanz verkehrt? Die Antwort auf diese Fragen versucht die nachfolgende Dissertation zu leisten.

## B. Ziel der Arbeit und Herangehensweise

Anliegen der folgenden Arbeit ist es, mittels einer Rechtsprechungsanalyse der Obergerichte die gegenwärtigen Grenzen der Revision in Strafsachen abzustecken sowie die Handhabung des Divergenzvorlageverfahrens aufzuzeigen und vor diesem Hintergrund die aktuelle Bedeutung der Abgrenzung von *Tat*fragen und *Rechts*fragen in der strafprozessualen Revision zu bestimmen. Dabei soll in Anbetracht der Fülle der wissenschaftlichen Erörterungen zur Abgrenzungsfrage ein Überblick über deren wesentliche Grundgedanken gegeben werden, keinesfalls wird der Anspruch

---

20 *Barton*, Die Revisionsrechtssprechung, des BGH in Strafsachen, 272; *Gericke*, in: KK-StPO, vor § 333 Rn. 7: 18 %; *Riess*, in: FS Eisenberg, 569, 572; *ders.*, in: FS Fezer, 455, 472; *ders.*, in: FS Sarstedt, 253, 288, wo zwischen erfolgreichen Revisionen im Jahr 1979 des Angeklagten mit 15 % und solchen der Staatsanwaltschaft mit 59 % unterschieden wird; siehe auch *Barton*, StraFo 1998, 325, 326 für den Untersuchungszeitraum 1981 – 1996: 90 % Erfolglosigkeit; *dens.*, in: FS Fezer, 333, 349: Erfolgsquote im Jahr 2005 Angeklagter: 7,9 %, Staatsanwaltschaft 45,6 %; vgl. die Jahresstatistik des BGH für 2012: von 2971 Erledigungen 91 Urteile (3,06 %) und 109 Beschlüsse (3,67 %, zs. 6,73 %) auf vollständige, 404 Beschlüsse (13,6 %) auf teilweise Aufhebung und Zurückverweisung, für 2013: von 2999 Erledigungen 84 Urteile (2,8 %) und 120 Beschlüsse (4,0 %, zs. 6,8 %) auf vollständige, 375 (12,5 %) Beschlüsse auf teilw. Aufhebung und Zurückverweisung unter www.bundesgerichtshof.de/DE/BGH/Statistik.

21 *Nack*, NStZ 1997, 153 für den Untersuchungszeitraum 1992–1995; *Kutzer*, StraFo 2000, 325, 326; *Riess*, in: FS Eisenberg (2009), 569, 572.

22 Vgl. *Rosenau*, in: FS Widmaier, 521, 522.

auf Vollständigkeit erhoben. Im Mittelpunkt steht die Abgrenzungsfrage in der modernen Rechtswirklichkeit und wie die Revisionspraxis mit ihr umgeht. Auf der Grundlage der aus der Analyse der obergerichtlichen Rechtsprechung gezogenen Erkenntnisse sollen die unternommenen Abgrenzungsversuche kritisch durchleuchtet und auf ihre Praxistauglichkeit getestet werden. Schließlich wird durch ein methodisches Vorgehen, das sich insbesondere am Wortlaut des Gesetzes und dem Sinn und Zweck der Revision in Strafsachen orientiert, ein modifizierter, eigener Ansatz zur Problemlösung unter dem Blickwinkel der Revisionsrealität entwickelt werden. Ziel des Vorgehens ist es dabei ein geeignetes Abgrenzungskriterium, sowohl für die Auslösung der Vorlagepflicht, als auch zur Bestimmung der Revisibilität, zu finden, das der Revisionswirklichkeit im 21. Jahrhundert gerecht wird. Die Arbeit versucht mithin durch eine Kombination aus rechtstheoretischen Abgrenzungsversuchen und einer Rechtsprechungsanalyse, durch eine Verschmelzung von Theorie und Praxis, die Problematik einer sinnvollen Lösung zuzuführen.

Um das Bewusstsein für das Problem zu schärfen, soll zunächst vor dem Hintergrund der Grundlagen der strafprozessualen Revision (1. Kapitel) die grundsätzliche Bedeutung der Abgrenzungsfrage für die Grenzziehung des revisibelen Bereichs sowie für die Vorlagepflicht aufgezeigt und unter Berücksichtigung der historischen Entwicklung der Revision die Abgrenzungsfrage neu aufgeworfen werden (2. Kapitel). Daraufhin folgt ein Überblick über die wesentlichen, in der wissenschaftlichen Literatur vertretenen Abgrenzungstheorien (3. Kapitel). Das Kernstück der Arbeit bildet die Rechtsprechungsanalyse (4. Kapitel), welche versucht, einen möglichst weitläufigen Einblick in die jüngere revisionsgerichtliche Entscheidungspraxis der Obergerichte, insbesondere des Bundesgerichtshofs zur Frage der Revisibilität und zur Vorlagepflicht zu geben, sowie diese einer kritischen Bewertung zuzuführen. Trotz der schwerpunktmäßigen Erfassung neuerer Entscheidungen, werden zum Teil zur besseren Verständlichkeit bzw. mangels aktueller Urteile auch ältere Entscheidungen berücksichtigt. Abschließend werden die bisherigen Abgrenzungsbemühungen durchleuchtet und ein eigener Vorschlag zur Problemlösung aufbereitet (5. Kapitel).

Thematisch soll dabei die Revisibilität der sachlichrechtlichen Rechtsanwendung im engeren Sinn, der Tatsachenfeststellung sowie der Beweiswürdigung untersucht werden – die Rechtsfolgenentscheidung, insbesondere die Strafzumessung wird nicht als einzelner Bereich behandelt, wozu jedoch ein paar Worte veranlasst erscheinen:

Eine zusätzliche Abhandlung auch der Revisibilität der Rechtsfolgenentscheidung hätte sich zwar inhaltlich an die aufzugreifenden Fragen angeschlossen, sie stellt jedoch einen derart umfassenden, neue, eigenständige Folgeprobleme nach sich ziehenden Problemkreis[23] dar, dass ihre Berücksichtigung, insbesondere in Anbetracht

23 Vgl. zur Revisibilität der Strafzumessung allein die umfangreichen Monographien von *Frisch,* Revisionsrechtliche Probleme der Strafzumessung; *Spendel,* Zur Lehre vom Strafmaß und *Zipf,* Die Strafmaßrevision sowie die umfassenden Darstellungen

der vielfältigen Veränderungen seit den Revisionsanfängen und zahlreichen Revisionsentscheidungen zum Thema Strafzumessung, den Rahmen der vorliegenden Arbeit gesprengt hätte. Hinzukommt, dass im Bereich der Strafzumessung – gesamtheitlich betrachtet beinahe einhellig anerkannt – eine vollends „richtige" Entwicklung hin zurück zur möglichst umfassenden Nachprüfung der *Rechts*frage zu verzeichnen und damit eine gegenläufige Tendenz wie bei der Tatsachenfeststellung und Beweiswürdigung festzustellen ist, wo den Revisionsgerichten ein Eingriff in nach der gesetzgeberischen Intention irrevisibele *Tat*fragen vorgeworfen wird. Zwar wurde die Strafzumessug anfangs wegen ihres Einzelfallcharakters ebenso wie die Beweiswürdigung als *Tat*frage[24] eingeordnet, die nach dem Willen des historischen Gesetzgebers der Revision entzogen sein sollte[25]; dieser „Irrtum" wurde jedoch alsbald erkannt und der rechtliche Charakter der Strafzumessung in grundlegenden Werken zum Begriff des Ermessens und des unbestimmten Begriffs nachgewiesen, sodass sich sehr bald die Erkenntnis durchgesetzt hat, dass die Strafzumessung durch die Anwendung der in den Strafgesetzen niedergelegten Strafarten und Strafrahmen, die Berücksichtigung der anerkannten Strafzwecke sowie die Ausfüllung der Strafgrenzen durch gesetzlich niedergelegte Grundsätze, im Wesentlichen Rechtsanwendung ist.[26] Folge dieser wissenschaftlichen Aufarbeitung war, dass der BGH nach und nach seine Eingriffsbefugnisse im Bereich der Revision ausgeweitet hat[27] und heute nur mehr

---

bei *Bruns,* Das Recht der Strafzumessung, 296 ff.; *ders.,* in: FS Engisch, 708 ff. und *Warda,* Dogmatische Grundlagen des richterlichen Ermessens im Strafrecht, 174 ff.

24 RG JW 1937, 3301 Nr. 4; *Frisch,* in: FS Eser, 257, 259, 274; *ders.,* in: FS Fezer, 353, 368; *ders.,* Revisionsrechtliche Probleme der Strafzumessung, 67; *Kuhlen,* in: Elemente einer juristischen Begründungslehre, 323, 344; vgl. auch RGSt 7, 180, 182: „tatsächlicher Natur"; 8, 76, 77: „tatsächlichen Inhalts"; ähnlich auch OLG Freiburg HESt 2, 112, 113: „Teil der tatsächlichen Würdigung des (...) Sachverhalts" und OLG Koblenz HESt 2, 120: „wie die Beweiswürdigung, Sache des Tatrichters"; w.Nw. bei *Mannheim,* Beiträge (Fn. 7), 161 ff.

25 Vgl. dazu die Motive zur Strafprozessordnung, in: *Hahn/Mugdan,* Die gesamten Materialien zu den Reichs-Justizgesetzen, Bd. 3 StPO, 250 f., wo es heißt: „Daraus, dass dem Revisionsrichter eine Beurteilung des rein Thatsächlichen nicht zusteht, folgt von selbst, dass die Revision nicht auf die Behauptung gestützt werden kann, dass die Art oder die Höhe der Strafe unangemessen bestimmt sei, insofern nur die festgesetzte Strafe innerhalb der vom Gesetz gezogenen Grenzen liegt."; siehe zu dieser Ansicht noch heute *Goydke,* in: FS Meyer-Goßner, 541.

26 Vgl. *Frisch,* in: FS Fezer, 353, 369; zur Einordnung als Rechtsanwendung: BVerfG StV 2007, 393, 395; *Bruns,* in: FS Engisch, 708, 715 f.; *Frisch,* in: FS Eser, 257, 273; *Schlothauer,* StraFo 2000, 289; vgl. auch *Frisch,* Revisionsrechtliche Probleme der Strafzumessung, 22 unter Hinweis auf die ausgenommene Zumessung i.e.S., die als „Ermessensausübung" gegenübergestellt wird.

27 Vgl. zur (Fort-)entwicklung der Strafmaßrevision anschaulich: *Bruns,* Das Recht der Strafzumessung, 301 ff. und *Frisch,* in: FS Eser, 257, 266 ff.; vgl. zum standardisierten Obersatz, der das Regel-Ausnahme-Verhältnis der Aufgabenverteilung ähnlich wie bei der Beweiswürdigung dergestalt zementiert, die Strafzumessung sei grundsätzlich

der konkrete Abwägungssakt im engeren Sinne, die sog. Umwertung, insbesondere die Bestimmung der konkreten Strafhöhe als irrevisibel gilt und lediglich auf ihre „Vertretbarkeit“[28] überprüft wird.[29] Der BGH hat damit im Laufe der Zeit nur seine anfängliche Fehleinschätzung korrigiert und lediglich seine ureigene Aufgabe ernst genommen: Die möglichst umfassende Überprüfung der *Rechts*frage. Die Einschätzung, dass sich der BGH damit im Einklang mit dem der Strafzumessung eigentlich zugedachten Wesen befindet, ist in der strafprozessualen Literatur im Wesentlichen geklärt, sodass auf eine wissenschaftliche Abhandlung an dieser Stelle verzichtet werden kann. Mit diesen allgemein gehaltenen Anmerkungen zur Strafzumessung soll es damit im Hinblick auf die Revisibilität sein Bewenden haben und der Schwerpunkt auf die im Verhältnis zur gesetzgeberischen Intention gegenläufigen Tendenzen gelegt werden. Auf die Entwicklung der Strafmaßrevision wird hingegen im Rahmen der Rechtsprechungsanalyse zur Divergenzvorlage zurückzukommen sein.

---

„Sache des Tatrichters“, das Revisionsgericht dürfe jedoch ausnahmsweise bei Rechtsfehlern eingreifen, wenn der Tatrichter fehlerhafte Strafzumessungserwägungen zugrunde gelegt, gegen anerkannte Strafzwecke verstoßen habe oder sich die Strafe von einem gerechten Schuldausgleich unter Überschreitens des Spielraums löse: BGHSt 29, 319, 320; 34, 345, 349; NJW 1995, 340; 2001, 83, 84; 2003, 150, 155; 2006, 925, 928; 2011, 2819, 2821; NStZ 1988, 497; 2006, 568; 2011, 270; NStZ-RR 2008, 343; 2012, 168; StV 1987, 530; 2012, 473, 474; BGH, Urt. v. 14.9.1977 – 3 StR 220/77 bei *Holtz,* MDR 1978, 109, 110.

28 Vgl. BGH NJW 2011, 2819, 2821; NStZ 1984, 360; NStZ-RR 2008, 343 und KG, Beschl. v. 8.3.2013 – (4) 161 Ss 21/13 (28/13) -, juris Rn. 11: „Grenze des Vertretbaren“; NStZ-RR 2003, 214 und StV 1987, 530: Strafe „unvertretbar hoch“; StV 1990, 494; 1992, 271, 1993, 71 und StraFo 2003, 246 f.: inklusive „für vergleichbare Fälle übliches Maß erheblich überschritten“; vgl. zur Bezeichnung als „Vertretbarkeitskontrolle“: *W. Schmid,* ZStW 85 (1973), 360, 394; *Streng,* in: NK-StGB, § 46 Rn. 189.

29 Vgl. dazu *Bruns,* in: FS Engisch, 708; *dens.,* Das Recht der Strafzumessung, 312.

# 1. Kapitel: Grundlagen der strafprozessualen Revision

## A. Aufgabe der Revision

### I. Die Revision als reine Rechtsinstanz

Die Revision ist als letztinstanzliches Rechtsmittel in Strafsachen als reine *Rechts*beschwerde ausgestaltet.[30] Das bedeutet, dass ihr nicht die Aufgabe zukommt, die materielle Wahrheit zu erforschen, sondern vielmehr ausschließlich das angefochtene Urteil in rechtlicher Hinsicht auf Fehler zu überprüfen.

In der Revisionsinstanz gibt es keine Hauptverhandlung mit umfassender Beweisaufnahme, die Grundsätze der Mündlichkeit und Unmittelbarkeit gemäß §§ 261, 250 StPO gelten nicht.[31] Das Revisionsverfahren ist ein zentralisiertes Verfahren mit der Folge einer Begrenzung der Zahl der Revisionsgerichte, das der Kontrolle der unteren Gerichtsbarkeit dient.[32] Im Gegensatz zur ersten Instanz kommt der Revisionsinstanz nicht die Aufgabe der Aufklärung des wahren Sachverhaltes zu, das Revisionsgericht hat auch nicht zu prüfen, ob der Angeklagte schuldig oder unschuldig ist, ob er Täter der angeklagten Taten ist oder nicht. Es hat ausschließlich das angefochtene Urteil auf Fehler hin zu kontrollieren, eine Aufklärung des „wahren" Ablaufs der dem Angeklagten vorgeworfenen Tat ist dem Revisionsgericht verwehrt. Gemäß § 337 Abs. 1 StPO kommt es nur darauf an, ob „das Urteil auf einer *Verletzung* des Gesetzes beruhe". Die Revision hat damit nach der gesetzgeberischen Grundkonzeption den Charakter einer reinen Kontroll-, mithin *Rechts*instanz. *Riess* spricht insofern von einer Art „Fertigungsendkontrolle"[33].

### II. Differenzierung zur Berufung

Die Berufung eröffnet im Gegensatz zur Revision den Weg in eine neue *Tat*sacheninstanz. Im Berufungsverfahren kommt es zur vollumfänglichen Neuverhandlung der Strafsache auch in tatsächlicher Hinsicht.[34] Das Berufungsgericht hat nicht nur die Aufgabe, Fehler des erstinstanzlichen Gerichts aufzudecken, es führt vielmehr selbstständig eine neue Hauptverhandlung durch und entscheidet in eigener Verantwortung auf der Grundlage der durchgeführten Beweisaufnahme nach seiner freien, aus dem Inbegriff der Verhandlung geschöpften Überzeugung im Sinne von

30 *Franke,* in: LR-StPO, vor § 333 Rn. 1, § 337 Rn. 1; *Rissing-van Saan,* StraFo 2010, 359.
31 *Riess,* GA 1978, 257, 271.
32 *Peters,* Strafprozess, 4. Aufl., 639.
33 *Riess,* in: FS Fezer, 455, 459.
34 *Temming,* in: HK-StPO, vor §§ 333 ff. Rn. 1.

§ 261 StPO.[35] Darin erweist sich der grundlegende Unterschied von Berufung und Revision: Während bei der Berufung der gesamte Straffall *neu* geprüft wird, wird bei der Revision lediglich das Urteil auf Fehler *über*prüft. Bei der Revision ist eine Änderung der Sachlage unbeachtlich, während bei der Berufung auch neue Tatsachen berücksichtigt[36] werden können. Im Berufungsverfahren findet mit Ausnahme der Verfahrenserleichterung für Urkunden nach § 325 StPO eine erneute, unmittelbare Beweisaufnahme statt. Die Berufung wird daher auch als „zweite Erstinstanz"[37] bezeichnet. Die Berufung ist ferner im Gegensatz zur Revision ein Rechtsmittel, das ausschließlich vom Gedanken der materiellen Gerechtigkeit geprägt ist und deren alleiniger Zweck in der Berichtigung von Fehlentscheidungen liegt[38], während bei der Revision verschiedene Zweckrichtungen eine Rolle spielen, deren Verhältnis zueinander höchst umstritten ist.

## B. Grundverständnis von der Revision

### I. Beschränkte Prüfungskompetenz des Revisionsgerichts

Aus der Aufgabe der Revision als *Rechts*instanz folgt die begrenzte Prüfungskompetenz des Revisionsgerichts. Aus den Materialien zur RStPO von 1877 ergibt sich der Wille des historischen Gesetzgebers, dass dem Revisionsgericht lediglich eine Nachprüfung des angefochtenen Urteils in rechtlicher Hinsicht obliegen soll: „Die Aufgabe des höheren Richters besteht nur in der r e c h t l i c h e n Beurteilung der Sache."[39] Diese gesetzgeberische Intention hat seinen Niederschlag im Wortlaut des § 337 Abs. 1 StPO gefunden, der Kernbestimmung des Revisionsrechts[40], dem Schlüssel zu seinem Verständnis[41], welche lautet: „Die Revision kann nur darauf gestützt werden, dass das Urteil auf einer *Verletzung des Gesetzes* beruhe". Unabhängig vom ins Einzelne gehenden Verständnis des Begriffs Gesetzesverletzung, bringt diese Vorschrift das Grundverständnis von der Revision als begrenztem Rechtmittel hinreichend klar zum Ausdruck: Der Prüfungsmaßstab des Revisionsgerichts ist beschränkt auf das Auffinden und Beanstanden von Gesetzesverletzungen, mithin *Rechts*verletzungen. Die Revision wird daher als „Rechtsmittel mit begrenzten Prüfungsmöglichkeiten"[42], als „Rechtsmittel besonderer Art"[43] bezeichnet. Der Revisionsführer kann nur das Verfahren des Tatrichters durch Erhebung einer sog. Verfahrensrüge und das Urteil selbst im Hinblick auf die richtige Anwendung des materiellen Rechts mittels

---

35 *Paul,* in: KK-StPO, § 312 Rn. 1.
36 *Meyer-Goßner/Schmitt,* StPO, vor § 312 Rn. 1.
37 *Roxin/Schünemann,* Strafverfahrensrecht, § 54 Rn. 17.
38 *Schwinge,* Grundlagen (Fn. 7), 26.
39 *Hahn/Mugdan,* Materialien (Fn. 25), 250, Hervorhebung im Original.
40 *Franke,* in: LR-StPO, § 337 Rn. 1; *Rosenau,* in: FS Widmaier, 521, 533.
41 *Eb. Schmidt,* in: LK II-StPO, § 337 Rn. 1.
42 *Franke,* in: LR-StPO, vor § 333 Rn. 2; *Temming,* in: HK-StPO, vor §§ 333 ff. Rn. 1.
43 *Gericke,* in: KK-StPO, § 337 Rn. 1.

einer sog. Sachrüge zur Überprüfung stellen.[44] Die Nachprüfung des angefochtenen Urteils in tatsächlicher Hinsicht ist dem Revisionsgericht dagegen nach der Grundkonzeption der Revision verwehrt.

## II. Prinzip der prozessualen Arbeits- und Verantwortungsteilung

Die beschränkte Prüfungskompetenz des Revisionsgerichts hängt untrennbar mit dem Prinzip der prozessualen Arbeits- und Verantwortungsteilung zwischen Tat- und Revisionsrichter bei der Behandlung von *Tat-* und *Rechts*fragen[45] zusammen. Die Aufgaben- und Machtspaltung zwischen den Instanzen stellt ein grundlegendes, zum Verständnis der gesetzlichen Ausgestaltung des Rechtsmittels der Revision elementar wichtiges Glied dar. Der historische Gesetzgeber hat mit den Bestimmungen der §§ 261 und 337 StPO die Verantwortung für das korrekte Urteil zwischen Tat- und Revisionsgericht aufgeteilt[46] und damit entsprechend dem Gesamtgefüge des Strafprozessrechts, den verschiedenen Instanzen unterschiedliche Funktionen zugewiesen[47]. Die Aufgabe, das Tatsächliche festzustellen, sich eine Überzeugung von der Schuld oder Unschuld des Angeklagten zu bilden und die Rechtsfolge innerhalb des gesetzlichen Rahmens gerecht zu bemessen, ist allein dem Tatrichter gestellt.[48] Er entscheidet damit über *Tat-* und *Rechts*fragen.[49] Dem Revisionsgericht obliegt dagegen die Letztverantwortung für den Subsumtionsvorgang auf der Grundlage der Feststellungen, mithin die *Rechts*kontrolle.[50]

Die gesetzgeberisch gewollte, im Grundgedanken strikte Aufgabentrennung begründet eine verfassungsrechtliche Dimension: Tat- bzw. Revisionsrichter haben für die jeweilige, ihnen zugeteilte Aufgabe die Stellung des gesetzlichen Richter im Sinne von Art. 101 Abs. 1 S. 2 GG inne. Die willkürliche Anmaßung gesetzlich nicht zugedachter Tätigkeiten durch das Revisionsgericht kann das verfassungsmäßig garantierte Recht auf den gesetzlichen Richter verletzen und die Verfassungsbeschwerde des Angeklagten begründen.[51]

Der Grundsatz der Aufgabenteilung hat zwei wesentliche Ausprägungen: Zum einen die grundsätzliche Bindung an die Feststellungen zum Tatvorwurf, zum anderen die gewollte alleinige Verantwortung des Tatrichters für Sachverhaltsfeststellung und Beweiswürdigung, welche nachfolgend zu erörtern sind.

---

44 *Franke,* in: LR-StPO, vor § 333 Rn. 2; *Temming,* in: HK-StPO, vor §§ 333 ff. Rn. 7.
45 *Gericke,* in: KK-StPO, vor § 333 Rn. 1; *Temming,* in: HK-StPO, vor §§ 333 ff. Rn. 7.
46 BGH NStZ-RR 2011, 51; *Franke,* in: LR-StPO, § 337 Rn. 5.
47 *Riess,* in: FS Fezer, 455, 456.
48 *Franke,* in: LR-StPO, vor § 333 Rn. 5; *Meyer-Goßner/Schmitt,* StPO, vor § 333 Rn. 2.
49 *Wiedner,* in: Graf, StPO, § 337 Rn. 1.
50 *Riess,* in: FS Fezer, 455, 461.
51 Vgl. BVerfG NStZ 1991, 499 f. und StraFo 2004, 131, 132 betreffend eine eigene Sachentscheidung des Revisionsgerichts über den Wortlaut des § 354 Abs. 1 StPO hinaus.

### 1. *Grundsätze:*

Das Wesen der Revision liegt in einem grundsätzlichen Ausschluss einer erneuten direkten Prüfung der Tatsachenfeststellungen durch das Revisionsgericht.[52] Das bedeutet, dass das Revisionsgericht im Grundsatz an die tatrichterlichen Feststellungen, soweit sie rechtsfehlerfrei getroffen worden sind, gebunden ist.[53] Diese Einschränkung der Bindung auf einen verfahrensrechtlich einwandfreien Weg zu den Feststellungen führt zugleich zu folgender wichtiger Erkenntnis: Es ist zwischen Feststellungen zum angeklagten Tatvorwurf, solchen zur Schuld- und Straffrage und Feststellungen zum Verfahren zu differenzieren. *Pfitzner* spricht insofern von einem zweiteiligen Ansatz der herrschenden Meinung und unterscheidet zwischen materiellen Feststellungen, d.h. solche, welche sich auf die Voraussetzungen der die Schuld- und Rechtsfolgenfrage regelnden Normen beziehen und formellen Feststellungen, welche die Tatbestandsmerkmale von Verfahrensvorschriften betreffen.[54]

In diesem Sinne kann auch von einer Unterscheidung zwischen einem unmittelbaren Angriff gegen die Feststellungen zur Schuld- und Rechtsfolgenfrage mittels einer Sachrüge und deren mittelbarer Beseitigung über den Weg der Verfahrensrüge gesprochen werden. Anhand dieser Differenzierungen sind unterschiedliche Maßstäbe anzulegen.

#### *a) Bindung an die Tatsachenfeststellungen zur Schuld- und Rechtsfolgenfrage*

Ein eherner Grundsatz des Revisionsrechts stellt die Bindung des Revisionsgerichts an die Tatsachenfeststellungen des Tatgerichts zur Schuld- und Straffrage dar.[55] In ständiger Rechtsprechung betont der BGH zum Verhältnis von Tat- und Revisionsgericht: „Es ist Sache des Tatrichters, die Ergebnisse der Beweisaufnahme festzustellen und zu würdigen; der dafür bestimmte Ort ist das Urteil. Was in ihm über das Ergebnis der Verhandlung zur Schuld- und Rechtsfolgenfrage festgestellt ist, bindet das Revisionsgericht“.[56] Diese so postulierte Bindung entspringt der prozessualen Arbeits- und Verantwortungsteilung zwischen Tat- und Revisionsgericht und unterscheidet das Rechtsmittel der Revision von der Berufung[57], welche gerade durch eine fehlende Bindung an die erstinstanzlichen Feststellungen gekennzeichnet ist. In der Revisionsinstanz findet eine Beweisaufnahme über *Tat*fragen nicht

52 *Franke,* in: LR-StPO, vor § 333 Rn. 3.

53 Vgl. BGHSt 21, 149, 151; 38, 14, 15; *Gericke,* in: KK-StPO, § 337 Rn. 3.

54 *Pfitzner,* Bindung der Revisionsgerichte an vorinstanzliche Feststellungen im Strafverfahren, 23, 29; vgl. 55 ff. zu abweichenden Ansichten in der älteren Literatur.

55 *Meyer-Goßner/Schmitt,* StPO, § 337 Rn. 13; *Pfitzner,* Bindung (Fn. 54), 24 f. m.w.Nw.

56 BGHSt 17, 347, 350; 21, 149, 151; 38, 14, 15; NJW 2003, 150, 152; NStZ 1990, 35; StV 1991, 549; 1993, 459; 2002, 354; OLG Zweibrücken StV 1994, 545, 546.

57 *Neuhaus,* StraFo 2004, 407, 408.

statt[58], dem Revisionsgericht ist die Möglichkeit, eigene Tatsachenfeststellungen zum Tatvorwurf zu treffen, verwehrt[59]. Eine Ausnahme bildet die Ermittlung des Inhalts von Erfahrungssätzen und ausländischen Rechts.[60] Im Übrigen sind eigene Beweiserhebungen des Revisionsgerichts zum Tatablauf, sowohl mittels Streng- als auch mittels Freibeweises nach der gesetzlichen gewollten Arbeitsteilung zwischen Tat- und Revisionsrichter ausgeschlossen.

Diese Beschränkung des Aufgabenbereiches des Revisionsgerichts korreliert unmittelbar mit dem Umfang des anfechtbaren Bereichs für den Revisionsführer. Denn was das Revisionsgericht nicht nachprüfen darf, kann auch nicht zur Überprüfung gestellt werden. Ein unmittelbarer Angriff gegen die Feststellungen zur Tat- und Rechtsfolgenfrage mittels einer Sachrüge ist dem Revisionsführer verwehrt. Er kann das tatrichterliche Urteil etwa nicht mit der Rüge angreifen, der Sachverhalt habe sich in Wahrheit ganz anders zugetragen, als vom Gericht festgestellt oder die Beweise seien anders zu würdigen, als vom Tatrichter vorgenommen. Aufgrund der Bindung des Revisionsgerichts an die tatrichterlichen Feststellungen, darf das Revisionsgericht die in den Urteilsgründen niedergelegten Tatfeststellungen nicht auf ihre Richtigkeit überprüfen und tatrichterliche Wertungen nicht durch eigene ersetzen, es muss sie vielmehr ohne Hinterfragen seiner Rechtsprüfung zugrunde legen.[61] Eine umfassend erhobene Sachrüge führt zur Überprüfung des gesamten Urteils auf materiell-rechtliche Fehler auf dem Boden der vom Erstgericht festgestellten Tatsachen.[62]

Prüfungsgegenstand der Sachrüge ist dabei nach herrschender Auffassung grundsätzlich nur die schriftliche Urteilsbegründung, andere Aktenteile wie z.B. das Hauptverhandlungsprotokoll oder Aufzeichnungen von Prozessbeteiligten über den Inhalt von Aussagen oder Gutachten dürfen nicht herangezogen werden.[63] Insofern ist allein maßgeblich, wie der Tatrichter die Einlassung des Angeklagten oder eines Zeugen sowie die Ausführungen eines Sachverständigen verstanden und im Urteil niedergelegt hat, sodass ausschließlich seine bindende Sachverhaltsfeststellung bei der Revisionsprüfung zugrunde zu legen ist.

### *b) eigene Feststellungen und Würdigung bezüglich prozessualer Vorgänge*

Der Bindungsgrundsatz kann aber aus rechtsstaatlichen Gründen nicht grenzenlos gelten: Soweit das tatrichterliche Verfahren auf dem Weg hin zu den Feststellungen zur Tat- und Straffrage Rechtsfehler, sog. Verfahrensfehler, aufweist, kann

---

58 *Gericke,* in: KK-StPO, § 351 Rn. 10; *Pfeiffer,* StPO, § 351 Rn. 2; *Wiedner,* in: Graf, StPO, § 351 Rn. 13.

59 *Gericke,* in: KK-StPO, vor § 333 Rn. 1; *Temming,* in: HK-StPO, vor §§ 333 Rn. 7.

60 *Meyer-Goßner/Schmitt,* StPO, § 351 Rn. 3; § 337 Rn. 24, 31; *Temming,* in: HK-StPO, § 351 Rn. 6.

61 *Gericke,* in: KK-StPO, § 351 Rn. 10.

62 *Gericke,* in: KK-StPO, § 337 Rn. 5.

63 *Gericke,* in: KK-StPO, § 352 Rn. 16; *Meyer-Goßner/Schmitt,* StPO, § 337 Rn. 23; vgl. dort auch zum Streitstand bei gleichzeitig erhobener Verfahrensrüge.

der Revisionsführer diese mittels der Verfahrensrüge geltend machen und damit die tatrichterlichen Feststellungen mittelbar zu Fall bringen.[64] Denn der Tenor der Entscheidung des Revisionsgerichts lautet in diesem Fall gemäß §§ 353 Abs. 1, 354 Abs. 2 StPO: Aufhebung des erstinstanzlichen Urteils und Zurückverweisung an einen neuen Tatrichter, der sodann die Tatsachen neu feststellt. Als Verfahrensverstöße kommen dabei das Unterbleiben gesetzlich vorgeschriebener Handlungen oder deren fehlerhafte Vornahme auf dem prozessualen Weg der Entscheidungsfindung, sowie unzulässige verfahrensrechtliche Entscheidungen in Betracht.[65] Voraussetzung für eine erfolgreiche Verfahrensrüge ist zum einen eine ordnungsgemäße und innerhalb der Frist des § 345 Abs. 1 StPO eingelegte Rügebegründung als Zulässigkeitsvoraussetzung[66], wobei die Vorschrift des § 344 Abs. 2 S. 2 StPO in ihrer Handhabung durch die Revisionsgerichte diesbezüglich hohe Begründungsanforderungen aufstellt.

Zum anderen muss der Nachweis für das Vorliegen eines Verfahrensfehlers geführt sein, der Grundsatz in dubio pro reo gilt nach herrschender Meinung nicht.[67] Das Revisionsgericht hat dabei in eigener Verantwortung nachzuprüfen, ob der behauptete Verfahrensfehler vorliegt und ist insofern nur ausnahmsweise an tatrichterliche Feststellungen zum Verfahrensablauf gebunden.[68] Das Revisionsgericht ist vielmehr grundsätzlich bei der Klärung prozesserheblicher Tatsachen zu eigener Prüfung berufen und weder auf die vom Tatrichter getroffenen Feststellungen beschränkt noch an dessen Beweiswürdigung gebunden.[69] Im Hinblick auf die so verstandene eigene Feststellungs- und Würdigungskompetenz[70] bezüglich prozessualer Vorgänge wird das Revisionsgericht als „zweite Tatsacheninstanz"[71] bezeichnet und ihm werden insofern „tatrichterliche Befugnisse"[72] zugesprochen.

Der Nachweis eines Verfahrensverstoßes erfolgt in erster Linie über die positive bzw. negative Beweiskraft des Protokolls gemäß § 274 S. 1 StPO. Alle wesentlichen Förmlichkeiten im Sinne von 273 Abs. 1 StPO, deren Einhaltung das Hauptverhandlungsprotokoll wiedergibt, gelten nach dieser Vorschrift als tatsächlich erfolgt. Ebenso gelten einzutragende Tatsachen, die im Hauptverhandlungsprotokoll nicht

---

64 *Gericke,* in: KK-StPO, vor § 333 Rn. 1; *Temming,* in: HK-StPO, vor §§ 333 ff. Rn. 7.

65 *Gericke,* in: KK-StPO, § 337 Rn. 26.

66 *Pfitzner,* Bindung (Fn. 54), 25.

67 BVerfG StV 2002, 521; *Gericke,* in: KK-StPO, § 352 Rn. 13; *Krause,* Die Revision im Strafverfahren, Rn. 109.

68 *Gericke,* in: KK-StPO, § 337 Rn. 26; *Temming,* in: HK-StPO, vor §§ 333 ff. Rn. 8.

69 RGSt 4, 388, 389; 51, 71, 72; 62, 262, 263; BGHSt 16, 164, 167 m. zust. Anm. *Eb. Schmidt,* JR 1962, 109; 30, 215, 217 f.; KG StV 2002, 122, 123.

70 *Herdegen,* in: FS Kleinknecht, 173, 183.

71 *Neuhaus,* StraFo 2004, 407, 409; *Pfitzner,* Bindung (Fn. 54), 27.

72 *Riess,* in: FS Fezer, 455, 470.

vermerkt sind, als nicht geschehen, selbst wenn sie in Wirklichkeit stattgefunden haben.[73] Gegen die Beweiskraft des Protokolls ist nur der Nachweis der Fälschung zulässig, § 274 S. 2 StPO. Solange die Beweiskraft des Sitzungsprotokolls nicht entfallen ist, können protokollierungspflichtige Verfahrensvorgänge somit allein durch die Sitzungsniederschrift bewiesen werden.[74] Soweit Verfahrenshandlungen betroffen sind, die nicht zu den wesentlichen Förmlichkeiten gehören, scheidet das Protokoll hingegen als zuverlässiges Beweismittel aus. Das Revisionsgericht hat daher im Wege des Freibeweises entsprechende Beweiserhebungen zur Aufklärung des tatsächlichen Verfahrensablaufs zu treffen.[75] Es ist dabei nicht an die Regeln des Strengbeweises der §§ 244 ff. StPO gebunden, welche von klar formalisierten Beweisarten und einem geregeltem Ablauf der Beweisaufnahme ausgehen, sondern kann die erforderlichen Beweise formlos nach seinem Ermessen erheben, insbesondere dienstliche Stellungnahmen[76] der Verfahrensbeteiligten oder amtliche Auskünfte einholen.[77] Es kann freibeweislich grundsätzlich Ermittlungen jeder Art vornehmen und sich aller nach der StPO zulässigen Beweismittel bedienen, also auch Zeugen vernehmen, etwa zur Klärung der Frage, ob einer Vernehmung in der Hauptverhandlung Hindernisse entgegenstanden im Sinne von § 251 Abs. 2 Nr. 1 StPO[78] oder Sachverständige befragen, zum Beispiel zu der Frage, ob Zweifel an der Sachkunde des Erstgutachters bestanden[79] und von der Möglichkeit des Urkunden- und Augenscheinsbeweises Gebrauch machen.[80] Es darf ferner den Akteninhalt seiner Prüfung zugrunde legen.[81]

Hat das Revisionsgericht im Rahmen der Prüfung, ob ein Verstoß gegen die Aufklärungspflicht des Tatgerichts nach § 244 Abs. 2 StPO vorliegt, über die tatsächliche Erheblichkeit einer vom Tatrichter unterlassenen Beweisergänzung zu entscheiden, darf es seine eigene Sicht der Dinge zugrunde legen.[82] Bei sog. doppelrelevanten Tatsachen, d.h. solchen, die sowohl für die Schuld- und Rechtsfolgenfrage als auch prozessual von unmittelbarer Bedeutung sind, gilt allerdings wiederum die Bindungswirkung an die Feststellungen.[83] Dies folgt aus dem Erfordernis der

73 *Meyer-Goßner/Schmitt,* StPO, § 274 Rn. 13 f.

74 BGH NStZ 2012, 344; *Meyer-Goßner/Schmitt,* StPO, § 274 Rn. 3, 8.

75 BGH NJW 1953, 836, 837; NStZ 1993, 349, 350; 1999, 418, 419; 2006, 402, 403; 2012, 344; KG StV 2002, 122, 123; *Leipold,* StraFo 2010, 353, 357.

76 Vgl. BGHSt 19, 141, 143 f. zur Frage der ausreichenden Unterrichtung bei veränderter Sachlage; 22, 26, 27 zur Frage, ob dem Angeklagten ein bestimmter Vorhalt gemacht wurde.

77 *Gericke,* in: KK-StPO, § 351 Rn. 11.

78 BGH NStZ 1993, 349, 350.

79 BGH StV 1999, 473.

80 *Gericke,* in: KK-StPO, § 351 Rn. 12; *Pfeiffer,* StPO, § 351 Rn. 2.

81 *Franke,* in: LR-StPO, § 337 Rn. 49; *Pfitzner,* Bindung (Fn. 54), 41; vgl. BGHSt 30, 215, 218.

82 BGH NStZ 1985, 324, 325.

83 *Krause,* Revision (Rn. 67), Rn. 109; *Pfitzner,* Bindung (Fn. 54), 31.

Einheitlichkeit und Widerspruchsfreiheit der Feststellungen, welche der Tatrichter zur Schuldfrage nach den Regeln des Strengbeweises getroffen hat.[84]

Dieser – in Anbetracht der vielfach praktizierten Ausnahmen, die noch zu erörtern sein werden – allzu oft übersehene Prüfauftrag an das Revisionsgericht hinsichtlich der tatsächlichen Grundlagen von Prozessvoraussetzungen und Verfahrensrügen bildet an sich den eigentlichen Grundsatz, Prüfungsbeschränkungen sind nach der gesetzgeberischen Grundkonzeption die Ausnahme[85].

Die Prüfpflicht hinsichtlich prozessualer Vorgänge lässt sich aus einer systematischen Zusammenschau der Vorschriften und Grundsätze im Revisionsverfahren ableiten: Das Revisionsgericht erfüllt bei der Prüfung, ob Verfahrensfehler vorliegen nur seine elementare Grundaufgabe – die Überprüfung des Urteils im Hinblick auf Gesetzesverletzungen, § 337 Abs. 1 StPO. Nach dem Prinzip der prozessualen Arbeits- und Verantwortungsteilung obliegt dem Revisionsgericht die *Rechts*prüfung. Auch Verfahrensfehler sind unbestritten *Rechts*fehler, wenn Verfahrensvorschriften der StPO verletzt werden. Dem Revisionsführer obliegt der Nachweis eines Verfahrensverstoßes nach Maßgabe des § 344 Abs. 2 S. 2 StPO. Aus dieser Begründungs- und Nachweispflicht des Rechtsmittelführers folgt mithin die prozessuale Prüfpflicht des Revisionsgerichts.[86] Denn wo keine Prüfung durch das über das Rechtsmittel zur Entscheidung berufene Gericht, da kein Nachweis. Um nachprüfen zu können, ob der Beweis eines Verfahrensfehlers geführt ist, muss das Revisionsgericht jenseits der absoluten Beweiskraft des Protokolls gemäß § 274 StPO im Wege des Freibeweises eigene Beweiserhebungen dazu anstellen dürfen, ob ein solcher wirklich vorliegt oder nicht. Ohne diesen inneren Zusammenhang zwischen Begründung, Nachweis, Prüfpflicht und Freibeweis, würde das Instrument der Verfahrensrüge als anerkannter Angriff gegen das tatrichterliche Urteil ad absurdum geführt.

So viel zu den Grundsätzen. An dieser Stelle sei lediglich angedeutet, dass der Prüfungsgrundsatz hinsichtlich des Nachweises von Verfahrensfehlern in Konflikt zu dem oben dargestellten Prinzip der Bindung an tatrichterliche Feststellungen zur Schuld- und Rechtsfolgenfrage treten kann.[87] Im Hinblick auf die Gegenläufigkeit der beiden Maximen sind bei deren gleichzeitiger, größtmöglicher Erfüllung unschwer Kollisionen vorstellbar, weil die Ermittlungen des Revisionsgerichts zum Ablauf der Hauptverhandlung im Rahmen seiner prozessualen Prüfpflicht entsprechend dem Bindungsgrundsatz nicht zum Gegenbeweis gegen die Feststellungen über das Ergebnis der Beweisaufnahme zur Schuld- und Straffrage führen dürfen.[88] Wie die Praxis mit Konflikten zwischen diesen gegensätzlichen Prinzipien umgeht

84 *Pfitzner,* Bindung (Fn. 54), 31; *Temming,* in: HK-StPO, § 337 Rn. 3.
85 *Herdegen,* in: FS Kleinknecht, 173, 182 f.; *ders.,* in: FS Salger, 301, 305; *ders.,* in: StraFo 1995, 31, 32.
86 Vgl. *Neuhaus,* StraFo 2004, 407, 408.
87 Vgl. *Franke,* in: LR-StPO, § 337 Rn. 50.
88 Vgl. *Franke,* in: LR-StPO, § 337 Rn. 50.

und welchem Grundsatz im Kollisionsfall der Vorrang eingeräumt wird, wird im Rahmen der Rechtsprechungsanalyse aufzuzeigen sein.

### 2. *Tatsachenfeststellung und Beweiswürdigung ureigenste Aufgaben des Tatrichters*

Der BGH betont in ständiger Rechtsprechung zur gesetzlichen Aufgabenverteilung zwischen Tat- und Revisionsrichter: „Das Ergebnis der Hauptverhandlung festzustellen“[89] und „die Beweiswürdigung“[90] (sind) „Sache des Tatrichters“. Das Prinzip der prozessualen Arbeits- und Verantwortungsteilung weist die Tatsachenfeststellung und die Beweiswürdigung als „ureigene Aufgaben“[91] dem Tatrichter zu. Dieser trägt damit im Grundsatz die alleinige Verantwortung für deren ordnungsgemäße Vornahme, das Revisionsgericht darf nicht ohne weiteres in den Aufgabenbereich des Tatgerichts eingreifen und ist im Sinne seiner ihm gesetzlich zukommenden Kontrollfunktion auf die Beanstandung von Rechtsfehlern beschränkt.

Die gesetzliche Kompetenzzuweisung ist im Zusammenhang mit der Frage zu sehen, wo im Einzelnen die Grenzen der Anfechtbarkeit im Rahmen der strafprozessualen Revision verlaufen: Bei Bereichen, die ausschließlich im Verantwortungsbereich des Tatrichters liegen, liegt es nach der gesetzgeberischen Grundkonzeption nahe, diese einem Zugriff des Revisionsgerichts weitgehend zu entziehen. Insofern kann von folgenden Begriffsgegensätzen ausgegangen werden: Ist etwa von „Feststellungskompetenz“ oder „Würdigungskompetenz“ des Tatrichters die Rede, entspricht dies dem Topos „beschränkte Prüfungskompetenz“ auf Seiten des Revisionsgerichts. Diese gesetzliche Aufgabenzuteilung soll im Folgenden dogmatisch hergeleitet werden.

Zu beginnen ist mit einem Blick ins Gesetz: Dreh- und Angelpunkt der grundsätzlichen Kompetenzzuweisung der *Tat*frage an das *Tat*gericht ist die zentrale Vorschrift des § 261 StPO. Danach entscheidet das Gericht über das Ergebnis der Beweisaufnahme nach seiner „freien, aus dem Inbegriff der Verhandlung geschöpften Überzeugung“. Allein aus dem Wortlaut der Norm lässt sich bereits ein allgemeiner Begründungsansatz für die Kompetenzverteilung ziehen: Das Revisionsgericht schöpft seine Überzeugung nicht aus dem „Inbegriff der Hauptverhandlung“ im Sinne von § 261 StPO[92], im Revisionsverfahren findet in der Praxis zumeist gar keine

89 BGHSt 21, 149, 151; 38, 14, 15; NStZ-RR 1996, 202; 2005, 373; StV 1993, 510, 511.

90 BGH NJW 1996, 1420, 1421; 2005, 1727; 2006, 925, 928; NStZ-RR 1999, 301, 302; 2005, 147; 2009, 90, 91; StV 2011, 3; wistra 2004, 432.

91 Vgl. zur Beweiswürdigung: BGH StV 1982, 210; NStZ-RR 2011, 51; *Meyer-Goßner/Schmitt*, StPO, § 261 Rn. 3; *Fischer*, NStZ 1994, 1; zur Strafzumessung: *Temming*, in: HK-StPO, § 337 Rn. 28.

92 *Albrecht*, NStZ 1983, 491; *Franke*, in: LR-StPO, vor § 333 Rn. 5.

Hauptverhandlung statt[93]. Nur dem Tatrichter stehen im Rahmen eines förmlichen Beweisverfahrens die Macht und die zuverlässigen Mittel zur Verfügung, um den Anforderungen an eine ordnungsgemäße Sachverhaltsfeststellung und Beweiswürdigung gerecht zu werden.[94] Aufbauend auf dieser Grunderkenntnis soll nun die Legitimation für die einzelnen Kompetenzzuordnungen an den Tatrichter aufgezeigt werden.

### *a) Begründungsansätze*

#### aa) Verfahrensstruktur bei der Sachverhaltsfeststellung

Die Notwendigkeit, die Tatsachenfeststellung der originären Zuständigkeit des Tatrichters zuzuweisen, wird durch die unterschiedliche Verfahrensstruktur der Instanzen in der StPO bedingt. Während der Tatrichter den Verfahrensmaximen der Vorschrift des § 261 StPO, mithin dem Unmittelbarkeits- und Mündlichkeitsgrundsatz der Hauptverhandlung sowie dem Grundsatz der freien Überzeugungsbildung unterstellt ist, gelten diese Prinzipien nach der gesetzlichen Ausgestaltung in dieser Form im Revisionsverfahren nicht.[95] Während im erstinstanzlichen Verfahren auf eine gemäß §§ 250, 261 StPO unmittelbare, mündliche Hauptverhandlung, die dem Grundsatz der Öffentlichkeit nach § 169 GVG untersteht, als elementare Verfahrensmaximen des Strafprozesses nicht verzichtet werden kann, findet im Revisionsverfahren ungeachtet der gesetzlichen Regelung des § 350 Abs. 1 S. 1 StPO, wenn überhaupt, nur eine „verkürzte“[96] Hauptverhandlung ohne Anwesenheitsrecht des inhaftierten Angeklagten und ohne zwingende Verteidigermitwirkung gemäß § 350 Abs. 2 S. 1, S. 2, Abs. 3 StPO statt; 75–80 % der Entscheidungen des BGH als Revisionsgericht ergehen ohnehin durch unbegründeten Beschluss gemäß § 349 Abs. 2 StPO[97]. Überdies hat die in § 350 StPO als „Hauptverhandlung“ bezeichnete mündliche Verhandlung vor dem Revisionsgericht mit der erstinstanzlichen Hauptverhandlung nur den Namen gemeinsam.[98] Die mündliche Verhandlung im Revisionsverfahren hat nur die Aufgabe, dem Gericht den bereits schriftlich vorliegenden Prüfungsstoff noch einmal vorzubringen.[99] Während der Tatrichter nach Maßgabe

---

93 Vgl. die Tätigkeitsberichte des BGH der letzten fünf Jahre zur Quote der durch Urteil nach Hauptverhandlung erledigten Revisionsverfahren: 4–5 %, im Einzelnen für 2013: 5,1 %, 2012: 4,8 %; 2011: 5,1 %; 2010: 4,5 %; 2009: 4,6 %; 2008: 5,1 % unter www.bundesgerichtshof.de/DE/BGH/Statistik/Taetigkeitsberichte.

94 *Franke,* in: LR-StPO, vor § 333 Rn. 5.

95 *Riess,* in: FS Fezer, 455, 456.

96 *Peters,* Strafprozess, 4. Aufl., 639.

97 Vgl. *Barton,* StV 2004, 332, 337; *Fezer,* StV 2007, 40; *Riess,* in: FS Hanack, 397, 412; vgl. die Tätigkeitsberichte des BGH für 2013: 73,8 %, 2012: 76,9 %; 2011: 80,9 %; 2010: 81,4 %; 2009: 77,2 %; 2008: 76,2 % unter www.bundesgerichtshof.de/DE/BGH/Statistik/Taetigkeitsberichte.

98 *Peters,* ZStW 57 (1938), 53, 63 Fn. 18; *Riess,* GA 1978, 257, 271.

99 *Schwinge,* Grundlagen (Fn. 7), 235.

des Strengbeweisverfahrens die für die Schuld- und Rechtsfolgenfrage maßgeblichen Tatsachen feststellt, welche die alleinige Grundlage für die Bildung der freien Überzeugung im Sinne von § 261 StPO darstellen, werden solche Entscheidungsgrundlagen dem Revisionsgericht vorenthalten.[100] Im Revisionsverfahren findet eine auf die Gewinnung einer eigenen Überzeugung gerichtete Beweisaufnahme zur Schuld- und Rechtsfolgenfrage nicht statt, der Revisionsrichter bildet sich sein Urteil vielmehr auf der Grundlage schriftlicher Unterlagen, mithin der Urteilsgründe, dem Hauptverhandlungsprotokoll oder freibeweislich.[101] Doch nur eine förmliche Beweisaufnahme in der Hauptverhandlung nach den Regeln des Strengbeweises und die aus deren Inbegriff geschöpfte Überzeugung des Tatrichters vermögen die Richtigkeit der Feststellungen zur Schuld- und Straffrage zu legitimieren.[102] Da dem Revisionsgericht solche Mittel nach der gesetzgeberischen Grundkonzeption nicht zur Verfügung stehen, kann ihm auch keine eigene Feststellungskompetenz zur Schuld- und Rechtsfolgenfrage zugesprochen werden.

#### bb) persönlicher Faktor bei der Beweiswürdigung

Ausgangspunkt der tatrichterlichen Beweiswürdigungskompetenz ist die Vorschrift des § 261 StPO. In Anbetracht der vielschichtigen Bedeutungen, die der Norm im Strafprozess zukommen, ist zunächst eine Begriffsklärung veranlasst. Neben den bereits erwähnten Grundsätzen der Mündlichkeit und Unmittelbarkeit, welche die Vorschrift beinhaltet[103], enthält der Gesetzeswortlaut die Begrifflichkeiten „frei", „Inbegriff" und „Überzeugung". Aus diesen Worten des Gesetzes werden der „Grundsatz der freien richterlichen Beweiswürdigung"[104] sowie das Gebot des Schöpfens aus dem Inbegriff der Verhandlung abgeleitet.

Die Bedeutung des Begriffs „frei" wird dabei erst vor dem rechtshistorischen Hintergrund der Wortwahl verständlich. Das Wort „frei" macht die mit der Einführung des Grundsatzes der freien Beweiswürdigung erfolgte Abkehr von dem gemeinrechtlichen Inquisitionsprozess deutlich, welcher durch feste Beweisregeln, Aktenherrschaft und Verdachtsstrafe gekennzeichnet war.[105] Der Gesetzgeber hat mit der Bezeichnung der Überzeugung als „frei" in § 261 StPO kenntlich gemacht, dass der Tatrichter an Beweisregeln, gesetzliche Vorschriften über die Wirkung der Beweise oder an Vorgaben, unter welchen Voraussetzungen er eine Tatsache als bewiesen anzusehen hat, nicht gebunden[106] sein soll. Für den Tatrichter in der Praxis besagt dieser Grundsatz beispielsweise, dass er im Prinzip einem einzigen

---

100 *Albrecht,* NStZ 1983, 486, 491; *Riess,* in: FS Fezer, 455, 461.
101 *Riess,* GA 1978, 257, 271.
102 *Riess,* in: FS Fezer, 455, 462.
103 *Ott,* in: KK-StPO, § 261 Rn. 1.
104 *Meyer-Goßner/Schmitt,* StPO, § 261 Rn. 11; *Ott,* in: KK-StPO, § 261 Rn. 1.
105 *Riess,* GA 1978, 257, 262; vgl. *Fezer,* StV 1995, 95.
106 *S. Maier,* NStZ 2005, 246, 250; *Mösl,* DRiZ 1970, 110; *Ott,* in: KK-StPO, § 261 Rn. 28; vgl. *Walter,* Freie Beweiswürdigung, 318.

Entlastungszeugen, dem zehn Belastungszeugen gegenüberstehen, folgen kann, wenn er diesen für glaubwürdiger hält und grundsätzlich nicht verpflichtet ist, sich dem Rat eines Sachverständigen zu fügen.

Der BGH hebt zur tatrichterlichen Beweiswürdigung in stRspr hervor, allein dem Tatrichter sei die Aufgabe übertragen, ohne Bindung an gesetzliche Beweisregeln und nur seinem Gewissen verantwortlich zu prüfen, ob er mögliche Zweifel überwinden und sich von einem gewissen Sachverhalt überzeugen kann oder nicht.[107] Die Schlussfolgerungen des Tatgerichts müssten nur denkgesetzlich oder nach der Lebenserfahrung möglich, keinesfalls zwingend sein[108], daran ändere sich in Freispruchsfällen nicht einmal dann etwas, wenn eine vom Tatrichter getroffene Einschätzung „lebensfremd erscheinen" mag[109]. Nach der durch §§ 261, 337 StPO vorgegebenen Aufgabenverteilung zwischen Tat- und Revisionsgericht komme es nicht darauf an, ob das Revisionsgericht die Tatsachen anders gewürdigt hätte oder Zweifel, die zu einem Freispruch führten, überwunden hätte.[110] In Revisionsentscheidungen ist vielfach davon die Rede, das Beweiswürdigungsergebnis halte sich „im Rahmen des tatrichterlichen Beurteilungsspielraums"[111], die tatrichterliche Überzeugungsbildung sei selbst dann hinzunehmen, wenn ein anderes Ergebnis „vertretbar"[112], eine „abweichende Würdigung der Beweise möglich oder sogar näherliegend"[113] gewesen wäre. Dem Revisionsgericht stehe nur eine begrenzte Möglichkeit zu, die Überzeugungsbildung des Tatrichters nachzuprüfen, insbesondere

107 BGHSt 10, 208, 209; 29, 18, 20; NJW 1996, 1420, 1421; OLG Frankfurt, Urt. v. 19.12.2011 – 1 Ss 95/11 -, juris Rn. 18.

108 BGH NJW 1951, 325; BGHSt 10, 208, 210; 25, 365, 367; 26, 56, 63; 29, 18, 20; NStZ 1982, 478; 1983, 277 f.; 1987, 424; NStZ-RR 1997, 42, 43; 2004, 238, 240; 2011, 51, 52; 2012, 148, 149; 2013, 75, 76; 242, 243; StV 1987, 284, 285; 1993, 510, 511; 1998, 116; wistra 1993, 339, 340; Urt. v. 21.12.2011 – 1 StR 400/11 -, jurion Rn. 23.

109 BGH NJW 2005, 1727; NStZ 1984, 180; 2004, 35, 36; NStZ-RR 2005, 147; 2009, 90, 91; 2011, 51, 52; Urt. v. 14.9.2004 – 1 StR 180/04 -, jurion Rn. 6; Urt. v. 22.5.2007 – 1 StR 582/06 -, jurion Rn. 7; Urt. v. 1.7.2008 – 1 StR 654/07 -, jurion Rn. 18.

110 BGHSt 10, 208, 209; 29, 18, 20; NStZ-RR 2005, 147; 2011, 51, 52; Urt. v. 16.3.2011 – 2 StR 521/10 -, jurion Rn. 10.

111 BGH NStZ 2009, 629, 630; wistra 2004, 432, 434; Urt. v. 22.7.1997 – 1 StR 256/97 -, jurion Rn. 20; vgl. auch BGH StV 1981, 509 und Urt. v. 12.6.1979 – 1 StR 158/79 -, jurion Rn. 9, wo sogar von einem „Ermessen" des Tatrichters die Rede ist.

112 BGH, Urt. v. 22.7.1997 – 1 StR 256/97 -, jurion Rn. 24; Urt. v. 23.8.2011 – 1 StR 153/11 -, jurion Rn. 51; vgl. auch folgende Entscheidungen, die mit dem Hinweis, die tatrichterliche Würdigung sei „vertretbar", einen Eingriff ablehnen: BGH NJW 2005, 2322, 2326; NStZ-RR 2008, 146, 147; 2013, 75, 77; 89, 90; 242, 243; Urt. v. 18.9.2008 – 3 StR 296/08 -, jurion Rn. 9; Urt. v. 17.7.2013 – 2 StR 139/13 -, jurion Rn. 13; Urt. v. 5.12.2013 – 4 StR 371/13 -, jurion Rn. 18; OLG Naumburg, Urt. v. 10.06.2013 – 2 Ss 71/13 -, juris Rn. 12; Urt. v. 11.11.2013 – 2 Ss 125/13 -, juris Rn. 9.

113 BGH NStZ-RR 2013, 75, 76; 89, 90; 242, 243; 277; Urt. v. 23.6.2009 – 1 StR 191/09 -, jurion Rn. 7; Urt. v. 4.4.2013 – 3 StR 37/13 -, juris Rn. 4; vgl. auch NJW 2007, 384, 387; NStZ 2013, 159, 161; NStZ-RR 08, 146, 147; 2014, 87(Ls.); wistra 2003, 259, 260;

sei es ihm verwehrt, die Beweiswürdigung des Tatrichters durch seine eigene zu ersetzen.[114] Das Revisionsgericht habe nur zu prüfen, ob dem Tatrichter Rechtsfehler unterlaufen seien.[115]

Die prozessuale Verantwortungsteilung zwischen Tat- und Revisionsgericht lässt sich folglich mit der gesetzlich gewollten Freiheit der tatrichterlichen Überzeugungsbildung in unmittelbaren Zusammenhang bringen: Der Tatrichter wäre in seiner Überzeugung nicht „frei", wenn er sich vom Revisionsgericht vorschreiben lassen müsste, wie ein bestimmtes Beweismittel im konkreten Einzelfall zu würdigen ist. Seine originäre Beweiswürdigungskompetenz korreliert damit unmittelbar mit dem Grundsatz der freien richterlichen Beweiswürdigung.

Ein weiterer Begründungsansatz für die Aufgabenzuweisung der Beweiswürdigung zum Tatrichter, stellt das Gebot des Schöpfens aus dem Inbegriff der Verhandlung dar. Der Tatrichter darf gemäß § 261 StPO zur Grundlage seiner Überzeugungsbildung nur machen, was er aus dem „Inbegriff" der Verhandlung geschöpft hat. Zum „Inbegriff" der Hauptverhandlung gehört nur dasjenige, was innerhalb der Hauptverhandlung, beginnend mit dem Aufruf zur Sache nach § 243 Abs. 1 S. 1 StPO bis zum letzten Wort des Angeklagten, § 258 Abs. 2 StPO vor dem erkennenden Gericht mündlich vorgetragen und mit der Gelegenheit zur Stellungnahme mit den Verfahrensbeteiligten erörtert wurde.[116] Der Tatrichter darf seiner Urteilsfindung nur denjenigen Prozessstoff zugrunde legen, der zulässigerweise in die Hauptverhandlung eingeführt und muss gleichzeitig alles verwerten, was ordnungsgemäß zum Gegenstand der Hauptverhandlung gemacht wurde.[117] Zulässigerweise eingeführt werden die Schuld- und Rechtsfolgenfrage betreffende Tatsachen nur im Strengbeweisverfahren in einer unmittelbaren, mündlichen und öffentlichen Hauptverhandlung.[118] Daher schöpft auch nur der Tatrichter aus dem „Inbegriff der Verhandlung" im Sinne von § 261 StPO und trägt allein für seinen Überzeugungsbildungsvorgang die Verantwortung, das Revisionsgericht kann und

---

Urt. v. 18.9.2008 – 3 StR 296/08 -, jurion Rn. 5; Urt. v. 17.10.2010 – 1 StR 406/00 -, jurion Rn. 7; OLG Celle, Beschl. v. 8.8.2013 – 31 Ss 20/13 -, juris Rn. 4.

114 BGHSt 10, 208, 210; 26, 56, 63; 29, 18, 20; 41, 376, 380; GA 1954, 152, 153; NJW 1975, 788, 789; 2003, 150, 155; StV 1983, 267, 268; 1992, 261, 262; 2013, 8, 9; vgl. auch folgende oft zu lesende Formulierung: „Die Beschwerdeführerin setzt vielmehr ihre eigene Beweiswürdigung an die Stelle derjenigen des Tatgerichts. Damit kann sie im Revisionsverfahren nicht gehört werden" in BGH NStZ-RR 2014, 9, 10; ähnlich Urt. v. 4.11.1981 – 2 StR 443/81 -, jurion Rn. 7 und Urt. v. 11.3.2003 – 1 StR 266/02 -, jurion Rn. 10.

115 BGH NJW 2006, 925, 928; NStZ 1983, 277, 278; 1984, 180; 2002, 656, 657; NStZ-RR 1999, 301, 302; 2005, 373; StV 2011, 3; wistra 2004, 432.

116 *Ott*, in: KK-StPO, § 261 Rn. 6; *Velten*, in: SK-StPO, § 261 Rn. 47; vgl. BGHSt 6, 292, 296 zur Ausnahme bei Offenkundigkeit.

117 BGH, Urt. v. 12.8.1987 – 3 StR 250/87; *Ott*, in: KK-StPO, § 261 Rn. 6.

118 Vgl. *Meyer-Goßner/Schmitt*, StPO, § 244 Rn. 6.

darf sie ihm nicht abnehmen.[119] Vermittelt durch eine umfassende Beweisaufnahme im tatrichterlichen Verfahren, gehört zum „Inbegriff" auch der persönliche Eindruck von den Beweispersonen[120], ein Akt des Wertens hinsichtlich der Glaubwürdigkeit von Zeugen, der Zuverlässigkeit von Sachverständigen. Durch die Tatsache, dass es dem Revisionsgericht verwehrt ist, sich ein persönliches Bild vom Auftreten und Verhalten der Beweispersonen in der Hauptverhandlung zu machen, wird die gesetzgeberische Grundentscheidung, die Beweiswürdigung in die Hände des Tatrichters zu legen, legitimiert.

Es folgt ein weiterer, persönlichkeitsbezogener Faktor, welcher der Zuweisung der Beweiswürdigung in den Verantwortungsbereich des Tatrichters zugrunde liegt: Die richterliche „Überzeugung" im Sinne von § 261 StPO. Der Richter muss bei einer Verurteilung von der Schuld des Angeklagten überzeugt sein, er muss den Anklagevorwurf für richtig, die gegen ihn sprechenden Beweismittel für glaubhaft und den zugrundeliegenden Geschehensablauf für tatsächlich so erfolgt halten. Allerdings kann im Rahmen der richterlichen Überzeugungsbildung ein absolut sicheres, jeden Zweifel ausschließendes Wissen nicht verlangt werden, da die objektive, absolute Wahrheit des Geschehens dem menschlichen Erkenntnisvermögen aufgrund ihrer naturgegebenen Unzulänglichkeiten verschlossen ist.[121] „Überzeugung" wird heute überwiegend definiert als „persönliche Gewissheit"[122] des Richters, als „Fürwahrhalten"[123] der beweiserheblichen Tatsachen. Gefordert werden kann von vom Tatrichter nur die subjektive oder relative Wahrheit, seine persönliche „Überzeugung" vom Geschehensablauf.[124]

Sie betrifft eine innere Stellungnahme des Richters zum jeweiligen Beweisgegenstand und ist nicht nur vom logischen Verstand getragen, sondern wird auch maßgeblich vom Gefühl beeinflusst.[125] Das „Gefühl", ob einem Menschen zu trauen ist, ob man seiner Aussage glaubt, ob man eine Äußerung für wahr hält, lässt sich schwer in Worte fassen oder gar rational begründen. Es hängt vor allem vom persönlichen Eindruck von der aussagenden Person ab und diese persönliche Einschätzung lässt sich vielfach, da einige Wertprozesse unbewusst ablaufen, schwer in Worte fassen und folglich auch nur bedingt nachprüfen. *Herdegen* spricht insofern von „persönlichkeitsspezifischen Faktoren", von dem „personale(n) Faktor der

---

119 *Temming,* in: HK-StPO, vor §§ 333 ff. Rn. 10.

120 *Riess,* GA 1978, 257, 263.

121 RGSt 61, 202, 206; BGH NJW 1951, 83; 122; GA 1954, 152; *Henkel,* Strafverfahrensrecht, 351.

122 BGH GA 1954, 152; Urt. v. 30.1.1980 – 2 StR 758/79 bei *Pfeiffer,* NStZ 1982, 188, 190; BGH NStZ 1983, 277; *Franke,* in: LR-StPO, § 337 Rn. 130; *Ott,* in: KK-StPO, § 261 Rn. 2.

123 *Albrecht,* NStZ 1983, 486, 487; *Riess,* GA 1978, 257, 264; anders noch RGSt 61, 202, 206, wo auf das Fürwahrscheinlichhalten abgestellt wurde; krit. BGHSt 10, 208, 209; *Hanack,* JuS 1977, 727, 728; *Herdegen,* NStZ 1987, 193; *Mösl,* DriZ 1970, 110.

124 RGSt 66, 163, 164 f.; *Henkel,* Strafverfahrensrecht, 351.

125 *Mösl,* DriZ 1970, 110; *Ott,* in: KK-StPO, § 261 Rn. 2.

Wahrnehmung“[126]. Der Mensch kann Vorgänge in der Außenwelt nur durch das Medium seiner Sinneswahrnehmung erkennen, er erfasst nie die „Dinge an sich“, sondern nur ihre „Erscheinung“ nach außen, womit sich folglich nicht ausschließen lässt, dass „der Schein trügt“.[127] Selbst Richter sind nicht davor bewahrt, einer Sinnestäuschung zu unterliegen, denn auch sie unterscheiden sich in ihrem intellektuellen Niveau und ihrer Auffassungsgabe.[128] Der 1938 verstorbene Richter am Supreme Court der USA *Benjamin Cardozo* drückte die einem jeden Erkenntnisprozess innewohnende Problematik so aus: „We may try to see things as objectively as we please. None the less, we can never see them with any eyes except our own."[129]

*Riess* spricht insofern von dem Einfluss „irrationaler, dezisionistischer, verstandesmäßig nicht voll begründbarer Elemente“[130], welche sich einer vollständigen sprachlichen Darstellung entzögen. Die Beweiswürdigung in der Hauptverhandlung stellt sich als intuitiver Prozess dar, in welchem sich der Tatrichter zuweilen zunächst eine Einschätzung bildet ohne diese begrifflich zu reflektieren, sodass gewisse Wahrnehmungen zum späteren Zeitpunkt der Urteilsfassung nur mehr schwierig präzise auf den Begriff zu bringen sind.[131] Insbesondere im Bereich der Glaubwürdigkeitsbeurteilung spielen rational nicht voll erfassbare Eindrücke ebenso eine wesentliche Rolle wie auch das emotionale Element der Willensentschließung, so dass sich die Urteilsfindung im Ergebnis als eine aus vielfachen Elementen gebildete, gesamt-psychische Leistung darstellt.[132] Eine vollständige Überprüfung der Überzeugungsbildung findet ausschließlich in der Berufungsinstanz statt, in welcher diese in einer neuen Verhandlung wiederholt und damit diejenige des Erstrichters ersetzt wird.[133] Dem Revisionsgericht stehen diese Mittel nicht zur Verfügung, die Revision ist kein „ersetzendes“ Verfahren[134]. Insbesondere ist es wegen dem starken Einzelfallbezug jeder Beweisaufnahme nicht möglich, für jeden konkreten Fall geltende, zwingende Regeln über den Wert oder Unwert von Beweismitteln aufzustellen[135], sodass dem Revisionsgericht nach dem Grundsatz der Verantwortungsteilung eine eigene Beweiswürdigung ebenso wie eine ins Einzelne gehende Überprüfung der subjektiven Überzeugung verwehrt bleiben muss.

Hinsichtlich des subjektiven Überzeugungsprozesses korrelieren die Bedeutungen des § 261 StPO im erstinstanzlichen sowie im Revisionsverfahren miteinander: Ebenso wenig, wie ein Begehren des Verteidigers in der tatrichterlichen

126 *Herdegen,* in: FS Eisenberg, 527.
127 *Niese,* GA 1954, 148.
128 Vgl. *Herdegen,* in: FS Eisenberg, 527, 528.
129 Zit. bei *Herdegen,* in: FS Eisenberg, 527.
130 *Riess,* GA 1978, 257, 265; vgl. auch *Albrecht,* NStZ 1983, 486, 490, 492; *Herdegen,* in: FS Kleinknecht, 173, 174.
131 Vgl. *Frister,* in: FS Grünwald, 169, 177 f.
132 *Henkel,* Strafverfahrensrecht, 351.
133 *Hanack,* JuS 1977, 727, 730 Rn. 40; *Riess,* GA 1978, 257, 266.
134 *Hanack,* JuS 1977, 727, 730.
135 *Peters,* Strafprozess, 2. Aufl., 255.

Hauptverhandlung zuzulassen ist, über die „richtige" Bedeutung, das „korrekte" Verständnis einer Äußerung des Angeklagten, eines Zeugen oder Sachverständigen oder die „richtige" Interpretation einer Urkunde oder eines Augenscheins mittels vorgelegter eigener Aufzeichnungen zu beraten oder gar darüber Beweis zu erheben und damit die subjektive Wahrnehmung des Gerichts in Frage zu stellen, ebenso wenig, kann dieser in der Revision im Grunde mit der Rüge gehört werden, ein Zeuge habe in Wirklichkeit anders ausgesagt, als in den Urteilsgründen niedergelegt[136], eine Urkunde sei anders auszulegen, ein Augenschein anderweitig aufzufassen.[137] Denn das Tatgericht schöpft die Entscheidung über das Ergebnis der Beweisaufnahme aus *seiner* freien Überzeugung, nicht derjenigen des Verteidigers oder sonstiger Prozessbeteiligter. Ebenso wie die Vorschrift des § 261 StPO einer Vorberatung des Prozessstoffs im tatrichterlichen Verfahren widerspricht, steht sie einer Heranziehung von Aufzeichnungen eines Verfahrensbeteiligten über das Ergebnis der Beweisaufnahme zur Widerlegung der tatrichterlichen Feststellungen entgegen.[138] Der Tatrichter entscheidet allein darüber, wie er eine Äußerung nach seinem höchstpersönlichen Wahrnehmungsvermögen auffassen will, diese „Wahrnehmungskompetenz"[139] kann ihm nicht abgesprochen werden. Da die Revisionsinstanz nach ihrem Grundverständnis als Kontrollinstanz zu verstehen ist, kann sie ferner nicht über das hinausgehen, was in der ersten Instanz zulässiger Verfahrensgegenstand sein kann. Ein revisionsrechtlicher Angriff gegen die unmittelbare Würdigungskomponente der tatrichterlichen Beweiswürdigung ist wegen deren persönlichen Faktors grundsätzlich nicht zuzulassen.

Aus dieser Macht des grundsätzlich allein für die Beweiswürdigung verantwortlichen Tatrichters können jedoch auch Gefahren für die materielle Gerechtigkeit resultieren. Neben die „Wahrnehmungskompetenz" des Tatrichters tritt dessen „Darlegungskompetenz"[140]. Die durch den Angeklagten und die Beweisaufnahme hervorgebrachten Hauptverhandlungs-informationen werden nicht per se zum Beweisstoff, erst durch die sprachliche Fixierung des Wahrgenommenen werden sie zu dem vom Gericht erfassten Sachverhalt. Doch auch im Richterberuf differieren die Fähigkeiten zur knappen, verständlichen und sachlichen Formulierung des Wahrgenommenen. Ohne Vorgriff auf noch zu erörternde Problemkreise sei bereits so viel angedeutet: „Gemachtes und Gegebenes können differieren"[141]. Problematisch ist ferner, dass das Gesetz zu der Frage, in welchem Umfang der Tatrichter die wahrgenommenen Eindrücke darzulegen hat, überhaupt keine Vorgaben enthält. Es verlangt in § 267 Abs. 1 S. 1 StPO lediglich die Angabe der „für erwiesen erachteten Tatsachen" sowie in § 267 Abs. 1 S. 2 StPO die Nennung anderweitiger

---

136 BGHSt 21, 149; JZ 1998, 53 m. zust. Anm. *Herdegen*, 54, 55; BGH, Urt. v. 5.4.1973 – 2 StR 427/70 bei *Dallinger*, MDR 1974, 365, 369; NJW 1969, 1911, 1912.

137 Vgl. *Herdegen*, in: FS Eisenberg, 527, 528 f.; *Niemöller*, StV 1984, 431, 432.

138 Vgl. BGHSt 15, 347, 350; JZ 1998, 53 f. m. zust. Anm. *Herdegen*, 54, 55.

139 *Herdegen*, in: FS Eisenberg, 527, 528.

140 *Herdegen*, in: FS Eisenberg, 527, 529, dort auch zum folgenden Text.

141 *Herdegen*, in: FS Eisenberg, 527, 529.

Beweistatsachen, mithin ausschließlich die Niederlegung des Beweisergebnisses, des feststehenden Sachverhaltes, nicht dagegen des Weges zu der gebildeten Überzeugung. Wie die Revisionspraxis heute die Vorschrift auslegt, ist eine andere Frage, die im Rahmen der Rechtsprechungsanalyse aufzuzeigen sein wird. Doch bereits an dieser Stelle wird klar, dass dort, wo das Gesetz keine klaren Konturen für eine Darlegungspflicht des Tatrichters enthält, die Qualität und der Umfang der schriftlichen Urteilsgründe, welche die alleinige Prüfungsgrundlage für das Revisionsgericht im Rahmen der Sachrüge darstellen, umso mehr von der einzelnen Richterpersönlichkeit, dessen Fähigkeiten und Einschätzungen und insbesondere davon abhängt, was dieser als „darlegungswert" ansieht.

Folge dieser im Grundsatz starren alleinigen Wahrnehmungs- und Darlegungskompetenz des Tatrichters kann es nach dem Grundkonzept der Revision mithin sein, dass ein infolge menschlicher Unzulänglichkeiten „falsches" Urteil, das auf einer nicht der Wirklichkeit entsprechenden Tatsachengrundlage beruht, weil der Tatrichter z.B. die Aussage eines Zeugen oder Sachverständigen missverstanden, der „falschen" Beweisperson geglaubt oder Worte in einer Urkunde überlesen hat, unter lapidarem Hinweis darauf, die Beweiswürdigung sei „Sache des Tatrichters", nicht aufgehoben werden kann. Das eklatante Risiko einer Nichtaufdeckung von Fehlurteilen ist einer reinen Rechtsinstanz wie der Revision, in der eine direkte Prüfung der tatsächlichen Feststellungen ausgeschlossen ist, zwar nach ihrem Grundverständnis immanent. Dennoch interessiert ein Blick in die gesetzgeberischen Intentionen und Hintergründe zur Aufstellung dieser Grundsätze sowie die Entwicklung, welche die Revision bis heute in der modernen Revisionsgegenwart genommen hat. Kann der Tatrichter heutzutage entsprechend der ursprünglichen Vorstellung, allein gestützt auf seine subjektive Überzeugung ohne objektive Begründung urteilen, ohne dass der Überzeugungsbildungsvorgang für das Revisionsgericht nachvollziehbar sein muss, da es diesen ohnehin nicht antasten darf?

#### *b) Zwischenfazit*

Der Gesetzgeber hat das Rechtsmittel der Revision damit im Grunde als reine Kontrollinstanz im rechtlichen Bereich begriffen und die Verantwortungsbereiche zwischen Tatrichter und Revisionsrichter streng geteilt. Die Wertungsvorgänge im Rahmen der Beweiswürdigung, die auf persönlichen Eindrücken und Wahrnehmungen beruhen, sollten dem Revisionsgericht aufgrund der begrenzten Möglichkeiten im Revisionsverfahren verborgen und seiner Eingriffskompetenz entzogen sein. Dieses elementare Grundverständnis von der Revision in Strafsachen wird in der weiteren Bearbeitung im Hinblick auf die Entwicklung und die aktuelle Rechtsprechungspraxis der Revisionsgerichte immer wieder Beachtung finden.

## C. Zweck der Revision

Die Frage nach dem Zweck der strafprozessualen Revision ist Gegenstand zahlreicher wissenschaftlicher Erörterungen, die im Wesentlichen von zwei verschiedenen

Positionen beherrscht werden: Dem Gedanken von der Funktion der Revision zur Sicherung der Rechtseinheit, sowie von deren Ziel eine gerechte Entscheidung im Einzelfall zu gewährleisten. Im Grunde bestehen über das Vorliegen dieser beiden Revisionszwecke nur noch wenige Meinungsverschiedenheiten, der Streit dreht sich maßgeblich um die Frage, in welchem Verhältnis die Revisionsziele zueinander stehen und welchem im Kollisionsfall der Vorrang zukommt.[142] Der Streit wird zuweilen als müßig[143] bezeichnet, weil sich Gerechtigkeit und Rechtseinheit nicht trennen ließen[144] bzw. in der praktischen Rechtsanwendung nicht prinzipiell in Widerstreit gerieten[145].

Die grundsätzliche Frage der Zielsetzung des Rechtsmittels der Revision gewinnt jedoch Bedeutung für die Abgrenzung von *Tat-* und *Rechts*frage durch ihren Zusammenhang mit der Frage nach der Grenzziehung der Revisibilität[146]: Wird unter Betonung des Rechtseinheitsgedankens besonders auf die Leitlinienfunktion rechtsgrundsätzlicher Aussagen abgestellt, sind die Grenzen der Revisibilität naturgemäß enger zu ziehen, da dieses öffentliche Interesse bereits durch die Klärung abstrakter *Rechts*fragen befriedigt wird und die Herausstellung besonderer Spezifika des Einzelfalles nicht unbedingt erfordert. Wird dagegen die Bedeutung der Einzelfallgerechtigkeit der Revisionsentscheidung stärker in den Vordergrund gerückt, führt dies zu einer Ausweitung des anfechtbaren Bereiches, da den Einzelnen auch eine unrichtige Tatsachenfeststellung oder Fehler bei der Beweiswürdigung individuell beschweren. *Franke* bezeichnet den Streit um den vorherrschenden Zweck der Revision mithin als „Kehrseite" der Frage nach den Grenzen der Revisibilität.[147] Die Frage nach dem bestimmenden Revisionszweck in Strafsachen bedarf daher unter Darstellung der wesentlichen vertretenen Positionen näherer Beleuchtung.

---

142 *Franke,* in: LR-StPO, vor § 333 Rn. 7; *Peters,* ZStW 57 (1938), 53, 66.

143 *Frisch,* Revisionsrechtliche Probleme der Strafzumessung, 249; *Riess,* in: FS Hanack, 397, 401; *Sarstedt/Hamm,* Die Revision in Strafsachen, 8; *Eb. Schmidt,* in: LK II-StPO, vor § 296 Rn. 39; krit. *Duske,* Die Aufgaben der Revision, 46 f.; *Franke,* in: LR-StPO, vor § 333 Rn. 8; *Hanack,* Der Ausgleich divergierender Entscheidungen in der oberen Gerichtsbarkeit, 79 f., 89; *Henke,* Die Tatfrage, 192 ff.; *Paeffgen,* in: FS II Peters, 61, 81 Fn. 85; *Schwinge,* Grundlagen des Revisionsrechts, 27.

144 *v. Hippel,* Der deutsche Strafprozess, 582 Fn. 4; *Lamertz,* Revisibilität der Strafzumessung in der höchstrichterlichen Rechtsprechung, 43; *Eb. Schmidt,* StPO, in: LK II-StPO, vor § 296 Rn. 39; *Sarstedt/Hamm,* Revision (Fn. 143), 8; *Tröndle,* in: Probleme der Strafprozessreform, 73, 99.

145 *Cramer,* in: FS Salger, 447, 450; *Frisch,* Revisionsrechtliche Probleme (Fn. 143), 249; *Riess,* in: FS Hanack, 397, 400.

146 Vgl. *Langer,* in: FS Meyer-Goßner, 496, 510; *Schwinge,* Grundlagen (Fn. 143), 27; *Zipf,* Die Strafmaßrevision, 172.

147 *Franke,* in: LR-StPO, § 337 Rn. 4.

## I. Rechtseinheit und Rechtsfortbildung

Nach Erlass der RStPO dominierte lange Zeit der Gedanke, den vordergründigen Revisionszweck in der Sicherung einer einheitlichen Rechtsprechung zu sehen.[148] Dafür wurden entwicklungsgeschichtliche Gründe vorgebracht: Mit der Reichsgründung sollte die Rechtszersplitterung durch die Partikularrechte überwunden und von einer einheitlichen Rechtsanwendung durch das Reichsgericht abgelöst werden. Das Reichsgericht sollte dabei nicht in erster Linie die Fallentscheidung, sondern die Rechtsentwicklung im Ganzen im Auge haben und dabei als „Quasi-Gesetzgeber“ gleichsam rechtsetzend tätig werden.

Zudem ergebe sich aus der ursprünglichen gesetzlichen Aufgabe, die der Revision als reiner Rechtsinstanz zukomme, zunächst eine Konzentration auf die Wahrung der Rechtseinheit, wobei die Revisionsgerichte eine einheitliche Auslegung und Anwendung der gesetzlichen Vorschriften gewährleisten sollten.[149] Indem das Revisionsgericht den Unter-Richter nach Aufhebung und Zurückverweisung an seine rechtliche Beurteilung, insbesondere bezüglich der Auslegung des Gesetzes gemäß § 358 Abs. 1 StPO binde, wirke es auf eine gleichmäßige Anwendung des Gesetzesrechts hin.[150] Die Wahrung der Rechtseinheit wird mithin als historischer Revisionszweck bezeichnet.[151]

In diesem Zusammenhang wird vielfach die Fortbildung des Rechts als rechtschöpfende Aufgabe des BGH als oberstem Revisionsgericht erwähnt.[152] Das Revisionsgericht habe neuen Entwicklungen und geänderten Anforderungen an die Strafrechtspflege durch entsprechende Auslegung des Gesetzesrechts Rechnung zu tragen.[153]

Der Rechtseinheits- und Rechtsfortbildungszweck der Revision insbesondere zum BGH und über den Gesetzeswortlaut hinaus zu allen Revisionsgerichten wird aus den Vorschriften der §§ 121, 132 GVG abgeleitet, mit denen der Gesetzgeber ein breites Instrumentarium zur Verwirklichung der rechtsvereinheitlichenden und rechtsfortbildenden Funktion des BGH geschaffen habe.[154]

---

148 *Langer,* in: FS Meyer-Goßner, 496, 498; *Rosenau,* in: FS Widmaier, 521, 534 f., dort auch zum folgenden Text.

149 *Gericke,* in: KK-StPO, vor § 333 Rn. 2.

150 *Eb. Schmidt,* in: LK II-StPO, vor § 296 Rn. 37.

151 *Franke,* in: LR-StPO, § 337 Rn. 4.

152 *Cramer,* in: FS Salger, 447, 450; *Riess,* in: FS Hanack, 397, 399; *ders.,* in: FS Fezer, 455, 457; *Rosenau,* in: FS Widmaier, 521, 534.

153 *Gericke,* in: KK-StPO, vor § 333 Rn. 3.

154 *Riess,* in: FS Hanack, 397, 400; vgl. zum Rechtseinheitsgedanken BGHSt 35, 270, 272; zum Rechtsfortbildungsaspekt BGH NStZ 1981, 181, 182.

## II. Einzelfallgerechtigkeit

Im Laufe der Zeit verfestigte sich der Gedanke, dass die Revision auch der Einzelfallgerechtigkeit zu dienen habe[155], also der sachlichen Richtigkeit der konkreten Entscheidung[156]. Dies wurde aus der Rechtsmitteleigenschaft der Revision gefolgert, deren Aufgabe es sei, das tatrichterliche Urteil daraufhin zu überprüfen, ob der zugrunde liegende Einzelfall richtig entschieden sei.[157] Die Erzielung sachlich gerechter Urteile sowie die damit verbundene Stärkung des Vertrauens der Allgemeinheit in die Rechtspflege seien die natürlichen Wirkungen jedes Rechtsmittelverfahrens.[158]

Die Hervorhebung der Gewährleistung einer gerechten Entscheidung im Einzelfall als Revisionszweck gehe einher mit der durch die Aktualisierung der Grundrechte vorangetriebenen, stärkeren Individualrechtsbetonung.[159] Weiter wird argumentiert, der strafprozessuale Gesetzgeber habe es trotz vorhandener Kapazitätsprobleme bisher unterlassen, die Revision auf Verfahren von rechtsgrundsätzlicher Bedeutung zu beschränken[160], er habe die Revision in Strafsachen vielmehr von Anfang an bewusst als erstes und gleichsam letztes Rechtsmittel für schwere Straftaten ausgestaltet[161].

## III. Verhältnis der Zwecke zueinander

Die Verfechter des Rechtseinheitsgedankens gehen von deren Vorrang als Revisionszweck jedenfalls im Bereich der Sachrüge aus[162] und argumentieren insbesondere mit dem geschichtlichen Hintergrund der Ausgestaltung der Revision nach dem Vorbild der französischen Kassation und darauf aufbauend der preußischen Nichtigkeitsbeschwerde sowie der Beschränkung der Revision auf Gesetzesverletzungen[163]. *Schwinge,* der diese Auffassung entscheidend mitgeprägt hat, geht dabei von einem Wesensunterschied zwischen Sach- und Verfahrensrüge aus und vertritt die Ansicht,

---

155 *Henkel,* Strafverfahrensrecht, 374; *Tröndle,* in: Probleme (Fn. 144), 73, 99; *Zipf,* Die Strafmaßrevision, 172; vgl. zu dem mitverursachenden gesellschaftlichen Wandel vom Rechtspositivismus des 19. Jahrhunderts zurück zu ideellen Werten: *Frisch,* in: FS Fezer, 353, 371 ff.

156 *Frisch,* Revisionsrechtliche Probleme (Fn. 143), 239; *Riess,* GA 1978, 257, 270.

157 *Gericke,* in: KK-StPO, vor § 333 Rn. 4; *Pfeiffer,* NJW 1999, 2617, 2621.

158 *Hanack,* Ausgleich (Fn. 143), 77 f.; *Mannheim,* Beiträge zur Lehre von der Revision wegen materiellrechtlicher Verstöße im Strafverfahren, 21.

159 *Zipf,* Die Strafmaßrevision, 172.

160 *Riess,* in: FS Hanack, 397, 400; *ders.,* in: FS Fezer, 455, 459 Fn. 10.

161 *Riess,* in: FS Hanack, 397, 400.

162 *Bötticher,* DRiZ 1950, 251; *Dahs/Dahs,* Die Revision im Strafprozess, Rn. 2; *Duske,* Aufgaben (Fn. 143), 86 ff.; *Hanack,* Ausgleich (Fn. 143), 88 f., 90 f.; *Henke,* Die Tatfrage, 195 ff., 308; *Kleinknecht,* JR 1950, 716; *Paeffgen,* FS II Peters, 61, 78; *Schmitt,* richterliche Beweiswürdigung im Strafprozess, 489; *Schwinge,* Grundlagen (Fn. 143), 32 f.

163 *Hanack,* Ausgleich (Fn. 143), 88 f.; *Schwinge,* Grundlagen (Fn. 143), 27 ff. m.w.Nw., 32.

bei der Verfahrensrüge stehe der Gerechtigkeitsaspekt mehr im Vordergrund, weil das Revisionsgericht auf entsprechende Rüge hin das Urteil von Amts wegen ohne Rücksicht auf eine über den Fall hinausgehende Bedeutung des Falles auf das Vorliegen von Verfahrensfehler zu überprüfen habe.[164]

Gegen eine Betonung der Gleichförmigkeit und Einheitlichkeit des Rechts als primärem Revisionszweck wird die Verfahrensstruktur der Revision als Rechtsmittel vorgebracht, die es den Prozessbeteiligten überlasse, das Kontrollsystem zu aktivieren und diese es damit in der Hand hätten, etwa durch Teilanfechtung den Verfahrensgegenstand zu begrenzen oder durch Nichterhebung von Verfahrensrügen dem Revisionsgericht den Zugriff auf klärungsbedürftige Fragen zu entziehen[165]. Hätte der Gesetzgeber allein die Einheitlichkeit der Rechtsanwendung sicherstellen wollen, wäre es nicht erforderlich gewesen, dem Revisionsgericht die Entscheidung konkreter Rechtsfälle zu übertragen, vielmehr hätte es genügt, die Revisionsinstanz abstrakt über einzelne Rechtsfragen entscheiden zu lassen.[166] Stattdessen werde gerade auch dem Angeklagten eine Rechtsmittelbefugnis zugebilligt[167] und diesem werde in erster Linie daran gelegen sein, eine von ihm als ungerecht empfundene Entscheidung zu eliminieren, während das Verlangen nach einer Grundsatzentscheidung dahinter eher zurücktrete[168]. Zudem wird gegen den Rechtseinheitsgedanken als alleinigem oder vorwiegendem Revisionszweck angeführt, wahre Rechtseinheit verlange materiell richtige Entscheidungen, weil der Angeklagte mit dem Anspruch auf Rechtsstaatlichkeit seines Verfahrens zugleich die Allgemeinheit repräsentiere.[169]

Eine andere Ansicht geht von der Einzelfallgerechtigkeit als primärem Revisionszweck aus.[170] Sie argumentiert vor allem mit der Rechtsmitteleigenschaft der Revision und der Tatsache, dass diese einzige Anfechtungsmöglichkeit bei schweren Straftaten bleibe.[171] Das Revisionsverfahren sei als Teil des gesamten Strafverfahrens in den Dienst der Gerechtigkeit gestellt.[172]

---

164 *Schwinge*, Grundlagen (Fn. 143), 35 f.; vgl. auch *Hanack*, Ausgleich (Fn. 143), 90.

165 *Riess*, in: FS Hanack, 397, 400.

166 *Frisch*, Revisionsrechtliche Probleme (Fn. 143), 239.

167 *Mannheim*, Beiträge (Fn. 158), 30; *Peters*, ZStW 57 (1938), 53, 66.

168 *Gericke*, in: KK-StPO, vor § 333 Rn. 4; vgl. *Rissing-van-Saan*, StraFo 2010, 359, 360.

169 *Rosenau*, in: FS Widmaier, 521, 535.

170 *Beling*, Deutsches Reichsstrafprozessrecht, 330 Fn. 2; *Fischer*, DRiZ 1978, 2, 3 f.; *v. Hippel*, Der deutsche Strafprozess, 582; *Jagusch*, in: LR-StPO, 21. Aufl., vor § 296 Anm. E 2 a); *Loddenkemper*, Revisibilität tatrichterlicher Zeugenbeurteilung, 125; *Mannheim*, Beiträge (Fn. 158), 29 ff.; *Neumann*, JW 1910, 312, 314; *Peters*, ZStW 57 (1938), 53, 66; *Pfeiffer*, NJW 1999, 2617, 2621; *Riess*, GA 1978, 257, 269 f.; *Eb. Schmidt*, Deutsches Strafprozessrecht, Rn. 383; *Tolksdorf*, in: FS Meyer-Goßner, 523, 533 f.; *Tröndle*, in: Probleme (Fn. 144), 73, 99; *Zipf*, Die Strafmaßrevision, 173.

171 *Fischer*, DRiZ 1978, 2, 3; *Riess*, GA 1978, 257, 269 f.

172 *Frisch*, Revisionsrechtliche Probleme (Fn. 143), 240; *Gössel*, in: Tatsachenfeststellung in der Revisionsinstanz, 117, 132; *Peters*, ZStW 57 (1938), 53, 66; *v. Hippel*, Der deutsche Strafprozess, 582.

Dieser Auffassung wird vorgehalten, die Revision könne wegen ihres begrenzten rechtlichen Instrumentariums Einzelfallgerechtigkeit nur bruchstückhaft verwirklichen, weil sie keine erneute Beweiswürdigung zulasse und nicht jede sachlich unangemessene Entscheidung, sondern nur bestimmte, mit den Mitteln des Revisionsrechts angreifbare Fehler korrigierbar seien.[173] Weiter wird vorgebracht, Einzelfallgerechtigkeit könne nur gewährleisten, wer selbst Endurteile fälle, wohingegen das Revisionsgericht mit Ausnahme der eigenen Sachentscheidungsbefugnis nach § 354 Abs 1 StPO den Gerechtigkeitsaspekt allenfalls mittelbar fördere.[174]

Auch ähnliche Theorien, die den alleinigen Revisionszweck in der Qualitätssicherung[175] oder in der Gewährleistung eines realistischen Rechtsschutzes[176] sehen, konnten sich nicht dauerhaft durchsetzen.

Die auch als „Vereinigungstheorie“ bezeichnete[177] herrschende Meinung in Literatur und Rechtsprechung sieht die Gewährleistung von Rechtseinheit und Rechtsfortbildung sowie die Herstellung von Einzelfallgerechtigkeit gleichermaßen als Revisionszwecke an.[178] *Pohle* bezeichnet die Vereinigung der beiden Revisionszwecke als das „zweifache Gesicht der Revision“[179]. Überwiegend wird davon ausgegangen, die Revisionszwecke stünden sich gleichrangig gegenüber[180], *Riess* spricht sogar von einem „fruchtbaren Beziehungszusammenhang“[181]. Die Gewährleistung materieller Gerechtigkeit bedeute auch Gleichheit vor dem Gesetz und sichere wegen der besonderen Autorität der Revisionsgerichte damit zugleich eine

---

173 *Rosenau,* in: FS Widmaier, 521, 536; vgl. *Paeffgen,* in: FS II Peters, 61, 78 Fn. 75; *Roxin/Schünemann,* Strafverfahrensrecht, § 55 Rn. 9.

174 *Paeffgen,* in: FS II Peters, 61, 78 Fn. 75.

175 *Rosenau,* in: FS Widmaier, 521, 538 ff.

176 *Roxin/Schünemann,* Strafverfahrensrecht, § 55 Rn. 10; *Schünemann,* JA 1982, 71, 73; *Klesczewski,* Strafprozessrecht, Rn. 594; krit. *Otto,* NJW 1978, 1, 2; *Paeffgen,* FS II Peters, 61, 79 Fn. 75; *Rosenau,* in: FS Widmaier, 521, 537.

177 *Riess,* GA 1978, 257, 269 Fn. 73; *Rosenau,* in: FS Widmaier, 521, 536; *Roxin/Schünemann,* Strafverfahrensrecht, § 55 Rn. 9; *Wittig,* GA 2000, 267, 275 Fn. 47.

178 *Frisch,* Revisionsrechtliche Probleme (Fn. 143), 239 f.; *Gericke,* in: KK-StPO, vor § 333 Rn. 6; *v. Hippel,* Der deutsche Strafprozess, 582; *Lamertz,* Revisibilität der Strafzumessung (Fn. 144), 43; *Meyer-Goßner/Schmitt,* StPO, vor § 333 Rn. 4; *Meurer,* NJW 2000, 2936, 2945; *Peters,* Strafprozess, 4. Aufl., 635, 638; *Pohle,* Revision und neues Strafrecht, 83; *Schlüchter,* Kernwissen Strafprozessrecht, 170; *Volk,* Grundkurs StPO, § 36 Rn. 5; *Warda,* Dogmatische Grundlagen des richterlichen Ermessens im Strafrecht, 71; vgl. BVerfGE 54, 277, 289 f. zum Zweck der zivilprozessualen Revision; ebenso *Wach,* in: Vorträge über die Reichs-Civilprocessordnung, 285; ähnlich *Langer,* FS Meyer-Goßner, 496, 508 ff., der die richtige Gesetzesanwendung mit einbeziehen will.

179 *Pohle,* Revision (Fn. 178), 83; *Schwinge,* Grundlagen (Fn. 143), 26 Fn. 2.

180 *Kuchinke,* Grenzen der Nachprüfbarkeit tatrichterlicher Würdigung und Feststellungen in der Revisionsinstanz, 47; *Otto,* NJW 1978, 1, 2; *Pohle,* Revision (Fn. 178), 83; *Riess,* in: FS Fezer, 455, 459; *ders.,* in: FS Hanack, 397, 400.

181 *Riess,* in: FS Hanack, 397, 400.

einheitliche Rechtsauslegung.[182] Erst eine hinreichend große Zahl der Einzelfallkontrolle zugänglicher tatrichterlicher Urteile schaffe die notwendige Grundlage für die Aufstellung praxistauglicher Leitlinien.[183] Die Rechtseinheit sei wiederum wichtige Voraussetzung der Gerechtigkeit[184], bei einer einheitlichen, aber ungerechten Entscheidung, könne nicht von „Rechts" einheit gesprochen werden[185].

## IV. Stellungnahme

Zu Recht werden Rechtseinheit und Rechtsfortbildung als unverzichtbare Ziele des Revisionsverfahrens angesehen. Die Legitimation für die Zwecksetzung einer gleichförmigen und weiterentwickelnden Rechtsanwendung ergibt sich zu allererst aus dem Gesetz: Durch die Statuierung einer Vorlagepflicht für die Oberlandesgerichte nach § 121 Abs. 2 GVG zum BGH sowie für die BGH-Senate zum Großen Senat nach § 132 Abs. 2 GVG bei streitigen *Rechts*fragen, hat der Gesetzgeber der Leitlinienfunktion des BGH besondere Bedeutung beigemessen. Dessen vereinheitlichende und rechtsfortbildende Aufgabe findet ferner unmittelbar im Wortlaut des § 132 Abs. 4 GVG seinen Niederschlag, wonach eine Vorlagepflicht zum Großen Senat des Bundesgerichtshofs bei Erforderlichkeit „zur Fortbildung des Rechts" oder „zur Sicherung einer einheitlichen Rechtsprechung" besteht.

Diese besondere Funktion des BGH korreliert mit seiner überragenden Stellung als oberstem Gericht in Strafsachen: Seine rechtliche Beurteilung stellt für viele Rechtsanwender die letztlich Maßgebliche dar, welche viele Untergerichte auch jenseits der Bindungswirkung des § 358 Abs. 1 StPO im Interesse an einer Beständigkeit ihrer Urteile beachten. Seine oberste Position in der Hierarchie der Strafgerichte fördert durch die Bedeutung, die seinen Entscheidungen in weiten Rechtskreisen zugemessen wird, eine gleichmäßige Rechtsanwendung bei den untergeordneten Gerichten. Der BGH beeinflusst ferner infolge seiner besonderen Stellung als letztem Gericht im Instanzenzug maßgeblich die Weiterentwicklung des Rechts, indem er beispielsweise seine langjährige Rechtsprechungspraxis ändert, die sodann letztlich für den zu entscheidenden Fall bindend ist oder durch obiter dicta unverbindliche Leitlinien für grundsätzliche Fragen aufstellt, an denen sich wiederum die Untergerichte orientieren. Im Hinblick auf diese wichtige Funktion des obersten Revisionsgerichts als „Gestalter", als „Rechtschöpfer", muss der Gedanke der Rechtsfortbildung auch im Zweck des seinen Entscheidungen zugrunde liegenden Rechtsmittels der Revision Niederschlag finden. Dieser Gedanke ist auf die ebenfalls im Rahmen ihrer Zuständigkeit als Revisionsgericht gemäß § 121 Abs. 1 Nr. 1 GVG letztinstanzlich entscheidenden Oberlandesgerichte zu übertragen, die mit ihrer Letztentscheidung ebenfalls Leitlinien für andere Oberlandesgerichte sowie untergeordnete Gerichte aufstellen und damit zu einer

---

182 *Cramer,* in: FS Salger, 447, 450; *Franke,* in: LR-StPO, vor § 333 Rn. 8.
183 *Riess,* in: FS Hanack, 397, 401.
184 *Peters,* ZStW 57 (1938), 53, 58; *Hanack,* Ausgleich (Fn. 143), 80.
185 *Sarstedt/Hamm,* Revision (Fn. 143), 8.

Vereinheitlichung und Weiterentwicklung des Rechts beitragen. Auch über den gesetzlichen Wortlaut der §§ 121, 132 GVG hinaus wird bereits durch das Grundverständnis von der Revision als letztinstanzlichem Rechtsmittel im Instanzenzug die gesetzgeberische Intention deutlich, deren Besonderheiten, insbesondere der Ausgestaltung als reiner Rechtsinstanz, durch die Betonung der rechtlichen Seite unter Förderung einer gleichmäßigen, fortbildenden Rechtsanwendung besonders Rechnung zu tragen.

Ferner fördert die Gewährleistung einer vereinheitlichten Rechtsprechung die ganzheitlichen Ziele des Rechts, der Rechtssicherheit und des Rechtsfriedens, die jedes Verfahren als Endziel beherrschen; es besteht ein unabweisbares Bedürfnis der Rechtsuchenden nach einer kalkulierbaren, einheitlichen, dem Gleichheitssatz entsprechenden Rechtsprechung des letztinstanzlichen Gerichts in Strafsachen, an welcher diese die Erfolgsaussichten einer eingelegten Revision als letztem Rechtsmittel ausrichten und mit deren Endentscheidung sie ihren Frieden machen können.

Trotz dieser herausgearbeiteten Unabdingbarkeit des Rechtseinheits- und Rechtsfortbildungsgedankens als Revisionszweck und ungeachtet der Besonderheiten der Revisionsinstanz als Rechtsinstanz können diese meines Erachtens nicht alleinige Ziele der strafprozessualen Revision sein. Eine solche Auffassung würde der Rechtsmitteleigenschaft der Revision im gesetzlich vorgesehenen Instanzenzug der StPO nicht gerecht; denn diese ist, wie die systematische Stellung der §§ 333 ff. StPO zeigt, in formaler Hinsicht in erster Linie Rechtsmittel für denjenigen, der sich durch das angefochtene Urteil beschwert fühlt. Die Interessen der Allgemeinheit an einer gleichmäßigen, fortbildenden Rechtsanwendung werden erst nach Aktivierung des Rechtsmittelverfahrens durch einen Rechtsmittelberechtigten und nach Erhebung zulässiger Revisionsrügen, mithin erst zeitlich und sachlich nach der Berücksichtigung der Besonderheiten der Revision als Rechtsmittel bedient. Auch die Spezifika der Revision als Rechtsmittel mit beschränkten Prüfungsmöglichkeiten zwingen zu keiner ausschließlichen oder vorwiegenden Betonung des Rechtseinheitsgedankens. Ungeachtet der Begrenzung der Nachprüfung des angefochtenen Urteils auf das Vorliegen von Rechtsfehlern, greift der Angeklagte Fehler in der rechtlichen Beurteilung seines konkreten Falles an, nicht dagegen solche in einem abstrakt gedachten, hypothetischen Gedankengebilde. Revisionsurteilen kann wie allen gerichtlichen Entscheidungen trotz deren unstreitig bestehender Leitlinienfunktion für vergleichbare, zukünftige Fälle die Urteilsqualität als Entscheidung eines konkreten Einzelfalls nicht abgesprochen werden. Zudem zeigt die Ausgestaltung der Revision in Strafsachen als einziges Rechtsmittel im Bereich der schweren Kriminalität den Willen des Gesetzgebers, ein einzelnes, derart effektives Rechtsmittel zu schaffen, das dem Wunsch nach einer gerechten Einzelfallentscheidung und nach Rechtsfrieden auch ohne eine weitere Instanz gerecht wird. Aus der Rechtsmittelqualität der Revision erwachsen verfassungsrechtliche Verpflichtungen, die eine Zweckbeschränkung auf das öffentliche Interesse als nicht mehr zeitgemäß erscheinen lassen: Durch die gesetzliche Eröffnung eines Instanzenzuges steht dem Angeklagten als Rechtsmittelführer aus der Rechtsschutzgarantie des

Art. 19 Abs. 4 GG ein Anspruch auf effektive gerichtliche Kontrolle[186] sowie mit Ingangsetzung des Revisionsverfahrens das aus dem Rechtsstaatsprinzip, Art. 20 Abs. 3 GG und Art. 6 Abs. 1 EMRK abgeleitete Recht auf ein faires Verfahren zu. Diese rechtsstaatlichen Prinzipien gelten auch im Revisionsverfahren und unterstreichen die Notwendigkeit, die Schaffung materieller Gerechtigkeit als Ziel jedes Strafverfahrens, also auch des Revisionsverfahrens anzusehen. Das Revisionsgericht ist zumindest bei der Aufklärung von Verfahrensfehlern von Amts wegen gemäß § 244 Abs. 2 StPO der Ermittlung des wahren Sachverhaltes als dem „zentrale(n) Anliegen des Strafprozesses“[187], genauso verpflichtet wie das Tatgericht und fördert mithin ebenso die materielle Gerechtigkeit im Einzelfall.

Weiter lässt sich die Kontrolle des Einzelfalls als gesetzlich gewollte Funktion der Revision aus einer systematischen Zusammenschau der Revisionsvorschriften in anderen Rechtsgebieten herleiten: Sowohl im Zivilprozessrecht als auch im Verwaltungsverfahrensrecht bedarf die Revision einer ausdrücklichen Zulassung, vgl. §§ 543 Abs. 1 ZPO, 132 Abs. 1 VwGO, die insbesondere dann zu erteilen ist, wenn eine Rechtssache von grundsätzlicher Bedeutung vorliegt oder eine Revisionsentscheidung erforderlich ist zur Fortbildung des Rechts oder zur Sicherung einer einheitlichen Rechtsprechung, vgl. §§ 543 Abs. 2 ZPO, 132 Abs. 2 Nr. 1 VwGO. Aus der fehlenden Aufnahme solch einschränkender Kriterien in die StPO lässt sich der Schluss ziehen, dass die gesetzgeberische Intention bei der Revision in Strafsachen im Verhältnis zu den Revisionen anderer Rechtsgebiete besonders auf den Gedanken der Einzelfallgerechtigkeit gerichtet war, anders lässt sich die grundsätzliche Zulassung der Revision ohne Rücksicht darauf, ob Fragen vorliegen, die eine Mehrzahl vergleichbarer Fälle berühren, nicht erklären. Der Gerechtigkeitsgedanke ist im Rahmen der dem Revisionsgericht zur Verfügung stehenden Mitteln folglich neben dem historischen Zweck der Rechtseinheit und Rechtsfortbildung als grundsätzlich gleichrangiger Revisionszweck anzuerkennen.

Um die Frage nach der Bedeutung des Streits um das Verhältnis der Revisionszwecke sinnvollerweise beantworten zu können, ist zunächst die Frage aufzuwerfen, ob und in welcher Form eine Kollision der Zwecke überhaupt denkbar ist. Allgemein gesprochen können öffentliche und individuelle Interessen naturgemäß voneinander abweichen, denn was im Sinne des Allgemeinwohls erstrebenswert ist, muss noch lange nicht im Interesse des Einzelnen liegen. *Hanack* spricht insofern trefflich von der „Antinomie zwischen dem Streben nach individueller Gerechtigkeit für den Einzelnen und dem Streben nach generalisierender Gerechtigkeit im Interesse der Gemeinschaftsideale“[188]. Generell lässt sich durch den oben aufgezeigten Zusammenhang zwischen Rechtseinheit – Einzelfallgerechtigkeit und dem Umfang der Revisibilität konstatieren, dass engere Revisionsgrenzen bei Bevorrechtigung des Rechtseinheitsgedankens und eine möglichst umfangreiche Revisibilität bei einer

186 *Wilhelm,* ZStW 117 (2005), 143, 159; vgl. BVerfGE 112, 185, 208.
187 BVerfGE 57, 250, 275; 63, 45, 61; *Meyer-Goßner/Schmitt,* StPO, § 244 Rn. 11.
188 *Hanack,* Ausgleich (Fn. 143), 80 f.

Betonung des Gerechtigkeitsgedankens in einem natürlichen Gegensatz stehen. Die grundsätzliche Möglichkeit eines Konflikts zwischen Rechtseinheit und Einzelfallgerechtigkeit lässt sich mithin nicht abstreiten. Dennoch stellt sich die Frage, ob sich dieser theoretische Konflikt im Einzelfall zu einer konkreten Kollision auswirken kann, sodass es einer Streitentscheidung hinsichtlich des ausschließlichen Vorrangs einer der beiden Zwecke bedarf oder ob eine Kollision abgemildert oder gar vermieden werden kann.

Zunächst ist der Auffassung zuzugeben, dass „die sachgerechte Entscheidung im Einzelfall die gerechte Ordnung im Großen (verbürgt)“[189], mithin die Einzelfallgerechtigkeit zugleich die gleichmäßige Rechtsanwendung im Hinblick auf vergleichbare, zukünftige Fälle fördert. Insofern lässt sich der altbekannte Grundsatz „keine Gleichheit im Unrecht“ anführen, denn eine individuell falsche, ungerechte Entscheidung sollte nicht als Vorbild für weitere Fälle im Sinne einer einheitlichen Rechtsanwendung dienen. Einzelfallgerechtigkeit stellt mithin ein wichtiges Glied für eine gleichförmige Rechtsprechungspraxis dar, Rechtseinheit lässt sich ohne eine gerechte Entscheidung im Einzelfall de facto nicht verwirklichen. Denn gleiche, aber falsche Entscheidungen sind aus rechtsstaatlichen Gesichtspunkten nicht erstrebenswert.

Umgekehrt sind jedoch Entscheidungen denkbar, die zwar gleichförmig das Recht anwenden, aber den Sachverhalt nicht zutreffend wiedergeben und damit von dem Rechtsmittelführer als individuell höchst ungerecht empfunden werden.[190] Ebenso wie an sich richtige Urteile aus Rechtsgründen der Aufhebung unterliegen können, kann es vorkommen, dass das Revisionsgericht wegen seiner beschränkten Handlungsbefugnisse trotz einer in der Sache gebotenen Korrektur auch Urteile bestätigen muss, die der materiellen Gerechtigkeit möglicherweise nicht entsprechen.[191] Die schon nach dem Grundverständnis von der Revision mit dem Rechtseinheitsgedanken einhergehende Beschränkung der Revisibilität kann zu einer Gefährdung der Gerechtigkeit im einzelnen Fall führen, denn letztere erfordert, um volle Gültigkeit beanspruchen zu können, die Beseitigung eines jeden Fehlers, gleichgültig, ob dieser im tatsächlichen oder rechtlichen Bereich liegt[192], unabhängig davon, ob dieser ausschließlich den speziellen Einzelfall berührt oder auch für zukünftige Fälle darüber hinaus Bedeutung erlangt. Dem Streit um die Bewertung der Revisionszwecke im Verhältnis zueinander kommt daher maßgebliche Bedeutung für die Bestimmung der Grenzen des revisibelen Bereichs zu, da die Grenzziehung in unmittelbarem Zusammenhang mit der Frage zu sehen ist, welchem Revisionszweck man höheres Gewicht beimessen will. Zweckkollision bedeutet

189 *Friesenhahn,* DRiZ 1969, 169, 173; *Otto,* NJW 1978, 1, 2; *Tröndle,* in: Probleme (Fn. 144), 73, 99, allesamt unter Anknüpfung an *Earl Warren.*

190 *Rosenau,* in: FS Widmaier, 521, 536; *Roxin/Schünemann,* Strafverfahrensrecht, § 55 Rn. 9.

191 *Gericke,* in: KK-StPO, § 337 Rn. 1.

192 *Frisch,* Revisionsrechtliche Probleme (Fn. 143), 253.

nach dem allgemeinen Sprachsinn, dass verschiedene Zielsetzungen miteinander unvereinbar sind oder unvereinbar erscheinen. Doch eine solche zwingende Unvereinbarkeit erscheint, wie gerade aufgezeigt, faktisch nur in eine Richtung denkbar: Eine Einschränkung der Revisibilität auf rechtsgrundsätzliche Fragen ohne Einzelfallbezug infolge einer Überbetonung des Rechtseinheitsgedankens gefährdet den Gerechtigkeitsgedanken. Umgekehrt läuft eine Ausweitung der Revisibilität dem Rechtseinheitsaspekt inhaltlich nicht unbedingt zuwider – lässt man Kapazitätsprobleme im Rahmen einer dogmatischen Lösung außer Acht –, denn eine vollständige rechtliche Überprüfung schließt als umfangreicheres Prinzip die Klärung abstrakter Fragen als Minus mit ein.[193] Verlangt die Einzelfallgerechtigkeit infolge umfassender Nachprüfung die Aufhebung eines Urteils, ist dies aus Rechtseinheitsgesichtspunkten zu befürworten[194], da materiell gerechte Entscheidungen zur Wahrung der Rechtseinheit unabdingbar sind. Hinzukommt, dass auch eine weitere Auslegung des Begriffs der Rechtseinheit einen Kollisionsfall maßgeblich abmildern kann: Sieht man als der Rechtsvereinheitlichung dienend nicht ausschließlich abstrakte Rechtssätze an, sondern fasst darunter auch aus dem jeweiligen Einzelfall abstrahierbare, allgemeine Aussagen für bestimmte Fallgruppen, erweitert sich der Kreis der unter dem Gesichtspunkt der Rechtseinheit revisibelen *Rechts*fragen in Richtung des auch unter Gerechtigkeitsgesichtspunkten Angestrebten. Aus diesen Überlegungen lässt sich allgemein der Schluss ziehen, dass durch eine stärkere Betonung der Einzelfallgerechtigkeit unter gleichzeitig offenerer Formulierung der Ziele der Rechtseinheit beiden Interessen Genüge getan werden kann und Kollisionen zwischen den beiden Revisionszwecken im Wesentlichen vermieden werden können.

Meines Erachtens stellen sowohl die Sicherung der Rechtseinheit und Rechtsfortbildung durch das Revisionsgericht als letztinstanzlichem Gericht als auch die Herstellung einer gerechten Einzelfallentscheidung aus rechtsstaatlichen Gründen unabdingbare Garanten für die Gewährleistung einer effektiven Strafrechtspflege dar, sodass die Revisionsgerichte bei der praktischen Anwendung des Revisionsrechts gehalten sind, beiden Zwecken soweit wie möglich zur Wirksamkeit zu verhelfen. Diese Forderung ist nicht im Sinne einer absoluten, zwingenden Gesetzmäßigkeit zu verstehen, sondern vor dem Hintergrund des Systems der strafprozessualen Revision in seiner Gesamtheit zu betrachten. Sie findet ihre Grenzen naturgemäß zum einen in der gesetzlichen Ausgestaltung bestimmter Vorschriften, die mehr dem einen oder mehr dem anderen Zweck zu dienen bestimmt sind und zum anderen in den durch die Verfahrensstruktur begrenzten Möglichkeiten des Revisionsgerichts. Während im Divergenzvorlageverfahren nach §§ 121 Abs. 2, 132 Abs. 2 GVG unbestreitbar das Interesse einheitlicher Rechtsanwendung und Rechtsfortbildung im Vordergrund steht, nimmt der Gerechtigkeitsgedanke wegen der spezifischen Einzelbetroffenheit des Revisionsführers bei Verfahrensverstößen

193 *Frisch,* Revisionsrechtliche Probleme (Fn. 143), 247; *Warda,* Dogmatische Grundlagen (Fn. 178), 72.

194 *Frisch,* Revisionsrechtliche Probleme (Fn. 143), 248.

mehr Raum ein. Die vollständige Verwirklichung beider Ziele in jedem konkreten Fall ist ferner im Hinblick auf die begrenzte Prüfungskompetenz des Revisionsgerichts und den Einzelfallcharakter jeder Revisionsentscheidung ebenso wenig umsetzbar wie wünschenswert. Vielmehr ist eine größtmögliche Berücksichtigung beider Ziele anzustreben, die Rechtseinheit und Einzelfallgerechtigkeit in praktischer Konkordanz, in bestmöglich schonender Weise zusammenführt. Insofern ist der Gedanke *Zipfs* aufzugreifen, der die Individualgerechtigkeit durch die Rechtseinheitsfunktion begrenzt sieht[195] und diese Ansicht mit den Besonderheiten des Revisionsverfahrens zu rechtfertigen. Soweit ein Widerstreit zwischen Einzelfallgerechtigkeit und Rechtseinheit durch eine stärkere Betonung des Gerechtigkeitsgedankens mittels Ausweitung des revisibelen Bereichs sowie gleichzeitig durch ein offeneres Verständnis vom Rechtseinheitsgedanken ohne Verkehrung der Grundgedanken der Revision in Strafsachen vermieden werden kann, ist ein solches Vorgehen im Interesse einer bestmöglichen Verwirklichung beider Revisionszwecke zu befürworten. Der Streit um den Vorrang der Revisionsziele würde mangels praktischer Relevanz obsolet, wenn die Revisionsentscheidung im Wesentlichen beiden Zwecken gerecht wird.

Zusammenfassend lässt sich festhalten: Der Streit um das Verhältnis der Revisionsziele der Rechtseinheit, Rechtsfortbildung und Einzelfallgerechtigkeit hat grundsätzliche Bedeutung für den Umfang des revisibelen Bereichs und bedarf daher näherer Betrachtung. Grundsätzlich ist von einem gleichberechtigten Nebeneinander der verschiedenen Revisionsziele auszugehen. Zweckkollisionen im Sinne eines echten Widerstreits, dass die Erreichung des einen Zweckes die Erfüllung des anderen unmöglich macht oder wesentlich erschwert, sind in der praktischen Anwendung nur zulasten der Einzelfallgerechtigkeit, zugunsten der Rechtseinheit denkbar, weil es Rechtseinheit ohne materielle Individualgerechtigkeit nicht geben kann. Eine Tendenz zu mehr Einzelfallgerechtigkeit sowie ein angepasstes Verständnis von der Rechtseinheit an gegenwärtige Bedürfnisse vermeiden grundsätzlich Kollisionen und bringen beide Zwecke bestmöglich zur Verwirklichung. Da die unterschiedlichen Zwecksetzungen jedoch nicht stets im selben Maße in Widerstreit geraten und erst die Revisionsentwicklung Einblick in die maßgeblichen Hintergründe gibt, bedarf es für eine abschließende Streitentscheidung der Differenzierung zwischen den verschiedenen Problemkreisen vor dem Hintergrund der Konfliktlösung durch die Rechtsprechung in Kollisionsfällen.[196] Ohne Vorgriff auf die Entwicklung des Revisionsrechts und die Rechtsprechungspraxis

195 *Zipf*, Die Strafmaßrevision, 173.

196 Vgl. meine Darlegungen im 4. Kapitel, zu den unbestimmten Rechtsbegriffen A I 4, zur erweiterten Revision A II 1 e), zur Eingrenzung der Verfahrensrüge A II 2 a) bb) (7) sowie zum Einfluss der Gerechtigkeit im Einzelfall auf die Divergenzvorlage B IV.

der Obergerichte lässt sich zur Unterstützung dieses Ansatzes bereits an dieser Stelle allgemein konstatieren: Die praktische Entwicklung spiegelt ein erhöhtes Bedürfnis der oberen Gerichtsbarkeit wieder, sich am Revisionszweck der Einzelfallgerechtigkeit zu orientieren.[197] Damit sinkt aus den dargelegten Gründen die praktische Relevanz der Verhältnisfrage.

197 Vgl. den mit großer Mehrheit gefassten Beschluss des 52. DJT für eine Orientierung der Revision am Revisionszweck der Einzelfallgerechtigkeit, soweit sie einziges Rechtsmittel ist, in: Verhandlungen des 52. DJT, Bd. II Sitzungsberichte, L 182, 222; *Franke,* in: LR-StPO, vor § 333 Rn. 7, Fn. 22; *Riess,* ZRP 1979, 193, 195.

# 2. Kapitel: Die Bedeutung der Abgrenzungsfrage in der strafprozessualen Revision

Die Unterscheidung von *Tat*- und *Rechts*frage und die Festlegung, anhand welcher Kriterien zwischen diesen beiden Begriffen zu differenzieren ist, kommt in der strafprozessualen Revision in zweierlei Bereichen zum Tragen: Zum einen wurde ihr seitens des historischen Gesetzgebers maßgebliche Bedeutung zur Bestimmung des Umfangs des revisibelen Bereichs zugesprochen. Inwieweit der Abgrenzungsfrage in der heutigen Revisionswirklichkeit noch dieselbe Wirkkraft zukommt, wird vor dem Hintergrund der historischen Entwicklung der Revision in Strafsachen zu durchleuchten sein.

Zum anderen nennt das Gesetz in § 132 Abs. 2 GVG die *Rechts*frage als Voraussetzung für die Aktivierung des Divergenzvorlageverfahrens und legt es damit auf eine Abgrenzung der *Rechts*frage von ihrem Gegenstück, der *Tat*frage, an.

## A. Umfang der Revisibilität

### I. Ausgangspunkt: Gesetzesverletzung, § 337 Abs. 1 StPO

#### *1. Begriffsklärung*

Ausgangspunkt für die Frage nach dem Umfang des revisibelen Bereiches ist die Vorschrift, die den Dreh- und Angelpunkt des Revisionsrechts bildet, auf die im Rahmen vielfältiger Auslegungsprobleme der Revisionsvorschriften zurückzukommen ist, weil sie die Grundaussage zum Verständnis der strafprozessualen Revision enthält: „Die Revision kann nur darauf gestützt werden, dass das Urteil auf einer Verletzung des *Gesetzes* beruhe", § 337 Abs. 1 StPO. Aus diesem knappen Gesetzestext wird die beschränkte Prüfungskompetenz des Revisionsgerichts gefolgert und daran anknüpfend versucht, dem Wortlaut des Gesetzes Anhaltspunkte zur Bestimmung der Grenzen der Revisibilität zu entnehmen. Dass das Gesetz für letztere Frage keine konkreten Kriterien bereitstellt, erschließt sich bereits beim erstmaligen Lesen der Norm. Dennoch enthält es in Verbindung mit Abs. 2 zwei wichtige Begriffe, die der Klärung bedürfen: „Gesetzesverletzung" und „Rechtsnorm". Das Gesetz definiert dabei in § 337 Abs. 2 StPO selbst den in § 337 Abs. 1 StPO verwendeten Begriff der „Gesetzesverletzung" als nicht oder nicht richtige Anwendung einer Rechtsnorm. Parallel dazu beschreibt § 7 EGStPO „Gesetz" im Sinne der StPO als jede „Rechtsnorm". Der Begriff der „Rechtsnorm" ist daher näherer Erörterung zu unterziehen.

„Rechtsnorm" im Sinne der §§ 337 Abs. 2 StPO, 7 EGStPO ist weit zu verstehen und umfasst neben dem in den Verfassungen, Gesetzen und Rechtsverordnungen des Bundes und der Länder kodifizierten Recht auch das Gewohnheitsrecht, die allgemeinen Regeln des Völkerrechts (Art. 25 GG), Staatsverträge mit der Qualität eines formellen Gesetzes sowie ausländische Rechtsvorschriften.[198] Entscheidend für die Einordnung als Rechtsnorm sind dabei das Merkmal der Allgemeinverbindlichkeit, die bindende Kraft und die Bezogenheit auf Verhaltensweisen im sozialen Bereich.[199] Insofern kommen insbesondere auch außerstrafrechtliche Normen, allgemeine bindende rechtsstaatliche Grundsätze und verfassungsrechtliche Bestimmungen, sowie sowohl formelle als auch materielle Rechtsvorschriften in Betracht.[200]

Keine Rechtsnormen sind Verwaltungsakte, interne Verwaltungsvorschriften und -anweisungen, Vereinssatzungen, Unfallverhütungsvorschriften und die Geschäftsverteilungspläne der Gerichte.[201] Soll- und Ordnungsvorschriften gelten zwar nach herrschender Meinung als Rechtsnormen, ihnen wird jedoch vielfach mit unterschiedlichen Begründungen[202] der Revisionserfolg versagt,[203] soweit nicht zugleich ein Verstoß gegen die Aufklärungspflicht des § 244 Abs. 2 StPO angenommen wird. In der älteren Rechtsprechung wurde vielfach auf Ermessenserwägungen abgestellt und angenommen, dass sich der Tatrichter bei Zweckmäßigkeit über die Vorschriften hinwegsetzen dürfe[204]; in neueren Entscheidungen wird teilweise danach differenziert, welchen Schutzzweck die Verfahrensvorschrift verfolgt[205] und eine erfolgreiche Rüge des Angeklagten nur angenommen, wenn die verletzte Norm seinem Schutz zu dienen verpflichtet ist (sog. Rechtskreistheorie), teilweise wird in Rechtsprechung und Literatur das Beruhen des Urteils auf einem Verstoß ausgeschlossen, weil die Entscheidung davon nicht beeinflusst worden sei[206].

Offenkundige Tatsachen sind keine Rechtsnormen, sie werden jedoch allgemein als revisibel anerkannt.[207]

Die Rechtsnormqualität von Denk- und Erfahrungssätzen ist umstritten, Verstöße gegen die wissenschaftlichen Gesetze des Denkens und der Erfahrung werden

---

198 *Franke*, in: LR-StPO, § 337 Rn. 7 f.; *Meyer-Goßner/Schmitt*, StPO, § 337 Rn. 2.

199 *Peters*, Strafprozess, 4. Aufl., 636; vgl. *Gericke*, in: KK-StPO, § 337 Rn. 8.

200 *Gericke*, in: KK-StPO, § 337 Rn. 9 f.

201 *Franke*, in: LR-StPO, § 337 Rn. 9 f., 13; *Meyer-Goßner/Schmitt*, StPO, § 337 Rn. 3.

202 Vgl. den Überblick bei *Franke*, in: LR-StPO, § 337 Rn. 15 ff.

203 RGSt 54, 297, 298; 60, 179, 182; 64, 133, 134; BGHSt 6, 326, 328; 30, 255, 257; BGH, Urt. v. 24.4.1979 – 5 StR 513/78, bei *Pfeiffer*, NStZ 1981, 93.

204 RGSt 60, 179, 182; 64, 133, 134; BGHSt 3, 384; NJW 1962, 260, 261; vgl. auch RGSt 54, 297, 298; BGHSt 9, 24, 29; BGH, Urt. v. 14.4.1955 – 4 StR 631/54 bei *Dallinger*, MDR 1955, 394, 396.

205 BGHSt 23, 244, 245; 25, 325, 329; NStZ 2011, 232; *Dahs/Dahs*, Die Revision im Strafprozess, Rn. 89; *Gericke*, in: KK-StPO, § 337 Rn. 13; *Rudolphi*, MDR 1970, 93, 100; *Rüping*, Das Strafverfahren, Rn. 636; *Schwinge*, Grundlagen des Revisionsrechts, 96; *Temming*, in: HK-StPO, § 337 Rn. 5.

206 BGHSt 6, 326, 328; *Gericke*, in: KK-StPO, § 337 Rn. 13; *Meyer-Goßner/Schmitt*, StPO, § 337 Rn. 4; *Wiedner*, in: Graf, StPO, § 337 Rn. 13; krit. *Franke*, in: LR-StPO, § 337 Rn. 23.

207 *Franke*, in: LR-StPO, § 337 Rn. 12; *Temming*, in: HK-StPO, § 337 Rn. 4.

jedoch einhellig als Rechtsverletzungen anerkannt[208]. Wie im Einzelnen die Revisibilität von offenkundigen Tatsachen, Denk- und Erfahrungssätzen herzuleiten ist, bedarf an späterer Stelle näherer Erörterung.[209] Eine Subsumtion unter den Begriff der „Rechtsnorm" erscheint jedenfalls nicht problemlos möglich, da es sich bei offenkundigen *Tat*sachen um *Tat*sachen, nicht um Recht handelt und Denk- und Erfahrungssätze logische Gesetzlichkeiten und wissenschaftliche Erkenntnisse beinhalten, die nicht ohne weiteres mit ungeschriebenem Gewohnheitsrecht gleichzusetzen sind.

Keine eigentlichen Rechtsnormen im Sinne des üblichen Verständnisses sind ferner die allgemeinen Grundsätze, die für die Heranziehung von Beweismitteln, die Würdigung der erhobenen Beweise, die Feststellung von Tatsachen und die Anwendung des Strafgesetzes auf den festgestellten Sachverhalt gelten, insbesondere die allgemeinen Regeln der Rechtsanwendung, wie etwa die Methoden der Rechtsfindung sowie die Auslegung von Rechtsvorschriften.[210] Die richtige Anwendung anerkannter Auslegungs- und Rechtsanwendungsregeln, wie etwa des Grundsatzes in dubio pro reo unterliege dennoch der Überprüfung durch das Revisionsgericht, weil diese allgemeinen Grundsätze Bestandteil einer korrekten Rechtsanwendung seien.[211]

Als Resümee dieser Begriffsklärung lässt sich derjenige Bereich, der nach dem Gesetzeswortlaut in § 337 Abs. 1 und 2 StPO der Revision unterliegen soll, wie folgt zusammenfassen: Es muss eine Gesetzesverletzung vorliegen, definiert kraft Gesetzes als die fehlende oder unrichtige Anwendung einer Rechtsnorm, mithin eine Rechtsnormverletzung. Da Rechtsnormen sowohl in geschriebener Form in Gesetzen formeller oder materieller Art niedergelegt sein können, als auch als ungeschriebenes Recht wie etwa das Gewohnheitsrecht oder allgemeine, rechtsstaatliche Grundsätze ohne Kodifikation die gleichen Rechtswirkungen wie das geschriebene Recht entfalten können, kann anstelle des Begriffes „Rechtsnorm", mit dem stark eine geschriebene Rechtsvorschrift assoziiert wird, auch der allgemeinere Begriff „*Recht*" verwendet werden. Mit der Revision angreifbar sind also nach methodischer Begriffsklärung des Gesetzes unrichtige *Rechts*anwendungen, also „*Rechts*verletzungen", die gegeben sind beim Vorliegen von „*Rechts*fehlern". Die wohl für jedermann einsichtigste Art der „*Rechts*verletzung" ist die unrichtige Ausfüllung eines gesetzlichen Tatbestandsmerkmals. Bei einem Merkmal des gesetzlichen Tatbestandes handelt es sich um einen Begriff des Gesetzes, um einen *Rechts*begriff, welcher vom konkreten Rechtsanwender richtig verstanden werden will. Ebenso sind von der Rechtsprechung und Lehre zur Definition eines Tatbestandsmerkmals

---

208 BGHSt 19, 82, 83; 31, 86, 89; *Franke,* in: LR-StPO, § 337 Rn. 138, 143; vgl. schon *Rosenfeld,* Der Reichs-Strafprozess, 259.

209 Siehe unten 4. Kapitel II 1 b) aa) (3) (b, c).

210 *Gericke,* in: KK-StPO, § 337 Rn. 16, 19; *Temming,* in: HK-StPO, § 337 Rn. 4.

211 *Gericke,* in: KK-StPO, § 337 Rn. 16; *Wiedner,* in: Graf, StPO, § 337 Rn. 6; vgl. BGHSt 14, 116, 118; 18, 151, 152 ff.; 19, 305, 307 f.

entwickelte Unterbegriffe einzuordnen, da sie jedenfalls mittelbar dem Wortlaut des Gesetzes entspringen und als Ersatz für ein gesetzliches Tatbestandsmerkmal dienen. Bei unrichtiger Ausfüllung des Gesetzeswortlauts oder dessen Definition mit dem zugrundeliegenden Sachverhalt, bei unzutreffender rechtlicher Würdigung des festgestellten Sachverhalts in Bezug auf das anzuwendende Gesetz, also bei sog. Subsumtionsfehlern, mag man meinen, liege ein typischer „*Rechts*fehler" vor, welcher der Revision unterliegt. Gegen diese, auf den Wortlaut des § 337 StPO gestützte, einleuchtende Annahme lassen sich jedoch eine Vielzahl obergerichtlicher Entscheidungen bereits aus der Rechtsprechung des Reichsgerichts anführen, die gerade solche scheinbar klassischen Fragen der rechtlichen Würdigung, der Subsumtion unter *Rechts*begriffe, der Revision entziehen[212]: Das Reichsgericht hat etwa in RGSt 66, 394, 395 die Frage, ob eine Gewahrsamsänderung eingetreten ist, der Beurteilung durch den Tatrichter unterstellt, obwohl der Begriff der Gewahrsamsänderung von der Rechtsprechung zur Definition der Wegnahme im Sinne von § 242 StGB entwickelt worden ist. Dasselbe hat in RGSt 67, 373, 374 den beschimpfenden Charakter einer Äußerung als Sache der tatsächlichen Feststellung angesehen, obwohl es gleichzeitig betont hat, dass es sich bei „Beschimpfung" im Sinne von § 166 StGB a.F. um einen Rechtsbegriff handele. Überblickt man eine Reihe weiterer, gegenläufig zu den aus dem Gesetzeswortlaut geschöpften Gedanken zum revisibelen *Rechts*fehler verlaufende Entscheidungen des Reichsgerichts, wird die Überprüfung der Anwendung rechtlicher Begriffe oftmals mit dem Hinweis auf das Vorliegen einer „*Tat*frage"[213] bzw. einer Frage auf „tatsächlichem Gebiet/tatsächlicher Art"[214] versagt. Nicht ohne Schwierigkeiten gelingt ferner, wie aufgezeigt, die isolierte Subsumtion der allgemeinkundigen Tatsachen sowie der Denk- und Erfahrungssätze unter die Begrifflichkeiten des Gesetzes. Folgt man ausschließlich dem Kriterium der „*Rechts*verletzung" im wörtlichen Sinne müsste schließlich die gesamte Strafzumessung revisibel sein, da Strafarten, Strafrahmen und Strafzumessungskriterien im Gesetz niedergelegt sind, wohingegen nach der gesetzlich gewollten Arbeits- und Verantwortungsteilung zwischen Tat- und Revisionsrichter die Strafzumessung grundsätzlich Aufgabe des Tatrichters ist. Allein mit einer wortlautgetreuen Auslegung des § 337 StPO lässt sich also der Bereich des mit der Revision anfechtbaren Bereichs nicht hinreichend verlässlich abstecken, sodass es weiterer Auslegungskriterien zur Grenzziehung bedarf. Die Frage, welche Urteilsteile mit der Revision angegriffen werden können, wurde vielmehr schon frühzeitig mit dem Begriff „Revisionsproblem"[215] identifiziert und gab, wie im Rahmen der

---

212 Vgl. *Mannheim,* Beiträge zur Lehre von der Revision wegen materiellrechtlicher Verstöße im Strafverfahren, 103 ff.; *Peters,* ZStW 57 (1938), 53, 68.

213 RGSt 23, 347: „Beleidigung"; 24, 26, 27: „Brücke"; 29, 161, 169: „Versammlung"; 38, 108, 110: „Geheimnis"; 45, 85, 86: „politische Demonstration".

214 RGSt 23, 199, 201: „gestört"; 24, 225 f.: „aufsichtslos"; 372, 375: „beweglich"; 25, 95, 96: „Täuschung"; 30, 56, 59: „vollständig hergestellt"; 34, 435, 439: „Beweis-/Kennzeichen"; 52, 251, 255: „schwer zu entdecken".

215 *Wehli,* in: FS Wach, 437.

Darstellung der Revisionstheorien aufzuzeigen sein wird, zu mannigfaltigen Erörterungen des juristischen Schrifttums Anlass.

### 2. *ursprünglich Bestimmung durch Gegensatzpaar* Tat-/Rechtsfrage

Vom Begriff der Rechtsnorm ausgehend wurde im älteren Schrifttum die Lehre entwickelt, dass das entscheidende Merkmal für die Kennzeichnung der Revisionsgrenzen im Gegensatzpaar *Tat*frage (auch als Beweisfrage[216] bezeichnet) – *Rechts*frage zu finden sei.[217] Die Gegenüberstellung von revisibeler *Rechts*frage und nicht revisibeler *Tat*frage wird bis heute vielfach zur Bestimmung der Kompetenzgrenze zwischen Revisions- und Tatgericht herangezogen.[218] Das Gesetz spricht in § 337 StPO zwar weder direkt von „*Rechts*frage" noch entspringt der Begriff der „*Tat*frage" unmittelbar dem Gesetz. Dennoch lässt sich aus dem Begriff der „Gesetzesverletzung" in § 337 Abs. 1 StPO, verbunden mit § 337 Abs. 2 StPO, allgemeiner gesagt der „*Rechts*verletzung", die Beschränkung der Revision auf die „*Rechts*frage" herleiten. Doch woher kommt der Begriff der „*Tat*frage" und wieso wird die „*Tat*frage" als Antonym zur „*Rechts*frage" angesehen?

Der Begriff der „*Tat*frage" findet sich, wie oben angedeutet[219], vornehmlich in der älteren Rechtsprechung, insbesondere der des Reichsgerichts, vereinzelt aber auch des BGH[220]. Er wird in der deutschen Rechtssprache vom Grundverständnis her als feste Bezeichnung für die Beschränkung der Revisionsgerichte auf die Nachprüfung

216 *Binding*, Grundriss des Deutschen Strafprozessrechts, 253; *Birkmeyer*, Deutsches Strafprozessrecht, 712 K 7.

217 *Bennecke/Beling*, Lehrbuch des deutschen Reichs-Strafprozessrechts, 581; *Binding*, Grundriss des Deutschen Strafprozessrechts, 253; *Birkmeyer*, Deutsches Strafprozessrecht, 712 K 7; *zu Dohna*, Das Strafverfahren, 216; *Engisch*, Logische Studien zur Gesetzesanwendung, 83 f.; *Gerland*, Der deutsche Strafprozess, 392, 415; *Jellinek*, Gesetz, Gesetzesanwendung und Zweckmäßigkeitserwägung, 6; *Levin*, DJZ 1930, 27, 30; *Manigk*, ZZP 60 (1936/37), 351, 400 f.; *Sauer*, Grundlagen des Prozessrechts, 65; vgl. betr. den Zivilprozess: *Henke*, Die Tatfrage, 9, 11; *v. Kries*, Die Rechtsmittel des Zivilprozesses und des Strafprozesses, 295; *Scheuerle*, AcP 157 (1958/1959), 1, 4; *Wach*, Vorträge über die Reichs-Civilprozessordnung, 245, 286; vgl. ferner *Braum*, Geschichte der Revision im Strafverfahren vom 1877 bis zur Gegenwart, 38 f.; *Peters*, ZStW 57 (1938), 53, 68; *ders.*, Strafprozess, 4. Aufl., 638; *W. Schmid*, ZStW 85 (1973), 360, 362.

218 *Bitzilekis*, in: FS Hirsch, 29; *Bloy*, JuS 1986, 585, 593; *Frisch*, in: FS Eser, 257, 258; *Herdegen*, StV 1992, 527, 529; *Gericke*, in: KK-StPO, § 337 Rn. 3; *Neumann*, in: FS Androulakis, 1091, 1092; *ders.*, GA 1988, 387, 388; *Roxin/Schünemann*, Strafverfahrensrecht, § 55 Rn. 17; *Rüssmann*, in: Juristische Methodenlehre und analytische Philosophie, 242; *Schulte*, Rechtsprechungseinheit als Verfassungsauftrag, 95; *Schünemann*, JA 1982, 71, 74; *Volk*, Grundkurs StPO, § 36 Rn. 1.

219 Zu Rechtsprechungsnachweisen siehe A I 1.

220 BGH NJW 1951, 83; BGHSt 31, 86, 90; vgl. auch OLG Köln NJW 1969, 65, 67.

„in iure" etwa seit Mitte des 19. Jahrhunderts verwendet.[221] Eine abstrakte Definition der *Tat*frage lässt die Judikatur jedoch vermissen. In der Literatur wurde lange Zeit die *Tat*frage als die Feststellung des tatsächlichen Geschehens aufgefasst, die frei von rechtlicher Beurteilung und Wertung zu treffen ist.[222] Einen aktuelleren Definitionsversuch unternimmt *Rosenau*, der unter *Tat*frage all dasjenige fassen will, was auf „das Vorliegen oder Fehlen tatsächlicher Umstände gerichtet ist"[223]. Beiden Versuchen ist zuzugeben, dass sie beinhalten, was sich bereits begrifflich aus dem Wort *Tat* ableiten lässt: Bei der *Tat*frage handelt es sich jeweils um das tatsächliche Geschehen, um den der späteren rechtlichen Würdigung zugrunde zu legenden Sachverhalt. Auf den konkreten Nutzen der Begriffsumschreibung wird im Rahmen der Abgrenzungsfrage einzugehen sein.[224] Die *Tat*frage wird in der Rechtsprechung auch mit den Begrifflichkeiten „Frage tatsächlicher Art", „Frage auf tatsächlichem Gebiet", „tatsächliche Feststellung", „tatrichterliche Aufgabe" u.ä. umschrieben. Der der *Tat*frage zugrundeliegende *Tat*sachenbegriff ist in seinen Bestandteilen umstritten und wird gesondert diskutiert[225], worauf hier nicht im Einzelnen eingegangen werden kann; für die Zwecke der Abgrenzungsfrage wird ohnehin überwiegend der sog. rechtslogische Tatsachenbegriff vertreten, wonach Tatsachen als physische oder psychische Gegebenheiten verstanden werden, die in natürlichen oder technischen Begriffen als wirklich erkannt, in Urteilen als wahr gedacht und durch Wahrnehmung, Erinnerung oder Schlussfolgerung dem Bewusstsein gegenwärtig werden[226].

Eine Erklärung für die gegensätzliche Verwendung der „*Tat*frage" im Verhältnis zur „*Rechts*frage" lässt sich zum einen aus dem allgemeinen Sprachgebrauch ziehen, wonach der Terminus *Tat*frage den natürlichen Gegenbegriff zur *Rechts*frage bildet, sowie aus der allgemeinen Zweiteilung rechtlicher Tätigkeit in allen Rechtsgebie-

---

221 *Hanack*, Der Ausgleich divergierender Entscheidungen in der oberen Gerichtsbarkeit, 138 Fn. 6; *Schwinge*, Grundlagen des Revisionsrechts, 18; vgl. zur Verwendung schon *v. Sternenfels*, in: Verhandlungen des 2. DJT 1861, Bd. I, 3, 29; *Wach*, in: Kritische Vierteljahrsschrift für Gesetzgebung und Rechtswissenschaft (KVJS), Bd. 15 (1873), 88, 90, 92; *ders.*, in: Vorträge über die Reichs-Civilprozessordnung, 284.

222 Vgl. *Duske*, Aufgaben der Revision, 31; *Schwinge*, Grundlagen (Fn. 221), 52; vgl. *Wach*, in: KVJS (Fn. 221), Bd. 15, 88, 92, der den Begriff der Tatfrage negativ bestimmt als „nicht Rechtsfrage, d.h. jede Frage, deren Beantwortung eine juristische Operation, Anwendung eines Rechtssatzes nicht erfordert".

223 *Rosenau*, in: FS Widmaier, 521, 529.

224 Vgl. dazu unter 3. Kapitel A I.

225 *Bitzilekis*, in: FS Hirsch, 29 ff.; *Engisch*, Logische Studien (Fn. 217), 39 ff.; *Kuchinke*, Grenzen der Nachprüfbarkeit tatrichterlicher Würdigung und Feststellungen in der Revisionsinstanz, 98 ff.; *Mannheim*, Beiträge (Fn. 212), 41 ff. m. w. Nw.; *Mezger*, Der psychiatrische Sachverständige im Prozess, 30 ff.; *Pohle*, Revision und neues Strafrecht, 33 ff., 43; *Scheuerle*, AcP 157 (1958/1959), 1, 9 ff.; *Schretzenmayer*, Der Tatsachenbegriff in den §§ 263, 186, 187, 271 und 153 ff. StGB.

226 *Gottwald*, Die Revisionsinstanz als Tatsacheninstanz, 138; *Scheuerle*, AcP 157 (1958/59), 1, 36; vgl. auch *Engisch*, Logische Studien (Fn. 217), 60.

ten: Die zwei wesentlichen Aufgaben des Richters bei der Urteilsfindung bestehen zum einen in der Feststellung des relevanten Sachverhalts und zum anderen in der rechtlichen Würdigung der so gefundenen Tatsachen durch Subsumtion unter das Gesetz. Die maßgeblichen tatsächlichen Umstände hat er durch Würdigung der erhobenen Beweise zu ermitteln, sodass die Beweiswürdigung einen Unterfall der Tatsachenfeststellung bildet. Im Strafrecht hat die Staatsanwaltschaft zur Vorbereitung einer Anklage zunächst den tatsächlichen Geschehensablauf zu ermitteln und für den Fall, dass hinreichende Anhaltspunkte für eine nach den Strafgesetzen strafbare Handlung vorliegen, die erforderlichen rechtlichen Schritte, insbesondere eine Anklageerhebung anzustrengen. Der Rechtsanwalt hat zur Erreichung einer richterlichen Entscheidung dem Gericht den aus seiner Sicht maßgeblichen Sachverhalt vor- und die daraus zu ziehenden rechtlichen Konsequenzen anzutragen. Auch eine Behörde trägt vor Erlass eines Bescheides gegen den einzelnen Bürger die relevanten Tatsachen zusammen und ordnet darauf aufbauend eine bestimmte Rechtsfolge an. Bereits aus diesen zwei Grundaufgaben der rechtlichen Berufe zur Sachverhaltsklärung und rechtlichen Würdigung erklärt sich die begriffliche Gegenüberstellung der tatsächlichen und der rechtlichen Würdigung, der „*Tat*frage“ und der aus dem Gesetz abgeleiteten „*Rechts*frage“. Ein weiterer Begründungsansatz für den Antagonismus zwischen „*Tat*frage“ und „*Rechts*frage“ liegt in dem Grundverständnis von der Revision als *Rechts*instanz im Gegensatz zur Berufung als weiterer *Tat*sacheninstanz begründet. In der Ausgestaltung der Revision als reine *Rechts*beschwerde liegt zwangsläufig eine Gegenüberstellung von Rechtlichem und Tatsächlichem begründet, denn die Beschränkung der Nachprüfbarkeit auf das Rechtliche schließt zugleich das Tatsächliche als Prüfungsgegenstand aus.[227] *Rosenau* spricht insofern von einem in § 337 StPO „inzident postulierte(n) Gegensatzpaar“.[228] Die dogmatische Ausfüllung des Begriffs „Gesetzesverletzung“ mit der *Rechts*frage im Gegensatz zur *Tat*frage wird zudem den Prinzipien der Unmittelbarkeit und Öffentlichkeit der tatrichterlichen Beweisaufnahme zugeschrieben, welche ein Antasten der nach diesen Grundsätzen gewonnenen Beweise verbieten[229]; dieser Gedankengang entspricht wiederum der gesetzgeberisch gewollten, geteilten Verantwortlichkeit als Spezifikum des Revisionsverfahrens – des Tatrichters für die in einer unmittelbaren und mündlichen Hauptverhandlung gewonnene *Tat*frage und des Revisionsrichters für die allgemein zugängliche *Rechts*frage, die nicht beweisbedürftig ist. Folglich lässt sich sowohl aus den allgemeinen Erwägungen hinsichtlich der Trennung von tatsächlicher und rechtlicher Würdigung, als auch im Hinblick auf die Besonderheiten des Revisionsverfahrens als vollständige Konzentration auf das *Rechtliche*, die Bezeichnung der „*Tat*frage“ als Gegensatzpaar zur „*Rechts*frage“ herleiten.

Eine weitere wesentliche Begründung leistet die aus den Motiven zu der im Jahr 1877 erlassenen RStPO ersichtliche Intention des historischen Gesetzgebers. Darin

---

227 *Otto*, NJW 1978, 1, 2.
228 *Rosenau*, in: FS Widmaier, 521, 529.
229 *Braum*, Geschichte (Fn. 217), 37 f.

heißt es: *„Aus demjenigen, was oben über die Notwendigkeit der Beseitigung der Appellation gesagt worden ist, ergibt sich, dass die rein thatsächliche Würdigung des Straffalles, also namentlich die Würdigung der erbrachten Beweise von der Tätigkeit des höheren Richters ausgeschlossen bleiben muss. Diese Würdigung ist dem Richter erster Instanz ausschließlich überlassen und das von diesem festgestellte thatsächliche Ergebnis ist für die höhere Instanz maßgebend, insoweit dasselbe nicht etwa im Wege eines gesetzwidrigen Verfahrens gewonnen worden ist. Die Aufgabe des höheren Richters besteht nur in der r e c h t l i c h e n Beurteilung der Sache."*[230] Aus dieser begrifflichen Differenzierung zwischen einerseits „*tatsächliche(r)* Würdigung" und andererseits „*rechtliche(r)* Beurteilung" ergibt sich die gesetzgeberisch gewollte Unterscheidung zwischen *Tat*- und *Rechts*frage. Aus dem Zusammenhang mit der Festlegung der Aufgaben des Richters höherer und niederer Instanz, mithin dem Grundsatz der Arbeits- und Verantwortungsteilung, wird ferner der gesetzgeberische Wille deutlich, dass die „*Tat*frage" irrevisibel und die „*Rechts*frage" revisibel sein soll. Durch die Ausfüllung des Oberbegriffs der „*tatsächliche(n)* Würdigung" mit der „Würdigung der erbrachten Beweise" und dem „festgestellte(n) tatsächliche(n) Ergebnis" macht der historische Gesetzgeber klar, was für ihn zum Begriff der „*Tat*frage" gehört: Die Beweiswürdigung und die Sachverhaltsfeststellung. Aus dieser Wortwahl des historischen Gesetzgebers wird einhellig dessen ursprüngliche Intention geschlossen, grundsätzlich den gesamten Bereich der Sachverhaltsfeststellungen sowie der Beweiswürdigung der Revision zu entziehen.[231] Dieser Gedankengang wurde auch in Rechtsprechung und Literatur aufgegriffen und die Tatsachenfeststellung bzw. die Beweiswürdigung ausdrücklich als „*Tat*frage"[232] bezeichnet und daher der Nachprüfung entzogen. Unter der Aufgabe des Revisionsgerichts zur „rechtlichen Beurteilung" im Sinne der Motive wurde insbesondere die Kontrolle auf Subsumtions- und Auslegungsfehler verstanden.[233]

Zudem werden für die Trennung von *Tat*- und *Rechts*frage die intendierte Orientierung am Vorbild des französischen Kassationsrekurses, dem Vorläufer der Revision und die Erfahrungen aus der dortigen Scheidung von Rechtlichem und Tatsächlichem vorgebracht.[234] Aus allgemeinen Erwägungen zur juristischen Tätigkeit, aus dem Grundverständnis von der Revision und deren Geschichte als reiner

---

230 *Hahn/Mugdan*, Die gesamten Materialien zu den Reichs-Justizgesetzen, Bd. 3 StPO, 249 f. Hervorhebung im Original.

231 *Barton*, StV 2004, 332, 333; *Fezer*, StV 1995, 95, 96; *Foth*, NStZ 1992, 444, 445; *Frisch*, in: FS Eser, 257, 258; *Gössel*, in: Tatsachenfeststellung in der Revisionsinstanz, 117; *Maul*, in: FS Pfeiffer, 409; *Paeffgen*, in: FS II Peters, 61, 76; *Riess*, GA 1978, 257, 268; *Rosenau*, in: FS Widmaier, 521, 529; *Schäfer*, StV 1995, 147, 148.

232 Allen voran RGSt 4, 388, 389, wo unter „*Thať*frage" „die freie Beweiswürdigung und die Feststellung des tatsächlichen Ergebnisses des Beweises" gefasst wurde; im Ergebnis ebenso BGH NJW 1951, 83; BGHSt 31, 86, 90; *Frisch*, in: FS Eser, 257, 258; *Herdegen*, NStZ 1987, 193; *Schünemann*, JA 1982, 71, 74; *v. Schwarze*, in: von Holtzendorff, Handbuch des deutschen Strafprozessrechts, 1879, Bd. 2, 291.

233 *Riess*, GA 1978, 257, 268; *Rosenau*, in: FS Widmaier, 521, 524.

234 *Braum*, Geschichte (Fn. 217), 38.

Rechtsinstanz sowie aus der gesetzgeberischen Intention aus dem Jahr 1877 lässt sich folglich die ursprüngliche Legitimation für die Grenzziehung des mit der Revision anfechtbaren Bereichs mithilfe des Gegensatzpaares *Tat-/Rechts*frage ableiten. Um die Bedeutung dieses Abgrenzungskriteriums in der heutigen Revisionswirklichkeit, insbesondere in der obergerichtlichen Rechtsprechung zu ermitteln, bedarf es eines Blickes in die geschichtliche Entwicklung, welche das Rechtsmittel der Revision seit ihren Anfängen genommen hat.

### 3. *historische Entwicklung der Revision*

#### *a) Sachrüge: sog. erweiterte Revision*

Ausgehend von der Intention des historischen Gesetzgebers wurde anfänglich die Trennbarkeit der *Rechts*frage in dem verstandenen engen Sinn der reinen Subsumtionskontrolle von der weit gefassten irrevisibelen *Tat*frage im Wesentlichen nicht bezweifelt.[235] Die damals vorherrschende Auffassung von dem grundsätzlich völligen Ausschluss der Tatsachenfeststellung und der Beweiswürdigung von der Revision war stark von dem gerichtsverfassungsrechtlichen Hintergrund beeinflusst: Nach der RStPO von 1877 befanden allein Geschworene, also ähnlich der Jury des heutigen US-amerikanischen Justizsystems juristische Laien, ohne Mitwirkung von Berufsrichtern in reinen Schwurgerichten bei schweren Straftaten über Schuld oder Unschuld des Angeklagten mittels eines sog. Wahrspruchs gemäß § 305 RStPO[236]. Der Wahrspruch der Geschworenen bedurfte keiner Begründung, sodass sich die Frage einer Überprüfung der Feststellungen oder der Beweiswürdigung mangels Vorliegens einer die Kontrolle überhaupt erst ermöglichenden Prüfungsgrundlage für das Revisionsgericht gar nicht stellte.[237] Auf dem Boden der damaligen Vorstellungen erfuhr der bereits enge revisibele Bereich durch die Rechtsprechung des Reichsgerichts weitere Einschränkungen[238]: Vor dem Hintergrund der lange vorherrschenden Auffassung, den vornehmlichen Revisionszweck in der Wahrung der Rechtseinheit zu sehen, führte das Reichsgericht unter Hinweis auf deren *tatsächliche* Natur die Ausfüllung unbestimmter Begriffe[239] sowie die Auslegung von Willenserklärungen[240] vielfach nur beschränkter Überprüfung im Wege der Revision

235 *Riess,* GA 1978, 257, 268; vgl. *Schwinge,* Grundlagen (Fn. 221), 52.

236 *Jähnke,* in: FS Hanack, 355, 357; *Rosenau,* in: FS Widmaier, 521, 524.

237 *Jähnke,* in: FS Hnack, 355, 357; *Riess,* in: FS Hanack, 397, 404; *Rosenau,* in: FS Widmaier, 521, 524.

238 *Frisch,* in: FS Eser, 257, 260, dort auch zum folgenden Text.

239 Vgl. RGSt 4, 390, 392: „Missverhältnis"; 8, 128, 130 f.: „unzüchtig"; 406, 407: „unbedeutender Wert"; 29, 347, 348: „übermäßig"; 51, 289, 294: „angemessen"; 55, 82, 85: „erforderlich"; w.Nw. bei *Mannheim,* Beiträge (Fn. 212), 85 ff.; *Schwinge,* Grundlagen (Fn. 221), 137 ff.

240 Vgl. RGSt 25, 157, 158: Beleidigungsadressat; 33, 85, 87: Korrespondenz; 48, 153, 155: Vertrag; 53, 260, 262: letztwillige Verfügung; 55, 129, 132: Tatsachenbehauptung; w.Nw. bei *Mannheim,* Beiträge (Fn. 212), 125 ff.

zu. Im Hinblick auf den ohnehin von Gesetzes wegen beschränkten Prüfungsbereich sowie infolge der noch restriktiveren Auslegungspraxis der Revisionsgerichte und der dadurch empfundenen Einbuße an materieller Gerechtigkeit, erhielt die Revision bald den Ruf, ein in hohem Grade „unvolkstümlich(es)" Rechtsmittel[241] zu sein und Stimmen nach Veränderungen wurden laut. Noch vor Einsetzen einer wissenschaftlichen Diskussion über eine notwendige Erweiterung der Revision begann die Rechtsprechung frühzeitig Tatsachenfeststellungen und Beweiswürdigungen, die gegen die Gesetze des Denkens oder der Erfahrung[242] verstießen oder in sich widersprüchlich[243] waren, als Verletzung sachlichen Rechts zu qualifizieren.[244] In der Literatur begannen Bemühungen um eine effizientere und den Interessen der Beteiligten besser gerecht werdende Revision de lege lata in den zwanziger Jahren des vorherigen Jahrhunderts.[245] Vor dem Hintergrund einsetzender Appelle, die Gewährleistung einer gerechten Einzelfallentscheidung als zumindest gleichrangigen Revisionszweck anzusehen, erklangen Forderungen nach einer Verbesserung der mit der Sachrüge verbundenen Prüfungsmöglichkeiten, insbesondere im Bereich der Tatsachenfeststellungen und der Beweiswürdigung.

Die aufkommende Kritik an der damaligen Praktizierung der Revision ist im Zusammenhang mit einer wesentlichen Änderung der Gerichtsverfassung zu sehen: Mit der Emminger-Reform wurden im Jahr 1924 die Geschworenengerichte abgeschafft und durch Schöffengerichte ersetzt.[246] Von nun an hatten Berufsrichter und Schöffen gemeinsam über die Schuld- und Straffrage zu entscheiden, am Ende stand ein schriftlich zu begründendes Urteil. Da dadurch dem Revisionsgericht erstmalig eine Prüfungsgrundlage hinsichtlich der tatrichterlichen Feststellungen zur Verfügung stand, erscheint es nicht als „Zufall", dass mit der Einführung des schriftlichen Urteils die ersten Ansätze zur erweiterten Revisibilität zu verzeichnen waren.[247] Es begann, zunächst durch die Rechtsprechung des Reichsgerichts, fortgeführt durch diejenige des Bundesgerichtshofs, ein Wandel in der Auffassung, Tatsachenfeststellung und Beweiswürdigung als mit der Revision unantastbar anzusehen und es folgte ein Bemühen der Revisionsgerichte um eine Erweiterung des revisibelen Bereichs im Wege der Sachrüge. Durch eine Ausweitung der Prüfungsbefugnisse des

---

241 *Mannheim,* Beiträge (Fn. 212), 32; vgl. auch *Franke,* in: LR-StPO, vor § 333 Rn. 15 m.w.Nw.; *Frisch,* in: FS Eser, 257; *dens.,* in: FS Fezer, 353, 357; *Hamm,* Die Revision in Strafsachen, Rn. 1; *Peters,* ZStW 57 (1938), 53, 56.

242 Erste Ansätze in RGSt 19, 55, 59; 41, 78, 79; 45, 138, 139; klarer: 61, 151, 154; 73, 246, 248; fortführend OGHSt 1, 117; 146, 148; BayObLGSt 49–51, 174, 199; BGHSt 6, 70, 72; 10, 208, 211; 19, 33, 34; 82, 83; NJW 1970, 61.

243 RGSt 39, 239, 242; JW 1931, 1494, 1495; fortführend OGHSt 1, 117; BGHSt 3, 213, 215; NJW 1969, 2210.

244 *Jähnke,* in: FS Hanack, 355, 358; *Frisch,* in: FS Eser, 257, 264 f.; *Maul,* in: FS Pfeiffer, 409, 410; *Riess,* in: FS Fezer, 455, 462; *Schäfer,* StV 1995, 147, 148.

245 *Frisch,* in: FS Eser, 257, 261, dort auch zum folgenden Text.

246 *Jähnke,* in: FS Hanack, 355, 357, dort auch zum folgenden Text.

247 *Riess,* GA 1978, 257, 266.

Revisionsgerichts in den Bereich der Tatsachenfeststellung, Beweiswürdigung und Strafzumessung erfolgte eine schrittweise Ausdehnung der Revisibilität, weswegen die Revision in ihrer dadurch, im Gegensatz zum ursprünglichen Konzept erhaltenen Form weitläufig, wie von *Fezer* grundlegend herausgearbeitet wurde, als sog. „erweiterte Revision"[248] bezeichnet wird. Etwa seit den dreißiger Jahren sah es das Reichsgericht als Aufhebungsgrund wegen eines sachlich-rechtlichen Fehlers an, wenn der Tatrichter im Rahmen der Tatsachenfeststellung beweiserhebliche Tatsachen nur lückenhaft erörtert oder im Rahmen der Beweiswürdigung den im Urteil festgestellten Sachverhalt nicht erschöpfend gewürdigt habe.[249] Der BGH setzte diese Rechtsprechung, heute bekannt unter dem Schlagwort des „Erörterungsmangels"[250], unter stillschweigender Annahme einer Begründungspflicht fort und hob tatrichterliche Urteile auf die Sachrüge hin auf, wenn der Tatrichter den Sachverhalt unklar, widersprüchlich oder lückenhaft bzw. unvollständig dargestellt habe.[251] Diese revisionsrechtliche Prüfungsmethode wird im Schrifttum als „Darstellungsrüge"[252], „Darstellungsprüfung"[253] oder „Feststellungsrüge"[254] bezeichnet. Eine weitere Intensivierung der Kontrollintensität im Bereich der tatrichterlichen Feststellungen ist seit den siebziger Jahren zu verzeichnen, insbesondere durch einen im Laufe der Zeit vom BGH entwickelten Anforderungskatalog an eine ordnungsgemäß begründete Beweiswürdigung[255], etwa das Erfordernis einer objektiv tragfähigen Tatsachengrundlage[256], die notwendige Berücksichtigung naheliegender oder sich aufdrängender Umstände[257], Vorgaben zum Beweiswert bestimmter Beweismittel[258]

248 *Fezer,* Die erweiterte Revision; *Frisch,* in: FS Eser, 257, 269; *Peters,* in: FS Schäfer, 137, 150; *Rosenau,* in: FS Widmaier, 521, 525.

249 *Frisch,* in: FS Eser, 257, 265; *Jähnke,* in: FS Hanack, 355, 358 f.; vgl. RGSt 73, 246, 248; 77, 75, 79 f.; 157, 161; JW 1928, 2265; vgl. RGSt 71, 25, 26 zum Gebot zusammenhängender Sachdarstellung; JW 1931, 1494 zur Erörterungspflicht bei Bedenken gegen die Glaubwürdigkeit eines Zeugen.

250 BGHSt 38, 14, 16; 47, 128, 132; *Rosenau,* in: FS Widmaier, 521, 525.

251 *Franke,* in: LR-StPO, vor § 333 Rn. 4; *Frisch,* in: FS Eser, 257, 265; vgl. BGHSt 3, 213, 215 zu „unklar"; NJW 1961, 2069; BayObLGSt 1954, 38, 39 zu „widersprüchlich"; BGHSt 12, 311, 314 ff.; 22, 180, 185; NJW 1956, 1845; 1960, 1397, 1398; 1961, 2069, 2070 zur nicht erschöpfenden Beweiswürdigung; w.Nw. bei *W. Schmid,* ZStW 85 (1973), 360, 374 f.

252 *Fezer,* Die erweiterte Revision, 41; *Franke,* in: LR-StPO, vor § 333 Rn. 10; *Hanack,* JuS 1977, 727, 730; *Rosenau,* in: FS Widmaier, 521, 525.

253 *Fezer,* Die erweiterte Revision, 9; *ders.,* FS Hanack, 331, 332; *ders.,* StV 2007, 40.

254 *Riess,* GA 1978, 257, 261; *ders.,* in: FS Fezer, 455, 462.

255 *Frisch,* in: FS Eser, 257, 265 f.; *Rosenau,* in: FS Widmaier, 521, 524; *Schlothauer,* StraFo 2000, 289.

256 BGH NStZ 1982, 478; StV 1982, 256; 1993, 510, 511; 1995, 453.

257 Vgl. BGH NJW 1980, 2423; StV 1991, 451; 1992, 98; 149; 556.

258 Vgl. BGHSt 17, 382, 385: Zeuge vom Hörensagen; 33, 83, 88: V-Mann; NStZ 1987, 288: Wahlgegenüberstellung; 1992, 48, 49: Alibibeweis; StV 1991, 451, 452: Aussage gegen Aussage; 1993, 509 f.: Indizienbeweis.

sowie das Verbot überspannte Anforderungen[259] an die richterliche Überzeugung zu stellen. Insbesondere im Hinblick auf die richterliche Überzeugung im Sinne von § 261 StPO betreffende „Darstellungsregeln" hat sich mittlerweile eine Abkehr von der bloß die subjektive Überzeugung des Tatrichters fordernden subjektivistischen Beweiswürdigungstheorie und eine Hinwendung zu einem zusätzlichen, objektivierten Beweismaß in der obergerichtlichen Rechtsprechung abgezeichnet.[260] Zusammenfassend lässt sich an dieser Stelle allgemein konstatieren, dass sich der BGH im Laufe der Zeit selbstständig ein umfangreiches Kontrollinstrumentarium zur Nachprüfung der bisher als irrevisibel geltenden tatrichterlichen Feststellungen sowie der Beweiswürdigung auf die Sachrüge hin geschaffen und dieses nach und nach weiter ausgebaut hat. Im Hinblick auf die verfahrensrechtlichen Grenzen des Revisionsverfahrens wird auch von einer allgemeinen „Vertretbarkeitsprüfung"[261] oder „Plausibilitätskontrolle"[262] der Feststellungen gesprochen. Insgesamt betrachtet spiegelte sich die praktische Bedeutung der „Darstellungsrüge" nach einer empirischen Untersuchung von *Riess* in den Jahren 1979–1981 in ihrem Anteil an immerhin 40 % aller erfolgreichen Sachrügen wieder.[263]

Gegenläufig zur allgemeinen Tendenz verlief die Entwicklung bei der Nachprüfung der Gesetzesanwendung im engeren Sinn, der Subsumtion des konkreten Falles unter das Gesetz: Während sich die Einschränkung der inhaltlichen Nachprüfung unbestimmter Begriffe durch die ältere Rechtsprechung noch auf wenige Fallgruppen beschränkt hat[264] und nicht einheitlich durchgeführt wurde[265], erfolgte ein stetiger Ausbau der Einengung der Nachprüfungsbefugnisse des Revisionsgerichts im

---

259 BGH NJW 1951, 83; Urt. v. 21.6.1978 – 2 StR 46/78 bei *Holtz*, MDR 1978, 806; NStZ 1982, 478, 479; NStZ-RR 1999, 301, 302; StV 1994, 580.

260 Vgl. dazu die Ausführungen unten 4. Kapitel A II 1 b) aa) (1) (b) (cc).

261 *Hanack*, JuS 1977, 727, 730; *Riess*, in: FS Fezer, 455, 468; *Rosenau*, in: FS Widmaier, 521, 525; *W. Schmidt*, ZStW 85 (1973) 360, 382; vgl. sogar BGH NJW 2005, 2322, 2326: „Bewertung vertretbar".

262 *Detter*, in: FS 50 Jahre BGH, 679, 686 f.; *Dahs*, in: FS Hamm, 41, 51; *Erb*, GA 2012, 72, 85; *Fischer*, in: FG Paulus, 53, 71; *Franke*, in: LR-StPO, vor § 333 Rn. 10; *Frisch*, in: FS Eser, 257, 266; *Ranft*, Strafprozessrecht, Rn. 2194; *Schünemann*, JA 1982, 71, 75; *ders.*, in: ZStW 114 (2002), 1, 54; *Temming*, in: HK, vor §§ 333 ff. Rn. 9; *Velten*, in: SK-StPO, § 261 Rn. 31; *Volk*, Wahrheit und materielles Recht im Strafprozess, 27; *Wittig*, GA 2000, 267, 277; vgl. sogar BGH, Beschl. v. 25.1.2006 – 5 StR 593/05 -, jurion Rn. 10 und OLG München, Beschl. v. 15.2.2011 – 4 StRR 167/10 -, juris Rn. 7.

263 *Riess*, NStZ 1982, 49, 53; vgl. auch *Nack*, NStZ 1997, 153, 158: 1992–1995 14 % für die Teilbereiche Beweiswürdigung und Tatsachengrundlage.

264 Vgl. die oben aufgeführten Entscheidungen in Fn. 238 und weitere Beispiele bei *Tolksdorf*, in: FS Meyer-Goßner, 523, 525.

265 Vgl. folgende Entscheidungen, in welchen ungeachtet der zeitweisen Erwähnung der „wesentlich tatsächlichen" Entscheidung oder des tatrichterlichen „Ermessens" iE doch eine eigene Prüfung durch das Revisionsgericht erfolgt: RGSt 46, 408, 410 ff. zur „Geringwertigkeit" in § 248a StGB; 55, 82, 83 ff. zum „gegenwärtigen" Angriff iRd § 32 StGB; GA 64, 118 f. zur Frage der „geringen Menge" und

Bereich der klassischen *Rechts*frage durch die Einräumung tatrichterlicher „Beurteilungsspielräume“ bei der Ausfüllung normativer oder unbestimmter Rechtsbegriffe in der jüngeren Rechtsprechung seit den 80er und 90er Jahren des vorangegangenen Jahrhunderts[266]. Die Revisionsgerichte sehen sich seitdem vermehrt daran gehindert, tatrichterliche Wertungen durch ihre eigene zu ersetzen und nehmen diese stattdessen hin, „auch wenn eine andere tatrichterliche Bewertung möglich oder gar näherliegend gewesen wäre“[267]. Insofern ist eine ausschließliche Betonung der Ausdehnung der Prüfungskompetenzen im Rahmen der Sachrüge ungenau, vielmehr ist eine Differenzierung zwischen der sachlich-rechtlichen Rechtsanwendung im engeren Sinn sowie der Tatsachenfeststellung und der Beweiswürdigung veranlasst.

*b) Verfahrensrüge: „Abblockmechanismus“*

Angesichts des die „erweiterte Revision“ im Bereich der Tatsachenfeststellung und Beweiswürdigung (mit)auslösenden erhöhten Verlangens nach Gerechtigkeit im Einzelfall, würde man eine entsprechende, die Revisibilität stetig ausbauende Entwicklung auch im Bereich der Verfahrensrüge erwarten – zumal dort der Angeklagte im Hinblick auf seine subjektiven Beschuldigtenrechte besonders betroffen ist. Schon ganz grundsätzlich läge bei dem Grundbegehren nach einer Ausweitung der Prüfungsmöglichkeiten im Rahmen der Revision der Weg über die Verfahrensrüge näher, schließlich gewährt allein diese nach der Grundkonzeption der RStPO die Möglichkeit, tatrichterliche Feststellungen bei Vorliegen von Verfahrensfehlern zu Fall zu bringen. Denn wie die Motive zur RStPO zeigen, ist bereits der historische Gesetzgeber von einem ausnahmsweise zulässigen Angriff auf die *Tat*frage der tatsächlichen Feststellungen ausgegangen, wenn diese *„im Wege eines gesetzwidrigen Verfahrens gewonnen worden (sind)“*[268]. Doch die Annahme trügt. Im Gegenteil ist im Rahmen der Verfahrensrüge eine gänzlich gegenläufige Entwicklung[269] zu verzeichnen. Der Weg zu einer erfolgreichen Verfahrensrüge ist „immer enger und steiniger“ geworden“.[270] In scheinbar eigenartigem Gegensatz zur Sachrüge hat die Bedeutung

zum „unbedeutenden Wert“ in § 370 Nr. 5 StGB a.F.; BGH NJW 1952, 430 f. zum Versuchsbeginn; 1967, 1140, 1141; *Tolksdorf*, in: FS Meyer-Goßner, 523, 525.

266 *Geisler*, in: FS Geppert, 113, 114; *Tolksdorf*, in: FS Meyer-Goßner, 523, 526; vgl. schon die ersten Ansätze eines „Beurteilungsspielraums“ in BGH MDR 1961, 161, 162 zum Begriff des „Gebäudeteils“ und OLG Köln NJW 1969, 65, 67 zum Begriff der „Zumutbarkeit“; w.Nw. zur frühen Ansätzen einer beschränkten Nachprüfung in der älteren Rechtsprechung bei *W. Schmid*, ZStW 85 (1973), 360, 387 f.

267 BGH NStZ-RR 2012, 241, 243 zur Abgrenzung von Täterschaft und Teilnahme; BGH NStZ-RR 2006, 340, 341; NStZ 2007, 330, 331 zum Begriff der „niedrigen“ Beweggründe in § 211 Abs. 2 StGB.

268 *Hahn/Mugdan*, Materialien (Fn. 230), 250.

269 *Barton*, StV 2004, 332, 333; *Franke*, in: LR-StPO, vor § 333 Rn. 1.

270 *Dahs*, in: FS Hamm, 41, 48; *Franke*, in: LR-StPO, vor § 333 Rn. 1.

der Verfahrensrüge im Laufe der Zeit stetig abgenommen und diese wurde mehr und mehr einer immer restriktiveren Spruchpraxis der Revisionsgerichte ausgesetzt.[271]

Die Nichtberücksichtigung der Verfahrensrüge als Mittel zur Erweiterung der Revisibilität hängt mit der Ausformung zusammen, die diese durch ihre Handhabung in der revisionsgerichtlichen Praxis erfahren hat: Während die Motive noch statuiert hatten *„grundsätzlich ist keine Prozessvorschrift von der Begründung der Revision ausgeschlossen“*[272], begann das Reichsgericht schon kurz nach dem Inkrafttreten der RStPO die Verfahrensrüge so zu praktizieren, dass nicht jede Abweichung von einer Verfahrensnorm zur Aufhebung der tatrichterlichen Entscheidung führte.[273] Vielmehr differenzierte es zwischen den verschiedenen Verfahrensvorschriften und ließ nur die Abweichung von bestimmten prozessualen Normen als revisibele Verfahrensfehler zu. So erklärte das Reichsgericht etwa eine Vielzahl von Verfahrenvorschriften zu irrevisibelen Soll- und Ordnungsvorschriften[274] und führte die Möglichkeit der Rügepräklusion, d.h. der Verwirkung einer Berufung auf einen Verfahrensverstoß, z.B. bei Nichtanrufung des Gerichts im Falle einer Beanstandung der Verfügung des Vorsitzenden gemäß § 238 Abs. 2 StPO[275] ein.

Trotz dieser engen Auslegungspraxis des Reichsgerichts hinsichtlich der notwendigen Qualität revisibeler Verfahrensnormen und des Beruhens, hielt sich dieses bezüglich der grundsätzlichen Frage der Bindung an tatrichterliche Feststellungen bei Verfahrensfehlern anfänglich noch ganz an die aus den Motiven ersichtliche gesetzgeberische Grundkonzeption. In RGSt 4, 388, 389 stellte das Reichsgericht ausdrücklich klar, dass die Strafprozessordnung „keinen Anhalt dafür bietet, dass auch hinsichtlich des Vorhandenseins oder Nichtvorhandenseins für die angefochtene Gesetzmäßigkeit prozessualer Vorgänge erheblicher Thatsachen die Annahme des Instanzrichters für den Revisionsrichter bindend sein soll“. Im Zusammenhang mit der schon damals normierten Begründungspflicht einer Verfahrensrüge für den Revisionsführer in § 384 Abs. 2 S. 2 RStPO = § 344 Abs. 2 S. 2 StPO und der Tatsache, dass schon der Gesetzgeber erkennbar davon ausgegangen ist, ein prozessualer Verstoß bedürfe des Nachweises[276], macht diese Grundaussage klar, dass die Rechtsprechung anfänglich von einem selbstverständlichen Prüfungsauftrag des Revisionsgerichts hinsichtlich des Vorliegens von Verfahrensfehlern ausgegangen ist[277]. Relativierend ist diesbezüglich allerdings zuzugeben, dass sich weder

271 *Fezer,* in: FS Hanack, 331, 350; *Riess,* in: FS Hannack, 397, 408.

272 *Hahn/Mugdan,* Materialien (Fn. 230), 251.

273 *Frisch,* in: FS Eser, 257, 260 f., dort auch zum folgenden Text.

274 Vgl. RGSt 6, 25, 27 zu § 266 Abs. 3 a.F.=267 Abs. 3 n.F.; 40, 157, 158 zu § 67 a.F.=68 Abs. 1 S. 1 n.F.; 42, 168, 169 f. zu § 256 a.F.= 257 n.F.; 54, 297, 298 zu § 58 Abs. 1; 64, 133, 134 zu § 326 StPO; w.Nw. bei *Weber-Petras,* Ordnungs- u Sollvorschriften im Strafprozessrecht, 201 ff., 233 f.

275 Vgl. RG JW 1930, 760 Nr. 9; 1931, 950 Nr. 24; RGSt 71, 21, 23; weitere Beispiele bei *Kindhäuser,* NStZ 1987, 529, 530 f.

276 Vgl. dazu *Hahn/Mugdan,* Materialien (Fn. 230), 253.

277 *Fezer,* in: Aktuelle Probleme der Strafrechtspflege, 89, 93.

der Gesetzgeber noch die damalige Rechtsprechung ersichtlich Gedanken über die konkrete Nachweisbarkeit von Verfahrensverstößen gemacht haben, diese gingen vielmehr anfänglich nur von dem Sitzungsprotokoll als Beweismittel aus[278].

Trotz dieser so postulierten Grundsätze hat das Reichsgericht aber bereits von 1879 an die Grenze der Nachprüfbarkeit von Verfahrensverstößen für das Revisionsgericht dort gezogen, wo dem Tatrichter bei der Handhabung von Verfahrensnormen ein „freies bzw. pflichtgemäßes Ermessen" eingeräumt wurde.[279] Dieser stets als „Ermessen" bezeichnete Handlungsfreiraum des Tatrichters kann nicht mit dem heutigen Verständnis des Ermessens bei der Anordnung einer bestimmten Rechtsfolge gleichgesetzt werden, sondern betraf zumeist die Ausfüllung unbestimmter Rechtsbegriffe im gesetzlichen Tatbestand von Verfahrensnormen[280], sodass terminologisch richtigerweise von einem Beurteilungsspielraum zu sprechen wäre; denn ein Beurteilungsspielraum betrifft einen Subsumtionsvorgang innerhalb eines gesetzlichen Tatbestandes, wobei es sich beim Ermessen um eine gestaltende Maßnahme auf der Rechtsfolgenseite handelt[281]. Das Reichsgericht stellte dabei auf das Erfordernis *„thatsächlicher* Würdigung/Beurteilung" der Umstände durch den Tatrichter ab, welche – mit Ausnahme der Kontrolle auf einen Rechtsirrtum – der Nachprüfung durch das Revisionsgericht entzogen sei.[282] Der BGH hat diese Rechtsprechung fortgesetzt und seine Prüfung in Fällen der Ermesseneinräumung an den Tatrichter grundsätzlich auf das Vorliegen von Ermessensfehlern beschränkt.[283] Aufgrund dieser Rechtsprechungspraxis konnte mithin von Anfang an, in Einschränkung des gesetzgeberischen Grundauftrags zur Nachprüfung von Verfahrensfehlern, die Richtigkeit von Tatsachenfeststellungen betreffend die korrekte Handhabung von Verfahrensvorschriften mit Beurteilungs-/Ermessensspielraum nicht nachgeprüft werden.

Im Übrigen wurden jedoch im Laufe der Zeit über das Protokoll hinaus Beweismöglichkeiten zugelassen[284] und die Revisionsgerichte prüften den Grund-

---

278 *Fezer,* in: Aktuelle Probleme (Fn. 277), 94; vgl. RGSt 35, 164 f.

279 *Fezer,* in: Aktuelle Probleme (Fn. 277), 96 f.; vgl. RGSt 4, 388, 389; 11, 261, 262; 12, 104, 105; 28, 111, 113; 44, 380, 384; 54, 22; 57, 186, 187.

280 Vgl. z.B. „genügende Vorstellung" in § 60 Nr. 1, „verdächtig" in § 60 Nr. 2; „genügend entschuldigt" in § 329 Abs. 1 StPO, Verhandlungsfähigkeit; *Fezer,* in: Aktuelle Probleme (Fn. 277), 96; w.Nw. bei *Pfitzner,* Bindung der Revisionsgerichte an vorinstanzliche Feststellungen im Strafverfahren, 169 ff.

281 *Peters,* Strafprozess, 4. Aufl., 641; *Störmer,* ZStW 108 (1996), 494, 497.

282 Vgl. RGSt 11, 261, 262; 25, 361, 362; 28, 111, 113; 46, 114, 115; 61, 175; 62, 420, 421; siehe auch RGSt 26, 97, 99, wo die Ausfüllung „mangelnder Verstandesreife" in § 60 Nr. 1 als Beweiswürdigung bezeichnet wird.

283 Vgl. BGHSt 4, 255; 9, 71, 72; 22, 266, 267; 29, 1, 3; 31, 140, 143 m. krit. Anm. *Fezer,* JZ 1983, 355 f.; Beschl. v. 29.1.1980 bei *Holtz,* MDR 1980, 456; Urt. v. 5.3.1980 – 2 StR 657/79 bei *Holtz,* MDR 1980, 630; siehe auch BGHSt 28, 384, 387, wo terminologisch richtig von einem „Beurteilungsspielraum" die Rede ist.

284 *Fezer,* in: Aktuelle Probleme (Fn. 277), 89, 94; vgl. RGSt 35, 367, 370: herangezogene Beiakten; 38, 39, 40 und 45, 128, 130: Akteninhalt; 43, 441, 442; 44, 120, 121 und 76, 82, 84: dienstliche Stellungnahmen; 45, 271, 277: Erklärung Angeklagter; 59, 54, 56

sätzen entsprechend von Amts wegen, ohne sich an die Regelungen über Art und Form der Beweiserhebung nach §§ 243 ff. StPO gebunden zu fühlen, im Wege des Freibeweises das tatsächliche Vorliegen von im Wege der Verfahrensrüge geltend gemachten Verfahrensverstößen und Verfahrenshindernissen[285]. Zum gerichtsverfassungsrechtlichen Hintergrund dieser Handhabung ist wiederum darauf hinzuweisen, dass es bis zum Jahr 1924 kein zwingend schriftlich zu begründendes Urteil gab, sodass Kollisionen der Überprüfungspraxis von tatsächlichen Feststellungen zu prozessualen Vorgängen mit der Bindung an Feststellungen zur Schuld- und Rechtsfolgenfrage mangels entsprechender Dokumentation gar nicht denkbar waren. Bis in die zwanziger Jahre des 20. Jahrhunderts konnte der Angeklagte seiner Verurteilung auch nicht etwa – im Sinne der heutigen Aufklärungsrüge nach § 244 Abs. 2 StPO – entgegenhalten, das Gericht hätte weitere naheliegende Beweismittel heranziehen müssen; man nahm an, wenn der Tatrichter zu der Überzeugung von dem Vorliegen eines bestimmten Sachverhalts gelangt sei, seien weitere Ermittlungen nicht erforderlich gewesen und eine Verletzung der Aufklärungspflicht ausgeschlossen.[286] Mithin wurde ein – bekannter oder unbewusster – Konflikt zwischen der Amtsaufklärungspflicht in § 244 Abs. 2 StPO und der freien Beweiswürdigung in § 261 StPO einseitig zugunsten der freien Überzeugung entschieden. Generell waren Verfahrensvorschriften, welche die inhaltliche Richtigkeit und Vollständigkeit der Feststellungen betreffen und deren Verletzung revisibel ist – vergleichbar dem heutigen Verständnis von den §§ 244 Abs. 2, 261 StPO – sowohl dem historischen Gesetzgeber, also auch lange Zeit der Rechtsprechung und Literatur nicht bekannt.[287] Pflichten, wie etwa zur erschöpfenden Beweiswürdigung und Darstellung in den Urteilsgründen wurden, wie oben bereits im Rahmen der Erweiterung der Prüfungskompetenzen im Bereich der Sachrüge erörtert, erst im Laufe der Zeit von der Rechtsprechung entwickelt. So hat der BGH noch im Jahr 1951 festgestellt, „weder § 267 StPO noch § 261 StPO zwingen das Gericht, sich in der Urteilsgründen mit sämtlichen als beweiserheblich in Betracht kommenden Umständen ausdrücklich auseinanderzusetzen“ und daraus gefolgert, dass „aus dem Schweigen der Gründe zu einem Beweisgeschehen in der Hauptverhandlung (...) noch nicht geschlossen werden (kann), der Tatrichter habe diese ungewürdigt gelassen und somit seine Überzeugung nicht aus dem Gesamtinhalt der Hauptverhandlung geschöpft“.[288] Die heute

---

und 71, 259, 261: eigene Ermittlungen; 72, 4, 5: amtliche Auskünfte; *Kleinknecht-Müller*, StPO, § 337 Anm. 4 b); *Stein*, Das private Wissen des Richters, 104 f.

285 Vgl. RGSt 55, 231; 45, 128 f.; 54, 22; *Beling*, JW 1928, 2988; fortführend: BGHSt 14, 137, 139; 16, 164, 166 f.; 19, 141, 143; NJW 1953, 836, 837.

286 *Alsberg/Nüse/Meyer*, Der Beweisantrag im Strafprozess, 23; *Fezer*, in: Aktuelle Probleme (Fn. 277), 89, 95; *Sarstedt/Hamm*, Die Revision in Strafsachen, Rn. 244 f.; vgl. RG JW 1916, 1026 Nr. 1; BayObLG JW 1929, 2751 Nr. 6.

287 *Fezer*, in: Aktuelle Probleme (Fn. 277), 89, 93; vgl. *Gössel*, in: Tatsachenfeststellung in der Revisionsinstanz, 117, 123 betr. 244 Abs. 2 StPO in Zeiten des RG; vgl. RGSt 5, 352, 353; 49, 315, 316, welche die freie Überzeugung betonen.

288 BGH NJW 1951, 325.

aus § 261 StPO abgeleitete, prozessuale Pflicht zur erschöpfenden Berücksichtigung aller beweiserheblicher Umstände sowie das Verbot der Zugrundelegung nicht in die Hauptverhandlung eingeführter Beweismittel bei der Beweiswürdigung[289] lag damals noch außerhalb der Vorstellungskraft der Revisionspraxis. Mit der Einführung des § 261 in die RStPO bezweckte der historische Gesetzgeber vor allem die mit der Überwindung des Inquisitionsprozesses einhergehende Abschaffung von festen Beweisregeln[290], welche die Überbetonung der Freiheit der Überzeugungsbildung in den ersten Jahrzehnten der Geltung der RStPO erklärt. Bei der Aufklärungsrüge kam der Wandel Ende der zwanziger/Anfang der dreißiger Jahre des vorangegangenen Jahrhunderts: Mit dem Abbau des strengen Beweisantragsrechts durch Anhebung von Beweiserhebungen in das freie Ermessen des Tatgerichts bzw. dem vollständigen Wegfall von Beweisantragsmöglichkeiten 1939, erfolgte als Gegenzug ein Ausbau der Anfechtungsmöglichkeiten durch die Zulassung der Aufklärungsrüge unter Statuierung immer höherer Anforderungen an die Amtsermittlungspflicht des Tatrichters durch die Revisionsgerichte[291]. Mit der Wiedereinführung des strengen Beweisantragsrechts 1950 wurde die Aufklärungsrüge als Ersatz für den versagten Beweisantrag nicht mehr benötigt, so dass nach und nach rückläufige Erfolgsquoten derselben zu verzeichnen waren.[292] Erst nach 1945 wurde in der ersten Entscheidung zur Rüge der Nichtausschöpfung eines Beweismittels entgegen der Aufklärungspflicht nach § 244 Abs. 2 StPO, welche nach heutigem Verständnis auch ein Gebot zur vollständigen Ausnutzung eines verwendeten Beweismittels enthält, ein möglicher Konflikt zwischen dem Postulat der Bindung an tatrichterliche Feststellungen zur Schuldfrage und dem der vollständigen Überprüfung von Verfahrensverstößen durch das Revisionsgericht ersichtlich.[293] Will das Revisionsgericht gerügte Verstöße gegen § 244 Abs. 2 oder § 261 StPO voll nachprüfen, wird der Grundsatz der Bindung an materielle Feststellungen berührt, da die Feststellungen, etwa ob während der Sitzung ein bestimmter Vorhalt gemacht wurde oder ob einem Zeugen einzelne Fragen gestellt wurden, gleichzeitig auch den Inhalt der Beweisaufnahme betreffen und daher einen Bezug zur Schuld- und Rechtsfolgenfrage aufweisen. Wie will das Revisionsgericht etwa zum Nachweis von Verstößen gegen die Aufklärungspflicht oder das Gebot zur erschöpfenden Beweiswürdigung den Gang der Beweisaufnahme inhaltlich sichtbar machen, ohne auch deren Ergebnis, welches über die Schuld- und Rechtsfolgenfrage entscheidet, jedenfalls mittelbar anzutasten? Der OGH hat die erkannte Kollisionsgefahr einseitig zugunsten des Vorrangs der Bindung an tatrichterliche Feststellungen zur Schuldfrage gebannt und darauf abgestellt, das

289 Vgl. zum heutigen Verständnis von § 261 StPO oben 1. Kapitel B II 2 a) bb).

290 *Riess,* GA 1978, 257, 262.

291 *Alsberg/Nüse/Meyer,* Beweisantrag (Fn. 286), 25; *Sarstedt/Hamm,* Revision (Fn. 286), Rn. 249 f. m.w.Nw.; vgl. die ersten Entscheidungen zu erfolgreichen Aufklärungsrügen ohne vorherigen Beweisantrag: RG JW 1928, 1506 Nr. 22 m. zust. Anm. *Alsberg*; 2988 Nr. 22 m. zust. Anm. *Beling*; 1931, 2030, 2031 m. zust. Anm. *Alsberg*.

292 *Sarstedt/Hamm,* Revision (Fn. 286), Rn. 251.

293 *Fezer,* in: Aktuelle Probleme (Fn. 277), 89, 95 f.

Revisionsgericht könne gar nicht erkennen, ob der Tatrichter dem Zeugen eine bestimmte Frage nicht gestellt oder gar den vermissten Aufklärungsversuch nicht vergeblich unternommen habe.[294] Diese Linie wurde in der Rechtsprechung des BGH fortgesetzt und im Laufe der Zeit das sog. Verbot der Rekonstruktion der Hauptverhandlung[295] entwickelt. Das Rekonstruktionsverbot besagt, dass die Prüf- und Aufklärungspflicht des Revisionsgerichts bei Verfahrensfehlern ihre Grenze dort findet, wo zu deren Nachweis eine Rekonstruktion der tatrichterlichen Hauptverhandlung nötig wäre. Mit Wendungen wie: einem Beweisvorbringen, das darauf abziele, „durch eine Art Wiederholung und Ergänzung eines Abschnitts der Beweisaufnahme vor dem Landgericht darzutun, dass dieses deren Ergebnis unrichtig gewürdigt und festgestellt habe", stehe die Vorschrift des § 261 StPO entgegen[296] und eine revisionsgerichtliche Beweiserhebung „über Einzelheiten der tatrichterlichen Beweisaufnahme (...) widerspräche der Ordnung des Revisionsverfahrens"[297], hat der BGH ein für die Effektivität der Verfahrensrüge folgenschweres Nachweiserfordernis konstruiert, das heute eine Vielzahl von Verfahrensrügen scheitern lässt.

Hinzukamen im Laufe der Zeit weitere Einschränkungen durch die Revisionsrechtsprechung, die zu einem zunehmenden Bedeutungsverlust der Verfahrensrüge in der Revisionsrealität geführt haben: Zum einen war allmählich eine „Relativierung"[298] der absoluten Revisionsgründe zu verzeichnen, wonach bei einigen gesetzlich normierten Fällen der bloße Verstoß für einen Rügeerfolg nicht mehr als ausreichend erachtet, sondern zusätzliche erschwerende Voraussetzungen – wie z.B. im Rahmen der Besetzungsrüge nach § 338 Nr. 1 StPO Willkür – gefordert wurden.[299] Die ursprünglichen Gedanken des Reichsgerichts weiter ausdehnend, erfolgte in der Rechtsprechung der BGH eine Ausweitung der Rügepräklusion, insbesondere durch die Entwicklung der sog. Widerspruchslösung[300],

---

294 OGHSt 3, 59, 60.

295 *Fezer*, in: Aktuelle Probleme (Fn. 277), 89, 92; *Franke*, in: LR-StPO, § 337 Rn. 52; *Gericke*, in: KK-StPO, § 352 Rn. 13.

296 BGHSt 15, 347, 349.

297 BGHSt 17, 351, 352.

298 Vgl. dazu grundlegend *Dahs*, GA 1976, 353 ff.; *Mehle*, in: FS Dahs, 381 ff.

299 Zur Besetzungsrüge *Schlothauer*, StraFo 2000, 289, 294; vgl. ferner zum Erfordernis der Abwesenheit in einem „wesentlichen Teil" iRv § 338 Nr. 1 und Nr. 5 StPO: BGHSt 15, 263, 264; 26, 84, 91; GA 1963, 19; NStZ 1983, 36; StV 2011, 211, 212; wistra 1984, 113; vgl. schon RGSt 58, 180 sowie zur einschränkenden Ausnahme von der „Absolutheit" der Revisionsgründe, wenn ein Beruhen „denkgesetzlich ausgeschlossen" sei: BGH NStZ 2007, 352, 353; StraFo 2003, 134; StV 1996, 133, 134; *Fezer*, in: FS Hanack, 331, 345; *Mehle*, in: FS Dahs, 381, 387.

300 Wonach dem Angeklagten die Berufung auf bestimmte Beweisverwertungsverbote versagt sei, wenn er der Verwertung nicht bis zu dem in § 257 StPO genannten Zeitpunkt widerspochen habe, vgl. BGHSt 1, 284, 286 und 9, 24, 28 zu § 224; 31, 140, 145 zu § 168c Abs. 5; vgl. dazu schon RGSt 50, 364, 365; 58, 100, 101; BGHSt 38, 214 zu § 136 Abs. 1 S. 2; 42, 15, 22 m. zust. Anm. *Müller*, StV 1996, 358 ff. zu

ebenso diente die sog. Rechtskreistheorie[301] als Mechanismus zur Einschränkung erfolgreicher Verfahrensrügen. Weitere Beschränkungen erfuhr die Effektivität der Verfahrensrüge im Laufe der Zeit durch die zunehmende Degradierung der formellen Voraussetzungen heimlicher Ermittlungsmaßnahmen zu irrevisibelen Formvorschriften und die Annahme eines Verwertungsverbotes nach Abwägung lediglich im Falle der Willkür[302] sowie durch eine „Erosion" des Beweisantragsrechts mittels Aufstellens immer höherer Anforderungen an einen gemäß § 244 Abs. 3–5 StPO zu behandelnden Beweisantrag seit dem Jahr 1990[303], wodurch die Wahrscheinlichkeit eines erfolgreichen Revisionsangriffs erheblich gesunken ist, da die zu Beweisermittlungsanträgen und Beweisanregungen herab gestuften Anträge nicht den strengeren Anforderungen bei Vorliegen eines echten Beweisantrages, sondern nur denjenigen der höchst erfolglosen Aufklärungsrüge nach § 244 Abs. 2 StPO genügen müssen[304]. Der BGH hat durch seine Rechtsprechungsänderung zur Rügeverkümmerung durch Protokollberichtigung[305] in jüngster Zeit sogar die Möglichkeit geschaffen, ursprünglich erfolgversprechenden Verfahrensrügen durch Berichtigung der Sitzungsniederschrift nachträglich den Boden zu entziehen.

Eine der wesentlichsten und am meisten kritisierten Entwicklungen stellen die stetig steigenden Zulässigkeitsanforderungen für die Erhebung einer erfolgreichen Verfahrensrüge weit über den Gesetzeswortlaut des § 344 Abs. 2 S. 2 StPO hinaus dar: Nach dem Gesetz ist der Revisionsführer nur verpflichtet, die den Mangel des Verfahrens enthaltenden Tatsachen anzugeben. Er hat mithin den Verfahrensablauf darzulegen und vorzutragen, auf welcher konkreten Handlung oder Unterlassung der Verfahrensfehler beruht. Über diese formale Berichtspflicht hinaus, verlangt der BGH jedoch sowohl einen derart vollständigen Tatsachenvortrag, dass die Nachprüfung, ob der behauptete Verfahrensverstoß vorliegt, allein anhand der Revisionsbegründung ohne Bezugnahme auf weitere Unterlagen erfolgen kann[306]. Zusätzlich

---

§ 136 Abs. 1 S. 1 StPO; weitere Fallbeispiele bei *Herdegen,* in: Strafverteidigung in der Praxis, 907 f.

301 Wonach sich der Angeklagte nicht auf die Verletzung von Vorschriften berufen könne, die nicht zumindest auch seinem Schutz zu dienen verpflichtet seien, vgl. BGHSt 1, 39, 40 und 11, 213, 217 zu § 55 Abs. 2; vgl. schon im Ansatz RGSt 38, 320; BGH StV 1995, 231, 232 m. abl. Anm. *Dencker,* 232 ff. zu § 136 Abs. 1 S. 2 StPO bei Mitbeschuldigten; *Schlothauer,* StraFo 2000, 289, 294.

302 *Schlothauer,* StraFo 2000, 289, 294; vgl. BGHSt 42, 103, 105 zu § 110b Abs. 2; 44, 243, 250 zu § 100b Abs. 1 S. 4, 5 n.F.; StV 1995, 398 zu § 100b Abs. 2 S. 1 n.F.; OLG Koblenz NStZ 2002, 660 f. zu § 105 Abs. 1 S. 1 StPO.

303 Vgl. BGHSt 37, 162, 164 zum Ausschluss von Tatsachen mit Wertungseinschlag und 39, 251, 254 bzgl. Negativtatsachen; 40, 3, 6 zum Erfordernis der Konnexität; *Habetha/Trüg,* GA 2009, 406 ff. m.w.Nw.; *Schlothauer,* StraFo 2000, 289, 294.

304 *Schlothauer,* StraFo 2000, 289, 294; vgl. zur Erfolgsquote der Aufklärungsrüge: *Nack,* NStZ 1997, 153, 159: 0,56 % im Jahr 1994.

305 BGHSt 51, 298; bestätigend BVerfG JZ 2009, 675 ff. m. zust. Anm. *Fahl,* JR 2009, 259 ff.; krit. *Möllers,* JZ 2009, 668 ff.

306 BGHSt 3, 213, 214; 40, 3, 5; JR 1980, 520; *Fezer,* in: FS Hanack, 331, 342.

sind nach der Rechtsprechung des BGH Darlegungen zu sog. Negativtatsachen erforderlich, welche die Revisibilität wieder einschränken könnten, etwa warum der Normverstoß nicht ausnahmsweise seine Wirkung wieder verloren hat oder vorliegend keine Ausnahmevorschrift zum Tragen kommt, welche den Verfahrensfehler nicht wieder relativiert.[307] Im Laufe der Zeit sind die Anforderungen an eine der Vorschrift des § 344 Abs. 2 S. 2 StPO entsprechende Verfahrensrüge seitens der Obergerichte immer strenger festgelegt worden, *Fezer* spricht vom „Erfinden" neuer Erfolgshürden durch die immer restriktivere Auslegungspraxis der Revisionsgerichte[308], *Dahs* gar von der Revisionsbegründung als „Puzzle oder Glücksspiel"[309]. Die Praxis ist zudem dazu übergegangen, die als Ausnahmevorschrift gedachte Möglichkeit der Beschlussentscheidung wegen offensichtlicher Unbegründetheit nach § 349 Abs. 2 StPO zum Regelfall werden zu lassen, aus der eigentlich vorgesehenen mündlichen Hauptverhandlung vor dem Revisionsgericht nach § 351 StPO ist in einer Vielzahl der Fälle ein schriftliches Verfahren geworden.[310] Im speziellen Zusammenhang mit der begründungsfreien Beschlussverwerfungspraxis des BGH hat *Peters* den Vorwurf erhoben, dass dadurch erfolgsversprechende Revisionsrügen „abgeblockt" würden und zugleich mit dem Begriff des „Abblockens von Verteidigungsvorbringen" die prinzipielle Verkürzung von Verfahrensrechten in der Rechtsprechungspraxis angeprangert.[311] *Barton* spricht insofern von speziell entwickelten „Abblock"-Mechanismen der Revisionsgerichte, um erfolgreiche Verfahrensrügen zu verhindern.[312] Wirft man einen Blick auf die Erfolgsquoten von Verfahrensrügen der letzten Jahre erscheint der Vorwurf des „Abblockens" von Verfahrensrügen nicht gerade aus der Luft gegriffen: Die Aufhebungen infolge einer erfolgreichen Verfahrensrüge sind deutlich zurückgegangen[313] und erfassen heutzutage

---

307 *Dahs,* StraFo 1995, 41, 44 m.w.Nw.; *Fezer,* in: FS Hanack, 331, 343 ff. m.w.Nw.; vgl. zur Ursächlichkeit bei Belehrungsverstößen: BGHSt 25, 325, 332 f. zu § 243 Abs. 5 S. 1 n.F.; 38, 214, 224 f. zu § 136 Abs. 1 S. 2 und 40, 336, 340 zu §§ 81c Abs. 3 S. 2, 52 Abs. 3; zum rechtzeitigen Widerspruch iRv §§ 136 Abs. 1 S. 2, 163 Abs. 4 S. 2: NJW 1997, 2893, 2894; Beschl. v. 17.6.1997 – 4 StR 243/97 bei *Miebach,* NStZ-RR 1998, 2; zur Fortwirkung bei § 136a: NStZ 1988, 419, 420 und 1996, 290, 291; vgl. auch StV 1996, 530, 531 bei Rüge der Verletzung des § 250: kein Ausnahmetatbestand nach § 251 Abs. 2 StPO und wistra 1990, 197 bei fehlender Verlesung: keine anderweitige Kenntnisnahme.

308 *Fezer,* in: FS Hanack, 331, 341; *Schlothauer,* StraFo 2000, 289, 293.

309 *Dahs,* StraFo 1995, 41.

310 *Peters,* in: FS Dünnebier, 53, 67; vgl. zur Statistik oben Fn. 93 und 97.

311 *Peters,* in: FS Dünnebier, 53, 57, 71; vgl. *dens.,* Strafprozess, 3. Aufl., 28, 77, 83, 672.

312 *Barton,* StV 2004, 332, 333.; vgl. auch *Widmaier,* StraFo 2010, 310, 313, der von der „Tendenz der Revisionsverhinderung" spricht.

313 *Barton,* StV 2004, 332, 333; *ders.,* Die Revisionsrechtsprechung des BGH in Strafsachen, 148; vgl. *Riess,* in: FS Sarstedt, 253, 289: Erfolgsquote 1976–1979: 3,1%.

weniger als 1 %[314]. Im Zusammenhang mit diesem so dokumentierten Bedeutungsverlust der Verfahrensrüge spricht *Schlothauer* von einem „unaufhaltsame(n) Niedergang der Verfahrensrüge“[315]. Betrachtet man diese Entwicklung der Verfahrensrüge als ursprünglich avisiertes, einziges Instrument zur Kontrolle der tatsächlichen Feststellungen zu einem von der Sachrüge in die Bedeutungslosigkeit degradierten Hilfsvorbringen, wundert die Besinnung auf die Sachrüge zur Bewältigung einer Erweiterung des Revisionsangriffs nicht mehr. Die Verfahrensrüge erschien – in ihrer Gestalt, die sie durch die praktische Anwendung seit Erlass der RStPO erhalten hat – in ihrer Wirkweise zu „zufällig“ und zu „schwach“, um gezielt und kontrolliert als Mittel zur Ausweitung des revisibelen Bereiches zu dienen.[316] Angesichts der dargestellten Entwicklung stellt sich in der Tat die Frage, warum sich die Revisionsgerichte auf ein von ihnen selbst systematisch geschwächtes, unsicheres Instrument stützen sollten, wenn sie es selbst in der Hand haben, durch Richterrecht ein weniger aufwändiges und elastischeres Mittel zu schaffen. Vor dem Hintergrund dieser Klagen drängt sich die Frage auf, ob die kritisierten Einschränkungen tatsächlich die Revisionsrealität beherrschen und ob dann die Revision überhaupt noch als effektives Rechtsmittel, insbesondere zur Sicherung der subjektiven Verfahrensrechte des Angeklagten angesehen werden kann.

### *c) Reformbemühungen de lege ferenda*

Die Entwicklungen in der Revisionswirklichkeit gaben seit deren Einsetzen in den zwanziger Jahren des vorangegangenen Jahrhunderts Anlass zu einer Flut von Änderungsvorschlägen zur Revision sowie zur mehreren gesetzlichen Reformvorhaben, die jedoch nie umgesetzt wurden.[317] Der StPO-Entwurf von 1939 sah etwa eine Umgestaltung der Revision in eine „Urteilsrüge“ vor, mit der die „künstliche Abtrennung“ der *Rechts*frage von der *Tat*frage beseitigt werden sollte.[318] Danach sollte das Rechtsmittelgericht neben der klassischen Überprüfung des tatrichterlichen Urteils auf Verfahrens- und Subsumtionsfehler insbesondere auch prüfen, ob die Bemessung der Strafe ungerecht ist oder ob ein so schwerwiegendes Bedenken gegen die Richtigkeit der tatsächlichen Feststellungen besteht, dass eine neue Entscheidung notwendig ist, § 331.[319] In § 341 Abs. 2 S. 2 des Entwurfs war auf Antrag der Staatsanwaltschaft hin eine Beweisaufnahme vor dem Urteilsrügegericht vorgesehen. Mit dem Ausbruch des zweiten Weltkriegs wurden die Reformpläne nicht weiter

---

314 *Dahs,* Die Revision im Strafprozess, Rn. 1; *Frisch,* in: FS Fezer (2008), 353, 365 f.; *Nack,* NStZ 1997, 153, 159 für den Zeitraum 1992–1995; vgl. auch *Riess,* in: FS Eisenberg (2009), 569, 572: 1 Zehntel der maximal 20 % erfolgreichen Revisionen.

315 *Schlothauer,* StraFo 2000, 289, 293.

316 Vgl. *Frisch,* in: FS Eser, 257, 261, 264.

317 *Franke,* in: LR-StPO, vor § 333 Rn. 15 m.w.Nw.

318 *Franke,* in: LR-StPO, vor § 333 Rn. 16.

319 Abgedruckt bei *Fezer,* Reform der Rechtsmittel in Strafsachen, 101; *Frisch,* in: FS Eser, 257, 263.

verfolgt.[320] Dennoch wurde der Gedanke von einer Überprüfung der Tatsachenfeststellung auf „schwerwiegende Bedenken" später wieder aufgegriffen, zunächst in einer Denkschrift des Strafrechtsausschusses der Bundesrechtsanwaltskammer, welche die Erstreckung der Revision u.a. auf die Rüge der Aktenwidrigkeit, auf offensichtliche Fehler bei der Beweiswürdigung und auf schwerwiegende Bedenken bei der Tatsachenfeststellung forderte.[321] Nach einem Reformvorschlag der Strafrechtskommission des Deutschen Richterbundes im Jahr 1971 sollte ein dreistufiger Gerichtsaufbau eingeführt, die Berufung abgeschafft und im Gegenzug die revisionsrechtliche Kontrolle im tatsächlichen Bereich gesetzlich erweitert werden.[322] Dabei war durch eine Änderung der Vorschrift des § 337 Abs. 1 StPO in Nr. 2 vorgesehen, wonach die Revision auch darauf gestützt werden könne, dass „gegen die Richtigkeit oder Vollständigkeit der Feststellungen oder gegen die Verhängung der Rechtsfolgen, insbesondere die Zumessung der Strafe und deshalb auch gegen das Urteil schwerwiegende Bedenken" bestehen.[323] Zudem sollte das Revisionsgericht nach dem neuen § 352 Abs. 1 StPO zu einzelnen Beweiserhebungen bei schwerwiegenden Bedenken gegen die tatsächlichen Feststellungen befugt sein.[324]

Ihren vorläufigen Höhepunkt fanden die Reformbemühungen in den 1970er Jahren: Im Rahmen einer beabsichtigten generellen Umstrukturierung des Rechtsmittelsystems in Strafsachen wurde 1975 das DERechtsmittelG vorgestellt, welches eine Abschaffung der Berufung und eine Umgestaltung der Revision zu einer „Urteilsrüge" als Einheitsrechtsmittel beinhaltete.[325] Gemäß § 314 Abs. 2 des Entwurfs sollte dabei entsprechend früherer Überlegungen, eine Zugriffsmöglichkeit auf die Feststellungen und die Strafzumessung durch das Revisionsgericht geschaffen werden, wenn „gegen die Richtigkeit erheblicher Feststellungen des Tatrichters oder gegen die Auswahl und Zumessung der Rechtsfolgen schwerwiegende Bedenken" bestehen. § 330 Abs. 1 erlaubte bei schwerwiegenden Bedenken gegen einzelne Feststellungen eigene Beweiserhebungen durch das Revisionsgericht. Am 52. Deutschen Juristentag 1978 in Wiesbaden wurden die Reformgedanken mit großer Mehrheit verworfen.[326] Die überwiegende Ablehnung des Gesetzesentwurfs fußte insbesondere auf der erkannten Gefahr eines einseitigen Eingriffs in den Gesamtzusammenhang der Tatsachenfeststellungen durch lediglich partielle Überprüfung mittels einzelner,

320 *Franke,* in: LR-StPO, vor § 333 Rn. 16.

321 *Fezer,* Reform (Fn. 319), 55; vgl. *dens.,* Möglichkeiten einer Reform der Revision in Strafsachen, 28 f. m.w.Nw.

322 *Fezer,* Reform (Fn. 319), 56; *Franke,* in: LR-StPO, vor § 333 Rn. 17.

323 *Fezer,* Reform (Fn. 319), 56.

324 *Franke,* in: LR-StPO, vor § 333 Rn. 17.

325 *Franke,* in: LR-StPO, vor § 333 Rn. 18, dort auch zum folgenden Text; vgl. auch *Peters,* in: FS Schäfer, 137, 138; *ders.,* in: Verhandlungen des 52. DJT, Bd. I Gutachten C 7, C 15; *Schlothauer,* StraFo 2000, 289.

326 *Peters,* in: FS Schäfer, 137, 138; vgl. *dens.,* in: Verhandlungen des 52. DJT, Bd. II Sitzungsberichte, L 222, Ziff. A. 1 und 2.

eigener Beweiserhebungen durch das Revisionsgericht.[327] Zudem wurde gegen eine gesetzliche Kodifikation der sog. erweiterten Revision vorgebracht, dass eine solche ohnehin nicht über das hinausgehen könne, was die Revisionswirklichkeit gegenwärtig schon leiste und daher eine Weiterentwicklung des Revisionsrechts durch die Rechtsprechung vorzuziehen sei.[328] Nach dem Scheitern dieses grundlegenden Reformprojekts wurden tiefgreifende Reformdiskussionen nicht mehr geführt, durch die Passivität des Gesetzgebers im Revisionsrecht hat sich vielmehr die Aufmerksamkeit der Strafrechtspflege auf die revisionsgerichtliche Rechtsprechung verlagert und erhebliche Kritik an der Revisionspraxis ausgelöst[329], auf welche noch im Einzelnen einzugehen sein wird.

## II. Zwischenfazit: Abgrenzungsfrage obsolet?

Resümiert man die geschichtliche Entwicklung der Revision von ihren Anfängen bis heute, dann deutet sich eine Diskrepanz zwischen dem Gesetz, den ursprünglichen Vorstellungen des historischen Gesetzgebers und dem Bild, welches von der Revision infolge ihrer Handhabung durch die Revisionsgerichte im Laufe der Zeit gezeichnet wird, an. Dieser Problematik zugrunde liegt ein erst im Laufe der Zeit zutage getretener „Zielkonflikt"[330] zwischen den ursprünglichen Bestrebungen, die Revision als letztinstanzliches Rechtsmittel mit beschränkten Mitteln auszugestalten und dem immer größer werdenden Bedürfnis nach mehr Gerechtigkeit im Einzelfall. Das Grundverständnis von der Revision als begrenztem Rechtsmittel beruhte zum einen auf der Erkenntnis, dass dem Revisionsgericht mangels eigener Beweisaufnahme eine schlechtere Beurteilungsgrundlage zur Verfügung steht als dem Tatrichter; zudem sollte durch den vorrangigen Rechtseinheits- und Rechtsfortbildungszweck die Arbeit der Revisionsgerichte auf Fragen mit richtungsweisender Funktion beschränkt werden, was durch eine breitere Prüfungskompetenz wegen einer Arbeitsüberlastung der Revisionsgerichte gefährdet worden wäre. Bei diesem einseitigen Konzept wurde jedoch das Faktum vernachlässigt, dass die Revision bei mittelschweren bis schweren Delikten, nämlich denjenigen, die erstinstanzlich beim Landgericht angeklagt werden, insbesondere Mord und Totschlag, § 74 Abs. 1, Abs. 2 Nr. 4 und 5 GVG als erstes und zugleich letztes Rechtsmittel die einzige Chance für den zu Unrecht verurteilten Angeklagten darstellt, einer das Leben grundlegend verändernden, möglicherweise jahrzehntelangen Inhaftierung zu entgehen. Stellt sich die Frage, ob der Angeklagte freizusprechen oder zu einer lebenslangen Freiheitsstrafe wegen Mordes zu verurteilen ist, wird das Bedürfnis einer weitest

327 *Dahs,* NJW 1978, 1551, 1556; *Peters,* in: Verhandlungen (Fn. 325), C 78 f.; *Sarstedt,* in: FS Dreher, 681, 689; *Teyssen,* JR 1978, 309, 312.

328 *Barton,* StV 2004, 332, 334; *Fezer,* Möglichkeiten (Fn. 321), 197; *ders.,* in: FS Hanack, 331, 333 f.; *Frisch,* in: FS Eser, 257, 269; *Riess,* GA 1978, 257, 258; *Sarstedt,* in: FS Dreher, 681, 683.

329 *Franke,* in: LR-StPO, vor § 333 Rn. 20 f.

330 *Paeffgen,* in: FS II Peters, 61, 81 Fn. 85.

möglichen Nachprüfung des tatrichterlichen Urteils auch im tatsächlichen Bereich augenscheinlich, zumal die Tatsachenfeststellung sowie die Beweiswürdigung wegen der jedem Tatrichter innewohnenden menschlichen Schwächen besonders fehleranfällig sind. Zudem scheint sich eine unabweisbare Präferenz der Revisionsgerichte für die Sachrüge herauskristallisiert zu haben, die es erlaubt, falsche Urteile ohne formale Hürden einer Aufhebung zuzuführen, anstatt befürchten zu müssen, sachlich korrekte Urteile nur wegen eines Verfahrensfehlers zu kippen, obwohl in einer erneuten Hauptverhandlung kein anderes Ergebnis zu erwarten ist.

Die Reaktionen im Schrifttum auf den Konflikt zwischen Gesetz und praktischen Bedürfnissen der Rechtspflege sind sehr mannigfaltig und verschieden. Zum Teil wird die Ausweitung der Prüfungsbefugnisse durch die Revisionsgerichte als mit dem geschriebenen Recht nicht mehr im Einklang stehend abgelehnt und größere Zurückhaltung bei der Kontrolle der Tatsachenfeststellungen gefordert.[331] Andererseits wird eine noch weitergehende Ausweitung der Revisibilität hin zu einer Überprüfung der Tatsachenfeststellungen auf ihre inhaltliche Richtigkeit[332] sowie eine vollständige Überprüfung der Strafzumessung[333] gefordert. Der Entwicklungsprozess des Revisionsrechts ist mithin angesichts andauernder Diskussion und stetig wandelnder gesellschaftlicher Bedürfnisse noch nicht abgeschlossen.

Vor dem Hintergrund der bereits jetzt erfolgten und möglicherweise in der Zukunft noch zu erwartenden Veränderungen im Bild von der strafprozessualen Revision als ursprünglich reiner *Rechts*fragenkontrolle hin zur partiellen Überprüfungsinstanz auch im tatsächlichen Bereich, stellt sich die Frage, ob die vom historischen Gesetzgeber avisierte Abgrenzung des revisibelen Bereichs mittels des Gegensatzpaares *Tat-/Rechts*frage noch zeitgemäß erscheint. Bereits frühzeitig hat die Abgrenzungsmethode Kritik dahingehend erfahren, dass nicht alle *Tat*fragen irrevisibel und nicht alle *Rechts*fragen revisibel seien.[334] Betrachtet man z.B. die offenkundigen Tatsachen, deren korrekte Handhabung von der Rechtsprechung dem revisibelen Bereich zugeschrieben wird, erscheint dieser Ansatz nicht gerade unberechtigt: Auch allgemein- oder gerichtskundige *Tat*sachen verlieren durch ihre Offenkundigkeit nicht ihre *Tat*sachenqualität und sind zweifelsfrei an sich der *Tat*frage zuzuordnen – dennoch wird deren korrekte Handhabung der Revision unterworfen. Weist man die Strafzumessung wegen ihrer gesetzlichen Vorgaben der *Rechts*anwendung zu, welche nach dem Grundkonzept der *Rechts*frage zuzuordnen

---

331 *Foth,* DRiZ 1997, 201; *Gössel,* in: Verhandlungen des 60. DJT, Bd. I Gutachten, C 93 These 13; *W. Schmid,* ZStW 85 (1973), 360, 376; vgl. auch *Braum,* Geschichte (Fn. 217), 225 f.; *Fezer,* Die erweitete Revision, 51.

332 *Peters,* Strafprozess, 2. Aufl., 257; *ders.,* JR 1980, 169, 170; *Rosenau,* in: FS Widmaier, 521, 539 ff.; *Weigend,* ZStW 113 (2001), 271, 298 f.; vgl. *Kuckein,* in: KK-StPO, 6. Aufl., vor § 333 Rn. 6.

333 *Frisch,* Revisionsrechtliche Probleme der Strafzumessung, 227 f., 328 ff.; *Grünwald,* MDR 1959, 808, 810; *Paeffgen,* in: FS II Peters, 61, 71 f.

334 *Peters,* ZStW 57 (1938), 53, 68; *Schwinge,* Grundlagen (Fn. 221), 53.

ist, erklärt sich deren Zuordnung zur *Tat*frage und die daraus gefolgerte Irrevisibilität nicht ohne weiteres.

Die Problematik verschärft sich, wenn man den Bereich der reinen Subsumtionskontrolle, der ursprünglich allein als *Rechts*frage der Revision unterliegen sollte, mit demjenigen, in den Bereich des Tatsächlichen hineinragenden Urteilsstoff vergleicht, der nach heutigem Verständnis als revisibel gilt. Greift der BGH durch die Ausweitung seiner Prüfungsbefugnisse im Rahmen der Sachrüge unzulässigerweise in *Tat*fragen ein? Schneidet er umgekehrt im Rahmen der Verfahrensrüge typischen *Rechts*fragen des Verfahrensrechts ohne hinreichende Legitimation die Revisibilität ab? Wenn dem so wäre, ist dann die Unterscheidung zwischen *Tat-* und *Rechts*frage bei all den grundlegenden Veränderungen, welche das Rechtsmittel der Revision seit dem Erlass der RStPO durch die Änderungen der Gerichtsverfassung sowie die Rechtsprechung der Revisionsgerichte durchschritten hat, überhaupt noch in der Lage die gegenwärtigen Grenzen der Revisibilität zu bestimmen? Oder ist wie *Hanack* statuiert, die Trennung von *Tat-* und *Rechts*frage zur Bestimmung der Revisionsgrenzen „längst obsolet" geworden?[335] Ist vielmehr angesichts der Handhabung der Grenzen der Revisibilität in der Praxis eine Abkehr vom Gegensatzpaar *Tat-/Rechts*frage und die Suche nach einem anderweitigen Abgrenzungskriterium veranlasst? *Frisch* bezeichnet den Entwicklungsprozess der Revision infolge des erhöhten Gerechtigkeitsbedürfnisses als „teleologische Umakzentuierung" und sieht es als einen möglichen Reaktionsansatz an, die Grenzlinie zwischen Revisibelen und Irrevisibelen neu zu definieren.[336] In Betracht käme eine andersartige Auslegung der bestehenden Begrifflichkeiten *Tat-/*Rechtsfrage etwa unter Zugrundelegung zweckgerichteter Erwägungen oder gar ein neuer Maßstab, der sich nicht ausschließlich am Wortlaut des Gesetzes und der gesetzgeberischen Intention, sondern vielmehr angesichts des gewandelten Verständnisses von den Revisionszielen an teleologischen oder im Hinblick auf die faktischen Revisionsgrenzen an praktikabelen, den verfahrensrechtlichen Besonderheiten des Revisionsverfahrens Rechnung tragenden Gedanken orientiert. *Riess* spricht insofern gar von dem gescheiterten Versuch des Gesetzgebers von 1877, die Revisibilitätsgrenzen mit dem Begriff der Rechtsverletzung zu erfassen.[337]

Oder lassen sich heute unter den Begriff der „Gesetzesverletzung" durchaus auch Verstöße fassen, die früher vorschnell angesichts anderer Gewohnheiten und Bedürfnisse ganzheitlich der irrevisibelen *Tat*frage zugeschrieben wurden? Bedarf es lediglich näherer Konkretisierungen und Anpassungen an das gewandelte Verständnis von der Revision, um die ursprünglichen Abgrenzungsbemühungen mit dem gegenwärtigen Revisionsbild in Einklang zu bringen?

---

335 *Hanack,* in: FS Dünnebier, 301, 303; vgl. auch *Velten,* in: SK-StPO, § 261 Rn. 27; *Wagner,* ZStW 106, 259, 288.

336 *Frisch,* in: FS Eser, 257, 262.

337 *Riess,* GA 1978, 257, 268.

Diese Fragen lassen sich nur durch eine Analyse ausgewählter Revisionsentscheidungen der Obergerichte, insbesondere des Bundesgerichtshofes in jüngerer Zeit beantworten. Auf der Grundlage der Rechtsprechungsanalyse wird die Bedeutung der Abgrenzungsfrage von Tatsächlichem und Rechtlichem in der modernen Revisionsrealität zu ermitteln sein.

# B. Vorlagepflicht, §§ 121 Abs. 2, 132 Abs. 2 GVG

## I. Grundlagen des Divergenzvorlageverfahrens

Bei dem sog. Divergenzvorlageverfahren im Strafverfahren handelt es sich um einen Mechanismus zum Ausgleich verschiedenartiger Entscheidungen der Revisions- und Rechtsbeschwerdegerichte zu ähnlichen Fragekomplexen mittels Vorlage an das oberste Gericht in Strafsachen, den Bundesgerichtshof bzw. dessen Großen Strafsenat. Es wird daher auch unter den zusammenfassenden Oberbegriff des Ausgleichsverfahrens[338] gefasst, welcher auch für die entsprechenden Regelungen anderer Rechtsgebiete gilt. Vorlageverfahren finden sich in fast allen Rechtsgebieten, so z.B. auch im Verwaltungsverfahren in § 11 Abs. 2 VwGO sowie im Arbeitsgerichtsprozess in § 45 Abs. 2 ArbGG. Geregelt ist das Institut der Divergenzvorlage für Strafsachen in den §§ 121 Abs. 2 GVG und 132 Abs. 2 GVG, zwischen diesen beiden Vorschriften sogleich zu differenzieren ist.

### *1. Außendivergenz, § 121 Abs. 2 GVG*

Gemäß § 121 Abs. 2 GVG hat das Oberlandesgericht entsprechend seiner gesetzlichen Zuständigkeit nach § 121 Abs. 1 GVG, insbesondere als Revisionsgericht gegen Berufungsurteile des Landgerichts nach § 121 Abs. 2 Nr. 1 i.V.m. Abs. 1 Nr. 1 b) GVG, die Sache dem Bundesgerichtshof vorzulegen, wenn es bei seiner Entscheidung von der Entscheidung eines anderen Oberlandesgerichts, des Bundesgerichtshofs oder in Verbindung mit § 18 Abs. 2 RsprEinhG des Gemeinsamen Senats der obersten Gerichtshöfe des Bundes abweichen will. Entsprechendes gilt im Rahmen der Rechtsbeschwerdezuständigkeit des Oberlandesgerichts gemäß §§ 121 Abs. 1 Nr. 3, Abs. 2 Nr. 2 GVG, 79 Abs. 3 OWiG sowie für die spezielle Beschwerde nach § 121 Abs. 2 Nr. 3 GVG. Geregelt ist damit in § 121 Abs. 2 GVG ausschließlich die sog. Außendivergenz[339], d.h. die Abweichung von der Entscheidung eines von dem vorlegenden Gericht verschiedenen Gerichts. Abweichende Entscheidungen innerhalb ein und desselben Oberlandesgerichts werden durch die Vorschrift des § 121 GVG nach herrschender Meinung nicht erfasst.[340] Mangels einer der Vorschrift des § 132

338 *Hanack,* Ausgleich (Fn. 221), 1, 64.

339 *Meyer/Goßner,* StPO, § 121 GVG Rn. 6.

340 *Frister,* in: SK-StPO, § 121 GVG Rn. 15; *Hannich,* in: KK-StPO, § 121 GVG Rn. 21; *Meyer-Goßner/Schmitt,* StPO, § 121 GVG Rn. 9; *Schroth,* JR 1990, 93, 94; a.A. *Franke,* in: LR-GVG, § 121 Rn. 43 ff. m.w.Nw.

Abs. 2 GVG entsprechenden Regelung hat sich der Gesetzgeber bewusst gegen ein Ausgleichverfahren innerhalb desselben Oberlandesgerichts entschieden. Ebenso spricht der Wortlaut des § 121 Abs. 2 GVG ausdrücklich von einem „anderen Oberlandesgericht". Eine innerhalb ein und demselben Oberlandesgericht bestehende Innendivergenz kann erst beseitigt werden, wenn ein anderes Oberlandesgericht von einer der beiden divergierenden Entscheidungen abweichen will.[341] Von abweichenden eigenen Entscheidungen darf ein Strafsenat des Oberlandesgerichts aber jenseits der Selbstbindung bei Zurückverweisung im Revisionsrechtszug nach § 358 Abs. 1 StPO jederzeit abweichen.[342]

## 2. *Innendivergenz, § 132 Abs. 2 GVG*

§ 132 Abs. 2 GVG enthält dagegen eine Regelung zur Vermeidung der sog. Innendivergenz, d.h. einer Abweichung eines Senats von einer Entscheidung eines anderen Senates des BGH oder des Großen Senates des BGH.[343] Die Regelung erklärt sich mit der überragenden Bedeutung des Bundesgerichtshofes als oberstem Gericht in Strafsachen und dessen richtungsweisender und rechtsvereinheitlichender Funktion für das gesamte Strafverfahren. So entscheiden gemäß § 132 Abs. 2 GVG z.B. der Große Senat für Strafsachen, wenn ein Strafsenat von der Entscheidung eines anderen Strafsenats oder des Großen Strafsenats, sowie die Vereinigten Großen Senate, wenn ein Zivil- von einem (Großen) Strafsenat oder umgekehrt sowie von den Vereinigten Großen Senaten abweichen will. Es handelt sich damit um ein Ausgleichverfahren ausschließlich innerhalb des Bundesgerichtshofs. Eine divergierende Entscheidung des erkennenden Senats vermag dagegen nach dem eindeutigen Wortlaut eine Vorlagepflicht nicht auszulösen, ein und derselbe Senat darf vielmehr seine in einem anderen Verfahren vertretene Rechtsauffassung, soweit sie nicht mit derjenigen eines anderen Senats in Kollision tritt, kraft seiner ihm obliegenden rechtsschöpfenden Aufgabe jederzeit selbst ändern.[344]

## 3. *Zweck der Vorlage*

Der Zweck des Divergenzvorlageverfahrens im Speziellen ist im Gegensatz zu den Revisionszielen im Allgemeinen unumstritten, dieser wird einhellig in der Sicherung einer einheitlichen Rechtsanwendung[345] gesehen. Der historische Gesetzgeber nannte im Rahmen einer Änderung des § 137 GVG a.F. – entsprechend dem heutigen § 132 Abs. 2 GVG – im Jahr 1886 mit dem Rechtseinheitsgedanken

341 *Frister,* in: SK-StPO, § 121 GVG Rn. 15; *Schroth,* JR 1990, 93, 94; vgl. BGHSt 10, 109, 111; 18, 268 f.; 22, 321, 323.

342 *Hannich,* in: KK-StPO, § 121 GVG Rn. 20; *Schroth,* JR 1990, 93, 94.

343 *Meyer-Goßner/Schmitt,* StPO, § 132 GVG Rn. 13.

344 *Frister,* in: SK-StPO, § 132 GVG Rn. 14; vgl. *Franke,* in: LR-GVG, § 132 Rn. 12.

345 BGHSt 33, 310, 313; 46, 17, 20; *Franke,* in: LR-GVG, § 121 Rn. 26; *Hannich,* in: KK-StPO, § 121 GVG Rn. 13; *Kuhlen,* JA 1986, 589, 592.

einhergehend „das Ansehen des obersten Gerichtshofes, das Vertrauen zur Rechtsprechung, das Rechtsbewusstsein und die Rechtssicherheit zu wahren“ als Ziele des Vorlageverfahrens.[346] Mit dem Innendivergenzverfahren gemäß § 132 Abs. 2 GVG sollen widersprechende Entscheidungen innerhalb des Bundesgerichtshofs vermieden werden, da ansonsten keiner der verschiedenen Senatsentscheidungen eine eindeutig richtungsweisende Funktion zukäme.[347] Die mit der Divergenzvorlage geschaffenen Instrumente zur Verfolgung dieser Ziele entsprechen dem allgemeinen Anliegen des Strafrechts und insbesondere des Strafverfahrens, die Rechtsanwendung für die Beteiligten und vor allem für den in der Regel in seinen Grundrechten erheblich betroffenen Angeklagten voraussehbar und kalkulierbar zu machen. Da die Revision im Allgemeinen nach herrschender Meinung zumindest auch einer gleichmäßigen Rechtsprechungspraxis zu dienen bestimmt ist, stellt sich die Frage, warum es zusätzlich eines weiteren Systems zur Sicherstellung der Einheitlichkeit der Rechtsanwendung bedarf.

Die Antwort liegt in grundlegenden Fragen unserer Verfahrensordnung begründet: Das Erfordernis eines zusätzlichen Mechanismus zur Gewährleistung einer einheitlichen Rechtsanwendung durch das Vorlageverfahren wird durch die verfahrensrechtliche Struktur der StPO bedingt. Zum einen herrscht in unserem Rechtsystem jenseits der Bindungswirkung an die Rechtsauffassung des Revisionsgerichts bei Zurückverweisung nach § 358 Abs. 1 StPO keine allgemeine Präjudizienbindung[348], d.h. die verbindliche Geltung von Leitsätzen für die Untergerichte auch für zukünftige Fälle, wie z.B. im anglo-amerikanischen Rechtskreis. Dadurch können die Instanzgerichte ohne weiteres von gegenteiligen Rechtsansichten der Obergerichte abweichen, sodass vermehrt unterschiedliche Auffassungen zu bestimmten Fragen im Umlauf sind. Zum anderen wird die vereinheitlichende Wirkung der Revision durch die Existenz mehrerer Revisionsgerichte – neben dem BGH mit seinen verschiedenen Senaten, § 135 Abs. 1 GVG auch die Oberlandesgerichte mit mehreren Spruchkörpern, § 121 Abs. 1 Nr. 1 GVG – und dem Fehlen eines obersten Zentralgerichts beeinträchtigt.[349] Naturgemäß treten bei verschiedenen Gerichten mit mehreren Köpfen häufiger unterschiedliche Ansichten zu Tage, als wenn stets ein und dasselbe Gericht mit denselben gesetzten Werteeinstellungen entscheidet. Das Vorlageverfahren hat in dem System der obergerichtlichen Zuständigkeiten den Sinn, die durch die eben beschriebenen Dynamiken ins Wanken gebrachte Einheitlichkeit der Rechtsprechung der Rechtsrügegerichte wieder ins Lot zu bringen. Der Mechanismus zur Vereinheitlichung der Rechtsprechung hat jedoch teilweise auch einen negativen Effekt auf eine andere wichtige Aufgabe der Rechtsrügegerichte: ihre Rechtsfortbildungsfunktion. Die Rechtsfortbildungsaufgabe der Revisionsgerichte

346 Gesetzentwurf, betr. Abänderung des § 137 GVG, in: ZZP 9 (1886), 537, 539.

347 *Meyer-Goßner/Schmitt*, StPO, § 132 GVG Rn. 13.

348 *Kuhlen,* JA 1986, 589, 592; vgl. zur deutschen Rechtsgeschichte bzgl. präjudizieller Bindungen *Hanack*, Ausgleich (Fn. 221), 19 f.

349 *Kuhlen,* JA 1986, 589, 592; *Peters,* Strafprozess, 4. Aufl., 640.

wird überwiegend im Zusammenhang mit dem Rechtseinheitszweck der Revision gesehen und ganz allgemein lässt sich feststellen, dass instanzabschließenden Rechtsrügegerichten gleichsam eine vereinheitlichende wie eine rechtsfortbildende Funktion zukommt, da ihre Entscheidungen für das Verfahren letztlich verbindlich sind. Dieser Gedanke lässt sich freilich auch auf das Vorlageverfahren übertragen, welches vor letztinstanzlich entscheidenden Gerichten eingeleitet und an das oberste Gericht gebracht wird: Das Interesse an der stetigen Nachprüfbarkeit und der daraus folgenden Wandelbarkeit des Rechts wird daher teilweise in einem Atemzug mit dem Rechtseinheitsgedanken als weiterem Zweck des Ausgleichsverfahrens angeführt[350]. Dass auch der Gesetzgeber die Fortentwicklung des Rechts bei der Schaffung des Divergenzausgleichs im Auge hatte, ergibt sich zudem aus den Motiven zum GVG, in welchen das Interesse an einer Förderung der Rechtsentwicklung als Argument dafür angeführt wird, warum keine Vorlegungspflicht bei einem Abweichen von früheren eigenen Entscheidungen festgeschrieben wurde.[351] Zwar wird durch eine Anrufung des BGH und seiner Großen Senate den obersten Gerichten die Möglichkeit gegeben, bei Meinungsverschiedenheiten zwischen den unteren Gerichten kraft ihrer richtungsweisenden Stellung ein Machtwort zu sprechen und damit zur Weiterentwicklung des Rechts beizutragen, da sich die Untergerichte in der Regel an der Marschroute des BGH orientieren werden. Durch die Statuierung einer Vorlagepflicht der Oberlandesgerichte wird diesen aber gerade der Weg abgeschnitten, neue, von anderen Gerichten gleicher oder höherer Hierarchiestufe abweichende Rechtsauffassungen zu vertreten und damit auf gesellschaftlich und politisch geänderte Verhältnisse zu reagieren und neuen Rechtsentwicklungen Raum zu geben. Der Divergenzausgleich dient zum einen der Fortbildung des Rechts zugunsten des Bundesgerichtshofs, gefährdet aber zugleich die Schnelllebigkeit der Rechtsanwendung im Hinblick auf die vorlegenden Oberlandesgerichte. Insofern lässt sich eine interne Zweckkollision[352] – Rechtsfortbildung zugunsten des Vorlagegerichts und zulasten des vorlegenden Gerichts – feststellen. Allgemein lässt sich konstatieren, dass der Rechtseinheitszweck des Vorlageverfahrens in Konflikt mit dem Rechtsfortbildungszweck als Ziel des gesamten Revisionsverfahrens treten kann. Die Gerichte müssen Acht geben nicht den einen Zweck zulasten des anderen unangemessen zu übervorteilen und die Beschränkung der Handlungsfreiheit der vorlegenden Gerichte nicht ausufern zu lassen. *Kuhlen* spricht daher von dem Ziel des Vorlegungsverfahrens einen Kompromiss zwischen dem Interesse an einer einheitlichen Rechtsanwendung und demjenigen an der Wandlungsfähigkeit des Rechts zu finden.[353]

350 *Leisner,* NJW 1989, 2446; *May,* DRiZ 1983, 305, 306; *Schalscha,* MDR 1959, 90.

351 *Hahn/Mugdan,* Die gesamten Materialien zu den Reichs-Justizgesetzen, Bd. 1 GVG, 139.

352 Vgl. die ähnlichen Gedanken bei *Jungmann,* JZ 2009, 380, 385, der von einem „Spannungsfeld“ zwischen Rechtseinheit und „Erstarrung des Rechts“ spricht.

353 *Kuhlen,* JA 1986, 589, 593; vgl. meine Vorrangentscheidung unten 4. Kapitel B IV.

## II. Vorlegungsvoraussetzungen

Um eine Entscheidung des Vorlagegerichts herbeizuführen, bedarf es der Erfüllung bestimmter Vorlegungsvoraussetzungen als Anforderungen an die Zulässigkeit des Verfahrens. Insbesondere obliegt es dem vorlegenden Gericht die Vorlegungsfrage genau und klar zu definieren und die Vorlegungsvoraussetzungen darzulegen.[354] Eine zu eng oder zu weit gefasste oder gar nicht gestellte Vorlegungsfrage führt in der Praxis jedoch nicht zur Unzulässigkeit der Vorlegung, sondern wird vom BGH selbst entsprechend angepasst und als zulässige Frage formuliert.[355]

### 1. *Abweichung in entscheidungserheblicher* Rechtsfrage

Gemäß § 132 Abs. 2 GVG besteht innerhalb des BGH eine Vorlagepflicht, wenn ein Senat in einer *Rechts*frage von der Entscheidung eines anderen Senates abweichen will. Die Beschränkung der Vorlagefrage auf die *Rechts*frage ergibt sich damit unmittelbar aus dem Gesetz. Die Vorschrift des § 121 Abs. 2 GVG enthält den Begriff der *Rechts*frage zwar nicht explizit, dennoch ist das Erfordernis der Abweichung in einer *Rechts*frage auch im Rahmen der Außendivergenz einhellig anerkannt.[356] Hergeleitet wird das Erfordernis der *Rechts*frage in § 121 Abs. 2 GVG aus der Tatsache, dass die Oberlandesgerichte als Revisionsgerichte nach dem Grundverständnis von der Revision nur über *Rechts*fragen zu entscheiden haben[357] und nur bei *Rechts*rügeentscheidungen eine einheitliche Rechtsprechungspraxis hergestellt werden soll[358]. Das Erfordernis einer Abweichung in einer *Rechts*frage ergibt sich schon aus einer systematischen Zusammenschau mit den Vorschriften über den Divergenzausgleich in anderen Verfahrensordnungen: Zum einen schreiben alle Verfahrensvorschriften der übrigen vier Gerichtsbarkeiten über den Ausgleich von Innendivergenzen durch Vorlage an die Großen Senate in §§ 11 Abs. 2 VwGO, 45 Abs. 2 ArbGG, 11 Abs. 2 FGO, 41 Abs. 2 SGG die *Rechts*fragenqualität gesetzlich vor; zum anderen setzten bereits die beiden ältesten Vorschriften, die eine Außendivergenzvorlage durch die Oberlandesgerichte als Gerichte der weiteren Beschwerde vorsahen, die inzwischen abgeschafften §§ 79 II GBO a.F. und 28 II FGG für die freiwillige Gerichtsbarkeit seit 1897 bzw. 1898 eine *Rechts*frage als das die Vorlegungspflicht auslösende Merkmal in ihrem Tatbestand zumindest mittelbar voraus, indem sie die Abweichung vom BGH nur dann vorlagepflichtig machten, falls über die *Rechts*frage

---

354 *Franke,* in: LR-GVG, § 121 Rn. 74; *Hannich,* in: KK-StPO, § 121 GVG Rn. 39; *Meyer-Goßner/Schmitt,* StPO, § 121 GVG Rn. 12.

355 *Franke,* in: LR-GVG, § 121 Rn. 74; *Frister,* in: SK-StPO, § 121 GVG Rn. 30 m.w.Nw.; vgl. BGHSt 24, 208, 210; 41, 376, 379; 47, 181, 184.

356 *Meyer-Goßner/Schmitt,* StPO, § 121 GVG Rn. 5; *Eb. Schmidt,* in: LK III-GVG, § 121 Rn. 30; vgl. BGHSt 1, 358, 359; 27, 212, 214; 31, 86, 89; 46, 358, 361.

357 *Franke,* in: LR-GVG, § 121 Rn. 58; *Lilie,* Obiter dictum und Divergenzausgleich in Strafsachen, 51.

358 *Schroth,* JR 1990, 93, 95.

bereits eine Entscheidung desselben ergangen ist. Ebenso sah bis 1983 § 27 AuslfG die Einholung einer Entscheidung des Bundesgerichtshofs über eine *Rechts*frage vor, wenn das für Auslieferungssachen zuständige Oberlandesgericht von einer Entscheidung des BGH abweichen wollte. Insofern lässt sich behaupten, dass die *Rechts*frage die allgemeine, zentrale Voraussetzung der Divergenzvorlage über die jeweilige Verfahrensordnung hinaus und ohne Rücksicht auf die Regelung einer Innen- oder Außendivergenz darstellt. Außerdem ist bezüglich § 121 Abs. 2 GVG der prozessordnungsinterne Gleichlauf mit der Vorschrift des § 132 Abs. 2 GVG anzuführen: beide Normen haben einen ähnlichen Wortlaut und weisen mit „von der Entscheidung" „eines anderen" „abweichen will" dieselben Begrifflichkeiten auf; sie beinhalten beide ein Verfahren zur Vermeidung von Rechtsprechungsdivergenzen und verfolgen den gleichen Zweck der Sicherstellung einer gleichförmigen *Rechts*anwendung als übergeordnetem Ziel aller Divergenzvorlageverfahren, welche nur durch eine Beschränkung des Ausgleichs widersprüchlicher Ansichten in *Rechts*fragen erreicht werden kann; schließlich korreliert die Beschränkung der Prüfungskompetenz des *Revisions*gerichts auf *Rechts*fragen mit dessen Befugnis, in derselben Position, als *Revisions*gericht streitige Fragen dem obersten *Revisions*gericht vorzulegen – da ausschließlich *Revisions*gerichte beteiligt sind, die sich nach dem Konzept der *Revision* nur mit *Rechts*fragen zu befassen haben, kann es sich bei der Vorlage wiederum auch nur um *Rechts*fragen handeln.

In ständiger Rechtsprechung stellt der BGH der die Vorlegung auslösenden *Rechts*frage die *Tat*frage gegenüber, welche einer Klärung im Wege des Vorlegungsverfahrens „nicht zugänglich"[359] sei. Auch in der Literatur wurde die Verwendung des Begriffs der *Tat*frage als Antagonismus zur *Rechts*frage im Divergenzvorlageverfahren kritiklos übernommen.[360] Begründet wurde die Heranziehung des Gegensatzpaars *Tat-/Rechts*frage zur Grenzziehung einer zulässigen Vorlage mit dem Wortlaut des Gesetzes in § 132 Abs. 2 GVG und daraus geschlossen, dass es der Gesetzgeber auf eine Abgrenzung zur *Tat*frage angelegt habe.[361] Die gesetzgeberische Intention ist der Begründung des Gesetzesentwurfs zur Abänderung des § 137 GVG a.F. von 1886 zu entnehmen, welcher auf die *Tat*frage im Gegensatz zur *Rechts*frage verweist, die „keinen Konflikt in der Rechtsprechung, welcher durch ein höheres Organ zu entscheiden sei" hervorrufe.[362] Im Übrigen gelten dieselben im Rahmen der Herleitung des Gegensatzpaares zur Bestimmung des revisibelen Bereiches getätigten allgemeinen Erwägungen zur Legitimation der Gegenüberstellung der

---

359 BGHSt 39, 291, 292; 43, 241, 244; 277, 280; 46, 358, 361; NStZ 1983, 261, 262; 1995, 409, 410; OLG Koblenz NStZ 2011, 350, 352; vgl. auch BGHSt 1, 358, 359; 31, 86, 89; 40, 299, 303; 52, 84, 86.

360 Vgl. *Franke,* in: LR-GVG, § 121 Rn. 58b; *Hanack,* Ausgleich, (Fn. 221), 137; *Hannich,* in: KK-StPO, § 121 GVG Rn. 35; *May,* DRiZ 1983, 1983, 305, 308; *Roesener,* Reichsgericht und horror pleni, 35 f.; *Schroth,* JR 1990, 93, 95.

361 *Hanack,* Ausgleich (Fn. 221), 137.

362 Gesetzentwurf, betr. Abänderung des § 137 GVG, ZZP 9 (1886), 537, 540.

*Tat-* als Gegenbegriff zur *Rechts*frage ebenso für das Divergenzvorlageverfahren.[363] Ein weiteres Argument für die Begriffsgegenüberstellung ergibt sich aus der verfahrensrechtlichen Struktur der Vorlage nach §§ 121 Abs. 2 und 132 Abs. 2 GVG: Da das Vorlageverfahren auf den Rechtsrüge-Rechtsmitteln, insbesondere dem Revisionsverfahren aufbaut, da es ein solches zu seiner Aktivierung voraussetzt, lässt sich der Schluss ziehen, wenn schon im *Revisions*verfahren nur *Rechts-* im Gegensatz zu *Tat*fragen Überprüfungsgegenstand sind, können sich auch zwischen verschiedenen *Revisions*entscheidungen nur solche Abweichungen in *Rechts-* im Gegensatz zu *Tat*fragen ergeben. Es bedarf mithin für die Frage der Auslösung einer Vorlagepflicht im Divergenzvorlageverfahren der Abgrenzung von *Tat-* und *Rechts*fragen. Denn es ist nicht Aufgabe des Ausgleichverfahrens, sondern der sog. Tatbestandswirkung bzw. der materiellen Rechtskraft, widersprechende tatsächliche Feststellungen desselben Lebenssachverhaltes in verschiedenen Urteilen zu vermeiden.[364]

Ein Abweichen ist vereinfacht gesprochen dann anzunehmen, wenn dieselbe Rechtsfrage unterschiedlich entschieden wird.[365] Für die geforderte sog. Identität der Rechtsfrage ist dabei nicht erforderlich, dass diese in ein und derselben Gesetzesbestimmung enthalten ist, vielmehr reicht es aus, dass derselbe Rechtsbegriff oder Rechtsgrundsatz mit gleichem Sinngehalt in verschiedenen Vorschriften streitig ist.[366] Nach der obergerichtlichen Rechtsprechung liegt dieselbe Rechtsfrage vor, wenn wegen der Gleichheit des Rechtsproblems die Entscheidung ohne Rücksicht auf die Verschiedenheit der Fälle oder der anwendbaren Vorschriften nur einheitlich ergehen kann[367].

Zudem wird einhellig gefordert, dass das Ergebnis der Entscheidung bei Zugrundelegung der beabsichtigten Rechtsansicht anders ausfallen würde als bei Berücksichtigung der alten Auffassung, dass die Rechtsfrage also entscheidungserheblich[368] für die neue Entscheidung ist. Eine Vorlegung kommt nur in Betracht, wenn die Rechtsauffassung, die in Divergenz zur Ansicht eines anderen OLG oder des BGH steht, tragende Grundlage der eigenen Entscheidung ist oder dies nicht auszuschließen ist.[369] Tragend sind nur solche Rechtsansichten, die den Tatrichter nach § 358 Abs. 1 StPO binden, nicht dagegen rechtlich unverbindliche richterliche Hinweise

---

363 Siehe oben A I 2.

364 *Hanack,* Ausgleich (Fn. 221), 143 Fn. 34.

365 *Frister,* in: SK-StPO, § 121 GVG Rn. 22; vgl. die konkreten Definitionen im Zusammenhang mit der Bestimmung der *Rechts*frage bei *Kuhlen,* JA 1986, 589, 594 und *Schroth,* JR 1990, 93, 96 f.

366 *Neumann,* in: FS Meyer-Goßner, 683, 685; vgl. BGHSt 6, 41, 42; 15, 47, 48; 18, 297, 281; 29, 252, 254; 31, 195, 198; 34, 94, 96.

367 BVerfG NStZ 1993, 90, 91; StV 2009, 673, 674; BGHSt 45, 197, 200; 47, 181, 184; vgl. auch BGHSt 27, 110, 112; 29, 252, 254; 37, 366, 368; 40, 395, 397.

368 BGHSt 43, 241, 244; 46, 358, 362; NStZ 2000, 643; wistra 2000, 151; *Hannich,* in: KK-StPO, § 121 GVG Rn. 37; *Kuhlen,* JA 1986, 589, 594.

369 *Hannich,* in: KK.StPO, § 121 GVG Rn. 37; vgl. BGH NJW 1979, 664.

oder Empfehlungen.[370] Das Erfordernis der Abhängigkeit der Entscheidung des konkreten Falles von der Lösung der streitigen Frage hat den Sinn und Zweck, das Vorlagegericht nicht nur über vom Einzelfall völlig losgelöste, abstrakte Fragen entscheiden zu lassen. Die damit einhergehende Einschränkung der Zulässigkeit der Vorlage soll zum einen der Ausuferung des Divergenzvorlageverfahrens unter Konzentration auf die auch im Einzelfall zwingend entscheidungsbedürftigen Rechtsfragen verhindern. Zum anderen wird dadurch die Rechtsmittelqualität der die Vorlegung auslösenden Revision deutlich: Die Vorlage ist streng verknüpft mit einer zulässigen Revision, denn deren Notwendigkeit wird erst in einem laufenden Revisionsverfahren sichtbar und sie wird währenddessen praktiziert. Hätte der Gesetzgeber eine von den Rechtsrügerechtsmitteln unabhängige Klärung allgemeingültiger Rechtsfragen gewollt, hätte er diese separiert von einem anhängigen Revisions- bzw. Rechtsbeschwerdeverfahren ausgestalten können. Durch diese Verknüpfung von Revision und Vorlageverfahren und die dadurch geforderte Entscheidungserheblichkeit der streitigen Rechtsfrage für eine verfahrensabschließende Entscheidung, schlägt ein klein wenig auch der Einzelfallzweck der Revision als Rechtsmittel der Verfahrensbeteiligten auf das Divergenzvorlageverfahren durch. *Kuhlen* bezeichnet die Auslegung der §§ 121 Abs. 2, 132 Abs. 2 GVG darum zurecht als wichtige Schaltstelle im „Spannungsfeld“ zwischen dem Interesse an Rechtssicherheit und Rechtseinheitlichkeit, praktiziert durch ein möglichst abstraktes und strenges Recht und dem Bedürfnis nach Einzelfallgerechtigkeit, welches durch ein Streben nach konkretem und nichtstriktem Recht geprägt ist.[371]

Anknüpfend an diese Überlegungen muss eine Vorlagepflicht entfallen, wenn das vorlegende Gericht lediglich in der Begründung seiner Rechtsansicht, nicht jedoch im Ergebnis von der Auffassung des Vorlagegerichts abweichen will.[372] Eine Vorlagepflicht besteht ferner nicht, wenn das Gericht, das die divergierende Entscheidung erlassen hat, zwischenzeitlich seine Rechtsauffassung wieder aufgegeben[373] hat oder auf Anfrage erklärt, an seiner früheren Rechtsansicht nicht mehr festhalten zu wollen[374]. Ein solches sog. Anfrageverfahren ist zwar zwingend nur für das Innendivergenzverfahren in § 132 Abs. 3 S. 1 GVG vorgesehen, es wird jedoch auch im Rahmen des § 121 Abs. 2 GVG zwischen den Oberlandesgerichten überwiegend für

370 *Franke,* in: LR-GVG, § 121 Rn. 59a; *Schroth,* JR 1990, 93, 99; vgl. BGHSt 3, 234, 235; 27, 212, 213; 33, 172, 174; 37, 350, 352; 43, 277, 282.

371 *Kuhlen,* JA 1986, 589, 592.

372 BGH NJW 1977, 1014; NStZ 2000, 222; *Franke,* in: LR-GVG, § 121 Rn. 59; *Meyer-Goßner/Schmitt,* StPO, § 121 GVG Rn. 10; vgl. auch BGHSt 27, 5, 6; RGSt 56, 37, 40; 56, 58, 60; 58, 19, 24; 285, 288; 424, 425; 62, 83, 91 f.

373 RGSt 49, 136, 137; 53, 189, 190; BGHSt 20, 77, 79; 26, 40, 42; 37, 79, 81; *Frister,* in: SK-GVG, § 121 Rn. 19.

374 RGSt 55, 228, 230; 257, 261; 57, 347, 349; 63, 139, 144; BGHSt 4, 316, 319; 14, 319, 320; 18, 268, 26; *Meyer-Goßner/Schmitt,* StPO, § 121 GVG Rn. 7.

zulässig erachtet.[375] Nicht vorzulegen ist außerdem, wenn die frühere abweichende Entscheidung aufgrund einer Gesetzesänderung oder einer Entscheidung des Bundesverfassungsgerichts als überholt anzusehen ist, da deren tragende Grundlagen weggefallen sind.[376]

Bezüglich revisionsrechtlicher Vorfragen bzw. tatsächlicher Umstände von Vorlegungsfragen ist grundsätzlich die Auffassung des vorlegenden Gerichts hinzunehmen, solange diese vertretbar ist.[377] So beurteilt sich insbesondere die Frage, ob eine entscheidungserhebliche Abweichung vorliegt, grundsätzlich nach der Rechtsauffassung des vorlegenden Gerichts, wobei bezüglich der Divergenz bereits Zweifel an einer Vereinbarkeit der Entscheidung des anderen Gerichts mit der Meinung des vorlegenden Gerichts ausreichen können.[378] Eine Bindung des Vorlagegerichts an tatsächliche und rechtliche Erwägungen entfällt jedoch, wenn es die Auffassung des vorlegenden Gerichts für unvertretbar[379] hält oder diese gegen Verfassungsrecht verstößt.[380] Unvertretbarkeit ist vom BGH etwa dann angenommen worden, wenn dieser die tatrichterlichen Feststellungen für völlig unzureichend hielt[381] oder die Auffassung Verfassungsrecht oder einer jahrzehntelangen Rechtsprechung des RG und des BGH widersprach[382]. Sind die Vorlegungsvoraussetzungen aus Sicht des Vorlagegerichts nicht gegeben oder fehlen ausreichende Feststellungen zur Beantwortung der Vorlagefrage, gibt es die Sache an das vorlegende Gericht zur Entscheidung in eigener Zuständigkeit zurück.[383]

#### *a) Begriffsklärung: Objektives oder subjektives Verständnis?*

Für die Zulässigkeit der Divergenzvorlage nach §§ 121 Abs. 2 und 132 Abs. 2 StPO kommt damit der Frage maßgebliche Bedeutung zu, was unter „*Rechts*frage" im Sinne dieser Vorschriften zu verstehen ist. Bei einer Begriffsklärung wird der Rechtsanwender zunächst mit der grundsätzlichen Frage konfrontiert, aus welchem

---

375 BGHSt 14, 319, 321; vgl. auch BGHSt 17, 399, 401; NJW 1996, 3219; *Frister,* in: SK-StPO, § 121 GVG Rn. 19 Fn. 69 m.Nw. zu krit. Stimmen; differenzierend *Hannich,* in: KK-StPO, § 121 GVG Rn. 30.

376 *Hannich,* in: KK-StPO, § 121 GVG Rn. 28; *Meyer-Goßner/Schmitt,* § 121 GVG Rn. 8; vgl. BVerfG NStZ 1993, 90, 91; BGHSt 46, 17, 18; 44, 171, 173.

377 BGH NStZ 1985, 217, 218; 2000, 222; vgl. auch BGHSt 9, 390, 392; 22, 385, 386 f.; 34, 101, 103, 105; 37, 366, 368; 38, 106, 109; 42, 139, 144; 205, 207; 43, 285, 287; 45, 140, 142; 46, 178, 179; 47, 181, 183 f.; NJW 1999, 3499; 2006, 2275, 2276.

378 *Frister,* in: SK-StPO, § 121 GVG Rn. 33; vgl. BGHSt 13, 129, 133; 16, 321, 324.

379 BGHSt 22, 94, 100; 35, 238, 240; 36, 389, 393 f.; NJW 1979, 936.

380 *Frister,* in: SK-StPO, § 121 GVG Rn. 33; vgl. BGHSt 33, 183, 186; 37, 366, 368.

381 *Franke,* in: LR-GVG, § 121 Rn. 78; vgl. BGHSt 28, 72, 74; 36, 389, 393 f.; NStZ-RR 2003, 12, 13.

382 *Hannich,* in: KK-StPO, § 121 GVG Rn. 44; vgl. BGHSt 22, 94, 100; NStZ 1985, 217, 218.

383 *Frister,* in: SK-StPO, § 121 GVG Rn. 34; vgl. BGHSt 28, 72, 73 f.; 35, 238, 240; 36, 389, 396; NStZ 1985, 217 f.; 2000, 222; 387.

Blickwinkel, die Einordnung als *Rechts*frage zu erfolgen hat. Dabei kommt zum einen eine objektive Sicht der Dinge dergestalt in Betracht, dass zu fragen ist, ob in diesem konkret zu entscheidenden Fall nach allgemeinen Grundsätzen eine *Rechts*frage vorliegt. Bei dieser Vorgehensweise stößt man direkt auf den im allgemeinen Revisionsrecht herrschenden Streit, wie *Tat*- und *Rechts*frage am sinnvollsten zu unterscheiden sind. Eine andere denkbare Variante ist, von dem subjektiven Maßstab der beteiligten Gerichte her zu beurteilen, ob die streitige Frage von den mit ihr befassten Spruchkörpern bisher als *Rechts*frage behandelt worden ist. Das Gesetz gibt auf diese Frage keine Antwort. Die Lösung der Problematik hat Einfluss auf unser Ansinnen, die Bedeutung der Abgrenzung von *Tat*- und *Rechts*frage in der modernen Revisionsrealität zu ermitteln: Legt man ein objektives Verständnis von der *Rechts*frage im Sinne der §§ 121 Abs. 2, 132 Abs. 2 GVG zugrunde, bedarf es einer Definition derselben und die Aufstellung von Kriterien zur Abgrenzung der *Rechts*frage von der *Tat*frage, die unbestritten seit der Einführung des Vorlageverfahrens bis heute der Scheidung der dem Vorlageverfahren zugänglichen von denen diesem vorenthaltenen Fragen dient. Stellt man dagegen auf ein subjektives Verständnis von der *Rechts*frage ab, wie es vereinzelt in der Literatur gefordert wird und lässt die Behandlung der Frage als *Rechts*frage durch die Revisionsgerichte ausreichen[384], kommt es für die Bedeutung der Abgrenzungsfrage darauf an, auf die Sicht welchen Gerichts bei der Einordnung der streitigen Frage als *Rechts*frage genau abzustellen ist. Beteiligt sind in einem Vorlageverfahren mindestens drei (Revisions-)gerichte: Das Gericht, von dessen Entscheidung abgewichen werden soll, der Senat, der in seiner Entscheidung von dieser früheren Auffassung abweichen will und das Gericht, dem die Frage zur Entscheidung vorgelegt wird. Wird entsprechend der grundsätzlichen Handhabung bei den Vorlagevoraussetzungen die Auffassung des vorlegenden Gerichts zugrunde gelegt, bedarf es genau genommen keiner Abgrenzung von *Tat*- und *Rechts*fragen im Ausgleichsverfahren, weil das vorlegende *Rechts*rügegericht eine Vorlegung nicht anstrengen wird, wenn es sich bei der streitigen Frage seiner Ansicht nach nicht um eine *Rechts*frage handelt. Liegt aus Sicht des vorlegenden Gerichts lediglich eine andersartig entschiedene *Tat*frage vor, wird es ohne weiteres von der früheren Auffassung abweichen, ohne dass es überhaupt zu einem Vorlageverfahren kommt. Ein ähnlicher Gedankengang kommt bei Fokussierung der Handhabung desjenigen Gerichts, von dessen Entscheidung abgewichen werden soll, zum Tragen: Da Revisionsgerichte nach der gesetzlichen Konzeption ausschließlich *Rechts*fragen zu entscheiden haben, liegt dessen Auffassung, auch in einer *Rechts*frage entschieden zu haben, nahe.

384 *Schroth*, JR 1990, 93, 95, der zwischen einem substanziellen und einem formellen Verständnis als Methoden zur Begriffsklärung unterscheidet; vgl. zum subjektiven Verständnis auch *Hanack*, Ausgleich (Fn. 221), 146 unter Hinweis auf die These der amtlichen Strafrechtskommission zur StPO von 1938: „Alles was das Reichsgericht anfasst, wird Rechtsfrage", Fn. 46.

Ansonsten müsste diesem ein bewusster Verstoß gegen die Grundgedanken des Revisionsrechts vorgehalten werden.

Ist dagegen die Sicht des Vorlagegerichts maßgeblich, stellt sich zum einen die Frage, ob der vom BGH selbst aufgestellte Vertretbarkeitsgrundsatz bezüglich der Rechtsauffassung des vorlegenden Gerichts hinsichtlich der Vorlagevoraussetzungen für die Bestimmung der *Rechts*fragenqualität außer Kraft gesetzt würde oder ob der BGH nur bei Unvertretbarkeit von dessen Rechtsansicht seine eigene Sicht der Dinge zugrunde legen dürfte. Jedenfalls obliegt dem Vorlagegericht nach der gesetzlichen Konzeption die Prüfung, ob eine Abweichung in einer entscheidungserheblichen *Rechts*frage als Vorlagevoraussetzung gegeben ist und damit die Vorlage überhaupt zulässig ist[385], sodass im Ergebnis seine Auffassung die letztlich entscheidende ist und damit eine Abgrenzung von *Tat*- und *Rechts*frage erforderlich würde. Insofern würde sich auch ein Konflikt zwischen einem etwaigen, auch für die *Rechts*fragenqualität geltenden Vertretbarkeitsprinzip und der Prüfpflicht des Revisionsgerichts hinsichtlich der Zulässigkeit der Vorlage zeigen. Für das Vorlagegericht dürfte es durchaus von Interesse sein, in Grenzfällen zur Vermeidung von Arbeitsbelastungen die Zulässigkeit des Vorlageverfahrens unter Hinweis auf das Vorliegen einer *Tat*frage zu verneinen. Die Frage, ob es sich bei der streitigen Frage wirklich um eine *Tat*- oder in Wirklichkeit um eine *Rechts*frage gehandelt hat, wäre als *Rechts*frage einzustufen, da die Abgrenzung von *Tat*- und *Rechts*fragen eine rechtliche Bewertung voraussetzt, die bei Divergenz wiederum dem Ausgleich unterläge.[386] Die Frage, welches Revisionsgericht für die Beurteilung maßgeblich sein soll, bedürfte bei Verfolgung dieser Auffassung im Sinne unseres Themas noch abschließender Klärung. Im Rahmen der Rechtsprechungsanalyse wird das Vorgehen der Praxis zu dieser Thematik aufzuzeigen und zu bewerten sein.

### *b) Verhältnis zur Grenzziehung des revisibelen Bereichs*

Nachdem die grundsätzliche Bedeutung der Abgrenzung von *Tat*- und *Rechts*fragen für die Bestimmung des der Überprüfung durch das Revisionsgericht unterworfenen Bereiches sowie der Auslösung der Vorlagepflicht im Rahmen der §§ 121 Abs. 2 und 132 Abs. 2 GVG aufgezeigt wurde, schließt sich die Frage nach dem Verhältnis einer etwaigen Begriffsklärung und Unterscheidung in den jeweiligen Gebieten zueinander an. Im Einzelnen stehen dabei folgende Fragen methodisch zur Klärung an: Ist der zur Bezeichnung der Revisibilität ursprünglich zugrunde gelegte Begriff der *Rechts*frage mit der die Vorlegungspflicht begründenden *Rechts*frage im Sinne des Vorlagerechts gleichzusetzen? Ist zur Lösung beider behandelter Problemkreise eine einheitliche Definition unter Aufstellung von Abgrenzungskriterien zur *Tat*frage ausreichend und können die zur Revisibilität aufgestellten Revisionstheorien ohne weiteres auf die Vorlagepflicht übertragen werden?

---

385 Vgl. zur Letztentscheidungskompetenz des Vorlagegerichts bzgl. der Vorlagevoraussetzungen auch *May*, DRiZ 1983, 305, 310 und *Schroth*, JR 1990, 93, 99 f.

386 *Schroth*, JR 1990, 93, 95.

Die Frage nach der Identität des Begriffs der *Rechts*frage im Sinne des allgemeinen Revisionsrechts zum einen und des Vorlagerechts zum anderen, ruft zunächst einmal allgemeine Erwägungen zur gesetzgeberischen Intention hervor. Wie oben aus den Motiven zur RStPO herausgearbeitet wurde, ist der Gesetzgeber davon ausgegangen, dass nur das Rechtliche der Überprüfung durch das Revisionsgericht unterliegen, wohingegen das Tatsächliche diesem verschlossen sein soll. Aus den gesetzgeberischen Formulierungen haben ältere Rechtsprechung und herrschende Lehre übereinstimmend die gewollte Restriktion der Revision auf die *Rechts*frage unter Ausschluss der *Tat*frage gefolgert. Bei § 132 Abs. 2 GVG hat der Gesetzgeber ausdrücklich die *Rechts*frage zur Vorlegungsvoraussetzung gemacht. Da beide Institute – die Revision und die Divergenzvorlage – in einem engen Sachzusammenhang stehen, weil die Vorlage nur in einem laufenden Rechtsrüge-, insbesondere Revisionsverfahren möglich wird, liegt es nahe, dass der Gesetzgeber beide Begriffe gleich verstanden haben wollte. Dieser Schluss ergibt sich auch aus der Tatsache, dass im Vorlageverfahren nur Rechtsrüge-, insbesondere Revisionsgerichte beteiligt sind, die sich nach dem Willen des Gesetzgebers nur mit *Rechts*fragen zu befassen haben, sodass sich der Brückenschlag von der Revisibilität zur zulässigen Vorlagefrage eigentlich schon aus dem historischen Grundverständnis von der Revision ergibt. Aus teleologischer Sicht ist für ein gleiches Verständnis anzuführen, dass der von der Divergenzvorlage verfolgte Zweck der Sicherung einer einheitlichen Rechtsprechung zugleich den historischen Zweck der Revision insgesamt bildet, der auch heute bei einem Rechtsrügerechtsmittel wie der Revision richtigerweise nicht hinweggedacht werden kann. Eine grundsätzliche Übereinstimmung der Begrifflichkeiten wird zum Teil im Schrifttum und in der Rechtsprechung angenommen.[387] Diese Ansicht unterstellt zunächst einmal, dass es sowohl für die Auslösung der Vorlagepflicht als auch der Revisibilität des Vorliegens einer *Rechts*frage bedarf; nimmt man diese Tatsache an dieser Stelle ohne sie zu hinterfragen an, schließen sich die Folgefragen an, ob der Begriff der *Rechts*frage jeweils gleich auszufüllen ist, ob die Begriffsklärung gleichermaßen durch die Abgrenzung von der *Tat*frage zu erfolgen hat und wenn ja, ob die gleichen Abgrenzungskriterien zugrunde zu legen sind. *Schröder* geht davon aus, dass „jede revisibele Frage zugleich eine zur Vorlegung verpflichtende Rechtsfrage" sei, weil „Vorlegungspflicht und Revision nur rechtstechnisch verschieden ausgestaltete Wege zur Wahrung der Einheitlichkeit der Rechtsprechung" darstellten.[388] Diese Auffassung geht also davon aus, dass die Begrifflichkeiten der revisibelen *Rechts*frage und der die Vorlegungspflicht auslösenden *Rechts*frage identisch und diese gleichermaßen auszufüllen sind, enthält jedoch

387 *Hanack*, Ausgleich (Fn. 211), 145; *Roesener*, Reichsgericht (Fn. 360), 35; vgl. BGHZ 15, 5, 10 zur Vorlage nach § 24 Abs. 2 Nr. 1 LwVG, wonach sich die Geltendmachung der Abweichung von einer Rechtsfrage als Rüge einer Gesetzesverletzung charakterisiere.

388 *Schröder*, NJW 1959, 1517, 1519; vgl. auch *May*, DRiZ 1983, 305, 308, der von einer „Rechtsfrage, die sich aus dem revisibelen Recht ergibt" als Vorlagevoraussetzung spricht.

keine Aussage zur Methode der Bestimmung. Die Aussage erscheint mir im Hinblick auf die Behauptung eines identischen Inhaltsverständnisses der Begriffe in ihrer Allgemeinheit problematisch. Zwar dient die Revision unstreitig auch der Sicherung einer einheitlichen Rechtsanwendung. Daneben tritt jedoch der nicht minder wichtige rechtsfortbildende Zweck der Revisionsentscheidung als verfahrensabschließender Akt. Wie bereits im Rahmen des Vorlagezwecks aufgezeigt wurde, sind das Ziel einer gleichmäßigen Rechtsprechung und das Interesse an einem elastischen, wandelbaren, auf gesellschaftliche und politische Entwicklungen reagierenden Recht, nicht ohne weiteres miteinander in Einklang zu bringen. Der der Rechtseinheit dienende Vorlegungszwang verhindert nämlich gerade die Fortentwicklung und Verfestigung neuer, von bisherigen obergerichtlichen Handhabungen abweichender, Rechtsansichten der Oberlandesgerichte. Die andersartige Rechtsauffassung kann zwar grundsätzlich auch im Vorlegungsverfahren Gehör finden; bei Nichterreichen der Zulässigkeitshürde erfolgt jedoch keine sachliche Befassung mit der streitigen *Rechts*frage, sondern die formlose Rückgabe der Sache an das vorlegende Gericht, das daraufhin entweder den Aufwand einer erneuten (zulässigen) Vorlegung betreibt oder – wahrscheinlicher – sich einfach der bisherigen obergerichtlichen Rechtsprechung anschließt. Zum anderen ist anzunehmen, dass der BGH als Vorlagegericht eher seine eigene Rechtsprechung bestätigt, als die der in der Gerichtshierarchie niedriger stehenden, abweichungswilligen Oberlandesgerichte. Die Rechtsfortbildungsfunktion des BGH im Speziellen und darüber hinaus aller Revisionsgerichte, ist aber als wichtige Aufgabe unseres Revisionsrechts anzuerkennen, die wegen der ansonsten drohenden fehlenden Beständigkeit der Richtersprüche nur den letztinstanzlichen Gerichten sinnvollerweise zukommen kann. Hinzukommt der erst im Laufe der Zeit erkannte und heute nicht mehr wegzudenkende Zweck der Revision, Gerechtigkeit im Einzelfall zu garantieren. Wie diese Revisionsaufgabe mit dem Rechtseinheitszweck im Bereich der Frage nach dem Umfang der Revisibilität in Kollision treten kann, wurde oben ausführlich erörtert.[389] In diesem Zusammenhang drängt sich die Frage auf, ob ein Abstellen auf die gesetzgeberische Intention bei Schaffung der strafprozessualen Revision angesichts der zwischenzeitlichen Veränderungen bei der Statuierung der Revisionsgrenzen durch den zunehmenden Einfluss des Gerechtigkeitsgedankens überhaupt noch zeitgemäß erscheint. Infolge eines gewandelten Verständnisses von der strafprozessualen Revision, erscheint die *Tat*frage dem Revisionsgericht nicht mehr vollständig verschlossen zu sein. Es schließt sich der nächste Gedanke an, ob dann nicht bei Zugrundelegung desselben Verständnisses von der *Rechts*frage zur Ausfüllung des Begriffes der Gesetzesverletzung in § 337 StPO und als Voraussetzung der Vorlagepflicht eine extensive Auslegung und Ausweitung der der *Rechts*frage unterfallenden Gebiete auch im Rahmen der Divergenzvorlage erfolgen müsste. Oder stünde einer solchen Parallelisierung der Zweck der Vorlage, Rechtseinheit zu gewährleisten, entgegen, der durch eine Ausweitung der Vorlage auf die Beweiswürdigung und Strafzumessung betreffende

---

389 Vgl. 1. Kapitel C IV S. 47 ff.

Fragen gefährdet würde? Interessant in diesem Zusammenhang ist ein Blick in die praktische Entwicklung des Instituts der Divergenzvorlage, welcher so manchen Gleichlauf oder Gegensatz in der Entwicklungshistorie der beiden Mechanismen durch die Rechtsprechung offenbaren wird. Aus einem Vergleich der Handhabung der beiden Institute in der früheren und heutigen Praxis lassen sich möglicherweise weitere Erkenntnisse für die Frage herleiten, inwiefern einem vom Gesetzgeber intendierten Gleichlauf der Begrifflichkeiten und Ausfüllungen derselben auch heute noch Geltungskraft zukommen kann.

Entscheidend für die Lösung der Frage nach dem Verhältnis der Begriffe wird die Herangehensweise an deren Klärung sein: Zum einen stellt sich die Frage nach einer identischer Definition nur, wenn auch im Rahmen der Revisionsgrenzen an dem Gegensatzpaar *Tat-/Rechts*frage festzuhalten ist, was durch eine Analyse des Streitstandes im Schrifttum und der Rechtsprechungspraxis der Obergerichte zu klären sein wird. Das Gesetz jedenfalls schreibt im Gegensatz zu § 132 Abs. 2 GVG zur Bestimmung des nachprüfbaren Bereiches in § 337 StPO nicht explizit das Erfordernis einer *Rechts*frage vor, sodass von Gesetzes wegen keine zwingende Parallelisierung der Begrifflichkeiten erfolgen müsste. Wenn im Rahmen der Revisibilität ohnehin auf ein anderes Kriterium zur Grenzziehung zurückzugreifen ist, erübrigt sich die Verhältnisfrage, da möglicherweise nicht jede z.B. nach teleologischen Kriterien zu bestimmende revisibele Gesetzesverletzung zugleich *Rechts*frage ist. Insbesondere bei einer Ausdehnung des Gerechtigkeitsgedankens erfasst der revisibele Urteilsstoff womöglich weit mehr als die nur der Rechtseinheit dienende *Rechts*frage im Rahmen der Divergenz.

Zum anderen ist bei Heranziehung der Abgrenzungsfrage für beide Bereiche maßgeblich, ob logische, verfahrensstrukturelle oder zweckgerichtete Erwägungen zur Unterscheidung heranzuziehen sind und danach überhaupt ein gleicher Ansatz möglich ist: Während erstere Variante bei der Begrifflichkeit der *Rechts*frage ansetzt und nach den Gesetzen des Denkens rational eine Definition für diese herleitet, stützt sich letztere Alternative auf die dem jeweiligen Institut innewohnenden, besonderen Zwecksetzungen. Bei einer logischen Begriffsklärung erscheint ein einheitlicher Ansatz durchaus sinnvoll und gerechtfertigt, weil beide Mechanismen durch ihre verfahrensrechtliche und inhaltliche Verknüpfung in einem engen Sachzusammenhang stehen. Werden Erwägungen zur Verfahrensstruktur der Revision getätigt, sind solche ebenso auf das Vorlageverfahren übertragbar, da dieses im verfahrensrechtlichen Kontext der Revision stattfindet. Beide Institute sind Teil eines einheitlichen Revisionsrechts, das anzustreben wiederum im Interesse beider Einzelmechanismen zur Gewährleistung von Rechtssicherheit und Rechtsgleichheit liegen wird. Wird dagegen auf teleologische Gesichtspunkte abgestellt, tritt das Problem der unterschiedlichen Zwecksetzungen und der damit einhergehenden Konsequenzen für eine enge oder weite Auslegung des Begriffs der *Rechts*frage auf, welche einem identischen Verständnis entgegen stehen könnte. Die Alternative wären zwei selbstständige, nur für die jeweiligen Institute geltende Abgrenzungsformeln. So stellt etwa auch *Hanack* eine eigenständige, an den Zwecken der Vorlage ausgerichtete Definition der *Rechts*frage im Sinne des Ausgleichsverfahrens auf, weil er der Ansicht ist, dass alle Entscheidungen der Revisionsgerichte mit richtungsweisender Bedeutung für die Rechtspraxis bei Divergenz dem Ausgleich unterliegen müssten, ob sie nun nach der Theorie revisibel seien oder nicht.[390] Er bestimmt damit die Grenzen des Ausgleichsverfahrens weiter als diejenigen des revisibelen Bereichs. Blickt man lediglich auf die verschiedenen Zwecke, widersprechen dieser These die bisherigen Erörterungen zum Zusammenspiel zwischen den Revisionszwecken und dem Umfang der Revisibilität: Durch eine Betonung des Gerechtigkeitszwecks kommt es zur extensiven Auslegung des Begriffs der Gesetzesverletzung, wohingegen der Vorrang des Rechtseinheitsgedankens die Revisibilität eher einschränkt. Das Vorlageverfahren verfolgt dagegen nur den Zweck eine einheitliche Rechtsprechung zu garantieren, sodass man bei Annahme einer unterschiedlichen Ausfüllung der Begrifflichkeiten unter Zugrundelegung des Verhältnisses der Revisionszwecke zum Umfang der Auslegung eher von einem engeren Verständnis der Rechtsfrage im Sinne von §§ 121 Abs. 2, 132 Abs. 2 GVG ausgehen würde. Ungeklärt ist aber noch die Frage, inwiefern diese Wechselwirkungen zwischen Revisionszweck und Umfang der Revisibilität ohne weiteres auf das Vorlageverfahren übertragbar sind. *Lilie* ist ferner der Auffassung, die Abgrenzung von *Tat*- und *Rechts*frage im Sinne des allgemeinen Revisionsrechts könne nur in beschränktem Maße für das Ausgleichsverfahren herangezogen werden, weil beim strafrechtlichen Divergenzausgleich Revisionsentscheidungen im Vordergrund stünden und es sich darin ohnehin nur um *Rechts*fragen handeln könne; würde der BGH-Senat das Vorlageverfahren mit der Begründung ablehnen, es handele sich um eine divergierende *Tat*frage, beinhalte dies die „Schelte" an das vorlegende Revisionsgericht, es habe sich unzulässigerweise mit *Tat*fragen befasst.[391] Der Auffassung ist zuzugeben, dass nach dem Grundverständnis der beiden Institute grundsätzlich *Tat*fragen sowohl in der Revision als auch bei der Divergenzvorlage nichts zu suchen haben, fraglich ist jedoch, ob im Hinblick auf den Wandel im Revisionsrecht noch in dieser Allgemeinheit behauptet werden kann, ein Revisionsurteil enthalte nur *Rechts*fragen. Zum einen hat sich das Bewusstsein der Revisionsgerichte verändert, die *Tat*frage gilt im Gegensatz zur ursprünglichen Konzeption nicht mehr als schlechthin mit der Revision unangreifbar, sodass ein Hinweis auf das Vorliegen einer *Tat*frage heutzutage wohl nicht mehr als Kritik oder gar Bloßstellung wie früher empfunden werden mag; zum anderen – so lautet der Vorwurf, der zu prüfen sein wird – überprüfen die Revisionsgerichte vielmehr de facto auch zum Teil die *Tat*frage – in ihrem ursprünglichen Verständnis, bezeichnend vor allem die Beweiswürdigung und Strafzumessung – auf ihre Rechtsfehlerfreiheit, sodass es vermehrt zu Revisionsentscheidungen kommen mag, die sich mit der *Tat*frage befassen, woraus wohl nicht stets zu folgern sein wird, das Revisionsgericht habe seine Kompetenzen überschritten. Aufschluss über diese Problematik kann erst die Analyse der praktischen Handhabung der jeweiligen Abgrenzungsfragen bringen. In jedem Fall eröffnet die Frage nach der Identität des Abgrenzungsproblems einen interessanten Blick in

390 *Hanack,* Ausgleich (Fn. 221), 146.
391 *Lilie,* Obiter dictum (Fn. 357), 51 f.

die grundsätzlichen Zwecke und Wirkbereiche der strafprozessualen Revision und der Divergenzvorlage sowie deren Zusammenwirken.

## 2. *Praxisentwicklung*

Zur Bestimmung der Bedeutung der Abgrenzungsfrage in der heutigen Praxis der Vorlagegerichte lohnt sich ein Überblick über die Handhabung des Instituts der Divergenzvorlage in der obergerichtlichen Rechtsprechungshistorie. Dafür bedarf es zunächst eines Blickes in die Entstehungsgeschichte der gesetzlichen Vorschriften zum Divergenzausgleichverfahren in der ordentlichen Gerichtsbarkeit: Mit der Einführung des Gerichtsverfassungsgesetzes im Jahr 1877 wurde in § 137 GVG a.F. als Vorgänger des heutigen § 132 GVG eine Verweisung an die Vereinigten Strafsenate bei Innendivergenz zwischen verschiedenen Strafsenaten des Reichsgerichts statuiert, entsprechendes galt für die Zivilsenate.[392] Die Vereinigten Strafsenate bestanden aus allen Mitgliedern der Strafsenate, von denen mindestens zwei Drittel an der Entscheidung beteiligt sein mussten, § 139 Abs. 1 GVG a.F. Mit Gesetz vom 17.03.1886 wurde eine Pflicht zur Anrufung des Plenums, das aus sämtlichen Richtern am Reichsgericht bestand, hinzugefügt, wenn ein Strafsenat von einem Zivilsenat oder den Vereinigten Zivilsenaten, oder umgekehrt, abweichen wollte.

Die praktische Umsetzung dieser gesetzlichen Vorgaben durch das Reichsgericht wurde als diktiert vom „horror pleni“[393] – was so viel wie Angst vor dem Plenum, Plenumsscheu oder Furcht vor der Plenarentscheidung bedeutet – scharf kritisiert, diesem wurde vorgeworfen, über „Schleichwege“ und „waghalsige und spitzfindige“ Konstruktionen an sich gebotene Vorlagen nach § 137 GVG a.F. – bzw. nach 1924 unverändert § 136 GVG a.F. – zu vermeiden[394]. Die Kritik beinhaltete die einengende Annahme der Voraussetzungen zur Anrufung der Plenargremien durch restriktive Auslegung der gesetzlichen Vorschriften[395]. In diesem Zusammenhang sind zunächst eine Reihe reichsgerichtlicher Entscheidungen zu vermerken, die von früheren Rechtsauffassungen stillschweigend abweichen, ohne diese überhaupt

392 *Frister,* in: SK-StPO, § 132 GVG Rn. 1, dort auch zum folgenden Text; vgl. zum Ursprung und zur Entwicklungsgeschichte des heutigen § 132 GVG *Hanack,* Ausgleich (Fn. 221), 18 ff.

393 *Fuchs,* LZ 1927, 83; *Gerland,* Der deutsche Strafprozess, 46; *Jourdan,* JW 1925, 929; *Köhler,* in: Die Reichsgerichtspraxis im deutschen Rechtsleben, Bd. V, 159, 171; *Oetker,* JW 1928, 2266; *Reichel,* Das Recht 1910, 346; *Roesener,* Reichsgericht (Fn. 360), 80; vgl. *Hanack,* Ausgleich (Fn. 221), 1, 27; *Neumann,* in: FS Meyer-Goßner, 683; *Schroth,* JR 1990, 93.

394 *Fuchs,* LZ 1927, 83, 84 f.; vgl. *Hanack,* Ausgleich (Fn. 221), 1, 139; *Schroth,* JR 1990, 93, 94.

395 Vgl. *Franke,* in: LR-GVG, Entstehungsgeschichte § 132; *Hannich,* in: KK-StPO, § 132 GVG Rn. 2.

zu erwähnen.[396] Es finden sich ferner Urteile, die abweichende Ansichten anderer Senate ausdrücklich nennen und diese übergehen, ohne auch nur einen Satz zur Anrufung der Vereinigten Senate bzw. des Plenums zu verlieren.[397] Dem Reichsgericht wurde zudem vorgehalten, sich verschiedener ausgeklügelter Methoden zu bedienen, um eine Plenarentscheidung zu umgehen: So habe es eine Vielzahl von Begründungsansätzen entwickelt, um seine Behauptung, eine abweichende Entscheidung liege in Wirklichkeit gar nicht vor, zu rechtfertigen: Mit Wendungen wie, der Sachverhalt der abweichenden Entscheidung sei „wesentlich anders" gelagert[398] oder der andere Senat habe die Sache „nicht grundsätzlich/allgemein"[399] entscheiden wollen, seien seitens des Reichsgerichts abweichende Rechtsauffassungen relativiert worden. *Köhler* spricht dabei von der Methode Widersprüche „künstlich" zu verdecken, wenn ein späteres Urteil ohne jeglichen Nachweis für seine Behauptungen versuche, das frühere Urteile so auszulegen, dass eine Anrufung der Plenarorgane entbehrlich werde.[400] Es folgten weitere Restriktionen durch das damals gesetzlich nicht vorgesehene Anfrageverfahren[401], durch die Entwicklung des Grundsatzes, dass die Vorlegungspflicht entfalle, wenn ein Senat ohne vorzulegen von der Entscheidung eines anderen Senats abgewichen sei und der jetzt entscheidende Senat sich der früheren Auffassung anschließen wolle[402] sowie die Auffassung des RG, einer Vorlegung bedürfe es unabhängig von der Geltungskraft des Streitpunktes

396 *Hanack,* Ausgleich (Fn. 221), 27; vgl. die unterschiedlichen Rechtsauffassungen des RG in: RGSt 4, 87, 89; 8, 128, 130 und 27, 114, 115 vs. 21, 306; 24, 365; 26, 370, 373; 31, 260, 261 und 33, 17, 18 zum Begriff der „unzüchtigen Handlung" bzgl. dem Erfordernis einer „gröblichen" Verletzung des Scham- und Sittlichkeitsgefühls; JW 1930, 714 m. Anm. *Alsberg,* 714 f. vs. RGSt 47, 100, 107 zum Verbot der Beweisantizipation bei Augenscheinsbeweisantrag; JW 1930, 931, 932 m. krit. Anm. *Alsberg* vs. RGSt 62, 76 zur Verbescheidung eines Beweisantrags vor dem Urteil; w.Nw. bei *Köhler,* in: Reichsgerichtspraxis (Fn. 393), 159, 163 ff.

397 *Hanack,* Ausgleich (Fn. 221), 28; vgl. RGSt 48, 359, 361; 60, 402, 404 und RG JW 1927, 1931, 1932 für das Zivilrecht.

398 RGSt 42, 321, 322; 56, 58, 60; vgl. *Fuchs,* LZ 1927, 83, 86; *Hanack,* Ausgleich (Fn. 221), 29.

399 RGSt 38, 417, 421; 39, 239, 245; 41, 14, 16; 42, 105, 106; 55, 44, 45.

400 *Köhler,* in: Reichsgerichtspraxis (Fn. 393), 159, 165 Fn. 13 unter Hinweis auf RGSt 26, 40, 41; vgl. auch die Auslegung in RGSt 42, 105, 106 ff.: „kann (...) in Wirklichkeit (nicht) beabsichtigt worden sein".

401 Vgl. RGSt 48, 389, 400; 53, 81, 89; 55, 12, 13; JW 1928, 2265, 2267; vgl. zur Kritik, trotz Fortwirkung der Entscheidung entgegen des Rechtseinheitsgedankens Vorlagen abzuwehren: *Fuchs,* LZ 1927, 83, 86; *Gerland,* Der deutsche Strafprozess, 46; *Jourdan,* JW 1925, 929; *Köhler,* in: Reichsgerichtspraxis (Fn. 393), 159, 166 f.; *Oetker,* JW 1928, 2266.

402 *Franke,* in: LR-GVG, § 132 Rn. 15; vgl. RGSt 45, 88, 97; 55, 44, 45; 183, 184; 57, 134, 136; 58, 19, 24; 60, 269; 64, 201, 202; vgl. zur Kritik des Zuwiderlaufens dem Rechtseinheitsgedanken: *Fuchs,* LZ 1927, 83, 90 ff.; *Köhler,* in: Reichsgerichtspraxis (Fn. 393), 159, 169; *Roesener,* Reichsgericht (Fn. 360), 75 f.

über das Einzelgesetz hinaus nicht, wenn die unterschiedlich beantwortete Frage in verschiedenen Bestimmungen desselben Gesetzes oder gar in verschiedenen Gesetzen niedergelegt sei.[403] Der reichsgerichtlichen Rechtsprechung entspringen außerdem erste Ansätze weiterer Einschränkungen, die später seitens des BGH weiterentwickelt, vermehrt angewandt und zum Teil bis heute praktiziert werden.

Eine Ursache für die monierte Umgehungspraxis des Reichsgerichts bezüglich der Anrufung seiner Plenarorgane mag in der damaligen verfahrensrechtlichen Ausgestaltung der Divergenzvorlage zu finden sein: Mit der Mitwirkungspflicht von zwei Dritteln aller Senatsmitglieder in den Vereinigten Strafsenaten und der Zusammensetzung des Plenums mit allen amtierenden Richtern[404] hinderte ein zeitaufwändiges und umständliches Verfahren die Effektivität der Vorlage und führte als typische Reaktion zu Vermeidungstaktiken der vorlegenden Instanzen. Der Gesetzgeber reagierte auf diese wenig zufriedenstellende Rechtsprechungspraxis und schuf mit Gesetz vom 28.06.1935 das System der heutigen Großen Senate gemäß § 136 Abs. 1 GVG a.F. anstelle der Vereinigen Senate und wies die Aufgaben des Plenums den Vereinigten Großen Senaten nach § 136 Abs. 2 GVG a.F. zu[405], die heutige Fassung erhielt § 132 GVG durch das Rechtspflege-Vereinfachungsgesetz vom 17.12.1990[406]. Im Gegensatz zu der früheren unpraktikabelen Besetzung der Vereinigten Senate bestehen die Großen Senate in ihrer heutigen Form aus einer begrenzten Zahl von Mitgliedern, nämlich aus ihrem Präsidenten und der Große Senat für Zivilsachen aus je einem Mitglied der Zivilsenate, der Große Senat für Strafsachen aus je zwei Mitgliedern aus den jeweiligen Strafsenaten, § 132 Abs. 5 S. 1 GVG, zusammen bilden sie die Vereinigten Großen Senate, § 132 Abs. 1 S. 2 GVG.

Trotz der zurückhaltenden Vorlegungspraxis des Reichsgerichts hat die Abgrenzung von *Tat-* und *Rechts*fragen als mögliches Mittel zur einschränkenden Handhabung des Vorlageverfahrens in dessen Rechtsprechung kaum eine Rolle gespielt.[407] In Strafsachen findet sich lediglich eine Entscheidung, die unter Hinweis auf das Erfordernis einer *Tat*sachenwürdigung eine Vorlage ablehnt.[408] Auch in der Literatur

---

403 RGSt 38, 417, 420 f.; 44, 11, 16; 58, 106, 110; 424, 425; krit. *zu Dohna*, in: Reichsgerichtspraxis (Fn. 393), 30, 42; *Köhler*, in: Reichsgerichtspraxis (Fn. 393), 160 f.; *Roesener*, Reichsgericht (Fn. 360), 40.

404 *Frister*, in: SK-StPO, § 132 GVG Rn. 1; *Rissing-van-Saan*, in: FS Widmaier, 505, 507; vgl. *Hanack*, Ausgleich (Fn. 221), 27, der neben der Angst vor Eingriffen in die Spezialsenate von der Schwerfälligkeit des Verfahrens als Ursachen des „horror pleni" spricht.

405 *Hanack*, Ausgleich (Fn. 221), 31 f., dort auch zu den nationalsozialistischen Hintergründen der Reform.

406 *Hannich*, in: KK-StPO, § 132 GVG Rn. 2.

407 *Hanack*, Ausgleich (Fn. 221), 139.

408 RGSt 60, 43, 47; vgl. für das Zivilrecht RGZ 119, 284, 286 bzgl. Beweiswürdigung, ob dauernde oder vorübergehende Behinderung: „Beweisfrage"; JW 1933, 97 Nr. 1, 98 bzgl. Beurteilung der deutlichen Unterscheidbarkeit von Firmen: „Gegenstand rein tatsächlicher Beurteilung".

wurde die Abgrenzung nicht als besonders schwierig erachtet.[409] Auf der Suche nach einer Ursache für die geringe Bedeutung der Abgrenzungsfrage in der Vorlegungspraxis des Reichsgerichts ist zunächst ein rein formeller Begründungsansatz augenscheinlich: Wo keine Vorlage, da kein Abgrenzungsproblem. In den ersten 50 Jahren des Bestehens des Instituts der Vorlegung ist das Plenum des Reichsgerichts kein einziges Mal, die Vereinigten Strafsenate lediglich 31 Mal[410] zusammengetreten, obwohl es „an Widersprüchen nicht gefehlt" habe.[411] Auch nach der Reform von 1935, welche als Erlösung von der Plage des „horror pleni" gedacht war, hat sich die Vorlagescheu des Reichsgerichts nicht grundlegend verändert, zwischen 1935 und 1945 sind lediglich zwei Vorlegungen wegen Divergenz erfolgt.[412]

Zum anderen ist im Rahmen einer materiell-rechtlichen Ursachenforschung bezüglich der erfolgten Vorlagen der Zusammenhang mit der anfänglichen Handhabung der Revisionsgrenzen durch das Reichsgericht herzustellen: Wie im Rahmen der historischen Entwicklung der Revision erörtert wurde, bezweifelte anfänglich kaum einer die aus der gesetzgeberischen Intention gefolgerte klare Trennbarkeit von *Tat-* und *Rechts*frage, sodass die Abgrenzung entsprechend strikt seitens des Reichsgerichts in den Revisionsverfahren gehandhabt wurde. Dieses führte entsprechend seiner ihm zukommenden gesetzlichen Aufgabe als Revisionsgericht eine reine Subsumtionskontrolle des tatrichterlichen Urteils durch, während Beweiswürdigung und Strafzumessung mit Ausnahme des verfahrensrechtlichen Angriffs als weitgehend irrevisibel galten. Da sowohl Revisionspraxis als auch das damalige Schrifttum übereinstimmend von einer verhältnismäßig klaren Grenzlinie zwischen revisibelen und irrevisibelen Bereich ausgingen, wundert es nicht, dass die Abgrenzung auch im Rahmen des Vorlageverfahrens wenig Mühe bereitete, insbesondere wenn sich dieses im Wesentlichen auf Auslegungsfragen von rechtlichen Normen beschränkte. Vor diesem Hintergrund erscheint die seltene Berufung auf das Vorliegen einer *Tat*frage naheliegend, da sich nach damaligem Verständnis Revisionsgerichte mit *Tat*fragen nicht zu befassen hatten, sodass solche auch in Revisionsentscheidungen nicht zu erwarten waren. Die anfänglich ähnlich restriktive Handhabung bezüglich der Revisionsgrenzen und der Auslösung der Vorlagepflicht spricht für die ursprüngliche Intention, *Rechts*frage im Sinne der beiden Institute gleich zu verstehen. In diesem Sinne ist auch die Tatsache zu interpretieren, dass im älteren Schrifttum eigene Ansätze zur Begriffsklärung der *Rechts*frage im Sinne

409 *Köhler,* in: Reichsgerichtspraxis (Fn. 393), 159, 160; vgl. auch später noch *Hannack,* Ausgleich (Fn. 221), 140; *Schröder,* MDR 1960, 809.

410 *Busch,* DRiZ 1960, 347; *Franke,* in: LR-GVG, Entstehungsgeschichte § 132; *Köhler,* in: Reichsgerichtspraxis (Fn. 393), 159, 171.

411 *Fuchs,* LZ 1927, 83; *Hanack,* Ausgleich (Fn. 221), 29, 30 Fn. 122.

412 *Hanack,* Ausgleich (Fn. 221), 33 f.

der Divergenzvorlage abweichend von derjenigen im Rahmen des Revisionsrechts gänzlich fehlen und allenfalls auf die allgemeine Abgrenzung verwiesen wurde[413].

Zur Schaffung eines Gesamtsystems zur Gewährleistung der Einheitlichkeit der Rechtsprechung wurde mit dem Gesetz zur Wiederherstellung der Rechtseinheit vom 12.09.1950 §§ 120 Abs. 3 a.F., 121 Abs. 2 GVG eingeführt und damit die Verpflichtung zur Divergenzvorlage auf die Oberlandesgerichte als erstinstanzlich zuständige Gerichte in Staatsschutzsachen und als Rechtsrügegerichte ausgedehnt.[414] Entsprechend diesen allgemeinen Bestrebungen, die Rechtssicherheit und Rechtseinheitlichkeit der Rechtsprechung sicherzustellen, stand der strengen praktischen Handhabung des Reichsgerichts ein ursprünglich vorlegungsfreundlicher Standpunkt des BGH, etwa durch die Entwicklung der Vertretbarkeitsregel bei der Prüfung der Vorlegungsvoraussetzungen gegenüber, die zur Handhabung „im Zweifel für die Vorlegung" führte.[415] Im Vergleich zur reichsgerichtlichen Handhabung des § 136 GVG a.F. stieg die Zahl der Vorlegungen in der anfänglichen Zuständigkeit des BGH stetig an: So waren von 1953 bis 1961 188 Vorlegungen nach § 120, 121 GVG[416] und von 1950 bis 1963 28 Vorlagen nach § 136 GVG a.F.[417] zu verzeichnen. Mögliche Ursachen für diesen Trendwechsel waren zum einen eine Betonung der Bedeutung der Divergenzvorlage durch den Dritten Strafsenat des BGH: Dieser führte mutmaßlich in Anspielung an die Rechtsprechungspraxis des RG in wohl einmaliger Klarheit aus, es sei angesichts der gesetzlich dem BGH zugedachten Rechtseinheitsaufgabe abzulehnen, gesetzliche Vorlegungspflichten durch „künstliche Ausnahmen" einzuengen und die Arbeitskraft der Obergerichte für „unnötige Spitzfindigkeiten" in Anspruch zu nehmen, anstatt sich auf die Klärung maßgebender Streitfragen zu konzentrieren.[418] Zum anderen mag die gestiegene Zahl der Vorlagen auch an der Vereinfachung des Verfahrens im Rahmen des § 136 GVG a.F. sowie an dem neugierigen Interesse an dem schon zuvor lange geforderten[419] Außendivergenzausgleichsverfahren nach §§ 120, 121 GVG gelegen haben. In diesem Zusammenhang ist die im Hinblick auf den Gesetzeszweck erfolgte Aufgabe der einschränkenden Rechtsprechungspraxis des Reichsgerichts zu § 136 GVG a.F. anzuführen, die Vorlagepflicht bei zwischenzeitlich übergangener Anrufung des Großen Senats abzulehnen, wenn sich der jetzt entscheidende Senat der ursprünglichen Auffassung anschließt.[420] Ebenfalls in diesem Zeitraum erfolgte

413 *Hanack,* Ausgleich (Fn. 221), 139 Fn. 14; vgl. *Roesener,* Reichsgericht (Fn. 360), 35; *Köhler,* in: Reichsgerichtspraxis (Fn. 393), 159, 160 der die Tatsachenfeststellung und die Strafzumessung nicht zu den Rechtsfragen iSv § 136 GVG a.F. zählt.

414 *Frister,* in: SK-StPO, § 121 GVG Rn. 11; *Hanack,* Ausgleich (Fn. 221), 42.

415 *Kuhlen,* JA 1986, 598, 596; vgl. oben B II 1 S. 99.

416 *Hanack,* Ausgleich (Fn. 221), 43 Fn. 207.

417 *Franke,* in: LR-StPO, Entstehungsgeschichte § 132 GVG.

418 BGHSt 13, 46, 50.

419 *Köhler,* in: Reichsgerichtspraxis (Fn. 393), 159, 172; *Neumann,* JW 1910, 312, 315; *Stein,* LZ 1914, 313, 321.

420 BGHSt 10, 94, 96; 13, 149, 153; 44, 107, 110 f.

der Bruch mit der Rechtsprechung des Reichsgerichts zur fehlenden Identität der Rechtsfrage bei Betroffensein verschiedener Gesetzesbestimmungen trotz gleichem Rechtsgrundsatz.[421]

Doch schon in dieser Zeit der für die Zwecke des Vorlageverfahrens zahlenmäßig positiven Handhabung der Divergenzvorlage kam der BGH auf zum Teil schon in der Rechtsprechungspraxis des Reichsgerichts angeklungene Restriktionen zurück, die in der damaligen Literatur teilweise stark kritisiert wurden: Eine Vorlegungspflicht nach § 136 GVG a.F. sollte nach Auffassung des BGH entfallen, wenn der Senat von dessen Entscheidung abgewichen werden sollte, (als Revisionssenat) nicht mehr bestand[422] oder es sich um einen Feriensenat[423] handelte. Diese Handhabung wurde insbesondere im Hinblick auf die Fortwirkung der Entscheidung unabhängig von der weiteren Existenz des Senats und die anzustrebende Nachprüfbarkeit des Rechts angegriffen.[424] Möglicherweise im Hinblick auf die gegenteilige Praktizierung des BGH im Rahmen der Vorlagepflicht nach § 121 Abs. 2 sowie § 120 Abs. 3 a.F. GVG[425] hat der Gesetzgeber mit dem Rechtspflegevereinfachungsgesetz vom 17.12.1990 durch eine Änderung des § 132 Abs. 3 S. 2 GVG, wonach an die Stelle eines nach dem Geschäftsverteilungsplan nicht mehr zuständigen Senats der nunmehr zuständige trete, auf die Ungleichbehandlung reagiert, sodass der Streit obsolet wurde, da dem nicht mehr zuständigen der nicht mehr bestehende Senat gleich zu setzen ist.[426]

Der BGH führte ferner die Möglichkeit ein, bei einer Innendivergenz ohne Vorlegung abzuweichen, wenn ein Senat nach der Geschäftsverteilung für ein bestimmtes Rechtsgebiet (nunmehr) allein und ausschließlich zuständig ist und die Rechtsfrage nur die Spezialmaterie betrifft.[427] Eine Vorlegungspflicht soll demnach aber dann bestehen, wenn ein Rechtsbegriff gleichermaßen in einer Spezialmaterie wie auch in allgemeinen Bestimmungen enthalten ist.[428] Diese heute insbesondere im Hinblick auf den Rechtsgedanken des § 132 Abs. 3 S. 2 GVG nicht mehr ernsthaft bestrittene Einschränkung wurde im älteren Schrifttum insbesondere wegen der Schwierigkeit

---

421 *Hanack,* Ausgleich (Fn. 221), 152 f.; vgl. BGHSt 6, 41, 42 und den Vorreiter BGHZ 9, 179, 181 unter Berufung auf den Rechtseinheitszweck.

422 BGHSt 18, 200, 204; 20, 77, 79; 22, 113, 114; vgl. schon RGSt 60, 171, 178; 61, 364, 366 f.; 63, 248, 250; 65, 337, 338; JW 1928, 2265, 2267.

423 BGHSt 17, 280, 285; 24, 342, 344; vgl. schon RGSt 44, 196, 197; 58, 382, 383.

424 *Schäfer,* in: LR-GVG, 23. Aufl., § 136 GVG, 23. Aufl., Rn. 10; *Schalscha,* MDR 1959, 90; *Schaper,* NJW 1963, 1883, 1885; *Eb. Schmidt,* in: LK III-GVG, § 136 GVG Rn. 4; *Schroth,* JR 1990, 93, 94.; vgl. schon *Köhler,* in: Reichsgerichtspraxis (Fn. 393), 159, 168 f.; *Oetker,* JW 1928, 2266; *Roesener,* Reichsgericht (Fn. 360), 58, 61.

425 BGHSt 13, 46, 48 und 17, 360, 362; entgegen OLG Neustadt, MDR 1958, 538 m. abl. Anm. *Eb. Schmidt,* 815 ff.; BGHSt 24, 208, 210; 25, 122, 124.

426 *Hannich,* in: KK-StPO, § 132 GVG Rn. 7.

427 BGHSt 56, 73, 90 f.; *Hannich,* in: KK-StPO, § 132 GVG Rn. 6; *Schroth,* JR 1990, 93, 94; vgl. auch BGHSt 7, 104, 109; 11, 199, 205; 19, 177, 18; 1958, 1980, 1982.

428 *Franke,* in: LR-GVG, § 132 Rn. 12.

einer klaren Differenzierung nach Sachmaterien[429] gerügt. *Schalscha* sprach in dem Zusammenhang mit den gerade erörterten Beschränkungen der Vorlagepflicht durch den BGH von einer „Aushöhlung“ der Vorlagepflicht nach §§ 121, 136 a.F. GVG und von einem weiteren Fortschreiten des „horror pleni redivivus“.[430]

Diesen bereits in den ersten zwei Jahrzehnten der Rechtsprechungsgeschichte des BGH beschrittenen Einschränkungen der Vorlegungspflicht folgten weitere nach, welche kumuliert im Zusammenhang mit einer Trendwende in der Statistik stehen: Seit 1964 verringerte sich die Zahl der Vorlagen deutlich, bis 1993 wurde etwa der Große Senat für Strafsachen lediglich viermal wegen Divergenz angerufen.[431] Heutzutage lässt sich etwa eine Vorlage an den Großen Senat pro Jahr verzeichnen.[432] Im Wesentlichen handelt es sich dabei um zwei Restriktionen, die ihren Ursprung in der reichsgerichtlichen Rechtsprechung haben und bis heute sehr umstritten sind: Zum einen fordert der BGH neben der Entscheidungserheblichkeit der Rechtsfrage für die neue Entscheidung zudem, dass die Rechtsauffassung, von der abgewichen werden soll, (tragende) Grundlage der früheren Entscheidung gewesen ist.[433] Ein Abweichen von tragenden Entscheidungsgründen liege nicht vor bei rechtlich unverbindlichen, den Tatrichter nicht nach § 358 Abs. 1 StPO bindenden Hinweisen oder bloßen Empfehlungen[434] oder über den zu entscheidenden Fall hinausgehenden verallgemeinernden Wendungen[435]. Während sich ein Teil der Literatur dieser zusätzlichen Vorlagevoraussetzung angeschlossen hat[436], wird diese teilweise im Hinblick auf die schwierige Unterscheidbarkeit zwischen rationes decidendi und obiter dicta („nebenbei Gesagtes“) – tragenden und nicht tragenden Entscheidungsgründen – und die fehlende Legitimation der Einschränkung scharf kritisiert[437]. *Neumann* hegt etwa den Verdacht, der BGH nutze die Beschränkung

429 *Roesener,* Reichsgericht (Fn. 360), 59; *Schröder,* NJW 1959, 1517, 1520; vgl. dagegen *Hannich,* in: KK-StPO, § 132 GVG Rn. 6 m.w.Nw. zur heute hM.

430 *Schalscha,* MDR 1959, 90 f.

431 *Franke,* in: LR-GVG, Entstehungsgeschichte § 132.

432 Vgl. die Zahlen bei *Rissing-van-Saan,* in: FS Widmaier, 505, 506, die von 15 Vorlagen zwischen 1992 und 2008 spricht.

433 BGHSt 7, 314, 315; 11, 31, 34; 30, 160, 162 f.; vgl. auch BGHSt 3, 234, 235; 33, 61, 63; 47, 32, 34; 181, 184; 252, 254; NStZ 1983, 261, 262; vgl. schon abstellend auf fehlendes Beruhen RGSt 26, 261, 264; 49, 170, 171; 55, 44, 45; 59, 140, 141; 214, 219; 60, 65, 66 f.; 351, 353; 62, 83, 91; 203, 206.

434 BGHSt 3, 234, 235; 18, 156, 159; 27, 212, 213; 33, 172, 174; 43, 277, 282.

435 BGHSt 18, 324, 325 f.; 28, 165, 166; 30, 160, 163; VRS 59, 345, 346.

436 *Frister,* in: SK-StPO, § 132 GVG Rn. 18; *Hannich,* in: KK-StPO, § 121 GVG Rn. 38; *Meyer/Goßner,* StPO, § 121 GVG Rn. 10 f.; vgl. auch *Köhler,* in: Reichsgerichtspraxis (Fn. 393), 159, 162 unter Hinweis auf die ansonsten drohende „unmögliche Hochflut von Plenarentscheidungen“.

437 *Franke,* in: LR-StPO, § 121 GVG Rn. 65 ff. bzgl. § 121; *Hanack,* Ausgleich (Fn. 221), 247 ff., 251, 261, 266; *Lilie,* Obiter dictum (Fn. 357), 240 f., 247 f.; *Eb. Schmidt,* JZ 1959, 518 f.; *Schröder,* NJW 1959, 1517, 1521; vgl. schon *Roesener,* Reichsgericht (Fn. 360), 48 f.

der Vorlagepflicht auf die Abweichung von tragenden Gründen zur Umgehung des Divergenzausgleichsverfahrens.[438]

Während der BGH ursprünglich zum Teil verschiedene Sachverhaltsgestaltungen bei Gleichheit des Rechtsproblems noch zuließ[439], entwickelte er in den achziger Jahren im Anschluss an die ersten Ansätze des Reichsgerichts in der Zeit des horror pleni für die Identität der Rechtsfrage das Erfordernis, dass die zugrundeliegenden Sachverhalte sich „in den wesentlichen Beziehungen gleichkommen", „in wesentlichen Punkten gleichgelagert", „gleichartig" sind, „die gleichen tatsächlichen Elemente" oder lediglich „nicht rechtserhebliche" Unterschiede aufweisen.[440] Nach stRspr verneint der BGH das Vorliegen einer identischen Rechtsfrage und damit eine Vorlagepflicht, wenn die den unterschiedlichen Entscheidungen zugrunde liegenden Sachverhalte sich in „wesentlichen" Punkten voneinander unterscheiden.[441] Das Erfordernis der Sachverhaltsidentität wird zum Teil als mit der ratio der Vorlagepflicht nicht vereinbar abgelehnt[442], *Kuhlen* spricht in diesem Zusammenhang von einer erheblichen Einschränkung des Instituts der Vorlegung durch zunehmend fallorientiertes Rechtsdenken und der damit einhergehenden Gefahr des Leerlaufens des Ausgleichsverfahrens durch weitgehende Partikularisierung der richterlichen Rechtsanwendung.[443] Problematisch erscheint das einschränkende Erfordernis der Fallgleichheit auch dahingehend, dass der BGH seinen selbst erfundenen, alleinigen Maßstab der Vertretbarkeit der Auffassung des vorlegenden Gerichts, die zur Vorlage geführt hat, plötzlich nicht mehr anwendet und ausschließlich auf seine eigene Sicht zur Sachverhaltsidentität abstellt.

In diesem Atemzug ist auch der von *Neumann* gegen die Vorlagegerichte erhobene Vorwurf zu nennen, die Abgrenzung von *Tat-* und *Rechts*frage als Mittel für die restriktive Handhabung des Divergenzvorlageverfahrens zu benutzen: Die Vorlagegerichte missbrauchten die Möglichkeit, eine Vorlage mit dem Hinweis auf das Vorliegen einer *Tat*frage zurückzuweisen, obwohl es in Wirklichkeit um die rechtliche Bewertung des Sachverhaltes gehe.[444] Ob das Institut der Vorlegung durch eine Berufung der Obergerichte auf die „Umstände des Einzelfalles" wirklich seinen Zweck verfehlt und sich in der praktischen Handhabung der Abgrenzungsfrage durch die

438 *Neumann,* in: FS Meyer-Goßner, 683 f.

439 Vgl. BGHSt 10, 94, 95 f. bzgl. gerichtlich entzogener – niemals erteilter Fahrerlaubnis; 10, 344, 345 f. bzgl. Errichtung – Übernahme bestehender Verkaufsstelle; 13, 5, 6 f. bzgl. unterschiedlicher Bindemittel.

440 BGHSt 34, 71, 76; vgl. BVerfG NStZ 1993, 90, 91; BGHSt 36, 74, 77 f.; 47, 252, 254; *Neumann,* in: FS Meyer-Goßner, 683, 690.

441 BVerfG NStZ 1993, 90, 91; BGHSt 34, 71, 74; NStZ 1995, 38, 39; VRS 54, 376, 377; 55, 226, 228; vgl. auch BGHSt 24, 71; 28, 165, 166 f.; 35, 60, 65; 37, 176, 179; 40, 299, 303 f.

442 *Kuhlen,* JA 1986, 589, 598; *Lilie,* Obiter dictum (Fn. 357), 55 f.; vgl. *Schroth,* JR 1990, 93, 98, der auf die ansonsten leichte Umgehbarkeit der Vorlagepflicht hinweist.

443 *Kuhlen,* JA 1986, 589, 599 f.

444 *Neumann,* in: FS Meyer-Goßner, 683; vgl. auch *Schroth,* JR 1990, 93, 94.

Vorlagegerichte nicht mehr als effektives Instrument zur Wahrung der Rechtseinheit erweist, wird im Rahmen der Rechtsprechungsanalyse zu untersuchen sein; in der Tat lässt sich jedoch bereits an dieser Stelle konstatieren, dass die Berufung auf das Vorliegen einer *Tat*frage[445] zur Verneinung der Vorlagevoraussetzungen im Laufe der Zeit – im Gegensatz zu den oben dargestellten Anfängen der Vorlegungspraxis – immer häufiger geworden ist. Die gestiegene Bedeutung der Abgrenzungsfrage lässt sich mit den allgemeinen Revisionsentwicklungen erklären: Durch den stetigen Ausbau des revisibelen Bereichs und die Entwicklung zur erweiterten Revision, sind immer mehr nach der ursprünglichen Konzeption irrevisibele *Tat*fragen Gegenstand von Revisionsentscheidungen, sodass sich bei Divergenz die Frage nach der Vorlegung auch dieser Fragen stellt. Insbesondere für die ursprünglich als irrevisibel geltenden Fehler im Rahmen der Beweiswürdigung und der Strafzumessung stellt sich plötzlich die Frage nach deren *Rechts*fragenqualität im Sinne der §§ 121 Abs. 2, 132 Abs. 2 GVG. Die Reaktion auf die mit der Betonung des Revisionszwecks der Gerechtigkeit im Einzelfall einhergehende Erweiterung der Nachprüfung im Bereich der Sachrüge verlief damit für das Vorlageverfahren scheinbar gerade in umgekehrter Richtung in Form einer im Vergleich zur Revisibilität restriktiven Handhabung des *Rechts*fragenerfordernisses. Der BGH hat sich im Laufe der Zeit vermehrt für eine zurückhaltende Handhabung des Instituts der Divergenzvorlage ausgesprochen, indem er etwa eine Beschränkung der Vorlage auf die Fälle gefordert hat, wo eine solche „zur Wahrung der Rechtseinheit unerlässlich" ist.[446] *Franke* sieht in der Handhabung des § 132 GVG durch den BGH seit den sechziger Jahren unverkennbar das Bemühen, eine Anrufung des Großen Senates zu vermeiden und die anstehenden Rechtsfragen zu entscheiden, ohne die Einheitlichkeit der Rechtsprechung in Frage zu stellen.[447]

Die Nicht-Teilnahme an einer erweiternden Auslegung im Rahmen der Divergenzvorlage mag vor allem an der Besinnung auf den Rechtseinheitszweck als alleinigem Ziel des Ausgleichsverfahrens liegen; die im Vergleich zur allgemeinen Revision gegenläufige Entwicklung ruft jedoch isoliert betrachtet umso mehr Bedenken an einer identischen Begriffsklärung der *Rechts*frage im Sinne der §§ 121 Abs. 2, 132 Abs. 2 GVG und der Bestimmung des im Rahmen der Revision nachprüfbaren Bereichs hervor.

Allgemein lässt sich an dieser Stelle konstatieren, dass der BGH nach einem vorlagefreundlichen Start durch Aufnahme und Weiterentwicklung bereits in der reichsgerichtlichen Judikatur entwickelter Einschränkungen durch einen stetigen Ausbau der Vorlagevoraussetzungen und die Statuierung weiterer ungeschriebener Anforderungen, immer höhere Hürden für ein zulässiges Vorlageverfahren geschaffen hat, wodurch die Zahl der vom BGH sachlich entschiedenen Vorlagefragen gesunken ist

445 BGHSt 1, 358, 359 f.; 31, 86, 89; NStZ 1983, 261, 262; 1995, 409, 410; OLG Koblenz NStZ 2011, 350, 352.

446 BGHSt 30, 160, 162; NJW 1963, 2085; VRS 55, 420, 421; wistra 1994, 30, 31; *Hannich,* in: KK-StPO, § 121 GVG Rn. 13; *Kuhlen,* JA 1986, 589, 593.

447 *Franke,* in: LR-StPO, Entstehungsgeschichte § 132 GVG.

bzw. Sachentscheidungen in das Gewand einer Verfahrensentscheidung der Rückgabe gekleidet wurden[448]. Um dem Zweck der Divergenzvorlage, eine gleichmäßige Rechtsanwendung zu gewährleisten, ausreichend Geltung zu verschaffen, ist die Reichweite der dem Ausgleich unterliegenden *Rechts*fragen im Sinne der §§ 121 Abs. 2 und 132 Abs. 2 GVG von maßgeblicher Bedeutung für die Effizienz des Instituts der Vorlegung. Die Bestimmung, von welcher Qualität eine bestimmte Feststellung im Urteil sein muss, um als *Rechts*frage die Vorlegungspflicht auszulösen, findet auch aus verfassungsrechtlicher Sicht Beachtung: Zwar hat die Verkennung der Vorlagevoraussetzungen als bloßer Verfahrensverstoß im letztinstanzlichen Verfahren nicht die Unwirksamkeit der Revisionsentscheidung zur Folge, die willkürliche Verletzung der Vorlagepflicht trotz zweifelsfrei gegebenen Vorlagevoraussetzungen – und damit auch des *Rechts*fragencharakters – stellt jedoch einen Verstoß gegen den Grundsatz des gesetzlichen Richters nach Art. 101 Abs. 1 S. 2 GG dar, welcher die Verfassungsbeschwerde gemäß Art. 93 Abs. 1 Nr. 4a GG, § 90 BVerfGG begründen kann.[449]

Vor diesem Hintergrund bedarf es eines geeigneten Kriteriums zur Einordnung einer die Vorlegungspflicht auslösenden Frage als *Rechts*frage durch Abgrenzung zu deren Gegenstück, der *Tat*frage.

## C. Zwischenfazit

Ungeachtet weiterer Auswirkungen der Abgrenzungsfrage zwischen Tatsächlichem und Rechtlichem in anderen Bereichen, die hier nicht behandelt werden können[450], lässt sich für die strafprozessuale Revision der Wirkkreis der Abgrenzung von *Tat*- und *Rechts*frage im Sinne des weiteren Vorgehens wie folgt resümieren: Hinsichtlich der Bestimmung des Umfangs des revisibelen Bereichs ist zu untersuchen, inwiefern die ursprünglich intendierte Heranziehung des Gegensatzpaares angesichts der praktischen Entwicklungen des Revisionsrecht noch eine geeignete Vorgehensweise zur Absteckung der gegenwärtigen Grenzen der Revision bildet und wenn ja, wie die Abgrenzung zu erfolgen hat oder wie die Grenzziehung sonst zu leisten ist. Für die Auslösung der Vorlagepflicht bedarf es in jedem Fall von Gesetzes wegen eines geeigneten Abgrenzungskriteriums, dasjenige unter Darstellung der wesentlichen Ansätze im Schrifttum und unter kritischer Untersuchung derselben auf deren Praxistauglichkeit zu ermitteln sein wird. Schließlich sind beide Fragestellungen, in denen die Abgrenzungsfrage relevant wird, vor dem Hintergrund einer Einordnung der Relevanz der Abgrenzung von *Tat*- und *Rechts*fragen in dem jeweiligen Bereich, miteinander in Verbindung zu setzen.

---

448 Vgl. *Kuhlen,* JA 1986, 589, 591; *Neumann,* in: FS Meyer-Goßner, 683, 703 f.

449 *Franke,* in: LR-GVG, § 121 Rn. 73; *Leisner,* NJW 1989, 2446; *Schroth,* JR 1990, 93; vgl. BVerfG DRiZ 1965, 237; BVerfGE 3, 359, 364; 13, 132, 143; 23, 288, 319 f.; 42, 237, 241; NJW 1992, 2075, 2076; NStZ 1995, 76.

450 Vgl. dazu den Überblick bei *Kuhlen,* in: Elemente einer juristischen Begründungslehre, 323 f.; *Scheuerle,* AcP 157 (1958/1959), 1, 5 ff.

# 3. Kapitel: Überblick über die Abgrenzungstheorien

## A. Einführung

### I. Problemstellung

In der Anfangszeit des Rechtsmittels der Revision in der StPO und ZPO[451] herrschte lange Zeit die Annahme vor, *Tat-* und *Rechts*frage durch die Gegenüberstellung der Begriffe „Tatsachenfeststellung“ – „rechtliche Würdigung“ ausfüllen und verhältnismäßig einfach voneinander trennen zu können: *Tat*frage sei die Feststellung des tatsächlichen Geschehens, *Rechts*frage deren rechtliche Bewertung.[452] Zuweilen wurde die Rechtsanwendung auch mit der Subsumtion gleichgesetzt und die Gegenbegriffe „tatsächliche Feststellung“ – „rechtliche Subsumtion“[453] verwendet. Relativ schnell hat sich jedoch die pauschale Unterscheidung zwischen Tatsachenfeststellung und Rechtsanwendung als wenig aussagekräftig und ungenügend herausgestellt, eine klare Trennung zwischen *Tat-* und *Rechts*frage herbeizuführen und es wurde das Bedürfnis nach einer Zuordnung laut, was im Einzelnen zur Tatsachenfeststellung und was zur rechtlichen Würdigung zu zählen ist. *Manigk* etwa stellte bereits 1929 fest, dass das Reichsgericht zwar in der Regel die Tatsachenfeststellung unangetastet lasse, dass aber unsicher bleibe, „wann letzter(e) wirklich geschehen ist“, weil es in der tatsächlichen Feststellung öfter zugleich eine rechtliche Beurteilung gesehen habe[454]. Rückblickend lässt sich konstatieren, dass mit den Begriffen „Tatsachenfeststellung“ – „rechtliche Würdigung“ kein ernsthafter, konkreter Abgrenzungsversuch unternommen werden sollte, sondern zu einer Zeit, in welcher die Schwierigkeiten, die mit einer Abgrenzung von Tatsächlichem und Rechtlichen verbunden sein können, noch größtenteils unentdeckt geblieben sind, die Begrifflichkeiten lediglich als Synonyme für das Gegensatzpaar „*Tat*frage“ – „*Rechts*frage“ verwendet wurden. Auch später wurden die Begriffe „Tatsachenfeststellung“ – „rechtliche Würdigung“ noch als genauere Formulierung[455], keinesfalls aber als abschließende Definition des Gegensatzpaares *Tat-/Rechts*frage benutzt. Ebenso

---

451 Aufgrund derselben Grundproblematik gehe ich im Folgenden sowohl auf die strafrechtliche, als auch auf die zivilrechtliche Literatur ein.

452 *Hanack,* Der Ausgleich divergierender Entscheidungen in der oberen Gerichtsbarkeit, 141 f.; vgl. *Roesener,* Reichsgericht und horror pleni, 35; *Sauer,* Grundlagen des Prozessrechts, 413; *Wach,* JW 1881, 73, 74.

453 *Engisch,* Logische Studien zur Gesetzesanwendung, 105, 113; *Schaffstein,* DR 1935, 520, 522.

454 *Manigk,* in: Die Reichsgerichtspraxis im deutschen Rechtsleben, Bd. VI, 94, 123.

455 *Frisch,* Revisionsrechtliche Probleme der Strafzumessung, 230; *Henke,* Die Tatfrage, 145; vgl. auch *Gottwald,* Die Revisionsinstanz als Tatsacheninstanz, 140.

findet sich in der älteren Literatur das Gegensatzpaar „Tatsache“ – „(Wert-)Urteil“ zur Umschreibung von *Tat-* und *Rechts*frage.[456] Doch auch diese Gegenüberstellung besitzt nur geringe Aussagekraft bezüglich des konkreten Inhalts der Begrifflichkeiten und zur Frage der Grenzziehung zwischen Tatsache und Wertung. Im Laufe der Zeit hat sich vielmehr die Erkenntnis durchgesetzt, dass die isolierte Zuweisung der Tatsachenfeststellung zur *Tat*frage und der Rechtsanwendung zur *Rechts*frage durch die Problematik erschwert wird, dass schon im Bereich der Sachverhaltsfestsetzung wertende Gesichtspunkte eine bedeutsame Rolle spielen können. In diesem Zusammenhang sei erinnert an den oben[457] erörterten mitbestimmenden Einfluss wertender Gesichtspunkte bei der Beweiswürdigung als Teilbereich der Tatsachenfeststellung; besonders äußert sich die Wertungsproblematik bei ausfüllungsbedürftigen, unbestimmten Rechtsbegriffen, bei welchen die Annahme deren Vorliegens oder Nichtvorliegens im konkreten Fall oftmals einer Gesamtwürdigung aller Umstände des Einzelfalles bedarf. Was gehört im Einzelnen noch zur Beweiswürdigung als Teil der Tatsachenfeststellung und was ist schon Ausfüllung eines Rechtsbegriffes und damit Rechtsanwendung?

*Scheuerle* hat die Problematik im Jahr 1958 mit deren Betitelung als das „klassische Problem der Trennung von Tat- und Rechtsfrage“ auf den Punkt gebracht und die Frage aufgeworfen, wie sich innerhalb der Rechtsanwendung die tatsächliche Feststellung und die rechtliche Würdigung voneinander scheiden ließen[458]; dies hat die bis dahin bereits angeregte wissenschaftliche Diskussion endgültig voll in Gang gebracht. Einen wertvollen Beitrag für die nähere Konkretisierung der Trennungsproblematik leistete im Jahr 1966 *Henke* speziell für den Zivilprozess, welcher jedoch wegen seiner allgemeingültigen Aussagen zur logischen Analyse der Rechtsanwendung auf alle Rechtsgebiete übertragbar ist[459]: Er stieß bei einer Ursachenforschung zum einen auf das im Hinblick auf das Anliegen einer logisch-begrifflichen Trennung von *Tat-* und *Rechts*frage vorliegende rechtstheoretische Problem, dass viele Rechtsbegriffe, deren Anwendung gemeinhin der Rechtsanwendung zugerechnet würden, gleichzeitig auch in der Nicht-Rechtssprache verwendet würden – im folgenden mit dem Schlagwort Synonymität der Begriffe bezeichnet – da die in der Rechtssprache verwendeten Begrifflichkeiten ihre Existenzberechtigung von natürlichen, in der nicht juristischen Sprache gebrauchten Begriffen ableiteten. Um die Gesetze volkstümlich und für jedermann verständlich zu gestalten, sei der Gesetzgeber gehalten die Rechtsbegriffe der Umgangsprache zu entnehmen, sodass sich in der Sprache der Rechtssätze die enge Verwobenheit von juristischen

456 *Manigk,* in: Reichsgerichtspraxis (Fn. 454), 94, 132; *Mannheim,* Beiträge zur Lehre von der Revision wegen materiellrechtlicher Verstöße im Strafverfahren, 57; *Sauer,* Grundlagen (Fn. 452), 65, 413; vgl. auch später noch *Gottwald,* Revisionsinstanz (Fn. 455), 139; *Frisch,* Revisionsrechtliche Probleme (Fn. 455), 232, der zwischen „Tatsachenurteil“ und „rechtlichem Urteil“ unterscheidet.

457 Siehe 1. Kapitel B II 2 a) bb).

458 *Scheuerle,* AcP 157 (1958/59), 1, 2.

459 *Henke,* Die Tatfrage, 138 f., 148 ff., 172 ff., dort auch zum folgenden Text.

und natürlichen Begriffe zeige. Zum anderen benennt *Henke* das sog. praktische Trennungsproblem, welches den Vorgang beschreibt, dass sich der Tatrichter schon bei der Ermittlung des relevanten Sachverhaltes von rechtlichen Erwägungen leiten lasse, indem er nur solchen tatsächlichen Gegebenheiten nachgehe, die seiner Ansicht nach „zur Sache gehören" und den Prozessstoff schon im Hinblick auf die anzuwendenden Rechtsnormen ordne. Die Problematik verschärfe sich für den Revisionsrichter dadurch, dass sich der Tatrichter bei der Abfassung des Sachverhaltes insbesondere in einfach gelagerten Fällen oftmals mit rechtlichen Erwägungen durchsetzter Formulierungen bediene, sodass im Urteil vielfach tatsächliche und rechtliche Ausführungen praktisch miteinander vermengt vorzufinden seien. *Mezger* schildert das sich im Rahmen der Subsumtion vollziehende „kontinuierliche gegenseitige Annäherungsverfahren der konkreten Tatsachen und des abstrakten Rechtssatzes", die sich fortlaufend gegenseitig zu weiterer Gestaltung anregten und damit wechselseitig beeinflussten.[460]

Hinzukommt in rechtstheoretischer Hinsicht eine weitere Schwierigkeit, nämlich die Definition des umstrittenen Tatsachenbegriffs, ohne die für manchen Autor das Trennungsproblem „nicht denkbar" ist[461]; der Streit dreht sich insbesondere darum, ob für die Zwecke der Abgrenzungsfrage ein (rechts-)logischer, einheitlicher Tatsachenbegriff[462] oder gar ein relativer, für jede Rechtsnorm nach deren individuellem Zweck unterschiedlicher Tatsachenbegriff[463] anzusetzen ist. Nach anderer Ansicht bedarf es für das Trennungsproblem gar keiner Auseinandersetzung mit dem logischen Tatsachenbegriff, da die Abgrenzungsfrage nach rechtslogischen, nicht nach formal logischen Kriterien zu beantworten sei.[464] Vor dem Hintergrund der angedeuteten Problemstellung sollen im Folgenden die Reaktionen des Schrifttums auf das Trennungsproblem sowie mögliche dogmatische Lösungswege der Abgrenzungsfrage aufgezeigt werden.

## II. (Un-)Trennbarkeitstheorien

In Anbetracht der aufgekommenen Trennungsproblematik hat sich in der Literatur ein lebhafter Streitstand zu der Frage entwickelt, ob sich *Tat-* und *Rechts*frage, Tatsachenfeststellung und rechtliche Würdigung, überhaupt klar scheiden ließen. Naturgemäß lassen sich diesbezüglich drei Grundpositionen erkennen, die *Scheuerle* bezeichnenderweise „Theorie der Trennbarkeit", „Untrennbarkeitstheorie" und

460 *Mezger,* Der psychiatrische Sachverständige im Prozess, 167.
461 *Scheuerle,* AcP 157 (1958/59), 1, 9; vgl. auch *Mannheim,* Beiträge (Fn. 456), 37.
462 Dafür treten etwa *Gottwald,* Revisionsinstanz (Fn. 455), 138; *Kuchinke,* Grenzen der Nachprüfbarkeit tatrichterlicher Würdigung und Feststellungen in der Revisionsinstanz, 63; *Scheuerle,* AcP 157 (1958/59), 1, 10, 36 ein; vgl. auch allgemein *Pohle,* Revision und neues Strafrecht, 43; *Stein,* Das private Wissen des Richters, 6.
463 *Mannheim,* Beiträge (Fn. 456), 50, 57.
464 *Henke,* Die Tatfrage, 145.

„Theorie der bedingten Trennbarkeit" nennt.[465] Zum besseren Verständnis wird die herrschende Untrennbarkeitstheorie im Folgenden vorangestellt, da die Trennbarkeitstheorien auf die von Ersterer vorgebrachten Argumente für eine Untrennbarkeit Bezug nehmen und diese zu widerlegen versuchen.

Die sog. Untrennbarkeitstheorie kann man wohl als die herrschende Meinung bezeichnen, welche davon ausgeht, dass sich *Tat*- und *Rechts*frage nicht sauber voneinander scheiden ließen.[466] Die Untrennbarkeitsvertreter begründen ihre Auffassung dahingehend, dass *Tat*- und *Rechts*fragen häufig ineinander übergingen, sich gegenseitig durchdrängen und miteinander verwoben seien.[467] Speziell wird vorgebracht, dass sich der Richter bei der Sammlung des Prozessstoffs von den einschlägigen Rechtsnormen leiten ließe und dadurch rechtliche Würdigung und Tatsachenfeststellung immer wieder aufeinander abstimme, sodass schon in der Sachverhaltsfeststellung „ein sehr erheblicher, oft der erheblichste Teil juristischer Beurteilung"[468] stecke. Da sich der gesamte menschliche Denkprozess in der Form des Urteilens abspiele, ließen sich bei der Tatsachenfeststellung „Momente des Abwägens, Ordnens oder Wertens nicht ausschalten", was eine klare Grenzziehung verhindere.[469] Einige Autoren sprechen *Tat*- und *Rechts*frage die logische Trennbarkeit wegen des oben beschriebenen Trennungsproblems der Synonymität der Begriffe ab: *Wach* etwa warf schon 1873 die Frage auf: „Wo ist überhaupt (...) die Grenze zwischen Rechts- und Thatfrage, zwischen juristischem und tatsächlichem Begriff?"[470] Auch *Radbruch* stellte zur Begründung der Untrennbarkeitsthese auf die Problematik der übereinstimmenden Begriffe bei Beantwortung der *Tat*- und *Rechts*frage ab: Da der „Stoff" des Rechts die „mittels sozialer Begriffe vorgeformte

465 *Scheuerle,* AcP 157 (1958/59), 1, 3, 4.

466 *Binding,* Strafrechtliche und strafprozessuale Abhandlungen, Bd. 2, 40 f.; *Duske,* Die Aufgaben der Revision, 32, 37; *Franke,* in: LR-StPO, § 337 Rn. 2; *Fuchs,* JW 1917, 633, 634; *Hamm,* StV 1987, 262, 263; *Hanack,* Ausgleich (Fn. 452), 143 Fn. 32; *Henkel,* Strafverfahrensrecht, 375; *Krause,* in: FS I Peters, 323, 331; *Kuchinke,* Grenzen der Nachprüfbarkeit (Fn. 462), 116, 119; *Peters,* Strafprozess, 4. Aufl., 638; *ders.,* ZStW 57 (1938), 53, 68 f.; *Radbruch,* in: Archiv für Rechts- und Wirtschaftsphilosophie, Bd. 17 (1923/24), 343, 349; *Rosenau,* in: FS Widmaier, 521, 530; *Rüping,* Theorie und Praxis des Strafverfahrens, Rn. 502; *Eb. Schmidt,* in: LK II-StPO, § 337 Rn. 4; *Schmitt,* Die richterliche Beweiswürdigung im Strafprozess, 492; *Temming,* in: HK-StPO, § 337 Rn. 2; *Warda,* Dogmatische Grundlagen des richterlichen Ermessens im Strafrecht, 69; *Wehli,* in: FS Wach, 435; *Zipf,* Die Strafmaßrevision, 174.

467 Vgl. *Duske,* Aufgaben (Fn. 466), 33; *Gössel,* in: Tatsachenfeststellung in der Revisionsinstanz, 117, 130; *Hanack,* Ausgleich (Fn. 452), 142; *Pohle,* Revision (Fn. 462), 45; *Rosenau,* in: FS Widmaier, 521, 530; *Rüping,* Das Strafverfahren, Rn. 637; *Wehli,* in: FS Wach, 436; *Zipf,* Die Strafmaßrevision, 174.

468 *von Bar,* Das deutsche Reichsgericht, 5; *Schwinge,* Grundlagen des Revisionsrechts, 52 f.; vgl. auch *Rosenau,* in: FS Widmaier, 521, 530.

469 *Duske,* Aufgaben (Fn. 466), 33.

470 *Wach,* in: Kritische Vierteljahrsschrift für Gesetzgebung und Rechtswissenschaft, Bd. 15 (1873), 339, 354.

Gegebenheit“ bilde und „bei der Rechtsanwendung (...) die mittels sozialer Begriffe vorgeformte Gegebenheit den diesen Begriffen nachgebildeten Tatbestandsbegriffen subsumiert“ werde, sei es eine „Sache des Beliebens“, ob man sich im Rahmen der Tatsachenfeststellung oder der rechtlichen Würdigung befinde.[471] *Wehli* sprach zweierlei Problemfälle an, in denen *Tat-* und *Rechts*frage untrennbar seien: Zum einen gebe es allgemeine Tatfragen, welche „die engen Grenzen des konkreten Falles durchbrechend sich über weite Gebiete der Erfahrung ausbreiten“; zum anderen erschwerten sog. konkrete Rechtfragen eine klare Scheidung, welche „über die rechtliche Regelung einer individuellen Konstellation von Umständen nicht hinausgehen, die Niederungen der Wirklichkeit nicht verlassen“; damit spricht er die Problematik unbestimmter Rechtsbegriffe an, deren Anwendung der Feststellung eines „Ensemble(s) zahlreicher, nach feinen Gradunterschieden abgestufter Einzelumstände“ bedürfe, die „nur durch möglichst unmittelbare Anschauung“ in ihrer ganzen Fülle erfassbar und „sprachlich nicht genau“ darstellbar seien, sodass eine Feststellung schon das Ergebnis der rechtlichen Würdigung enthalte.[472]

Die Folgerungen, welche diese Lehre aus der Untrennbarkeit zieht, sind verschiedenartig: Der extreme Flügel sieht die Unterscheidung zwischen *Tat-* und *Rechts*frage als „so unmöglich (...) wie die Quadratur des Zirkels“[473] an und will sich gar zur Bestimmung der Grenzen der Revisibilität vom Gegensatzpaar lösen[474]. *Stein* stellte etwa schon 1893 fest, die Gegensätze „That- u Rechtsfrage“ seien „für eine auf dem Boden des geltenden Rechts stehende wissenschaftlich genaue Forschung unbrauchbar“.[475] *Schwinge* dagegen ruft lediglich dazu auf, sich von der bisherigen „falschen und irreführenden Deutung“ der Begriffe *Tat-* und *Rechts*frage freizumachen und will das Gegensatzpaar bei andersartiger Ausfüllung nicht grundsätzlich verwerfen.[476]

Moderatere Strömungen der Untrennbarkeitslehre erkennen die praktischen Schwierigkeiten, die eine Trennung oftmals „tatsächlich undurchführbar“ machten, wollen die theoretische Scheidungsmöglichkeit aber nicht leugnen.[477] Im Hinblick

---

471 *Radbruch,* in: Archiv für Rechts- und Wirtschaftsphilosophie, Bd. 17 (1923/24), 343, 349; zust. *Lamertz,* Revisibilität der Strafzumessung in der höchstrichterlichen Rechtsprechung, 41.

472 *Wehli,* in: FS Wach, 436, dort auch zum folgenden Text.

473 *zu Dohna,* JW 1922, 1011.

474 Vgl. *Mannheim,* Beiträge (Fn. 456), 37; *Lamertz,* Revisibilität der Strafzumessung (Fn. 471), 40; *Otto,* NJW 1978, 1, 2; *Peters,* ZStW 57 (1938), 53, 69; *ders.,* in: Verhandlungen des 52. DJT, Bd. I Gutachten, C 46.

475 *Stein,* Das private Wissen des Richters, 107; vgl. auch *Drost,* Das Ermessen des Strafrichters, 68 f., der bzgl. der Trennung von Rechts- und Tatfragen von einem zur Bestimmung der Revisionsgrenze „überflüssige(n), ja ungeeignete(n) Unterfangen“ spricht.

476 *Schwinge,* Grundlagen (Fn. 468), 53.

477 *Levin,* DJZ 1930, 27, 31; *Mannheim,* Beiträge (Fn. 456), 61 bzgl. seiner Differenzierung zwischen Tatsachenfeststellung und Tatsachenbewertung.

auf das noch näher auszuführende Trennungspostulat appellieren etwa *Mezger* und *Mannheim* an den Rechtsanwender, eine Trennung von Tatsächlichem und Rechtlichem so weit wie irgendwie möglich durchzuführen.[478] *Levin* etwa hält ausdrücklich an der Unterscheidung von *Tat-* und *Rechts*frage fest und bezeichnet sie als „Kernfrage der Lehre von der Revision wegen sachlich-rechtlicher Verstöße".[479]

Eine Mittelmeinung hat *Engisch* begründet, der von Fällen ausgeht, in denen eine klare Abgrenzung von *Tat-* und *Rechts*frage möglich sei, aber auch in Grenzen Ausnahmen anerkennt, in welchen eine saubere Trennung an der Verschlungenheit beider Bereiche scheitern soll.[480] *Engisch* geht dabei von einem logischen Unterschied zwischen Tatsachenfeststellung und Subsumtion aus, betont jedoch, dass damit die juristische Differenzierung zwischen *Tat-* und *Rechts*frage im Revisionsrecht nicht zwingend gleich laufen müsse; er räumt eine ständige Wechselwirkung zwischen Sachverhaltsermittlung und rechtlicher Würdigung ein und spricht von einem „Hin- und Herwandern des Blickes zwischen Obersatz und Lebenssachverhalt".[481] *Tat-* und *Rechts*frage tritten da klar auseinander, wo das Gesetz ausreichend bestimmte, mit klaren natürlichen Begriffen identifizierbare Begrifflichkeiten gebrauche oder wo sich unbestimmte Rechtsbegriffe im Wege der Definition auf hinreichend bestimmte natürliche Begriffe zurückführen ließen und sich damit die Tatsachenfeststellung nur durch Verarbeitung der Wahrnehmung vollzöge; wo sich Rechtsbegriffe nicht durch präzise natürliche Begriffe ersetzen und nur in unbestimmten Wendungen und Wertbegriffen umschreiben ließen, bedürfe es dagegen zur Sachverhaltsermittlung eines Vergleiches mit den vom Gesetz gemeinten Fällen, sodass die Subsumtionsfrage in die Tatsachenfrage hineinspiele.[482] Die Unmöglichkeit einer reinlichen Trennung sieht *Engisch* insbesondere als gegeben an bei der Anwendung von Wertbegriffen, Generalklauseln und Ermessensbegriffen, weil sich dort oftmals die Tatsachenfeststellung mit einer Wertung verbinde.[483] Bei der Ausfüllung wertungsbedürftiger, unbestimmter Rechtsbegriffe verallgemeinere der Rechtsanwender sein eigenes Empfinden und „projizier(e) damit eine persönliche Wertung in die Wirklichkeit". *Engisch* erläutert seine Auffassung am Beispiel der Ausfüllung der „guten Sitten" im Sinne von § 138 BGB durch einen Rechtsanwender, der von Anfang an nur diejenigen Wertevorstellungen gelten lasse, die im Kreise „anständiger" Menschen vorherrschten und damit schon den Erfahrungssatz auf der Grundlage einer „durch Wertungen verengten Induktionsbasis" bestimme. Zusammengefasst sieht *Engisch* eine reine Tatsachenfeststellung nur dort, wo ohne Wertung und ohne Rückgang auf die vom Gesetzgeber gemeinten Fälle gesagt werden könne „dies ist so"; wo

478 *Mannheim,* Beiträge (Fn. 456), 61; *Mezger,* Der psychiatrische Sachverständige (Fn. 460), 136; vgl. auch *Beling,* ZStW 37 (1916), 365, 382.

479 *Levin,* DJZ 1930, 27, 30.

480 *Engisch,* Logische Studien zur Gesetzesanwendung, 89, 102 ff., 105; zust. *Duske,* Aufgaben (Fn. 466), 33.

481 *Engisch,* Logische Studien (Fn. 480), 15, 113 f.

482 *Engisch,* Logische Studien (Fn. 480), 96, 105, 113.

483 *Engisch,* Logische Studien (Fn. 480), 103, 105, 111 f., dort auch zum folgenden Text.

die Rechtsbegriffe unbestimmt würden und damit unsicher sei, was im Einzelnen darunter fiele, gehe die Tatsachenfeststellung Hand in Hand mit der Subsumtion.[484]

Die als „Theorie der Trennbarkeit" bezeichnete Gegenansicht geht im Grundsatz von einer rechtslogischen Unterscheidbarkeit von *Tat-* und *Rechts*frage aus.[485] Ungeachtet ihres Beharrens auf der theoretischen Scheidungsmöglichkeit von Tatsächlichem und Rechtlichem leugnen die meisten Vertreter nicht Schwierigkeiten, die mit einer sauberen Trennung im Einzelfall verbunden sein können. *Sauer* etwa spricht aus: „Ist (...) die theoretisch reinliche Scheidung gelungen, so mag sie doch im konkreten Fall schwer zu bestimmen sein"[486]. Trotz der erkannten Probleme begründen die Vertreter der Trennungsthese die Notwendigkeit einer klaren Scheidung mit dem telos des Gesetzes, dem sog. Trennungspostulat, welches als ungeschriebener Rechtsgrundsatz, vom positiven Recht vorausgesetzt, eine scharfe Trennung von *Tat-* und *Rechts*frage vorschreibe[487]. Danach dürfe der Richter die Subsumtion erst vornehmen, wenn er alle Einzelheiten des zugrundeliegenden Sachverhaltes kenne, ansonsten drohe eine voreingenommene Würdigung des Prozessstoffs sowie ein „Zurechtbiegen" des Sachverhaltes im Hinblick auf die avisierte Norm, um eine bestimmte Entscheidung treffen zu können.[488] Eine Vermengung von Sachverhalt und rechtlicher Würdigung führe ferner zu einer Unüberprüfbarkeit der Rechtsausführungen in der Revisionsinstanz, da der Revisionsrichter dann nicht erkennen könne, von welchem Sachverhalt der Tatrichter bei seiner Rechtsanwendung ausgegangen sei und die Überprüfung „ins Blaue hinein" erfolgen müsse.[489] Aufgrund der überragenden Bedeutung des Trennungsprinzips dürfe daher nicht wegen einzelner schwer einzustufender Grenzfälle resigniert und von einem grundsätzlichen Scheitern der Unterscheidung ausgegangen werden.[490]

Dogmatisch wollen die Vertreter der Trennungsthese die Trennung durch eine logische Analyse der Rechtsanwendungsakte vollziehen: Da in der praktischen Rechtsanwendung *Tat-* und *Rechts*frage miteinander verbunden seien, sei die Rechtsanwendung zum Zwecke der Scheidung derselben in ihre tatsächlichen

---

484 *Engisch,* Logische Studien (Fn. 480), 95.

485 *Beling,* GA 63 (1917), 163, 177; *Frisch,* in: SK-StPO, § 337 Rn. 14; *Gottwald,* Revisionsinstanz (Fn. 455), 140; *Heescher,* Untersuchungen zum Merkmal der freien Überzeugung in § 286 ZPO und § 261 StPO, 19; *Henke,* Die Tatfrage, 43; *Kuhlen,* in: Elemente (Fn. 450), 323, 325, 328; *Larenz,* Methodenlehre der Rechtswissenschaft, 295; *Manigk,* in: Reichsgerichtspraxis (Fn. 454), 94, 128 f., 133; *ders.,* ZZP 60 (1936/37), 351, 400; *Paeffgen,* in: FS II Peters, 61, 74; *Roxin/Schünemann,* Strafverfahrensrecht, § 55 Rn. 19; *Rüssmann,* in: Juristische Methodenlehre und analytische Rechtsphilosophie, 242, 257, 270; *Sauer,* Grundlagen (Fn. 452), 66; *Schünemann,* JA 1982, 71, 74; *Scheuerle,* AcP 157 (1958/59), 1, 29, 41, 73.

486 *Sauer,* Grundlagen (Fn. 452), 65.

487 *Henke,* Die Tatfrage, 139; *Scheuerle,* AcP 157 (1958/59), 1, 8.

488 *Henke,* Die Tatfrage, 43 f., 139 f.; *ders.,* ZZP 81 (1968), 196, 218 f.

489 *Henke,* Die Tatfrage, 140.

490 *Henke,* Die Tatfrage, 43.

und rechtlichen Bestandteile zu zergliedern.[491] Im Einzelnen begründet die Trennbarkeitslehre ihre Ansicht durch Widerlegung der von der Gegenseite gegen eine Trennbarkeit vorgebrachten Argumente. Im Hinblick auf die von den Vertretern der Untrennbarkeitsthese vorgebrachte Problematik der gleichlautenden Begrifflichkeiten in der Rechtssprache und bei den natürlichen Begriffen, sehen sie etwa den Schluss vom sprachlichen Zusammenfallen auf die logische Untrennbarkeit nicht als gerechtfertigt an.[492] Eine Urteilsfeststellung ließe sich unproblematisch in ihre einzelnen Elemente zerlegen, wenn sich der Revisionsrichter zunächst frage „was ist geschehen?“ und erst nach entsprechender Klarheit über den tatsächlichen Ablauf mit der Frage fortfahre „wie ist das Geschehen rechtlich zu beurteilen?“. *Scheuerle* geht insofern von einer einwandfreien Trennbarkeit bei Beachtung des „Postulats des Prius der natürlichen Begriffe“ aus: Der Richter müsse sich zunächst in natürlichen Begriffen klarmachen, was geschehen sei, etwa mittels Inaugenscheinnahme eines Lichtbildes in den Akten von einer „roten“ Fahne, wodurch deren Farbe in einem Wahrnehmungsurteil als „rot“ erkannt werde; über den Inhalt des Rechtsbegriffes „rot“ besage diese Erkenntnis nichts, dieser könne vielmehr auch nur das „politische Rot“ meinen und damit weitaus enger sein, als der Begriff des allgemeinen Sprachgebrauches.[493] Auch *Henke* bringt diesbezüglich vor, dass Synonymität nicht inhaltliche Identität der Begriffe bedeute; die Identitätslehre übersehe, dass den Rechtsbegriffen nach dem jeweiligen Zweck der gesetzlichen Regelung ein vom allgemeinen Sprachgebrauch gänzlich unterschiedlicher, je nach Vorschrift relativer Inhalt zukommen könne.[494] Als ähnliche Trennungsproblematik spricht *Scheuerle* die „juristisch eingefärbte Einkleidung einer Tatsachenbehauptung“ an, wenn etwa der Zeuge im Prozess aussagt, er habe etwas „gekauft“: eine Untrennbarkeit von *Tat-* und *Rechts*frage könne daraus jedoch nicht gefolgert werden, wenn sich der Richter bei der Frage, was geschehen ist, des Rückgangs auf die „nackten“ Tatsachen besinne und den „Kauf“ vorgang in natürliche Begriffe aufgliedere, da er nicht wissen könne, was der Zeuge unter „kaufen“ verstehe und das Geschilderte nicht notwendigerweise unter die Vorschriften des Kaufs im Sinne des BGB zu fassen sei.[495] Ebenso stelle sich die Lösung der scheinbaren Verschlingung der *Tat-* und *Rechts*frage in den Fällen der sog. unmittelbaren Aktualisierung, d. h. dem Überspringen von Zwischengliedern des Denkprozesses dar, wenn der Polizeibeamte als Zeuge etwa aussage, er habe „eine Verkehrswidrigkeit gesehen“: Bei Beachtung des Postulats des Prius der natürlichen Begriffe durch zuvorderste Beantwortung der Frage „was ist geschehen?“ durch natürliche Begriffe vor dem Ansetzen zur rechtlichen Würdigung, ob das Geschehene eine Verkehrsordnungswidrigkeit im

491 *Scheuerle,* AcP 157 (1958/59), 1, 3.

492 *Frisch,* Revisionsrechtliche Probleme (Fn. 455), 233; *Henke,* Die Tatfrage, 154, dort auch zum folgenden Text.

493 *Scheuerle,* AcP 57 (1958/59), 1, 43.

494 *Henke,* Die Tatfrage, 155; zust. *Schulte,* Rechtsprechungseinheit als Verfassungsauftrag, 99.

495 *Scheuerle,* AcP 57 (1958/59), 1, 46 f.

Sinne des Gesetzes darstelle, sei die reinliche Scheidung von *Tat-* und *Rechts*frage gewährleistet.[496] *Scheuerle* begegnet ferner der von *Engisch* vorgebrachten Trennungsproblematik, der insbesondere bei wertausfüllungsbedürftigen, unbestimmten Rechtsbegriffen aufkommenden „Projektion persönlicher Wertungen in die Wirklichkeit“, welche er als „Subsumtion mit emotionaler Wurzel“ bezeichnet, indem er die Trennbarkeit durch eine Aufgliederung der einzelnen Handlungsphasen des Richters bei der Rechtsanwendung nachzuweisen versucht: Bei der Wertung, was er als „sittenwidrig“ empfinde, bewege sich der Richter im Bereich des Tatsächlichen, während er die rechtliche Subsumtion vollziehe durch Vergleich der eigenen Wertung mit derjenigen des Gesetzes.[497] Auch *Henke* sieht bei der Anwendung wertausfüllungsbedürftiger Blankettnormen mit Hilfe von Erfahrungssätzen und ethischen Grundsätzen eine klare Trennbarkeit, indem er der *Tat*frage die Feststellung einer Übung, eines Brauchs etc. zuschlägt, zur *Rechts*frage gehörig dagegen die Beurteilung ansieht, ob die Übung die Anforderungen erfüllt, die das Recht an die Anerkennung derselben z.B., einer Sitte als „gut“, stellt.[498]

Die Vertreter der Trennungstheorie widmen sich außerdem der Widerlegung der von der Gegenseite vorgebrachten praktischen Komplikationen der Trennung, zuvorderst der sog. „Komplikation der Auswahl der zur Sache gehörenden Fakten“[499]: Das rechtliche Interesse, welche den Aufbau des Sachverhaltes leite, als zur rechtlichen Beurteilung gehörig anzusehen, sei eine „glatte Übertreibung“, welche die Subsumtion bedenklicherweise in die Sachverhaltsfeststellung vorverlagere, obwohl dieser richtigerweise eine eigenständige Bedeutung zukomme.[500] Die Ausrichtung der Sachverhaltserstellung an rechtlichen Normen, die Ordnung des Prozessstoffs im Hinblick auf die anzuwendenden Rechtssätze, das Ausscheiden neben der Sache liegender Gesichtspunkte bereite die eigentliche Rechtsanwendung, die Subsumtion lediglich vor und nehme diese nicht vorweg.[501] Die während der Erstellung des Sachverhaltes anzustellenden rechtlichen Erwägungen seien allesamt nur vorläufiger Natur, die rechtliche Würdigung erfolge entsprechend dem Postulat der Trennung von *Tat-* und *Rechts*frage erst nach abschließender Klärung der zugrunde liegenden Tatsachen inklusive einer ausschließlichen Anordnung von Rechtsfolgen.[502] Für den bloß vorbereitenden Charakter der Sachverhaltsermittlung spreche die Tatsache, dass auch solche Tatsachen aufzunehmen seien, die gegen das konkrete Subsumtionsergebnis sprächen.[503]

---

496 *Scheuerle,* AcP 157 (1958/59), 1, 47 f.
497 *Scheuerle,* AcP 157 (1958/59), 1, 66 ff.
498 *Henke,* Die Tatfrage, 163; vgl. auch *Zippelius,* Juristische Methodenlehre, 81.
499 *Henke,* Die Tatfrage, 173.
500 *Henke,* Die Tatfrage, 51 f., 176.
501 *Henke,* Die Tatfrage, 52, 176; *ders.,* in: ZZP 81 (1968), 196, 211; vgl. *Larenz,* Methodenlehre (Fn. 485), 295.
502 *Henke,* Die Tatfrage, 140.
503 *Henke,* Die Tatfrage, 176.

*Henke* spricht als weiteres Trennungsproblem die sog. „Komplikation darstellerischer Vereinfachung des Urteils" an und meint damit, dass der Tatrichter in einfach gelagerten Fällen auf eine logisch exakte Gegenüberstellung von natürlichen und synonymen Rechtsbegriffen verzichte und in den Urteilsgründen etwa einfach feststelle, der Kläger habe „gekauft".[504] Die Trennbarkeit von Tatsachenfeststellung und Subsumtion ergebe sich jedoch bei einem Revisionsangriff auf die Subsumtion, woraufhin der Revisionsrichter die zusammenfassende Formulierung in seine tatsächlichen und rechtlichen Bestandteile zu zerlegen habe.

Schließlich weisen die Trennbarkeitsvertreter auf die Problematik der „Gesamtsituation" hin, welche die Meinungen innerhalb der Trennbarkeitslehre spaltet: *Henke* definiert die sog. „Gesamtsituation" als „komplexe(n) Sachverhalt, der sich aus dem in den Akten und im Vortrag begrifflich fixierten Prozessstoff und dem begrifflich nicht zu fixierenden Eindruck des Richters von einer Person, einer Sache oder einer Örtlichkeit zusammensetzt und neben der begrifflich-analysierenden Rechtsfindung die ganzheitliche Bewertung aufgrund der Sinneswahrnehmung des Richters verlangt".[505] Der überwiegende Teil der Trennbarkeitslehre will in engen Grenzen ausnahmsweise die praktische Untrennbarkeit von *Tat-* und *Rechts*frage infolge der „Komplikation inadäquater Feststellung einer Gesamtsituation"[506] annehmen, wenn wegen der Vielschichtigkeit des unter unbestimmte Begriffe zu subsumierenden Sachverhalts, dieser mangels Vorhandenseins ausreichend scharfer Ausdrücke der Umgangssprache nicht mehr in natürlichen Begriffen umschrieben werden könne und der Richter den Sachverhalt mit Hilfe von Rechtsbegriffen zusammenfassen müsse, der das Ergebnis der Subsumtion vorwegnehme.[507] *Tat-* und *Rechts*frage könnten dadurch im Untersatz des Syllogismus nicht mehr klar geschieden werden, weil der Richter wegen verschwimmender Sachverhaltskonturen mangels eines abgeschlossenen Tatsachenbildes bereits bei der Verarbeitung der Sinneswahrnehmung zur Tatsachenfeststellung eines Vergleiches mit den vom Gesetz gemeinten Fällen vornehme.[508] Die Umgangssprache sei dann inadäquat, wenn das Gesetz die Feststellung und Bewertung einer sich aus vielen Einzelheiten zusammengesetzten „Gesamtsituation" verlange, deren subtile Zusammenhänge, die sog.

504 *Henke,* Die Tatfrage, 176, dort auch zum folgenden Text; vgl. schon *Wach,* in: KVJS (Fn. 470), Bd. 15, 88, 95, 339, 353 f., der von der „Unmöglichkeit" der Trennung bei unterlassener detaillierter Auflösung der Urteilsfeststellungen in ihre rechtlichen und tatsächlichen Elemente ausgeht.

505 *Henke,* Die Tatfrage, 186 f.

506 *Frisch,* Revisionsrechtlich Probleme (Fn. 455), 234; *Henke,* Die Tatfrage, 177.

507 *Frisch,* Revisionsrechtliche Probleme (Fn. 455), 234; *Gottwald,* Revisionstanz (Fn. 455), 140 f.; *Henke,* Die Tatfrage, 177 f.; vgl. auch *Heescher,* Untersuchungen (Fn. 485), 21; *Larenz,* Methodenlehre (Fn. 485), 296; *Roxin/Schünemann,* Strafverfahrensrecht, § 55 Rn. 21; *Schünemann,* in: FS A. Kaufmann, 299, 316; *ders.,* JA 1982, 71, 75.

508 *Frisch,* Revisionsrechtliche Probleme (Fn. 455), 234; *Henke,* Die Tatfrage, 178, 182 f., vgl. auch *Engisch,* Logische Studien (Fn. 480), 93 f.

„Imponderabilien“, insbesondere bei Abhängigkeit von einem persönlichen Eindruck des Richters, durch die nuancenarmen Formulierungen der Umgangssprache nicht ausgedrückt werden könnten, wie etwa das Bild von einem „braven und wohlerzogenen Jungen“.[509] Die Extremansicht innerhalb der Trennbarkeitslehre vertritt *Scheuerle*, der auch in den Fällen komplexer Einzelvorgänge von einer Trennbarkeit ausgehen will: Er prangert die Vermengung von *Tat*frage und Frage des Einzelfalles an, verneint die Unmöglichkeit der Umschreibung von Imponderabilien durch natürliche Begriffe und will die Trennbarkeit durch exemplifikatorische Interpretation z.B. des Begriffs des „Unzüchtigen“, d.h. durch beispielhaften Vergleich des Gegebenen mit Fällen, in denen Unzüchtigkeit gegeben ist sowie durch Vergleich derselben mit dem konkreten Fall, gewährleisten.[510] Ihm wird dabei von Vertretern der eigenen Lehre vorgeworfen, dass eine Trennbarkeit nur bei Beschränkung der Fallvergleichung auf die Subsumtion gegeben sei, nicht dagegen wenn der Vergleich schon bei der tatsächlichen Feststellung des Gesamteindrucks stattfinde.[511] Einigkeit besteht wiederum, wie bereits angedeutet, in der Auffassung, trotz der mehr oder weniger großen Schwierigkeiten der Trennung bei der Subsumtion komplexer Sachverhaltskonstellationen unter unbestimmte Rechtsbegriffe, an der grundsätzlich logischen Unterscheidbarkeit von *Tat-* und *Rechts*frage festzuhalten.

## III. Möglichkeiten der Herangehensweise

Anknüpfend an das bisher Gesagte bedarf es zunächst einer Rückbesinnung auf unser Grundanliegen, die Grenzen des mit der strafprozessualen Revision anfechtbaren Bereiches scharf zu bestimmen, sowie die zur Vorlegung im Rahmen der §§ 121 Abs. 2, 132 Abs. 2 GVG verpflichtende *Rechts*frage genau zu definieren; vor dem Hintergrund der erörterten (Un-) Trennbarkeitstheorien ergeben sich zur Erreichung dieser Ziele primär zwei mögliche Wege: Zum einen besteht die Möglichkeit, an dem Gegensatzpaar *Tat-/Rechts*frage festzuhalten und entsprechend der rechtslogischen Unterscheidbarkeit von *Tat-* und *Rechts*frage eine Abgrenzung nach logischen Kriterien vorzunehmen. Auf diesem Weg versuchen die Vertreter der Trennbarkeitsthese eine klare Grenzziehung der Revisibilität sowie eine Bestimmung, wann die Pflicht zur Divergenzvorlage ausgelöst wird, zu gewährleisten. Gestützt wird die Orientierung am Gegensatzpaar, wie bereits erörtert, auf eine wortlautgetreue Auslegung des Begriffs „Gesetzesverletzung“ unter Zuhilfenahme der in den Motiven zur StPO ersichtlichen gesetzgeberischen Intention.[512] Dogmatisch wird die Grenzziehung durch eine logische Analyse der Rechtsanwendungsakte vollzogen, weshalb sie als logische Methode bezeichnet werden kann.

---

509 *Henke,* Die Tatfrage, 180; *ders.,* ZZP 81 (1968), 321, 327.

510 *Scheuerle,* AcP 157 (1958/59), 48 ff.; vgl. auch *Paeffgen,* FS II Peters, 61, 74 Fn. 65 unter Hinweis auf die mögliche Umschreibung mit vagen deskriptiven Begriffen.

511 *Henke,* Die Tatfrage, 185.

512 Vgl. 2. Kapitel A I 2.

Die Alternative besteht entweder in einer Abkehr vom Gegensatzpaar für die Zwecke der Bestimmung der Revisionsgrenzen und in einer Suche nach einem anderen Ansatzpunkt zur Problemlösung oder in der andersartigen Ausfüllung der Begriffe *Tat-/Rechts*frage durch neue Kriterien. Bei Verwerfung des Gegensatzpaares besteht insbesondere die Möglichkeit, ein anderes Anknüpfungsmerkmal voranzustellen und anhand dessen eine anderweitige logische Abgrenzung vorzunehmen. So hat etwa *Mannheim,* anknüpfend an *Mezger,* das Gegensatzpaar „Tatsachenfeststellung" – „Tatsachenbewertung"[513] zur Grenzziehung des revisibelen Bereichs herangezogen und trotz des zusätzlichen Anstellens von Zweckerwägungen im Wesentlichen eine logische Abgrenzung vorgenommen, weshalb seine Auffassung im Rahmen der logischen Methode erörtert wird. Anstelle der Gegenüberstellung von *Tat-* und *Rechts*frage hat auch *Pohle* eine Unterscheidung zwischen „Tatsachenurteil" und „Werturteil"[514] nach logischen Kriterien versucht. Vertreter der Untrennbarkeitsthese sehen den Grund für die Umorientierung der genannten Autoren in der Unbestimmtheit des Begriffspaares *Tat-/Rechts*frage[515], *Frisch* bezeichnet die Abkehr als Wandel im Rahmen einer „teleologischen Umakzentuierung"[516], mithin der vermehrten Orientierung an kasuistischen Erwägungen zur Problemlösung. In eben solchen Zweckerwägungen besteht neben der erstgenannten sog. logischen Methode, die zweite Möglichkeit einer anderweitigen Herangehensweise an die Abgrenzung: die sog. teleologische Methode. Etwa seit Mitte der dreißiger Jahre des vorangegangenen Jahrhunderts wird versucht, die Problematik mit dem Argument, eine begriffliche Trennung von rechtsanwendenden und tatsachenfeststellenden Folgerungen zerreiße den einheitlichen Vorgang der Rechtsfindung, teleologisch zu lösen.[517] Die Vertreter dieser Auffassung füllen dabei die Begriffe *Tat-/Rechts*frage anstelle von logischen mit zweckorientierten Erwägungen aus, indem sie nach den Hintergründen und Zielvorstellungen der Rechtsinstitute der Revision und der Divergenzvorlage in den gesetzlichen Regelungen fragen und gelangen dabei zu einer neuartigen, inhaltlichen Definition der Begrifflichkeiten.

Der drittmögliche Weg zur Bestimmung der Grenzen der Revisibilität sowie des Vorlageverfahrens erklärt sich aus den im 1. Kapitel über die Grundlagen der strafprozessualen Revision erörterten Besonderheiten des Revisionsverfahrens und kann daher als prozessuale Methode bezeichnet werden. Die Vertreter der sog. Leistungsmethode stellen unter Verwerfung des Gegensatzpaares *Tat-/Rechts*frage auf praktische Erwägungen ab und fragen sich für die Zwecke unserer Fragestellungen, was die Revisionsinstanz mit ihren begrenzten Möglichkeiten überhaupt zu leisten imstande ist. Zusammengefasst sind also die logische (B.), die teleologische (C.)

---

513 *Mannheim,* Beiträge (Fn. 456), 38, 40 f., 58 ff.; *Mezger,* Der psychiatrische Sachverständige (Fn. 460), 136, 177, 183, 189, 197.
514 *Pohle,* Revision (Fn. 462), 38, 41 f.
515 *Duske,* Aufgaben (Fn. 466), 32; *Schwinge,* Grundlagen (Fn. 468), 52.
516 *Frisch,* in: FS Eser, 257, 262.
517 Vgl. *Henke,* ZZP 81 (1968), 196, 199.

und die prozessuale Methode (D.) zu unterscheiden, deren grundlegende Aussagen im Folgenden dargestellt werden. Eine Mischform vertritt *Henke* in der Form der logisch-teleologischen Methode (E.).

Die zu erörternden Revisionstheorien beziehen sich grundsätzlich auf alle Rechtsgebiete, insbesondere darf nicht verwundern, dass vor allem im Rahmen der logischen Methode viele Ansätze ihren Ursprung im Zivilprozessrecht finden. Wegen der rechtsgebietsübergreifenden, allgemeinen Problemlage der Abgrenzung von *Tat-/Rechts*frage haben alle Aussagen im Grundsatz auch für die strafprozessuale Revision Geltung, speziell zivilprozessuale Problemfelder, wie die Auslegung von Willenserklärungen, werden nicht erörtert. Im Hinblick auf das „kaum zu übersehende Schrifttum“[518] und den „unermesslichen Umfang einschlägiger Arbeiten“[519] zur Abgrenzung von Tatsachenfeststellung und Rechtsanwendung, wird sich die Darstellung auf die wesentlichen Grundgedanken der wichtigsten Vertreter beschränken und ihren Schwerpunkt darauf legen, einen möglichst umfassenden Überblick über die maßgebliche Literatur zu gewähren.

## B. Die logische Methode

### I. Die begriffliche Methode

#### *1. These: Unterscheidung zwischen rechtlichen und außerrechtlichen Begriffen*

Die traditionelle Lehre bestimmt die Grenzen der Revision mit Hilfe der rechtslogischen Differenzierung zwischen *Tat-* und *Rechts*frage und sieht als maßgebliches Unterscheidungskriterium die Natur der vom Richter angewandten Obersätze bzw. die darin benutzten Begriffe an.[520] Beruhe das Urteil auf einer Subsumtion unter einen natürlichen, d.h. vorrechtlichen Obersatz und damit, da die Obersätze aus den entsprechenden Begriffen entwickelt sind, unter einen natürlichen, außerrechtlichen Begriff, so liege eine Tatsachenfeststellung, mithin eine *Tat*frage vor; sei das Urteil durch eine Subsumtion unter einen juristischen Obersatz, konkreter einen *Rechts*begriff gewonnen, liege eine rechtliche Würdigung, also eine *Rechts*frage vor.[521] Begründet hat die sog. begriffliche Methode im Jahr 1881 *Wach,* wonach

518 *Levin,* DJZ 1930, 27, 31.

519 *Engisch,* Logische Studien (Fn. 480), 83.

520 *Henke,* Die Tatfrage, 21; vgl. *Scheuerle,* AcP 157 (1958/59), 1, 41; *Wach,* JW 1881, 73, 75; *ders.,* in: Vorträge über die Reichs-Civilproceßordnung, 290; zust. *Schulte,* Rechtsprechungseinheit als Verfassungsauftrag, 99 f.

521 *Henke,* Die Tatfrage, 21, 145; vgl. *Scheuerle,* AcP 157 (1958/59), 1, 22, 36, 38, 41; *Wach,* JW 1881, 73, 75; *ders.,* Vorträge (Fn. 520), 290; vgl. auch *Manigk,* in: Reichsgerichtsbarkeit (Fn. 454), 94, 131 f., der zwischen der Feststellung empirischer Tatsachen und der Beantwortung der Rechtsbegriffe verkörpernden, juristischen Tatsachen durch Werturteil unterscheidet; vgl. *dens.,* ZZP 60 (1936/37), 351, 400 f.

für die Bestimmung der „Qualität des Syllogismus als eines thatsächlichen oder juristischen" entscheidend sei, „ob der Obersatz Rechtssatz oder nicht Rechtssatz, d.h. eine Thesis der außerjuristischen Wissenschaft, der Erfahrung" sei, sodass „weder Subjekt noch Prädikat Rechtsbegriffe" seien.[522] Ihre Grundlage findet die begrifflich-logische Abgrenzungsmethode in der Methodik der Rechtsanwendung: Jede Rechtswirkung beruhe auf einem sog. Syllogismus, einem logischen Schluss, der aus einem Obersatz – gebildet durch eine Rechtsnorm – und einem Untersatz – begründet durch den konkreten Sachverhalt – besteht, die zusammen als sog. Prämissen zu einer Schlussfolgerung, der Konklusion führen.[523] „Alles Urtheilen des Richters ist Schließen", die Endentscheidung vollziehe sich aus einer „langen Reihe zusammenhängender Schlüsse".[524] Bei der Herstellung des Syllogismus, im richterlichen Denkprozess vollzögen sich Tatsachenfeststellung und rechtliche Würdigung auf unterschiedlichen Ebenen, deren Ergebnis jeweils ein Tatsachenurteil in der Form eines primären Wahrnehmungsurteils oder eines Erinnerungsurteils sowie ein rechtliches Urteil in Gestalt eines primären Begriffsurteils sei.[525] Bei der Tatsachenfeststellung gehe der Richter von einer durch Dritte vermittelten Sinneswahrnehmung aus, die er mit Hilfe der Umgangssprache, die sog. natürliche Begriffe enthalte, beschreibe; die rechtliche Konklusion nehme ihren Ausgang von dem abstrakten Rechtsbegriff, der mit Hilfe des konkreten juristischen Obersatzes dem Sachverhalt so angepasst werde, dass eine Subsumtion möglich sei. Unter Tatsachenfeststellung, welche als Synonym für die *Tat*frage verwendet wird, wird dabei jede „logisch, begrifflich und erfahrungsgemäß verarbeitete Wahrnehmung", unter Subsumtion, gleichgesetzt mit Rechtsanwendung, „die Gleichsetzung des Wahrgenommenen mit den vom Gesetz gemeinten Fällen" verstanden.[526] Natürliche Begriffe seien der Rechtsordnung vorgegeben und dem Richter als sog. Allgemeinvorstellung in ihrem außerrechtlichen Sinn präsent; ein Rechtsbegriff, definiert als „jeder Begriff eines Rechtssatzes"[527] dagegen sei ein durch Interpretation und Subsumtion erschlossener Begriff, welcher zur Disposition des Gesetzgebers und der Judikatur stünde und durch Umformung nach dem jeweiligen Zweck der Rechtsnorm einen vom natürlichen Begriff abweichenden Inhalt erhalten könne.[528] Ein Fehler im juristischen Syllogismus könne sowohl im Obersatz – dem Rechtssatz – als auch in der Verknüpfung des juristischen Mittelbegriffs (der gesetzlichen

522 *Wach,* JW 1881, 73, 75.

523 *Manigk,* in: Reichsgerichtsbarkeit (Fn. 454), 94, 126 f.; vgl. *Stein,* Das private Wissen des Richters, 11 f.

524 *Wach,* JW 1881, 73, 74.

525 *Frisch,* Revisionsrechtliche Probleme (Fn. 455), 230 f.; *Henke,* Die Tatfrage, 146, dort auch zum folgenden Text; vgl. auch *Scheuerle,* AcP 157 (1958/59) 32 f., 37 f.

526 *Engisch,* Logische Studien (Fn. 480), 91, 105; *Gottwald,* Revisionsinstanz (Fn. 455), 140.

527 *Henke,* Die Tatfrage, 156; *Manigk,* in: Reichsgerichtsbarkeit (Fn. 454), 94, 131; vgl. auch *Wach,* in: Vorträge (Fn. 520), 290.

528 *Henke,* Die Tatfrage, 146 f.

Tatbestandsmerkmale) mit dem konkreten Lebensverhältnis im Untersatz, (sog. Subsumtionsirrtum) oder in der Schlussfolgerung liegen, nicht dagegen in der falschen Feststellung des Unterbegriffes, des Sachverhaltes.[529]

Im neueren Schrifttum ist diese traditionelle Lehre durch *Roxin* und *Schünemann* fortgeführt worden; diese nehmen eine tatsächliche Feststellung an, wenn unter Alltagsbegriffe, d.h. im Rahmen der Umgangssprache verwendete Ausdrücke, eine rechtliche Würdigung, wenn unter Rechtsbegriffe, also im Rahmen der Rechtssprache verwendete Ausdrücke subsumiert werde.[530] Grundlage dieser Auffassung ist ebenfalls das Modell des Justizsyllogismus, wonach eine *Rechts*frage bei allen im Obersatz auftretenden, eine *Tat*frage bei allen im Untersatz zu lösenden Fragen gegeben sei.[531] Auch wenn *Schünemann* auf ein „in der Sache unterschiedlich(es) Konzept"[532] seiner Ansicht im Vergleich zu der ursprünglichen begrifflichen Methode besteht, weist diese objektiv betrachtet keine wesentlichen Unterschiede zur traditionellen Lehre auf – maßgebliche Zuordnungspunkte sind jeweils die Stellung im Justizsyllogismus sowie die Differenzierung zwischen außerjuristischen und juristischen Begriffen; an dieser grundsätzlichen Ähnlichkeit vermag auch der Hinweis auf die nicht stattfindende statische Unterscheidung zwischen Rechts- und Alltagsbegriffen durch Abhängigkeit vom konkreten Subsumtionsproblem, ob der Begriff im Ober- oder Untersatz verwendet werde[533], nichts zu ändern, da es auch nach dem herkömmlichen Verständnis der traditionell begrifflichen Abgrenzungsmethode stets auf den konkreten Verwendungszusammenhang ankommt, ob ein Begriff konkret als Rechts- oder natürlicher Begriff eingesetzt wird.

## 2. *Kritik aus der Literatur*

Für die logisch-begriffliche Methode wird vor allem vorgebracht, es entspräche der gesetzgeberischen Intention, eine logisch exakte Trennung von *Tat-* und *Rechts*frage durchzuführen[534] und damit zur Erfüllung des Trennungspostulats sowie zur Rechtsmittelklarheit und Rechtsvereinheitlichung[535] beizutragen. Die Hauptkritik erfährt die begriffliche Abgrenzungsmethode dahingehend, dass es für die Unterscheidung zwischen natürlichen und Rechtsbegriffen an zwei selbstständigen, mit

529 *Wach*, JW 1881, 73, 75; *ders.*, in: Vorträge (Fn. 520), 290.

530 *Roxin/Schünemann*, Strafverfahrensrecht, § 55 Rn. 19; *Schünemann*, in: FS A. Kaufmann, 299, 315; *ders.*, JA 1982, 71, 74.

531 *Schünemann*, in: FS. A. Kaufmann, 299, 315.

532 *Schünemann*, in: FS A. Kaufmann, 299, 315.

533 *Schünemann*, in: FS A. Kaufmann, 299, 315 f.

534 *Frisch*, Revisionsrechtliche Probleme (Fn. 455), 231; *Henke*, Die Tatfrage, 22, 138; *Rosenau*, in: FS Widmaier, 521, 529; *Roxin/Schünemann*, Strafverfahrensrecht, § 55 Rn. 19.

535 *Henke*, Die Tatfrage, 188; *ders.*, ZZP 81 (1968), 196, 218.

speziellem Vokabular ausgestatteten Sprachsystemen mangele[536]. Die Tatsache, dass das Gesetz eine Vielzahl von Begriffen enthalte, die auch in der Umgangssprache verwendet würden, mache eine abstrakte Zuordnung eines Begriffs zur Rechts- oder Alltagssprache unmöglich.[537] *Neumann* wirft der begrifflichen Methode daher vor, sich nicht selbst zu tragen und auf weitere kontextspezifische Kriterien angewiesen zu sein, um eine verbindliche Grenzziehung zu ermöglichen.[538] Nach seiner These von der „Normativierung“ aller Begriffe scheitere nach *Nierwetberg* eine begriffliche Sonderung, da die natürlichen Begriffe durch den rechtlichen Zusammenhang einen normativen Charakter erhielten und durch die Bezugnahme der Rechtsbegriffe auf den „ganzheitlichen Sinnzusammenhang des sozialen Lebens“ Rechtsbegriffe nie „rein rechtlich“, sondern „stets auch natürlich“ seien[539]. Weiter wird vorgebracht, es gäbe „grenzüberschreitende“ Sätze, die zwischen Rechts- und Umgangssprache vermittelten und daher Bestandteile aus beiden Sprachebenen enthielten[540]. *Hanack* wirft zudem *Scheuerle* als einem der Hauptvertreter der begrifflich-logischen Abgrenzungsmethode vor, immer wieder auf teleologische Gesichtspunkte zurückgreifen zu müssen, um eine klare Trennbarkeit der Begriffe zu gewährleisten, indem er etwa zur Auflösung der Komplikation der Synonymität der Begriffe darauf abstellt, was der Gesetzgeber unter „rot“ im Sinne des Gesetzes – abweichend von dem natürlichen Begriff rot – verstanden habe.[541]

## II. Sprachanalytischer Ansatz

### *1. These: Abgrenzung zwischen faktisches Geschehen beschreibenden Sätzen und Rechtssätzen*

Der Hilfe der modernen Logik, analytischen Sprachphilosophie und der Wissenschaftstheorie bedient sich *Rüssmann,* der *Tat-* und *Rechts*frage anhand der Sätze, die eine logische Ableitung des konkreten richterlichen Urteils gestatten, unterscheiden will.[542] An der Ableitung beteiligt seien zum einen Rechtssätze und zum anderen faktisches Geschehen oder Zustände beschreibende Sätze. Wenn das faktische

---

536 *Kuchinke,* Grenzen der Nachprüfbarkeit (Fn. 462), 87; *Neumann,* in: FS Androulakis, 1091, 1095; *ders.,* GA 1988, 387, 392; vgl. auch *Sarstedt/Hamm,* Die Revision in Strafsachen, Rn. 325.

537 *Neumann,* GA 1988, 387, 392; *Nierwetberg,* JZ 1983, 237, 239; vgl. auch *Grosse-Wilde,* HRRS 2009, 363, 364; *Hamm,* Die Revision in Strafsachen, Rn. 1275.

538 *Neumann,* in: FS Androulakis, 1091, 1095 f.; *ders.,* GA 1988, 387, 392 f.

539 *Nierwetberg,* JZ 1983, 237, 239.

540 *Volk,* in: FS Bockelmann, 75, 83 f.

541 *Hanack,* Ausgleich (Fn. 452), 142 Fn. 32; vgl. auch *Duske,* Aufgaben (Fn. 466), 35 und allgemein *Uhl,* Die Abgrenzung der Rechtsprechungsbefugnisse von Tatsachen- und Revisionsgerichten, 27.

542 *Rüssmann,* in: Juristische Methodenlehre (Fn. 485), 242, 257, 261, dort auch zum folgenden Text.

Geschehen nicht durch Begriffe umschrieben werde, die auch zur Normformulierung verwendet worden seien, bedürfe es ferner Sätze über die Sprache, sog. semantische Regeln, welche die Begriffe der Rechtssätze mit denen der das faktische Geschehen beschreibenden Sätze so verbänden, dass eine Ableitung des konkreten richterlichen Urteils möglich werde. Die Sätze über die außersprachliche Realität, die Aussagen über das faktische Geschehen enthielten, die sog. singulären empirischen Sätze gehörten der *Tat*frage an, die Rechtssätze und die Sätze über die Sprache der Rechtssätze seien der *Rechts*frage zuzuordnen.[543] Um eine Aushöhlung der rechtlichen Überprüfungskompetenz zu verhindern, will *Rüssmann* ferner eine Zusatzregel anerkennen, die abhängig von der konkreten Fallgestaltung von dem Tatrichter eine informative Sachverhaltsbeschreibung nach dem Dafürhalten des Revisionsgerichts verlangt und deren Verletzung zur Aufhebung der angefochtenen Entscheidung führt.[544]

Gefolgt ist diesem Konzept *Kuhlen*[545], der zwischen allgemeingültigen Normsätzen, den konkreten Sachverhalt beschreibenden singulären Sätzen und Zwischensätzen, die weniger abstrakt seien und die Subsumtion ermöglichten, unterscheidet[546] und die Methode im Hinblick auf die Zusatzregel durch Anerkennung sog. prima-facie-Regeln fortentwickelt: Überall dort, wo sich die beurteilungsrelevanten Informationen wegen ihrer Vielzahl oder Komplexität nicht vollständig in einer strengen allgemeingültigen Regel wiedergeben ließen, sei es in Übereinstimmung mit der Revisionspraxis angebracht, die Informationsregel zurückhaltend zu handhaben und die Schilderung eines prima facie der Norm unterfallenden Sachverhaltes in Verbindung mit dem Hinweis ausreichen zu lassen, besondere Umstände seien im Einzelfall nicht ersichtlich.[547] Einen ähnlichen Ansatz verfolgt *Nierwetberg*, der eine *Rechts*frage annimmt, wenn eine Subsumtion, also eine Subordination von Begriffen im Streit steht, dagegen von einer *Tat*frage ausgeht, wenn eine sog. Elementarfrage betroffen ist, d.h. die Frage nach der Erfüllung eines nicht mehr weiter auslegungsbedürftigen Begriffs, die nur mit „ja“ oder „nein“ beantwortet werden kann.[548]

### 2. *Kritik aus der Literatur*

*Rüssmann* selbst bringt zugunsten seiner Theorie vor, durch die Verwendung des Unterscheidungsmerkmals der „Sätze“ anstelle der „Begriffe“ erübrige sich die Trennungskomplikation der übereinstimmenden Begrifflichkeiten in Sozial- und Rechtssprache, zudem sei sein Konzept in der Lage, Verstöße gegen die Denkgesetze

---

543 *Rüssmann,* in: Juristische Methodenlehre (Fn. 485), 242, 255, 256, 267; ihm folgend *Grosse-Wilde,* HRRS 2009, 363, 364.

544 *Rüssmann,* in: Juristische Methodenlehre (Fn. 485), 242, 257, 261.

545 *Kuhlen,* in: Elemente (Fn. 450), 323, 325, wo er das Problem der Unterscheidung von Tat- und Rechtsfrage als durch Rüssmann „gelöst“ bezeichnet.

546 *Kuhlen,* JA 1986, 589, 593 f.

547 *Kuhlen,* in: Elemente (Fn. 450), 323, 349, 351; zust. *Grosse-Wilde,* HRRS 2009, 364, 367 f.

548 *Nierwetberg,* JZ 1983, 237, 241.

sowie widersprüchliche und unvollständige Ableitungen aufzudecken.[549] Kritiker verweisen darauf, dass in der prädikatenlogischen Grundform von Allsätzen auch Sätze möglich seien, die als Zusammenfassung singulärer Sätze zu interpretieren seien, sodass danach unterschieden werden müsse, ob es sich um Sätze von numerischer oder spezifischer Allgemeinheit handele.[550] Ferner wird die fehlende Konkretisierung, wann eine semantische Basisregel vorliege, sowie die Unbestimmtheit bemängelt, wann ein Sachverhalt nach der Zusatzregel informativ genug sei; die Grenzlinie des revisibelen Bereichs verlaufe dadurch dort, wo sie das Revisionsgericht nach seinem Ermessen im Einzelfall hinverlege.[551] Auch die von *Kuhlen* entwickelten prima-facie-Regeln werden als nach dem Belieben des Richters willkürlich anzuwendende Rechtsfindung kritisiert.

## III. Anderer Anknüpfungspunkt

### 1. *These: Differenzierung zwischen Tatsachenfeststellung und Tatsachenbewertung*

Nach Auffassung *Mannheims* krankten die bisherigen Bemühungen, die Grenzen der Revisibilität zu bestimmen, an der „Vertauschung" des Begriffs der „Gesetzesverletzung" im Sinne von § 337 StPO mit den Gegensatzbegriffen *Tat-/Rechts*frage, welche im Gesetz nicht genannt seien und die eine „unnötige Erbschaft von Irrtümern und Kontroversen" über das Revisionsproblem gebracht hätten.[552] Einen Grund für die Verwirrung um die Begriffe *Tat-/Rechts*frage sieht er insbesondere darin, dass der Begriff der *Tat*frage den umstrittenen Begriff der Tatsache beinhalte, sodass es bei Zugrundelegung des Gegensatzpaares *Tat-/Rechts*frage zunächst einer Bestimmung des Tatsachenbegriffes bedürfe. Ausgehend vom Begriff der „Gesetzesverletzung" will er den Umfang des revisibelen Bereichs stattdessen mit Hilfe des Gegensatzpaares „Tatsachenfeststellung" und „Tatsachenbewertung" bestimmen.[553] Dabei sei abhängig von der Art der Behandlung der Tatsachen im Prozess Tatsachenfeststellung die Ermittlung des Objekts der richterlichen Beurteilung, Tatsachenbewertung die Tätigkeit des Beurteilens.[554] *Mannheim* ist der Lehre *Mezgers* gefolgt, der zwischen Tatsache und Werturteil bzw. Tatsachenurteil, deren Richtigkeit durch Übereinstimmung mit der objektiven Wirklichkeit und Werturteil, das durch einen Willensakt legitimiert wird, differenziert und darauf aufbauend die Grenzen der revisionsrechtlichen Anfechtbarkeit zwischen irrevisibeler Tatsachenfeststellung und revisibeler

549 *Rüssmann,* in: Juristische Methodenlehre (Fn. 485), 242, 256, 270.
550 *Neumann,* GA 1988, 387, 394.
551 *Schünemann,* in: FS A. Kaufmann, 299, 317 f., dort auch zum folgenden Text.
552 *Mannheim,* Beiträge (Fn. 456), 33, 37, dort auch zum folgenden Text.
553 *Mannheim,* Beiträge (Fn. 456), 37, 40 f., 58 ff.
554 *Mannheim,* Beiträge (Fn. 456), 38, 40 f.; vgl. *Frisch,* Revisionsrechtliche Probleme (Fn. 455), 236; *Henke,* Die Tatfrage, 142.

Tatsachenbewertung ziehen will.[555] Bei der Tatsachenfeststellung erfolge ein empirisches Urteil, bei der Tatsachenbewertung dagegen ein juristisches; zur Trennung zweiterer von ersterer in der gerichtlichen Entscheidung bedürfe es der Auflösung der Urteilsfeststellungen in ihre tatsächlichen und rechtlichen Elemente und einer Abtrennung der in ihr vollzogenen rechtlichen Bewertung der Tatsachen von den Tatsachen selbst.[556] In der avisierten Zergliederung der Sachverhaltsfeststellung in ihre tatsächlichen und rechtlichen Bestandteile zur Ermöglichung einer Trennung zeigt sich der logische Kern der Auffassung *Mezgers. Mannheim* hat die These *Mezgers* im Hinblick darauf konkretisiert und fortgebildet, dass die Revisionsgrenzen nicht auf dem Gegensatz von Tatsache und Urteil gründeten, sondern zwischen den verschiedenen Arten an logischen Urteilen zu differenzieren sei; dabei geht er davon aus, dass jedes Urteil, das sich nicht auf die bloße Tatsachenfeststellung beschränke, Werturteil und damit Tatsachenbewertung sei.[557] *Mannheim* gesteht ein, dass „jede Wirklichkeitsbetrachtung bereits wertende Elemente voraussetzt und geradezu untrennbar enthält" und „auch die einfachste sinnliche Anschauung eine Urteilstätigkeit erfordert"; der Begriff der Revision erfordere jedoch eine – nach dem von ihm favorisierten Zweck der Revision der Verbesserung der Einzelfallgerechtigkeit möglichst sparsame – Ausscheidung gewisser Sinneswahrnehmungen, die streng genommen bereits zur Tatsachenbewertung gehörten, um „überhaupt ein Gebiet für die irrevisibele Tatsachenfeststellung zu retten".[558] Diese Einordnung zeigt, dass *Mannheim* im Grundsatz eine logische Abgrenzung zwischen reinen Tatsachenurteilen und Werturteilen befürwortet, sich wegen der dabei erkannten Schwierigkeiten im Hinblick auf das Grundverständnis der Revision als reine Rechtsinstanz aber zu gewissen Korrekturen gezwungen sieht und sich damit von verfahrensbedingten und teleologischen Gesichtspunkten leiten lässt. An die Überlegungen *Mannheims* anknüpfend nimmt auch *Pohle* eine Irrevisibilität von Tatsachenurteilen zur Ermittlung der Wirklichkeit an, welche er als Urteile definiert, die sich darauf beschränkten, die „Wirklichkeit ohne weitere als zu ihrer Wesensbestimmung nötige gedankliche Arbeit wiederzugeben" und stellt diesen die revisibelen Werturteile gegenüber, zu denen er alles übrige zählt, das „zur Feststellung der Tatbestandsmäßigkeit einer Handlung der Auslegung des Gesetzes dient".[559]

## *2. Kritik aus der Literatur*

*Mannheim* selbst bringt für seine Auffassung vor, dass es abweichend vom Anknüpfungspunkt *Tat-/Rechts*frage bei seiner Methode ein streitiges Mittelgebiet,

555 *Mezger,* Der psychiatrische Sachverständige (Fn. 460), 166 ff., 178, 185 f., 189 ff., 197 ff.; ihm folgend *Pagendarm,* Verstöße gegen die Denkgesetze, die Erfahrungssätze und das Ermessen als Revisionsgründe, 8 f.

556 *Mezger,* Der psychiatrische Sachverständige (Fn. 460), 202.

557 *Mannheim,* Beiträge (Fn. 45), 40, 59.

558 *Mannheim,* Beiträge (Fn. 456), 61 ff.

559 *Pohle,* Revision (Fn. 462), 38, 41, 43, 55.

das unmittelbar weder der *Tat-* noch der *Rechts*frage zuzuordnen und dennoch (ir) revisibel sei, z.B. die Anwendung von Erfahrungssätzen oder die Auslegung von Gedankenäußerungen, nicht gäbe: Jede Gesetzesverletzung, die nicht zur Tatsachenfeststellung gehöre, unterläge grundsätzlich der Revision.[560]

Der Versuch, die Grenzen der Revisibilität mit dem Gegensatzpaar Tatsachenfeststellung – Tatsachenbewertung zu bestimmen, wurde im Schrifttum scharf kritisiert und wird zuweilen als „gescheitert“[561] bezeichnet. Besonders wird der These *Mannheims* das von ihm selbst gegen das Begriffspaar *Tat-/Rechts*frage vorgebrachte Argument, dasselbe sei im Gesetz nicht genannt, gegen die eigene Ansicht vorgehalten: Die Grenzziehung zwischen Tatsachenfeststellung und Tatsachenbewertung sei weder aus dem Begriff der „Gesetzesverletzung“ abzuleiten noch anderweitig zu begründen und ermangele daher einer dogmatischen Legitimation.[562] Die Differenzierung zwischen Feststellung und Bewertung von Tatsachen wird überwiegend abgelehnt, da es erkenntnistheoretisch unmöglich sei, Tatsachen „festzustellen“, ohne damit eine Bewertung zu verbinden, da unsere Sinneseindrücke stets einer Ordnung und Verarbeitung zum Tatsachenurteil bedürften[563]; *Henke* sieht den Fehler in der Methode in dem Verzicht auf das entscheidende Kriterium der „rechtlichen“ Bewertung unter Verwendung des schwer zu erfassenden Begriffs der „Bewertung“ und spricht daher von einem „unrichtigen Ausgangspunkt“.[564] Die Methode wird ferner als zu weitgehend kritisiert, da mit Ausnahme der reinen Sinneswahrnehmung die richterliche Tätigkeit voll revisibel sein soll.[565] Am meisten wird vor allem *Mannheim* aber wohl vorgeworfen, selbst die Schwäche seiner Trennungsmethode einzugestehen, indem er die häufige praktische Undurchführbarkeit der Trennung einräume, seine Konstruktion lediglich durch Hilfsmechanismen zu retten versuche und somit seine Formel praktisch selbst wieder aufgebe und ein eindeutiges Abgrenzungskriterium vermissen lasse.[566] Einige Autoren sprechen gar von einer „sonderbaren“ oder „willkürlichen“ Abgrenzung.[567]

---

560 *Mannheim,* Beiträge (Fn. 456), 37 f.

561 *Frisch,* Revisionsrechtliche Probleme (Fn. 455), 238.

562 *Schwinge,* Grundlagen (Fn. 468), 54 f.; vgl. auch *Scheuerle,* AcP 157 (1958/59), 1, 58 ff. zur logischen Fehlerhaftigkeit der Unterscheidung.

563 *Frisch,* Revisionsrechtliche Probleme (Fn. 455), 237 f.; *Henke,* Die Tatfrage, 143 f.; *ders.,* in: ZZP 81 (1968), 196, 205; vgl. auch *Kuchinke,* Grenzen der Nachprüfbarkeit (Fn. 462), 95; *Schwinge,* ZStW 51 (1931), 415, 437.

564 *Henke,* Die Tatfrage, 145; *ders.,* ZZP 81 (1968), 196, 205.

565 *Gottwald,* Revisionsinstanz (Fn. 455), 177; *Peters,* ZStW 57 (1938), 53, 68.

566 *Frisch,* Revisionsrechtliche Probleme (Fn. 455), 238; *Schwinge,* Grundlagen (Fn. 468), 55; vgl. auch *Henke,* Die Tatfrage, 144; *Kuchinke,* Grenzen der Nachprüfbarkeit (Fn. 462), 89 f.

567 *Frisch,* Revisionsrechtliche Probleme (Fn. 455), 238; *Henke,* Die Tatfrage, 143 f.; *ders.,* ZZP 81 (1968), 196, 205; *Schwinge,* Grundlagen (Fn. 468), 54.

## C. Die teleologische Methode

Die im Schrifttum als sog. teleologische Methode bekannte Lehre, die anstelle von logischen zweckgerichtete Erwägungen anstellt, kann als Gegenstück zur traditionellen Lehre angesehen werden, da sie auf der These logischer Untrennbarkeit von *Tat-* und *Rechts*frage fußt und es als zweifelhaft erachtet, ob es mit der herkömmlichen Herangehensweise „jemals gelingen wird", die Grenzen des revisibelen Bereichs verbindlich festzulegen.[568] Den Vertretern der teleologischen Methode ist gemein, dass sie die Begriffe *Tat-/Rechts*frage bzw. den Begriff der „Gesetzesverletzung" in § 337 StPO mit Hilfe der klassischen teleologischen Auslegungsmethode auf dasjenige zurückzuführen wollen, was als Zweck und Grundintention hinter den Rechtsinstituten der Revision und der Divergenzvorlage steht.

### I. Abgrenzung nach dem Zweck der Revision

#### *1. These: Differenzierung zwischen „Frage des Einzelfalls" und „Richtlinienfrage"*

Hauptvertreter der teleologischen Methode ist *Schwinge,* der die Grenzen der Revisibilität nach dem historischen und seines Erachtens allein maßgeblichen Revisionszweck der Rechtseinheit bestimmen will.[569] Die Nachprüfungsbefugnis des Revisionsgerichts reiche nur soweit, als der Rechtseinheitsgedanke es erfordere, mithin als das Bestehenbleiben von Urteilsbestandteilen „in irgendeiner Weise für die Gleichförmigkeit der Rechtsprechung nachteilig sein" könne. Er begründet seine Auffassung mit der Bedeutung der rechtsvereinheitlichenden Aufgabe der Rechtsprechung für die Sicherheit und Berechenbarkeit des Rechts sowie das damit einhergehende Vertrauen der Bevölkerung in die Rechtspflege.

Im Einzelnen seien diejenigen Teile des tatrichterlichen Urteils revisibel, denen „Richtliniencharakter" innewohne und die daher zum Muster für zukünftige Entscheidungen gemacht werden könnten, mithin „typische, rechtsgrundsätzliche Verstöße"[570]; dagegen seien diejenigen Bestandteile, denen keine über den Einzelfall hinausgehende Bedeutung zukäme, weil sie einmalig seien und ausschließlich für den einzelnen Prozess entschieden würden (sog. individuelle Rechtsfragen) irrevisibel. *Schwinge* füllt damit das Gegensatzpaar *Tat-/Rechts*frage mit der Unterscheidung

---

568 *Schwinge,* ZStW 51 (1931), 415, 437; vgl. *Henke,* Die Tatfrage, 25 f.

569 *Schwinge,* Grundlagen (Fn. 468), 33, 48 f., dort auch zum folgenden Text; zustimmend *Kniesch,* MDR 1955, 132; vgl. auch *Bötticher,* Die Gleichheit vor dem Richter, zit. bei *Schwinge,* 48, der die Gleichbehandlungsfunktion der Revision für maßgeblich erachtet und *Mendelssohn-Bartholdy,* JW 1921, 1237, der auf einen „Anhalt für einheitliche Rechtsanwendung" abstellt.

570 *Schwinge,* Grundlagen (Fn. 468), 50, 52 f. dort auch zum folgenden Text; vgl. auch *Uhl,* Die Abgrenzung der Rechtsprechungsbefugnisse von Tatsachen- und Revisionsgerichten, 27, der auf die Bedeutung für andere Fälle hinweist.

zwischen „Richtlinienfrage“ (= rechtsgrundsätzliche Frage) und „Frage des Einzelfalls“ neu aus und bedient sich derselben zur Bestimmung der Revisionsgrenzen.

Als „Vorläufer der teleologischen Schule“[571] wird *Wehli* angesehen, der zwischen „typischen“ und „konkreten“ *Rechts*fragen im Zusammenhang mit der Revision unterschieden hatte, wobei sich erstere durch die „größere Wiederholungsmöglichkeit und (...) soziale Tragweite“ und letztere als „über die rechtliche Regelung einer individuellen Konstellation von Umständen“ nicht hinausreichend, auszeichneten[572]. Anhänger hat *Schwinge* in *Duske* und *Hannack* gefunden, die sich seiner Ansicht angeschlossen haben[573]; letzterer hat die maßgeblich auf die Revisionsgrenzen gerichteten Gedanken *Schwinges* auf die Abgrenzung zwischen *Tat*- und *Rechts*frage im Divergenzvorlageverfahren übertragen und versteht „Rechtsfrage“ im Sinne von § 132 GVG als eine „über den Einzelfall hinauswirkende abstrakte richterliche Erkenntnis“, als Satz mit „richtlinienmäßigen (allgemeingültigen) Charakter, der (...) auf eine Mehrzahl von Sachverhalten angewendet werden kann“, wohingegen unter „Tatfrage“ das „Einmalige, Besondere, das nicht zur Richtlinie dienen kann, nicht auf andere Fälle zu übertragen ist“ zu fassen sei.[574] Zur Begründung beruft sich *Hanack* auf einen Gesetzesentwurf betreffend die Abänderung des § 137 GVG von 1886[575] in welchem zwischen der „auf den einen wie auf andere Fälle anwendbare(n) Rechtsfrage“ und der „Thatfrage“, die „sich von den Umständen des einzelnen Falles nicht lostrennen lasse“ und die „keinen Konflikt in der Rechtsprechung, welcher durch ein höheres Organ zu entscheiden sei“ hervorrufe, differenziert werde.

Auch vom Zweck der Revision her will *Rosenau,* allerdings unter Verwerfung des Gegensatzpaares die Grenzen des revisibelen Bereichs bestimmen; er sieht den maßgeblichen Revisionszweck in der rechtsstaatlichen Qualitätssicherung und -kontrolle und folgert dabei aus dem Gebot effektiven Rechtsschutzes auch die Revisibilität der Tatsachenfeststellung.[576]

## *2. Kritik aus der Literatur*

Die Hauptkritik erfährt die Abgrenzungsmethode nach dem Zweck der Revision und insbesondere deren Begründer *Schwinge* im Hinblick auf den schwelenden Streit um die Revisionszwecke und deren Verhältnis zueinander. Da ein vorrangiges Revisionsziel wegen mangelnder Einigkeit nicht feststehe, sei ein Abhängigmachen

571 *Henke,* Die Tatfrage, 35.

572 *Wehli,* in: FS Wach, 416, 421, 435 unter Berufung auf *Wildhagen,* Der bürgerliche Rechtsstreit, 97 f.; vgl. auch *Philippi,* in: Judicium, Bd. I (1928/29), 103, 126, 135, der unter Betonung des „hauptsächlichen“ Rechtseinheitszwecks zwischen „rechtsgrundsätzlichen“ und „rein tatsächlichen“ Fragen unterscheidet.

573 *Duske,* Aufgaben (Fn. 466), 38; *Hanack,* Ausgleich (Fn. 452), 141 Fn. 27.

574 *Hanack,* Ausgleich (Fn. 452), 141.

575 ZZP 9, 537, 540, zit. bei *Hanack,* Ausgleich (Fn. 452), 141.

576 *Rosenau,* in: FS Widmaier, 521, 539; vgl. im Ansatz auch *Weigend,* ZStW 113 (2001), 271, 298 f.

des Revisionsproblems von einer solch unsicheren Basis „schwer justitiabel und berechenbar".[577] Inhaltlich wird dabei insbesondere die fehlende Berücksichtigung des Gerechtigkeitsgesichtspunktes kritisiert, welche zu unangemessenen Einschränkungen der Revision führe.[578] *Henke,* interpretiert aus den Formulierungen der Vertreter der teleologischen Methode wie derjenigen *Hanacks,* nur die „abstrakten" rechtlichen Aussagen bewirkten die Gleichförmigkeit einer Entscheidung[579] und *Schwinges,* der die „individuellen Rechtsfragen" aus der Nachprüfungskompetenz des Revisionsgerichts ausnimmt[580], trotz gegenteiliger Beteuerungen *Schwinges*[581] deren Theorie als „abstrakt-generelle Betrachtungsweise" im Sinne einer abstrakten Revisibilität, nach der im Grundsatz nur die Bildung abstrakter Richtlinien, nicht aber die Bewertung des Einzelfalles die Rechtseinheit fördere; er wendet sich gegen den Ausschluss der sog. konkreten Revisibilität und bezeichnet die Ansicht als „Rückfall in die abstrakte Betrachtungsweise früherer Lehrmeinungen".[582] *Schwinge* habe sich „nicht von den Irrtümern der preußischen Nichtigkeitsbeschwerde befreien können", dass Richtlinie und Einzelfall „in funktionellem Zusammenhang" stünden und „nicht als gegensätzliche Kriterien" gebraucht werden dürften, da die Revisibilität des Einzelfalles durch Fallvergleichung auch dem öffentlichen Interesse an einer einheitlichen Rechtspflege dienen könne; die Verweigerung der konkreten Revisibilität laufe zudem dem Revisionszweck der Rechtsfortbildung durch die Revisionsgerichte zuwider.[583] Weiter wird kritisiert, dass die ausschließliche Ausrichtung auf den Rechtseinheitszweck der Revision zur Bestimmung des revisibelen Bereichs die Revisibilität der Verfahrensrüge nicht zu erklären vermöge, da Verfahrensfehlern wegen ihres individuellen Charakters oftmals eine rechtsgrundsätzliche Bedeutung fehle.[584]

## II. Differenzierung nach der Relevanz der Entscheidung

### 1. *These: Unterscheidung zwischen genereller und individueller Relevanz*

Eine weitere teleologische Methode vertritt *Kuchinke,* der zwischen *Tat-* und *Rechts*frage nach dem besonderen systematischen Zusammenhang unterscheiden will, von dem aus die Bestimmung eines Gegenstandes erfolge; sei der Zusammenhang

577 *Franke,* in: LR-StPO, § 337 Rn. 4; vgl. auch *Otto,* NJW 1978, 1, 2.

578 *Frisch,* Revisionsrechtliche Probleme (Fn. 455), 252 f.; *Gottwald,* Revisionsinstanz (Fn. 455), 177; *Lamertz,* Revisibilität der Strafzumessung, (Fn. 471), 43; *Zipf,* Die Strafmaßrevision, 174; vgl. auch *Kohlhaas,* NJW 1961, 2346; *Peters,* Strafprozess, 4. Aufl., 638; *Schulte,* Rechtsprechungseinheit (Fn. 520), 96.

579 *Hanack,* Ausgleich (Fn. 452), 104 Fn. 55.

580 *Schwinge,* Grundlagen (Fn. 468), 53.

581 *Schwinge,* Grundlagen (Fn. 468), 57.

582 *Henke,* Die Tatfrage, 32, 43.

583 *Henke,* Die Tatfrage, 37 f.

584 *Frisch,* in: SK-StPO, § 337 Rn. 21.

ein außerrechtlicher, liege eine *Tat*frage vor, sei derselbe von den gesetzgeberischen Sollensforderungen getragen, sei eine *Rechts*frage gegeben.[585] Ähnlich der Gedanken *Schwinges* erachtet *Kuchinke* weiter für die Einordnung einer Frage als *Tat-* oder *Rechts*frage die sog. Relevanz der Frage im Hinblick auf die Tragweite einer Schlussfolgerung für maßgeblich, die sich aus den speziellen Zwecken der entscheidungsrelevanten Normen ergäbe und im Einzelnen – da eine Grenze nicht exakt bestimmbar sei – dem Ermessen des Revisionsgerichts unterstellt sei; relevant im Sinne des Trennungsproblems seien diejenigen Fragen, „deren Problematik mit Rücksicht auf die generellen Ziele einer bestimmten sachlichrechtlichen Norm und die spezifischen Zwecke des Prozessrechts so erheblich sind, dass sie als Rechtsfragen gelten müssen"; zur *Tat*frage gehörten Feststellungen, „die einen Sachverhalt individualisieren", die diesen „als einzelnes und in gewissem Sinne einmaliges Geschehen aus der Vielzahl der denkbaren gleichartigen Ereignisse herausheb(en)".[586] Maßgeblich für die Einordnung einer Frage im Rahmen der Subsumtion sei der Ort, den sie in einem Deutungszusammenhang als genereller oder individueller Begriff einnähme, sodass eine rechtliche Würdigung bei einer Beurteilung im Hinblick auf das „Allgemeine" eines Rechtsbegriffes, dagegen eine tatsächliche Feststellung vorliege, wenn die Beurteilung hinsichtlich der „individuelle(n) Eigenart des Falles" erfolge.[587] Zur Behandlung einzelner (Ir-)Revisibilitätsfälle bedient sich *Kuchinke* der Revisionszwecke: Weder der Rechtseinheits- noch der Rechtsfortbildungsgedanke geböten eine Überprüfung der Tatsachenfeststellung, bei unbestimmten Rechtsbegriffen sei zwischen Sachverhalten mit „typenhaftem Charakter", die „offenbar in den Prägnanzbereich" des Begriffs fielen, bei welchen eine einheitliche Beurteilung für die nähere Bestimmung des Begriffes sinnvoll sei und „atypischen Gegenständen" zu unterscheiden, welche dem Tatrichter zu überlassen seien, es sei denn es lägen offensichtliche Fehler vor.[588] Insbesondere bei komplexen Bedeutungszusammenhängen sei eine Nachprüfbarkeit zweckmäßig, wenn eine solche durch Aufstellen allgemeiner Grundsätze die Begriffsbildung und damit die Rechtseinheit und die Rechtsfortbildung durch die Rechtsprechung fördere.[589]

## 2. *Kritik aus der Literatur*

*Kuchinke* wird vor allem vorgehalten, die von ihm zur Abgrenzung verwendeten Kriterien seien zu unbestimmt, sodass für die Revisionsbeteiligten statt eines klaren Unterscheidungsmerkmals nur Rechtsunsicherheit folge.[590]

---

585 *Kuchinke,* Grenzen der Nachprüfbarkeit (Fn. 462), 84 f., 88.
586 *Kuchinke,* Grenzen der Nachprüfbarkeit (Fn. 462), 124 ff., 132, 215.
587 *Kuchinke,* Grenzen der Nachprüfbarkeit (Fn. 462), 113.
588 *Kuchinke,* Grenzen der Nachprüfbarkeit (Fn. 462), 128, 133, 212.
589 *Kuchinke,* Grenzen der Nachprüfbarkeit (Fn. 462), 113, 132.
590 *Frisch,* Revisionsrechtliche Probleme (Fn. 455), 240 Fn. 65; *Gottwald,* Revisionsinstanz (Fn. 455), 178; *Henke,* Die Tatfrage, 53; *Schulte,* Rechtsprechungseinheit (Fn. 520), 97.

## D. Die prozessuale Methode

### I. These: Grenzziehung nach der Leistungsfähigkeit des Revisionsgerichts

Die sog. Leistungsmethode verwirft für die Zwecke der Abgrenzung des revisibelen Bereichs sämtliche logische Abgrenzungsbemühungen um das Gegensatzpaar *Tat-/Rechts*frage und stellt stattdessen strafprozessual verfahrensspezifische Erwägungen zur Klärung des Revisionsproblems an, weshalb sie auch als prozessuale Methode bezeichnet werden kann. Im Gegensatz zu den bisher dargestellten Theorien gilt sie unmittelbar nur für den Strafprozess, ihre Übertragbarkeit auf den Zivilprozess wird zwar erwogen, aber wegen erheblicher verfahrensrechtlicher Unterschiede überwiegend abgelehnt[591]. Die Leistungsmethode fußt auf den im 1. Kapitel dargestellten verfahrensrechtlichen Besonderheiten der Revisionsinstanz als Rechtsinstanz mit einem überwiegend schriftlichen Verfahren, welches einer den Regeln der Unmittelbarkeit und des Strengbeweises folgenden Hauptverhandlung entbehrt. Entsprechend dieser Erkenntnis seien nach der prozessualen Methode alle Fehler irrevisibel, bei denen das Revisionsgericht die Sache erneut aufklären müsste, dagegen alle Fehler revisibel, die der Revisionsrichter auch ohne erneute Beweiserhebung in einer unmittelbar-mündlichen Hauptverhandlung erkennen kann.[592] Die Grenze der Leistungsfähigkeit des Revisionsgerichts sei dort zu ziehen, wo der Tatrichter zur Feststellung des Sachverhalts nach den Regeln des Strengbeweises in unmittelbarer mündlicher Verhandlung verfahren müsste.[593]

Entwickelt hat die sog. Leistungstheorie, wie die prozessuale Methode in ihrem ursprünglichen Verständnis genannt wird[594], *Peters* zur Frage der Grenzziehung der Revisibilität: Entscheidend sei nicht die Gegenüberstellung von *Tat-* und *Rechts*frage,

---

591 *Henke,* Die Tatfrage, 24; *ders.,* ZZP 81 (1968), 196, 216 f.; a.A.: *Gottwald,* Revisionsinstanz (Fn. 455), 184.

592 *Henkel,* Strafverfahrensrecht, 375; *Kern/Roxin,* Strafverfahrensrecht, 274; *Lamertz,* Revisibilität der Strafzumessung (Fn. 471), 44; *Momsen,* in: KMR-StPO, § 337 Rn. 48 (54. EL Mai 2009); *Peters,* ZStW 57 (1938), 53, 70 f.; *ders.,* Strafprozess, 2. Aufl., 566; *ders.,* in: Verhandlungen des 52. DJT, Bd. I Gutachten, C 45; *Tröndle,* in: Probleme der Strafprozessreform, 73, 93 f.; *Warda,* Dogmatische Grundlagen (Fn. 466), 77, 178; *Zipf,* Die Strafmaßrevision, 174; vgl. auch *Otto,* NJW 1978, 1, 2; *Rüping,* Das Strafverfahren, Rn. 639; *Sarstedt,* Die Revision in Strafsachen, 4. Aufl., 216 f.; vgl. ferner *Bruns,* Das Recht der Strafzumessung, 299 f., der von der sog. funktionalen Leistungsmethode spricht; ähnliche prozessuale Erwägungen stellt *Franke,* in: LR-StPO, § 337 Rn. 5 an, der jedoch das maßgebliche Kriterium nicht allein in der Leistungsfähigkeit, sondern vor allem im Prinzip der prozessualen Arbeits- und Verantwortungsteilung sieht.

593 *Gössel,* in: Tatsachenfeststellung in der Revisionsinstanz, 117, 135; *Eb. Schmidt,* in: LK II-StPO, § 337 Rn. 7; vgl. *Franke,* in: LR-StPO, § 337 Rn. 3.

594 *Frisch,* in: FS Eser, 257, 262; *ders.,* in: SK-StPO, § 337 Rn. 20; *Peters,* in: FS Schäfer, 137, 139; vgl. *Paeffgen,* in: FS II Peters, 61, 86 Fn. 104.

sondern was die Revision im Rahmen des vorgegebenen Verfahrens leisten könne, sodass der Gegensatz „allgemein (oder) nur in der Besonderheit Erkennbares, Wertbares und Wägbares" maßgeblich sei[595]; das Revisionsgericht dürfe grundsätzlich in alle *Tat-*, *Rechts-* und Ermessensfragen eingreifen, soweit es mit dem ihm zur Verfügung stehenden beschränkten Mitteln eine „bessere und wertvollere Entscheidung"[596] als die Vorderinstanz herbeiführen könne. „Wertvoller" sei die Tätigkeit des Revisionsrichters dort, wo sie „weiteren Zielen als die untere Instanz zu dienen vermag oder aber im Einzelfall den gleichen Zielen besser", was insbesondere bei der Erfüllung des nur in der Revisionsinstanz verfolgten Rechtseinheitszwecks, etwa durch Aufstellung allgemein gültiger Rechtssätze gegeben sei.[597] Eine Überprüfungskompetenz des Revisionsgerichts sei immer dort anzunehmen, wo dieses über mindestens gleich gute Erkenntnisquellen wie das Tatgericht verfüge.[598] Sei dagegen die Lösung einer nicht grundsätzlichen Frage durch den Tatrichter „Ansichtssache", die im Einzelfall vertretbar sei und würde seitens des Revisionsgerichts „nur eine brauchbare, haltbare und mögliche Ansicht durch eine andere gleichwertige" ersetzt, solle das Revisionsgericht von einer eigenen Entscheidung Abstand nehmen.[599]

Die Gedanken der beschränkten Möglichkeiten des Revisionsgerichts fruchtbar gemacht haben sich ferner einige Autoren für die Zwecke der Abgrenzung von *Tat-* und *Rechts*frage im Rahmen des Vorlageverfahrens nach §§ 121 Abs. 2, 132 Abs. 2 GVG: Entscheidend sei die Überprüfbarkeit einer Frage entsprechend der Erkenntnismöglichkeiten des Revisionsgerichts nach der verfahrensrechtlichen Ausgestaltung des Revisionsrechts.[600]

## II. Kritik aus der Literatur

Für die Leistungsmethode wird vorgetragen, dass sie der praktischen Entwicklung der Revision am besten entspreche, da sie auch Fehler aus dem Bereich der erweiterten Revision, insbesondere der Darstellungsrüge, zu erfassen vermöge.[601] Die prozessuale Methode unterliegt jedoch insbesondere in dogmatischer Hinsicht Kritik

---

595 *Peters,* Strafprozess, 2. Aufl., 562; ihm folgend *Eb. Schmidt,* in: LK II-StPO, § 337 Rn. 6; *ders.,* in: Deutsches Strafprozessrecht, Rn. 385, der auf das Merkmal des „Besonderen" abstellt.

596 *Peters,* ZStW 57 (1938), 53, 70; vgl. *dens.*, Strafprozess, 2. Aufl., 561 f.; *dens.,* in: Verhandlungen zum 52. DJT, Bd. I Gutachten, C 46; ihm folgend *Gössel,* in: Tatsachenfeststellung in der Revisionsinstanz, 117, 135; *Riess,* GA 1978, 257, 270; *Zipf,* Die Strafmaßrevision, 175.

597 *Peters,* ZStW 57 (1938), 53, 71.

598 *Lamertz,* Revisibilität der Strafzumessung (Fn. 471), 45; *Riess,* GA 1978, 257, 270; vgl. KG JW 1929, 885 Nr. 44 m. krit. Anm. *Scanzoni.*

599 *Peters,* ZStW 57 (1938), 53, 71.

600 *Frister,* in: SK-StPO, § 121 GVG Rn. 21; *Lilie,* obiter dictum und Divergenzausgleich in Strafsachen, 52; vgl. auch *Franke,* in: LR-GVG, § 121 Rn. 58 b.

601 *Franke,* in: LR-StPO, § 337 Rn. 3.

dahingehend, dass sie eine methodische Herleitung der Differenzierung ausgehend vom Begriff der „Gesetzesverletzung" vermissen lasse.[602] Maßstab dürfe aus rechtsstaatlichen Gesichtspunkten nicht die Frage sein, was das Revisionsgericht nachprüfen *könne,* sondern was es nachprüfen *dürfe,* sodass es zunächst einer normativen Festlegung des Kompetenzbereiches bedürfe, bevor daraus auf die Leistungsfähigkeit zu schließen sei.[603] *Franke* sieht die Prüfung aller Fragen, zu welcher es keiner Beweisaufnahme bedarf, als zu weitgehende Erweiterung der Prüfungskompetenz des Revisionsgerichts auf tatrichterliche Fragen entgegen seiner besonderen Aufgabenstellung, der Rechtsfehlerkontrolle, an und befürchtet eine Entwicklung der Revision zu einer „beschränkten und schlechten Berufungsinstanz".[604] Er will daher zusätzlich zu der Erkenntnis, dass irrevisibel sein müsse, was das Revisionsgericht ohne Wiederholung der Beweisaufnahme nicht prüfen könne, stärker das Prinzip der prozessualen Arbeits- und Verantwortungsteilung zur Bestimmung des revisibelen Bereichs in den Vordergrund stellen.[605] Inhaltlich kritisiert wird ferner das Abstellen auf das Erfordernis einer förmlichen Beweisaufnahme als Unterscheidungskriterium von *Sauer,* der die Differenzierung als nicht durchgreifend erachtet, da grundsätzlich der förmlichen Beweisaufnahme bedürftige Tatsachen im Einzelfall ebenso zuverlässig durch Freibeweis vom Revisionsgericht ermittelt werden könnten und in der Praxis oft etwas umständlicher zu ermittelnde Tatsachen der Nachprüfung entzogen seien, obwohl nach den konkreten Umständen die Prüfung möglicherweise ganz leicht vorzunehmen sei.[606] Er wirft der Revisionspraxis damit vor, in ersterer Linie nach Praktikabilitätserwägungen anstelle einer konsequenten Verfolgung der Abgrenzung nach den tatsächlichen Erkenntnismöglichkeiten zu verfahren. Diesem Vorwurf gilt es im Rahmen der Prüfung der Revisionstheorien im Hinblick auf ihre Praxistauglichkeit zu nachzugehen.

---

602 *Frisch,* in: FS Eser, 257, 263; vgl. *dens,* in: SK-StPO; § 337 Rn. 20, der von einer „Fehlakzentuierung" bzgl. der Betonung der Leistungsfähigkeit anstelle des „entscheidenden Gesichtspunkt(es) der Gesetzesverletzung" spricht.

603 *Neumann,* in: Hamm FS, 525, 532; *ders.,* in: GA 1988, 387, 389; vgl. auch *Paulus,* in: FS Spendel, 687, 709 Fn. 142.

604 *Franke,* in: LR-StPO, § 337 Rn. 3.

605 *Franke,* in: LR-StPO, § 337 Rn. 5; vor § 333 Rn. 5; vgl. auch *Meyer-Goßner/Schmitt,* StPO, vor § 333 Rn. 3, der vom Prinzip der Arbeits- und Verantwortungsteilung her die Grenzen der Prüfungsbefugnisse bestimmen will; ähnlich *Paulus,* in: FS Spendel, 687, 710.

606 *Sauer,* Grundlagen (Fn. 452), 414 f.

# E. Zwischenmeinung: Die begrifflich-teleologische Methode

## I. These: Korrekturen der begrifflichen Methode wegen Revisionszweck und beschränkter Leistungsfähigkeit

Eine Mischform aus einer begrifflich-logischen Trennung von *Tat-* und *Rechts*frage und dem Anstellen teleologischer Erwägungen für die Bestimmung der Grenzziehung der Revisibilität hat *Henke* entwickelt, der im Grundsatz von einer logisch-begrifflichen Trennbarkeit von *Tat-* und *Rechts*frage ausgeht, jedoch wegen der Besonderheiten der Revision Korrekturen an den gefundenen Ergebnissen vornimmt und sich dabei der Gedanken der teleologischen Methode sowie der Leistungstheorie bedient. So ist er zum einen ein Hauptvertreter der Trennbarkeitsthese und differenziert im Grundsatz entsprechend der begrifflichen Methode nach der Natur der angewandten Obersätze und Begriffe: Der Revision unterworfen sei die Anwendung der Rechtsbegriffe in den juristischen Obersätzen, ihr entzogen sei die Anwendung der natürlicher Begriffe in den außerrechtlichen Obersätzen.[607] Neben der begrifflichen Gegenüberstellung von *Tat-* und *Rechts*frage durch die Unterscheidung zwischen rechtlichen und außerrechtlichen Begriffen berücksichtigt *Henke* jedoch auch die Eigenheiten der Revision im Hinblick auf ihren Zweck, sowie ihre verfahrensrechtlich begrenzten Möglichkeiten: Wegen des Rechtseinheitszwecks der Revision sowie der Sachferne des Revisionsrichters sei eine Fortbildung der bloß begrifflichen Einordnung nach „praktisch-prozessualen Bedürfnissen" vorzunehmen.[608] Um der Wirklichkeit gerecht zu werden, müsse zum Teil eine Erweiterung der begrifflich festgelegten Revisionsgrenzen erfolgen, weil das Recht, etwa in unbestimmten Rechtsbegriffen auf die Lebensverhältnisse Bezug nehme und den Richter anweise, einen rechtlichen Grundsatz unter Verwertung außerrechtlicher Sätze zu bilden, sodass durch den Zusammenhang zwischen Rechtssystem und Tatsachenwelt auch der außerrechtliche Satz der Nachprüfung unterliegen müsse.[609] Zum anderen sei das Revisionsgericht wegen seiner Sachferne, insbesondere wenn die Beurteilung einer *Rechts*frage die Kenntnis partikulärer oder lokaler Verhältnisse voraussetze oder wenn der persönliche Eindruck in der mündlichen Hauptverhandlung für die rechtliche Beurteilung, vor allem unbestimmter Begriffe entscheidend sei, den der Tatrichter wegen der dem Gesamteindruck zugrundeliegenden Imponderabilien in der Urteilsdarstellung nicht hinreichend vermitteln könne, in der Beurteilung der *Rechts*frage unterlegen, sodass dessen beschränkte Leistungsfähigkeit zu einer Kompetenzbeschneidung führen müsse.[610] Weitere Revisionsbeschränkungen seien

607 *Henke,* ZZP 81 (1969), 196, 217; *ders.,* Die Tatfrage, 145; vgl. auch *Larenz,* Methodenlehre (Fn. 485), 295.

608 *Henke,* Die Tatfrage, 22 f.; *ders.,* ZZP 81 (1968), 196, 209, 219 Fn. 105, 321 f.; vgl. im Ansatz auch *Larenz,* Methodenlehre (Fn. 485), 297.

609 *Henke,* ZZP 81 (1968), 321.

610 *Henke,* Die Tatfrage, 273 ff.; *ders.,* ZZP 81 (1968), 323 ff., 327.

bei der Anwendung von Rechtsbegriffen des Grades und des Maßes sowie bei der individualisierenden Rechtsfindung zu berücksichtigen, da dort wegen der auf den Einzelfall zugeschnittenen Beurteilungen die Möglichkeit einer Fallvergleichung zumeist ausscheide.[611] Zudem nimmt *Henke* eine Einschränkung der Revisibilität im Hinblick auf die Rechtseinheitsaufgabe der Revisionsgerichte vor, wonach solche Urteile wegen ihrer geringen Tragweite irrevisibel seien, die „ohne Wert für die Erkenntnisse des Rechts in seinen größeren Zusammenhängen" blieben.[612] Im Einzelnen will er entsprechend des Rechtseinheitsgedankens danach unterscheiden, inwiefern dem Subsumtionsergebnis „Beispielswirkung" für zukünftige Fälle zukomme und insbesondere bei unbestimmten Rechtsbegriffen eine Fallvergleichung kraft typisierender Rechtsanwendung möglich sei; bei der Beweiswürdigung etwa differenziert er zwischen der Verletzung einheitlicher Interpretations- und Beweiswürdigungsrichtlinien, die revisibel seien und der Beanstandung des zutreffend gewonnenen Beweiswürdigungsergebnisses, welches irrevisibel sein solle.[613]

Dogmatisch will *Henke* das Kriterium der Beispielwirkung als Maßstab für die Nachprüfung konkreter rechtlicher Würdigungen aus dem historischen Revisionszweck der Rechtseinheit, der erheblichen Arbeitsbelastung der Revisionsgerichte sowie dem Charakter der Revisionsgerichte als Lenker und Leiter der unteren Instanzen rechtfertigen.[614] Die Folge der Fortbildung des begrifflichen Revisionssystems sei nach *Henke*, dass *Tat*- und *Rechts*frage einen spezifischen revisionsrechtlichen Charakter erhielten, sodass *Tat*- und *Rechts*frage in ihrer materiellrechtlichen (begrifflichen) und prozessrechtlichen Bedeutung teilweise auseinandergingen.[615]

Der Ansicht *Henkes* gefolgt ist *Frisch*, der begrenzt auf die von ihm als Untrennbarkeitsfall eingeordnete Gesamtsituation, in welcher seiner Auffassung nach die begrifflich-logische Scheidung von *Tat*- und *Rechts*frage scheitere, ebenfalls eine Fortbildung der begrifflichen Methode vornehmen will: Wegen der begrenzten Mittelbarkeit des vielschichtigen, nuancenreichen Sachverhalts und der Sachferne des Revisionsgerichts, dem der persönliche Eindruck aus der Hauptverhandlung fehle und das auf die schriftlichen Darlegungen des Tatrichters angewiesen sei, sei die Grenze der Nachprüfbarkeit dort zu ziehen, wo sich der Sachverhalt wegen der Inadäquanz der Umgangssprache einer exakten schriftlichen Fixierung entziehe; revisibel seien alle anhand der schriftlichen Urteilsgrundlage erkennbaren Fehler im Bereich der logischen *Rechts*frage.[616] *Frisch* tritt damit für eine begrifflich-logische Methode, begrenzt durch die Leistungsfähigkeit des Revisionsgerichts ein.

611 *Henke*, Die Tatfrage, 279 f., 288, 294.
612 *Henke*, ZZP 81 (1968), 321, 322, 330.
613 *Henke*, ZZP 81 (1968), 196, 228, 239 f., 245 f., 249; 321, 331, 338, 340, 342, 359, 379.
614 *Henke*, ZZP 81 (1968), 321, 331 ff.
615 *Henke*, ZZP 81 (1968), 321, 322.
616 *Frisch*, Revisionsrechtliche Probleme (Fn. 455), 234 f., 328 f.

## II. Kritik aus der Literatur

Für die eigene Ansicht wird von Seiten der Vertreter der begrifflich-teleologischen Methode angeführt, dass sie der reinen teleologischen Lehre wegen ihres grundsätzlichen begrifflichen Prinzips an Schärfe überlegen sei und das Postulat der Trennung von *Tat*- und *Rechts*frage berücksichtige.[617] Die Theorie blieb im Schrifttum verhältnismäßig wenig beachtet, sodass wesentliche Kritik nicht aufzufinden ist.

617 *Henke*, ZZP 81 (1968), 196, 209, 218.

# 4. Kapitel: Rechtsprechungsanalyse

In der nachfolgenden Rechtsprechungsanalyse soll die revisionsrechtliche Rechtsprechungspraxis zur Frage des Umfangs der Revisibilität sowie zur Abgrenzung von *Tat-* und *Rechts*frage im Rahmen der Divergenzvorlage nach §§ 121, 132 GVG beleuchtet werden. Der Schwerpunkt soll dabei auf die neuere höchstrichterliche Rechtsprechung, insbesondere auf den Zeitraum der letzten 30–35 Jahre nach den letzten intensiven Diskussionen über die Zukunft der Revision auf dem 52. Deutschen Juristentag 1978 in Wiesbaden gelegt werden. Zur besseren Verständlichkeit wird jedoch zuweilen auch ein Eingehen auf ältere, grundlegende und richtungweisende Entscheidungen unerlässlich sein. Die Analyse ist qualitativer, nicht quantitativer Art und erhebt keinen Anspruch auf Vollständigkeit. Sie dient vielmehr dazu, aussagekräftige, wegweisende oder für eine lange Rechtsprechungspraxis repräsentative Entscheidungen voranzustellen, um an diesen die generelle Richtung der Rechtsprechung ablesen zu können. Die Darstellung greift punktuell an, setzt Akzente und bildet keinesfalls das gesamte Entscheidungsspektrum der Revisionsgerichte ab, was in diesem Rahmen auch nicht möglich ist.

## A. Umfang der Revisibilität

### I. sachlich-rechtliche Fehler i.e.S.

#### *1. Fallbeispiele aus der obergerichtlichen Rechtsprechung und Bewertung*

##### *a) Einführung*

Die Kontrolle des tatrichterlichen Urteils auf das Vorliegen von Fehlern bei der Anwendung des materiellen Rechts auf den konkreten Sachverhalt, die man zusammengefasst als sachlich-rechtliche Fehler im engeren Sinn bezeichnen kann, wird vielfach als die eigentliche Domäne des Revisionsgerichts angesehen; denn die Anwendung des Gesetzes auf den Einzelsachverhalt stellt den Kern der traditionellen Rechtsanwendung dar, welche in erster Linie gemeint ist, wenn man von der „revisio in iure“, von der Revision als *Rechts*instanz spricht. Die Überprüfung der *Rechts*anwendung im engen Sinn der Anwendung des Rechts auf die Einzeltatsachen, welche in die abstrakte Gesetzesauslegung und die konkrete Subsumtion des Sachverhalts unter das Gesetz aufgegliedert werden kann, bildet den traditionellen Kern der *Rechts*kontrolle, die bereits vom historischen Gesetzgeber dem Revisionsgericht zugewiesen wurde, wenn in den Motiven zur RStPO von der *„rechtlichen* Beurteilung der Sache“[618] als Aufgabe des höheren Richters gesprochen wird.

---

618 *Hahn/Mugdan,* Die gesamten Materialien zu den Reichs-Justizgesetzen, Bd. 3 StPO, 249 f.

Die revisionsgerichtliche Rechtsprechungspraxis hat wiederum selbst selten erklärt, warum sie eine bestimmte Frage der Überprüfung unterzieht, sie hat sie zumeist einfach geprüft oder eben nicht. Urteile wie dasjenige des KG vom 23.7.2009 sind selten, in welchem dieses ausdrücklich zwischen *Tat*- und *Rechts*frage differenziert und die *Rechts*frage als „Aufgabe des Revisionsgerichts"[619] deklariert. In der neueren Rechtsprechung mehren sich zwar Entscheidungen, die bestimmte Fragestellungen als „*Tat*frage" bezeichnen und damit einhergehend von einer Beschränkung des Prüfungsumfangs ausgehen.[620] Klare Abgrenzungskriterien zwischen *Tat*- und *Rechts*frage oder eine etwaige Konkretisierung eines abweichenden Merkmals zur Grenzziehung der Revisibilität fehlen hingegen in der höchstrichterlichen Rechtsprechung ganz. Die Fragen, die sie im Rahmen der Anwendung des sachlichen Rechts im engeren Sinne der Nachprüfung unterwirft bzw. entzieht, lassen sich stattdessen in Fallgruppen einteilen, die im Folgenden abzuhandeln sind.

### *b) Auslegung des Gesetzes*

Die Auslegung des Gesetzes, d.h. die Deutung des Sinngehaltes nicht eindeutiger Gesetzesbegriffe, bildet die traditionelle Aufgabe des Revisionsgerichts, das dieser grundsätzlich vollumfänglich und unabhängig von der Ansicht des Tatrichters nachkommt.[621] Da es sich bei dieser Fallgruppe um die wohl unproblematischste handelt, da die volle Prüfungskompetenz des Revisionsgerichts einhellig anerkannt wird, sei zur Verdeutlichung des Prüfungsumfangs des Revisionsgerichts lediglich folgende symptomatische Entscheidung vorgestellt:

In dem Beschluss des BGH vom 22.10.2013 – 3 StR 69/13 wird die Macht deutlich, die dem obersten deutschen Gericht in Strafsachen im Bereich der Rechtsfindung und Rechtsfortbildung zukommen kann:

Ein Unbekannter hatte mehrere Gemälde im Gesamtwert von 1,5 Millionen € aus dem Atelier eines Malers entwendet und dem eingeweihten Zeugen B übergeben. Nach dem Tod des Malers beauftragte B den Angeklagten, Käufer für die Bilder zu suchen und übergab ihm zu diesem Zweck 13 der Werke. Der Angeklagte hielt es für möglich, dass B nicht der Eigentümer der Bilder, sondern deren Hehler war, dies war ihm jedoch in Anbetracht der versprochenen 10 %-igen Provision vom Verkaufserlös gleichgültig. Der Angeklagte fotografierte die Bilder und sprach mehrere ihm bekannte Personen an, von denen er hoffte, dass sie ihm beim Verkauf dienlich sein konnten. Ein Verkauf der Bilder fand nicht statt. Das Landgericht Hildesheim hat den Angeklagten wegen Hehlerei zu einer Freiheitsstrafe von einem Jahr und sechs Monaten verurteilt, deren Vollstreckung zur Bewährung ausgesetzt wurde.

---

619 KG, Urt. v. 23.7.2009 – (2) 1 Ss 541/08 (11/09) -, juris Rn. 19.

620 Vgl. BGH NStZ 1987, 366 zum Begriff der „Jugendverfehlung" iSv § 105 Abs. 1 Nr. 2 JGG; StV 1989, 308 zur Frage des „Schwergewichts" iSv § 32 JGG; OLG Celle, Urt. v. 12.10.1993 – 2 Ss 147/93 -, juris Rn. 14 zum Begriff der „Unvernünftigkeit".

621 *Franke*, in: LR-StPO, § 337 Rn. 83.

Auf die Revision des Angeklagten hin wurde das Urteil im Schuldspruch dahingehend abgeändert, dass der Angeklagte der versuchten Hehlerei schuldig sei und im Strafausspruch samt Feststellungen aufgehoben und zur erneuten Verhandlung und Entscheidung an eine andere Strafkammer des Landgerichts Hildesheim zurückverwiesen. Der Senat begründet seine Schuldspruchänderung damit, dass die Feststellungen eine Verurteilung des Angeklagten wegen vollendeter Hehlerei nicht trügen, weil die Tatbestandsvariante des Absetzens einen Absatzerfolg voraussetze. Scheiterten die Absatzbemühungen des Täters, sei lediglich von einer Versuchstrafbarkeit auszugehen. Der Senat hält dabei ausdrücklich fest, dass sich die Strafkammer mit ihrer Rechtsansicht im Einklang mit der bisherigen ständigen Rechtsprechung befinde, die zurückgehend auf die reichsgerichtliche Rechtsprechung wiederholt die Auffassung vertreten habe, für die Vollendung des Absetzens sei ein Absatzerfolg nicht erforderlich. An dieser ständigen Rechtsprechung halte der Senat jedoch nicht mehr fest.[622] Im Folgenden leitet der Senat anhand der anerkannten Auslegungsmethoden, dem Wortlaut der Vorschrift und dem damit zusammenhängenden allgemeinen Sprachgebrauch, dem systematischen Zusammenhang der verschiedenen Tatbestandsalternativen und anhand teleologischer Gesichtspunkte zum Zweck der Hehlerei, die Perpetuierung einer rechtswidrigen Vermögenslage zu verhindern, seine Ansicht entsprechend der in der Literatur bereits seit Jahrzehnten vertretenen Theorie der Erforderlichkeit eines Absatzerfolges im Rahmen des § 259 StGB her; er teilt mit, dass sich die anderen Strafsenate auf Anfrage unter Aufgabe ihrer gegenteiligen Ansicht seiner Rechtsprechungsänderung angeschlossen hätten.

Diese Entscheidung erhellt den Umfang der Eingriffsbefugnis des Revisionsgerichts im Bereich der typischen *Rechts*frage, im Rahmen der Auslegung von Tatbestandsmerkmalen: Der BGH sieht sich in der Lage eine eigenständige Auslegung vorzunehmen, er setzt sich über gegensätzliche ständige Rechtsprechung hinweg und läutet eine Änderung der gängigen Rechtsprechungspraxis ein, auch wenn die bisherige Ansicht lange Zeit von allen Senaten des BGH vertreten wurde und daher nach wie vor mit entsprechender Argumentation vertretbar wäre.[623] Auch wenn eine andere rechtliche Ansicht möglich erscheint, nimmt der BGH bei klassischen Auslegungsfragen damit sein Recht zur Korrektur der obergerichtlichen Rechtsprechung in Anspruch, um hinsichtlich eines jahrzehntelang in Rechtsprechung und Schrifttum schwelenden Auslegungsstreits endgültig ein Machtwort zu sprechen und Klarheit hinsichtlich der Auslegung eines Tatbestandsmerkmals zu schaffen. Die in dieser Tätigkeit deutlich werdende Klarstellungsfunktion des BGH obliegt

622 BGH NJW 2014, 951, 952; vgl. zur entsprechenden Aufgabe der ständigen Rechtsprechung bezüglich dem Tatbestandsmerkmal „unter Mitwirkung eines anderen Bandenmitglieds" iSv § 244 Abs. 1 Nr. 2 StGB hinsichtlich der unmittelbaren Beteiligung am Tatort: BGHSt 46, 120, 127.

623 Vgl. auch BGH NJW 2013, 2914, 2915, wo der Senat auf andersartige Literaturansichten verweist und seine gegenteilige Auffassung mit Hilfe der gängigen Auslegungsmethoden herleitet.

diesem als Hüter der Rechtseinheit und Rechtsfortbildung, welche wesentliche Revisionszwecke bilden.

Zur Auslegung im weiteren Sinn ist auch die Subsumtion, d.h. die Unterordnung des konkreten Sachverhaltes unter das Gesetz zu zählen. Begründet wird die Zugehörigkeit damit, dass es sich bei der Subsumtion um eine spezielle, auf die Besonderheiten des konkreten Falles zugeschnittene Auslegung des Gesetzes handele, wobei Sachverhalt und Gesetzesvorschrift durch Abstrahierung des Sachverhalts und Konkretisierung des Gesetzes so weit wie möglich aneinander anzunähern seien.[624] Die Frage der Revisibilität der Subsumtion ist heute im Grundsatz unbestritten[625], wird aber in ihrer Intensität unterschiedlich beurteilt, je nachdem ob es sich um die Unterordnung deskriptiver, normativer oder unbestimmter Begriffe[626] unter eine Gesetzesvorschrift handelt. Eine andere mögliche Art der Differenzierung besteht ferner in Form einer Unterscheidung zwischen nach Art und Umfang hinreichend bestimmten Tatbestandsmerkmalen und solchen, die einer ausreichend inhaltlichen Bestimmtheit entbehren und daher weiterer Konkretisierung durch den Gesetzgeber oder die Rechtsprechung bedürfen. Ohne sich der Schwierigkeit einer Unterscheidung zwischen „bestimmten" und „unbestimmten" Rechtsbegriffen verschließen zu wollen[627] oder gar jeweils eine ins Einzelne gehende Einordnung vorzunehmen, soll im Folgenden untechnisch zwischen einigermaßen bestimmten, zumindest für Juristen auf einen bekannten Begriffsinhalt rückführbaren Tatbestandsmerkmalen und schon auf den ersten Blick unbestimmten, eher konturenlosen Begriffen mit fließenden Übergängen unterschieden werden. Eine ins Detail gehende Zuordnung der Begrifflichkeiten würde den Rahmen dieser Arbeit sprengen. Zur ersten Gruppe gehören zweifellos die deskriptiven Tatbestandsmerkmale, die entweder bereits umgangssprachlich oder erst durch die juristische Literatur und Rechtsprechung eine hinreichende Begriffsklärung gefunden haben. Zur zweiten Gruppe gehören in der Regel die normativen Tatbestandsmerkmale sowie die unbestimmten Rechtsbegriffe. Da die Übergänge zwischen normativen und unbestimmten Begriffen fließend

---

624 *Franke,* in: LR-StPO, § 337 Rn. 84.

625 Vgl. jedoch die Diskussionen in der älteren Literatur um die sog. konkrete Revisibilität: *Manigk,* in: Die Reichsgerichtspraxis im deutschen Rechtsleben, Bd. VI, 94, 125; *Stein,* Das private Wissen des Richters, 118, der diesbezüglich von der „eigentliche(n) Hauptaufgabe" des Revisionsgerichts spricht; *Schwinge,* Grundlagen des Revisionsrechts, 56 f. unter Hinweis auf die Motive zur ZPO, denen eine Trennung der Rechtsfrage in zwei Gebiete, in eine „konkrete" und eine „abstrakte Beurteilung" und die „Ausschließung" der ersteren vom höheren Gericht „fremd" sei, in: *Hahn/Mugdan,* Die gesamten Materialien zu den Reichs-Justizgesetzen, Bd. 2 ZPO, 367/319 f.; *Wach,* in: Kritische Vierteljahrsschrift für Gesetzgebung und Rechtswissenschaft, Bd. 15 (1873), 104 vs. *dens.,* JW 1881, 73 f.; vgl. den Überblick zur Entwicklung der abstrakten/konkreten Revisibilität bei *Henke,* Die Tatfrage, 33 ff.; *ders.,* ZZP 81 (1968), 196, 231 ff.

626 *Franke,* in: LR-StPO, § 337 Rn. 85.

627 Vgl. dazu etwa die Abgrenzungsbemühungen bei *Henke,* Die Tatfrage, 68 ff.

sind und aus einer genauen Differenzierung keine wesentlichen Erträge für unsere Zwecke zu erwarten sind, wird zwischen beiden nicht im Einzelnen unterschieden.

### *c) deskriptive Tatbestandsmerkmale*

Deskriptive Tatbestandsmerkmale in Rechtsbegriffen werden von der Revisionspraxis grundsätzlich einer vollen revisionsgerichtlichen Überprüfung zugänglich gemacht.[628] „Voll" meint damit eine ganzheitliche Überprüfung der tatrichterlichen Rechtsanwendung auf ihre inhaltliche Richtigkeit. Als deskriptiv werden solche Tatbestandsmerkmale bezeichnet, die sich auf die schlichte Sinneswahrnehmung beziehen oder dem Erfahrungswissen zugänglich sind, wie etwa: Mensch, Sache, Wegnehmen, Beschädigen.[629] Diesen beispielhaft genannten Begriffen ist gemeinsam, dass sie auf einen einigermaßen bestimmten Begriffsinhalt zurück geführt werden können, entweder weil z.B. jeder weiß, was ein Mensch ist oder wie etwa beim Begriff der Wegnahme, da durch die höchstrichterliche Rechtsprechung eine umfangreiche Ausprägung der Begrifflichkeit bis hin zu einer allgemeingültigen, feststehenden Definition stattgefunden hat.

So hat der BGH in seinem Beschluss vom 10.1.2012 – 4 StR 632/11 eine eigene Subumption unter das Tatbestandsmerkmal der „Täuschung" in § 263 StGB vorgenommen[630]:

Der Angeklagte hatte seinen PKW mit entwendeten Kennzeichen versehen, um „unerkannt ohne zu bezahlen" an Tankstellen tanken zu können. In sechs Fällen tankte er entsprechend und fuhr ohne Bezahlung davon, wobei nicht festgestellt werden konnte, ob die anwesende Kassiererin den Vorgang bemerkt hatte. Das Landgericht Essen hat ihn diesbezüglich jeweils wegen Unterschlagung verurteilt.

Die Revision des Angeklagten führte zur Änderung des Schuldspruchs dahingehend, dass der Angeklagte wegen versuchten Betruges schuldig gesprochen wurde, wozu der Senat ausführte: „War das Bestreben des Täters – wie mithin hier – von Anfang an darauf gerichtet, das Benzin an sich zu bringen, ohne den Kaufpreis zu entrichten, so macht er sich grundsätzlich nicht des Diebstahls oder der Unterschlagung, sondern des (versuchten) Betruges schuldig. Denn indem er als Kunde auftritt und sich wie ein solcher verhält, bringt er – jedenfalls in der Regel – durch schlüssiges Verhalten zum Ausdruck, dass er das Benzin nach dessen Erhalt bezahlen werde. Durch diese Vortäuschung einer nicht vorhandenen Zahlungsbereitschaft erweckt er bei dem Tankstelleninhaber oder dessen Personal einen entsprechenden Irrtum mit der Folge, dass ihm (...) das Einfüllen gestattet wird. Aus dem äußeren

628 *Franke*, in: LR-StPO, § 337 Rn. 86; *W. Schmid*, ZStW 85 (1973), 360, 384; *Temming*, in: HK-StPO, § 337 Rn. 18.

629 *W. Schmid*, ZStW 85 (1973), 360, 384.

630 Vgl. auch die abweichend vom Tatgericht vorgenommene Subsumtion bezüglich des „Mitsichführens" nach § 30 a Abs. 2 Nr. 2 BtMG in BGHSt 43, 8, 10 f. sowie die eigene Subsumtion unter das hinreichend bestimmte Tatbestandsmerkmal „Gesundheitszeugnis" gemäß § 279 StGB in OLG Stuttgart NJW 2014, 482, 483.

Erscheinungsbild der Tathandlungen folgt bei natürlicher Betrachtungsweise, dass es sich hier um ein durch Täuschung bewirktes Geben und nicht um ein Nehmen im Sinne eines Gewahrsamsbruchs handelt."[631] Mangels sicheren Erkennens durch die Tankstellenmitarbeiter sei von versuchtem Betrug auszugehen, hinter den die Unterschlagung wegen Subsidiarität zurücktrete, § 246 Abs. 1 a.E. StGB.

Demgegenüber stehen Entscheidungen der Obergerichte aus jüngerer Zeit, in denen die Ausfüllung von solchen, den oben als deskriptive Tatbestandsmerkmale genannten Begrifflichkeiten vergleichbaren, ähnlich in ihren Konturen umrissenen, verhältnismäßig bestimmten Rechtsbegriffen ausdrücklich als *Tat*frage bezeichnet wurden:

Obwohl die Wegnahme im Sinne von § 242 StGB als deskriptives Tatbestandsmerkmal angesehen wird, das grundsätzlich voll revisibel sein soll, ordnet die höchstrichterliche Rechtsprechung Fragen der Vollendung der Wegnahme zum Teil als *Tat*fragen ein, so etwa OLG Hamm, Beschl. v. 6.9.2013 – III-5 RVs 80/13:

Der Angeklagte hatte zusammen mit seinen Mittätern Edelstahlteile auf einem Firmengelände entwendet, über den Firmenzaun gehoben und in ein Fluchtfahrzeug geladen. Als alle Täter das Gelände über den Zaun bereits wieder verlassen hatten und zur Abfahrt mit der Beute bereit standen, wurden sie durch Polizeibeamte gestellt, woraufhin die Täter flüchteten. Der Angeklagte greift mit der allgemeinen Sachrüge u.a. seine Verurteilung wegen vollendeten gemeinschaftlichen Diebstahls an und rügt die Verletzung materiellen Rechts.

Der Senat hat die zulässige Revision als offensichtlich unbegründet nach § 349 Abs. 2 StPO verworfen. Zur Frage, wann von einer vollendeten Wegnahme in Form des Bruchs fremden Gewahrsams und der Begründung neuen Gewahrsams im Sinne von § 242 StGB auszugehen sei, führt er aus: „Die Frage, von welchem Zeitpunkt an der Dieb die dazu erforderliche tatsächliche Herrschaft über die gestohlene Sache ausübt, ist eine im Einzelfall nach den Anschauungen des täglichen Lebens zu beantwortende Tatfrage (vgl. BGHSt 16, 271, 273; 20, 194, 195 f.; Fischer, StGB, 60. Aufl., § 242 Rdnr. 17)."[632] Er stellt weiter fest, für den Wechsel der Sachherrschaft könne je nachdem, ob es sich bei dem Diebesgut um schwere, sperrige Ware oder um kleine, leicht transportierbare Gegenstände handele, auch das Verladen von Diebesgut auf ein Transportfahrzeug ausreichen und bejaht auf dieser Grundlage einen Gewahrsamsübergang durch das Verbringen der Beute über den Zaun und das Verlassen des Firmengeländes durch alle Mittäter, sodass der Flucht keine wesentlichen Hindernisse mehr entgegenstanden hätten.

Auf dem Boden der tatrichterlichen Feststellungen zum Tatgeschehen nimmt das OLG im Einvernehmen mit der tatrichterlichen Einschätzung eine eigene inhaltliche

---

631 BGH NJW 2012, 1092.

632 OLG Hamm, Beschl. v. 6.9.2013 – III-5 RVs 80/13 -, juris Rn. 8; vgl. dazu auch BGH NJW 1981, 997 sowie zur Frage der Vollendung des Diebstahls NJW 1975, 1176, 1177.

Prüfung zur Frage des Wechsels der tatsächlichen Sachherrschaft vor[633], sodass die Bezeichnung als *Tat*frage in der Terminologie der höchstrichterlichen Rechtsprechung nicht ohne weiteres mit Irrevisibilität gleichgesetzt werden kann.

Eine andere Konsequenz scheint der Beschluss des BGH vom 17.08.1993 – 4 StR 393/93 aus derselben Feststellung zu ziehen:

Der Angeklagte war Fahrer eines Geldtransporters, der auf einer genau festgelegten Route Gelder von und zu verschiedenen Banken transportieren sollte, wobei er in regelmäßigem Funkkontakt zu seiner Arbeitgeberin stand. Der Angeklagten nahm das transportierte Geld an sich, übergab es einem Mittäter und täuschte gegenüber der Polizei einen Überfall auf den Geldtransporter vor. Auf die Revision des Angeklagten hin, mit der er die Verletzung materiellen Rechts rügt, vermochte der Senat hinsichtlich seiner Verurteilung wegen Diebstahls „keinen Rechtsfehler zu seinem Nachteil" zu erkennen und stellte zur Frage des (Mit-)Gewahrsams der Geldtransportfirma fest: „Ob die Arbeitgeberin des Angeklagten – trotz der Entfernung – in der Lage war, über das transportierte Geld die tatsächliche Sachherrschaft auszuüben, ist im wesentlichen Tatfrage (vgl. BGH GA 1979, 390). Daher bestehen hier gegen die Annahme eines Gewahrsams oder Mitgewahrsams der Transportfirma im Hinblick auf die genau festgelegte Fahrtroute und die ständige Funküberwachung keine rechtlichen Bedenken."[634]

Der BGH prüft hier nicht die Richtigkeit der Subsumtion unter den Rechtsbegriff des Gewahrsams als Definitionsmerkmal der Wegnahme im Sinne von § 242 StGB – Wegnahme ist nach ständiger Rechtsprechung der Bruch fremden und die Begründung neuen Gewahrsams – im Einzelnen nach, sondern beschränkt seine Prüfung auf eine reine Rechtsfehlerkontrolle, was durch die Formulierung „keine rechtlichen Bedenken" indiziert wird. Diese Entscheidung scheint den Begriff der *Tat*frage als mit einer Einschränkung der Prüfungsbefugnis des Revisionsgerichts einhergehend aufzufassen.

Den Grundsatz der vollen Nachprüfung inhaltlich hinreichend bestimmter Tatbestandsmerkmale beherzigt hingegen folgende Entscheidung zum Begriff des Irrtums in § 263 StGB – welcher einhellig als Widerspruch zwischen der subjektiven Vorstellung und der Wirklichkeit definiert wird – obwohl die Frage, wann ein Irrtum vorliegt, als *Tat*frage bezeichnet wird, siehe BGH, Beschl. v. 25.1.2012 – 1 StR 45/11:

---

633 Vgl. zur entsprechenden Handhabung bei der Frage der Vollendung des Diebstahls BGH NJW 1975, 1176, 1177; siehe selbiges Vorgehen zum Begriff der Verwechselbarkeit nach § 124 Abs. 2 OWiG in Thüringer OLG NStZ-RR 2009, 120, 121: Tatfrage – dennoch eigene Subsumtion.

634 BGH, Beschl. v. 17.8.1993 – 4 StR 393/93-, juris Rn. 3; vgl. die ähnliche Formulierung in NJW 1981, 997, wo in diesem Zusammenhang von „rechtlich nicht angreifbare(n) Erwägungen" die Rede ist; siehe auch NStZ-RR 2009, 22, 23, wo dem Tatgericht bzgl. der Frage des Gewahrsamswechsels sogar ein „Beurteilungsspielraum" eingeräumt wird, den es „in rechtlich nicht zu beanstandender Weise" gewahrt habe.

Der Angeklagte war Arzt und rechnete gegenüber seinen Patienten u.a. Laborleistungen als umfangreichere Tätigkeit nach einem höheren Berechnungsfaktor ab, als tatsächlich vorgenommen. Zudem berechnete er tatsächlich nicht selbst, sondern von einem speziellen Laborarzt bzw. von nicht approbierten Therapeuten erbrachte Leistungen als eigene ab. Mit der Revision greift der Angeklagte seine Verurteilung wegen Betruges in 129 Fällen an. Sein Rechtsmittel hatte überwiegend keinen Erfolg.

Im Rahmen der sachlich-rechtlichen Prüfung stellt der Senat zum Tatbestandsmerkmal des Irrtums in § 263 StGB zum einen fest, das Vorliegen eines durch die Täuschung hervorgerufenen Irrtums sei „Tatfrage“[635]; zum anderen prüft es jedoch auf dem Boden der festgestellten Tatsachen eine Irrtumserregung nach und erklärt: „Nach den durch Zeugenaussagen gestützten, rechtsfehlerfreien Feststellungen, unterlagen die Patienten, wie der Generalbundesanwalt zutreffend ausführt, einer mit der Täuschung korrelierenden, der Wirklichkeit nicht entsprechenden Fehlvorstellung.“ Insbesondere hält der Senat fest, ein gedankliches Mitbewusstsein reiche zur Irrtumserregung aus und billigt ausdrücklich die rechtliche Würdigung des Tatgerichts, „die allgemein gehaltene Vorstellung, die Abrechnung sei in Ordnung“ begründe bereits einen Irrtum.[636] Nach den Feststellungen hätten die Patienten auf die Richtigkeit der Abrechnungen vertraut.

Der Senat führt damit – entgegen der mit dem Terminus *Tat*frage verbunden geglaubten Prüfungsbeschränkung – eine vollständige Nachprüfung der rechtlichen Bewertung des Tatgerichts im Hinblick auf seine inhaltliche Richtigkeit durch, indem er im Einvernehmen mit der Einschätzung des Tatrichters die rechtliche Würdigung betreffend das Tatbestandsmerkmal des Irrtums anhand der konkreten Feststellungen nachzeichnet.

Siehe zum Begriffsinhalt der „*Tat*frage“ noch die nachfolgenden drei Entscheidungen:

Urteil des BGH vom 10.2.1982 – 3 StR 398/81 zum Begriff der „Gegenwärtigkeit“ in § 255 StGB:

Die drei Italiener M, C und B versuchten in der Zeit vom 30.5. bis zum 9.6.1978 dem Zeugen T einen größeren Geldbetrag abzupressen. Durch den Unbekannten J nahmen sie wiederholt telefonisch Kontakt zu T auf, wobei T etwa am 1.6.1978 mit den Worten, er werde „als Krüppel oder Leiche“ nach Italien zurückgehen und am 5.6.1978 mit der Ankündigung, T und seiner Familie werde ein „schlimmer Unfall“ passieren, wenn er nicht 150.000 DM zahle, bedroht wurde. Bei dem Versuch, Geld

---

635 BGH, Beschl. v. 25.01.2012 – 1 StR 45/11 -, jurion Rn. 68; ebenso NStZ 2000, 375 und Urt. v. 26.10.1993 – 4 StR 347/93-, juris Rn. 19; vgl. auch BGH NJW 2013, 1545, 1546, wo festgehalten ist, „die praktische Feststellung des Irrtums im Strafverfahren als Tatfrage“ stoße „nicht selten auf Schwierigkeiten“; vgl. auch BGHSt 34, 379, 390 f. zur „Tatfrage“ der konkreten Gewinnaussicht iRv § 263 StGB.

636 BGH, Beschl. v. 25.01.2012 – 1 StR 45/11 -, jurion Rn. 68 f.; vgl. auch NStZ 2007, 213, 215, wo der Senat trotz Bestätigung der Tatfragenqualität eingreift, da das Landgericht verkannt habe, dass gedankliches Mitbewusstsein zur Irrtumserregung ausreiche.

bei T abzuholen, wurden M, C und B am 9.6.1978 von der Polizei festgenommen und in Untersuchungshaft verbracht. Am 10.6. und 14.6.1978 rief J erneut bei T an, äußerte, man habe sie „ganz schön gelinkt", was T noch den Kopf kosten könne und verlangte wiederum Geld.

In dem gegen M, C und B geführten Ermittlungsverfahren bestellte sich der Angeklagte und seine Sozietätspartner zu Verteidigern der Beschuldigten. Nach Entlassung der Beschuldigten aus der Untersuchungshaft, beschlossen diese von T Entschädigung für die Verteidigerhonorare und die erlittene Untersuchungshaft zu verlangen. Bei einem Treffen zwischen den Beschuldigten und ihren Verteidigern Bi, Fr und dem Angeklagten mit T am 1.7.1978 erklärte sich T gegen die Zusage der Beschuldigten, von weiteren Drohungen Abstand zu nehmen, bereit 16.000 DM zu bezahlen. Die Beschuldigten nutzten dabei den Umstand aus, dass sich T wegen der zuvor ausgesprochenen Drohungen gegen ihn und seine Familie nach wie vor fürchtete, dies auch im Hinblick auf die Anrufe des J am 10.6. und 14.6.1978. In der Folgezeit bezahlte T 9.500 DM auf das Konto des Angeklagten und 6.500 DM an M. Das Landgericht Wuppertal hat den Angeklagten wegen Beihilfe zur Erpressung zu einer Freiheitsstrafe von einem Jahr verurteilt und die Vollstreckung der Strafe zur Bewährung ausgesetzt.

Weder die Revision der Staatsanwaltschaft, mit der diese eine Verurteilung des Angeklagten wegen gemeinschaftlicher räuberischer Erpressung erreichen will, noch diejenige des Angeklagten, der meint, die Feststellungen trügen eine Verurteilung wegen psychischer Beihilfe nicht, waren erfolgreich. Die Strafkammer ist bezüglich der Haupttat nicht von einer räuberischen Erpressung gemäß § 255 StGB ausgegangen, weil sie davon ausging, dass sich die Gefahr für T und seine Familie noch nicht hinreichend verdichtet habe und es daher an einer Drohung mit einer gegenwärtigen Gefahr für Leib oder Leben gefehlt habe. Der Senat billigt die Auffassung des Landgerichts und führt zur Begründung aus: „Unter „gegenwärtiger" Gefahr ist ein Gefahrenzustand zu verstehen, der sich so sehr verdichtet hat, dass er nach menschlicher Erfahrung bei natürlicher Weiterentwicklung der gegebenen Sachlage den Eintritt einer Schädigung als sicher oder doch höchstwahrscheinlich erwarten lässt, wenn nicht alsbald eine Abwehrmaßnahme ergriffen wird (...). Die Frage, ob es sich danach im Einzelfall um eine Erpressung unter Drohung mit gegenwärtiger Gefahr für Leib oder Leben handelt, liegt – was die Revision der Staatsanwaltschaft nicht genügend beachtet – im wesentlichen auf tatsächlichem Gebiet (BGH NJW 1951, 769, 770; MDR 1957, 691)." Das Landgericht habe auf der Grundlage einer wertenden Betrachtung den Grad der Wahrscheinlichkeit einer Verletzung der bedrohten Rechtsgüter abgeschätzt und sich nicht davon überzeugen können, dass aus Sicht des T ab dem 01.07.1978 überhaupt der Eintritt einer Schädigung als sicher oder höchstwahrscheinlich zu erwarten war, da unklar geblieben sei, wann im Falle der Zahlungsverweigerung mit einer Wahrmachung der Drohungen zu rechnen gewesen wäre. Das Landgericht habe den befürchteten Schadenseintritt nur als nicht hoch genug zu veranschlagende, nicht „nahe" liegende Möglichkeit gewertet. Der Senat führt dazu weiter aus: „Es hat die wiedergegebenen Ausführungen (UA S. 68 f) zwar erst im Rahmen der rechtlichen Würdigung der Tat des Angeklagten (UA S. 66

ff) gemacht. Sie enthalten aber zugleich eine genauere tatsächliche Würdigung des auslegungsfähigen Sachverhalts, den es zuvor festgestellt hat. Einzelne Wendungen der Sachverhaltsschilderung, die für sich allein in tatsächlicher Hinsicht anders, als im Urteil geschehen, gedeutet werden könnten, dürfen der rechtlichen Beurteilung also nicht isoliert zugrunde gelegt werden. Das gilt insbesondere für die in der Revisionsbegründung der Staatsanwaltschaft hervorgehobenen Feststellungen: T habe bei dem Treffen erklärt, dass er immer noch sehr nervös sei und weiterhin fürchte, die (im Zusammenhang mit dem vorhergegangenen Erpressungsversuch ausgesprochene) Drohung, ihn und seine Familie an Leib oder Leben schwer zu schädigen, könnten in die Tat umgesetzt werden (UA S. 28). T habe sich nur deshalb zur Zahlung bereit erklärt, weil er anderenfalls befürchtet habe, die schweren Drohungen mit Schädigungen an Leib oder Leben seiner Person und seiner Familie würden andauern (UA S. 31 f). Die Staatsanwaltschaft erstrebt mit ihrer Revision insoweit letztlich eine abweichende tatsächliche Würdigung des Sachverhalts. Damit kann sie keinen Erfolg haben."[637]

Diese Entscheidung ist als klares Bekenntnis des BGH zur Einordnung der Frage der „Gegenwärtigkeit" im Rahmen von § 255 StGB als irrevisibele *Tat*frage[638] anzusehen, welche durch den Tatrichter bindend festgestellt wurde! Inhaltlich ist die Entscheidung scharf zu kritisieren, weil sie Fragen der tatsächlichen und rechtlichen Würdigung verwechselt und einen schweren Eingriff in die Überprüfungsbefugnis des Revisionsgerichts darstellt. Im Einzelnen: Der Begriff „gegenwärtig" im Sinne von § 255 StGB ist ein originärer Rechtsbegriff, seine Auslegung sowie die Subsumtion des konkreten Falles unter das Gesetz ist traditionelle Aufgabe des Revisionsgerichts im Rahmen der Rechtsprüfung. Es handelt sich bei dem Begriff um einen inhaltlich hinreichend bestimmten Begriff, der durch die obergerichtliche Rechtsprechung eine weitere Ausprägung in Form einer feststehenden Definition erfahren hat. Ob die zur Erfüllung der rechtlichen Voraussetzungen dieser Definition erforderlichen Tatsachen im Einzelfall vorliegen ist *Tat*frage, deren Feststellung Aufgabe des Tatrichters. Ob die festgestellten Tatsachen jedoch den Begriff der Gegenwärtigkeit in Form der aufgestellten Unter-Definitionsmerkmale erfüllen, ist reine *Rechts*frage, die das Revisionsgericht im Rahmen der Revision überprüfen darf und im Hinblick auf die bestmögliche Verwirklichung beider Revisionsziele, mithin auch auf die Gewährleistung einer gerechten Einzelfallentscheidung[639] auch überprüfen muss. Wenn das Tatgericht anhand der festgestellten Tatsachen den Eintritt eines Schadens als „nicht nahe liegend" gewertet hat, liegt darin entgegen der Ansicht des Senats eine rechtliche, keine tatsächliche Würdigung, die der Prüfungskompetenz des Revisionsgerichts

637 BGH, Urt. v. 10.2.1982 – 3 StR 398/81 -, jurion Rn. 6.

638 Vgl. auch BGH NJW 1989, 176, wo die Annahme der Gegenwärtigkeit als „weithin Tatfrage" bezeichnet und „kein Rechtsfehler" gesichtet wird; vgl. jedoch auch die gegenteilige Handhabung in Urt. v. 31.1.2007 – 5 StR 404/06 -, jurion Rn. 15 zum Begriff der „Gegenwärtigkeit" in § 32 Abs. 2 StGB, wo das Revisionsgericht eine eigene Subsumtion vornimmt.

639 Vgl. dazu die Ausführungen oben 1. Kapitel C IV.

obliegt! Denn der Begriff des „naheliegenden Schadenseintritts“ dient der Ausfüllung des Begriffs der „gegenwärtigen Gefahr“ im Sinne von § 255 StGB in der Form der Unterdefinition, ob der Eintritt eines Schadens „sicher oder höchstwahrscheinlich zu erwarten ist“, sodass die Unterordnung der konkreten Einzeltatsachen unter diese Tatbestandsvoraussetzung eine rechtliche Subsumtion darstellt. Wenn die Staatsanwaltschaft auf Grund der vom Tatgericht festgestellten Tatsachen, T fürchte sich weiterhin, die gegen ihn und seine Familie gerichteten Drohungen würden in die Tat umgesetzt und er habe sich nur deshalb zur Zahlung bereit erklärt, damit diese Drohungen endeten, eine andere Würdigung dahingehend vornehmen will, dass auf dem Boden dieser Feststellungen von einem „naheliegenden“ Schadenseintritt auszugehen sei, handelt es sich um eine rechtliche Würdigung, keine tatsächliche, deren Richtigkeit der Senat im Rahmen seiner ihm obliegenden Verantwortlichkeit für die *Rechts*frage hätte prüfen müssen. Denn die Staatsanwaltschaft hat vorliegend die Feststellungen unangetastet gelassen, vielmehr nur eine andere rechtliche Bewertung derselben etwa unter dem Gesichtspunkt der Intensität und der Häufigkeit der ausgesprochenen Drohungen oder der knappen Abfolge zwischen den einzelnen Anrufen vorgenommen. Wenn der Senat hier meint, es läge ein „auslegungsfähiger Sachverhalt“ vor, den die Staatsanwaltschaft abweichend tatsächlich würdigen wollte, kann dem nicht gefolgt werden.

OLG Stuttgart, Urt. v. 6.3.1981 – 4 Ss (14) 951/80 zur Frage der „Gewährung als Versteck“:

Der Angeklagte hatte dem – wie er wusste – durch Haftbefehl gesuchten Robert K in seiner Wohnung Unterschlupf gewährt, bis dieser drei Monate später ergriffen wurde. Das Amtsgericht Biberach war der Ansicht, es sei nicht verboten, einer steckbrieflich gesuchten Person Unterkunft zu gewähren, solange nicht durch zusätzliche Maßnahmen, „wie etwa Verleugnen oder gar Verstecken bei Vorsprache durch die Polizei“ das Auffinden des Gesuchten erschwert werde und sprach den Angeklagten vom Vorwurf der Strafvereitelung gemäß § 258 StGB frei.

Die Revision der Staatsanwaltschaft hatte mit der Sachrüge Erfolg. Der Senat hat die Auffassung des Tatgerichts verworfen, zur Strafbarkeit wegen Strafvereitelung bedürfe es unabdingbar zusätzlicher, über das bloße Gewähren einer Unterkunft hinausgehender Handlungen und will eine solche bereits dann annehmen, wenn einem Flüchtigen eine Wohnung als Versteck zur Verheimlichung seines Aufenthaltsortes gewährt werde. Dazu führt er weiter aus: „Versteck in diesem Sinne ist ein Ort, wo den Gesuchten niemand vermutet oder wo er sich im Hinblick auf Fahndungsmaßnahmen verborgen halten kann. Diese objektiv zur Förderung der Flucht geeigneten Momente muss der Täter im Auge halten, soll er nach § 258 StGB strafbar sein. (...) Ob die Wohnung im Einzelfall als Versteck gewährt wurde, ist Tatfrage und deshalb anhand aller problembezogenen, der Beherbergung vorausgehenden, ihr innewohnenden und sie begleitenden Umstände zu entscheiden.“[640]

640 BGH NJW 1981, 1569, 1570.

Das tatgerichtliche Urteil habe sich mit diesen qualifizierenden Voraussetzungen nicht auseinandergesetzt und sei daher aufzuheben.

Der BGH stellt hier im Rahmen der Auslegung des Tatbestandesmerkmales des „Vereitelns" im Sinne von § 258 StGB rechtliche Maßstäbe auf, indem er in der Fallgruppe der Beherbergung eines Flüchtigen das Gewähren eines Verstecks als Unterdefinition des Vereitelns festlegt und missbilligt zugleich die vom Tatgericht vorgenommene Auslegung und anschließende Subsumtion des Sachverhalts unter den Straftatbestand. Dabei bewegt er sich in seinem originären Aufgabenbereich der Kontrolle der Rechtsanwendung im engeren Sinn. Ob im Einzelfall ein Versteck gewährt wurde, sei *Tat*frage und aufgrund einer Einzelfallbetrachtung zu entscheiden. Diese Aussage ist insofern richtig, als die Frage des Vorliegens eines der Ausfüllung eines bestimmten Tatbestandsmerkmals zugrunde liegenden Sachverhalts als Teil der Tatsachenfeststellung selbstverständlich zur *Tat*frage gehört. Um das Vorliegen einer bestimmten Voraussetzung für die rechtliche Würdigung, für die mehrere Gesichtspunkte zusammentreffen müssen, annehmen zu können, bedarf es natürlich einer Betrachtung aller Umstände des Einzelfalles, um auf dieser Grundlage die Subsumtion unter das Gesetz vornehmen zu können. Die Feststellung des BGH ist jedoch insoweit irreführend, als mit ihr der Eindruck erweckt werden könnte, die konkrete Subsumtion unter den vom BGH als Subdefinition des Gesetzeswortlauts aufgestellten Rechtsbegriff der „Gewährung eines Verstecks" sei eine dem Tatrichter ausschließlich obliegende *Tat*frage, was in dieser Allgemeinheit im Hinblick auf die Anerkennung der Subsumtionskontrolle als Domäne des Revisionsrichters problematisch erscheint.

Ein gänzlich anderes Verständnis vom Begriff der „*Tat*frage" legt eine vielgelesene Vorgabe der Obergerichte zum Mordmerkmal der Heimtücke nach § 211 Abs. 2 StGB zugrunde: Heimtücke setzte die bewusste Ausnutzung der vom Täter erkannten Arg- und Wehrlosigkeit des Opfers in feindseliger Willensrichtung zur Tötung voraus; dem Täter müsse zumindest bewusst gewesen sein, einen durch seine Ahnungslosigkeit gegenüber dem Angriff schutzlosen Menschen zu überraschen, wobei die Spontaneität der Tat im Zusammenhang mit der Vorgeschichte der Tat und dem psychischen Zustand des Täters ein Indiz für ein Fehlen des Ausnutzungsbewusstseins darstellen könne. In ständiger Rechtsprechung stellen die Revisionsgerichte weiter fest: „Andererseits hindert nicht jede affektive Erregung oder heftige Gemütsbewegung einen Täter daran, die Bedeutung der Arg- und Wehrlosigkeit des Opfers für die Tat zu erkennen; dies ist vielmehr eine vom Tatgericht zu beantwortende Tatfrage."[641]

Durch diese Formulierung als feststehende Definition will die höchstrichterliche Rechtsprechung ausdrücken, dass kein allgemeingültiger Satz aufgestellt werden kann, wann stets von einem fehlenden Ausnutzungsbewusstsein im Rahmen der Heimtücke ausgegangen werden könne, sondern es stets einer Einzelfallabwägung

641 BGH NStZ 2005, 691, 692; 2011, 634, 635; 2013, 232, 233; Urt. v. 25.11.2004 – 5 StR 401/04 -, juris Rn. 13.

bedürfe.[642] Gleichzeitig gibt er dem Tatrichter den Auftrag Feststellungen zu eben diesen Fragen zu formulieren, um eine umfangreiche Gesamtentscheidung treffen zu können. Die seitens des BGH aufgestellten Anforderungen an die Feststellungen ermöglichen den Revisionsgerichten mithin den Zugriff, wenn sich das Tatgericht nicht mit allen nach der ständigen Rechtsprechung möglichen Fallgestaltungen ausdrücklich auseinandersetzt.[643]

Zusammenfassend wird der Begriff der *Tat*frage in der obergerichtlichen Rechtsprechungspraxis insbesondere im Umgang mit deskriptiven Tatbestandsmerkmalen auch mit dem Bedeutungsinhalt verwandt, die Aufgabe des Tatrichters zur vollständigen Tatsachenfeststellung und Beweiswürdigung sowie den Einzelfallcharakter bestimmter Fragestellungen zum Ausdruck zu bringen. In manchen Entscheidungen wird der Begriff in Zusammenhang mit einer Einschränkung der Nachprüfungsbefugnis des Revisionsgerichts gebracht, was jedoch keinesfalls zwingend ist. Inhaltlich finden sich dabei sowohl Entscheidungen, welche die Anwendung deskriptiver Tatbestandsmerkmale in letzterem Sinne nur auf Rechtsfehler überprüfen, als auch solche, welche die Subsumtion unter deskriptive Begriffe der ihr zugedachten vollen Nachprüfung zuführen, was im Hinblick auf die Uneinheitlichkeit bedauerlicherweise Schaden an der Rechtssicherheit und Rechtsklarheit der Anwendung des Revisionsrechts verursacht.

#### *d) normative und unbestimmte Rechtsbegriffe*

Normative Tatbestandsmerkmale sind solche, die vor der konkreten Rechtsanwendung einer rechtlichen Wertung bedürfen.[644] Dabei kann unterschieden werden zwischen solchen Begriffen, die auf inhaltlich im Wesentlichen festliegende außerstrafrechtliche Begriffe verweisen, wie etwa der Begriff der „Fremdheit" in § 242 StGB oder der Urkundenbegriff in §§ 267 ff. StGB – solche normativen Merkmale sind grundsätzlich voll revisibel[645] – und solchen normativen Begriffen, die bezüglich Inhalt und Ausmaß unbestimmt sind, wie etwa der Begriff der „nicht geringen

---

642 In diesem Sinne vgl. auch BGHSt 35, 14, 17 zur Frage, wann eine Tat im prozessualen Sinn des § 264 StPO anzunehmen ist: es komme auf die Umstände des Einzelfalls an und NStZ 2007, 697, wo die Beurteilung, ob eine feste Verabredung eines Verbrechens iSv § 30 Abs. 2 StGB im Einzelfall vorliege, als Tatfrage bezeichnet wird.

643 Vgl. zur Verwendung des Terminus *Tat*frage im Zusammenhang mit der Aufhebung des tatrichterlichen Urteils wegen fehlender Feststellungen auch: BGH NJW 1995, 539, 540 zu den Vorstellungen zu Täuschender iRd § 263 StGB; BayObLGSt 1998, 71, 78 zur Verschreibungspflicht nach AMG; BayObLG, Urt. v. 31.1.1989 – RReg 4 St 232/88 -, juris Rn. 25 zur Frage, ob Abfall „in einem solchen Umfang" abgelagert wurde, dass für den Durchschnittsbürger eine Abfallentsorgungsanlage erkennbar war.

644 *Fischer,* StGB, § 16 Rn. 4; *Franke,* in: LR-StPO, § 337 Rn. 85.

645 *W. Schmid,* ZStW 85 (1973), 360, 384.

Menge“ in § 29 a BtMG[646] oder die fließende Übergänge in der Abgrenzung zu anderen Rechtsinstituten aufweisen, wie etwa die Unterscheidung zwischen Mittäterschaft und Beihilfe[647] – deren Revisibilität streitig ist.

Als unbestimmt gelten Rechtsbegriffe, deren Inhalt und Umfang weitgehend ungewiss sind.[648] Als typische unbestimmte Rechtsbegriffe springen Mengen- und Maßbegriffe wie „bedeutender Wert“ in § 315 b StGB, Vermögensverlust „großen Ausmaßes“ in § 263 Abs. 3 S. 1 Nr. 2 StGB, „geringwertig“ in § 248 a StGB oder „erheblich“ ins Auge. Bereits auf den ersten Blick nur wenig aussagekräftig sind ferner Tatbestandsmerkmale wie „ungeeignet“ in § 69 StGB, „unvernünftig“ oder „angemessen“ einzuordnen. Die Grenze zwischen normativen und unbestimmten Tatbestandsmerkmalen ist fließend, manche normative Begriffe sind zugleich offenbar unbestimmt, wie der Begriff der „nicht geringen“ Menge, eine exakte Abgrenzung soll für die Zwecke unserer Arbeit nicht weiter interessieren.

Als „normative Abgrenzung“[649] bezeichnet wird die Unterscheidung zwischen Mittäterschaft nach § 25 Abs. 2 StGB und Beihilfe gemäß § 27 StGB, deren Übergänge fließend sein können, welche nachfolgend als *das* Beispiel für die Handhabung der Subsumtion unter normative/unbestimmte Begriffe in der Rechtsprechung vorangestellt wird:

Die Abgrenzung wird von der höchstrichterlichen Rechtsprechung zuweilen als „Tatfrage“ bezeichnet, wie etwa im Urteil des BGH vom 26.1.1983 – 3 StR 431/82:

Der Angeklagte K wurde vom Landgericht Kleve wegen gemeinschaftlich begangener unerlaubter Einfuhr von Betäubungsmitteln in nicht geringer Menge gemäß § 30 Abs. 1 Nr. 4 BEtMG a.F. zu neun Jahren Freiheitsstrafe verurteilt.

Seine mit der Sachrüge geführte Revision führte zur Aufhebung und zur Zurückverweisung, weil der Senat zu der Überzeugung gelangt ist, die Strafkammer habe bei der Beweiswürdigung gegen den Grundsatz „im Zweifel für den Angeklagten“ verstoßen. Für die neue Entscheidung bemerkt der Senat Folgendes: „Ob der Angeklagte K Mittäter oder Gehilfe bei der Einfuhr war, ist zwar weitgehend Tatfrage.[650] Das Landgericht wird insoweit bei der Würdigung des Sachverhaltes aber zu bedenken haben, dass er über die Betäubungsmittel nicht zu bestimmen hatte, sondern unmittelbar vor Antritt der Reise nur als Hilfsperson von D hinzugezogen worden war, und dass seine Aufgabe, soweit sie über die Reisebegleitung hinausging, nicht hat geklärt werden können.“[651]

---

646 Vgl. *Fischer*, StGB, § 16 Rn. 4.

647 Vgl. *Widmaier*, in: SSW-StPO, § 337 Rn. 34.

648 *Franke*, in: LR-StPO, § 337 Rn. 85.

649 *Widmaier*, in: SSW-StPO, § 337 Rn. 34.

650 BGH, Urt. v. 26.1.1983 – 3 StR 431/82-, juris Rn. 6; ebenso Urt. v. 23.1.1985 – 3 StR 515/84 -, juris Rn. 14 bzgl. der Annahme einer Beihilfehandlung ohne „Rechsfehler“; vgl. auch die Formulierung, die Erlangung der Tatherrschaft durch den Angeklagten sei „Tatfrage, über die grundsätzlich der Tatrichter zu entscheiden“ habe in dem neueren Urteil des BGH vom 22.2.2007 – 4 StR 49/07 -, juris Rn. 2.

651 BGH, Urt. v. 26.1.1983 – 3 StR 431/82-, juris Rn. 6.

Die Hinweise an den neuen Tatrichter scheinen zweierlei Intentionen des BGH aufzudecken: Zum einen erweckt die Formulierung, die Abgrenzung von Mittäterschaft und Beihilfe sei „zwar Tatfrage", der Tatrichter werde „aber zu bedenken" haben, den Eindruck, als versuche der BGH auf diese Weise auf den Tatrichter Einfluss zu nehmen, wenn er dies schon im Rahmen der revisionsrechtlichen Prüfung bezüglich dieser Frage nur begrenzt kann. Durch die Nennung der Schlagwörter „Hilfsperson" und „Begleitung" gibt der Senat seine eigene Ansicht klar zu erkennen, dass er mangels weiterer Feststellungen vorliegend lediglich von Beihilfe ausgeht. Da es zur Vermeidung einer erneuten Aufhebung im Interesse des Tatgerichts sein wird, geäußerten Auffassungen des BGH zu entsprechen, nimmt der BGH durch die sog. Hinweise an den Tatrichter eine – ihm ansonsten wegen der Zuordnung einer Frage zur „Tatfrage" unmittelbar versperrte – mittelbare Korrektur der tatrichterlichen Entscheidung „durch die Hintertür" vor.

Zum anderen sieht er die Abgrenzung durch die Formulierung „bei der Würdigung des Sachverhalts" wohl als tatsächliche Frage, als Frage der Tatsachenfeststellung an, obwohl es sich bei der Subsumtion unter den Rechtsbegriff der Mittäterschaft bzw. der Beihilfe klar um Rechtsanwendung handelt.

Neuere Entscheidungen bedienen sich vielfach des Terminus des „Beurteilungsspielraums", welcher dem Tatrichter bei der Entscheidung, ob im konkreten Fall Mittäterschaft oder Beihilfe anzunehmen ist, eingeräumt wird, wofür die folgende Entscheidung symptomatisch ist:

BGH, Urt. v. 27.9.2012 – 4 StR 255/12:

Der Angeklagte hatte am 21.10.2011 auf nachhaltiges Drängen des gesondert Verfolgten B an einem von diesem geplanten Überfall auf eine Tankstelle mitgewirkt. Als B am 23.10.2011 erneut Anstalten machte, eine weitere Tankstelle überfallen zu wollen, weigerte sich der Angeklagte zunächst. Da B ein „Nein" des Angeklagten nicht akzeptieren wollte, drohte er ihm in der Form, dass er wisse, wo der Angeklagte wohne, sodass der Angeklagte schließlich nachgab. Ohne Vorbesprechung des weiteren Ablaufs betraten B und der Angeklagte mit Kapuzen und Schals vermummt den Kassenbereich der Tankstelle. Der Angeklagte hielt sich im Hintergrund und schaute wiederholt nach draußen, um herannahende Personen wahrnehmen zu können, während B eine nicht geladene „PTB"-Waffe auf den Kassier Bi richtete, wobei er den Schlitten nach hinten zog und die Herausgabe des Geldes forderte. Auf die Frage des Angeklagten nach der ersten Tat, ob die Waffe gefährlich sei, hatte B beschwichtigt, die Waffe sei nicht echt und völlig harmlos. Der Zeuge Bi behauptete zunächst, es sei kein Geld in der Kasse, woraufhin ihm B befiel, die Kasse zu öffnen und der Angeklagte ihn aufforderte, es solle schneller gehen. Nach den Feststellungen fühlte der Angeklagte sich nicht wohl und wollte die Tat schnell zu Ende bringen. Nachdem der Zeuge Bi die Kasse geöffnet und 265 € entnommen hatte, griffen B und der Angeklagte über den Tresen, nahmen jeweils einen Teil des Geldes an sich und flohen. Im Fahrzeug angekommen verlangte der gesondert Verfolgte B das in seinem Besitz befindliche Geld vom Angeklagten heraus und steckte es in seine Hosentasche. Das Landgericht Arnsberg hat den Angeklagten wegen Beihilfe zur schweren räuberischen Erpressung in zwei Fällen zu einer Gesamtfreiheitsstrafe von zwei Jahren verurteilt und deren Vollstreckung zur Bewährung ausgesetzt. Die Staatsanwaltschaft greift mit der Rüge der Verletzung materiellen Rechts im Rahmen der Revision die Verurteilung des Angeklagten im zweiten Fall lediglich als Gehilfe der Erpressung an.

Der Senat hat die Revision verworfen. Vor dem Hintergrund der Feststellungen sei die Wertung des Landgerichts, der Angeklagte sei mangels eigenen Tatinteresses und Tatherrschaft lediglich als Gehilfe anzusehen „aus Rechtsgründen nicht zu beanstanden". Im Einzelnen führt er dazu aus: „Nach der ständigen Rechtsprechung des Bundesgerichtshofs ist Mittäter, wer nicht nur fremdes Tun fördert, sondern einen eigenen Tatbeitrag derart in eine gemeinschaftliche Tat einfügt, dass sein Beitrag als Teil der Tätigkeit des anderen und umgekehrt als Ergänzung seines eigenen Tatanteils erscheint. Ob ein Beteiligter ein so enges Verhältnis zur Tat hat, ist nach den gesamten Umständen, die von seiner Vorstellung umfasst sind, in wertender Betrachtung zu beurteilen.[652] Wesentliche Anhaltspunkte können der Grad des eigenen Interesses am Taterfolg, der Umfang der Tatbeteiligung und die Tatherrschaft oder wenigstens der Wille zur Tatherrschaft sein (...). In Grenzfällen hat der Bundesgerichtshof dem Tatrichter für die ihm obliegende Wertung einen Beurteilungsspielraum eröffnet.[653] Lässt das angefochtene Urteil erkennen, dass der Tatrichter die genannten Maßstäbe erkannt und den Sachverhalt vollständig gewürdigt hat, so kann das gefundene Ergebnis auch dann nicht vom Revisionsgericht als rechtsfehlerhaft beanstandet werden, wenn eine andere tatrichterliche Beurteilung möglich gewesen wäre[654]." Auf dieser Grundlage sei die Einordnung des Angeklagten

652 BGH NStZ-RR 2013, 40, 41; vgl. auch folgende Entscheidungen, die auf eine "wertende Betrachtung" abstellen: BGHSt 37, 289, 291; 48, 52, 56; NStZ 1984, 413; 1985, 165; 2003, 253, 254; 2006, 44, 45; 454, 455; 2007, 531; 2013, 551; NStZ-RR 1998, 136; 2001, 148; 2002, 74, 75; 2010, 236; 2012, 241, 243; wistra 2001, 420, 421; Beschl. v. 17.1.2002 – 4 StR 482/01 -, juris Rn. 5; Beschl. v. 13.10.2004 – 2 StR 206/04 -, juris Rn. 9; Urt. v. 14.4.2011 -4 StR 571/10 -, juris Rn. 18; Urt. v. 14.3.2012 – 2 StR 547/11 -, juris Rn. 15.

653 BGH NStZ-RR 2013, 40, 41; vgl. zum Beurteilungsspielraum „in Grenzfällen": BGHSt 48, 52, 56; 56, 235, 239; NJW 1999, 2449; 2004, 3051, 3053; NStZ 2006, 44, 45; 2007, 531; NStZ-RR 1998, 136; 2007, 345; 2010, 236; 2012, 241, 243; StraFo 1998, 166, 167; Urt. v. 17.7.1997 – 1 StR 781/96-, juris Rn. 27; Beschl. v. 17.1.2002 – 482/01 Rn. 5; Urt. v. 17.8.2004 – 5 StR 591/03 -, juris Rn. 23; Urt. v. 10.11.2004 – 5 StR 403/04 Rn. 3; zum Beurteilungsspielraum ohne Einschränkung: BGHSt 46, 120, 122; NStZ 2003, 253, 254; 2010, 342, 343; NStZ-RR 2002, 74, 75; 2010, 51, 52; wistra 2001, 420, 421; Beschl. v. 26.8.2008 – 3 StR 316/08 -, juris Rn. 1; Urt. v. 17.9.2009 – 5 StR 521/08 -, juris Rn. 61; 14.3.2012 – 2 StR 547/11 -, juris Rn. 15.

654 BGH NStZ-RR 2013, 40, 41; vgl. dazu auch BGHSt 48, 52, 56 f.; NJW 1999, 2449; 2004, 3051, 3053; NStZ 2006, 44, 45; 2007, 531; NStZ-RR 1998, 136; 2010, 236; 2007, 345; StraFo 1998, 166, 167; Urt. v. 17.7.1997 – 1 StR 781/96-, juris Rn. 27; Urt. v. 17.8.2004 – 5 StR 591/03 -, juris Rn. 23; Urt. v. 20.12.2012 – 4 StR 125/12 -, jurion Rn. 33; siehe zum Anhängsel „oder sogar nähergelegen hätte": NStZ-RR 2012, 241, 243; ähnlich NJW 2004, 3051, 3053 und Urt. v. 10.11.2004 – 5 StR 403/04 -, juris

als Gehilfen durch das Landgericht noch hinzunehmen. Die Strafkammer habe auf einen „zutreffenden rechtlichen Maßstab", die Rollenverteilung zwischen dem Angeklagten und B abgestellt; deren Wertung, der Angeklagte sei „eine von B als Zentralgestalt dominierte Randfigur" gewesen, werde von den Feststellungen getragen, wonach der Angeklagte zu keiner Zeit das Tatgeschehen beherrscht oder beeinflusst habe. Dass er im Geschäftsraum zur Eile gedrängt und sich seine Tätigkeit damit nicht nur aufs „Schmierestehen" beschränkt habe, habe die Strafkammer ausdrücklich mit einbezogen und jedenfalls „vertretbar"[655] bewertet. Für die Annahme von Beihilfe spreche zudem, dass der Angeklagte letztlich keinen Anteil an der Beute erlangt habe.

Der Senat prüft vorliegend, ob die Feststellungen hinreichend vollständig sind, um die Wertung der Strafkammer zu tragen. Durch die Feststellung, dass die fehlende Beteiligung an der Beute für die Annahme von Beihilfe spreche, deutet er zwar eine eigene Prüfung an, diese betrifft jedoch nur einen einzelnen Punkt im Rahmen der von der ständigen Rechtsprechung aufgestellten Maßstäbe und bestätigt nur mehr das von der Strafkammer gefundene Ergebnis.

Die im Zusammenhang mit der Zuerkennung eines Beurteilungsspielraums stehende Einschränkung des revisionsgerichtlichen Prüfungsmaßstabs spricht das Urteil des BGH vom 25.3.2010 – 4 StR 522/09 deutlich aus:

Der gesondert Verfolgte G wollte den Zeugen A wegen Misshandlungen, die dieser der Zeugin S nach deren Erzählung in der Vergangenheit zugefügt hat, zur Rede stellen und gegebenenfalls verprügeln. Zusammen mit fünf weiteren männlichen Personen, unter ihnen dem Angeklagten, die ihn bei seinem Vorhaben unterstützen wollten, begab sich G zu diesem Zweck zur Wohnung des A und stürmte diese unter Führung des Mitangeklagten M. M stürzte sich auf den ihm unbekannten, in der Wohnung anwesenden Geschädigten R und schlug massiv mit einem Nothammer auf ihn ein, woraufhin der Geschädigte zu Boden ging und sofort das Bewusstsein verlor. M schlug weiter zu und trat mit seinen Springerstiefeln auf den am Boden liegenden R ein. Entweder der Mitangeklagte An oder der Angeklagte schlugen ebenfalls mit einem Holzstück auf den Geschädigten ein, welcher lebensgefährliche Verletzungen erlitt und bleibende Schäden davontrug. Das Landgericht Saarbrücken hat den Angeklagten wegen Beihilfe zur gefährlichen Körperverletzung in Tatmehrheit mit unterlassener Hilfeleistung zu einer Gesamtfreiheitsstrafe von einem Jahr und sieben Monaten verurteilt, deren Vollstreckung es zur Bewährung ausgesetzt hat.

Die Staatsanwaltschaft beanstandet mit ihrer vom Generalbundesanwalt vertretenen Revision u.a. die Verurteilung des Angeklagten nur wegen Beihilfe, insofern

---

Rn. 4, wo die tatrichterliche Entscheidung hingenommen wird, obwohl eine andere Beurteilung „nähergelegen hätte".

655 BGH NStZ-RR 2013, 40, 41; vgl. zu dieser Redewendung auch BGH, Urt. v. 17.8.2004 – 5 StR 591/03 -, juris Rn. 24; Urt. v. 10.11.2004 – 5 StR 403/04 -, juris Rn. 4; Urt. v. 20.12.2012 – 4 StR 125/12 -, jurion Rn. 34.

hat der Senat die Revision als unbegründet verworfen. Der Senat hat in der unterbliebenen Verurteilung des Angeklagten wegen gemeinschaftlicher gefährlicher Körperverletzung mit dem Mitangeklagten M gemäß §§ 224 Abs. 1 Nr. 4, 25 Abs. 2 StGB durch die Strafkammer keinen Rechtsfehler erkannt. Zunächst referiert der Senat über die Definition der Mittäterschaft und die erforderliche wertende Gesamtbetrachtung, um dann weiter auszuführen: „Dabei ist dem Tatrichter, vor allem in Grenzfällen, ein Beurteilungsspielraum eröffnet, der revisionsrechtlich nur eingeschränkt überprüft werden kann."[656] Es folgen Ausführungen zum Verhältnis der Annahme der Qualifikation des § 224 Abs. 1 Nr. 4 StGB bei M und zur Einordnung des Angeklagten und M als Mittäter, was nicht notwendig miteinander verknüpft sei. Im Übrigen halte sich die Annahme einer Gehilfenstellung des Angeklagten „noch im Rahmen des dem Tatrichter insoweit eingeräumten Beurteilungsspielraums"[657]. Der Angeklagte habe nach den Feststellungen lediglich als Unterstützer des vom gesondert Verfolgten G und dem Mitangeklagten M abgesprochenen Vorhabens aufgrund eines persönlichen Motivs des G, ohne eigenes Tatinteresse mitgewirkt. Schließlich stellt der Senat noch fest: „Auch wenn vor dem Hintergrund der zur konkreten Tatausführung getroffenen Feststellungen eine andere Entscheidung vertretbar gewesen wäre, nimmt der Senat den Schuldspruch daher hin."[658]

Diese Entscheidung bringt vielerlei Grundsätzliches zur Handhabung der obergerichtlichen Rechtsprechung mit dem Terminus „Beurteilungsspielraum" hervor. Zunächst verbindet die Judikatur mit einem dem Tatrichter eingeräumten „Beurteilungsspielraum" eine beschränkte Prüfungskompetenz des Revisionsgerichts, sodass die beiden Phänomene „Beurteilungsspielraum"/„begrenzte Prüfungskompetenz" in der weiteren Bearbeitung als miteinander zusammenhängendes Begriffspaar fungieren können. Das Revisionsgericht prüft im Rahmen seiner übrig bleibenden Überprüfungsbefugnis, deren Umfang noch weiterer Klärung bedarf, ob sich das vom Tatgericht gefundene Ergebnis „im Rahmen" des Beurteilungsspielraums hält. Bemerkenswert ist ferner die Formulierung des Senats, die Entscheidung sei „hinzunehmen", selbst wenn auch eine andere Entscheidung „vertretbar" gewesen wäre. Der Senat stellt damit die These auf, dass bezüglich der Frage, ob im konkreten

656 BGH NStZ-RR 2010, 236; vgl. zur eingeschränkten revisionsrechtlichen Überprüfbarkeit auch BGHSt 48, 52, 56; NStZ 2002, 375, 377; 2003, 253, 254; NStZ-RR 2001, 148, 149; 2010, 51, 52; Urt. v. 17.9.2009 – 5 StR 521/08 Rn. 61; Urt. v. 14.3.2012 – 2 StR 547/11 -, juris Rn. 15.

657 BGH NStZ-RR 2010, 236; vgl. auch folgende Entscheidungen, die meist nach einer Überprüfung der anerkannten Kriterien anhand der Feststellungen einen Rechtsfehler mit dem Hinweis ablehnen, die Wertung halte sich „im Rahmen" oder „innerhalb" des tatrichterlichen Beurteilungsspielraums BGHSt 46, 120, 122; NStZ 2010, 342, 343; Urt. v. 17.1.2002 – 4 StR 482/01 -, juris Rn. 6; Urt. v. 7.6.2006 – 2 SR 72/06-, juris Rn. 11; Urt. v. 14.4.2011 – 4 StR 571/10 -, juris Rn. 18.

658 BGH NStZ-RR 2010, 236; siehe auch BGHSt 47, 383, 385, wonach die tatrichterliche Wertung zur Abgrenzung von Mittäterschaft und Beihilfe „vom Revisionsgericht bis zur Grenze des Vertretbaren hinzunehmen" sei.

Fall Mittäterschaft oder Beihilfe vorliegt, zu ein und demselben Sachverhalt mehrere verschiedenartige Entscheidungen, mithin auch einmal die Einordnung des Angeklagten als Mittäter und einmal die gegensätzliche Annahme einer Gehilfenstellung möglich und rechtlich zulässig sind.

Der Entscheidungsspielraum des Tatrichters wird in der höchstrichterlichen Rechtsprechung jedoch nicht grenzenlos gewährt, wie das Urteil des BGH vom 21.4.1999 – 5 StR 714/98 zeigt:

Die zur Tatzeit 19 bzw. 20 Jahre alten Angeklagten L und N gehörten zu einer Gruppe von Personen, die Überweisungsaufträge von vermögenden Kontoinhabern gefälscht und zur Gutschrift auf Konten der Gruppenmitgliedern eingereicht haben. In zwei Fällen erschlichen sie dabei 120.000 DM. In zwei weiteren Fällen kamen die Angeklagten nicht an das erstrebte Geld. Bei beiden Fällen stellte die mit L befreundete P ihr Konto für die Gutschrift zur Verfügung, im ersten Fall scheiterte die Überweisung, weil eine Unterschrift fehlte, im zweiten Fall wurde der gutgeschriebene Betrag nicht vom Konto abgehoben, weil P ihr Konto gelöscht hatte. L und N vermuteten daraufhin, P habe sie hintergangen und wollten diese zur Rede stellten. Sie holten P – wahrscheinlich zusammen mit ihren Mittätern bei den Betrügereien A und F in der Nacht mit Ns PKW ab und fuhren zu einem Waldweg, wo P körperlich misshandelt wurde. Als P nach einem Fluchtversuch auf dem Boden lag überfuhr sie einer der Männer mit bedingtem Tötungsvorsatz mit dem PKW, indem er vorwärts und rückwärts über sie fuhr. Dabei wurde P – was die Beteiligten nicht wussten – so schwer verletzt, dass schon diese Verletzungen zum Tod geführt hätten. Allen Beteiligten wurde klar, dass P getötet werden musste, damit diese wegen der Körperverletzungen und der Betrügereien nicht gegen sie aussagen konnte. Einer der Männer stach daraufhin mit einem messerartigen Gegenstand mit direktem Tötungsvorsatz mehrfach auf P ein, wodurch ihr Hals fast vollständig abgetrennt wurde und P unmittelbar darauf an den Folgen der Stichverletzungen verstarb.

Im Laufe der Hauptverhandlung vor dem Landgericht Berlin konnte nicht geklärt werden, wer von den Beteiligten P misshandelt, wer sie überfahren und wer ihr die tödlichen Stiche zugefügt hat. Das Schwurgericht ist allerdings davon ausgegangen, dass die Angeklagten den oder die Tatausführenden zumindest unterstützt und bestärkt haben und hat die Angeklagten diesbezüglich wegen Beihilfe zum Verdeckungsmord verurteilt.

Die Nebenklägerin will mit der Revision eine Verurteilung wegen gemeinschaftlichen Mordes erreichen. Ihre Revision war erfolgreich und führte zur Aufhebung und Zurückverweisung soweit die Angeklagten wegen Beihilfe zum Mord verurteilt wurden. Selbst bei Zugrundelegung der These, es lägen keine eigenen Tötungshandlungen der Angeklagten vor, sei die Annahme des Schwurgerichts, es sei lediglich psychische Beihilfe gegeben, rechtsfehlerhaft. Zur Begründung führt der Senat aus: „Hier lag ein so enges Verhältnis der Angeklagten zur Tat vor, dass sich ihre Mittäterschaft aufdrängte. (...) Einer auf einem gemeinsamen Willen beruhenden – arbeitsteilig begangenen – Mittäterschaft steht mangelnde Eigenhändigkeit bei

Mord nicht entgegen."[659] Ein Grenzfall, der dem Tatrichter einen Beurteilungsspielraum eröffne, sei vorliegend nicht rechtsfehlerfrei festgestellt; bei der gegebenen Sachlage habe sich vielmehr „aufgedrängt, dass die Angeklagten die Tat als eigene wollten". Dafür spreche insbesondere die Täterstellung der Angeklagten in der Betrügergruppe, ihr Motiv die Betrugstaten zu verdecken, um diesbezüglich nicht strafrechtlich belangt zu werden, der vorzeitige Gedanke des L ins Ausland zu fliehen und die Verabredung mit P am Tatabend. Der Senat folgert daraus: „Diese bei den Angeklagten bestehende Motivation drängte so sehr zur Annahme eines eigenen Tatinteresses, dass das Landgericht diese Umstände bei der Frage, ob die Angeklagten sich etwaige allein von A und/oder F verübte Tötungshandlungen zu eigen machen wollten, einer wertenden Betrachtung unterziehen musste" und begründet dies v.a. mit der Tatsache näher, P sei ihre „gefährlichste Zeugin" gewesen. Es widerlegt ferner die Annahme des Landgerichts, die Angeklagten hätten keine Tatherrschaft innegehabt, um zu dem Schluss zu kommen: „Es erscheint danach nahezu ausgeschlossen, dass die Angeklagten das Geschehen nicht maßgeblich beeinflussen konnten und dass die Tötung gegen ihren Willen und im Interesse allein von A und/oder F verübt worden wäre."[660]

In dieser Entscheidung wirft der Senat sämtliche mit der Zuerkennung eines Beurteilungsspielraums einhergehende Prüfungsbeschränkungen mit dem kargen Hinweis – ein Grenzfall für einen Beurteilungsspielraum sei nicht festgestellt - über Bord, obwohl der BGH in vielen Entscheidungen dem Tatrichter ohne die Beschränkung auf spezielle Fälle generell einen Beurteilungsspielraum bei der Differenzierung zwischen Mittäterschaft und Beihilfe eingeräumt hat. Wo der Unterschied zwischen dem „Sich aufdrängen" einer anderen Entscheidung, welches das Revisionsgericht zum Eingreifen ermächtigen soll und der Unbeachtlichkeit eines „näherliegenden" anderen Ergebnisses im Rahmen der zuletzt erörterten Entscheidung im Einzelnen liegen soll und wo die Grenze für die Wiedererlangung der vollen Prüfungskompetenz des Revisionsgericht zu ziehen ist, lässt die Entscheidung offen. Eine rational fassbare Festlegung, wann eine andere Auffassung nur „naheliegt", sich aber noch nicht „aufdrängt", wird wegen der fließenden Grenzen jedoch nur schwerlich möglich sein. Der Terminus der „sich aufdrängenden" gegenteiligen Entscheidung scheint eine Art Notventil zur Verhinderung untragbarer Ergebnisse zu sein, wenn wie im vorliegenden Fall die Unhaltbarkeit der tatrichterlichen Ansicht schier „ins Auge springt", auf der Linie der Lehre vom Beurteilungsspielraum ein Eingriff des Revisionsgerichts jedoch nicht ohne weiteres möglich ist. Die Entscheidung ist im Ergebnis im Hinblick auf ein Einschreiten des Revisionsgerichts bei offensichtlichen Rechtsfehlern der Vorinstanz – die Feststellungen legen nach Ansicht der Verfasserin in der Tat eine mittäterschaftliche Begehensweise der Angeklagten so nahe, dass eine Verurteilung nach § 25 Abs. 2 StGB unumgänglich erscheint – zu

659 BGH NJW 1999, 2449.
660 BGH NJW 1999, 2449, 2450.

begrüßen, betrachtet man lediglich die Begründung des BGH, erscheint diese vor dem Hintergrund der zuvor postulierten Grundsätze etwas dünn.

Einer deutlich niedrigeren Eingriffsschwelle sehen sich folgende – gestrafft in ihren wesentlichen Aussagen zusammengefasste – Entscheidungen der Obergerichte zur Abgrenzung von Mittäterschaft und Beihilfe[661] ausgesetzt:

BGH, Beschl. v. 17.1.2012 – 3 StR 449/11:

Der Angeklagte wurde vom Landgericht Düsseldorf wegen schweren Raubes in Tateinheit mit gefährlicher Körperverletzung verurteilt, auf seine auf die Sachrüge gestützte Revision hin wurde das Urteil entsprechend dem Antrag des Generalbundesanwalts dahingehend abgeändert, dass der Angeklagte des schweren Raubes in Tateinheit mit Beihilfe zur gefährlichen Körperverletzung schuldig ist. Der Senat schloss sich der Ansicht des GBA an, hinsichtlich der Annahme einer gemeinschaftlich begangenen gefährlichen Körperverletzung bestünden „ungeachtet des tatrichterlichen Beurteilungsspielraums rechtliche Bedenken". Nach einer Wiedergabe der festgestellten Tatbeteiligung des Angeklagten stellt der GBA fest: „Diese Feststellungen sprechen aber eher dafür, dass sich der Angeklagte einer Beihilfe zur gefährlichen Körperverletzung schuldig gemacht hat".[662]

BGH, Beschl. v. 25.4.2007 – 1 StR 156/07:

Das Landgericht Konstanz hat den Angeklagten wegen gemeinschaftlicher unerlaubter Einfuhr von Betäubungsmitteln in nicht geringer Menge in Tateinheit mit unerlaubtem Handeltreiben mit Betäubungsmitteln in nicht geringer Menge verurteilt. Auf die Revision des Angeklagten hin wurde das Urteil inklusive Feststellungen aufgehoben und das Verfahren zurückverwiesen. Der Senat ist der Ansicht, die Verurteilung des Angeklagten als Mittäter sei gemessen an den grundsätzlichen Maßstäben „nicht rechtsfehlerfrei": „Der bislang festgestellte Tatbeitrag des Angeklagten ist lediglich unterstützend und kann nur als Beihilfe zum Handeltreiben beziehungsweise zur Einfuhr von Betäubungsmitteln in nicht geringer Menge bewertet werden."[663]

BGH, Urt. v. 6.4.2006 – 3 StR 87/06:

Das Landgericht Düsseldorf hat den Angeklagten wegen Handeltreibens mit Betäubungsmitteln in nicht geringer Menge verurteilt. Auf die Revision des Angeklagten hin hat der Senat das Urteil dahingehend abgeändert, dass der Angeklagte wegen Besitzes von Betäubungsmitteln in nicht geringer Menge in Tateinheit mit Beihilfe zum Handeltreiben mit Betäubungsmitteln in nicht geringer Menge schuldig ist. Der Senat begründet seine Schuldspruchänderung damit, der Angeklagte

661 Vgl. auch die eigenen Prüfungen zur Abgrenzung von Mittäterschaft und Anstiftung mit entsprechenden Schuldspruchänderungen in BGH NStZ 2009, 387 und BayObLGSt 1994, 264, 272.

662 BGH, Urt. v. 17.1.2012 – 3 StR 449/11-, juris Rn. 2; vgl. zur ähnlichen Vorgehensweise auch NStZ 2002, 375, 377 und 2008, 570 unter Hinweis auf die untergeordnete Tätigkeit und die geringe Entlohnung des Angeklagten.

663 BGH NStZ 2007, 531; ähnlich auch BGH StraFo 1998, 166, 167 und StV 2013, 387, 388 unter Berufung auch eine „für Beihilfe typische Unterstützungshandlung".

habe als Drogenkurier, wie das Landgericht selbst festgestellt habe, als Randfigur lediglich eine untergeordnete Rolle eingenommen und sei daher lediglich als Gehilfe des Betäubungsmittelhandels einzustufen.[664]

Die Revisionsgerichte überprüfen in den vorgenannten Entscheidungen allesamt zu Recht die rechtliche Würdigung des tatrichterlichen Urteil daraufhin, ob sie den anerkannten rechtlichen Grundsätzen in Form des Kriterienkatalogs zur Abgrenzung von Mittäterschaft und Beihilfe entspricht und greifen bei fehlerhafter Subsumtion unter den Rechtsbegriff der „Mittäterschaft" oder der „Beihilfe" korrigierend ein. Sie sehen sich scheinbar unproblematisch in der Lage, die tatrichterlichen Feststellungen abweichend vom Tatrichter rechtlich zu bewerten. Diese Vorgehensweise lässt sich leider nur nicht in Einklang mit der Lehre des BGH vom Beurteilungsspielraum[665] bei eben diesen Begriffen bringen, welche der BGH stetig und floskelartig zum Teil auch in diesen Entscheidungen wiederholt, wonach die Prüfungskompetenz des Revisionsgerichts grundsätzlich begrenzt sei; in den vorstehenden Entscheidungen nimmt der BGH gerade eine eigenständige, volle inhaltliche Prüfung der feststehenden Tatsachen unter die rechtlichen Kriterien der ständigen Rechtsprechung vor[666]; dass er sich in seiner Prüfungskompetenz eingeschränkt fühlen könnte, ist hier nicht zu spüren.

Eine weitere symptomatische Eingriffsmöglichkeit hat sich der BGH bei fehlender umfassender Gesamtwürdigung der Einzelumstände zur Abgrenzung von Mittäterschaft und Beihilfe geschaffen, vgl. dazu BGH, Beschl. v. 27.8.2013 – 2 StR 156/13:

Das Landgericht Darmstadt hat den Angeklagten wegen gewerbsmäßiger Fälschung von Zahlungskarten mit Garantiefunktion in drei tatmehrheitlichen Fällen zu einer Jugendstrafe von drei Jahren verurteilt. Die Strafkammer ist dabei davon ausgegangen, der Angeklagte habe durch das An- und Abmontieren manipulierter Türöffner und Blenden einen wesentlichen Tatbeitrag als gewichtiger Teil der Tatbestandsverwirklichung geleistet und dabei auch Tatherrschaft besessen; wegen seiner ansonsten nicht vorhandenen Erwerbsmöglichkeiten habe der Angeklagte ein erhebliches Interesse an den Taten gehabt.

Die auf die Verletzung materiellen Rechts gestützte Revision des Angeklagten führte zur Abänderung des Schuldspruchs dahingehend, dass der Angeklagte lediglich der Beihilfe zur gewerbsmäßigen Fälschung von Zahlungskarten mit

---

664 BGH NStZ 2006, 454, 455; vgl. dazu auch BGHSt 51, 219, 223, wo der Senat ausdrücklich feststellt, bei bloßer Kuriertätigkeit liege eine „untergeordnete Hilfstätigkeit" im Sinne einer Gehilfenstellung vor, die in der Regel keine „täterschaftliche Gestaltungsmöglichkeit" zulasse; siehe auch NStZ 2013, 549, 550 und 551, wo bei Drogenkurieren der Maßstab der „untergeordneten Stellung/Hilfstätigkeit" zur Abgrenzung Verwendung findet.

665 Vgl. aber auch BGH StV 2013, 387, 388 und wistra 2001, 420, 421, wo der BGH sein Eingreifen jeweils damit begründet, der Tatrichter habe seinen Beurteilungsspielraum „überschritten".

666 Vgl. zur Verkennung rechtlicher Maßstäbe auch NStZ 2006, 44, 45 und BGH NStZ-RR 2007, 345.

Garantiefunktion schuldig ist. Zur Begründung führt der Senat aus, es fehle vorliegend an einer umfassenden wertenden Gesamtbetrachtung aller Umstände des Einzelfalls, ob der Angeklagte die Tat als Täter oder Gehilfe begangen habe.[667] Die Annahme der Strafkammer, der Angeklagte habe mit dem Ausspähen fremder Kartendaten bereits einen gewichtigen Teil der Tatbestandsverwirklichung des Nachmachens von Zahlungskarten mit Garantiefunktion gemäß § 152 b Abs. 5 i.V.m. 149 Abs. StGB geleistet, enthalte rechtlich unzutreffende Wertungen, weil diese Handlung weit im Vorfeld der Straftat läge und daher noch nicht zur Tatbestandserfüllung beigetragen haben könne. Die Würdigung der Strafkammer, mit welcher diese ihre Ansicht von mittäterschaftlichem Handeln des Angeklagten begründet hat, lasse wesentliche Gesichtspunkte unberücksichtigt[668], die gegen eine Mittäterschaft sprächen, insbesondere dass der Angeklagte von den eigentlichen Tätern lediglich für einzelne Taten angeworben worden sei, keine Gestaltungsbefugnis bei der Auswahl der Banken besessen habe, bei der Tatausführung von einem ihm anweisenden Mittäter begleitet worden sei und von dem durch den späteren Einsatz der gefälschten Karten erzielten Erlös nichts abbekommen habe. Angesichts dieser Umstände, habe es „greifbare Anhaltspunkte“ gegeben, dass der Angeklagte und die anderen Tatbeteiligten in den Unterstützungshandlungen keinen wesentlichen Tatbeitrag erblickt hätten.

Im Ergebnis hat die Revisionsrechtsprechung damit trotz der Lehre vom Beurteilungsspielraum des Tatrichters in vielen Fällen durch mehr oder minder dogmatisch einleuchtende Begründungen die Möglichkeit, tatrichterliche Erwägungen etwa unter Berufung auf eine nicht hinreichende Gesamtwürdigung, insbesondere durch nicht ausreichende Berücksichtigung und Erörterung naheliegender Umstände, zu Fall zu bringen.

Als normativ kann auch die Frage bezeichnet werden, ob der Angeklagte als Heranwachsender „noch einem Jugendlichen gleichstand“ bzw. ob es sich bei seiner Tat um eine typische „Jugendverfehlung“ handelte im Sinne von § 105 Abs. 1 JGG, da für die Beantwortung dieser Frage zwar bestimmte von der Rechtsprechung festgelegte Kriterien bereitstehen, das Gesamtbild jedoch einer Einzelfallbewertung bedarf und die Konturen zwischen jugendlichen bzw. erwachsenen Verhaltensweisen fließend sein können. Wie die Revisionspraxis mit der Anwendung des § 105 JGG auf den einzelnen Fall umgeht, sollen die nachfolgenden Entscheidungen verdeutlichen:

OLG Hamm, Beschl. v. 25.11.04 – 2 Ss 413/04: Der Angeklagte ist rumänischer Staatsangehöriger und zusammen mit einem Bruder im elterlichen Haushalt in Rumänien aufgewachsen. Nach seiner Einschulung mit sieben Jahren absolvierte

---

667 BGH NStZ 2014, 81; vgl. auch die folgenden Entscheidungen, die auf eine fehlende umfassende Gesamtwürdigung des Beweisergebnisses abstellen: NStZ 2013, 104; 549; NStZ-RR 2009, 199; 2010, 51, 52; 2012, 241, 243; Beschl. v. 13.10.2004 – 2 StR 206/04 -, juris Rn. 9; Urt. v. 14.3.2012 – 2 StR 547/11 -, juris Rn. 15; vgl. auch NStZ 2003, 253, 254 zur Abgrenzung von Mittäterschaft und Anstiftung.

668 BGH NStZ 2014, 81; vgl. zu dieser Formulierung auch NStZ-RR 2009, 199 f.

er 12 Schuljahre und erwarb das Abitur auf einer Gesamtschule. Anschließend nahm er ein Studium des Maschinenbaus auf, während der Woche hält er sich unterhalten von seinen Eltern an seinem Studienort auf, die Wochenenden verbringt er zu Hause. Den Vorwurf des Diebstahls, begangen in der Bundesrepublik Deutschland, bei dem eine Diebeshose zum Einsatz kam, hat der Angeklagte durch eine Erklärung seines Verteidigers, die er sich ausdrücklich zu eigen gemacht hat, in der Hauptverhandlung bestätigt. Das Jugendschöffengericht des Amtsgerichts Recklinghausen hat den Angeklagten nach Erwachsenenstrafrecht wegen gewerbsmäßigen Diebstahls in zwei tatmehrheitlichen Fällen zu einer Gesamtfreiheitsstrafe von sechs Monaten verurteilt, deren Vollstreckung es zur Bewährung ausgesetzt hat. Die Anwendung von Erwachsenenstrafrecht begründete das Schöffengericht insbesondere mit der kontinuierlichen Entwicklung des Angeklagten, der über eine abgeschlossene Schulausbildung verfüge, einem Studium mit eigener Wohnung am Studienort nachgehe und die Reisen nach Deutschland selbstständig unternommen habe, sodass Entwicklungsverzögerungen nicht feststellbar seien. Aufgrund der sorgfältigen Vorbereitung und Vorgehensweise bei der Tatausführung sei nicht von einer jugendtümlichen Verfehlung auszugehen.

Mit seiner Revision griff der Angeklagte das Urteil mit der allgemeinen Sachrüge an, was zur Aufhebung des Urteils im Rechtsfolgenausspruch mit den dazugehörigen Feststellungen und zur Zurückverweisung der Sache zur insoweit erneuten Verhandlung und Entscheidung an eine andere Abteilung des Amtsgerichts führte. Die Anwendung von Erwachsenenstrafrecht sei aus Rechtsgründen zu beanstanden, wobei dahinstehen könne, ob die Ablehnung einer Reifeverzögerung im Sinne von § 105 Nr. 1 JGG rechtsfehlerhaft sei. Zur Begründung führt der Senat aus: „Eine solche Reifeverzögerung liegt vor, wenn eine Gesamtwürdigung der Persönlichkeit des Täters bei der Berücksichtigung der Umweltbedingungen ergibt, dass es sich bei dem Täter um eine noch ungefestigte und prägbare Person handelt, bei der Entwicklungskräfte noch in größerem Umfang wirken. Dagegen ist Erwachsenenstrafrecht anwendbar, wenn der Täter bereits die einen jungen Erwachsenen kennzeichnende Ausformung erfahren hat (vgl. zuletzt u.a. BGH NStZ-RR 2003, 186, 187 mit weiteren Nachweisen). Allerdings handelt es sich bei dieser Beurteilung um eine Tatfrage, bei der dem Tatgericht ein erheblicher Beurteilungsspielraum eingeräumt ist[669] (BGH NJW 1989, 1490 f.). Eine vom Tatrichter vorgenommene Beurteilung hat das Revisionsgericht grundsätzlich auch dann hinzunehmen, wenn sie nicht zwingend ist (BGH NJW 1998, 3654 f.). Dies findet eine Grenze nur, wenn die Würdigung des Tatrichters auf lückenhaften Grundlagen beruht, unvollständig oder

669 OLG Hamm StV 2005, 71 f.; vgl. zu dieser Formulierung auch BGHSt 36, 37, 38; NJW 1992, 2103, 2104; 2002, 73, 75; StV 1991, 424; Urt. v. 6.3.2003 – 4 StR 493/02 -, juris Rn. 7; KG StV 2013, 763; siehe auch folgende Entscheidungen, die von einem tatrichterlichem „Ermessen(-sspielraum)“ sprechen: BGH NStZ-RR 2003, 186, 187; 2010, 371, 372; OLG Celle NStZ 2012, 576; OLG Koblenz StV 2011, 592, 593; Brandenburgisches OLG, Beschl. v. 4.1.2010 – 1 Ss 105/09 -, juris Rn. 15.

sonst rechtsfehlerhaft ist (BGH NStZ-RR 1999, 26)."[670] Das Tatgericht müsse die Tatsachen darlegen, auf denen seine Entscheidung beruhe, insbesondere seien Angaben erforderlich, die eine Beurteilung des Entwicklungsstandes des Angeklagten zur Zeit der Tatbegehung ermöglichten. Diesen Anforderungen sei das Tatgericht gerecht geworden, der schulische Werdegang und die studentische Ausbildung seien ein zulässiges Indiz für das Fehlen von Reifeverzögerungen. Das Jugendschöffengericht habe seine Ausführungen so dargelegt, dass das Revisionsgericht eine erschöpfende Prüfung der Möglichkeiten zur Anwendung von Jugendstrafrecht erkennen könne. Das Abstellen auf die selbstständige Unternehmung der Reisen als Begründungsansatz für das Fehlen von Reifemängeln sei jedoch möglicherweise fehlerhaft, weil der BGH nicht einmal das Erledigen der Formalitäten für die dauerhafte Einreise als aussagekräftiges Indiz für die Reife eines Täters anerkenne. Die Frage könne jedoch dahinstehen, weil jedenfalls das Vorliegen einer jugendtümlichen Verfehlung im Sinne von § 105 Abs. 1 Nr. 2 JGG rechtsfehlerhaft abgelehnt worden sei. Der Senat führt dazu im Einzelnen aus: „Für Jugendliche typisches Verhalten offenbart sich insoweit insbesondere in einem Mangel an Ausgeglichenheit, Besonnenheit und Hemmungsvermögen. Auch bei der Beurteilung dieser Tatfrage ist dem Tatrichter ein erheblicher Beurteilungsspielraum eingeräumt".[671] Der Hinweis auf die sorgfältige Planung und Ausführung der Tat reiche jedoch nicht aus, um eine Jugendverfehlung auszuschließen, da es sich auch bei Taten, die vom äußeren Erscheinungsbild her nicht erkennbar von jugendlicher Unreife geprägt seien, um eine Jugendverfehlung handeln könne, „wenn die Beweggründe der Tat und ihre Veranlassung den Antriebskräften der noch jugendtümlichen Entwicklung des Täters entspringen". Damit das Revisionsgericht überprüfen könne, ob das Tatgericht von einem rechtlich zutreffenden Maßstab ausgegangen sei, sei das Tatgericht daher grundsätzlich gehalten eine umfassende Würdigung auch der Beweggründe des Täters vorzunehmen, wenn die Verneinung einer Jugendverfehlung nicht auf der Hand liege. An einer solchen fehle es hier, weil sich das Amtsgericht gar nicht mit der Motivation des Angeklagten auseinandergesetzt habe.[672]

Diese Entscheidung macht die Prüfungsmaßstäbe für das Revisionsgericht bei der Beurteilung der Frage, ob ein Heranwachsender „noch einem Jugendlichen gleichstand" im Sinne von § 105 Abs. 1 Nr. 1 JGG und ob es sich bei der Tat eines Heranwachsenden nach Art, Umständen oder Beweggründen um eine „Jugendverfehlung"

670 OLG Hamm StV 2005, 71, 72; vgl. zu diesem Prüfungsmaßstab auch BGH NStZ-RR 1999, 26; siehe BayObLG NStZ 2005, 645, wo von einer Erstreckung der revisionsrechtlichen Prüfung auf „rechtliche Fehler, nicht auf die inhaltliche Kontrolle der vorgenommenen Bewertung" die Rede ist.

671 OLG Hamm StV 2005, 71, 72; vgl. dazu auch NStZ 1987, 366; 2001, 555, 556; NStZ-RR 1999, 26, 27; 2003, 186, 188; StV 1987, 284, 285; 2001, 181, 182; KG StV 2013, 763, 764.

672 OLG Hamm StV 2005, 71, 72; vgl. zur fehlenden umfassenden Gesamtwürdigung iRv § 105 Abs. 1 Nr. 2 JGG: BGH NStZ 1987, 366; KG StV 2013, 763, 764; Brandenburgisches OLG, Urt. v. 4.1.2010 – 1 Ss 105/09 -, juris Rn. 20.

nach § 105 Abs. 1 Nr. 2 JGG handelt, deutlich: Grundsätzlich obliege beides als „*Tat*frage“ dem Tatrichter, dem dabei ein weiter Beurteilungsspielraum eingeräumt sei. Das Revisionsgericht sieht sich jedoch vermehrt in der Lage einzugreifen, wenn das Tatgericht rechtliche Maßstäbe verkannt habe[673] oder wenn die Erwägungen des Tatrichters unvollständig, oder widersprüchlich sind, insbesondere, wenn es an der erforderlichen Gesamtwürdigung fehle[674], sodass faktisch keine weitgehende Irrevisibilität infolge der Einräumung eines Beurteilungsspielraums an den Tatrichter zu verzeichnen ist.

Ein weiteres Fallbeispiel einer normativen Abgrenzung, bei der obergerichtlich lediglich gewisse Indizien vorgegeben sind, die im Einzelfall schnell ineinander übergehen können, ist diejenige zwischen selbstständiger und nichtselbstständiger Arbeit. Wie die Revisionspraxis mit der Problematik umgeht, verdeutlicht ein Beschluss des Bayerischen Oberlandesgerichts vom 21.12.1994 – 4 StRR 116/94 inklusive Begründungsansatz:

Der Angeklagte war zunächst Inhaber der Einzelfirma „W. Zeitung“, die später aufgelöst und in mehrere selbstständige Unternehmen aufgeteilt wurde, der Angeklagte neben der Geschäftsführerin, der bereits rechtskräftig Verurteilten B, jedoch eigentlicher Herr des Unternehmens blieb und die wesentlichen unternehmerischen Entscheidungen traf. Die Firma vertrieb ein kostenloses Anzeigenblatt, für das es ausschließlich Austräger unter Verzicht auf die Vorlage einer Lohnsteuerkarte einsetzte. Die Austräger arbeiteten unter den folgenden wesentlichen Rahmenbedingungen: Sie erhielten für jedes ausgeteilte Exemplar einen festgesetzten Betrag, darüber hinaus wurden Urlaubsgeld, Krankengeld oder ähnliches nicht gewährt, für die Austräger bestand auch kein Versicherungsschutz. Die Auslieferung hatte sofort nach der Anlieferung der Zeitungen zu erfolgen, die Austräger hatten Arbeitsgerät ebenso wie eine Vertretung im Verhinderungsfall selbst zu stellen; die Tätigkeit war jeweils für unbestimmte Zeit, mit einer Kündigungsfrist von 4 Wochen vereinbart. In einem schriftlichen Vertrag waren zum Teil u.a. noch folgende Vereinbarungen festgehalten: Der Auftragnehmer übernehme in selbstständiger, eigenverantwortlicher Tätigkeit die Verteilung von Drucksachen, die ihm vom Arbeitgeber übergeben worden seien. Der Auftragnehmer verpflichte sich, jeden Briefkasten des ihm vom Arbeitgeber zugewiesenen Bezirks zu bestücken; er sei berechtigt, auf eigene Kosten geeignete Mitarbeiter zu beschäftigen, gegenüber dem Arbeitgeber sei jedoch ausschließlich der Auftragnehmer für die Ausführung des Auftrages verantwortlich. Vom Arbeitgeber würden, da der Auftraggeber eine selbstständige Tätigkeit ausübe, weder Lohnsteuer noch Sozialversicherungsbeiträge einbehalten oder abgeführt, sollten sich für den Auftragnehmer aus seiner Tätigkeit Steuer- oder

673 BGH NStZ 2013, 289.

674 Vgl. etwa die folgenden Entscheidungen, die auf unvollständige Darlegungen oder eine fehlende umfassende Gesamtschau abstellen: BGH NStZ 2013, 289; StV 1991, 424; 2011, 591, 592; OLG Celle NStZ 2012, 576, 577; KG StV 2013, 763, 764; Brandenburgisches OLG, Urt. v. 4.1.2010 – 1 Ss 105/09 -, juris Rn. 17.

Versicherungspflichten ergeben, habe er sich selbst um die Abgabe entsprechender Erklärungen zu kümmern.

Nach den Feststellungen erteilte der Angeklagte, obwohl ihm bekannt war, dass die den ohne Lohnsteuerkarte tätigen Austrägern ausbezahlten Entgelte der pauschalen Lohnversteuerung nach § 40 a EStG zu unterwerfen waren, der gefügsamen Geschäftsführerin B die Anweisung, die Austrägerentgelte nicht in die jeweils fällig werdenden Lohnsteuervoranmeldungen aufzunehmen, was die B auch befolgte. Das Amtsgericht Augsburg verurteilte den Angeklagten wegen gemeinschaftlich begangener Lohnsteuerhinterziehung gemäß 370 AO, woraufhin das Landgericht Augsburg auf die Berufung des Angeklagten das Urteil dahingehend abänderte, dass der Angeklagte wegen Anstiftung zur Lohnsteuerhinterziehung verurteilt wurde.

Die Revision des Angeklagten, mit der er die Verletzung formellen und materiellen Rechts rügt, hatte schon mit der Sachrüge Erfolg. Der Angeklagte richtet sich vor allem gegen die Einschätzung des Landgerichts, die Zeitungsausträger seien unselbstständig beschäftigt und die Firma daher verpflichtet gewesen, für sie Lohnsteuer abzuführen. Der Senat führt dazu Folgendes aus: „Ob Einkünfte aus nichtselbstständiger oder selbstständiger Arbeit erzielt werden, ist nach dem Gesamtbild der Verhältnisse zu beurteilen. (...) Angesichts der Tatsache, dass in Fällen der Abgrenzung von selbstständiger und unselbstständiger Tätigkeit regelmäßig sowohl Merkmale für wie gegen eine selbstständige oder unselbstständige Tätigkeit, jedoch mit unterschiedlicher Gewichtigkeit, vorhanden sind, kommt der tatsächlichen Würdigung der Einzelheiten durch die Tatsacheninstanz besondere Bedeutung zu; die Abwägung und Gewichtung der einzelnen Sachverhaltselemente ist Aufgabe des Tatrichters (BFH BStBl. 1985 II 661/664). (...) Auch nach § 337 StPO kann das Revisionsgericht nur bei Rechtsfehlern eingreifen und ist bei der Überprüfung des Urteils aufgrund einer Sachrüge an die Feststellungen des Tatrichters gebunden, wenn, wie hier, zulässige, die Feststellungen betreffende Revisionsrügen nicht erhoben sind."[675] Habe der Tatrichter eine Gesamtwürdigung vorzunehmen, „wie häufig bei der Ausfüllung unbestimmter Rechtsbegriffe", so sei ein Rechtsfehler anzunehmen, wenn „wesentliche, für die Entscheidung bedeutsame Gesichtspunkte bei der Abwägung außer acht gelassen"[676] würden, was vorliegend anzunehmen sei. Im Folgenden setzt sich der Senat mit der Abwägung des Tatgerichts anhand der höchstrichterlich anerkannten, für eine Arbeitnehmereigenschaft sprechenden Gesichtspunkte auseinander und kritisiert diese als unvollständig; wesentliche für eine Selbstständigkeit sprechende Umstände seien vom Tatgericht nicht berücksichtigt worden, wie etwa die Tatsache, dass diese für Arbeitsgerät und Vertretung selbst zu sorgen gehabt hätten, mangels Zusammenarbeit mit anderen Austrägern nur lose in den Betrieb eingegliedert gewesen seien und dass ihnen bei fehlendem Erhalt der Zeitungen kein Anspruch auf Vergütung zugestanden habe. Daher sei das Urteil mit den zugrundeliegenden Feststellungen aufzuheben.

675 BayObLGSt 1994, 264, 268.
676 BayObLGSt 1994, 264, 268.

Der Senat verknüpft in dieser Entscheidung klar die Feststellung, die Abgrenzung zwischen selbstständiger und nichtselbstständiger Arbeit sei eine Frage der „tatsächlichen Würdigung“, die im Aufgabenbereich des Tatrichters liege, mit der Folge der weitgehenden Irrevisibilität, indem er einen Eingriff nur beim Vorliegen von Rechtsfehlern bei ansonsten grundsätzlicher Bindung an die Feststellungen des Tatrichters zur Einordnung der Tätigkeit als selbst- oder unselbstständig gestattet. Der Senat ordnet damit die Einschätzung, ob im Einzelfall selbst- oder nichtselbstständige Arbeit vorliegt, obwohl es sich bei diesen um Rechtsbegriffe handelt, wohl als Frage der Beweiswürdigung ein. Zur Begründung verweist er auf die Abwägungsbedürftigkeit und die erforderliche Gesamtwürdigung im Einzelfall. Als Rechtsfehler erkennt er jedoch die mangelnde erschöpfende Beweiswürdigung an, die letztlich zur Urteilsaufhebung führt.

Als weitere normative Abgrenzungen, die als „Tatfrage“ angesehen und bei denen dem Tatrichter ein „Beurteilungsspielraum“ mit der Folge der Begrenzung auf die Rechtsfehlerkontrolle eingeräumt wird, gelten in der Praxis die Frage, ob das „Schwergewicht“ bei Begehung mehrer Taten in verschiedenen Altersstufen bei den nach Jugendstrafrecht zu beurteilenden Straftaten im Sinne von § 32 JGG[677] lag sowie die Frage der Bandeneigenschaft[678]. Als normativ mit der Folge der Zuweisung der Beurteilung zum Tatrichter[679], auch wenn „eine andere Beurteilung möglich wäre“[680] wird außerdem zum Teil die Annahme einer natürlichen Handlungseinheit im Sinne des Konkurrenzrechts verstanden, teilweise findet hingegen ohne Anerkennung

---

677 BGH, Urt. v. 18.6.2009 – 3 StR 171/09 -, juris Rn. 11; vgl. BGH, Urt. v. 31.08.1999 – 1 StR 268/99 -, jurion Rn. 4; Beschl. v. 7.12.1999 – 1 StR 570/99 -, jurion Rn. 2; vgl. auch die Terminologie in etwas älteren Entscheidungen, die von einem „pflichtgemäßen Ermessen“ des Tatrichters sprechen und die revisionsrechtliche Kontrolle auf das Auffinden von „Ermessensfehlern“ oder sonstigen Rechtsfehlern beschränken: NJW 1992, 2103, 2104; NStZ 1986, 219; StV 1989, 308; Urt. v. 27.6.1989 – 1 StR 266/89 -, juris Rn. 9; OLG Düsseldorf StV 1983, 378; KG, Urt. v. 3.7.1997 – (4) 1 Ss 342/96 (2/97) -, juris Rn. 6.

678 BGH, Beschl. v. 17.11.1998 – 1 StR 586/98 -, jurion Rn. 4; BGH, Urt. v. 14.4.2011 – 4 StR 571/10 -, juris Rn. 21.

679 BGH NStZ-RR 1998, 68, 69; vgl. dazu auch folgende Entscheidungen, die einen Eingriff mit dem Argument ablehnen, die Konkurrenzentscheidung halte sich „im Rahmen des insoweit dem Tatrichter eröffneten Beurteilungsspielraums“ BGH, Urt. v. 6.3.2003 – 4 StR 493/02 -, juris Rn. 17 und die Annahme nur einer Tat sei „nicht geboten“: NStZ 2011, 280, 281 und NStZ-RR 2007, 235; siehe insoweit auch die entsprechende Handhabung bei der Beurteilung einer „Bewertungseinheit“ als weiteren Unterfall der Tateinheit, die „in erster Linie Sache des Tatrichters“ sei, dessen Wertung nur auf „Rechtsfehler“ zu überprüfen sei: BGH NStZ 1997, 344; StV 1997, 470, 471; 636, 637; Beschl. v. 3.1.1997 – 3 StR 476/96-, jurion; Urt. v. 17.8.2000 – 4 StR 233/00 -, jurion Rn. 14; siehe auch BGH, Urt. v. 3.7.2000 – 5 StR 190/00 -, jurion Rn. 2, wo die Annahme einer einheitlichen Rauschgifttat als „vertretbare tatrichterliche Wertung“ hingenommen wird.

680 BGH NStZ-RR 1998, 68, 69; vgl. auch NStZ-RR 2007, 235.

eines Freiraums eine eigene Subsumtion duch das Revisionsgericht[681] statt. Als normative Grenzziehungen gelten ferner in der Rechtsprechung die Abgrenzung von Tun und Unterlassen nach dem „Schwerpunkt" der Vorwerfbarkeit des Täterverhaltens, bei welcher dem Tatrichter zeitweilig ein Freiraum bei seiner „wertende(n) Würdigung"[682] eingeräumt und seine Entscheidung nur auf Vertretbarkeit[683] überprüft wird, sowie die Abgrenzung zwischen einer straflosen Vorbereitungshandlung und einem strafbaren Versuch gemäß §§ 22, 23 StGB, wo dem Tatrichter bei der „rechtlichen Wertung" zuweilen ein „Beurteilungsrahmen"[684] zugebilligt wird.

Den Umgang mit einem weiteren, höchstrichterlich aufgestellten, mit einer Wertung verbundenen und eher konturenlosen Tatbestandsmerkmal, dem der „Unrechtsvereinbarung" als Voraussetzung der Vorteilsannahme im Sinne von § 333 Abs. 1 StGB, behandelt ein Urteil des BGH vom 14.10.08 – 1 StR 260/08:

Der Angeklagte war Vorstandsvorsitzender des Energiekonzerns Energie Baden-Württemberg AG (EnBW), welcher Hauptsponsor der FIFA-Fußball WM 2006 in Deutschland war. Der Angeklagte unterzeichnete im Dezember 2005 Weihnachtsgrußkarten, mit denen er u.a. sieben Personen der Landesregierung Baden-Württembergs bzw. der Bundesregierung Gutscheine für Logenplätze bei WM-Spielen in Stuttgart und Berlin als Präsente zukommen ließ. Laut den Feststellungen waren die Ministerien im Rahmen ihrer Ressortzuständigkeit mit Angelegenheiten befasst, die für die Geschäfte und den wirtschaftlichen Erfolg der EnBW oder den Angeklagten persönlich von erheblicher Bedeutung waren. Das Landgericht Karlsruhe hat den Angeklagten vom Verdacht der Vorteilsannahme in sieben tatmehrheitlichen Fällen freigesprochen, u.a. weil es sich nicht von dem Vorliegen einer Unrechtsvereinbarung im Sinne von § 333 Abs. 1 StGB überzeugen konnte.

Der Senat hat die Revision der Staatsanwaltschaft, mit der sie die Verletzung formellen und materiellen Rechts rügt, verworfen. Zum Erfordernis einer Unrechtsvereinbarung führt er aus: „Zwischen dem Vorteil und der Dienstausübung muss ein „Gegenseitigkeitsverhältnis" in dem Sinne bestehen, dass der Vorteil nach dem (angestrebten) ausdrücklichen oder stillschweigenden Einverständnis der Beteiligten seinen Grund gerade in der Dienstausübung hat (vgl. BGH NJW 2005, 3011,

---

681 BGH, Beschl. v. 17.8.1993 – 4 StR 393/93 Rn. 5; wistra 2004, 105, 108; vgl. auch BGH NStZ 1997, 344, wo der BGH trotz Zuweisung der Beurteilung, ob eine „Bewertungseinheit" zwischen den einzelnen Betäubungsmittelhandlungen vorliegt in den Aufgabenkreis des Tatrichters, den Schuldspruch zum Teil mit dem Hinweis, es lägen „hinreichende tatsächliche Anhaltspunkte" für eine Bewertungseinheit vor, berichtigt.

682 BGH NStZ 1999, 607.

683 BGH NStZ 1999, 607; vgl. aber auch BGH 2011, 2895, 2897, wo das Revisionsgericht eine abweichende Subsumtion unter die Feststellungen vornimmt.

684 BGH, Urt. v. 7.8.1997 – 1 StR 319/97 -, jurion Rn. 15; vgl. jedoch auch NJW 2002, 1057 f.; NStZ 1999, 395, 396 und OLG Hamburg StV 2013, 216, wo jeweils eine eigene Versuchsprüfung ohne Anerkennung eines Beurteilungsspielraums vorgenommen wird.

3012 m.w.Nw.). Dies erfordert, dass Ziel der Vorteilszuwendung ist, auf die künftige Dienstausübung Einfluss zu nehmen (vgl. BGH NStZ-RR 2007, 309, 310 f.) und/oder die vergangene Dienstausübung zu honorieren. (...) Ob der Vorteilgeber ein solches von § 333 Abs. 1 StGB pönalisiertes oder ein anderes Ziel verfolgt, ist Tatfrage. Die Grenzbestimmung hat in wertender Betrachtung zu erfolgen, die mit oftmals schwierigen Beweisfragen einhergeht."[685] Im Folgenden erörtert der Senat mögliche Indizien für das Vorliegen des Zuwendungszwecks, auf die Dienstausübung Einfluss zu nehmen; vorzunehmen sei jedoch in der Regel eine „Gesamtschau aller Indizien". Der Senat sei sich bewusst, „dass das Merkmal der Unrechtsvereinbarung nach der hier vorgenommenen Auslegung im Randbereich kaum trennscharfe Konturen" aufweise, was zu Beweisproblemen führen könne und dem Tatrichter eine „beträchtliche Entscheidungsmacht"[686] einräume. Diese Auslegung entspreche jedoch der gesetzgeberischen Intention. Gemessen an den aufgezeigten Maßstäben sei die Beweiswürdigung revisionsrechtlich nicht zu beanstanden. Im Folgenden nimmt der Senat eine beschränkte Prüfung der Beweiswürdigung vor, bei welcher er keine Rechtsfehler aufzufinden vermag; insbesondere sei das Landgericht von zutreffenden rechtlichen Grundlagen ausgegangen und habe sich mit den anerkannten für und gegen eine Unrechtsvereinbarung sprechenden Indizien im Sinne einer Gesamtabwägung beschäftigt.

Der BGH verknüpft in dieser Entscheidung ziemlich eindeutig den Begriff der *Tat*frage mit der Vornahme einer beschränkten Nachprüfung des tatrichterlichen Urteils, indem er die Frage, wann von einer Unrechtsvereinbarung im Sinne von § 333 Abs. 1 StGB im Einzelfall auszugehen ist, der Entscheidung des Tatrichters überlasst und diese als Beweiswürdigungsergebnis (!) nur einer eingeschränkten Überprüfung auf Rechtsfehler unterzieht. Wiederum differenziert der Senat hier nicht zwischen der Beweiswürdigung des Tatrichters, die erst zu den der rechtlichen Würdigung zugrunde zu legenden Tatsachen führt und der anschließenden rechtlichen Fassung derselben unter den Gesetzeswortlaut des § 333 StGB und seine Unterdefinitionen. Die Frage, welche Gesichtspunkte grundsätzlich für das Vorliegen einer Unrechtsvereinbarung sprechen können, sieht er offenbar als *Rechts*frage an, weil er diesbezüglich höchstrichterliche Vorgaben macht, die als Maßstab für zukünftige Fälle dienen können und deren korrekte Berücksichtigung er auch nachprüft. Als Begründung dient der Hinweis auf die fließenden Übergänge und die erforderliche Gesamtschau.

Eine andere Möglichkeit, mit wenig aussagekräftigen, der rechtlichen Wertung bedürftigen Tatbestandsmerkmalen umzugehen, zeigt die Rechtsprechungsgeschichte zum Begriff der „nicht geringen Menge" im Sinne des Betäubungsmittelrechts auf, die nachfolgend skizziert wird:

Nachdem der BGH zur damaligen Strafzumessungsregel des § 11 Abs. 4 Nr. 5 BetmG a.F. jahrelang die Auffassung vertreten hatte, der Begriff der „nicht geringen

685 BGHSt 53, 6, 16.
686 BGHSt 53, 6, 17.

Menge" sei als „Sache der tatrichterlichen Würdigung" vom Tatrichter „an Hand aller Umstände des Einzelfalls zu entscheiden"[687], läutete der 1. Strafsenat mit einem Beschluss am 7.11.1983 – 1 StR 721/83 einen wichtigen Wandel in der Rechtsprechungspraxis ein:

Der Angeklagte hat laut den vorinstanzlichen Feststellungen mindestens vier Gramm Heroingemisch mit einem Reinheitsgrad von 44 % auf dem Flughafen M in die Bundesrepublik eingeführt, das er zuvor in Indien im Tausch gegen einen goldenen Armreif im Wert von 80 DM erworben hatte.

Die Verurteilung des Angeklagten wegen unerlaubter Einfuhr von Betäubungsmitteln in nicht geringer Menge zur Freiheitsstrafe von drei Jahren und sechs Monaten wurde durch die Revision des Angeklagten gekippt. Wegen lückenhafter Beweiswürdigung hob der Senat das Urteil des Landgerichts Kempten mit den dazugehörigen Feststellungen auf, weil die Feststellung der eingeführten Menge von vier Gramm Heroingemisch aus den Urteilsgründen nicht erklärlich sei, zumal beim Angeklagten lediglich 150 mg sichergestellt werden konnten. Im Hinblick auf die Feststellung der Mengenverhältnisse sah sich der Senat zu folgenden Hinweisen an den neuen Tatrichter veranlasst:

Die Auffassung des BGH zu § 11 Abs. 4 Nr. 5 BetmG a.F., die Frage, ob eine „nicht geringe" Menge vorliege, sei im Einzelfall vom Tatrichter aufgrund aller für die Würdigung in Betracht kommender Umstände zu entscheiden, könne für die Auslegung des § 30 Abs. 1 Nr. 4 BetMG n.F. nicht maßgeblich sein, da der Begriff in § 11 Abs. 4 Nr. 5 BetmG a.F. lediglich Merkmal einer Strafzumessungsregel gewesen sei, die dem Tatrichter einen Ermessensspielraum eingeräumt habe. Er stellte weiter fest: „Jedenfalls in § 30 Abs. 1 Nr. 4 BetmG ist die „nicht geringe" Menge Tatbestandsmerkmal, für das der Bestimmtheitsgrundsatz (Art. 103 Abs. 2 GG; § 1 StGB) eine Präzisierung gebietet (vgl. BVerfGE 57, 250, 262). (...) Die außerordentliche Verschärfung des Strafrahmens (...) schließt es aus, die Bestimmung des Grenzwerts als Ermessensfrage des Einzelfalls anzusehen. (...) Deshalb ist der Senat der Auffassung, dass der Tatbestand des § 30 Abs. 1 Nr. 4 BetmG zu bejahen ist, wenn der Täter eine Stoffmenge einführt, die mindestens 1,5 g Heroinhydrochlorid (wasserlösliches Heroin ohne streckende Zusätze) in einer Konzentration enthält, die die Herstellung toxischer Dosen für den Drogenabhängigen ermöglicht."[688]

---

687 BGHSt 26, 355, 358; vgl. auch StV 1982, 23, wonach die Frage der nicht geringen Menge der „Beurteilung des Tatrichters" unterliege; vgl. auch später noch NStZ 1983, 322, wo selbst zum Tatbestandsmerkmal des § 30 Abs. 1 Nr. 4 BtmG n.F. vertreten wurde, die Entscheidung, wann eine „nicht geringe" Menge Heroin vorliege, sei „von Fall zu Fall" zu treffen.

688 BGHSt 32, 162, 164; vgl. weitere Grenzwertefestlegungen in BayObLG NStZ 1982, 472, 473: 2–3 Konsumeinheiten; BGHSt 33, 8, 9 f. für THC; 133, 136 für Kokain; 169, 170 für Amphetamin; 51, 318, 319 für Buprenorphin; 53, 89, 90 für Metamfetamin; 56, 52, 60 ff. für Benzodiazepinen und Zolpidem; NJW 2012, 400, 401 für Metamphetaminracemat.

Mit dieser exakten Grenzwertefestlegung befriedigt der BGH zum einen das berechtigte Bedürfnis der Gesellschaft nach Rechtssicherheit, Rechtsklarheit und Voraussehbarkeit der Rechtsanwendung, zum anderen ermöglicht er eine präzise Nachprüfbarkeit der tatrichterlichen Subsumtion des konkreten Sachverhaltes unter das Tatbestandsmerkmal der „nicht geringen" Menge in §§ 29 a Abs. 1 Nr. 2, 30 Abs. 1 Nr. 4, 30 a Abs. 1, Abs. 2 Nr. 2 BtmG durch höchstrichterliche Vorgabe fixer rechtlicher Grundlagen.[689] Durch letzteres wird er zudem dem Grundsatz voller Nachprüfbarkeit normativer Tatbestandsmerkmale gerecht.

Nachfolgend soll der Umgang der obergerichtlichen Rechtsprechung mit „typischen" unbestimmten Begriffen aufgezeigt werden, mithin solchen Rechtsbegriffen, die bereits auf den ersten Blick einer inhaltlichen Bestimmtheit entbehren und die daher einer hinreichenden Konkretisierung durch die Judikatur bedürfen, um dem verfassungsrechtlichen Bestimmtheitsgrundsatz im Sinne von Art. 103 Abs. 2 GG zu genügen. Wegen ihres spezifischen Bezuges zu den Eigenheiten der Strafzumessung werden unbestimmte Rechtsbegriffe aus dem Bereich der Strafmaßfindung im Wesentlichen ausgenommen.[690]

Eine wichtige Fallgruppe bildet dabei die Beurteilung des Tatbestandsmerkmals der „niedrigen" Beweggründe und damit der Annahme eines Mordmerkmals nach § 211 Abs. 2 StGB, das als offensichtlich inhaltlich unbestimmt ins Auge springt und vor diesem Hintergrund in der Revisionspraxis wie folgt gehandhabt wird:

BGH, Urt. v. 25.7.2006 – 5 StR 97/06:

Der zur Tatzeit 48 Jahre alte Angeklagte stammt aus einfachen, sozial unstabilen Verhältnissen und war aufgrund seiner simplen Charakterprägung und seiner geringen Intelligenz mit einem IQ von 75 auf feste äußerliche Strukturen wie Arbeit und Familie fixiert. In seiner zweiten Ehe mit S wurden sieben Kinder geboren. Das Familienleben verlief problematisch, weder der Angeklagte noch S konnten den Kindern Liebe und Geborgenheit vermitteln, der Angeklagte war oft jähzornig und schlug S und die Kinder grundlos. Schon mehrfach hatte S die Familie verlassen, zuletzt verschwand sie im Oktober 2003 spurlos und ließ den zu dieser Zeit arbeitslosen Angeklagten und die Kinder alleine zurück. Nach einem gescheiterten Selbstmordversuch des Angeklagten, der durch eine Tochter und zwei Nachbarn, darunter H, gerettet wurde, zog S Ende 2003 zusammen mit B, einem langjährigen Freund der Familie, der nun ihr Lebenspartner war, wieder in die gemeinsame Ehewohnung ein. Der Angeklagte fühlte sich dadurch schwer gekränkt, „wie ein Stück Schrott, das aussortiert wird". Er verharrte in einem Gefühl, jeglichen Wert verloren zu haben und konnte aufgrund seiner geistigen Unbeweglichkeit und charakterlichen

---

689 Vgl. etwa BGHSt 56, 52, 60 ff., wo der Senat die vom Landgericht angesetzten Grenzwerte als „zu niedrig" verwarf, neu festlegte und den Schuldspruch entsprechend änderte.

690 Vgl. nur den Prognosecharakter und die erforderlichen Gesamtwürdigungen bei den Entscheidungen über „besondere Umstände" in §§ 56 Abs. 2 und 69a Abs. 2, bzgl. des „Hanges zu erheblichen Straftaten" in § 66 Abs. 1 Nr. 4 oder der „unbilligen Härte" in § 73c Abs. 1 StGB.

Beschränktheit keine Problemlösungen finden. Aus Hass, Wut und zum Zweck der Rache an seiner Ehefrau und deren neuen Partner beschloss der Angeklagte, S und evtl. sich selbst zu erschießen und besorgte sich zu diesem Zweck eine Pistole samt Munition, ohne im Besitz der dafür erforderlichen Erlaubnis zu sein. Am 20.6.2005 hatten der Angeklagte und S einen Termin beim Jugendamt, zu dem der Angeklagte seine Pistole mitnahm. Obwohl das Gespräch für den Angeklagten objektiv günstig verlief, verhielt sich der Angeklagte wütend und beschimpfte seine Frau. Auf dem Heimweg verfolgte der Angeklagte S, den Nachbarn H und B, die S als Begleiter zum Schutz vor dem Angeklagten mitgenommen hatte. Da die Gruppe weder auf Beschimpfungen, noch auf zwei Warnschüsse des Angeklagten reagierte, fühlte sich der Angeklagte ausgeschlossen und noch mehr verhöhnt und entschloss sich, seine Waffe gegen alle drei einzusetzen. Aus „Wut, Hass, Rache, Enttäuschung und aufgrund der tiefen Kränkung durch die Trennung“ erschoss der Angeklagte zunächst H mit einem Schuss aus nächster Nähe und daraufhin S mit vier Schüssen. Obwohl er noch Munition in seiner Waffe hatte, gab er seinen Entschluss auf, auch B zu töten und stellte sich kurz darauf der Polizei.

Das Landgericht Berlin hat den Angeklagten wegen Totschlags in zwei tateinheitlichen Fällen in Tateinheit mit unerlaubtem Führen einer halbautomatischen Kurzwaffe ohne Erlaubnis zu einer Freiheitsstrafe von 15 Jahren verurteilt. Eine Strafbarkeit nach dem Mordtatbestand wegen niedrigen Beweggründen hat das Landgericht insbesondere unter Hinweis auf die besondere Persönlichkeitsstruktur des Angeklagten abgelehnt.

Die Revision der Staatsanwaltschaft, mit welcher diese insbesondere die unterlassene Verurteilung des Angeklagten wegen Mordes aus niedrigen Beweggründen rügt, blieb ohne Erfolg. Nach Ansicht des Senats weise die Ablehnung des Mordmerkmals der niedrigen Beweggründe durch das Schwurgericht keine Rechtsfehler auf. Nach der Definition der niedrigen Beweggründe führt der Senat aus: „Die Beurteilung der Frage, ob Beweggründe zur Tat „niedrig“ sind und – in deutlich weiter reichendem Maße als bei einem Totschlag – als verachtenswert erscheinen, hat aufgrund einer Gesamtwürdigung aller äußeren und inneren für die Handlungsantriebe des Täters maßgeblichen Faktoren, insbesondere der Umstände der Tat, der Lebensverhältnisse des Täters und seiner Persönlichkeit zu erfolgen (vgl. BGHSt 47, 128, 130 (...)[691] Bei den hier zu treffenden Wertungen steht dem Tatrichter ein Beurteilungsspielraum zu, den das Revisionsgericht nicht durch eigene Erwägungen ausfüllen kann.[692] Hat der Tatrichter die genannten Maßstäbe erkannt

691 BGH NStZ-RR 2006, 340, 341; vgl. auch folgende Entscheidungen, die eine Gesamtwürdigung fordern: BGHSt 35, 116, 127; 56, 11, 18; NStZ 2006, 284, 285; 2009, 210; 2012, 441, 442; NStZ-RR 2006, 340, 341; Urt. v. 26.10.1983 – 3 StR 251/83 -, jurion Rn. 21.

692 BGH NStZ-RR 2006, 340, 341; vgl. zu dieser Formulierung auch BGHSt 56, 11, 19; NStZ 2006, 284, 285; 2007, 330, 331; 2010, 210; 2012, 441, 442; NStZ-RR 2006, 140; 340, 341; Urt. v. 10.5.2005 – 1 StR 30/05 -, jurion Rn. 11; vgl. auch die Formulierung in NStZ-RR 2008, 308, wo der Vortrag der Revision mit dem Argument

und den Sachverhalt vollständig gewürdigt, ist dies auch dann nicht zu beanstanden, wenn ein anderes Ergebnis möglich oder gar näherliegend gewesen wäre."[693] Die Würdigung des Schwurgerichts sei aus revisionsgerichtlicher Sicht nicht zu beanstanden: Es habe sämtliche Tatumstände, die Persönlichkeit des Angeklagten sowie seine Lebensumstände umfassend erörtert und gewürdigt. Insbesondere habe das Schwurgericht berücksichtigt, dass die einfache Persönlichkeitsstruktur des Angeklagten ihm selbstkritische Erwägungen verschlossen habe, sodass er sich von den Kränkungen durch seine Ehefrau nicht habe freimachen können. Bei einer Trennung durch den Ehepartner als Auslöser für ein Tötungsmotiv könnten tatbestimmend auch Gefühle der Verzweiflung sein, die eine Bewertung des Beweggrundes als „niedrig" in Frage stellten, wenn sich der Täter durch die Tat dessen beraube, was er eigentlich nicht verlieren wolle. Aufgrund des vom Schwurgericht festgestellten Umstandes, dass sich der Angeklagte von der Gruppe verhöhnt gefühlt habe und seiner Persönlichkeitsstruktur, läge es fern, dass der Angeklagte die ihn bestimmenden Gefühle gedanklich beherrschen und willensmäßig steuern habe können. Der Einwand der Bundesanwaltschaft, die besondere Sinnlosigkeit der Verärgerung des Angeklagten über die von ihm verfolgten Personen und das Fehlen eines vernünftigen Grundes für die Tötung des H belege die Niedrigkeit des Tötungsmotivs des Angeklagten, trage den in der Persönlichkeitsstruktur des Angeklagten angelegten Besonderheiten der Tatentstehung und Tatbegehung nicht ausreichend Rechnung, welche das Schwurgericht „ohne Erörterungsmangel oder Wertungsfehler vertretbar in den Mittelpunkt seiner Bewertung gestellt" habe; im Einzelnen trägt der Senat zur Anerkennung der landgerichtlichen Ansicht vor: „Die unter maßgeblicher Berücksichtigung der beschränkten Sicht des Angeklagten vorgenommene Bewertung auch dieser Tat als von ihm empfundene Verzweiflungstat und nicht als Aktion aus schlechterdings nicht nachzuvollziehendem, nur noch verachtenswertem Hass liegt innerhalb der Grenzen des Beurteilungsspielraums des Tatgerichts[694], den das Revisionsgericht hinzunehmen hat, wenngleich eine andere Beurteilung des Mordmerkmals der niedrigen Beweggründe bei der Tötung des H, des früheren Lebensretters des Angeklagten, ebenfalls vertretbar gewesen

zurückgewiesen wird, es werde der unzulässige Versuch unternommen, „die in erster Linie dem Tatgericht vorbehaltene Wertung durch eine eigene Würdigung zu ersetzen", womit die Revision „angesichts des eingeschränkten revisionsgerichtlichen Prüfungsmaßstabes nicht gehört werden" könne.

693 BGH NStZ-RR 2006, 340, 341; vgl. dazu auch NStZ 2007, 330, 331.

694 BGH NStZ-RR 2006, 340, 342; vgl. dazu auch folgende Entscheidungen, die ein revisionsrechtliches Eingreifen mit dem Hinweis ablehnen, die tatrichterliche Entscheidung halte sich „innerhalb der Grenzen/im Rahmen des Beurteilungsspielraums": NStZ 2006, 338, 340; 2013, 524, 525; NStZ-RR 2004, 79, 80; 2006, 235, 236; 2007, 111; Urt. v. 15.2.2007 – 4 StR 467/06 -, juris Rn. 13; Urt. v. 12.2.2009 – 4 StR 529/08 -, juris Rn. 10; siehe auch NStZ 2007, 330, 331, wo darauf abgestellt wird, die Wertung des Tatrichters sei „nachvollziehbar begründet und gut vertretbar".

wäre und namentlich angesichts einer gewissen Vorplanung der Tat sogar näher gelegen hätte."[695]

In dieser Entscheidung offenbart sich die ganze Konsequenz der Einräumung eines Beurteilungsspielraums an den Tatrichter: Das Revisionsgericht nimmt dessen Einschätzung selbst dann hin, wenn ein anderes Ergebnis „näher gelegen hätte" – die Terminologie ist von der Abgrenzung von Mittäterschaft und Beihilfe bereits bestens bekannt[696]; es kommt seiner ihm als Revisionsgericht innewohnenden Aufgabe der Sicherstellung einer einheitlichen Rechtsprechung, der Verhinderung widersprechender Entscheidungen bei ähnlicher Sachverhaltsgestaltung sowie seiner Letztentscheidungsmacht zur Klärung unter den zuvor berufenen Gerichten streitiger Fragen nicht nach und gewährt dem Tatrichter insoweit den Vorrang im Hinblick auf die Verbindlichkeit seiner getroffenen Wertung. Da es sich bei der Frage, ob Beweggründe im Einzelfall „niedrig" waren im Sinne von § 211 Abs. 2 StGB um eine Subsumtion unter den Rechtsbegriff der „niedrigen Beweggründe" und damit um klassische Rechtsanwendung handelt, widerspricht diese Handhabung klar dem Grundverständnis von der Revision als Rechtskontrolle und dem Revisionsgericht als „Hüter über die *Rechts*frage". Es wird daher zu prüfen sein, ob sich diese Rechtsprechungspraxis auf eine dogmatische Legitimation stützen kann.

Ungeachtet dessen finden sich auch folgende – verknappt dargestellte – anderslautende Entscheidungen, die mit mehr oder weniger großem Begründungsaufwand Erwägungen des Tatrichters zur Beurteilung der Beweggründe als „niedrig" angreifen:

BGH, Urt. v. 24.2.1999 – 3 StR 520/98:

Das Landgericht Hannover hat den Angeklagten wegen heimtückisch begangenen Mordes zu lebenslanger Freiheitsstrafe verurteilt, weil er einen Nachbarsjungen zunächst durch zwei Schläge mit einem Kaffeeglas auf den Kopf verletzte und anschließend erwürgte, als dieser – zur Versorgung einer Platzwunde in seine Wohnung verbracht – laut zu schreien begann, weil er wieder hinaus wollte. Aus Sicht des Senats trügen die Feststellungen zwar die Annahme von Heimtücke nicht, da es vor dem tödlichen Übergriff auf den Jungen zu einer Rangelei zwischen ihm und dem Angeklagten gekommen und das Kind daher nicht mehr arglos gewesen sei; sie rechtfertigten jedoch eine Verurteilung wegen Mordes auf wahldeutiger Grundlage, entweder in Form des Mordmerkmals der Verdeckungsabsicht – der Körperverletzung mittels des Kaffeeglases – oder aus niedrigen Beweggründen, weil der Angeklagte nach den Feststellungen die Entdeckung der peinlichen Situation, mit dem Kind allein in seiner Wohnung gewesen zu sein, befürchtet habe. Hinsichtlich letzterer Möglichkeit führt der Senat aus: „Bei den hier gegebenen Tatumständen, in denen sich das achtjährige Nachbarskind im Vertrauen auf eine Wundversorgung in die Wohnung des Angeklagten begeben hatte und diesem körperlich weit überlegenen Mann praktisch schutzlos ausgeliefert war, kommt eine andere Wertung

695 BGH NStZ-RR 2006, 340, 342.
696 Siehe dazu A I 1 d) Fn. 654.

als „niedrig" i.S. des § 211 Abs. 2 StGB nicht in Betracht. Soweit die Strafkammer dieses Verhalten als „menschlich nachvollziehbar" und daher nicht nach allgemeiner sittlicher Anschauung auf tiefster Stufe stehend bezeichnet hat, handelt es sich nicht um eine das Revisionsgericht bindende Feststellung, sondern um eine unzutreffende rechtliche Wertung."[697] Die Revision des Angeklagten wurde dennoch verworfen, weil das Urteil auf Mord lautete und das verwirklichte Mordmerkmal im Tenor nicht zum Ausdruck kommt.

Diese Entscheidung ist in zweierlei Hinsicht bemerkenswert: Zum einen macht der BGH klar, dass die Wertung des Tatrichters, ob ein Beweggrund des Täters „menschlich verständlich" – nach der Rechtsprechung des BGH ein Hinderungsgrund für die Annahme „niedriger" Beweggründe – eine *rechtliche* ist und das Revisionsgericht an die Ansicht des Tatrichters nicht gebunden ist. Diese Auffassung ist zutreffend, weil es sich bei dem Terminus des „menschlich verständlichen" Anlasses um eine Subdefinition zur inhaltlichen Konkretisierung des Rechtsbegriffes der „niedrigen" Beweggründe in § 211 Abs. 2 StGB handelt und deren Ausfüllung im konkreten Fall einen Akt der Subsumtion darstellt. Zum zweiten ist in dieser Entscheidung von einem nur beschränkt angreifbaren „Beurteilungsspielraum" des Tatrichters, den das Revisionsgericht „nicht durch eigene Erwägungen ausfüllen darf", keine Rede. Das Revisionsgericht setzt vielmehr zu Recht entsprechend seiner ihm im Rahmen der *Rechts*kontrolle zukommenden Aufgabe, seine eigene *rechtliche* Wertung an die Stelle der auf der Basis der Feststellungen als unzutreffend erkannten Würdigung des Tatrichters und gewährleistet für den Rechtsanwender und den Rechtsuchenden für zukünftige ähnliche Sachverhaltsgestaltungen die in einem Rechtsstaat unabdingbaren Garanten der Rechtsklarheit und Rechtssicherheit. Dem Vorgehen des BGH in diesem Urteil kann damit nur zugestimmt werden.

BGH, Urt. v. 10.2.2010 – 2 StR 391/09:

Der Angeklagte, der das Parken gegenüber seiner Hauseinfahrt für verboten hielt, diesbezüglich aber schon in mehreren Gerichtsverfahren unterlegen war, ging auf den dort parkenden Nebenkläger mit einer Machete los und verletzte diesen in Tötungsabsicht schwer, sodass dieser bleibende Schäden davontrug. Das Landgericht Limburg hat den Angeklagten wegen versuchten Totschlags in Tateinheit mit schwerer Körperverletzung verurteilt, weil es davon ausgegangen ist, das Gefühl der Hilflosigkeit habe es dem Angeklagten versperrt, die Niedrigkeit seiner Beweggründe in sein Bewusstsein aufzunehmen und seine Tat zu beherrschen. Der Senat hob das Urteil diesbezüglich auf, weil es diese Auffassung „ungeachtet des dem Tatrichter bei seiner Würdigung zustehenden Beurteilungsspielraums"[698] nicht hinnehmen wollte; der Angeklagte sei über Jahre von Polizei, Behörden und seinem Rechtsanwalt über die Unrichtigkeit seiner Rechtsauffassung aufgeklärt worden und insbesondere seine Bewährungshelferin habe ihm neue Fahrmöglichkeiten zur Erleichterung des Ausparkens aufzeigen wollen. Der Angeklagte habe jedoch

697 BGH NStZ-RR 1999, 234, 235.
698 BGH NStZ-RR 2010, 175, 176.

darauf bestanden, rückwärts in einem Zug aus seiner Ausfahrt ausfahren zu wollen und der Bewährungshelferin angekündigt, auch künftig gegenüber seiner Ausfahrt parkende Personen körperlich anzugreifen. Der Angeklagte habe seine Tat noch in der Hauptverhandlung als gerechtfertigt bewertet, sodass die Ablehnung der subjektiven Voraussetzungen der niedrigen Beweggründe durch das Landgericht revisionsrechtlicher Nachprüfung nicht standhalte.

Zu Recht hat der Senat eine eigene *rechtliche* Bewertung der *Rechts*frage vorgenommen, ob die konkreten Motive des Angeklagten „niedrige" Beweggründe im Sinne von § 211 Abs. 2 StGB darstellen. Eine dogmatische Begründung der offensichtlich als „Ausnahme" zur sonstigen Handhabung in der Rechtsprechungspraxis einzuordnenden Vorgehensweise lässt das Urteil indes vermissen.

BGH, Urt. v. 11.10.2005 – 1 StR 195/05:

Nachdem der Angeklagte sich von einer Gruppe durch den Ausspruch des griechischen Schimpfwortes „Malaka" beleidigt fühlte, holte er sich Verstärkung, erstach den Geschädigten Z und fügte dem Geschädigten Ra derart lebensgefährliche Verletzungen zu, dass er nur durch eine sofortige Not-Operation gerettet werden konnte. Das Landgericht Tübingen hat den Angeklagten diesbezüglich wegen Totschlags und versuchten Totschlags in Tateinheit mit gefährlicher Körperverletzung verurteilt.

Die auf die Rüge der Verletzung materiellen Rechts gestützte Revision der Staatsanwaltschaft und der Nebenkläger führte zur Aufhebung des Schuldspruchs und des Gesamtstrafenausspruchs. Die Jugendkammer habe bei der Abwägung der Beweggründe des Angeklagten zu Unrecht seinen kulturellen Hintergrund einbezogen, in dem „der Begriff der Ehre besonders ausgeprägt" sei. Maßstab für die Bewertung der Beweggründe seien die Vorstellungen der Bundesrepublik Deutschland und nicht diejenigen einer Volksgruppe, welche die sittlichen und rechtlichen Werte unserer Rechtsgemeinschaft nicht anerkenne.[699] Die von der Kammer als mögliches Motiv erörterte, nicht ausschließbare enttäuschte Beziehungserwartung zu einer Frau entbehre einer hinreichenden Grundlage im Urteil und erweise sich daher als bloße Vermutung. Zudem lasse das Urteil Anhaltspunkte für die Annahme vermissen, der Angeklagte habe seinen Antrieb nicht mehr beherrschen können und sei sich daher der Niedrigkeit seiner Beweggründe nicht bewusst gewesen.[700]

In dieser Entscheidung greift der BGH wegen beider von ihm als Ausnahmefall deklarierten Fallgruppen[701] ein, in welchen die Entscheidung des Tatrichters nicht mehr hinzunehmen sei: Zum einen weil das Tatgericht den rechtlichen Maßstab[702]

---

699 BGH NStZ 2006, 284, 285; vgl. dazu auch NJW 2004, 3051, 3054; NStZ 2002, 369, 370.

700 BGH NStZ 2006, 284, 285.

701 Vgl. oben Fn. 693.

702 Vgl. dazu auch BGH NJW 2004, 3051, 3054 im sog. La-Belle-Fall, wo der Senat die Leitlinie aufgestellt hat, „wer aus terroristischen Motiven gezielt an der politischen Auseinandersetzung unbeteiligte Dritte durch einen Sprengstoffanschlag tötet, handelt aus niedrigen Beweggründen".

für die Bewertung der Beweggründe verkannt habe und zum anderen weil es die für und gegen die Annahme niedriger Beweggründe sprechenden Gesichtspunkte nicht vollständig gewürdigt[703] habe.

Zusammenfassend erscheint es schwierig, die Rechtsprechungspraxis zur Beurteilung von Beweggründen als „niedrig" im Sinne von § 211 Abs. 2 StGB verlässlich einordnen und voraussehen zu können: Grundsätzlich wird dem Tatrichter für seine Wertung ein nur begrenzt nachprüfbarer Beurteilungsspielraum eingeräumt, der zuweilen streng respektiert wird; bei ansonsten untragbaren Ergebnissen greifen die Revisionsgerichte jedoch vielfach entweder kommentarlos ein – da im Hinblick auf ihr grundsätzliches Vorgehen zuweilen eine dogmatisch saubere Begründung schwer fallen dürfte – oder sie bedienen sich der Rechtsfehlerlehre, indem sie bei der Verkennung rechtlicher Maßstäbe oder bei fehlender umfassender Gesamtwürdigung durch den Tatrichter teils ausgiebig korrigierend tätig werden. Es sind damit Entscheidungen in Richtung beider Extreme anzutreffen.

Zum Umgang der obergerichtlichen Rechtsprechung mit weiteren „unbestimmten" Rechtsbegriffen sollen folgende markante Entscheidungen in Kürze vorgestellt werden:

BayObLG, Urt. v. 20.4.1990 – RReg 1 St 41/90 zu den Begriffen der „Fahruntüchtigkeit" und „Rücksichtslosigkeit" in § 315 c Abs. 1 StGB:

Auf die Berufung der Staatsanwaltschaft hin wurde das Urteil des Amtsgerichts Dachau, das den Angeklagten vom Vorwurf der fahrlässigen Gefährdung des Straßenverkehrs in Tateinheit mit fahrlässigen Körperverletzung freigesprochen hat, vom Landgericht München II aufgehoben und der Angeklagte wegen fahrlässiger Körperverletzung schuldig gesprochen. Die Revision der Staatsanwaltschaft, mit der sie eine Verurteilung des Angeklagten auch wegen fahrlässiger Straßenverkehrsgefährdung gemäß § 315 c Abs. 1, Abs. 3 StGB erreichen will, wurde als unbegründet verworfen. Der Senat ist dabei davon ausgegangen, das Landgericht habe es „ohne Rechtsfehler als nicht erwiesen erachtet", dass der Angeklagte die ihm vorgeworfene Tat begangen hat und führte zur Begründung aus: „Bei den Begriffen der Fahrlässigkeit (hinsichtlich der Fahruntüchtigkeit im Tatbestand des § 315 c Abs. 1 Nr. 1 b StGB) und der Rücksichtslosigkeit (im Tatbestand des § 315 c Abs. 1 Nr. 2 b StGB) handelt es sich um unbestimmte Rechtsbegriffe, bei deren Anwendung auf den festgestellten Sachverhalt dem Tatrichter eine gewisse Entscheidungsfreiheit eingeräumt werden muss (BayObLG v. 26.5.978 – RReg. 2 St 108/78; KK-Pikart StPO 2. Aufl. § 337 Rn. 31). Das Revisionsgericht, das nur bei Rechtsverstößen eingreifen darf, muss daher in diesen Fällen seine Nachprüfung darauf beschränken, ob der

703 Vgl. auch folgende Entscheidungen, die auf eine fehlende tragfähige Tatsachengrundlage oder nicht ausreichende Gesamtwürdigung abstellen: BGH NStZ 2002, 369, 370; 2006, 286, 288; 2013, 337, 339; 470; Urt. v. 26.10.1983 – 3 StR 251/83 -, jurion Rn. 21; Urt. v. 19.10.2011 – 1 StR 273/11 -, juris Rn. 26, 29; siehe auch BGH, Urt. v. 4.12.2008 – 1 StR 327/08 -, juris Rn. 17, wo eine Prüfung des Mordmerkmals trotz Naheliegens ganz unterblieben ist.

Tatrichter bei der von ihm vorgenommenen Einordnung von einer zutreffenden Auffassung über den Inhalt dieser Begriffe ausgegangen ist, er also den tatrichterlichen Beurteilungsspielraum nicht überschritten hat, und seiner Entscheidung die richtigen rechtlichen Maßstäbe zugrunde gelegt hat (BayObLG v. 24.2.1978 – RReg. 2 St 417/77; KK-Pikart aaO).[704] Der Tatrichter habe ohne Rechtsfehler eine subjektive Pflichtverletzung des Angeklagten in der Form, dass er trotz Erkennbarkeit seine Fahruntüchtigkeit nicht erkannt habe und weitergefahren sei, als „nicht nachweisbar" erachtet; insofern habe er auf der Basis der Feststellungen seinen Beurteilungsspielraum nicht überschritten. Zudem lasse die nach einer Gesamtwürdigung des Tatgeschehens erfolgte Wertung des Landgerichts, ein rücksichtsloses Verhalten des Angeklagten im Sinne von § 315 c Abs. 1 Nr. 2 b StGB sei „nicht mit der erforderlichen Sicherheit" festzustellen, keine Rechtsfehler erkennen.

Diese Entscheidung erweckt im Ergebnis den Eindruck, die obergerichtliche Rechtsprechung räume dem Tatrichter bei der Beweiswürdigung einen Beurteilungsspielraum ein, obwohl in diesem Zusammenhang anfangs von der konkreten Anwendung der unbestimmten Rechtsbegriffe der „Fahruntüchtigkeit" und der „Rücksichtslosigkeit" im Sinne von § 315 c Abs. 1 StGB, mithin von der Subsumtion derselben unter den Sachverhalt die Rede ist und nicht vom Erwiesensein der zugrunde zu legenden Tatsachen. Das BayObLG vermischt dabei die Problematik der Anwendung unbestimmter Rechtsbegriffe und der Beweiswürdigung bezüglich des Vorliegens subjektiver Tatsachen, insbesondere das Erfordernis einer rechtlichen im Gegensatz zur tatsächlichen Wertung, welche zwei eigenständige Problemkreise bilden, die strikt voneinander zu trennen sind.

OLG Celle, Urt. v. 12.10.1993 – 2 Ss 147/93 zum Begriff des „vernünftigen" Grundes in § 17 Nr. 1 TierSchG:

Das Amtsgericht Stolzenau hat den Angeklagten vom Vorwurf des Verstoßes gegen das Tierschutzgesetz freigesprochen, da es sachverständig beraten zu der Auffassung gelangt ist, der Angeklagte habe im Rahmen einer Zuchtprüfung von Jagdhunden Enten nicht „ohne vernünftigen Grund" im Sinne von § 17 Nr. 1 TierSchG getötet, da die Praxistauglichkeit von Jagdhunden zuverlässig nur an lebenden Enten erprobt werden könne. Die gegen den Freispruch gerichtete Revision der Staatsanwaltschaft blieb ohne Erfolg. Zur Begründung führt der Senat aus: „Die Wendung „ohne vernünftigen Grund" bezeichnet (...) eine Art Generalklausel, die vom Tatrichter aufgrund einer Güter- und Interessenabwägung im Einzelfall auszufüllen ist. (...) Bei sämtlichen Umständen, die die „Unvernünftigkeit" einer Wirbeltiertötung begründen, handelt es sich verfahrensrechtlich um Tatfragen, die der Nachprüfung durch das Revisionsgericht nur auf Lücken, Widersprüche, Verstöße gegen die allgemeine Lebenserfahrung, Denkgesetze und wissenschaftliche Erfahrungssätze unterliegen. Die Überlegungen und Schlussfolgerungen des Tatrichters brauchen nicht zwingend zu sein, es genügt, wenn sie nach der allgemeinen Lebenserfahrung möglich sind (BGHSt 26, 56 (63); 29, 18 (20)). Das Unvernünftigkeitsurteil

704 BayObLGSt 1990, 41, 42.

selbst, also die Bewertung als materiell rechtswidrig, ist verfahrensrechtlich als Rechtsfrage vom Revisionsgericht ohne Bindung an die Ansicht des Tatrichters auf Gesetzesübereinstimmung zu prüfen." Die vom Schöffengericht gestützt auf die Ausführungen der Sachverständigen gewonnene Überzeugung, dass ohne die Prüfung an lebenden Enten, für welche keine hinreichenden Alternativen vorhanden seien, die Brauchbarkeit des Hundes für die Jagd auf Wasserwild nicht beurteilt werden könne, sei revisionsrechtlich nicht zu beanstanden; soweit die Revision vortrage, die Verwendung lebender Enten sei verzichtbar, wende sie sich unzulässigerweise gegen die Urteilsfeststellungen und die Beweiswürdigung des Tatrichters. Da für die erlaubte Jagd auf Wasserwild der Einsatz geschulter Jagdhunde vorgeschrieben sei und es für die Brauchbarkeitsprüfung mit lebenden Enten keine gleich effektiven Alternativen gebe, erfolge die Tötung derselben nicht „ohne vernünftigen Grund".

Diese Entscheidung differenziert in vorbildlicher Weise zwischen der zunächst erforderlichen Sammlung des Tatsachenstoffs und der diesbezüglichen Gewinnung der Überzeugung, welche in erster Linie dem Tatrichter obliegt und vom Revisionsgericht nur auf Rechtsfehler überprüft werden kann und der sich erst nach Kenntnis aller für die Subsumtion erforderlichen Tatsachen, vorliegend insbesondere bezüglich der Notwendigkeit und der Alternativlosigkeit des Vorgehens, möglichen rechtlichen Würdigung, die das Revisionsgericht ungeachtet des Vorliegens eines unbestimmten Rechtsbegriffs auf der Basis der mitgeteilten Feststellungen voll nachprüfen und selbstständig vornehmen kann. Dem dogmatisch sauberen und in der Sache völlig korrekten Vorgehen des OLG Celle ist vollumfänglich beizupflichten und ein solches kann nur ebenfalls für andere höchstrichterliche Entscheidungen gefordert werden. Bemerkenswert ist zudem das klare Bekenntnis des OLG zur Abgrenzung von *Tat-* und *Rechts*frage zur Bestimmung des revisibelen Bereichs.

BGH, Urt. v. 3.12.1991 – 1 StR 120/90 zum Begriff der „ärztlichen Erkenntnis" nach § 218 a Abs. 2, Abs. 3 StGB:

Das Landgericht Memmingen hat den Angeklagten u.a. wegen Abbruchs der Schwangerschaft gemäß § 218 StGB in einer Vielzahl von Fällen verurteilt. Diesbezüglich blieb seine auf die Verletzung materiellen Rechts gestützte Revision ohne Erfolg. Im Streit um die Auslegung des Begriffs „nach ärztlicher Erkenntnis" im Tatbestand des § 218 a Abs. 2 und Abs. 3 StGB, welcher ausnahmsweise bei einer nicht anders abwendbaren Gefahr für die Schwangere oder nach einer Vergewaltigung zur Straflosigkeit des Schwangerschaftsabbruchs führt, vertritt der Senat die Ansicht, dem Arzt stehe bei der Frage der Indikation ein Beurteilungsspielraum zu und seine Entscheidung könne vom Gericht nur auf ihre Vertretbarkeit hin überprüft werden. Zur Aufgabenverteilung innerhalb des Instanzenzuges führt der Senat aus: „Ob die vom abbrechenden Arzt getroffene Entscheidung nach ärztlicher Erkenntnis vertretbar war, hat in erster Linie der Tatrichter zu entscheiden. Die Prüfung des Revisionsgerichts beschränkt sich darauf, ob dem Tatrichter Rechtsfehler unterlaufen sind. Solche Fehler können zum einen bei der Auslegung der in § 218 a StGB aufgeführten Indikationsvoraussetzungen, zum anderen bei der Prüfung der Vertretbarkeit geschehen; diese Prüfung beruht auf der Auslegung und Anwendung des Begriffs „nach ärztlicher Erkenntnis". Derartige unbestimmte Rechtsbegriffe sind aber revisionsgerichtlicher Prüfung jedenfalls insoweit nicht zugänglich, als die Würdigung tatsächlicher Umstände eine Rolle spielt. Sie liegen hier in der – angestrebten – Rekonstruktion des Arzt-Patienten-Gesprächs, auch in der Klärung der sonstigen Verhältnisse. Der persönliche Eindruck, den der Tatrichter hierbei von den Beteiligten gewinnt, ist mitbestimmend für die Wertung, ob der Arzt, so wie geschehen, entscheiden durfte."[705] In den Vertretbarkeitsprüfungen des Landgerichts vermag der Senat keine Rechtsfehler zu erkennen, insbesondere habe die Kammer „die Grenze ihrer Entscheidungsbefugnis in keinem Fall überschritten", auch wenn ein anderes Tatgericht den ein oder anderen Fall möglicherweise anders beurteilt hätte. Obwohl die Strafkammer den Begriff der „Notlage" in einigen Fällen offenbar weit ausgelegt hat, sieht sich der Senat unter Hinweis auf den „Eindruck", den die jeweiligen Schwangeren dem Angeklagten und dem Tatgericht vermittelt hätten, zum Eingriff außerstande und stellt etwa fest: „Es kann so gewesen sein, dass die Entscheidung zu vertreten ist."[706]

Diese Entscheidung ist zum einen ein Paradebeispiel für den regelmäßigen Umgang der obergerichtlichen Rechtsprechung mit unbestimmten Rechtsbegriffen: Dem Tatrichter wird ein Beurteilungsspielraum bei der Subsumtion des Sachverhalts unter unbestimmte Begriffe zugebilligt, während dem Revisionsgericht nur mehr die Überprüfung der tatrichterlichen Entscheidung auf Rechtsfehler in Form von abstrakten Auslegungsfehlern oder Verkennung anderer rechtlicher Maßstäbe obliegt. Als Grund wird das Erfordernis einer Wertung der Umstände des Einzelfalls, welche der Tatrichter nach seinem persönlichen, in der Hauptverhandlung von den Beteiligten und der Gesamtsituation gewonnenen Eindruck zu treffen hat sowie die Tatsache, dass schon dem Erstentscheider ein Entscheidungsfreiraum eingeräumt wird, der vom Tatgericht nur auf Vertretbarkeit zu überprüfen sei, angeführt. Zum anderen stellt sie eine der seltenen Revisionsentscheidungen dar, die den Prüfungsumfang des Revisionsgerichts ausdrücklich erläutern und sogar begründen.

Schließlich werden noch folgende unbestimmte Tatbestandsmerkmale von der Rechtsprechung als „*Tat*frage" bezeichnet bzw. dem Tatrichter bei deren Anwendung ein nur beschränkt revisibeler „Beurteilungsspielraum" eingeräumt:

Bei der Beantwortung der Frage der „erheblichen" Verminderung der Einsichts- oder Steuerungsfähigkeit gemäß § 21 StGB wird dem Tatrichter gelegentlich ein nur auf seine Überschreitung kontrollierbarer Beurteilungsspielraum eingeräumt[707],

705 BGHSt 38, 144, 160 f.

706 BGHSt 38, 144, 162.

707 BGH NJW 2012, 2672, 2674; Beschl. v. 3.12.1998 – 4 StR 606/98 -, juris Rn. 10; Beschl. v. 15.4.1999 – 4 StR 93/99 -, juris Rn. 3; Beschl. v. 22.1.2004 – 4 StR 319/08 -, juris Rn. 22; siehe ferner StV 1997, 630, wo der Senat die tatrichterliche Wertung der verminderten Schuldfähigkeit als „noch vertretbar" hingenommen hat und sich trotz Bedenken außerstande gesehen hat, diese durch eine eigene zu ersetzen; siehe aber auch NJW 2013, 181, 182; NStZ 2000, 136, 137 und StraFo 2013, 165 f., wo der Senat das tatrichterliche Urteil wegen fehlender hinreichender Tatsachengrundlage

teilweise nimmt das Revisionsgericht jedoch auch eine eigene Bewertung vor[708]. Nur in scheinbarem Gegensatz stehen die Formulierungen zu §§ 20, 21 StGB in der Rechtsprechung, wonach einerseits die Beurteilung des Ausschlusses der Schuldfähigkeit nach § 20 StGB durch ein Zusammentreffen von Affekt und alkoholischer Beeinflussung „Tatfrage, die anhand der Feststellungen zum Tatgeschehen entschieden werden" müsse, sei[709] und andererseits die Bejahung eines Zustands aufgehobener Steuerungsfähigkeit und damit Schuldunfähigkeit als „Rechtsfrage, über die das Gericht bei der Urteilsfindung ohne Bindung an etwaige Äußerungen von Sachverständigen hierzu in eigener Verantwortung zu entscheiden" habe[710] sowie die Frage der Erheblichkeit gemäß § 21 StGB als eine „unabhängig von den Äußerungen des Sachverständigen zu beurteilende Rechtsfrage"[711] bezeichnet wird; denn ersteres betrifft die Frage des Verhältnisses zwischen Tat- und Revisionsrichter, wonach dem Tatrichter die Aufgabe der Beurteilung der Schuldunfähigkeit zugewiesen wird, zweiteres betrifft die Zuständigkeit des Richters allgemein im Verhältnis zum Sachverständigen und will ausdrücken, dass allein dem Richter die Letztentscheidungsmacht hinsichtlich der Bejahung oder Verneinung der Schuldunfähigkeit/verminderten Schuldfähigkeit zusteht.

Die Annahme fehlender Unrechtseinsicht zur Bejahung eines Verbotsirrtums nach § 17 StGB wurde als „tatrichterliche Feststellung, die das Revisionsgericht bindet", die Frage der „Vermeidbarkeit" als „überwiegend auf tatrichterlichem Gebiet" liegend angesehen, weshalb revisionsrechtlich nur überprüft werde, ob der Tatrichter „die Wertung in den Grenzen des Beurteilungsspielraums vollzogen" habe.[712]

Als „Tatfrage", die der „gesonderten Feststellung und Würdigung der konkreten Umstände des Einzelfalls" bedürfe, wurde ferner die Subsumtion unter den Begriff der „das Leben gefährdenden Behandlung" in § 224 Abs. 1 Nr. 5 StGB eingeordnet[713] ebenso wie die Frage der „Geeignetheit" der Notwehrhandlung im Rahmen

---

bzw. hinreichend umfassender Auseinandersetzung mit bestimmten Umständen aufgehoben hat.

708 BGH wistra 2000, 339, 340.

709 BGH, Urt. 12.12.1996 – 4 StR 476/96 -, juris Rn. 20.

710 KG, Urt. v. 11.9.2012 – (4) Ss 161 89/12 (175/12) -, juris Rn. 21; ähnlich BGH, Beschl. v. 7.4.2010 – 4 StR 644/09 -, juris Rn. 6; vgl. ferner BGH StraFo 2013, 165, 166, welche das Vorliegen einer „schweren" anderen seelischen Abartigkeit als „Rechtsfrage" bezeichnet, die der Tatrichter „wertend" zu entscheiden habe vs. BGH wistra 2000, 339, 340, in welcher der BGH in die „rechtliche Wertung" des Tatrichters bzgl. der Annahme der „Schwere" eingreift.

711 So und ähnlich BGHSt 43, 66, 77; 49, 45, 53; 56, 298, 309; NJW 2004, 3051, 3055; 2012, 2672, 2674; 2013, 181, 182; NStZ 1999, 395; 2005, 326, 327; 329, 330; NStZ-RR 1997, 225; 2010, 73, 74; 2011, 214, 215.

712 BayObLG, Urt. v. 28.2.1989 – RReg 4 St 229/88 -, juris Rn. 14.

713 OLG Köln VRS 100, 185, 186; ähnlich auch BGH StV 1993, 26, 27; OLG Köln StV 1994, 247.

des Notwehrrechts nach § 32 StGB hinsichtlich der Eignung einer Drohung zur Angriffsabwehr als „Tatfrage" bezeichnet wurde.[714]

Im Rahmen des Vorsatzbegriffs wurden die Abgrenzung zwischen vorsätzlicher und leichtfertiger Steuerhinterziehung gemäß §§ 278, 370 AO als „Tatfrage, mit der sich der Tatrichter unter Berücksichtigung der besonderen Umstände des Falles sowie der Kenntnisse und der Erkenntnismöglichkeiten des Täters auseinanderzusetzen" habe[715] angesehen ebenso wie die Grenzziehung zwischen übler Nachrede und Verleumdung über die Vorsatzform des „wider besseres Wissen" in § 187 StGB[716] sowie die Annahme eines Gesamtvorsatzes[717] als „Tatfrage" eingeschätzt wurden.

Zum Merkmal der „Gefährdung" wichtiger öffentlicher Interessen in § 353b Abs. 1 StGB wurde vertreten, eine Bejahung könne nicht allgemein beurteilt werden, sondern sei „Tatfrage des Einzelfalls."[718]

Dass die Anerkennung einer begrenzten Prüfungskompetenz durch die Revisionsgerichte bei unbestimmten Rechtsbegriffen nicht standardisiert abläuft, zeigt jedoch die Prüfungsintensität bei der Verwerflichkeitsklausel des § 240 Abs. 2 StGB, welche die Revisionsgerichte an den Tag legen: Gegenteilig, als man angesichts der Wagheit des Begriffs der „Verwerflichkeit" in § 240 Abs. 2 StGB erwarten würde, wird die Anwendung dieses unbestimmten Rechtsbegriffs in der Regel trotz seiner Konturenlosigkeit vollumfänglich vom Revisionsgericht nachgeprüft.[719]

Als „typisch" unbestimmt fallen ferner Grad- und Maßbegriffe auf, die in der höchstrichterlichen Rechtsprechung wie folgt behandelt werden:

BGH, Beschl. v. 22.11.1994 – GSSt 2/94 zur sog. Schuldschwereklausel des § 57 a Abs. 1 Nr. 2 StGB:

Der erste Strafsenat hat dem Großen Senat für Strafsachen gemäß § 132 Abs. 2 und Abs. 4 GVG eine Frage betreffend die Auslegung des § 57 a Abs. 1 Nr. 2 StGB zur Entscheidung vorgelegt. Im Rahmen seiner Ausführungen zur Ausfüllung der Schuldschwereklausel hat der Große Strafsenat u.a. ausgeführt: „Der Tatrichter hat (...) ohne Bindung an begriffliche Vorgaben die schuldrelevanten Umstände zu ermitteln und zu gewichten. Alsdann hat er im Wege einer zusammenfassenden Würdigung von Tat und Täterpersönlichkeit die Schuld daraufhin zu bewerten, ob sie nach seiner Auffassung besonders schwer ist. (...) Dem Revisionsgericht ist bei der Nachprüfung der Entscheidung eine ins Einzelne gehende Richtigkeitskontrolle versagt. Es hat nur zu prüfen, ob der Tatrichter alle maßgeblichen Zustände bedacht

714 BGH, Urt. v. 21.7.1987 – 1 StR 260/87 -, juris Rn. 4.

715 BGH StV 1988, 203, 204; OLG München NStZ-RR 2011, 247, 248; OLG Karlsruhe, Urt. v. 8.2.1996 – 2 Ss 107/95 -, juris Rn. 9.

716 BGH NJW 1980, 602, 603.

717 BGH, Urt. v. 12.1.1982 – 5 StR 736/81 -, juris Rn. 3 f.

718 OLG Köln, Urt. v. 20.12.2011 – III-1 RVs 218, 222–223/11 -, juris Rn. 26; vgl. auch OLG Köln NJW 2005, 1000, 1001; Beschl. v. 21.8.2009 – 81 Ss 52–53/09 -, juris Rn. 24.

719 Vgl. etwa BGHSt 44, 68, 76 ff.; OLG Stuttgart NStZ 1988, 129 f.; OLG Düsseldorf NStZ-RR 1996, 5, 6; BayObLG wistra 2005, 235, 236 f.

und rechtsfehlerfrei abgewogen hat, darf aber nicht seine Wertung an die Stelle derjenigen des Tatrichters setzen."[720]

BGH, Urt. v. 18.2.1987 – 2 StR 159/86 zum Begriff „erhebliche Leiden" im Sinne von § 17 Nr. 2 TierSchG:

Das Landgericht Darmstadt hat den Angeklagten vom Vorwurf freigesprochen, durch Haltung von Legehennen in Käfigbatterien den Tieren länger anhaltende und sich wiederholende erhebliche Schmerzen und Leiden gemäß § 17 Nr. 2 b TierSchG zugefügt zu haben. Die Revision der Staatsanwaltschaft, mit welcher sie die Verletzung materiellen Rechts rügt, hatte keinen Erfolg. Aus Sicht des Senats sei die Annahme der Strafkammer, den Hennen werde durch die vorliegende Art der Käfighaltung keine „erheblichen Leiden" zugefügt, frei von Rechtsfehlern. Das Merkmal der Erheblichkeit sei ein Rechtsbegriff, der wegen seines feststehenden Bedeutungsgehalts keine Auslegungsfragen aufwerfe. Ob es im Einzelfall gegeben sei, sei „im wesentlichen Tatfrage".[721] Entgegen der Ansicht der Revision sei im Urteil eine umfangreiche Würdigung enthalten, „sodass dem Revisionsgericht die auf Rechtsfehler beschränkte Prüfung möglich ist."[722]

In dieser Formulierung des Senats wird ein krasser Gegensatz deutlich, der in der Problematik der unbestimmten Begriffe stets unterschwellig mitspielt: Im selben Atemzug mit der Feststellung des Senats, dass es sich bei dem Begriff der „erheblichen Leiden" um einen Rechtsbegriff handelt, bezeichnet er die Frage deren Vorliegens im Einzelfall als nur beschränkt nachprüfbare *Tat*frage – obwohl die Subsumtion unter einen Rechtsbegriff zum Bereich der klassischen *Rechts*frage gehört.

OLG Köln, Urt. v. 17.12.1985 – 1 Ss 628/85 zum „wesentlichen" Aufklärungsbeitrag im Sinne von § 31 Nr. 1 BtMG:

Das Amtsgericht hat den Angeklagten, aufrechterhalten in der Berufungsinstanz vom Landgericht, wegen Einfuhr von Betäubungsmitteln in nicht geringer Menge

---

720 BGHSt 40, 360, 370; vgl. dazu auch BGHSt 41, 57, 62; 42, 226, 227; NStZ 1999, 501; 2006, 505, 506; NStZ-RR 2006, 236, 237; Urt. v. 22.4.1993 – 4 StR 153/93 -, jurion Rn. 16; Urt. v. 2.4.2008 – 2 StR 621/07 -, jurion Rn. 19; siehe auch BGH NStZ 1993, 438, 439, wo von einer „vertretbaren" tatrichterlichen Wertung die Rede ist und BGH, Beschl. v. 19.1.1994 – 2 ARs 399/93 -, juris Rn. 4 und Urt. v. 14.12.2000 – 4 StR 375/00 -, jurion Rn. 18, wo ausdrücklich von einem „Beurteilungs-/Bewertungsspielraum" gesprochen wird; vgl. jedoch auch die eigene Bewertung des Senats in NStZ 2008, 569, wo der Senat „eingedenk des eingeschränkten revisionsgerichtlichen Prüfungsmaßstabs" die Behauptung der Täterschaft eines Angehörigen des Opfers im Gegensatz zum Tatrichter „nicht als besondere Missachtung" bewertet; vgl. zu erstgenannter Formulierung auch BGHSt 42, 226, 227; NStZ 1999, 501 und NStZ-RR 2001, 296, wo der Schuldschwereausspruch jeweils wegen Verstößen gegen das Doppelverwertungsverbot des § 46 Abs. 3 StGB und NStZ 2005, 88 wegen fehlender umfassender Gesamtwürdigung aufgehoben wurde.

721 BGH NJW 1987, 1833, 1835; vgl. dazu auch OLG Celle, Urt. v. 12.10.1993 – 2 Ss 147/93 Rn. 20, 22, wo die tatrichterlichen Schlussfolgerungen zur Erheblichkeit als „denkgesetzlich möglich" hingenommen wurden.

722 BGH NJW 1987, 1833, 1835.

gemäß § 30 Abs. 1 Nr. 4 BtMG verurteilt und sein erst in der Hauptverhandlung erfolgtes Geständnis unter Nennung seiner Komplizen, die zum Teil zuvor bereits ihre Tatbeteiligung eingeräumt hatten, nicht als ausreichend für die Gewährung einer Strafmilderung nach § 31 Nr. 1 BtMG gewertet. Die dagegen gerichtete Revision des Angeklagten verwies der Senat mit der Begründung, die Annahme der Kammer, es läge kein „wesentlicher" Aufklärungsbeitrag des Angeklagten vor, sei „aus Rechtsgründen nicht zu beanstanden". Im Einzelnen führt er zur Begründung aus: „Bei der wertenden Auslegung unbestimmter Rechtsbegriffe ist die revisionsrechtliche Nachprüfung auf die Frage beschränkt, ob der Tatrichter den Rechtsbegriff verkannt, ob er den richtigen Wertmaßstab angewandt hat (OLG Köln, Beschl. v. 13.8.1985 – Ss 376/65; BayObLG NJW 1978, 1337; Dahs-Dahs, Die Revision im Strafprozess, 3. Aufl., Rdnr. 47). Ist dem Tatrichter hierbei kein Fehler unterlaufen, hat das RevGer. die Würdigung auch dann hinzunehmen, wenn eine zum umgekehrten Ergebnis führende Gesetzesanwendung ebenfalls möglich wäre (BayObLG NJW 1978, 1337). (...) Es entspricht dem Wesen eines unbestimmten Rechtsbegriffs, dass sein Inhalt nicht abschließend beschrieben werden kann. Unter Berücksichtigung des Gesetzeszwecks können lediglich die Grenzen einer möglichen Auslegung und damit des Anwendungsbereichs der Norm festgelegt werden."[723] Nach den von der Rechtsprechung aufgestellten Kriterien für die Wesentlichkeit sei dieser Rahmen vorliegend nicht überschritten.

Diese Entscheidung ist insofern selten, als sie allgemeine Begründungsansätze für den revisionsgerichtlichen Umgang mit unbestimmten Rechtsbegriffen liefert und dabei insbesondere auf die Natur der unbestimmten Begriffe verweist. Bemerkenswert ist die ausdrückliche Feststellung, die tatrichterliche Entscheidung sei auch dann hinzunehmen, wenn auch ein gegenteiliges Ergebnis möglich wäre!

Es werden ferner noch folgende Maßbegriffe mit der Folge der begrenzten Prüfungskompetenz des Revisionsgerichts dem Verantwortungsbereich des Tatrichters zugeschrieben:

Die Beantwortung der Frage, ob eine Beleidigung „schwer" ist im Sinne von § 213 StGB wird von den Revisionsgerichten als „Sache tatrichterlicher Würdigung" bezeichnet[724], nichtsdestotrotz zuweilen jedoch gleichzeitig einer eigenen Bewertung unterzogen[725].

Ebenso wurde die Frage ob eine „schwere" Beeinträchtigung oder ein „Verlust" des Sehvermögens im Sinne von § 226 Abs. 1 Nr. 1 StGB vorliegt, als „in erster Linie vom Tatrichter zu entscheiden"[726] sowie die Ausfüllung des Tatbestandsmerkmals des

723 BGH NJW 1986, 2896, 2897.

724 BGH NStZ 1982, 27; vgl. dazu auch BGH, Urt. v. 17.3.1977 – 4 StR 665/76 bei *Holtz*, MDR 1977, 638; siehe ferner BGH StV 1983, 198, wo der Senat den Strafausspruch wegen fehlender hinreichender Gesamtwürdigung zur „Schwere" der Beleidigung aufhob; vgl. auch StV 2013, 214, 215, wo von einer „Ermessensentscheidung" des Tatrichters die Rede ist.

725 BGH NStZ 1982, 27; 1987, 555, 556.

726 BGH NJW 2001, 980, 981.

„auffälligen Missverhältnisses" in § 302 a Abs. 1 StGB a.F. durch ein Ungleichgewichtigkeit von Leistung und Gegenleistung als dem Tatrichter obliegend[727] angesehen.

Außerdem räumte die Rechtsprechung dem Tatrichter bei der Subsumtion unter den Begriff der „grob eigennützigen" Steuerhinterziehung in § 370 Abs. 3 S. 2 Nr. 1 AO a.F. „einen vom Revisionsgericht hinzunehmenden Beurteilungsspielraum" ein.[728]

Eine andere Möglichkeit mit konturenlosen, unbestimmten Begriffen des Grades und des Maßes umzugehen, als dem Tatrichter einen Beurteilungs- oder Ermessensspielraum einzuräumen, bietet sich für die obergerichtliche Rechtsprechung durch Festlegung allgemeingültiger Grenzwerte, die durch das Vorhandensein fester Vorgaben eine umfassendere Rechtskontrolle durch das Revisionsgericht ermöglichen:

Nachdem der BGH ursprünglich unter Hinweis auf die einzelfallbezogene Prüfung von Regelbeispielen eine Grenzwertfestlegung abgelehnt hat[729], läutete er im Interesse der Rechtssicherheit mit seinem Urteil vom 7.10.2003 – 1 StR 274/03[730] eine grundlegende Wende ein, indem er die Auffassung vertrat, ein „Vermögensverlust großen Ausmaßes" im Sinne von § 263 Abs. 3 S. 2 Nr. 2 StGB liege jedenfalls nicht vor, wenn ein Betrag von 50.000 € nicht erreicht werde.

Später wurde der Grenzwert, ab dem „in der Regel" von einer Steuerverkürzung „in großem Ausmaß" im Sinne von § 370 Abs. 3 S. 2 Nr. 1 AO auszugehen sei, auf 50.000 € festgelegt[731] sowie die Rechtsprechung entwickelt, dass eine fremde Sache von „bedeutendem Wert" im Sinne von §§ 315 ff. StGB ab einem Sachwert von 750 € anzunehmen sei und über den gesetzlichen Wortlaut hinaus zudem ein Schaden in Höhe von 750 € gedroht haben müsse.[732]

Einen „erheblichen Schaden" im Sinne von § 306 e StGB nimmt die obergerichtliche Rechtsprechung ab einem Schadenbeseitigungsaufwand von 2.500 € an.[733]

Die Überprüfung der Anwendung normativer oder unbestimmter Begriffe erfolgt nach alledem nicht einheitlich; zum Teil wird starr auf einen angeblichen Beurteilungsspielraum des Tatrichters abgestellt, zum Teil wird ein solcher einfach ignoriert oder inhaltlich nichtssagend für unbeachtlich erklärt und die tatrichterliche Wertung vollständig nachgeprüft oder die eigene Meinung in Hinweise an den neuen Tatrichter „verpackt". In letzteren Fällen scheint sich die Judikatur einen aufwendigen Umweg aufzutun, den es ihm Hinblick auf den ihr zugewiesenen Auftrag, der Überprüfung der *Rechts*frage, eigentlich nicht bedürfte.

---

727 BGHSt 43, 53, 60.

728 BGH NStZ 2014, 105, 107; vgl. dazu auch NJW 1985, 208, 209; wistra 1987, 71, 72; Urt. v. 13.6.1985 – 4 StR 219/85 -, jurion Rn. 7, wo jeweils vom tatrichterlichen „Ermessen" die Rede ist.

729 BGH NStZ-RR 2002, 50.

730 BGHSt 48, 360, 364; vgl. fortführend StV 2007, 132.

731 BGHSt 53, 71, 84; vgl. nachfolgend BGH NJW 2012, 1015, 1016; NStZ 2011, 643, 644.

732 BGH StraFo 2008, 343; vgl. dazu schon BGHSt 48, 119, 121.

733 BGHSt 48, 14, 23.

## 2. *Zusammenfassende These: Unterscheidung nach Erfordernis einer Wertung der Einzelumstände*

Zusammenfassend betrachtet lässt sich konstatieren, dass die abstrakte Gesetzesauslegung einheitlich als revisibele *Rechts*frage behandelt wird und insofern strenger Rechtskontrolle durch das Revisionsgericht unterliegt; demgegenüber erweist sich die Revisionsrechtsprechung der Obergerichte im Hinblick auf die Revisibilität der Subsumtion als vielfach uneinheitlich und damit nicht immer voraussehbar. Im Groben lässt sich jedoch entsprechend der obigen Gliederung eine Differenzierung zwischen deskriptiven bzw. hinreichend bestimmten Tatbestandsmerkmalen und unbestimmten – allgemein nicht hinreichend klaren und der Bestimmtheit entbehrenden normativen – Rechtsbegriffen erkennen: Erstere werden im Grundsatz der vollinhaltlichen revisionsgerichtlichen Kontrolle zugänglich gemacht, bezüglich letzteren findet zumeist nur eine beschränkte revisionsrechtliche Überprüfung des tatrichterlichen Urteils im Hinblick auf Rechtsfehler statt. Als Begründungsansatz findet sich bei beiden Gruppen zuweilen der Hinweis auf das Vorliegen einer *Tat*frage, welcher im Rahmen der deskriptiven Begriffe jedoch oftmals losgelöst von einer Beschreibung des Umfangs der Revisibilität lediglich zur Kennzeichnung des Ausmaßes der erforderlichen tatrichterlichen Feststellungen verwendet wird; insbesondere bei inhaltlich eher unbestimmten Begriffen wird der Begriff der *Tat*frage im Zusammenhang mit einer Beschränkung des revisionsgerichtlichen Prüfungsmaßstabs erwähnt, wobei oftmals dem Tatrichter bei der Ausfüllung unbestimmter Rechtsbegriffe ein nur beschränkt nachprüfbarer „Beurteilungsspielraum" eingeräumt wird – in der älteren Rechtsprechung zuweilen noch durch den Begriff des Ermessens ausgedrückt. Beide Fallgruppen unterscheiden sich dadurch, dass bei den deskriptiven Merkmalen die volle Revisibilität der Grundsatz ist, wohingegen bei den unbestimmten/normativen Begriffen in erster Linie von der beschränkten Revisibilität auszugehen ist; ihnen gemein ist, dass die Beschränkung der Revisibilität vereinfacht ausgedrückt häufig dann folgt – wie aufgezeigt auch bei den grundsätzlich voll überprüfbaren deskriptiven Tatbestandsmerkmalen – wenn die Subsumtion eines Tatbestandsmerkmals unter den konkreten Einzelsachverhalt dem Tatrichter eine Wertung der tatsächlichen Umstände des Einzelfalls abverlangt, insbesondere weil normative Erwägungen miteinfließen, die Übergänge zwischen verschiedenen Rechtsinstituten kaum merklich sind oder zur Ausfüllung eines bestimmten Tatbestandsmerkmals eine Gesamtabwägung aller Einzelumstände erforderlich ist. Begründungen für ihr Vorgehen sind in der revisionsgerichtlichen Rechtsprechung rar, ein seltenes Beispiel bildet BGHSt 38, 144 zum Begriff der „ärztlichen Erkenntnis" im Sinne von § 218 a Abs. 2, Abs. 3 StGB, in welchem der Senat die beschränkte Nachprüfungskompetenz des Revisionsgerichts mit dem Erfordernis der „Würdigung tatsächlicher Umstände" in Form der Rekonstruktion des Arzt-Patienten-Gesprächs begründet, wobei der „persönliche Eindruck" des Tatrichters von den Beteiligten mitbestimmend für die Wertung sei, ob die ärztliche Einschätzung vertretbar sei.[734] Der

734 BGHSt 38, 144, 160 f.

Terminus des „persönlichen Eindrucks" erinnert an die Begründungsansätze für die Zuweisung der Beweiswürdigung in den Aufgaben- und Verantwortungsbereich des Tatrichters[735] und erweckt den Eindruck, als sähe die Revisionsrechtsprechung die Ausfüllung der Wertung bedürftiger Tatbestandsmerkmale als Teil der Beweiswürdigung und nicht als Teil der Rechtsanwendung im engeren Sinne an bzw. negiere eine exakte Trennbarkeit der Feststellung der für die Ausfüllung wertungsbedürftiger Begriffe notwendigen Tatsachen und der Subsumtion derselben unter das Gesetz. Für diese Annahme spricht auch die aus der Beschreibung der Beweiswürdigungskompetenz des Tatrichters bekannte Formulierung, die tatrichterliche Wertung sei hinzunehmen, auch wenn eine andere Entscheidung „möglich" wäre.[736]

Im Hinblick auf das gerade festgestellte grundsätzliche Vorgehen der Revisionsgerichte finden sich jedoch gleichsam Entscheidungen, die entweder unter gleichzeitiger formelhafter Zitierung der ständigen Rechtsprechung etwa zur Einräumung eines Beurteilungsspielraums und zur beschränkten Nachprüfbarkeit der tatrichterlichen Wertung in der Revisionsinstanz oder indem sie kein Wort zur grundsätzlichen Handhabe verlieren, in die Wertung des Tatrichters eingreifen und eine eigene Subsumtion des Sachverhaltes unter die betreffende Norm vornehmen, ohne eine saubere dogmatische Begründung für ihr Abweichen von der sonstigen Linie erkennen zu lassen. Solche zuweilen anzutreffenden Ausnahmeentscheidungen scheinen als eine Art „Billigkeitsventil" zu fungieren, wenn eine Hinnahme der tatrichterlichen Entscheidung unter Wahrung seines „Beurteilungsspielraums" aus Sicht des Revisionsgerichts zu unerträglichen Ergebnissen führen würde. In der jüngeren Rechtsprechung sind zudem vermehrt Entscheidungen anzutreffen, die zunächst formelhaft den „Beurteilungsspielraum" des Tatrichters preisen und die Beschränkung der Nachprüfungsbefugnis des Revisionsgerichts postulieren, um schließlich festzustellen, das tatrichterliche Urteil werde den Anforderungen an die notwendigen Feststellungen oder an eine der Wertung zugrundeliegende vollständige Abwägung aller Einzelumstände nicht gerecht. Durch das Aufstellen allgemeingültiger Maßstäbe für die zur Rechtsfehlerkontrolle notwendigen Feststellungen scheinen die Revisionsgerichte sich die Möglichkeit eines Eingriffs wegen fehlender, ausreichender Tatsachengrundlage auch bei eigentlich als irrevisibel eingestuften unbestimmten Begriffen vorbehalten zu wollen. Durch einen Katalog möglicher Rechtsfehler, insbesondere den der fehlenden umfassenden Gesamtwürdigung haben sich die Revisionsgerichte letztlich ein Instrument für mögliche Korrekturen tatrichterlicher Wertungen geschaffen, indem sie etwa mit der Begründung der Tatrichter habe „wesentliche Umstände außer Acht gelassen" die Nichtberücksichtigung selbst als wesentlich gewerteter Gesichtspunkte bemängeln und damit die tatrichterliche Wertung im Ergebnis doch – ungeachtet der These von der grundsätzlichen Irrevisibilität der Wertungsentscheidung an sich – zu Fall bringen können.

735 Vgl. dazu oben 1. Kapitel B II 2 a) bb).

736 Vgl. oben Fn. 108.

### *3. Kritik aus der Literatur*

Die Rechtsprechungspraxis der Revisionsgerichte betreffend die Handhabung der Revisibilität der Subsumtion sieht sich in der Literatur zum Teil scharfer Kritik ausgesetzt: Während etwa *W. Schmid* in diesem Zusammenhang feststellt, entgegen der Erwartung einer Richtigkeitskontrolle werde die konkrete Rechtsanwendung durch die Revisionsgerichte oftmals lediglich auf ihre „Vertretbarkeit“[737] überprüft, meint *Otto* in diesen Fällen einen „Feststellungsspielraum“[738] des Tatrichters zu erkennen, innerhalb dessen die Darstellung der tatsächlichen Feststellungen im Urteil vom Revisionsgericht als hinreichend zur Rechtfertigung der rechtlichen Würdigung anerkannt werde, sodass es vielmehr um die „Vertretbarkeit des Umfangs tatsächlicher Feststellungen“ und damit um Fragen der eigentlich irrevisiblen Tatsachenfeststellung ginge.

Die Befürworter der Rechtsprechungslinie im strafprozessualen Schrifttum zum revisionsgerichtlichen Umgang mit unbestimmten Rechtsbegriffen bedienen sich insbesondere folgender Begründungsstränge zur Rechtfertigung:

Formal dogmatisch argumentieren die Vertreter[739] der Lehre vom Beurteilungsspielraum des Tatrichters und damit einhergehend von der beschränkten Nachprüfungsbefugnis des Revisionsgerichts bei der Ausfüllung unbestimmter Begriffe, dass es jedenfalls in Grenzbereichen kein „richtig“ oder „falsch“ gebe, da ein wertender Akt „kein Akt bloßer empirischer Erkenntnis“ sei, der zu einem einzigen „richtigen“ Ergebnis führe[740]; vielmehr seien aus logischen Gesichtspunkten heraus bei einem Wertungsakt mehrere Entscheidungen gleichermaßen richtig, sodass in diesem Rahmen § 337 StPO nicht eingreife, der eine „unrichtige“ Anwendung des Gesetzes voraussetze[741]. Die Einschränkung des revisionsgerichtlichen Prüfungsmaßstabes ergäbe sich „aus der Natur der Sache einer wertenden Betrachtung“[742].

---

737 *W. Schmid*, ZStW 85 (1973), 360, 383; vgl. auch *Bartel*, in: FS Frisch, 1255, 1257; *Geisler*, in: FS Geppert, 113, 117; *Frisch*, in: SK-StPO, § 337 Rn. 117; *ders.*, NJW 1973, 1345, 1348.

738 *Otto*, NJW 1978, 1, 4.

739 *Kuckein*, in: KK-StPO, 6. Aufl., § 337 Rn. 31; *Mosbacher*, in: FS Seebode, 227, 228, 235; *Maatz/Wahl*, in: FS 50 Jahre BGH, 531, 552 f.; *Wiedner*, in: Graf, StPO, § 337 R. 105; vgl. *Maatz*, StraFo 2002, 373, 378 f., der jedoch nicht von einem „Beurteilungsspielraum“ im Sinne einer Wahlmöglichkeit, sondern einer „Beurteilungsaufgabe“ und einem „Anders-Entscheiden-Können“ sprechen will; vgl. zur älteren Literatur auch *Peters*, ZStW 57 (1938), 53, 73, der vom „Ermessen“ des Tatrichters bei der Wertung ausgeht; ähnlich *Drost*, Das Ermessen des Strafrichters, 72 f. und *Pagendarm*, Verstöße gegen die Denkgesetze, die Erfahrungssätze und das Ermessen als Revisionsgründe, 54 f., 59 f.

740 *Maatz*, StraFo 2002, 373, 377 f.; vgl. *dens./Wahl*, in: FS 50 Jahre BGH, 531, 553.

741 *Mosbacher*, in: FS Seebode, 227, 236, 238 ff., der auf eine dem Strafzumessungsakt gleichende, tadelnde Bewertung menschlichen Verhaltens abstellt; vgl. *W. Schmid*, ZStW 57 (1973), 360, 389.

742 *Maatz*, StraFo 2002, 373, 374.

Des Weiteren wird zugunsten einer Einschränkung der revisionsgerichtlichen Nachprüfungskompetentz vorgebracht, insbesondere beim Erforderlichwerden einer wertenden Gesamtwürdigung, wenn sich das Erfülltsein eines Tatbestandsmerkmals einer allgemeingültigen Festlegung entziehe, sei der Übergang zwischen *Tat-* und *Rechts*frage in der Praxis oft fließend, sodass zur Verhinderung eines Eingriffs des Revisionsgerichts in die Beweiswürdigungskompetenz des Tatrichters die Nachprüfung in der Revisionsinstanz auf eine Rechtsfehlerkontrolle zu reduzieren sei.[743]

Zur Rechtfertigung der Lehre von der beschränkten Revisibilität unbestimmter Begriffe werden zudem teleologische Gesichtspunkte herangezogen: Wegen des Rechtseinheits- und Rechtsfortbildungszwecks seien der Revision Subsumtionsfragen entzogen, die wegen ihres besonderen Bezuges zum konkreten Einzelfall mangels Verallgemeinerungsfähigkeit keine Bedeutung für zukünftige Fälle hätten und damit eine einheitliche Entscheidung der obersten Gerichte in Strafsachen nicht geböten.[744]

Zudem wird zur Begründung einer eingeschränkten Nachprüfbarkeit von Wertungsentscheidungen auf die prozessualen Besonderheiten des Revisionsverfahrens abgestellt, indem gegen eine vollständige Überprüfung die eingeschränkte, schriftliche Entscheidungsgrundlage des Revisionsrichters vorgebracht wird, dem ein persönlicher Eindruck der Verhältnisse verwehrt bleibe[745].

Demgegenüber stehen eine Vielzahl von Autoren, welche die Rechtsprechungspraxis des BGH bezüglich der Anwendung unbestimmter Rechtsbegriffe, insbesondere im Hinblick auf die Differenzierung zwischen voll revisiblen deskriptiven, bestimmten normativen und beschränkt revisibelen unbestimmten Begriffen unter Hinweis auf die fließenden Grenzen ablehnen[746] und zum Teil eine vollständige

---

743 *Maatz,* StraFo 2002, 373, 375 f.; vgl. auch *Frisch,* in: SK-StPO, § 337 Rn. 113, 116, der von einem „Verschlingen“ von Tatsachenfeststellung und Rechtskonkretisierung bei der Gesamtwürdigung spricht.

744 Vgl. dazu folgende Vertreter teleologischer Revisionstheorien: *Henke,* Die Tatfrage, 279 f.; *ders.,* ZZP 81 (1968), 196, 249; 321, 335, 341, 342, 357, 358, der die „Beispielswirkung“ der Entscheidung für zukünftige Fälle als Maßstab für die (Ir-) Revisibilität heranziehen will; *Kuchinke,* Grenzen der Nachprüfbarkeit tatrichterlicher Würdigung und Feststellungen in der Revisionsinstanz, 133, 141 f., der auf die (A-) Typik des Sachverhalts abstellt; *Schwinge,* Grundlagen des Revisionsrechts, 130, der nach „dem Grad der Generalisier- und Abstrahierbarkeit der einzelnen Subsumtionsschlüsse“ unterscheidet.

745 *Maatz,* StraFo 2002, 373, 377; vgl. auch folgende Autoren, die insofern Gedanken der Leistungstheorie aufgreifen: *Henke,* Die Tatfrage, 275 ff.; *Peters,* Strafprozess, 4. Aufl., 640; *W. Schmid,* ZStW 57 (1973), 360, 389 f.; *Warda,* Dogmatische Grundlagen des richterlichen Ermessens im Strafrecht, 76; vgl. auch *Frisch,* in: SK-StPO, § 337 Rn. 115, der Zurückhaltung bei der Nachprüfung der Beurteilung von sog. Gesamtsituationen verlangt.

746 *Franke,* in: LR-StPO, § 337 Rn. 90; *Tolksdorf,* in: FS Meyer-Goßner, 523, 530 f.

Kontrolle der Subsumtion unter unbestimmte Rechtsbegriffe fordern[747]. Nach der Ansicht *Frischs* sei „die Konstruktion eines irrevisibelen Spielraums der Vertretbarkeit (...) im Strafrecht unhaltbar“[748].

Gegen die Anerkennung von Beurteilungsspielräumen und eine Beschränkung der Nachprüfungskompetenz des Revisionsgerichts wird insbesondere der Wortlaut des § 337 StPO vorgebracht, der keinen Ansatz für eine Einschränkung der Revisibilität enthalte, vielmehr unmissverständlich die richtige „Anwendung“ des Gesetzes im Sinne der konkreten Subsumtion der Revision unterwerfe und die Kontrolle nicht lediglich auf die abstrakte Gesetzesauslegung beschränke.[749] Auf das Wortlautargument der Gegenseite, dass bei Wertungsentscheidungen vielfach keine „unrichtige“ Entscheidung im Sinne von § 337 StPO vorliege, erwidern die Kritiker, dass es im Hinblick auf den hohen Eingriffscharakter des Strafrechts nur eine richtige oder falsche Ansicht geben könne, die Vertretbarkeit einer Auffassung sei zur Begründung etwa einer lebenslangen Freiheitsstrafe nicht ausreichend.[750] In dogmatischer Hinsicht wird außerdem im Hinblick auf den anderen Adressaten – die Verwaltungsbehörde – sowie die unterschiedliche Ausgestaltung der Verfahrensordnungen, die Übertragbarkeit der Lehre vom Beurteilungsspielraum aus dem Verwaltungsrecht bezweifelt, die auf den Strafprozess nicht passe.[751]

Die Gegner der Lehre vom Beurteilungsspielraum verweisen zudem auf das Grundverständnis von der Revision, wonach nach dem Grundsatz der Verantwortungsteilung die Rechtsanwendung in den Aufgabenkreis des Revisionsgerichts falle und fordern vom BGH entsprechend seiner ihm zukommenden Aufgabe und dem Rechtseinheitszweck der Revision eine letztverbindliche Klärung streitiger

747 *Franke*, in: LR-StPO, § 337 Rn. 90; *Geisler*, in: FS Geppert, 113, 126; *Herdegen*, in: FS Kleinknecht, 173, 181 f., 187 f.; *Meyer-Goßner/Schmitt*, StPO, § 337 Rn. 33; *Tolksdorf*, in: FS Meyer-Goßner, 523, 538; vgl. auch *Bartel*, in: FS Frisch, 1255, 1287 f. begrenzt auf die „niedrigen“ Beweggründe und die Abgrenzung von Versuch und Vorbereitungshandlung.

748 *Frisch*, NJW 1973, 1244, 1349; vgl. auch *Schneider*, in: FS Widmaier, 759, 768; heute vertritt der erstgenannte Autor eine Mittelmeinung, die von der grundsätzlichen vollen Überprüfbarkeit der Anwendung unbestimmter Begriffe ausgeht, bei erforderlichen Gesamtwürdigungen, der Abhängigkeit von nur begrenzt mittelbaren Eindrücken sowie der fehlenden Wiederholungswahrscheinlichkeit eines Falles ausnahmsweise jedoch von einer auf die Vertretbarkeitskontrolle begrenzten Nachprüfbarkeit ausgeht, siehe *Frisch*, in: SK-StPO, § 337 Rn. 117; vgl. zudem folgende Autoren, die von einer grundsätzlichen vollen Nachprüfbarkeit begrenzt durch die Leistungsfähigkeit des Revisionsgerichts ausgehen: *W. Schmidt*, ZStW 85 (1973), 360, 390 f.; *Warda*, Dogmatische Grundlagen (Fn. 745), 73, 76.

749 *Tolksdorf*, in: FS Meyer-Goßner, 523, 530; vgl. auch *Geisler*, in: FS Geppert, 113, 126.

750 *Bartel*, in: FS Frisch, 1255, 1275 f.; vgl. ähnlich schon *Frisch*, NJW 1973, 1345, 1348.

751 *Bartel*, in: FS Frisch, 1255, 1271 ff.; *Geisler*, in: FS Geppert, 113, 120 f.; vgl. zur Entwicklungshistorie im Verwaltungsrecht *Störmer*, ZStW 108 (1996), 494, 497 ff.

Rechtsfragen.[752] *Geisler* spricht insofern von dem zur erweiterten Revision spiegelbildlichen Phänomen des „Tatrichter(s) als Revisionsrichter“[753].

Zudem erfordere der Gerechtigkeitszweck der Revision mit seinem Gebot der Gleichbehandlung gleicher Sachverhalte eine Überprüfung auch der inhaltlichen Richtigkeit der Anwendung unbestimmter Begriffe, um widersprechende Entscheidungen zu vermeiden.[754]

Des Weiteren werden verfassungsrechtliche Bedenken an der Rechtsprechungspraxis der Obergerichte im Hinblick auf den Gleichheits- und den Bestimmtheitsgrundsatz der Art. 3 Abs. 1, 103 Abs. 2 GG[755] sowie die Garantie effektiven Rechtsschutzes aus Art. 19 Abs. 4 GG bzw. den allgemeinen Justizgewährungsanspruch gemäß Art. 2 Abs. 1 GG i.V.m. Art. 20 Abs. 3 GG[756] laut. Das Argument der beschränkten Leistungsfähigkeit des Revisionsgerichts versuchen die Gegner mit dem Hinweis auf die Überlegenheit desselben in Bezug auf eine größere Erfahrung und einen besseren Überblick über die rechtliche Bewertung[757] zu entkräften.

### 4. *Stellungnahme*

Um eine abschließende Stellungnahme zur revisionsgerichtlichen Rechtsprechungspraxis im Umgang mit der Rechtsanwendung im engeren Sinn, insbesondere der Subsumtion unter unbestimmte Rechtsbegriffe vornehmen zu können, bedarf es zunächst noch einmal der Erinnerung an die seitens der Befürworter im Schrifttum vorgebrachten Gründe für die Einräumung eines Beurteilungsspielraums an den Tatrichter sowie die Beschränkung des revisionsgerichtlichen Prüfungsmaßstabes: Insbesondere bei erforderlich werdenden normativen Abgrenzungen zwischen zwei Rechtsinstituten oder bei offen unbestimmten Begriffen wie „erheblich“ oder „schwer“ mangele es oft an festen Vorgaben seitens der Revisionsgerichte, es bedürfe vielmehr einer Gesamtwürdigung aller Umstände des Einzelfalls, die am besten der Tatrichter von Fall zu Fall bewältigen könne.

Einer Gesamtabwägung ist immanent, dass sich bei der Entscheidungsfindung feste Schemata verbieten und die Subsumtion des konkreten Falles unter den allgemein unbestimmten oder unbestimmt normativen Begriff eine Einzelfallentscheidung des zuständigen Richters erfordert. Doch rechtfertigt der Charakter der

---

752 *Bartel,* in: FS Frisch, 1255, 1273, 1276; *Tolksdorf,* in: FS Meyer-Goßner, 523, 531, 533; ähnlich auch *Frisch,* NJW 1973, 1345, 1349; *Geisler,* in: FS Geppert, 113, 122, 126, 131 f.; *Schneider,* in: FS Widmaier, 759, 768.

753 *Geisler,* in: FS Geppert, 113 f.

754 *Tolksdorf,* in: FS Meyer-Goßner, 523, 534; vgl. auch *Bartel,* in: FS Frisch, 1255, 1276; *Geisler,* in: FS Geppert, 113, 126.

755 *Altvater,* NStZ 1998, 342, 343; *Bartel,* in: FS Frisch, 1255, 1272, 1283 ff.; *Tolksdorf,* in: FS Meyer-Goßner, 523, 534 f.

756 *Bartel,* in: FS Frisch, 1255, 1287; *Geisler,* in: FS Geppert, 113, 118, 123, 127 f.; *Störmer* ZStW 108 (1996), 494, 500 ff., 507 f.

757 *Bartel,* in: FS Frisch, 1255, 1280; vgl. auch *Frisch,* NJW 1973, 1349.

Zuordnung der Subsumtionsfrage als Einzelfallentscheidung zugleich eine alleinige, ausschließliche Zuständigkeit des Tatrichters unter Ausschluss des Revisionsrichters von seiner eigentlichen Aufgabe, der Kontrolle der *Rechts*anwendung? Meines Erachtens nein und das aus mehreren Gründen:

Zutreffend ist bereits in der älteren Literatur im Rahmen der Diskussion um die Anerkennung der heute im Grundsatz nicht mehr in Frage gestellten konkreten Revisibilität, mithin der Subsumtion an sich, erkannt worden, dass „Frage des Einzelfalls" nicht mit „Tatfrage" verwechselt werden dürfe.[758] „Frage des Einzelfalls", „Einzelfallentscheidung" ist genau genommen *jede* richterliche Entscheidung: Gerichte, insbesondere Strafgerichte treffen keine abstrakten Urteile, losgelöst vom zugrundeliegenden Ausgangsfall, sie entscheiden vielmehr rechtliche Fragen immer nur im Bezug auf den konkreten Sachverhalt und unter Berücksichtigung der besonderen Umstände des Einzelfalls. Zwar gibt es Subsumtionsfragen, welche mehr und solche, welche weniger stark von den Einzelumständen beeinflusst werden. Ob der entwendete Gegenstand im konkreten Fall eine „Sache" im Sinne von § 242 StGB darstellt, kann sich in der Regel auch jeder juristische Laie ohne weiteres, ohne nötig werdende rechtliche Erkundigung oder Abwägung der Einzelfallumstände vorstellen; ob ein Verbotsirrtum im vorliegenden Fall „vermeidbar" war, bedarf dagegen neben der Kenntnis der durch die Rechtsprechung aufgestellten Definitionsmerkmale auch der Erfassung der objektiven und subjektiven Fertigkeiten der betreffenden Person, die Annahme, dass ein Heranwachsender bei der Tat noch einem Jugendlichen gleichstand im Sinne von § 105 Abs. 1 Nr. 1 JGG setzt die Feststellung und Abwägung der besonderen Entwicklungsspezifika und Hintergründe der konkreten Person voraus. Diese Unterschiede in der Abhängigkeit der Lösung einer konkreten *Rechts*frage, der Subsumtion eines Sachverhaltes unter das Gesetz von den Einzelfallumständen, ändert jedoch nicht den Charakter der Zuordnung derselben zur *Rechts*frage, als Unterordnung der Tatsachen unter einen Begriff des Gesetzes, welche stets in allen Fällen bei der Subsumtion erfolgen muss, geschweige denn macht diesen Vorgang zur grundsätzlich irrevisibelen *Tat*frage. *Rechts*frage bleibt *Rechts*frage, welche nach dem eindeutigen Wortlaut des § 337 Abs. 2 StPO auch die konkrete „Anwendung" des Gesetzes, mithin die Subsumtion erfasst und nach der Grundkonzeption der Revision in Strafsachen dem Revisionsgericht als „Hüter über die *Rechts*frage" obliegen soll.

Eine abweichende Verantwortlichkeit für die Ausfüllung unbestimmter Rechtsbegriffe oder die Vornahme normativer Abgrenzungen ergibt sich auch nicht etwa aus der vielfach nötig werdenden Wertungsentscheidung des Richters und dem damit einhergehenden Hinweis auf die begrenzte Leistungsfähigkeit des Revisionsgerichts.

---

758 *Engisch,* Logische Studien zur Gesetzesanwendung, 92; *Mannheim,* Beiträge zur Lehre von der Revision wegen materiellrechtlicher Verstöße im Strafverfahren, 71 f., 74; *Eb. Schmidt,* in: LK II-StPO, § 337 Rn. 37; vgl. auch *Mezger,* Der psychiatrische Sachverständige im Prozess, 188, der davor warnt zu glauben „alles Konkrete, Individuelle" sei Tatfrage und „nur das Abstrakte, generell Gültige" sei Rechtsfrage.

Der seitens der Befürworter der Rechtsprechungslinie vorgebrachte pauschale Hinweis auf das Erfordernis einer „Wertung“, die dem Tatrichter obliege, da er allein einen persönlichen Eindruck von den Verhältnissen gewinne, welcher in den schriftlichen Urteilsgründen nur begrenzt mittelbar sei, krankt vielfach an der dogmatisch nicht sauberen, fehlenden Differenzierung, welche „Wertung“ im Einzelnen überhaupt gemeint ist. Geht es um die Bewertung einer Inaugenscheinnahme der Verletzungen des Geschädigten in der Hauptverhandlung zum Zwecke der späteren rechtlichen Beurteilung, ob die ihm zugefügte Beeinträchtigung „schwer“ ist im Sinne von § 226 StGB, sind die Ausführungen des Sachverständigen zu den konsumierten Alkoholmengen, zur Trinkgewöhnung des Angeklagten und zu seinen Ausfallerscheinungen einzuordnen sowie eine Beurteilung der Sachkunde des Sachverständigen anzustellen für die rechtliche Frage, ob die Steuerungsfähigkeit des Angeklagten „erheblich“ gemindert war gemäß § 21 StGB, handelt es sich um Fragen der Beweiswürdigung, die eine *tatsächliche* Wertung des Tatrichters nach seinem in der umittelbaren, mündlichen Hauptverhandlung gewonnenen, persönlichen Eindruck erfordern und welche nach dem Grundverständnis von der Revision gerade wegen manch schwer übermittelbarer Feinheiten dem Tatrichter obliegen soll. Davon zu unterscheiden ist die nach Feststellung der für die anschließende Subsumtion erforderlichen Tatsachen nötig werdende *rechtliche* Wertung, ob auf dieser Tatsachenbasis eine Subsumtion unter das Gesetz erfolgen kann, etwa nach Beschauung der Verletzungen, ob diese als „schwer“ einzuordnen sind im Sinne von § 226 StGB oder nach Abschluss der Faktensammlung und Zuverlässigkeits- bzw. Glaubwürdigkeitsbeurteilung beim Personalbeweises, ob unter diesen Umständen von einer „erheblichen“ Verminderung nach § 21 StGB auszugehen ist; diese „Wertung“ ist eine solche rechtlicher Art, also eine *rechtliche* Wertung, da es zur rechtlichen Würdigung des Sachverhalts zunächst der Auslegung des Gesetzes bedarf, was etwa grundsätzlich unter „schwer“ im Sinne von § 226 StGB zu verstehen ist, um schließlich zu der Subsumtionsfrage überzugehen, ob unter den konkreten Umständen die festgestellten Tatfolgen als „schwer“ in diesem Sinn einzuordnen sind. Die Ermittlung der für die Vornahme der *rechtlichen* Wertung erforderlichen Tatsachen erfordert zuweilen einen solchen persönlichen Eindruck des Tatrichters, eine *tatsächliche* Wertung innerhalb des Wahrnehmungsurteils, aus diesem Grund wird die Beweiswürdigung nach dem Grundverständnis von der Revision auch dem Tatrichter zugeschrieben. Weshalb daraus eine Zuständigkeit des Tatrichters auch für die nach Abschluss der Beweiswürdigung folgende *rechtliche* Würdigung auf der Basis der festgestellten Tatsachen folgen soll, leuchtet nicht ein. Soweit so mancher Vertreter der Lehre vom Beurteilungsspielraum die Beschränkung der revisionsrechtlichen Prüfungskompetenz etwa aus der Ähnlichkeit der Ausfüllung unbestimmter Begriffe oder der Vornahme wertungsbedürftiger Abgrenzungen mit der Strafzumessung herleiten will[759], kann dem nicht zugestimmt werden, da sich der Strafzumessungsvorgang und auch die Beweiswürdigung von der Subsumtion grundlegend unterscheiden: im Rahmen der Strafzumessung und

759 *Mosbacher,* in: FS Seebode, 227, 239 f.

der Beweiswürdigung ist zur Beurteilung der Glaubwürdigkeit eines Zeugen, der Ernsthaftigkeit der Beteuerungen des Angeklagten oder bei Prognoseentscheidungen vielfach ein persönlicher Eindruck entscheidend, der aus dem Gesamtverhalten der betreffenden Personen abgeleitet wird und welcher insbesondere bei Abhängigkeit von einer Vielzahl von Einzelumständen in den schriftlichen Urteilsgründen nur schwer übermittelbar ist, da ein solcher „Eindruck" nicht immer rational fassbar und begründbar ist. Insbesondere diese durch den Tatrichter am besten aufnehmbaren und schwer mittelbaren Feinheiten legitimieren die Verantwortlichkeit des Tatrichters für die Beweiswürdigung und die Strafzumessung.

Bei der rechtlichen Einordnung, etwa ob bei bestimmten Unterstützungshandlungen noch von Beihilfe oder schon von Mittäterschaft auszugehen ist, ist die Ausgangslage ganz anders zu beurteilen: Der Richter hat auf der Basis der nach Abschluss der Beweiswürdigung feststehenden Tatsachen aufgrund einer wertenden Beurteilung zu entscheiden, ob aufgrund der gegebenen Sachlage von der einen oder der anderen Rechtsfolge auszugehen ist. Diese Einordnung trifft er aufrund der Unterordnung des Sachverhalts unter die von der Rechtsprechung vorgegebenen Fallgruppen, Indizien und Maßstäbe und damit unter rechtliche Kriterien. Es mag sein, dass in Grenzfällen der Richter sowohl in die eine Richtung, als auch in die andere Richtung sein Urteil revisionssicher begründen kann; diese Möglichkeit unterschiedlicher Entscheidungen beruht jedoch nicht auf Unwägbarkeiten im tatsächlichen Bereich, wie etwa bei der Beweiswürdigung und der Strafzumessung, sondern sie rührt vor allem von den im materiellen Recht anzusiedelnden Unsicherheiten bei der Auslegung und Ausfüllung der Straftatbestände durch die Rechtsprechung her.[760] Etwa bei der Abgrenzung verschiedener Rechtsinstitute voneinander, wie zwischen Mittäterschaft und Beihilfe nach §§ 25 Abs. 2, 27 StGB, Tun und Unterlassen nach § 13 StGB oder bei der Reifebeurteilung eines Heranwachsenden nach § 105 JGG macht die Rechtsprechung keine festen Vorgaben, sondern schafft mit der Nennung einer Vielzahl von Indizien, mit allgemein gehaltenen, wertungsausfüllungsbedürftigen Kriterien wie „Tatherrschaft" oder „Schwerpunkt" des vorwerfbaren Verhaltens sowie mit dem Erfordernis von Gesamtabwägungen die Voraussetzung für „offene" Entscheidungen, die bei – Richtern zu unterstellendem – hinreichendem Begründungsgeschick vielfach sowohl in die eine wie auch in die andere Richtung überzeugend, mithin „vertretbar" ausfallen können.

Die Rechtsprechung differenziert vielfach nicht sauber zwischen Fragen der Beweiswürdigung und solchen der erst anschließend erfolgenden Subsumtion unter den bis dahin bereits feststehenden Sachverhalt und erweckt dadurch den Eindruck faktischer Untrennbarkeit, dem vehement entgegen zu treten ist. Die Trennung von *Tat-* und *Rechts*frage erweist sich nur scheinbar als unmöglich, etwa bei auftretender Identität zwischen Begriffen der Rechts- und solchen der Umgangssprache, wie der Frage der „Erheblichkeit" der Verminderung der Schuldfähigkeit in § 21 StGB. In der Tat lässt sich die Trennung entsprechend dem Postulat der Trennung von

---

760 Vgl. dazu *Geisler,* in: FS Geppert, 113, 133 f.; *Otto,* NJW 1978, 1, 4.

Tatsächlichem und Rechtlichem theoretisch leicht vollziehen, indem der Tatrichter in seinem schriftlichen Urteil zunächst die der „Erheblichkeit" zugrunde liegenden Tatsachen in natürlichen Begriffen beschreibt, indem er etwa synonyme Begriffe verwendet, um die „Erheblichkeit" auszudrücken, um erst anschließend eine rechtliche Definition vorzunehmen, was unter „erheblich" in diesem Sinne zu verstehen ist und den festgestellten Sachverhalt unter den Rechtsbegriff der „Erheblichkeit" zu subsumieren. Die Problematik der scheinbaren Verschlingung von *Tat-* und *Rechts*frage im tatrichterlichen Urteil ist keine solche der grundsätzlichen Untrennbarkeit sondern vielmehr eine solche der Darstellung, wenn der Tatrichter die eben dargestellte Vorgehensweise nicht beherzigt und schlichtweg die der Subsumtion zugrundeliegenden Tatsachen nicht in natürlichen Begriffen schildert. Dieses Problem lässt sich jedoch mit dem Hinweis auf die Verpflichtung des Tatrichters zur Abfassung tragfähiger, nachvollziehbarer Urteilsgründe und auf die bei Verletzung derselben folgende Aufhebung des tatrichterlichen Urteils wegen fehlender hinreichender Tatsachengrundlage und fehlender Nachprüfbarkeit des Urteils auf die richtige Rechtsanwendung hin, lösen.[761] Insofern ist daher *Franke* und *Tolksdorf* vollumfänglich beizupflichten, wenn diese darauf abstellen, dass angesichts der heutigen durch die höchstrichterliche Rechtsprechung vorgegebenen, hohen Anforderungen an die Qualität und den Umfang der schriftlichen Urteilsgründe die Einräumung eines Beurteilungsspielraums an den Tatrichter nicht mehr veranlasst ist, weil das Revisionsgericht eine eigene Prüfung in der Regel ohne weiteres vornehmen kann.[762] Ferner lassen sich auch die Gedanken der Leistungstheorie nicht auf die Anwendung unbestimmter und normativer Begriffe übertragen, weil nicht einzusehen ist, warum das Revisionsgericht bei immer umfassender und besser werdender Urteilsgrundlage im Hinblick auf seine umfangreiche Erfahrung und Spezialkenntnisse im rechtlichen Bereich, als oberstes, letztentscheidendes Gericht in Strafsachen und reine *Rechts*instanz die Entscheidung in *Rechts*fragen nicht besser lösen können soll, als das Tatgericht.

Zusammfassend ist zum Wertungsargument der Rechtsprechungsvertreter daher zu entgegnen, dass vielfach Fragen der Beweiswürdigung mit solchen der rechtlichen Würdigung verwechselt werden[763], obwohl zwingend zwischen *tatsächlicher* Wertung als Teil der Beweiswürdigung und *rechtlicher* Wertung als Teil der Rechtsanwendung im engeren Sinn zu differenzieren ist.[764] Zur *tatsächlichen* Wertung zu

---

761 Vgl. dazu die ausführlichen Erwägungen in der Stellungnahme zu den (Un-) trennbarkeitstheorien, unten 5. Kapitel B I.

762 *Franke*, in: LR-StPO, § 337 Rn. 90; *Tolksdorf*, in: FS Meyer-Goßner, 523, 538.

763 Vgl. etwa *Maatz/Wahl*, in: FS 50 Jahre BGH, 531, 553, wo im Zusammenhang mit der Anwendung des unbestimmten Begriffs „erheblich" in § 21 StGB festgehalten ist, „die auf Tatsachen gestützte Überzeugung des Tatrichters ist (...) hinzunehmen."

764 Vgl. zu dieser Differenzierung im Ansatz auch *Manigk*, in: Die Reichsgerichtspraxis im deutschen Rechtsleben, 94, 138, der zwischen „tatsächlicher Würdigung" und „rechtlicher" Beurteilung unterscheidet und *Tolksdorf*, in: FS Meyer-Goßner, 523,

zählen ist die Frage, ob die für die Subsumtion unter einen Rechtsbegriff – auch einen unbestimmten – erforderlichen Tatsachen vorliegen, zur voll revisibelen *Rechts*frage gehört dagegen die Frage, wie ein gesetzliches Tatbestandsmerkmal abstrakt zu verstehen ist ebenso wie die *rechtliche* Wertung, ob der nach erfolgter tatsächlicher Wertung festgestellte Sachverhalt unter den (unbestimmten) Rechtsbegriff zu subsumieren ist.

Gegen die Rechtsprechung der Obergerichte, welche dem Tatrichter bei der Anwendung unbestimmter Begriffe vielfach einen Beurteilungsspielraum und damit die Letztentscheidungsmacht einräumen, sprechen dagegen gewichtige Argumente:

Die im Strafrecht im Hinblick auf den erheblichen Eingriffscharakter in Grundrechte des Betroffenen besonders wichtigen, aus dem Rechtsstaatsprinzip abgeleiteten Gebote der Rechtssicherheit und Rechtsklarheit erfordern insbesondere bei Begriffen und Abgrenzungen mit unklaren Konturen und fließenden Übergängen eine letztverbindliche Klärung streitiger *Rechts*fragen durch das für diese nach dem Grundkonzept der Revision allein zuständige Revisionsgericht. Der historische Gesetzgeber der StPO ist unzweideutig von einer alleinigen Zuweisung der *Rechts*frage in die Letztentscheidungskompetenz des Revisionsgerichts ausgegangen, woraus sich auch eine Klärungspflicht desselben bezüglich streitiger *Rechts*fragen ergibt[765], sodass Abweichungen von der grundsätzlichen vollen Prüfpflicht einer dogmatisch legitimierten Rechtfertigung bedürfen. Jede andere Sichtweise, welche der Revision die Kompetenz über die *Rechts*frage abspräche, würde sie ihres gesetzlich vorgesehenen Charakters und ihrer Legitimation berauben, da ja gerade dem Revisionsgericht, gerade dem BGH als oberstem Gericht in Strafsachen, besondere Autorität und Anerkennung im Hinblick auf die verbindliche Entscheidung über die *Rechts*frage zukommt. Dagegen kann auch das Argument der Gegenseite, die Rechtseinheit verlange keine Entscheidung von Fällen, die über den einzelnen Fall hinaus keine Richtlinien für künftige Fälle aufstellten, nur scheinbar ankommen: Sowohl der Rechtseinheits- und Rechtsfortbildungszweck als auch der Gerechtigkeitszweck der Revision fordern in Wahrheit eine volle Überprüfung der *Rechts*frage durch das Revisionsgericht. Das Argument der fehlenden Aussagekraft der Revisionsentscheidung für andere Fälle verfängt schon unter Hinweis auf die oben aufgegriffene Klarstellung nicht, dass „Frage des Einzelfalls" nicht mit „Tatfrage" gleichzusetzen ist. Ein Sachverhalt braucht vielmehr nicht in allen Einzelheiten einem anderen zu gleichen, um dennoch in seinen wesentlichen Grundzügen eine vergleichbare oder gar die selbe Grundproblematik aufzuweisen, um in rechtlicher Hinsicht in Form von für eine Vielzahl weiterer Fälle aufgestellten Grundsätzen und Maßstäbe auch für die Zukunft Wirkung entfalten zu können. Es bedarf daher einer weiteren Auslegung des Begriffs der „Rechtseinheit" unter Distanzierung vom nur scheinbaren Gegenbegriff des „Einzelfalls". Der BGH nutzt vielmehr stets sogenannte, auch in ihren

537 f., der die Wertungen „betreffen(d) die Tatsachenseite" neben die „rechtliche Bewertung" stellt.

765 Vgl. *Bartel,* in: FS Frisch, 1255, 1259, 1276.

Einzelheiten teils komplexe „Einzelfälle", um für bestimmte Sachverhaltskonstellationen gültige, allgemeinverbindliche Kriterien aufzustellen, die für eine Vielzahl weiterer Fälle Anwendung finden können. Auch zur Erfüllung seiner Rechtsfortbildungsfunktion wird der BGH stets durch den einzelnen Fall zu weitreichenden Entscheidungen veranlasst, sodass das Argument der fehlenden Legitimation für zukünftige Fälle im Hinblick auf die *Rechts*frage keine Geltung beanspruchen kann. Im Sinne des Rechtseinheits- und Rechtsfortbildungsgedankens der Revision sind die Revisionsgerichte vielmehr gehalten, ihrer Aufgabe als oberste Gerichte des Rechtszuges nachzukommen und in streitigen *Rechts*fragen das „letzte Wort" zu sprechen, um unter Beachtung des Gebotes der Gleichbehandlung vergleichbarer Sachverhalte nach Art. 3 GG zu einer einheitlichen Anwendung des Rechts, evtl. auch in Form einer Rechtsprechungsänderung zu gelangen. Etwas anderes ergibt sich auch nicht im Zusammenhang mit der Behauptung der Gegenseite, in anderen Verfahrensordnungen sei die Beschränkung der Prüfungskompetenz des Revisionsgerichts durch den Rechtseinheits- und Rechtsfortbildungszweck der Revision gerechtfertigt[766]; im Gegensatz zum zivilprozessualen, § 543 ZPO, arbeitsrechtlichen, § 72 ArbGG, verwaltungsrechtlichen, § 132 VwGO, steuerrechtlichen, § 115 FGO und sozialrechtlichen, § 160 SGG Revisionsverfahren gibt es in der strafprozessualen Revision jedoch gerade keine Zulassungsrevision, welche das Rechtsmittel der Revision auf rechtsgrundsätzliche und damit auf Gesichtspunkte, welche die Rechtseinheit wahren, beschränkt, sodass solche Begründungsansätze auf die strafprozessuale Revision, die überwiegend auch zur Sicherung einer gerechten Einzelfallentscheidung verstanden wird, ohnehin nicht übertragbar sind. Gerade der Gerechtigkeitszweck der Revision verlangt eine möglichst großzügige Handhabung der Nachprüfungsbefugnis des Revisionsgerichts im Hinblick auf die *Rechts*frage, dem die *Tat*frage im Sinne der Tatsachenfeststellung und der Beweiswürdigung an sich im Ergebnis ohnehin verschlossen ist und damit ein Eingreifen, wenn das Revisionsgericht hinsichtlich der durch das Tatgericht vorgenommenen konkreten Subsumtion anderer Ansicht ist; dieser, von dem Zweck, eine gerechte Entscheidung im Einzelfall zu gewährleisten, beinahe zwingend geforderten Konsequenz lässt sich nicht mit dem Hinweis begegnen, eine „vertretbare" Entscheidung des Tatrichters sei nicht fehlerhaft im Sinne von § 337 StPO. Es mag sein, dass eine gleichsam rechtlich vertretbare Ansicht im Vergleich zu anderen möglichen Rechtsfehlern nicht als „offensichtlich falsch" ins Auge springt; nichtsdestotrotz steht nach dem Konzept der Revision dem Revisionsgericht im Hinblick auf die *Rechts*frage die Letztentscheidungsmacht zu, sodass seine Ansicht die letztlich verbindliche sein muss und jede davon abweichende Auffassung des Untergerichts als „rechtsfehlerhaft" im Sinne der Terminologie des Revisionsrechts gelten muss, da es zur Lösung der streitigen *Rechts*frage im konkreten Fall eben nur eine einzige richtige Lösung geben darf – die vom zuletzt für die *Rechts*frage zuständigen Revisionsgericht favorisierte.[767]

766 Vgl. dazu die Nachweise bei *Tolksdorf*, in: FS Meyer-Goßner, 523, 532.
767 Vgl. dazu im Ergebnis auch *Tolksdorf*, in: FS Meyer-Goßner, 523, 531.

Eine solche Annahme gebietet zum einen der Grundsatz der Rechtssicherheit – für den Urteilsadressaten sowie für den unbefangenen Leser darf es keinen Zweifel geben, welche Rechtsansicht bei unterschiedlichen Ergebnissen im konkreten Fall die nunmehr einzig entscheidende ist. Zum anderen verlangt die Konzeption der Revision als *Rechts*instanz, als *Rechts*fehlerkontrolle, dass das Revisionsgericht im Gegensatz zur *Tat*frage, die ihr grundsätzlich verschlossen ist, im Bereich der *Rechts*frage ihre eigene Ansicht gegen die des Tatgerichts durchzusetzen und diese an deren Stelle zu setzen hat; denn hinsichtlich der *Rechts*frage findet in der Revision eine echte Richtigkeitskontrolle statt und bei Entscheidungserheblichkeit einer *Rechts*frage, deren unterschiedliche Beantwortung zu verschiedenen Ergebnissen führen würde, sind zwar möglicherweise verschiedene Ansichten rechtlich vertretbar, im Ergebnis ist aber eben nur eine Ansicht „richtig" im revisionsrechtlichen Sinn. Einzig aus der Sicht des Revisionsgerichts ist daher in Fällen scheinbar verschiedenartiger „vertretbarer" Entscheidungen die Frage zu betrachten, welche von diesen Ansichten die eine „richtige" im konkreten Fall ist: Jede, die nicht der Ansicht des Revisionsgerichts als Letztentscheidungsinstanz entspricht, ist aus dem Blickwinkel des allein zuständigen Revisionsgerichts „nicht richtig" im Sinne von § 337 StPO und daher der Aufhebung im Wege der Revision zugänglich. Nicht anders verfährt das Revisionsgericht bei der Überprüfung der tatrichterlichen Gesetzesauslegung: Dort scheut es sich nicht eine möglicherweise selbst jahrzehntelang gebilligte, ständige Rechtsprechungspraxis aufzugeben und die tatrichterliche Ansicht, die sich dieser vielfach vertretenen und in Anbetracht der langen Rechtsprechungspraxis auch unzweifelhaft vertretbaren Auffassung angeschlossen hat, als fehlerhaft aufzuheben und einen Rechtsprechungswandel einzuläuten, obwohl diese Meinung nicht „eindeutig falsch" ist. Im Hinblick auf die Revisibilität der Gesetzesauslegung ist die Letztentscheidungskompetenz des Revisionsgerichts unbestritten, niemand würde hier an dem Vorliegen einer Gesetzesverletzung im Sinne von § 337 StPO zweifeln, nur weil die vom Tatgericht vertretene Ansicht „vertretbar" war; entsprechend dieser Vorgehensweise gibt es auch bei der konkreten Subsumtion unter unbestimmte Begriffe keinen Grund seitens des Revisionsgerichts davon abzusehen, eine tatrichterliche Ansicht durch seine eigene zu ersetzen, weil dies gerade die Aufgabe des Revisionsgerichts ist: Die letztverbindliche Klärung streitiger *Rechts*fragen, die Verhinderung des Bestehens mehrerer nebeneinander bestehender, sich widersprechender Entscheidungen zu derselben *Rechts*frage sowie die Fortbildung des Rechts.[768] Versteht man die *Rechts*frage in dem eben postulierten Sinn, bedarf es in der problematischen Fallgruppe der konkreten Anwendung unbestimmter Begriffe im Rahmen der Subsumtion nicht einmal einer Vorrangentscheidung zugunsten des Rechtseinheits- oder des Einzelfallzwecks, da beide Revisionsziele durch eine vollständige Prüfung der *Rechts*frage bestmöglichst zur Geltung kommen und eine Kollision nicht zu befürchten ist.

768 Vgl. zu diesem Gedankengang auch *Frisch,* in: SK-StPO, § 337 Rn. 5, 112.

Die Rechtsprechungspraxis der Revisionsgerichte im Hinblick auf die lediglich eingeschränkte Überprüfung der Vornahme normativer Abgrenzungen und der Subsumtion unter unbestimmte Begriffe ist daher schon dem Grunde nach zu kritisieren und eine vollständige Prüfung der tatrichterlichen Rechtsanwendung auf ihre inhaltliche Richtigkeit anzumahnen. Dass Wortlaut, gesetzgeberische Intention und Sinn und Zweck der Revision eine vollinhaltliche Rechtskontrolle der tatrichterlichen Subsumtion auch unter unbestimmte Rechtsbegriffe erfordern würden, zeigt sich auch in immer wieder auftretenden, wohl unvermeidlichen einzelnen abweichenden Entscheidungen, die unter Nichtbachtung des grundsätzlichen Vorgehens aus Billigkeitsgründen so manchen Eingriff durch das Revisionsgericht notwendig machen. Zwar wird durch die Entwicklung des Rechtsfehlerkatalogs durch die Obergerichte, insbesondere unter dem Schlagwort der „fehlenden umfassenden Gesamtwürdigung" das Ergebnis der tatrichterlichen Subsumtion vielfach am Ende doch zu Fall gebracht; eines solchen Umwegs bedürfte es bei Anerkennung einer vollinhaltlichen Nachprüfungskompetenz der Revisionsgerichte jedoch zum einen gar nicht, zum anderen ersetzt ein solcher Katalog möglicher Rechtsfehler die aus rechtsstaatlichen Gründen bei einer Begrenzung der Revisibilität – wegen der empfindlichen Beschneidung der Rechte des revidierenden Angeklagten nötig werdende – dogmatische Begründung für die Einräumung einer grundsätzlich irrevisibelen Letztentscheidungsmacht des Tatrichters in Bezug auf die eigentlich dem Revisionsgericht anvertraute *Rechts*frage, welche bisher weder geleistet wurde noch zu leisten ist.

Um auf die eingangs mitgeteilte Kritik aus dem Schrifttum[769] zurückzukehren, lässt sich zusammenfassend konstatieren, dass aufgrund der uneinheitlichen Handhabung der Revisibilität der klassischen *Rechts*frage, der Subsumtion, vielfach lediglich eine bloße „Vertretbarkeitsprüfung", zum Teil jedoch auch eine vollständige Rechtsprüfung stattfindet. Zu beobachten ist insbesondere in jüngster Zeit auch das beschriebene Phänomen der „Feststellungskontrolle", welche als Umweg zur Umgehung ersterer, der grundsätzlichen Vorgehensweise eingestuft werden kann: Die Bemängelung der tatrichterlichen Feststellungen als zur Rechtfertigung einer Verurteilung unzureichend, sodass eine revisionsgerichtliche Nachprüfung nicht möglich sei, stellt ein gängiges Instrument dar, grundsätzlich nur als beschränkt revisibel eingestufte Wertungen indirekt doch zu Fall zu bringen. Diesen „Umgehungsaufwand" bedürfte es hingegen nicht, würden die Revisionsgerichte sich wieder vollständig auf ihre eigentliche Aufgabe, die Kontrolle der *Rechts*frage, besinnen.

769 Vgl. dazu oben A I 3.

## II. Angriff gegen Urteilsfeststellungen und Beweiswürdigung

### 1. Sachrüge

#### a) Grundlagen der sog. erweiterten Revision

Neben all den im Rahmen der Grundlagen erörterten Floskeln zur „alleinigen" Aufgabe des Tatgerichts, das Ergebnis der Hauptverhandlung festzustellen und zu würdigen und der Pflicht des Revisionsgerichts das Beweiswürdigungsergebnis hinzunehmen[770], betont der BGH in ständiger Rechtsprechung gleichzeitig folgenden Leitsatz zur Revisibilität der Beweiswürdigung, welcher zugleich eine Einschränkung des vorgenannten Grundsatzes bedeutet:

„Ein revisionsgerichtliches Eingreifen ist erst dann veranlasst, wenn dem Tatrichter Rechtsfehler unterlaufen sind. Dies ist dann der Fall, wenn die Beweiswürdigung widersprüchlich, unklar oder lückenhaft ist oder gegen Denkgesetze oder gesicherte Erfahrungssätze verstößt[771] oder das Gericht überspannte Anforderungen an die zur Verurteilung erforderliche Überzeugungsbildung gestellt hat."[772]

Die in diesem Rechtsfehlerkatalog thematisierten Mängel der tatrichterlichen Feststellungen und Beweiswürdigung sollen im Folgenden in einzelnen Fallgruppen dargestellt werden. Dabei sei darauf hingewiesen, dass Anforderungen an hinreichende Feststellungen oftmals mit denjenigen an eine ordnungsgemäße Beweiswürdigung einhergehen[773]: Was in Bezug auf die Feststellungen mit fehlender oder unzureichender Erörterung/ Berücksichtigung beschrieben wird, ist als Synonym im Rahmen der Beweiswürdigung als fehlende oder unzureichende Würdigung / Bewertung anzutreffen. Dieser in den Revisionsentscheidungen nicht immer klar gelöste Zusammenhang resultiert vor allem aus der Natur der Sache, da die Beweiswürdigung die Grundlage für die Feststellungen bildet und damit nur eine rechtsfehlerfreie Beweiswürdigung den Weg zu richtigen Feststellungen weisen

---

770 Vgl. oben 1. Kapitel B II 2 a) bb).

771 BGH NStZ 2002, 48; 2011, 302, 303; 2012, 443, 444; 2013, 57, 58; NStZ-RR 2000, 171; 2005, 149; 2012, 148, 149; StV 2011, 3; 2012, 85, 86; wistra 2002, 260, 261; 2004, 432; Urt. v. 16.3.2004 – 5 StR 490/03 -, jurion Rn. 10; Urt. v. 8.4.2009 – 5 StR 65/09 -, jurion Rn. 13; Urt. v. 12.1.2012 – 4 StR 499/11 -, juruin Rn. 5; Urt. v. 26.4.2012 – 4 StR 599/11 -, jurion Rn. 9; Urt. v. 7.11.2012 – 5 StR 322/12 -, jurion Rn. 10; Beschl. v. 3.9.2013 – 1 StR 206/13 -, jurion Rn. 17; Urt. v. 28.5.2014 – 2 StR 70/14 -, jurion Rn. 10.

772 Vgl. zum gesamten Satz: BGH NJW 2006, 925, 928; NStZ 1982, 478, 479; 1983, 277, 278; 1984, 180; 1987, 424; 2010, 102, 103; NStZ-RR 2008, 146, 147; 2013, 20; 75, 76; 242, 243; 2014, 56; StV 1994, 580; VRS 63, 39, 40; wistra 1993, 339, 340; 1999, 338, 339; 2005, 259; Urt. v. 26.1.1982 – 4 StR 661/81 -, jurion Rn. 3; Urt. v. 5.12.1996 – 1 StR 628/96 -, jurion Rn. 10; Urt. v. 25.2.2004 – 4 StR 475/03 -, jurion Rn. 12; Urt. v. 8.2.2006 – 5 StR 431/05 -, jurion Rn. 7; Urt. v. 1.7.2008 – 1 StR 654/07 -, jurion Rn. 18; Urt. v. 21.8.2008 – 3 StR 262/08 -, jurion Rn. 3; Urt. v. 20.2.2013 – 5 StR 466/12 -, jurion Rn. 10; Urt. v. 4.4.2013 – 3 StR 37/13 -, juris Rn. 4.

773 Vgl. *Franke,* in: LR-StPO, § 337 Rn. 108.

kann, sodass eine fehlerhafte Beweiswürdigung zwingend auch zu fehlerhaften tatsächlichen Feststellungen führt. Ungeachtet der Tatsache, dass sich beide Quellen möglicher Rechtsfehler wechselseitig beeinflussen, soll im Folgenden zumindest eine grobe Trennung zwischen unzureichenden Tatsachenfeststellungen an sich und eher speziell zu bezeichnenden Fehlern bei der Beweiswürdigung erfolgen.

### *b) Fallgruppen der obergerichtlichen Rechtsprechung und Bewertung*

#### aa) Allgemeine Rechtsfehler

#### (1) Feststellungen tragfähige Tatsachengrundlage

Der Begriff der „tragfähigen Tatsachengrundlage" dient zunächst einmal als Oberbegriff für die oben genannten möglichen Fehler im Rahmen der Beweiswürdigung, da diese nach der Rechtsprechung der Obergerichte die Voraussetzung für eine ordnungsgemäße Überprüfbarkeit des tatrichterlichen Urteils auf Rechtsfehler darstellt[774]. Die Rüge fehlender „tragfähiger" Erwägungen ist daher vielfach auch im Zusammenhang mit Beweiswürdigungsfehlern anzutreffen.

Zudem ist das Erfordernis einer objektiv tragfähigen Tatsachengrundlage revisionsrechtlich selbstständig in zweierlei Richtungen relevant: Zum einen im Hinblick auf die Anforderungen, die an ordnungsgemäße, eine Verurteilung tragende Feststellungen zu stellen sind. Zum anderen betrifft es die Frage des der Beweiswürdigung zugrunde zu legenden Beweismaßes – die Anforderungen an eine ordnungsgemäße Überzeugungsbildung im Sinne von § 261 StPO.

#### (a) Anforderungen an ordnungsgemäße Feststellungen

Die Frage, wie die tatrichterlichen Feststellungen beschaffen sein müssen, um eine Verurteilung des Angeklagten in sachlich-rechtlicher Hinsicht rechtfertigen zu können, schließt sich an die bereits im Rahmen der sachlich-rechtlichen Fehler im engeren Sinn thematisierten „Ausweichkonstruktionen"[775] der Revisionsgerichte an, in denen diese trotz des eigentlich bestehenden, selbst geschaffenen Hindernisses des „Beurteilungsspielraums" oder ähnlichem doch im Ergebnis die tatrichterliche Würdigung mit dem Hinweis, die Feststellungen trügen die Verurteilung nicht, zu Fall bringen. Nachfolgend sollen zunächst die in Bezug auf die Feststellungen klassischerweise anzutreffenden Formulierungen vorgestellt und anschließend einige markante Beispiele für die revisionsgerichtlichen Anforderungen an die tatsächlichen Feststellungen bei bestimmten Tatbeständen erörtert werden.

OLG München, Beschl. v. 30.11.2009 – 5 St RR 357/09:

Die Angeklagte war als Kundenberaterin in der Volksbank Raiffeisenbank tätig, bei welcher der Rentner T ein Girokonto und zwei Sparbücher unterhielt. Als sich T am 2.4.2004 in der Geschäftsstelle der Bank aufhielt, um Geld von seinem Girokonto

---

774 Vgl. *Franke,* in: LR-StPO, § 337 Rn. 95; *Pelz,* NStZ 1993, 361, 362.
775 Vgl. dazu oben A I 2.

abzuheben, gab die Angeklagte der Bankangestellten M gegenüber wahrheitswidrig vor, T habe sein Sparbuch vergessen, wolle aber von diesem 10.000 € abheben und habe soeben einen Auszahlungsbeleg unterzeichnet. Im Vertrauen auf die Richtigkeit dieser Angaben unterzeichnete M entsprechend der üblichen Vorgehensweise den mit einem Schriftzug des T und den von der Angeklagten eingetragenen Kontoangaben versehenen Auszahlungsbeleg. Mithilfe dieses Auszahlungsbelegs wurde eine Auszahlungsbuchung über 10.000 € zulasten des Sparbuchs des T vorgenommen und das Geld der Kasse entnommen, wobei nicht aufgeklärt werden konnte, wer die Buchung und die Entnahme des Geldes getätigt hat. Wie die Angeklagte wusste, wurde die Buchung von einer Person vorgenommen, die dazu ermächtigt und der Bank gegenüber zu besonderer Vermögensfürsorge verpflichtet war. Nachdem T die Abbuchung im Januar 2005 bemerkt hatte, erhielt er den Betrag von der Bank zurück. Das Amtsgericht Dachau hat die Angeklagte wegen Beihilfe zum Betrug und zur Urkundenfälschung in Tateinheit mit Untreue zu einer Freiheitsstrafe von acht Monaten verurteilt. Die auf die Rechtsfolgen beschränkte Berufung der Staatsanwaltschaft hat das Landgericht München II als unbegründet, diejenige der Angeklagten hat es mit der Maßgabe verworfen, dass sie der Beihilfe zur Untreue schuldig ist. Die Berufungskammer vertrat dabei die Auffasung, die Bank habe sich durch die unberechtigte Abbuchung gegenüber T schadensersatzpflichtig gemacht, was einen Vermögensnachteil darstelle.

Die auf die Verletzung formellen und materiellen Rechts gestützte Revision der Angeklagten hatte schon mit der Sachrüge Erfolg, was der Senat wie folgt herleitet: „Aufgrund der Sachrüge prüft das Revisionsgericht nicht nur, ob das Recht auf den festgestellten Sachverhalt richtig angewandt worden ist, sondern auch, ob die getroffenen Urteilsfeststellungen den Schuldspruch tragen können. (...). Die getroffenen Urteilsfeststellungen tragen die Verurteilung wegen Behilfe zur Untreue jedoch nicht[776]." Das Berufungsurteil enthalte weder den objektiven noch den subjektiven Tatbestand des § 266 StGB tragende Feststellungen: Zur erforderlichen Vermögensbetreuungspflicht des unbekannten Haupttäters, welche eine wesentliche Hauptpflicht voraussetze, enthalte das Urteil „nur unzureichende, nicht tragfähige Feststellungen"[777], wenn es lediglich auf die Pflicht der handelnden Person zur

---

776 OLG München wistra 2010, 155, 156; vgl. zu dieser häufig anzutreffendern Formulierung auch BGHSt 48, 14, 19; NJW 1995, 3131; 2013, 2211; 3383; StV 2013, 632, 635; OLG Köln NJW 2013, 2772, 2773; OLG Hamm NStZ-RR 2013, 13; vgl. ähnlich in Bezug auf den Schuldspruch: BGH NJW 2013, 2608, 2610; 2014, 91, 92; NStZ 2013, 43; NStZ-RR 2008, 83, 84; 2013, 45; StV 1991, 419; OLG Koblenz NJW 2012, 629, 630; OLG Karlsruhe NJW 2012, 869; OLG Celle NJW 2013, 3319.

777 OLG München wistra 2010, 155, 157; vgl. auch den Hinweis auf das Fehlen „tragfähiger" Feststellungen oder einer „tragfähigen" Begründung in BGH NJW 2012, 325, 326; 2013, 2133, 2134; 3383, 3384; 2014, 164, 165; NStZ 1996, 380; NStZ-RR 2003, 49, 50; 2010, 7, 8; StV 2002, 17, 18; vgl. auch die ausdrückliche Verknüpfung mit der Nachprüfungsmöglichkeit in OLG München, Beschl. v. 15.2.2011 – 4 StRR 167/10 -, juris Rn. 5, wo der Senat feststellt: „Die Urteilsfeststellungen des Landgerichts

besonderen Vermögensfürsorge abstelle und verkenne, dass nicht jeder gewöhnliche Bankangestellte zu selbstständigen Vermögensentscheidungen in der Bank befugt sei; solche Feststellungen, die eine besondere Pflichtenstellung nicht ergäben, „ermöglich(t)en dem Senat die revisionsrechtliche Überprüfung der Vermögensbetreuungspflicht (...) nicht."[778] Die Feststellungen belegten zudem mit der Argumentation des Berufungsgerichts keinen Vermögensnachteil der Bank, da die mögliche Realisierung eines etwaigen Schadensersatzanspruchs nicht mehr unmittelbar vom Täter der Untreue gesetzt werde. Zu einer möglichen selbstständigen und eigenverantwortlichen Vermögensverwaltung über Einzeldispositionen des T, wofür Giro- oder Sparverträge nicht ausreichten, enthalte das Urteil keine Feststellungen, „aus welchen der Senat mit der erforderlichen revisionsrechtlichen Gewissheit schließen könnte", dass eine besondere Vermögensbetreuungspflicht der Bank gegenüber T anzunehmen sei. Das Urteil enthalte ferner „keine trägfähigen Feststellungen" zu einer vorsätzlichen Haupttat, wobei im Hinblick auf die in der Bank übliche Gegenzeichnung des Auszahlungsbelegs durch M nicht fern läge, dass ein Bankangestellter gutgläubig die Auszahlung vorgenommen habe. Es hätte vielmehr zusätzlicher Feststellungen bedurft, dass der unbekannte ausführende Bankmitarbeiter gewusst habe, dass der Auszahlungsbeleg nicht von T stammte. Am Ende stellte der Senat noch fest: „Da die Sachrüge durchgreift, musste der Senat über die erhobenen Verfahrensrügen nicht mehr entscheiden."[779]

Die vorgenannte Entscheidung stellt ein Musterbeispiel für die Verknüpfung zwischen der „normalen", gewohnten Subsumtionskontrolle und der indirekten Überprüfung der Feststellungen in der Form dar, dass sich das Revisionsgericht fragt, ob die festgestellten Tatsachen zur Subsumtion ausreichen. Der angewandte Maßstab entspricht dabei demjenigen der generellen Aufgabe des Revisionsgericht als Kontrollinstanz: Das Revisionsgericht prüft, ob die Feststellungen für eine Kontrolle der Rechtsfehlerfreiheit der Subsumtion ausreichen. Zum anderen fällt die bevorzugte Stützung der Aufhebung auf die Sachrüge auf, die ein Eingehen auf die zugleich erhobene Verfahrensrüge für das Revisionsgericht oftmals entbehrlich macht.

Einen Bezug zu den Anforderungen des Gesetzes an die Darstellung des Sachverhaltes im tatrichterlichen Urteil stellt ein Beschluss des Thüringer OLG vom 15.5.2008–1 Ss 41/08 her: Das Amtsgericht Stadtroda hat den Angeklagten wegen

bieten vorliegend keine tragfähige Grundlage für die dem Revisionsgericht obliegende Prüfung, ob das Recht auf den festgestellten Sachverhalt richtig angewendet worden ist"; siehe auch BGH NJW 2012, 2898, 2899; NStZ 1986, 217; 1993, 95; 2000, 585, 586; NStZ-RR 2009, 350, 351; StV 2003, 542, 543; 2013, 503, 505; 632, 635; wistra 2003, 351, 352, die das Fehlen einer „tragfähigen Grundlage" bemängeln.

778 OLG München wistra 2010, 155, 157; vgl. zu ähnlichen Formulierungen auch BGH NJW 2013, 3383, 3384; 2014, 91, 93; StV 1992, 555; 2000, 599, 600; wistra 2001, 266, 267; BGH, Beschl. v. 13.11.2003 – 3 StR 359/03 -, jurion Rn. 24; Brandenburgisches OLG, Beschl. v. 24.10.2012 – (1) 53 Ss 163/12 (79/12) -, juris Rn. 9.

779 OLG München wistra 2010, 155, 158; vgl. zu dieser Vorgehensweise auch BGH NJW 2012, 2898; 3736; wistra 2007, 18.

vorsätzlichen Fahrens ohne Fahrerlaubnis zu einer Geldstrafe von 30 Tagessätzen zu je 30 € verurteilt.

Die Sprungrevision der Verteidigung führte zur Aufhebung des Urteils inklusive Feststellungen und zur Zurückverweisung des Verfahrens an eine andere Abteilung des Amtsgerichts. Der Senat ging dabei davon aus, dass anhand der Tatsachenfeststellungen eine Überprüfung der Veurteilung nicht möglich sei und trägt dazu vor: „Die Anforderungen an den Inhalt der Urteilsgründe ergibt sich aus § 267 StPO. Danach muss die Sachdarstellung des Urteils in sich geschlossen, klar, übersichtlich und aus sich heraus verständlich sein[780] (...). Nur dann hat das Revisionsgericht eine zweifelsfreie Basis für die Prüfung, ob der Tatrichter rechtsfehlerfrei zu seinem Ergebnis gelangt ist."[781] Das Urteil ermangele ausreichende Feststellungen zu der Frage, ob für den Angeklagten, der sich in der Hauptverhandlung darauf berufen hat, er habe geglaubt, er dürfe nach Ablauf der Sperrfrist von seiner französischen Fahrerlaubnis in Deutschland wieder Gebrauch machen, diese Vorstellungen schon zum Tatzeitpunkt gehabt habe oder erst später durch seinen Verteidiger entsprechend beraten worden sowie ob ein etwaiger Verbotsirrtum vermeidbar gewesen sei. Zur Beurteilung letzterer Frage bedürfe es der Feststellung im Urteil, inwiefern der Angeklagte seiner Erkundigungs- und Informationspflicht, etwa mittels Beratung durch einen Rechtsanwalt nachgekommen sei, da der Angeklagte grundsätzlich auf den Rat eines ohne Verschulden als kompetent angesehenen Rechtsanwalts vertrauen dürfe, wenn nicht die Unrichtigkeit der Auskunft ohne weiteres erkennbar sei.

Der Beschluss liefert Anhaltspunkte für die Anforderungen an die Darstellung der tatsächlichen Umstände im Urteil und nennt dabei Kriterien die entgegen des ausdrücklichen Bezuges zu § 267 StPO im Gesetz so nicht zu finden sind.

Überblickt man auch nur eine geringe Anzahl revisionsgerichtlicher Entscheidungen im Hinblick auf die Sachverhaltsfeststellungen wird schnell ein genereller Maßstab klar, an welchem die Anforderungen an ordnungsgemäße Feststellungen

---

780 Thüringer OLG, Beschl. v. 15.5.2008 – 1 Ss 41/08 -, juris Rn. 6; vgl. auch BGH, Beschl. v. 5.12.2008 – 2 StR 424/08 bei *Cierniak/Zimmermann*, NStZ-RR 2011, 231; siehe ferner Beschl. v. 13.11.2003 – 3 StR 359/03 -, jurion Rn. 24; OLG München, Beschl. v. 15.2.2011 – 4 StRR 167/10 -, juris Rn. 15 und OLG Hamburg, Beschl. v. 8.3.2011 – 2-39/10 (REV) -, juris Rn. 9, wonach gemäß § 267 Abs. 1 S. 1 StPO eine „geschlossene Darstellung" aller äußeren und inneren Tatsachen „in so vollständiger Weise" erfolgen müsse, „dass in den konkret angeführten Tatsachen der gesetzliche Tatbestand erkannt werden kann"; ähnlich auch BGH NStZ 2008, 352 und Beschl. v. 21.12.2004 – 3 StR 451/04 -, jurion Rn. 4, wonach eine Darstellung des Sachverhaltes dergestalt nötig sei, die erkennen lasse, „durch welche bestimmten Tatsachen die einzelnen gesetzlichen Merkmale des äußeren und inneren Tatbestands erfüllt werden" sowie Beschl. v. 13.1.2005 – 3 StR 473/04 -, jurion Rn. 3 und NStZ-RR 2008, 83, 84 „welche der festgestellten Tatsachen den einzelnen objektiven und subjektiven Tatbestandsmerkmalen zuzuordnen sind".

781 Thüringer OLG, Beschl. v. 15.5.2008 – 1 Ss 41/08 -, juris Rn. 6; vgl. auch BGH, Beschl. v. 5.12.2008 – 2 StR 424/08 bei *Cierniak/Zimmermann*, NStZ-RR 2011, 231.

meist zu messen sind: Demjenigen der Nachprüfbarkeit der Darstellung für das Revisionsgericht. Die Feststellungen müssen immer zumindest so vollständig und nachvollziehbar sein, dass dem Revisionsgericht die Überprüfung der Rechtsanwendung auf Rechtsfehler ermöglicht wird, insbesondere müssen alle Tatsachen abgebildet sein, die zur Subsumtion unter die gesetzlichen Tatbestandsmerkmale erforderlich sind. Die „Tragfähigkeit" der Feststellungen und Fehler in diesem Bereich sind damit in enger Verknüpfung mit der Überprüfbarkeit für das Revisionsgericht zu sehen, was in einer Entscheidung des BGH vom 29.11.2007 – 4 StR 386/07 sehr deutlich wird, wo dieser festgestellt hat: „Mängel der Sachdarstellung (...) nötigen jedoch zur Aufhebung des Urteils nur, soweit sie einer revisionsrechtlichen Überprüfung des jeweiligen Schuldspruchs entgegenstehen."[782]

Die folgenden Tatbestände stellen den Tatrichter vor besondere Herausforderungen im Hinblick auf die Anforderungen an ordnungsgemäße, „tragfähige" Feststellungen:

§ 223 StGB: Bei lediglich psychischer Einwirkung durch den Täter bedürfe es zu der Annhame einer Gesundheitsschädigung der Feststellung eines „pathologischen, somatisch-objektivierbaren Zustandes"[783]; „längerfristige Anpassungsstörungen", „Schlafstörungen, temporäre Schwindelzustände, Albträume, Nervosität und erhöhte Reizbarkeit" reichten dazu ohne nähere Darlegungen ebenso wenig aus wie eine „kurze reaktive depressive Erkrankung" oder „Migräneanfälle", die keine „Beeinträchtigung erheblichen Ausmaßes" erkennen ließen.[784]

§ 211 StGB: Für die Annahme eines Ausnutzungsbewusstseins als subjektives Merkmal einer heimtückischen Tötung bedürfe es bei einem Handeln in plötzlich aufsteigender Wut „besonderer Darlegungen" bezüglich solcher Umstände, die belegen, „dass der Täter trotz seiner Erregung die für die Heimtücke maßgebenden Gesichtspunkte in sein Bewusstsein aufgenommen hat."[785]

§§ 306 ff. StGB: Zur Subsumtion unter den Qualifikationstatbestand des § 306 a Abs. 2 StGB sei eine konkrete Gefahr einer Gesundheitsschädigung von Menschen erforderlich, wofür die bloße Anwesenheit der Anwohner in Verbindung mit Rußniederschlägen in den Wohnungen nicht genüge; es bedürfe vielmehr konkreter Ausführungen etwa zur baulichen Beschaffenheit des Gebäudes, zum Zeitpunkt der Alarmierung der Bewohner, zur Zeitdauer bis zur Evakuierung sowie zu möglichen Rauchgasvergiftungen.[786] Für die Annahme eines teilweisen Zerstörens durch Brandlegung im Sinne von § 306 Abs. 1 Nr. 1 StGB bei gewerblich genutzten

---

782 BGH, Urt. v. 29.11.2007 – 4 StR 386/07 -, jurion Rn. 7.

783 BGH NJW 2013, 3383; NStZ 1997, 123; OLG Düsseldorf NJW 2002, 2118.

784 BGH NJW 2013, 3383, 3384.

785 BGH NStZ 1987, 554, 555; ebenso NStZ 2009, 30, 31; 2011, 634, 635, wonach die Wahrnehmung der eigenen körperlichen Unterlegenheit nicht ausreiche; NStZ-RR 2000, 166, 167; 2005, 264, 265.

786 BGH StV 2013, 632, 635 f.

Gebäuden habe der Tatrichter im Hinblick auf die gegenüber § 305 StGB erhöhte Strafandrohung „je nach den Umständen des einzelnen Falls den konkreten Zweck zu ermitteln und in wertender Betrachtung unter Berücksichtigung des Erfordernisses der Gewichtigkeit des Taterfolges zu beurteilen, ob die Feststellungen zu Art und Umfang der Unbrauchbarkeit des Gebäudes" die Subsumtion ermöglichten und dies in den Urteilsgründen „im Einzelnen" darzulegen; insbesondere seien Feststellungen zur Unbrauchbarkeit für eine nicht unbeträchtliche Zeit und zur Betroffenheit des Objekts in einem seiner wesentlichen Bestandteile erforderlich.[787]

§ 315 c StGB: Die Formulierung im tatrichterlichen Urteil, die Verhaltensweise des Fahrers „gefährdete Leib und Leben der Mitfahrer" genüge nicht den Anforderungen an die Darlegung einer konkreten Gefahr für Leib oder Leben eines anderen Menschen im Sinne von § 315 c Abs. 1 StGB. Erforderlich sei die Schilderung eines Beinahe-Unfalls, mithin eines Vorgangs, bei dem ein unbeteiligter Betrachter zu der Einschätzung gelange „das sei noch einmal gut gegangen"[788]; bei KFZ-Kollisionen mache dies Angaben zur Geschwindigkeit der beteiligten Fahrzeuge und zur Intensität des Aufpralls notwendig.[789] Zur Verhinderung des Ausschlusses der Mitfahrer als taugliche Gefährdungsobjekte seien Feststellungen dazu erforderlich, ob sich diese etwa durch Übergabe der Schlüssel oder des PKW der Beihilfe zur Straßenverkehrsgefährdung schuldig gemacht haben könnten und damit nicht mehr in den Schutzbereich der Vorschrift fielen.[790] Für die Annahme der Gefährdung einer fremden Sache von bedeutenem Wert bedürfe es neben der Feststellung eines Sachwerts von mindestens 750 € auch die eines drohenden Schadens nicht unter 750 €.[791]

§ 316 a StGB: Für eine Verurteilung wegen Begehung eines räuberischen Angriffs auf Kraftfahrer bedürfe es bei Vorliegen eines nicht verkehrsbedingten Halts „zusätzlicher, in den Urteilsgründen darzulegender Umstände" für die Annahme, dass der Täter die besonderen Verhältnisse des Straßenverkehrs zur Tatbegehung

---

787 BGH NJW 2012, 693, 694.

788 BGH NStZ 2013, 167; vgl. zum Erfordernis eines „Beinahe-Unfalls" auch MDR 1996, 88; NJW 1995, 3131, 3132; siehe auch StV 2012, 217 und NStZ-RR 2012, 123, 124 zu den entsprechenden Anforderungen bei § 315b StGB; vgl. auch Urt. v. 22.3.2012 – 4 StR 558/11 -, jurion Rn. 5, 13 f., wonach die Feststellung „Es kam beinahe zu einem Zusammenstoß" nicht ausreiche.

789 BGH NStZ 2013, 167; vgl. auch Urt. v. 22.3.2012 – 4 StR 558/11 -, jurion Rn. 16, wonach der neue Tatrichter bei einem „Beinahe-Zusammenstoß" zusätzlich Ermittlungen zur Entfernung der Fahrzeuge, zur Beschaffenheit des Straßenverlaufs, zur Kreuzung sowie zu bestehenden Ausweichmöglichkeiten zu treffen und dies im Urteil darzulegen habe, auch wenn an die Feststellungen „keine zu hohen Anforderungen gestellt werden" dürften.

790 BGH NStZ 2013, 167.

791 BGH StraFo 2008, 343; vgl. zu letzterem Erfordernis des bedeutenden Schadens, welcher nach der am Marktwert zu bemessenden Wertminderung berechnet werde auch NStZ 2011, 215 f. und Beschl. v. 27.9.2007 – 4 StR 1/07 -, jurion Rn. 10.

ausgenutzt habe.[792] Die Feststellungen müssten das Vorliegen weiterer „verkehrsspezifischer Umstände" belegen, „die zu einer Beeinträchtigung der Abwehrmöglichkeiten des angegriffenen Fahrzeugführers geführt haben"[793].

§ 170 StGB: Für die Berechnung der gesetzlichen Unterhaltspflicht müssten die wesentlichen Grundlagen für den Bedarf des Berechtigen und die Leistungsfähigkeit des Verpflichteten „in einer Weise festgestellt und im Urteil dargelegt werden, die dem Revisionsgericht eine Überprüfung der rechtlichen Wertung des Tatrichters ermöglicht." Gehe der Unterhaltsverpflichtete keiner Vollzeitbeschäftigung nach, seien die erzielbaren Einkünfte unter Berücksichtigung seiner beruflichen Fähigkeiten und der Arbeitsmarktlage im Urteil festzustellen, wobei sich der Senat „der Schwierigkeiten des Tatrichters, im Einzelfall jeweils für die Annahme der Leistungsfähigkeit im Sinne des § 170 StGB revisionsrechtlich ausreichende Feststellungen zu treffen, durchaus bewusst" sei.[794]

§ 129 StGB: Für die Annahme einer kriminellen Vereinigung im Sinne von § 129 StGB brauche es als subjektives Element eine „Unterordnung des Willens des Einzelnen unter den Willen der Gesamtheit", wobei dann „geringere Anforderungen an die tatrichterlichen Feststellungen bezüglich des voluntativen Elements" anzulegen seien, wenn die Mitglieder eine „über den bloßen Zweckzusammenhang der Begehung von Straftaten hinausreichende Zielsetzung verfolgen und die für Vereinigungen typische Eigendynamik vor allem dadurch in Gang gesetzt wird, dass die Beteiligten sich in der Verfolgung eines übergeordneten gemeinsamen Ziels verbunden fühlen."[795] Aus den Urteilsgründen müsse sich eine „ausreichend räumlich-organisatorische Inlandsverankerung" ergeben, welche durch Kriterien wie den Schwerpunkt der Organisationsstruktur, des Ortes, an dem der Gruppenwille gebildet und die Straftaten begangen werden, belegt würden.[796]

§ 25 Abs. 2 StGB: Die Feststellung „Die Angeklagten wirkten mit" sei „zu floskelhaft, um dem Revisionsgericht eine Überprüfung der Veurteilung der Angeklagten als Mittäter zu ermöglichen", erforderlich sei eine konkrete Darlegung der Handlungsweisen der Angeklagten.[797] Für eine Verurteilung wegen täterschaftlichen unerlaubten Handeltreibens mit Betäubungsmitteln seien „konkrete Feststellungen zur Eigennützigkeit des Handelns" des einzelnen Bandenmitglieds, insbesondere zur Beurteilung seines Tatinteresses im Rahmen einer Abgrenzung zwischen Mittäterschaft und Beihilfe nötig, welche nicht durch Ausführungen zum Gewinnstreben der Bande ersetzt werden könnten.[798]

---

792 BGH NStZ 2013, 43.

793 BGH NStZ-RR 2006, 185, 186.

794 Brandenburgisches OLG, Beschl. v. 24.10.2012 – (1) 53 Ss 163/12 (79/12) -, juris Rn. 9, 14.

795 BGH NJW 2012, 325, 326; vgl. zur Entwicklung dieser Rechtsprechungslinie BGHSt 54, 216, 228 ff.

796 BGH NJW 2012, 325, 327 f.

797 BGH NStZ-RR 2013, 313.

798 BGH NStZ 2013, 550 f.

§§ 20, 21 StGB: Die Schuldfähigkeitsbeurteilung habe in einem „aus mehreren Schritten bestehenden Verfahren" zu erfolgen, in welchem zunächst die Feststellung einer psychischen Störung im Sinne einer der Eingangsmerkmale des § 20 StGB erforderlich und anschließend der Ausprägungsgrad der Störung und deren Einfluss auf das Tatverhalten des Angeklagten zu untersuchen sei.[799] Zur Beurteilung des Schweregrads einer Persönlichkeitsstörung bedürfe es einer „Gesamtschau der Persönlichkeit des Angeklagten und deren Entwicklung, der Tatvorgeschichte, des unmittelbaren Anlasses und der Ausführung der Tat sowie des Verhaltens nach der Tat"[800]. Nehme der Tatrichter eine „schwere" seelische Abartigkeit an, verneine er jedoch eine „erhebliche" Verminderung der Steuerungsfähigkeit, habe „er dies näher zu begründen".[801] Die Feststellung, „infolge der als krankhafte seelische Störung zu qualifizierenden Verfassung des Angeklagten" sei seine Steuerungsfähigkeit erheblich vermindert gewesen, sei zu allgemein, um eine revisionsrechtliche Nachprüfung zu ermöglichen.[802] Die Anforderungen an die Darlegungen einer erheblich verminderten Schuldfähigkeit im Hinblick auf die Ausführungen des Sachverständigen variierten je nach Stimmigkeit und Nachvollziehbarkeit des Gutachens: In ersterem Fall genüge die Darstellung der Annahmen des Sachverständigen sowie eigene Ausführungen zur Beantwortung der Rechtsfragen; seien sachverständige Aussagen nicht ohne weiteres nachvollziehbar, lückenhaft oder widersprüchlich genüge der pauschale Anschluss an das Gutachten nicht, es bedürfe weiterer Ausführungen und der kritischen Auseinandersetzung mit Unklarheiten des Gutachtens.[803]

Zur Versagung einer Strafrahmenverschiebung gemäß §§ 21, 49 Abs. 1 StGB bei verminderter Schuldfähigkeit reiche der Hinweis auf eine Alkoholerkrankung des Angeklagten, die diesem seit Jahren bekannt war, nicht aus; erforderlich seien vielmehr Feststellungen des Tatgerichts, dass sich aufgrund einer Gesamtabwägung der Einzelfallumstände das Risiko der Begehung von Straftaten im Alkoholrausch aufgrund persönlicher Gegebenheiten, wie früherer alkoholbedingter Gewaltbereitschaft oder der situativen Verhältnisse für den Täter „erkennbar signifikant erhöht" habe.[804]

§ 63 StGB: Die Maßregelanordnung nach § 63 StGB setze „die positive Feststellung eines länger andauernden, nicht nur vorübergehenden Defekts voraus, der zumindest eine erhebliche Einschränkung der Schuldfähigkeit im Sinne des

---

799 BGH StV 2013, 694, 695; ebenso NStZ-RR 2007, 74 f., wonach die Feststellung einer „drogeninduzierten exogenen und endogenen Psychose", welche mit einem „paranoiden Erleben verknüpft" und durch Cannabiskonsum verstärkt worden sei, zur Nachprüfung einer „krankhaften seelischen Störung" nicht ausreiche und 2008, 338, 339.

800 BGH NStZ-RR 2010, 7, 8; vgl. ebenso BGHSt 37, 397, 401 f.; 49, 45, 54; NStZ 2000, 585 f.; 2005, 326, 327; 2009, 258, 259.

801 BGH NStZ 1996, 380; vgl. auch StraFo 2001, 249 f.; StV 2002, 17, 18.

802 BGH, Urt. v. 28.7.1987 – 1 StR 270/87 -, juris Rn. 2 f.

803 BGH StV 2013, 694, 696.

804 OLG München NStZ-RR 2013, 48.

§ 21 StGB sicher begründet."[805] Es sei „stets im Einzelnen darzulegen, wie sich die Erkrankung in der jeweiligen Tatsituation auf die Einsichts- oder Steuerungsfähigkeit ausgewirkt hat und warum die Anlasstaten auf sie zurückzuführen sind."[806] Eine Unterbringungsanordnung bedürfe „sorgfältiger Begründung", da sie einen schwerwiegenden Eingriff in das Leben des Betroffenen bedeute.[807] Die Annahme der Gefährdung anderer setze eine „eingehende Begründung" voraus, der bei einem erweiterten Suizid mit gescheiterter Selbsttötung nicht ohne nähere Anhaltspunkte mit dem Hinweis Genüge getan sei, ein etwaiger neuer Lebenspartner sei in Gefahr.[808] Bei der Gefährlichkeitsprognose seien an die „Darlegungen umso höhere Anforderungen" zu stellen, je mehr es sich um einen Grenzfall handele.[809]

Zusammenfassend lässt sich festhalten, dass die Anforderungen an ordnungsgemäße Feststellungen von den Voraussetzungen abhängen, die das materielle Recht an das Erfülltsein eines Tatbestandsmerkmals stellt: Bilden die Sachverhaltsfeststellungen nicht alle Merkmale ab, die nach der Rechtsprechung zur Subsumtion unter das Gesetz erforderlich sind, können diese eine entsprechende Verurteilung nicht tragen. Die „Tragfähigkeit" der Feststellungen stellt sich damit als „verlängerter Arm" der materiell-rechtlichen Rechtsprüfung im engeren Sinne dar, durch welche unzureichende Tatsachenfeststellungen zumindest mittelbar angegriffen werden können, wenn sie nicht ausreichen, um die Rechtsanwendung bzw. ihre Überprüfung zu ermöglichen. Die Methode, mit bestimmten Anforderungen an die Tragfähigkeit tatrichterlicher Feststellungen selbst auferlegte Beschränkungen im Rahmen der Subsumtionskontrolle wieder aufzuweichen, stellt sich zwar im Vergleich zur Verwerfung der Prüfungsblockaden als umständlicher, aber gleichwohl effektiver Weg für das Revisionsgericht dar, seiner eigentlichen Aufgabe – der vollständigen Überprüfung der tatrichterlichen Rechtsanwendung – in möglichst umfassenden Maße nachzukommen.

#### (b) für Verurteilung erforderliches Beweismaß

Die Frage des für das Tatgericht verbindlichen Maßes an richterlicher Überzeugung gemäß § 261 StPO nimmt die eingangs im Rahmen der Erläuterungen zum Grundverständnis von der Revision im Zusammenhang mit der Zuweisung der Beweiswürdigung in den Verantwortungsbereich des Tatrichters aufgeworfene Frage, ob der Tatrichter ohne Beachtung objektiver Maßstäbe allein seiner subjektiven

805 BGH NStZ-RR 2007, 74; vgl. auch BGHSt 34, 22, 26; 42, 385, 388, wonach eine Borderline-Persönlichkeitsstörung zum Tatzeitpunkt nicht ohne weiteres ausreiche; NStZ 2000, 585; 2005, 326.

806 BGH NJW 2013, 246; vgl. auch Beschl. v. 1.8.1989 – 1 StR 290/89 -, juris Rn. 3 zu den gebotenen Darlegungen bei zwanghaftem Stehlen, dass der Täter die Diebstahlstaten wahllos begangen habe, ohne sie noch wahrzunehmen oder dass er einem unwiderstehlichen Zwang unterlegen sei.

807 BGH NStZ 2005, 326.

808 BGHSt 34, 22, 29.

809 BGH NJW 2014, 565; vgl. auch NStZ-RR 2007, 73, 74.

Gewissheit unterworfen ist[810], wieder auf. Die Klassifizierung des Beweismaßes ist zudem im Zusammenhang mit der Bestimmung des revisibelen Bereichs zu sehen: Wird im Sinne einer rein subjektiven Beweismaßtheorie allein auf die persönliche Überzeugung des Tatrichters abgestellt, ist diese aus den mit einer individuellen Einschätzung einhergehenden, persönlichkeitsspezifischen Gründen nur sehr beschränkt revisibel. Wird allein oder zusätzlich zur subjektiven Überzeugung ein objektives Beweismaß zugrunde gelegt, ergeben sich für den Revisionsrichter rational nachprüfbare Kriterien, die eine umfangreichere Nachprüfung ermöglichen.

#### (aa) Rechtsprechung

Ungeachtet der nach wie vor vertretenen Auffassung von der nötigen Hinnahme möglicher Schlüsse, selbst wenn diese lebensfremd erscheinen mögen[811], wird die als „subjektivistische Beweiswürdigungstheorie" bezeichnete[812] Ansicht der früheren Rechtsprechung, allein die subjektive Gewissheit sei für die Überzeugung im Sinne von § 261 StPO notwendig, aber auch „genügend"[813], heute nur mehr vereinzelt vertreten; vielmehr werden seitens der höchstrichterlichen Rechtsprechung vermehrt objektive Kriterien zur Rationalisierung der Überzeugungsbildung gefordert, wobei drei verschiedene Ansätze Eingang in die Rechtsprechung gefunden haben, wie die nachfolgenden Entscheidungen zeigen:

Die erste Tendenz zur Objektivierung der richterlichen Überzeugungsbildung setzte mit dem Maßstab des „nach der Lebenserfahrung ausreichenden Maßes an Sicherheit" schon ab den 1950er Jahren ein und wurde auch später wieder aufgegriffen, wie ein Beschluss des BGH vom 8.11.1996 – 5 StR 365/96 zeigt:

Das Landgericht Stade hat den Angeklagten, der sich auf einvernehmliche sexuelle Handlungen mit der Zeugin R berufen hatte, vom Vorwurf der Vergewaltigung und der sexuellen Nötigung freigesprochen, weil es sich nicht davon zu überzeugen vermocht hat, dass der Angeklagte entsprechend der Angaben der Zeugin, diese unter Bedrohung mit dem Tode zum Geschlechtsverkehr gezwungen habe.

Die gegen den Freispruch gerichteten Revisionen der Staatsanwaltschaft und der Nebenklage hat der Bundesgerichtshof verworfen. Neben Aussagen zur grundsätzlichen Freiheit des Tatrichters bei der Beweiswürdigung und zum üblichen

---

810 Siehe oben, 1. Kapitel B II 2 a) bb).

811 Vgl. oben Fn. 108, 109.

812 *Herdegen,* NStZ 1987, 193, 196; *ders.,* in: FS Hanack, 311, 317; *Schoreit,* in: KK-StPO, 6. Aufl., § 261 Rn. 4h.

813 BGHSt 10, 208, 209; StV 1998, 116; OLG Celle, JR 1977, 82, 83 m. krit. Anm. *Peters,* 83, 84; vgl. auch folgende Entscheidungen, welche bzgl. der Gewissheit im Hinblick auf die Notwendigkeit der Überzeugung folgende Formulierungen verwenden: BGH GA 1954, 152: „allein"; NJW 1998, 2753, 2756: „genügt"; NStZ 1983, 277, 278: „ausreichend"; NStZ-RR 2004, 238, 240: „allein"; BGH, Urt. v. 1.7.2008 – 1 StR 654/07 -, jurion Rn. 32: „allein"; OLG Frankfurt, Urt. v. 19.12.2011 – 1 Ss 95/11 -, juris Rn. 18: „genügt"; KG, Urt. v. 24.9.2013 – (4) 121 Ss 136/13 (170/13) -, juris Rn. 30: „genügt grundsätzlich".

Rechtsfehlerkatalog führt der Senat weiter aus, dass zugunsten des angenommenen Geschehensablaufes „ein nach der Lebenserfahrung ausreichendes Maß an Sicherheit", genüge, „das vernünftige und nicht bloß auf denktheoretische Möglichkeiten gegründete Zweifel nicht zulässt".[814] Der Senat geht davon aus, die Glaubhaftigkeitsbeurteilung der Aussage der Zeugin durch das Gericht sei frei von Rechtsfehlern, obwohl er einräumt, dass die Bewertung einzelner Tatumstände „auf fernliegenden Schlussfolgerungen" beruhe und sogar zwei verschiedene Plausibilitätsbeurteilungen des Tatgerichts als „kaum noch nachvollziehbar" bezeichnet. Obwohl auf der Grundlage der im Urteil mitgeteilten Umstände „sehr viel" dafür spreche, dass die Aussage der Zeugin glaubhaft sei, seien die Zweifel der Kammer an der Täterschaft des Angeklagten „noch hinzunehmen", da die Schlussfolgerungen des Tatrichters „nicht zwingend oder auch nur wahrscheinlich", sondern nur möglich sein müssten.[815]

Das Urteil hinterlässt ein ambivalentes Bild: Zum einen stellt es das Erfordernis eines „nach der Lebenserfahrung ausreichenden Maßes an Sicherheit" für die Schlussfolgerung des Tatgerichts auf und macht damit einen notwendigen Schritt zur Rationalisierung der ansonsten übermachtig erscheinenden subjektiven Überzeugung des Tatrichters. Zum anderen sieht sich der BGH trotz erheblicher Bedenken an der Beurteilung durch das Tatgericht außerstande in dessen Überzeugungsbildung einzugreifen, obwohl es dazu aus objektiver Sicht einen eindeutigen Anlass hätte – den der fehlenden „Nachvollziehbarkeit" der tatrichterlichen Erwägungen. Das Beweismaß der Lebenserfahrung stellt damit wohl kein ausreichendes Instrumentarium dar, mögliche, aber „kaum nachvollziehbare" Würdigungen des Tatgerichts effektiv angreifen zu können.

Einen deutlich weiteren Schritt in Richtung eines objektiven, neben der subjektiven Gewissheit bestehenden Maßstabs geht der BGH, wenn er vermehrt seit

---

814 BGH, Urt. v. 8.11.1996 – 5 StR 365/96 -, jurion Rn. 5; ebenso Urt. v. 6.12.2000 – 2 StR 372/00 -, jurion Rn. 11; Urt. v. 14.11.2001 – 3 StR 276/01 -, jurion Rn. 2; Urt. v. 1.7.2008 – 1 StR 654/07 -, jurion Rn. 29; vgl. auch BGHSt 34, 29, 34; NJW 1951, 122; 1980, 2423, 2424; 1993, 605, 607; 1995, 2930, 2932; 2003, 2179; 2013, 2612, 2613; NStZ 2002, 656, 657; 2010, 102, 103; NStZ-RR 1999, 301, 302; 332, 333; 2003, 369, 370; 2005, 149; 2010, 85; 2013, 117, 118; StV 1994, 580; VRS 24, 207, 210; 27, 105, 106; Urt. v. 21.6.1978 – 2 StR 46/78 -, jurion Rn. 3; Urt. v. 7.2.1980 – 4 StR 680/79 bei *Pfeiffer,* NStZ 1982, 188, 190; Urt. v. 21.10.1983 – 2 StR 367/83 -, jurion Rn. 7; Urt. v. 11.1.1984 – 2 StR 655/83 bei *Pfeiffer/Miebach,* NStZ 1985, 15; Urt. v. 24.1.1989 – 1 StR 683/88 bei *Miebach,* NStZ 1990, 28 Nr. 20; Urt. v. 12.9.1996 – 4 StR 241/96 -, jurion Rn. 5; Urt. v. 2.10.1996 – 2 StR 332/96 bei *Kusch,* NStZ 1997, 376, 377; Beschl. v. 28.7.1998 – 4 StR 293/98 -, jurion Rn. 10; Urt. v. 25.2.2004 – 4 StR 475/03 -, jurion Rn. 16; Urt v. 14.9.2004 – 1 StR 180/04, bei *Becker,* NStZ-RR 2006, 1, 4; Urt. v. 8.2.2006 – 5 StR 431/05 -, jurion Rn. 11; Urt. v. 4.12.2008 – 4 StR 371/08 -, jurion Rn. 9; Urt. v. 30.7.2009 – 3 StR 273/09 -, jurion Rn. 7; Urt. v. 10.8.2011 – 1 StR 114/11 -, jurion Rn. 18; BayObLG JR 1972, 30, 31 m. Anm. *Peters.*

815 BGH, Urt. v. 8.11.1996 – 5 StR 365/96 -, jurion Rn. 8.

den 1980er Jahren eine der Beweiswürdigung zugrunde liegende, „tragfähige, verstandesmäßig einsichtige Tatsachengrundlage"[816] verlangt, wie in ähnlicher Formulierung ein Urteil vom 2.7.1980 – 3 StR 204/80 deutlich macht, dem folgender Sachverhalt zugrunde lag:

Die Ehefrau des Angeklagten entband am 23.1.1973 eine gesunde Tochter, deren Erzeuger, wie der Angeklagte wusste, entweder der Zeuge S oder der Zeuge T war. Am 30.1.1973 holte der Angeklagte seine Frau aus dem Krankenhaus mit dem Taxi ab. Die Vermieterin hatte der Frau des Angeklagten untersagt, das uneheliche Kind in die Wohnung aufzunehmen. Kurz vor der Wohnung stieg der Angeklagte aus und nahm eine Tasche mit, in der nach den Feststellungen das Kind gelegen haben soll, die Ehefrau fuhr allein nach Hause. Das Kind ist seitdem unauffindbar. Das Landgericht Wuppertal hat den Angeklagten, der behauptet hat, seine Ehefrau habe den Säugling später zuhause getötet, wegen Beihilfe zum Totschlag verurteilt und dabei wahlweise folgende Möglichkeiten des Geschehensablaufes zugrunde gelegt: Entweder habe der Angeklagte das Kind im Taxi getötet oder seine Frau habe dies in seiner Anwesenheit mit seinem Wissen und Wollen getan oder er habe das Kind nach dem Verlassen des Taxis entweder im Einvernehmen mit seiner Frau oder unter Vortäuschung, das Kind in die Türkei zu bringen, selbst getötet oder es an Dritte in Kenntnis der bevorstehenden Tötung weitergegeben. Wo, wann, auf welche Art und Weise und von wem das Kind getötet wurde, konnte die Strafkammer nicht feststellen, sie war jedoch davon überzeugt, dass der Angeklagte an jeder denkbaren Variante der Tötung des Kindes willentlich beteiligt war und nahm als für diesen günstigste Variante die letztgenannte an.

Die Revision des Angeklagten hatte mit der allgemeinen Sachrüge Erfolg. Der Senat urteilte, der Sachverhalt sei für eine Verurteilung des Angeklagten nicht hinreichend geklärt. Das Revisionsgericht sei zwar grundsätzlich an die Überzeugung des Tatgerichts vom tatsächlichen Geschehen gebunden; die Bindung entfalle jedoch ausnahmsweise dann, „wenn sich die Schlussfolgerungen so sehr von einer festen Tatsachengrundlage entfernen, dass sie letztlich bloße Vermutungen[817] sind, die

---

816 BGH NJW 2014, 2132, 2133; NStZ 1982, 478 m. zust. Anm. *Peters*, JR 1983, 164; NStZ 2000, 586; NStZ-RR 2005, 373; 2012, 381, 382; StV 1993, 510, 511; 1995, 453; 2002, 235; wistra 2004, 432; Beschl. v. 14.4.1982 – 2 StR 24/82 -, jurion Rn. 1; Beschl. v. 8.12.1983 – 4 StR 707/83 -, jurion Rn. 3; Urt. v. 6.4.1990 – 2 StR 627/89 -, jurion Rn. 5; Beschl. v. 29.7.1991 – 5 StR 278/91 -, jurion Rn. 7; Urt. v. 13.8.1991 – 5 StR 231/91 -, jurion Rn. 7; BGH, Beschl. v. 8.11.1996 – 2 StR 534/96 bei *Kusch*, NStZ 1997, 376, 377; Beschl. v. 23.9.1997 – 4 StR 154/97 -, jurion Rn. 7; Beschl. v. 24.3.2000 – 3 StR 585/99 -, jurion Rn. 9; Urt. v. 27.1.2011 – 4 StR 487/10 -, jurion Rn. 9; KG, Urt. v. 24.9.2013 – (4) 121 Ss 136/13 (170/13) -, juris Rn. 30.

817 BGH NStZ 1981, 33; vgl. auch folgende Entscheidungen, die Beweiserwägungen des Tatrichters als bloße „Vermutung" verwerfen: NJW 1993, 605, 607; 1999, 1562; 2004, 2603, 2604; NStZ-RR 2003, 49, 50; 2008, 273, 274; 341; StV 1992, 261, 262; 1999, 136; 2000, 67; 2002, 26, 29; wistra 2000, 307; 2004, 432, 433; Beschl. v. 8.12.1983 – 4 StR 707/83 -, jurion Rn. 5; Beschl. v. 16.7.1996 – 4 StR 315/96 -, jurion Rn. 3; Beschl.

nicht mehr als einen – wenn auch schwerwiegenden – Verdacht begründen"[818] So läge der Fall hier, es sei zu befürchten, dass die richterliche Überzeugung „objektiv nicht hinreichend fundiert" sei, da sie sich nicht auf einen näher konkretisierten Tathergang beziehe und andere denkbare Sachverhaltsgestaltungen, insbesondere ein Alleinhandeln der Ehefrau oder die gutgläubige Übergabe an Dritte zum Zwecke der Überbringung in die Türkei nicht sicher ausgeschlossen werden könnten.

Durch die Forderung einer der subjektiven Gewissheit zugrundeliegenden, objektiv verständlichen Tatsachengrundlage bekennt sich der BGH zu Recht klar zur Notwendigkeit einer neben der persönlichen Überzeugung bestehenden, rationalen Komponente.

Den vorläufigen Höhepunkt erlebte die Orientierung der höchstrichterlichen Rechtsprechung an zusätzlichen objektiven Kriterien im Rahmen der Überzeugungsbildung schwerpunktmäßig seit Beginn der 90er Jahre, seitdem die Obergerichte das „Beweismaß der hohen Wahrscheinlichkeit"[819] anerkannt haben, siehe etwa BGH, Beschl. v. 29.7.1991 – 5 StR 278/91:

Das Landgericht Hannover hat den Angeklagten wegen Vergewaltigung zu einer langjährigen Freiheitsstrafe verurteilt. Der Angeklagte hatte sich auf einvernehmlichen Geschlechtsverkehr mit der Zeugin berufen. Aus Sicht der Strafkammer sprächen einzelne Indizien für eine Glaubhaftigkeit der Angaben der Zeugin, wonach der Angeklagte sie 20 Sekunden lang gewürgt habe, sodass sie in Todesangst den Geschlechtsverkehr bis zum Samenerguss des Angeklagten geduldet habe; so stütze sie ihre Überzeugung maßgeblich auf bei der Zeugin festgestellte Stauungsblutungen, die sich „zwanglos mit Würgen in Einklang bringen" ließen. Die Tatsache, dass weder beim Angeklagten noch bei der Zeugin Spuren eines Samenergusses feststellbar waren, spräche nicht gegen die Glaubhaftigkeit der Aussage der Zeugin, wenn man die seitens der Zeugin behauptete Zeugungsunfähigkeit des Angeklagten „unterstelle".

Auf die Revision des Angeklagten hin hob der Senat das Urteil inklusive Feststellungen auf und verwies das Verfahren zur erneuten Verhandlung und Entscheidung

---

v. 23.9.1997 – 4 StR 154/97 -, jurion Rn. 9; Beschl. v. 28.10.1999 – 4 StR 476/99 -, jurion Rn. 4; Urt. v. 22.5.2012 – 1 StR 103/12 -, jurion Rn. 23.

818 BGH NStZ 1981, 33 m. Anm. *Peters*, JR 1981, 305 f.; vgl. dazu auch NJW 2013, 2612, 2613; NStZ 1986, 373; 1987, 473 f.; 1990, 501; 1994, 501; NStZ-RR 1996, 202; 374; 1997, 42, 43; 2000, 312; 2002, 243; 2008, 273, 274; StV 1982, 256; 1992, 261, 262; 1993, 510, 511; 1995, 453; 1996, 5; 1999, 136; 2000, 67; Beschl. v. 18.6.1991 – 5 StR 216/91 -, jurion Rn. 3; Beschl. v. 26.8.1991 – 3 StR 33/91 -, jurion Rn. 5; Beschl. v. 15.11.1991 – 3 StR 404/91 -, jurion Rn. 3; Beschl. v. 21.2.1996 – 5 StR 399/95 -, jurion Rn. 8; Beschl. v. 17.11.1999 – 1 StR 560/99 -, jurion Rn. 8; Beschl. v. 26.1.2000 – 2 StR 541/99 -, jurion Rn. 4; Urt. v. 17.9.2009 – 4 StR 174/09 -, jurion Rn. 9; Thüringer OLG, Beschl. v. 15.5.2008 – 1 Ss 41/08 -, juris Rn. 10.

819 BGH NJW 1988, 3273, 3274; NStZ 1990, 402; StV 1990, 99; 439; 533, 534; Beschl. v. 13.3.1991 – 2 StR 62/91 -, jurion Rn. 2; Urt. v. 14.4.1993 – 3 StR 604/92 -, jurion Rn. 2; siehe auch NJW 1999, 1562, 1564, wonach die „objektiv hohe Wahrscheinlichkeit" der Tatbegehung „Voraussetzung" für eine Verurteilung sei.

zurück. Er bemängelte die Beweiswürdigung als rechtsfehlerhaft: „Die richterliche Überzeugung setzt neben der persönlichen Gewissheit des Richters objektive Grundlagen voraus. Diese müssen aus rationalen Gründen des Schluss erlauben, dass das festgestellte Geschehen mit hoher Wahrscheinlichkeit mit der Wirklichkeit übereinstimmt.[820] Das ist der Nachprüfung durch das Revisionsgericht zugänglich."[821] Die tatrichterliche Beweiswürdigung halte diesen Anforderungen nicht stand. Die Einschätzung der Strafkammer, die bei der Zeugin gefundenen Spuren ließen sich „zwanglos" mit deren Schilderung vereinbaren, schließe noch nicht andere mögliche Ursachen für deren Vorliegen zuverlässig aus. Es erscheine „fraglich", dass dieses Indiz neben den angedeuteten Zweifeln der Strafkammer an der Glaubwürdigkeit der Zeugin für die richterliche Überzeugung ausreiche, zumal sich die Strafkammer nicht mit der „naheliegenden Möglichkeit" auseinandergesetzt habe, dass es zu einer tätlichen Auseinandersetzung ohne Beischlaf gekommen sein könnte. Schwerwiegende Bedenken gegen den angenommenen Geschehensablauf begründe vor allem die Tatsache, dass der von der Zeugin behauptete Samenerguss nicht nachgewiesen werden konnte; die Verwertung einer nicht bewiesenen Indiztatsache in Form der „unterstellten" Zeugungsunfähigkeit zu Lasten des Angeklagten sei rechtsfehlerhaft.[822]

Diese Entscheidung betont das Erfordernis der Rationalität der angenommenen Sachverhaltsvariante und bringt diese in Zusammenhang mit der Pflicht des Tatgerichts, sich mit anderen denkbaren, „naheliegenden" Geschehensabläufen auseinanderzusetzen.

Zusammenfassend lässt sich konstatieren, dass der BGH von den unterschiedlichen Kriterien zum Erfordernis einer objektiven Komponente der Überzeugungsbildung sehr unterschiedlich Gebrauch macht und diese sogar zuweilen zu einem gemeinsamen Begründungsansatz vermischt.[823] Entscheidungen, die nur mehr allein auf die subjektive Überzeugung abstellen, sind indes kaum mehr anzutreffen.

---

820 BGH, Beschl. v. 29.7.1991 – 5 StR 278/91 -, jurion Rn. 7; vgl. zu dieser und ähnlicher Formulierung auch BVerfG NJW 2003, 2444, 2445; BGH NJW 1988, 3273; NStZ 1990, 402; 603; 1992, 48; StV 1990, 99; 439; Beschl. v. 13.3.1991 – 2 StR 62/91 -, jurion Rn. 2; Urt. v. 4.9.1991 – 2 StR 327/91 -, jurion Rn. 12, 14; Beschl. v. 24.3.2000 – 3 StR 585/99 -, jurion Rn. 9; OLG Rostock StV 1996, 419, 420.

821 BGH, Beschl. v. 29.7.1991 – 5 StR 278/91 -, jurion Rn. 7; vgl. ebenso NStZ –RR 2012, 381, 382; StV 1993, 510, 511; 1995, 453; 2002, 235; Beschl. v. 6.4.1990 – 2 StR 627/89 -, jurion Rn. 5; Urt. v. 13.8.1991 – 5 StR 231/91 -, jurion Rn. 7; Beschl. v. 8.11.1996 – 2 StR 534/96, bei *Kusch*, NStZ 1997, 377; Beschl. v. 24.3.2000 – 3 StR 585/99 -, jurion Rn. 9; Urt. v. 27.1.2011 – 4 StR 487/10 -, jurion Rn. 19.

822 BGH, Beschl. v. 29.7.1991 – 5 StR 278/91 -, jurion Rn. 10.

823 Vgl. *Herdegen*, NStZ 1999, 176, 177; vgl. etwa die Kombination des Erfordernisses einer „verstandesmäßig einsichtigen Tatsachengrundlage" mit dem „Beweismaß der hohen Wahrscheinlichkeit" in BGH StV 1993, 510, 511; Beschl. v. 29.7.1991 – 5 StR 278/91 -, jurion Rn. 7; Urt. v. 13.8.1991 – 5 StR 231/91 -, jurion Rn. 7; Beschl. v. 8.11.1996 – 2 StR 534/96 bei *Kusch*, NStZ 1997, 377; Beschl. v. 24.3.2000 – 3 StR 585/99 -,

## (bb) Kritik aus der Literatur

In der Literatur wurde der objektivierte Einschlag der obergerichtlichen Rechtsprechung überwiegend begrüßt[824]: Während manche Autoren zunächst als Reaktion auf die alte Rechtsprechungslinie als mögliches objektives Kriterium die Nachvollziehbarkeit des Überzeugungsbildungsprozesses für andere Richter forderten[825], hat *Herdegen* als vehementer Kritiker eines rein subjektiven Beweismaßes[826] die auf das Beweismaß der hohen Wahrscheinlichkeit abstellende Beweiswürdigungstheorie[827] entwickelt, wonach für das angenommene Beweiswürdigungsergebnis eine objektiv hohe Wahrscheinlichkeit als selbstständiges normatives Kriterium mittels in hohem Maße plausibler, rationaler Argumentation sprechen müsse[828], welche später – wie dargestellt – in zahlreichen Entscheidungen vom BGH übernommen wurde.

---

jurion Rn. 9; siehe auch die Verknüpfung des Maßstabs der „hohen Wahrscheinlichkeit" mit dem „nach der Lebenserfahrung ausreichendem Maß an Sicherheit" in BGH NJW 1988, 3273 und Urt. v. 14.4.1993 – 3 StR 604/92 -, jurion Rn. 2.

824 Vgl. etwa folgende Autoren, die zusätzlich zur subjektiven Gewissheit (irgend) ein objektives, rationales Kriterium der Überzeugungsbildung fordern: *Brause,* NStZ 2007, 505, 506; *Fischer,* in: FG Paulus, 53, 64, 66 f.; *Frisch,* in: SK-StPO, § 337 Rn. 126 f.; *Gössel,* in: Tatsachenfeststellung in der Revisionsinstanz, 117, 134; *Peters,* ZStW 94 (1982), 1001, 1005; *Sander,* StV 2000, 45; *Schlothauer,* StraFo 2000, 289; *Sommer,* in: FS Riess, 585, 600; ein ausschließlich objektives Beweismaß wird nur vereinzelt vertreten, vgl. etwa zur normativen Beweistheorie *Freund,* Normative Probleme der „Tatsachenfeststellung", 56 ff., 103 f.; *ders.,* in: FS Meyer-Goßner, 409, 417 Fn. 28 m.w.Nw.; ähnlich *Stein,* in: Zur Theorie und Systematik des Strafprozessrechts, 233, 257: „normatives Entscheidungsnormensystem"; auf eine „Wahrscheinlichkeitsskala" abstellend *Hoyer,* ZStW 105 (1993), 523, 539, 541 ff.; krit. dazu *Erb,* in: FS Riess, 77, 82 ff.

825 *Otto,* NJW 1978, 1, 7; *Peters,* Der neue Strafprozess, 172; *ders.,* JR 1972, 31, 31; *ders.,* JR 1977, 83, 84; *ders.,* Strafprozess, 2. Aufl., 257; *Roxin/Schünemann,* Strafverfahrensrecht, § 45 Rn. 43; *Rüping,* Das Strafverfahren, Rn. 460; *Stree,* In dubio pro reo, 40; krit. *Walter,* Freie Beweiswürdigung, 166 ff.

826 Vgl. nurmehr *Frister,* in: FS Grünwald, 169, 186 als Unterstützer der rein subjektiven Beweiswürdigungstheorie und den Überblick über die Beweiswürdigungstheorien bei *Schmidt,* Grundsätze der freien richterlichen Beweiswürdigung im Strafprozessrecht, 94 ff.

827 *Herdegen.,* in: FS Eisenberg, 527, 539 ff.; *ders.,* in: FS Kleinknecht, 173, 176 ff.; *ders.,* NStZ 1987, 193, 197 ff.; *ders.,* StV 1992, 527, 533, ähnlich *Kunz,* ZStW 121 (2009), 572, 592 ff. zur „normative(n) Theorie des Tatbeweises"; ihm folgend *Erb,* GA 2012, 72, 81 f.; *Loddenkemper,* Revisibilität tatrichterlicher Zeugenbeurteilung, 143 ff., 150; *Maatz/Wahl,* in: FS 50 Jahre BGH, 531, 548; *Momsen,* in: KMR-StPO, § 337 Rn. 80 (54. EL Mai 2009); *Nack,* in: Grundlagen der Strafverteidigung, 219, 283; *Riess,* GA 1978, 265, 271; *ders,* in: FS Fezer, 455, 463; *ders.,* in: FS Hanack, 397, 406; krit. dazu *Foth,* DRiZ 1997, 201, 207; *Frister,* in: FS Grünwald, 169, 181 f.; *Jähnke,* in: FS Hanack, 355, 362; *Velten,* in: SK-StPO, § 261 Rn. 6.

828 *Herdegen,* in: Beweisantragsrecht, Beweiswürdigung, strafprozessuale Revision, 97, 107; *ders.,* in: Der Strafprozess vor neuen Herausforderungen?, 27, 39; *ders.,* in:

(cc) Stellungnahme

Um zur einleitend wieder aufgenommenen Frage zurückzukommen, ob die richterliche Überzeugung ausschließlich von individuellen, subjektiven Maßstäben abhängig gemacht werden kann, kann diese vorweg mit einem klaren „Nein“ beantwortet werden. Sowohl die Auffassung, welche allein die subjektive Gewissheit des Tatrichters für eine ordnungsgemäße Überzeugungsbildung im Sinne von § 261 StPO genügen lässt, als auch die Ansicht, die ausschließlich auf objektive Kriterien abstellt, sind abzulehnen; erstere weil sie meines Erachtens schwerlich mit dem Rechtsstaatsgebot in Einklang zu bringen ist, letztere weil sie mit dem Wortlaut des Gesetzes, das eine „Überzeugung“ als etwas (auch) Persönliches fordert, kaum zu vereinbaren ist. Zum Schutz vor der jeder menschlichen Entscheidung anhaftenden Gefahr der Willkür sind zusätzlich zu der vom Gesetz geforderten subjektiven Gewissheit rational erfassbare und damit auch vom Revisionsgericht nachprüfbare Kriterien unumgänglich. Der Wandel in der Rechtsprechung von einem rein subjektiven Beweismaß, mit welchem unter Berufung auf die Persönlichkeitskomponente automatisch eine nur beschränkte Nachprüfbarkeit in der Revisionsinstanz verbunden ist, hin zu einem erkennbaren „Trend zur Verdeutlichung der objektiven Überzeugungskomponente“[829] mit der gleichzeitgen Erweiterung der Prüfungsmöglichkeiten für das Revisionsgericht wird damit ausdrücklich befürwortet. Ein Verharren bei einem rein auf die subjektive Gewissheit gestützten Beweismaß lässt sich auch nicht etwa mit der gesetzgeberischen Intention von einer „freien“ Beweiswürdigung durch den Tatrichter rechtfertigen: Die Einführung des Grundsatzes der freien Beweiswürdigung sollte den Tatrichter nicht von der Einhaltung rechtlicher Regeln befreien oder ihm gar die willkürliche Annahme von Beweisergebnissen allein nach seinem Gutdünken[830] ermöglichen; Sinn und Zweck der Bezeichnung der Beweiswürdigung als „frei“ war und ist ausschließlich die Befreiung des Tatrichters von gesetzlichen Beweisregeln, die ihm das Ergebnis seiner Würdigung bindend vorschreiben, nicht jedoch die Erlaubnis, Beweisannahmen frei von jeder Begründungspflicht und Kontrollmöglichkeit ohne die erforderliche Nachvollziehbarkeit für die Prozessbeteiligten und die obere Instanz herzuleiten.[831]

---

FS Eisenberg, 527, 540 f.; *ders.*, in: FS Hanack, 311, 326 ff.; *ders.*, NJW 2003, 3513, 3515; *ders.*, NStZ 1987, 193, 198; *ders.*, NStZ 1999, 176, 177; *ders.*, StV 1992, 527, 533; *ders.*, in: Rechtssicherheit versus Einzelfallgerechtigkeit, 30, 43; vgl. auch *Fincke*, GA 1973, 266, 272; *Kühne*, Strafprozessrecht, 5. Aufl., Rn. 947 und *Walter*, Freie Beweiswürdigung, 190, die darüber hinausgehend eine „an Sicherheit grenzende Wahrscheinlichkeit“ fordern und *Schmidt*, Grundsätze (Fn. 826), 151 ff., die eine für den festgestellten Geschehensablauf sprechende „Evidenz“ verlangt.

829 *Albrecht*, NStZ 1983, 486; *Hoyer*, ZStW 105 (1993), 523, 533.

830 Vgl. auch *Gössel*, in: Tatsachenfeststellung in der Revisionsinstanz, 117, 124, 133 und *Hanack*, JuS 1977, 727.

831 Vgl. zu diesem Gedanken *Fezer*, StV 1995, 95 f.; *Freund*, in: FS Meyer-Goßner, 409, 410 Fn. 7; *Herdegen*, in: Beweisantragsrecht, Beweiswürdigung, strafprozessuale Revision, 97, 106.

Aus heutiger Sicht kann es aus rechtsstaatlichen Gründen keinen Zweifel daran geben, dass die Beweiswürdigung auf einer für Dritte nachvollziehbaren, objektivierbaren und tragfähigen Tatsachengrundlage sowie einem prozessual ordnungsgemäßen Beweiswürdigungsvorgang beruhen muss. Jede andere Auffassung, würde richterlichem Subjektivismus und grenzenloser Willkür Tür und Tor öffnen.[832] Zur subjektiven Überzeugung des Tatrichters muss ein objektives, nachprüfbares Element dazu kommen, insbesondere ist der Tatrichter gehalten, die Grundlagen seiner subjektiven Überzeugungsbildung, also die Beweismittel, die er seiner Entscheidung zugrunde legen will und deren Gehalt für die Verfahrensbeteiligten und das Revisionsgericht vollständig verständlich zu machen. Eine objektiv nachvollziehbare Entscheidungsgrundlage als transparente Kontrollbasis ist im Hinblick auf das aus Art. 3 GG abgeleitete Willkürverbot in einem Rechtsstaat unverzichtbar. Auch das Bundesverfassungsgericht hat dies erkannt und in einem Urteil aus dem Jahr 2003 zumindest indirekt einem allein auf die subjektive Gewissheit abstellenden Verständnis von der „Überzeugung" eine Absage erteilt, indem es forderte, dass der Schuldspruch auf einer „tragfähigen Beweisgrundlage" beruhen müsse, aus welcher eine „objektiv hohe Wahrscheinlichkeit der Richtigkeit der Beweisergebnisse" zu folgern sei.[833] Ob der Maßstab der hohen Wahrscheinlichkeit oder ein anderes, gleich taugliches objektives Kriterium zur Sicherstellung einer tragfähigen Tatsachen- und Beweisgrundlage anzulegen ist, braucht in diesem Rahmen für unsere Zwecke nicht endgültig entschieden zu werden; maßgeblich ist das gewachsene Bewusstsein in Rechtsprechung und Literatur, dass die tatrichterliche Beweiswürdigung ungeachtet der nach wie vor grundsätzlich anzuerkennenden „Freiheit" im Rahmen der subjektiven Komponente der Beweiswürdigung, der materiellen Würdigung der Beweismittel im engeren Sinne, rechtlichen Anforderungen wie insbesondere dem Erfordernis rational nachzuvollziehender Grundlagen unterliegen muss. *Peters* fordert daher mit Recht ganz allgemein ein „notwendige(s) objektive(s) Fundament" des Fürwahrhaltens zur „objektiven (sachgebundenen) Begrenzung" des „subjektiven Freiraums" der Überzeugung.[834]

Die Einhaltung der *rechtlichen* Regeln unterliegt ungeachtet der grundsätzlichen Einordnung der Beweiswürdigung als *Tat*frage der Nachprüfung durch das für die *Rechts*frage zuständige Revisionsgericht. Es verbietet sich daher die Beweiswürdigung schematisch als irrevisibele *Tat*frage abzutun, vielmehr ist zu unterscheiden zwischen dem subjektiven Würdigungsakt an sich und dem zugrundeliegenden und diesen erst ermöglichenden Weg zum konkreten Würdigungsergebnis, dem Würdigungsvorgang[835], der an rechtliche Grundlagen gebunden ist.

832 Vgl. *Albrecht*, NStZ 1983, 486, 492; *Herdegen*, StV 1992, 527; *Peters*, JR 1977, 83, 84; *ders.*, Strafprozess, 2. Aufl., 257.

833 BVerfG NJW 2003, 2444, 2445 m. zust. Anm. *Herdegen*, 3513 ff. und Anm. *Böse*, JR 2004, 40 ff.; *Schoreit*, in: KK-StPO, 6. Aufl., § 261 Rn. 4i.

834 *Peters*, ZStW 94 (1982), 1001, 1005; ähnlich auch *ders.*, in: FS Schäfer, 137, 150.

835 Vgl. den ähnlichen Gedankengang bei *Peters*, ZStW 57 (1938), 53, 73, der allgemein zwischen der „Wertung" und dem „Weg" differenziert.

### (c) Überspannte Anforderungen an die Überzeugung beim Freispruch

In engem Zusammenhang mit der Frage nach dem für eine Verurteilung an die richterliche Überzeugung anzulegenden Maßstab[836] steht die nächste Fallgruppe, die nach der ständigen Rechtsprechung des BGH zugleich einen eigenständigen Fehler im Rahmen der möglichen Beweiswürdigungsfehler bildet: Das Anlegen überspannter, überzogener Anforderungen an die richterliche Überzeugung, was insbesondere beim Freispruch relevant wird, vgl. BGH, Urt. v. 11.1.2005 – 1 StR 478/04:

Der Angeklagte wurde vom Landgericht Bayreuth vom Vorwurf des Mordes aus Habgier an dem 51-jährigen Opfer H freigesprochen. Die Strafkammer ging dabei von folgendem Sachverhalt aus: H suchte am 28.9.2001 eine Mitfahrgelegenheit von Österreich nach Ungarn und stieg in das Auto des Angeklagten, der auf dem Weg in seinen Wohnort Sch war. Unterwegs tankte der Angeklagte an der Tankstelle Stuben und kaufte dort Coca-Cola und drei Isolierbänder der verbreiteten Marke „Coroplast“, die er mit der Karte bezahlte. Am 6.10.2001 wurde die Leichte von H mit durchgeschnittener Kehle und anderen massiven Schnittverletzungen etwa 40 km von Sch entfernt im Gebüsch gefunden, es fehlten 300–400 DM Bargeld, ein Koffer und andere Gegenstände. Anhand des Madenbefalls an der Leiche ergab sich, dass diese dort spätestens am Nachmittag des 29.09.2001 abgelegt wurde. Am Handgelenk des Opfers wurde eine kleine Schnittwunde gefunden, in der Partikel von „Coroplast“-Isolierband festgestellt wurden.

Zu Beginn der Ermittlungen machte der Angeklagte am 23.11., 30.11. und 01.12.2001 Ausführungen, danach machte er keine Angaben mehr. Er berichtete insbesondere von sich aus, dass er in Stuben getankt und Getränke gekauft habe, die er möglicherweise mit Karte bezahlt habe. Von dem Kauf der Isolierbänder erwähnte er nichts. Die Strafkammer ordnete das Verschweigen des Isolierbandkaufs zwar als gewichtig ein, dennoch hielt sie dies weder allein noch im Zusammenhang mit anderen Erkenntnissen für ausreichend, eine Täterschaft des Angeklagten nachzuweisen. Sie führte dazu u.a. aus, das Verschweigen des Kaufs sei „bedeutungslos“, da es möglich sei, dass sich der Angeklagte am 23.11.2001 nicht mehr daran erinnerte, ggf. weil es für ihn ein „alltäglicher“ Vorgang gewesen sei. Es könne zudem nicht ausgeschlossen werden, dass der Angeklagte H Isolierbänder überlassen hatte, evtl. um etwas zu reparieren.

Die Revision der Staatsanwaltschaft und der Nebenkläger führte mit der allgemeinen Sachrüge zur Aufhebung des Urteils und zur Neuverhandlung, da die

---

836 Vgl. etwa die Verknüpfung des Rechtsfehlers der „überspannten Anforderungen“ mit der Verkennung, „dass eine absolute (...) Gewissheit nicht erforderlich ist, vielmehr ein nach der Lebenserfahrung ausreichendes Maß an Sicherheit genügt“ in BGH NJW 2003, 2179; NStZ-RR 1996, 35, 36; 1999, 301, 302; 2003, 369, 370; 2005, 149; 2010, 85; Urt. v. 8.11.1996 – 5 StR 365/96 -, jurion Rn. 5; Urt. v. 12.9.1996 – 4 StR 241/96 -, jurion Rn. 5; Urt. v. 6.12.2000 – 2 StR 372/00 -, jurion Rn. 11; Urt. v. 14.11.2001 – 3 StR 276/01 -, jurion Rn. 2; Urt. v. 25.2.2004 – 4 StR 475/03 -, jurion Rn. 6; Urt. v. 8.2.2006 – 5 StR 431/05 -, jurion Rn. 11.

Beweiswürdigung nicht frei von Rechtsfehlern sei. Der Senat führte zur Begründung aus: „Kann der Tatrichter nicht die erforderliche Gewissheit gewinnen und spricht den Angeklagten daher frei, so hat das Revisionsgericht dies regelmäßig hinzunehmen. Die Beweiswürdigung ist Sache des Tatrichters. (...) Demgegenüber ist eine Beweiswürdigung etwa dann rechtsfehlerhaft, (...) wenn an die zur Verurteilung erforderliche Gewissheit überspannte Anforderungen gestellt sind.[837] Dies ist auch dann der Fall, wenn eine nach den Feststellungen naheliegende Schlussfolgerung nicht gezogen ist, ohne dass konkrete Gründe angeführt sind, die dieses Ergebnis stützen können. Es ist weder im Hinblick auf den Zweifelssatz noch sonst geboten, zu Gunsten des Angeklagten Tatvarianten zu unterstellen, für deren Vorliegen keine konkreten Anhaltspunkte erbracht sind.[838]"

Gemessen an diesen Anforderungen seien folgende Erwägungen der Strafkammer rechtsfehlerhaft: Soweit das Gericht auf die Alltäglichkeit des Isolierbandkaufs abstellt, habe sie sich nicht ausreichend damit auseinander gesetzt, dass der Kauf von Getränken, welchen der Angeklagte indes geschildert hat, beim Tanken nicht weniger alltäglich sei. Bezüglich der Betonung des Zeitablaufs bemängelt der Senat die fehlende Berücksichtigung, dass der Angeklagte im Übrigen zum – sehr alltäglichen – Verhalten der H während der Autofahrt „sehr präzise und detailreiche" Angaben machen konnte. Zudem sei vor der Annahme der Alltäglichkeit des Kaufs von Isolierbändern die Feststellung angezeigt gewesen, ob der Angeklagte häufig Isolierbänder kaufen würde. Schweigen des Angeklagten habe nicht zur Folge, dass „zu seinen Gunsten von Annahmen auszugehen" sei, für die es keine „konkreten Anhaltspunkte" gebe. Da der Angeklagte das Tatopfer als Letzter lebend gesehen habe und über Stunden mit ihr Auto gefahren sei, hätte die Strafkammer, bevor es von den den Angeklagten begünstigenden Erklärungsansätzen für die Nichtoffenlegung des Isolierbandkaufs ausging, der Frage nachgehen müssen,

---

837 BGH NStZ-RR 2005, 147; vgl. auch folgende Entscheidungen, in welchen eine Aufhebung u.a. wegen überspannter Anforderungen erfolgt ist: NStZ 2005, 261; NStZ-RR 1999, 301, 302; 332, 333; 2003, 369, 370; 2004, 238; 2005, 149; Urt. v. 1.2.2007 – 4 StR 474/06 -, jurion Rn. 16; Urt. v. 15.7.2008 – 1 StR 231/08 -, jurion Rn. 29; Urt. v. 12.8.2010 – 4 StR 147/10 -, jurion Rn. 10.

838 BGH NStZ-RR 2005, 147; vgl. dazu auch BGHSt 53, 145, 166; NJW 2002, 1057, 1059; 2188, 2189; 2003, 2179; 2007, 92, 94; 2274; NStZ 2004, 35, 36; 2005, 261; 2013, 159, 160; NStZ-RR 2003, 371; 2005, 264, 265; 2009, 90, 91; 2010, 85, 86; StV 2011, 3, 4; wistra 2008, 22, 24; 2010, 310, 312; 2013, 195, 196; Urt v. 14.9.2004 -1 StR 180/04 -, jurion Rn. 6; Urt. v. 1.2.2007 – 4 StR 474/06 -, jurion Rn. 11; Urt. v. 21.6.2007 – 5 StR 532/06 -, jurion Rn. 16; Urt. v. 8.5.2008 – 3 StR 53/08 -, jurion Rn. 5; Urt. v. 1.7.2008 – 1 StR 654/07 -, jurion Rn. 22; Urt. v. 16.12.2009 – 1 StR 491/09 -, jurion Rn. 32; Urt. v. 28.10.2010 – 4 StR 285/10 -, jurion Rn. 7; Urt. v. 11.8.2011 – 4 StR 191/11 -, jurion Rn. 7; Beschl. v. 23.8.2011 – 1 StR 153/11 -, jurion Rn. 24; Beschl. v. 17.1.2012 – 3 StR 449/11 -, jurion Rn. 5; Urt. v. 26.4.2012 – 4 StR 599/11 -, jurion Rn. 9; Beschl. v. 4.6.2013 – 2 StR 4/13 -, jurion Rn. 10; Urt. v. 23.1.2014 – 3 StR 373/13 -, jurion Rn. 7; vgl. ähnlich auch BGHSt 49, 239, 254; NJW 1995, 2300; NStZ-RR 2013, 117, 118; Urt. v. 4.12.2008 – 1 StR 327/08 -, juris Rn. 8.

warum Ermittlungen bei den Tankstellen auf der Strecke und nach entsprechenden Kartenzahlungen dort, unterblieben sind. Für die Annahme der Strafkammer, der Angeklagte habe dem Opfer „eventuell" Isolierband geschenkt, gebe es keine konkreten Anhaltspunkte. Die Überlegungen, warum der Angeklagte von einer Schenkung der Isolierbänder nichts erzählt haben könnte, seien unvollständig; so erkläre sich nicht, warum der Angeklagte sehr genaue Angaben zu flüchtigen Körperkontakten mit H machen konnte, einen Körperkontakt bei der Übergabe von Isolierband aber nicht erwähnt hätte. Insgesamt sehe die Strafkammer damit „nicht unerhebliche konkrete Verdachtsmomente wegen nur denktheoretischer Möglichkeiten als entkräftet an"[839], was zur Aufhebung des Urteils führe.

Des Weiteren sieht sich der Senat zu folgenden Hinweisen veranlasst: Die Strafkammer habe geprüft, ob der Angeklagte, wie von ihm behauptet gegen Mitternacht zu Hause gewesen sei und die Möglichkeit ausgeschlossen, dass er tatsächlich um diese Zeit zu Hause war und die Tat erst anschließend begangen haben könnte. Außer den Angaben des Angeklagten gäbe es für den Ausschluss einer späteren Tatbegehung jedoch keine Anhaltspunkte, wozu weiter ausgeführt wird: „Angaben des Angeklagten, für deren Richtigkeit oder Unrichtigkeit es keine Beweise gibt, können den Feststellungen nicht ohne weiteres als unwiderlegt zu Grunde gelegt werden, sondern ihre Richtigkeit muss erst anhand des übrigen Beweisergebnisses überprüft werden."[840] Wegen dieser nicht rechtsfehlerfrei ausgeschlossenen Möglichkeit der Täterschaft des Angeklagten zu einem späteren Zeitpunkt seien die bisherigen Beweisergebnisse teilweise in einem anderen Licht zu betrachten.

Die Entscheidung ist als Musterbeispiel für die generelle Handhabung der Anforderungen an die richterliche Überzeugungsbildung zu begrüßen, da es auch in der umgekehrten Richtung – zu Lasten des Angeklagten, zu Gunsten des allgemeinen Strafverfolgungsinteresses und des allgemeinen Sicherheitsgefühls in der

---

839 BGH NStZ-RR 2005, 147, 148; vgl. auch NStZ 1987, 554, 555; NStZ-RR 1998, 275; 1999, 332, 333; 2005, 149; 2008, 350, 351; 2013, 117, 118; VRS 24, 207, 210; 39, 103, 104; wistra 2013, 195, 197, 198; Urt. v. 21.10.1983 – 2 StR 367/83 -, jurion Rn. 7; Urt. v. 11.1.1984 – 2 StR 655/83 bei *Pfeiffer/Miebach*, NStZ 1985, 15; Urt. v. 24.1.1989 – 1 StR 683/88 bei *Miebach*, NStZ 1990, 28 Nr. 20; Urt. v. 26.5.1993 – 3 StR 156/93 -, jurion Rn. 3; Urt. v. 12.9.1996 – 4 StR 241/96 -, jurion Rn. 5; Urt. v. 4.12.2008 – 4 StR 371/08 -, jurion Rn. 9 und Urt. v. 11.8.2011 – 4 StR 191/11 -, jurion Rn. 13, wonach bloß „gedankliche", „abstrakt-theoretische" Möglichkeiten und Zweifel außer Betracht zu bleiben haben.

840 BGH NStZ-RR 2005, 147, 148; vgl. dazu auch BVerfG, Beschl. v. 8.11.2006 – 2 BvR 1378/06 Rn. 15; BGHSt 34, 29, 34; 50, 80, 85; 53, 145, 166; NJW 1980, 2423, 2424; 2002, 2188, 2189; 2003, 2179; NStZ 1983, 133, 134; 1990, 448, 449; 2002, 48; 2011, 302, 303; NStZ-RR 2010, 85, 86; Urt. v. 23.8.1977 – 1 StR 159/77 bei *Holtz*, MDR 1978, 108; Urt. v. 1.7.2008 – 1 StR 654/07 -, jurion Rn. 19, 22; siehe auch StV 2011, 3, 4 und Urt. v. 8.4.2009 – 5 StR 65/09 -, jurion Rn. 14, wo es als ein Rechtsfehler angesehen wird, wenn der Tatrichter der Einlassung des Angeklagten „kritiklos gefolgt" ist.

Bevölkerung bei einem Freispruch „in dubeo pro reo" – objektivierte, rechtliche Regeln zur Bewertung des Einlassungsverhaltens des Angeklagten geben muss. Das Gericht darf ungeachtet des Erfordernisses der persönlichen Überzeugung vom Geschehensablauf keine vorschnellen Schlüsse zugunsten der Einlassung des Angeklagten ziehen, für die es keine objektiven Beweismittel gibt, da es zur Erreichung des Ziels jedes Strafverfahrens – der Erforschung der materiellen Wahrheit – sowohl zur Bestätigung als auch zur Widerlegung der Angaben des Angeklagten weiterer Beweisanzeichen bedarf, um diese der Urteilsfindung zuverlässig zugrunde legen zu können, indem etwa andere mögliche Geschehensabläufe ausgeschlossen werden. Wird die Ermittlung weiterer Indizien und die gründliche Auseinandersetzung mit denselben im Rahmen einer umfassenden Beweiswürdigung versäumt, liegt ein Verstoß gegen die rechtlichen Anforderungen an eine objektivierbare, rational nachvollziehbare Beweiswürdigung vor, welcher zu Recht vom Revisionsgericht gerügt werden kann und nichts mit den subjektiven Feinheiten bei der Würdigung der Beweise an sich zu tun hat.

### (2) Vollständigkeit der Beweiswürdigung

Die in der Praxis relevanteste Fallgruppe[841] der allgemeinen Beweiswürdigungsfehler bildet die Nachstehende, die vielfach mit den Obersätzen eingeleitet wird, die Beweiswürdigung leide an einem „Erörterungsmangel"[842], sei „lückenhaft"[843] oder lasse eine „erschöpfende/umfassende Gesamtwürdigung"[844] vermissen; sie kann daher ganz allgemein unter dem Schlagwort „Vollständigkeit" der Beweiswürdigung zusammengefasst werden.

---

841 Vgl. *Franke*, in: LR-StPO, § 337 Rn. 124 unter Hinweis auf *Barton*, StraFo 1998, 325, 326, wonach die Rüge einer unvollständigen Beweiswürdigung die „häufigste Form einer Darstellungsrüge" bilde; vgl. zur Statistik auch *Barton*, in: FS Fezer, 333, 340 f., wonach von 56 Fällen der erfolgreichen erweiterten Revisionen im Jahr 2005 allein 17 Lücken bei der Beweiswürdigung und den Feststellungen betrafen.

842 BGH NJW 14, 1192, 1193; NStZ-RR 2003, 206, 209; 2004, 238, 239; 2006, 18; 2012, 381, 383; 2013, 110, 111; Urt. v. 22.5.2007 – 1 StR 582/06 -, jurion Rn. 19, 33.

843 BGH NJW 2012, 2599; 2898; 2013, 1106; NStZ 2009, 106; NStZ-RR 2006, 243, 244; 2008, 341; StV 1990, 438, 439; wistra 1993, 339, 340; 2013, 195, 196; Beschl. v. 16.7.1996 – 4 StR 315/96 -, jurion Rn. 3; Beschl. v. 26.11.1999 – 2 StR 461/99 -, jurion Rn. 7; Urt. v. 6.12.2000 – 2 StR 372/00 -, jurion Rn. 13; Urt. v. 21.8.2008 – 3 StR 262/08 -, jurion Rn. 4; OLG Frankfurt, Urt. v. 19.12.2011 – 1 Ss 95/11 -, juris Rn. 19.

844 BGH NStZ 1998, 475; wistra 2010, 70, 71 f.; Urt. v. 30.1.1980 – 2 StR 758/79 -, jurion Rn. 5; Urt. v. 26.5.1993 – 3 StR 156/93 -, jurion Rn. 3; 14.11.2001 – 3 StR 276/01 -, jurion Rn. 5 f., 13; Urt. v. 1.2.2007 – 4 StR 474/06 Rn. 15; Urt. v. 1.7.2008 – 1 StR 654/07 -, jurion Rn. 26, 28.

(a) Rechtsprechung

Im Rahmen einer der zahlreichen Abwandlungen des Rechtsfehlerkatalogs der obergerichtlichen Rechtsprechung findet sich zuweilen eine ausdrücklich statuierte Pflicht des Tatrichters zur „erschöpfenden" Beweiswürdigung[845], wie ein Urteil des BGH vom 11.8.2011 – 4 StR 191/11 zeigt:

Das Landgericht Bielefeld hat den die Tat bestreitenden Angeklagten vom Vorwurf des schweren Raubes aus tatsächlichen Gründen freigesprochen. Ihm lag zur Last, als Fachkraft für Sicherheit beim Unternehmen P zahlreiche Geldtransporte für die Sparkasse W vorgenommen und seine Kenntnisse von den örtlichen Gegebenheiten und Sicherheitslücken in der Bank an A, Ak und P zum Zwecke eines Überfalls weitergegeben zu haben. Der Angeklagte soll zwei unbekannten, unmittelbar ausführenden Tätern Zutritt zu den Räumlichkeiten des Haupttresors verschafft haben, als er zusammen mit seinem Kollegen Wi – entgegen der üblichen Verteilung als Beifahrer – einen Geldbetrag in Höhe von 435.000 € an die Bank ausgeliefert habe. Die Mittäter hätten im Tresorraum den Kassier überwältigt, gefesselt und 697.000 € aus dem Tresor entwendet. Das Landgericht ging davon aus, dass Ak und P Insiderwissen über die Örtlichkeiten bei der Bank und den Ablauf von Geldtransporten durch das Sicherheitsunternehmen P erlangt hätten, es konnte sich jedoch nicht davon überzeugen, dass der Angeklagte der Hinweisgeber war.

Die gegen den Freispruch gerichtete Revision der Staatsanwaltschaft führte zur Aufhebung des erstinstanzlichen Urteils und zur Zurückverweisung des Verfahrens. Nach Nennung des üblichen Rechtsfehlerkatalogs im Rahmen der Beweiswürdigung führte der Senat weiter aus: „Insbesondere sind die Beweise auch erschöpfend zu würdigen (BGH, Beschluss vom 7. Juni 1979 – 4 StR 441/78, BGHSt 29, 18, 20). Das Urteil muss erkennen lassen, dass der Tatrichter solche Umstände, die geeignet sind, die Entscheidung zu Gunsten oder zu Ungunsten des Angeklagten zu beeinflussen, erkannt und in seine Überlegungen einbezogen hat[846] (...). Aus den Urteilsgründen

845 Vgl. auch die etwas älteren Urteile StV 1981, 509; BGH, Urt. v. 12.6.1979 – 1 StR 158/79 -, jurion Rn. 9; Urt. v. 18.12.1981 – 2 StR 417/81 -, jurion Rn. 4, wo der „Grundsatz der erschöpfenden Beweiswürdigung" ausdrücklich festgehalten ist.

846 BGH, Urt. v. 11.8.2011 – 4 StR 191/11 -, jurion Rn. 7; ebenso wistra 2013, 195, 196; Urt. v. 14.8.1996 – 3 StR 183/96 -, jurion Rn. 3; Urt. v. 19.3.2009 – 4 StR 516/08 -, jurion Rn. 3; Urt. v. 26.4.2012 – 4 StR 599/11 -, jurion Rn. 9; Urt. v. 28.5.2014 – 2 StR 70/14 -, jurion Rn. 10; vgl. auch Urt. v. 15.7.2008 – 1 StR 231/08 -, jurion Rn. 17; siehe folgende ähnliche Formulierung, wonach „alle wesentlichen Gesichtspunkte" einzubeziehen seien, soweit sie „geeignet sind, das Beweisergebnis zu beeinflussen": BGH NJW 2008, 2792, 2793; NStZ 1999, 153; NStZ-RR 2003, 206, 207; 2004, 238, 239; 2014, 56; StV 1981, 114; 1988, 93; wistra 2008, 22, 24; 2010, 70, 71; Urt. v. 30.1.1980 – 2 StR 758/79 -, jurion Rn. 6; Urt. v. 18.12.1981 – 2 StR 417/81 -, jurion Rn. 4; Beschl. v. 14.9.1993 – 1 StR 450/93 -, jurion Rn. 4; 14.11.2001 – 3 StR 276/01 -, jurion Rn. 2; Urt. v. 11.1.2012 – 2 StR 482/11 -, jurion Rn. 12; vgl. auch die Forderung, der Tatrichter sei gehalten sich mit „allen wesentlichen für und gegen den Angeklagten sprechenden Umständen" auseinanderzusetzen in BGH NJW

muss sich auch ergeben, dass die einzelnen Beweisergebnisse nicht nur isoliert gewertet, sondern in eine umfassende Gesamtwürdigung eingestellt wurden."[847]

Diesen Anforderungen werde die Beweiswürdigung nicht gerecht. Sie sei schon deshalb lückenhaft, weil die Urteilsgründe nicht erkennen ließen, worauf die Feststellungen zum Ablauf des Überfalls beruhten: Der als Zeuge gehörte Kassier habe zu den Hintermännern und zu den Einzelheiten der An- und Abreise der Täter keine Angaben machen können. Zudem sei die Einlassung des Mittäters P nicht mitgeteilt worden, der gewusst haben dürfte, von wem die Insiderinformationen stammten. „Seine Einlassung hätte deshalb im Urteil dargelegt werden müssen, um dem Revisionsgericht die Prüfung der Beweiswürdigung zu ermöglichen."[848] Zudem bemängelt der Senat das Fehlen einer umfassenden Gesamtwürdigung aller gegen den Angeklagten sprechenden Gesichtspunkte: „Das Landgericht beschränkt sich rechtsfehlerhaft darauf, die einzelnen Belastungsindizien gesondert zu erörtern und auf ihren jeweiligen Beweiswert zu prüfen. Es setzt sich hingegen nicht damit auseinander, ob die Belastungsindizien, die für sich genommen zum Beweis der Täterschaft nicht ausreichen, in ihrer Gesamtheit die für eine Verurteilung notwendige Überzeugung hätten begründen können." Ferner sei die Beweiswürdigung insofern unvollständig, als das Landgericht es als wesentliches Entlastungsindiz angesehen habe, dass der Angeklagte nach der glaubhaften Aussage des Zeugen W am Tattag kurz vor Fahrtantritt überraschend als Bote eingesetzt worden sei, die Urteilsgründe jedoch nicht mitteilten, wie die Aufteilung der Tätigkeiten als Bote und Fahrer zwischen dem Angeklagten und W üblicherweise erfolge und weshalb es am Tattag zu einem Tausch gekommen sein soll. Die Plausibilität dieser Schlussfolgerung und die Glaubhaftigkeit der Zeugenaussage seien damit für das Revisionsgericht nicht nachprüfbar.[849]

---

1988, 3273, 3274; NStZ 1990, 402; 2000, 48; StV 1990, 99; 439; Urt. v. 14.4.1993 – 3 StR 604/92 -, jurion Rn. 2; Thüringer OLG, Beschl. v. 15.5.2008 – 1 Ss 41/08 -, juris Rn. 11.

847 BGH, Urt. v. 11.8.2011 – 4 StR 191/11 -, jurion Rn. 7; ebenso NJW 2006, 925, 928; 2010, 102, 103; NStZ-RR 2003, 206, 207; 369, 370; 2013, 51; wistra 2003, 259, 260; 2005, 259; 2010, 70, 71; 2013, 195, 196; Urt. v. 29.8.2007 – 2 StR 284/07 -, jurion Rn. 9; Urt. v. 8.5.2008 – 3 StR 53/08 -, jurion Rn. 2; Urt. v. 15.7.2008 – 1 StR 231/08 -, jurion Rn. 16; Urt. v. 21.8.2008 – 3 StR 262/08 -, jurion Rn. 3; Urt. v. 26.4.2012 – 4 StR 599/11 -, jurion Rn. 9; Urt. v. 28.5.2014 – 2 StR 70/14 -, jurion Rn. 10; vgl. auch NJW 1980, 2423; NStZ 1983, 133, 134; 2002, 48; 2011, 302, 303; NStZ-RR 2000, 334; 2004, 238, 239; wistra 2004, 432, 433; Urt. v. 16.12.2009 – 1 StR 491/09 -, jurion Rn. 18; Urt. v. 24.10.2012 – 2 StR 253/12 -, jurion Rn. 10; Urt. v. 2.10.2013 – 1 StR 75/13 -, jurion Rn. 27.

848 BGH, Urt. v. 11.8.2011 – 4 StR 191/11 -, jurion Rn. 9; vgl. zu ähnlichen Formulierungen im Sinne einer finalen Verknüpfung auch NStZ-RR 2013, 21, 22; 52, 53; 313; StV 1992, 555, 556; 2004, 4; 2013, 706; StraFo 2014, 75; Urt. v. 12.9.1996 – 4 StR 241/96 -, jurion Rn. 6; Urt. v. 11.1.2012 – 2 StR 482/11 -, jurion Rn. 15.

849 BGH, Urt. v. 11.8.2011 – 4 StR 191/11 -, jurion Rn. 14; siehe auch folgende Verknüpfungen der (fehlenden) Darlegung mit der Nachprüfungsmöglichkeit durch

Das Urteil zeigt zum einen die Reichweite einer möglichen Kontrolle der eigentlich dem Tatrichter vorbehaltenen Beweiswürdigung durch das Revisionsgericht auf: Mit Formulierungen wie, der Tatrichter habe solche Gesichtspunkte, die „geeignet" sind das Beweisergebnis zu „beeinflussen" oder „wesentliche" Umstände mitzuteilen, schafft sich der BGH selbst eine weite Eingriffsmöglichkeit, da es sich bei diesen Tatbeständen um unbestimmte Rechtsbegriffe handelt, die einer inhaltlich hinreichend klaren Definition entbehren und die stets der konkreten Ausfüllung im jeweiligen Einzelfall bedürfen. Die Praxis der Revisionsgerichte bei der Handhabung unbestimmter Rechtsbegriffe im Rahmen der Subsumtion weiter gedacht, würde dies einen erheblichen Entscheidungsfreiraum auf Seiten des Revisionsgerichts bedeuten, man könnte gar die sonst zugunsten des Tatrichters benutzte Formulierung aufgreifen: einen Beurteilungsspielraum. Es lässt sich daher die Vermutung aufstellen, die Obergerichte stellen bewusst solch vage, ausfüllungsbedürftige Anforderungen an die tatrichterliche Beweiswürdigung auf, um sich ein möglichst weit gefasstes Eingriffspotential in die ansonsten grundsätzlich unangreifbare Materie zu schaffen.

Zum anderen liefert diese Entscheidung jedoch auch einen Maßstab, der im Gegenzug den Umfang der damit zumindest konkludent aufgestellten Darstellungspflicht[850] der Tatgerichte etwas erhellt und die Voraussehbarkeit der Erfolgschancen einer Revision erhöht: Mit der Statuierung einer Darlegungspflicht bezüglich bestimmter Umstände, *um* den Revisionsgericht die Nachprüfung zu ermöglichen[851], wird der notwendige Begründungsumfang für den Tatrichter klarer; entsprechend der Praxis im Rahmen der Feststellungen an sich, muss er auch in Bezug auf die Beweiswürdigung seine Entscheidung zumindest so ausführlich herleiten, dass jede Schlussfolgerung mit Tatsachen belegt ist, sodass sie vom Revisionsgericht

das Revisionsgericht: BGHSt 35, 6, 7 f.; NJW 2012, 3385, 3387; 2014, 1192, 1194; NStZ-RR 1998, 5; 2007, 74; StV 2013, 8, 9; Urt. v. 7.8.1986 – 4 StR 352/86 -, juris Rn. 8; Urt. v. 26.4.2012 – 4 StR 599/11 -, jurion Rn. 8; OLG München, Beschl. v. 15.2.2011 – 4 StRR 167/10 -, juris Rn. 28; KG, Beschl. v. 29.7.2013 – (4) 161 Ss 127/13 (138/13) -, juris Rn. 14.

850 Vgl. aber auch die ausdrücklich statuierte Darlegungspflicht in BGH NStZ 1990, 448, 449, wo dem Tatgericht aufgegeben wird „den Weg, der es zu diesen Feststellungen geführt hat, im Rahmen einer Beweiswürdigung darzulegen"; vgl. auch NStZ 1985, 184 und Beschl. v. 21.9.2005 – 2 StR 311/05 -, jurion Rn. 10, wo von der „Aufgabe des Tatrichters" die Rede ist, den „Weg" zu den Feststellungen zu begründen.

851 Vgl. auch die noch deutlichere Formulierung in BGH NJW 2005, 2322, 2325: „Maßgeblich ist stets, ob die Urteilsgründe ihrer Aufgabe gerecht werden, dem Revisionsgericht die Überprüfung der Beweiswürdigung auf Rechtsfehler zu ermöglichen" und BGHSt 37, 21, 22: „Es ist Aufgabe der Urteilsgründe, dem Revisionsgericht eine umfassende Nachprüfung auch der freisprechenden Entscheidung zu ermöglichen."

nachgeprüft werden kann und insgesamt die tatrichterlichen Wertungen für das Revisionsgericht nachvollziehbar sind.

Zur Aufklärung des Ausmaßes der Pflicht zur erschöpfenden Beweiswürdigung vermag möglicherweise die folgende Entscheidung des BGH weiter beizutragen, Urt. v. 23.7.2008 – 2 StR 150/08:

Das Landgericht Koblenz hat die Angeklagte vom Vorwurf des Mordes aus niedrigen Beweggründen in zwei Fällen sowie der gefährlichen Körperverletzung freigesprochen. Ihr lag zur Last, im Alter von damals 16 Jahren am 18.11.1993 ihrem vierzehn Monate alten Sohn A, den sie als Einschränkung ihrer Lebensweise und damit als Belastung empfunden habe, mit einem Kissen erstickt zu haben. Im Alter von 19 Jahren soll sie am 14.11.1996 ihrem ebenfalls als Belastung empfundenen acht Monate alten Sohn L einen Finger derart in den Rachen eingeführt haben, dass dieser erbrochen habe und daran erstickt sei. Am 10.3.1999 soll die Angeklagte, nunmehr 21-jährig, auch ihrem zwei Monate alten Sohn J einen Finger in den Rachenraum eingeführt haben, sodass es zu einer Unterbrechung der Sauerstoffzufuhr und Erbrechen bei dem Säugling kam, ihren Tötungsentschluss jedoch aufgegeben und einen Notarzt verständigt haben, sodass J überlebte. Zu den Hintergründen der angeklagten Taten hat das Schwurgericht weiter festgestellt: Der erste Sohn der Angeklagten A sei kurz vor seinem Tod bereits im Krankenhaus behandelt worden, da er nach Angaben der Angeklagten auf den Kopf gestürzt sei und daraufhin erbrochen habe. Die am Todestag von der Angeklagten herbeigerufene Notärztin habe bei A plötzlichen Kindstod diagnostiziert, eine Obduktion habe nicht stattgefunden. Der zweite Sohn der Angeklagten L sei im Alter von fünf, sechs und acht Monaten stationär im Krankenhaus behandelt worden, weil er nach Aussage der Angeklagten nicht mehr geatmet habe und reanimiert werden musste. Die damals durchgeführten Untersuchungen hätten normale Befunde ergeben. Aus anlässlich des Todes durchgeführten Röntgenaufnahmen seien keine knöchernen Verletzungen ersichtlich gewesen, eine auf Veranlassung der Angeklagten durchgeführte Obduktion habe keine todesursächliche Erkrankung ergeben, sodass die Ausschlussdiagnose „plötzlicher Kindstod" gestellt worden sei. Auch ein weiteres, nicht von der Anklage erfasstes Kind E sei als Baby zweimal mit Blutungen ins Krankenhaus eingeliefert worden, ohne dass eine Ursache, jedoch ein „mäßiger" Pflegezustand festgestellt worden sei. Das vierte Kind der Angeklagten J sei nach einem Nikotinabusus während der Schwangerschaft in der 39. Schwangerschaftswoche geboren worden und zwei Monate später in die Klinik gekommen, weil es nach Angaben der Angeklagten geröchelt habe und Blut und bräunliches Sekret aus dem Mund gekommen sei. Im Befund sei ein reduzierter Allgemeinzustand, im Röntgen-Thorax-Bild eine Verdichtung in der Lunge festgestellt worden, die am ehesten als Folge einer Aspiration – dem Eindringen von Nahrung oder ähnlichem in die Bronchien – zu deuten sei. Nach dem Entzug der elterlichen Sorge für die Kinder J, E und die später geborenen C und F sei es bei keinem der Kinder in der Obhut ihrer Pflegeeltern zu Zuständen mit Atemnot oder Blutungen im Mund- oder Rachenbereich gekommen.

Das Schwurgericht hat sich von einer Täterschaft der Angeklagten nicht zu überzeugen vermocht. Zwar sprächen folgende Indzien „in höchstem Maße" für eine Mitverursachung des Todes der Kinder A und L, sowie des lebensgefährlichen Zustands von J durch die Angeklagte: Die Häufung der lebensbedrohlichen Zustände ihrer Kinder, die Tatsache, dass bei E, J, C und F später keine vergleichbaren Situationen mehr aufgetreten seien, dass genetische Ursachen bezüglich plötzlichen Kindstodes nach den Ausführungen des Sachverständigen P sehr unwahrscheinlich seien und dass die Angaben der Angeklagten in den Fällen L, E und J aus medizinischer Sicht nicht plausibel seien. Jedoch erscheine nach den Ausführungen des Sachverständigen Jo im Fall des Kindes A mangels weiterer Befunde auch ein natürlicher Tod möglich und nur im Fall J gäbe es Hinweise auf ein mechanisches Ersticken, wobei eine konkrete Tathandlung nicht feststellbar gewesen sei.

Die auf die Sachrüge gestützte Revision der Staatsanwaltschaft führte zur Aufhebung des Urteils sowie zur Neuverhandlung. Aus Sicht des Senats werde das Urteil schon nicht den Anforderungen gerecht, die gemäß § 267 Abs. 5 S. 1 StPO an ein freisprechendes Urteil zu stellen seien: „Bei einem Freispruch aus tatsächlichen Gründen muss der Tatrichter zunächst in einer geschlossenen Darstellung diejenigen Tatsachen feststellen, die er für erwiesen hält, bevor er in der Beweiswürdigung darlegt, aus welchen Gründen, die für einen Schuldspruch erforderlichen zusätzlichen Feststellungen nicht getroffen werden können. Die Begründung muss so abgefasst sein, dass das Revisionsgericht prüfen kann, ob dem Tatrichter bei der Beweiswürdigung Rechtsfehler unterlaufen sind."[852] Dem genüge das Urteil nicht, da es schon keine hinreichenden Feststellungen zu den persönlichen Verhältnissen der Angeklagten enthalte, welche auch bei freisprechenden Urteilen erforderlich seien, „wenn diese für die Beurteilung des Tatvorwurfs eine Rolle spielen können und deshalb zur Überprüfung des Freispruchs durch das Revisionsgericht auf Rechtsfehler hin notwendig sind"[853].

Aufgrund des Tatvorwurfs der Tötung bzw. Verletzung der eigenen, als Belastung empfundenen Kinder und der Tatsache, dass bei der Angeklagten durch mehrere Sachverständige Hinweise auf ein sog. Münchhausenby-proxy-Syndrom – reflektierte Tötungsversuche von Müttern mit eigener belasteter Kindheit – festgestellt und bei E und J im Krankenhaus ein reduzierter bzw. mäßiger Pflegezustand erkannt worden sei, hätten sich Feststellungen zum bisherigen Lebensweg der Angeklagten und zu ihrer persönlichen und familiären Lebenssituation zum Zeitpunkt der jeweiligen Taten aufgedrängt.

Auch die Beweiswürdigung sei nicht frei von Rechtsfehlern, welche dann vorlägen, „wenn (die Beweiswürdigung) lückenhaft ist, namentlich wesentliche Feststellungen nicht berücksichtigt oder naheliegende Schlussfolgerungen nicht erörtert[854].

852 BGH NJW 2008, 2792; vgl. auch BGH NJW 1980, 2423; 2013, 1106; NStZ-RR 2005, 209, 210; 2008, 206, 207; 2011, 275, 276; wistra 2004, 105, 109; Urt. v. 23.5.2002 – 3 StR 513/01 -, jurion Rn. 7; Urt. v. 1.2.2007 – 4 StR 474/06 Rn. 9; Urt. v. 26.4.2012 – 4 StR 599/11 -, jurion Rn. 8.

853 BGH NJW 2008, 2792, 2793; ebenso NStZ 2010, 529, 530; NStZ-RR 2013, 52.

854 BGH NJW 2008, 2792, 2793; ebenso NStZ-RR 2004, 238 f.; wistra 2010, 70, 71; Urt. v. 12.6.2001 – 1 StR 190/01 -, jurion Rn. 11; Urt. v. 11.1.2012 – 2 StR 482/11 -, jurion Rn. 12; ähnlich auch BGHSt 25, 365, 367; NJW 2002, 2188, 2189; NStZ 2002, 139,

(...) Eine Beweiswürdigung, die über schwerwiegende Verdachtsmomente hinweggeht, ist rechtsfehlerhaft[855]." Diesen Anforderungen genüge das tatrichterliche Urteil nicht. Im Einzelnen:

Hinsichtlich des Todes des Kindes A habe der Zeuge Pi in der Hauptverhandlung ausgesagt, die Angeklagte habe ihm in der Nacht nach dem Tod des L unter Tränen erzählt, sie habe den A „mit einem Kissen erstickt". Auf Vorhalt habe der Zeuge seine polizeiliche Vernehmung bestätigt, wonach die Angeklagte ihm gesagt habe, sie habe dem A „ein Kissen auf das Gesicht gelegt". Das Schwurgericht habe darin durchgreifende „innere Widersprüche" gesehen, jedoch nicht die „sich aufdrängende Möglichkeit"[856] erörtert, ob der Zeuge Pi das Legen eines Kissens auf das Gesicht eines Babys, das zwangsläufig zu einer Einschränkung der Luftzufuhr führe, mit dem Ersticken gleichgesetzt habe. Dieser Erwägung habe es auch deswegen bedurft, weil sich der Zeuge ausweislich seiner – in der Hauptverhandlung bestätigten polizeilichen Vernehmung – sicher gewesen sei, dass die Angeklagte mit dem Tod des A etwas zu tun gehabt habe. Zudem habe das Landgericht bei der Glaubwürdigkeitsbeurteilung des Zeugen nicht berücksichtigt, dass nach dem Gutachten des Sachverständigen D ein Ersticken durch weiche Bedeckung ohne Hinterlassen eindeutiger Verletzungsmuster möglich gewesen sei und dass auch der Zeuge B in seiner polizeilichen Vernehmung angegeben habe, die Angeklagte

---

140; 494, 495; NStZ-RR 2005, 147; Urt. v. 22.7.1997 – 1 StR 256/97 -, jurion Rn. 16; siehe auch folgende Entscheidungen, in welchen die fehlende Auseinandersetzung mit „naheliegenden" (anderen) Möglichkeiten gerügt wurden: BGHSt 53, 145, 164; NJW 2007, 92, 95; NStZ 2004, 35, 36; NStZ-RR 2013, 51; StV 1982, 157, 158; VRS 63, 39, 41; wistra 2004, 432, 433; Urt. v. 7.8.1986 – 4 StR 352/86 -, juris Rn. 6; Beschl. v. 13.3.1991 – 2 StR 62/91 -, jurion Rn. 10; Urt. v. 1.7.2008 – 1 StR 654/07 -, jurion Rn. 27; Urt. v. 21.8.2008 – 3 StR 262/08 -, jurion Rn. 4; Beschl. v. 28.12.2011 – 2 StR 523/11 -, jurion Rn. 5; Beschl. v. 26.11.2013 – 3 StR 217/13 -, jurion Rn. 8; vgl. auch folgende Formulierung der Pflicht zur erschöpfenden Würdigung des Sachverhalts „soweit er bestimmte Schlüsse zugunsten oder zu Ungunsten des Angeklagten nahelegt" in: NJW 1980, 2423; NStZ 1981, 488; StV 1981, 169; 508; Beschl. v. 7.10.1983 – 2 StR 583/83 -, jurion Rn. 2.

855 BGH NJW 2008, 2792, 2793; vgl. auch NStZ 1999, 153; 2002, 656, 657; NStZ-RR 2003, 206, 207; 2004, 238, 239; 2013, 117, 118; wistra 2010, 70, 71; Urt. v. 12.8.2009 – 2 StR 262/09 -, jurion Rn. 6; Urt. v. 23.1.2014 – 3 StR 373/13 -, jurion Rn. 6.

856 BGH NJW 2008, 2792, 2793; siehe auch die nachfolgenden Urteile, welche die Nichtberücksichtigung „sich aufdrängender Umstände" bemängeln: BGH NStZ 1983, 133; StV 1982, 157; 210; 1988, 93; 2013, 5, 6; wistra 2002, 260, 262; 2003, 351, 352; 2007, 18, 20; 2013, 195, 197; Urt. v. 18.12.1981 – 2 StR 417/81 -, jurion Rn. 4, 9; Beschl. v. 7.10.1983 – 2 StR 583/83 -, jurion Rn. 2; Beschl. v. 14.2.1984 – 5 StR 895/83 bei *Pfeiffer/Miebach*, NStZ 1985, 15; Urt. v. 14.11.2001 – 3 StR 276/01 -, jurion Rn. 12; Urt. v. 25.2.2004 – 4 StR 475/03 -, jurion Rn. 23; Urt. v. 8.2.2006 – 5 StR 431/05 -, jurion Rn. 8; Urt. v. 4.12.2008 – 4 StR 371/08 -, jurion Rn. 9; Beschl. v. 31.5.2012 – 2 StR 610/11 -, jurion Rn. 19; OLG Zweibrücken StV 1998, 363, 364.

habe ihm erzählt, ein Kissen auf das Gesicht des Kindes gedrückt zu haben und so lange gewartet zu haben, bis es leblos dagelegen habe.

Aus dem Urteil werde weiter nicht ersichtlich, dass das Schwurgericht diesbezüglich die „erforderliche Gesamtwürdigung aller Indizien" vorgenommen habe. Ungeachtet der floskelartigen Formulierung, auch die „Gesamtschau der sonstigen zu diesem Todesfall vernommenen Zeugen und erhobenen Beweismittel" hätten die Überzeugung von der Täterschaft der Angeklagten nicht begründen können, sei aufgrund einzelner Ausführungen, etwa dergestalt, das angebliche Eingeständnis der Angeklagten reiche „allein noch nicht zur Überzeugungsbildung der Kammer" aus, zu befürchten, „dass die Kammer die betreffenden Beweisanzeichen nur isoliert bewertet und nicht in die erforderliche Gesamtwürdigung eingestellt" habe, wozu die Kammer weiter ausführt: „Auch wenn keine der Indiztatsachen für sich alleine zum Nachweis der Täterschaft der Angeklagten ausreichen würde, besteht aber die Möglichkeit, dass sie in ihrer Gesamtheit sowie mit den nachfolgenden Geschehnissen dem Tatrichter die entsprechende Überzeugung vermitteln können."[857]

„Nicht bedenkenfrei" im Hinblick auf die „Einprägsamkeit des Todeskampfes des eigenen Kindes" habe das Schwurgericht den Widerspruch in den Aussagen der Angeklagten im Ermittlungsverfahren und in der Hauptverhandlung bezüglich der Auffindesituation des Kindes L und ihres Verhaltens damit auflösen wollen, die Angeklagte habe diese „unwiderlegbar dadurch erklärt", sie habe sich bei der Polizei fälschlich an eines der nichttödlichen Ereignisse bei L erinnert. Zudem widerspreche diese Einordnung einer Feststellung des Tatgerichts an anderer Stelle, die Angaben der Angeklagten seien insgesamt „aus medizinischer Sicht nicht plausibel". Das Schwurgericht habe ferner nicht erkennbar gewürdigt, dass die Angeklagte sich auch bei der Einlieferung des L ins Krankenhaus anders als im Ermittlungsverfahren geäußert hat. Rechtsfehlerhaft habe das Landgericht eine Erörterung versäumt, ob bei E ein mechanischer Erstickungsvorgang vorgelegen haben könnte, obwohl sich dies wegen der Parallelen zu den Fällen L und J aufgedrängt hätte und möglicherweise Rückschlüsse auf die angeklagten Taten zugelassen hätte. Die Annahme des Schwurgerichts, die Beweisaufnahme habe das in der Anklage zugrunde gelegte Motiv der Angeklagten, die Kinder zu beseitigen, um ihr altes Leben ungehindert fortsetzen zu können, nicht bestätigt, berücksichtige nicht, dass sich aufgrund des in den Krankenakten des E und des J festgestellten schlechten Allgemeinzustandes objektive Hinweise auf eine Vernachlässigung der Kinder ergeben hätten. Schließlich lasse die Annahme des Tatgerichts, fehlende nachweisbare konkrete Tathandlungen könnten nicht durch „bloße Rückschlüsse aus der Gesamtheit der Ereignisse" ersetzt werden, besorgen, es habe es für unzulässig gehalten aus objektiven Indizien auf die Täterschaft des Angeklagten zu schließen und damit an die zur Verurteilung erforderliche Überzeugung zu hohe Anforderungen gestellt.

857 BGH NJW 2008, 2792, 2794; vgl. auch NStZ 1983, 133, 134; NStZ-RR 2000, 45; 2002, 371, 372; 2004, 238, 239; wistra 2010, 270, 271; Urt. v. 15.7.2008 – 1 StR 231/08 -, jurion Rn. 18.

Die Anforderungen an die Darstellung eines Freispruchs im Urteil gemäß § 267 Abs. 5 S. 1 StPO betreffen zwar in erster Linie die tatrichterlichen Feststellungen, bereits auf den zweiten Blick offenbart sich jedoch die Verzahnung mit der Beweiswürdigung: Die Nachprüfbarkeit der Beweiswürdigung dient als Maß für die Ausführlichkeit der Feststellungen. Mit der Anerkennung eines Rechtsfehlers bei der Nichtberücksichtigung „naheliegender" oder „sich aufdrängender" Umstände werden die Eingriffsmöglichkeiten des Revisionsgerichts mittels eigener Ausfüllung der unbestimmten Rechtsbegriffe kontinuierlich erweitert, da im Einzelfall naturgemäß mangels allgemeingültiger Definition[858] nicht für jedermann klar erkennbar ist, was noch der Darstellungspflicht unterfällt und was nicht mehr. Wenn der Senat eine Einschätzung des Tatrichters bezüglich der Glaubhaftigkeit der Angaben der Angeklagten ohne weitere Begründung als „nicht bedenkenfrei" im Hinblick auf eine für ihn selbst wohl als abwegig empfundene Einlassung zurückweist, nimmt er zumindest indirekt eine ihm eigentlich im Rahmen der Beweiswürdigung verwehrte, eigene Wertung des Aussageverhaltens der Angeklagten vor.

Die fehlende Verallgemeinerungsfähigkeit des Umfangs der Darstellungspflicht wird in einer weiteren Grundaussage der Obergerichte zum „Maß der gebotenen Darlegung" bestätigt, wie ein Urteil des BGH vom 8.2.2000 – 5 StR 310/99 deutlich macht:

Zunächst hatte das Landgericht Stade den Angeklagten wegen Totschlags an seiner Lebensgefährtin Ma D zu einer Freiheitsstrafe von neun Jahren verurteilt. Dieses Urteil wurde durch den Senat auf eine Verfahrensrüge hin aufgehoben. Das Landgericht Lüneburg hat daraufhin die Sache neu verhandelt und den Angeklagten aus tatsächlichen Gründen freigesprochen. Ihm lag zur Last, seine Freundin Ma D, die sich von ihm getrennt hatte, getötet zu haben. Das Schwurgericht vermochte sich aufgrund von Indizien davon zu überzeugen, dass der Angeklagte die Leiche des Opfers unmittelbar nach ihrem Todeseintritt zu einem Sperrwerk gebracht und gebunden an einen 30 Kilogramm schweren Regenablaufrost im Fluss versenkt habe, woraus sie Monate später so verstümmelt geborgen wurde, dass eine genaue Todesursache im Rahmen der Obduktion nicht mehr feststellbar war. Das Schwurgericht ging ferner davon aus, dass Ma D bei einem Zusammentreffen mit dem Angeklagten am 12.12.1994 zwischen 18:15 und 18:25 Uhr weder auf natürliche Weise noch durch einen Unfall ohne Einwirkung des Angeklagten zu Tode gekommen sei, da der Angeklagte sonst keinen vernünftigen Anlass zur Beseitigung der Leiche gehabt hätte. Andererseits hat es ausgeschlossen, dass der Angeklagte seiner Freundin in Tötungsabsicht aufgelauert habe, es geht vielmehr davon aus, dass Ma D etwa im Rahmen eines Streits durch irgendeine Einwirkung des Angeklagten gestorben

858 Vgl. zwar den Definitionsversuch in Urt. v. 30.11.1976 – 1 StR 394/76, bei *Holtz,* MDR 1977, 284 und Beschl. v. 14.9.1993 – 1 StR 450/93 -, jurion Rn. 4, wo eine Möglichkeit als „naheliegend" beschrieben wird, „wenn sie nach Sachlage mit der Beweistatsache nicht weniger gut zu vereinbaren ist als die von ihm angenommene Möglichkeit", was die Unsicherheiten jedoch nicht sonderlich erhellt; ähnlich auch StV 1983, 359.

sei. Diesbezüglich hält es eine „weite Bandbreite nicht ausschließbarer Geschehensabläufe" – vorsätzliche Tötung, Körperverletzung mit Todesfolge, fahrlässige Tötung oder Körperverletzung ohne Zurechenbarkeit der Todesfolge – für möglich. Die Beseitigung der Leiche ordnet es als „kurzschlussartige" Reaktion aufgrund der Labilität des Angeklagten und seines schlechten Verhältnisses zum Vater der Getöteten ein – von dem massive Anschuldigungen zu erwarten gewesen wären. Wegen der nicht feststellbaren Todesursache und der unmöglichen Bestimmung des Verschuldensgrades des Angeklagten sah sich das Schwurgericht zur Verurteilung selbst wegen fahrlässiger Tötung oder fahrlässiger Körperverletzung außerstande.

Die Revision der Nebenkläger führte mit der allgemeinen Sachrüge wegen Fehlern in der Beweiswürdigung zur Aufhebung des freisprechenden Urteils und zur Neuverhandlung. Der Senat führte zur Begründung aus: „Freilich können die Gründe auch eines freisprechenden Urteils nicht jeden irgendwie beweiserheblichen Umstand ausdrücklich würdigen.[859] Das Maß der gebotenen Darlegung hängt von der jeweiligen Beweislage und insoweit von den Umständen des Einzelfalls ab;[860] dieser kann so beschaffen sein, dass sich die Erörterung bestimmter einzelner Beweisumstände erübrigt. Insbesondere wenn das Tatgericht auf Freispruch erkennt, obwohl – wie hier – nach dem Ergebnis der Hauptverhandlung gegen den Angeklagten ein ganz erheblicher Tatverdacht besteht, muss es allerdings in seine Beweiswürdigung und deren Darlegung die ersichtlich möglicherweise wesentlichen gegen den Angeklagten sprechenden Umstände und Erwägungen einbeziehen[861]."

---

859 BGH NStZ-RR 2000, 171; vgl. insofern im Gegensatz zu Fn. 850 auch BGHSt 39, 291, 296 und 41, 376, 381, wonach der Tatrichter nicht „stets im einzelnen darzulegen" habe, „auf welchem Wege und aufgrund welcher Tatsachen und Beweismittel er seine Überzeugung gewonnen hat"; ähnlich auch Urt. v. 19.1.1984 – 4 StR 730/83 -, jurion Rn. 15, wonach das Tatgericht nicht gehalten sei, „sich mit allen Beweismitteln und im einzelnen erwogenen Umständen in den schriftlichen Urteilsgründen auseinanderzusetzen"; vgl. auch Urt. v. 8.11.1977 – 5 StR 446/77, bei *Holtz*, MDR 1978, 281 und Urt. v. 10.4.1979 – 1 StR 47/79 bei *Holtz*, MDR 1979, 637, 638, wonach der Tatrichter nicht verpflichtet sei, „alle Umstände lückenlos in den Urteilsgründen anzuführen, die seine Überzeugung begründen"; ähnlich auch Beschl. v. 29.4.1992 – 3 StR 141/92 -, jurion Rn. 2, wonach keine Pflicht bestehe, „alle in der Hauptverhandlung erörterten oder sonst benutzten Beweismittel, gleich welcher Erheblichkeit, ausführlich darzustellen und zu würdigen".

860 BGH NStZ-RR 2000, 171; ebenso NJW 2013, 2612, 2614; NStZ 1999, 423; NStZ-RR 2002, 338; wistra 2002, 260, 261; 2007, 18, 19; 2008, 22, 24; Urt. v. 16.3.2004 – 5 StR 490/03 -, jurion Rn. 11; Urt. v. 22.5.2007 – 1 StR 582/06 -, jurion Rn. 24; Urt. v. 1.7.2008 – 1 StR 654/07 – jurion Rn. 25; Urt. v. 7.6.2011 – 5 StR 26/11 -, jurion Rn. 13; ähnlich auch BGHSt 39, 291, 296; NJW 2014, 2132, 2133; NStZ-RR 2003, 206, 207; StV 2004, 58, 59.

861 BGH NStZ-RR 2000, 171; ebenso NStZ-RR 2002, 338; wistra 2002, 260, 261; 430; 2007, 18, 19; 2008, 22, 24; Urt. v. 16.3.2004 – 5 StR 490/03 -, jurion Rn. 11; Urt. v. 28.10.2010 – 4 StR 285/10 -, jurion Rn. 7; Urt. v. 23.2.2012 – 4 StR 602/11 -, jurion Rn. 10; ähnlich

Im Hinblick auf die gewonnene Überzeugung des Schwurgerichts, das Opfer sei durch eine Einwirkung des Angeklagten zu Tode gekommen, erweise sich die Annahme, die Leichenbeseitigung sei eine „unüberlegte Kurzschlussreaktion" gewesen, als „nicht tragfähig" und die Beweiswürdigung insofern als „lückenhaft", als sie sich mit festgestellten Umständen, die für ein geplantes Vorgehen des Angeklagten sprächen, um seine Tatbeteiligung zu vertuschen, nicht auseinandersetzten: Nach den Feststellungen klingelte der Angeklagte um 18:30 Uhr – kurz nach dem Tod der Ma D durch sein Zutun – bei Bekannten und fragte angeblich ahnungslos nach seiner Freundin; an die Tür des Wohnhauses der Familie des Opfers heftete er die gelogene Nachricht, er habe Ma D dort um 18:30 Uhr aufgesucht, aber nicht angetroffen und um 19:00 Uhr fragte er im Fitnesscenter der Ma D nach ihrem Verbleib. Diese Umstände seien im Hinblick auf die kurz darauf begonnene Leichenbeseitigung ein „signifikantes Indiz für ein überlegtes, gar geplantes Vorgehen des Angeklagten" und hätten auch im Zusammenhang mit einer geplanten Tötungshandlung des Angeklagten Beachtung finden müssen.

Zudem hätte das Schwurgericht selbst auf dem Boden der Feststellungen nicht zum Freispruch gelangen dürfen, da auch unter Zugrundelegung des Zweifelssatzes keine denkbare Variante verblieben wäre, wonach sich der Angeklagte nicht wegen gewaltsamer Einwirkung auf das Opfer strafbar gemacht hätte. Das Schwurgericht habe weiter die für möglich erachteten Tatvarianten nicht vollständig dargestellt. Nach den bisherigen Feststellungen sei zumindest Körperverletzung mit Todesfolge anzunehmen, welche auch leichte Fahrlässigkeit ausreichen lasse; für ein gerechtfertigtes oder schuldloses Handeln des Angeklagten lägen „keinerlei Anhaltspunkte" vor, der Tatrichter verliere sich diesbezüglich „in vagen Vermutungen". Diese „erhöhten Begründungsanforderungen" seien insbesondere vor dem Hintergrund der eigenen Annahme des Schwurgerichts verständlich, der Angeklagte hätte bei einem Unfall keinen verständigen Anlass zur Leichenbeseitigung gehabt, woran die anderen denkbaren Tatvarianten zu messen gewesen wären. Der Senat verwies die Sache an ein anderes Landgericht.

Mit der Aussage, der Umfang der für den Tatrichter zu beachtenden Darstellungspflicht sei Einzelfallfrage, schließt sich der Kreis im Hinblick auf die oben angestellten Überlegungen. Zum einen stellt sich diese Erkenntnis im Grunde als naheliegend und der Natur der Sache entsprechend dar, weil jeder Sachverhalt andere Besonderheiten aufweist, die im Lichte der jeweiligen Entscheidungserheblichkeit entweder zwingend zu erörtern sind oder mangels Relevanz im Einzelfall weniger Beachtung finden. Zum anderen bestünde jedoch die Möglichkeit durch weniger kryptische Aussagen wie, das Maß der Darstellung „hänge von der Beweislage ab" und Gesichtspunkte seien naheliegend, die „nicht weniger gut möglich" seien, bestimmtere, aussagekräftigere Aussagen im Hinblick auf die grundsätzlichen Anforderungen an eine ordnungsgemäße Darstellung zu treffen oder die konkreten

auch Urt. v. 22.5.2007 – 1 StR 582/06 -, jurion Rn. 24; Urt. v. 1.7.2008 – 1 StR 654/07 – jurion Rn. 25.

Anforderungen an die Feststellungen bestimmter Tatbestände auszuweiten; ein solches Vorgehen würde für den Tatrichter und die Verfahrensbeteiligten einen deutlichen Zugewinn an Rechtssicherheit und Vorhersehbarkeit im Hinblick auf die Revisibilität des angefochtenen Urteils bedeuten. Insbesondere im Hinblick auf die unterschiedliche Handhabung in der Rechtsprechung bleibt das Maß der gebotenen Darlegung und damit die Einschätzbarkeit der Revisionssicherheit des Urteils für den Tatrichter im Einzelnen unklar; eine Differenzierung zwischen der den Darlegungsumfang einschränkenden Zugabe an den Tatrichter, er müsse „grundsätzlich nicht (...) jedes Beweismittel erschöpfend (...) würdigen"[862] und er habe den Weg zu den Feststellungen „nicht stets im Einzelnen darzulegen"[863] und den gegenläufig erscheinenden Anforderungen, er habe „alle festgestellten[864] oder alle erheblichen[865] Umstände die den Angeklagten be- oder entlasten können" oder „alle wesentlichen Gesichtspunkte, die geeignet sind das Beweisergebnis zu beeinflussen"[866] zu berücksichtigen, erscheint im Einzelfall wenig durchsichtig und äußerst schwierig.[867]

Weiter bemerkenswert erscheint die Entscheidung im Hinblick darauf, dass der BGH seine eigenen Floskeln wie etwa, die Ausfüllung unbestimmter Rechtsbegriffe obliege dem Tatrichter und die Beweiswürdigung sei „Sache des Tatrichters", das Revisionsgericht dürfe diese „nicht durch seine eigene ersetzen" insofern durchweicht, als er mit Feststellungen wie, „es besteht ein ganz erheblicher Tatverdacht gegen den Angeklagen" oder „die Umstände sind ein signifikantes Indiz für ein überlegtes Vorgehen des Angeklagten" gerade doch eine selbstständige Würdigung der Beweise in tatsächlicher Hinsicht unter Verwendung unbestimmter Rechtsbegriffe und eigener Subsumtion unter diese vornimmt, die ihm doch nach seinen eigenen Worten gerade verwehrt sein soll.

Zu solch in der letztgenannten Entscheidung thematisierten „erhöhten Begründungsanforderungen" sei im Rahmen der Fallgruppe der Vollständigkeit der Beweiswürdigung noch das nachfolgende Urteil des BGH vom 18.3.2009 – 1 StR 549/08 vorgestellt:

Das Landgericht Regensburg hat den Angeklagten vom Vorwurf des Mordes in Tateinheit mit Raub mit Todesfolge aus tatsächlichen Gründen freigesprochen. Ihm

862 BGH, Beschl. v. 14.2.1984 – 5 StR 895/83, bei *Pfeiffer/Miebach*, NStZ 1985, 15.

863 Vgl. zu dieser und ähnlichen Darlegungsbeschränkungen oben Fn. 859.

864 BGH, Urt. v. 1.2.1984 – 2 StR 623/83, bei *Pfeiffer/Miebach*, NStZ 1985, 15; vgl. auch NStZ 1987, 554, 554, wonach sich der Tatrichter „mit allen festgestellten Umständen, die für die Entscheidung von Bedeutung sein können" auseinanderzusetzen habe.

865 BGH, Urt. v. 21.3.1984 – 2 StR 778/83 -, jurion Rn. 9.

866 Siehe oben Fn. 846.

867 Vgl. auch BGH StV 1983, 360, wo sich der Senat zur Beschreibung des Darlegungsumfangs beinahe aller oben genannten Termini auf einmal bedient, wenn er eine Auseinandersetzung mit allen „wesentlichen, nicht fern liegenden", „ersichtlichen", „festgestellten" und „erheblichen" Gesichtspunkten verlangt.

lag zur Last, zwischen dem 21.2.2007 gegen 18:00 Uhr und dem 22.2.2007 15:00 Uhr seinen Onkel KH aus Habgier heimtückisch erdrosselt zu haben.

Nach den Feststellungen steckte der wegen Diebstahls und Betrugs vorbestrafte und arbeitslose Angeklagte seit längerem in finanziellen Schwierigkeiten. Zusammen mit seiner Frau, die sich von ihm trennen wollte und seinem kleinen Sohn lebte er im Februar 2007 in einem Motel in Straubing und fuhr einen Mietwagen; er lebte ausschließlich vom Erziehungs- und Kindergeld, was zur Deckung des Lebensunterhalts nicht ausreichte. In dieser Zeit pflegte der Angeklagte engen Kontakt zu seinem Onkel KH, den er regelmäßig besuchte und mit ihm einkaufen ging. Am Nachmittag des 21.2.2007 kaufte ein vom Angeklagten vermittelter Gebrauchtwagenhändler das beschädigte Auto des KH und übergab diesem an dessen Wohnort in Anwesenheit des Angeklagten 2.700 €, davon 2.500 € in 500 Euro-Scheinen. Am späten Nachmittag des 22.2.2007 bezahlte der Angeklagte einen Teil seiner Schulden: Dem Zeugen M, der ihm Geld geliehen und ihn inzwischen massiv zur Rückzahlung gedrängt hatte, gab er einen 500-Euro- und einen 100-Euro-Schein, mit zwei weiteren 500-Euro-Scheinen zahlte er nach mehrfachen Zahlungsaufforderungen einen Teil seiner Motel-Rechnung. Am 23.2.2007 zahlte er 500 Euro auf seinem Bankkonto ein. Ab dem 22.2.2007 fiel dem Bruder des KH und dessen Lebensgefährtin dessen Verschwinden auf, sein Mobiltelefon war abgeschaltet. Nach mehrfacher Befragung des Angeklagten nach dem Verbleib des KH gab dieser am 25.2.2007 an, dass er ihn am späten Vormittag des 22.2.2007 zum Einkaufen gefahren habe und er danach bei Verlassen des Hauses noch gelebt habe. Am 26.2.2007 wurde die Leiche des KH auf einem Feld in Straubing gefunden. Eine Obduktion ergab als Todesursache ein zentrales Regulationsversagen infolge Strangulation. Der Geldbeutel KHs, sein Handy und sein Schlüssel fehlten ebenso wie die anlässlich des Autoverkaufs erhaltenen 2.700 €.

Gegen den Angeklagten bestanden nach den Feststellungen folgende Verdachtsmomente: Der in finanziellen Problemen steckende Angeklagte gab am 22.2. und 23.2.2007 2.100 € aus, wobei der Vergleich der Seriennummern eines sichergestellten 500 €-Scheins mit fünf weiteren beim Bruder des Gebrauchtwagenhändlers aufgefundenen Scheinen ergab, dass diese aus der selben Serie von im Jahr 2004 an die Deutsche Bundesbank ausgegebenen Scheinen stammten. Zur Herkunft des Geldes gab der Angeklagte an, dass ein Teil von einem spanischen Boxtrainer stamme, den er vor dem 2.2.2007 in München getroffen und der ihm 2.800 € gegeben habe, den Rest habe er von seinen Konten in der Schweiz abgehoben. Der Boxtrainer konnte trotz Überprüfung der vom Angeklagten angegebenen Wohnadresse in Spanien und Anfragen bei Boxverbänden nicht ermitteln werden; es stellte sich heraus, dass der Angeklagte seit längerem auf seinen Konten in der Schweiz kein Guthaben besaß. Im Rahmen der Auswertung von Telefonverbindungsdaten wurde ermittelt, dass das Handy des Opfers am 22.2.2007 um 12:42 Uhr nahe des Leichenfundortes eingeloggt war und kurz zuvor um 12:25 Uhr im Norden von Straubing noch ein Gespräch mit dem Bruder des Angeklagten stattgefunden hat, mit dem KH kaum Kontakt hatte und dass der Angeklagte kein Guthaben mehr auf seinem Handy hatte. In der rechten Hosentasche des Opfers wurde eine DNA-Mischspur festgestellt, die in sechs Merkmalen mit dem Erbgut des Angeklagten identisch war sowie in der Jackentasche eine DNA-Spur der Frau des Angeklagten.

Das Landgericht vermochte sich nicht von einer Täterschaft des Angeklagten zu überzeugen; in seiner Beweiswürdigung führte es aus, es stehe nicht fest, dass sich der Angeklagte das später ausgegebene Geld gewaltsam verschafft habe, er könne es auch freiwillig im Wege eines Verwandtendarlehens oder entsprechend seiner Vorstrafen durch Betrug erlangt haben. Die teils widerlegten Angaben des Angeklagten zur Herkunft des Geldes sah es „nicht als ein für die Annahme der Schuld des Angeklagten ausreichendes Indiz“ an, da der Angeklagte möglicherweise deshalb zu einer Lüge gegriffen habe, um sich nicht eines Mordmotivs ausgesetzt zu sehen. Es sei nicht auszuschließen, dass das Opfer den Anruf beim Bruder des Angeklagten – wie vom Angeklagten behauptet – noch selbst getätigt habe, wenn der Angeklagte entgegen seiner eigenen Angaben gegenüber dem Bruder des Opfers nicht durchgängig vom Vormittag bis zum Nachmittag am 22.2.2007 beim Opfer gewesen sei und wenn man die Angabe des Angeklagten zugrunde lege, er habe einmal mit dem Handy seines Bruders beim Onkel angerufen, sodass die Nummer übertragen worden sein könnte. Nach den Ausführungen des Sachverständigen sei die DNA-Mischspur auch als eine Kombination aus der DNA von bis zu vier Personen oder als indirekte Antragung durch das Opfer denkbar. Die DNA-Spur der Frau des Angeklagten könne auch anlässlich eines Familienbesuchs bei KH am 18.2.2007 oder durch den Angeklagten übertragen worden sein. Insgesamt verblieben nach einer zusammenfassenden Beweiswürdigung „erhebliche Zweifel“ an einer Täterschaft des Angeklagten, dessen Einlassung „im Wesentlichen stimmig“ sei, da vorhandene Beweisanzeichen „mehrdeutig zu Gunsten des Angeklagten interpretierbar“ seien.

Die Staatsanwaltschaft und die Nebenklage richteten sich mit ihrer Revision gegen den Freispruch, welche mit der allgemeinen Sachrüge Erfolg hatte, sodass die gleichzeitig erhobene Verfahrensrüge nicht weiter geprüft wurde. Aus Sicht des Senats sei die Beweiswürdigung des Landgerichts rechtsfehlerhaft, insbesondere genüge die vorgenommene Gesamtwürdigung nicht den Anforderungen an eine alle festgestellten Umstände berücksichtigende Gesamtschau, die geeignet seien das Beweisergebnis zu beeinflussen, wozu im Einzelnen ausgeführt wird: Das Landgericht habe die einzelnen den Angeklagten belastenden Beweisanzeichen nur isoliert in Verbindung mit der jeweiligen Tatsachenbehauptung des Angeklagten bewertet und nicht die sich teilweise widersprechenden Angaben des Angeklagten im Zusammenhang im Hinblick auf ihre Glaubhaftigkeit gewürdigt. Dies lasse befürchten, dass das Schwurgericht den Zweifelssatz rechtsfehlerhaft schon auf einzelne Indiztatsachen angewandt und dabei verkannt habe, dass einzelne Belastungsindizien möglicherweise zwar nicht isoliert jedoch in ihrer Gesamtheit geeignet gewesen wären, die Einlassung des Angeklagten zu widerlegen. Eine ausführliche Gesamtwürdigung sei gerade deshalb nötig gewesen, weil das Landgericht seine Überzeugung von der „Stimmigkeit“ der Angaben des Angeklagten und dem möglichen Verständnis der Indizien zugunsten des Angeklagten vorwiegend auf Deutungsmöglichkeiten gründe, die als „eher fernliegend“ einzustufen seien. Dazu im Einzelnen: „Der Senat verkennt dabei nicht, dass es die Aufgabe des Tatrichters ist, die Bedeutung und das Gewicht der einzelnen be- und entlastenden Indizien in einer Gesamtwürdigung des Beweisergebnisses zu bewerten (BGH NStZ 2008, 146, 147). Allein, dass ein bestimmtes Ergebnis dabei nicht fern liegt, schließt nicht aus, dass der Tatrichter im Einzelfall auch rechtsfehlerfrei zu einem anderen Ergebnis kommen kann (BGH, Urt. v. 3. Juni 2008 – 1 StR 59/08 m.w.N.). Verwirft er jedoch die naheliegenden Deutungsmöglichkeiten und führt zur Begründung seiner Zweifel an der Täterschaft eines Angeklagten nur Schlussfolgerungen an, für die es nach der Beweisaufnahme entweder keine tatsächlichen Anhaltspunkte gibt oder die als eher fernliegend zu betrachten sind, so muss er im Rahmen der Gesamtwürdigung erkennbar erwägen, dass er sich dieser besonderen Konstellation bewusst war.“[868] Das Schwurgericht sei im Rahmen der Beweiswürdigung mehrfach von Möglichkeiten des Geschehensablaufes ausgegangen, für die es in der Hauptverhandlung „keine oder nur unzureichende Anhaltspunkte gab und die damit eher fern liegend“[869] gewesen seien; so etwa die Annahme, der Angeklagte könne die 500-Euro-Scheine vom Opfer freiwillig übergeben bekommen haben, obwohl der Angeklagte dies selbst nicht einmal behauptet habe. Die Würdigung des Landgerichts, das Opfer sei am 22.2.2007 mit einem unbekannten Mann unterwegs gewesen, weil der Zeuge S beobachtet habe, dass am Vormittag und Mittag des 22.2.2007 ein dunkler Audi mit einem Unbekannten vor dem Haus des Opfers gestanden habe, sei „vor dem Hintergrund des übrigen Beweisergebnisses als eher fernliegend anzusehen“; da der Angeklagte zu diesem Zeitpunkt genau so ein Fahrzeug fuhr und um 11:01 Uhr mit seinem Handy in der Funkzelle eingeloggt war, in der auch das Haus des Opfers liege, wiesen die Feststellungen darauf hin, dass der Unbekannte der Angeklagte gewesen sei, was das Landgericht nicht beachtet habe. Auch bezüglich des Telefonanrufs beim Bruder des Angeklagten sei das Landgericht von einer „eher fernliegenden Hypothese“ ausgegangen, wenn es eine möglichen Rufnummernübertragung und einen eigenen Anruf des Opfers annehme, da der Onkel nach Auswertung der Verbindungsdaten nicht einmal auf dem Handy des Angeklagten angerufen habe, zu dem er in deutlich engerem Kontakt gestanden habe; die Tatsache, dass der Angeklagte kein Guthaben mehr auf dem Handy gehabt habe und ein Anrufversuch um 11:24 Uhr gescheitert sei, lege „die Schlussfolgerung nahe“, dass der Angeklagte der Anrufer gewesen sei und sich zum Zeitpunkt der letzten Funkzellenaufschaltung des Handys des Opfers in der Nähe des späteren Leichenfundorts aufgehalten habe. Da „gewichtige Indizien“ eine Täterschaft des Angeklagten nahelegten und sich das Landgericht auf

---

868 BGH NStZ-RR 2009, 248, 249; vgl. dazu auch NStZ-RR 2010, 85, 87; wistra 2010, 310, 312; siehe auch NStZ-RR 2002, 371, 372, wo der BGH eine Annahme des Tatgerichts als „so fernliegend“ einordnet, dass sie „besonderer Erörterung bedurft“ hätte.

869 BGH NStZ-RR 2009, 248, 249; vgl. auch folgende Entscheidungen, in welchen Schlussfolgerungen des Tatgerichts durch das Revisionsgericht als „fernliegend“ abgetan wurden: NJW 2008, 2199; NStZ-RR 1998, 275; 2003, 49, 50; Urt. v. 18.9.2008 – 5 StR 224/08 -, jurion Rn. 11; Urt. v. 16.12.2009 – 1 StR 491/09 -, jurion Rn. 27.

„eher fernliegende" Deutungsmöglichkeiten gestützt habe, hätte es im Rahmen der Gesamtwürdigung deutlich machen müssen, dass es sich dieser „besonderen Beweissituation bewusst" und dennoch nicht imstande gewesen sei, bestehende Zweifel an der Schuld des Angeklagten zu überwinden. Außerdem sei die Beweiswürdigung im Hinblick auf die widersprüchlichen Einlassungen des Angeklagten zur Anwesenheit beim Opfer am Vormittag bzw. Nachmittag des 22.2.2007 sowie am Mittag bei seinem Bruder und zu den Telefonanrufen lückenhaft, da der Angeklagte mit der Kenntnis vom Telefonanruf beim Bruder möglicherweise über Täterwissen verfügt habe, welches einen Schluss auf die Täterschaft des Angeklagten zulassen könne.

Auch in dieser Entscheidung bedient sich der BGH wiederum der Möglichkeit, jedenfalls mittelbar eigene Deutungsvarianten in die Rechtsfehlerkontrolle miteinfließen zu lassen, wenn er die Schlussfolgerungen des Tatgerichts als „fernliegend" zurückweist[870], da er durch die Ablehnung der tatrichterlichen Annahme zumindest indirekt seine gegenteilige Auffassung zum Ausdruck bringt. Zudem stellt er für den Fall dieser individuellen Beweiskonstellation der fernliegenden Schlussfolgerungen besondere Begründungsanforderungen an eine hinreichende Beweiswürdigung auf. Durch die Feststellung, dass „gewichtige Indizien" eine Täterschaft des Angeklagten „naheleg(t)en" bringt er außerdem unmittelbar seine eigene Einschätzung zum Beweisergebnis zum Ausdruck.

### (b) Zwischenfazit

Zur Rechtsprechungspraxis im Hinblick auf die Vollständigkeit der Beweiswürdigung lässt sich als Resümee konstatieren, dass diese von den allgemeinen Anforderungen an die Ausführlichkeit der Darlegung im Hinblick auf die Feststellungen und die Beweiswürdigung fallabhängig unterschiedlich Gebrauch macht und zur Eingrenzung des Umfangs gern unbestimmte Rechtsbegriffe verwendet, deren konkrete Ausfüllung im Einzelfall schwer vorhersehbar ist. Relativierend muss der Rechtsprechungspraxis jedoch zugegeben werden, dass der notwendige Umfang bei Zugrundelegung des Maßstabs von der Nachprüfbarkeit der tatrichterlichen

---

870 Vgl. auch weitere Bewertungen der Beweiseinschätzungen des Tatrichters in BGH NJW 1980, 2423 f.: „unwahrscheinlich", „lebensfremd"; NStZ-RR 1998, 275: „äußerst unwahrscheinlich", „keine (...) plausible Erklärung"; 2003, 369, 370: „äußerst unwahrscheinlich und fernliegend"; 2010, 182, 183: „widerspricht der Lebenserfahrung"; 2011, 4: „zu hohen Beweiswert" zugemessen; Urt. v. 14.11.2001 – 3 StR 276/01 -, jurion Rn. 7: „bei lebensnaher Betrachtung nicht zu erschließen", „leuchtet keineswegs ein"; Urt. v. 8.2.2006 – 5 StR 431/05-, jurion Rn. 9: „wenig erhellend"; siehe auch die eigenen Einschätzungen des Beweisergebnisses selbst in BGH NStZ 2010, 529, 530: Einlassung „eher lebensfremd"; NStZ-RR 2003, 369, 370: „lebensfremd erscheinende Einlassung"; 2009, 350, 351: Verletzungsentstehung „außerordentlich unwahrscheinlich"; 2010, 7, 8: äußere Umstände einer heimtückischen Tötung „derart offensichtlich"; Urt. v. 18.9.2008 – 5 StR 224/08 -, jurion Rn. 21: Behauptung „augenfällig unsinnig"; Urt. v. 16.12.2009 – 1 StR 491/09 -, jurion Rn. 23: „allenfalls neutral, nicht entlastend" zu werten.

Feststellungen und Erwägungen grundsätzlich verständlich wird, wie es ein Beschluss des BGH vom 27.7.2010 – 1 StR 353/10 treffend ausdrückt: „Die schriftlichen Urteilsgründe dienen nicht dazu, den Inhalt der in der Hauptverhandlung erhobenen Beweise in jedem Detail zu dokumentieren. Sie sollen das Ergebnis der Hauptverhandlung wiedergeben und die rechtliche Nachprüfung der Entscheidung ermöglichen."[871] Im Ergebnis ist, um beim einzelnen Fall zu bleiben, wie bei jeder richterlichen Entscheidung für die Bestimmung der gebotenen Darlegung die Beweiserheblichkeit und damit die Entscheidungserheblichkeit der einzelnen Tatsache für den Richterspruch maßgeblich.

Als Zwischenergebnis lässt sich festhalten, dass das Bestehen einer Darlegungspflicht betreffend die Beweiswürdigung für den Tatrichter heute im Ergebnis beinahe einhellig anerkannt ist[872]: *Franke* bezeichnet diese als „nunmehr allgemeine Rechtsüberzeugung" und verwirft die alte Auffassung, wonach der Tatrichter den Weg zu den Feststellungen zwar wegen der „Ordnungsvorschrift" des § 267 Abs. 1 S. 2 StPO grundsätzlich nicht angeben müsse, wenn er dies tue, die Beweise jedoch erschöpfend zu würdigen seien[873], als „obsolet"[874]; *Otto* geht davon aus, § 267 Abs. 1 S. 2 StPO sei „Ausdruck eines überholten Rechtsverständnisses" und bedürfe daher der „ergänzenden Auslegung"[875]. *Brause* spricht gar von der „ureigenen Aufgabe"[876] des Revisionsgerichts, die Einhaltung des Gebots der erschöpfenden Beweiswürdigung zu überprüfen.

### (3) Denkgesetze, Erfahrungssätze und offenkundige Tatsachen

Die nächste Fallgruppe wird unter den vorgenannten Schlagwörtern behandelt, weil bereits in der älteren Rechtsprechung die zusammenfassende Formulierung verwendet wurde, der Tatrichter müsse bei seiner Überzeugungsbildung „gesicherte wissenschaftliche Erkenntnisse, die Gesetze der Logik und Erfahrungssätze des täglichen Lebens beachten".[877] Als Verstoß gegen die formalen Gesetze der Logik,

---

871 BGH, Beschl. v. 27.7.2010 – 1 StR 353/10 bei *Cierniak/Zimmermann,* NStZ-RR 2010, 104.

872 Vgl. jedoch auch die dogmatischen Einwände gegen die Herleitung unten iRd der allgemeinen Diskussion um die erweiterte Revision, A II 1 d) und meine Stellungnahme zur Darlegungspflicht, e).

873 BGHSt 12, 311, 315 f.; vgl. auch die noch ältere Ansicht im Urt. v. 6.11.1952 – 4 StR 561/51 -, jurion Rn. 13, wonach die Verletzung der „Soll"-Vorschrift des § 267 Abs. 1 S. 2 StPO die Revision nicht begründe und die Beweiserwägungen nicht „erschöpfend" im Urteil wiederzugeben seien; zur Entwicklung der Darlegungspflicht auch *Frisch,* in: FS Eser, 257, 265.

874 *Franke,* in: LR-StPO, § 337 Rn. 118 m.Nw. zu abweichenden Ansichten im älteren Schrifttum.

875 *Otto,* NJW 1978, 1, 7.

876 *Brause,* NStZ 2013, 129, 136.

877 BGHSt 29, 18, 20; 41, 376, 380; NStZ 1982, 478; vgl. auch BGHSt 17, 382, 385; NJW 1995, 2930, 2932; NStZ-RR 2014, 115, 116; Beschl. v. 5.9.2012 – 1 StR 272/12 -, jurion;

mithin die Denkgesetze[878], werden auch Widersprüche gefasst[879], die neben den Unklarheiten, die auch als Hindernisse für die Überprüfbarkeit der Vereinbarkeit des tatrichterlichen Urteils mit Denkgesetzen und Erfahrungssätzen genannt werden[880], keine eigenständige Bedeutung im Rechtsfehlerkatalog mehr inne haben[881]. Im Hinblick darauf, dass die Feststellung offenkundiger Tatsachen ebenso wie die von Erfahrungssätzen und Gesetzen der Logik keines Beweises bedarf[882], wird auch die Nichtbeachtung offenkundiger Tatsachen in diesem Zusammenhang erörtert.

### (a) Rechtsprechung

Widersprüche und Unklarheiten als sachlich-rechtlicher Mangel des Urteils[883] rügt ein Urteil des BGH vom 22.5.2012 – 1 StR 103/12:

Das Landgericht Hamburg hat den Angeklagten G wegen gewerbsmäßigen Schmuggels von Elektrogeräten in 32 tatmehrheitlichen Fällen sowie wegen Beihilfe zur Steuerhinterziehung zu einer zeitigen Freiheitsstrafe auf Bewährung verurteilt. Die auf den Rechtsfolgenausspruch beschränkte Revision der Staatsanwaltschaft führte mit der Sachrüge zur Aufhebung des Urteils insgesamt, weil „die knappen und lückenhaften, dadurch unklaren und zudem widersprüchlichen Urteilsgründe keine hinreichende Grundlage für die Prüfung des Rechtsfolgenausspruchs" böten, sodass die Rechtsmittelbeschränkung unwirksam sei. Der Senat ging insbesondere davon aus, dass die Urteilsgründe „unklar (...) und widersprüchlich"[884] seien: Soweit das Landgericht durch die Feststellung, die Angeklagten hätten zunächst Elektronikgeräte ohne Entrichtung der Einfuhrumsatzsteuer nach Deutschland eingeführt und anschließend diese unter Umgehung der Umsatzsteuer weiterveräußert, davon ausgegangen sei, es liege Warenidentität bezüglich der geschmuggelten und der weiterveräußerten Geräte vor, stehe dies mit den vom Gericht

---

Beschl. v. 16.4.2013 – 3 StR 67/13 -, jurion Rn. 6; Urt. v. 5.6.2014 – 4 StR 439/13 -, jurion Rn. 15.

878 Vgl. zu dieser Definition *Niemöller*, StV 1984, 431, 435.

879 *Franke*, in: LR-StPO, § 337 Rn. 127; *Frisch*, in: SK-StPO, § 337 Rn. 141.

880 Vgl. BGHSt 3, 213, 215.

881 *Frisch*, in: SK-StPO, § 337 Rn. 141.

882 Vgl. zur fehlenden Beweisbedürftigkeit offenkundiger Tatsachen: BGHSt 6, 292, 295; 36, 354, 356; Urt. v. 21.4.1961 – 3 StR 10/61 -, jurion Rn. 3; Urt. v. 11.5.1971 – 1 StR 91/71 -, jurion Rn. 10; vgl. auch KG, Beschl. v. 22.7.2009 – (4) 1 Ss 181/09 (130/09) -, openJur 2012, 11242 Rn. 21, wonach das Revisionsgericht mit offenkundigen Tatsachen „Lücken in den Urteilsfeststellungen schließen und auch Widersprüche ausräumen" dürfe; ähnlich auch BayObLG JZ 1988, 420.

883 BGH, Beschl. v. 10.12.1986 – 2 StR 614/86 -, jurion Rn. 1.

884 BGH, Urt. v. 22.5.2012 – 1 StR 103/12 -, jurion Rn. 20; vgl. zu einer solchen verbundenen Rüge auch NJW 2002, 2188, 2189; NStZ-RR 2011, 4; Urt. v. 21.6.2007 – 5 StR 532/06 -, jurion Rn. 17; Beschl. v. 5.12.2008 – 2 StR 424/08 bei *Cierniak/Zimmermann*, NStZ-RR 2011, 231.

festgehaltenen Tatzeitpunkten „im Widerspruch“[885]: Laut den Feststellungen sei die Umsatzsteuer aus dem Weiterverkauf bereits im Zeitraum zwischen dem Jahr 2008 und März 2010 hinterzogen worden, während die Urteilsgründe an anderer Stelle darüber berichteten, dass die Mobiltelefone erst im Januar und Februar 2010 nach Deutschland eingeführt worden seien, sodass „unklar“[886] bleibe, welche Ware nun der Umsatzsteuerhinterziehung zugrunde zu legen sei.

Weiteren Einblick in die Aufhebungspraxis der Revisionsgerichte wegen Widersprüchen in der Beweiswürdigung vermag möglicherweise der Beschluss des BGH vom 16.8.2012 – 5 StR 238/12 im sog. Berliner Schönheitschirurgen-Fall bieten:

Der Angeklagte war Chirurg und nahm am 30.03.2006 in seiner Tagesklinik an der 49-jährigen S ohne die gebotene Hinzuziehung eines Anästhesisten eine

---

885 BGH, Urt. v. 22.5.2012 – 1 StR 103/12 -, jurion Rn. 21; vgl. auch die folgenden Entscheidungen, welche einen „Widerspruch“ einzelner Urteilsfeststellungen bemängeln: BGH NJW 2012, 1524, 1525 f., wo das Gericht iRd Prüfung des Tötungsvorsatzes die Alkoholisierung des Angeklagten als „nicht unerheblich“ bezeichnet, hingegen im Rahmen von § 64 StGB von einer „lediglich geringe(n) Beeinträchtigung durch Alkohol“ ausgeht; 2014, 2738: der Angeklagte sei „zum Tatzeitpunkt nicht in der Lage gewesen, das Unrecht der Tat einzusehen“ vs. seine Fähigkeit zur Unrechtseinsicht sei zum Tatzeitpunkt grundsätzlich erhalten gewesen; NStZ 2011, 302, 303, wo das LG festhält, der Angeklagte habe den Zweck der Fahrt zum BtM-Transport nicht in sein Bewusstsein aufgenommen, an anderer Stelle aber feststellt, er habe die Geschehensabläufe glaubhaft detailliert geschildert; NStZ-RR 1999, 301, 302, wo das Gericht die Zeugen einerseits für glaubwürdig hält, andererseits aber ihren Aussagen nicht folgt; Beschl. v. 21.7.1981 – 1 StR 352/81 -, jurion Rn. 2, wo das Gericht ein und denselben Umstand einmal zugunsten und einmal zulasten des Angeklagten gewertet hat; Beschl. v. 10.12.1986 – 2 StR 614/86 -, jurion Rn. 1, wo das Gericht auf der einen Seite festhält, die Aussagen der Zeugin stimmten „im Randgeschehen“ nicht miteinander überein, auf der anderen Seite jedoch Angaben derselben mitteilt, die bezüglich Zeit, Ort und Art der Tatausführung erheblich voneinander abweichen; Urt. v. 14.3.1990 – 3 StR 22/90 -, jurion Rn. 6, wo das Tatgericht zum einen die Gefährlichkeitsprognose iRv § 66 StGB verneint, sich jedoch zum anderen den Ausführungen des Gutachters anschließt, der von der Begehung weiterer Straftaten durch den Angeklagten ausgeht; Urt. v. 6.12.2000 – 2 StR 372/00 -, jurion Rn. 17 f., wo das Gericht bei der Zeugin von einem „realitätsfremden subjektiven Erleben“ der Gewalt beim Geschlechtsverkehr ausgeht, jedoch gleichzeitig eine „realitätsbezogene Wahrnehmung von Gewaltanwendung“ bei der Flucht und die Fähigkeit der Zeugin sich realitätsgemäß zu verhalten annimmt; vgl. auch Urt. v. 18.1.1984 – 2 StR 419/83 -, jurion Rn. 4, wo der BGH die „Wertung“ hoher Konstanz des Aussageverhaltens des Zeugen durch das Tatgericht als „mit dem wirklichen Ergebnis der Beweisaufnahme (…) nicht vereinbar“ bezeichnet, wonach unterschiedliche Aussagen vorlägen.

886 BGH, Urt. v. 22.5.2012 – 1 StR 103/12 -, jurion Rn. 22; vgl. auch NStZ 2007, 538; NStZ-RR 2003, 16, 17; 2009, 350, 351; OLG Köln StV 1992, 566 und OLG Hamm VRS 47, 279, 280, wo u.a. „unklare“ Feststellungen bzw. Würdigungen der Beweise zur Aufhebung führten.

mehrstündige Schönheitsoperation im Bauchbereich vor. Nach den Feststellungen brachte der Angeklagte S nach Auftreten eines Herz-Kreislauf-Stillstands und Wiederbelebungsmaßnahmen nicht umgehend auf die Intensivstation, obwohl er die Möglichkeit des Todeseintritts nach Eintritt einer Gehirnschädigung erkannt hatte und davon ausgegangen war, dass S bei sofortiger intensivmedizinischer Behandlung hätte gerettet werden können. Um sein Fehlverhalten zu vertuschen fasste er nach den Feststellungen vor der verspäteten Überstellung der S an die Intensivstation den Plan, die Verantwortung für den drohenden Tod der S den dortigen Ärzten zuzuschreiben, „indem er diese nur völlig unzureichend über den Zustand Ss und deren Ursachen informierte und dadurch die Gefahr einer fehlerhaften Anschlussbehandlung erhöhte". S verstarb am 12.4.2006 an den Folgen einer Hirnsubstanzerweichung. Der Angeklagte war zunächst vom Landgericht Berlin wegen Körperverletzung mit Todesfolge in Tateinheit mit versuchtem Totschlag verurteilt worden. Auf die Revision des Angeklagten und des Nebenklägers hin hatte der Senat mit Urteil vom 7.7.2011 – 5 StR 561/10 das Ersturteil unter Aufrechterhaltung der Feststellungen zum objektiven und subjektiven Tatgeschehen aufgehoben und zur erneuten Prüfung des Tötungsvorsatzes und der Mordmerkmale zurückverwiesen. Eine andere Schwurgerichtskammer des Landgerichts Berlin hat den Angeklagten nunmehr wegen Körperverletzung mit Todesfolge in Tateinheit mit versuchtem Mord verurteilt.

Die dagegen gerichtete Revision des Angeklagten führte zur Schuldspruchänderung dahingehend, dass der Angeklagte der Körperverletzung mit Todesfolge schuldig sei sowie zur Aufhebung des Rechtsfolgenausspruchs. Der Senat kritisierte insbesondere die Beweiswürdigung als „nicht frei von Widerspruch": Dem Urteil lasse sich „nicht in nachvollziehbarer Weise"[887] entnehmen, aufgrund welcher (rechts-)medizinischer Umstände der Angeklagte durch die verspätete Einweisung auf die Intensivstation eine Grundlage für die Behauptung eines Verschuldens der Krankenhausärzte hätte schaffen können. Soweit die Kammer zur Annahme von Tötungsvorsatz die Möglichkeit, dass der Angeklagte davon ausgegangen sei, dass S nicht mehr zu retten sei, mit der Erwägung ausgeschlossen habe, der Angeklagte habe dies nicht behauptet, missachtete sie, dass sich ein solcher Vortrag des Angeklagten „nicht mit seiner sonstigen (...) Einlassung hätte vereinbaren lassen"[888], die Verstorbene sei

887 BGH NJW 2012, 2898 f.; vgl. auch NStZ-RR 2000, 327; 2013, 341, 342; StV 2000, 599, 600; wistra 2008, 22, 24; Urt. v. 25.1.2011 – 5 StR 418/10 -, jurion Rn. 14; Beschl. v. 3.9.2013 – 1 StR 206/13 -, jurion Rn. 27 und OLG München, Beschl. v. 15.2.2011 – 4 StRR 167/10 -, juris Rn. 7, 21, wo Annahmen des Tatgerichts als „nicht nachvollziehbar" bezeichnet werden; vgl. auch die Verknüpfung „wenig nachvollziehbar(er)" Erwägungen des Tatrichters mit der Feststellung des Revisionsgerichts, die Urteilsbegründung sei „nicht frei von Denkfehlern" in NStZ 1981, 488.

888 BGH NJW 2012, 2898, 2899; vgl. auch NJW 2002, 2188, 2189; NStZ 2010, 511, 512; NStZ-RR 2007, 43, 44; 2008, 273; StV 1992, 555, 556; Beschl. v. 17.10.1979 – 3 StR 361/79 -, jurion Rn. 1; Urt. v. 24.3.1981 – 5 StR 100/81 -, jurion Rn. 2;

in seiner Praxis auf dem Weg der Besserung gewesen. Selbst die Möglichkeit, der Angeklagte sei subjektiv von der Richtigkeit seiner Aussage überzeugt gewesen, stünde „in krassem Widerspruch“[889] zu der Annahme des Landgerichts, der Angeklagte habe einen tödlichen Ausgang tatsächlich für möglich gehalten.

Zusammenfassend lässt sich mithin festhalten, dass die Revisionsgerichte wie im Rahmen der Feststellungen auch im Bezug auf die Beweiswürdigung widerspruchsfreie, verständliche und klare Erwägungen als notwendige rechtsstaatliche Grundlage einer Verurteilung des Angeklagten fordern.

Einen wichtigen Unterfall der Verstöße gegen die Denkgesetze bilden sog. Kreis- und Zirkelschlüsse, d.h. die Beweisargumentation mit erst zu Beweisendem[890], wie die nachfolgenden zwei Entscheidungen aufzeigen:

BGH, Urt. v. 1.9.1982 – 2 StR 39/82:

Das Landgericht Hanau hat den Angeklagten vom Vorwurf, die 25-jährige C am 28.2.1978 gegen 20:00 Uhr auf dem Heimweg vom Bahnhof Niedermittlau zu ihrer Wohnung vorsätzlich getötet zu haben, freigesprochen. Die Zeugin P gab an, den die Tat bestreitenden Angeklagten etwa 15 Minuten vor der Tat und unmittelbar vor der Ankunft des Opfers im Warteraum des Bahnhofs gesehen zu haben. Das Schwurgericht glaubte der Zeugin nicht und gab zur Begründung an, es sei „nicht ersichtlich, welchen Grund der Angeklagte gehabt haben könnte, sich am Abend des 28.02.1978 im Bahnhof von Niedermittlau aufzuhalten“.

Die vom Generalbundesanwalt vertretene Revision der Staatsanwaltschaft führte mit der Sachrüge zur Aufhebung des Urteils des Schwurgerichts und zur Neuverhandlung. Die Erwägung, mit der das Gericht die mangelnde Glaubhaftigkeit der Aussage der Zeugin hergeleitet habe, setze bereits voraus, dass der Angeklagte nicht

Urt. v. 28.4.2010 – 2 StR 595/09 -, jurion Rn. 16, wo tatrichterliche Feststellungen als miteinander „unvereinbar“ enttarnt werden.

889 BGH NJW 2012, 2898, 2899; vgl. auch folgende Revisionsentscheidungen, die einen „unauflöslichen Widerspruch“ in den tatrichterlichen Feststellungen bemerken: NStZ 2013, 57, 58; NStZ-RR 2013, 21, 22; Beschl. v. 26.8.1991 – 3 StR 33/91 -, jurion Rn. 6; Urt. v. 6.12.2000 – 2 StR 372/00 -, jurion Rn. 16; siehe auch NStZ 2011, 302, 303; 2012, 205; NStZ-RR 1999, 301, 302; 2004, 116, 117; 2007, 199; 2008, 341; StV 1992, 555, 556; 1995, 451, 452; 2000, 599, 600; Urt. v. 12.8.2009 – 2 StR 226/09 -, jurion Rn. 9; Beschl. v. 28.12.2011 – 2 StR 523/11 -, jurion Rn. 6; Urt. v. 16.1.2013 – 2 StR 299/12 -, jurion Rn. 7, wo die Beweiswürdigung vom Revisionsgericht als „widersprüchlich“ abgetan wird; vgl. auch wistra 2003, 351, 352, wonach die pauschale Einordnung sich widersprechender Angaben des Angeklagten als glaubhaft zu einem „Widerspruch“ in den Feststellungen führe.

890 *Frisch,* in: SK-StPO, § 337 Rn. 134; ähnlich *Herdegen,* NJW 2003, 3513 zum Zirkelschluss; vgl. auch *Niemöller,* StV 1984, 431, 436, der einen Kreisschluss dann annimmt, „wenn der Tatrichter einen argumentativen Rundweg beschreitet und – am Ausgangspunkt wieder angelangt – des Glaubens ist, er habe einen Fortschritt erzielt“; in der Praxis wird zwischen den beiden Schlagwörtern nicht genauer differenziert.

der Täter gewesen sei und sei daher rechtsfehlerhaft.[891] Ob der Angeklagte der Täter war oder nicht, war aber gerade durch die Vernehmung der Zeugin erst zu beweisen.

BGH, Beschl. v. 3.12.2002 – 4 StR 461/02:

Das Landgericht Arnsberg hat den Angeklagten u.a. wegen vier tatmehrheitlicher Fälle der Freiheitsberaubung zu einer Freiheitsstrafe verurteilt, deren Vollstreckung es zur Bewährung ausgesetzt hat. Es hat seine Verurteilung maßgeblich auf die Angaben der Zeugin B gestützt, die es für „glaubwürdig" hält, weil deren Angaben „hinsichtlich der relevanten Umstände nicht widerlegt worden sind, (...) sogar von einer überwiegenden Wahrscheinlichkeit auszugehen ist und (da) auch zur Überzeugung der Kammer eine vorsätzliche Falschbekundung nicht gegeben ist".

Die mit der allgemeinen Sachrüge geführte Revision des Angeklagten führte zur Urteilsaufhebung und zur Zurückverweisung durch den Senat, welcher zur Begründung u.a. ausführt: „Zugleich erweist sich die Erwägung als Zirkelschluss, weil das Landgericht damit letztlich die Glaubhaftigkeit der Angaben der Zeugin mit ihrer eigenen Aussage begründet, anstatt – wie es geboten wäre – für deren Richtigkeit auf Indizien abzustellen, die außerhalb der Aussage selbst liegen[892] (...). Dies stellt einen Verstoß gegen die Denkgesetze[893] dar."

Im Hinblick auf die Unschuldsvermutung und der einem verurteilungswilligen Gericht obliegenden Pflicht, durch eine die Rechte des Angeklagten wahrende Beweisaufnahme seine Täterschaft nachzuweisen, in Verbindung mit dem Erfordernis der Bestätigung der subjektiven Überzeugung durch äußere, objektive Umstände

891 BGH, Urt. v. 1.9.1982 – 2 StR 39/82 -, jurion Rn. 6; vgl. auch folgende Entscheidungen, in denen die Zugrundelegung erst zu beweisender und nicht belegter Umstände bemängelt wird – als Kreisschluss: NJW 1999, 1562, 1564; StV 1990, 438, 439; Urt. v. 4.4.1985 – 4 StR 42/85 -, jurion Rn. 5; – als Zirkelschluss: NStZ-RR 2003, 49, 50; StV 1986, 467; Urt. v. 4.11.1981 – 2 StR 443/81 -, jurion Rn. 10; Urt. v. 4.8.1982 – 2 StR 177/82 -, jurion Rn. 10; Urt. v. 29.7.1998 – 1 StR 152/98 -, jurion Rn. 14; – ohne nähere Bezeichnung: Beschl. v. 3.9.1992 – 1 StR 559/92 -, jurion Rn. 2.

892 BGH StV 2003, 542, 543; vgl. zu dem unzulässigen Zirkelschluss von der Aussage selbst auf ihre Glaubhaftigkeit auch StV 2005, 487, 488; siehe auch StV 1984, 190; 1996, 366, 367 und Beschl. v. 21.11.2000 – 4 StR 489/00 -, jurion Rn. 7 zum Kreis-/Zirkelschluss von der Glaubhaftigkeit der Aussage auf die Glaubwürdigkeit des Zeugen; vgl. auch Urt. v. 29.7.1998 – 1 StR 152/98 -, jurion Rn. 14 zum Schluss von der Glaubwürdigkeit eines Zeugen auf die Unglaubwürdigkeit eines anderen Zeugen.

893 BGH StV 2003, 542, 543; als weitere Verstöße gegen die Denkgesetze kommen etwa Rechenfehler in Betracht, vgl. BGH StV 1996, 583 zur Fehlbewertung der Beweiskraft von statistisch belegten Häufigkeitswerten und Urt. v. 27.6.2013 – 3 StR 115/13 -, jurion Rn. 6, wonach sich die Tat nach Geschwindigkeit, Entfernung und Fahrzeit der sich annähernden Straßenbahn so nicht abgespielt haben könne; vgl. auch die weiteren Beispiele für Denkfehler bei *Franke*, LR-StPO, § 337 Rn. 140 ff.

können Erwägungen, die mit Unbewiesenem argumentieren nicht zu einer rechtsfehlerfreien Beweiswürdigung führen.

Eine weitere seit langem anerkannte Fallgruppe möglicher Rechtsfehler bildet der Verstoß gegen Erfahrungssätze: Nachdem die Einordnung von Denkgesetzen und Erfahrungssätzen als „Normen des ungeschriebenen Rechts" vom BGH lediglich in einer älteren Entscheidung[894] vertreten worden war, erfolgte ein weiterer Versuch zur Begründung der Revisibilität von Verstößen gegen die Erfahrungssätze in einem Beschluss vom 7.6.1982 – 4 StR 60/82:

Im Rahmen eines Vorlageverfahrens des OLG Düsseldorf an den BGH betreffend ein bestimmtes Messverfahren bei der Abstandsmessung definierte der Senat einen allgemeinen Erfahrungssatz als eine solche empirisch gewonnene Einsicht, die „schlechthin zwingende Folgerungen" enthalte, „denen auch der Richter folgen" müsse und führte weiter aus: „Die Nichtberücksichtigung eines solchen Satzes steht der Nichtanwendung einer Rechtsnorm gleich und ist deshalb eine Rechtsverletzung im Sinne von § 337 StPO."[895] Davon zu unterscheiden seien „solche ebenfalls auf Erfahrung beruhende Einsichten, welche nur Wahrscheinlichkeitsaussagen enthalten, die der Richter erst anhand weiterer Beweisanzeichen darauf prüfen muss, ob sie im konkreten Fall zur Gewissheit werden", sodass sie nicht allgemein verbindlich seien.[896]

Neben dem Versuch des BGH, die Revisibilität von Erfahrungssätzen aus dem Gesetz abzuleiten, wurde aus dieser Entscheidung im Schrifttum eine weitere wichtige Erkenntnis gezogen: Die Unterscheidung zwischen allgemeingültigen, für den Richter bindenden[897] und damit bei deren Nichtbeachtung voll revisibelen Erfahrungssätzen und sonstigen Erfahrungssätzen, die lediglich als ein Beweisanzeichen neben anderen im Rahmen der freien Beweiswürdigung fungierten und deren Nichteinhaltung daher nur begrenzt revisibel sei[898].

---

894 BGHSt 6, 70, 72.

895 BGHSt 31, 86, 89 m. Anm. *Katholnigg,* JR 1983, 129 f.; vgl. zu dieser Einordnung schon OLG Braunschweig NJW 1955, 1201, 1202.

896 BGHSt 31, 86, 89; ähnlich schon Urt. v. 18.9.1981 – 2 StR 237/81 -, jurion Rn. 5 und Urt. v. 4.11.1981 – 2 StR 443/81 -, jurion Rn. 7, wo eine Abgrenzung zwischen allgemeingültigen Erfahrungssätzen und der allgemeinen Lebenserfahrung erfolgt.

897 Vgl. dazu die bereits in älteren Entscheidungen anzutreffende Formulierung, der Richter habe wissenschaftliche Erkenntnisse zu berücksichtigen, „soweit sie in den maßgebenden Fachkreisen allgemein und zweifelsfrei als richtig und zuverlässig anerkannt" seien, in: BGHSt 21, 157, 159; 25, 246, 248; 30, 251, 252; 34, 133, 134; 37, 89, 91; vgl. ausdrücklich zur Bindung des Gerichts an „gesicherte" wissenschaftliche Erfahrungssätze: BGHSt 10, 208, 211; 21, 157, 159; 24, 200, 203; 29, 18, 20 f.

898 Vgl. zu dieser Differenzierung *Franke,* in: LR-StPO, § 337 Rn. 143 ff. und *Frisch,* in: SK-StPO, § 337 Rn. 137 ff.; dort auch u.a. zu den möglichen Rechtsfehlern der völligen Nichtberücksichtigung des Beweiswerts sonstiger Erfahrungssätze, vgl. etwa BGH NStZ-RR 2002, 39, wonach die Beweiswürdigung bei Außerachtlassung eines Erfahrungssatzes mit Wahrscheinlichkeitsaussage „lückenhaft" sei; ähnlich NJW 1995, 2930, 2932, wonach durch Darstellung des Streitstands bei

Die Rechtsfehlerqualität eines Verstoßes gegen gesicherte wissenschaftliche Erfahrungssätze erkennt ein Urteil des BGH vom 18.9.2008 – 5 StR 224/08 ausdrücklich an:

Das Landgericht Frankfurt an der Oder hat den Angeklagten vom Vorwurf des Mordes durch Unterlassen an dem 19 Jahre alten P freigesprochen. Der 39-jährige Angeklagte, der mit anderen Männern sexuell motivierte Gewalthandlungen pflegte, wurde von P am 25.9.2005 zu Hause mit Marihuana beliefert, in deren Folge beide gemeinsam Marihuana und Pillen, P zusätzlich Kokain und Bier konsumierten. Zu einem nicht mehr genauer feststellbaren Zeitpunkt verstarb P an einer ausgeprägten Hirnschwellung, deren Ursache nicht exakt feststellbar war. Nach den Feststellungen entdeckte der Angeklagte am späten Abend, dass die zum Verkauf an P gedachte Flasche Liquid Extasy (GHB) nur noch halb voll war. Er verpackte den Leichnam des P in Müllsäcke und verbrachte ihn in ein Waldgebiet, wo er am 2.10.2005 gefunden wurde. Die Strafkammer sah sich nicht in der Lage, die Einlassung des Angeklagten, er sei um 17:00 Uhr aufgewacht und habe P tot aufgefunden, zu widerlegen und führte insbesondere aus, die Hirnschwellung des P könne sowohl auf einer Intoxikation – wobei GHB-Konsum nicht nachweisbar sei – als auch auf einer natürlichen Ursache beruhen, Hinweise auf komprimierende Gewaltanwendung seien ebenso wenig erkennbar wie sexuelle Handlungen zwischen dem Angeklagten und P.

Die gegen den Freispruch gerichteten Revisionen der Staatsanwaltschaft und der Nebenkläger führten mit der allgemeinen Sachrüge zur Urteilsaufhebung und zur Neuverhandlung. Neben anderen Fehlern in der Beweiswürdigung bemängelte der Senat insbesondere, das Landgericht habe nicht berücksichtigt, „dass das Entstehen von Gehirnschwellungen regelmäßig mit massiven Eingriffen in die Blutzufuhr zum Gehirn“ zusammenhänge, „was die Wahrscheinlichkeit der Verursachung durch eine Gewalthandlung auf der Grundlage gesicherten medizinischen Erfahrungswissens erhöht“.[899] Das „verfassungsrechtlich verankerte Gebot rational begründeter

---

noch nicht allgemein anerkannten Erkenntnissen eine Abwägung der dafür und dagegen sprechenden Argumente sowie eine Gesamtschau mit den übrigen Indizien erfolgen müsse; siehe ferner zur unzulässigen Verbindlichbehandlung nicht ausnahmslos geltender Erfahrungssätze: BGH NJW 1999, 1562, 1564; StV 1998, 333, 334; OLG Düsseldorf StV 1993, 476; 572.

899 BGH, Urt. v. 18.9.2008 – 5 StR 224/08 -, jurion Rn. 15; vgl. auch folgende Entscheidungen, in welchen die Nichtberücksichtigung gesicherter Erfahrungssätze gerügt wurde: BGHSt 37, 231, 234 und Beschl. v. 13.5.1986 – 1 StR 199/86 -, jurion Rn. 3, wonach eine BAK von 2,0 Promille und mehr als anerkannte medizinische Erkenntnis eine erhebliche Verminderung der Steuerungsfähigkeit nahelege, zu beachten ist jedoch die Rechtsprechungsänderung in BGHSt 43, 66, 71 f., wonach es keinen medizinisch-statistischen Erfahrungssatz gebe, der es gebiete, ohne Rücksicht auf im konkreten Fall feststellbare psychodiagnostische Kriterien ab 2,0 Promille eine krankhafte seelische Störung iSv §§ 20, 21 StGB anzunehmen, nachfolgend NStZ 2005, 329, 330 und StV 2013, 19, 20; siehe auch Beschl. v. 6.11.1996 – 5 StR 219/96 bei *Kusch,* NStZ 1997, 376, wonach das Gericht im Rahmen der

und tatsachengestützter Beweisführung“ verlange auch bei einem freisprechenden Urteil durch das Gebot der erschöpfenden Beweiswürdigung „die Einbeziehung wissenschaftlicher Erkenntnisse, insbesondere aus kriminalistischen, forensischen und aussagepsychologischen Untersuchungen gewonnener Erfahrungsregeln in die Beweiswürdigung“.[900] Vorliegend habe das Schwurgericht rechtsfehlerhaft Gewalteinwirkung „lediglich als eine von mehreren Ursachen der Gehirnschwellung erwogen und dabei das medizinische Erfahrungswissen außer Acht gelassen, dass bei dem erwachsenen Opfer drosselnde Gewalt eher deren regelhafte Ursache“ sei.

Als weiterer möglicher Rechtsfehler im Rahmen der Beweiswürdigung fungiert in der Rechtsprechung der Revisionsgerichte die Zugrundelegung eines nichtbestehenden Erfahrungssatzes, wie ein Beschluss des BGH vom 8.9.1999 – 2 StR 369/99 zeigt:

Das Landgericht Koblenz hat den Angeklagten wegen Betäubungsmitteldelikten u.a. unter Mitführens einer Schusswaffe zu einer mehrjährigen Freiheitsstrafe verurteilt. Der Angeklagte hat die Tat eingeräumt, aber bestritten, von der Bewaffnung des Mittäters T gewusst zu haben. Das Landgericht hat sich die Überzeugung vom Vorsatz des Angeklagten bezüglich des Mitführens von Waffen durch T mit der Begründung verschafft, es „lege schon eine lebensnahe Betrachtungsweise die Vermutung nahe, dass ein Geschäft solcher Größenordnung, wo es um 1 kg Heroin für einen Verkaufspreis von 45.000 DM gehe, in den einschlägigen Kreisen nicht unbewaffnet durchgeführt wird.“

Auf die Revision des Angeklagten hin, mit der er die Verletzung formellen und materiellen Rechts rügt, änderte der Senat den Schuldspruch dahingehend ab, dass der Qualifikationstatbestand des bewaffneten Handeltreibens entfalle. Der Senat rügt die Herleitung des Vorsatzes des Angeklagten hinsichtlich der Bewaffnung als „bloße Vermutung“[901], worauf die Beweiswürdigung nicht gestützt werden könne und führt weiter an: „Ein Erfahrungssatz, dass mit 1 kg Heroin in einschlägigen Kreisen nicht unbewaffnet Handel getrieben wird, besteht nicht.[902] Erfahrungssätze

Begründung der Täterschaft des angeklagten Richters mit dem Erfahrungssatz „Es ist eher lebensfremd, dass die Ehefrau eines seit fast dreißig Jahren im Justizdienst stehenden Richters Aktenbestandteile vernichtet“ übersehen habe, dass es auch einen Erfahrungssatz mit „gar höherem Erfahrungswert“ gäbe, wonach es eher lebensfremd sei, dass ein seit fast dreißig Jahren im Justizdienst stehender Richter Aktenbestandteile vernichte.

900 BGH, Urt. v. 18.9.2008 – 5 StR 224/08 -, jurion Rn 16; vgl. dazu auch BVerfG NJW 2003, 2444, 2445.

901 BGH StV 2000, 69; vgl. auch folgende Verknüpfungen des Vorliegens einer „Vermutung“ oder des Fehlens einer „tragfähigen Grundlage“ mit dem Nichtbestehen eines allgemeingültigen Erfahrungssatzes in: NStZ 1993, 95 und StV 1998, 333, 334.

902 BGH StV 2000, 69; vgl. zur Rüge des Nichtbestehens folgender – von mir zusammengefasster – allgemeiner Erfahrungssätze: NStZ 1981, 488: „Die frühere Erklärung des Angeklagten verdient nach allgemeinen Erfahrungssätzen gegenüber der anderen den Vorzug“; NStZ-RR 1999, 139: „Ein Beschuldigter räumt in einer

sind die aufgrund allgemeiner Lebenserfahrung oder wissenschaftlicher Erkenntnisse gewonnene(n) Regeln, die keine Ausnahme zulassen und eine an Sicherheit grenzende Wahrscheinlichkeit zum Inhalt haben[903] (...). Eine derartige Regel bezüglich der Bewaffnung beim Handeltreiben mit Betäubungsmitteln gibt es nicht. Es ist rechtsfehlerhaft, wenn der Tatrichter von einem nicht bestehenden Erfahrungssatz ausgeht (...)."[904]

Die Revisionsgerichte sehen sich also zum Eingreifen veranlasst, wenn der Tatrichter gesicherte wissenschaftliche Erkenntnisse unbeachtet lässt oder sich an solche gebunden sieht, obwohl sie entweder nicht bestehen oder nicht zwingend gelten.

Seit langem als Rechtsfehler eingestuft und vornehmlich in älteren Entscheidungen aufzufinden ist die Nichtberücksichtigung offenkundiger, d.h. allgemein- oder gerichtskundiger Tatsachen im Rahmen der Beweiswürdigung[905] oder die

---

polizeilichen Vernehmung grundsätzlich einen einvernehmlichen Geschlechtsverkehr ein"; 2010, 51, 52: „In einer größeren Cannabisplantage findet stets eine Überwachung des Verantwortlichen statt"; 2012, 150, 151: „Zeugen erinnern sich nicht an lange zurückliegende Geschehnisse"; StV 1982, 474: „Nur erwachsene Täter gehen bei einer Mehrzahl von Straftaten in gleicher Weise vor und lassen sich durch eine vorübergehende Inhaftierung nicht von der Begehung weiterer Taten abhalten"; 2003, 213 f.: „Bei einem gezielten Schuss auf einen Menschen ist prinzipiell mit lebensbedrohlichen Verletzungen zu rechnen"; Urt. v. 24.10.2001 – 3 StR 237/01 -, jurion Rn. 16: „Es ist lebensfremd, dass sich 22- und 26-jährige vorbestrafte Angeklagte einem Alleingang von 16,18 und 19-jährigen weiteren Beteiligten gegenübergesehen haben könnten"; Urt. v. 22.2.2012 – 1 StR 378/11 -, jurion Rn. 24: „Ertappte Einbrecher flüchten nicht, wenn sie in ein bewohntes Haus einbrechen wollen"; OLG Stuttgart NJW 1982, 295: „Bei einem aufrechtgehenden Menschen wird alles Blut aus einer Kopfwunde von den Kleidern aufgesogen"; OLG Karlsruhe NStZ 1989, 287, 288: „Ein Unschuldiger bestreitet seine Täterschaft mit Nachdruck"; OLG Karlsruhe StV 1990, 103, 104: „Bereits bei Trinkbeginn wird der Umfang der Alkoholaufnahme und ein späterer Fahrtantritt vorausgeplant"; OLG Karlsruhe StV 1995, 13: „Ein Kraftfahrer nimmt Geräusche im Straßenverkehr auch in geschlossenen Fahrzeugen wahr"; OLG Stuttgart, Beschl. v. 9.4.2010 – 1 Ss 53/10 -, juris Rn. 11: „Gut sichtbar aufgestellte Schilder werden immer gesehen".

903 BGH StV 2000, 69; vgl. zu dieser Definition auch *Franke,* in: LR-StPO, § 337 Rn. 144 und *Frisch,* in: SK-StPO, § 337 Rn. 138 m.w.Nw. aus der älteren Rechtsprechung.

904 BGH StV 2000, 69; vgl. dazu auch Urt. v. 23.1.1985 – 3 StR 496/84 -, jurion Rn. 9; vgl. zur rechtsfehlerhaften Zugrundelegung von Wahrscheinlichkeitsaussagen im Sinne eines sonstigen Erfahrungssatzes, die es nicht gibt: NStZ 1993, 95; ähnlich NStZ 2003, 369 f., wonach ein Rechtssatz, der den Schluss von einem heftigen Stich in in die obere seitliche Körperregion auf die Billigung des Todes ziehe, nicht bestehe; vgl. auch zum Rechtsfehler des nicht erforderlichen Abhängigmachens von einem Erfahrungssatz NStZ 1982, 478, 479.

905 Vgl. zur generellen Anerkennung als möglicher Rechtsfehler: BGH, Urt. v. 22.10.1958 – 3 StR 21/58 -, jurion Rn. 3; Urt. v. 28.2.1961 – 5 StR 467/60 -, jurion Rn. 11; vgl. zum Maßstab der Revisibilität BGHSt 6, 292, 296, ähnlich Urt.

Behandlung als offenkundige Tatsache trotz fehlender Offenkundigkeit[906], vgl. etwa BGH, Urt. v. 16.4.2008 – 2 StR 95/08:

Der zur Tatzeit 16-jährige Angeklagte stach dem Nebenkläger mit großer Wucht von hinten auf Höhe des rechten Schulterblattes ein Messer in den Rücken, wodurch dieser lebensgefährliche Verletzungen am Lungenflügel erlitt. Das Landgericht Frankfurt am Main hat den Angeklagten nur wegen gefährlicher Körperverletzung verurteilt, weil es sich vom Vorliegen eines Tötungsvorsatzes nicht zu überzeugen vermocht hat, wobei es u.a. darauf abgestellt hat, es habe sich „um einen herzfernen Stich in den Rücken des Opfers gehandelt (...), dessen Lebensbedrohlichkeit sich einem medizinisch unbedarften Täter wie dem Angeklagten nicht unmittelbar erschließt".

Auf die allgemeine Sachrüge führte die dagegen gerichtete Revision des Nebenklägers zur Urteilsaufhebung und zur Zurückverweisung des Verfahrens an eine andere Jugendkammer des Landgerichts. Der Senat bemängelte in mehrfacher Hinsicht die Beweiswürdigung der Jugendkammer als rechtsfehlerhaft und führte insbesondere im Hinblick auf die Erwägung der Kammer zur fehlender Vorhersehbarkeit der Lebensgefährlichkeit des Stichs für den Angeklagten aus: „Diese Wertung widerspricht der Lebenserfahrung. Es ist eine allgemeinkundige Tatsache[907], dass Messerstiche in den oberen Rückenbereich in hohem Maße lebensgefährlich sind."[908] Gründe, warum dies der geistig normal entwickelte Angeklagte nicht erkannt haben sollte, seien nicht erkennbar.

---

v. 8.9.1954 – 6 StR 202/54 -, jurion Rn. 5 und Urt. v. 21.2.1980 – 4 StR 700/79 -, jurion Rn. 7, wonach bei einer „Allgemeinkundigkeit, die nicht auf einen räumlichen oder persönlichen Kreis beschränkt ist" das Revisionsgericht zur Prüfung deren inhaltlicher Richtigkeit, im Übrigen sowie bezüglich der „Gerichtskundigkeit" beim Tatgericht nur zur Überprüfung im Hinblick auf das richtige Begriffsverständnis befugt sei.

906 Vgl. OLG Düsseldorf NJW 1993, 2452, 2453.

907 BGH, Urt. v. 16.4.2008 – 2 StR 95/08 -, jurion Rn. 7; vgl. zur Definition „allgemeinkundiger" Tatsachen als Vorgänge, „von denen verständige Menschen regelmäßig Kenntnis haben oder über die sie sich aus zuverlässigen Quellen ohne besondere Fachkunde sicher unterrichten können": BGHSt 6, 292, 293; 26, 56, 59; Urt. v. 21.2.1980 – 4 StR 700/79 -, jurion Rn. 7 und KG, Beschl. v. 22.7.2009 – (4) 1 Ss 181/09 (130/09) Rn. 22; siehe auch die Bezeichnung von Tatsachen als „gerichtskundig", die „der Richter im Zusammenhange mit seiner amtlichen Tätigkeit zuverlässig in Erfahrung gebracht hat": BGHSt 6, 292, 293.

908 BGH, Urt. v. 16.4.2008 – 2 StR 95/08 -, jurion Rn. 7; vgl. zur Nichtberücksichtigung allgemeinkundiger Tatsachen als Rechtsfehler iRd Sachrüge auch Urt. v. 21.6.1956 – 6 StR 78/55 -, jurion Rn. 7, 19: „FDJ ist die führende kommunistische Jugendverbindung", „von kommunistischer Seite wurde jahrelang ein systematischer Verleumndungs- und Beleidigungsfeldzug gegen die Bundesregierung geführt"; Urt. v. 17.2.1959 – 1 StR 3/59 -, jurion Rn. 6: „Verein „Deutscher Block" wird als neonazistische Vereinigung betrachtet"; Urt. v. 11.11.1976 – 2 StR 508/76 -, jurion Rn. 8: „Massenermordung jüdischer Bürger".

Auch die allgemeine Lebenserfahrung dient mithin nach der Rechtsprechung im Bezug auf bestimmte allgemeinverbindliche Aussagen als stets zu beachtender Indikator im Rahmen der Beweiswürdigung.

Zusammenfassend lässt sich festhalten, dass die Revisionsgerichte Verstöße gegen Denkgesetze, Erfahrungssätze und offenkundige Tatsachen verhältnismäßig konstant und mit Ausnahme einzelner naturgemäßer Beschränkungen umfassend aufzudecken pflegen.

### (b) Kritik aus der Literatur

Die grundsätzliche Revisibilität der Gesetze des Denkens und der Erfahrung ist auch im Schrifttum heute überwiegend anerkannt.[909] Bedenken werden vornehmlich im Hinblick auf deren dogmatische Herleitung, insbesondere bezüglich der Subsumtion der Denk- und Erfahrungssätze unter das Erfordernis des Gesetzes, die Nicht- oder Falschanwendung einer „Rechtnorm" gemäß § 337 Abs. 1 StPO laut. Die Rechtsnormqualität von Denk- und Erfahrungssätzen ist umstritten, wird jedoch überwiegend abgelehnt[910], da diese dem Recht zeitlich und begrifflich

---

909 *Franke,* in: LR-StPO, § 337 Rn. 138, 143 m.w.Nw.; *Schoreith,* in: KK-StPO, 6. Aufl., § 261 Rn. 4a; vgl. schon *Klee,* GA 70, 158 f.; *Manigk,* in: Die Reichsgerichtspraxis im deutschen Rechtsleben, 94, 136; *Rosenfeld,* Der Reichs-Strafprozess, 259; a.A. war v.a. das ältere Schrifttum bzgl. Denkgesetze und Erfahrungssätze: *Pohle,* Revision und neues Strafrecht, 32; betreffend Erfahrungssätze: *Beling,* Deutsches Reichsstrafprozessrecht, 413 Fn. 5; *Kuchinke,* Grenzen der Nachprüfbarkeit tatrichterlicher Würdigung und Feststellungen in der Revisionsinstanz, 197 mit Ausnahme offenbarer Mängel; *Wach,* JW 1881, 73, 74; vgl. auch die Differenzierung zwischen der Anwendung von Erfahrungssätzen bei der Tatsachenfeststellung/Beweiswürdigung oder bei der Subsumtion bei *Mezger,* Der psychiatrische Sachverständige im Prozess, 177 Fn. 248, 182 Fn. 252, 186, 190; *Mannheim,* Beiträge zur Lehre von der Revision wegen materiellrechtlicher Verstöße im Strafverfahren, 75 auch in Bezug auf die Denkgesetze; *Stein,* JW 1922, 1489, 1491, ähnlich *ders.,* Das private Wissen des Richters, 107, 112, 120 und *Sauer,* Grundlagen des Prozessrechts, 68; ähnlich auch *Beling,* Deutsches Reichsstrafprozessrecht, 414 Fn. 3, der betr. die Denkgesetze zwischen einer Beeinflussung der Subsumtion oder der Tatsachenbasis differenziert; vgl. auch *Engisch,* Logische Studien zur Gesetzesanwendung, 94 Fn. 1, der nur von einer logischen Unterscheidbarkeit ausgeht.

910 *Frisch,* in: FS Eser, 257, 278; *Geerds,* FS I Peters, 267, 272; *Henkel,* Strafverfahrensrecht, 375 Fn. 3; *Jerouschek,* GA 1992, 493, 506; *Mannheim,* Beiträge (Fn. 909), 75; *Peters,* in: FS Schäfer, 137, 140; *ders.,* Strafprozess, 4. Aufl., 636; *Puppe,* JZ 1994, 1147, 1150; *Rosenau,* in: FS Widmaier, 521, 526; *Roxin/Schünemann,* Strafverfahrenrecht, § 55 Rn. 15; *Schweling,* ZStW 83 (1971), 435, 457; anderer Ansicht sind vor allem Stimmen aus der älteren Literatur, vgl. etwa *Blunck,* MDR 1970, 470, 472 f.; *Schwinge,* Grundlagen des Revisionsrechts, 157 betr. Denkgesetze; *Heinsheimer,* in: FS Klein, 133, 135; vgl. aber auch *Jähnke,* in: FS Hanack, 355, 358, welcher den Streit als müßig bezeichnet, da „ein Urteil, welches auf der Feststellung beruhte,

vorausgingen[911]. Dass es sich bei offenkundigen Tatsachen nicht um Rechtsnormen handelt ist so offensichtlich, dass dies keiner weiteren Erwähnung bedarf.[912]

Teils wird versucht, Verstöße gegen die Denkgesetze als Verletzung des § 267 Abs. 1 S. 2 StPO aufzufassen, da der Wortlaut des Gesetzes von „gefolgert“ spreche und das Urteil bei logischen Fehlern einer wissenschaftlichen Begründung entbehre[913]. Überwiegend wird davon ausgegangen, die Anwendung von Denkgesetzen, Erfahrungssätzen und offenkundiger Tatsachen falle nicht in das Gebiet der Beweiswürdigung, weil diese eines Beweises im förmlichen Beweisverfahren nicht bedürftig seien[914], sondern deren korrekte Berücksichtigung sei notwendige Voraussetzung einer richtigen Anwendung der Rechtsnormen auf den festgestellten Sachverhalt, sodass die Anwendung des Rechts unter Verletzung der Gesetze der Logik, der Erfahrung und der Offenkundigkeit eine unrichtige Rechtsanwendung im Sinne von § 337 Abs. 2 StPO darstelle[915]. Streitig ist vor allem, ob der Verstoß gegen die Gesetze des Denkens und der Erfahrung wie überwiegend angenommen auf die Sachrüge hin zu berücksichtigen ist[916], oder wie zum Teil gefordert wird, der Eingang in die revisionsrechtliche Überprüfung im Wege der Verfahrensrüge über die Verfahrensvorschriften hinsichtlich der Grenzen der tatrichterlichen Beweiswürdigung in §§ 244 ff., 261 StPO zu nehmen ist[917] sowie die Differenzierung zwischen allgemeingültigen und sonstigen Erfahrungssätzen[918].

---

dass Wasser bergauf fließt“ ungeachtet des rechtlichen Weges keinen Bestand haben könne.

911 *Franke,* in: LR-StPO, § 337 Rn. 11; *Grave/Mühle,* MDR 1975, 274, 277; *Hamm,* Die Revision in Strafsachen, Rn. 962, 984; *Jerouschek,* GA 1992, 493, 506.

912 Ausdrücklich nur *Franke,* in: LR-StPO, § 337 Rn. 12.

913 *Hamm,* Revision (Fn. 911), Rn. 963 f.; *Grave/Mühle,* MDR 1975, 274, 276; *Wagner,* ZStW 106 (1994), 259, 287.

914 *Jähnke,* in: FS Hanack, 355, 358; *Puppe,* JZ 1994, 1147, 1150; vgl. dazu schon RGSt 61, 151, 154.

915 *Franke,* in: LR-StPO, § 337 Rn. 11, 152; *Hamm,* Revision (Fn. 911), Rn. 962 f., 985; *Henkel,* Strafverfahrensrecht, 375 Fn. 3; *Klug,* in: FS Möhring, 363, 365; *Schweling,* ZStW 83 (1971), 435, 457; vgl. zur dogmatischen Herleitung *Henke,* ZZP 81 (1968), 196, 227, wonach Denkgesetze und Erfahrungssätze „Hilfsmittel“ für die Rechtsanwendung seien, ähnlich *Stein,* Das private Wissen des Richters, 120, der bezüglich der Erfahrung von einer „Hilfsthätigkeit für die Rechtsanwendung“ spricht; siehe auch *Manigk,* in: Reichsgerichtspraxis (Fn. 909), 94, 144 und ähnlich *Sauer,* Grundlagen (Fn. 909), 68, wonach Erfahrungssätze Bestandteil des rechtlichen Obersatzes seien.

916 *Franke,* in: LR-StPO, § 337 Rn. 11 m.w.Nw.; *Frisch,* in: SK-StPO, § 337 Rn. 133, 137, 142.

917 *Geerds,* in: FS I Peters, 267, 273 f.; *Temming,* in: HK-StPO, § 337 Rn. 4; vgl. *Fezer,* in: FS Hanack, 331, 335; *Kuchinke,* Grenzen (Fn. 909), 209; *Peters,* Strafprozess, 4. Aufl., 636.

918 *Herdegen,* in: FS Kleinknecht, 173, 180 f.

### (c) Stellungnahme

Insgesamt ist die Rechtsprechungspraxis der Revisionsgerichte im Hinblick auf die Kontrolle der tatrichterlichen Beweiswürdigung auf Verstöße gegen Denkgesetze, Erfahrungssätze und offenkundige Tatsachen dem Grunde nach zu begrüßen; denn es kann schon vor dem Hintergrund des Rechtsmittelcharakters der Revision nicht sein, dass das Revisionsgericht bewusst falsche Urteile mit offensichtlich falschen Beweiserwägungen bestätigen muss, deren Unrichtigkeit förmlich „ins Auge springt“, weil eben jedermann weiß, das 1+1=2 ist oder dass geschichtliche Ereignisse sich so und nicht anders zugetragen haben. Im Hinblick auf widersprüchliche und unklare Würdigungen ist an bereits im Rahmen der Ordnungsgemäßheit der Feststellungen angestellte Überlegungen anzuknüpfen, wonach in erster Linie der Angeklagte als Subjekt des Strafverfahrens, aber aus rechtsstaatlichen Gründen auch alle anderen Verfahrensbeteiligten Anspruch auf ein verständliches Urteil mit tragfähiger Tatsachengrundlage haben[919], was durch widersprüchliche und unverständliche Erwägungen nicht gelingen kann.

In dogmatischer Hinsicht ist von der gesetzlichen Grundlage der Revision, der Vorschrift des § 337 StPO auszugehen und der Begriff der „Gesetzesverletzung“ einer erweiternden Auslegung zu unterziehen, welche sich am Sinn und Zweck der Revision und den modernen Bedürfnissen nach einem effektiven Rechtsmittel auszurichten hat. Nimmt man den zum Zeitpunkt der Erschaffung der StPO noch nicht hinreichend erfassten Gerechtigkeitsgedanken, die im Laufe der Zeit im Hinblick auf die Stärkung der Rechte des Angeklagten gesteigerten verfassungsrechtlichen Anforderungen an in Grundrechte eingreifende Urteile sowie die Reform der Gerichtsverfassung, wonach bei besonders schweren Straftaten die Revision das einzige Rechtsmittel für den verurteilten Angeklagten bildet, allesamt in den Blick, kann mit „Rechtnorm“ im Sinne von § 337 Abs. 2 StPO nicht ausschließlich das Gesetz im formellen oder materiellen Sinn gemeint sein – eine solche enge Auslegung würde der veränderten Sichtweise von der Revision als einem Rechtsmittel auch des Angeklagten nicht gerecht. Eine Gesetzesverletzung, also eine *Rechts*verletzung, kurz gefasst ein *Rechts*fehler liegt gleichermaßen bei einem Verstoß gegen andere von der Rechtsprechung als allgemeinverbindlich[920] anerkannte, zwingende Regeln zur Herbeiführung eines richtigen Urteils vor, da diese ebenso wie förmliche Gesetze im Laufe der Zeit als Garant für eine richtige Rechtsanwendung entdeckt und weiterentwickelt worden sind. Die Rechtsprechung übernimmt seit langem neben dem Gesetzgeber eine wichtige Rolle zur Rechtsfortbildung ein, richtungsweisende Vorgaben insbesondere des BGH werden von den Untergerichten ihren Entscheidungen zugrunde gelegt und damit einer ähnlichen Bindung unterzogen wie Gesetze. Insbesondere im Hinblick auf zwingende Naturgesetzlichkeiten und feststehende historische oder logische Erkenntnisse ist dieselbe Verbindlichkeit

---

919 Siehe oben A II 1 b) aa) (1) (b) (cc).

920 Vgl. zum konstituierenden Rechtsnormmerkmal der Allgemeinverbindlichkeit oben 2. Kapitel, A I 1.

wie bei Gesetzen gewährleistet, sodass eine ergänzende Auslegung des § 337 Abs. 1 StPO im Hinblick auf andere allgemeingültige und zwingend zu beachtende Regeln – wozu auch das allgemeine rechtsstaatliche Gebot widerspruchsfreier und nachvollziehbarer Feststellungen und Würdigungen gehört – angezeigt erscheint. Dabei ist zu berücksichtigen, dass der historische Gesetzgeber solch gesetzesgleiche „Beweiswürdigungsregeln“ ersichtlich nicht in seine Überlegungen miteinbezogen hat, da er diese im Hinblick auf die veränderte Gerichtsverfassung, auf der Basis der damals vorhandenen Geschworenengerichte, die ihre Entscheidung lediglich in Richtung „Schuld“ oder „Unschuld“ ohne die Pflicht zur Begründung ihrer Erwägungen getroffen haben, noch gar nicht kennen konnte und es zudem die heute bestehende wissenschaftliche Kasuistik damals noch gar nicht gab[921]; ansonsten wäre zu erwarten gewesen, dass er deren Miteinbeziehung ausdrücklich geregelt hätte, da die Interessenlage im Vergleich zu Gesetzen, an welche die Judikative nach Art. 20 Abs. 3 GG gebunden ist, bei zwingenden Natur- und Denkgesetzen sehr ähnlich ist, sodass von einer planwidrigen Regelungslücke auszugehen ist. Der Grund, warum der Gesetzgeber – wie die zahlreichen Reformbemühungen zeigen – bisher diese Lücke noch nicht geschlossen hat, liegt nicht darin, dass er sich bewusst gegen eine Regelung entschieden hätte, in dem Sinn dass er die aufgetretene Erweiterung der Revision nicht gutgeheißen hätte – sein Nichthandeln beruht vielmehr auf der Überlegung, dass die Revisionsgerichte auch mit den bestehenden Regelungen angemessene Wege zur Lösung gefunden haben und diese Handhabung nicht verändert und unnötig verkompliziert werden sollte.[922] Im Hinblick auf das Erfordernis der im Vergleich zu einem förmlichen Gesetz ähnlichen Verbindlichkeit ist zur Rechtfertigung der ergänzenden Auslegung des § 337 StPO eine Differenzierung zwischen zwingenden und nur Indizwirkung besitzenden Erfahrungssätzen angezeigt, da ansonsten eine ausufernde Handhabung drohen würde. Mit einem Eingriff in die dem Tatrichter originär vorbehaltene subjektive Würdigung der Beweise an sich, hat die Erweiterung der Kompetenzen des Revisionsgerichts nichts zu tun, da die Kontrolle der Einhaltung logischer und wissenschaftlicher Regeln den Würdigungsvorgang und nicht die Würdigung im engeren Sinne betrifft.[923] Der Tatrichter darf nach wie vor „frei“ im Sinne von § 261 StPO entscheiden, ob er einen Zeugen für glaubhaft hält oder sich aufgrund einer Gesamtwürdigung der Beweise von der Täterschaft des Angeklagten überzeugen kann, er darf seine Entscheidung nur eben nicht mit denk- oder erfahrungswidrigen Erwägungen begründen. Die originäre Beweiswürdigungskompetenz des Tatrichters hat im Hinblick auf die persönlichkeitsspezifische Komponente der Beweiswürdigung seine Existenzberechtigung, welche durch die erweiterte Rechtsfehlerkontrolle nicht in Frage gestellt wird: Zwar wird das Beweiswürdigungsergebnis durch denk- oder erfahrungswidrige

921 Vgl. *Peters,* in: FS Schäfer, 137, 149 betreffend die Kriminalistik.

922 Vgl. dazu die Gründe für die Ablehnung der „Urteilsrüge“ auf dem 52. DJT in Wiesbaden 1978, oben 2. Kapitel I 3 c).

923 Vgl. zur entsprechenden Differenzierung schon oben A II 1 b) aa) (1) (b) (cc).

Beweiswürdigungen mittelbar zu Fall gebracht; gerügt wird jedoch seitens des Revisionsgerichts nicht eine ungewollte tatsächliche Wertung, sondern eine Regelverletzung auf dem Weg zu dieser Würdigung im engeren Sinne. Eben da im Grunde beim Einsetzen von Denkgesetzen und Erfahrungssätzen der Weg zu den Feststellungen betroffen ist und das Verfahrensrecht allgemein als „Inbegriff der Normen, die den Weg zur Entscheidung regeln"[924] definiert wird, spricht aus dogmatischer Sicht viel für eine Subsumtion der Verstöße unter die Verfahrensrüge. Einer solchen Lösung stünden jedoch unbehebbare schwere Praktikabilitätsnachteile entgegen, die mit der Eigenheit der Verfahrensrüge im deutschen Revisionsrecht zusammenhängt: Der Erfolg der Rüge hinge vielfach von der Fähigkeit des Revisionsführers ab, die hohen Begründungsanforderungen des § 344 Abs. 2 StPO zu erfüllen – woran bekanntlich bei der extrem niedrigen Erfolgsquote der Verfahrensrüge viele scheitern. Das Revisionsgericht möchte aber die Beseitigung einer himmelschreienden Unrichtigkeit nicht von der Zulässigkeit der Verfahrensrüge abhängig machen und einer inhaltlich berechtigten Rüge nicht bewusst den Revisionserfolg versagen. Zum anderen ist die Erhebung einer Verfahrensrüge in diesen Fällen aus praktischen Gesichtspunkten heraus gar nicht nötig, weil sich der Fehler – da die Gesetze der Logik, der Erfahrung und allgemeinbekannte Tatsachen keines Beweises bedürfen und eben ungeschrieben sind – schon allein aus den schriftlichen Urteilsgründen und den ungeschriebenen Gesetzen ergeben, ohne dass eine mit der Verfahrensrüge einhergehende Beiziehung der Akten nötig würde. Im Ergebnis ist die Handhabung der Revisionsgerichte gut verständlich und nachvollziehbar, die Rechtsprechung macht was sie oft macht: sie folgt nicht der wissenschaftlich korrekten Lösung, sondern sie verfährt nach dem Gedanken der Brauchbarkeit in der Praxis; mit einer methodischen Begründung der Fassung dieser Fallgruppe unter die Sachrüge tut man sich hingegen schwer.

#### (4) Auslegung von Erklärungen

#### (a) Rechtsprechung

Eine typische Entscheidung, anhand derer die Handhabung der Revisibilität der Auslegung von Erklärungen, Verträgen und Urkunden in der höchstrichterlichen Rechtsprechung aufgezeigt werden kann, bildet das Urteil des OLG Frankfurt am Main vom 19.12.2011 – 1 Ss 95/11:

Der Angeklagte wurde vom Amtsgericht Frankfurt wegen mehrfacher Beleidigung im Rahmen eines Zusammentreffens mit mehreren Polizeibeamten veurteilt. Unter anderem habe er nach den Feststellungen A, B und C dadurch beleidigt, dass er den Polizeibeamten unterstellt habe, diese würden nur gegen „Schwarze" vorgehen.

Die mit der allgemeinen Sachrüge geführte Revision des Angeklagten führte zur Aufhebung des Urteils wegen dieser Beleidigung und zur diesbezüglichen

924 *Frisch*, in: FS Eser, 257, 277 Fn. 75 m.w.Nw.

Zurückverweisung. Die der Verurteilung zugrunde liegenden Feststellungen seien unzureichend, da keine konkret gefallene Äußerung seitens des Angeklagten gegenüber A, B und C ersichtlich sei. Eine Beleidigung im Sinne von § 185 StGB setze einen Angriff auf die Ehre eines anderen durch die Kundgabe von Nicht-, Gering- oder Missachtung voraus, die Feststellung, ob eine Erklärung einen solchen Angriff enthalte, sei „grundsätzlich Sache des Tatrichters"[925], welcher sowohl Wortlaut als auch Sinn der Äußerung festzuhalten habe. Zu letzterem führt der Senat weiter aus: „Den tatsächlichen Inhalt der Äußerung hat er im Wege der Auslegung zu ermitteln. Die Auslegung unterliegt wie die Beweiswürdigung nur eingeschränkt der revisionsrechtlichen Kontrolle. Das Revisionsgericht darf nur prüfen, ob die Auslegung auf einem Rechtsirrtum beruht oder gegen Sprach- und Denkgesetze verstößt (...). Dem Revisionsgericht obliegt die Prüfung, ob die Auslegung lückenhaft ist.[926] Der Tatrichter ist nämlich verpflichtet, im Rahmen der Auslegung die gesamten Begleitumstände zu berücksichtigen (...). Maßgebend ist dabei nicht, was der Äußernde zum Ausdruck bringen wollte, sondern was er bei objektiver Bewertung zum Ausdruck gebracht hat."[927] Diesen Anforderungen sei das Urteil nicht gerecht geworden, da es eine Sinnermittlung einer konkreten Äußerung des Angeklagten gänzlich vermissen lasse.[928]

Zur weiteren Konkretisierung der Aufgabenverteilung bezüglich der Auslegung von mündlichen oder schriftlichen Erklärungen zwischen Tat- und Revisionsrichter

---

925 OLG Frankfurt, Urt. v. 19.12.2011 – 1 Ss 95/11, juris Rn. 20; vgl. dazu auch BGHSt 21, 371, 372; siehe auch OLG Köln NJW 1993, 1486, 1487, wo die Abgrenzung zwischen einer Tatsache und einem Werturteil iRd § 186 StGB, deren Grenze „fließend" sei, als „in erster Linie dem Tatrichter obliegend" bezeichnet wird; vgl. ferner KG NStZ-RR 2013, 8, 9, wo im Rahmen dieser Abgrenzung eine Pflicht des Tatrichters zur Angabe der „für die vorgenommene Auslegung maßgeblichen Umstände" statuiert wird.

926 OLG Frankfurt, Urt. v. 19.12.2011 – 1 Ss 95/11, juris Rn. 20; vgl. zur eingeschränkten revisionsgerichtlichen Überprüfbarkeit der Auslegung auf Vollständigkeit und den Verstoß gegen Auslegungsregeln, Sprach-, Denkgesetze und Erfahrungssätze auch BGH NJW 2003, 1821; 2004, 2248, 2250; OLG Köln NJW 1988, 1802, 1803; 1993, 1486, 1487; 2005, 1000; NStZ 1981, 183, 184; StV 1985, 113; BayObLG NJW 1990, 921, 922; siehe auch OLG Celle NJW 1982, 1545, wo als weiterer Rechtsfehler die fehlende Erkennbarkeit der Zielrichtung der auszulegenden Schrift nicht einmal in Ansatzpunkten genannt ist.

927 OLG Frankfurt, Urt. v. 19.12.2011 – 1 Ss 95/11, juris Rn. 20; ebenso BayObLG NJW 1994, 396, 398; 952 f.; vgl. die Nichtanlegung der Sichtweise des objektiven Empfängerhorizonts als Rechtsfehler in: KG JR 1988, 522; NStZ-RR 2013, 8, 10.

928 OLG Frankfurt, Urt. v. 19.12.2011 – 1 Ss 95/11, juris Rn. 20; siehe auch OLG Düsseldorf NJW 1989, 3030, wo eine Aufhebung erfolgt ist, da „eine nachprüfbare, auf den objektiven Singehalt der Äußerungen des Angekl. eingehende Beweiswürdigung" nicht stattgefunden habe; vgl. auch BGHSt 40, 97, 102 und BayObLG NJW 1990, 2479, 2480, wo das tatrichterliche Urteil eine „umfassende Würdigung" aller für und gegen die Sinnermittlung sprechender Begleitumstände vermissen lasse.

und der damit einhergehenden Frage der Revisibilität trägt ein Beschluss des OLG Köln vom 20.10.1987 – Ss 486–487/87 bei:

Die Angeklagten waren Mitglieder des Stadtrats in U und bildeten dort die Fraktion der Grünen. Als ihnen gerüchteweise zu Ohren kam, dass der Stadtdirektor in seinem Privatgarten städtische Bedienstete arbeiten lasse, konfrontierte der Angeklagte T den Stadtdirektor in einer öffentlichen Ratssitzung mit dem Vorwurf und fragte nach der Rechtsgrundlage für ein solches Vorgehen, woraufhin der Stadtdirektor eine Beschäftigung städtischer Bediensteter „während der Dienstzeit" abstritt. Kurz darauf erschien in der Zeitung auf Veranlassung der Angeklagten eine Annonce mit folgendem Wortlaut: „Die Grünen sind stolz darauf, eine Opposition zu sein, die den Stadtdirektor zu fragen wagt, auf welcher rechtlichen Grundlage Bedienstete der Stadtgärtnerei seinen Privatgarten pflegen." Das Amtsgericht hat die Angeklagten wegen übler Nachrede gemäß § 186 StGB zu Geldstrafen verurteilt. Es ist dabei davon ausgegangen, es sei nicht erweislich wahr, dass städtische Bedienstete während der Dienstzeit im Garten des Stadtdirektors gearbeitet hätten, was das Inserat der Angeklagten jedoch behaupte, da sich die Frage nach der Rechtsgrundlage nur stelle, wenn die Arbeitsleistung während der Dienstzeit der Bediensteten erfolgt wäre.

Die mit der Verfahrens- und der Sachrüge geführten Revisionen der Angeklagten führten zur Aufhebung des Urteils und zur Zurückverweisung des Verfahrens. Der Senat begründet seine Aufhebungsentscheidung wie folgt: „Grundsätzlich ist die Auslegung von Äußerungen, Erklärungen und Urkunden eine Tatsachenwürdigung, die nur dem Tatrichter zusteht[929] (...). Dem Revisionsgericht ist eine eigene Würdigung ebenso versagt wie bei der Beweiswürdigung, auch wenn der Inhalt der betreffenden Äußerung, Erklärung oder Urkunde im Urteil wörtlich festgestellt ist. (...) Dass die Auslegung sich mit allen ernsthaft in Betracht kommenden Möglichkeiten auseinanderzusetzen hat, gilt in besonderem Maße, wenn Angeklagte (wie im vorliegenden Fall) von ihrem Recht Gebrauch gemacht haben, zur Anklage zu schweigen. In einem solchen Fall müssen naheliegende andere Auslegungsmöglichkeiten, die

929 OLG Köln NJW 1988, 1802, 1803; ebenso OLG Köln, Urt. v. 10.11.1992 – Ss 340-341/92-181-182 -, openJur 2012, 73632; ähnlich KG JR 1988, 522; vgl. auch nachstehende Urteile, welche die Auslegung von Erklärungen als „Tatfrage" bzw. als „Aufgabe des Tatrichters" deklarieren: BGHSt 37, 55, 61; 40, 97, 101; NJW 1997, 265, 266; KG JR 1980, 290, 291 m. krit. Anm. *Volk,* 291 f.; OLG Düsseldorf JR 1990, 126; OLG Köln NJW 1979, 1562; 1981, 1280; 1982, 657; 1993, 1486, 1487; OLG Düsseldorf NJW 1989, 330; OLG Köln NStZ 1981, 183, 184; OLG Karlsruhe NStZ 1986, 363, 364; OLG Celle StV 1983, 284; vgl. auch OLG Hamburg JR 1983, 508 und OLG Köln NJW 1993, 1486, 1487, wo sich der Senat an die Auslegung des Tatrichters „gebunden" sieht; siehe auch BGH NStZ 2006, 625, 627, NStZ-RR 2006, 175, 176 und Urt. v. 29.8.2007 – 5 StR 103/07 Rn. 30, wo von einem „Ermessen" des Tatrichters die Rede ist; vgl. ferner KG JR 1980, 290, 291 und Beschl. v. 16.8.2012 – (4) 161 Ss 132/12 (178/12) -, juris Rn. 3, wo der Senat die tatrichterliche Auslegung als „vertretbar" erachtet.

nicht rein theoretisch sind, erörtert werden."[930] Der Senat testiert der tatrichterlichen Auslegung im Folgenden eine „revisionsrechtlich erhebliche Fehlerhaftigkeit", da sie die „naheliegende, nicht lediglich theoretische Möglichkeit außer Betracht" lasse, dass die Angeklagten bei der Abfassung des Anzeigetextes der Meinung gewesen sein könnten, der Stadtdirektor bedürfe für die private Beschäftigung städtischer Bediensteter auch außerhalb der Dienstzeit eine Rechtsgrundlage.[931] Ein solcher Standpunkt sei weder abwegig noch bedeutungslos, da sich bei einer Doppelbeschäftigung Interessenskonflikte ergeben könnten. Habe mit der Zeitungsanzeige nur zum Ausdruck gebracht werden sollen, dass städtische Bedienstete während ihrer Freizeit im Garten des Stadtdirektors gearbeitet hätten, läge darin keine üble Nachrede im Sinne von § 186 StGB.

Ein im Verhältnis zu den vorgenannten Entscheidungen gegenteiliges Vorgehen der Obergerichte ist dagegen bei der Bestimmung des Erklärungswerts konkludenter Verhaltensweisen zu verzeichnen, wo der BGH allgemeine Auslegungsvorgaben macht: Beim Sportwettenbetrug erkläre der Wettende nach ständiger Rechtsprechung des BGH bei Abgabe des Wettscheins konkludent, das Spielergebnis nicht manipuliert zu haben[932]; beim Kredit- und Scheckkartenmissbrauch erkläre derjenige, der einen ungedeckten Scheck hingebe konkludent, dass der Scheck gedeckt sei[933], ein Erklärungswert hinsichtlich der Bonität des Schuldners sei hingegen darin nicht enthalten[934].

Eine mit der Auslegung von Erklärungen verwandte Problematik bildet diejenige des sog. revisionsgerichtlichen Augenscheinsbeweises, mithin die Frage, ob das Revisionsgericht die Einschätzung des Tatrichters, etwa ob „pornographische Schriften" mit „unzüchtigem" Inhalt im Sinne von § 184 Abs. 1 StGB vorliegen oder ob Propagandamittel gegen die „freiheitliche demokratische Grundordnung

---

930 OLG Köln NJW 1988, 1802, 1803; vgl. dazu auch BVerfGE 82, 43, 51, wo von einer „intensivierte(n) Kontrolle" bei Berührung der Meinungsfreiheit die Rede ist und 52, wonach der Tatrichter bei mehreren Deutungsmöglichkeiten „besondere Gründe" für die gewählte Auslegung angeben müsse.

931 OLG Köln NJW 1988, 1802, 1803; vgl. auch BGH NJW 2004, 2248, 2250 und Urt. v. 29.8.2007 – 5 StR 103/07 -, juris Rn. 31 ff., wo auf die Außerachtlassung wesentlicher Gesichtspunkte abgestellt wird; siehe ferner OLG Köln NJW 2005, 1000 und KG NStZ-RR 2013, 8, 9, wo ein Rechtsfehler wegen Außerachtlassen sich „aufdrängender" alternativer Deutungsmöglichkeiten angenommen wird; vgl. auch BayObLG NJW 1994, 952, OLG Celle StV 1983, 284 und KG JR 1998, 213, 214, wo die Nichtberücksichtigung „naheliegender Auslegungsmöglichkeiten" als „Denkfehler" eingeordnet wird; in BGH, Urt. v. 8.12.1976 – 3 StR 452/76 bei *Holtz*, MDR 1977, 281 f. wird vordergründig bemängelt, das Tatgericht habe „den Sinngehalt des Flugblatts nicht ausreichend ausgeschöpft", um zur eigentlich relevanten eigenen Wertung zu gelangen, die Schrift lasse „kaum eine andere Auslegung" als die vom Senat favorisierte zu.

932 BGHSt 29, 165, 167; 51, 165, 169; StV 2014, 218.

933 BGHSt 24, 386, 389.

934 BGHSt 33, 244, 249.

gerichtet“ sind gemäß § 86 Abs. 2 StGB, durch eigene Anschauung der Objekte nachprüfen darf: Die Revisionspraxis dazu erweist sich als uneinheitlich, teilweise haben die Senate Bilder und Schriften selbst in Augenschein genommen und eine eigene Bewertung abgegeben[935], teils haben sie sich hingegen vollständig an die tatrichterlichen Feststellungen gebunden gefühlt und an einer eigenen Anschauung gehindert gesehen[936]; zum Teil wurde zumindest eine so umfangreiche Beschreibung des Anschauungsobjekts verlangt, dass eine Überprüfung der sachlich-rechtlichen Rechtsanwendung durch das Revisionsgericht ermöglicht werde[937].

Die Rechtsprechungspraxis zur Auslegung von Erklärungen lässt sich wie folgt zusammenfassen: Die Auslegung von Willenserklärungen wird grundsätzlich als Teil der Beweiswürdigung[938] behandelt und entsprechend den allgemeinen Grundsätzen zur Beweiswürdigung nur eingeschränkter revisionsrechtlicher Überprüfung auf Vollständigkeit, Widerspruchsfreiheit und Verstöße gegen allgemein anerkannte Grundsätze, Denk- und Erfahrungssätze unterworfen. Zum Teil wird das vom Tatrichter gefundene Auslegungsergebnis als „im Rahmen des tatrichterlichen Ermessens“ anerkannt, in einer Vielzahl von Entscheidungen greift der BGH jedoch über das Korrektiv nicht nachvollziehbarer, nicht vollständiger Auslegungsbemühungen teils durch Anstellen eigener Wertungen in die tatrichterliche Auslegung ein. Im Hinblick auf den Erklärungswert konkludenter Erklärungen macht der BGH dagegen ohne Anerkennung eines tatrichterlichen Spielraums allgemeingültige Vorgaben zur Einordnung bestimmter Verhaltensweisen. Die Rechtsprechung zum Augenscheinsbeweis im Bereich materiell-rechtlicher Tatbestände muss in Beziehung gesetzt werden zu ihrem Korrelat, der Behandlung der Inaugenscheinnahme im Rahmen der Beweisführung, etwa durch Anschauung eines Beweisfotos vom

935 BGHSt 22, 282, 289 zur Frage der öffentlichen Billigung staatsgefährdender Straftaten iSv § 140 Nr. 2 StGB durch ein Buch; OLG Hamburg JR 1982, 76 m. krit. Anm. *Bottke,* 77, 78 zur Frage ob ein abgewandeltes Hakenkreuz ein „verfassungsfeindliches Kennzeichen“ iSv § 86a StGB darstellt; OLG Hamburg JR 1985, 429, 430 m. krit. Anm. *Geppert,* 430, 433 zur Einordnung als Beleidigung durch satirische Darstellung eines Menschen als Schwein; BayObLG MDR 1970, 941, 942 und OLG Bremen NJW 1972, 1678, 1681 zum Begriff der Unzüchtigkeit in § 184 Abs. 1 Nr. 1a StGB a.F.; w.Nw. aus der älteren Rechtsprechung bei *W. Schmid,* ZStW 85 (1973), 893 ff.

936 BGHSt 23, 64, 78 bzgl. der Frage, ob Schallplatten verbotene Propagandamittel iSv § 86 Abs. 2 StGB darstellen und zum Verbot eigenen Abhörens, zu letzterem auch OLG Köln GA 1968, 344, 345; siehe auch weitere Beispiele bei *W. Schmid,* ZStW 85 (1973), 893, 895 ff.

937 OLG Düsseldorf JR 1985, 157, 158 f. bzgl. einer „pornographischen Schrift“ nach § 184 Abs. 1 StGB, ähnlich auch OLG Frankfurt JR 1974, 516 zur Rechtsprüfung im Gegensatz zur Beurteilung, ob ein Film „unzüchtig“ sei, welche „überwiegend auf tatrichterlichem Gebiet“ liege.

938 Vgl. etwa die Formulierungen in BGH, Urt. v. 29.8.2007 – 5 StR 103/07 -, juris Rn. 33 und OLG Düsseldorf NJW 1989, 3030.

Angeklagten, was im Rahmen der Rechtsprechungsanalyse zur Verfahrensrüge abzuhandeln ist.

### (b) Kritik aus der Literatur

Die Frage der Revisibilität der Auslegung von Erklärungen ist im strafprozessualen Schrifttum seit langem umstritten, insbesondere die Einordnung in das Schema *Tat-/ Rechts*frage bereitet Schwierigkeiten, da die Auslegung wohl unstreitig Elemente aus beiden Bereichen enthält: Zunächst muss der Tatrichter Wortlaut und Umstände der Äußerung feststellen, anschließend den objektiven Sinn der Erklärung ermitteln, was wiederum noch nicht Teil der Subsumtion im engeren Sinne ist.[939] Zum Teil wird entsprechend der Rechtsprechungslinie die Auslegung als Teil der Beweiswürdigung[940] und somit gemäß der ursprünglichen Intention der *Tat*frage zugehörig angesehen, teilweise wird die Zugehörigkeit zu einem „dritten Bereich"[941], der von der bloßen Tatsachenfeststellung und der rechtlichen Würdigung als Zwischenschritt abzugrenzen sei, behauptet und von einer „Tatsachenwürdigung" als „Bedeutungserklärung zum Zwecke der Subsumtion"[942] gesprochen. Überwiegend wird jedenfalls von einer nur beschränkten Revisibilität ausgegangen.[943] Die Gegenmeinung sieht den Schwerpunkt der Auslegung im rechtlichen Bereich und die objektive Sinnermittlung im Gegensatz zur subjektiven Willensermittlung als voll revisibele

---

939 Vgl. zur Problemeinführung *Wittig*, GA 2000, 267, 269 f.

940 Vgl. dazu *Beling*, Deutsches Reichsstrafprozessrecht, 278 Fn. 2, der die Auslegung dem „Beweisrecht" unterliegend versteht; *Kern*, Die Äußerungsdelikte, 85, der sie zur „Tatsachenwürdigung und damit zur Tatfrage" gehörig ansieht und *W. Schmid*, ZStW 85 (1973), 360, 377, der von einem „Teil der Sachverhaltsfeststellung" spricht.

941 *Neumann*, GA 1988, 387, 401.

942 *Franke*, in: LR-StPO, § 337 Rn. 91; *Stree*, In dubeo pro reo, 36 unter Berufung auf den Begriff der „Tatsachenwürdigung" bei *Kern*, Die Äußerungsdelikte, 83; ebenso OLG Köln, Urt. v. 10.11.1992 – Ss 340-341/92-181-182 -, openJur 2012, 73632.

943 *Franke*, in: LR-StPO, § 337 Rn. 91; *Dahs/Dahs*, Die Revision im Strafprozess, Rn. 434; *Kern*, Die Äußerungsdelikte, 84 f.; *Meyer-Goßner/Schmitt*, StPO, § 337 Rn. 32; *Peters*, Strafprozess, 4. Aufl. 641; *Pfitzner*, Bindung der Revisionsgerichte an vorinstanzliche Feststellungen im Strafverfahren, 8; *Sarstedt/Hamm*, Die Revision in Strafsachen, Rn. 368; *W. Schmid*, ZStW 85 (1973), 360, 377; vgl. auch die Formulierung bei *Wittig*, GA 2000, 267, 270, wonach die herrschende Meinung von einem „einheitlichen" Auslegungsvorgang mit „Schwerpunkt im tatsächlichen Bereich" ausgehe.

Rechtsanwendung[944] an, zum Teil im Anschluss an die zivilprozessuale Handhabung jedenfalls im Hinblick auf „typische" Erklärungen[945].

### (c) Stellungnahme

Zutreffend geht *Wittig* von einer logischen Trennbarkeit der einzelnen Schritte des Auslegungsvorgangs in die vorangehende Feststellung der zu begutachtenden Äußerung und ihrer Hintergründe sowie der anschließenden Ermittlung ihres Sinngehalts aus und weist letztere im Hinblick auf die Anwendung gesetzlicher Auslegungsregeln – wie derjenigen der objektiven Betrachtung des Wortlauts und der gesamten Begleitumstände – sowie der Beachtung von Einordnungsvorgaben der höchstrichterlichen Rechtsprechung[946] der Rechtsanwendung zu.[947] Meines Erachtens wirkt sich dieser Streit verglichen mit anderen Problemfeldern im Rahmen der Abgrenzung von *Tat*- und *Rechts*frage in der strafprozessualen Revision in der Praxis nicht so massiv aus, da der BGH ohnehin den Verstoß gegen Auslegungsregeln als revisibelen Rechtsfehler im Rahmen seines Rechtsfehlerkatalogs anerkennt. Allerdings ist *Wittig* dahingehend zuzugeben, dass eine Rechtsfehlerkontrolle nicht mit einer vollständigen Überprüfung der Auslegung auf ihre inhaltliche Richtigkeit gleichgesetzt werden kann.[948] Insofern erscheint eine Streitentscheidung erforderlich: Entsprechend der Ausführungen im Rahmen der Anwendung unbestimmter Rechtsbegriffe ist im Hinblick auf die ähnliche Interessenlage bei der Auslegung von Erklärungen eine Beschränkung der Revisibilität der Rechtsanwendung, welche dem Revisionsgericht als eigentliche Domäne obliegt, ohne Not zu vermeiden und eine vollumfängliche Überprüfung der tatrichterlichen Auslegung seitens der Revisionsgerichte zu fordern. Parallel zur Problematik bei den unbestimmten Begriffen ist nämlich kein zwingender Grund für eine Einschränkung der Revisibilität ersichtlich: Die Gleichsetzung mit der Beweiswürdigung überzeugt nicht, weil

---

944 *Mannheim*, Beiträge (Fn. 909), 75 ff., 117; *Eb. Schmidt*, in: LK II-StPO, § 337 Rn. 43; *Wittig*, GA 2000, 267, 270, 282, 283 f., welche gegen die Rechtsprechungspraxis schwere verfassungsrechtliche Bedenken im Hinblick auf die Gesetzesbindung gemäß Art. 20 Abs. 3 GG erhebt; ähnlich auch *Stein*, Das private Wissen des Richters, 131 f. allerdings unter Hinweis auf das Vorliegen einer Subsumtion.

945 *Frisch*, in: SK-StPO, § 337 Rn. 146 und *Schwinge*, Grundlagen (Fn. 910), 177 auf den Rechtseinheitsgedanken abstellend; *Peters*, ZStW 57 (1938), 53, 75 unter Berufung auf die Leistungstheorie; *Volk*, JR 1980, 291, 292, der unter Hinweis auf alte BGH-Entscheidungen nach dem jeweiligen Schutzgut der Vorschrift unterscheiden will.

946 Zu Recht gibt der BGH im Hinblick auf die Zuordnung bestimmter Erklärungswerte konkludenten Verhaltens allgemeingültige Vorgaben; bedauerlich ist jedoch die fehlende Übertragung und dadurch entstehende uneinheitliche Handhabung im Hinblick auf ausdrückliche Erklärungen.

947 *Wittig*, GA 2000, 267, 270; vgl. zur Differenzierung zwischen der Ermittlung des „psychologischen" und des „juristischen" Inhalts einer Urkunde schon *Mezger*, Der psychiatrische Sachverständige (Fn. 909), 179.

948 *Wittig*, GA 2000, 267, 279, 280 Fn. 93.

anders als etwa bei der Glaubwürdigkeitsbeurteilung von Zeugen bei der Auslegung schriftlicher Erklärungen gerade kein nur dem Tatrichter original vermittelbarer Eindruck als persönlichkeitsspezifischer Faktor eine Zuweisung zum Tatrichter legitimiert. Vielmehr geht es auch im Rahmen der Auslegung von Erklärungen im weiteren Sinn um die Frage ob eine bestimmte Äußerung objektiv so aufzufassen ist, dass sie unter einen Rechtsbegriff, nämlich denjenigen der „Beleidigung" im Sinne von § 185 StGB oder der „Volksverhetzung" in § 130 StGB oder die zugrundeliegende Subdefinition der Tatsache oder des Werturteils o.ä. subsumiert werden kann. Das Erfordernis einer Wertung anhand der Einzelfallumstände ändert daran nichts, wenn man die Auslegung von Erklärungen anhand von Auslegungsregeln, die zum Teil unmittelbar dem Gesetz entspringen, wie etwa §§ 133, 157 BGB als *rechtliche* Wertung der zuvor festgestellten *tatsächlichen* Gegebenheiten begreift: Bei der objektiven Sinnermittlung einer Erklärung wird dem Tatrichter eine *rechtliche* Wertung dahingehend abverlangt, ob die getätigten Äußerungen nach anerkannten Auslegungsmethoden einen strafbaren Sinn entfalten, sodass die Auslegung damit als wichtige Vorfrage in engem Zusammenhang mit der Subsumtion zu sehen ist. Insofern kann hinsichtlich der Beurteilung ihrer Revisibilität eine Parallele zur Subsumtion im engeren Sinn gezogen werden und an die oben getätigten Überlegungen zur fehlenden Vergleichbarkeit der Beweiswürdigung mit der Anwendung unbestimmter Begriffe angeknüpft[949] und diese auf die Auslegung von Erklärungen ausgeweitet werden. Hinzukommt ein weiterer wesentlicher Faktor, welcher eine Beschränkung der revisionsrechtlichen Kontrolle vorliegend noch weniger verständlich macht: Dem Revisionsgericht steht dieselbe Prüfungsgrundlage in Form einer schriftlich festgehaltenen Erklärung wie dem Tatgericht zur Verfügung, sodass die für die Irrevisibilität der Beweiswürdigung ins Feld geführten Argumente der Überlegenheit des Tatrichters in tatsächlicher Hinsicht allesamt ins Leere führen. Aufgrund der nach der gesetzgeberischen Konzeption und des Gerechtigkeitsgedankens zu fordernden Pflicht des Revisionsgerichts zur möglichst umfangreichen Überprüfung der *Rechts*frage ist daher mangels die Einschränkung der Revisibilität rechtfertigender Gründe die revisionsrechtliche Rechtsprechungspraxis im Hinblick auf die lediglich einschränkende Nachprüfung der tatrichterlichen Auslegung von Erklärungen in Zweifel zu ziehen.

#### (5) Sonderproblem: Anforderungen an die Beweiswürdigung zum bedingten Tötungsvorsatz bei Tötungsdelikten

Als besonders heikles Feld im Hinblick auf den behaupteten Eingriff der Revisionsgerichte in die tatrichterliche Beweiswürdigung erweist sich die Handhabung der Beweiswürdigungskontrolle zu der Frage, ob der Täter mit bedingtem Tötungsvorsatz oder (nur) mit Körperverletzungsvorsatz bzw. (nur) bewusst fahrlässig gehandelt hat. Überblickt man eine Entscheidung des BGH vom 25.11.2010 – 3 StR

949 Vgl. sinngemäß oben A I 4.

364/10 eröffnet sich zusätzlich ein weiterer – die Schwierigkeit der Abgrenzung von *Tat-* und *Rechts*frage aufzeigender – Problemkreis, dem es sich vorweg als Vorfrage zu widmen gilt:

Während einer Rangelei zwischen dem Angeklagten und dem Nebenkläger, in deren Verlauf sich die Kontrahenten gegenseitig beleidigten und schubsten, drohte der Angeklagte dem Nebenkläger ihn abzustechen und ergriff ein mitgeführtes Klappmesser. Nachdem der Nebenkläger die Drohung anfangs nicht ernstgenommen hatte, wich er beim Anblick des Messers aus Furcht nach hinten aus; der Angeklagte folgte ihm und versetzte ihm mit einer schlagenden Bewegung einen Messerstich in den linken Brustkorb, der den Nebenkläger schwer verletzte. Das Landgericht Stade hat den Angeklagten wegen gefährlicher Körperverletzung verurteilt, einen bedingten Tötungsvorsatz hat es mit folgenden Erwägungen abgelehnt: Der Angeklagte habe zwar mit dem Stich in den Brustkorb eine „hochgradig gefährliche Gewalthandlung" vorgenommen, deren Lebensgefährlichkeit er auch erkannt habe; nach einer umfassenden Gesamtwürdigung könne daraus jedoch nicht mit der erforderlichen Sicherheit auf eine Billigung des Todes geschlossen werden, weil der Angeklagte durch den Konsum von Alkohol und Rauschgift erheblich enthemmt gewesen sei und den spontan ausgeführten Messerstich vom Herzen weggeführt habe. Er habe erst zugestochen, als der Geschädigte seine Drohung nicht ernst genommen habe, um sich Respekt zu verschaffen. Die vorherige Ankündigung „ich steche dich ab" sei nur eine „Machtdemonstration" gewesen und habe keine Indizwirkung für einen bedingten Tötungsvorsatz.

Die Revision des Nebenklägers, mit der er eine Verurteilung wegen versuchten Totschlags anstrebte, wurde vom Senat verworfen. Zur Begründung führt er aus: „Die Beweiswürdigung ist Sache des Tatrichters, dem es obliegt, das Ergebnis der Hauptverhandlung festzustellen und zu würdigen. (...) Die Abgrenzung des bedingten Tötungsvorsatzes vom Körperverletzungsvorsatz erfordert bei schwerwiegenden Gewalttaten eine sorgfältige Prüfung unter Berücksichtigung aller Umstände des Einzelfalls. Der Täter handelt mit bedingtem Tötungsvorsatz, wenn er den Eintritt des Todes als möglich und nicht ganz fernliegend erkennt sowie ihn billigt oder sich um des erstrebten Zieles willen mit ihm abfindet. Dabei stellt die offensichtliche Lebensgefährlichkeit einer Handlung für den Nachweis einen Umstand von erheblichem Gewicht dar[950], sodass bei äußerst gefährlichen Gewalthandlungen der subjektive Tatbestand eines Tötungsdelikts sehr naheliegt. Angesichts der hohen Hemmschwelle bei solchen Delikten[951] bedarf die Frage der Billigung des Todes einer

950 BGH NStZ 2011, 338, 339; ebenso NStZ 2003, 431, 432; 2005, 384, 385, 386; 2006, 98, 99; 2010, 571, 572; Urt. v. 24.3.2005 – 3 StR 402/04 -, jurion Rn. 7; vgl. auch die nachfolgende Formulierung, wonach die objektive Gefährlichkeit der Tathandlung ein „wesentlicher Indikator" sei, in: NStZ 2012, 443, 444; NStZ-RR 2013, 75, 77; 89, 90; 242, 243; 341, 342; Urt. v. 4.4.2013 – 3 StR 37/13 -, jurion Rn. 5; Urt. v. 17.7.2013 – 2 StR 139/13 -, jurion Rn. 10; Urt. v. 5.6.2014 – 4 StR 439/13 -, jurion Rn. 7.

951 BGH NStZ 2011, 338, 339; vgl. zur Hemmschwellentheorie auch StV 1984, 187 f. und 1986, 421, wonach der Schluss von der objektiven Lebensgefährlichkeit

Gesamtschau aller objektiven und subjektiven Tatumstände, in die vor allem auch die psychische Verfassung des Täters bei der Tatbegehung sowie seine Motive einzubeziehen sind[952] (...). Insbesondere bei spontanen, unüberlegten, in affektiver Erregung ausgeführten Handlungen kann aus dem Wissen um den möglichen Eintritt des Todes nicht ohne Berücksichtigung der sich aus der Tat und der Persönlichkeit des Täters ergebenden Besonderheiten geschlossen werden, dass das – selbstständig neben dem Wissenselement stehende – voluntative Vorsatzelement gegeben ist (..).[953]" Diesen „rechtlichen Anforderungen" würde das Landgericht gerecht, da es sich mit allen wesentlichen objektiven und subjektiven Umständen auseinandergesetzt habe. Die unzureichende Begründung der verminderten Schuldfähigkeit nach § 21 StGB schlage nicht auf die „Beweiswürdigung zum Tötungsvorsatz" durch.

Insbesondere die letztgenannte Formulierung, aber auch die Prüfung der Problematik des bedingten Tötungsvorsatzes im Rahmen der Beweiswürdigung, zeigen, dass die Revisionsgerichte die Frage, ob ein Täter mit bedingtem Tötungsvorsatz oder lediglich mit bedingtem Körperverletzungsvorsatz gehandelt hat, offenbar einzig als Problem der Beweiswürdigung ansehen. Geht man von einer solchen – in vielen anderen Entscheidungen bestätigten – Einordnung aus – erweist sich die Formulierung des BGH „Die Abgrenzung des bedingten Tötungsvorsatzes vom Körperverletzungsvorsatz erfordert (...) eine sorgfältige Prüfung" als missverständlich, da sie eine andere Problematik zu Tage treten lässt, welche der BGH in diesem Zusammenhang schlichtweg ignoriert: Die Frage der Subsumtion des festgestellten Sachverhalts unter den Rechtsbegriff des dolus eventualis, insbesondere unter die

---

auf die Billigung des Todeserfolges „sorgfältiger Prüfung" bedürfe und nur dann rechtsfehlerfrei sei, wenn in die Erwägungen auch alle Umstände miteinbezogen würden, die einen bedingten Tötungsvorsatz „in Frage stellen" könnten; ähnlich NJW 1999, 2533, 2534; NStZ 1991, 126; 1992, 384; 587, 588; 2001, 475, 476; 2002, 314, 315; 2003, 603, 604; 2004, 329, 330; 2009, 91; 2010, 511, 512; NStZ-RR 1998, 101; 2001, 369; 2004, 204, 205; 2005, 304 f.; 2006, 11, 12; 2007, 199 f.; 267, 268; StV 1997, 7, 8; 8; 2004, 74, 75; Urt. v. 24.3.1993 – 3 StR 485/92 -, jurion Rn. 11; Beschl v. 6.3.2002 – 4 StR 30/02 -, jurion Rn. 6; Beschl. v. 11.9.2003 – 4 StR 305/03 -, jurion Rn. 3.

952 BGH NStZ 2011, 338, 339; ebenso NStZ 2006, 98, 99; Urt. v. 24.3.2005 – 3 StR 402/04 -, jurion Rn. 7; vgl. dazu auch NStZ 2013, 538, 539; NStZ-RR 2013, 75, 76 f.; 242, 243 und Urt.v. 17.7.2013- 2 StR 139/13 -, jurion Rn. 10, wonach in die Gesamtschau „vor allem die objektive Gefährlichkeit der Tathandlung, die konkrete Angriffsweise des Täters, seine psychische Verfassung bei der Tatbegehung und seine Motivationslage einzubeziehen" seien; siehe auch selbiges zur Abgrenzung von bedingtem Vorsatz und bewusster Fahrlässigkeit in NStZ-RR 2013, 89, 90 und Urt. v. 4.4.2013 – 3 StR 37/13 -, jurion Rn. 3; ähnlich zum bedingten Tötungsvorsatz auch NStZ 2010, 571, 572; 2012, 443, 444; 2013, 159, 160; NStZ-RR 2000, 165, 166; 2009, 372; Urt. v. 11.10.2000 – 3 StR 321/00 -, jurion Rn. 7.

953 BGH NStZ 2011, 338, 339; vgl. ebenso NStZ 2003, 603, 604; 2007, 150, 151; 2009, 91; 629, 630; 2010, 511, 512; 571, 572; 2013, 538, 539; NStZ-RR 2010, 144, 145; StV 1988, 328; 1993, 307.

vom BGH aufgestellte Subdefinition der „billigenden Inkaufnahme", welche sich zugleich als unbestimmter Rechtsbegriff darstellt. Handelt es sich bei dem Problem der Annahme eines bedingten Tötungsvorsatzes damit in Wahrheit gar nicht um ein solches der Beweiswürdigung, sondern um eine Frage der richtigen Subsumtion unter einen Rechtsbegriff und damit um eine *Rechts*frage, die grundsätzlich dem Revisionsgericht unterliegt? Richtigerweise ist eine Differenzierung veranlasst, welche die Revisionsrechtsprechung gänzlich vermissen lässt, wenn sie ausschließlich auf Probleme der Beweiswürdigung eingeht: Zum einen stellt sich in diesem Zusammenhang die Frage, ob sich anhand der vorhandenen Beweismittel Tatsachen zur subjektiven Einstellung des Täters feststellen lassen, die zur Annahme eines „bedingten Tötungsvorsatzes" im Sinne der Vorgaben des BGH erforderlich sind – anschließend ist nach Feststellung der Motivlage die Prüfung erforderlich, ob auf dem Boden der festgestellten Tatsachen eine Subsumtion unter den Rechtsbegriff des „bedingten Tötungsvorsatzes" in Abgrenzung zum „bedingten Körperverletzungsvorsatzes" möglich ist. Letzterer Vorgang ist klar der sachlich-rechtlichen Rechtsanwendung im engeren Sinn zuzuschreiben, welche nach dem Grundkonzept der Revision dem Revisionsgericht obliegen soll. Um diesen Unterschied klarzumachen, wäre vorliegend die oben genannte Formulierung besser wegzulassen, da sich „die Abgrenzung von Tötungs- und Körperverletzungsvorsatz" auf die rechtliche Würdigung bezieht[954] und im Zusammenhang mit der Beweiswürdigung etwa eine solche folgenden Inhalts zu wählen: „Ob der Nachweis der inneren Tatseite, eines bedingten Tötungsvorsatzes gelingt, bedarf sorgfältiger Nachprüfung".

Die Revisionsgerichte vermischen gar die Problematik der Beweiswürdigung und der Subsumtion zu einem einheitlichen Problem der Beweiswürdigung – wohlmöglich, weil sie insbesondere die Frage der „billigenden Inkaufnahme" als unbestimmten Begriff ansehen, deren Anwendung sie im Rahmen der Subsumtion ebenso wie die Beweiswürdigung ohnehin nur beschränkter Kontrolle unterwerfen würden. Ein weiterer Grund für die einseitige Sichtweise dürfte ferner darin zu sehen sein, dass sich der Nachweis subjektiver Tatbestandsmerkmale als besonders schwierig erweist, da sich insbesondere bei einem schweigenden oder seinen Vorsatz bestreitenden Angeklagten der Beweis zumindest bedingten Vorsatzes ausschließlich aus objektiven Tatumständen ziehen lässt, aus denen auf die innere Tatseite zu schließen ist; eine Beweisentscheidung des Tatrichters gründet sich damit zumeist auf bloße Beweisanzeichen, die in einer Gesamtwürdigung in alle Beweisrichtungen umfassend zu bewerten sind. Insofern scheint die Nachweisproblematik die dominierende zu sein. Dogmatisch sauber müsste jedoch nach Abschluss der Gesamtschau und Feststellung der subjektiven Gedanken und Motive des Täters in natürlichen

954 Vgl. zu einer ähnlich verwirrenden Formulierung in NStZ-RR 2007, 267, 268, wo der Senat einerseits feststellt, die Bejahung des Wollenselements beruhe auf einer lückenhaften „Beweiswürdigung" und andererseits festhält, das Landgericht habe das voluntative Element „im Rahmen der rechtlichen Würdigung" mit einer nicht als ausreichend erachteten Begründung angenommen.

Begriffen eine abschließende Subsumtion derselben unter die von der Rechtsprechung entwickelten Begrifflichkeiten des „Erkennens" der Möglichkeit des Erfolgseintritts und der „billigenden Inkaufnahme" derselben erfolgen. Wohl da eine solche Trennung müßig erscheint, verzichten die Gerichte scheinbar von vornherein auf ein methodisch richtiges Vorgehen, was vor dem Hintergrund des Postulats der Trennung von tatsächlichen und rechtlichen Ausführungen sehr zu bedauern ist.

Das ganze Ausmaß revisionsgerichtlicher Vorgaben für die Beweiswürdigung des Tatrichters bei der Bejahung oder Ablehnung bedingten Tötungsvorsatzes macht ein Urteil des BGH vom 22.3.2012 – 4 StR 558/11 deutlich:

Der Angeklagte mischte sich in einer Saarbrücker Diskothek in einen Streit zwischen Unbeteiligten ein, den der Nebenkläger schlichten wollte, woraufhin es zu wechselseitigen Beleidigungen zwischen dem Angeklagten und dem Nebenkläger kam und der Angeklagte dem Nebenkläger ins Gesicht schlug. Nachdem beide von den Türstehern getrennt wurden, flammte der Streit etwa 20 Minuten später vor der Diskothek noch zwei weitere Male auf; der Nebenkläger schlug dem Angeklagten dabei jeweils ins Gesicht, bei der anschließenden Rangelei blieb der Angeklagte der Unterlegene. Nachdem wieder Türsteher dazwischen gegangen sind, entfernten sich beide in verschiedene Richtungen. 15 Minuten später kam der Angeklagte plötzlich hinter einer Ecke hervor und stach dem Nebenkläger unvermittelt von hinten mit einem doppelklingigen Messer mit einer Klingenlänge von elf cm mit den Worten „Verreck, du Hurensohn" in den Rücken, wodurch dieser lebensgefährlich verletzt wurde und nur durch eine sofortige Notoperation gerettet werden konnte. Zur Tatzeit hatte der Angeklagte eine BAK von 1,58 Promille.

Das Landgericht Saarbrücken hat den Angeklagten diesbezüglich wegen gefährlicher Körperverletzung verurteilt. Das Schwurgericht ging dabei davon aus, dass neben den für einen Tötungsvorsatz sprechenden Umständen der erheblichen Wucht des Stichs verbunden mit dem Ausspruch „Verreck", die Tatsache, dass der Angeklagte nur einen Stich ausgeführt habe und nicht unerheblich alkoholisiert gewesen sei, gegen die Anname von bedingtem Tötungsvorsatz spräche, um schließlich festzutellen: „Vor diesem Hintergrund und unter Berücksichtigung der Hemmschwellentheorie sieht die Kammer im Zweifel zu Gunsten des Angeklagten einen Tötungsvorsatz als nicht mit letzter Sicherheit erwiesen an." Gegen die Verneinung von Tötungsvorsatz richtet sich die Revision der Staatsanwaltschaft mit der Rüge der Verletzung materiellen Rechts und hat Erfolg.

Aus Sicht des Senates hielten die Beweiserwägungen des Schwurgerichts – „auch eingedenk des eingeschränkten revisionsrechtlichen Prüfungsmaßstabs" – revisionsrechtlicher Nachprüfung nicht stand, weil diese u.a. lückenhaft seien: „Bei äußerst gefährlichen Gewalthandlungen liegt es nahe, dass der Täter mit der Möglichkeit rechnet, dass Opfer könne zu Tode kommen und – weil er mit seinem Handeln gleichwohl fortfährt – einen solchen Erfolg billigend in Kauf nimmt[955] (...).

955 BGH NJW 2012, 1524, 1525; vgl. ebenso NStZ 1983, 407; 1984, 19; 1991, 126; 1992, 384; 587, 588; 1994, 585; 1999, 507, 508; 2000, 583, 584; 2007, 150, 151; 2009, 91; 629,

Zwar können das Wissens- oder das Willenselement des Eventualvorsatzes gleichwohl im Einzelfall fehlen, so etwa, wenn dem Täter, obwohl er alle Umstände kennt, die sein Vorgehen zu einer das Leben gefährdenden Behandlung machen, das Risiko der Tötung infolge einer psychischen Beeinträchtigung – z.B. Affekt, alkoholische Beeinflussung oder hirnorganische Schädigung (BGH, Beschluss vom 16. Juli 1996 – 4 StR 326/96, StV 1997, 7; Schroth NStZ 1990, 324, 325) – zur Tatzeit nicht bewusst ist (Fehlen des Wissenselements) oder wenn er trotz erkannter objektiver Gefährlichkeit der Tat ernsthaft und nicht nur vage auf ein Ausbleiben des tödlichen Erfolges vertraut (Fehlen des Willenselements).[956] Bei der erforderlichen Gesamtschau aller objektiven und subjektiven Tatumstände[957] (...) darf der Tatrichter den Beweiswert offensichtlicher Lebensgefährlichkeit einer Handlungsweise für den Nachweis eines bedingten Tötungsvorsatzes nicht so gering veranschlagen, dass auf eine eingehende Auseinandersetzung mit diesen Beweisanzeichen verzichtet werden kann[958] (...)." Die Ausführungen des Landgerichts ließen schon eine umfassende Gesamtschau

---

630; 2012, 207, 208; 2013, 159, 160; 538, 539; NStZ-RR 2000, 328, 329; 2001, 369; 2007, 267, 268; 307; 2010, 144, 145; StV 1987, 92; 284, 285; 1997, 7, 8; 2004, 74 f.; Beschl. v. 21.4.1983 – 4 StR 154/83 -, jurion Rn. 4; Urt. v. 7.8.1986 – 4 StR 308/86 -, jurion Rn. 4; Beschl. v. 31.10.1990 – 3 StR 332/90 -, jurion Rn. 6; Urt. v. 6.2.2003 – 4 StR 450/02 -, jurion Rn. 6; Urt. v. 31.3.2004 – 2 StR 2/04 -, jurion Rn. 7; Urt. v. 5.6.2014 – 4 StR 439/13 -, jurion Rn. 7; ähnlich auch NJW 1999, 2533, 2534; NStZ 1987, 424; 2004, 51, 52; 2010, 511, 512; NStZ-RR 2013, 75, 77; 89, 90; 242, 243; 341, 342; Urt. v. 11.10.2000 – 3 StR 321/00 -, jurion Rn. 7; Urt. v. 12.8.2009 – 2 StR 226/09-, jurion Rn. 8; Urt. v. 21.12.2011, 1 StR 400/11 -, jurion Rn. 26; Urt. v. 4.4.2013 – 3 StR 37/13 -, jurion Rn. 5.

956 BGH NJW 2012, 1524, 1525; vgl. dazu auch NStZ 1994, 483, 484; 2007, 150, 151; 2013, 159, 160; NStZ-RR 2013, 341, 342; StV 1984, 187 f.; 1994, 654; siehe zum Erfordernis „besonderer Begründung" für die Herleitung des Wissenselements aus der objektiven Gefährlichkeit bei gleichzeitig angenommener alkoholbedingter verminderter Schuldfähigkeit: NStZ 2004, 51, 52 und NStZ-RR 2004, 204, 205; vgl. ferner NStZ 2004, 329, 330; NStZ-RR 2006, 11, 12; StV 1994, 13, 14 und Beschl v. 6.3.2002 – 4 StR 30/02 -, jurion Rn. 7, wonach „hochgradige Alkoholisierung und affektive Erregung" als mögliche dem Tötungsvorsatz entgegenstehende Umstände „ausdrücklicher Erörterung" bedürften; siehe auch NStZ 1983, 407; 1984, 19 und NStZ-RR 2007, 307, wonach sich insbesondere bei Fehlen eines „einsichtigen Beweggrundes" „besondere Anforderungen" an die Darlegungen zur inneren Tatseite ergäben; siehe ferner StV 1994, 654 f., wonach bei Brandanschlägen auf von Menschen bewohnte Gebäude der Grad der Lebensgefahr für die Bewohner und die innere Einstellung des Täters „eingehender Erörterung" unter Berücksichtigung der Fluchtmöglichkeiten, Brennbarkeit der Materialien, Angriffszeit, Belegungsdichte und der konkreten Angriffsweise bedürften.

957 BGH NJW 2012, 1524, 1525; vgl. zur erforderlichen Gesamtschau bei der Abgrenzung von bedingtem Vorsatz und bewusster Fahrlässigkeit: BGHSt 36, 1, 10; NStZ 2000, 583, 584; 2008, 93; 2011, 699, 702; NStZ-RR 2013, 89, 90; Urt. v. 23.5.2002 – 3 StR 513/01 -, jurion Rn. 17.

958 BGH NJW 2012, 1524, 1525; ebenso NStZ 2013, 159, 160; StV 1994, 654.

aller objektiven und subjektiven Tatumstände vermissen.[959] Im Hinblick auf ein Naheliegen des Wollenselements bei einem Handeln trotz erkannter Lebensgefährlichkeit führt der Senat weiter aus: „Nach ständiger Rechtsprechung des Bundesgerichtshofes ist das Vertrauen auf ein Ausbleiben des tödlichen Erfolgs regelmäßig dann zu verneinen, wenn der vorgestellte Verlauf des Geschehens einem tödlichen Ausgang so nahe kommt, dass nur noch ein glücklicher Zufall diesen verhindern kann[960] (...). „Rechtlich tragfähige Anhaltspunkte" für ein ernsthaftes und nicht nur vages Vertrauen des Angeklagten auf ein Ausbleiben des Todeserfolges seien nicht festgestellt und lägen vorliegend „auch fern".[961] „Entgegen der Meinung des Landgerichts" spräche auch ein Unterlassen weiterer Angriffe nicht gegen das voluntative Element[962], da es möglich sei, dass der Angeklagte davon ausging, bereits ein Stich

959 BGH NJW 2012, 1524, 1525; vgl. auch folgende Entscheidungen, welche im Hinblick auf den bedingten Tötungsvorsatz eine fehlende Gesamtschau oder eine lückenhafte Beweiswürdigung bemängeln: NStZ 2006, 169, 170; 2010, 276, 277; 2012, 443, 444; NStZ-RR 2007, 267, 268; 2013, 89, 90; 341, 342; StV 1988, 93; 2004, 74, 75; 2014, 344, 345; Urt. v. 26.5.1993 – 3 StR 156/93 -, jurion Rn. 3; Urt. v. 14.11.2001 – 3 StR 276/01 -, jurion Rn. 6; Urt. v. 6.11.2002 – 2 StR 289/02 -, jurion Rn. 8; Urt. v. 11.7.2006 – 1 StR 188/08 -, jurion Rn. 19; Urt. v. 17.7.2013 – 2 StR 139/13 -, jurion Rn. 12.

960 BGH NJW 2012, 1524, 1526; ebenso NStZ 1994, 483, 484; 2005, 92; 2007, 150, 151; 2009, 91; 629, 630; 2012, 207, 208.

961 BGH NJW 2012, 1524, 1526; vgl. zu diesen Formulierungen auch Urt. v. 11.10.2000 – 3 StR 321/00 -, jurion Rn. 9; ähnlich auch NStZ 1994, 483, 484; NStZ-RR 2000, 165, 166.

962 BGH NJW 2012, 1524, 1526; vgl. auch weitere Wertungsvorgaben an das Tatgericht in NJW 2006, 386, 387 f., wonach anschließendes Erschrecken mit den Worten „Das habe ich nicht gewollt" bedingten Vorsatz nicht ausschließe und bei einer wiederholt lebensgefährlichen Behandlung das voluntative Vorsatzelement „auf der Hand" liege; NStZ 2007, 150, 151 und 2009, 91, wonach bei „offensichtlich mit sehr hoher Wahrscheinlichkeit" zum Tode führenden Verletzungen, etwa einem Herzstich, zumindest bedingter Tötungsvorsatz „ohne besonderer Anforderungen an die Darlegung auf der Hand" liege; 2012, 443, 444, wonach die Tatsache, dass dem Angeklagten sein Handeln sofort Leid tat „nicht ohne weitere Darlegungen als Indiz gegen die Annahme eines bedingten Tötunsgvorsatzes gewertet" werden dürfe; NStZ-RR 2000, 327, 328, wonach das beherrschende Motiv, um jeden Preis an das Geld des Opfers zu gelangen „entgegen der Annahme des Landgerichts" auf eine Billigung des Todeserfolgs schließen lasse; 2009, 372 f., wonach die Annahme, der Täter habe „keinen Grund" zur Tötung gehabt, nicht gegen die Billigung spreche; Urt. v. 11.10.2000 – 3 StR 321/00 -, jurion Rn. 8, wonach das Tatgericht dem kräftigen Schlagen mit einem schweren Baseballschläger auf den Kopf nicht den „hohen Indizwert für die Billigung des Todes" eingeräumt habe; Urt. v. 16.12.2003 – 5 StR 458/03 -, jurion Rn. 14, wonach das Fehlen eines Beweggrundes nicht gegen eine Billigung spreche; Urt. v. 25.5.2007 – 1 StR 126/07 -, jurion Rn. 13, wonach dem Umstand, dass der Angeklagte nicht freiwillig von seinem Opfer abgelassen habe ein „hoher Indizwert" zugemessen werden könne; Urt. v. 12.8.2009 – 2 StR

sei für den Todeseintritt ausreichend. Zudem sei der Angeklagte vom Begleiter des Nebenklägers unmittelbar nach dem Stich bis zum Eintreffen der Polizei festgehalten worden, sodass es „nicht nahe“ läge, dass der Angeklagte überhaupt noch Gelegenheit zu weiteren Stichen gehabt hätte. Des Weiteren habe das Schwurgericht mit dem pauschalen Verweis auf die „Hemmschwellentheorie“ deren „Bedeutung für die Beweiswürdigung verkannt“: Der BGH habe immer wieder betont, dass durch die Hemmschwellentheorie „die Wertung der hohen und offensichtlichen Lebensgefährlichkeit von Gewalthandlungen als ein gewichtiges auf Tötungsvorsatz hinweisendes Beweisanzeichen (..) in der praktischen Rechtsanwendung nicht in Frage gestellt oder auch nur relativiert werden solle“[963]. Zur Ablehnung des Wollenselements bedürfe es „vielmehr in jedem Einzelfall tragfähiger Anhaltspunkte dafür, dass der Täter ernsthaft darauf vertraut haben könnte, der Geschädigte werde nicht zu Tode kommen“. Das Schwurgericht habe sich nicht damit auseinandergesetzt, dass das heftige, zielgerichtete Stechen in den Rücken eines Ahnungslosen schon die Überwindung einer etwa vorhandenen Hemmschwelle voraussetze und eine erhebliche Alkoholisierung geeignet sei die Hemmschwelle herabzusetzen.[964] Das Urteil sei daher im Hinblick auf die Verurteilung wegen gefährlicher Körperverletzung inklusive Feststellungen aufzuheben.

Diese Entscheidung offenbart die volle Tragweite der in zahlreichen Entscheidungen wiederzufindenden revisionsrechtlichen Beweiswürdigungsvorgaben[965] an den Tatrichter: Der BGH gibt einerseits vor, welcher Beweiswert bestimmten Beweisanzeichen wie etwa der offensichtlichen Lebensgefährlichkeit zuzuordnen ist, andererseits bewertet er Beweiseinschätzungen des Tatgerichts wie vorliegend als „fernliegend“ und gibt damit indirekt eine eigene Wertung des Beweisergebnisses ab, ebenso wie er Richtlinien zur Beweisrichtung bestimmter Indizien auch entgegen

226/09 -, jurion Rn. 8, wonach das „ständige Einschlagen und Eintreten auf den Kopf“ ein „gewichtiges Beweisanzeichen“ für einen bedingten Tötungsvorsatz darstelle; Urt. v. 21.12.2011 – 1 StR 400/11 -, jurion Rn. 28, wonach die Tatdauer von 14 Sekunden nicht gegen Tötungsvorsatz spreche.

963 BGH NJW 2012, 1524, 1526 f.; ebenso NStZ-RR 2009, 372; Urt. v. 24.3.1993 – 3 StR 485/92 -, jurion Rn. 11; Urt. v. 11.10.2000 – 3 StR 321/00 -, jurion Rn. 8.

964 BGH NJW 2012, 1524, 1527; vgl. die nachfolgenden Entscheidungen, wo der Senat die Nichterörterung „sich aufdrängender“ Umstände gerügt hat: NStZ 2012, 207, 208; NStZ-RR 2007, 43, 44; 307; StV 1984, 187, 188; 1988, 93; Urt. v. 20.10.1982 – 2 StR 515/82 -, jurion Rn. 12; Beschl. v. 21.4.1983 – 4 StR 154/83 -, jurion Rn. 5; Urt. v. 24.3.1993 – 3 StR 485/92 -, jurion Rn. 11; Urt. v. 11.10.2000 – 3 StR 321/00 -, jurion Rn. 12; Urt. v. 12.8.2009 – 2 StR 226/09 -, jurion Rn. 9.

965 Zu Recht spricht daher *Schroth,* in: FS Widmaier, 779, 798 f. von einer revisionsrechtlichen Prüfung im Hinblick auf den richtigen Umgang mit „Relevanzregeln“, d.h. der Beschäftigung mit allen vorsatzrelevanten Gesichtspunkten sowie *ders.,* NStZ 1990, 324 von einer Prüfung der angemessenen Handhabung von „Deutungsrastern“; krit. im Hinblick auf die eigenen Wertungen des BGH und die Hemmschwellentheorie: *Herdegen,* in: FS Eisenberg, 527, 536 f.; *Trück,* NStZ 2005, 233, 234, 236 und *Wojtech,* NJW-Spezial 2012, 312.

der Ansicht des Tatrichters aufstellt, indem er zum Beispiel vorgibt, ein bestimmter Anhaltspunkt spreche „nicht gegen“ bedingten Tötungsvorsatz. Der BGH hat sich mithin durch ein Netz von Bewertungsvorgaben einen für ihn akzeptabel erscheinenden Weg zur jedenfalls indirekten Kontrolle der eigentlich dem Tatrichter obliegenden Beweiswürdigung[966] geschaffen.

### bb) Besondere Rechtsfehler[967]

Im Folgenden sollen punktuell weitere speziellere Fallgruppen dargestellt werden, welche die Vorgehensweise insbesondere des BGH im Bezug auf Beweiswürdigungsvorgaben an den Tatrichter besonders deutlich wiederspiegeln.

#### (1) Lügen des Angeklagten

Eine klassische Entscheidung zur Vorstellung der Vorgehensweise der Obergerichte bei der Beweisbewertung von Lügen des Angeklagten[968], insbesondere beim

---

966 Es sind jedoch auch die alleinige Beweiswürdigungskompetenz des Tatrichters betonende Entscheidungen anzutreffen, vgl. etwa BGH, Urt. v. 13.1.2005 – 4 StR 469/04 -, jurion Rn. 22, wonach sich die Wertung „im Rahmen der dem Tatrichter obliegenden Würdigung“, NStZ 2009, 629, 630 „im Rahmen des Beurteilungsspielraums“/StV 2014, 344, 345 „Bewertungsspielraums“ halte; vgl. auch NStZ-RR 2013, 242, 244, wonach die „Gewichtung und Bewertung“ der einzelnen Indizien „allein dem Tatrichter vorbehalten“ sei, ähnlich 2013, 89, 90 und Urt. v. 4.4.2013 – 3 StR 37/13 -, jurion Rn. 5, wonach es „Sache des Tatrichters“ sei „Bedeutung und Gewicht der einzelnen be- oder entlastenden Indizien (..) zu bewerten“.

967 Vgl. zur Unterteilung der Beweiswürdigungfehler in „allgemeine“ und „spezielle Rechtfehler“ *Nack,* StV 2002, 510 ff.; vgl. auch 514 ff. zu weiteren – hier im Hinblick auf ihre allgemeinen Bezüge zur Darlegungspflicht und die eher unproblematisch mögliche Zuordnung zur *Rechts*frage wegen Verstößen gegen Beweisverwertungsverbote nicht behandelten – „speziellen“ Rechtsfehler.

968 Vgl. auch die Beweiswürdigungsvorgaben zum sonstigen Einlassungsverhalten des Angeklagten in: BGHSt 52, 78, 82, wonach ein von Dritten vorformuliertes, nur pauschal bestätigtes Geständnis „besonders kritischer Betrachtung“ zu unterziehen sei; NJW 2003, 2692, 2694, wonach einer erst im Laufe der Hauptverhandlung abgegebenen schriftlichen Verteidigererklärung in Kenntnis des wesentlichen Beweisergebnisses, die sich der Angeklagte lediglich zu Eigen mache, „geringeres Gewicht“ zukomme; NStZ 1999, 47, wonach weder anfängliches Schweigen noch eine spätere Aussageverweigerung als „belastendes Beweisanzeichen“ verwendet werden dürften, vgl. auch die w.Nw. bei *Nack,* StV 2002, 515 f. zur unzulässigen Verwertung des Schweigens; NStZ-RR 2009, 350, 351, wonach der Beweiswert einer zur Verteidigung ausgearbeiteten Sachverhaltsschilderung „besonders kritisch zu hinterfragen“ sei; StV 1993, 622, 623, wonach das Prozessverhalten des Angeklagten, hier spätes Vorbringen des Entlastungszeugen nur bei „kollusivem Zusammenwirken“ als Umstand gegen die Glaubwürdigkeit des Zeugen zu werten sei; 2008, 235, wonach ein Fluchtversuch des Angeklagten „kein Indiz für seine Täterschaft“ darstelle; Urt. v. 8.4.2009 – 5 StR 65/09 -, jurion Rn. 19, wonach iRd

gescheiterten Alibibeweis als wichtigen Unterfall, stellt ein Urteil des BGH vom 31.3.1999 – 5 StR 689/98 dar:

Das Landgericht Berlin hat den Angeklagten vom Vorwurf des Mordes an seiner Großtante freigesprochen, weil es sich trotz erheblichen Tatverdachts nicht von seiner Täterschaft zu überzeugen vermocht hat. Nach den Feststellungen hat der verschuldete Angeklagte am Nachmittag des 25.11.1997 bis etwa 20:00 Uhr seine wohlhabende 84-jährige Großtante in ihrer Wohnung besucht. Am selben Abend wurde diese dort durch mehrere Messerstiche getötet, wobei der Täter einen Raubmord vortäuschte. Der Angeklagte hat im Rahmen seiner polizeilichen Vernehmung zwei Tage nach dem Auffinden der Leiche durch Angabe seiner Mutter und Schwester als angebliche Zeuginnen für die Tatsache, dass seine Großtante einen Tag nach seinem Besuch bei ihr noch gelebt habe, versucht sich ein falsches Alibi zu verschaffen. Er hat zudem behauptet, noch am 26.11.1997 vor Zeugen mit seiner Großtante telefoniert zu haben, was durch objektive Beweisanzeichen widerlegt wurde. Das Landgericht hat den Beweiswert der falschen Angaben des Angeklagten relativiert, da dies auch ein Unschuldiger tun könne, um sich als möglichen Täter auszuschließen.

Die gegen den Freispruch gerichtete Revision der Staatsanwaltschaft hatte Erfolg und führte zur Aufhebung mit Zurückverweisung. Der Senat beanstandet die tatrichterliche Beweiswürdigung, insbesondere zur Bewertung der nachweislich falschen Alibibehauptung des Angeklagten als nicht beweistauglich: „Diese Erwägung ist im Ansatz durchaus zutreffend und entspricht der Rechtsprechung des Bundesgerichtshofs. Danach ist die widerlegte Alibibehauptung des Angeklagten für sich allein kein Beweisindiz für dessen Täterschaft. Der widerlegten Alibibehauptung kommt nur ein sehr begrenzter Beweiswert zu. Auch ein nachweisbar erlogenes Alibi lässt sich nur mit Vorsicht als Beweisanzeichen für die Schuld eines Angeklagten werten, weil auch ein Unschuldiger Zuflucht zur Lüge nehmen kann.[969] Entsprechendes gilt in Fällen der Lüge des Angeklagten zu anderen beweisrelevanten Umständen, einer Fallgruppe, von der die Konstellation der widerlegten (nicht etwa nur fehlgeschlagenen) Alibibehauptung einen Ausschnitt bildet[970] (...)." Der Tatrichter habe jedoch nicht erörtert, inwiefern von diesen Grundsätzen

---

Glaubhaftigkeitsbeurteilung für eine Einlassung unmittelbar nach der Tat „in aufgewühltem Gemütszustand" eine „höhere Wahrscheinlichkeit" als für eine solche Monate später in der Hauptverhandlung spreche.

969 BGH NStZ 1999, 423; ebenso NStZ-RR 1998, 303, 304; vgl. zu diesen und ähnlichen Formulierungen auch BGHSt 25, 285, 287; 41, 153, 154; StV 1982, 158; 158, 159 m. Anm. *Strate*, 159; 1983, 267; 1992, 259; 1997, 9(Ls.); 293(Ls).

970 BGH NStZ 1999, 423; ebenso NStZ-RR 1998, 303, 304; vgl. dazu BGHSt 41, 153, 156; StV 1985, 356, 357; 1986, 286; 1994, 175 und Urt. v. 1.10.1997 – 2 StR 314/97 -, jurion Rn. 18, wonach „Lügen nur mit Vorsicht als Beweisanzeichen für strafrechtliche Schuld" zu werten seien; siehe ferner StV 2001, 439, wonach der Widerlegung einer bewusst wahrheitswidrigen Einlassung des Angeklagten „allein nur ein begrenzter Beweiswert" zukomme und BGHSt 41, 153, 155, wonach die Widerlegung „nicht

Ausnahmen zu machen seien; kämen „besondere Umstände“[971] hinzu, dürfe auch die Tatsache, dass sich der Angeklagte ein falsches Alibi verschafft habe, zu seinen Lasten berücksichtigt werden, wobei dabei „die Gründe und die Begleitumstände des Vorbringens der Alibibehauptung“ maßgeblich seien: „Eine nachweisbar erlogene Alibibehauptung kann vor allem dann ein belastendes Indiz sein, wenn sie im Wege der Vorwegverteidigung darauf gerichtet ist, einen den Ermittlungsbehörden noch nicht bekannten Tatumstand zu entkräften, den nur der Täter wissen kann. Solches Täterwissen könnte den Schluss auf die Täterschaft begründen. In Fällen dieser Art ist der Tatrichter gehalten, die Umstände des Vorbringens der falschen Alibibehauptung zu erörtern. Wenn der Angeklagte ein solches falsches Alibi bei seiner Vernehmung im Ermittlungsverfahren behauptet, sind in der Regel – und so auch hier – besondere Begründungsanforderungen an das Urteil zu stellen. Der Tatrichter ist dann gehalten, sich einerseits mit der Aussageentstehung, der Vernehmungstechnik und der Protokollierung (vgl. Nr. 45 Abs. 2 RiStBV) und andererseits mit dem damaligen – etwa durch Vorhalte zustande gekommenen – Informationsstand des Angeklagten und dessen Verteidigungsstrategie auseinanderzusetzen.“[972]

Vorliegend habe der Angeklagte durch seine nachweislich erlogene Behauptung, mit dem Opfer noch am 26.11. telefoniert zu haben, versucht zu widerlegen, dass er diese bei seinem Besuch am 25.11.1997 getötet habe. Das Urteil ergebe jedoch nicht, dass den Ermittlungsbehörden zu diesem Zeitpunkt der konkrete Todeszeitpunkt überhaupt schon bekannt gewesen sowie dem Angeklagten ein entsprechender Vorhalt gemacht worden sei, weil sich der Tatzeitpunkt erst im Laufe einer umfangreichen Beweisaufnahme herausgestellt habe. Für den Fall, dass letzteres zutreffe, „hätte dies zu näherer Erörterung gedrängt, ob der Angeklagte sich deswegen vorweg gegen einen Vorwurf der Tötung anlässlich seines Besuches verteidigt hat, weil nur er als Täter wissen konnte, dass seine Großtante an diesem Tag getötet wurde.“ Da das Landgericht weder eine solche Erwägung angestellt, noch geprüft habe, ob es eine andere plausible Erklärung für die Lüge des Angeklagten zum Telefonat gebe, sei die Beweiswürdigung lückenhaft.

---

ohne weiteres“ und NStZ 1997, 96 sowie Beschl. v. 5.1.2000 – 3 StR 560/99 -, jurion Rn. 7 „allein nicht“ als Täterschaftsindiz ausreiche.

971 BGH NStZ 1999, 423, 424; vgl. die entsprechende allgemeine Terminologie bei widerlegten Einlassungen des Angeklagten in: NStZ-RR 1998, 303, 304; Beschl. v. 5.1.2000 – 3 StR 560/99 -, jurion Rn. 8; siehe auch BGHSt 41, 153, 156; NStZ-RR 2011, 118 und StV 2001, 439, wonach Voraussetzung für die Berücksichtigung von Lügen als Belastungsindiz die Darlegung sei, „warum eine andere Erklärung nicht in Betracht kommt oder den Umständen nach so fernliegt, dass sie ausscheidet“.

972 BGH NStZ 1999, 423, 424; vgl. dazu auch Beschl. v. 18.3.2009 – 1 StR 549/08 -, jurion Rn. 34, wonach der Tatrichter in einer solchen Konstellation gehalten sei „die Umstände des Vorbringens einer möglicherweisen falschen Alibibehauptung besonders darzulegen und sich mit diesen im Einzelnen, insbesondere was die Entstehungsgeschichte und den Anlass der konkreten Äußerung angeht, im Einzelnen auseinanderzusetzen“.

Die Entscheidung berücksichtigt als Musterfall der Fallgruppe Lügen/gescheiterter Alibibeweis des Angeklagten zum einen lediglich einen ehernen und nicht wegzudenkenden Grundsatz des Strafprozessrechts, nämlich das Recht des Angeklagten zu Schweigen. Das Recht auf Aussagefreiheit umfasst auch das Recht zur Lüge, weil der Angeklagte nicht an seiner eigenen Verfolgung mitwirken muss und er im Strafprozess keiner prozessualen Wahrheitspflicht unterworfen ist. Um die Respektierung dieses elementaren Rechts des Angeklagten in der praktischen Rechtsanwendung zu garantieren, macht der BGH bei Lügen oder gescheitertem Alibibeweis des Angeklagten dem Tatrichter Beweiswertvorgaben. Zum anderen zeigt das Urteil eine ausnahmsweise mögliche Verwertungsmöglichkeit auf, wenn sich der Angeklagte durch seine Lügen als Täter verraten hat und stellt in einem solchen Fall erhöhte Erörterungsanforderungen an den Tatrichter, um den Freispruch eines Schuldigen zu vermeiden.

### (2) Aussage gegen Aussage beim Zeugenbeweis

Als weitere Fallgruppe spezieller Beweiswürdigungsfehler ist die schwierige Beweiskonstellation „Aussage gegen Aussage" zu nennen, unter deren Dach sich eine Vielzahl problematischer Beweissituationen beim Zeugenbeweis verbirgt. Der Hauptanwendungsfall betrifft die Konstellation, dass die Überführung des die Tat bestreitenden Angeklagten ohne Vorliegen weiterer unmittelbar tatbezogener Beweismittel ausschließlich auf eine einzige – der Schilderung des Angeklagten im Kern widersprechende – Zeugenaussage[973] gestützt werden soll.

Den wohl umfassendsten Einblick in den Umgang der Revisionsgerichte mit der Problematik des Vorhandenseins zweier widerstreitender Aussagen vermag die Grundsatzentscheidung des BGH vom 29.7.1998 – 1 StR 94/98 zu liefern:

Dem Angeklagten lag zur Last die am 1.10.1981 geborene Sabine N zwischen 1985 und März 1995 sechsmal sexuell missbraucht zu haben. Das Landgericht Bamberg hat den Angeklagten wegen sexuellen Missbrauchs von Kindern wegen der drei zuerst genannten Taten unter Freisprechung im Übrigen zu einer Gesamtfreiheitsstrafe von vier Jahren verurteilt. Zwei weitere – dem Gewicht nach vergleichbare – Taten hat die Jugendschutzkammer nach § 154 Abs. 2 StPO eingestellt, bezüglich des Tatvorwurfs am 9.3.1993 hat es den Alibibeweis des Angeklagten als geführt angesehen. Die Tatsache, dass die Geschädigte eingeräumt hat, die angeblich am 9.3.1995 begangene Tat erfunden zu haben, damit ihr hinsichtlich der anderen Taten ohne konkrete Zeitangabe geglaubt werde, sah die Kammer durch die „freimütige" Einräumung und „plausible" Begründung nicht als geeignet an, ihre Glaubwürdigkeit zu erschüttern.

Die Revision des Angeklagten führte mit der allgemeinen Sachrüge zum Erfolg. Aus Sicht des Senats leide die Beweiswürdigung des Tatgerichts an durchgreifenden Rechtsfehlern. Zwar könne der Angeklagte auch wenn „Aussage gegen Aussage" stehe auf der Grundlage einer einzelnen belastenden Aussage verurteilt werden, wenn das Gericht diese für glaubhaft halte: „Der Tatrichter muss sich jedoch bewusst

973 *Deckers*, in: FS Hamm, 53, 57; *Sander*, StV 2000, 45, 46.

sein, dass die Aussage dieses Zeugen einer besonderen Glaubwürdigkeitsprüfung zu unterziehen ist, zumal der Angeklagte in solchen Fällen wenig Verteidigungsmöglichkeiten durch eigene Äußerungen zur Sachlage besitzt.[974] Eine lückenlose Gesamtwürdigung der Indizien ist dann von besonderer Bedeutung[975] (...). Nach der Rechtsprechung des Bundesgerichtshofs müssen die Urteilsgründe erkennen lassen, dass der Tatrichter alle Umstände, die die Entscheidung beeinflussen können erkannt und in seine Überlegungen einbezogen hat[976] (...). Dies gilt besonders, wenn der einzige Belastungszeuge in der Hauptverhandlung seine Vorwürfe ganz (BGH, Beschl. vom 17. Dezember 1997 – 2 StR 591/97) oder teilweise nicht mehr aufrechterhält, der anfänglichen Schilderung weiterer Taten nicht gefolgt wird[977] (vgl. BGH NStZ 1996, 294; NJW 1996, 206; Beschl. vom 1. April 1998 – 3 StR 22/98) oder sich sogar die Unwahrheit eines Aussageteils herausstellt. Dann muss der Tatrichter jedenfalls regelmäßig außerhalb der Zeugenaussage liegende gewichtige Gründe nennen, die es ihm ermöglichen, der Zeugenaussage im Übrigen dennoch zu glauben.[978]"

---

974 BGHSt 44, 153, 158; ebenso NJW 2003, 2250; NStZ 2013, 57, 58; StV 2002, 470; 2009, 230; 2013, 7, 8; vgl. unter Hinweis auf das Erfordernis einer „besonderen Glaubwürdigkeitsprüfung" auch: NStZ-RR 2013, 119; StV 2003, 542; Urt. v. 29.7.1998 – 1 StR 152/98 -, jurion Rn. 11; Beschl. v. 25.10.2010 – 1 StR 369/10 -, jurion Rn. 3; Beschl. v. 19.4.2012 – 2 StR 5/12 -, jurion Rn. 2; OLG Köln StV 2004, 419.

975 BGHSt 44, 153, 158; vgl. unter Hervorhebung der besonderen Bedeutung einer umfassenden Gesamtwürdigung auch: NStZ-RR 1998, 16; 2002, 146; StV 2002, 466, 467; Beschl. v. 15.1.2008 – 4 StR 533/07 -, jurion Rn. 5; Beschl. v. 9.6.2008 – 5 StR 169/08 -, jurion Rn. 8; Beschl. v. 16.7.2009 – 5 StR 84/09; 5 StR 597/07 -, jurion Rn. 5; OLG Karlsruhe StV 2000, 658; OLG Düsseldorf StV 2002, 471, 472.

976 BGHSt 44, 153, 159; ebenso NStZ 1995, 558; 2002, 494, 495; 2007, 538; NStZ-RR 1998, 15; 1999, 109; 2002, 174, 175; 2006, 18; 2010, 182; 2012, 148, 149; 383, 384; StV 1987, 428; 1991, 451; 1992, 261; 1994, 6; 358, 359; 1995, 6; 340; 1997, 63, 64; 1998, 250, 251; 362, 363; 1999, 99; 2005, 488, 489; StraFo 2003, 274, 275; 2011, 400; Beschl. v. 14.6.1994 – 1 StR 214/94 -, jurion Rn. 3; Beschl. v. 24.7.2003 – 4 StR 226/03 -, jurion Rn. 4; Beschl. v. 9.7.2009 – 4 StR 124/09 -, jurion Rn. 8; Beschl. v. 30.5.2013 – 5 StR 239/13 -, jurion Rn. 7; OLG Hamm StV 1999, 360, 361; ähnlich auch NStZ 1997, 494; StV 1991, 409; 1992, 98; 219; 556, 557; 1993, 176; 1994, 526; 1995, 115 f.; Beschl. v. 7.7.2014 – 2 StR 94/14 -, jurion Rn. 7; BayObLG StV 2003, 660; vgl. auch NStZ-RR 1999, 108 und StV 1999, 307, wo in diesem Zusammenhang von „erhöhten" bzw. NJW 2003, 2250; NStZ-RR 2002, 146, 147; 2005, 149 und OLG Hamm StV 2004, 643, 644 „strengen" sowie BGH NStZ 2013, 55, 56; NStZ-RR 2010, 317; StV 1990, 99; Beschl. v. 16.7.2009 – 5 StR 84/09; 5 StR 597/07 -, jurion Rn. 5 und Beschl. v. 27.4.2010 – 5 StR 127/10 -, jurion Rn. 11, wo von „besonderen Anforderungen" an die Beweiswürdigung die Rede ist.

977 BGHSt 44, 153, 159; ebenso NStZ 2013, 57, 58; NStZ-RR 2008, 254, 255; 2013, 119; StV 2002, 470; 2003, 542, 543; Beschl. v. 18.12.2001 – 4 StR 497/01 -, jurion Rn. 4; Urt. v. 7.4.2005 – 5 StR 544/04 -, jurion Rn. 7.

978 BGHSt 44, 153, 159; ebenfalls NStZ 2000, 551, 552; 2001, 161, 162; NStZ-RR 2004, 87; Urt. v. 29.7.1998 – 1 StR 152/98 -, jurion Rn. 11; Beschl. v. 29.7.2003 – 4 StR 253/03 -, jurion Rn. 4; Urt. v. 12.11.2003 – 2 StR 354/03 -, jurion Rn. 6; Beschl.

Die Begründung, mit welcher die Kammer an der Glaubwürdigkeitsbeurteilung der Geschädigten trotz teilweise erwiesener Lüge festgehalten hat, greife „zu kurz“: Werde die Aussage der einzigen Belastungszeugin hinsichtlich einzelner Taten widerlegt, sei ihre Glaubwürdigkeit „in schwerwiegender Weise in Frage gestellt“; den sonstigen Angaben könne nur mehr gefolgt werden, wenn „außerhalb der Aussage Gründe von Gewicht“ vorlägen, welche in den Urteilsgründen darzulegen seien, was das vorliegende Urteil vermissen lasse. Näherer Erörterung habe die von der Geschädigten für die Erfindung vorgetragene Begründung bedurft, da in der Regel aus real existierenden Schwierigkeiten, lange zurückliegende Taten exakt zeitlich einzuordnen keine Zweifel an der Glaubwürdigkeit abgeleitet würden. Die Tatsache, dass die Geschädigte zunächst einer weiteren Person sexuellen Missbrauch vorgeworfen habe, deren Verfolgung sie später nicht mehr wollte, hätte nicht nur isoliert betrachtet werden dürfen, sondern im Rahmen einer Gesamtwürdigung der Glaubwürdigkeit Beachtung finden müssen.[979] Zudem stelle die fehlende Begründung der Teileinstellung nach § 154 Abs. 2 StPO im Hinblick auf die Glaubwürdigkeitsbeurteilung einen „Erörterungsmangel“ dar, obgleich dieser Tatsache vor dem Hintergrund der angeklagten sechs Taten, wovon lediglich in drei Fällen eine Verurteilung und einmalig eine Freispruch wegen erwiesener Unschuld erfolgt sei, „durchaus Beweisbedeutung“ für die maßgebliche Frage der Glaubwürdigkeit der einzigen Belastungszeugin beizumessen gewesen wäre.

Der BGH schmückt aus der allgemeinen Beweiswürdigungsfehlerlehre bekannte Darlegungspflichten in der Konstellation „Aussage gegen Aussage“ etwa mit dem Superlativ „besonders“ aus, um damit „erhöhte“ Begründungsanforderungen zu statuieren und greift wie gewohnt bei fehlender umfassender Erfüllung dieser Pflichten im Rahmen einer Gesamtwürdigung in die tatrichterliche Beweiswürdigung ein.

Den Umfang der dem Tatrichter abverlangten Darlegungen bei Vorhandensein nur eines einzigen Belastungszeugen gegen den schweigenden[980] oder die Tat

---

v. 12.9.2012 – 5 StR 401/12 -, jurion Rn. 8; ähnlich auch BGHSt 44, 256, 257; NStZ 2002, 656, 657; 2003, 164, 165; Urt. v. 19.4.2007 – 4 StR 23/07 -, jurion Rn. 11; vgl. dazu auch die nachfolgenden Entscheidungen, wonach das nur teilweise Folgen der Ausführungen eines Zeugen „besonderer“, „eingehender“, „sorgfältiger“ bzw. „nachvollziehbarer Begründung“ bedürfe: NStZ-RR 2003, 16 f.; 332, 333; 2010, 85, 86; Urt. v. 11.1.2005 – 1 StR 478/04 -, jurion Rn. 23; Urt. v. 21.2.2006 – 1 StR 278/05 -, jurion Rn. 20; Beschl. v. 3.9.2013 – 1 StR 206/13 -, jurion Rn. 19.

979 BGHSt 44, 153, 160; vgl. dazu die nachfolgenden Entscheidungen, in denen eine fehlende ausreichende Gesamtbetrachtung aller für und gegen die Glaubwürdigkeit sprechender Beweisanzeichen gerügt wurde: NStZ 2013, 180, 181; NStZ-RR 1998, 16; 2012, 287, 288; 2013, 19; StV 1996, 582; 2003, 542, 543; 2009, 230, 231; StraFo 2012, 103, 104; Urt. v. 28.10.1992 – 3 StR 367/92 -, jurion Rn. 8; Beschl. v. 6.2.2014 – 1 StR 700/13 -, jurion Rn. 11.

980 Vgl. BGH StV 1998, 250; Beschl. v. 20.4.2004 – 4 StR 67/04 -, jurion Rn. 13 und OLG Koblenz NStZ-RR 2005, 79, 80, StV 2007, 71, wo das Vorhandensein eines einzigen Belastungszeugen neben einem sich nicht zur Sache einlassenden Angeklagten

bestreitenden Angeklagten erhellt weiter ein Beschluss des BGH vom 23.5.2000 – 1 StR 156/00:

Nach den Feststellungen hat der Angeklagte in zwei Fällen im Sommer 1996 sexuelle Handlungen an seiner zur Tatzeit 13 Jahre alten Nichte LB vorgenommen. Zunächst wurde der Angeklagte zum Zelt in dem seine Nichte und seine zwei Jahre jüngere Tochter S schlafen wollten gerufen, um eine Spinne zu beseitigen. Da die Kinder Angst hatten, legte er sich zwischen die Mädchen und soll LB mit der Hand unter dem Schlafanzug in den Genitalbereich gefasst haben. Der zweite Vorfall soll sich im Schlafzimmer des Angeklagten ereignet haben, wo dieser auf dem Bett liegend fernsah: Als sich die zwei Mädchen rechts und links neben ihn legten, soll er S zum Zigarettenholen weggeschickt und LB auf sich gezogen und beischlafähnliche Bewegungen vollzogen haben. Der Angeklagte hat die Tat bestritten. Die Kammer stützte sich im Wesentlichen auf die belastenden Angaben der L, für deren Glaubhaftigkeit im Rahmen einer „zuverlässigen Aussageanalyse" ein „guter quantitativer Detailreichtum" und Konstanz seit ihrer Erstaussage gegenüber dem Zeugen BB spreche; bei der Aussageentstehung sei das ängstliche Wesen der Zeugin zu bedenken, die sich erst offenbart habe, nachdem es aufgrund eines von ihr verübten Diebstahls eines Geldbeutels bei den Töchtern des Angeklagten – nach eigenen Angaben um die Familienmitglieder zu entzweien und weitere sexuelle Übergriffe des Angeklagten zu verhindern – zu einer „Aufruhr" in der Familie gekommen sei. Eine Beeinflussung durch Verwandte, insbesondere ihre Tante E, die ihrerseits dem Angeklagten einen vor 20 Jahren begangenen sexuellen Missbrauch vorwarf, schloss das Gericht aus. Der entlastenden Aussage der S schenkte das Gericht keinen Glauben, welche angab, der Angeklagte habe in beiden Fällen nicht in der Mitte, sondern neben ihr gelegen, sie habe keine sexuellen Handlungen bemerkt und sei im zweiten Fall nicht zum Zigarettenholen rausgegangen. Nachdem L nach der Nacht im Zelt eine Andeutung gemacht habe, habe sie geahnt was passiert sei. Das Landgericht Mosbach hat den Angeklagten wegen sexuellen Missbrauchs eines Kindes zu einer Freiheitsstrafe von einem Jahr und zwei Monaten auf Bewährung verurteilt.

Die dagegen gerichtete Revision des Angeklagten führte mit der allgemeinen Sachrüge zur Urteilsaufhebung und Zurückverweisung des Verfahrens an eine andere Strafkammer. Der Senat erblickte in der Beweiswürdigung durchgreifende Rechtsmängel. Unter Hinweis auf die Pflicht zur Abwägung aller Umstände im Falle „Aussage gegen Aussage" führt er aus: „So ist es in Fällen der vorliegenden Art in aller Regel erforderlich, die Entstehung und Entwicklung der Aussage aufzuklären[981] (...). Das gilt vor allem dann, wenn ein Zusammenhang mit familiären

ausdrücklich der Konstellation „Aussage gegen Aussage" gleichgestellt wird; a.A. jedoch BGH, Beschl. v. 22.3.2005 – 3 StR 47/05 -, jurion Rn. 2.

981 BGH NStZ 2000, 496, 497; vgl. dazu ebenfalls NStZ 2000, 436, 437; 2002, 656, 657; 2003, 164, 165; OLG Düsseldorf StV 2002, 471, 473; vgl. zur „besonderen" Bedeutung der Entstehungsgeschichte der Beschuldigung und deren Darlegung bei kindlichen Zeugen: NStZ 1996, 95, 96; 1999, 45; StV 1994, 227; 1995, 6, 7; 451, 452; 1996, 582, 583; 1998, 116; 250; 362, 363; 1999, 307; Beschl. v. 14.6.1994 – 1 StR

Auseinandersetzungen nicht von vornherein auszuschließen ist (BGH NStZ 1999, 45). Wenn zudem – was hier ersichtlich der Fall ist – vor Beginn der strafrechtlichen Ermittlungen „private Befragungen" zu den Tatvorwürfen erfolgt sind, so ist der Beweiswert belastender Angaben – insbesondere vor dem Hintergrund familiärer Auseinandersetzungen und bei dem Kind möglicherweise geweckter Erwartungen zum Inhalt seiner Aussage – besonders kritisch zu prüfen.[982] Zur erforderlichen Gesamtwürdigung aller Umstände, die die Entscheidung zu beeinflussen geeignet sind, sind die Erkenntnisquellen zur Aussageentstehung auszuschöpfen[983] (...). In solchen

---

214/94 -, jurion Rn. 11; Beschl. v. 19.12.1995 – 4 StR 691/95 -, jurion Rn. 17; Beschl. v. 16.12.2003 – 5 StR 262/03 -, jurion Rn. 3; Beschl. v. 24.2.2004 – 4 StR 582/03 -, jurion Rn. 11.

982 BGH NStZ 2000, 496, 497; ebenso StV 1995, 451, 452; ähnlich auch NStZ-RR 1998, 16; vgl. auch die folgenden Beweiswürdigungsvorgaben in BGHSt 46, 93, 103, 106, wonach der Beweiswert des Vernehmungsergebnisses bei Vernehmung der Hauptbelastungszeugin in Abwesenheit des Beschuldigten ohne Bestellung eines Verteidigers wegen der Verletzung des Fragerechts aus Art. 6 Abs. 3d) EMRK gemindert sei und dieses durch andere gewichtige Gesichtspunkte außerhalb der Aussage bestätigt werden müsse, sowie die entsprechende Vorgehensweise in BGHSt 51, 150, 156 ff. bei rechtswidrig unterbliebener Benachrichtigung des Verteidigers entgegen § 168c Abs. 5 S. 1 StPO; NStZ 2009, 106, wonach die Detailarmut von Angaben Auswirkungen auf die Aussagekraft des Konstanzkriteriums iRd Glaubhaftigkeitsbeurteilung habe; NStZ-RR 2012, 383, 384, wonach die Inkonstanz in Bekundungen einen Hinweis auf mangelnde Glaubhaftigkeit der Angaben insgesamt darstelle vs. 2014, 152, 153, wo selbiges verneint wird; StV 1992, 261, wonach eine Unrichtigkeit zum Kerngeschehen die Zuverlässigkeit des Zeugen insgesamt beeinträchtige vs. NStZ-RR 1998, 276 und OLG Hamm NStZ-RR 2000, 213, 214, wonach es keine bindende Beweisregel des Inhalts gebe, „dass einem Zeugen, der zu anderen Punkten die Unwahrheit ausgesagt hat, generell nicht geglaubt werden dürfe"; StV 1993, 509, 510, wonach der „Eindruck" eines Polizeibeamten, der Angeklagte habe eine Durchsuchung verhindern wollen, „selbst kaum Beweiswert" habe; StV 1994, 64, wonach zwischen allgemeiner und spezieller Glaubwürdigkeit eines Zeugen zu differenzieren sei und erstere nicht ohne weiteres Schlüsse auf letztere zulasse; Beschl. v. 8.10.2002 – 4 StR 166/02 -, jurion Rn. 9, wonach die Aussage eines im Tatzeitraum kurzzeitig bewusstlosen Zeugen „nur eingeschränkten Beweiswert" habe; Beschl. v. 12.7.2006 – 5 StR 236/06 -, jurion Rn. 6, wonach bei Erinnerungslücken zu „wesentlichen Tatumständen" eine „kritische Prüfung" iRd Gesamtschau geboten sei.

983 BGH NStZ 2000, 496, 497; vgl. unter Hinweis auf die fehlende oder unzureichende Auseinandersetzung mit der Aussageentstehung und/oder -entwicklung auch: NStZ 2003, 165, 166; 2009, 107, 108; NStZ-RR 1999, 108; 2013, 19; StV 1996, 365, 366; 2009, 230 f.; 2012, 582, 583; Urt. v. 22.5.2007 – 1 StR 582/06 -, jurion Rn. 32; OLG Frankfurt StV 2011, 12, 13; vgl. auch BGH NJW 2003, 2250 bzgl. der Aussageentwicklung und Konstanz.

Fällen ist auch die Aussagemotivation kritisch zu prüfen[984] (...)." Vorliegend werde die Aussageentstehung nur sehr kurz geschildet, die der Strafanzeige zugrundeliegenden Umstände würden ebenso wenig erwähnt wie der Inhalt der Erstaussage der Zeugin gegenüber dem Onkel BB. Mangels deren Mitteilung sei die für die Glaubhaftigkeit der Argumentation angeführte Aussagekonstanz einer Überprüfung in der Revisionsinstanz nicht zugänglich. Zudem fehlten Erörterungen zu der Frage, inwiefern die Angaben der Zeugin im Kerngeschehen durch intensive „private Befragungen" in der Familie durch nachträgliche Überlagerung verfälscht worden seien. Insofern sei auch eine „Aussageanalyse anhand von Realitätskriterien wenig aussagekräftig"[985]. Der einzige Ansatzpunkt für einen Detailreichtum der Aussage sei im Hinblick auf die Erwähnung der Spinne zu verzeichnen, welche jedoch „nicht untrennbar mit dem sexuellen Kerngeschehen verflochten" sei. Ob das Gespräch zwischen S und L nach der Nacht im Zelt als „signifikantes Gesprächskennzeichen" tatsächlich stattgefunden habe, sei keiner Würdigung unterzogen worden, sodass die „Begründungs- und Erörterungsmängel" insgesamt zur Aufhebung führten.

Der BGH fordert mithin für eine vollständige Beweiswürdigung von Zeugenaussagen auch eine Aussageanalyse inklusive Bewertung derselben nach den Regeln der Aussagepsychologie.

Sehr ähnliche Vorgehensmuster und Formulierungsansätze finden sich – meist als Unterfall der Konstellation „Aussage gegen Aussage" – bei weiteren problematischen Zeugenaussagen, wie etwa dem kindlichen Zeugen[986], dem teilweise

---

984 BGH NStZ 2000, 496, 497; zum erforderlichen Aufstellen sog. Unwahrhypothesen duch den Sachverständigen und der Erörterung im Urteil: BGHSt 45, 164, 167 f.; NStZ 2003, 165, 166; OLG Stuttgart, Beschl. v. 8.12.2005 – 4 Ws 163/05 -, openJur 2012, 64978 Rn. 4; vgl. zur nötigen Prüfung naheliegender Falschbelastungsmotive: NStZ-RR 2003, 206, 208: sog. Rachehypothese; StV 2000, 243, 244: Erlangung eigener Vorteile bei Mittätern; 2009, 230, 231: Drängen durch Dritte; 2013, 5, 6: Gefahr einer interessengeleiteten Mehrbelastung wegen Streitigkeiten um das Umgangsrecht; Beschl. v. 4.4.2001 – 5 StR 44/01 -, jurion Rn. 10: Enttäuschung und Rache; Beschl. v. 28.1.2003 – 3 StR 441/02 -, jurion Rn. 4: Bereitschaft zur Aussageänderung zugunsten des Angeklagten gegen eine Geldsumme; Beschl. v. 17.5.2010 – 5 StR 157/10 -, jurion Rn. 10, 15: Vertuschung einer Beziehung mit dem Angeklagten; Beschl. v. 30.5.2013 – 5 StR 239/13 -, jurion Rn. 10: Erlangung einer Strafmilderung nach § 31 BtMG.

985 BGH NStZ 2000, 496, 497; vgl. allgemein zum Erfordernis einer Aussageanalyse: BGHSt 45, 164, 170 ff.; NStZ-RR 2014, 152, 153 und OLG Stuttgart, Beschl. v. 8.12.2005 – 4 Ws 163/05 -, openJur 2012, 64978 Rn. 4 sowie zur Berücksichtigung aussagepsychologischer Glaubwürdigkeitskriterien: NStZ 2013, 55, 56; ähnlich BVerfG NJW 2003, 2444, 2445 und BGH NStZ-RR 2003, 206, 208 bzgl. Erfahrungssätze der Ausssagepsychologie; w.Nw. zu den im Rahmen der Aussageanalyse maßgeblichen Realitätskriterien bei *Nack*, StV 2002, 558, 559.

986 Vgl. zur besonderen Beachtung der Aussageentstehung schon oben Fn. 981 sowie allgemein zur Problematik der Beeinflussung von Kindern durch Autoritätspersonen und dem besonderen Bestreben sich gemäß der Wünsche der Eltern zu

die Aussage verweigernden Zeugen[987], dem nur teilweise die Wahrheit sagenden Zeugen[988], dem öfter Falschaussagen tätigenden Zeugen[989], dem vorbestraften Zeugen[990], dem alkoholisierten Zeugen[991], mehreren sich absprechenden Zeugen[992], sowie dem einzig belastenden Mitangeklagten[993], insbesondere wenn naheliege, dass der Mitbeschuldigte oder tatbeteiligte Zeuge sich oder andere durch falsche Angaben entlasten oder in der Betäubungsmittelkriminalität eine Strafmilderung nach § 31 BtMG erlangen wolle[994].

---

verhalten: BGH, Urt. v. 21.1.2004 – 1 StR 379/03 -, jurion Rn. 34; vgl. zudem zur Problematik der Deutung von Kinderzeichnungen sowie des umstrittenen Einsatzes anatomisch-korrekter Puppen zu diagnostischen Zwecken: StV 1996, 582 f.

987 Vgl. BGHSt 47, 220, 223 f., wonach der Tatrichter die umfassende Aussageverweigerung bzgl. Fragen der Verteidigung „kritisch zu bewerten“ habe; StV 1983, 445, wo die fehlende Auseinandersetzung mit der teilweisen Berufung auf § 55 StPO als Umstand gegen die Glaubwürdigkeit der Zeugin zur Urteilsaufhebung führte und Beschl. v. 10.1.2012 – 5 StR 508/11 -, jurion Rn. 7, wo die fehlende „kritische Prüfung“ der teilweisen Aussageverweigerung gerügt wurde.

988 Vgl. zu den besonderen Darlegungsanforderungen, wenn dem Zeugen dennoch in einem anderen Punkt gefolgt wird oben Fn. 978.

989 Vgl. StV 1988, 8, wo bei einem zu anderen Taten wegen Falschaussagen aufgefallenen Zeugen rechtfehlerhaft nicht erörtert worden sei, ob dieser generell zu Falschaussagen neige und BayObLG NStZ-RR 2003, 304, 305, wonach bei einem den Angeklagten in anderem Zusammenhang zu Unrecht belastenden Zeugen ein Falschbelastungsmotiv auch im Rahmen der jetzigen Anschuldigung zu prüfen sei.

990 Vgl. StV 2011, 5, 6, wonach Vorstrafen des Zeugen zu einer „ausführlichen Würdigung seiner Aussage“ nötigten.

991 Vgl. KG StV 2013, 10, 11, wonach das Tatgericht bei einer zu Tatzeit erheblich alkoholisierten Zeugin mögliche Folgen der Alkoholisierung auf ihre Wahrnehmungsfähigkeit erörtern müsse.

992 Vgl. OLG Dresden StV 2013, 11, wonach sich bei vier auch im Randgeschehen übereinstimmenden Aussagen eine Absprache aufdränge.

993 Vgl. die an die Parallelproblematik beim einzigen Belastungszeugen angelehnte Formulierung der notwendigen Einbeziehung aller die Entscheidung möglicherweise beeinflussenden Umstände sowie einer besonderen Gesamtwürdigung in: BGH NStZ-RR 1996, 300; 2002, 146; 2009, 145, 146; 2012, 52, 53; StV 1992, 97; 1995, 62; 2000, 599 f.; 2008, 451; 2009, 346; Beschl. v. 26.9.2012 – 5 StR 402/12 -, jurion Rn. 5; siehe zum Erfordernis einer „sorgfältigen Prüfung“ aller Umstände, die Zweifel an der Zuverlässigkeit des Beweismittels hervorzurufen geeignet seien: StV 1992, 149; Beschl. v. 19.12.1995 – 4 StR 699/91 -, jurion Rn. 8; ähnlich auch Beschl. v. 14.1.1992 – 4 StR 639/91 -, jurion Rn. 6.

994 BGH, Beschl. v. 18.12.1991 – 5 StR 494/91 -, jurion Rn. 3; ähnlich auch NStZ-RR 2012, 52, 53; StV 1992, 555; 2000, 243, 244; 2004, 578, 579; 2005, 253, 254; 2008, 451, 452; Beschl. v. 29.4.2003 – 1 StR 88/03 -, jurion Rn. 2 zur Möglichkeit sich durch Offenbarung weiterer Tatbeteiligter eine Strafmilderung als „Aufklärungsgehilfe“ nach § 31 BtMG zu verdienen; vgl. in diesem Zusammenhang zum Erfordernis einer „kritischen“ Glaubhaftigkeitswürdigung eines Deal-Geständnisses eines früheren

Zusammenfassend lässt sich resümieren, dass die Revisionsgerichte dem Tatrichter bei einer Beweissituation, in der Aussage gegen Aussage steht, erhebliche Beweiswürdigungsvorgaben im Hinblick auf die Einschätzung des Beweiswerts einzelner Gesichtspunkte sowie in Form von erhöhten Anforderungen an eine vollständige Beweiswürdigung machen. Im Hinblick auf die dem Zeugenbeweis innewohnende eklatante Fehleranfälligkeit[995] erscheint eine solch intensivierte Beschäftigung mit der Möglichkeit einer Falschaussage zur Verhinderung von Fehlurteilen jedoch unumgänglich.[996] Die dem Tatrichter vorbehaltene Glaubhaftigkeitsbeurteilung im engeren Sinne wird davon nicht berührt, da der Tatrichter zu jeder möglichen Entscheidung gelangen kann, wenn er diese nur rechtsstaatlichen Grundsätzen entsprechend rational tatsachenfundiert, alle naheliegenden Möglichkeiten erwägend und nachvollziehbar ausschließend sowie den Erkenntnissen der Aussagepsychologie gemäß begründen kann.

### (3) Zeuge vom Hörensagen

Die Würdigung von Aussagen eines sog. Zeugen vom Hörensagen, der als Vermittler von Mitteilungen eines Dritten über dessen Wahrnehmungen berichtet und neben der Verlesung des Vernehmungsprotokolls als wichtigster Unterfall der bloß mittelbaren Einführung von Zeugenaussagen – vor allem durch Befragung des Vernehmungsbeamten in der Hauptverhandlung – fungiert, wird als eigenständige Fallgruppe behandelt, da sie sich von der Konstellation „Aussage gegen Aussage“ insofern erheblich unterscheidet, dass bei letzterer nach ständiger Rechtsprechung eine Verurteilung allein aufgrund der belastenden Zeugenaussage erfolgen kann, wenn das Gericht von ihrer Richtigkeit überzeugt ist[997], wobei bezüglich der Aussage eines Zeugen vom Hörensagen strengere Anforderungen gelten, wie nachfolgendes Urteil des BGH vom 16.4.1985 – 5 StR 718/84 zeigt:

Das Landgericht Hamburg hat den Angeklagten Z wegen Betäubungsmitteldelikten zu einer Gesamtfreiheitsstrafe von drei Jahren verurteilt. Nach den Feststellungen hat sich Z zusammen mit weiteren Mitangeklagten an dem Verkauf

Mitangeklagten inkl. Mitteilung der Hintergründe der Absprache: BGHSt 48, 161, 167 f.; 52, 78, 82; NStZ 2013, 415, 416; ähnlich NJW 2012, 3736, 3737 bei pauschalen, detailarmen Geständnissen der Mitangeklagten und Beschl. v. 15.1.2008 –4 StR 533/07 -, jurion Rn. 5, wenn der Mitangeklagte nach seiner Aussage zur Sache keine weiteren Fragen mehr beantworten wolle.

995 Das BVerfG spricht insofern von einer generellen „Unzuverlässigkeit des Zeugenbeweises“: BVerfG NJW 2003, 2444, 2445, dort auch m.w.Nw. zu empirischen Untersuchungen; bei *Bender/Nack/Treuer*, Tatsachenfeststellung vor Gericht, Rn. 13 findet sich die tatsachenfundierte These: „Als Zeuge ist der Mensch eine „Fehlkonstruktion“ “; vgl. auch die Auflistung verschiedener Fehlerquellen iRd der Wahrnehmung und anschließender Wiedergabe bei *Jahn*, JURA 2001, 450, 453.

996 Vgl. *Brause*, NStZ 2007, 505, 507; *ders.*, NStZ 2013, 129, 133.

997 Vgl. BGHSt 44, 153, 158.

einer größeren Menge Kokain beteiligt, welcher letztlich nicht zustande kam, da der seit längerem für die Polizei arbeitende Bordellbesitzer B sowie zwei verdeckte Ermittler des Landeskriminalamts Baden-Württemberg als Scheinaufkäufer aufgetreten waren. Das Gericht hat seine Überzeugung maßgeblich auf die Aussage des in der Hauptverhandlung vernommenen B sowie auf den ebenfalls als Zeugen vernommenen Vernehmungsbeamten M gestützt, welcher nach einer Weigerung des Innenministeriums entsprechend § 96 StPO, die Personalien der als verdeckte Ermittler agierenden Polizeibeamten herauszugeben, letztere zu dem Scheinaufkauf vernommen hatte.

Der Senat hat die Revision des Angeklagten sowohl im Hinblick auf seine Aufklärungsrüge, das Gericht hätte sich nicht vorschnell mit der Weigerung des Ministeriums abfinden dürfen, als auch bezogen auf die allgemeine Sachrüge, verworfen. Nach Ausführungen zur allgemeinen Zulässigkeit des Zeugen vom Hörensagen sowie der Vernehmung von Verhörspersonen über Angaben unbekannt bleibender unmittelbarer Tatzeugen, führt er weiter aus: „In solchen Fällen ist der Tatrichter allerdings gehalten, den Beweiswert dieses weniger sachnahen Beweismittels bei seiner Überzeugungsbildung besonders vorsichtig zu prüfen und zu würdigen.[998] Dies gilt vor allem dann, wenn ein Polizeifahnder oder Gewährsmann nur deshalb nicht selbst als Zeuge gehört werden kann, weil die zuständige Behörde sich weigert, seinen Namen und seine Anschrift preiszugeben oder eine erforderliche Aussagegenehmigung (§ 54 StPO) zu erteilen. Hier darf der Tatrichter nicht übersehen, dass es die Exekutive ist, die eine erschöpfende Sachaufklärung verhindert und es den Verfahrensbeteiligten unmöglich macht, die persönliche Glaubwürdigkeit des im Dunkeln bleibenden Fahnders oder Gewährsmannes zu überprüfen[999] (...). Die von dem Vernehmungsbeamten wiedergegebenen Aussagen sind deshalb besonders

998 BGHSt 33, 178, 181; ebenso StV 1989, 518 f.; Beschl. v. 2.8.1983 – 5 StR 152/83 -, jurion Rn. 4; OLG Köln, StV 1990, 441; Beschl. v. 21.2.1996 – Ss 58/96 -, openJur 2012, 75218 Rn. 14; vgl. auch die nachfolgende Entscheidungen, welche bei der Würdigung von Angaben des Zeugen vom Hörensagen zu „besondere Vorsicht" mahnen: BGHSt 45, 321, 340; NStZ 2000, 607; StV 1994, 413; 637; 638; 1999, 7, 8; 2001, 461; Beschl. v. 8.2.1994 – 5 StR 10/94 -, jurion; ähnlich auch StV 1988, 237, 238 m. zust. Anm. *Weider,* 238 f. und 2008, 236, 237, die zur „besonders kritischen und sorgfältigen Würdigung" anhalten.

999 BGHSt 33, 178, 181; vgl. dazu auch BVerfG NJW 2001, 2245, 2246; NStZ 1995, 600; BGH NStZ 1982, 433; Beschl. v. 2.8.1983 – 5 StR 152/83 -, jurion Rn. 4; ähnlich auch BGHSt 49, 112, 121 unter Hinweis u.a. auf die Beschränkung des Fragerechts der Verteidigung; vgl. dazu auch BGHSt 46, 93, 101, 103 ff. und NStZ-RR 2012, 52, 53, wo aus der Beeinträchtigung des Art. 6 Abs. 3d EMRK wegen des Fehlens einer kontradiktorischen Verhörs „besondere" bzw. „erhöhte" Anforderungen an die Würdigung der Angaben des mittelbaren Zeugen abgeleitet werden; siehe zur fehlenden Möglichkeit einer eigenen Glaubwürdigkeitsüberprüfung auch BGHSt 17, 382, 385 f.; 45, 321, 340 und StV 2008, 236, 237.

kritisch zu würdigen.[1000] Auf sie kann eine Feststellung regelmäßig nur dann gestützt werden, wenn diese Bekundungen durch andere nach der Überzeugung des Gerichts wichtige Beweisanzeichen bestätigt werden.[1001] Das Gericht muss sich der Grenzen seiner Überzeugungsbildung stets bewusst sein, sie wahren und dies in den Urteilsgründen zum Ausdruck bringen[1002] (...)." Vorliegend ergäbe das Urteil, dass sich die Strafkammer des „geringen Beweiswerts"[1003] der Bekundungen des Vernehmungsbeamten über die Aussagen der anonymen Lockspitzel hinreichend bewusst gewesen sei und die Angaben nur insoweit verwertet habe, als diese durch weitere Beweismittel, wie die Einlassungen der Angeklagten und die Aussage des unmittelbaren Tatzeugen B bestätigt worden seien.

Im Hinblick auf die mit der Verlängerung der Beweiskette des ohnehin wegen möglicher menschlicher Fehler schon unsicheren Beweismittels Zeugenbeweis, einhergehende Vergrößerung der Gefahr von Falschbelastungen, scheut sich der BGH auch im Rahmen der Würdigung des mittelbaren Zeugenbeweises nicht, den Tatrichter zum Zweck der Vergegenwärtigung der steten Verfälschungsgefahr zu besonderer Sorgfalt anzuhalten.

### (4) Identifizierung

Besonderheiten bei der Würdigung von Identifizierungsleistungen durch Zeugen werden in einem Beschluss des OLG Hamm vom 16.09.2008– 2 Ss 262/08 deutlich:

Das Amtsgericht Bochum hat als Jugendschöffengericht gegen den Angeklagten wegen räuberischen Angriffs auf Kraftfahrer in Tateinheit mit versuchter räuberischer Erpressung und versuchter Körperverletzung einen Dauerarrest von zwei Wochen verhängt. Es hat seine Überzeugung von der Täterschaft des schweigenden Angeklagten u.a. auf das Wiedererkennen des Angeklagten durch den Zeugen S bei einer Wahllichtbildvorlage zu 70–80 % sowie dessen zutreffende Personenbeschreibung

---

1000 BGHSt 33, 178, 181; ebenso BVerfG NStZ 1995, 600; BGHSt 36, 159, 166; ähnlich auch BGHSt 17, 382, 386; 34, 15, 17; NJW 2000, 1661.

1001 BGHSt 33, 178, 181; vgl. dazu in der speziellen Konstellation des anonymen/gesperrten Zeugen auch: BVerfGE 57, 250, 292; BVerfG NJW 2001, 2245, 2246; NStZ 1991, 445; 1995, 600; BGHSt 17, 382, 386; 33, 83, 88; 34, 15, 17; 36, 159, 166; 42, 15, 25; 45, 321, 340; NStZ 2000, 607; NStZ-RR 2002, 176; StV 1989, 518, 519; 1994, 413; 637; 638; 2001, 461; Beschl. v. 14.2.1997 – 2 StR 34/97 -, jurion Rn. 7; vgl. selbige Formulierung allgemein zum Zeugen vom Hörensagen in: StV 1991, 197; wistra 2013, 400; Beschl. v. 9.4.2013 – 5 StR 138/13 -, jurion Rn. 4; ähnlich auch BGHSt 44, 153, 158; NStZ 2002, 656, 657; StV 2011, 270, 271; Beschl. v. 8.5.2007 – 4 StR 591/06 bei *Cierniak/Zimmermann,* NStZ-RR 2010, 101; OLG Köln StV 1994, 289, 290.

1002 BGHSt 33, 178, 181 f.; ebenso BVerfGE 57, 250, 292 f.; BVerfG NJW 1997, 999; BGHSt 34, 15, 18; 49, 112, 119; OLG Köln, StV 1990, 441; 1994, 289, 290; Beschl. v. 21.2.1996 – Ss 58/96 -, openJur 2012, 75218 Rn. 14.

1003 BGHSt 33, 178, 181 f.; vgl. auch BVerfGE 57, 250, 277 f.; BGHSt 36, 159, 166; 45, 203, 208; StV 2003, 604, 605 und 2007, 284, 286, wo ausdrücklich von einem „geringeren" oder „minderen Beweiswert" der bloß mittelbaren Zeugenangaben die Rede ist.

gestützt. Der Zeuge habe den Angeklagten trotz Dunkelheit im Licht der Laterne kurz gesehen und habe diesen ohne vorherige Vorführung als Verdächtigen auf dem Lichtbild wiedererkannt.

Das später als Revision bezeichnete Rechtsmittel des Angeklagten hatte mit der allgemeinen Sachrüge Erfolg. Der Senat kritisiert die Beweiswürdigung als „lückenhaft", schließt sich der Auffassung der Generalstaatsanwaltschaft an, wonach die vom Tatgericht für die Überzeugungsbildung angegebene Begründung „den obergerichtlichen Anforderungen an die Beweiswürdigung im Fall einer Lichtbildvorlage und des (wiederholten) Wiedererkennens" nicht genüge und führt dazu weiter aus: „Nach den tatrichterlichen Ausführungen kam der Wiedererkennung des Angeklagten durch den Zeugen S im Rahmen der durch die Polizei durchgeführten Lichtbildvorlage maßgebende Bedeutung[1004] für die Überführung des Angeklagten als Täter der ihm zur Last gelegten Tat zu. Bei dieser Sachlage hätte die Beweiswürdigung des Tatrichters aber eine für das Revisionsgericht nachprüfbare Erörterung der subjektiven Gewissheit[1005] des Zeugen S beim Wiedererkennen des Angeklagten anlässlich der Bildvorlage enthalten müssen. Dies gilt umso mehr, als der Zeuge den ihm vorher unbekannten Täter während der Tathandlung nur kurze Zeit, als er um das Taxi herumging, in einer spontanen Situation im Rahmen des sich entwickelnden Angriffs auf den Zeugen beobachten konnte. In einem solchen Fall darf sich der Tatrichter aber nicht ohne weiteres auf die Gewissheit des Zeugen beim ersten Wiedererkennen verlassen, sondern muss anhand objektiver Kriterien nachprüfen, welche Qualität eine solche Aussage im Ermittlungsverfahren

1004 OLG Hamm StV 2008, 511 f.; vgl. zur entsprechenden Annahme besonderer Erörterungspflichten, etwa hinsichtlich der Beobachtungssituation, der Personenbeschreibung des Angeklagten inkl. individueller Merkmale, der Identifizierungskriterien und dem Ablauf der Wiedererkennungsmaßnahme bei „wesentlicher", „alleiniger" oder „ausschließlicher" Stützung der Überführung des Angeklagten auf das Wiedererkennen: BGH NStZ 2009, 283; StV 2007, 342, 343; OLG Frankfurt StV 1988, 290 f.; OLG Hamm, Beschl. v. 25.1.2005 – 1 Ss 454/04; OLG Hamm, Beschl. v. 03.05.2005 – 3 Ss 84/05 -, openJur 2011, 34746 Rn. 8, 15; OLG Hamm, Beschl. v. 10.12.2012 – 3 RVs 89/12 -, openJur 2013, 29887 Rn. 32; vgl. auch BGH NStZ 2010, 53, 54 m. zust. Anm. *Schneider*, 54 ff. sowie *Eisenberg*, JR 2011, 121 ff. und NStZ-RR 2008, 148, 149, wonach aufgrund der „Komplexität und Fehlerträchtigkeit" einer Überführung „allein" aufgrund des Wiedererkennens einer einzigen Person nähere Erörterungen zur Vereinbarkeit der Identifizierungsleistung mit dem übrigen Beweisergebnis veranlasst seien; siehe aber auch BGH StV 2004, 58 und ähnlich Beschl. v. 9.4.2013 – 5 StR 58/13 -, jurion Rn. 5, wo ohne weitere Voraussetzungen Ausführungen zur Durchführung der Identifizierungsmaßnahme „im Einzelnen" sowie zu den Identifizierungskriterien verlangt wurden.

1005 OLG Hamm StV 2008, 511, 512; vgl. auch OLG Hamm, Beschl. v. 10.12.2012 – 3 RVs 89/12 -, openJur 2013, 29887 Rn. 36, wonach der Erfahrungssatz zu beachten sei, dass selbst die Identifizierungsgewissheit eines Zeugen zu 100% einen „äußerst schwache(n) Indikator für die tatsächliche Identifizierungszuverlässigkeit" darstelle.

hatte (...).“[1006] Diesen Anforderungen genüge die bloße Feststellung des 70–80%-igen sicheren Wiedererkennens bei der Wahllichtbildvorlage nicht: „Um den Beweiswert dieser Aussage sachgerecht würdigen zu können, wäre es aber erforderlich gewesen, nähere Feststellungen zu Inhalt und Qualität der Wahllichtbildvorlage zu treffen, insbesondere dazu, ob sie den Anforderungen der Ziffer 18 RiStBV genügte. Im Einzelnen hätte der Tatrichter Feststellungen dazu treffen müssen, wie das Lichtbild des Angeklagten beschaffen und ob es überhaupt zu dessen Identifizierung geeignet war, ferner dazu, wie sich das Erscheinungsbild des Angeklagten im Zeitpunkt der Hauptverhandlung darstellt. Weiter wären Feststellungen dazu zu treffen gewesen, welche Personen auf den anderen Lichtbildern der Wahllichtbildvorlage waren, insbesondere ob es sich um Personen gleichen Geschlechts, ähnlichen Alters und ähnlicher Erscheinung verglichen mit dem Angeklagten handelte und ob aus der Form der Wahllichtbildvorlage auch nicht erkennbar war, welches der Lichtbilder den Beschuldigten darstellte (...).“[1007] Ferner könne bedeutsam sein, ob auf den Lichtbildern der ganze Körper der Person oder nur ein Portrait abgebildet sei; weiter kämen Feststellungen dazu in Betracht, welche „Einzelheiten der Täterphysiognomie“ sich der Zeuge gemerkt und an welchem konkreten Umstand er eine Übereinstimmung des benannten Lichtbildes mit der Person des Angeklagten festgemacht habe. Das tatrichterliche Urteil müsse sich zudem mit etwaigen „Mängeln des Vorlageverfahrens“ und der „hierdurch bedingten Beeinträchtigung des Beweiswerts der Täteridentifizierung“[1008] auseinandersetzen, wobei „unter Verwendung etwaiger

---

1006 OLG Hamm StV 2008, 511, 512; vgl. zu alledem ebenso OLG Hamm, Beschl. v. 29.11.2004 – 3 Ss 467/04; OLG Zweibrücken StV 2004, 65, 66; ähnlich auch OLG Düsseldorf, NStZ-RR 2001, 109 f.; StV 2007, 347; OLG Koblenz NStZ-RR 2001, 110, 111; OLG Köln StV 1994, 67, 68; 2000, 607; OLG Rostock StV 1996, 419, 420; OLG Koblenz StV 2007, 348, 349; OLG Hamm, Beschl. v. 25.1.2005 – 1 Ss 454/04.

1007 OLH Hamm StV 2008, 511, 512; ebenso OLG Hamm StV 2010, 124, 125; Beschl. v. 29.11.2004 – 3 Ss 467/04; vgl. zu den in Abschnitt 18 RiStBV genannten Erfordernissen einer ordnungsgemäßen Wahllichtbildvorlage und Wahlgegenüberstellung auch BGHSt 40, 66, 68 f. (insofern auch zur entsprechenden Anwendung beim Stimmenvergleich, dazu auch StV 1994, 638, 639; OLG Köln NStZ 1996, 509); OLG Karlsruhe NStZ 1983, 377, 378; siehe auch BGH NStZ 2012, 172, 173 und NStZ 2013, 725, wo mindestens acht Vergleichspersonen empfohlen werden; vgl. ferner zum „höheren Beweiswert“ der „sequentiellen“ (nacheinander und einzelnen) gegenüber der seriellen (gleichzeitig stattfindenden) Wahllichtbildvorlage/-gegenüberstellung: NStZ 2011, 648, 649; 2012, 172, 173; 2013, 725; Beschl. v. 9.3.2000 – 4 StR 513/99 -, jurion Rn. 8, da der Zeuge seine Entscheidung sofort, in Unkenntnis „was noch kommt“ treffen muss.

1008 OLG Hamm StV 2008, 511, 512; vgl dazu folgende anerkannte Mängel und deren Folgen im Hinblick auf den Beweiswert des Wiedererkennens: BGHSt 40, 66, 68 und NStZ 1982, 342: Einzelgegenüberstellung – „wesentlich geringerer Beweiswert“; NStZ 2009, 283 f.: Angeklagter als Einziger haarlos – „Beweiswert erheblich gemindert“; NStZ-RR 2012, 381, 382: Einzellichtbildvorlage – „äußerst geringer Beweiswert“; StV 1993, 234: Frage, ob Polizeibeamter auf Foto des Angeklagten

zusätzlicher Beweisanzeichen alle gleich naheliegenden Deutungsmöglichkeiten für und gegen den Angeklagten" der Erörterung bedürften; ebenso sei auf ein mögliches Wiedererkennen in der Hauptverhandlung sowie ggf. auf die Gründe für dessen Scheitern[1009] einzugehen, vor allem ob der Angeklagte sein Erscheinungsbild im Verhältnis zum Lichtbild und Tatzeitpunkt zwischenzeitlich geändert habe. Mangels der geforderten Angaben sei das Urteil aufzuheben und von einem neuen Tatrichter erneut zu entscheiden.

Diese Entscheidung offenbart in der besonderen Beweissituation, in der eine Verurteilung des Angeklagten maßgeblich auf das Wiedererkennen einer einzigen Person gestützt wird, eine Vielzahl von Vorgaben an den Tatrichter hinsichtlich der Fülle der erforderlichen Feststellungen insbesondere zum Ablauf der Identifizierungsmaßnahme und zur Einhaltung der Anforderungen der Ziffer 18 RiStBV sowie der Intensität der Würdigung bei bestimmten Problempunkten, etwa einer kurzen Beobachtungszeit oder Fehlern beim Identifizierungsvorgang.

Die Problematik des „wiederholten Wiedererkennens" thematisiert ein Urteil des BGH vom 4.3.1997 – 1 StR 778/96:

Das Landgericht Traunstein hat den Angeklagten wegen Geldfälschung zu einer Freiheitsstrafe von drei Jahren verurteilt. Das Gericht hat sich davon überzeugt, dass der Angeklagte zur Bezahlung verschiedener Gegenstände einen gefälschten 200 DM-Schein überreicht hat, weil die Zeugen M und B den Angeklagten „eindeutig und ohne Zweifel" wiedererkannt hätten. Die Zeugin M habe den Angeklagten nach einer Lichtbildvorlage bei einer Gegenüberstellung wiedererkannt. Der Zeuge B sei sich bei einer Gegenüberstellung innerhalb kürzester Zeit „ganz sicher" gewesen, dass der Angeklagte der Täter sei. Beide hätten den Angeklagten auch in der Hauptverhandlung identifiziert.

---

gezeigt habe mit Hinweis, das könne vielleicht der Täter sein „von entscheidender Bedeutung" für Beweiswert; 627 f. (Ls.): Angeklagte als Einziger gekleidet wie in Täterbeschreibung – „regelmäßig nicht geeignet, den Täter zweifelsfrei zu identifizieren"; 1994, 638, 639: fehlende Wahlgegenüberstellung – „beschränkter Beweiswert" und ausschließlich Stimme des Angeklagten gehört – „gesteigertes Risiko einer Falschidentifizierung"; 1998, 249: Bild des Angeklagten größer als die anderen – „Beweiswert gemindert"; OLG Frankfurt NStZ 1988, 41: Angeklagter Anstalts-, Vergleichspersonen Freizeitkleidung – „Beweiswert beeinträchtigt".

1009 OLG Hamm StV 2008, 511, 512; vgl. dazu BGH NStZ 2009, 283, 284, wonach das Nichtwiedererkennen in der Hauptverhandlung geeignet sei „die Zuverlässigkeit der früheren Identifizierung in Frage zu stellen"; ähnlich auch StV 2005, 421 und OLG Düsseldorf StV 2007, 347, 348; vgl. auch StV 2013, 684 f. (Ls.), wonach jeder Zweifel an der Bestätigung des Wiedererkennens „Anlass zu kritischer Hinterfragung" gäbe; siehe ferner BGH, Beschl. v. 23.9.2009 – 5 StR 333/09 -, jurion; OLG Hamm, Beschl. v. 25.01.2005 – 1 Ss 454/04 und Beschl. v. 10.12.2012 – 3 RVs 89/12 -, openJur 2013, 29887 Rn. 35, welche dem erstmaligen Wiedererkennen in der Hauptverhandlung wegen der hohen Suggestivwirkung der Anklagebank „geringen Beweiswert" zusprechen.

Die gegen seine Verurteilung gerichtete Revision des Angeklagten blieb erfolglos. Obwohl das Landgericht nicht erörtert habe, dass dem „*wiederholten* Wiedererkennen“ nur ein „beschränkter Beweiswert“[1010] zukomme, führe dies nicht zu einer lückenhaften Beweiswürdigung: „Zwar muss sich der Tatrichter grundsätzlich dieses beschränkten Beweiswerts bewusst sein und in den Urteilsgründen erörtern[1011], ob Zeugen sich bei dem erneuten Wiedererkennen unbewusst an einer früheren Identifizierung auf Grund von Lichtbildern oder einer Gegenüberstellung orientiert haben, dass sie eventuell also nur die Person erkannt haben, die sie bereits zuvor im Ermittlungsverfahren gesehen hatten[1012] (...). Eine formalrechtliche Pflicht zur Erörterung in jedem einschlägigen Fall kennt das Gesetz jedoch nicht (§ 267 III StPO). Sachlich-rechtliche Gründe gebieten die Erörterung nur dann, wenn die Umstände des Falles dazu Anlass geben.[1013] So hat der BGH die Problematisierung verlangt,

- wenn dem wiederholten Wiedererkennen auf den in der Hauptverhandlung vorgelegten Lichtbildern wesentliche Bedeutung für die Überführung zugemessen wurde (NStZ 1996, 350)[1014];

---

1010 BGH NStZ 1997, 355, Hervorhebung im Original; vgl. zum „eingeschränkten bzw. beschränkten Beweiswert“ des wiederholten Wiedererkennens auch: NStZ 1998, 265, 266; 2011, 648, 650; StV 2005, 421; Urt. v. 27.10.2005 – 4 StR 234/05 -, jurion Rn. 11; OLG Koblenz NStZ-RR 2001, 110, 111; OLG Köln StV 1986, 12; 1992, 412, 414; 1994, 67 f.; 1998, 640, 641; OLG Frankfurt StV 1988, 290; OLG Rostock StV 1996, 419, 420; OLG Zweibrücken StV 2004, 65, 66; OLG Koblenz StV 2007, 348; OLG Hamm StV 2010, 124, 125; Beschl. v. 3.5.2005 – 3 Ss 84/05 -, openJur 2011, 34746 Rn. 15; Beschl. v. 13.3.2008 – 3 Ss 25/08 – 3 Ws 67/08 -, openJur 2011, 49496 Rn. 14; vgl. auch die Extremansichten in OLG Koblenz StV 2007, 348, 349 und LG Köln NStZ 1991, 202, wo jedes weitere Wiedererkennen als für die Überführung „ohne Bedeutung“ bezeichnet wird vs. OLG Frankfurt NStZ-RR 1999, 365 f., wo die Annahme eines „uneingeschränkten Beweiswerts“ des erneuten Wiedererkennens bei einem „festgefügte(n) und detailreiche(n) Erinnerungsbild an den Angeklagten“ als möglicher Schluss bezeichnet wird.

1011 BGH NStZ 1997, 355; vgl. dazu auch NStZ 1996, 350, 351; StV 1995, 511; OLG Hamm StV 2004, 588; OLG Köln, Beschl. v. 22.1.2002 – Ss 1/02-8 -, openJur 2011, 22407 Rn. 15.

1012 BGH NStZ 1997, 355; ebenso OLG Hamm NStZ-RR 2000, 213, 214; ähnlich auch BGHSt 16, 204, 205 f.; NStZ 1996, 350, 351; StV 1988, 514; 1998, 249 f.; Beschl. v. 5.12.1991 – 1 StR 657/91 -, jurion Rn. 8; OLG Düsseldorf StV 1994, 8; vgl. auch die selbige Problematik bei anderweitigem zufälligen Wiedersehen des Angeklagten in StV 1987, 50, 51 und speziell als Täter präsentiert auf einem Fahndungsfoto: NStZ 2013, 725 sowie in den Medien: LG Köln NStZ 1991, 202.

1013 BGH NStZ 1997, 355; ebenso OLG Hamm NStZ-RR 2000, 213, 214; OLG Koblenz StV 2007, 348.

1014 BGH NStZ 1997, 355; vgl. auch Beschl. v. 2.2.1999 – 1 StR 636/98 -, jurion Rn. 23 und OLG Hamm StV 2004, 588 bei „maßgeblicher“ sowie BGH StV 1988, 514 und 2004, 58 bei „ausschlaggebender“ Bedeutung der (erneuten) Identifizierung.

- wenn das Gericht Zweifel an der Verlässlichkeit der Identifizierungsleistung hatte, die erst ausgeräumt waren, als die Kinder, denen zuvor Lichtbilder gezeigt worden waren, nun den Angekl. in der Hauptverhandlung wiedererkannten (BGHSt 16, 204 f.);
- wenn die Zeugin, die den Angekl. auf dem Lichtbild nicht erkannt hatte, ihn nunmehr in der Hauptverhandlung wiedererkennt (BGHR StPO § 261 Identifizierung 3), ihn also möglicherweise als Täter „erkennt", weil sie ihn im Ermittlungsverfahren schon auf dem Bild gesehen hatte[1015];
- wenn der Täter wesentlich auf Grund Wiedererkennens überführt, aber die Diskrepanz zwischen Beschreibung und Aussehen nicht erörtert wurde (NStZ 1982, 342) oder zuvor eine vollkommen andere Täterbeschreibung gegeben worden war (BGHR aaO Identifizierung 10).[1016]

In allen Fällen kam dem erneuten Wiedererkennen maßgebliche Bedeutung zu, weitere (wesentliche) Beweismittel standen nicht zur Verfügung, und deshalb bestand besonderer Erörterungsbedarf. Diese Rechtsprechung darf jedoch nicht in der Weise formalisiert werden, dass nunmehr der beschränkte Beweiswert eines erneuten Wiedererkennens in allen Fällen, in denen ein Zeuge einen Täter mehrfach identifiziert hat, stets zu problematisieren wäre. Der Tatrichter ist auch insoweit an Beweisregeln nicht gebunden[1017]." Vorliegend gäbe es „kein(en) Anlass zur besonderen Erörterung"[1018], da beide Zeugen den Angeklagten bei sämtlichen Gelegenheiten sicher identifiziert hätten und im Auto des Angeklagten zwei falsche 200 DM-Scheine gefunden worden seien.

Die Entscheidung stößt auf Unbehagen: Zum einen ist sie widersprüchlich, wenn einerseits generell der „nur beschränkte Beweiswert" des wiederholten Wiedererkennens proklamiert und der Tatrichter aufgefordert wird, „grundsätzlich" diese Schwäche in den Urteilsgründen zu „erörtern", andererseits jedoch eine Pflicht zur „Erörterung" „in jedem einschlägigen Fall" ausgeschlossen und eine Problemati-

1015 BGH NStZ 1997, 355; vgl. zu dieser Konstellation auch NJW 1979, 1513 und Beschl. v. 5.12.1991 – 1 StR 657/91 -, jurion Rn. 8; vgl. auch NStZ 1987, 288 bzgl. Lichtbildvorlage und Wahlgegenüberstellung, wonach eine „vertiefende Betrachtung" notwendig sei, ob sich der Zeuge unbewusst an dem vorgelegten Lichtbild orientiert habe.

1016 BGH NStZ 1997, 355; die vom Senat erstzitierte Entscheidung thematisiert hingegen keinen Fall des wiederholten Wiedererkennens; vgl. zur zweiten Variante auch StV 1994, 638, 639; vgl. zu weiteren, eine besondere Erörterungspflicht auslösenden Umständen: StV 1996, 649 und 1998, 249 f., wenn nach nicht eindeutig positiver Lichtbildvorlage keine Wahlgegenüberstellung erfolge sowie OLG Zweibrücken StV 2004, 65, 66, wenn die Identifizierungsmaßnahme den Anforderungen an eine Wahlgegenüberstellung/-lichtbildvorlage nicht genügt habe.

1017 BGH NStZ 1997, 355; ebenso OLG Hamm NStZ-RR 2000, 213, 214.

1018 BGH NStZ 1997, 355; vgl. auch die Extrementscheidung des OLG Hamm NStZ-RR 2000, 213, 214, wo die vollkommene Nichterwähnung des beschränkten Beweiswerts des wiederholten Wiedererkennens ebenfalls nicht beanstandet wurde.

sierung doch nur bei Vorliegen zusätzlicher Umstände verlangt wird. Wenn sich der Tatrichter mit dem Problem nur bei Vorliegen besonderer Voraussetzungen auseinandersetzen müsste, bestünde aber gerade keine „grundsätzliche" Begründungspflicht. Auch inhaltlich überzeugt die Einschränkung auf besondere Fallkonstellationen nicht: Entweder ist der Beweiswert eines Beweismittels eingeschränkt, dann muss das Urteil auch stets erkennen lassen, dass es diese Beeinträchtigung der Beweisführung bedacht hat und erörtern, ob der Beweis trotzdem geführt werden kann; bei fehlender Auseinandersetzung mit der Problematik im Urteil wäre ansonsten für das Revisionsgericht nicht erkennbar, ob das Tatgericht die Beschränkung des Beweiswerts überhaupt bedacht und etwa aufgrund der Einzelumstände dennoch zu Recht zu einer Überführung des Angeklagten gelangt ist oder eben nicht. Oder aus einer bestimmten Fehlerquelle wird eben nicht generell eine Beschneidung des Beweiswerts abgeleitet, sodass es Einzelfallfrage bleibt, ob nähere Darlegungen erforderlich sind, um den Anforderungen einer rational begründeten Beweiswürdigung zu genügen. Die Vermischung beider Varianten: Eingeschränkter Beweiswert aber keine generelle Erörterungspflicht überzeugt hingegen aus logischen Gesichtspunkten heraus nicht.

Zum anderen besteht der Verdacht, der Senat habe in diesem Urteil starre „Beweisregeln" im Sinne des alten Inquisitionsprozesses, die zwingend vorschreiben, wie ein bestimmtes Beweismittel zu würdigen ist und daher mit § 261 StPO unvereinbar sind, mit „Beweiswürdigungsregeln" im Sinne von grundsätzlich zu beachtenden, generellen Leitlinien zur rechtsstaatlich gebotenen Rationalisierung der Beweiswürdigung verwechselt.

Abweichend zur vorgenannten Entscheidung verhält sich ein Beschluss des OLG Düsseldorf vom 10.5.1990 – 2 Ss 71/90 -19/90 III, welcher ohne die ausdrückliche Erwähnung einer „wesentlichen" Überführung des Angeklagten aufgrund der erneuten Identifizierung oder sonstiger besonderer Umstände eine umfangreichere Auseinandersetzung mit der Problematik des „wiederholten Wiedererkennens" verlangt:

Das Amtsgericht hat den Angeklagten wegen Diebstahls von Schmuckgegenständen in einem Juweliergeschäft verurteilt und seine Überzeugung auf die Aussage der Zeugin St, welche den Angeklagten zwei Tage vorher im Laden bedient hat sowie der Sch gestützt, die beim Diebstahl anwesend war. Die Zeugin St habe den Angeklagten in der Hauptverhandlung „ganz klar" an der „Kopf- und Gesichtsform", die Zeugin Sch an der „Gesichtsform" wiedererkannt. Zudem hätten beide Zeuginnen den Angeklagten „bei einer Gegenüberstellung bzw. durch Vorlage von Polizeifotos" identifiziert, wobei deren ordnungsgemäße Durchführung dahinstehen könne, da diese „wegen der sicheren Zeugenaussagen nicht allein" zur Verurteilung des Angeklagten geführt hätten.

Die Revision des Angeklagten hatte sowohl mit der Verfahrens- als auch mit der Sachrüge Erfolg. Der Senat ging u.a. davon aus, die Beweiswürdigung sei „unvollständig" und bemängelte die zusammenhanglose Aneinanderreihung des Wiedererkennens bei der Wahlgegenüberstellung bzw. -lichtbildvorlage sowie desjenigen in der Hauptverhandlung, ohne hinsichtlich des Beweiswerts der einzelnen

Identifizierungsmaßnahmen zu differenzieren, was besorgen ließe, dass sich das Tatgericht „der Problematik eines wiederholten Wiedererkennens nicht bewusst"[1019] gewesen sei: „Dessen Verlässlichkeit ist nach den gesicherten Erfahrungen und Erkenntnissen der kriminalistischen Praxis sehr häufig deshalb fragwürdig, weil es durch das vorangegangene Wiedererkennen beeinflusst wird.[1020] Der bei diesem gewonnene Eindruck wird das ursprüngliche Erinnerungsbild in der Regel überlagern. Damit entsteht die Gefahr, dass der Zeuge – sich selbst unbewusst – den gegenwärtigen Eindruck mit dem Erinnerungsbild vergleicht, das auf dem ersten Wiedererkennen beruht[1021] (...). Demgemäß bedarf es in derartigen Fällen vertiefender Betrachtung, ob ausgeschlossen werden kann, dass sich die Zeuginnen bei der Identifizierung in der Hauptverhandlung unbewusst an dem Erinnerungsbild aus der vorangegangenen Identifizierung orientierten[1022] (...)." Fehler im Rahmen der Wahlgegenüberstellung oder -lichtbildvorlage machten eine Verwertung des Wiedererkennens zwar nicht unmöglich, jedoch bedürfe es im Urteil Ausführungen dazu, dass dem Gericht „die Mängel und die mögliche Beeinträchtigung des Beweiswerts bewusst"[1023] geworden seien, wobei der Tatrichter „die bestehenden Erkenntnisse und Erfahrungssätze" zu berücksichtigen habe. Im Einzelnen führt der Senat dazu aus: „Insoweit ist die vorhergehende Beweiserhebung zur Identifizierung im einzelnen nachzuvollziehen. Dazu bedarf es der Mitteilung der Einzelheiten der verschiedenen Akte des Wiedererkennens und ihrer Wertung durch den

---

1019 OLG Düsseldorf NStZ 1990, 506, 507, ähnlich auch OLG Köln StV 1986, 12; OLG Celle StV 1987, 429; vgl. ferner BGH NStZ 2010, 53, 54; StV 1994, 638, 639; 1995, 511; StV 2004, 58; OLG Frankfurt NStZ 1988, 41; OLG Köln StV 1992, 412, 414; OLG Oldenburg StV 1994, 8, 9; OLG Düsseldorf StV 1994, 8; 2007, 347 m. zust. Anm. *Waider*, 348; OLG Zweibrücken StV 2004, 65, 66; OLG Hamm StV 2010, 124, 125 und OLG Köln, Beschl. v. 22.1.2002 – Ss 1/02-8 -, openJur 2011, 22407 Rn. 13 ff., wo aus der Nichterwähnung oder fehlenden näheren Begründung geschlossen wurde, das Gericht habe die Problematik des wiederholten Wiedererkennens nicht hinreichend bedacht.

1020 OLG Düsseldorf NStZ 1990, 506, 507; ebenso BGHSt 16, 204, 205; OLG Frankfurt NStZ 1988, 41; StV 1988, 290; OLG Köln StV 1986, 12; 1992, 412, 414; 1998, 640, 641; OLG Celle StV 1987, 429; OLG Hamm StV 2004, 588; ähnlich auch OLG Oldenburg StV 1994, 8, 9.

1021 OLG Düsseldorf NStZ 1990, 506, 507; ebenso BGHSt 16, 204, 205 f.; OLG Köln StV 1992, 412, 414; OLG Hamm StV 2004, 588; StV 2010, 124, 125; OLG Koblenz StV 2007, 348, 349.

1022 OLG Düsseldorf NStZ 1990, 506, 507; ebenso BGH NStZ 1987, 288; OLG Düsseldorf StV 1994, 8; ähnlich auch OLG Hamm, Beschl. v. 13.3.2008 – 3 Ss 25/08, 3 Ws 67/08 -, openJur 2011, 49496 Rn. 14.

1023 OLG Düsseldorf NStZ 1990, 506, 507; ebenso BGHSt 40, 66, 68 f.; OLG Köln StV 1986, 12; 1992, 412, 413; OLG Düsseldorf StV 1994, 8; vgl. dazu auch BGH StV 1996, 649, 650; OLG Köln StV 1994, 67, 68 und OLG Rostock StV 1996, 419, 420, wonach eine Verurteilung auf eine fehlerbehaftete Identifizierungsmaßnahme nur bei Vorliegen anderweitiger Indizien gestützt werden könne.

Tatrichter.[1024] Die Einzelheiten des Nachvollzugs anhand der konkreten Umstände müssen im Urteil so umfassend dargestellt werden, dass dem Revisionsgericht die Nachprüfung ermöglicht wird, ob der Tatrichter aufgrund rechtsfehlerfreier Erwägungen zu seiner Bewertung des Beweisergebnisses gelangt ist (...).“[1025]

Die Entscheidung offenbart eine andere Handhabe als die letztgenannte des BGH, wenn der Senat ganz grundsätzlich ohne Vorliegen weiterer Voraussetzungen eine „vertiefende Betrachtung“ bezüglich des Beweiswerts des wiederholten Wiedererkennens verlangt und aus der fehlenden Differenzierung der einzelnen Identifizierungsleistungen und damit aus der Nichterörterung der Problematik schließt, das Tatgericht habe eine mögliche Abschwächung der Identifizierungsleistung nicht bedacht. Das Schweigen der Urteilsgründe indiziert mithin die fehlende Berücksichtigung und Würdigung der Thematik. Der Beschluss des OLG Düsseldorf überzeugt, da nur durch Aufstellen eines Erfordernisses zur Problematisierung möglicher Fehlerquellen der Wiedererkennungsleistung von Zeugen eine strenge Überwachung der grundsätzlich ja vom BGH gewollten, da selbst aufgestellten, Beweiswertvorgaben erfolgen kann.

Des Weiteren verlangt die Entscheidung die Erörterung des Ablaufs der Identifizierungsmaßnahme „im Einzelnen“, um den Einfluss möglicher dort begangener Fehler auf den Beweiswert der Identifizierung zuverlässig abschätzen zu können; auch in diesem Bereich gilt zu Recht das Dogma: Die fehlende Auseinandersetzung oder sogar das Offenlassen der Frage ist rechtsfehlerhaft, da eine Beeinträchtigung des Beweiswerts durch Mängel im Identifizierungsverfahren nicht auszuschließen ist und verhindert zudem eine Nachprüfung durch das Revisionsgericht.

Insgesamt betrachtet ist damit der Darlegungsumfang in dieser Fallgruppe besonders schwer auszumachen, teils wird auf dem Fehlen einer allgemeinen Erörterungspflicht beharrt und nähere Darlegungen nur bei „ausschlaggebender Bedeutung“[1026] der Identifizierung verlangt, teils wird ohne Vorliegen weiterer einschränkender Merkmale[1027] oder fallbezogen[1028] eine umfassende Auseinandersetzung mit möglichen

---

1024 OLG Düsseldorf NStZ 1990, 506, 507; ebenso OLG Celle StV 1987, 429; OLG Rostock StV 1996, 419, 420.

1025 OLG Düsseldorf NStZ 1990, 506, 507; ähnlich zu alledem auch OLG Köln StV 1986, 12; OLG Rostock StV 1996, 419, 420.

1026 BGH NStZ 1996, 350, 351; Beschl. v. 6.4.1990 – 2 StR 602/89 -, jurion Rn. 8; vgl. auch die nachfolgenden Entscheidungen, wo jedenfalls aufgrund der „im Wesentlichen“/ „in erster Linie“ auf die Identifizierung gestützten Überführung des Angeklagten nähere Darlegungen verlangt werden: StV 1993, 234; OLG Frankfurt NStZ 1988, 41 f.; OLG Köln StV 1986, 12; 1992, 412, 413; vgl. aber auch OLF Frankfurt NStZ-RR 1999, 365, wo der Senat trotz „ausschlaggebender Bedeutung“ der Lichtbildvorlage in der unterlassenen genauen Rekonstruktion der Maßnahme wegen der „Besonderheiten des vorliegenden Einzelfalls“ keinen Rechtsfehler erblickt.

1027 Vgl. BGH StV 1995, 511; OLG Koblenz StV 2011, 11 (Ls.); OLG Hamm, Beschl. v. 13.3.2008 – 3 Ss 25/08 – 3 Ws 67/08 -, openJur 2011, 49496 Rn. 14 f.

1028 Vgl. etwa die nachfolgenden Entscheidungen, in denen wegen Vorliegens bestimmter Umstände mangels weiterer Erörterungen die Beweiswürdigung des

Fehlerquellen des Wiedererkennens und insbesondere der erneuten Identifizierung vorausgesetzt. Diese unterschiedliche Handhabe ist kritisch zu betrachten, weil mit ihr eine Einbuße an Vorhersehbarkeit für den Revisionsführer und damit für die Rechtssicherheit insgesamt einhergeht, was aus rechtsstaatlichen Gründen wenig wünschenswert, vielmehr soweit wie möglich zu vermeiden ist.

Aufgrund der hohen Fehlerquoten des Wiedererkennens[1029] sollte daher durch den Tatrichter stets eine Mitteilung der wesentlichen Anknüpfungspunkte für die Bewertung der Identifizierungsleistung erfolgen, um ein rechtsstaatlich legitimiertes, objektiv fundiertes Urteil zu gewährleisten und dem Revisionsgericht im Rahmen seiner Rechtsfehlerkontrolle die Prüfung zu ermöglichen, ob seine für die Verhinderung von Fehlurteilen immanent wichtigen – aus wissenschaftlichen Erkenntnissen gewonnenen – Beweiswertvorgaben[1030] eingehalten wurden. Die Rechtfertigung erhöhter Begründungsanforderungen bei der Bewertung von Wiedererkennungsleistungen beruht dabei auf folgenden Überlegungen:

Betrachtet man generell wegen des Faktors „Mensch" die hohe Fehleranfälligkeit des Zeugenbeweises sowie speziell die Parallele zur Beweissituation „Aussage gegen Aussage" erscheint das Anlegen strengerer Anforderungen wegen der Vergleichbarkeit der Interessenlage jedenfalls dann folgerichtig, wenn die Überführung des Angeklagten maßgeblich von der Wiedererkennungsleistung einer einzigen Person abhängt. Zwar wird bei Abstellen auf die besondere Bedeutung der Identifizierung als Beweismittel hinsichtlich der Darlegungspflicht ein Gleichlauf mit der Konstellation „Aussage gegen Aussage" hergestellt, beim Wiedererkennen handelt

---

Tatrichters als lückenhaft eingestuft wird: BGH StV 1981, 55: Täter auf altem Lichtbild mit längeren Haaren erkannt, persönlich in Hauptverhandlung mit selbem Aussehen wie zur Tatzeit nicht; 1990, 340 (Ls.): maskierter, bereits bekannter Täter; 1994, 638, 639: maskierter Täter; 2005, 421: Täter nur kurz ins vermummte Gesicht gesehen; OLG Koblenz NStZ-RR 2001, 110, 111: Einzelbildvorlage, Täter nur kurz gesehen; OLG Köln StV 1992, 566 f.: Zeuge von hinten festgehalten.

1029 Vgl. dazu *Odenthal,* NStZ 1985, 433 m.w.Nw., wonach die Mehrheit der erwiesenen Justizirrtümer ihre Ursache in falschen Identifizierungsleistungen habe.

1030 Vgl. noch weitere Vorgaben bezüglich des Beweiswerts in: BGH JR 2011, 119, 120, wonach der Beweiswert des Wiedererkennens reduziert werde, wenn ein zweiter gleich begabter Zeuge aus ähnlicher Wahrnehmungssituation eine andere Person als Tatverdächtigen bezeichne; NStZ 1998, 265, 266, wonach sich der Beweiswert des Wiedererkennens insgesamt erhöhe, wenn die einzelne Identifizierung durch weitere Zeugen bestätigt werde; 2011, 648, 649 f., wonach der Beweiswert einer sequentiellen Wahlgegenüberstellung/-lichtbildvorlage nicht schon durch das Wissen des Zeugen gemindert werde, dass sich unter den Auswahlpersonen/-bildern auch der Tatverdächtige befindet sowie zum „möglicherweise eingeschränkten Beweiswert" einer „Weg-Zeit-Berechnung"; StV 2007, 342, 343, wonach in der Benennung individueller Merkmale des Täters vor der Identifizierungsmaßnahme ein „wesentlicher Umstand" für die Beurteilung der Zuverlässigkeit liege und das Phänomen des „Waffenfokus" die Wahrnehmung von Einzelheiten der Täterbekleidung „eher noch stärker" beeinträchtige.

es sich jedoch um einen ungleich fehlerträchtigeren Beweis. Zieht man weiter eben die besonderen psychologischen und neurologischen Schwierigkeiten in den Blick, welche dem Menschen bei der Identifizierungsleistung abverlangt werden, dessen Gehirn für solch dezidierte Rekonstruktionen seines Erinnerungsbildes – vor allem ohne das vorher erlangte Bewusstsein sich etwas besonders einzuprägen – gar nicht ausgelegt ist, stellen erhöhte Darlegungsanforderungen nur die natürliche Konsequenz solch wissenschaftlich[1031] nachgewiesener, hoch einzustufender Fehlerquellen dar. Insgesamt ist daher dafür zu plädieren, dass sich der Tatrichter grundsätzlich in jedem Fall, sofern er dem Wiedererkennen einen Beweiswert zukommen lassen will, mit der grundsätzlichen Problematik des Wiedererkennens durch Mitteilung der Einzelheiten der Beobachtungssituation und der Identifizierungskennzeichen sowie dem konkreten Ablauf der Identifizierungsmaßnahme auseinanderzusetzen hat; der pauschale Verweis, der Zeuge habe den Angeklagten „wiedererkannt", vermag angesichts der erwiesenen Schwierigkeiten keine objektiv fundierte, rationale Begründung für die tatrichterliche Überzeugung leisten zu können.

Zur Relativierung der Kritik an der unterschiedlichen Vorgehensweise der Revisionsgerichte ist jedoch auch zu betonen, dass in der Mehrheit der tatrichterlichen Urteile im Einklang mit der abweichenden BGH-Rechtsprechung betont wird, die Überführung des Angeklagten „beruhe" auf dem Wiedererkennen durch den Zeugen oder werde „im wesentlichen" auf dieses gestützt, sodass wegen des oftmals allein vorhandenen Beweismittels der Identifizierungsleistung des Zeugen ohnehin nach allen Ansichten eine Auseinandersetzung mit der Problematik des Wiedererkennens erfolgen muss.

### (5) Sachverständigen- und Sachbeweis

Schlussendlich sind „besondere" Rechtsfehler noch im Rahmen der Beurteilung des Sachverständigen- und Sachbeweises durch den Tatrichter auszumachen, wie das nachfolgende Urteil des BGH vom 27.10.1999 – 3 StR 241/99 zur Bewertung eines Sachverständigengutachtens zeigt:

Das Landgericht Oldenburg hat den Angeklagten wegen schwerer räuberischer Erpressung zu einer Freiheitsstrafe von drei Jahren und sechs Monaten verurteilt. Das Gericht hat sich davon überzeugt, dass der Angeklagte vermummt eine Sparkasse überfallen und die Kassiererin mit einer (Schein-)waffe bedroht habe, um sie zur Herausgabe von über 7.000 DM zu bewegen. Es gründete seine Beweiswürdigung auf die „gesamten Indizien", insbesondere das anthropometrische Vergleichsgutachten zwischen Lichtbildern der Überwachungskamera und dem Angeklagten, wonach der vom Sachverständigen vermessene Angeklagte mit einer Sicherheit von 96,7 % der Täter sei sowie ein „Jeansfaltenvergleichsgutachten" wonach eine dem Angeklagten gehörige Jeanshose aufgrund fünf individueller Gebrauchsfalten, die

1031 Vgl. dazu anschaulich *Hofmann,* Personenidentifizierung durch Zeugen im Strafverfahren, 54 ff.

auf den Lichtbildern erkennbar seien mit „hoher Wahrscheinlichkeit" vom Täter beim Überfall getragen wurde.

Die Revision des Angeklagten führte mit der allgemeinen Sachrüge zur Urteilsaufhebung und Zurückverweisung des Verfahrens, da das Urteil „den sachlichrechtlichen Anforderungen an die Darlegung von Gutachten" nicht entspräche: „Nach ständiger Rechtsprechung des Bundesgerichtshofs muss der Tatrichter, der ein Sachverständigengutachten eingeholt hat und ihm Beweisbedeutung beimisst, auch dann, wenn er sich dem Gutachten des Sachverständigen, von dessen Sachkunde er überzeugt ist, anschließt, in der Regel die Ausführungen des Sachverständigen in einer (wenn auch nur gedrängten) zusammenfassenden Darstellung unter Mitteilung der zugrundeliegenden Anknüpfungstatsachen und der daraus gezogenen Schlussfolgerungen im Urteil wiedergeben, um dem Revisionsgericht die gebotene Nachprüfung zu ermöglichen[1032] (...). Der Umfang der Darlegungspflicht richtet sich danach, ob es sich um eine standardisierte Untersuchungsmethode handelt, sowie nach der jeweiligen Beweislage und der Bedeutung, die der Beweisfrage für die Entscheidung zukommt[1033] (...)." Die Darstellung des anthropologischen Gutachtens, die lediglich die Vermessung des Angeklagten, die Irrtumswahrscheinlichkeit und die Schlusseinschätzung des Sachverständigen angibt, sei unzureichend: „Eine derartige, im wesentlichen auf die Mitteilung des Ergebnisses des Gutachtens beschränkte Darstellung kann zwar ausreichen, wenn es sich um ein allgemein anerkanntes und weithin standardisiertes Verfahren[1034] wie das daktyloskopische Gutachten (BGHR

1032 BGH NStZ 2000, 106, 107; ebenso NStZ 2007, 538; StV 1997, 63, 64; OLG Hamm StV 2010, 124, 125; Beschl. v. 25.6.2009 – 5 Ss 207/09 -, openJur 2011, 69790 Rn. 21; OLG Frankfurt StV 1994, 9; OLG Bamberg, Beschl. v. 6.4.2010 – 3 Ss OWi 378/10 -, openJur2012, 107774 Rn. 9; so auch BGH NStZ 1991, 596; StV 1994, 359, 360 und OLG Hamm, Beschl. v. 22.9.2009 – 3 Ss 354/09 -, openJur 2011, 69264 Rn. 12 mit dem Zusatz „in jedem Fall – gleichgültig, ob es ihm folgt oder nicht"; ähnlich auch BGHSt 34, 29, 31; NStZ 1998, 83; NStZ-RR 1997, 258, 259; 1998, 5; StV 1982, 210; Beschl. v. 1.8.1989 – 1 StR 290/89 -, juris Rn. 2; vgl. auch BGHSt 45, 164, 182; NStZ 2003, 165, 166 und NStZ-RR 2003, 206, 208, wonach eine „ins Einzelne gehende Darstellung von Konzeption, Durchführung und Ergebnissen" in der Regel nicht erforderlich sei.

1033 BGH NStZ 2000, 106, 107; ebenso OLG Bamberg, Beschl. v. 6.4.2010 – 3 Ss OWi 378/10 -, openJur2012, 107774 Rn. 9; ähnlich auch BGHSt 12, 311, 314 f.; 39, 291, 296 f.; NStZ 1993, 95; 1998, 83; NStZ-RR 1997, 258, 259 und Beschl. v. 27.2.1997 – 1 StR 4/97 -, jurion Rn. 3, wo allesamt bei Schuldfähigkeitsgutachten wegen der „Besonderheiten" des Einzelfalls nähere Ausführungen verlangt wurden.

1034 BGH NStZ 2000, 106, 107; vgl. dazu schon BGHSt 12, 311, 314; außerdem NStZ 1993, 95; StV 2011, 8; Urt. v. 25.1.2011 – 5 StR 418/10 -, jurion Rn. 22; OLG Hamm, Beschl. v. 22.9.2009 – 3 Ss 354/09 -, openJur 2011, 69264 Rn. 12, 14, dort auch zu den weiteren Beispielen der Wirkstoffanalyse von BtM, chemisch-toxykologischen Untersuchungen und bestimmten Messverfahren; vgl. ferner zur Entbehrlichkeit näherer Darlegungen zu den Abläufen des sog. PCR-Verfahrens zum Zwecke der Übereinstimmungsfeststellung der Systeme im Gegensatz zur

StPO § 261 Sachverständiger 4), die Blutalkoholanalyse (BGHSt 28, 235, 237 f. (BGH 20.12.1978 – 4 StR 460/78): Angabe des Mittelwerts genügt) oder die Bestimmung von Blutgruppen (BGHSt 12, 311, 314), handelt (grundlegend BGHSt 39, 291, 297 ff. (BGH 19.08.1993 – 4 StR 627/92)). Ein solches standardisiertes Verfahren ist aber ein anthropologisches Vergleichsgutachten, bei dem anhand von Lichtbildern der Raumüberwachungskamera eine bestimmbare Zahl deskriptiver morphologischer Merkmale (z.B. Nasenfurche, Nasenkrümmung etc.) oder von Körpermaßen des Täters herausgearbeitet und mit den entsprechenden Merkmalen des Tatverdächtigen verglichen werden (...), nicht[1035]."

Zur Ermöglichung der Überprüfung des Gutachtens auf seine „Schlüssigkeit"[1036] und seinen Beweiswert durch das Revisionsgericht hätte es der Begründung bedurft auf welche übereinstimmenden Körpermerkmale der Sachverständige seine Bewertung gestützt und wie er diese ermitteln habe. Zudem fehlten Angaben zum „biostatistischen Vergleichsmaterial", das der Wahrscheinlichkeitsberechnung zugrunde liege, insbesondere ob dieses repräsentativ sei oder nur „mehr oder weniger genaue, den Beweiswert der Wahrscheinlichkeitsaussage relativierende Anhaltswerte" beinhalte.[1037] Auch die unkritische Bewertung der Ergebnisse des „Jeansfaltenvergleichsgutachtens" sei rechtsfehlerhaft: Zwar stehe es dem Tatrichter offen, auch bislang wenig erprobte „kriminaltechnische Erkenntnisquellen" zur Beweiswürdigung heranzuziehen, er sei dann jedoch zu einer „kritischen Würdigung

---

Wahrscheinlichkeitsberechnung iRd DNA-Analyse: NStZ 2012, 464, 465; 2013, 177, 178; 179, 180; NStZ-RR 2012, 53, 54; vgl. jedoch auch die gegenläufige Entscheidung in NJW 1989, 176, 178, wonach sich der Tatrichter bei besonders schwierigen Materien wie biologischen Untersuchungen wegen der fehlenden Nachvollziehbarkeit der Begutachtung im Einzelnen auf die Prüfung der Zuverlässigkeit des Sachverständigen beschränken dürfe.

1035 BGH NStZ 2000, 106, 107; so auch BGH NStZ 2005, 458, 459; OLG Hamm StV 2010, 124, 125; vgl. parallel BGH StV 2011, 8 zu einem Vergleichsgutachten betreffend Werkzeugspuren; StV 2010, 172, 174 zu einer mitochondrialen DNA-Analyse; Urt. v. 25.1.2011 – 5 StR 418/10 -, jurion Rn. 22 zum „stets höhere Anforderungen stellende(n) Glaubhaftigkeitsgutachten" und OLG Frankfurt StV 1994, 9 zum schriftvergleichenden Gutachten.

1036 BGH NStZ 2000, 106, 107; vgl. auch die anderweitige Umschreibung des Darlegungsumfangs, soweit es „zum Verständnis des Gutachtens und zur Beurteilung seiner Schlüssigkeit" erforderlich sei, in: BGHSt 12, 311, 315; NJW 1989, 176 178; NStZ 2005, 326; NStZ-RR 2003, 232; 2006, 235, 236; 2008, 39; 2009, 45; StraFo 2003, 55; Urt. v. 21.1.1997 – 1 StR 622/96 -, jurion Rn. 8; Urt. v. 26.5.1999 – 3 StR 110/99 -, jurion Rn. 9; Urt. v. 19.2.2008 – 5 StR 599/07 -, jurion Rn. 11; Beschl. v. 14.4.2010 – 5 StR 123/10 bei *Cierniak/Zimmermann,* NStZ-RR 2013, 103 f.; OLG Koblenz VRS 75, 52, 53; inkl. „und sonstigen Rechtsfehlerfreiheit": BGHSt 45, 164, 182; NStZ 2003, 165,166; 307, 308; 2013, 177, 178 und Urt. v. 7.3.1996 – 1 StR 707/95 -, jurion Rn. 16.

1037 BGH NStZ 2000, 106, 107; vgl. dazu auch Urt. v. 26.5.1999 – 3 StR 110/99 -, jurion Rn. 11.

des Beweiswerts“[1038] im Hinblick auf allgemeine Grundlagen der Methode sowie die Einzelfallanwendung verpflichtet. Vorliegend werde weder der Ursprung der These von den irreversibelen Gebrauchsfalten erläutert noch die Falten auf den Lichtbildern näher beschrieben oder gemäß § 267 Abs. 1 S. 3 StPO auf eine Abbildung verwiesen, sodass der Senat nicht nachprüfen könne, ob diese überhaupt zum Vergleich geeignet seien. Zudem fehle die Auseinandersetzung mit der Frage, inwiefern wegen der erst eineinhalb Jahre nach der Tat stattfindenden Begutachtung die Falten durch weitere Benutzung verändert worden sein können.

Diese Entscheidung offenbart eine Entwicklung, welche die Revisionsrechtsprechung im Bereich Sachverständigenbeweis in den letzten Jahrzehnten genommen hat: In älteren Entscheidungen ging man wohl davon aus, dass der Tatrichter stets die wesentlichen Anknüpfungstatsachen und Ausführungen des Sachverständigen darlegen müsse, wohingehen in BGHSt 39, 291 eine Ausnahme der umfassenden Darlegungspflicht bei standardisierten Verfahren eingeführt wurde. Inhaltlich überzeugt diese Rechtsprechung, die jedenfalls bei wissenschaftlichen Verfahren, die noch wenig erprobt sind und daher keine hinreichende Verlässlichkeitsgewähr bieten, dem Revisionsgericht durch Mitteilung der wesentlichen Tatsachen und Schlussfolgerungen des Sachverständigen die Gelegenheit gibt zu prüfen, ob der Tatrichter das Gutachten korrekterweise seiner Beweiswürdigung zugrunde legen durfte und damit – wegen der im Verhältnis zum Sachverständigen alleinigen Zuständigkeit des Richters für die *Rechts*frage – eine eigene Überprüfung des Gutachtens auf seine „Schlüssigkeit“[1039] durch das Revisionsgericht ermöglicht. Denn die Würdigung der Beweise ist Aufgabe des Tatrichters, der Sachverständige soll und darf ihm diese Entscheidung nicht abnehmen, sondern ihm nur die für seine Einschätzung erforderlichen tatsächlichen Grundlagen durch seine überlegene Sachkunde vermitteln. Ob der Tatrichter dieser Aufgabe mithilfe des Gutachters rechtsfehlerfrei nachgekommen ist, ist wiederum der Überprüfung durch das Revisionsgericht unterworfen, welches die korrekte Verwertung des Ergebnisses des Sachverständigengutachtens nur bei Kennntnis dessen wesentlicher Grundlagen und Wertungen nachvollziehen kann.

Erhöhte Begründungsanforderungen stellt der BGH anknüpfend an die Erfordernisse beim Anschluss an einen Sachverständigen erst Recht auf, wenn der Tatrichter

---

1038 BGH NStZ 2000, 106, 107; vgl. auch die Beweiswürdigungsvorgabe in NStZ 1982, 478, wonach die Aussage eines Sachverständigen, die Schrift des Angeklagten sei „mit hoher Wahrscheinlichkeit“ die des Täters, allein ohne weitere Indizen für die Überzeugungsbildung nicht ausreiche.

1039 Vgl. aber auch einen weiterreichenden Eingriff in BGH StV 1991, 18 f., wo der BGH trotz festgestellter Abwägung einzelne Wertungen des dem Sachverständigen folgenden Tatrichters als „unrichtig“ angreift und eigene Bewertungen der Sachlage anstellt.

dem Sachverständigengutachten nicht folgt[1040] sowie wenn zwei im Ergebnis voneinander abweichende Gutachten[1041] vorliegen und er einem den Vorzug gibt.

Den Brückenschlag zum Sachbeweis liefert ein Grundsatzurteil des BGH vom 21.3.2013 – 3 StR 247/12 zur Bewertung von DNA-Analysen:

Das Landgericht Duisburg hat den Angeklagten wegen besonders schweren Raubes in Tateinheit mit Körperverletzung unter Einbeziehung früherer Strafen zu einer Gesamtfreiheitsstrafe von sechs Jahren und zehn Monaten verurteilt. Nach den Feststellungen bedrohte der Angeklagte den Autohändler T mit einem Elektroschocker und schlug diesem mit dem Knie ins Gesicht, um ihn kampfunfähig zu machen. Er entnahm aus der Hosentasche des T 3.600 € und entwendete seine Jacke, in der sich ein Portemonnaie mit Bargeld befand. Seine Überzeugung von der Täterschaft des schweigenden Angeklagten hat sich das Landgericht durch eine DNA-Analyse verschafft, wonach die an der Nylonschlaufe und der Batterie des vom Täter mitgebrachten Elektroschockgerätes sowie an einem vom Täter berührten Autoschlüssel gefundene DNA in acht Merkmalsystemen mit derjenigen des Angeklagten übereinstimme, welche unter mehr als zehn Milliarden Menschen kein zweites Mal vorkomme.

Der mit der allgemeinen Sachrüge geführten Revision des Angeklagten wurde der Erfolg versagt. Im Rahmen allgemeiner Erwägungen zur tatrichterlichen Aufgabe, die Beweise zu würdigen, führt der Senat u.a. aus, dem Tatrichter stehe es frei zu seiner Überzeugungsbildung auch ein einziges Beweisanzeichen heranzuziehen sowie „von gesicherten Tatsachenfeststellungen ausgehende statistische Wahrscheinlichkeitsrechnungen" als „Mittel der logischen Schlussfolgerung" als Beweismittel zu verwenden. Vorliegend beruhe die sich auf die Übereinstimmung der Allele der verglichenen DNA stützende Beweiswürdigung des Landgerichts wegen der „statistischen Häufigkeit" des DNA-Identifizierungsmusters des Angeklagten auf einer

1040 Vgl. dazu NStZ 2009, 571; 2013, 180, 181; NStZ-RR 2003, 206, 208; StV 1983, 404 und Urt. v. 9.3.2011 – 2 StR 467/10 -, jurion Rn. 11, wonach der Tatrichter die Ausführungen des Sachverständigen „in nachprüfbarer Weise wiedergeben, sich mit ihnen auseinandersetzen und seine abweichende Auffassung begründen" müsse; ähnlich auch NStZ 2000, 550, 551; NStZ-RR 1997, 172; StV 1984, 241, 242; 1993, 234, 235; 1994, 359, 360; Beschl. v. 2.10.1986 – 1 StR 238/86 -, jurion Rn. 3; Urt. v. 13.12.1989 – 3 StR 370/89 -, jurion Rn. 6; vgl. ferner NStZ 2013, 55, 56; 180, 181; NStZ-RR 1999, 275; StV 2010, 172, 174; Urt. v. 12.6.2001 – 1 StR 190/01 -, jurion Rn. 55, wonach der Tatrichter belegen müsse, dass er über das „bessere Fachwissen" verfüge; ähnlich StV 1984, 241, 242; Beschl. v. 24.9.1982 – 2 StR 522/82 -, jurion Rn. 2 und Urt. v. 13.3.1985 – 3 StR 8/85 bei *Holtz,* MDR 1985, 630: „Sachkunde".

1041 Vgl. etwa BGH NStZ 1981, 488; 1982, 342; NStZ-RR 1997, 42, 43; StV 1983, 8 und BayObLG NStZ-RR 2003, 150, wo jeweils die Auseinandersetzung mit den Widersprüchen verlangt wird; so auch BGH, Beschl. v. 30.4.1980 – 2 StR 193/80 -, jurion Rn. 3 bei gegensätzlicher Schuldfähigkeitsbeurteilung in verschiedenen Instanzen sowie NStZ 1990, 244, 245, StV 2004, 580 und unter Beschränkung auf nicht offenkundige Veränderungen NStZ 2013, 98, 99 bei abweichenden schriftlichen und mündlichen Gutachten.

„ausreichende(n) Tatsachengrundlage", was der Senat wie folgt näher begründet: „Dabei ist davon auszugehen, dass es sich bei der Merkmalswahrscheinlichkeit (oder Identitätswahrscheinlichkeit) lediglich um einen satistischen Wert handelt. Dieser gibt keine empirische Auskunft darüber, wie viele Menschen tatsächlich eine identische Merkmalskombination aufweisen, sondern sagt lediglich etwas dazu aus, mit welcher Wahrscheinlichkeit aufgrund statistischer, von einer beschränkten Datenbasis ausgehender Berechnungen zu erwarten ist, dass eine weitere Person die gleiche Merkmalskombination aufweist.[1042] Diese Wahrscheinlichkeit lässt sich für die Bewertung einer festgestellten Merkmalsübereinstimmung heranziehen. Je geringer die Wahrscheinlichkeit ist, dass zufällig eine andere Person identische Merkmale aufweist, desto höher kann das Tatgericht den Beweiswert einer Übereinstimmung einordnen und sich – gegebenenfalls allein auf Grund der Übereinstimmung – von der Täterschaft überzeugen (vgl. einerseits BGHSt 38, 320 (324) = NJW 1992, 2976: Wahrscheinlichkeit von 1:6937 reicht allein zum Nachweis der Täterschaft nicht aus; andererseits BGH, NJW 2009, 1159 = NStZ 2009, 285: Seltenheitswert im Millionenbereich, im konkreten Fall 1:256 Billiarden, kann ausreichen (...). Dass sich auch bei einer sehr geringen Wahrscheinlichkeit (selbst im Milliarden- oder Billionenbereich) wegen der statistischen Herangehensweise die Spurenverursachung durch eine andere Person niemals völlig ausschließen lässt, hindert das Tatgericht nicht daran, seine Überzeugungsbildung gegebenenfalls allein auf die DNA-Spur zu stützen; denn eine mathematische, jede andere Möglichkeit ausschließende Gewissheit ist für die Überzeugungsbildung nicht erforderlich (...). Ob sich das Tatgericht allein auf Grund einer Merkmalsübereinstimmung mit einer entsprechenden Wahrscheinlichkeit von der Täterschaft zu überzeugen vermag, ist mithin vorrangig – wie die Beweiswürdigung ansonsten auch – ihm selbst überlassen (...)."[1043] Dem stünden weder das Urteil des 5. Strafsenats vom 21.8.1990 – 5 StR 145/90 (BGHSt 37, 157, 159) noch dasjenige vom 12.8.1992 – 5 StR 239/92 (BGHSt 38, 320, 322 ff.) entgegen: Zum einen seien die Entscheidungen im Hinblick auf die Anzahl der untersuchten Merkmale (damals nur drei) sowie des Untersuchungsverfahrens von anderen tatsächlichen Grundlagen ausgegangen; zum anderen beinhalteten sie „kein(en) allgemeinen Rechtssatz (...), dass das Ergebnis einer DNA-Analyse niemals allein zur Überzeugungsbildung von der Täterschaft ausreichen könne". Solches sei auch dem Urteil des Senats vom 06.03.2013 – 3 StR 41/12 (BGH NStZ 2012, 464) nicht zu entnehmen, wo hervorgehoben worden sei, dass das Ergebnis einer DNA-Analyse lediglich ein Indiz[1044] darstelle, dass jedoch „keinen zwingenden Schluss erlaube";

1042 BGH NJW 2013, 2612, 2613; vgl. dazu BGHSt 38, 320, 323, wo von einer „abstrakte(n) Aussage über die statistische Belastungswahrscheinlichkeit" die Rede ist; ähnlich auch NStZ 2012, 464, 465.

1043 BGH NJW 2013, 2612, 2613.

1044 Vgl. jedoch den korrekten Wortlaut in NStZ 2012, 464, 465, wonach das Ergebnis eines DNA-Vergleichsgutachtens „nur als ein – wenn auch bedeutsames – Indiz" anzusehen sei, „das der Würdigung im Zusammenhang mit anderen für die Täterschaft sprechenden Beweisanzeichen" bedürfe; vgl. auch BGHSt 37, 157, 159 f.;

der Tatrichter sei dadurch nicht daran gehindert aus dem DNA-Vergleich „einen möglichen Schluss auf die Spurenverursachung zu ziehen".

Das Landgericht habe die Berechnungsgrundlagen so dargelegt, dass das Revisionsgericht in der Lage gewesen sei, die Berechnung auf ihre „Plausibilität" zu überprüfen.[1045] Angesichts der tabellarischen Darstellung der Merkmalsysteme und ihrer Wiederholungen „im Einzelnen" sieht sich der Senat „zur Klarstellung und Präzisierung seiner bisherigen Rechtsprechung" – wobei er auf die Entscheidungen vom 06.03.2013 – 3 StR 41/12, 3.5.2012 – 3 StR 46/12 und 15.5.2012 – 3 StR 164/12 verweist – zu dem Hinweis veranlasst, dass eine solch umfassende Darlegung „grundsätzlich nicht erforderlich" sei: „Das Tatgericht hat in den Fällen, in dem es dem Gutachten eines Sachverständigen folgt, die wesentlichen Anknüpfungstatsachen und Ausführungen des Gutachters so darzulegen, dass das Rechtsmittelgericht prüfen kann, ob die Beweiswürdigung auf einer tragfähigen Tatsachengrundlage beruht und ob die Schlussfolgerungen nach den Gesetzen, den Erfahrungssätzen des täglichen Lebens und den Erkenntnissen der Wissenschaft möglich sind[1046] (...). Dabei dürfen die Anforderungen, welche das Tatgericht an das Gutachten zu stellen hat, nicht mit den sachlich rechtlichen Anforderungen an den Inhalt der Urteilsgründe gleichgesetzt werden. Mögliche Fehlerquellen sind nur zu erörtern, wenn der Einzelfall dazu Veranlassung gibt[1047] (...)". Danach reiche zur Prüfung, ob das Ergebnis einer DNA-Wahrscheinlichkeitsberechnung „plausibel" sei, regelmäßig die Mitteilung der Anzahl der untersuchten Systeme, die Tatsache unabhängiger Vererbbarkeit, die Art und Weise der Übereinstimmungen sowie die Wahrscheinlichkeit der Merkmalskombination aus[1048]; bei Angehörigkeit des Angeklagten zu einer fremden Ethnie

---

38, 320, 324 und StV 1994, 580 f., wo jeweils die DNA-Übereinstimmung nur als ein Beweisanzeichen neben anderen gewertet wurde.

1045 BGH NJW 2013, 2612, 2613; vgl. dazu NStZ 2012, 464, 465 und 2013, 177, 178, wonach der Tatrichter zur Mitteilung der Berechnungsgrundlagen im Urteil verpflichtet sei, um dem Revisionsgericht die Überprüfung auf „Plausibilität" zu ermöglichen; ähnlich NStZ-RR 2012, 53, 54.

1046 BGH NJW 2013, 2612, 2613 f.; ebenso BGHSt 39, 291, 296 f.; NStZ 2014, 477, 478; NStZ-RR 2014, 115, 116; Beschl. v. 16.4.2013 – 3 StR 67/13 -, jurion Rn. 6.

1047 BGH NJW 2013, 2612, 2614; ebenso NStZ 2014, 477, 478(15); NStZ-RR 2014, 115, 116.

1048 BGH NJW 2013, 2612, 2614; vgl. dazu auch NStZ 2013, 177, 178; NStZ-RR 2014, 115, 116 und Beschl. v. 16.4.2013 – 3 StR 67/13 -, jurion Rn. 6; siehe aber auch andere aktuelle Entscheidungen: NStZ 2014, 477, 478 f., wonach „nach dem gegenwärtigen wissenschaftlichen Standard der forensischen Molekulargenetik" in Regelfällen bei vereinheitlichten DNA-Vergleichsuntersuchungen die „genetische Unabhängigkeit wissenschaftlich gesichert" sei, sodass es im tatrichterlichen Urteil „keiner Ausführungen zur unabhängigen Vererblichkeit der Merkmalsysteme" mehr bedürfe; NStZ 2013, 179, wonach die Angabe der Grundlagen der Wahrscheinlichkeitsberechnung jedenfalls bei „maßgebender Bedeutung" der DNA-Analyse für die Überführung des Angeklagten erforderlich sei vs. NStZ 2013 179, 180, wo eine Darlegung der Berechnungsgrundlage gänzlich nur bei „Besonderheiten" der Berechnung verlangt wird; Beschl. v. 15.5.2012 – 3 StR 164/12 -, jurion Rn. 1, wo

sei zudem deren Berücksichtigung bei der Auswahl der Vergleichspopulation zu erörtern. Obwohl vorliegend keine ausdrückliche Gesamtwürdigung aller Umstände erfolgt sei, schade dies nicht, da keine erörterungsbedürftigen Gesichtspunkte ersichtlich seien, die den „Beweiswert der Merkmalsübereinstimmung schmälern"[1049] oder sonst gegen den Angeklagten als Täter sprechen könnten. Schließlich sei auch der Zusammenhang zwischen den DNA-Spuren und der Tat hinreichend begründet.[1050]

Diese Entscheidung zeigt eindrucksvoll wie sehr sich im Bereich DNA, das erst seit verhältnismäßig kurzer Zeit als Beweismittel überhaupt in Betracht kommt, die Entwicklung in der Beweisbewertung noch im Fluss befindet, sodass allgemeingültige Aussagen momentan nur schwerlich getroffen werden können. In der bewussten Auseinandersetzung des BGH mit älteren strengeren Entscheidungen unter Relativierung ihrer scheinbar gegenläufigen Aussagen lässt sich jedoch eine eindeutig sachbeweisfreundliche Tendenz durch eine Stärkung des Beweiswerts und eine damit einhergehende Verringerung der Darlegungsanforderungen beobachten, deren Ursache möglicherweise in der steigenden Erkenntnis der Schwächen des Zeugenbeweises gründet. Der Versuch des BGH den Anschein der Einheitlichkeit der Rechtsprechungslinie herzustellen, darf jedoch nicht darüber hinwegtäuschen, dass die Grundaussagen der restriktiveren anfänglichen Rechtsprechung jedenfalls bei fehlender hinreichender Zuordnungsgewissheit der DNA zum Angeklagten in der Regel weiterhin Gültigkeit besitzen und das Ergebnis der DNA-Analyse dann nur als ein Beweisanzeichen neben anderen fungieren kann. Jedenfalls bei einem Seltenheitswert im Millionenbereich – das ist die Kernaussage dieser Entscheidung – kann die DNA jedoch als alleiniges Beweismittel im Rahmen der Überzeugungsbildung des Tatrichters dienen.[1051]

---

ein Beruhen des Urteils auf der fehlenden Angabe der Berechnungsgrundlagen mit dem Hinweis auf die festgestellte Übereinstimmung der Identifizierungsmuster als „weiteres deutliches Beweisanzeichen" verneint wird.

1049 BGH NJW 2013, 2612, 2614; vgl. dagegen noch BVerfG NJW 1996, 771, 773; BGHSt 37, 157, 159; 38, 320, 322 und StV 1994, 580, wo generell zu einer kritischen Beurteilung des Beweiswerts eines DNA-Abgleichs angehalten wird; vgl. die Beweiswertvorgaben bei Faserspuren, wo Wahrscheinlichkeitsrechnungen mangels Statistiken zur Merkmalshäufigkeit nicht möglich sind: NStZ 1993, 395, 396 und NStZ-RR 1996, 335, 336, wonach der Beweiswert vom Verbreitungsgrad in Form der Wahrscheinlichkeit einer zufälligen anderweitigen Antragung abhänge, vgl. auch NStZ 1993, 395, 396 und Beschl. v. 22.10.1993 – 2 StR 459/93 -, jurion Rn. 16, wonach der bloßen Zuordnung von Tatortfasern zum Lebensbereich des Angeklagten „besondere Beweiskraft noch nicht" zukomme, wobei Überkreuzungs- und Sekundärspuren den „Beweiswert erheblich" erweiterten.

1050 BGH NJW 2013, 2612, 2614; vgl. dazu NStZ-RR 2012, 53, 54, wo hinsichtlich der DNA auf einer bei der Tat zurückgelassenen Umhängetasche vom Tatrichter erwartet wurde, zu erörtern, auf welche andere Weise als durch eine Tatbeteiligung die Spur auf die Tasche gelangt sein könnte.

1051 So ausdrücklich BGH NJW 2009, 1159; vgl. auch NStZ-RR 2012, 53, 54.

Als Zwischenfazit lässt sich festhalten, dass der Sachbeweis womöglich als Gewinner aus all den Diskussionen um die Zuverlässigkeit des Zeugenbeweises hervorgegangen ist und dessen Beweiswert in der Revisionsrechtsprechung der letzten Jahre tendenziell eine immer deutlichere Stärkung erfahren hat. Auch in dieser Fallgruppe sieht sich der BGH mithin in der Lage dem Tatrichter allgemeine Richtlinien zur Bewertung bestimmter Beweisanzeichen vorzugeben und greift bei deren Missachtung im Wege der Sachrüge über die Rechtsfehlerkontrolle in seine Beweiswürdigung ein.

### c) *Zusammenfassende These: erheblicher Eingriff in* Tat*fragen nach deren ursprünglichem Verständnis*

Zusammenfassend lässt sich festhalten, dass die Revisionsgerichte – allenvoran der BGH – die Revisibilität im Bereich der tatsächlichen Feststellungen und der Beweiswürdigung im Verhältnis zum ursprünglichen Konzept erheblich ausgebaut haben: Über die Sachrüge gibt der BGH durch allgemeine Leitlinien vielfach das Maß der für die Rechtsfehlerfreiheit der rechtlichen Würdigung erforderlichen tatsächlichen Feststellungen vor und hat sich im Laufe der Zeit durch eine immer weitere Ausdifferenzierung seines Rechtsfehlerkatalog, ohne unmittelbare gesetzliche Ermächtigungsnorm in §§ 261, 267 StPO, ein breites Netz an Beweiswürdigungsvorgaben zur Ermöglichung einer möglichst feinmaschigen Kontrolle der Beweisbewertung durch den Tatrichter geschaffen. Vor dem Hintergrund der verfahrensbedingten beschränkten Möglichkeiten des Revisionsgerichts, dessen alleinige Beurteilungsgrundlage die schriftlichen Urteilsgründe sind, mag es naturgemäß vorkommen, dass das Revisionsgericht das Beweisergebnis auf seine Plausibilität oder Vertretbarkeit prüft; dies wird jedoch selten ausdrücklich kundgetan oder gar als Prüfungsmaßstab offengelegt. Zuvorderst erfolgt ein checklistenartiges „Abklappern" der vom BGH aufgestellten Beweiswürdigungskriterien insbesondere im Hinblick auf die Anforderungen an eine erschöpfende Beweiswürdigung und deren Darlegung in den Urteilsgründen. Von einer Irrevisibilität der *Tat*frage in dem vom historischen Gesetzgeber gemeinten Sinn des gänzlichen Ausschlusses der Tatsachfeststellung und Beweiswürdigung von der Revision kann in jedem Fall in der modernen Revisionsrealität keine Rede mehr sein; legt man dieses Verständnis zu Grunde, kann in der Tat von einem erheblichen Eingriff des BGH in *Tat*fragen gesprochen werden. Insofern ist *Herdegen* zuzustimmen, die Beweiswürdigung könne nur mehr schwerlich als „alleinige Sache des Tatgerichts" bezeichnet werden.[1052] Aufgrund des beinahe in jeder begründeten Revisionsentscheidung mit näheren Ausführungen zur Beweiswürdigung verwendeten Standard-Satzes zur grundsätzlichen Zuweisung der Beweiswürdigung zum Tatrichter und der gleichzeitigen Nennung der Ausnahmen, lässt sich festhalten, dass der BGH in diesem Bereich eine Abgrenzung des revisibelen vom irrevisibelen Bereich überwiegend nach dem

1052 *Herdegen,* in: FS Eisenberg, 527, 541.

Grundsatz der prozessualen Arbeits- und Verantwortungsteilung[1053] vollzieht, welcher zu den wesentlichen Grundlagen der Revision gehört. Das Regel-Ausnahme-Verhältnis im Obersatz der ständigen Rechtsprechung wird zwar vielfach zugunsten der Ausnahmeregelung durchbrochen; zugleich sind jedoch nach wie vor zahlreiche Entscheidungen anzutreffen, die den Revisionsangriff mit dem Hinweis auf einen unzulässigen Versuch die Beweiswürdigung des Tatrichters durch seine eigene zu ersetzen zurückweisen[1054], sodass nicht von einer faktischen Umkehr des Regel-Ausnahme-Verhältnisses gesprochen werden kann. Das Revisionsgericht will sich offenbar vielmehr stets die Möglichkeit erhalten, Revisionsangriffe unter Hinweis auf die grundsätzliche Irrevisibilität der Beweiswürdigung ohne weitere Erklärung „im Keim zu ersticken".

Vergleicht man den jetzigen Zustand mit demjenigen zur Zeit der letzten großen Reformforderungen im Jahr 1978 waren die heute aufgezeigten Angriffe auf die Feststellungen im Wesentlichen schon damals bekannt. Zieht man die damaligen, im Einzelnen geäußerten Kritikpunkte heran, erwächst jedoch der Eindruck, der BGH habe eigene Beweisbewertungen („fernliegend", „naheliegend", „aufdrängend" etc.) und Beweiswertvorgaben bezüglich bestimmter – teils aufgrund der wissenschaftlichen Entwicklung freilich erst neu entdeckter – Beweismittel insbesondere bei den besonderen Rechtsfehlern im Laufe der letzten 35 Jahre nochmals verstärkt. Rein statistisch gesehen hat die erweiterte Revision seit den ersten Erhebungen im Jahr 1970, verglichen mit Statistiken der Jahre 1992–1005 und 2005 keinen quantitativen Zuwachs erfahren, sie spielt jedoch mit einem Anteil von 18,4 % aller erfolgreichen Revisionen im Jahr 2005[1055] nach wie vor eine wichtige Rolle in der modernen Revision.

### *d) Kritik aus der Literatur an der „erweiterten Revision"*

Die Entwicklung des letztinstanzlichen Rechtsmittels in Strafsachen hin zu einer im Vergleich zur ursprünglichen Konzeption im Bereich Tatsachenfeststellung und Beweiswürdigung „erweiterten" Revision durch die Revisionsgerichte hat im Schrifttum teils scharfe Kritik, aber teils auch flammende Lobreden erfahren. Die Diskussion um die Ausdehnung der Revisionsgrenzen wird wie selten eine zweite leidenschaftlich und kampfeslustig ausgetragen und hat – wahrscheinlich wegen der Berührung grundlegender Rechtsgrundsätze – große Kontroversen[1056] in der strafprozessualen Literatur ausgelöst: Der ehemalige Bundesrichter *Foth* etwa sieht in ihr zum einen „ein faszinierendes Kapitel richterlicher Rechtsschöpfung",

---

1053 Das stellt auch *Wittig,* GA 2000, 267, 272 fest.

1054 Vgl. dazu *Barton,* in: FS Fezer, 333, 344 ff.

1055 *Barton,* in: FS Fezer, 333, 339 f.: Von 305 erfolgreichen Revisionen wurden 56 der erweiterten Revision zugeordnet.

1056 Ein imposantes Beispiel bildet der Schlagabtausch zwischen den Bundesrichtern *Foth,* DRiZ 1997, 201 ff. und *Meyer-Goßner,* DRiZ 1997, 471 ff. mit Replik *Foth,* DRiZ 1997, 476.

zugleich aber auch „ein herausragendes Beispiel richterlichen Ungehorsams gegen das Gesetz"[1057], wohingegen die Präsidenten der Revisionsgerichte die Entwicklung der Revision zu einem „hocheffizienten Rechtsmittel"[1058] durch die richterliche Rechtsfortbildung preisen und der Strafverteidiger *Hamm* die erweiterte Revision als „die aufregendste Entwicklung, die das Revisionsrecht in den letzten Jahren genommen hat"[1059] bezeichnet.

Die breit geführte Debatte lässt sich in vier maßgebliche Argumentationsstränge aufgliedern, die im Folgenden erörtert werden sollen:

Das einleitende Hauptargument der Gegner der „erweiterten" Revision lautet zumeist, dass die Fortentwicklung der Revision *contra legem* stattfinde und einer dogmatischen Legitimation entbehre.[1060] *Foth* prangert eine „faktische Außerkraftsetzung" der §§ 337 und 267 Abs. 1 S. 1 und 2 StPO durch die Revisionsgerichte ohne jegliche Begründung an.[1061]

Das Gesetz sehe in § 267 Abs. 1 StPO keine Pflicht zur Begründung der tatrichterlichen Beweiswürdigung und ihrer Grundlagen vor[1062], weswegen gegen die Fortbildung des Rechts allgemein verfassungsrechtliche Bedenken im Hinblick auf Art. 20 Abs. 3 GG[1063] sowie den Gewaltenteilungsgrundsatz laut werden – der BGH sei vom Rechtsanwender zum Rechtsetzer geworden[1064].

Entkräftet von den Befürwortern bzw. sogar relativiert aus den eigenen Reihen wird dieses gewichtige Wortlautargument mit dem grundlegenden Wandel in der Gerichtsverfassung von den ursprünglichen Geschworenengerichten, die ohne schriftliche Urteilsbegründung nur über den Schuldspruch zu befinden hatten, hin zu den Spruchkörpern im heutigen Sinn, denen überhaupt erstmals ein schriftlich zu begründendes Urteil abverlangt wurde[1065] – *Jähnke* spricht im Hinblick auf diese

---

1057 *Foth,* DRiZ 1997, 201, 202.

1058 Präsidenten der OLG, des BayObLG und des BGH, zit. bei *Rosenau,* in: FS Widmaier, 521.

1059 *Hamm,* StV 1987, 262, 263.

1060 Vgl. *Fezer,* Die erweiterte Revision, 51; *dens,* in: FS Hanack, 331, 352: „Gesetzesumgehung"; *Foth,* DRiZ 1997, 201: „vom Gesetz nicht gedeckt"; *Riess,* GA 1978, 257, 261: „dogmatische Ratlosigkeit"; *Rosenau,* in: FS Widmaier, 521, 525: „keine dogmatische Begründung".

1061 *Foth,* DRiZ 1997, 201, 205.

1062 *Blunck,* MDR 1970, 470, 471; *Fezer,* in: FS Hanack, 331, 332 f.; *ders.,* StV 1995, 95, 96; *Gössel,* in: Verhandlungen des 60. DJT, Bd. I Gutachten, C 84; *Hanack,* in: LR-StPO, 25. Aufl., § 337 Rn. 120.

1063 *Roxin/Schünemann,* Strafverfahrensrecht, § 55 Rn. 32.

1064 *Barton,* StV 2004, 332, 335; vgl. auch die von *Heribert Prantl* in der Süddeutschen Zeitung vom 13.04.1992 unter der Überschrift „Die Dritte Gewalt – der zweite Gesetzgeber" allgemein aufgeworfene Frage, „wo richterliche Rechtsfortbildung aufhört und wo die Rechtserfindung anfängt", zit. bei *Zschockelt,* in: Rechtsgestaltende Wirkung des Revisionsrechts, 86, 87.

1065 Vgl. dazu *Jähnke,* in: FS Hanack, 355, 357; *Meyer-Goßner,* DRiZ 1997, 471, 473; *Nack,* StV 2002, 510 f.; *Peters,* in: FS Schäfer, 137, 146 f.; *Riess,* in: FS Hanack, 397, 404 f.

Veränderungen von einer „ausreichenden Legitimation zur Fortbildung des Rechts"[1066]. Zudem wird vorgebracht, dass dem historischen Gesetzgeber Begründungspflichten betreffend die Beweiswürdigung für Richter nicht völlig fremd gewesen seien, nachdem bereits unter von Savigny in einem Gesetz aus 1846, das Geschworenengerichte ablehnte, eine Pflicht zur Begründung vorgesehen gewesen sei.[1067]

Ungeachtet der erkannten und vielfach bemängelten Gesetzeslücke ist das tatsächliche Bestehen einer allgemeinen Darlegungspflicht hinsichtlich der tatrichterlichen Beweiswürdigung über den Wortlaut des § 267 Abs. 1 S. 2 StPO hinaus beinahe einhellig anerkannt[1068] – nur selten finden sich Forderungen nach einer Anpassung der Gesetzeslage de lege ferenda.[1069] Streitig sind vor allem die Einordnung als verfahrens- oder materiell-rechtliche Pflicht zur Begründung[1070] sowie einer zugrundeliegenden

---

1066 *Jähnke,* in: FS Hanack, 355, 357.

1067 *Fezer,* StV 1995, 95; *Herdegen,* NStZ 1987, 193, 194 f.; *ders.,* StV 1992, 527, 529; *Krause,* in: FS I Peters, 323, 325; *Riess,* GA 1978, 257, 262 f.

1068 Vgl. etwa *Jerouschek,* GA 1992, 493, 508 und *Niemöller,* StV 1984, 431, 432, die eine Entwicklung des § 267 Abs. 1 S. 2 StPO von einer bloßen „Soll"- oder „Ordnungsvorschrift" zur „Muss" vorschrift feststellen; vgl. *Fezer,* in: FS Hanack, 331, 334, 338, wonach eine Ausdehnung der Begründungspflicht „angesichts einer ungenügenden gesetzlichen Grundlage" „konsequent" und die Verneinung eines Begründungserfordernisses mit der „Verrechtlichung des Beweiswürdigungsvorganges" „nicht mehr vereinbar" sei; ähnlich *Meyer-Goßner,* DRiZ 1997, 471, 473: bei Berufsrichtern „nicht hinnehmbar"; siehe ferner *Frister,* in: FS Grünwald, 169, 193 der von einer „nunmehr allgemeinen Rechtsüberzeugung" spricht, *Fezer,* StV 1995, 95, 100 und *Jähnke,* in: FS Hanack, 355, 361, wo die Begründungspflicht als „ohne gesetzliche Normierung selbstverständlich" bezeichnet wird; *Jerouschek,* GA 1992, 493, 508, wo angesichts des „verfehlten Gesetzeswortlauts" von einer „Extensivierung der Begründungspflicht durch richterliche Rechtsfortbildung" die Rede ist und *Riess,* GA 1978, 257, 264, der von einer „gewohnheitsrechtlich begründeten umfassenden Urteilsbegründungspflicht" spricht; für das Bestehen einer allgemeinen Darlegungspflicht treten weiter ein: *Androulakis,* in: FS II Roxin, 1369, 1380; *Fezer,* StV 1995, 95, 100; *Herdegen,* in: FS Eisenberg, 527, 529, der von einer „Darlegungskompetenz" spricht; *ders.,* in: FS Kleinknecht, 173, 175; *ders.,* in: Rechtssicherheit vs. Einzelfallgerechtigkeit, 30, 39 f.; *Loddenkemper,* Revisibilität tatrichterlicher Zeugenbeurteilung, 139; *Maul,* in: FS Pfeiffer, 409, 420; *Momsen,* in: KMR-StPO, § 337 Rn. 75(54. EL Mai 2009); *Wagner,* ZStW 106 (1994), 259, 272 ff., 298; *Weigend,* ZStW 113 (2001), 271, 298.

1069 Etwa bei *Hannack,* ZRP 87 (1974), 405, 445 mit Fn. 194; *Jagusch,* NJW 1971, 2009, 2010.

1070 Vgl. dazu *Frisch,* in: FS Eser, 257, 277 ff.; siehe auch *Wagner,* ZStW 106 (1994), 259, 261 ff., der bei Darstellungsmängeln zwischen einem Verfahrens-, einem sachlichrechtlichen Fehler sowie einem selbstständig anfechtbaren Darstellungsmangel unterscheidet.

revisionsbezogenen oder selbstständigen, gesamtheitlichen Funktion der Urteilsgründe[1071].

Dogmatische Ansätze zur Herleitung einer Begründungspflicht hinsichtlich der Beweiswürdigung de lege lata finden sich in einem Beschluss des Bundesverfassungsgerichts vom 6.8.2003 – 2 BvR 1071/03, wo diese aus einem Umkehrschluss aus der Ausnahmevorschrift des § 267 Abs. 4 StPO sowie dem Normzweck des § 267 StPO – der Gewährung rechtlichen Gehörs – hergeleitet wird[1072] sowie in der Literatur, wo die tatrichterliche Begründungspflicht teils auf die Inquisitionsmaxie, § 244 Abs. 2 StPO und die Unschuldsvermutung aus Art. 6 Abs. 2 EMRK[1073] oder das Rechtsstaatsgebot aus Art. 20 Abs. 3 GG und den Anspruch auf rechtliches Gehör, Art. 103 Abs. 1 GG[1074] gestützt wird.

Kritik findet sich wiederum ferner speziell an der Ausgestaltung der Darlegungspflichten durch die Revisionsrechtsprechung, ihr wird etwa vorgeworfen, überhöhte Anforderungen zu stellen, die faktisch gar nicht mehr effektiv erfüllbar seien[1075], was zu übermäßig ausführlichen und langen Urteilen führe, da der Tatrichter in Unkenntnis dessen, was für das Revisionsgericht „wesentlich" sei, lieber alles mitteile[1076].

Ein weiterer Kernvorwurf betrifft die Gesetzeslage in § 337 StPO, welche mit manchen, in der Praxis als *Rechts*fehler anerkannten Mängeln nicht mehr in Einklang zu bringen sei: Einige der heute als *Rechts*fehler eingestuften Unzulänglichkeiten würden nachträglich als Gesetzesverletzung interpretiert, um sie unter den Begriff des § 337 Abs. 1 StPO fassen zu können, obwohl sie keine Verletzungen des Gesetzes im eigentlichen Sinne darstellten.[1077] Dagegen lässt sich einwenden, dass heute mithilfe des Richterrechts eine im Verhältnis zum ursprünglichen Verständnis

1071 Vgl. dazu den Überblick über den Streitstand bei *Jähnke,* in: FS Hanack, 355, 364; *Rosenau,* in: FS Widmaier, 521, 527 f. m.w.Nw. und *Wagner,* ZStW 106 (1994), 259, 275 ff.

1072 BVerfG NJW 2004, 209, 210; vgl. auch *Uhl,* Die Abgrenzung der Rechtsprechungsbefugnisse von Tatsachen- und Revisionsgerichten, 130 f. zur verfassungsrechtlichen Herleitung einer allgemeinen Begründungspflicht gerichtlicher Entscheidungen aus Art. 103 Abs. 1 GG m.w.Nw.

1073 *Jähnke,* in: FS Hanack, 355, 360 f.

1074 *Wagner,* ZStW 106 (1994), 259, 274, 282 f., 284 m.w.Nw. aus der Rechtsprechung des BVerfG.

1075 *Gössel,* in: Verhandlungen (Fn. 1062), C 83; *Sarstedt/Hamm,* Die Revision in Strafsachen, Rn. 329 f.; vgl. dazu *Jähnke,* in: FS Hanack, 355, 364, der einen „behutsamen Gebrauch" des Eingriffs wegen eines Erörterungsmangels nur bei „auf den ersten Blick" vermissten Erörterungen anmahnt.

1076 *Foth,* DRiZ 1997, 201, 205 f., der deshalb eine „Hypertrophie der Urteilsgründe" sowie einen Zusammenhang mit der vermehrten Verständigung im Strafverfahren feststellt, um eine aufwändige Urteilsbegründung zu vermeiden.

1077 *Albrecht,* NStZ 1983, 486, 492; *Fezer,* Möglichkeiten einer Reform der Revision in Strafsachen, 82; *Riess,* in: FS Hanack, 397, 398; *ders.,* GA 1978, 257, 268; ähnlich auch *Frisch,* in: FS Eser, 257, 264; *Herdegen,* in: FS Eisenberg, 527, 533.

erweiternde Auslegung des Begriffs der „Gesetzesverletzung“ im Sinne von § 337 StPO stattfinde[1078], welche einer Änderung der Gesetzeslage durch Reformvorhaben vorgezogen worden sei.[1079] Der anfangs vorgeschlagene Weg, die Anwendung des Gesetzes auf einen falsch festgestellten Sachverhalt als unrichtige Gesetzesanwendung aufzufassen[1080], wird wohl nicht mehr ernsthaft vertreten.

Ein weiteres, wesentliches gegen die neuen Revisionsgrenzen vorgebrachtes Argument findet sich im strafprozessualen Schrifttum dergestalt, dass die Einbeziehung der Tatsachenfeststellung und Beweiswürdigung in die Revision der zum Zeitpunkt der Einführung des Rechtsmittels vorherrschenden gesetzgeberischen Intention eklatant widerspreche, welche die *Tat*frage aus der Revision habe ausnehmen wollen.[1081] Entkräftet wird dieser Kritikpunkt mit dem Hinweis auf die Veränderung des gerichtsverfassungsrechtlichen Hintergrunds[1082] sowie auf die bereits in der Geschworenengerichtsbarkeit bestehende Möglichkeit eines Berichtigungsverfahrens hinsichtlich des Wahrspruchs nach § 317 RStPO bei einstimmigen Zweifeln an der Richtigkeit der Feststellungen[1083].

Erheblich kritisiert wird insbesondere, dass durch die Ausdehnung der revisionsgerichtlichen Prüfungskompetenz auch auf Bereiche der Tatsachenfeststellung und Beweiswürdigung die Grenzen der gesetzlich gewollten Arbeits- und Verantwortungsteilung zwischen Tat- und Revisionsrichter verwischt würden.[1084] *Franke* spricht in diesem Zusammenhang von „schwerwiegenden Gefahren für die Strafrechtspflege“[1085]. In diesem Zusammenhang wird den Revisionsgerichten vorgeworfen, vielfach eine eigene inhaltliche Beurteilung der Beweislage[1086] vorzunehmen

1078 *Franke,* in: LR-StPO, vor § 333 Rn. 1; *Riess,* NStZ 1982, 49; vgl. auch *Velten,* in: SK-StPO, § 261 Rn. 28, der hinsichtlich der erweiterten Prüfungsbefugnis von einer „gewohnheitsrechtlichen Kompetenz“ spricht; siehe auch *Peters,* in: FS Schäfer, 137, 151, der auf die nach wie vor bestehende Rechtsgrundlage in § 337 StPO hinweist.

1079 Vgl. *Riess,* in: FS Hanack, 397, 416 f.

1080 *Peters,* Strafprozess, 2. Aufl., 565; krit. *Androulakis,* FS II Roxin, 1375, 1377.

1081 Vgl. *Foth,* NStZ 1992, 444, 445; *ders.,* DRiZ 1997, 201, 202; *Franke,* in: LR-StPO, vor § 333 Rn. 1 f.; *Riess,* in: FS Hanack, 397 f.; *Rosenau,* in: FS Widmaier, 521, 524, 529; *Roxin,* Strafverfahrensrecht, 19. Aufl., 336.

1082 *Rosenau,* in: FS Widmaier, 521, 524.

1083 *Riess,* in: in: FS Hanack, 397, 405; *ders.,* in: FS Fezer, 455, 462 Fn. 19.

1084 *Franke,* in: LR-StPO, vor § 333 Rn. 5; *Riess,* in: FS Fezer, 455, 463; *ders.,* in: FS Hanack, 397, 407; vgl. auch *Foth,* DRiZ 1997, 201, 205; *Mayer,* NStZ 1991, 526.

1085 *Franke,* in: LR-StPO, vor § 333 Rn. 5.

1086 *Frister,* in: FS Grünwald, 169, 194; *Velten,* in: SK-StPO, § 261 Rn. 33; ähnlich auch *Blau,* JR 1988, 210, 212: „Beweiswürdigung (...) durch seine eigene ersetzt“; *Fezer,* in: FS Hanack, 331 336: „eigene Beurteilung der Sache selbst“; *Hanack,* in: LR-StPO, 25. Aufl., § 337 Rn 147: „eigene Überzeugung (...) mit in die Waagschale“; *Herdegen,* in: FS Eisenberg, 527, 537: „eigene Würdigungskompetenz“; *Kühne,* Strafprozessrecht, 8. Aufl., Rn. 1079: „subjektive Auffassung an die Stelle der des Tatgerichts“; *Rosenau,* in: FS Widmaier, 521, 532: „eigene – verdeckte – Beurteilung der Sache

und damit in den „Kernbereich strafrichterlicher Würdigungsfreiheit" einzugreifen[1087]. *Schlothauer* spricht insofern von der Revisionsinstanz als einer „zweiten Tatsacheninstanz mit eigener (...) Sachentscheidung"[1088], der wohl schärfste Kritker des BGH aus den eigenen Reihen, der ehemalige Bundesrichter *Foth* beschreibt die momentane Praxis sogar wie folgt: „Die Tatgerichte erheben die Beweise. Deren tatsächliche und rechtliche Würdigung sowie die Festsetzung der Strafe obliegt den Revisionsgerichten"[1089]. Die Beweiswürdigungsvorgaben des BGH hätten die „Qualität klassischer Beweisregeln" erreicht.[1090]

Spezielle Kritik entflammt sich zudem an der ausufernden eigenen Sachentscheidung in entsprechender Anwendung des § 354 Abs. 1 StPO, jedoch unter Verwerfung der Feststellungen entgegen des Wortlauts mit der Begründung, in einer neuen Hauptverhandlung sei keine weitere Sachaufklärung zu erwarten[1091] sowie den mit einer Zurückverweisung oft einhergehenden Hinweisen an den neuen Tatrichter, mit denen das Revisionsgericht entgegen seiner Aufgabenzuweisung zuweilen durch „konkrete Handlungsanweisungen"[1092] gezielt versuche auf den Tatrichter im Hinblick auf das gewünschte Beweisergebnis Einfluss zu nehmen.[1093]

Beide Lager in der Diskussion um die „erweiterte" Revision beklagen bzw. räumen ein, dass mit der richterrechtlichen Ausweitung der Revisionsgrenzen über den Gesetzeswortlaut und die ursprünglichen Vorstellungen hinaus, ein Verlust an Berechenbarkeit und Vorhersehbarkeit betreffend die Erfolgsaussichten des Rechtsmittels[1094]

---

selbst"; siehe auch *Velten*, in: SK-StPO, § 337 Rn. 30, der von einer „Umgehungsstrategie" durch „Etikettierung unplausibler Entscheidungen als unvollständig begründet" spricht.

1087 *Schmitt*, Die richterliche Beweiswürdigung im Strafprozess, 377.

1088 *Schlothauer*, StraFo 2000, 289, 295.

1089 *Foth*, NStZ 1992, 444.

1090 *Jähnke*, in: FS Hanack, 355, 356; vgl. auch *Hamm*, in: FS Fezer, 393, 407 ff. speziell bzgl. Beweiswertvorgaben; allgemein *Sarstedt*, in: FS Hirsch, 171, 175, 180 f., 185; *Theune*, in: Rechtssicherheit vs. Einzelfallgerechtigkeit, 13, 14.

1091 Aus pragmatischen Gründen differenzierend nach dem Ausschluss einer zur Verurteilung ausreichenden Beweislage: *Loddenkemper*, Revisibilität (Fn. 1068), 140 ff. m.w.Nw.; krit. im Hinblick auf die gesetzliche Regelung und Verantwortungszuweisung: *Detter*, in: FS 50 Jahre BGH, 679, 705.

1092 *Riess*, in: FS Fezer, 455, 470.

1093 Vgl. dazu *Franke*, in: LR-StPO, vor § 333 Rn. 12; *Riess*, in: FS Hanack, 397, 412; *ders.*, in: Aktuelle Probleme der Strafrechtspflege, 117, 137 f., 141 f.; *Schlothauer*, StraFo 2000, 289, 291.

1094 *Barton*, Die Revisionsrechtsprechung des BGH in Strafsachen, 9; *Dahs/Dahs*, Die Revision im Strafprozess, Rn. 3; *Erb*, GA 2012, 72, 85; *Franke*, in: LR-StPO, vor § 333 Rn. 11; *Hamm*, Die Revision in Strafsachen, Rn. 13; *ders.*, StV 1987, 262, 267 f.; *Hannack*, in: FS Dünnebier, 301, 304; *Hannover*, StV 1987, 425; *Riess*, in: FS Fezer, 455, 463; *ders.*, in: FS Hanack, 397, 408, 421; *Rosenau*, in: FS Widmaier, 521 f.; *Schmitt*, richterliche Beweiswürdigung (Fn. 1087), 487; *Stülpnagel*, JA 2004, 231, 236; vgl. auch *Albrecht*, NStZ 1983, 486, 492 und *Riess*, GA 1978, 257, 273: „unkalkulierbare(s) Risiko".

und damit zusammenhängend ein Zustand von Rechtsunsicherheit[1095] einhergehe. Es wird vor allem bemängelt, dass sich die Grenzen der Revisibilität nicht mehr hinreichend verlässlich abstecken ließen[1096], die Revisionsgerichte sich vielmehr durch offene Termini wie denjenigen des „Rechtsfehlers“ weite Ermessensspielräume[1097] geschaffen hätten: Einmal führe ein typischer Beweiswürdigungsfehler zur Urteilsaufhebung, ein anderes Mal scheitere die Revision trotz vergleichbarer Sachlage mit dem Hinweis auf den unzulässigen Versuch des Revisionsführers, die Beweiswürdigung des Tatrichters durch seine eigene zu ersetzen – wenn die Entscheidung nach Auffassung des Revisionsgerichts in der Sache selbst „richtig“ sei.[1098] *Schlothauer* spricht insofern von einem „Eindruck der Beliebigkeit und des Zufalls“, weil Erfolg oder Misserfolg der Rüge oftmals von der eigenen Überzeugungsbildung des Revisionsgerichts abhingen.[1099] Relativiert wird die These von der Lenkung des Revisionsgerichts durch die eigene Ansicht mithilfe des Gerechtigkeitsgedankens des bei schweren Straftaten einzigen Rechtsmittels sowie der prozessökonomisch gewünschten Wirkung der Nicht-Aufhebung im Ergebnis richtiger Urteile.[1100]

Wieder andere kritisieren, dass im Bereich der Darstellungsrüge oftmals nicht die sachlich-rechtliche Richtigkeit, sondern lediglich die „Kunstfertigkeit der Darstellung“ abgeprüft werde, sodass der Erfolg der Rüge von der Fähigkeit des Verfassers zur hinreichenden Urteilsbegründung abhänge.[1101] Dagegen wird wiederum eingewandt, dass eine mangelhafte Darstellung dahinterstehende Feststellungs- und

1095 So ausdrücklich *Albrecht,* NStZ 1983, 486, 492; *Barton,* StV 2004, 332, 335; *Riess,* GA 1978, 257, 259, 273; *ders.,* in: Verhandlungen des 52. DJT, Bd. II Sitzungsberichte, L 17; *Rosenau,* in: FS Widmaier, 521, 522.

1096 *Gössel,* in: Tatsachenfeststellung in der Revisionsinstanz, 117, 122 f.

1097 *Barton,* StV 2004, 332, 334; *Herdegen,* in: FS Eisenberg, 527, 533, 537; *Schünemann,* JA 1982, 123, 126.

1098 *Schlothauer,* StraFo 2000, 289, 290; ähnlich auch *Fezer,* in: FS Hanack, 331, 336; siehe zur Ergebnisorientierung des Revisionsgerichts auch *Loddenkemper,* Revisibilität (Fn. 1068), 134; vgl. auch *Fezer,* Die erweiterte Revision, 52, der im Hinblick auf die Konstruktion einer Gesetzesverletzung durch Darstellungsfehler, die jedoch zugleich zu unbestimmt für konkrete Kriterien seien, von einem „doppelte(n) Spiel“ spricht; zust. *Barton,* in: FS Fezer, 333, 346 mit Fn. 36, der insofern zwei „konkurrierende Entscheidungsregeln“ feststellt, die jeweils beide zur Anwendung kommen könnten.

1099 *Schlothauer,* StraFo 2000, 289, 291; ähnlich auch *Rosenau,* in: FS Widmaier, 521, 522, 533; vgl. auch *Hamm,* StV 1987, 265 f., der von einer „quasi -tatrichterliche(n) Ergebnisorientierung“ und dadurch bedingtem „Zufall“ der Revisionsentscheidung spricht und *Schünemann,* in: Verhandlungen des 52. DJT, Bd. II Sitzungsberichte, L 108: „blanker Zufall“.

1100 *Fezer,* in: FS Hanack, 331, 338, 340.

1101 *Roxin/Schünemann,* Strafverfahrensrecht, § 55 Rn. 32; *Schünemann,* ZStW 114 (2002), 1, 54 f.; *ders.,* JA 1982, 123, 126; zust. *Schlothauer,* StraFo 2000, 289, 293; vgl. auch *Kühne,* Strafprozessrecht, 8. Aufl., Rn. 1076.

Beweiswürdigungsfehler indiziere[1102] und die Gefahr der Aufhebung richtiger Urteile wegen „missglückter Abfassung" geringer zu gewichten sei als die Bestätigung einer Verurteilung trotz vorhandener Beweiswürdigungsfehler[1103].

Ein weiterer, oft aufgegriffener Punkt ist die Übernahme traditioneller, eigentlich der Verfahrensrüge – insbesondere der Aufklärungsrüge – obliegender Aufgaben durch die „im Gewande der Sachrüge" agierende Darstellungsrüge, ohne an deren gesetzliche Grenzen gebunden zu sein:[1104] Insbesondere bei der Verletzung von Denkgesetzen, Erfahrungssätzen und des Gebotes der erschöpfenden Beweiswürdigung sei der Weg zu den Feststellungen und damit im Grunde das Verfahrensrecht betroffen[1105]; *Fezer* bezeichnet die Zuordnung solcher Verstöße zur Sachrüge als „aus dogmatischer Sicht nicht haltbar"[1106]. Als Konsequenz wird bei den genannten Rechtsfehlern teilweise die Anwendung der Aufklärungsrüge nach § 244 Abs. 2 sowie der Inbegriffsrüge nach § 261 StPO vorgeschlagen[1107], teils wird die Darstellungsrüge als „völlig eigenständige(r) dritte(r) Bereich der revisionsrichterlichen Kontrolle"[1108] eingeordnet. *Riess* relativiert die Kritik, indem er eine funktionale Definition der Verfahrensnorm ins Spiel bringt, wonach eine solche ausscheide und die Sachrüge greife, wenn der Fehler allein aus der Urteilsurkunde erkennbar sei.[1109] Zudem wird der Vorteil einer flexiblen Darstellungsprüfung von Amts wegen ohne Abhängigkeit von formalen Voraussetzungen, was die Effektivität der revisionsrechtlichen Kontrolle steigere[1110] sowie der positive soziale Effekt der

---

1102 *Erb,* GA 2012, 72, 83; *Riess,* in: FS Fezer, 455, 468; *ders.,* in: FS Hanack, 397, 407; noch weitergehend *Jähnke,* in: FS Hanack, 355, 362, der eine unmittelbare Dokumentation der Fehler annimmt.

1103 *Maul,* in: FS Pfeiffer, 409, 420; *Rosenau,* in: FS Widmaier, 521, 532.

1104 *Franke,* in: LR-StPO, vor § 333 Rn. 10; vgl. dazu auch *Fezer,* Die erweiterte Revision, 53; *Hanack,* JuS 1977, 727, 730; die Verwischung der Grenzen zwischen Sach- und Verfahrensrüge prangern zudem *Pelz,* NStZ 1993, 361, 362 und *Temming,* in: HK-StPO, § 337 Rn. 27 an, siehe auch *Barton,* JuS 2007, 977, 980, der die Differenzierung zwischen Sach- und Verfahrensrüge sogar als „obsolet" ansieht.

1105 *Barton,* JuS 2007, 977, 980; *Frisch,* in: FS Eser, 257, 264 f.; *Riess,* GA 1978, 257, 274; *ders.,* in: FS Hanack, 397, 398, 410.

1106 *Fezer,* in: FS Hanack, 331, 335.

1107 *Geerds,* in: FS I Peters, 267, 273 ff. bzgl. Denkgesetze und Erfahrungssätze; *Gössel,* in: Verhandlungen (Fn. 1062), C 79 f. inkl. Vollständigkeit; vgl. auch *dens.,* in: Tatsachenfeststellung (Fn. 1096), 117, 137; *Kühne,* Strafprozessrecht, 8. Aufl., Rn. 1080 bzgl. Erfahrungssätze; ganzheitlich *Hamm,* Revision (Fn. 1094), Rn. 273 ff., der bei Erkennbarkeit des Fehlers aus den Urteilsgründen die Sachrüge als Verfahrensrüge auffasst, die jedoch ohne weitere Darlegungen § 344 Abs. 2 S. 2 StPO genüge.

1108 *Schünemann,* JA 1982, 71, 75; vgl. auch *Riess,* GA 1978, 257, 274, der seine selbst bezeichnete „Feststellungsrüge" als „selbstständige Rügeform" ansieht.

1109 *Riess,* in: FS Hanack, 397, 410 f.; vgl. auch *Peters,* in: FS Schäfer, 137, 152, der diesbezüglich ein neues „Gegensatzpaar" ins Spiel bringt: Erkennbarkeit des Fehlers aus dem Urteil – Rechtsfehler – oder aus den Akten – Verfahrensfehler.

1110 *Fezer,* in: FS Hanack, 331, 335.

Unabhängigkeit von einem teuren Strafverteidiger, den sich nicht jeder Angeklagte leisten könne, durch mögliche Erhebung der Sachrüge zu Protokoll der Geschäftsstelle[1111], hevorgehoben.

Eine weitere negative Konsequenz der Erweiterung der Revisibilität bei der Sachrüge hebt *Riess* hervor, der einen Zusammenhang zwischen der umfangmäßigen Verstärkung der Kontrolle und der Verringerung des Einzelaufwandes durch die Häufung der Entscheidungen ohne jegliche Begründung nach § 349 Abs. 2 StPO vermutet, um mögliche Argumentationsschwierigkeiten zu umgehen – realtivierend gibt er zugleich selbst zu, dass die begründungsfreie Beschlussentscheidung nach § 349 Abs. 2 StPO bei der Anzahl der jährlich beim BGH eingehenden Revisionen zur Erhaltung der Funktionsfähigkeit des obersten deutschen Gerichts unumgänglich sei.[1112] *Tröndle* macht indes nicht zur gebotenen Revisionsbegründung fähige Verteidiger für die „Flut" offensichtlich unbegründeter Revisionen verantwortlich.[1113]

Neben den Kritikern, die sich scheinbar zwischenzeitlich mit den eingetretenen Veränderungen arrangiert haben, indem sie trotz aller Kritik gewisse Notwendigkeiten[1114] und Unumkehrbarkeiten[1115] der erweiterten Revision zugestehen, gibt es auch erbitterte Fürkämpfer[1116], die für die Erweiterung der Revisionsgrenzen insbesondere

---

1111 *Maul,* in: FS Pfeiffer, 409, 423.

1112 *Riess,* in: FS Hanack, 397, 413, 415 f.

1113 *Tröndle,* in: Probleme der Strafprozessreform, 73, 92 f.

1114 Vgl. etwa *Fezer,* in: FS Hanack, 331, 333, wo die Überprüfung der tatsächlichen Grundlagen als „schon längst zur unumstrittenen Erkenntnis" gewordene „Notwendigkeit" und 352, wo die Prüfungserweiterung als zur „dringend gebotene(n) Einzelfallgerechtigkeit" notwendig bezeichnet wird; *dens.,* StV 2007, 40, wo von einem „berechtigten Überprüfungsbedürfnis" die Rede ist; *Riess,* in: FS Hanack, 397, 417, der aufgrund der Tatsache, dass die Revision bei schwerer Kriminalität einziges Rechtsmittel ist, die Entwicklung als „im Grundsatz richtig" bezeichnet; *Rosenau,* in: FS Widmaier, 521, 531, der auf die Notwendigkeit erweiterter Kontrolle im Hinblick auf den Grundsatz effektiven Rechtsschutzes hinweist.

1115 Vgl. *Barton,* StV 2004, 332, 339; *Fezer,* in: FS Hanack, 331, 340; *dens.,* Möglichkeiten (Fn. 1077), 197; *dens.,* StV 2007, 40; *Riess,* in: FS Hanack, 397, 417.

1116 Vgl. etwa *Androulakis,* in: FS II Roxin, 1369, 1381, der die erweiterte Revision als ein „begrüßenswerter Sieg der Natur der Sache gegen einen offensichtlichen Lapsus des historischen Gesetzgebers" ansieht; *Erb,* GA 2012, 72, 85 bezeichnet sie als „eine der größten rechtsstaatlichen Fortschritte des Strafprozessrechts im 20. Jahrhundert"; *Frisch,* in: FS Eser, 257, 290, der eine „geglückte Entwicklung im Dienste eines gerechten Strafrechts" annimmt; *dens.,* in: SK-SPO, § 337 Rn. 129, 132, wo die Entwicklung als „begrüßenswert" und „dogmatisch richtig" bezeichnet wird; *Hamm,* in: FS Fezer, 393, 411 f., der bzgl. der von ihm als „bindenden Beweisregeln" bezeichneten Beweiswertvorgaben von „erfreulichen richterrechtlich entwickelten Fortschritten" spricht; *Jähnke,* in: FS Hanack, 355, 367, der die Entwicklung aus „rechtsstaatlichen Gesichtspunkten" heraus begrüßt; *Willms,* JR 1975, 52, 55, der von der Revision als „das kunstvolle, in seiner rationellen Gestaltung als Rechtsrüge vorbildliche Rechtsmittel" spricht, ihm folgend *Kuckein,* in: KK-StPO, 6. Aufl.,

den Gerechtigkeitszweck[1117] anführen und die Revisibilität der Beweiswürdigung aus der tatrichterlichen Begründungspflicht[1118] oder der Unschuldsvermutung sowie den Grundrechten und den europäischen Menschenrechten des Angeklagten[1119] herleiten.

### *e) Stellungnahme*

Gesamtheitlich betrachtet ist die Revisionsrealität der „erweiterten" Revision als beinahe logische Konsequenz eines gewandelten Zweckverständnisses hin zu mehr Einzelfallgerechtigkeit und des erheblich veränderten verfahrensrechtlichen Hintergrundes zu befürworten und der BGH als wesentlicher Motor einer Tendenz zu mehr Rechtsstaatlichkeit unter Wahrung der subjektiven Rechte des revidierenden Angeklagten herauszustellen. Der näheren Erörterung bedürfen folgende Gesichtspunkte:

Betreffend die bestehende Gesetzeslage ist den Kritikern zuzugeben, dass bei ausschließlichem Abstellen auf ein enges Wortverständnis der Gesetzeswortlaut eklatant ungenügend erscheint, um die gegenwärtige Revisionspraxis zu legitimieren. Auf der anderen Seite gehört es seit jeher zu den anerkannten Mitteln der Rechtsanwendung veränderten Gegebenheiten und Bedürfnissen im Wege der Gesetzesauslegung Rechnung zu tragen und den Gesetzeswortlaut entsprechend der Entwicklung restriktiv oder extensiv auszulegen. Der Bundesgerichtshof ist kein „Rechtsetzer"[1120], er kommt lediglich seiner ihm gesetzlich als obersten Gerichts des Instanzenzuges zugedachten Aufgabe als „Rechtsgestalter" nach, wenn er in die Jahre gekommene Tatbestände einer Anpassung an die modernde Rechtswirklichkeit zuführt. Seit der Einführung der im Wesentlichen gleichgebliebenen §§ 267 und 337 StPO hat sich sowohl die zugrundeliegende Sach- als auch die Rechtslage grundlegend verändert: Von einem nicht zu begründenden Wahrspruch der Geschworenen kam es zu einem von Berufsrichtern zu erlassenden, schriftlich abzufassenden Urteil mit nach und nach statuierten Anforderungen an den juristischen Verfasser im Hinblick auf eine rational-objektivierte Beweiswürdigung; der anfänglich mangels Begründungsbedürftigkeit faktisch ohne nennenswerte rechtsstaatliche Absicherung verurteilte

---

vor § 333 Rn. 6; die erweiterte Revision verteidigen ferner *Fischer,* in: FG Paulus, 53, 69; *Frisch,* in: FS Fezer, 353, 375 f.; *Hamm,* StV 1987, 262; *Maul,* in: FS Pfeiffer, 409, 420 f.; *Meyer-Goßner,* DRiZ 1997, 471 ff.; *Otto,* NJW 1978, 1, 7, 10.

1117 *Frisch,* in: FS Fezer, 353, 375; *ders.,* in: SK-StPO, § 337 Rn. 129; *Hamm,* StV 1987, 262, 268; *Kuckein,* in: KK-StPO, 6. Aufl., vor § 333 Rn. 6; *Loddenkemper,* Revisibilität (Fn. 1068), 137; *Maul,* in: FS Pfeiffer, 409, 422.

1118 *Jähnke,* in: FS Hanack, 355, 360; vgl. auch *Meyer-Goßner,* DRiZ 1997, 471, 473; *Wagner,* ZStW 106 (1994), 259, 270.

1119 *Peters,* in: FS Schäfer, 137, 149 f.; *ders.,* Strafprozess, 4. Aufl., 642, 644; vgl. auch *Erb,* GA 2012, 72, 86 f. mit Fn. 52.

1120 So im Ergebnis allgemein auch *Zschockelt,* in: Rechtsgestaltende Wirkung des Revisionsrechts, 86, 97, der die provokativ aufgeworfene Frage „Der Bundesgerichtshof als Gesetzgeber" mit Nein beantwortet.

Angeklagte entwickelte sich mit der Einführung echter Freiheitsgrundrechte, insbesondere des Schutzes des Individuums gegenüber staatlichen Eingriffen in Art. 2 des Grundgesetzes von 1949 und des Rechts auf ein faires Verfahren und der Garantie der Unschuldsvermutung in Art. 6 Abs. 1 und 2 der 1953 in Kraft getretenen europäischen Menschenrechtskonvention[1121] zum wirklichen Subjekt des Strafverfahrens mit immer ausdifferenzierteren Beschuldigtenrechten. Heute kann in einem modernen Rechtsstaat kein Zweifel mehr daran bestehen, dass der Angeklagte einen Anspruch auf ein objektiv fundiertes, rational begründetes Urteil[1122] unter Mitteilung der wesentlichen, den Tatrichter bei seiner Entscheidungsfindung leitenden Gesichtspunkten hat. Der Gesetzgeber hat zunächst eine Anpassung der Gesetzeslage – die wohl unter dem Nazi-Regime kaum durchsetzbar und später in der Nachkriegszeit durch drängendere Probleme zurückgedrängt war – übersehen, bis eine solche – wie anhand des Scheiterns der vielfältigen Reformbemühungen sichtbar wurde – angesichts der sprunghaften Entwicklungen in der Praxis bald überholt erschien. Angesichts der Tendenzen in der Strafrechtspflege zu mehr Rechtsstaatlichkeit erweist sich meines Erachtens nur mehr eine extensive Gesetzesauslegung geeignet, vor dem Hintergrund der lückenhaften Gesetzeslage den veränderten verfassungsrechtlichen Anforderungen an einen rechtmäßigen Grundrechtseingriff Genüge zu tun und einen zulässigen Rechtszustand herzustellen. Denn schon die verfassungsrechtliche Grundrechtslehre – Verfassungsgemäßheit nur bei staatlich legitimiertem Eingriff aufgrund einer ausreichenden Rechtsgrundlage, Geeignetheit, Erforderlichkeit und Verhältnismäßigkeit sowie deren Begründung – zwingt zu einer verfassungskonformen Auslegung der §§ 267, 337 StPO, um diese überhaupt weiterhin anwenden zu können. Auch zeichnet sich im Bereich der Kontrolle der tatrichterlichen Beweiswürdigung und Feststellungen ein Vorrang des Gerechtigkeits- gegenüber dem Rechtseinheitszweck und damit einhergehend die Zuerkennung einer möglichst umfassenden Prüfungskompetenz des Revisionsgerichts ab, da sich im Laufe der Zeit gezeigt hat, dass die Revision als einziges Rechtsmittel bei schweren Delikten wegen der erkannten Fehleranfälligkeit der richterlichen Beweiswürdigung nurmehr als effektives Rechtsmittel angesehen werden kann, wenn es auch in diesen zuvor verschlossenen Bereich mit der Maßgabe der Beschränkung auf die Rechtsfehlersuche eindringen darf. Schließt man nach der ursprünglichen Definition vom Rechtseinheitsgedanken Fragen mit Einzelfallcharakter aus, tritt dieser in Konflikt mit der Ausweitung der Revisionsgrenzen im Bereich der Beweiswürdigung, da die Beweiswürdigung stets im konkreten Einzelfall wurzelt. Im Zweifel ist ein etwaiger Konflikt damit zu Recht zugunsten der Einzelfallgerechtigkeit zu lösen. Kollisionen lassen sich jedoch in der Praxis bestmöglich vermeiden,

---

1121 Vgl. *Peters*, in: FS Schäfer, 137, 149 f.

1122 Zum „Gebot rational begründeter und tatsachengestützter Beweisführung" ausdrücklich BGH NStZ-RR 2008, 370; StV 2011, 3, 4 und Beschl. v. 13.9.2011 – 5 StR 308/11 -, jurion Rn. 17; vgl. auch meine Ausführungen zum Erfordernis einer objektiv, rationalen Komponente der Überzeugungsbildung oben A II 1 b) aa) (1) (b) (cc).

stellt man nicht vermessen und einseitig auf die Abgrenzung der Rechtseinheit vom Einzelfall ab, sondern öffnet sich der Vorstellung, dass Einzelfallentscheidungen aus einer Vielzahl allgemeiner Bestandteile bestehen, die sehr wohl für zukünftige Fälle mit vergleichbarer Tatsachengrundlage richtungsweisend sein können[1123], sodass es gar nicht zwingend zu solchen Kollisionsfällen kommen muss.

Zugegebenermaßen bewegt sich diese Auslegung jedenfalls bei § 267 Abs. 1 S. 2 StPO an der äußersten Wortlautgrenze, da in der Vorschrift von einer Begründung der Beweiswürdigung im Allgemeinen keine Rede ist; andererseits enthält die Norm diesbezüglich aber auch keinen gegenteiligen Ausspruch und der Wortlaut „auch" zeigt sich offen für weitere Interpretationen.

Auch bei der Auslegung des Begriffs der „Gesetzesverletzung" in § 337 StPO sind die seit 1877 veränderten äußeren Verhältnisse in den Blick zu nehmen: Zum Zeitpunkt der Entstehung der RStPO bestand etwa eine wissenschaftliche Kriminalistik noch gar nicht[1124], psychologische Regeln zur Glaubwürdigkeitsbeurteilung sind erst viel später entwickelt worden und die heutige Beweislehre ist maßgeblich von molekular-biologischen Entdeckungen wie derjenigen des DNA-Beweises geprägt. Die Rechte des Angeklagten wurden fortwährend gestärkt und das Zweckverständnis von der Revision hat sich grundlegend gewandelt. Gemessen am heute anerkannten Ziel der Revision auch die Gerechtigkeit im Einzelfall zu gewährleisten, ist der Begriff der „Gesetzesverletzung" im Verhältnis zu dem angelegten Verständnis bei Einführung der Revision, als ausschließlich auf den Rechtseinheitszweck abgestellt wurde, weit zu verstehen und nicht lediglich auf Gesetze im formellen oder materiellen Sinn zu beschränken; bezugnehmend auf die obigen Ausführungen[1125] zur Legitimierung der Revisibilität der Denkgesetze, allgemeingültigen Erfahrungssätze und offenkundigen Tatsachen ist vielmehr das ein „Gesetz" definierende Kriterium der Allgemeinverbindlichkeit herauszustellen und gesetzesähnliche Grundsätze und Richtlinien[1126], welche die Rechtsprechung im Wege der Auslegung und Konkretisierung der geschriebenen Rechtslage mit vergleichbarer Geltungskraft entwickelt hat in entsprechender Anwendung des § 337 StPO ebenso dem Begriff der Gesetzesverletzung im Sinne einer „Rechtsverletzung", eines „Rechtsfehlers" zu unterstellen. Neben der so statuierten Pflicht zur nachvollziehbaren, denkmöglichen, der Erfahrung entsprechenden und erschöpfenden Beweiswürdigung gehört dazu auch die damit korrespondierende – da Verstöße gegen erstere erst aufdeckende – im Wege der erweiternden Auslegung des § 267 Abs. 1 StPO gewonnene Darlegungspflicht hinsichtlich der leitenden Beweiswürdigungserwägungen; an die

1123 Siehe dazu meine Ausführungen iRd Revisibilität der Subsumtion unter unbestimmte Begriffe oben A I 4.

1124 *Peters,* in: FS Schäfer, 137, 149.

1125 Siehe oben A II 1 b) aa) (3) (c).

1126 Ähnlich *Frisch,* in: FS Eser, 257, 272, der auch „ungeschriebene Grundsätze und Prinzipen", *Henke,* ZZP 81 (1968), 196, 228, 245 „Richtlinien" und *Velten,* in: SK-StPO, § 261 Rn. 28, der „Konkretisierungen des Gesetzes" der Gesetzesverletzung unterstellen will.

Statuierung einer Darlegungspflicht muss sich dabei denknotwendig die Einstufung als Gesetzesverletzung bei einem Verstoß anknüpfen, da die Auferlegung einer rechtlichen Pflicht ohne revisionsrechtliche Konsequenz das mit der Verpflichtung verfolgte Ziel verfehlen würde und damit sinnwidrig wäre.[1127] Eine solche erweiterte Auslegung des Gesetzes hat nichts mit einem zwanghaften „Zwängen“ unter den Gesetzeswortlaut zu tun, sondern stellt eine übliche Reaktion auf veränderte tatsächliche und rechtliche Bedingungen sowie ein grundlegend unterschiedliches Verständnis von dem den Umfang der Revisibilität massiv beeinflussenden Ziel des letztinstanzlichen Rechtsmittels in Strafsachen dar. Im Laufe der Zeit haben sich erst ganz neue Horizonte bezüglich weiterer, möglicher Gesetzesverletzungen aufgetan, die am Anfang unvorstellbar waren: Auf der Basis von 1877 war etwa ein Begründungsfehler mangels bestehender Begründungspflicht ebenso nicht denkbar wie Fehler im Denkprozess zwar möglich jedoch mangels Dokumentation des Überzeugungsbildungsvorgangs nicht nachweisbar waren. Erst mit der Existenz des schriftlichen Urteils ergab sich damit für das Revisionsgericht faktisch die Möglichkeit, Beweiswürdigungsfehler zu erkennen und das tatrichterliche Urteil daraufhin zu überprüfen. Eine Auslegung am Wortlaut des § 337 StPO darf daher nicht mehr an dem engen Verständnis der Anfangszeit – tatsächliche Feststellungen irrevisibel, rechtliche Würdigung revisibel – haften bleiben, da sich zwischen diesen beiden Bereichen und in scheinbarer Überschneidung derselben eine Menge anderer möglicher Gesetzesverletzungen aufgetan haben, die eine an die Entwicklungen angepasste neue Definition der Gesetzesverletzung erfordert. Eine solche ist mithin neben dem Verstoß gegen Gesetze im herkömmlichen Sinn auch dann anzunehmen, wenn der Tatrichter gegen aus Konkretisierungen des Gesetzes durch die Rechtsprechung hervorgebrachte, allgemein anerkannte Regeln und Grundsätze zur Würdigung der Beweise verstößt. Ungeachtet der anfänglich avisierten klaren Trennbarkeit von *Tat-* und *Rechts*frage hat schon der historische Gesetzgeber in seinen Motiven zur RStPO klar gemacht, dass vom Begriff der „Rechtsnorm“ „auch alle Grundsätze, welche sich aus dem Sinne und Zusammenhange der gesetzlichen Vorschriften ergeben“ umfasst seien.[1128] Einer ausholenderen Auslegung steht auch nicht etwa das Scheitern der Reformprojekte entgegen, da sich der Gesetzgeber mit der Ablehnung einer Gesetzesänderung nicht etwa generell gegen den gegenwärtigen Revisionszustand ausgesprochen hat, sondern im Gegenteil eine weitere Fortentwicklung durch die Revisionsgerichte durch neue starre Worthülsen des Gesetzes nicht hemmen wollte. Ein solches Verhalten indiziert vielmehr eine stillschweigende Billigung des bisherigen Entwicklungsprozesses. *Peters* spricht insofern von einem Vorzug einer „inneren“ gegenüber einer „äußeren“ Reform.[1129]

1127 Vgl. zu ähnlichen Gedankengängen *Maul,* in: FS Pfeiffer, 409, 420 f. und *Meyer-Goßner,* DRiZ 1997, 471, 473.

1128 *Hahn/Mugdan,* Die gesamten Materialien zu den Reichs-Justizgesetzen, Bd. 3 StPO, 251.

1129 *Peters,* in: FS Schäfer, 137, 138.

Im Hinblick auf die ursprüngliche Intention des historischen Gesetzgebers sind ähnliche Erwägungen veranlasst: Der Gesetzgeber von 1877 ging von gänzlich unterschiedlichen Voraussetzungen aus, wie die moderne Revisionsrechtsprechung, wenn sie heute die alten, überkommenen Gesetze anwenden will. Ein Blick in die Zeit vor dem Erlass der RStPO zeigt hingegen, dass gesetzliche Begründungspflichten und damit Gebote zur rationalen Beweiswürdigung dem historischen Gesetzgeber nicht völlig fremd gewesen sind: Aus der Tatsache, dass im preußischen Gesetz von 1846, das von einem Berufsrichtersystem anstelle eines Geschworenensystems ausging, eine Begründungspflicht statuiert wurde, lässt sich der Schluss ziehen, dass das Unterlassen einer Regelung in der RStPO vor allem durch die Wahl des Geschworenensystems bedingt war[1130], da von Laienrichtern keine komplizierte rechtliche Begründung erwartet werden konnte. Der historische Kontext zeigt damit, dass im Grunde eigentlich von Anfang an eine verständliche Begründung der Beweiswürdigung verlangt und nie von einer völlig unantastbaren tatrichterlichen Freiheit ausgegangen wurde; die Ausgestaltung des Systems ließ nur keine solche zu. Die fehlende Regelung der Begründungspflicht beruht mithin maßgeblich auf der damaligen Gerichtsverfassung, der Systembruch zwang zum Überdenken und zur Reaktion auf die veränderten Umstände. Denn erst mit der Einführung des Berufsrichtertums und der immer weiter steigenden Anforderungen an eine legitime Beweiswürdigung trat ein zuvor nicht existenter Zielkonflikt zwischen der Ausgestaltung der Revision als beschränktem Rechtsmittel und dem gestiegenen Bedürfnis nach einer effektiveren Revision als einziger Rechtsmittelinstanz bei schweren Straftaten zu Tage, den es zu lösen galt und den die Rechtsprechung mehr und mehr zugunsten der Einzelfallgerechtigkeit entschieden hat. Aus dieser Veränderung der sachlichen und rechtlichen Voraussetzungen seit 1877 ergeben sich zwei wichtige Konsequenzen: Die gesetzgeberische Intention kann zum einen als Argument gegen die erweiterte Revision nicht ohne weiteres herangezogen werden, weil keiner weiß, wie der Gesetzgeber, hätte er die Entwicklung damals schon vorausgesehen, reagiert hätte; zum anderen ist die einseitige Ausnahme der gesamten *Tat*frage im ursprünglichen Sinne – Tatsachenfeststellung und Beweiswürdigung – aus der Revision auch heute nicht mehr tragbar. Das Rechtsstaatsprinzip gemäß Art. 20 Abs. 3 i.V.m. 2 Abs. 1 GG verlangt ein widerspruchsfreies, objektivierbares Urteil für den Angeklagten, das Willkürverbot als Grenze jeden staatlichen Handelns gemäß Art. 3 GG ist sowohl vom Tatrichter als auch vom Revisionsrichter zu beachten, die Rechtsschutzgarantie des Art. 19 Abs. 4 GG bzw. der allgemeine Justizgewährungsanspruch erfordern eine möglichst effektive gerichtliche Kontrolle, welche insbesondere die Nachvollziehbarkeit des Urteils für das Revisionsgericht zur Ermöglichung der Rechtsprüfung voraussetzt und die Einzelfallgerechtigkeit als anerkannter Zweck der Revision verhindert einen völligen Ausschluss der Berücksichtigung für das Revisionsgericht erkennbarer Fehler im tatrichterlichen Urteil.

1130 Vgl. *Fezer*, StV 1995, 95, 96, der diesbezüglich im Zusammenhang mit der Einordnung der Beweiswürdigung als irrevisibeler Tatfrage von „historischen Fehlentwicklungen“ spricht.

Zum Vorwurf der Anmaßung eigener Sachentscheidungskompetenz durch die Revisionsgerichte ist Folgendes zu erwidern:

Wer eine unmittelbare eigene Entscheidung des Revisionsgerichts in der Sache selbst annimmt, übersieht, dass das Revisionsgericht im absoluten Regelfall faktisch gar keine abschließende Sachentscheidung treffen kann, da grundsätzlich ein kassatorisches Verfahren mit Zurückverweisung an einen neuen Tatrichter vorgesehen ist, §§ 353, 354 Abs. 2 StPO, der dann zur neuen Sachentscheidung über Schuld oder Unschuld des Angeklagten berufen ist[1131], wohingegen die eigene Entscheidung nach § 354 Abs. 1 StPO nur unter engen Voraussetzungen zum Tragen kommt. Grenzüberschreitungen durch Ausweitung der eigenen Sachentscheidung ohne Vorliegen der Voraussetzungen kommen zwar als bedauerliche Einzelfälle vor, werden jedoch vom Bundesverfassungsgericht kontrolliert und bei willkürlicher Anmaßung einer eigenen Beweiswürdigung unter Unterlassung der gebotenen Zurückverweisung als Verstoß gegen den gesetzlichen Richter gemäß Art. 101 Abs. 1 S. 2 GG eingeordnet.[1132] Was die allgemeine Beeinflussung der Untergerichte durch Vorgaben für die Beweiswürdigung betrifft, welche ihre Urteile wegen Abweichungen von der BGH-Rechtsprechung ungern aufgehoben sehen, reagiert der BGH zum einen häufig nur auf neue Erkenntnisse der zahlreichen in den Rechtsbereich hineinspielenden Wissenschaften der Psychologie, der Technik, der Kriminalistik usw., zum anderen nimmt er lediglich seine Aufgabe als oberstes Gericht in Strafsachen zur Wahrung der Rechtseinheit wahr, was die Rechtssicherheit in Revisionssachen stärkt.

Eine andere Frage ist die mit der Zurückverweisung einhergehende mittelbare Beeinflussung des neuen Tatrichters, die mitunter psychologische Fachfragen betrifft, denen hier nicht weiter nachgegangen werden kann. Eine indirekte Einflussnahme durch Lenkung des Tatrichters zum gewünschten Ergebnis und damit gewisse Grenzübertretungen im Hinblick auf das Prinzip der Arbeits- und Verantwortungsteilung lassen sich jedoch nicht abstreiten und letztlich wohl faktisch auch nicht vermeiden, wenn der Weg zu den Feststellungen über die Rechtsfehlerkontrolle grundsätzlich geöffnet wird. Überwiegend lässt sich jedoch bei dem vielbezeichneten „Eingriff"[1133] in die tatrichterliche Beweiswürdigung keine unmittelbare Störung der Beweiswürdigungskompetenz des Tatrichters im engeren Sinn, der Würdigung an sich, verzeichnen; betroffen ist vielmehr zumeist der „Weg" zu den Feststellungen[1134], wie wenn der BGH Wertungen als „nicht nachvollziehbar", „unklar" oder „widersprüchlich" bezeichnet, weil damit der Weg zur Beweisentscheidung für das Revisionsgericht nicht

1131 Vgl. zu ähnlichen Gedanken auch *Frister,* in: FS Grünwald, 169, 194 sowie *Riess,* in: FS Hanack, 397, 406 f. und *Jähnke,* in: FS Hanack, 355, 363, die den Unterschied zwischen dem Anstellen einer eigenen Beweiswürdigung und der Rechtsfehlerkontrolle herausstellen.

1132 Vgl. dazu etwa BVerfG NStZ 1991, 499 f.

1133 *Detter,* in: FS 50 Jahre BGH, 679; *Mayer,* NStZ 1991, 526; *Riess,* NStZ 1982, 49; *Schmitt,* richterliche Beweiswürdigung (Fn. 1087), 400.

1134 Vgl. auch *Henke,* ZZP 81 (1968), 321, 379 und *Jähnke,* in: FS Hanack, 355, 356, die zwischen dem „Weg" und dem Beweis „ergebnis" unterscheiden.

verständlich ist. Es ist zu differenzieren zwischen dem subjektiven Für-wahr-halten an sich, dem reinen Würdigungsakt und der objektiven Komponente der Überzeugungsbildung, der Bildung einer tragfähigen Grundlage des Überzeugtseins.[1135] Erstere Komponente bleibt wegen ihrer irrationalen, sprachlich nicht vollständig vermittelbaren Elemente irrevisibel, zweitere wird wegen ihrer Objektivierbarkeit neben der Verfahrensrüge auch der erweiterten Revision auf dem Weg über die Sachrüge unterworfen.

Es ist insofern der Formulierung *Rosenaus* beizupflichten, wenn dieser von einem „mittelbar(en) Zugriff" auf die Feststellungen[1136] durch die Sachrüge spricht und von einem indirekten Angriff auf die Feststellungen auszugehen, da diese nicht unmittelbar wegen ihres Ergebnisses an sich Gegenstand der Revision werden, sondern über allem die Legitimation des Vorliegens eines *Rechts*fehlers steht. Freilich gibt der BGH Beweiswürdigungsvorgaben, wenn er anordnet, wie bestimmte Gesichtspunkte zu würdigen sind oder der Beweiswert besonderer Beweissituationen einzuordnen ist. Dabei handelt es sich jedoch zumeist um allgemeingültige, für weitere Verfahren verwendbare Richtlinien, welche zur Stärkung der Rechtseinheitlichkeit beim Anstellen von Beweiswürdigungserwägungen beitragen. Insofern erscheint eine Formulierung *Rissing-van-Sans* treffend, wonach in der Revisionspraxis eine in „rechtliches Gewand gekleidete Bewertung von tatsächlichen Feststellungen und der Beweiswürdigung"[1137] stattfinde, sowie *Fezers*, der von einer „Verrechtlichung des Beweiswürdigungsvorganges"[1138] spricht. Nicht zu verwechseln sind die vom BGH praktizierten „Beweiswürdigungsregeln" jedoch mit „Beweisregeln" im Sinne der gesetzlichen Beweistheorie, welche mit der Einführung des § 261 StPO abgeschafft

---

1135 Siehe auch meine Ausführungen zum objektiv-subjektiven Beweismaß, oben A II 1 b) aa) (1) (b) (cc); vgl. im Ansatz zu einer Differenzierung zwischen einem subjektiven und einem objektiven Teil der Beweiswürdigung auch *Hamm*, in: FS Fezer, 393, 402 f., der dem rationalen einen irrationalen Teil der Beweiswürdigung gegenüberstellt, der beim Zeugenbeweis ungleich größer sei als bei dem sich nach den Gesetzen der Mathematik vollziehenden Sachverständigenbeweis; ähnlich auch *Cuypers*, Die Revisibilität der strafrichterlichen Beweiswürdigung, 459 und *Loddenkemper*, Revisibilität (Fn. 1068), 132 f.; vgl. auch *Herdegen*, StV 1992, 527, 529, 533, der bei einem Verfehlen des neben der subjektiven Gewissheit erforderlichen objektiven Beweismaßes eine Gesetzesverletzung annimmt; *Peters*, in: FS Schäfer, 137, 150, der zwischen der „subjektiven Wertung" und dem „objektiven Fundament" unterscheidet; *ders.*, Strafprozess, 4. Aufl., 644, wonach die Beweiswürdigung auf einem „objektiven Fundament mit subjektivem Überbau" beruhe; siehe außerdem *Riess*, in: FS Fezer, 455, 463; *ders.*, in: FS Hanack, 397, 406.

1136 *Rosenau*, in: FS Widmaier, 521, 524; ähnlich auch *Erb*, ZStW 113 (2001), 1, 6 und *Kühne*, Strafprozessrecht, 8. Aufl., Rn. 1076.

1137 *Rissing-van Saan*, StraFo 2010, 359, 360.

1138 *Fezer*, in: FS Hanack, 331, 338; ähnlich auch *Barton*, StV 2004, 332, 339; vgl. auch *Hamm*, Revision (Fn. 1094), Rn. 5; *dens.*, in: FS Fezer, 393, 396, der den Rechtsbegriffcharakter des Beweises hervorhebt.

wurden[1139]: Die heutigen Beweiswürdigungsvorgaben sind nicht im Sinne unbedingter, für jeden Einzelfall ohne Rücksicht auf die individuellen Verhältnisse geltender, absolut zwingender Beweisregeln zu verstehen, sondern sie stellen allgemeine Vorgaben für den Regelfall bei ähnlichem Sachverhalt dar, Abweichungen bei besonderen Umständen bleiben wegen des Einzelfallcharakters der jeweiligen Entscheidung stets unberührt.

Der Tatrichter ist nach wie vor – das gilt es zu betonen: auch nicht im Rahmen der ausgeweiteten jetzigen Revisionsgrenzen – nicht gehindert, eine Beweiseinschätzung nach seiner eigenen individuellen Überzeugung zu treffen, wenn er sich dabei nur an die allgemeinen Vorgaben des BGH hält und diese nachvollziehbar, alle gegenteiligen Gesichtspunkte berücksichtigend und umfassend abwägend begründet. Noch immer kann der BGH eine Beweisentscheidung nicht mit der Begründung angreifen, dass ihm das Ergebnis nicht gefalle. Er gibt freilich eigene Wertungen ab, wenn er feststellt, eine bestimmte tatrichterliche Schlussfolgerung sei „fernliegend" oder „liege auf der Hand", er greift dabei jedoch zugleich einen *rechtlichen* Fehler wie eine fehlende erschöpfende Würdigung oder mangelnde Nachvollziehbarkeit auf. Allein mit der Rüge, die Wertung sei „fernliegend", kann und darf eine Revision hingegen nie zum Erfolg führen. Es mag vereinzelt solche Entscheidungen geben, in denen der Eindruck erweckt wird, das Revisionsgericht hebe tatrichterliche Urteile allein wegen gegenteiliger eigener Meinung ohne Feststellung eines Rechtsfehlers auf – einige mögen schlecht formuliert, einige tatsächlich so intendiert sein, weshalb solche Entscheidungen als unzulässiger Eingriff in den tatrichterlichen Verantwortungsbereich zu verurteilen und die Einhaltung der grundlegenden Revisionsprinzipen anzumahnen sind. Solange solche Fälle nur vereinzelt auftreten, sind sie jedoch als geringfügige Grenzüberschreitungen zur Erlangung des mit der erweiterten Revision verfolgten Gesamtziels einer effektiven Rechtsfehlerkontrolle hinzunehmen. Zuzugeben ist ferner, dass sich der BGH mit unbestimmten Topoi wie „wesentlich", „nachvollziehbar" oder „erschöpfend" weite Eingriffsmöglichkeiten geschaffen hat, die auch noch weitergehende Korrekturen möglich erscheinen lassen; nur durch solche offene Tatbestände lässt sich jedoch dem veränderten Bedürfnis nach einem möglichst weitgehenden Zugriff auch auf rechtliche Fehler im Bereich der tatsächlichen Feststellungen und der Beweiswürdigung unter Berücksichtigung des Einzelfallcharakters von Urteilen hinreichend reagieren.

Als Zwischenergebnis lässt sich festhalten, dass die Revisionsgerichte schon verfahrensrechtlich keine eigene Entscheidung in der Sache selbst treffen, sondern zur Rechtsfehlerkontrolle berufen sind. Dass bei der Suche nach Rechtsfehlern eigene Wertungen mitdurchklingen ist schon aus sprachlichen Gründen oftmals selbstverständlich. Die Gefahr, dass bei der Entscheidung über die Aufhebung oder Bestätigung des angefochtenen Urteils letztlich auch eine Tendenz des Revisionsrichters

1139 Vgl. zur Differenzierung auch *Hamm,* in: Rechtssicherheit vs. Einzelfallgerechtigkeit, 20, 22; zutreffend *Cuypers,* Revisibilität (Fn. 1135), 459, der feststellt, „an die Stelle der gesetzlichen Beweisregeln" seien „richterliche Beweisregeln" getreten.

dahingehend mitspielt, ob das zu beanstandende Urteil im Ergebnis „richtig" oder „falsch" ist, wird sich schon aus dem Grund nicht verneinen oder gar ausschalten lassen, weil es ein Mensch ist, der diese Entscheidung trifft und dieser vielfach von seinem Gefühl zu einem bestimmten Urteil geleitet wird. Dieses Eingeständnis an Irrationalität, das wohl bei jeder Gerichtsentscheidung jedenfalls unterbewusst mitspielt, wird wohl nur selten ein Richter abgeben.[1140]

Dieser Gedanke leitet über zum nächsten Kritikpunkt – dem der Unberechenbarkeit durch die Einzelfallabhängigkeit der Judikatur:

Insgesamt ist die durch bewusst offene und unbestimmte Tatbestände begünstigte Unsicherheit über die Erfolgsaussichten der Revision zu bedauern, insbesondere dass sich durch die Erweiterung der Revisionsgrenzen die Erfolgsquote nicht erhöht hat[1141]. Relativierend ist zum Gesichtspunkt der Einzelfallbezogenheit der Rechtsprechung jedoch zu sagen, dass diese einem jeden Urteilsspruch wesensgemäß innewohnt, da Gerichtsentscheidungen stets Einzelfälle abbilden und keine sichere Gewähr für zukünftige Entscheidungen bieten können; zudem ist ein jedes Rechtsmittel mit der Ungewissheit über ihren Ausgang behaftet. Sorge bereitet jedoch die außerordentlich geringe Erfolgsquote der Angeklagtenrevisionen, die an der Effizienz der Revision in ihrer jetzigen Form zweifeln lassen können. Zutreffend weist hingegen *Jähnke* auf die deutlich höhere Erfolgsquote der Staatsanwaltschaftsrevisionen hin[1142], was vor allem darauf zurück zu führen sein wird, dass diese vermehrt den Anschein der Fehlerhaftigkeit erweckende Urteile anhand objektiver Anhaltspunkte mit herausragender Fachkompetenz anzugreifen vermögen, während Angeklagte vielfach die Revision ohne objektive Erfolgsaussicht allein als Mittel zur Herauszögerung der Rechtskraft – zumal von in der Hauptverhandlung gefangenen gebliebenen Verteidigern[1143] – missbrauchen. Die Problematik wird weiter durch die anderweitig kritisierten Beweiswertvorgaben der Obergerichte entschärft, welche durch allgemeine Richtlinien für zukünftige Fälle vielfach klare Regeln enthalten und dadurch die Rechtseinheitlichkeit und Rechtssicherheit der Revision und damit auch deren Berechenbarkeit insgesamt erhöhen. Letztlich sind die bestehenden Berechenbarkeitsverluste zwar zu kritisieren, jedoch im Hinblick

1140 Vgl. zu sog. apokryphen, d.h. verdeckten Entscheidungskriterien, die aus Gesprächen mit Bundesrichtern ausgearbeitet wurden, äußerst instruktiv *Barton,* Revisionsrechtsprechung (Fn. 1094), 261 ff., dort auch zu dem Ausspruch eines ehemaligen Bundesrichters „Ein goldrichtiges Urteil wird man doch nicht aufheben!", 262; siehe zu weiteren „latenten Wirkungskräften" auch *dens.,* in: FS Fezer, 333, 346 ff.; es gibt entgegen meiner anfänglichen Vermutung doch tatsächlich einen Bundesrichter, der „eigene Wahrheitsinteressen", selbstständige Beweisbewertungen und den Einfluß von Irrationalitäten bei der Beweiswürdigung wie individuelle Einstellungen und Selbstüberschätzung, freimütig einräumt: *Fischer,* in: FG Paulus, 53, 56 ff.

1141 *Loddenkemper,* Revisibilität (Fn. 1068), 135; *Riess,* in: FS Hanack, 397, 408.

1142 *Jähnke,* in: FS Hanack, 355, 365.

1143 Vgl. *Jähnke,* in: FS Hanack, 355, 365.

auf die missliche Lage des Fehlens einer zweiten Tatsacheninstanz in der Schwerkriminalität, welche der Gesetzgeber im Hinblick auf die auftretenden Schwierigkeiten für die Wahrheitsfindung durch menschliche Fehler als Gefahr für die Einzelfallgerechtigkeit offenbar nicht ausreichend bedacht hat, hinzunehmen. Auf den Vorwurf der Nachprüfung ausschließlich des Darstellungsgeschicks des Tatrichters ist zu erwidern, dass die Darlegungspflicht nur dann effizient umgesetzt werden kann, wenn deren gewissenhafte Einhaltung kontrolliert wird und ein Darstellungsfehler zur Urteilsaufhebung führt. Zudem ist zwischen der Pflicht zu nachvollziehbaren, widerspruchsfreien und erschöpfenden Beweiswürdigung und der Darlegungspflicht als eigener, selbstständiger Rechtspflicht in erweiternder Auslegung des § 267 Abs. 1 S. 2 StPO zu differenzieren, wobei letztere wiederum erstere Fehler erst offenlegt. Mit der Annahme der Indizierung eines hinter der fehlenden Darstellung stehenden Würdigungsfehlers ist ein Maßstab gefunden, der es ermöglicht Fehler im Rahmen des Überzeugungsbildungsvorgangs aufzudecken, da diese ansonsten vielfach nicht offen zu Tage treten würden. Hinsichtlich der konkreten Ausgestaltung des Darstellungsumfangs erscheint jedoch so manche Einzelkritik berechtigt, insbesondere wenn die Anforderungen überzogen oder uneinheitlich sind.

Den Kritikern ist weiter zuzugeben, dass die herkömmliche Definition zur Abgrenzung von Sach- und Verfahrensrüge über die Betroffenheit des Weges zu den Feststellungen[1144] bei der erweiterten Revision scheitert und legt man diese zugrunde, eine Umgehung des § 344 Abs. 2 StPO ins Auge springt. Der Kritik an der fehlenden dogmatischen Legitimation dieser Zuordnung lässt sich daher nicht viel entgegensetzen.[1145] Zu bedenken ist jedoch, dass dieser Ansatz ohnehin oft nicht zu eindeutigen Ergebnissen führt und auch bei anderen Problemkreisen, etwa der unzulässigen Verwertung des Schweigens des Angeklagten versagt. Die Rechtsprechung hat vielmehr stillschweigend einen neuen Maßstab herausgearbeitet, der danach differenziert, ob der Fehler bereits aus der Urteilsurkunde heraus erkennbar ist oder ob zusätzlich die Akten herangezogen werden müssen. Dieser Ansatz besticht durch seine Praxistauglichkeit, da kein Revisionsrichter eine aufwendig formulierte Verfahrensrüge benötigt, wenn der Fehler schon aus dem Urteil ersichtlich ist. Insbesondere will man sich nicht auf die Einhaltung der überhöhten Anforderungen an die Begründung der Rüge nach § 344 Abs. 2 StPO und die verschwindend geringe Erfolgswahrscheinlichkeit der Verfahrensrüge verlassen. Das Revisionsgericht will verständlicherweise nicht – und darf aus rechtsstaatlichen Gründen und des Gerechtigkeitszwecks der Revision heraus eigentlich auch nicht – sehenden Auges ein unrichtiges Urteil bestätigen, nur weil formale Voraussetzungen nicht erfüllt sind. Zur Legitimierung dieses Ansatzes ist neben dem Gesichtspunkt der Prozessökonomie noch folgender Gedankengang *Gottwalds* zum Zweck der Begründung von Verfahrensrügen aus dem Zivilrecht heranzuziehen und auf das

1144 Vgl. zu dieser Definition *Barton,* StV 2007, 977, 978 m.w.Nw.

1145 Vgl. dazu auch die obigen Ausführungen im Rahmen der Denkgesetze und Erfahrungssätze, S. 331.

Strafrecht zu übertragen: Ziel des Verbots der Prüfung ungerügter Verfahrensfehler sei die Entlastung des Revisionsgerichts bei der Suche nach Verfahrensfehlern; wenn das Revisionsgericht den Mangel jedoch einfach aus den Urteilsgründen erkennen könne, bedürfe es diesbezüglich keines Schutzes mehr, es verzichte vielmehr gerade auf diese Möglichkeit.[1146] Irgendein „Opfer“ muss es ja für die Ausweitung einer praktikabelen und zielgenauen Prüfungsmethode geben: vorliegend ist es die diesen Anforderungen überwiegend nicht genügende Verfahrensrüge.

## 2. *Verfahrensrüge*

### *a) Grenzen der Nachprüfbarkeit*

Im 1. Kapitel sind die Grundsätze im Umgang mit den der Geltendmachung von Verfahrensverstößen im Wege der Verfahrensrüge zugrundeliegenden Tatsachen, den sog. prozessualen Feststellungen erläutert worden, die mit folgenden drei Schlagwörtern zusammengefasst werden können: Keine Bindung des Revisionsgerichts an prozessuale Feststellungen – Prüfpflicht des Revisionsgerichts hinsichtlich des Vorliegens von Verfahrensfehlern – Ermittlungen im Freibeweis.[1147]

Im Folgenden sollen die neben diesen Grundsätzen bald durch die Rechtsprechung praktizierten Ausnahmen einer näheren Betrachtung zugeführt und dabei das Augenmerk auf zwei Fallgruppen gelegt werden, die zumeist mit folgenden Oberbegriffen überschrieben werden: Tatrichterliche „Ermessens“ entscheidungen sowie das Verbot der Rekonstruktion der Hauptverhandlung.

Die im Rahmen der Entwicklung der Verfahrensrüge dargestellten weiteren Einschränkungen durch die Irrevisibilität von Soll- und Ordnungsvorschriften, Rügepräklusionen usw.[1148] bleiben dabei außer Betracht, da die Gründe für deren Irrevisibilität zumeist bei der Frage des Beruhens, nicht hingegen bei der Abgrenzung von *Tat-* und *Rechts*fragen oder der damit zusammenhängenden Problematik der Bindung an die Feststellungen liegen.

#### aa) „Ermessens“ entscheidungen

Die Überschrift „Ermessens“ entscheidungen lehnt sich an die in der Literatur in diesem Zusammenhang überwiegend verwendete Terminologie[1149] an und ist untechnisch im Sinne von Ausfüllungsspielräumen des Tatrichters als Oberbegriff für die Anwendung unbestimmter Rechtsbegriffe auf der Tatbestandsseite und Ermessensermächtigungen auf der Rechsfolgenseite zu verstehen. Die Revisionspraxis

---

1146 Vgl. *Gottwald,* Die Revisionsinstanz als Tatsacheninstanz, 174.

1147 Vgl. dazu 1. Kapitel B II 1.

1148 Vgl. dazu 2. Kapitel A I 3 b).

1149 Vgl. etwa *Franke,* in: LR-StPO, § 337 Rn. 63; *Henkel,* Strafverfahrensrecht, 377; *Eb. Schmidt,* LK II-StPO, § 337 Rn. 13; siehe auch *Pfitzner,* Bindung der Revisionsgerichte an vorinstanzliche Feststellungen im Strafverfahren, 165 ff., der von einem tatrichterlichen „Feststellungsermessen“ spricht.

zur Revisibilität solcher Normen mit offenen Tatbeständen soll im Folgenden durch Abhandlung einzelner Verfahrensvorschriften vorgestellt werden.

### (1) Fallbeispiele aus der obergerichtlichen Rechtsprechung und Bewertung

Vorangestellt sei eine Entscheidung, die zum einen die Vorgehensweise der Revisionsgerichte bei der Bewertung von unbestimmten Begriffen/Ermessensnormen im Verfahrensrecht anhand des Beispiels „Verfolgungsgefahr" im Sinne von § 55 Abs. 1 StPO exemplarisch aufzeigt und zugleich eine Verknüpfung zu einem die Revisibilität anderweitig einschränkenden Merkmal aufweist, BGH, Urt. v. 16.11.2006 – 3 StR 139/06:

Das Oberlandesgericht Hamburg hat den Angeklagten wegen Beteiligung an den Anschlägen vom 11.09.2001 in den USA u.a. wegen Beihilfe zum Mord in 3066 Fällen zu einer Freiheitsstrafe von 15 Jahren verurteilt. Auf die Revision des Angeklagten hin kam es zur Zurückverweisung und Neuverhandlung, in deren Folge der Angeklagte nur wegen Mitgliedschaft in einer terroristischen Vereinigung zu einer Freiheitsstrafe von sieben Jahren verurteilt wurde. In dieser zweiten Hauptverhandlung wurde ein wegen ähnlicher Tatvorwürfe bereits zuvor angeklagter und rechtskräftig freigesprochener Zeuge vernommen, der unter Hinweis auf ein mögliches Wiederaufnahmeverfahren ein umfassendes Aussageverweigerungsrecht nach § 55 Abs. 1 StPO geltend machte und nur Angaben zur Körpergröße der Attentäter machte.

Die Verfahrensrüge des Angeklagten, mit der er die rechtsfehlerhafte Zubilligung eines Aussageverweigerungsrechts rügt, erachtet der Senat schon als unzulässig. Die Frage, ob ein Zeuge sich oder einen Angehörigen durch die Beantwortung von Fragen in die Gefahr der Strafverfolgung nach § 55 Abs. 1 StPO begebe und in welchem Umfang eine Verfolgungsgefahr ein Auskunftverweigerungsrecht begründe, sei „durch § 238 Abs. 2 StPO vorrangig dem Vorsitzenden anvertraut". Er habe im Rahmen der Verhandlungsleitung darüber zu befinden, ob der Zeuge die Beantwortung von Fragen verweigern dürfe. Wolle der Angeklagte dieser Verfahrensweise später in der Revision beanstanden, müsse er zuvor das Gericht nach § 238 Abs. 2 StPO anrufen, andernfalls verwirke er seine Rügemöglichkeit, wozu der Senat weiter erläutert: „Dies gilt jedenfalls dann, wenn der Anordnung des Vorsitzenden eine strafprozessuale Regelung zugrunde liegt, die ihm für die Feststellung ihrer tatbestandlichen Voraussetzungen einen Beurteilungsspielraum eröffnet oder ihm auf der Rechtsfolgenseite Ermessen einräumt, und die Revisionsrüge auf eine Überschreitung des Beurteilungsspielraums oder einen Ermessensfehlgebrauch gestützt werden soll.[1150] Zu beidem findet eine ins Einzelne gehende Richtigkeitsprüfung des Revisionsgerichts nicht statt. Dieses ist vielmehr auf die rechtliche Kontrolle beschränkt, ob das Tatgericht die Grenzen des Beurteilungsspielraums oder des Ermessens in einer Weise überschritten hat, dass sich dessen Entscheidung als nicht mehr vertretbar und damit als rechtswidrig erweist. Eindeutige, die Entscheidung des jeweiligen Einzelfalls präzise vorzeichnende Maßstäbe bestehen insoweit

1150 BGH NJW 2007, 384, 387; ebenso BGHSt 55, 65, 68.

nicht."[1151] Die Frage, ob und in welchem Umfang sich der Zeuge mit seiner Aussage einer Verfolgungsgefahr gemäß § 55 Abs. 1 StPO aussetze, unterliege „weitgehend der wertenden Beurteilung des Vorsitzenden nach Maßgabe der Umstände des Einzelfalls"[1152]; sehe ein Verfahrensbeteiligter durch das Ausmaß des zugebilligten Auskunftsverweigerungsrechts „die Grenzen rechtlich zulässiger Beurteilung dieser Umstände überschritten", könne er seine Revision nur darauf stützen, wenn er zuvor vergeblich die Aufhebung der Anordnung versucht habe.

Mit dieser Entscheidung scheint der Maßstab der Nachprüfbarkeit der Subsumtion unter unbestimmte Verfahrensbegriffe durch den Tatrichter gefunden und zugleich die Begründung dafür geliefert zu sein: Das Revisionsgericht sei auf die Prüfung von Grenzüberschreitungen anhand des Kriteriums der „(Un-) Vertretbarkeit" beschränkt und dürfe das Ergebnis im Übrigen nicht auf seine inhaltliche Richtigkeit überprüfen. Zudem sticht die saubere Differenzierung zwischen zwei in der älteren Rechtsprechung immer wieder durcheinander gebrachten Begrifflichkeiten hervor: dem des Ermessens und dem des Beurteilungsspielraums. Als Begründung für die nur beschränkte Nachprüfbarkeit bringt der BGH in dieser Entscheidung den wertenden Charakter und den Einzelfallbezug der Ausfüllung weiter, inhaltlich unbestimmter Begriffe sowie das Fehlen für jeden Einzelfall gültiger Maßstäbe vor und verfährt damit scheinbar genauso wie bei der Subsumtion unter normative und unbestimmte Begriffe im materiellen Strafrecht. Ob von einer vollständigen Übertragbarkeit der dort bereits getätigten Gedanken sowie einer Kontinuität der gerade aufgestellten Vermutungen auszugehen ist, werden die nachfolgenden Entscheidungen aufzeigen.

Ein weiteres Beispiel für eine saubere Differenzierung zwischen den Begrifflichkeiten bildet ein Beschluss des BGH vom 11.12.2008 – 3 SR 429/08 bezüglich der Anwendung von § 59 Abs. 1 StPO, wo sogar in einer Norm sowohl ein unbestimmter Begriff – „ausschlaggebende Bedeutung" – als auch eine Ermessensermächtigung vorkommt – „nach seinem Ermessen für notwendig hält":

Die Revision des Angeklagten gegen das Urteil des Landgerichts Berlin wurde als offensichtlich unbegründet gemäß § 349 Abs. 2 StPO verworfen, der Auffassung des Generalbundesanwalts, ein Verstoß der Vereidigung gegen § 59 StPO sei nicht revisibel, trat der Senat jedoch ausdrücklich entgegen: „Die Neufassung des § 59 StPO eröffnet dem Tatrichter für diese Entscheidung einen Beurteilungsspielraum („wegen der ausschlaggebenden Bedeutung der Aussage oder zur Herbeiführung einer wahren Aussage") kombiniert mit einer Ermessensbefugnis („nach seinem Ermessen für notwendig hält"). Wie in sonstigen Fällen kann auch hier mit der

1151 BGH NJW 2007, 384, 387.

1152 BGH NJW 2007, 384, 387; vgl. auch Urt. v. 12.5.2005 – 5 StR 283/04 -, jurion Rn. 13, wo hinsichtlich der Annahme einer Verfolgungsgefahr von „tatrichterlichen Ermessen", OLG Celle NJW 2012, 247 (Ls. 2) von einem „weiten Beurteilungsspielraum" und BGHSt 43, 321, 326 und StV 1986, 515 (Ls.), wo gar von einer bindenden „tatsächlichen Beurteilung" die Rede ist, vgl. ähnlich auch schon BGHSt 10, 104, 105.

Revision geltend gemacht werden, der Tatrichter habe den ihm zustehenden Beurteilungsspielraum überschritten oder sein Ermessen rechtsfehlerhaft ausgeübt (...).[1153] Solche Fehler seien vorliegend nicht ersichtlich.

Den Umgang mit einem weiteren typischen unbestimmten Begriff, dem Terminus „Untersuchungserfolg gefährden" in § 168 c Abs. 5 S. 2 StPO zeigt ein Urteil des BGH vom 24.7.2003 – 3 StR 212/02 auf:

Das Landgericht Düsseldorf hat den Angeklagten N wegen Herbeiführung einer Sprengstoffexplosion mit Todesfolge in Tateinheit mit Mord in sechs Fällen und versuchtem Mord in zwei Fällen zu lebenslanger Freiheitstrafe verurteilt und die besondere Schwere der Schuld festgestellt.

Die auf eine Verfahrensrüge gestützte Revision des Angeklagten führte zum Erfolg. Der Senat ist der Auffassung, das Schwurgericht habe zu Unrecht Angaben der geschiedenen Ehefrau des Mitangeklagten S zu Lasten des Angeklagten N verwertet, obwohl ein Verwertungsverbot bestanden habe, da der Angeklagte N und sein Verteidiger nicht von der richterlichen Vernehmung dieser Zeugin im Ermittlungsverfahren gemäß § 168 Abs. 5 S. 1 StPO benachrichtigt worden seien. Die Benachrichtigung habe nur unterbleiben dürfen, wenn der Untersuchungserfolg, d.h. die Gewinnung einer wahren Aussage gefährdet worden wäre im Sinne von § 168 Abs. 5 S. 2 StPO, was insbesondere dann anzunehmen sei, wenn durch zeitliche Verzögerung der Verlust des Beweismittels drohe oder „die auf zureichende tatsächliche Anhaltspunkte gestützte Besorgnis" bestehe, das Anwesenheitsrecht werde für Verdunkelungsmaßnahmen, etwa der Anhaltung des Zeugen zur Falschaussage missbraucht. Der Senat führt dazu weiter aus: „Wann diese Besorgnis begründet ist, entzieht sich allgemein gehaltenen Aussagen und kann nur unter Berücksichtigung der Umstände des Einzelfalls beurteilt werden. Diese Beurteilung obliegt dem vernehmenden Ermittlungsrichter (...), dem dabei wegen des Prognosecharakters seiner Entscheidung ein gewisser Beurteilungsspielraum zuzubilligen ist. Seine Entschließung und die sie tragenden Gründe hat er aktenkundig zu machen (...), um dem erkennenden Gericht, das über die Verwertbarkeit des gewonnenen Beweisergebnisses zu entscheiden hat, die Nachprüfung zu ermöglichen, ob er den ihm zustehenden Beurteilungsspielraum eingehalten hat." Fehle eine Entscheidung des Ermittlungsrichters folge daraus nur dann ein Verwertungsverbot, wenn die Benachrichtigung objektiv zu Unrecht unterblieben sei, was das Tatgericht unter Zugrundelegung des Vernehmungszeitpunkts „in eigener Verantwortung unter Würdigung aller Umstände des Einzelfalls zu prüfen" habe: „Hat das erkennende Gericht eine Gefährdung des Untersuchungserfolges bejaht, so ist das Revisionsgericht seinerseits auf die Prüfung beschränkt, ob dabei Rechtsfehler, insbesondere eine Überschreitung des tatrichterlichen Beurteilungsspielraums, erkennbar sind."[1154] Eine solche eigene Prüfung, ob eine Gefährdung des Untersuchungserfolges

---

1153 BGH NStZ 2009, 343.

1154 BGH NJW 2003, 3142, 3144 m. krit. Anm. *Wohlers*, GA 2003, 895; siehe dazu auch BGHSt 29, 1, 3; 46, 93, 100 und StV 199, 357, 358, wo von einer „Überschreitung der

vorgelegen hätte, habe das Schwurgericht hingegen nicht vorgenommen[1155], wozu der Senat ergänzend vorträgt: „Das Revisionsgericht kann grundsätzlich die vom Tatrichter unterlassene Prüfung nicht dadurch nachholen, dass es eine eigene Würdigung der zum Zeitpunkt der ermittlungsrichterlichen Vernehmung vorliegenden tatsächlichen Umstände vornimmt; denn diese Beurteilung liegt weitgehend auf tatsächlichem Gebiet[1156]." Eine Ausnahme sei nur denkbar, wenn alle maßgeblichen tatsächlichen Umstände festgestellt seien und sich anhand derer herausstelle, dass eine andere Entscheidung, als die von der Benachrichtigung abzusehen, „nicht vertretbar" gewesen wäre.[1157] Aus Sicht des Senats hätte allein eine mögliche Berufung auf ein Zeugnisverweigerungsrecht durch die Zeugin eine Benachrichtigung des Angeklagten nicht entbehrlich machen können und eine mögliche Vertraulichkeitszusage an die Zeugin habe den Ermittlungsrichter nicht von seiner Pflicht zu einer eigenständigen Prüfung der Sachlage entbunden, welche dem Gericht – wenn auch ggf. im Einzelfall wegen der Vertraulichkeitsinteressen nicht zur vollständigen – zumindest zur Nachprüfbarkeit auf ihre „Plausibilität" zugänglich gemacht werden müsse. Vorliegend sei eine „Plausibilitätsprüfung" nicht möglich, da weder der Ermittlungsrichter noch der Tatrichter dargelegt hätten, aus welchen Gründen eine Vertraulichkeitszusage erfolgt sei.

Auch bei dieser Entscheidung sticht die Verneinung allgemeingültiger Grundsätze unter Verweis auf den Einzelfall und die Hervorhebung der Prognoseentscheidung heraus. Die Begründung eines Beurteilungsspielraums beginnt bei der

---

dem tatrichterlichen Ermessen gesetzten Schranken" sowie BGHSt 31, 40, 143 m. krit. Anm. *Fezer,* JZ 1983, 355 f. und Beschl. v. 29.1.1980 – 1 StR 773/79 bei *Holtz,* MDR 1980, 456, wo von der Prüfung auf „Ermessensfehler" die Rede ist.

1155 BGH NJW 2003, 3142, 3144; vgl. dazu auch BGHSt 31, 140, 143 f., wo der Senat aus der unterbliebenden Entscheidung des Ermittlungsrichters und der fehlenden Prüfung des Tatgerichts folgert, Ermessensfehlerfreiheit könne nicht bejaht werden; ähnlich auch BGHSt 22, 266, 267 zum Begriff „keine genügende Vorstellung" in § 60 Nr. 1 StPO, wo ein Rechtsfehler bereits bei Fehlen einer Ermessensentscheidung angenommen wird vs. GA 1980, 256, 257 zu § 60 Nr. 2 StPO „der Beteiligung verdächtig", wo aus der fehlenden Auseinandersetzung mit einem Vereidigungsverbot gefolgert wird, dazu habe kein Anlass bestanden und StV 1985, 89, 90 zu demselben Begriff, wonach aus der Nichterwähnung grundsätzlich nicht geschlossen werden könne, das Tatgericht habe sich die Frage nicht gestellt – allerdings zu einer Zeit, als die Vereidigung noch die Regel war.

1156 BGH NJW 2003, 3142, 3144; vgl. dazu auch BGHSt 31, 140, 143; siehe auch die Zuweisung „keine genügende Vorstellung" im Sinne von § 60 Nr. 1 StPO in BGHSt 22, 266, 267 zum „tatsächlichen Gebiet".

1157 BGH NJW 2003, 3142, 3144; vgl. dazu BGHSt 42, 86, 91 ff., wo der Senat sich ausnahmsweise, obwohl sich weder Ermittlungs- noch Tatrichter mit der Frage ausdrücklich auseinandergesetzt hätte, auf dem Boden der Feststellungen zu einer eigenen Bewertung imstande sieht, da das Entschließungsermessen des Erstentscheidungsorgans unter den gegebenen Umständen „auf Null reduziert" gewesen sei.

zuständigen Erstinstanz, dem Ermittlungsrichter, dem quasi als Kompensation für den Entscheidungsspielraum eine umfassende Darlegungspflicht auferlegt wird und zieht sich bis zum Tatrichter durch. Hat der Ermittlungsrichter eine Entscheidung getroffen, prüfe das Tatgericht lediglich, „ob er den ihm zustehenden Beurteilungsspielraum eingehalten hat" und ist damit in seiner eigenen Beurteilung beschränkt; lediglich bei Fehlen einer Entscheidung des Ermittlungsrichters billigt ihm der BGH ein eigenes, inhaltliches Prüfungsrecht zu. Das Revisionsgericht solle dagegen von Anfang an auf die Prüfung auf Rechtsfehler, die ausdrücklich als „Plausibilitätsprüfung" bezeichnet wird, beschränkt sein.[1158] Die Beschränkung des Tatrichters auf die Rechtsfehlerkontrolle folgt zwar sinngemäß aus der Anerkennung eines Beurteilungsspielraums, lässt sich jedoch methodisch schwer in Einklang bringen mit der richterlichen Unabhängigkeit, Art. 97 Abs. GG und dem Grundsatz der freien Beweiswürdigung, ist es doch allein seine Aufgabe, sich ohne Bindung an Weisungen und nur seinem Gewissen unterworfen eine Überzeugung von der Schuld oder Unschuld des Angeklagten mithilfe vollgültiger Beweise zu bilden, § 261 StPO. Das Revisionsgericht hingegen wird nach der bekannten Rechtsprechung der Obergerichte zu unbestimmten Begriffen stets auf die Rechtsfehlerprüfung verwiesen.

Im Kern abweichend erweist sich die Rechtsprechung zu demselben Rechtsbegriff der „Gefährdung des Untersuchungserfolges" in anderem Kontext, zur Abbedingung des Richtervorbehaltes im Rahmen der Anordnung einer körperlichen Untersuchung beim Beschuldigten gemäß § 81a Abs. 2 StPO, wie ein Beschluss des OLG Bamberg vom 19.3.2009 – 2 Ss 15/09 zeigt:

Das Amtsgericht Bad Kissingen hat den Angeklagten wegen fahrlässiger Trunkenheit im Verkehr u.a. auf der Grundlage einer polizeilich ohne den Versuch der Einholung einer richterlichen Entscheidung angeordneten Blutalkoholuntersuchung schuldig gesprochen. Mit seiner Sprungrevision rügt der Angeklagte u.a. die Verletzung formellen Rechts durch eine angeblich unzulässige Verwertung des unter Verstoß gegen den Richtervorbehalt des § 81 a Abs. 2 StPO gewonnenen Ergebnisses des Bluttests.

Der Senat hat die Revision des Angeklagten als unbegründet verworfen. Gemäß § 81 a Abs. 2 StPO sei zwar primär der Richter für die Anordnung körperlicher Eingriffe beim Beschuldigten zuständig, sodass grundsätzlich zumindest der Versuch erfolgen müsse, eine Entscheidung des Richters zu erreichen; letzter sei nur ausnahmsweise entbehrlich, wenn schon die durch die Kontaktaufnahme eintretende Verzögerung den Untersuchungserfolg gefährden würde. Bei Straftaten in Verbindung mit Alkohol könne nicht schon der Hinweis auf den körperbedingten Abbau und die dadurch bedingte Verschlechterung der Nachweisbarkeit eine solche

1158 Vgl. so auch ausdrücklich BGHSt 31, 140, 143, wonach die Entscheidung des Ermittlungsrichters vom Tatrichter „in tatsächlicher Hinsicht überprüft" werden dürfe, wohingegen das Revisionsgericht bei Anstellen eigener Erwägungen seine „ihm zugewiesenen Kompetenzen überschreiten" würde.

Gefährdung rechtfertigen. Die Annahme einer Gefährdung des Untersuchungserfolges müsse vielmehr auf einzelfallbezogene, konkrete Tatsachen gestützt und dokumentiert werden, wobei das Vorliegen einer solchen Gefährdung „der vollständigen, eine Bindung an die von der Exekutive getroffenen Feststellungen und Wertungen ausschließenden gerichtlichen Überprüfung“[1159] unterläge. Die betroffene Ermittlungsperson habe eine Prognoseentscheidung zur mutmaßlichen zeitlichen Verzögerung durch die Einschaltung eines Richters in Form einer Abwägung anzustellen, in die u.a. die Tages- oder Nachtzeit, der Grad der Alkoholisierung und das Verhalten des Beschuldigten miteinzubeziehen seien. Eine Gefährdung des Untersuchungserfolgs durch Verzögerung sei im jeweiligen Einzelfall anzunehmen, wenn die Durchführung der Blutentnahme zu einem Zeitpunkt für notwendig erachtet werde, der erheblich vom erwarteten Zeitpunkt der richterlichen Entscheidung abweiche. Vorliegend seien anhand der Einzelumstände der Tatzeit am frühen Abend eines Samstags, der Feststellung in einer allgemeinen Verkehrskontrolle sowie der Nähe zum Krankenhaus die Voraussetzungen einer Eilanordnung nicht gegeben, da nicht von einer erheblichen zeitlichen Verzögerung durch eine richterliche Anordnung ausgegangen werden könne; erst nach dem erfolglosen Versuch einen Ermittlungsrichter zu erreichen, sei vorliegend überhaupt eine eigene Entscheidung der Polizei in Betracht gekommen. Mangels willkürlicher Umgehung des Richtervorbehalts führe der Verstoß gegen das Erhebungsverbot des § 81 a Abs. 2 StPO jedoch nicht zu einem Beweisverwertungsverbot.

Stellt man diese Entscheidung und die zuvor vorgestellte nebeneinander, überrascht die gänzlich unterschiedliche Vorgehensweise trotz gleichem Rechtsbegriff. Obwohl es sich bei dem Terminus „Gefährdung des Untersuchungserfolges“ unstreitig um einen unbestimmten Begriff mit fließenden Konturen handelt und auch in dieser Entscheidung das Erfordernis einer Prognoseentscheidung inklusive wertender Abwägung hervorgehoben wird, wird daraus nicht ausdrücklich die Konsequenz eines Beurteilungsspielraums der Exekutive bei ihrer Entscheidungsfindung gezogen, obwohl sämtliche Formulierungen darauf hindeuten. Auch folgt – entgegen dem, was man angesichts der verwendeten Terminologie „Einzelfall“, „Prognose“ vermuten würde – aus den üblichen Begründungsansätzen hier keine Beschränkung der Nachprüfungsbefugnis des Tatgerichts wie des Revisionsgerichts: Der Senat nimmt im Einklang mit der Ansicht des Tatrichters auf dem Boden der tatrichterlichen Feststellungen eine eigene Subsumtion unter den Rechtsbegriff in

1159 OLG Bamberg NJW 2009, 2146, 2147; ebenso BVerfG NJW 2007, 1345, 1346; OLG Hamburg NJW 2008, 2597, 2598; ähnlich BVerfG NJW 2008, 3053, 3054: „umfassende und eigenständige nachträgliche gerichtliche Überprüfung der Anordnungsvoraussetzungen“; vgl. auch BVerfGE 103, 142, 156 zum ähnlichen Begriff der „Gefahr im Verzug“ in § 105 Abs. 1 S. 1 StPO, wonach aus Art. 19 Abs. 4 GG die Pflicht der Gerichte folge „Akte der öffentlichen Gewalt in rechtlicher und tatsächlicher Hinsicht vollständig zu überprüfen“ und eine „Bindung der Gerichte an die von der Exekutive getroffenen Feststellungen und Wertungen“ dem Grundgesetz „fremd sei“.

§ 81 a Abs. 2 StPO vor.[1160] Er ist dazu durch die Aufstellung objektiver Grundsätze für die Subsumtion auch in der Lage und erfüllt mithin seine ihm ursprünglich zugedachte Aufgabe der Subsumtionskontrolle im besonders grundrechtssensiblen Bereich der Zwangsmaßnahmen im Ermittlungsverfahren.

Bei der Nachprüfung der richtigen Handhabung der Telefonüberwachung im Ermittlungsverfahren im Hinblick auf das Vorliegen eines „konkreten Verdachts" einer Katalogtat sowie des Subsidiaritätsgrundsatzes orientiert sich die Rechtsprechung hingegen am „Maßstab der Vertretbarkeit"[1161], siehe dazu BGH, Urt. v. 16.2.1995 – 4 StR 729/94:

Das Landgericht Dortmund hat den Angeklagten wegen erheblicher Betäubungsmitteldelikte zu einer Gesamtfreiheitsstrafe von zwölf Jahren verurteilt. Der Angeklagte hat dieses Urteil mit der Revision u.a. im Wege der Verfahrensrüge angegriffen, welcher folgendes Verfahrensgeschehen zu Grunde lag: Die Überführung des Angeklagten wurde maßgeblich auf die aus einer Telefonüberwachung des Gastwirts K gewonnenen Erkenntnisse gestützt, obwohl der Angeklagte der Einführung der Ergebnisse der TÜ mit dem Argument widersprochen hat, der Tatrichter habe die Voraussetzungen für die Anordnung gemäß §§ 100a, 100b StPO nicht hinreichend geprüft und diese hätten, insbesondere im Hinblick auf den Verdacht einer Katalogtat nach § 100a Abs. 2 StPO und das Erfordernis, dass die Sachverhaltsaufklärung „auf andere Weise aussichtslos oder wesentlich erschwert wäre" auch nicht vorgelegen.

Der Senat hat die Revision als offensichtlich unbegründet verworfen und sieht sich lediglich zum Vorwurf der unzulässigen Verwertung der Ergebnisse einer Telefonüberwachung zu näheren Ausführungen veranlasst: Er wirft die bisher noch ungeklärte Frage nach dem Umfang der Nachprüfung in der Revisionsinstanz auf, wenn die Verwertung der Ergebnisse aus einer TÜ mit der Begründung angegriffen wird, die Anordnungsvoraussetzungen nach § 100a StPO hätten nicht vorgelegen.[1162] Aus Sicht des Senats müsse zunächst geklärt werden, wie weit der Tatrichter verpflichtet sei, die Entscheidung des Ermittlungsrichters oder der Staatsanwaltschaft auf ihre Richtigkeit zu überprüfen, um davon die Überprüfungsbefugnis des Revisionsgerichts ableiten zu können, welches durch eine zulässige Verfahrensrüge verpflichtet sei die Anordnungsvoraussetzungen „in ihrer Reichweite der des Tatrichters" nachzuprüfen. Der „für Tatrichter und Revisionsgericht gleiche Umfang der Nachprüfung" sei nicht grundsätzlich beschränkt, die Intensität der Grundrechtseingriffe spreche eher für eine „möglichst gründliche und umfassende Überprüfung"; eine Einschränkung des Prüfungsumfangs lasse sich insbesondere nicht aus der

1160 Ähnlich vorgehend auch Schleswig-Holsteinisches OLG, Beschl. v. 13.3.2013 – 2 Ss 3/13 (5/13) -, juris Rn. 11.

1161 BGHSt 41, 30 (Ls.) m. krit. Anm. *Küpper*, JR 1996, 214; ebenso Urt. v. 11.5.2006 – 3 StR 23/06 -, jurion Rn. 23; KG NStZ 2003, 326, 327.

1162 BGHSt 41, 30, 31; vgl. dazu noch offen lassend: BGHSt 28, 122, 124 unter Neigung zum Willkürmaßstab und BGHSt 33, 217, 222 f.

angeblich kaum verlässlichen Rekonstruierbarkeit der Verfahrenssituation ableiten, denn die damaligen Grundlagen stünden durch die Akten auch dem Tat- und dem Revisionsrichter zur Verfügung. Auch das Argument der erst späteren Bestätigung eines Verdachts verwirft der Senat, da die Einschätzung zum Zeitpunkt der Anordnung der TÜ ungeachtet der späteren Erkenntnisse die allein maßgebliche sei. Schließlich lenkt er jedoch ein: „Zu berücksichtigen ist aber, dass das Gesetz, soweit es einen auf bestimmte Tatsachen gegründeten Verdacht voraussetzt und zusätzlich verlangt, dass „die Erforschung des Sachverhalts oder die Ermittlung des Aufenthaltsorts des Beschuldigten auf andere Weise aussichtslos oder wesentlich erschwert wäre", dem zur Entscheidung berufenen Ermittlungsrichter oder Staatsanwalt einen Beurteilungsspielraum einräumt.[1163] Es versteht sich von selbst, dass gerade im vorbereitenden Verfahren, abhängig unter anderem von der kriminalistischen Erfahrung des zur Entscheidung Berufenen, unterschiedlich beurteilt werden kann, ob bestimmte Tatsachen einen Verdacht begründen (...) und ob dieser – wie erforderlich ist, auch wenn das Gesetz keinen bestimmten Verdachtsgrad verlangt –mehr als nur unerheblich ist (...)." Dies gelte ebenso für die Prüfung der Subsidiarität: In den §§ 98 a, 100a, 100c, 110a StPO verwende der Gesetzgeber unterschiedlich ausgestaltete, fein abgestimmte Subsidiaritätsklauseln, so „dass die Übergänge notwendigerweise fließend und eindeutige – von den subjektiven Einschätzungen und Wertungen des zur Entscheidung Berufenen unabhängige – Grenzziehungen nicht möglich" seien. Daraus sei eine Beschränkung der Nachprüfung eines Verwertungsverbotes durch Tat- und Revisionsrichter zu folgern: „Es kommt nicht darauf an, wie Tatrichter und Revisionsrichter auf der Grundlage des im Zeitpunkt der Anordnung gegebenen Ermittlungsstandes den Tatverdacht und die Möglichkeiten anderweitiger Erforschung des Sachverhalts beurteilen würden. Als rechtswidrig (mit der Folge eines Verwertungsverbots) stellt sich die von dem Ermittlungsrichter oder dem Staatsanwalt angeordnete Telefonüberwachung nur dann dar, wenn deren Entscheidung – was im Ergebnis auf eine Kontrolle nach dem Maßstab (objektiver) Willkür oder grober Fehlbeurteilung hinauslaufen mag – nicht mehr vertretbar ist."[1164] Vorliegend sei aus der knappen Begründung des Ermittlungsrichters „noch hinreichend deutlich" ersichtlich, dass der Amtsrichter eine Prüfung der Anordnungsvoraussetzungen vorgenommen[1165] und an sie „nicht unvertretbar geringe Anforderungen gestellt" habe.

---

1163 BGHSt 41, 30, 33; zum Beurteilungsspielraum auch: BGHSt 47, 362, 365, 366; 48, 240, 247, 248; 53, 294, 300; 56, 127, 131; NStZ 1998, 426, 427; StraFo 2009, 19; Urt. v. 11.5.2006 – 3 StR 23/06 -, jurion Rn. 23; KG NStZ 2003, 326, 327.

1164 BGHSt 41, 30, 34; ähnlich zur Prüfung, ob die Anordnung „vertretbar" ist auch: BGHSt 47, 362, 365, 366; 48, 240, 247, 248; 53, 294, 300.

1165 BGHSt 41, 30, 35; vgl. zur Pflicht des Tatrichters iRd Nachprüfung der ermittlungsrichterlichen Anordnung auf ihre „Vertretbarkeit" bei fehlender ermittlungsrichterlicher Begründung oder konkreten Einwänden gegen die Rechtmäßigkeit der Maßnahme, den Ermittlungsstand zu rekonstruieren und zur Rechtsfehlerhaftigkeit bei einem Verstoß: BGHSt 47, 362, 365, 367.

Diese Entscheidung wirft mehr Fragen auf, als dass sie klärend auf die angeblich offene Frage des Prüfungsumfangs einzuwirken geeignet wäre. Zum einen deutet der BGH klar die Tendenz an, für eine möglichst umfassende Nachprüfung der erhebliche Grundrechtsrelevanz aufweisenden TÜ einzutreten; schließlich wendet er jedoch den die Prüfungskompetenz wohl einschneidendsten Prüfungsmaßstab, den der Willkür an. Mit der Eingriffsbefugnis lediglich im Falle objektiver Willkür hat die zuvor angedeutete Forderung nach möglichst umfangreicher Prüfung hingegen wenig bis gar nichts zu tun. Zum anderen steht die Entscheidung im krassen Widerspruch zur zuvor dargestellten, wo eine vollinhaltliche gerichtliche Kontrolle proklamiert wurde.

Die Frage nach dem Verhältnis der Prüfungsbefugnisse zwischen Tat- und Revisionsgericht beantwortet der Senat gegenläufig zur oben vorgestellten Entscheidung BGH NJW 2003, 3142 zu § 168 Abs. 5 S. 2 StPO, wenn er – ohne konkrete Begründung – beiden Gerichten grundsätzlich die gleichen Nachprüfungsbefugnisse im Hinblick auf die Entscheidung der Exekutive zubilligen will. Gegensätzlich dazu wird in der Entscheidung BGHSt 47, 362 zu § 100a StPO von einer unterschiedlich ausgestalteten Prüfungsintensität zwischen Tat- und Revisionsrichter ausgegangen, wo deutlich gemacht wird, dass der Tatrichter bei fehlender Dokumentation durch den Ermittlungsrichter durch Beiziehung der Ermittlungsakten den Ermittlungsstand zu rekonstruieren habe, da ohne die tatsächlichen Grundlagen das auf die Übermittlung durch den Tatrichter angewiesene Revisionsgericht die Vertretbarkeit nicht nachprüfen könne. Teilweise wird also anders als in dieser Entscheidung in der Praxis grundsätzlich von einer Nachprüfpflicht des Tatrichters in tatsächlicher Hinsicht bei fehlenden hinreichenden Grundlagen zur Ermöglichung einer Vertretbarkeitskontrolle für das Revisionsgericht nur in rechtlicher Hinsicht ausgegangen; wieso der 4. Senat zu § 100a StPO hier eine abweichende Linie vertritt, erschließt sich nicht. Soweit der Senat im Ergebnis aus dem Anordnungsbeschluss herleitet, dass der Tatrichter die Anordnungsvoraussetzungen geprüft habe, erhellt diese Folgerung nicht und die entsprechende Begründung erweist sich als widersprüchlich, da er damit selbst entgegen seiner allgemeinen Ausführungen nicht sauber zwischen den Entscheidungen des Ermittlungsrichters, des Tatrichters und des Revisionsrichters trennt.

Mit einem ähnlichen unbestimmten Rechtsbegriff in einer von der Exekutive auszufüllenden Verfahrensnorm haben es die Gerichte bei der Prüfung eines Anfangsverdachts gemäß § 152 Abs. 2 StPO, welcher „zureichende tatsächliche Anhaltspunkte“ voraussetzt sowie des „hinreichenden“ Tatverdachts gemäß §§ 170 Abs. 1, 203 StPO zu tun, wie ein Exkurs in das Amtshaftungsrecht durch ein Zivilurteil des BGH vom 21.4.1988 – III ZR 255/86 deutlich macht:

Die Klägerin ist Eigentümerin eines Wohn- und Geschäftshauses, das sie teilweise in Form einer Schankwirtschaft an den Gastwirt I und einer Halle an den Kaufmann H für einen Teppichhandel verpachtet hat. Am 16.5.1983 brannte das Gebäude nieder, die Staatsanwaltschaft leitete im Anschluss an das Ergebnis eines Gutachtens, dass keine Selbstentzündungsursache vorliege, ein Ermittlungsverfahren gegen die Klägerin, I und H wegen schwerer Brandstiftung ein. Es folgten zahlreiche Ermittlungsmaßnahmen gegen die die Tat bestreitende Klägerin und die anderen Beschuldigten wie Beschuldigtenvernehmungen und Wohnungsdurchsuchungen am 14./15.6.1983 sowie

Kontobeschlagnahmen im November 1983. Im Januar 1984 stellte die Staatsanwaltschaft das Verfahren gegen die Klägerin gemäß § 170 Abs. 2 StPO ein, später auch gegen die anderen Beschuldigten. Den Hauptbetrag aus der Brandschutzversicherung hat die Klägerin erst nach der Einstellung des Ermittlungsverfahrens erhalten. Mit ihrer Amtshaftungsklage begehrt die Klägerin vom beklagten Land Schadensersatz in Höhe von 50.000,00 DM wegen Pachtzinsausfällen infolge ihrer Meinung nach amtspflichtwidrigen Verhaltens der Staatsanwälte bei der Einleitung und Durchführung des Ermittungsverfahrens. Das Landgericht Bückeburg hat die Klage abgewiesen, das Berufungsgericht hingegen den Klageanspruch dem Grunde nach für gerechtfertigt angesehen, woraufhin das beklagte Land mit der Revision die Wiederherstellung des landgerichtlichen Urteils anstrebt.

Der Senat hat das Berufungsurteil des Oberlandesgerichts Celle teilweise aufgehoben und den Klageanspruch nur insoweit für gerechtfertigt angesehen, als ein Schaden durch die Fortführung des Ermittlungsverfahrens über den 15.7.1983 hinaus verursacht worden sei. Aus Sicht des Senats halte die Annahme des Berufungsgerichts, schon die Einleitung eines Ermittlungsverfahrens durch die Staatsanwaltschaft sei mangels Vorliegens ausreichender Anhaltspunkte für einen Tatverdacht nicht vertretbar gewesen, revisionsrechtlicher Nachprüfung nicht stand. Die Staatsanwaltschaft sei gemäß § 152 Abs. 2 StPO verpflichtet, wegen aller verfolgbaren Straftaten einzuschreiten, sofern zureichende tatsächliche Anhaltspunkte vorlägen und damit die Möglichkeit einer Straftat gegeben sei. Die Staatsanwaltschaft habe bei Bejahung dieser Voraussetzungen keine Wahl zwischen mehreren Handlungsalternativen, sondern wegen des Verfolgungszwangs vielmehr die Pflicht zum Einschreiten, sodass die Entscheidung, ob und gegen wen ein Ermittlungsverfahren einzuleiten sei, ebenso wie bei der Entschließung über die Anklageerhebung gemäß § 170 Abs. 1 StPO nicht im Ermessen der Strafverfolgungsbehörde stehe.[1166] Daraus sei jedoch keine volle richterliche Kontrolle der staatsanwaltschaftlichen Entscheidung im Amtshaftungsprozess zu folgern; zwar habe der Zivilrichter grundsätzlich eine verwaltungsbehördliche Maßnahme auch unter dem Blickwinkel der Anwendung unbestimmter Rechtsbegriffe voll nachzuprüfen, jedoch müsse im Hinblick auf die Eigenart und den Regelungszusammenhang der unbestimmten Begriffe – z.B. bei Prüfungsentscheidungen oder beamtenrechtlichen Beurteilungen – stets geprüft werden, ob der zuständigen Behörde ein „der gerichtlichen Kontrolle nur begrenzt zugängliche(r) Beurteilungsspielraum" zugebilligt werden müsse, wozu der Senat weiter vorträgt: „Ein solcher Beurteilungsspielraum ist der Staatsanwaltschaft bei der Prüfung zureichender tatsächlicher Anhaltspunkte im Sinne des § 152 Abs. 2 StPO zuzubilligen.[1167] Die Anwendung dieses unbestimmten Rechtsbegriffs

1166 BGH NJW 1989, 96, 97; vgl. zum Begriff des „hinreichenden" Tatverdachts in §§ 170 Abs. 1, 203 StPO: NJW 1970, 1543(Ls.), 1544; Urt. v. 26.5.1983 – III ZR 47/82 -, jurion Rn. 9.

1167 BGH NJW 1989, 96, 97; vgl. dazu auch BVerfG NJW 1984, 1451, 1452; BGHSt 45, 321, 340; NStZ 2005, 519; zum entsprechenden Vorgehen bezüglich des „hinreichenden"

erfordert im Einzelfall die Abwägung aller für die Entscheidung wesentlichen be- und entlastenden Umstände in Gestalt einer Gesamtschau. Deren Ergebnis hängt maßgeblich davon ab, welche Umstände der Staatsanwalt für wesentlich hält und welches Gewicht er den in die Abwägung einfließenden Sachverhaltselementen in ihrem Verhältnis zueiander beimisst. Diese die Gesamtschau prägenden Akzentuierungen ergeben sich nicht allein aus der Natur der Sache, sondern beruhen regelmäßig auf subjektiven, nicht näher verifizierbaren Wertungen des Abwägenden, wobei verschiedene Betrachter, ohne pflichtwidrig zu handeln, durchaus zu unterschiedlichen Lösungen gelangen können. Das spricht dafür, dem Staatsanwalt bei der Entscheidung über die Einleitung eines Ermittlungsverfahrens einen Spielraum der Würdigung und eine gewisse Freiheit zu gewähren (...). Hiernach ist im Amtshaftungsprozess die Entscheidung der Staatsanwaltschaft nach § 152 Abs. 2 StPO ebenso wie die Entschließung nach § 170 Abs. 1 StPO (...) nicht auf ihre „Richtigkeit", sondern allein daraufhin zu überprüfen, ob sie vertretbar ist.[1168] Die Vertretbarkeit darf nur verneint werden, wenn bei voller Würdigung auch der Belange einer funktionstüchtigen Strafrechtspflege (...) die Einleitung der Ermittlungen gegen den Beschuldigten nicht mehr verständlich ist." Das Berufungsgericht habe vorliegend einen „unrichtigen Prüfungsmaßstab" angewendet, indem sie die Beurteilung eines Anfangsverdachts in Wahrheit vollständig nachgeprüft habe. Die Bejahung eines Anfangsverdachts sei aus Sicht des Senats nicht amtspflichtwidrig gewesen, da nur Brandstiftung in Betracht gekommen sei und keine Hinweise auf gewaltsamen Zutritt zum Gebäude vorgelegen hätten, sodass die Staatsanwaltschaft zunächst die Personen für verdächtig halten „durfte", die Zugang zum Gebäude hatten. Das Fehlen eines plausiblen Tatmotivs lasse die damalige Einschätzung „nicht unvertretbar" erscheinen. Das beklagte Land habe sich jedoch insofern schadensersatzpflichtig gemacht, als die zuständigen Staatsanwälte das Ermittlungsverfahren über den 15.7.1983 hinaus fortgeführt hätten. Die Entscheidung über einzelne Ermittlungen stehe im Hinblick auf das „im Legalitätsprinzip wurzelnde Gebot der Sachverhaltsaufklärung (§ 160 Abs. 1 StPO)" nicht im Ermessen des Staatsanwalts, diesem stehe vielmehr ebenso wie im Rahmen des § 152 Abs. 2 StPO ein Beurteilungsspielraum zu, sodass seine Entscheidung nur auf Vertretbarkeit kontrolliert werden könne. „Nach diesen Grundsätzen" habe die Staatsanwaltschaft das Ermittlungsverfahren gegen die Klägerin spätestens am 15.7.1983 einstellen müssen, sodass sich die Fortführung der Ermittlungen als amtspflichtwidrig erwiesen habe. Aus Sicht des Senats sei die Kontoermittlung gegen die Klägerin „unzulässig und pflichtwidrig" gewesen, da sich der gegen sie bestehende Anfangsverdacht nach der Wohnungsdurchsuchung und Beschuldigtenvernehmung nicht bestätigt habe und ihr durch die Fortsetzung des Verfahrens, wie die verspätete Auszahlung der Versicherungssumme und die

Tatverdachts: BVerfG NStZ 2002, 606; BGH NJW 1970, 1543(Ls.), 1544; Urt. v. 26.5.1983 – III ZR 47/82 -, jurion Rn. 9; KG StraFo 2010, 428.

1168 BGH NJW 1989, 96, 97; zu §§ 170 Abs. 1, 203 StPO: NJW 1970, 1543, 1544; Urt. v. 26.5.1983 – III ZR 47/82 -, jurion Rn. 9.

damit einhergehende Verzögerung des Wiederaufbaus der Betriebe schwerwiegende Nachteile gedroht hätten. Nach dem ergebnislosen Verlauf der ersten Ermittlungsmaßnahmen hätten zureichende tatsächliche Anhaltspunkte für eine Täterschaft der Klägerin „ersichtlich nicht mehr" vorgelegen, weshalb auch durch die Motivlosigkeit der Klägerin, die kurz vorher umfangreiche Renovierungen im Gebäude durchgeführt habe, das Verfahren ab dem 15.6.1983 „einstellungsreif" gewesen sei. Unter Zubilligung einer einmonatigen Bearbeitungszeit für die Anfertigung einer Einstellungsverfügung sei die Fortsetzung des Ermittlungsverfahrens über den 15.7.1983 hinaus amtspflichtwidrig.

Die Entscheidung hinterlässt einen gespaltenen Eindruck: Zum einen gibt sie klare Maßstäbe für die Nachprüfbarkeit der staatsanwaltlichen Entscheidung hinsichtlich eines Anfangsverdachts in § 152 Abs. 2 StPO auf – denjenigen der Vertretbarkeit – und stellt insofern einen Gleichlauf mit der Begrifflichkeit des „hinreichenden" Tatverdachts her. Er begründet diese Einschränkung mit dem Charakter der Entscheidung als Gesamtabwägung, der Wertungsbedürftigkeit der Begriffsausfüllung durch nicht verifizierbare subjektive Entscheidungsmechanismen und der Möglichkeit unterschiedlicher Ergebnisse. Diese Richtlinien verfolgt er zugleich streng bei der Überprüfung der berufungsgerichtlichen Beurteilung der „Vertretbarkeit" der Einleitung des Ermittlungsverfahrens und stellt sich diesbezüglich unter Hinweis auf eine Verkennung des Prüfungsmaßstabs mit seiner Meinung gegen die des Berufungsgerichts. Gänzlich anders erweist sich die Vorgehensweise des Senats hingegen bei der Beurteilung der Fortsetzung des Ermittlungsverfahrens: Er nimmt eine eigene inhaltliche Bewertung der Sachlage anhand der Feststellungen vor, indem er die Bestätigung des Vorliegens „zureichender Anhaltspunkte" selbst nachprüft und sich nicht ersichtlich an den von ihm selbst proklamierten Maßstab der Vertretbarkeit hält, welcher einer inhaltlichen Richtigkeitskontrolle eigentlich entgegensteht. Besonders eklatant tritt der Widerspruch zwischen den aufgestellten Richtlinien und dem eigenen Verhalten hervor, als der Senat dem Berufungsgericht vorwirft, nur vordergründig einen Beurteilungsspielraum eingeräumt, in Wirklichkeit jedoch uneingeschränkt nachgeprüft zu haben, ob die Staatsanwaltschaft den Anfangsverdacht zu Recht bejaht habe; nichts anderes tut der BGH jedoch, wenn er zunächst die nur beschränkte Nachprüfbarkeit der staatsanwaltlichen Entscheidung hervorhebt und im Rahmen der Fortgeltung des Anfangsverdachts eine eigene, vollinhaltliche Prüfung desselben auf dem Boden der festgestellten Tatsachen vornimmt.

Ein Beispiel für einen scheinbar ins Unendliche reichenden Beurteilungsspielraum des Revisionsgerichts bietet ein Urteil des BGH vom 20.12.2012 – 3 StR 407/12 zu § 76 II 1 GVG a.F., der dem heutigen § 76 II 3 Nr. 3 GVG n.F. entspricht und die Besetzung der Großen Strafkammer mit drei Berufsrichtern regelt, wenn nach dem „Umfang oder der Schwierigkeit der Sache" die Mitwirkung „notwendig" erscheint:

Das Landgericht Hannover hat die Angeklagten wegen einer Vielzahl von Betäubungsmitteldelikten zu Freiheitsstrafen verurteilt. Die Verfahrensrügen der Angeklagten, mit denen sie die Besetzung des Gerichts mit lediglich zwei Berufsrichtern unter Verstoß gegen § 76 Abs. 2 Nr. 1 GVG a.F. als absoluten Revisionsgrund gemäß 338 Nr. 1 StPO rügen, blieben ohne Erfolg.

Der Senat führte zur Begründung aus: „Dazu wäre erforderlich, dass die Entscheidung der Strafkammer objektiv willkürlich ist, weil diese den ihr zustehenden Beurteilungsspielraum in unvertretbarer Weise überschritten hat."[1169] Das sei vorliegend nicht der Fall, die Strafkammer sei bei der Prüfung der Hinzuziehung eines dritten Richters von „zutreffenden Maßstäben" ausgegangen, indem sie die Vielzahl der Angeklagten, Verteidiger und geladenen Zeugen bedacht und insbesondere berücksichtigt habe, dass es sich um wesentlich gleichgelagerte Anklagevorwürfe gehandelt habe, zwei Angeklagte sich im Ermittlungsverfahren umfassend eingelassen hätten und zwei evtl. einzuholende Sachverständigengutachten als nicht besonders umfangreich zu erwarten seien. Sie habe sich damit „weder auf sachfremde Erwägungen gestützt noch den ihr eingeräumten Beurteilungsspielraum in unvertretbarer Weise überschritten. Dass gegebenenfalls auch eine andere Beurteilung möglich gewesen wäre oder sogar näher gelegen haben könnte"[1170] mache die Entscheidung nicht objektiv willkürlich.

Der BGH macht mithin den Erfolg einer Besetzungsrüge vom Erfordernis der objektiven Willkür abhängig, obwohl eine solche Voraussetzung weder im Tatbestand des § 76 GVG noch des § 338 Nr. 1 StPO genannt ist und verwendet – vorliegend in Verbindung mit der Einräumung eines Beurteilungsspielraums – aus der Rechtsprechung zur Beweiswürdigung bestens bekannte Termini, die Entscheidung sei „auch dann hinzunehmen, wenn eine andere Entscheidung möglich oder sogar näherliegend wäre". Er verzichtet damit scheinbar weitflächig auf einen Eingriff, auch wenn er im Rahmen der Nachprüfung zu einem gegenteiligen, gar objektiv näherliegenden Ergebnis kommen würde.

Diese Vermutung scheint hingegen nicht generell zu gelten, wie ein Urteil des BGH vom 18.6.2009 – 3 StR 89/09 zeigt:

Das Landgericht Hannover hat den Angeklagten wegen Betäubungsmittelstraftaten zu einer langjährigen Haftstrafe verurteilt. Der Verurteilung lag folgendes Verfahrensgeschehen zugrunde: Die Staatsanwaltschaft hat dem Angeklagten und seinen vier Mitangeklagten in zwei Anklagen mehrere Betäubungsmitteldelikte zur Last gelegt, im Ermittlungsverfahren wurden 23 Zeugen vernommen, es wurden mehrere Sachverständigengutachten in Auftrag gegeben und ca. 82.000 Telefonate überwacht; die Akten bestanden aus 20 Bänden. Das Gericht hat das Hauptverfahren eröffnet, beschlossen mit einem Vorsitzenden und einem Beisitzer zu verhandeln, die beiden Anklagen verbunden und an insgesamt 88 – statt avisiert zehn – Sitzungstagen

---

1169 BGH, Urt. v. 20.12.2012 – 3 StR 407/12 -, juris Rn. 54; vgl. dazu auch BGHSt 44, 328, 333; StraFo 2003, 134; siehe auch dieselbe Formulierung zur entsprechenden Vorschrift in § 33b Abs. 2 JGG in BayObLG NStZ-RR 2001, 49, 50.

1170 BGH, Urt. v. 20.12.2012 – 3 StR 407/12 -, juris Rn. 55; vgl. auch Beschl. v. 28.4.2010 – 5 StR 487/09 -, juris Rn. 4, wo sich der Senat an einem Eingriff gehindert sieht, obwohl eine andere Entscheidung „sehr viel näher gelegen hätte"; siehe auch BGHSt 44, 328, 335, wo der Senat die Entscheidung zwar als „rechtlich bedenklich" einordnet, jedoch keine Möglichkeit zum Eingriff sieht, da sich die Kammer „in noch hinzunehmender Weise an sachgerechten Kriterien orientiert".

zusammen verhandelt. Den vor der Vernehmung der Angeklagten vorgebrachten Einwand der Verteidigung gegen die Besetzung hat die Strafkammer zurückgewiesen.

Die Verfahrensrüge des Angeklagten, mit welcher er die Besetzung des Gerichts mit lediglich zwei Berufsrichtern rügt, führte zur Urteilsaufhebung und Zurückverweisung des Verfahrens. Aus Sicht des Senates sei die Besetzungsrüge begründet, da der Umfang der Sache die Mitwirkung eines dritten Richters „unumgänglich" gemacht habe: „Gemäß § 76 Abs. 2 Satz 1 GVG beschließt die – nicht als Schwurgericht zuständige – große Strafkammer bei der Eröffnung des Hauptverfahrens, dass sie in der Hauptverhandlung mit nur zwei Berufsrichtern einschließlich des Vorsitzenden besetzt ist, es sei denn, nach dem Umfang oder der Schwierigkeit der Sache erscheint die Mitwirkung eines dritten (Berufs-) Richters erforderlich. Bei dieser Entscheidung steht der Strafkammer kein Ermessen zu; sie hat die Dreierbesetzung zu beschließen, wenn dies nach dem Umfang oder der Schwierigkeit der Sache notwendig erscheint.[1171] Jedoch ist der großen Strafkammer bei der Auslegung dieser gesetzlichen Merkmale ein weiter Beurteilungsspielraum eröffnet, bei dessen Ausfüllung allerdings die Umstände des Einzelfalls zu berücksichtigen sind"[1172]. Maßgeblich seien die Zahl der Angeklagten und Verteidiger, die vorgeworfenen Straftaten, die Anzahl der Beweismittel, der Umfang der Akten sowie die voraussichtliche Dauer der Hauptverhandlung. Jedoch führe nicht jeder Verstoß gegen § 76 Abs. 2 S. 1 GVG zu einer erfolgreichen Besetzungsrüge nach § 338 Nr. 1 StPO, sondern nur, wenn das Gericht seine Entscheidung „auf sachfremde Erwägungen gestützt oder den ihr eingeräumten Beurteilungsspielraum in unvertretbarer Weise überschritten hat, sodass die Besetzungsreduktion objektiv willkürlich erscheint".[1173] Bei dem hier geführten Verfahren gegen fünf Angeklagte wegen einer Vielzahl von Verbrechen, der umfangreich erforderlichen Beweiserhebungen, insbesondere des „weit über das Übliche hinausgehenden Verhandlungsaufwands" für die Auswertung der Telefonüberwachungen, sei „angesichts dieses Umfangs der Sache" die Verhandlung mit lediglich zwei Richtern „auch bei Beachtung des der Kammer eingeräumten weiten Beurteilungsspielraums nicht mehr vertretbar".[1174]

Positiv herauszustellen ist die terminologische Differenzierung des Senats zwischen einer Ermessensentscheidung bezüglich der Rechtsfolge sowie eines Beurteilungsspielraums bei unbestimmten Begriffen; völlig zu Recht nimmt der BGH an, dass die Vorschrift dem entscheidenden Gericht bei Vorliegen der Voraussetzungen keinerlei Spielraum hinsichtlich des „Ob" der Entscheidung gewährt, der Wortlaut

---

1171 BGH StV 2010, 228; ebenso BGHSt 44, 328, 334; NJW 2003, 3644, 3645; NStZ 2011, 52.

1172 BGH StV 2010, 228; vgl. dazu auch BGHSt 44, 328, 334; NJW 2003, 3644, 3645; NStZ 2011, 52.

1173 BGH StV 2010, 228 f.; ebenso NJW 2003, 3644, 3645; NStZ 2011, 52, 53.

1174 BGH StV 2010, 228, 229; vgl. die ähnliche Formulierung in StV 2004, 250, 251 sowie zum selben Ergebnis unter Vornahme einer eigenen Subsumtion, die tatrichterliche Entscheidung sei „völlig verfehlt": NJW 2003, 3644, 3645 bzw. „nicht mehr vertretbar": NStZ 2011, 52,53.

„beschließt“ regelt vielmehr eindeutig eine entsprechende Verpflichtung zur Hinzuziehung eines dritten Berufsrichters. Richtigerweise betont er außerdem, dass es sich bei einem unbestimmten Begriff um einen Rechtsbegriff handelt, welcher der Gesetzesauslegung zugänglich ist.

Inhaltlich stellt der BGH zwar auch als Grundsatz auf die Floskeln vom „weiten Beurteilungsspielraum“ des Gerichts ab, er konterkariert denselben jedoch sofort wieder, wenn er eine eigene Subsumtion unter die feststehenden Verfahrenstatsachen vornimmt und zu dem im Verhältnis zum Tatgericht gegenteiligen Ergebnis kommt, die Mitwirkung eines dritten Richters sei angesichts des „Umfangs“ der Sache „notwendig“. Da die Hinzuziehung eben „notwendig“ sei, sei die gegenteilige Entscheidung der Strafkammer unvertretbar und damit willkürlich; eine wirkliche Begründung für letzteres fehlt. Der Sache nach ist eine solche „Rückeroberung“ der eigentlich intendierten, alleinigen Zuständigkeit des Revisionsgerichts für die *Rechts*frage zu befürworten, dogmatisch erscheinen solche Umwege über den Beurteilungsspielraum hingegen fragwürdig, da das Revisionsgericht durch eine Korrektur der tatrichterlichen Entscheidung nur seiner originären Aufgabe, der *Rechts*kontrolle nachkommt.

Einen Erklärungsansatz für den „erzwungenen“ grundsätzlichen Freiraum des Tatgerichts bei unbestimmten Verfahrensbegriffen leistet ein Urteil des BGH vom 8.12.1999 – 3 StR 267/99 zu einer ähnlichen Problematik im Rahmen der Gerichtsbesetzung betreffend den Begriff „vorübergehende Überlastung“:

Der Angeklagte wurde vom Landgericht Lübeck wegen Totschlags an seiner Ehefrau in Tateinheit mit Waffendelikten zu einer Freiheitsstrafe von zwölf Jahren verurteilt. Der Angeklagte wurde dabei von dem vom Präsidium wegen Überlastung des ordentlichen Schwurgerichts mit einem Großverfahren am 22.12.1998 eingerichteten Hilfsschwurgericht abgeurteilt. Dem Hilfsschwurgericht wurden Verfahren mit gewissen Anfangsbuchstaben zugewiesen und seine Tätigkeit sollte mit dem Abschluss dieser Verfahren beendet sein.

Der Angeklagte greift mit der Verfahrensrüge die Bildung der Hilfsstrafkammer an und macht diesbezüglich einen Entzug seines gesetzlichen Richters nach Art. 101 Abs. 1 S. 2 GG geltend. Er trägt vor, es habe entgegen der Voraussetzungen für die Bildung einer Hilfsstrafkammer eine dauerhafte Überlastung des Schwurgerichts vorgelegen, weswegen eine Verteilung auf eine ordentliche Strafkammer hätte erfolgen müssen. Der Präsident des Landgerichts Lübeck teilte in einer dienstlichen Stellungnahme im Revisionsverfahren am 17.11.1999 mit, dass das Schwurgericht am 01.07.1999 durch ein weiteres Hilfsschwurgericht entlastet worden sei und dessen Überlastung durch den erwarteten Abschluss des Großverfahrens Ende des Jahres 1999 voraussichtlich beendet werde. Die Revision des Angeklagten wurde vom Senat verworfen.

Die Einrichtung der Hilfsstrafkammer sei unbedenklich: „Grundsätzlich unterliegt die Gesetzmäßigkeit der Aufstellung und Abänderung der Geschäftsverteilung der Nachprüfung des Revisionsgerichts (BGHSt 3, 353, 355). Dieser Nachprüfung sind jedoch Grenzen gesetzt, die aus der eigenverantwortlichen Stellung des Präsidiums als Gremium verwaltungsunabhängiger Selbstorganisation der Gerichte und aus der Besonderheit der ihm übertragenen Aufgaben folgen. Der Beurteilung durch das Präsidium muss wegen der Notwendigkeit flexibler, an die konkrete Situation angepasster und auf wesentliche Veränderungen zeitnah reagierender Entscheidungen schon deshalb ein gewisser Vorrang zukommen, weil es mit den persönlichen und sachlichen Gegebenheiten im Gericht sowie mit den örtlichen Verhältnissen im Gerichtsbezirk, insbesondere was den Anfall von Strafverfahren und anderen Rechtssachen angeht, aufgrund längerer Erfahrung besonders vertraut ist und damit über Entscheidungsgrundlagen verfügt, die dem sachverhaltsferneren Revisionsgericht durch dienstliche Äußerungen und andere Mittel des Freibeweises nur unvollkommen vermittelt werden können. Hinzu kommt, dass die Entscheidungen über die Geschäftsverteilung wesentlich von der Bewertung zukünftiger Entwicklungen insbesondere im Geschäftsanfall bestimmt sind und solche vorausschauende Beurteilungen ihrer Natur nach eine ins Einzelne gehende Richtigkeitskontrolle nicht zulassen. Aus diesen Gründen ist die Regelung der Geschäftsverteilung, soweit es an bindenden rechtlichen Regeln fehlt, dem pflichtgemäßen Ermessen des Präsidiums überlassen. Im Bereich rechtlicher Einzelnormierung muss den dargelegten Besonderheiten dadurch Rechnung getragen werden, dass dem Präsidium bei der Anwendung unbestimmter Rechtsbegriffe ein weiter Beurteilungsspielraum zugebilligt wird. Um einen solchen unbestimmten Rechtsbegriff handelt es sich bei der Voraussetzung vorübergehender Überlastung der ordentlichen (institutionellen) Strafkammer, von der die im Gesetz nicht ausdrücklich vorgesehene, aber nach allgemeiner Meinung in der Rechtsprechung (...) zulässige Einrichtung einer Hilfsstrafkammer abhängt (...)."[1175] Der weite Beurteilungsspielraum des Präsidiums beziehe sich sowohl auf die Annahme einer Überlastung als auch auf die prognostische Beurteilung, ob diese dauerhaft oder vorübergehend sei. Ein Rechtsfehler sei erst dann anzunehmen, wenn offen zu Tage getreten sei, dass die Mehrbelastung von Dauer sei und daher die Entscheidung über die Errichtung der Hilfsstrafkammer „objektiv willkürlich" erscheine.[1176] Vorliegend sei die Annahme des Präsidiums, die zur Überlastung führende Großstrafsache noch im Geschäftsjahr 1999 abzuschließen „noch vertretbar und nicht im Sinne objektiver Willkür (...) offensichtlich verfehlt".

Die Entscheidung zeigt im Rahmen der Begründung eines Beurteilungsspielraums des entscheidenden Tatgerichts eine Orientierung am Maßstab der Sachferne des Revisionsgerichts sowie am Prognosecharakter der Einschätzung auf. Sie greift damit unmittelbar allgemein in der Literatur zur Rechtfertigung eines irrevisibelen Beurteilungsspielraums bei der Anwendung unbestimmter Begriffe verwandte Argumentationsmuster wieder auf.

Die Handhabung einer Reihe weiterer unbestimmter Begriffe, wann nämlich „wegen der Schwere der Tat oder wegen der Schwierigkeit der Sach- oder Rechtslage" die Mitwirkung eines Verteidigers „geboten" erscheint gemäß § 140 Abs. 2 S. 1

1175 BGH NJW 2000, 1580, 1581.

1176 BGH NJW 2000, 1580, 1581; vgl. auch BGHSt 31, 389, 391 f. und BGH, Urt. v. 17.2.1981 – 1 StR 546/80 bei *Holtz*, MDR 1981, 455.

StPO und damit die Verteidigung „notwendig“ ist in diesem Sinne, zeigt ein Urteil des OLG Naumburg vom 27.11.1996 – 2 Ss 307/96 auf:

Das Amtsgericht Magdeburg hat den Angeklagten wegen Diebstahls in Tatmehrheit mit Hehlerei zu einer Gesamtfreiheitsstrafe von zehn Monaten verurteilt. Auf die Berufung des Angeklagten hin hat das Landgericht Magdeburg den Schuldspruch auf Unterschlagung unter Freispruch im Übrigen geändert und den Angeklagten zu sechs Monaten Freiheitsstrafe verurteilt.

Seine auf die Verletzung formellen Rechts gestützte Revision, mit welcher der Angeklagte das Vorliegen des absoluten Revisionsgrundes des § 338 Nr. 1 StPO geltend macht, weil er in der Berufungsverhandlung nicht von einem Verteidiger vertreten worden sei, obwohl ein Fall notwendiger Verteidigung vorgelegen habe, da ihm eine Strafe von zehn Monaten sowie der Bewährungswiderruf bezüglich einer Freiheitsstrafe von weiteren elf Monaten gedroht habe, blieb ohne Erfolg. Die Entscheidung über die Bestellung eines Verteidigers wegen der „Schwere der Tat“ gemäß § 140 Abs. 2 StPO obliege dem Vorsitzenden der Berufungskammer, wozu der Senat näher ausführt: „Der Senat kann offenlassen, ob dieser dabei nach pflichtgemäßen Ermessen[1177] zu entscheiden hatte (s. etwa BGHSt 6, 199, 200; BGH NJW 1953, 116, KG StV 1983, 186, OLG Düsseldorf AnwBl 1984, 262, VRS 89, 367 (...)) oder ob ihm bei der Auslegung des unbestimmten Rechtsbegriffs der „Schwere der Tat“ ein Beurteilungsspielraum[1178] zustand (...); denn sowohl die Grenzen des Ermessens als auch diejenigen eines Beurteilungsspielraumes werden durch den Begriff der Schwere der Tat gezogen und ihre Einhaltung unterliegt der Prüfung durch das Revisionsgericht[1179] (...).“ Das Berufungsgericht habe diese Grenzen vorliegend nicht überschritten: Die „Schwere der Tat“ sei vorwiegend durch die zu erwartende Rechtsfolge zu beurteilen, wobei wegen der Spezialregelung in § 140 Abs. 1 Nr. 1 und Nr. 2 StPO von § 140 Abs. 2 StPO nur Vergehen erfasst würden, die zum Amtsgericht angeklagt würden. Daher

---

1177 OLG Naumburg, Urt. v. 27.11.1996 – 2 Ss 307/96 -, juris Rn. 4; so auch BayObLG NStZ 1990, 142 und OLG Hamm StV 1999, 641, wobei daneben auch der Beurteilungsspielraum genannt ist; vgl. unter Verwendung beider termini auch Brandenburgisches OLG, Beschl. v. 19.03.2003 – 1 Ws 27/03 -, juris Rn. 11, 16 zur Frage einer zweiten Pflichtverteidigerbestellung wegen „außergewöhnlicher“ Schwierigkeit, Umfang oder Dauer der Sache.

1178 OLG Naumburg, Urt. v. 27.11.1996 – 2 Ss 307/96 -, juris Rn. 4; ebenso OLG Stuttgart NStZ 1981, 490; OLG Hamm NStZ 1982, 298; OLG Zweibrücken NStZ 1986, 135; OLG Hamm NStZ-RR 1997, 78; OLG Köln StV 1991, 151; vgl. entsprechend zur Vorschrift des § 141 Abs. 3 S. 2 StPO im Vorverfahren wenn „nach Auffassung“ der Staatsanwaltschaft die Mitwirkung „notwendig“ sein wird: BGHSt 47, 172, 176 unter Hinweis auf die beschränkte Erkenntnis und Vorläufigkeit im Ermittlungsverfahren und 233, 236 sowie zum „wichtigen Grund“ für die Nicht-Bestellung gemäß § 142 Abs. 1 S. 3 StPO a.F.=§ 142 Abs. 1 S. 2 StPO n.F.: BGHSt 48, 170, 175.

1179 OLG Naumburg, Urt. v. 27.11.1996 – 2 Ss 307/96 -, juris Rn. 4; vgl. dazu auch OLG Stuttgart NStZ 1981, 490; BayObLG NStZ 1990, 142; OLG Hamm NStZ 1982, 298; OLG Hamm NStZ-RR 1997, 78; OLG Hamm StV 1999, 641.

sei als Maßstab für die „Schwere" die Strafgewalt des Amtsgerichts mit vier Jahren heranzuziehen. Vorliegend könne dahinstehen, ob die zur früheren, auf drei Jahre begrenzten Strafgewalt des Amtsrichters in § 24 Abs. 1 Nr. 2 GVG a.F. entwickelte Rechtsprechung, in der Regel ab einer Straferwartung von einem Jahr die Bestellung eines Verteidigers für geboten zu erachten, auf die Neuregelung zu übertragen sei; jedenfalls liege in der Ansicht des Vorsitzenden, dem Angeklagten allein wegen einer möglichen Strafe von zehn Monaten keinen Pflichtverteidiger zu bestellen, kein „Ermessensfehlgebrauch oder Überschreitung des Beurteilungsspielraums". Auch wenn allgemein anerkannt sei, dass mittelbare Rechtsfolgen einer Verurteilung, wie etwa Bewährungswiderrufe zu berücksichtigen seien und dem Angeklagten möglicherweise ein solcher Widerruf gedroht habe, läge in der Ablehnung einer Pflichtverteidigerbestellung kein Rechtsfehler. Ob ein zu erwartender Bewährungswiderruf die Beiordnung wegen der „Schwere" der Tat geboten erscheinen lasse, sei „eine Frage des Einzelfalls", bezüglich der sich eine „starre Grenze" nicht ziehen lasse; insbesondere dürfe nicht die Summe aus der zu erwartenden Freiheitsstrafe und dem möglichen Bewährungswiderruf zugrunde gelegt werden, weil letzterer nie automatisch auf eine Verurteilung folge. Vorliegend führe allein die mögliche Gesamtverbüßungsdauer von einem Jahr und neun Monaten nicht zur zwingenden Pflichtverteidigerbestellung, erforderlich seien vielmehr weitere besondere Umstände, wie die fehlende Verteidigungsbereitschaft des Angeklagten, welche nicht vorgetragen seien.

Die Offenlassung der Frage, ob dem entscheidenden Tatrichter bei der Entscheidung über das Vorliegen einer „notwendigen" Verteidigung ein Ermessen oder ein Beurteilungsspielraum zuzugestehen sei, überrascht, da der Senat ausdrücklich das Vorliegen eines unbestimmten Begriffs anspricht und der Wortlaut des § 140 Abs. 2 StPO in der Rechtsfolge „bestellt" eindeutig ist und keinen Entscheidungsspielraum im Sinne eines echten Ermessens zulässt.[1180] Richtigerweise kann hier damit ausschließlich über einen Beurteilungsspielraum diskutiert werden, was, wie die Zitate zeigen, in neueren Entscheidungen auch vorwiegend vertreten wird. Trotz der Nennung vieler allgemeiner Grundsätze zur Annahme der „Schwere der Tat" sieht sich der Senat mithin unter Verweis auf fehlende starre Grenzen nicht in der Lage, eine eigene inhaltliche Prüfung der Frage durchzuführen.

Einen anderen Weg geht hingegen das Brandenburgische OLG in seinem Beschluss vom 28.11.2001 – 1 Ss 46/01:

Das Amtsgericht Neuruppin – Jugendschöffengericht – hat den 18-jährigen Angeklagten wegen gemeinschaftlichen Diebstahls in besonders schwerem Fall zu einer Jugendstrafe von sechs Monaten auf Bewährung verurteilt, ohne ihm einen Verteidiger zu bestellen. Die gegen die Verurteilung gerichtete Sprungrevision

1180 Vgl. im Gegensatz dazu § 140 Abs. 3 StPO, wo der Gesetzeswortlaut „kann" einen echten Ermessensspielraum im Sinne des „Ob" der Entscheidung eröffnet, so auch OLG Celle, StV 2011, 84 und OLG Düsseldorf StV 2011, 658, 659, wo zu Recht als Konsequenz der Darstellpflicht aus der Nichterwähnung das Nichtanstellen von Ermessenserwägungen geschlossen und ein Rechtsfehler angenommen wird.

des Angeklagten führte mit der Rüge, die Hauptverhandlung sei entgegen §§ 338 Nr. 5, 140 Abs. 2 StPO, 68 Nr. 1 JGG ohne Verteidiger durchgeführt worden, obwohl ein Fall notwendiger Verteidigung vorgelegen habe, zum Erfolg. Der Senat führte zur Begründung aus: „Die Bestellung eines Verteidigers gemäß § 140 Abs. 2 StPO war erforderlich. Nach dieser Vorschrift bestellt der Vorsitzende auf Antrag oder von Amts wegen einen Verteidiger, wenn wegen der Schwere der Tat oder wegen der Schwierigkeit der Sach- und Rechtslage die Mitwirkung eines Verteidigers geboten erscheint oder wenn ersichtlich ist, dass sich der Beschuldigte nicht selbst verteidigen kann. Der Vorsitzende, der insoweit einen Beurteilungsspielraum hat, entscheidet über die Verteidigerbestellung nach pflichtgemäßem Ermessen[1181] (...). Dieses Ermessen hat der Vorsitzende rechtsfehlerhaft ausgeübt. (...) § 140 Abs. 2 StPO enthält mit den Begriffen „Schwere der Tat" und „Schwierigkeit der Sach- und Rechtslage" unbestimmte Rechtsbegriffe, die im Jugendstrafverfahren einer jugendspezifischen Auslegung bedürfen." Jugendliche und Heranwachsende seien aufgrund ihrer Entwicklungsdefizite zur Wahrnehmung ihrer Interessen nicht so gut in der Lage wie Erwachsene, sodass eine extensive Auslegung des § 140 Abs. 2 StPO im Jugendstrafrecht veranlasst sei. Bei der Erwartung einer Jugendstrafe von mindestens sechs Monaten seien „im Rahmen einer Gesamtschau die sonstigen schwerwiegenden Nachteile" des Strafverfahrens mitzuberücksichtigen, wobei am Ende „die Umstände des Einzelfalles" entscheidend seien. „Unter Anwendung dieser Grundsätze" hätte der Vorsitzende vorliegend von Amts wegen einen Verteidiger beiordnen müssen.[1182] Der Angeklagte sei erst 18 Jahre alt gewesen und habe zuvor noch nie etwas mit der Justiz zu tun gehabt. Die Auswirkungen auf den Schüler der 13. Klasse, die er voraussichtlich wiederholen müsse, seien „wesentlich gravierender" als bei einem Erwachsenen. Zudem sei der erwachsene Mitangeklagte von einem Verteidiger vertreten worden, der dadurch seine Verteidigungsmöglichkeiten deutlich besser habe wahrnehmen können, so dass der Grundsatz des fairen Verfahrens eine Verteidigerbestellung auch für den Angeklagten gefordert habe.

1181 Brandenburgisches OLG NStZ-RR 2002, 184; ähnlich auch BayOblG NStZ 1990, 142; OLG Hamm StV 1999, 641.

1182 Brandenburgisches OLG NStZ-RR 2002, 184, 185; vgl. ähnliche eigene Subsumtionen unter den unbestimmten Begriff der „Schwere der Tat" durch Vornahme einer selbstständigen Gesamtschau bei OLG Zweibrücken NStZ 1986, 135 f.; OLG Hamm NStZ-RR 1997, 78; KG StV 1983, 186; OLG Frankfurt StV 1995, 628, 629; OLG Hamm StV 1999, 641 f.; ebenso OLG Stuttgart NStZ 1981, 490 und OLG Köln StV 1991, 151, 152 unter Hinweis auf die sich aufdrängende Mitwirkungsbedürftigkeit bei einer zu erwartenden FHS über zwei Jahren, ebenso BGHSt 48, 170, 175 f. zur Frage der konkreten Gefahr einer Interessenskollision als „wichtiger Grund" zur Ablehnung gemäß § 142 Abs. 1 S. 2 StPO n.F., OLG Karlsruhe NStZ 1991, 505 wegen Nichterörterung der Frage sowie OLG Düsseldorf VRS 89, 367 f. und OLG Hamburg, Beschl. v. 23.6.2008 – 2 – 39/08 (REV), 2 – 39/08 (REV) – 1 Ss 107/08 -, juris Rn. 11 unter Verweis auf eine Überschreitung des Ermessens- bzw. Beurteilungsspielraums.

Die Entscheidung stellt zunächst auch auf ein Ermessen bzw. einen Beurteilungsspielraum des Tatrichters ab, wobei sie zwischen diesen Begriffen nicht sauber differenziert, um anschließend unter dem Deckmantel, das Ermessen sei „rechtsfehlerhaft" ausgeübt worden, mit Formulierungen wie, die Beiordnung „war erforderlich" eine eigene Subsumtion anhand der objektiven Grundsätze[1183] unter selbstständiger Gesamtwürdigung der Einzelumstände vorzunehmen. Ohne nähere Spezifizierung eines konkreten Rechtsfehlers nimmt der Senat schlicht eine vom Tatrichter abweichende Beurteilung der „Schwere" der Tat vor, weil er eben im vorliegenden Fall anderer Ansicht als der Tatrichter ist. Mit der Anerkennung eines Beurteilungsspielraums oder Ermessens hat dies hingegen nichts zu tun. Inhaltlich kommt er damit nur seiner Aufgabe als oberstem Gericht zur Förderung der Rechtseinheit und Rechtsfortbildung nach, wenn er unter einen Begriff mit vorhandenen objektiven Subsumtionsleitlinien anders subsumiert als der Tatrichter. Die Floskeln vom „Ermessen" oder „Beurteilungsspielraum" sind dabei jedoch störendes Beiwerk.

Betrachtet man die Vielzahl weiterer Entscheidungen, die ungeachtet des grundsätzlich eingeräumten Beurteilungsspielraums/Ermessens eine eigene Bewertung anhand der objektiven Grundsätze ohne tiefergehende Legitimation für einen Ausnahmefall vornehmen, erscheint in der Tat eine Umkehr des Regel-Ausnahme-Verhältnisses im Hinblick auf beschränkte Kontrolle-Eingriff zugunsten der angeblichen Ausnahme zu gelten.

Interessant erweist sich auch die unterschiedliche Vorgehensweise der Obergerichte mit dem unbestimmten Begriff „nicht genügend entschuldigt" in § 329 Abs. 1 StPO, vgl. zunächst BGH, Beschl. v. 11.4.1979 – 2 StR 306/78:

Das Amtsgericht Darmstadt hat den Angeklagten des Diebstahls schuldig gesprochen, seine dagegen gerichtete Berufung wurde verworfen, weil der Angeklagte nicht zur Hauptverhandlung erschienen war und das Landgericht Darmstadt die

1183 Vgl. weitere Grundsätze in BayObLG NStZ 1990, 142, 143, wonach bei einer erstinstanzlichen Verurteilung zu eineinhalb Jahren ohne Bewährung „in der Regel" auch dann die Bestellung eines Verteidigers geboten sei, wenn nur der Angeklagte Berufung eingelegt habe und daher das Verbot der Schlechterstellung gelte; OLG Hamm StV 1999, 641, 642, wonach „in der Regel" bei einer zu erwartenden FHS von einem Jahr ohne Strafaussetzung zur Bewährung von einem Fall notwendiger Verteidigung auszugehen sei und im Verfahren vor dem Schöffengericht „stets" ein Verteidiger zu bestellen sei; OLG Hamburg, Beschl. v. 23.6.2008 – 2 – 39/08 (REV), 2 – 39/08 (REV) – 1 Ss 107/08 -, juris Rn. 9, wonach bei einer Straferwartung von über eineinhalb Jahren „allemal" ein Fall notwendiger Verteidigung gegeben sei; siehe auch zu § 141 Abs. 3 S. 2 StPO im Ermittlungsverfahren: BGHSt 46, 93, 99 f., wonach zur Wahrung des in Art. 6 Abs. 3d EMRK garantierten Fragerechts von einer Reduzierung des tatrichterlichen Ermessens auf Null auszugehen und eine Pflicht zur Beiordnung anzunehmen sei, wenn der wesentliche Belastungszeuge in Abwesenheit des Beschuldigten vernommen werden solle; i.V.m. § 140 Abs. 1 Nr. 2 StPO: BGHSt 47, 172, 176 f., wonach eine Pflicht zur Beiordnung jedenfalls dann bestehe, wenn der dringende Tatverdacht eines Verbrechens bestehe und der Beschuldigte tatsächlich eines Beistandes bedürfe.

vom Verteidiger vorgelegte ärztliche Bescheinigung, wonach der Angeklagte wegen einer „ausgeprägten orthostatischen Kreislaufdysregulation zZ nicht belastbar sei" nicht als „genügende Entschuldigung" zur Glaubhaftmachung der Verhandlungsunfähigkeit des Angeklagten angesehen hat. Im Rahmen der Revision will das Oberlandesgericht Frankfurt eine Stellungnahme des behandelnden Arztes einholen, um die Verhandlungsunfähigkeit des Angeklagten zum Zeitpunkt der Berufungsverhandlung zu klären, sieht sich daran jedoch durch Entscheidungen anderer Oberlandesgerichte gehindert. Es hat daher die Sache dem Bundesgerichtshof gemäß § 121 Abs. 2 GVG zur Entscheidung der Frage vorgelegt, „ob das Revisionsgericht bei der Prüfung der Frage, ob die Bestimmung des § 329 Abs. 1 StPO richtig angewandt wurde, an die tatsächlichen Feststellungen des Tatrichters gebunden ist, oder ob es das Vorbringen des Angeklagten auch in tatsächlicher Hinsicht überprüfen und notfalls im Freibeweisverfahren feststellen kann, ob das Ausbleiben des Angeklagten im Hauptverhandlungstermin iS des § 329 Abs. 1 StPO genügend entschuldigt war".

Der Senat anwortete wie folgt: „Auf die Verfahrensrüge muss das Revisionsgericht prüfen, ob das Berufungsgericht die Pflicht zur weiteren Sachaufklärung gehabt hätte. Allein hierbei ist ihm die Möglichkeit des Freibeweises eröffnet. (...) Nicht berechtigt ist jedoch das Revisionsgericht, den Freibeweis auch auf die tatsächlichen Feststellungen des Berufungsrichters als solche zu erstrecken und diese je nach dem Ergebnis des Beweises durch eigene Feststellungen zu ersetzen oder zu ergänzen. Das würde einem im Gesetz nicht vorgesehenen weiteren Berufungsverfahren gleichkommen und wäre mit dem Wesen und den Grundsätzen des Revisionsrechts nicht vereinbar. Daran ändert nichts, dass die nach § 329 Abs. 1 S. 1 StPO ergehende Entscheidung keine Feststellungen zur Schuldfrage und Straffrage enthält (...). Hieraus kann nicht hergeleitet werden, dass das Revisionsgericht an die sonstigen Feststellungen des angefochtenen Urteils nicht gebunden ist. Denn sie enthalten nicht etwa nur die wertungsfreie Wiedergabe förmlicher Geschehensabläufe, sondern bilden zugleich die „sachliche" Grundlage der Entscheidung nach § 329 Abs. 1 S. 1 StPO und unterliegen als solche der Würdigung des Tatrichters. Damit aber sind sie den Feststellungen in einem die Schuldfrage und Straffrage erörternden Urteil vergleichbar und deshalb ebenso wie diese bindend".[1184] Dazu gehöre die Feststellung, dass der Angeklagte zu Beginn der Hauptverhandlung nicht erschienen sei und ob und wie er sein Ausbleiben entschuldigt habe. Ob eine Entschuldigung „genügend" oder ob die Berufung ohne weiteres zu verwerfen sei, könne nur der Tatrichter entscheiden, was der Senat weiter erläutert: „Dass dies nicht geschehen kann, ohne dass dem Tatrichter ein gewisser Beurteilungsspielraum zur Verfügung steht, liegt in der Natur der Sache (RGSt 66, 150, 151).[1185] Die Bindung an die Feststellungen hindert das Revisionsgericht dann allerdings nicht,

---

1184 BGHSt 28, 384, 387; im Ergebnis ebenso OLG Düsseldorf MDR 1981, 870; KG StV 1987, 11; OLG Bremen StV 1987, 11, 12; OLG Köln VRS 71, 371, 372.

1185 BGHSt 28, 384, 386, 387; vgl. zum Beurteilungsspielraum auch Thüringer OLG, Beschl. v. 6.3.2008 – 1 Ss 362/06 -, juris Rn. 18 sowie OLG Zweibrücken NStZ 1994,

auf Grund einer zulässigen Verfahrensbeschwerde zu prüfen, ob dem Tatrichter bei der Beurteilung der tatsächlichen Umstände Rechtsfehler unterlaufen sind, er etwa den Begriff der „genügenden" Entschuldigung verkannt oder an ihn zu strenge Anforderungen gestellt hat (vgl BGHSt 15, 287; 17, 391, 396)."[1186] Es sei daher von einer Bindung des Revisionsgerichts an die tatsächlichen Feststellungen des Berufungsgerichts auszugehen, im Falle der Aufdeckung von Rechtsfehlern könne das Revisionsgericht die Entscheidung des Berufungsgerichts nicht durch seine eigene ersetzen, sondern müsse die Entscheidung einem neuen Berufungsrichter zuweisen.

Insbesondere der abschließende Satz lässt den Leser vermuten, man befinde sich inmitten der Standard-Floskeln des BGH zur Bindung des Revisionsgerichts an die materiellen Feststellungen des Tatgerichts und zur „alleinigen Aufgabe" des Tatrichters, die Beweise zu würdigen. In Wirklichkeit geht es aber gerade um die tatbestandlichen Voraussetzungen einer Verfahrensnorm, deren Subsumtion durch das Tatgericht mithilfe der Verfahrensrüge der Überprüfung zugeführt werden soll; mithin um prozessuale Feststellungen, diesbezüglich nach dem Grundverständnis von der Revision gerade keine Bindung gelten soll und die dem Freibeweis im Revisionsverfahren unterliegen![1187]

Der BGH verdrängt in dieser Entscheidung vollständig die grundsätzlich bestehende, prozessuale Prüfpflicht des Revisionsgerichts bezüglich prozessualer Feststellungen und stellt diese materiellen Feststellungen zur Schuld- und Straffrage mit der Folge der Bindungswirkung gleich. Der Grundsatz, dass zwischen den Feststellungen zu Verfahrensfragen und solchen zur Schuld- und Straffrage hinsichtlich der Bindungswirkung streng zu trennen ist, wird im vorliegenden Urteil gar nicht erwähnt, es wird lediglich durch die Konstruktion der der Verfahrensnorm des § 329 Abs. 1 StPO zugrunde liegenden Feststellungen zur Frage der „genügenden" Entschuldigung als den Feststellungen zur Schuldfrage und Straffrage „vergleichbar" deutlich, dass der Senat die Differenzierung und die damit verbundenen Konsequenzen sehr wohl kennt. Er scheint davon auszugehen, durch das Erfordernis einer Wertung als „genügend" durch den Tatrichter lägen bezüglich der der Entschuldigung zugrundeliegenden Tatsachen keine „bloßen" Verfahrenstatsachen mehr vor, sondern diese würden dadurch zur materiell-rechtlichen Feststellung. Diese Ansicht vermag, auch mangels näherer Begründung nicht einzuleuchten und lässt

602, 603 zur entsprechenden Norm nach Einspruch im Strafbefehlsverfahren, § 412 StPO.

1186 BGHSt 28, 384, 387 f.; vgl. auch OLG Köln VRS 71, 371, 372, wonach der Senat „die Tragweite des Begriffs der nicht genügenden Entschuldigung" verkannt habe, weil er eine Entschuldigung allein wegen Nicht-Vorlegens eines ärztlichen Attests verneint habe; OLG Düsseldorf StV 1987, 9; 9, 10; KG und OLG Bremen StV 1987, 11 sowie OLG Karlsruhe StraFo 1999, 25 f., wo jeweils Aufhebungen wegen fehlender Auseinandersetzung mit möglichen Entschuldigungsgründen erfolgt sind, da das Revisionsgericht so nicht beurteilen könne, ob der Tatrichter den Rechtsbegriff der „genügenden Entschuldigung" verkannt habe.

1187 Vgl. zu den Grundlagen 1. Kapitel B II 1 b).

eine dogmatische Berechtigung für die „Umbetitelung“ der prozessualen zur materiellen Feststellung mit der Folge der Bindungswirkung vermissen. Feststeht lediglich, dass es sich bei dem Begriff „genügend entschuldigt“ in der Verfahrensnorm des § 329 Abs. 1 StPO um einen Begriff mit – mangels näherer Definition – unklaren Konturen handelt; weshalb die Einordnung als unbestimmter Begriff hingegen den zugrundeliegenden, zur Subsumtion erforderlichen Tatsachen den Charakter als prozessuale Feststellungen nehmen soll, ist nicht verständlich.

Teils gegenteilige Aussagen zu den hier relevanten Fragen enthält dagegen ein Beschluss des OLG München vom 26.8.2008 – 5 St RR 167/08:

Das Amtsgericht Dillingen hat den Angeklagten wegen versuchten Diebstahls in einem besonders schweren Fall verurteilt, woraufhin der Angeklagte Berufung zum Landgericht Augsburg eingelegt hat, jedoch im Hauptverhandlungstermin nicht erschienen ist; sein Verteidiger berichtete dem Gericht von einem Anruf des nicht am Gerichtsort wohnenden Angeklagten, er habe den Zug nach Augsburg verpasst und könne „jedenfalls in der nächsten Stunde“ nicht kommen. Das Landgericht verwarf seine Berufung.

Die Revision des Angeklagten, mit der er sich insbesondere im Wege der Verfahrensrüge gegen die Verwerfung der Berufung mit der Begründung wendet, er sei entschuldigt gewesen, führte zur Urteilsaufhebung und Neuverhandlung. Das Revisionsgericht habe die für die Verwerfung gemäß § 329 Abs. 1 StPO „maßgebenden Gründe zu überprüfen“[1188], wobei es diesbezüglich an die tatsächlichen Feststellungen des Berufungsgerichts gebunden sei und diese nicht im Wege des Freibeweises nachprüfen oder ergänzen dürfe.[1189] Vorliegend habe das Berufungsgericht den Begriff der „genügenden Entschuldigung“ verkannt: „Bei der Entscheidung, ob das Ausbleiben des Angeklagten genügend entschuldigt ist, steht dem Berufungsgericht kein Ermessensspielraum zu[1190]; es handelt sich um die Entscheidung einer Rechtsfrage, deren maßgebliche Erwägungen vom Revisionsgericht nachgeprüft werden können.“[1191] Dabei sei zum Schutz des Anspruchs auf rechtliches Gehör gemäß Art. 103 Abs. 1 GG eine enge Auslegung angebracht, wonach eine genügende Entschuldigung anzunehmen sei, „wenn nach den konkreten Umständen des Einzelfalles dem Angeklagten wegen seines Ausbleibens billigerweise kein Vorwurf“ gemacht werden könne. Die Versäumung eines Zuges könne eine hinreichende Entschuldigung darstellen, insbesondere wenn der Angeklagte zu erkennen gebe,

1188 OLG München wistra 2008, 480; ähnlich BGHSt 17, 391, 397 f., wo festgehalten ist, die „unrichtige Beurteilung“ durch das Berufungsgericht könne mit der Revision angegriffen werden, wobei an anderer Stelle vom „pflichtgemäßen Ermessen“ des Berufungsrichters bei der Entscheidung über die Verhandlung in Abwesenheit des Angeklagten die Rede ist.

1189 OLG München wistra 2008, 480; ebenso Thüringer OLG, Beschl. v. 6.3.2008 – 1 Ss 362/06 -, juris Rn. 9.

1190 OLG München wistra 2008, 480; ebenso BayObLG JR 2000, 80, 81.

1191 OLG München wistra 2008, 480; vgl. dazu auch BayObLG NStZ-RR 2003, 87, 88; OLG Stuttgart NStZ-RR 2006, 313, 314.

dass er sich darum bemühe den Gerichtsort zu erreichen, da ansonsten der Zweck der Verwerfung, sich nicht mit Rechtsmitteln, die der Betroffene selbst nicht verfolgt wissen will, aufzuhalten, verfehlt werde. Ohne die Feststellung, wann entsprechend des Zugplanes mit einem Eintreffen des Angeklagten zu rechnen und ob und wie dies mit der Folgeterminierung in Einklang zu bringen gewesen wäre, habe die Berufung aus Sicht des Senats nicht verworfen werden dürfen.

Die Entscheidung hinterlässt ein ambivalentes Bild: Bedauerlich ist, dass wiederum der Grundsatz der fehlenden Bindung des Revisionsgerichts an prozessuale Feststellungen mit keinem Wort erwähnt und stattdessen auch von einer diesbezüglichen Bindung an die tatrichterlichen Feststellungen ausgegangen wird, obwohl es sich bei den der Verfahrensnorm des § 329 Abs. 1 StPO zugrunde liegenden Feststellungen unzweifelhaft um Verfahrenstatsachen handelt. Die Bejahung einer Bindung an die Feststellungen zur Entschuldigung übernimmt der Senat – ohne Hinterfragung des Verweises – der zuvor dargestellten Entscheidung BGHSt 28, 383. Nach den Grundlagen hat das Revisionsgericht jedoch vom Revisionsführer behauptete Verfahrensverstöße aufzuklären, wozu ihm in erster Linie das Hauptverhandlungsprotokoll und bei fehlender Protokollierungsbedürftigkeit der Freibeweis zu Verfügung stehen.

Im Hinblick auf die Einräumung eines Beurteilungs-/Ermessensspielraums weicht er hingegen vollständig von der zuvor zitierten Entscheidung ab, wenn er einen solchen verneint und volle revisionsgerichtliche Nachprüfbarkeit annimmt. Positiv herauszustellen ist die Einräumung eines vollen Prüfungsrechts für das Revisionsgericht im Hinblick auf die *Rechts*frage, die Subsumtion unter den Rechtsbegriff der „genügenden" Entschuldigung, welchen der Senat einer weiterführenden Definition zuführt und die als bindend zugrunde gelegten Tatsachen abweichend vom Tatgericht darunter subsumiert.

Gegensätzlich erweist sich auch die Prüfungsintensität bezüglich der Wirksamkeit einer Berufungsbeschränkung, vgl. zunächst BayObLG, Beschl.v. 18.5.1999 – 1 St RR 109/99:

Der Angeklagte wurde vom Amtsgericht München u.a. wegen fahrlässiger Trunkenheit im Verkehr zu einer Freiheitsstrafe von fünf Monaten verurteilt, wogegen er – beschränkt auf den Rechtsfolgenausspruch – Berufung eingelegt hat, die vom Landgericht München I als unbegründet verworfen wurde. Das amtsgerichtliche Urteil enthielt diesbezüglich nur Ausführungen wann und mit welcher BAK der Angeklagte gefahren ist.

Mit der Revision rügt der Angeklagte u.a., das Berufungsgericht sei zu Unrecht von einer Unwirksamkeit der Berufungsbeschränkung ausgegangen; diesbezüglich blieb seine Revision ohne Erfolg. Der Senat führt unter Verweis auf die stRspr aus, bei Trunkenheitsfahrten sei eine Berufungsbeschränkung hinsichtlich des Rechtsfolgenausspruchs in der Regel dann unwirksam, wenn das tatrichterliche Urteil keine hinreichenden Feststellungen zum Alkoholkonsum und den äußeren Umständen der Fahrt enthalte. Vorliegend fehlten die Voraussetzungen für eine wirksame Berufungsbeschränkung geradezu exemplarisch, da das Urteil Feststellungen zur konkreten Fahrt sowie zur inneren Tatseite der Trunkenheitsfahrt völlig vermissen lasse. Der Senat führt weiter aus: „Im übrigen ist dem Berufungsrichter bei der Prüfung der Wirksamkeit der Rechtsmittelbeschränkung aber auch ein gewisser Beurteilungsspielraum zuzubilligen.[1192] Das folgt notwendigerweise daraus, dass – auch wenn es um keine Ermessensentscheidung geht und für den Zweifelssatz kein Raum ist – es sich doch um einen Wertungsakt handelt, dessen Ergebnis von den Gegebenheiten des Einzelfalls wie dem Deliktsvorwurf, den tatsächlichen Umständen und von den zur Verfügung stehenden Aufklärungsmöglichkeiten abhängt. Im Einzelfall ist daher vorstellbar, dass unterschiedliche Ergebnisse vertreten werden können, ohne dass nur eine Auffassung als rechtsfehlerfrei gelten kann. Hinzu kommt, dass dem Tatrichter die Verantwortung für die zu findenden Rechtsfolgen obliegt und es daher in erster Linie seiner Beurteilung und Verantwortung überlassen bleiben muss, welche Grundlagen er hierfür als erforderlich erachtet. Vom Revisionsgericht ist daher die Entscheidung des Berufungsrichters grundsätzlich hinzunehmen und zu respektieren, soweit sie sich nicht als rechtsfehlerhaft erweist, etwa weil er von einem unrichtigen Sachverhalt ausgegangen ist, den Umfang der Schuldfeststellungen oder sonst einen Rechtsbegriff verkannt hat oder er sich von sachfremden Erwägungen hat leiten lassen." Dafür sprächen auch praktische Erwägungen, da der Bestand des Berufungsurteils nicht von einer „engherzigen und vom Tatrichter im Einzelfall möglicherweise nicht vorhersehbaren Auslegung der Verfahrensvorschriften durch das Revisionsgericht" abhängen dürfe.[1193]

Positiv überrascht das Urteil im Hinblick auf seine ausdrücklichen und verhältnismäßig ausführlichen Legitimationsansätze für das revisionsgerichtliche Vorgehen, dem Berufungsrichter bei der Prüfung der Wirksamkeit der Berufungsbeschränkung einen nur beschränkt nachprüfbaren Beurteilungsspielraum bezüglich der „Tragfähigkeit" der Feststellungen einzuräumen. Das BayObLG nennt dabei vor allem die Wertungsabhängigkeit der Frage und geht offenbar davon aus, aus der Möglichkeit unterschiedlicher Ergebnisse folge die Rechtsfehlerfreiheit abweichender Meinungen; solche Argumente, insbesondere das letztgenannte, bei mehreren möglichen Entscheidungen läge kein Rechtsfehler vor, sind aus der allgemeinen Diskussion um die beschränkte Revisibilität unbestimmter Begriffe bekannt.

Bemerkenswert ist die Annahme des BayObLG, ein Rechtsfehler sei bei zugrundeliegendem unrichtigen Sachverhalt (!!!) anzunehmen; liegt darin etwa eine Anknüpfung an den zur Revisibilität von Beweiswürdigungsfehlern entwickelten Rechtfertigungsansatz in der älteren Literatur, wonach bei Anwendung des Gesetzes auf einen unrichtig festgestellten Sachverhalt eine „unrichtige" Gesetzesanwendung im Sinne von § 337 Abs. 2 StPO vorliege?

---

1192 BayObLG VRS 97, 359, 360; vgl. dazu auch OLG Köln, Beschl. v. 5.2.2008 – 82 Ss 7/08 -, juris Rn. 5, OLG Dresden, Urt. v. 13.10.2003 – 2 Ss 228/03 -, juris Rn. 16; siehe ferner BGHSt 47, 32, 39, wo die Entscheidung des Berufungsgerichts hingenommen wird, auch wenn eine „andere Entscheidung vertretbar" sei.

1193 BayObLG VRS 97, 359, 360 f.

Unterschiedlich dazu stellt ein Beschluss des KG vom 8.3.2013 – (4) 161 Ss 21/13 (28/13) zur Frage der Wirksamkeit der Berufungsbeschränkung schlicht fest: „Die Berufungsbeschränkung, deren Wirksamkeit das Revisionsgericht von Amts wegen und ohne Bindung an die Rechtsauffassung des Berufungsgerichts prüft[1194] (...), ist wirksam." Voraussetzung einer wirksamen Rechtsmittelbeschränkung auf die Rechtsfolgenfrage sei, dass die Straffrage unabhängig vom restlichen, nicht angegriffenen Teil des Urteils beurteilt werden könne, wofür hinreichende, den Schuldspruch tragende und eine Grundlage für den Rechtsfolgenausspruch bildende Feststellungen erforderlich seien, was vorliegend gegeben sei.

Abweichend zur vorgenannten Entscheidung nimmt der Senat hier eine eigene Beurteilung der Wirksamkeit der Berufungsbeschränkung „ohne Bindung" an die Rechtsansicht des Berufungsrichters vor. Entscheidungsfreiheit des Revisionsgerichts steht in natürlichem Gegensatz zur Anerkennung eines Beurteilungsspielraums des Tatrichters.

Im Folgenden wird überblicksartig der Umgang der obergerichtlichen Rechtsprechung mit weiteren unbestimmten Rechtsbegriffen/Ermessensermächtigungen aufgezeigt:

Dem Tatrichter wird bei der Beantwortung der Frage, ob eine „Gefährdung der Sittlichkeit" als Grund für den Ausschluss der Öffentlichkeit gemäß § 172 Nr. 1 GVG zu besorgen ist, da eine öffentliche Erörterung sexualbezogener Vorgänge als anstößig einzustufen ist, ein „Beurteilungsspielraum"[1195] eingeräumt, die Dauer der Ausschließung stehe in seinem „pflichtgemäßen Ermessen"[1196]. Auch bei dem Ausschlussgrund der zu besorgenden persönlichen „Gefährdung" in § 172 Nr. 1 a GVG wird dem Tatrichter ein Beurteilungsspielraum bzw. Ermessen[1197] zugebilligt.

Die Frage, ob ein Richter aus tatsächlichen Gründen „verhindert" war im Sinne von § 275 Abs. 2 S. 2 StPO wird von den Revisionsgerichten grundsätzlich nur daraufhin überprüft, ob der Vorsitzende seinen ihm insoweit zustehenden Beurteilungsspielraum überschritten[1198] habe, eigene Ermittlungen des Revisionsgerichts werden hingegen zugelassen bei fehlender Angabe eines Hinderungsgrundes[1199] oder bei schlüssiger Darlegung willkürlicher, sachfremder Erwägungen durch den Revisionsführer[1200].

---

1194 KG, Beschl. v. 8.3.2013 – (4) 161 Ss 21/13 (28/13) -, juris Rn. 5.

1195 BGHSt 38, 248, 250; NStZ 1986, 179, 180.

1196 BGHSt 38, 248, 250, 251; NStZ 1986, 179, 180.

1197 BGH NStZ-RR 2004, 116, 118; Urt. v. 15.7.2005 – 2 StR 131/05-, juris Rn. 12; Beschl. v. 9.4.2013 – 5 StR 612/12 -, juris Rn. 9.

1198 BGH NStZ-RR 1999, 46; StraFo 2006, 334; StV 2011, 210; vgl. auch BGHSt 31, 212, 215 und NStZ 1993, 96, wo auf „pflichtgemäßes Ermessen" des Vorsitzenden abgestellt wird.

1199 BGHSt 28, 194, 195, wo auf der Grundlage des Ermittlungsergebnisses eine eigene Bewertung der Verhinderung erfolgt.

1200 BGHSt 31, 212, 215; NStZ 1993, 96.

Bei der Beurteilung, ob ein Zuhörer als Zeuge in Betracht kommt und damit den Sitzungssaal verlassen muss gemäß § 58 Abs. 1 StPO stehe dem Vorsitzenden im Rahmen seiner Verhandlungsleitung nach § 238 Abs. 1 StPO ein Beurteilungsspielraum zu, der erst überschritten sei, wenn der Ausschluss auf sachfremden Erwägungen beruhe.[1201]

Dem Gericht wird bei der Frage, ob die Aussetzung der Hauptverhandlung „zur genügenden Vorbereitung der Anklage angemessen" erscheint gemäß § 265 Abs. 4 StPO zwar überwiegend ein „pflichtgemäßes Ermessen"[1202] zugestanden, zuweilen wird dieses jedoch etwa wegen der „Besonderheiten des vorliegenden Falles" zugunsten einer eigenen, abweichenden Entscheidung durchbrochen[1203].

Unübersichtlich erweist sich die Handhabung des unbestimmten Rechtsbegriffs der „Besorgnis der Befangenheit" in § 24 Abs. 1 i.V.m. § 74 Abs. 1 S. 1 StPO: Während teilweise von einer Bindung des Revisionsgerichts an die der Befangenheitsfrage vom Tatrichter zugrundegelegten Tatsachen[1204] unter Beschränkung auf eine Rechtsfehlerprüfung[1205] ausgegangen wird, wird gegensätzlich dazu auch vertreten, dass die Frage, ob die zugrundeliegenden Tatsachen eine Ablehnung rechtfertigen eine Rechtsfrage sei, die der Nachprüfung durch das Revisionsgericht unterliege und dass für tatrichterliches Ermessen kein Raum sei[1206].

Ob ein im Ausland lebender Zeuge „unerreichbar" ist im Sinne von § 244 Abs. 3 S. 2 StPO wird einerseits in das „pflichtgemäße Ermessen" des Gerichts gestellt[1207], andererseits wird die Bereitschaft des Zeugen, vor einem deutschen Gericht auszusagen vom Revisionsgericht freibeweislich nachgeprüft[1208] und die Ausschöpfung aller

---

1201 BGH NJW 2001, 2732; NStZ 2001, 163; 2004, 453, 454.

1202 BGH NJW 2000, 1350; NStZ 2013, 122, 123; vgl. auch NStZ-RR 2002, 270; Beschl. v. 6.3.2012 – 1 StR 623/11 -, juris Rn. 21.

1203 BGH NJW 2000, 1350; ähnlich NStZ 1983, 281; vgl. auch Beschl. v. 24.6.2009 – 5 StR 181/09 -, juris Rn. 23, wo von einer Reduzierung des Ermessens zugunsten einer Unterbrechung der Hauptverhandlung ausgegangen wird.

1204 OLG Koblenz GA 1975, 28; vgl. auch später noch BGH NStZ 1994, 388; 1999, 632, 633; 2008, 50; StV 2011, 728, 731.

1205 BGH GA 1968, 305.

1206 BGHSt 8, 226 (Ls. 1); folgend BGHSt 41, 206, 2012; vgl. auch NStZ 1999, 632, 633 und StV 2011, 728, 731, wo unter Hinweis auf das Vorliegen einer „Rechtsfrage" eine Überprüfung der Entscheidung über das Ablehnungsgesuch erfolgt; vgl. auch BGHSt 41, 206, 2012; NStZ 2008, 50, wo eine eigene Subsumtion vorgenommen wird; siehe ferner Beschl. v. 23.3.1994 – 2 StR 67/94 -, jurion Rn. 14, wo zwischen der Richter- und der Sachverständigenablehnung differenziert wird, wobei bei Ersterer eine inhaltliche Nachprüfung, bei Zweiterer nur eine Rechtsfehlerprüfung vorzunehmen sei.

1207 BGH MDR 1983, 505; NJW 1983, 527; vgl. auch BGHSt 32, 68, 72 f., wo die Frage, ob dem Erscheinen des Zeugen „nicht zu beseitigende Hindernisse entgegenstehen" iSv § 251 Abs. 1 Nr. 2 StPO a.F.= § 251 Abs. 2 Nr. 1 StPO n.F. als „dem Tatrichter obliegende Entscheidung" bezeichnet wird.

1208 BGH NStZ 1993, 349, 350.

Möglichkeiten zur Sachverhaltsaufklärung, wie die zuvorige Ladung des Zeugen, die Erwägung einer kommissarischen Vernehmung oder eine Prüfung warum davon kein Zugewinn für die Wahrheitsforschung zu erwarten ist sowie andere alternative Maßnahmen verlangt und eine eigene Bewertung der Sachlage durch das Revisionsgericht vorgenommen[1209].

Zum Umfang der Nachprüfbarkeit der vom Tatrichter angenommenen oder abgelehnten Prozessverschleppungsabsicht als Grund für die Ablehnung eines Beweisantrages gemäß § 244 Abs. 3 S. 2 StPO wird zum Teil vertreten, das Revisionsgericht habe seine Prüfung darauf zu beschränken, ob die Erwägungen „in tatsächlicher Hinsicht tragfähig und rechtlich zutreffend“[1210] seien, wohingegen teilweise andererseits eine Nachprüfung durch das Revisionsgericht „unter eigener Würdigung auch in tatsächlicher Hinsicht“[1211] proklamiert wird.

Hinsichtlich der Beurteilung des Beschuldigtenstatus anhand der Stärke des Tatverdachts in § 136 Abs. 1 S. 2 StPO besteht grundsätzlich wohl Einigkeit, dass dem zuständigen Beamten ein Beurteilungsspielraum[1212] eingeräumt werde, der erst (willkürlich) überschritten sei, wenn trotz starken Tatverdachts nicht von der Zeugen- in die Beschuldigtenvernehmung übergegangen werde[1213]; in der praktischen Umsetzung treten jedoch vermehrt Entscheidungen auf, in denen die Revisionsgerichte eine eigene Einschätzung der damaligen Beweislage vornehmen und ihre eigene Bewertung[1214] mit Floskeln wie „auch bei Berücksichtigung des den

---

1209 So etwa BGH GA 1980, 355; MDR 1983, 505 f.; Beschl. v. 28.10.1986 – 1 StR 605/86 -, juris Rn. 4; vgl. auch die ähnliche Handhabung in NStZ 1984, 179 bzgl. der Frage ob dem Erscheinen des Zeugen „nicht zu beseitigende Hindernisse“ iSv § 251 Abs. 2 Nr. 1 StPO n.F. entgegenstanden, wo vom Tatrichter nachhaltiges Bemühen um das Erscheinen des Zeugen verlangt und eine eigene Bewertung vorgenommen wird.

1210 BGHSt 51, 333, 336 f.; vgl. auch BGH JR 1983, 35, 36 m. zust. Anm. *Meyer,* 36 f.: „frei von Rechtsfehlern“ und NStZ 1984, 466: „von seinem Ermessen rechtsfehlerfrei Gebrauch gemacht“.

1211 BGHSt 21, 118, 123; ebenso OLG Hamm VRS 42, 115, 117; ähnlich OLG Hamburg JR 1980, 32, 34 m. Anm. *Gollwitzer,* 34 ff.; vgl. auch BGH GA 1968, 19, wo anhand des Akteninhalts eine eigene Subsumtion unter den Begriff der Verschleppungsabsicht erfolgt.

1212 BGHSt 38, 214, 228; NStZ 2009, 702; BayObLG NStZ-RR 2005, 175; OLG Köln VRS 100, 123, 127; OLG Stuttgart, Beschl. v. 28.4.2009 – 2 Ss 747/08 -, juris Rn. 14; vgl. aber auch OLG Hamm NStZ-RR 2009, 283, 284, wo von „pflichtgemäßen Ermessen“ die Rede ist.

1213 BGHSt 37, 48, 52; 51, 367, 371 f.; 53, 112, 114; NJW 1994, 2904, 2907; 1997, 1591; NStZ 2008, 48 f.; NStZ-RR 2004, 368; 2012, 49; OLG Karlsruhe MDR 1994, 500, 501; OLG Hamm NStZ-RR 2009, 283, 284; OLG Köln VRS 100, 123, 127.

1214 Vgl. etwa BGHSt 53, 112, 114 f., wonach „zweifelsfrei“ festgestanden habe, dass auch der Angeklagte am Tatort gewesen sei; OLG Karlsruhe MDR 1994, 500, 501, wonach „kein Zweifel“ daran bestehe dass der Angeklagte ernstlich als Täter in Betracht gekommen sei; BayObLG NStZ-RR 2005, 175, wonach „entgegen der vom Landgericht vertretenen Rechtsauffassung“ keine informatorische Befragung vorgelegen und es

Strafverfolgungsbehörden insoweit zustehenden Beurteilungsspielraums"[1215] sei von einem Beschuldigtenstatus auszugehen, über die des Tatgerichts stellen.

Im Übrigen wird dem Tatrichter ein „Ermessen" noch bei der Beurteilung eingeräumt, ob ein Beweismittel „völlig ungeeignet" ist im Sinne von § 244 Abs. 3 S. 2 StPO[1216], ob Minderjährige oder psychisch Kranke gemäß § 52 Abs. 2 S. 1 StPO „keine genügende Vorstellung" von der Bedeutung des Zeugnisverweigerungsrechts haben[1217], ob die Anwesenheit des Angeklagten in der Hauptverhandlung „nicht erforderlich" ist nach § 231 Abs. 2 StPO[1218], ob vom Verteidiger erwartet werden kann, dass er ohne Vorbereitung plädiert[1219] sowie bei echten „kann"-Ermessensermächtigungen wie etwa in § 111i Abs. 2 StPO[1220] oder § 247 S. 1 StPO[1221].

Ein „Beurteilungsspielraum" wird dem Tatrichter bzw. der Exekutive von der Rechtsprechung zusätzlich in den folgenden Fällen zugestanden: Im Rahmen einer negativen Kernbereichsprognose nach § 100c Abs. 4 S. 1 StPO[1222], bei der Frage, ob einem Fall „besondere Bedeutung" im Sinne von § 24 Abs. 1 Nr. 3 GVG zukommt[1223], ob eine Amtshandlung „unaufschiebbar" ist im Sinne von § 29 Abs. 1 StPO[1224], ob die Anwesenheit des Angeklagten in der Hauptverhandlung „unerlässlich" ist gemäß § 231b Abs. 1 S. 1 StPO[1225], ob der Versuch einer erneuten Hinzuziehung des wegen ordnungswidrigen Benehmens gemäß § 231b Abs. 1 S. 1 StPO ausgeschlossenen Angeklagten zur Gewährung des letzten Wortes gemäß § 258 Abs. 2 StPO von Anfang an aussichtslos erscheint[1226], ob ein Verfahren „zur sofortigen Verhandlung geeignet" ist nach § 417 StPO[1227], ob eine körperliche Untersuchung beim Beschuldigten nach § 81a Abs. 1 StPO verhältnismäßig ist[1228], ob ein Verlöbnis im Sinne von 52 Abs. 1 Nr. 1 StPO vorliegt[1229], im Rahmen der Billigkeitsklausel nach § 472

---

sich nach den Urteilsfeststellungen den Polizeibeamten „aufgedrängt" habe, dass der Angeklagte als wahrscheinlicher Täter in Betracht komme; OLG Stuttgart, Beschl. v. 28.4.2009 – 2 Ss 747/08 -, juris Rn. 15, wonach sich der Verdacht habe „aufdrängen" müssen, der Ehemann der befragten Frau sei der Täter.

1215 BGH NStZ 1996, 200.

1216 BGH NStZ 1985, 375, 376.

1217 BGH NStZ 2012, 578.

1218 BGH, Beschl. v. 19.11.2009 – 4 StR 276/09 -, juris Rn. 5; OLG Köln NStZ-RR 2012, 178.

1219 KG StV 1984, 413, wo jedoch gleichzeitig eine vom Erstrichter abweichende Bewertung erfolgt.

1220 BGH NStZ 2013, 401, 403; wistra 2009, 241, 242.

1221 BGH StV 2009, 342, 343, 344.

1222 BGHSt 54, 69, 96 f.

1223 BGHSt 47, 16, 20, 21.

1224 BGH NStZ 2002, 429, 430.

1225 BGHSt 39, 72, 74.

1226 BGH NJW 2005, 2466, 2469.

1227 OLG Düsseldorf StV 1999, 202.

1228 KG, Urt. v. 28.3.2000 – (4) 1 Ss 87/98 (74/98) -, juris Rn. 8.

1229 BGHSt 55, 65, 68 f.

Abs. 1 S. 2 StPO[1230] sowie bei der Frage, ob das Verfahren gemäß §§ 154, 154 a StPO einzustellen ist[1231].

Überdies findet noch eine beschränkte Nachprüfung durch das Revisionsgericht auf Rechtsfehler bei der Beurteilung der Frage, ob ein Zeuge „in absehbarer Zeit gerichtlich nicht vernommen" werden kann gemäß § 251 I Nr. 2 StPO n.F.[1232] sowie auf „Vertretbarkeit" bei der Abwägung im Rahmen von § 160a Abs. 2 StPO[1233] statt.

Es sind hingegen auch Entscheidungen anzutreffen, in denen scheinbar gleichlaufende unbestimmte Rechtsbegriffe in Verfahrensnormen einer vollständigen revisionsrechtlichen Überprüfung unterzogen werden, wie die nachfolgende Entscheidung, das Urteil des BGH vom 22.12.2000 – 3 StR 378/00 veranschaulichen soll:

Das Oberlandesgericht Rostock hat die Angeklagten wegen gemeinschaftlich begangener, rechtsextremistisch motivierter Gewalttaten an Ausländern schuldig gesprochen. Die Revisionen der Angeklagten, mit denen sie u.a. die Zuständigkeit des OLG gemäß § 120 Abs. 2 S. 1 Nr. 3a GVG rügen, hat der Senat verworfen. Er ist der Ansicht, die Einschätzung des OLG, die Taten der Angeklagten seien von „besonderer Bedeutung" im Sinne von § 120 Abs. 2 S. 1 Nr. 3 GVG sei „rechtlich nicht zu beanstanden", sodass der Generalbundesanwalt zur Übernahme der Verfolgung gehalten gewesen sei. Die Zuständigkeit des Bundes werde erst dadurch begründet, dass es sich um ein „staatsgefährdendes Delikt von erheblichem Gewicht" handele, das die Schutzgüter des Gesamtstaates derart angreife, dass eine Aburteilung durch ein Bundesgerichtsbarkeit ausübendes Gericht notwendig sei. Die Beurteilung der Bedeutung setze eine „Gesamtwürdigung der Umstände und Auswirkungen der Tat" im Hinblick auf das Schutzgut des Gesamtstaates voraus, was der Senat weiter erläutert: „Bei der Beantwortung der Frage, ob dem Fall besondere Bedeutung im dargestellten Sinne zukommt, steht dem Generalbundesanwalt kein Beurteilungsspielraum zu, der gerichtlicher Überprüfung entzogen wäre. Ebensowenig steht die Übernahme der Verfolgung in seinem Ermessen, wenn die besondere Bedeutung des Falles zu bejahen ist. Nur in dieser Auslegung hält § 120 Abs. 2 S. 1 Nr. 1–3 GVG verfassungsrechtlichen Anforderungen stand."[1234] Bei der Übernahme der Strafverfolgung durch den GBA, werde den sonst zuständigen Bundesländern die Justizhoheit entzogen und auf die Person des gesetzlichen Richters Einfluss genommen. Eine solche Beeinflussung könne vor Art. 101 Abs. 1 S. 2 GG nur Bestand haben, wenn das Zuweisungskriterium der „besonderen Bedeutung des Falles" als unbestimmter Rechtsbegriff verstanden werde, den der Generalbundesanwalt bei der Prüfung einer Übernahme „auszulegen und die Umstände des konkreten Falls darunter zu subsumieren" habe. Verneinten die Oberlandesgerichte im Gegensatz zum GBA die besondere Bedeutung, sehe § 120 Abs. 2 S. 2 GVG ausdrücklich die Verweisung an

1230 KG NStZ-RR 1999, 223.
1231 BGH NStZ 2004, 277, 278.
1232 BGH, Beschl. v. 28.6.1976 – 3 StR 226/76 bei *Holtz,* MDR 1976, 989.
1233 BGH StraFo 2012, 173, 175.
1234 BGHSt 46, 238, 254.

die Landesjustiz vor. Das Revisionsgericht habe zu überprüfen, ob das Oberlandesgericht bei der Auslegung des Rechtsbegriffs die richtigen rechtlichen Maßstäbe angewandt habe. Vorliegend habe das OLG die besondere Bedeutung des Falles unter Berücksichtigung der ausländerfeindlichen Motive der Angeklagten sowie deren Einbindung in gewachsene rechtsradikale Strukturen rechtsfehlerfrei bejaht.

Richtigerweise stellt diese Entscheidung auf das Wesen des unbestimmten Rechtsbegriffs als *Rechts*begriff ab, welcher abstrakt auszulegen und unter den der konkrete Sachverhalt zu subsumieren ist. Beide Aufgaben sind originäre Aufgaben des Revisionsgerichts im Rahmen der *Rechts*kontrolle, was das Urteil des BGH zutreffend anerkennt. Liest man in der Überschrift des entsprechenden Urteilsteils den Terminus „besondere Bedeutung des Falles", erwartet man die üblichen Floskeln vom Beurteilungsspielraum des originär entscheidenden Organs und damit einhergehend eine Beschränkung der Nachprüfungsbefugnis der nachfolgenden Organe; doch abweichend zur üblichen Vorgehensweise scheint der BGH die Notbremse zu ziehen, sobald es um hochsensible, verfassungsrechtlich garantierte Rechte des Angeklagten geht – seinen Anspruch auf den gesetzlichen Richter gemäß Art. 101 Abs. 1 S. 2 GG. Ansonsten unterscheidet sich die Sachlage kaum merklich von den sonstigen Fällen, in denen freigiebig Beurteilungsspielräume „verteilt" werden: Die Frage der „besonderen Bedeutung" bedarf einer Einzelfallabwägung aller Umstände des konkreten Falles und hat für den Einzelnen wie in vielen anderen Verfahrensentscheidungen massive Konsequenzen. Trotz der scheinbaren Vergleichbarkeit der Interessenlage vertritt der BGH hier rigoros die Ansicht, dem eine mögliche Verfolgungsübernahme entscheidenden Generalbundesanwalt stehe kein Beurteilungsspielraum zu, das Tatgericht habe seine Entscheidung voll nachzuprüfen und das Revisionsgericht habe die Subsumtion durch den Tatrichter in *rechtlicher* Hinsicht zu kontrollieren. Grund für die revisionsfreundliche Handhabung dürfte das Interesse sein, die Vorschrift des § 120 Abs. 2 GVG verfassungskonform zu halten. Es wäre wünschenswert, wenn sich die Revisionsgerichte auch sonst mehr um den Schutz verfassungsrechtlich garantierter Rechte der Betroffenen kümmern würden.

In diesem Sinne und zugleich als abschließendes Exempel für die vielfachen terminologischen Verwirrungen stellt sich eine Formulierung des BGH in einem Urteil vom 15.5.1992 – 3 StR 419/91 dar, wo er zum Tatbestandsmerkmal der „Übermüdung" in § 136a StPO ausführt: „Schon wegen dieses unrichtigen rechtlichen Ausgangspunkts ist der Senat an die tatrichterliche Feststellung der „Übermüdung" nicht gebunden. Insoweit gilt der Freibeweis. Ob der Senat auch an rechtsfehlerfrei getroffene Feststellungen zur Übermüdung nicht gebunden wäre (So BGHSt 16, 164/165; BGH, Urt. v. 18. September 1979 – 1 StR 399/79, aA BGHSt 1, 376, 379: „Tatfrage"), braucht hier nicht entschieden zu werden."[1235]

Löblich ist, dass sich der Senat entsprechend seiner prozessualen Prüfpflicht an die tatrichterlichen, prozessualen Feststellungen nicht gebunden und zu eigenen, freibeweislichen Ermittlungen in der Lage sieht. Er bringt dies jedoch irrigerweise

1235 BGHSt 38, 291, 293.

in Zusammenhang mit einer fehlerhaften rechtlichen Auffassung des Tatgerichts, das entgegen der Grundsätze des BGH Phasen der Bettruhe ohne Schlaf nicht mitberücksichtigt hat. Die Prüfpflicht der Revisionsgerichte hinsichtlich *tatsächlicher* Verfahrensvorgänge besteht jedoch unabhängig von fehlerhaften *rechtlichen* Ansätzen, eine Ausnahme wird seitens der Rechtsprechung eben nur gemacht bei Verfahrensnormen mit „Ermessens" spielräumen. Obwohl der Begriff der „Übermüdung" ein unbestimmter Rechtsbegriff ist, nimmt der Senat im Folgenden eine eigene rechtliche Würdigung abweichend vom Tatrichter auf dem Boden der *tatsächlichen* Feststellungen vor, von etwaigen Beurteilungsspielräumen o.ä. ist nicht die Rede.[1236] So begrüßenswert diese Entscheidung im Ergebnis ist, umso bedauerlicher erweisen sich die Unsicherheiten, die der BGH mit Formulierungen wie „an die tatrichterliche Feststellung der Übermüdung nicht gebunden" auslöst: Bei einer tatrichterlichen Feststellung handelt es sich um etwas *Tatsächliches*, bei der Annahme der Übermüdung um die Subsumtion unter einen Rechtsbegriff und damit um etwas *Rechtliches*.

#### (2) Zusammenfassende These: grundsätzlich Unterscheidung nach Wertungsbedürfnis und Einzelfallabhängigkeit

Meines Erachtens müssen im Rahmen einer Zusammenfassung der gewonnenen Erkenntnisse zunächst zwei Komplexe strikt auseinandergehalten werden: Zum einen die Frage der Bindung an Verfahrenstatsachen vs. eigene Ermittlungen des Revisionsgerichts im Freibeweis, zum anderen der Umfang der Prüfungskompetenz des Revisionsgerichts; beide Fragen werden oft vermengt und nicht sauber auseinandergehalten, was wiederum zeigt, dass die Praxis vielfach tatsächliche und rechtliche Fragen nicht korrekt voneinander trennt.

Betrachten wir zunächst die Bindungsfrage: Bei vielen Verfahrensnormen mit unbestimmten Begriffen nehmen die Revisionsgerichte eine Bindung an die vom Tatrichter festgestellten Tatsachen an und sehen sich zu eigenen, freibeweislichen Erhebungen außerstande; der eigentliche Grundsatz der Prüfpflicht des Revisionsgerichts im Hinblick auf das tatsächliche Vorliegen von Verfahrensfehlern wird gar nicht mehr erwähnt geschweige denn ein Begründungsversuch für die Einschränkung der Grundlagen vorgenommen. Die Unterwerfung unter die Feststellungen des Tatgerichts erfolgt zumeist in unmittelbarem Zusammenhang mit der Einräumung eines Beurteilungs-/Ermessensspielraums an den Tatrichter.

Die andere Frage betrifft den Umfang der Kontrolle der tatrichterlichen Subsumtion unter den unbestimmten Begriff: Die Revisionsgerichte räumen vielfach der Exekutive bzw. dem Tatrichter bei der Anwendung unbestimmter Rechtsbegriffe im Verfahrensrecht – analog zur Vorgehensweise bei der Ausfüllung unbestimmter Begriffe im materiellen Strafrecht – einen Beurteilungsspielraum ein – denselben teils auch fälschlich als Ermessen bezeichnend – und nehmen lediglich eine beschränkte Überprüfung auf Rechtsfehler vor. Richtigerweise haben sich die Revisionsgerichte

1236 BGHSt 38, 291, 293 f.

in der Mehrheit der Fälle dieser Fallgruppe mit unbestimmten Rechtsbegriffen in Verfahrenstatbeständen, nicht hingegen mit Ermessensermächtigungen auf der Rechtsfolgenseite zu beschäftigen; zutreffenderweise müsste mithin meistens von einem „Beurteilungsspielraum", nicht hingegen von einem echten „Ermessen" gesprochen werden[1237], die neuere Rechtsprechung zeigt sich jedoch ersichtlich mehr um die richtige Verwendung der Begrifflichkeiten bemüht.

Extreme Uneinheitlichkeit und Unsicherheit herrscht hinsichtlich des Prüfungsumfangs der sich anschließenden Überprüfungskette: Während bei § 81a Abs. 2 StPO ohne ausdrückliche Erwähnung eines Beurteilungsspielraums eine vollinhaltliche gerichtliche Überprüfung proklamiert wird, wird im Rahmen von § 168c Abs. 5 S. 2 StPO zu demselben Rechtsbegriff ein eigenes Prüfungsrecht des Tatrichters nur bei fehlender Entscheidung der Exekutive neben einer Rechtsfehlerprüfung des Revisionsgerichts vertreten, während eine Einzelentscheidung zu § 100a StPO gleiche Prüfungskompetenzen für Tat- und Revisionsrichter nur bei Willkür postuliert, gibt ein Urteil zu §§ 152 Abs. 2, 170 Abs. 2 StPO eine Vertretbarkeitsprüfung für Tat- und Revisionsrichter vor. Trotz unbestimmten Rechtsbegriffs in § 120 Abs. 2 GVG verneint der BGH einen Beurteilungsspielraum des Erstentscheiders und verlangt eine volle gerichtliche Kontrolle. Sachdienliche Differenzierungen für die Ungleichbehandlungen der einzelnen Fallbeispiele fehlen. Betreffend die Begriffe der „genügenden Entschuldigung" in § 329 Abs. 1 StPO, der „Besorgnis der Befangenheit" in §§ 24, 74 StPO sowie der Wirksamkeit einer Berufungsbeschränkung gibt es sowohl Entscheidungen, die einen Beurteilungsspielraum/Ermessen einräumen, als auch solche die Selbiges ablehnen.

Beschränken sich die Revisionsgerichte auf die Prüfung, ob der Tatrichter den Rechtsbegriff verkannt oder seinen Beurteilungsspielraum überschritten hat, bliebt unklar, wann eine solche Übertretung im Einzelnen vorliegen soll. Vermehrt in jüngeren Entscheidungen wird die erforderliche Überschreitung des Beurteilungsspielraums in manchen Tatbeständen noch durch den Terminus „in unvertretbarer Weise" ergänzt oder um die Voraussetzung der objektiven Willkür verstärkt. Dies bedeutet eine erhebliche Anhebung der Eingriffshürde für das Revisionsgericht, das somit nur mehr bei offensichtlichen Fehlern eingreifen kann.

Angesichts dieser selbst auferlegten Fesseln wundert es nicht, dass vermehrt Entscheidungen anzutreffen sind, in denen die Revisionsgerichte freimütig einfache Rechtsfehler mit lapidarer Begründung unter den Begriff der Willkür subsumieren, um sich den Weg zurück zur vollinhaltlichen Kontrolle zu ermöglichen, eigene Bewertungen anstellen und somit die Strenge der Prüfungseinschränkung wieder in Frage stellen. Auffällig erweist sich, dass gerade bei Verfahrensfragen mit besonderer Grundrechtsrelevanz, wie etwa dem Richtervorbehalt des § 81a Abs. 2 StPO, der Zuständigkeit des Generalbundesanwalts und damit der Berührung des Anspruchs auf den gesetzlichen Richter in § 120 Abs. 2 GVG sowie verbotenen

---

1237 So auch *Hanack*, in: LR-StPO, 25. Aufl., § 337 Rn. 89; *Pfitzner*, Bindung (Fn. 1149), 165 f.

Vernehmungsmethoden nach § 136a StPO eine volle gerichtliche Nachprüfung der Erwägungen der Exekutive proklamiert und auf die Formulierung eines Beurteilungsspielraums derselben völlig verzichtet wird. Zum anderen werden auch Beurteilungsspielräume bei klar umrissenen Tatbestandsvoraussetzungen wie dem Verlöbnis in § 52 Abs. 1 Nr. 1 StPO oder ob ein Zuhörer als Zeuge in Betracht kommt, vergeben. Bemerkenswert erweist sich ferner das Aufgreifen aus dem Schrifttum allgemein zur Revisibilität unbestimmter Begriffe bekannter, insbesondere im materiellen Strafrecht angebrachter Argumente durch die Rechtsprechung, was im Hinblick auf die sonstige „Begründungsfaulheit" der Revisionsgerichte eher selten ist. Der BGH bedient sich dabei der bekannten Argumentationsstränge des Erfordernisses einer Wertung und Abwägung durch den Tatrichter im Einzelfall, des Fehlens allgemeingültiger Maßstäbe für jeden Fall, sowie der Tatsache, dass vielfach mehrere verschiedene Ergebnisse möglich sind und verweist auf den Prognosecharakter mancher Entscheidungen. Diesbezüglich lassen sich somit die aus der Anwendung unbestimmter Begriffe im materiellen Strafrecht bekannten Muster auf die hiesige Problematik übertragen.

#### (3) Kritik aus der Literatur

Eben solche Argumente werden auch von den Befürwortern der Rechtsprechungslinie seitens der Literatur vorgebracht, wobei diesbezüglich wegen der Vergleichbarkeit der Interessenlage – unbestimmte Rechtsbegriffe im gesetzlichen Tatbestand – auf die obigen Ausführungen zu den unbestimmten Begriffen im Rahmen der sachlichrechtlichen Rechtsanwendung verwiesen werden kann.[1238] Die Diskussion im Rahmen der speziellen Problematik der Zuweisung von Ausfüllungsspielräumen im Verfahrensrecht hat vor allem *Herdegen* geprägt, der die Wahrung einer umfassenden Überprüfungskompetenz des Revisionsgerichts bezüglich prozessual erheblicher Tatsachen einfordert und die Einräumung von tatrichterlichen Freiräumen bei der Subsumtion unter unbestimmte Rechtsbegriffe mit der Folge einer Beschränkung der Nachprüfungsbefugnisse des Revisionsgerichts verwirft.[1239] Er proklamiert den Grundsatz der prozessualen Prüfpflicht des Revisionsgerichts bezüglich Verfahrenstatsachen und führt dafür u.a. das Aufklärungsgebot des § 244 Abs. 2 StPO an, das auch im Revisionsverfahren gelte.[1240] Schon zuvor haben auch *Alsberg/Nüse* festgestellt: „Diese Rechtsprechung ist mit den gegenwärtigen Rechtsanschauungen nicht

---

1238 Siehe oben A I 3.

1239 *Herdegen,* in: FS Kleinknecht, 173, 186, 187 f.; zustimmend *Fezer,* in: Aktuelle Probleme der Strafrechtspflege, 89, 98; ebenso gegen die Rechtsprechungspraxis ausgesprochen haben sich: *Franke,* in: LR-StPO, § 337 Rn. 66; *Hanack,* JZ 1973, 727, 729; *Neuhaus,* in: FS Riess, 375, 396 speziell zu § 100a StPO; *Schwinge,* Grundlagen des Revisionsrechts, 170; *Wohlers,* GA 2003, 895 speziell zu § 168c Abs. 5 S. 2 StPO; nur betr. die Bindung an Verfahrenstatsachen *Frisch,* in: SK-StPO, § 337 Rn. 91 und *Momsen,* in: KMR-StPO, § 337 Rn. 166, 170 (54. EL Mai 2009).

1240 *Herdegen,* in: FS Kleinknecht, 173, 184 f., 187; *ders.,* in: FS Salger, 301, 303 f.

zu vereinbaren"[1241]. Gegen die eingeschränkte Prüfungskompetenz in tatsächlicher und rechtlicher Hinsicht wird deren Unvereinbarkeit mit dem Zweck der Verfahrensrüge[1242] sowie mit dem Gesetzeswortlaut und dem Grundsatz der Arbeits- und Verantwortungsteilung angeführt, da sich die Revisionsgerichte mit dieser Vorgehensweise „ihrer Verantwortung, die Verfahrensrüge in tatsächlicher und rechtlicher Hinsicht auf ihre Berechtigung zu überprüfen", entledigten[1243]. Daneben haben sich differenzierende Ansichten herausgebildet, die etwa einen Anlass für eine Einschränkung der Revisibilität vom Sinn der Vorschrift abhängig machen wollen[1244] oder die eine Legitimation für eine Beschränkung dort sehen, wo die Feststellung wesentlich vom „unmittelbaren persönliche Eindruck des Tatrichters" abhängt[1245]; außerdem wird eine Ansicht vertreten, die hinsichtlich der Prüfungsbefugnis und Revisibilität nicht zwischen Ermessens- und Nicht-Ermessensbegriffen unterscheiden will, sondern danach, ob das Revisionsgericht eine Neubewertung des „Beweisergebnisses einer unmittelbar mündlichen Beweisaufnahme" vornehmen müsste oder ob es tatsächliche Umstände ermittelt, die „auch außerhalb der Hauptverhandlung festgestellt werden können"; bei letzterer befinde sich das Revisionsgericht nicht in einer schlechteren Beurteilungslage als der Tatrichter.[1246]

#### (4) Stellungnahme

Zunächst drängt sich angesichts der extremen Uneinheitlichkeit der Rechtsprechung im Bereich der Ausfüllung unbestimmter Rechtsbegriffe in Verfahrenstatbeständen die Vermutung einer gewissen Willkür auf[1247], die zu bedauerlicher Rechtsunsicherheit führt.

Allgemein können meine im Rahmen der Anwendung unbestimmter Rechtsbegriffe im materiellen Strafrecht angestellten Überlegungen[1248] sinngemäß auf

1241 *Alsberg/Nüse,* Der Beweisantrag im Strafprozess, 482 f.

1242 *Franke,* in: LR-StPO, § 337 Rn. 66; *Hanack,* JZ 1973, 727, 729.

1243 *Wohlers,* GA 2003, 895, 897 f., 899; vgl. auch *Fezer,* in: Aktuelle Probleme (Fn. 1239), 89, 98: „klare revisionsrechtliche Systematik verwischt".

1244 *Eb. Schmidt,* LK II-StPO, § 337 Rn. 13 f.

1245 *Volk,* Prozessvoraussetzungen im Strafrecht, 76; *Willms,* in: EG Heusinger, 393, 409; ähnlich auch *Henkel,* Strafverfahrensrecht, 377.

1246 *Fezer,* JZ 1983, 355, 356; sehr ähnlich *Peters,* Strafprozess, 4. Aufl., 658; vgl. auch *Pfitzner,* Bindung (Fn. 1149), 249 f., 254, der hins. der Kontrollintensität danach differenziert, ob sich die Tatbestandsmerkmale einer Verfahrensnorm auf die „tatrichterliche Entscheidungssituation" oder auf „Umstände außerhalb dieser Situation" beziehen; bezüglich ersterer, zu der er den „äußeren Ablauf der Hauptverhandlung und den Akteninhalt" zählt, bestehe keine Bindung, bzgl. zweiterer, worunter er „Geschehnisse außerhalb der Hauptverhandlung und psychische Eigenschaften von Personen" versteht, müsse das Revisionsgericht die tatrichterlichen Feststellungen zugrundelegen.

1247 Vgl. auch *Herdegen,* in: FS Kleinknecht, 173, 185.

1248 Siehe oben A I 4.

die hiesige Problematik übertragen werden, da – wie wir festgestellt haben – in der Vielzahl der Fälle in Wirklichkeit, entgegen der oft verwendeten Bezeichnung, keine Ermessensentscheidungen des Tatrichters vorliegen, sondern dieser schlicht Tatsachen unter unbestimmte, nicht klar umrissene Begriffe in Verfahrensnormen subsumiert, was rechtlich nicht anders zu bewerten ist, als die Subsumtion unter unbestimmte Rechtsbegriffe des materiellen Strafrechts. Im Grundgedanken anzuerkennende Argumente der Befürworter der Rechtsprechungslinie sind die natürlichen Grenzen des Revisionsverfahrens, die Tatsache, dass der Tatrichter den Verfahrensgang jedenfalls im Hauptverfahren „live" miterlebt im Gegensatz zum Revisionsrichter, der auf die schriftlichen Darlegungen des Tatrichters angewiesen ist; auch die aus einer mangelhaften Dokumentation resultierenden praktischen Schwierigkeiten sind nicht von der Hand zu weisen. Zugegebenermaßen erweist sich die Sachferne des Revisionsgerichts als handfestes Problem, wenn die höchstsrichterliche Rechtsprechung für die Ausfüllung unbestimmter Begriffe keine für zukünftige Fälle mit vergleichbarer Sachlage heranzuziehende, allgemeine Vorgaben macht und bei der Lösung des Falles allein auf den Einzelfall abhebt. Solche Handhabungen durch die Revisionspraxis sind jedoch in einem Zeitalter, in welchem ein Anspruch des Angeklagten auf ein objektiv, rational begründetes Urteil beinahe allgemein anerkannt ist, weder hinzunehmen noch mehr regelmäßig anzutreffen. Der Tatrichter hat die Pflicht zur Begründung seines Wertungsergebnisses in allen die Entscheidung tragenden Punkten, anhand der Darlegungen des Tatrichters ist dem Revisionsgericht die Möglichkeit eröffnet, die rechtliche Richtigkeit der tatrichterlichen Entscheidung nachzuprüfen; erfüllt der Tatrichter seine Pflicht zur Darlegung aller für die Abwägung maßgeblichen Gesichtspunkte nicht oder ungenügend, ist seine rechtliche Würdigung für das Revisionsgericht nicht nachvollziehbar und seine Entscheidung mangels tragfähiger Urteilsgrundlage aufzuheben. Die Revisionsgerichte streben im Gegenteil, um sich ihren Einfluss durch selbst auferlegte Hürden zu bewahren, zu allgemeingültigen Vorgaben, um die Gerichtspraxis mit ihren beschränkten Mitteln bestmöglichst beeinflussen zukönnen; aus dem Argument der Sachferne des Revisionsgerichts lässt sich eine Beschränkung der Prüfungskompetenz des Revisionsgerichts im Hinblick auf unbestimmte Rechtsbegriffe in Verfahrensnormen ebenso wenig herleiten wie aus dem häufigen Hinweis auf das Erfordernis einer einzelfallabhängigen Wertung. Wie bereits oben ausführlich hergeleitet, krankt das Argument der Wertungsabhängigkeit an der technisch unsauberen, fehlenden Differenzierung zwischen verschiedenen Ebenen der Wertung: Einmal der *tatsächlichen* und einmal der *rechtlichen* Wertung. Füllt der Tatrichter einen unbestimmten Rechtsbegriff mit dem im Anschluss an die *tatsächliche* Wertung festgestellten Sachverhalt aus, trifft er ausschließlich eine *rechtliche* Wertung im Rahmen der Subsumtion unter einen Rechtsbegriff, welche das Revisionsgericht ebenso vornehmen kann und muss als *Rechts*rügegericht. Auch das Argument, eine gleichsam mögliche, andersartige Entscheidung sei nicht rechtsfehlerhaft im Sinne von § 337 StPO verfängt nicht, wenn man das Revisionsgericht als das begreift, was es ist: Der oberste Hüter über die *Rechts*frage, der letztverbindlich Entscheidende, auch über scheinbar „vertretbare" andere Ansichten hinweg. Unbestimmte

Rechtsbegriffe eröffnen gerade keine Wahlfreiheit hinsichtlich dem „Ob“ und dem „Wie“ sondern zeichnen sich lediglich durch konkretisierungsbedürftige Tatbestände aus. Da letztlich nur die Entscheidung des Revisionsgerichts im Revisionsverfahren als Institution zur Wahrung der Rechtseinheitlichkeit die einzig zu beachtende ist, sind die anderen eben nicht hinzunehmen und daher rechtsfehlerhaft im Sinne von § 337 Abs. 1 StPO. Ebensowenig kann das Argument der Einzelfallabhängigkeit eine Einschränkung der Revisibilität rechtfertigen, da aus jeder, scheinbar noch so auf den Einzelfall zugeschnittenen Entscheidung allgemein formulierte, für eine Vielzahl ähnlich gestalteter Sachverhalte übertragbare Richtlinien extrahiert werden können, die auch für die Rechtseinheit Bedeutung haben können.

Das Revisionsgericht hat nach dem Grundsatz der Aufgaben- und Verantwortungsteilung die Aufgabe, die *Rechts*frage, welche nach dem Willen des historischen Gesetzgebers betroffen ist, wenn unter einen Rechtsbegriff subsumiert wird, einer vollinhaltlichen Überprüfung zuzuführen, Gründe für eine Einschränkung dieser ihr zugedachten Aufgabe bestehen nach dem gerade Ausgeführten nicht. Noch weniger ist die Abhängigmachung eines revisibelen Rechtsfehlers von objektiver Willkür des Entscheidungsorgans zu rechtfertigen; damit zieht der BGH die denkbar schärfste Waffe zur Eingrenzung der Revisibiliät, welche die Möglichkeit des Angeklagten, ihn in seinen Grundrechten verletzende Verfahrensfehler mit der Revision anzugreifen, nachhaltig auf ein Minimum beschränkt. Eben da es solcher Einschränkungen nach dem Wortlaut, der gesetzgeberischen Konzeption und dem Sinn und Zweck der Revision gar nicht bedarf, erweist es sich als unschön und den Eindruck einer willkürlichen und uneinheitlichen Rechtsprechung erweckend, wenn die Revisionsgerichte zur Kompensation für die selbst angelegte „Zwangsjacke“ in Einzelfällen versuchen, „auf Teufel komm raus“ unter großzügiger Bejahung von Willkür, ohne Beachtung des eigentlichen Erfordernisses, dass die Rechtswidrigkeit der Maßnahme ohne weiteres offensichtlich sein, gar auf der Hand liegen muss, eigene Bewertungen vornehmen. Durch die einerseits erfolgte Anhebung der Eingriffshürden auf das denkbar höchste Niveau und die andererseits gleichzeitige extensive Auslegung des Willkürbegriffs in manchen Einzelfällen droht ein Leerlaufen des Willkürmaßstabs, dessen Eingreifen nach der Grundkonzeption eigentlich auf gröbste Missgriffe beschränkt sein soll.

Wie bereits im Rahmen der Grundlagen hervorgehoben, ist von Gesetzes wegen von einer grundsätzlichen Prüfpflicht des Revisionsgerichts hinsichtlich prozessualer Feststellungen auszugehen, welche nicht voreilig durch dogmatisch nicht gerechtfertigte Ausnahmen relativiert werden darf. Zunächst ist *Wohlers* darin zuzustimmen, dass schon durch die Darlegungspflicht der Exekutive zur rechtsstaatlich gebotenen Nachvollziehbarmachung seiner Entscheidung für das nächst höhere Organ, der Tatrichter in die Lage versetzt wird, die behördliche Entscheidung auf der Basis des damals zur Verfügung stehenden Erkenntnisstandes vollinhaltlich nachzuprüfen.[1249] Auch das BVerfG geht zu Recht von einer

1249 Vgl. *Wohlers,* GA 2003, 895, 897 f.

zwingenden eigenen Prüfungspflicht des Tatgerichts gegenüber den Entscheidungen der Exekutive aus, wenn es fordert, dass allein aus der Verwendung unbestimmter Rechtsbegriffe nicht auf eine Beschränkung der – vom Grundgesetz geforderten – vollen richterlichen Kontrolle zu schließen sei.[1250] Nur eine solche Auffassung lässt sich zudem mit der richterlichen Unabhängigkeit und dem Grundsatz der freien Beweiswürdigung in Einklang bringen, wonach der Tatrichter seine Entscheidung von jeglichen Bindungen frei und nur seinem Gewissen verantwortlich, nach seiner alleinigen, freien Überzeugung treffen muss, wozu eine Vorwegbindung durch behördliche Entscheidungen in eklatantem Widerspruch stünde. Da mit der Zuerkennung einer eigenen Prüfung durch das Tatgericht die ursprüngliche Beurteilungssituation des behördlichen Entscheidungsträgers auch vom Tatrichter nicht mehr im Sinne vollständiger Identität rekonstruiert werden kann und dem Tatrichter damit dieselben Entscheidungsgrundlagen zur Verfügung stehen wie dem Revisionsrichter, besteht auch unter dem Gesichtspunkt der Leistungsfähigkeit des Revisionsrechts kein Anlass den Revisionsrichter insofern anders zu behandeln, wie den Tatrichter, der auch nur auf der Basis der schriftlichen Gründe urteilen kann.[1251]

Eine prozessuale Prüfpflicht des Revisionsgerichts hinsichtlich der Verfahrensnormen mit unbestimmten Begriffen zugrundeliegenden Tatsachen lässt sich ferner aus dem Grundverständnis von der Revision herleiten, wonach dem Revisionsgericht die Aufgabe zukommt, Rechtsfehler jeglicher Art, insbesondere auch Verfahrensfehler ohne Rücksicht auf die Bestimmtheit oder Unbestimmtheit der Tatbestandsmerkmale aufzudecken. Dem Revisionsführer obliegt es nach dem Grundkonzept der Revision Verfahrensfehler ausdrücklich zu rügen, § 344 Abs. 2 StPO – die Nachweispflicht des Revisionsführers würde leerlaufen, wenn das Revisionsgericht keine vollumfängliche Nachprüfpflicht träfe, da das Tatgericht die eigenen Fehler wohl nicht offen zugeben wird. Um eine effektive Angriffsmöglichkeit des tatrichterlichen Urteils auf Verfahrensfehler garantieren zu können, muss dem Revisionsgericht mithin ermöglicht werden, das behauptete Vorliegen solcher Fehler anhand des Sitzungsprotokolls oder freibeweislich auf ihre Berechtigung nachzuprüfen. Das Revisionsgericht agiert insofern als verlängerter Arm des Revisionsführers – ohne Nachweis eines Verfahrensfehlers kein Erfolg der Verfahrensrüge. An dem Prüfungszwang zur Ermöglichung einer erfolgreichen Verfahrensrüge ändert auch der Hinweis auf das Vorliegen eines unbestimmten oder Ermessensbegriffs nichts, da dem Tatgericht auch bei Anwendung derselben *rechtliche* Fehler unterlaufen sein können, die hingegen nur aufgedeckt werden können, wenn dem Revisionsgericht erlaubt wird, den zugrundeliegenden tatsächlichen Verfahrensgang zu ermitteln. Von einem Eingriff in die tatsächliche Würdigungsbefugnis des Tatrichters im Hinblick auf die

---

1250 BVerfGE 103, 142, 157; vgl. auch BVerfG NStZ 2002, 606 f., wo das BVerfG von eigenen tatsächlichen und rechtlichen Erwägungen, inkl. Beweisbarkeitsprognose durch den Tatrichter ausgeht.

1251 Vgl. zu diesem Gedankengang auch *Fezer*, JZ 1983, 355, 356.

Schuld- und Rechtsfolgenfrage kann insofern keine Rede sein, wenn es dem Revisionsgericht ausschließlich um die Ermittlung des tatsächlichen Verfahrensablaufs geht. Von einer „Beweisaufnahme über die Beweisaufnahme" kann solange nicht gesprochen werden, als es nicht um Ermittlungen zum materiellen Schuldvorwuf sondern ausschließlich um das objektive Verfahren geht, das mit persönlichkeitsbezogenen, individuellen Komponenten, welche etwa die Beweisaufnahme zur Schuldfrage kennzeichnen, wenig bis gar nichts zu tun hat. Die im Rahmen der Grundlagen angedeutete Möglichkeit einer Kollision zwischen der Bindungsfreiheit im Hinblick auf prozessuale Feststellungen sowie der Bindung bezüglich der Feststellungen zur Schuld- und Straffrage ist bei einer eigenen Prüfung der unbestimmten Rechtsbegriffen in Verfahrensnormen zugrunde zu legenden Tatsachen nicht zu befürchten, da letztere ausschließlich den Weg zur sachlichen Entscheidung ebnen und keinen Einfluß auf die materiell-rechtliche Beurteilung der Tat haben. Eine solche Sorge treibt die Revisionsgerichte in der Praxis scheinbar auch gar nicht um, sie stellen vielmehr zur Begründung ausschließlich auf die Besonderheiten des Wesens der unbestimmten Begriffe ab; dass letzteres eine Einschränkung der Revisibilität nicht überzeugend rechtfertigen kann, wurde bereits dargetan.

#### bb) Verbot der Rekonstruktion der Hauptverhandlung

##### (1) Problemeinführung

Im Rahmen der Rechtsprechungsanalyse zu Beweiswürdigungsfehlern im Bereich der Sachrüge haben wir uns mit zahlreichen, die Widerspruchsfreiheit und Vollständigkeit der Beweiswürdigung betreffenden, möglichen Rechtsfehlern auseinandergesetzt. All diesen rügbaren Verstößen lag die Voraussetzung zugrunde, dass sich der jeweilige Fehler unmittelbar aus dem tatrichterlichen Urteil ergibt – etwa durch Außerachtlassung allgemeingültiger, übergeordneter Denk- und Erfahrungssätze oder in den Urteilsgründen nicht aufgegriffener, von der Rechtsprechung in allgemeinen Richtlinien zu konkreten Problemkreisen formulierter, zwingend anzustellender Überlegungen in der jeweiligen Konstellation. Die Sachrüge, die wegen der Bindung an die tatrichterlichen Feststellungen zur Schuld- und Straffrage ausschließlich eine Auseinandersetzung mit dem schriftlichen Urteil als alleiniger Prüfungsgrundlage unter Ausschluss sämtlicher anderer Erkenntnisquellen erlaubt[1252], kommt jedoch an ihre natürlichen Grenzen, wenn der Tatrichter tatsächliche Gesichtspunkte übersehen hat, weil er etwa verwertete Beweismittel gar nicht in die Hauptverhandlung eingeführt oder angesichts der fehlenden Pflicht zu vollständigen Dokumentation der Hauptverhandlung eingeführte Beweise im Urteil nicht erwähnt oder sich mit einem Widerspruch zwischen Urteilsfeststellungen und anderen Aktenbestandteilen nicht auseinandergesetzt hat, da ein Unterlassen von Erwägungen schon im wahrsten Sinne des Wortes keine Berücksichtigung im Urteil findet[1253] – die Sachrüge

1252 Vgl. dazu ausdrücklich BGHSt 35, 238, 241.
1253 Vgl. zu dieser Problematik *Herdegen,* StV 1992, 590; *Schlothauer,* StV 1992, 134, 135.

scheidet indes bei nicht im Urteil vermerkten Überlegungen als zuverlässiges Mittel zur Aufdeckung von Fehlern aus. Man wird daraus wohl nicht gleich wie *Schlothauer* folgern müssen, die Wirkungen der erweiterten Revision seien insgesamt begrenzt[1254] – aber Fakt ist, dass in den Fällen aus den Urteilsgründen allein nicht erkennbarer Fehler nur die Verfahrensrüge überhaupt theoretisch in der Lage ist, mit dem eröffneten Zugriff auf die Akten Rechtsfehler durch einen Vergleich der gemäß dem Hauptverhandlungsprotokoll in die Hauptverhandlung eingeführten und der in den Urteilsgründen erwähnten Beweismittel aufzudecken. Als mögliche, grundsätzlich mit der Verfahrensrüge rügbare Rechtsfehler kommen vor allem die nachfolgenden zwei in Betracht: Einmal die Nichtberücksichtigung und Nichteinführung bzw. die nicht ausreichende Ausschöpfung, sog. Nichtausschöpfung von Beweisstoff, der geeignet gewesen wäre, das Beweisergebnis zu beeinflussen – ein Aufklärungsmangel, dem mit der Aufklärungsrüge nach § 244 Abs. 2 StPO zu begegnen ist; zum anderen die Berücksichtigung formal nicht in die Hauptverhandlung eingeführten Beweisstoffs sowie umgekehrt die Nichterörterung und Nichtwürdigung von in die Hauptverhandlung eingeführtem, beweiserheblichem Beweisstoff – ein Verstoß gegen das Gebot die Überzeugung aus dem „Inbegriff" der Verhandlung zu schöpfen, der mit der sog. Inbegriffsrüge gemäß § 261 StPO anzugreifen ist.[1255]

Das Unterlassen der Erwägungen im Urteil kann jedoch auch einen einfachen und einleuchtenden Grund haben, etwa dass der nach der Grundkonzeption allein für die Beweiswürdigung zuständige Tatrichter die vermissten Erwägungen angestellt, jedoch nicht für beweiserheblich gehalten hat oder ein Beweismittel durch nicht protokollierungspflichtigen Vorhalt in die Hauptverhandlung eingeführt wurde oder sich in der Hauptverhandlung Widersprüche aufgeklärt haben, sodass kein Grund mehr für eine weitere Problematisierung in den Urteilsgründen bestand. Die angedeutete Problematik besteht folglich nicht in der theoretischen Verfolgbarkeit durch die Verfahrensrüge, sondern in deren praktischen Umsetzung – in der Beweisbarkeit von Verfahrensfehlern[1256], ohne an den Grundfesten der Revision als Rechtsmittel mit beschränkten Prüfungsmöglichkeiten zu rütteln. Zwar ist der historische Gesetzgeber von einem grundsätzlichen Prüfungsauftrag des Revisionsgerichts hinsichtlich der Aufklärung von Verfahrensfehlern ohne Bindung an die tatrichterlichen Feststellungen zu prozessualen Tatsachen ausgegangen – er hat dabei jedoch einen Konflikt nicht bedacht, der wegen gänzlich unterschiedlicher Bedeutung der §§ 261, 244 StPO angesichts des Geschworenensystems damals noch gar nicht zu Tage getreten war[1257]: Der Nachweis von Verfahrensverstößen, insbesondere durch weitere Ermittlungen des Revisionsgerichts wegen fehlender Festhaltung im Hauptverhandlungsprotokoll darf nicht zum Gegenbeweis gegen die

1254 *Schlothauer,* StV 1992, 134, 135.

1255 Vgl. zu den möglichen, im Urteil nicht erwähnten Fehlern auch *Ziegert,* StV 1996, 279, 280.

1256 Vgl. dazu auch *Ziegert,* StV 1996, 279, 280.

1257 Vgl. zur geschichtlichen Entwicklung der Verfahrensrüge, 2.Kapitel A I 3 b).

Feststellungen zur Schuld- und Straffrage führen, diesbezüglich eine strenge Bindung herrscht.[1258] Die Ursache einer möglichen Kollision zwischen der Bindung an die materiellen und der Nachprüfpflicht bezüglich der prozessualen Feststellungen liegt im System des Strafverfahrens begründet: Das Hauptverhandlungsprotokoll enthält grundsätzlich keine Einzelheiten zum Inhalt von Beweiserhebungen – bei Zeugenvernehmungen enthält es grundsätzlich nur den Vermerk „Der Zeuge sagt zu Sache aus" – und der Tatrichter ist ungeachtet des Gebots zu erschöpfenden Beweiswürdigung unstreitig nicht verpflichtet, den Gang der Hauptverhandlung im Einzelnen unter Aneinanderreihung sämtlicher Geschehnisse, ohne Wertungsbezug als wesentlich oder erheblich für das Beweisergebnis, in den Urteilsgründen darzustellen. Wie eine Beweiserhebung im Detail abgelaufen ist, wird sich daher vielfach nur durch Erkundigungen bei den damaligen Verfahrensbeteiligten mit Hilfe des Freibeweises klären lassen – wodurch möglicherweise Widersprüche zu den Feststellungen des Tatrichters aufgedeckt würden, welche wiederum die Basis für die Verurteilung des Angeklagten bilden. Wie die Revisionsgerichte diesem Konflikt im Einzelnen begegnen, ist im Folgenden zu erörtern.

(2) Grundsatzentscheidung BGHSt 29, 18

Ungeachtet des grundsätzlichen Schwerpunkts im Hinblick auf neuere Entscheidungen, ist es in dieser Fallgruppe unumgänglich auch ältere Entscheidungen zu berücksichtigen, da sich an diesen die Entwicklung der Rechtsprechungslinie durch verhältnismäßig ausführliche Begründungen ziemlich genau abzeichnen lässt – in neueren Entscheidungen fallen vielfach nur mehr die Schlagwörter unter Verweis auf die grundlegenden, älteren Entscheidungen. Der nachfolgende Beschluss des BGH vom 7.6.1979 – 4 StR 441/78 lässt sich wohl als *die* Grundsatzentscheidung zum Thema „Rekonstruktionsverbot" sowie „revisionsgerichtlicher Augenscheinsbeweis" bezeichnen:

Das Amtsgericht Hildesheim hat den Betroffenen wegen vorsätzlichen Nichteinhaltens des erforderlichen Sicherheitsabstandes nach §§ 4 Abs. 1, 49 Abs. 1 Nr. 4 StVO i.V.m. § 24 StVG zu einer Geldbuße verurteilt. Der Betroffene erklärte zur Sache, er habe das Fahrzeug nicht gelenkt, das Gericht sah ihn gleichwohl aufgrund der Inaugenscheinnahme eines Beweisfotos als überführt an, da das Lichtbild deutlich „einen hochgewachsenen, schlanken, schwarzhaarigen und Brille tragenden jungen Herrn erkennen" ließe, was auf den Betroffenen zutreffe.

Der Betroffene beanstandet mit der Rechtsbeschwerde, das Radarfoto lasse die vom Amtsrichter getroffenen Feststellungen nicht zu. Das OLG Celle möchte die Rechtsbeschwerde als unzulässigen Angriff gegen die tatrichterliche Beweiswürdigung verwerfen, sieht sich jedoch an der beabsichtigten Entscheidung durch einen Beschluss des OLG Bremen gehindert, welches die Auffassung vertritt, dem Rechtsbeschwerdegericht stehe das Radarfoto im Wege des Freibeweises zur Überprüfung

1258 Vgl. *Franke,* in: LR-StPO, § 337 Rn. 50, 52; ähnlich auch *Niemöller,* StV 1984, 431, 432: Keine „Beweiserhebung über die Beweisaufnahme".

der Behauptung, es sei unergiebig, offen. Es hat die Sache daher dem BGH zur Entscheidung vorgelegt.

Der Senat stimmte der Rechtsansicht des vorlegenden OLG Celle zu und führte zur Begründung insbesondere aus: „Das Ergebnis der Beweisaufnahme zu würdigen, ist allein Sache des Tatrichters. (...) Dem Revisionsgericht (Rechtsbeschwerdegericht) steht nur eine begrenzte Möglichkeit zu, die Überzeugungsbildung des Tatrichters nachzuprüfen. Diese ist für das Revisionsgericht grundsätzlich bindend. Insbesondere ist es ihm verwehrt die Beweiswürdigung des Tatrichters durch seine eigene zu ersetzen. Es darf zu ihrer Beanstandung weder das Protokoll noch die Aufzeichnungen anderer Prozessbeteiligter über den Inhalt einer Aussage heranziehen.[1259] Eine Teilwiederholung einer Beweisaufnahme im Wege des Freibeweises ist nicht zulässig.[1260] Würde das Revisionsgericht aufgrund der mitgeteilten Beweisanzeichen seine Wertung an die Stelle derjenigen des Tatrichters setzen, so würde es die Grenzen seiner Aufgabe überschreiten und sich mit einer Verantwortung belasten, die es nach der gesetzlichen Ausgestaltung des Revisionsverfahrens nicht übernehmen darf und nicht übernehmen kann.[1261] (...) Eine Rüge der Verletzung des § 261 StPO ist dann erfolgsversprechend, wenn ohne Rekonstruktion der Beweisaufnahme[1262] der Nachweis geführt werden kann, dass die im Urteil getroffenen Feststellungen nicht durch die in der Hauptverhandlung verwendeten Beweismittel und auch sonst nicht aus den zum Inbegriff der Hauptverhandlung gehörenden Vorgängen gewonnen worden sind. Keinen Erfolg kann die Rüge dagegen mit der Behauptung haben, ein Zeuge habe anders ausgesagt oder die Aussage sei anders zu verstehen[1263] oder eine Vertragsurkunde sei nicht richtig ausgelegt worden. Möglich ist jedoch die Beanstandung, das Urteil gebe die Aussage eines kommissarisch vernommenen Zeugen, die in der Hauptverhandlung verlesen wurde, oder den

1259 BGHSt 29, 18, 20 m. krit. Anm. *Peters,* JR 1980, 169, 170; vgl. zum Verbot der Heranziehung von Aufzeichnungen des Verteidigers auch BGHSt 15, 347, 350; 43, 212, 214 m. Anm. *Herdegen,* JZ 1998, 54 ff.; NStZ 1990, 35; 2004, 630, 631; NStZ-RR 2009, 180.

1260 BGHSt 29, 18, 20; vgl. dazu BGHSt 15, 347, 349 und BGHSt 21, 149, 151: „Kein Gegenbeweis" zur Schuld- und Straffrage.

1261 BGHSt 29, 18, 20; vgl. dazu auch BGHSt 10, 208, 210.

1262 BGHSt 29, 18, 21; vgl. zum Verbot der Rekonstruktion der Beweisaufnahme bzw. Hauptverhandlung: BGHSt 43, 212, 213; NJW 2003, 150, 152; NStZ 1990, 35; 1997, 296; 450, 451; 2004, 630, 631; 2012, 344; NStZ-RR 2009, 180; 2013, 221, 222; 2014, 15; StraFo 2004, 173 (Ls.); StV 2002, 546; 2003, 650, 652; 2009, 454; 2011, 454, 455; Urt. v. 8.4.1997 – 5 StR 6/97 -, jurion Rn. 8; Beschl. v. 26.10.1999 – 4 StR 319/99 -, jurion Rn. 6; Beschl. v. 5.9.2000 – 1 StR 355/00 -, jurion Rn. 4; Beschl. v. 27.11.2002 – 1 StR 462/02 -, jurion Rn. 2; Urt. v. 19.8.2004 – 5 StR 218/04 -, juris Rn. 12; Beschl. v. 22.8.2012 – 4 StR 211/12 -, juris; OLG Frankfurt StV 1996, 202; KG StV 2003, 320; OLG Hamburg StV 2012, 74 m. krit. Anm. *Wilhelm,* 75 ff.

1263 BGHSt 29, 18, 21; vgl. dazu auch BGHSt 43, 212, 213; StV 1993, 115; Urt. v. 20.2.1986 – 4 StR 684/85 bei *Pfeiffer/Miebach,* NStZ 1987, 18; Urt. v. 12.8.1987 – 3 StR 250/87 bei *Miebach,* NStZ 1988, 212; Beschl. v. 9.3.1995 – 4 StR 60/95 -, jurion Rn. 6.

Wortlaut einer verlesenen Urkunde falsch wieder oder die Urkunde habe entgegen den Urteilsfeststellungen einen eindeutig anderen Inhalt. In letzteren Fällen ist es offensichtlich, dass das Gericht eine nicht gemacht Aussage oder eine Urkunde mit anderem Wortlaut gewürdigt hat. Dem inneren Vorgang der Überzeugungsbildung fehlt hier die notwendige äußere Grundlage."[1264]

Diese Grundsätze seien ebenso für die Bewertung von Lichtbildern heranzuziehen, es sei zu differenzieren zwischen der zulässigen und beweisbaren Rüge „Beweisstoff sei außerhalb der Hauptverhandlung gewonnen worden" und der im Revisionsverfahren nicht beweisbaren Behauptung „der in der Verhandlung erhobene Beweis habe einen anderen Inhalt gehabt", wo der Beschwerdeführer aus einem zulässig eingeführten Beweismittel „andere mögliche Schlüsse" folgern wolle, als das Gericht. Zum Vergleich des Radarfotos mit dem in der Hauptverhandlung erschienenen Betroffenen durch den Tatrichter führt der Senat weiter aus: „Wenn er dabei zu dem Ergebnis gekommen ist, der Betroffene sei nach seiner Überzeugung mit dem auf dem Radarfoto abgebildeten Fahrer identisch, so ist dies eine mögliche Wertung, die das Rechtsbeschwerdegericht bindet. Die Überprüfung, ob das Radarfoto das vergleichende Erkennen in der Hauptverhandlung tatsächlich ermöglicht hat, ist dem Revisionsgericht versagt.[1265] Sie würde bedeuten, dass ein Teil der Hauptverhandlung nachvollzogen werden müsste. Das ist jedoch, im Revisions- oder Rechtsbeschwerdeverfahren nicht zulässig.[1266] Da dem Rechtsbeschwerdegericht eine eigene Auswertung des Radarfotos verschlossen ist, darf es auch nicht prüfen, ob das vom Tatrichter in Augenschein genommene Lichtbild für die Überzeugungsbildung ergiebig ist[1267]; denn diese Entscheidung setzt eine Wertung und Würdigung des Beweismittels voraus."

Dem stehe nicht eine teils abweichende Handhabung bei der Beurteilung von politischen und pornographischen Bildern und Schriften entgegen, deren Inaugenscheinnahme durch das Revisionsgericht auf die Verfahrens- oder Sachrüge hin

1264 BGHSt 29, 18, 21.

1265 BGHSt 29, 18, 22; ähnlich NStZ 2005, 458, 460; Beschl. v. 9.3.1995 – 4 StR 60/95 -, jurion Rn. 6; im Grundsatz ebenso BGHSt 41, 376, 381; OLG Hamm, Beschl. v. 17.2.2011 – III-4 RVs 12/11 -, openJur 2012, 79071 Rn. 16 f.; vgl. die entsprechende Handhabung betreffend eine Bild-Ton-Aufzeichnung von der richterlichen Vernehmung gemäß § 255a Abs. 2 StPO in BGH StV 2003, 650, 652.

1266 BGHSt 29, 18, 22; vgl. zu alledem dieselbe Formulierung in VRS 58, 374, 375, wo allerdings auf das Lichtbild gemäß § 267 Abs. 1 S. 3 StPO verwiesen, dieses damit zum Urteilsgegenstand gemacht und der Sachrüge unterworfen wurde vs. OLG Hamm VRS 108, 435, 436, wo der Senat das in Bezug genommene Lichtbild in „eigener Anschauung" einer eigenen Würdigung dergestalt unterworfen hat, es sei „nicht als Grundlage für eine Identifizierung geeignet".

1267 BGHSt 29, 18, 22; folgend OLG Stuttgart VRS 77, 365, wo jedoch wegen der Bezugnahme nach § 267 Abs. 1 S. 3 StPO eine Anschauung zur Überprüfung einer Überschreitung der „rechtlichen Grenzen seines Beurteilungsspielraums" (des Tatrichters) erfolgt ist.

zuweilen unter Hinweis auf die ansonsten nicht mögliche Prüfung, ob die rechtliche Beurteilung durch den Tatrichter zutreffend sei, zugelassen wurde[1268], da vorliegend eine andere Sachlage gegeben sei: Während sich die Beurteilung der Strafbarkeit eines Bildes oder einer Schrift allein im materiellen Strafrecht abspiele, werde ein Radarfoto als Beweismittel zur Überführung des Betroffenen verwendet, was eine „tatrichterliche Aufgabe" sei.

Diese Entscheidung stellt die Weichen für den Umgang der Rechtsprechung mit dem Konflikt zwischen der Bindung an die materiellen und der grundsätzlichen Bindungsfreiheit bezüglich prozessualer Feststellungen, indem sie zunächst einseitig, ausschließlich auf die Bindung an die Beweiswürdigung des Tatrichters und das diesbezügliche Verbot einer Nachprüfung abstellt; der grundsätzliche Prüfauftrag hinsichtlich des Vorliegens von Verfahrensfehlern wird ebenso wenig erwähnt, wie überhaupt keine Differenzierung zwischen materiellen und prozessualen Feststellungen stattfindet, vielmehr wird das Verbot einer Wiederholung der Beweiswürdigung, einer Rekonstruktion der tatrichterlichen Hauptverhandlung ganzheitlich aufgestellt. Während das Verbot der Heranziehung von Verteidigerunterlagen zum Nachweis, eine Zeugenaussage sei anders zu verstehen, im Hinblick auf die subjektive Würdigungsfreiheit des Tatrichters – wonach nur dieser über das richtige Verständnis einer Aussage nach seiner freien Überzeugung im Sinne von § 261 StPO zu sinnieren hat – nachvollziehbar und zur Aufrechterhaltung der persönlichkeitsspezifischen Komponente der Beweiswürdigung auch notwendig ist, verstört das Verbot der Heranziehung des Protokolls; dieses soll doch gerade nach dem Konzept der Revision dem Revisionsgericht mittels der Verfahrensrüge zum Nachweis solcher Fehler, die nicht allein aus den Urteilsgründen ersichtlich sind, zugänglich gemacht werden!

Der Senat hebt zur Begründung auf das Prinzip der Arbeits- und Verantwortungsteilung ab, wonach die Beweiswürdigung Sache des Tatrichters sei; auf die grundsätzlich dem Revisionsgericht zugewiesene Aufgabe des Nachweises von Verfahrensfehlern durch eigene Prüfung geht er hingegen mit keinem Wort ein. Neben der Grundaussage des Rekonstruktionsverbots bezüglich des Inhalts der Beweisaufnahme nennt diese Entscheidung zugleich die Ausnahme, wenn eine verlesene Aussage oder Urkunde eindeutig einen Widerspruch zu den Feststellungen ergäbe, wonach plötzlich doch wieder der Rückgriff auf Unterlagen außerhalb

---

1268 BGHSt 29, 18, 22 f. unter Hinweis auf RGSt 61, 379 ff., wo eine eigene Bewertung der Unzüchtigkeit von Bildern iSv § 184 Nr. 1 StGB vorgenommen wurde und BGHSt 22, 282, 289, wo der Inhalt eines Buches zur Beantwortung der Frage, ob eine öffentliche Billigung gemäß § 140 Abs. 1 StGB vorliege, vom Revisionsgericht „vollständig zur Kenntnis" genommen wurde vs. BGHSt 23, 64, 78, wo ein Abhören von Schallplatten zur Beurteilung der Frage, ob der Tatrichter zu Recht verbotene, gegen die freiheitlich demokratische Grundordnung gerichtete Propagandamittel iSv § 86 Abs. 2 StGB angenommen hat, als dem Revisionsgericht verwehrt angesehen wurde, siehe im Übrigen oben, S. 335 f. zum „materiell-rechtlichen" Augenscheinsbeweis.

der Urteilsgründe zulässig sein soll. Markant sticht diesbezüglich das Kriterium der „Offensichtlichkeit" von Fehlern hervor.

Ohne Ausnahme verbietet der Senat hingegen den sog. revisionsgerichtlichen Augenscheinsbeweis, ob ein Radarfoto die angebliche Übereinstimmung mit dem Betroffenen überhaupt hergibt, obwohl sich beim Vergleich eines solchen mit den Urteilsfeststellungen doch auch eindeutig ein Missgriff ergäbe, wenn der Betroffene blond und weiß ist, das Radarfoto hingegen einen schwarzen Mann mit dunklen Haaren zeigt. Hinsichtlich der teilweisen Zulassung des „materiell-rechtlichen" revisionsgerichtlichen Augenscheinsbeweises bei der Beurteilung von Bildern oder Schriften auf strafbaren Inhalt, nimmt der Senat eine Abgrenzung zwischen der rechtlichen Subsumtion unter ein gesetzliches Tatbestandsmerkmal, wie etwa der „pornographischen Schriften" im Sinne von § 184 StGB und der Wiedererkennung des Täters als Fall klassischer Beweiswürdigung vor; er missachtet hingegen die zur Auslegung von Erklärungen – und um nichts anderes handelt es sich auch bei Schriften oder Bildern wegen deren Interpretationsbedürftigkeit – ständige Rechtsprechung, wonach diese ebenfalls nur beschränkter Kontrolle in der Revisionsinstanz unterworfen und insofern wie die Beweiswürdigung behandelt wird, sodass er sich mit seiner Argumentation eines unterschiedlichen Charakters letztlich im Kreis dreht. Die Differenzierung zwischen der Inaugenscheinnahme zu materiellen oder zu prozessualen Zwecken überzeugt insofern nicht.

Das Verbot der Prüfung auch der „Ergiebigkeit" des Beweisfotos für die Überführung wurde „in dieser Allgemeinheit" durch einen im Vorlageverfahren ergangenen Beschlusses des BGH vom 19.12.1995 – 4 StR 170/95 aufgegeben, wonach die Urteilsgründe die revisionsgerichtliche Nachprüfung erlauben müssten, ob das Lichtbild „überhaupt geeignet" sei, eine Überführung zu ermöglichen; dies könne entweder durch Bezugnahme auf das in der Akte befindliche Foto gemäß § 267 Abs. 1 S. 3 StPO geschehen, wodurch dieses Bestandteil der Urteilsgründe werde und dem Revisionsgericht zur eigenen Anschauung offen stehe[1269] oder durch Ausführungen zur Bildqualität sowie einer derart genauen Beschreibung der abgebildeten Person, dass dem Rechtsbeschwerdegericht „in gleicher Weise wie bei Betrachtung des Fotos die Prüfung der Ergiebigkeit" ermöglicht werde und zusätzlich bei nur eingeschränkter Eignung des Bildes durch Angabe der bestimmenden Identifizierungsmerkmale[1270].

Als die in der vorgenannten Entscheidung angeklungene Differenzierung zwischen der zulässigen Rüge, Beweisstoff sei „außerhalb der Hauptverhandlung" gewonnen worden und dem Angriff gegen den „Inhalt" der erhobenen Beweise weiter präzisierend, erweist sich ein Beschluss des BGH vom 29.11.2011 – 3 StR 281/11 zum Bereich des zulässigen Freibeweisverfahrens:

1269 BGHSt 41, 376, 382 f.; ebenso Brandenburgisches OLG StraFo 2011, 402.

1270 BGHSt 41, 376, 382 ff.; folgend OLG Koblenz NStZ-RR 2001, 110, 111; OLG Hamm, Beschl. v. 17.2.2011 – III-4 RVs 12/11 -, openJur 2012, 7907 Rn. 16 f.

Die Revision des Angeklagten wurde als offensichtlich unbegründet gemäß § 349 Abs. 2 StPO verworfen, der Senat sieht sich lediglich zu einigen Bemerkungen zur Ansicht des Generalbundesanwalts veranlasst, wonach die Verfahrensrüge – mit welcher der Angeklagte die Umgehung des gesetzlichen Verbots für Amtsanwälte, die Verfahrensrechte der Staatsanwälte durch Zubilligung eines umfassenden Fragerechts nach § 240 StPO wahrzunehmen, beanstandet – bereits unzulässig sei, da die Richtigkeit vom Angeklagten behaupteter Äußerungen der Oberamtsanwältin ohne verbotene Rekonstruktion der Hauptverhandlung nicht aufgeklärt werden könne: „Dem vermag der Senat nicht zu folgen. Das Verbot der Rekonstruktion der Hauptverhandlung betrifft zum einen das im Urteil festzustellende Ergebnis der Beweisaufnahme, soweit es nicht – wie etwa der Wortlaut von Urkunden – der unmittelbaren Kenntnisnahme durch das Revisionsgericht offensteht[1271]. Es gilt daher etwa für den Inhalt der Einlassung des Angeklagten oder der Aussagen von Zeugen und Sachverständigen[1272] (...) Zum anderen hat eine Rekonstruktion von Verfahrensvorgängen zu unterbleiben, die als wesentliche Förmlichkeiten der Hauptverhandlung (§ 273 I, Ia StPO) protokollierungspflichtig sind und daher allein durch die Sitzungsniederschrift bewiesen werden können (§ 274 I 1 StPO ...). Alle anderen Verfahrensvorgänge in der Hauptverhandlung sind dagegen, soweit entscheidungserheblich, durch das Revisionsgericht im Freibeweis aufzuklären[1273]." Das gelte daher auch für die vom Revisionsführer behaupteten Erklärungen der Oberamtsanwältin und des Staatsanwalts, soweit sie nicht der Protokollierungspflicht unterlägen.

Diese Entscheidung differenziert mithin zwischen dem Inhalt von Aussagen des Angeklagten oder Zeugen, die dem Rekonstruktionsverbot unterlägen und dem zulässigen Freibeweisverfahren hinsichtlich sämtlicher anderer, nicht protokollierungsbedürftiger Verfahrensvorgänge. Man kann also zusammenfassen, dass die Revisionsgerichte grundsätzlich eine Rekonstruktion des Inhalts der Beweisaufnahme verbieten während sie die Ermittlung deren Ablaufs[1274] erlauben.

---

1271 BGH NStZ 2012, 344; vgl. ähnlich NStZ 1997, 296; 450, 451 und Urt. v. 8.4.1997 – 5 StR 6/97 -, jurion Rn. 8: „unmittelbar selbst (zu) erschließen"; OLG Hamburg StV 2012, 74: „unmittelbar selbst ersichtlich".

1272 BGH NStZ 2012, 344; ähnlich auch NStZ 1983, 278 m. krit. Anm. *Fezer*, 278, 279 zu der Frage, ob der Angeklagte in seiner Einlassung besondere Umstände iSv 267 Abs. 2 StPO vorgebracht habe; vgl. zur Äußerung von Zeugen NStZ 1997, 296.

1273 BGH NStZ 2012, 344 unter Hinweis auf die vielerörterte und später als Sonderfall abgetane Ausnahmeentscheidung BGHSt 22, 26, 28 m. zust. Anm. *Eb. Schmidt*, JZ 1968, 435, wo unter Berufung auf die gleichzeitige Verletzung rechtlichen Gehörs und auf die Ermittlung des „äußeren Ablaufs" der Hauptverhandlung freibeweislich geprüft wurde, ob eine bestimmte Protokollstelle durch Vorhalt an den Zeugen in die Hauptverhandlung eingeführt wurde; folgend BVerfGE 112, 185, 215; BGH NStZ-RR 1999, 47 f.; OLG Düsseldorf VRS 64, 128 f.

1274 Vgl. dazu BGHSt 16, 164, 166 f., wo zwischen dem „Inhalt" des für die Schuldfrage bedeutsamen Geständnisses und der „Art, wie es zustande gekommen ist" unterschieden wird; siehe auch NJW 1984, 1245, wo Freibeweis zur Klärung

### (3) Nachweis aufgrund parater Fakten[1275] – Fallgruppen der obergerichtlichen Rechtsprechung und Bewertung

Die angedeutete Ausnahme vom Rekonstruktionsverbot bezieht sich auf die Nachweisbarkeit des Verfahrensfehlers mithilfe sog. parater Fakten, also „objektiver Grundlagen“[1276], aus denen der Verfahrensfehler im Vergleich mit dem Urteil ersichtlich ist, insbesondere das Hauptverhandlungsprotokoll[1277], verlesene Urkunden[1278], etwa Vernehmungsniederschriften[1279], schriftliche Erklärungen von Zeugen[1280], ärztliche Untersuchungsberichte[1281], Behördengutachten[1282], Urteile[1283],

---

des „äußeren Ablaufs“ der Hauptverhandlung zugelassen wird; vgl. ferner die Zulassung freibeweislicher Ermittlungen in folgenden Fällen: zum Nachweis der (fehlenden) Anwesenheit des Dolmetschers in der Hauptverhandlung bei Wegfall der Beweiskraft des Protokolls: BVerfG StV 2002, 521; zum Beweis der (Nicht-) Erörterung als gerichtsbekannt zugrunde gelegter Tatsachen mit dem Angeklagten: BGH NJW 1963, 598 f.; zur Einholung dienstlicher Erklärungen zur Frage einer eindeutigen Unterrichtung nach § 265 StPO: StV 1996, 584, 585; zur fehlenden Einführung des Wirkstoffgehalts der BtM durch Vorhalt mittels dienstlicher Erklärungen: StV 2001, 667; zum Nachweis der (Nicht-) Einführung der Zeugenvernehmung im Ermittlungsverfahren durch Vorhalt StV 2007, 706, 707 sowie einer SMS durch Verlesung oder Vorhalt: BGH StV 2013, 548(Ls.); zur Frage, ob die Strafkammer während der Hauptverhandlung einen abweichenden Tatzeitpunkt ernsthaft in Betracht gezogen hat, sodass die Hinweispflicht nach § 265 StPO entfallen wäre: BGH Beschl. v. 8.3.1984 – 2 StR 829/83 -, juris Rn. 6 f.; zur Frage, ob ein Sachverständiger zu den Behandlungsaussichten einer Unterbringung vernommen wurde: Beschl. v. 21.9.1999 – 4 StR 248/99 -, jurion Rn. 3; zum Nachweis einer wahrheitswidrigen Beweisbehauptung durch Einholung eines DNA-Identifizierungsgutachtens: Beschl. v. 25.4.2012 – 5 StR 444/11 -, jurion Rn. 6 ff.; zur Einholung eines schriftlichen Sachverständigengutachtens zur Frage der Verhältnismäßigkeit eines Brechmitteleinsatzes gemäß § 81a StPO: KG StV 2002, 122, 123 f.; w.Nw. bei *Paulus,* in: FS Spendel, 687, 718.

1275 Vgl. zu dieser Terminologie *Herdegen,* in: FS Salger, 301, 309; *ders.,* StraFo 1995, 31, 35.

1276 BGH NJW 1992, 2838, 2840; NStZ 1997, 296; KG StV 2003, 320.

1277 BGH NJW 1986, 2063, 2064; NStZ 1999, 424; 2002, 47; StV 1983, 403; 1985, 401; 2008, 235, 236; OLG Karlsruhe StV 1999, 139, 140.

1278 Vgl. dazu allgemein BGHSt 43, 212, 214, wenn „der Wortlaut einer in der Hauptverhandlung verlesenen Urkunde im Urteil unrichtig wiedergegeben worden“ sei; ähnlich auch Urt. v. 20.2.1986 – 4 StR 684/85 bei *Pfeiffer/Miebach,* NStZ 1987, 18.

1279 BGH StV 1990, 485; Urt. v. 20.2.1986 – 4 StR 684/85 bei *Pfeiffer/Miebach,* NStZ 1987, 18; OLG Köln MDR 1974, 420 f.; OLG Hamm MDR 1975, 245, 246; OLG Bremen StV 1990, 536; OLG Karlsruhe StV 2000, 658.

1280 OLG Hamburg StV 2012, 74.

1281 BGH, Urt. v. 30.6.1976 – 3 StR 143/76 bei *Holtz,* MDR 1976, 989; Urt. v. 4.5.1982 – 1 StR 642/81 -, juris Rn. 5.

1282 BGH StraFo 2011, 151, 152.

1283 BGH StV 2008, 288, 289; Beschl. v. 3.8.2000 – 1 StR 283/00 -, jurion Rn. 13.

Bundeszentralregisterauszüge[1284], wörtlich protokollierte Zeugenaussagen nach § 273 Abs. 3 S. 1 StPO[1285], vom Verteidiger vorbereitete, schriftliche Erklärungen des Angeklagten[1286] sowie Sachverständigengutachten[1287].

### (a) Nichteinführung eines Beweismittels

Eine Fallgruppe eines mittels parater Fakten gemäß § 261 StPO rügbaren Verfahrensverstoßes bildet die Verwertung gar nicht in die Hauptverhandlung eingeführter Beweismittel, wie ein Beschluss des BGH vom 11.5.1983 – 2 StR 66/83 zeigt:

Das Landgericht Hanau hat den Angeklagten wegen Beihilfe zum Handeltreiben mit Betäubungsmitteln verurteilt. Seine Revision führte u.a. mit der Verfahrensrüge zur Aufhebung des Urteils und zur Neuverhandlung. Die Unanfechtbarkeit der Feststellungen finde „ihr Grenze dort, wo der Nachweis für die Fehlerhaftigkeit ihrer Grundlagen erbracht ist“: Wegen der negativen Beweiskraft des Hauptverhandlungsprotokolls sei gemäß § 274 StPO bewiesen, dass die Niederschriften über die Aussagen der Zeugin C, auf die sich das Gericht maßgeblich zur Überführung des Angeklagten stützt, gar nicht verlesen worden seien.[1288] Dem stehe nicht eine mögliche anderweitige Einführung durch Vorhalte oder Fragen entgegen, da sich das Gericht ausweislich der Urteilsgründe ausdrücklich auf die verlesenen Niederschriften und nicht auf Angaben der Zeugin, welche sie auf Vorhalte hin gemacht haben könnte, berufen habe.

Ein Blick in das Protokoll ermöglichte dem Revisionsgericht in dieser Entscheidung, die Fehlerhaftigkeit der tatrichterlichen Beweisführung zu erkennen, weil die Verlesung von Urkunden zu den wesentlichen Förmlichkeiten gemäß § 273 Abs. 1 StPO gehört und somit der Nachweis der Nichtverlesung durch Nichterwähnung im Hauptverhandlungsprotokoll schnell geführt ist.

Vgl. aber auch BGH, Urt. v. 7.11.2006 – 5 StR 164/06, wo hinsichtlich der behaupteten Verletzung von § 261 StPO wegen Nichteinführung einer im Urteil

1284 BGH NStZ 2001, 333.

1285 BGHSt 38, 14, 16; StV 1991, 549; OLG Hamm NStZ-RR 2006, 18 (Ls. 3); a.A. noch OLG Koblenz VRS 46, 435, 436.

1286 BGH StV 1993, 459; 1999, 360; vgl. auch KG StV 2003, 320 zu einem schriftlich zu Protokoll gegebenen letzten Wort des Angeklagten vs. StraFo 2004, 98; 173 und NStZ 2007, 349, wo wegen fehlender Beweiserhebung über den Wortlaut der Erklärung mangels Verlesung als Urkunde kein parates Faktum angenommen wird; ähnlich auch StV 2009, 454 unter Betonung der Maßgeblichkeit des mündlichen Vortrags.

1287 BGH NStZ 1990, 244 f.; 1991, 448, 449; 2013, 98, 99.

1288 BGH StV 1983, 403; ebenso StV 1985, 401; vgl auch NJW 1986, 2063, 2064 zu einer Verlesung nach § 253 StPO sowie Beschl. v. 7.7.1987 – 4 StR 304/87 -, juris Rn. 10 zur Verlesung eines Attestes.

herangezogenen, schriftlichen Behördenauskunft davon ausgegangen wird, der Verstoß sei „nicht bewiesen“[1289], da nicht auszuschließen sei, dass der Inhalt der Auskunft durch Vorhalt an den als Zeugen vernommenen Beamten in die Hauptverhandlung eingeführt worden sei: „Die Beanstandung, ein derartiger Vorhalt sei nicht vorgenommen worden, muss bereits deshalb erfolglos bleiben, weil kein Beweis für die Richtigkeit dieser Behauptung erbracht werden kann. Vorhalte sind als bloße Vernehmungsbehelfe nicht in das Protokoll aufzunehmen (...). Dass die *StrK* andere Vorhalte in die Sitzungsniederschrift aufgenommen hat, beweist nicht, dass nicht protokollierte Vorhalte nicht stattgefunden haben. Es widerspräche der Ordnung des Revisionsverfahrens, über Vorgänge, die keine wesentlichen Förmlichkeiten darstellen und deshalb in die Sitzungsniederschrift nicht aufzunehmen sind, Beweis zu erheben.“[1290]

Der letzte Satz erscheint geradezu skurril, nachdem der Freibeweis ja gerade und ausschließlich für die Fälle vorgesehen ist, in denen das Protokoll z.B. mangels protokollierungsbedürftiger Tatsache als zuverlässiges Beweismittel ausscheidet!

An den beiden gegensätzlichen Entscheidungen wird die Nachweisproblematik im Revisionsrecht evident deutlich: Trotz wohl gleicher Ausgangslage – der fehlenden Erwähnung der Verlesung schriftlicher Erklärungen im Protokoll – kommen die Urteile zu gänzlich unterschiedlichen Ergebnissen hinsichtlich des (Miss-) Erfolgs der Verfahrensrügen: Während sich in der erstgenannten Entscheidung die Stützung des Gerichts auf die Verlesung und nicht auf einen Vorhalt ausdrücklich aus dem Urteil ergibt, scheitert im zweiten Fall der Nachweis an der möglichen Einführung durch Vorhalt – letzterer ist nicht protokollierungspflichtig und freibeweisliche Ermittlungen werden dem Revisionsgericht unter Hinweis auf die „Ordnung des Revisionsverfahrens“ entgegen dem Grundsatz nicht zugestanden.

#### (b) Diskrepanz zwischen Urteilsfeststellungen und objektiven Beweismitteln

Ein Verstoß gegen das Gebot, aus dem Inbegriff der Verhandlung zu schöpfen gemäß § 261 StPO, kann sich auch ergeben, wenn Beweisstoff „nicht so“ wie vom Gericht verwertet in die Hauptverhandlung eingeführt wurde, vgl. BGH, Beschl. v. 7.1.1993 – 4 StR 607/92:

---

1289 BGH, Urt. v. 7.11.2006 – 5 StR 164/06 bei *Cierniak,* NStZ-RR 2009, 33; vgl. zu einer solchen nüchternen Feststellung auch NStZ 1983, 278; NStZ-RR 1998, 17 und Urt. v. 19.8.2004 – 5 StR 218/04 -, jurion Rn. 12.

1290 BGH, Urt. v. 7.11.2006 – 5 StR 164/06 bei *Cierniak,* NStZ-RR 2009, 33 f.; vgl. dazu auch NStZ 1983, 278 m. krit. Anm. *Fezer,* 278 f.; wistra 2000, 219, 224; siehe demgegenüber jedoch StV 2001, 667; 2007, 706, 707 und 2013, 548(Ls.), wo der Nachweis des fehlenden Vorhalts im Freibeweis zugelassen wurde sowie die in Fn. 1273 zitierten Entscheidungen, wo ebenfalls jeweils freibeweislich, insbesondere durch dienstliche Erklärungen geprüft wurde, ob Vorhalte erfolgt sind.

Das Landgericht Landau hat den Angeklagten wegen Betäubungsmitteldelikten zu einer langjährigen Freiheitsstrafe verurteilt und auf der Grundlage seines Geständnisses strafschärfend bewertet, dass er die gesondert Verfolgten Y und K in seine Straftaten miteinbezogen habe, indem er beide als Kurier für einen Drogentransport eingesetzt habe. Mit der Verfahrensrüge macht der Angeklagte die unzulässige Verwertung einer Tatbeteiligung des K geltend, da die Einräumung einer Beauftragung des K gar nicht Bestandteil seines Geständnisses gewesen sei.

Seine auf die Verletzung von § 261 StPO gestützte Rüge führte zur Aufhebung des Strafausspruchs, wozu der Senat näher ausführt: „Zwar kann der Beschwerdeführer grundsätzlich in der Revision nicht mit der Behauptung gehört werden, eine in der Hauptverhandlung gemachte Aussage habe einen anderen Inhalt gehabt oder sei anders zu verstehen (...) Der Bundesgerichtshof hat aber bereits mehrfach entschieden, dass es sich anders verhält, wenn das Beweisergebnis, etwa der Inhalt einer Äußerung oder einer Urkunde, und seine Erörterungsbedürftigkeit mit den Mitteln des Revisionsrechts ohne Rekonstruktion der Hauptverhandlung feststellbar sind."[1291] Vorliegend seien zwei Niederschriften über Vernehmungen des Angeklagten als Zeuge aus dem Verfahren gegen Y verlesen worden, die der Angeklagte auch für das hiesige Verfahren bestätigt habe und worin er angeben habe, er wisse nicht, wie K in die Sache hineingekommen sei. Damit habe sich das Landgericht nicht auseinandergesetzt. Selbst wenn er – wie den Urteilsgründen nicht genau zu entnehmen sei – bei seiner Einlassung in der Hauptverhandlung auch die Beteiligung des K eingeräumt hätte, hätte sich das Gericht mit der Diskrepanz in der anderweitigen Aussage des Angeklagten befassen müssen.

Der Senat verwendet in dieser Entscheidung das Kriterium der „Mittel des Revisionsrechts" und stellt insofern auf die Leistungsfähigkeit des Revisionsgerichts ab, Widersprüche zwischen dem Urteil und den Akten, insbesondere darin enthaltener, in der Hauptverhandlung nach §§ 249 ff. StPO verlesener Urkunden festzustellen, welche ihm durch eine zulässige Verfahrensrüge über die Akten zur Verfügung gestellt werden. Zur Entscheidungserheblichkeit des Widerspruchs noch zum Zeitpunkt der Urteilsfällung hingegen, enthält das Urteil keine Ausführungen.

Diesbezüglich verschafft möglicherweise ein Beschluss des BGH vom 26.2.2003 – 5 StR 20/03 mehr Klarheit:

Das Landgericht Hamburg hat den Angeklagten wegen sexuellen Missbrauchs von Schutzbefohlenen zum Nachteil seiner Stieftochter schuldig gesprochen, seine auf die Verletzung von § 261 StPO gestützte Revision erachtete der Senat einstimmig als begründet gemäß § 349 Abs. 4 StPO. Der Verfahrensrüge, mit welcher der Angeklagte die Unvereinbarkeit einer in der Hauptverhandlung verlesenen Urkunde mit den Urteilsfeststellungen rügt, lag folgender Sachverhalt zugrunde: Der Freund der Nebenklägerin, der Stieftochter des Angeklagten, besuchte am 5.7.2001 deren

1291 BGH StV 1993, 115; abstellend auf die „Mittel des Revisionsrechts" auch: NJW 1992, 2838, 2840; NStZ 1996, 97, 98; 1997, 296; NStZ-RR 2011, 214, 215; StV 1991, 549; 2002, 546; OLG Karlsruhe StV 1999, 139, 140; 2000, 658; KG StV 2003, 320.

Mutter, zugleich Ehefrau des Angeklagten, die ihm ein Schreiben des Prozessbevollmächtigten des Angeklagten im Scheidungsverfahren vom 2.7.2011 zeigte, das die Übertragung der elterlichen Sorge bzgl. des gemeinsamen fünf-jährigen Sohnes der Eheleute thematisierte; die Mutter der Nebenklägerin und deren Freund verstanden das Schreiben dahingehend miss, dass der Angeklagte auch das Sorgerecht für die damals 17-jährige Nebenklägerin beantragt habe. Daraufhin erzählte der Freund der Nebenklägerin deren Mutter von den Missbrauchsvorwürfen gegen den Angeklagten, woraufhin die Nebenklägerin am nächsten Tag in Begleitung der Mutter Strafanzeige gegen den Angeklagten erstattete. Das Landgericht stützte seine Überzeugung von der Täterschaft des Angeklagten maßgeblich auf die Zeugenaussage der Nebenklägerin und schloss angesichts der Entdeckungsumstände der Tat ein Komplott gegen den Angeklagten wegen der Sorgerechtsfrage aus. In der Hauptverhandlung wurde das Schreiben des Prozessbevollmächtigten des Angeklagten verlesen. Der Rechtsanwaltsschriftsatz trägt den Eingangstempel vom 6.7.2001, was im Urteil keine Beachtung findet.

Zu Recht mache die Revision geltend, dass der durch den Stempel indizierte zeitliche Ablauf dem Inhalt der Zeugenaussage der Mutter der Nebenklägerin widerstreite, sie sei bereits einen Tag vor der Offenbarung im Besitz der Schreibens gewesen, wenn sie es von ihrem Rechtsanwalt erhalten haben will; der genaue Ablauf der Ereignisse sei jedoch für die Beweiswürdigung „tragend" gewesen. Durch die unterbliebene Erörterung dieses Details sei der Inbegriff der Hauptverhandlung „nicht erschöpft" worden im Sinne von § 261 StPO. Zwar gäbe es theoretisch Erklärungen für den „auf den ersten Blick offenkundigen Widerspruch" zwischen dem Eingangsstempel auf dem Anwaltsschreiben und den Urteilsfeststellungen, wie etwa eine versehentliche Falschdatierung oder die vorherige Übersendung einer Abschrift an die Ehefrau durch den Prozessbevollmächtigten des Angeklagten unter späterer Vorlage eines zweiten Schriftstücks, wozu der Senat weiter erörtert: „Der Grundsatz, dass eine freibeweisliche Rekonstruktion der tatgerichtlichen Hauptverhandlung in der Revisionsinstanz nicht zu erfolgen hat, verbietet dem Senat, hierüber etwa durch Einholung dienstlicher Erklärungen oder sogar durch Beiziehung der Familiengerichtsakten oder Befragung der im Scheidungsverfahren beteiligten Rechtsanwälte – eine Aufklärung zu versuchen. Bei der gegebenen Urkundenlage, die einen vom Gericht übersehenen wesentlichen, in der Hauptverhandlung nicht beseitigten Widerspruch zu den getroffenen Urteilsfeststellungen[1292] nahelegt,

1292 BGH StV 2003, 318, 319; vgl. die Aufdeckung weiterer Widersprüche durch das Revisionsgericht in: NStZ 1990, 244 f. und 1991, 448, 449, wo das endgültige und das vorbereitende Sachverständigengutachten in einem wesentlichen Punkt ohne Auseinandersetzung im Urteil voneinander abweichen; 2009, 404: Widerspruch zwischen Schreiben des Instanzverteidigers bzgl. Schadenswiedergutmachung und Urteilsgründen; NStZ-RR 2003, 52: Diskrepanz zwischen Urteil und Wortlaut des Haftbefehls; StV 1987, 91: Widerspruch zwischen Urteilsfeststellung und staatsanwaltlichem Vernehmungsprotokoll; 1993, 459: Diskrepanz zwischen der schriftlichen Erklärung des Angeklagten und dessen Würdigung im Urteil; 2008,

können verbleibende, auf diesem Weg nicht zu beseitigende Zweifel nicht zum Nachteil des Angeklagten wirken. Es wäre Sache des Tatgerichts gewesen, sofern es entsprechende Zweifel in der Hauptverhandlung aufgrund der Zeugenaussage der Ehefrau ausgeräumt haben sollte, dies im Urteil – unter Umständen auch durch einen protokollierten Hinweis in der Hauptverhandlung – zu belegen. Hat das Tatgericht hingegen den Widerspruch zwischen Urkundenlage und Urteilsfeststellungen übersehen und daher auch nur ungeklärt gelassen, begründet allein dies den gerügten Verstoß gegen § 261 StPO."[1293]

Bemerkenswert ist, dass in dieser Entscheidung vom „Grundsatz" des Verbots einer freibeweislichen Ermittlung in der Revisionsinstanz die Rede ist und der eigentliche Grundsatz, der freibeweislichen Ermittlung von Verfahrensfehlern durch das Revisionsgericht, schier untergeht. Zudem sticht heraus, dass hier die Rüge der unterlassenen Auseinandersetzung mit Widersprüchen zwischen Urteil und präsenten Beweismitteln trotz fehlenden sicheren Nachweises, ob i.E. überhaupt ein Widerspruch vorliegt, mit dem Hinweis auf dessen Naheliegen durchgeht und quasi im Zweifel von einer Erörterungsbedürftigkeit noch im Zeitpunkt der Urteilsfindung zugunsten des Angeklagten ausgegangen wird.[1294]

### (c) Keine erschöpfende Beweiswürdigung

Die Fallgruppe der fehlenden erschöpfenden Beweiswürdigung meint bekanntlich die „unvollständige" Berücksichtigung in die Hauptverhandlung eingeführter Beweismittel und dient zugleich auch oft als Oberbegriff für die vorgenannte Fallgruppe der Diskrepanzen, weil auch dort die fehlende Auseinandersetzung oder Aufklärung der Widersprüche gerügt wird. Ein klassisches Beispiel für die alleinige Rüge einer unvollständigen Beweiswürdigung gemäß § 261 StPO bildet das nachstehende Urteil des BGH vom 3.7.1991 – 2 StR 45/91:

Das Landgericht Mainz hat den Angeklagten wegen Betäubungsmitteldelikten schuldig gesprochen und dazu festgestellt, er habe über 2 kg Haschisch an Z verkauft. Der im Übrigen geständige Angeklagte hat lediglich den Verkauf von 500 g Haschisch an Z eingeräumt, bezüglich der darüber hinausgehenden Menge hat die Strafkammer ihre Überzeugung maßgeblich auf die Angaben des Z gestützt. Die

---

568, 569: fehlende Auseinandersetzung mit Widerspruch in Uhrzeit zwischen Telefonverbindungsübersicht und Aussage der Nebenklägerin; StraFo 2011, 151, 152: abweichende Wiedergabe des Inhalts des LKA-Gutachtens im Urteil; Urt. v. 4.5.1982 – 1 StR 642/81 -, juris Rn. 2 ff., wo das Gericht als Entnahmezeitpunkt für die Blutprobe 14:30 Uhr feststellt, während der ärztliche Untersuchungsbericht von 16:15 Uhr ausgeht; Beschl v. 27.9.2007 – 4 StR 1/07 -, jurion Rn. 4, wonach die vom Gericht in der Hauptverhandlung festgestellte Zeugenaussage mit der zuvor angefertigten Unfallskizze nicht vereinbar sei.

1293 BGH StV 2003, 318, 319.

1294 Vgl. auch BGH NStZ 2009, 404; NStZ-RR 2003, 52 und StV 1987, 91, wo jeweils die Erörterungsbedürftigkeit des Widerspruchs mit keinem Wort erwähnt wird.

Aussage des Z in der Hauptverhandlung wurde teilweise wörtlich protokolliert, u.a. wie folgt: „Ich möchte meine Aussage gegen den Angeklagten S zurücknehmen (...) war eine Falschaussage". Anschließend widerrief der Zeuge diese Aussage wie folgt: „Ich möchte meine vorherige Aussage berichtigen. Ich wollte Herrn S bei dieser Aussage nicht unnötig belasten". Die Niederschrift wurde nach der Verlesung vom Zeugen genehmigt. Das angefochtene Urteil setzt sich mit dem Aussageverhalten des Z nicht auseinander.

Darin sieht der Senat eine Verletzung des § 261 StPO, die der Verfahrensrüge des Angeklagten zum Erfolg verhilft. Zwar könne der Beschwerdeführer grundsätzlich nicht mit der Rüge gehört werden, der Tatrichter habe sich nicht mit einer Aussage auseinandergesetzt, wenn sich diese nicht aus dem Urteil selbst ergebe, was auch gelte, wenn der wesentliche Inhalt einer Aussage gemäß § 273 Abs. 2 StPO in das Protokoll aufgenommen worden sei, da das Gericht nach seiner aus dem Inbegriff der Verhandlung und nicht aus der aus dem erst nach der Verhandlung fertiggestellten Protokoll geschöpften Überzeugung entscheide. Anders sei die Sachlage hingegen, wenn eine Aussage auf die Anordnung des Vorsitzenden hin gemäß § 273 Abs. 3 S. 1 StPO wörtlich protokolliert, verlesen und genehmigt worden sei, da die Verfahrensbeteiligten das Wie der Protokollierung beeinflussen könnten und diese hohen Beweiswert habe: „Hat sich das Tatgericht mit der im Hauptverhandlungsprotokoll beurkundeten Aussage nicht auseinandergesetzt, obwohl ihre Würdigung im Urteil im Hinblick auf die vollständige Erfassung des relevanten Beweisstoffes und die inhaltliche Richtigkeit der Feststellungen geboten war, so kann der Erörterungsmangel[1295] als Verstoß gegen die Vorschrift des § 261 StPO gerügt werden. Die Sach- und Rechtslage ähnelt der in Fällen der gebotenen, aber unterbliebenen Befassung mit einer verlesenen Niederschrift über eine polizeiliche Vernehmung (vgl. BGHR StPO § 261 Inbegriff der Verhandlung 7 (= BGH StV 1988, 138 m. Anm. Schlothauer) und 22 = (BGH StV 1990, 485)), einem verlesenen Schriftstück eines in der Hauptverhandlung vernommenen Zeugen (BGHR aaO 15 (= BGH StV 1989, 423)) oder einer Niederschrift über eine richterliche Beschuldigtenvernehmung (BGH, Beschl. v. 7. Juni 1991 – 2 StR 14/91). Es besteht entweder eine erörterungsbedürftige Diskrepanz zwischen den Urteilsgründen und der in ihrem Wortlaut protokollierten Aussage, oder die Beweiswürdigung weist eine Lücke auf, die sie als unvollständig[1296] und – unter dem Aspekt des Beruhens – ihr Ergebnis als fragwürdig erscheinen lässt. Diskrepanz oder Lücke ergeben sich aus dem argumentativen Zusammenhang von Urteilsgründen und dokumentiertem Aussageinhalt. Die Feststellung ihres Vorhandenseins erfordert keine „Rekonstruktion der Hauptverhandlung" durch das Revisionsgericht." Vorliegend

---

1295 BGHSt 38, 14, 16 m. diff. Anm. *Fezer*, JZ 1992, 107 f.; vgl. zur Feststellung eines „Erörterungsmangels" auch noch NStZ 2012, 709.

1296 BGHSt 38, 14, 17; vgl. auch die nachfolgenden Entscheidungen, wo die Beweiswürdigung mithilfe von paraten Fakten als „unvollständig" „enttarnt" wird: NStZ 2009, 404; NJW 2007, 92, 95; StV 1990, 485; Urt. v. 15.9.2005 – 4 StR 107/05-, jurion Rn. 21; siehe zur Pflicht der erschöpfenden Beweiswürdigung aller wesentlichen Tatsachen in einer Gesamtschau ferner: NStZ-RR 2011, 214 f.

habe die Strafkammer die wörtlich protokollierte Aussage des Z im Rahmen seiner Glaubwürdigkeitsprüfung berücksichtigen müssen, weil die sich widersprechenden und teils falschen Angaben des Z auch Einfluß auf seine Glaubwürdigkeit betreffend die Belastung des Angeklagten gehabt haben könnten.[1297]

Auch in dieser Entscheidung offenbart der BGH wieder den von ihm für die Ausnahmen vom Rekonstruktionsverbot hinsichtlich des Inhalts von Zeugenaussagen verwendeten Maßstab: Das Revisionsgericht soll eingreifen dürfen, wenn die Ermittlung des Verfahrensfehlers einfach geht – so bei Vorliegen eines Wortprotokolls über die betreffende Aussage. Nicht in dieses Muster fällt hingegen die Differenzierung zwischen Protokollierungen nach § 273 Abs. 2 und solchen nach § 273 Abs. 3 StPO: Bei ersteren werden die „wesentlichen Ergebnisse der Vernehmungen" ins Protokoll aufgenommen, sodass auch in diesem Rahmen die streitentscheidenden Problempunkte für das Revisionsgericht leicht zugänglich wären. Kriterium scheint diesbezüglich nicht die Leistungs*fähigkeit* des Revisionsgerichts, sondern dessen Leistungs*willigkeit* zu sein: Aufgrund der geringeren Verlässlichkeit, den wahren und vollständigen Inhalt der Beweisaufnahme wiederzuspiegeln, als bei der verlesenen und genehmigten Aussage nach § 273 Abs. 3 StPO, will der BGH die Protokollierung nach § 273 Abs. 2 StPO nicht als parates Faktum anerkennen.

Die Erörterungsbedürftigkeit auch noch im Zeitpunkt der Urteilsfällung wird wohl im Hinblick auf die Erheblichkeit[1298] des Unterlassens jeglicher Erörterung des für die Glaubwürdigkeitsbeurteilung wesentlichen Aussageverhaltens des Zeugen unterstellt.

Gänzlich unterschiedlich geht ein Beschluss des BGH vom 3.4.2011 – 1 StR 58/01 mit der Frage der Beweisbedeutung bei wörtlich protokollierten Aussagen um:

Das Landgericht Heidelberg hat den Angeklagten wegen mehrfachen sexuellen Missbrauchs von Schutzbefohlenen bzw. Jugendlichen verurteilt. Die Revision des Angeklagten, mit der er u.a. die Nichterörterung des wörtlich protokollierten Teils der Aussage der Zeugin B beanstandet, wonach die Geschädigte der Zeugin gegenüber verneint habe, vom Angeklagten missbraucht worden zu sein, wurde als offensichtlich unbegründet verworfen. Zwar könne mit der Verfahrensrüge gemäß § 261 StPO die fehlende Auseinandersetzung mit einer wörtlich abgefassten Zeugenaussage nach § 273 Abs. 3 S. 1 StPO geltend gemacht werden, wenn deren

---

1297 BGHSt 38, 14, 17; vgl. auch Schleswig-Holsteinisches OLG, Beschl. v. 29.12.2006 – 1 Ss 176/06 (105/06) -, juris (Ls.), wo allein aus der wörtlichen Protokollierung ein „Anlass zur besonderen Würdigung" der Aussage im Urteil geschlossen wurde.

1298 Vgl. NJW 2007, 92, 96, wo wegen der „Bedeutung" des den Angeklagten belastenden Beweismittels ein offensichtliches Entfallen der Beweisbedeutung ausgeschlossen wird; StV 2008, 288(Ls.), wo auf die „Bedeutung" des nicht erörterten Beweismittels für die Glaubwürdigkeit der Belastungszeugin abgestellt wird; 568, 569, wo das Schweigen zu einem „möglicherweise entscheidenden Beweisergebnis" als rechtsfehlerhaft eingestuft wird und OLG Karlsruhe StV 1999, 139, 140, wo auf die besonderen Erörterungspflichten in den Beweiskonstellationen Falschbeschuldigung und 2000, 658 Aussage gegen Aussage verwiesen wird.

Würdigung geboten gewesen wäre; vorliegend sei jedoch vom Revisionsführer nicht hinreichend vorgetragen, dass die Aussage der Zeugin B auch zum Zeitpunkt der Urteilsberatung noch beweiserheblich gewesen sei, wozu der Senat weiter ausführt: „Der Tatrichter muss nur die zum Zeitpunkt der Urteilsfällung wesentlichen beweiserheblichen Umstände in den Urteilsgründen erörtern.[1299] Ob der Inhalt einer Aussage zu diesem Zeitpunkt beweiserheblich war, lässt sich aber nur aus dem Inbegriff der Hauptverhandlung aufgrund des persönlichen Eindrucks vom Beweiswert der Beweismittel beurteilen. Ein Widerspruch zwischen den Bekundungen eines Zeugen oder den Aussagen verschiedener Beweispersonen kann sich durch eine einfache Erklärung eines der Zeugen oder durch sonstige Beweismittel für alle Verfahrensbeteiligten zweifelsfrei gelöst haben, so dass kein Anlass für seine Darlegung in den Urteilsgründen mehr bestand."[1300] Aufgrund der für die Verfahrensrüge geltenden gesetzlichen Begründungspflicht gemäß § 344 Abs. 2 S. 2 StPO müssten vom Revisionsführer auch Darlegungen zu der zum Zeitpunkt der Entscheidung nach wie vor bestehenden Beweiserheblichkeit verlangt werden, welche vorliegend fehlten, sodass die Verfahrensrüge schon unzulässig sei. Zudem habe es „auf der Hand" gelegen, dass sich die Geschädigte, die sich lange Zeit nicht einmal ihren Angehörigen anvertraut habe, nicht einem Dritten während eines Treffens im Supermarkt offenbare.

Die Entscheidung greift die in der Einführung angedeutete Problematik der Nachweisbarkeit unterlassener Erwägungen im Hinblick auf ihre Beweiserheblichkeit noch im Zeitpunkt der Urteilsfällung auf und erwartet ausdrückliche Negativausführungen des Revisionsführers zum fehlenden Entfallen der Erörterungsbedürftigkeit. Solche Überlegungen leuchten grundsätzlich wegen der auf die tragenden, entscheidungserheblichen Beweiserhebungen beschränkten Darlegungspflicht des Tatrichters ein – es lässt sich jedoch nur schwer ein Unterschied zu der vorgenannten Entscheidung ausmachen, wo der Senat ohne weitere Ausführungen zur Beweisbedeutung[1301] von einem Revisionserfolg ausging, da die generelle Beweisbedeutung bei jeweils möglicher Beeinflussung der Glaubwürdigkeitsbeurteilung des Hauptbelastungszeugen durch die vermissten Erörterungen bei beiden Entscheidungen ähnlich zu beurteilen ist.

---

1299 BGH StV 2002, 354 f.; vgl. dazu auch NJW 2003, 150, 152; NStZ 1995, 27, 29; StV 1991, 340; 549.

1300 BGH StV 2002, 354, 355; zum Ganzen ebenso NJW 1992, 2838, 2840; 2003, 150, 152.

1301 Vgl. dazu auch StV 1988, 138 m. zust. Anm. *Schlothauer,* 139, 140, wo ohne weiteres von der fehlenden Würdigung im Urteil schlicht auf die nicht ausreichende Vornahme geschlossen wird und 1991, 549, wo keine wirkliche Begründung für die Beweisbedeutung gegeben wird.

### (4) Sonderfall: Nichtausschöpfung eines Beweismittels / alternatives Rügevorbringen

Die mit dem Schlagwort der „Nichtausschöpfung eines Beweismittels“ umschriebene Fallgruppe meint die Fälle, in denen eine bestimmte Beweisperson oder -objekt zwar unstreitig in die Hauptverhandlung eingeführt, aus Sicht des Revisionsführers jedoch nicht ausreichend ausgewertet wurde, also etwa einem Zeugen bestimmte Fragen nicht gestellt oder Vorhalte nicht gemacht wurden im Sinne eines Aufklärungsmangels nach § 244 Abs. 2 StPO; denkbar ist daneben die Konstellation, dass zur Aufklärung gebotene Erforschungen gemacht, deren Ergebnis im Urteil aber keine Berücksichtigung gefunden hat entgegen § 261 StPO. Die Verbindung dieser beiden Fehleransätze zu einer einheitlichen Rüge wird als „alternatives Rügevorbringen“ oder „Alternativrüge“ bezeichnet, wenn der Revisionsführer vorträgt, entweder habe der Tatrichter nicht alle Aufklärungsmöglichkeiten bei der Ausschöpfung des Beweiswerts genutzt und dabei gegen § 244 Abs. 2 StPO verstoßen, oder er habe weitere Erkenntnisse gewonnen, diese aber nicht im Urteil erschöpfend gewürdigt und damit gegen das Gebot der vollständigen Schöpfung aus der Hauptverhandlung verstoßen, § 261 StPO.

### (a) Grundsatz: Rüge unzulässig

Den Umgang der Rechtsprechung mit der Rüge der Nichtausschöpfung eines Beweismittels vermag ein Urteil des BGH vom 02.06.1992 – 1 StR 182/92 exemplarisch aufzuzeigen:

Das Landgericht Heilbronn hat den Angeklagten wegen Betäubungsmittelstraftaten zu einer langen Haftstrafe verurteilt. Seine Überzeugung von der Täterschaft des die Tat bestreitenden Angeklagten hat die Strafkammer auf die Aussagen der Zeugen W und insbesondere des G gestützt, der in der Hauptverhandlung Einzelheiten der Einkaufsfahrt in die Niederlande und der Tatbeteiligung des Angeklagten bekundet hat. Der Angeklagte rügt mit seiner auf die Verletzung formellen Rechts gestützten Revision, die Aussage des G stehe im Widerspruch zu seinen Angaben im Ermittlungsverfahren, wo er den Angeklagten nicht als Mittäter offenbart habe, sodass das Landgericht durch Nichtanhörung des Vernehmungsbeamten Ba als Zeugen seine Aufklärungspflicht verletzt habe, § 244 Abs. 2 StPO; außerdem bemängelt er die Nichterörterung der Aussage des G bei der Polizei in den Urteilsgründen unter Verstoß gegen § 261 StPO.

Der Senat hat die Revision verworfen. Zur Aufklärungsrüge ist er der Ansicht, Widersprüche zwischen den Angaben in der Hauptverhandlung und im Ermittlungsverfahren seien vorrangig mit dem Zeugen selbst zu klären gewesen: „Die Rüge, das sei nicht in ausreichendem Maße geschehen, läuft darauf hinaus, der Tatrichter habe ein von ihm benutztes Beweismittel nicht ausgeschöpft. Eine solche Beanstandung mag ausnahmsweise dann statthaft sein, wenn sich aus den Urteilsgründen ergibt, daß der Richter bestimmte sich aufdrängende Vorhalte unterlassen hat".[1302] Dem sei hier nicht so, da die Revision selbst von entsprechenden Vorhalten hinsichtlich der abweichenden Angaben an den Zeugen G ausgehe und nicht mitteile, warum sich eine Vernehmung des Ba aufgedrängt haben soll. Der Senat erachtet auch die Rüge der Nichtberücksichtigung gemäß § 261 StPO als unbegründet, da die Revision grundsätzlich nicht mit der Behauptung gehört werden könne, das Tatgericht habe sich mit einer bestimmten Aussage eines Zeugen nicht beschäftigt, wenn diese nicht aus dem Urteil zu entnehmen sei; die Feststellung und Würdigung des Beweisstoffs sei „allein Sache des Tatrichters". Vorliegend sei aus dem Urteil keine abweichende Aussage des Zeugen im Ermittlungsverfahren ersichtlich. Die Revision scheitere ferner mit dem alternativen Vortrag, das Gericht habe es entweder unter Verstoß gegen § 244 Abs. 2 StPO unterlassen, die abweichende Aussage des G in die Hauptverhandlung einzuführen oder es habe sich mit dieser eingeführten wesentliche Tatsache unter Verletzung von § 261 StPO im Urteil nicht beschäftigt;[1303] diese Argumentation laufe auf die „unzulässige Rüge der Aktenwidrigkeit"[1304] der Urteilsgründe hinaus. Die Beweisaufnahme finde in der Hauptverhandlung unter Beachtung gegensätzlicher Umstände aus den Akten durch Einführung mittels Verlesung, Vorhalt o.ä. statt, wozu der Senat fortführt: „Maßgebend ist dann aber der Eindruck in der Hauptverhandlung – Widersprüche zwischen dem Inhalt des Urteils und den Akten sind, wenn sie sich nicht aus den Urteilsgründen ergeben, für sich allein revisionsrechtlich unerheblich.[1305] Sie können eine solche Erklärung gefunden haben, daß für den Tatrichter, dem die Entscheidung hierüber zusteht, kein Anlaß bestand, sie als wesentliche Punkte in der Beweiswürdigung zu erörtern.[1306] Ein Erörterungsmangel im Sinne des § 261 StPO liegt daher nur dann vor, wenn sich ein Widerspruch aus dem Urteil selbst ergibt und in den Urteilsgründen nicht ausgeräumt wird. Das Herausgreifen und Beurteilen eines Aktendetails, das im Urteil keine Stütze findet, kann ohne Berücksichtigung des gesamten Akteninhalts

1302 BGH StV 1992, 549; vgl. dazu auch BGHSt 17, 351, 353; NStZ 1997, 450, 451.

1303 BGH,Urt. v. 2.6.1992 – 1 StR 182/92 -, juris Rn. 9; im Ergebnis ebenso die Alternativrüge ablehnend: NStZ 2007, 115; Urt. v. 3.11.1994 – 1 StR 470/94 -, jurion Rn. 13; Beschl. v. 7.10.1998 – 1 StR 287/98 -, jurion Rn. 5.

1304 BGH, Urt. v. 2.6.1992 – 1 StR 182/92 -, juris Rn. 9; ebenso NStZ 1995, 27, 29; 1997, 294; 2000, 156; 2006, 55, 56; Beschl. v. 9.3.1995 – 4 StR 60/95 -, jurion Rn. 6; Beschl. v. 10.7.2001 – 5 StR 236/01 -, jurion Rn. 9; Beschl. v. 30.4.2008 – 2 StR 82/08 -, jurion Rn. 5; ähnlich auch NStZ-RR 1998, 17; Beschl. v. 24.11.2000 – 2 StR 361/00 bei *Becker*, NStZ-RR 2001, 262; Urt. v. 2.3.2005 – 5 StR 518/04 -, jurion Rn. 7.

1305 BGH StV 1992, 549; ebenso NStZ 1995, 27, 29; 1997, 294; 2007, 115; 2013, 98; Beschl. v. 7.8.2007 – 4 StR 142/07 -, juris Rn. 10; Beschl. v. 30.4.2008 – 2 StR 82/08 -, jurion Rn. 5.

1306 BGH StV 1992, 549; vgl. dazu auch NStZ 2006, 55, 56; Beschl. v. 7.8.2007 – 4 StR 142/07 -, juris Rn. 10; ähnliche Gedanken auch bei NStZ 1995, 27, 29; 1997, 294 und Beschl. v. 24.11.2000 – 2 StR 361/00 bei *Becker*, NStZ-RR 2001, 262; siehe ferner Urt. v. 9.12.2008 – 5 StR 412/08 -, jurion Rn. 12 und OLG Hamburg StV 2012, 74, 75 zur nicht bestehenden umfassenden Dokumentationspflicht der Hauptverhandlung.

und ohne Kenntnis dessen, was in der Hauptverhandlung im einzelnen geschehen ist, zu falschen Ergebnissen führen. Die Überprüfung der Alternative „entweder Aufklärungsmangel oder Verstoß gegen § 261 StPO" müßte deswegen regelmäßig den gesamten Akteninhalt und den Inhalt der Beweisaufnahme in der Hauptverhandlung berücksichtigen und rekonstruieren. Solches widerspricht der Ordnung des Revisionsverfahrens[1307]."

Die inhaltliche Rekonstruktionsbedürftigkeit der Beweisaufnahme, die „leicht zu Eingriffen in die tatrichterliche Beweiswürdigung" und zur verdachtsweisen Urteilsaufhebung führen könne, zeige sich darin, dass es sich – wie aus einer Nebenbemerkung ersichtlich – lediglich um eine ergänzende Vernehmung des Zeugen gehandelt haben könnte, in der er die Mittäterschaft des Angeklagten nicht preisgegeben habe; er könne diese in der ersten Vernehmung offengelegt oder den Angeklagten in der ergänzenden Vernehmung nur nicht erwähnt haben, weil seine Tatbeteiligung klar gewesen sei. Ein „zutreffendes Bild" könne jedenfalls nur eine vollständige Überprüfung sämtlicher Aussagen ergeben, die dem Revisionsgericht verwehrt sei. Am Ende zitiert der Senat noch zwei Entscheidungen, aus denen sich nichts anderes ergebe: StV 1991, 548, da es sich dort um eine wörtlich protokollierte Aussage gehandelt habe und den „besonderen Fall" in StV 1992, 2, wo sich das Tatgericht selbst auf die frühere Aussage bezogen und Aussagekonstanz angenommen habe, obwohl sich die Aussagen widersprochen hätten.

Aus dieser Entscheidung ist zunächst eine grundlegende Erkenntnis zu ziehen: Die Ausnahme vom Rekonstruktionsverbot, dass sich Fehler ohne weiteres etwa durch einen Vergleich des Urteils mit paraten Fakten ersehen lassen, gilt offenbar für die Fallgruppe der Nichtausschöpfung nicht: Obwohl sich aus den Akten ein Widerspruch zwischen den Angaben des Hauptbelastungszeugen in der Verhandlung mit denjenigen im Ermittlungsverfahren ergibt, wird ein solche Diskrepanz als „revisionsrechtlich unerheblich" bezeichnet, wenn die abweichende Aussage nicht im Urteil vermerkt ist. Es lässt sich zu der oben dargestellten Fallgruppe der Diskrepanzen, in denen die Akten zum Vergleich mit den Urteilsfeststellungen herangezogen werden dürfen, kein großer Unterschied erkennen: Da wie dort wird dem Tatrichter die fehlende Auseinandersetzung mit abweichenden Aussagen eines Zeugen oder einem anderem Urkundenwortlaut vorgeworfen, sodass sich ein Widerspruch zwischen Urteil und Akten ergibt, der „mit den Mitteln des Revisionsrechts" „ohne weiteres" festgestellt werden könnte; nur hier handelt es sich plötzlich um die „unzulässige Rüge der Aktenwidrigkeit". Das Problem der Entscheidungserheblichkeit des Widerspruchs noch im Zeitpunkt des Urteils stellt sich auch in gleicher Weise, wobei dieses in der Fallgruppe der Diskrepanzen zumeist großzügig ohne sicheren Nachweis der selbigen übergangen wird, sodass auch aus diesem Gesichtspunkt heraus eine unterschiedliche Behandlung ähnlicher Sachverhalte nicht

1307 BGH StV 1992, 549; zu dieser Formulierung ebenso BGHSt 17, 351, 352; NStZ 2013, 98; Beschl. v. 7.8.2007 – 4 StR 142/07 -, juris Rn. 10; OLG Zweibrücken StV 1994, 545, 546.

gerechtfertigt erscheint. Die Differenzierung zwischen „einfacher Diskrepanzen“ und „Diskrepanzen wegen Nichtausschöpfung“ erweist sich mithin als Ungleichbehandlung ohne sachlichen Grund. Zum anderen führt das zu dem widersinnigen Ergebnis, dass unterlassene Erörterungen wegen unterlassener Dokumentation im Urteil nicht aufgedeckt werden können – obwohl das Unterlassen der Erörterung gerade das Wesensmerkmal der Rüge bildet, mit der Inbegriffsrüge wird dem Gericht ja gerade die fehlende Würdigung wesentlichen Beweisstoffs im Urteil vorgeworfen! Folge ist ein Leerlaufen der Inbegriffsrüge in diesem Bereich, da ein Gericht, dem Nichterörterung wesentlicher Gesichtspunkte vorgeworfen wird, wohl kaum in den Urteilsgründen dokumentieren wird, dass es eine Diskrepanz zwar gesehen, sich aber nicht damit auseinandersetzen will. Entgegen der sonstigen Handhabung wird hier also ein Erörterungsmangel nicht schon bei Widersprüchen zwischen Urteil und Akten angenommen, sondern nur wenn das Urteil den Widerspruch ausdrücklich aufgreift; insofern ist der Verweis auf StV 1991, 548 = BGHSt 38, 14 unpassend, da dort gerade kein Fall der Nichtausschöpfung betroffen ist.

Als Gründe für diese Handhabung werden die Verfälschungsgefahr durch Herausgreifen einzelner Aktenteile sowie der problematische Nachweis der Erörterungsbedürftigkeit noch zum Zeitpunkt des Urteils wegen fehlender umfassender Darlegungspflicht des Tatrichters angeführt. Die Probleme leuchten ein, es ist aber kein Grund für eine sachliche Differenzierung zu den oben abgehandelten, anderen Fallgruppen ersichtlich, wo sich genauso das Problem eines Einzelwiderspruchs im Gegensatz zur Gesamtbeweiskette stellen kann, dieses von den Revisionsgerichten bei einfacher Aufdeckbarkeit jedoch nicht weiter verfolgt wird; zudem ist der Meinung des Senats entgegen zu treten, zur Aufdeckung eines echten Widerspruchs sei der „gesamte Inhalt der Beweisaufnahme zu rekonstruieren“, da schon das Aufkommen solcher Unsicherheiten die Beweiswürdigung des Tatrichters unschlüssig und unklar macht, wenn sich das Gericht nicht mit einem möglichen Widerspruch auseinandergesetzt hat und entsprechend der Gedanken bei der Sachrüge, aus rechtsstaatlichen Gründen vom Tatrichter eine nachvollziehbare Beweiswürdigung verlangt werden muss. Die Frage der Beweiserheblichkeit noch zum Zeitpunkt der Urteilsfällung lässt sich dahingehend beantworten, dass dem Tatrichter die Pflicht zur Auseinandersetzung mit den tragenden, entscheidungserheblichen Beweisgründen, insbesondere durch Abhandlung aller die Glaubwürdigkeit des Hauptbelastungszeugen beeinflussender Faktoren obliegt, sodass auch möglicherweise geklärte Widersprüche zur Klarstellung und Nachvollziehbarkeit der Urteilsgründe aufzunehmen sind und bei fehlender Erwähnung für das Beweisergebnis wesentlicher Umstände von einem Erörterungsmangel auszugehen ist.

Auch das Beispiel des Senats zeigt keine Rekonstruktionsbedürftigkeit der gesamten Beweisaufnahme auf, da selbst wenn sich die abweichende Aussage nur aus der Nebenvernehmung ergeben hätte, eine Aufklärung eben der vom Senat genannten Unsicherheiten und Verwirrungen um den möglichen Widerspruch in den einzelnen Aussagen des Zeugen, auf welche die Verurteilung des Angeklagten wesentlich gestützt wurde, im Sinne einer ordnungsgemäßen Prozessführung angezeigt gewesen wäre; ob die Tatbeteiligung des Angeklagten zum Zeitpunkt der Vernehmung des Zeugen schon offensichtlich gewesen ist, stellt eine entscheidende Frage dar, die durch weitere Aufklärung, etwa mittels Vernehmung des Vernehmungsbeamten hätte geklärt werden können und müssen. Zwar mag dem Revisionsgericht eine vollständige Überprüfung aller undokumentierter Beweisvorgänge nicht möglich sein, aber dem Tatrichter wäre die Aufklärung des Ursprungs und Inhalts der verschiedenen Aussagen des Zeugen möglich gewesen, stattdessen hat er Unklarheiten hinterlassen, die eine erschöpfende Beweiswürdigung in Frage stellen, welche jedoch durch einen neuen Tatrichter abschließend hätten aufgeklärt werden können. Diese Möglichkeit der Zurückverweisung wegen nicht aufgeklärter Unsicherheiten in der Beweiswürdigung hat der Senat versäumt.

Als Gegenbeispiel dazu lässt sich ein Beschluss des BGH vom 19.1.2000 – 3 StR 531/99 anführen:

Das Landgericht Hannover hat den Angeklagten wegen Totschlags an der Prostituierten S zu einer Freiheitsstrafe von elf Jahren verurteilt. Die Strafkammer hat die Überführung des selbst die Bekanntschaft mit S bestreitenden Angeklagten überwiegend auf die Aussage der Zeugen M und B in der Hauptverhandlung gestützt, denen die Freundin des Angeklagten, die Zeugin Monika M nach einem Gespräch mit dem Verteidiger des Angeklagten berichtet habe, der Angeklagte habe gegenüber seinem Verteidiger zugegeben, zur Tatzeit bei der Prostituierten gewesen zu sein. Die Zeugin Monika M habe zwar in der Hauptverhandlung bestritten, eine solche Information vom Verteidiger erhalten zu haben, jedoch habe sie nicht erklären können, wie es zu einem Protokoll über ihre polizeiliche Vernehmung gekommen sein könnte, in welchem sie dies ausgesagt habe. Für die Richtigkeit des behaupteten Teilgeständnisses spreche die Nichtentbindung des Verteidigers von der anwaltlichen Schweigepflicht durch den Angeklagten, weswegen dieser die Aussage verweigert habe.

Die Revision des Angeklagten, mit der er u.a. die Verfahrensweise der Strafkammer rügt, führte zur Urteilsaufhebung und Zurückverweisung des Verfahrens, was der Senat wie folgt begründet: „Die Revision rügt zu Recht, dass die Feststellung entweder nicht auf dem Inbegriff der Hauptverhandlung beruht oder unter Verletzung der Aufklärungspflicht zustande gekommen ist. Eine solche „Alternativrüge" ist nur ausnahmsweise zulässig, wenn der Akteninhalt ohne weiteres die Unrichtigkeit der Urteilsfeststellungen beweist (gl. BGHSt 43, 212, 216; BGHR StPO § 261 Inbegriff der Verhandlung 36)."[1308] Ein solcher Ausnahmefall sei hier anzunehmen, da die von der Strafkammer behauptete Protokollstelle, in der die Zeugin die Weiterleitung des Teilgeständnisses durch den Verteidiger bestätigt habe, in den Akten nicht enthalten sei; die Vernehmungsniederschriften belegten vielmehr, dass die Zeugin gegenüber der Polizei und der Staatsanwaltschaft jeweils die Aussage verweigert und im Rahmen einer informellen Unterhaltung gegenüber dem Staatsanwalt bestritten habe, solch Informationen vom Verteidiger erhalten zu haben und darauf verwiesen habe,

1308 BGH StV 2000, 293.

der Zeuge B habe etwas missverstanden. Angesichts dieser Sachlage sei jedenfalls die Aufklärungsrüge erfolgreich, da es sich aufgedrängt habe, die polizeiliche Protokollführerin und den Staatsanwalt zur Aussageverweigerung und informellen Zurückweisung des Vorhalts zu vernehmen.

Die Entscheidung überrascht vor dem Hintergrund der zuvor erörterten Grundsätze, auf die Rüge, ein Beweismittel sei nicht ausreichend ausgeschöpft worden, könne die Aufklärungsrüge nach § 244 Abs. 2 StPO nicht gestützt werden – gerade darum handelt es sich aber vorliegend bei der Aufklärung der näheren Umstände der Verhöre der vernommenen Belastungszeugin. Obwohl das Urteil eine Bestätigung der Vorwürfe durch die Zeugin in der Vernehmung ausweist, fühlt sich der Senat hier entgegen seiner sonstigen Handhabung nicht an die Feststellung des Tatrichters gebunden und wagt einen Blick in die Akten, aus denen sich ohne Schwierigkeiten die Unrichtigkeit der Feststellung ergibt. Dieser Verfahrensweise ist beizupflichten, da das Revisionsgericht soweit es die beschränkten Möglichkeiten des Revisionsverfahrens zulassen, zur Aufklärung von Verfahrensfehlern verpflichtet ist und die Verfahrensrüge ihm den Zugriff auf die Akten eröffnet. Die These, die Alternativrüge sei zulässig, wenn der Akteninhalt ohne weiteres die Unrichtigkeit beweist, stellt eine Annäherung an die einer ähnlichen Interessenlage unterliegenden Fallgruppen der Nichteinführung eines Beweismittels oder fehlenden erschöpfenden Beweiswürdigung inklusive Diskrepanzen dar, die im Sinne einer einheitlichen Handhabung vergleichbarer Verfahrenssituationen zu begrüßen ist. Eine Begründung für die Abweichung von der grundsätzlichen Vorgehensweise bei der Rüge der Nichtausschöpfung, wonach Widersprüche zwischen Urteil und Akten ohne ausdrücklicher Erkennbarkeit aus den Urteilsgründen „revisionsrechtlich unerheblich" seien, wird jedoch leider nicht gegeben. Die sonst beklagte Problematik der Beweiserheblichkeit von Widersprüchen noch im Zeitpunkt des Urteils wird ebenfalls wohl wegen der Erheblichkeit der Diskrepanz und der Bedeutung des Beweismittels nicht weiter erwähnt. Die Entscheidung erweist sich als typisches Beispiel für ein Durchbrechen der selbst auferlegten Fesseln durch das Revisionsgericht wegen Unbilligkeit der Tolerierung eines offensichtlich falschen Urteils.

### (b) Ausnahme: Nachweis aus Urteil selbst oder Fiktion

Die Rüge der Nichtausschöpfung benutzter Beweismittel ist weiter für durchgreifend erachtet worden, wenn sich die selbige direkt aus dem Urteil ergibt, wie etwa in der Entscheidung des BGH vom 15.02.1984 – 2 StR 704/83, wo die mangelnde Vernehmung des Zeugen zur Beibringung der Verletzungen der Geschädigten K gerügt wurde: „Zwar kann die Aufklärungsrüge in der Regel nicht auf die Behauptung gestützt werden, der Tatrichter habe ein benutztes Beweismittel nicht voll ausgeschöpft (BGHSt 4, 125, 126).[1309] Im vorliegenden Fall ist aber eine Ausnahme

1309 BGH, Urt. v. 15.2.1984 – 2 StR 704/83 -, juris Rn. 4; vgl. dazu auch NStZ 1997, 296; 450, 451; Beschl. v. 25.10.1979 – 4 StR 491/79 bei *Pfeiffer*, NStZ 1981, 96; Urt. v. 13.12.2006 – 5 StR 211/06 -, juris Rn. 12; Urt. v. 9.12.2008 – 5 StR 412/08 -, jurion

von diesem Grundsatz gegeben. Den Urteilsgründen lässt sich entnehmen, dass der Zeuge zu jener Frage nicht vernommen worden ist. Bei einer solchen Sachlage gilt der Grundsatz nicht".[1310] Wegen der wesentlichen Bedeutung einer möglichen Verletzungsverursachung führe der Aufklärungsmangel zur Urteilsaufhebung.

Selbst die Alternativrüge wurde zugelassen bei einem Anklingen des Rechtsfehlers im Urteil, vgl. BGH, Beschl. v. 6.9.1991 – 2 StR 248/91, wo das Gericht sich auf die Aussagekonstanz des Hauptbelastungszeugen gestützt hat, obwohl dieser – wie die polizeiliche Vernehmungsniederschrift belegt – im Ermittlungsverfahren wesentlich andere Angaben gemacht hat als in der Hauptverhandlung: „Die Revision rügt zutreffend, dass entweder das Tatgericht keine Aussagekonstanz annehmen durfte (wenn die Aussage vor der Polizei dem Zeugen S. vorgehalten worden ist und er sie in ihrem Inhalt und Zustandekommen nicht bemängelte) oder dass durch Anhörung des polizeilichen Vernehmungsbeamten hätte geklärt werden müssen, wie und mit welchem Inhalt die sich mit den Bekundungen des Zeugen S in der Hauptverhandlung nicht deckende polizeiliche Aussage zustande kam (wenn S. sie inhaltlich oder auf Grund ihres Zustandekommens in Frage stellte)".[1311]

In der sog. Schusskanalentscheidung hat der BGH die Rüge der Nichtausschöpfung akzeptiert, obwohl sich der Aufklärungsmangel nicht ausdrücklich aus dem Urteil ergab und dabei die Beweisbedeutung gewissermaßen fingiert, Urt. v. 29.5.1991 – 2 StR 68/91:

Das Landgericht Frankfurt a.M. hat den Angeklagten wegen Totschlags in Tateinheit mit unerlaubtem Erwerb und Führen einer Schusswaffe zu einer Freiheitsstrafe von sieben Jahren verurteilt. Dem Schuldspruch lag folgendes Geschehen zu Grunde: Der Angeklagte und der später Getötete B lieferten sich einen Schusswechsel, in dessen Folge B flüchtete. Nach den Feststellungen stürzte B und war gerade im Inbegriff sich wieder aufzurichten, als der Angeklagte aus einer Entfernung von ca. einem Meter mit seinem Revolver einen Schuss auf den Kopf des B abgab und diesen tötete. Der Angeklagte hingegen berief sich auf Notwehr und behaupete, B

Rn. 12; KG StV 1988, 518, 519; OLG Hamm, Beschl. v. 20.2.2006 – 2 Ss 61/06 -, juris Rn. 15; vgl. scheinbar gegensätzlich dazu die Einordnung als Rechtsfehler, wenn der Tatrichter „Beweismittel nicht ausschöpft" in: Urt. v. 8.5.2008 – 3 StR 53/08 -, jurion R. 2; Urt. v. 21.9.2011 – 1 StR 95/11 -, juris Rn. 10; Thüringer OLG, Beschl. v. 25.4.2005 – 1 Ss 244/04 -, juris Rn. 16 – verortert jedoch im Rechtsfehlerkatalog der Sachrüge bzgl. der Beweiswürdigung, gemeint ist wohl „Beweismittel nicht erschöpfend würdigt".

1310 BGH, Urt. v. 15.2.1984 – 2 StR 704/83 -, juris Rn. 4; siehe zur Ausnahme bei Bestätigung des Vorbringens in den Urteilsgründe auch Urt. v. 26.4.1988 – 1 StR 52/88 -, jurion Rn. 6; vgl. StV 1987, 188, wo sich die nicht vollständige Einführung des Haftprüfungsprotokolls aus dem Urteil ergab; vgl. auch StV 1989, 423, wo der fehlende Vorhalt im „Urteil eine Stütze" gefunden habe und OLG Zweibrücken StV 1994, 545, 546 f., wo die Alternativrüge wegen Anhalts „in den Urteilsgründen" zugelassen wurde.

1311 BGH StV 1992, 2 f.

habe ihm gegenüberstehend die Waffe auf ihn gerichtet, woraufhin er mit waagrecht ausgestrecktem Arm geschossen habe. Das Schwurgericht hielt diese Einlassung insbesondere wegen des Verlaufs des Schusskanals im Kopf des Opfers für widerlegt, wozu es im Urteil ausführte: „Hinzukommt, dass der Schusskanal von links oben nach rechts unten verläuft. Dies hat der Sachverständige Dr. v. Lüpke dargelegt."

Der Angeklagte rügt mit seiner Revision die fehlende Auseinandersetzung mit dem vorläufigen Gutachten desselben Gerichtsmediziners, in dem es zum Schusskanal heißt: „Die Obduktion ... erbrachte ... einen Schusskanal, der etwa in horizontaler Ebene von links nach hinten rechts verlief".

Der Senat erachtete die Aufklärungsrüge des Angeklagten als durchgreifend. Dieser Befund sei mit der Urteilsfeststellung „von links oben nach rechts unten" nicht vereinbar; das Gericht habe „sich aufdrängende Ermittlungsmaßnahmen" zur Aufklärung dieses Widerspruchs, wie insbesondere den Vorhalt des vorläufigen Gutachtens unterlassen, wozu der Senat weiter ausführt: „Hätte das Tatgericht sich dieses Aufklärungsmittels zur Behebung des Widerspruchs bedient, so wären der Vorhalt und seine Beantwortung angesichts der Bedeutung des Widerspruchs in den Urteilsgründen nicht übergangen worden.[1312] Das Erfordernis der Aufklärung von Widersprüchen zwischen Angaben, die eine Beweisperson bei mehreren Gelegenheiten gemacht hat, ist vom Bundesgerichtshof schon wiederholt betont worden, so in Fällen unterschiedlicher Bekundungen desselben Zeugen (BGH StV 1989, 423 = BGHR StPO § 244 Abs. 2 Zeugenvernehmung 6, BGH, Urt. v. 24. April 1991 – 5 StR 10/91; vgl. auch BGH StV 1981, 165; 1987, 91), aber auch für den Fall, dass zwischen dem schriftlichen Gutachten des Sachverständigen und seinen gutachtlichen Ausführungen in der Hauptverhandlung ein erklärungsbedürftiger Widerspruch hervortritt (BGH StV 1990, 339 = NStZ 1990, 243 (BGH 18.01.1990 – 4 StR 616/89)). So liegt es auch hier."[1313]

Die Entscheidung stellt die bisher dargelegten Grundsätze der Praxis auf den Kopf, indem sie ohne Anhalt im Urteil einen Aufklärungsmangel durch Nichtausschöpfung eines benutzten Beweismittels mittels urteilsfremder „Beweise" für dessen Vorliegen annimmt und zugleich die Beweisbedeutung noch zum Zeitpunkt des Urteils „angesichts der Bedeutung des Widerspruchs" fingiert. Es folgert mithin aus dem Schweigen des Urteils, dass das Gericht dem Widerspruch nicht im Wege des Vorhalts nachgegangen ist und fragt gar nicht danach, ob das Gericht den Widerspruch nicht doch erkannt, der Darlegungsbedarf aber zwischenzeitlich wieder entfallen sein könnte. Der Grund für das abweichende Vorgehen des BGH dürfte in der Offenkundigkeit des Fehlers liegen und dem daraus folgenden Unwillen ein

1312 BGH NStZ 1991, 448, 449; vgl. zu einer ähnlichen Fiktion in StV 1991, 337, 338, wo aus der ausschließlichen Auseinandersetzung im Urteil mit der Aussage des Zeugen in der Hauptverhandlung geschlossen wird, dem Zeugen sei seine abweichende Aussage im Ermittlungsverfahren zur Gedächtnisunterstützung nicht gemäß § 253 Abs. 2 StPO vorgelesen und der Widerspruch nicht aufgeklärt worden.

1313 BGH NStZ 1991, 448, 449.

offensichtlich falsches Urteil zu akzeptieren. Die vom Senat herangezogenen Urteile ersetzen jedenfalls keine Begründung; bei StV 1989, 423 hat sich die Nichtausschöpfung aus dem Urteil ergeben, bei StV 1990, 339 war die Fallgruppe der Diskrepanzen betroffen, in welcher der Nachweis durch parate Fakten generell akzeptiert wird, die anderen Zitate erweisen sich nicht als weiterführend.

Später wurde die Entscheidung als „Sonderfall“[1314] abgetan und demgegenüber häuften sich die Floskeln der Revisionsgerichte, „aus dem Schweigen der Urteilsgründe allein“ sei nicht zu schließen, das Gerichte habe bestimmte Vorhalte nicht gemacht[1315], es habe bestimmte Punkte ungewürdigt gelassen[1316] oder dass das Gericht die Sache zum Zeitpunkt der Urteilsfällung überhaupt noch als erörterungsbedürftig habe ansehen müssen, der Widerspruch könne vielmehr längst erörtert und ausgeräumt worden sein[1317].

Diese Standardformeln stehen in krassem Gegensatz zur gerade vorgestellten Entscheidung. Sie mag wohl der Entscheidung BGHSt 43, 212 als Paradefall zugrunde gelegen haben, wo der Senat die seltenen Fälle, in denen eine Alternativrüge zulässig sein könne, so beschreibt, dass „regelmäßig aufgrund essentieller, nicht erklärlicher Widersprüche zwischen Urteil und Akteninhalt – der Tatrichter entweder die eine oder die andere Vorschrift verletzt haben muss“.[1318]

### (5) Zusammenfassende These: Vorrang der Aufgabenzuweisung der Tatsachenfeststellung zum Tatrichter

Zusammenfassend lässt sich resümieren, dass die Revisionsgerichte die Ausnahme vom generellen Prüfgrundsatz hinsichtlich prozessualer Feststellungen, das Rekonstruktionsverbot, jedenfalls innerhalb dieser Fallgruppe vielfach als den eigentlichen Grundsatz ansehen; insofern ist *Herdegen* zuzustimmen, der feststellt, aus der eigentlichen Prüfpflicht des Revisionsgerichts sei ein „sehr durchlöchertes Prinzip“[1319] geworden. Die Berechtigung für ihr Handeln leiten die Revisionsgerichte maßgeblich aus dem Prinzip der Arbeits- und Verantwortungsteilung zwischen Tat- und Revisionsrichter ab: Weil sie durch ein Antasten der Feststellungen zum Nachweis von Verfahrensfehlern eine Erschütterung der dem Schuld- und Strafausspruch zugrunde liegenden Tatsachen befürchten, geben sie dem diesbezüglichen

1314 BGH NJW 1992, 2838, 2840; NStZ 1995, 27, 29.

1315 BGH NJW 1992, 2838, 2840.

1316 BGH NJW 1951, 325; NStZ 2002, 495; vgl. auch Urt. v. 26.4.1988 – 1 StR 52/88 -, jurion Rn. 6; OLG Koblenz VRS 46, 435, 436; KG, Beschl. v. 16.12.2002 – (3) 1 Ss 68/02 -, juris Rn. 2; vgl. auch Urt. v. 24.3.1999 – 3 StR 17/99 -, jurion Rn. 4 zur unterbliebenen Aufklärung.

1317 Vgl. BGH NStZ 1995, 27, 28; 2006, 55, 56; Beschl. v. 24.11.2000 – 2 StR 361/00 bei *Becker*, NStZ-RR 2001, 262.

1318 BGHSt 43, 212, 216; aufgegriffen auch im Beschl. v. 10.7.2001 -5 StR 236/01 -, jurion Rn. 9.

1319 *Herdegen,* in: FS Salger, 303, 305.

Bindungsprinzip den Vorrang vor dem eigentlichen Aufklärungsauftrag des Revisionsgerichts bezüglich Verfahrensfehlern. Einem ähnlichen Maßstab folgen sie, wenn sie eine Nachprüfung durch das Revisionsgericht ausnahmsweise dann zulassen, wenn sich der Verfahrensfehler aus objektiven Grundlagen „mit den Mitteln des Revisionsrechts ohne weiteres", also durch Abgleich mit schriftlichen Unterlagen ohne größeren Aufwand feststellen lässt, sich die Ermittlung der Fehler mithin im Rahmen der Leistungsfähigkeit des Revisionsgerichts hält. Aus der Logik der Revisionsgerichte heraus ist es daher nicht ohne weiteres verständlich, warum die Obergerichte bei der Fallgruppe der Nichtausschöpfung von Beweismitteln grundsätzlich nicht von einer Nachweisbarkeit durch parate Fakten ausgehen.

Für die Zwecke der Abgrenzungsfrage lässt sich also als Fazit ziehen: Obwohl es sich bei der Anwendung von Verfahrensvorschriften und Grundsätzen wie dem der erschöpfenden Beweiswürdigung, bei der Subsumtion unter die Tatbestandsvoraussetzungen von Verfahrensnormen, wohl unstreitig um den Bereich der klassischen *Rechts*frage handelt und die Verletzung von Verfahrensnormen Gesetzesverletzungen im Sinne von § 337 Abs. 1 StPO darstellen, verhindern die Revisionsgerichte vielfach schlicht durch Verweigerung ihrer Mitwirkung in Form der Prüfung des tatsächlichen Vorliegens von Verfahrensfehlern, unter Berufung auf die Formeln, die Tatsachenfeststellung sei „Sache des Tatrichters", der „Ordnung des Revisionsverfahrens" sowie der „Mittel des Revisionsrechts" einen Revisionserfolg – entscheidend für den Nachprüfungsumfang sind daher prozessuale Gesichtspunkte sowie Gedanken zum Grundverständnis von der Revision. Insofern lässt sich bezogen auf die Fallgruppe des Rekonstruktionsverbots die These aufstellen, aus Sicht der Rechtsprechung der Obergerichte ist eine verfahrensrechtliche Frage grundsätzlich dann irrevisibel, wenn zum Beweis eines Fehlers eine erneute Beweisaufnahme in der Revisionsinstanz nötig wäre; sie ist ausnahmsweise dann revisibel, wenn sich der Verfahrensverstoß durch einen Vergleich zwischen Urteil und schriftlichen Unterlagen leicht und ohne größeren Aufwand feststellen lässt. Diese Formulierungen erinnern stark an die Leistungsmethode. Eine Orientierung am Gegensatzpaar *Tat-/Rechts*frage zur Scheidung des revisibelen vom irrevisibelen Bereich findet hingegen überhaupt nicht statt.

Es lässt sich jedoch keine kontinuierliche Linie in der Judikatur festhalten, vielmehr sind immer wieder Entscheidungen anzutreffen, in denen das vielfach proklamierte Problem der Entscheidungserheblichkeit und damit Erörterungsbedürftigkeit noch zum Zeitpunkt des Urteils nicht einmal eine Erwähnung findet, sowie „Ausnahmefälle", in denen die oft festgehaltenen Grundsätze, etwa der Unzulässigkeit der Rüge der Nichtausschöpfung und der Alternativrüge scheinbar zugunsten einer „Billigkeitsausnahme" über Bord geworfen werden. Verwirrend erweist sich auch der Umgang mit der freibeweislichen Einholung von dienstlichen Stellungnahmen zur anderweitigen Einführung eines Beweismittels durch Vorhalt, welche zum Teil gar als „abwegiges Ansinnen" behandelt, teils hingegen freigebig ohne jegliche Begründung durchgeführt wird. Im Hinblick auf die unterschiedliche Vorgehensweise ist wohl mit der Literatur davon auszugehen, dass inzwischen auch im Rahmen der Fallgruppe der Nichtausschöpfung Widersprüche zwischen Urteil und Akten jedenfalls dann nicht als „revisionsrechtlich unerheblich“ eingestuft werden, wenn ein Vergleich zwischen Urteil und Akteninhalt eklatante, offensichtliche Mängel offenbart[1320], die das Revisionsgericht im Hinblick auf seine Verantwortung als Letztentscheider so nicht hinnehmen kann.

### (6) Kritik aus der Literatur, Lehre vom alternativen Rügevorbringen

Die Rechtsprechungspraxis der Obergerichte hat im Schrifttum Anhänger, insbesondere Befürworter des Rekonstruktionsverbots[1321] und Gegner der „Rüge der Aktenwidrigkeit“[1322] gefunden, welche im Anschluss an die Rechtsprechung vor allem die Aufgabenteilung zwischen Tat- und Revisionsrichter sowie den Schutz der Funktionsfähigkeit der Revisionsgerichte[1323] anführen, *Otto* spricht etwa von der ansonsten drohenden Entwicklung der Revision zu einer „zweitklassigen Berufung“, da das Revisionsgericht nach seinen Möglichkeiten nur sehr beschränkt Beweise erheben könne[1324]. Zudem wird die Unzuverlässigkeit einer Beweiserhebung im Revisionsverfahren[1325] vorgebracht sowie argumentiert, der Inhalt einer Beweiserhebung dürfe nicht isoliert, sondern müsse im Kontext der gesamten Beweisaufnahme betrachtet werden[1326].

Demgegenüber finden sich zahlreiche Gegner der Rechtsprechungslinie, die das Rekonstruktionsverbot ablehnen[1327] und die Zulassung der Alternativrüge

1320 Vgl. etwa *Franke*, in: LR-StPO, § 337 Rn. 60; *Kuckein*, in: KK-StPO, 6. Aufl., § 337 Rn. 26a.

1321 *Frisch*, in: SK-StPO, § 337 Rn. 77, 79, 80, 86; *Hanack*, in: LR-StPO, 25. Aufl., § 337 Rn. 77a, 78a; *Schäfer*, StV 1995, 147, 154 ff.

1322 *Foth*, DRiZ 1997, 201, 207 f.; *ders.*, NStZ 1992, 444, 446, der meint, des Revisionsgerichts „Aufgabe ist es nicht, Urteil und Akteninhalt zu vergleichen“; *Maul*, in: FS Pfeiffer, 409, 417, 423; *Meyer-Goßner/Schmitt*, StPO, § 337 Rn. 15a; *Otto*, NJW 1978, 1, 11.

1323 *Frisch*, in: SK-StPO, § 337 Rn. 77; *Hanack*, in: LR-StPO, 25. Aufl., § 337 Rn. 77a.

1324 *Otto*, NJW 1978, 1, 11.

1325 *Frisch*, in: SK-StPO, § 337 Rn. 79; *Hanack*, in: LR-StPO, 25. Aufl., § 337 Rn. 78a; vgl. zum „höheren Rang“ des Strengbeweises *Willms*, in: EG Heusinger, 393, 404; a.A. *Fezer*, in: Aktuelle Probleme der Strafrechtspflege, 89, 110, der auf die „nicht von vornherein (...) qualitativ schlechtere Beweiserhebung“ im Freibeweisverfahren verweist; ähnlich auch *Pfitzner*, Bindung der Revisionsgerichte an vorinstanzliche Feststellungen im Strafverfahren, 145.

1326 *Schäfer*, StV 1995, 147, 154; ähnlich *Gössel*, in: Tatsachenfeststellung in der Revisionsinstanz, 117, 136 unter Verweis auf den Inbegriff der Verhandlung.

1327 *Alsberg*, JW 1915, 306; *Fezer*, in: Aktuelle Probleme (Fn. 1325), 89, 104 ff., 112; *ders.*, JZ 1992, 107, 108; *ders.*, JZ 1996, 655, 665; *Herdegen*, in: KK-StPO, 4. Aufl., § 244 Rn. 40; *Kuckein*, in: KK-StPO, 6. Aufl., § 337 Rn. 26a; *Neuhaus*, StraFo 2004, 407, 410; *Paulus*, in: FS Spendel, 687, 716 f.; *Pelz*, NStZ 1993, 361, 362; *Pfitzner*, Bindung (Fn. 1325), 142 ff., 160; *Rosenau*, in: FS Widmaier, 521, 541; *Schlothauer*, StV 1992, 134, 135 f.; *Willhelm*, StV 2012, 75 ff.; *ders.*, ZStW 117 (2005), 143, 156 ff.; vgl. auch *Paeffgen*, in: FS II Peters, 61, 90 f. und *Peters*, Strafprozess, 1. Aufl., 519/3. Aufl. 616 f.

fordern[1328]. *Ziegert* schlägt etwa den Weg über die sog. prozessuale Wahlfeststellung zum Nachweis alternativen Rügevorbringens vor: Für den Beweis eines Verfahrensfehlers wegen Nichtausschöpfung eines verwendeten Beweismittels müsse es genügen zu belegen, dass entweder eine gebotene Ermittlung unter Verstoß gegen § 244 Abs. 2 StPO unterblieben oder aber im Urteil entgegen § 261 StPO nicht gewürdigt worden sei – die Ablehnung der einen Rüge beweise die andere.[1329]

Die Diskussion dreht sich dabei maßgeblich um die nachfolgenden Gesichtspunkte: Zunächst tragen die Kritiker der Rechtsprechungslinie vor, das Rekonstruktionsverbot stehe in Wahrheit dem Nachweis von Verfahrensverstößen gar nicht entgegen, da entsprechend BGHSt 26, 22 nicht der Inhalt, sondern nur der äußere Ablauf der Hauptverhandlung rekonstruiert werde.[1330] Des Weiteren wird die Missachtung des eigentlichen Grundsatzes, der „uneingeschränkten Feststellungs- und Würdigungskompetenz des Revisionsgerichts" bezüglich prozessualer Feststellungen[1331] und des diesbezüglichen gesetzlichen Prüfauftrags an das Revisionsgericht[1332] angeprangert. Dem Rekonstruktionsverbot wird die dogmatische Legitimation im Hinblick auf die fehlende Verankerung im Wortlaut der §§ 344 Abs. 2, 337 und 352 StPO abgesprochen[1333], *Wilhelm* geht insofern von einer unzulässigen teleologischen Reduktion des § 337 StPO aus[1334]. Gerügt werden ferner die mit dem Rekonstruktionsverbot

jeweils zumindest bei offenbaren Mängeln, die mit leicht verfügbaren Quellen nachweisbar sind sowie *Pauly,* in: FS Hamm, 557, 572, der für eine restriktivere Handhabung eintritt.

1328 *Bauer,* NStZ 2000, 72, 74 f.; *Herdegen,* in: FS Eisenberg, 527, 530 ff.; *ders.,* in: FS Salger, 301, 318; *ders.,* in: KK-StPO, 4. Aufl., § 244 Rn. 40; *ders.,* StraFo 1995, 31, 34 f., 36; *ders.,* StV 1992, 590, 592, 595, 596; *Neuhaus,* StraFo 2004, 407, 410 ff.; *Volk/Engländer,* Grundkurs StPO, § 36 Rn. 22; *Ziegert,* StV 1996, 279 ff.; vgl. auch *Hebenstreit,* in: FS Widmaier, 267, 268, 276 und *Schlothauer,* StraFo 2000, 289, 293 jedenfalls bei paratem Beweismaterial.

1329 *Ziegert,* StV 1996, 279 ff.; ihm folgend *Neuhaus,* StraFo 2004, 407, 408.

1330 *Neuhaus,* StraFo 2004, 407, 409, 410, siehe auch 412, wo er zwischen dem „Verbot der Rekonstruktion des Inhalts" und dem „Gebot der Rekonstruktion des äußeren Ablaufs" der Hauptverhandlung differenziert; ebenso *Hebenstreit,* in: FS Widmaier, 267, 275 betr. die Alternativrüge; ähnlich auch *Pauly,* in: FS Hamm, 557, 572 und *Pelz,* NStZ 1993, 361, 363.

1331 *Herdegen,* in: FS Kleinknecht, 173, 183; ähnlich *ders.,* in: FS Salger, 301, 305; *ders.,* StraFo 1995, 31, 32 und *Pfitzner,* Bindung (Fn. 1325), 142.

1332 *Fezer,* in: Aktuelle Probleme (Fn. 1325), 89, 104, 106, 109; *ders.,* JZ 1992, 107, 108; *Neuhaus,* StraFo 2004, 407, 410; ähnlich unter Betonung der Aufklärungs-/Prüfpflicht des Revisionsgerichts: *Peters,* JR 1980, 169, 170; *Pfitzner,* Bindung (Fn. 1325), 40.

1333 So ausdrücklich *Fezer,* JZ 1992, 107, 108; *ders.,* 1996, 655, 665; *Rosenau,* in: FS Widmaier, 521, 541; *Wilhelm,* StV 2012, 75 f.; vgl. auch *dens.,* ZStW 117 (2005), 143, 156 ff.; *Fezer,* in: Aktuelle Probleme (Fn. 1325), 89, 104; *Herdegen,* in: FS Salger, 301, 303 ff., 305; *Neuhaus,* StraFo 2004, 407, 410; *Pfitzner,* Bindung (Fn. 1325), 161.

1334 *Wilhelm,* ZStW 117 (2005), 143, 164.

einhergehenden Einschränkungen der Revisibilität im Hinblick auf den Grundsatz effektiven Rechtsschutzes und den Justizgewährleistungsanspruch des Angeklagten[1335], wenn Verfahrensverstöße ohne Konsequenz blieben[1336]. Angesichts der auch ansonsten verfolgten restriktiven Strategie der Revisionsgerichte im Umgang mit der Verfahrensrüge, durch stetigen Ausbau der Hindernisse für eine erfolgreiche Verfahrensrüge in Form der Rechtskreistheorie, Widerspruchslösung, des vielfachen Willkürerfordernisses und der Erhöhung der Begründungserfordernisse für eine zulässige Verfahrensrüge nach § 344 Abs. 2 S. 2 StPO, ist eine leidenschaftliche Diskussion um die allgemeine Effizienz der Verfahrensrüge entbrannt: Den Revisionsgerichten wird vorgeworfen die Verfahrensrüge zur Bedeutungslosigkeit zu degradieren[1337], mit der Folge, dass Verfahrensvorschriften ihre Warnfunktion verlören[1338] und rechtsstaatlich gebotene Verfahrensgewährleistungen praktisch nicht mehr gegeben seien[1339].

Vielfach wird ein Zusammenhang der verfahrensrechtlichen Angriffsmöglichkeiten mit der erweiterten Revision im Bereich der Sachrüge gesehen[1340], da die Revisionsgerichte vermeiden wollten, ein im Ergebnis als richtig eingestuftes Urteil „nur" wegen eines Verfahrensfehlers aufzuheben, wenn in einer neuen tatrichterlichen Verhandlung kein anderes Ergebnis zu erwarten sei[1341]; zudem besteche die Sachrüge mit ihrem „Pragmatismus", die Verfahrensrüge sei dagegen mit ihrem „Formalismus" hinderlich[1342].

Die Rechtsprechungspraxis der Revisionsgerichte erfährt weiter Kritik im Hinblick auf Widersprüchlichkeiten bezüglich ihrer eigenen Vorgaben, insbesondere dahingehend, dass bei den von der Rechtsprechung anerkannten Ausnahmen bei paraten Fakten in Wirklichkeit auch eine inhaltliche Rekonstruktion stattfinde[1343] und bei anderen Verfahrensrügen gar ein „Gebot zur Rekonstruktion" gelte[1344]. Gerügt wird, warum der Revisionsrichter eine Urkunde einsehen und wegen anderen Wortlauts als in den Urteilsgründen festgestellt angreifen dürfe, selbiges ihm jedoch

---

1335 Vgl. dazu *Herdegen,* in: FS Salger, 301, 305; *Neuhaus,* StraFo 2004, 407, 411.

1336 Vgl. *Fezer,* in: Aktuelle Probleme (Fn. 1325), 89, 105; *Pauly,* in: FS Hamm, 557, 572.

1337 Vgl. *Fezer,* in: FS Hanack, 331, 350: „faktische Ineffektivität".

1338 Vgl. *Fezer,* in: FS Hanack, 331, 353; *Hamm,* StV 1987, 267, 268; *Schlothauer,* StraFo 2000, 289, 295.

1339 Vgl. *Schlothauer,* StraFo 2000, 289, 293, 295.

1340 *Fezer,* in: FS Hanack, 331, 351; *Hamm,* StV 1987, 262, 267; vgl. auch *Riess,* in: FS Hanack, 397, 409, der insofern von einem „reziproken Sachzusammenhang" spricht.

1341 *Fezer,* in: FS Hanack, 331, 352; *Schlothauer,* StraFo 2000, 289, 294; vgl. auch *Fezer,* in: FS Otto, 901, 902; *Widmaier,* StraFo 2010, 310, 315 f.; demgegenüber *Barton,* StV 2004, 332, 339 f., der auf oft „fühlbare" Änderungen in der neuen Hauptverhandlung laut Statistiken verweist, wonach die Hälfte der Neuverhandlungen neue Tatsachenfeststellungen erbacht habe.

1342 *Fezer,* in: FS Hanack, 331, 352.

1343 *Fezer,* in: Aktuelle Probleme (Fn. 1325), 89, 111; *ders.,* JZ 1992, 107, 108; *ders.,* JZ 1996, 655, 665; *Schlothauer, ders.,* StV 1992, 134, 137; vgl. auch *Pauly,* in: FS Hamm, 557, 560; *Pelz,* NStZ 1993, 361, 363.

1344 *Pauly,* in: FS Hamm, 557, 564, 571 mit Beispielen in 565 ff.

hinsichtlich eines bei den Akten befindlichen Lichtbildes verwehrt sein soll.[1345] Der revisionsgerichtliche Augenscheinsbeweis wird in der Literatur jedenfalls jenseits des Anwendungsbereichs des § 267 Abs. 1 S. 3 StPO bei Verweis auf Abbildungen im Gegensatz zu Schriftstücken oder Ton-/Filmträgern überwiegend abgelehnt[1346], *Meyer* etwa formuliert scharf, es verstoße „in grober Weise gegen die Grundsätze des Revisionsrechts, wenn sich der Revisionsrichter als Tatrichter betätigt, indem er Beweise zur Schuldfrage erhebt"[1347]. Nur vereinzelt, wird eine eigene Anschauung und Würdigung von Lichtbildern oder Videoaufzeichnungen nach § 255a Abs. 2 StPO durch das Revisionsgericht gefordert[1348].

Als Konsequenz um die Nachweisproblematik bei der Verfahrensrüge werden im Schrifttum teilweise Reformforderungen erhoben, vielfach werden ein sog. Wortprotokoll zur Dokumentation auch des Inhalts der Beweisaufnahme im Hauptverhandlungsprotokoll[1349] bzw. Tonband-[1350] oder Videoaufzeichnungen[1351] verlangt. *Wilhelm* schlägt eine Glaubhaftmachungspflicht analog § 26 Abs. 2 S. 1 StPO des Revisionsführers mit einer Beweisführung schon bei hinreichender Wahrscheinlichkeit des Verfahrensverstoßes vor.[1352]

### (7) Stellungnahme

Auch im Rahmen der Abhandlung der Revisibilität der Beweiswürdigung im Hinblick auf Verfahrensfehler will ich zunächst auf ein paar allgemeine Gedanken zum

---

1345 *Herdegen,* StV 1992, 590, 594; *Paeffgen,* in: FS II Peters, 61, 87 Fn. 112.

1346 *Bottke,* JR 1982, 77, 78; *Franke,* in: LR-StPO, § 337 Rn. 80; *Geppert,* JR 1985, 430, 433; *Gössel,* in: Tatsachenfeststellung (Fn. 1326), 117, 135 f.; *Gottwald,* in: Die Revisionsinstanz als Tatsacheninstanz, 184; *Schlüchter,* Das Strafverfahren, Rn. 696; insofern ausdrücklich zur zulässigen Inaugenscheinnahme iRv § 267 Abs. 1 S. 3: *Riess,* NJW 1978, 2265, 2270 f. und *Schlüchter,* Das Strafverfahren, Rn. 696; begrenzt auf die Ergiebigkeit/Tragfähigkeit: *Franke,* in: LR-StPO, § 337 Rn. 81 Fn. 284; *Meyer-Goßner/Schmitt,* StPO, § 337 Rn. 15, 24; *Paulus,* in: FS Spendel, 687, 717 f. und *Roxin/Schünemann,* Strafverfahrensrecht, § 55 Rn. 28; vgl. auch *Maul,* in: FS Pfeiffer, 409, 423, der für eine „Prüfung auf Plausibilität" eintritt.

1347 *Meyer,* in: LR-StPO, 23. Aufl., § 337 Rn. 106; zustimmend *Franke,* in: LR-StPO, § 337 Rn. 80; *Gössel,* JR 1983, 118, 120.

1348 *Rosenau,* in: FS Widmaier, 521, 542; für eine vorsichtige Öffnung auch *Leitner,* StraFo 2004, 306, 309; beschränkt auf eine Aufdeckung von Regelverletzungen *Neumann,* GA 1988, 387, 400 sowie auf die Eignung zur Identifizierung *Peters,* JR 1980, 169, 170.

1349 *Fezer,* in: Aktuelle Probleme (Fn. 1325), 89, 113; *Jagusch,* NJW 1971, 2009, 2010; *Peters,* in: Verhandlungen des 52. DJT, Bd. I Gutachten, C 95 f.; *Schünemann,* JA 1982, 123, 131; *ders.,* ZStW 114 (2002), 1, 55.

1350 *Schlothauer,* StraFo 2000, 289, 293; *Schünemann,* in: Verhandlungen des 52. DJT, Bd. II Sitzungsberichte, L 109.

1351 *Schünemann,* ZStW 114 (2002), 1, 55.

1352 *Wilhelm,* ZStW 117 (2005), 164, 167; ähnlich *Kuckein,* in: KK-StPO, 6. Aufl., vor § 333 Rn. 6.

Grundverständnis von der Revision zurückkommen, wofür der Grundsatz der freien Beweiswürdigung gemäß § 261 StPO ganz wesentlich ist. Wie bereits im Rahmen der Bewertung der Rechtsprechungspraxis im Bereich der Sachrüge herausgestellt[1353], beschränkt sich die „Freiheit" der Überzeugungsbildung, welche mit der eingeschränkten Nachprüfungskompetenz des Revisionsgerichts korreliert, auf den tatsächlichen Wertungsakt, der aus der unmittelbaren Wahrnehmung der Beweismittel in der Tatsachenverhandlung resultiert. Eine Einschränkung der Revisibilität ist nur dort gerechtfertigt, wo solche zur Legitimation der tatrichterlichen Verantwortung für die Beweiswürdigung aufgezeigten Besonderheiten des Revisionsverfahrens im Gegensatz zur tatrichterlichen Hauptverhandlung, im Hinblick auf die unmittelbare Wahrnehmung der Beweisaufnahme durch den Tatrichter, sie zwingend erfordern. Zum Schutz eben dieser persönlichkeitsspezifischen Besonderheiten des subjektiven Würdigungsakts im Hinblick auf das unmittelbar Wahrgenommene bedarf es der diesbezüglichen alleinigen Aufgabenzuweisung an den Tatrichter mit der Konsequenz der Bindung an die materiellen Feststellungen zum Schuldvorwurf. Zur Abgrenzung eben dieser gewünschten und notwendigen Bindung im Gegensatz zur nicht erforderlichen Bindung an die prozessualen Feststellungen muss zwischen verschiedenen Bereichen der Beweiswürdigung differenziert werden: Dem Zusammentragen des entscheidungserheblichen Prozessstoffs, der Frage, welcher Beweisstoff dem Urteil zulässigerweise zugrundegelegt werden darf und dem Wertungsvorgang an sich. Während ersterer Vorgang, die Sammlung des entscheidungserheblichen Materials, welche den Weg zu den materiellen Feststellungen betrifft, ein objektivierbares, mithin für das Revisionsgericht zwingend nachzuvollziehendes Vorgehen bildet, da es an prozessuale Verfahrensregeln gebunden ist, betrifft der tatsächliche Wertungsakt an sich einen höchstpersönlichen Vorgang, der vom Revisionsgericht weder dezidiert rational nachvollzogen noch nachträglich anders bewertet werden kann und darf. Das Zusammentragen des Entscheidungsmaterials auf der Grundlage von Verfahrensvorschriften wird durch die unterschiedliche Verfahrenstruktur im Revisionsverfahren nicht beeinflusst, die Einhaltung rechtlicher Vorgaben zur Gestaltung einer ordnungsgemäßen Beweiswürdigung ist vom Revisionsgericht vielmehr bei entsprechender Offenlegung im Grundsatz in der gleichen Weise überschaubar und kontrollierbar wie für den Tatrichter. *Herdegen* differenziert insofern trefflich zwischen verschiedenen Stufen der Beweiswürdigung[1354]: Die erste betreffe das „Objekt der Würdigung", die Sammlung des Entscheidungsstoffs, welche als Weg zur Findung einer prozessordnungsgemäßen Entscheidung der Überprüfung durch das Revisionsgericht offen stehen müsse. Die zweite Stufe beziehe sich auf die „Würdigung des Objekts", den höchstpersönlichen Wertungsvorgang, welcher im

1353 Vgl. oben A II 1 b) aa) (1) (a) (cc), A II 1 e).

1354 Vgl. *Herdegen,* in: FS Eisenberg, 527 f., 529, 532; *ders.,* NJW 2003, 3513, 3515; *ders.,* StV 1992, 590; 591, 594, 596; *ders.,* StraFo 1995, 31, 35, 36; *ders.,* in: FS Salger, 301, 314, 317 dort auch zum folgenden Text; ihm folgend *Neuhaus,* StraFo 2004, 407, 411; ähnlich *Kühne,* Strafprozessrecht, 5. Aufl., Rn. 946.

Kern dem Tatrichter überlassen bleiben solle. *Peters* spricht insofern vom „Grundsatz der objektiv-subjektiven Beweiswürdigung" gemäß § 261 StPO[1355], wonach die Beweiswürdigung ein nach objektiven Maßstäben sich vollziehender Wertungsvorgang sei. Wie jeder Urteilsvorgang beruhe auch die freie Beweiswürdigung auf einer „objektiven Grundlage mit subjektiven Überbau".[1356]

Anknüpfend an diese allgemeinen Strukturprinzipien und der dadurch gewonnenen Klarheit über die Systematik der Beweiswürdigung, lässt sich auch die dem Rekonstruktionsverbot zugrunde liegende Problematik einer sachgerechten Lösung zuführen: Es ist zu differenzieren zwischen tatrichterlichen Feststellungen, die unmittelbar den Schuldvorwurf berühren, etwa was der Angeklagte getan und in welcher Gesinnung er gehandelt hat, versus den Tatsachen, wie das zu diesen Feststellungen führende Verfahren abgelaufen ist, etwa wann, wo und wie oft ein Zeuge von wem vernommen worden ist, was er für Fragen gestellt bekommen und was er für Antworten gegeben hat; letzteres betrifft ausschließlich den prozessualen Weg zu den Feststellungen und berüht deren Ergebnis, die Tatsachen zum Schuldvorwurf allenfalls mittelbar in Form einer Brücke, die bei rechtsfehlerhaftem Verfahren einbricht. Materielle Feststellungen sind aber und das hat schon der historische Gesetzgeber in seinen Motiven festgehalten – nur unter der Voraussetzung bindend, dass sie nicht im Wege eines gesetzwidrigen Verfahrens gewonnen worden sind. Das Vorliegen von Verfahrensfehlern sollte mithin bereits von Anfang an nach dem System der Revision die Bindung an die Feststellungen beschränken, eben weil diese dadurch nicht unmittelbar für unwahr erklärt, sondern mittelbar wegen Vorliegens prozessualer Fehler beseitigt werden. Die Ermittlung von Verfahrensfehlern hat niemals den Zweck die Feststellungen des Tatrichters zur Schuldfrage bewusst in Abrede zu stellen, sie hat alleine und ausschließlich das Ziel, entsprechend der revisionsgerichtlichen Aufgabe Verfahrensfehler aufzudecken, die eine Stützung des Schuldspruchs auf rechtsfehlerhaft gewonnene Tatsachen verhindern – wegen dem hinter den Verfahrensvorschriften stehenden Schutzzweck, dem Angeklagten gegenüber den mit überlegenen Mitteln agierenden Justizorganen eine möglichst ebenbürtige Stellung zu verschaffen. Würde ihm dieser Schutz unter Berufung auf die Bindung an die Schuldtatsachen versagt, liefe jegliche Verfahrensvorschrift von Anfang an leer. Eine Verurteilung darf eben keinen Bestand haben, wenn sie auf einem fehlerhaften Verfahren beruht, mit der Bindung an die Feststellungen zum Schuldvorwurf hat die Aufklärung von Verfahrensfehlern erst einmal nichts zu tun, weil sie einen unterschiedlichen Schutzzweck verfolgt. *Fezer* trifft insofern den Kern des Problems, wenn er feststellt, wäre der Revisionsrichter auch an verfahrensfehlerhafte materielle Feststellungen gebunden, wäre er „an das gebunden, was er

---

1355 *Peters,* Strafprozess, 4. Aufl., 298.

1356 *Peters,* JR 1980, 169, 170; *ders.,* Strafprozess, 3. Aufl., 612; vgl. auch *dens.,* in: Verhandlungen des 52. DJT, Bd. II Sitzungsberichte, L 78, 80 unter Verknüpfung mit der Revisibilität: objektiver Unterbau „überprüfbar" und subjektiver Überbau „nicht mehr überprüfbar".

überprüfen soll"[1357] – die Sinnwidrigkeit einer solchen Konsequenz erklärt sich von selbst. Das Rekonstruktionsverbot dient hingegen einzig und allein der Sicherung der originären Wahrnehmungs- und Würdigungskompetenz des Tatrichters im Rahmen der subjektiven Komponente der Beweiswürdigung – dessen Reichweite ist mithin an diesem Ziel auszurichten und darf als Einschränkung der grundsätzlichen Prüfpflicht nicht darüber hinausgehen. Wird ausschließlich der Nachweis eines konkret gerügten Verfahrensfehlers beabsichtigt, ist damit kein Eingriff in die vom Rekonstruktionsverbot geschützten subjektiven Wertungsspielräume bei der Beweiswürdigung im engeren Sinn, der Würdigung an sich verbunden, da das Revisionsgericht lediglich den rein objektiven Nachweis eines Verfahrensfehlers versucht. Das Rekonstruktionsverbot vermag damit ein Verbot freibeweislicher Ermittlungen ausschließlich zum Nachweis eines bestimmten Verfahrensverstoßes nicht zu stützen, da die Wahrnehmungskompetenz des Tatrichters davon nicht betroffen ist. Berücksichtigt man diese Differenzierung nach der Angriffsrichtung[1358] verstoßen auch freibeweisliche Ermittlungen nicht gegen den Grundsatz der Arbeitsteilung, sondern der Revisionsrichter wird gerade seiner gesetzlich ihm zugedachten Aufgabe – der Aufklärung von Verfahrensfehlern[1359] – gerecht. Das Gesagte wird auch nicht durch den Hinweis der Gegenseite erschüttert, die beabsichtigte Aufklärung eines Verfahrensverstoßes ändere nicht ihren „auch auf den Inhalt der tatrichterlichen Feststellungen bezogenen Charakter", wenn das Revisionsgericht eine „eigene, neue Beweiserhebung" vornehme[1360]. Es soll gar nicht bestritten werden, dass die Rügen der §§ 261, 244 StPO auch den Inhalt der Beweisaufnahme betreffen, wenn gefragt wird, welchen Wortlaut eine Urkunde hatte oder was ein Zeuge für Angaben gemacht hat; von einer „neuen" Beweisaufnahme im Sinne einer Wiederholung der erstinstanzlichen kann jedoch keine Rede sein, wenn eine punktuelle Beweiserhebung zu einer ganz anderen Frage, nämlich dem Verstoß gegen Verfahrensnormen, nicht hingegen zur materiell-rechtlichen Strafbarkeit erfolgt. Über die Zurückverweisung werden Feststellungen allenfalls mittelbar betroffen,

---

1357 *Fezer*, in: Aktuelle Probleme (Fn. 1325), 89, 105.

1358 Vgl. zu ähnlichen zweckgerichteten Gedanken auch *Herdegen*, StraFo 1995, 31, 33 und *Pauly*, in: FS Hamm, 557, 573 bzgl. der fehlenden Abzielung nur im Strengbeweisverfahren zu gewinnenden Beweisstoff zu erlangen bzw. zu widerlegen sowie *Fezer*, in: Aktuelle Probleme (Fn. 1325), 89, 109 und *ders.*, JZ 1992, 107, 108 zum fehlenden Zweck die inhaltliche Unrichtigkeit der Feststellungen nachzuweisen.

1359 Vgl. zur diesbezüglichen Aufgabenzuweisung an den Revisionsrichter auch *Fezer*, in: Aktuelle Probleme (Fn 1325), 89, 108; *Pauly*, in: FS Hamm, 557, 572; *Pelz*, NStZ 1993, 361, 363; *Riess*, in: FS Fezer, 455, 466 und *Ziegert*, StV 1996, 279, 282; siehe ferner BGHSt 36, 354, 358 f., wo von dem „auch für die Revisionsgerichte geltenden Gebot die wahre Sachlage zu erforschen, wenn prozessual erhebliche Tatsachen (...) der Klärung bedürfen" die Rede ist.

1360 *Hanack*, in: LR-StPO, 25. Aufl., § 337 Rn. 78a; ähnlich auch *Frisch*, in: SK-StPO, § 337 Rn. 79.

niemals trifft das Revisionsgericht hingegen eigene, neue, von denjenigen des Tatrichters abweichende Feststellungen zur Schuldfrage im Strengbeweis!

Beherzigt man diese grundsätzlichen Erkenntnisse, fällt es auch leicht zwischen verschiedenen Angriffen mittels der Verfahrensrüge zu differenzieren: Greift der Revisionsführer die Beweiswürdigung des Tatrichter mit der Rüge an, die Aussage eines Zeugen sei anders zu verstehen, als im Urteil geschehen und legt zum Beweis eigene Aufzeichnungen vor, attackiert er die persönlichkeitsspezifische Komponente der Beweiswürdigung ohne Bezug zu einem bestimmen Rechtsfehler, indem er dem Tatrichter sagen will, wie eine bestimmte Äußerungen zu verstehen ist. Dem steht in der Tat die „Ordnung des Revisionsverfahrens" entgegen, versteht man diese Floskel als Verweis auf die Grundstrukturen der Revision als beschränktem Rechtsmittel mit aufgeteilten Aufgabenbereichen, welche dem Tatrichter hinsichtlich der Wahrnehmung und der anschließenden Wertung dieser Wahrnehmung die originäre, alleinige Kompetenz zuweist, wie das Erlebte einzuordnen und zu verstehen ist. Die Frage, wie der Richter eine gewisse Beweiserhebung auffasst, betrifft den Kernbereich seiner „freien" Beweiswürdigung und ist der Revision nicht zugänglich. Zudem käme Aufzeichnungen der Prozessbeteiligten auch kein Beweiswert zu, da sie lediglich deren subjektive Wahrnehmung und Würdigung wiedergeben, hingegen keinen Nachweis dafür liefern, dass etwa ein Zeuge tatsächlich dieses oder jenes ausgesagt hat. Nur für diesen engen, die subjektive Wahrnehmungs- und Verständnisfreiheit des Tatrichters absichernden Bereich hat das Rekonstruktionsverbot seine Existenzberechtigung.

Anders verhält es sich hingegen mit den Rügen, der Tatrichter habe im Urteil verwerteten Beweisstoff nicht eingeführt, Widersprüche zwischen verschiedenen Beweismitteln nicht aufgeklärt oder nicht gewürdigt, in die Hauptverhandlung eingeführte Beweise nicht erschöpfend gewürdigt sowie benutzte Beweismittel nicht ausreichend ausgeschöpft – all diese möglichen Fehler stützen ihre Berechtigung auf eine Verfahrensnorm, die Pflicht zur umfassenden Aufklärung des Straffalls nach § 244 Abs. 2 StPO sowie den Grundsatz der erschöpfenden Beweiswürdigung nach § 261 StPO und diese rechtlichen Regeln bestimmen ausschließlich das zulässige Verfahren, den richtigen Weg zu den Feststellungen zum Schuldvorwurf, auf die eine Verurteilung gestützt wird: Ungeachtet der Tatsache, dass §§ 244 Abs. 2, 261 StPO in der Gestalt, die sie durch die Rechtsprechung im Laufe der Zeit erfahren haben, Grundsätze und Richtlinien zur richtigen, auch inhaltlichen Vornahme des Beweiswürdigungsvorgangs und zur Erörterung und Würdigung deren Ergebnisse im Urteil vorgeben und mit ihrer Rechtsfolgewirkung die Feststellungen zur Schuld- und Straffrage mittelbar beseitigen, ändert dies nichts an dem ihnen innewohnenden Charakter einer Vorschrift, die den Ablauf und Inhalt des Prozesses, nicht dagegen die materiell-rechtliche Strafbarkeit regelt. Und eben dieser Ablauf des Verfahrens, dieser Weg zu den in ihrer generellen Bindung grundsätzlich nicht angetasteten Feststellungen zum Schuldvorwurf ist betroffen, wenn der Revisionsführer die Verfahrensrügen nach §§ 244, 261 StPO erhebt. Der Nachweis, ob die so gerügten Fehler tatsächlich geschehen sind, erfolgt – wie von der StPO vorgesehen – vorrangig über das Protokoll und andere, durch die Verfahrensrüge zur

Verfügung gestellte parate Fakten, deren Nachprüfung dem Revisionsgericht auch unter Berücksichtigung der begrenzten Mittel der Revision ohne weiteres möglich ist, da es sich allesamt um schriftliche Unterlagen handelt. Ist der Nachweis über die Akten nicht möglich, etwa weil ein Umstand nicht protokollierungsbedürftig ist, ist dem Revisionsgericht – wie sonst zum Nachweis von Verfahrensfehlern auch – der Freibeweis eröffnet, mit dem keineswegs die „gesamte Beweisaufnahme" rekonstruiert wird, sondern ein einzelner Verfahrensfehler nachgewiesen werden soll. Insofern ist den Kritikern der Rechtsprechungspraxis beizupflichten, dass von einer „Beweisaufnahme über die Beweisaufnahme" zur Schuld- und Straffrage keine Rede sein kann, eine Rekonstruktion vielmehr lediglich zum Nachweis einzelner Fehler, nicht hingegen mit dem Zweck der Neubeurteilung des Schuldvorwurfs stattfindet.[1361] Das Argument der Befürworter der Rechtsprechung, der Inhalt eines Beweismittels werde erst vom Inbegriff der Hauptverhandlung her bestimmt, steht einer solchen Vorgehensweise nicht entgegen, da der Tatrichter die wesentlichen Beweisgründe anzugeben hat, und wenn er einen Widerspruch mit objektiven Beweismitteln wegen anderweitigem Schöpfen aus der Verhandlung nicht aufklärt, ist sein Urteilsspruch nicht nachvollziehbar, da eine gebotene Erörterung unterlassen wurde. Begreift man die freibeweisliche Ermittlung durch das Revisionsgericht etwa durch Einholung dienstlicher Stellungnahmen als das was es ist, nämlich die ausschließliche Verfolgung des Zwecks, Verfahrensfehler mittels Ermittlung des Ablaufs des Verfahrens inklusive des Ganges innerhalb der einzelnen Beweiserhebung aufzudecken – erweist sich die Abgrenzung nicht mehr als schwer, da damit offensichtlich kein Gegenbeweis gegen die Schuldfeststellungen geführt, sondern lediglich der Verstoß gegen Verfahrensnormen aufgedeckt werden soll, welcher gemäß § 337 Abs. 1 StPO der Revision unterfällt. Eben da der Inhalt der einzelnen Beweiserhebung im Protokoll grundsätzlich nicht vermerkt wird, erweist sich der Freibeweis als elementar wichtiges und oft einzig mögliches Mittel, Fehler in diesem Bereich aufzuklären; ohne dessen Zulassung würde ein weitgehendes Leerlaufen der für die subjektiven Rechte des Angeklagte elementar wichtigen Verfahrensgarantien drohen. Die Erörterungsbedürftigkeit ist in unmittelbaren Zusammenhang mit der Bewerheblichkeit zu setzen: Der Tatrichter hat nach stRspr alle wesentlichen, die Beweiswürdigung möglicherweise beeinflussenden Gesichtspunkte im Urteil darzustellen; bei möglichen Widersprüchen zwischen verschiedenen Beweiserhebungen oder Beweismitteln ist allein schon aus der mit diesem Anschein resultierenden Unsicherheiten eine Klarstellung im Urteil veranlasst, ob wirklich ein Widerspruch vorliegt oder nicht, um ein für alle Verfahrensbeteiligten nachvollziehbares Urteil zu gewährleisten. Sind Aufklärungsmaßnahmen in diese Richtung erfolgt, ist aus

1361 Vgl. zur Differenzierung zwischen einer Beweisaufnahme zur Schuldfrage und dem Nachweis von Verfahrensfehlern: *Fezer,* in: Aktuelle Probleme (Fn. 1325), 89, 108 f.; *Pfitzner,* Bindung (Fn. 1325), 142; *Eb. Schmidt,* JZ 1968, 435.

Rechtsklarheitsgesichtspunkten eine kurze Erwähnung im Urteil[1362] veranlasst; fehlt diese, hat der Tatrichter nicht nur vielleicht, sondern ohne Zweifel das Gebot zur erschöpfenden Beweiswürdigung unter Verstoß gegen diese Grundsätze verletzt.

Die Differenzierung zwischen der Art der jeweils betroffenen Feststellungen und der Angriffsrichtung der revisionsgerichtlichen Vorgehensweise klingt auch in den einzelnen, von der Rechtsprechung ganz selbstverständlich zugelassenen Fällen freibeweislicher Ermittlungen zum Inhalt der Beweisaufnahme an, exemplarisch in BGHSt 16, 164 wo zwischen dem „Inhalt (...) für die Schuldfrage" bedeutsamer Umstände und der „Art, wie es zustande gekommen ist, also (..) (der) Feststellung eines Verfahrensfehlers"[1363] unterschieden wird. Auch das BVerfG erkennt die Notwendigkeit an, durch die Gewährleistung des Freibeweisverfahrens dem Grundsatz effektiven Rechtsschutzes Rechnung zu tragen.[1364] Für die Rückkehr zum eigentlichen Grundsatz der Prüfpflicht des Revisionsgerichts hinsichtlich prozessualer Feststellungen durch eigene, auch freibeweisliche Ermittlungen spricht zudem die gesetzgeberische Intention, die anders als im Rahmen der ursprünglich avisierten Irrevisibilität der Beweiswürdigung im Rahmen der Sachrüge auch heute noch Geltung beanspruchen kann, was aus den folgenden Gedanken herzuleiten ist: Schon der historische Gesetzgeber ist davon ausgegangen, dass die Bindung an die (materiellen) Feststellungen da endet, wo diese auf verfahrensfehlerhafte Weise zustande gekommen sind. An dieser Ausgangslage hat sich bis heute in tatsächlicher wie rechtlicher Hinsicht nichts geändert, auch die Rechtsprechung geht ja im Grundsatz davon aus, dass die Feststellungen mittelbar über die Verfahrensrüge zu Fall gebracht werden können. Was der Gesetzgeber von 1877 hingegen nicht bedacht hat und wegen des gänzlich anderen Inhalts, der den Verfahrensvorschriften der §§ 244 Abs. 2 und 261 StPO beigemessen wurde auch gar nicht bedenken konnte, war die Problematik des Nachweises von Verfahrensfehlern, der zum sooft beschriebenen Konflikt zwischen der Bindung an materielle Feststellungen und der Nachprüfung der prozessualen Feststellungen führen kann, sodass eine Lösung dieser Frage durch Rechtsprechung und Lehre zu erfolgen hat. Beachtet man die oben beschriebene Differenzierung zwischen Feststellungen mit unmittelbarem Bezug zur Schuld- und Straffrage und dem ausschließlichen Zweck der Verfahrensrüge, Fehler betreffend den Ablauf und den Inhalt des Verfahrens aufzuklären, handelt es sich in Wahrheit jedoch nur um einen scheinbaren Konflikt, da Ermittlungen zu Verfahrensfehlern den Schuldvorwurf nie unmittelbar, sondern lediglich mittelbar beseitigen, was wiederum von Anfang an dem Willen des Gesetzgebers entsprach! Nur ein unmittelbarer Geltungsanspruch kann hingegen eine solche echte Kollision zwischen den Feststellungen bewirken. Auch das Grundverständnis von der Revision lässt sich für diese Differenzierung anführen, wonach das Revisionsgericht korrespondierend

1362 Vgl. im Ansatz *Herdegen*, StV 1992, 590, 595: „Es genügt nicht, dass er in den Augen des Tatgerichts irrelevant geworden ist. Das „Warum" muss beantwortet werden."

1363 BGHSt 16, 164, 166 f.; vgl. auch heute noch KG StV 2002, 122, 123.

1364 BVerfG StV 2002, 521.

zur Nachweispflicht des Revisionsführers nach § 344 Abs. 2 S. 2 StPO, zur Überprüfung der Erfolgsaussichten der Verfahrensrüge verpflichtet ist – soweit es die beschränkten Möglichkeiten des Revisionsverfahrens durch Zugriff auf die Akten und freibeweisliche Ermittlungen zulassen; da der Nachweis von Verfahrensfehlern ohne Mitwirkung des Revisionsgerichts gar nicht gelingen kann, verlangt auch der Grundsatz effektiven Rechtsschutzes bzw. der Justizgewährleistungsanspruch des Angeklagten den Einsatz des Revisionsgericht soweit es daran nicht durch andere Grundprinzipien gehindert ist – was wie aufgezeigt mangels echter Kollision nicht der Fall ist. Zu Recht weist *Herdegen* insofern auf den auch im Revisionsverfahren bei der Verfolgung von Verfahrensrügen geltenden Amtsaufklärungsgrundsatz entsprechend § 244 Abs. 2 StPO hin.[1365] Zulasten des Angeklagten finden Rekonstruktionen des Ablaufs der Hauptverhandlung längst statt, wie etwa im Rahmen der inzwischen zugelassenen Rügeverkümmerung durch Protokollberichtigung, die durch Zulassung dienstlicher Stellungnahmen bei aufgehobener Beweiskraft des Protokolls einer bereits erhobenen Verfahrensrüge nachträglich den Boden entzieht – es gibt keinen rechtfertigenden Grund, warum freibeweisliche Ermittlungen mit dem Ziel des Nachweises von Verfahrensfehlern zugunsten des Angeklagten anders zu behandeln sind.[1366] Auch das Gesetz weist in § 337 Abs. 1 StPO *Gesetzes*verletzungen, mithin auch den Verstoß gegen Verfahrensvorschriften, ohne weitere Einschränkungen der Revisibilität zu. Die anerkannten Revisionszwecke der Rechtseinheit und Einzelfallgerechtigkeit verlangen zudem eine ganzheitliche Aufklärung von Verfahrensfehlern: Versteht man Revisionsurteile richtig dahingehend, dass trotz des Einzelfallcharakters stets allgemeine Leitlinien für zukünftige, vergleichbare Fälle aufgestellt werden, die zu einer einheitlichen Rechtsprechung beitragen, wie etwa die Frage, unter welchen Voraussetzungen bei bestimmten Situationen grundsätzlich von einem Regelverstoß auszugehen ist, dient die Aufdeckung von Verfahrensfehlern neben der stets betroffenen Einzelfallgerechtigkeit auch der Rechtseinheit, sodass auch in dieser Fallgruppe kein echtes Bekenntnis zur Vorrangfrage erforderlich ist.[1367]

Ebenso wenig wie daher das starre Festhalten der Praxis an der Zuweisung der Verantwortung für die Feststellungen zum Tatrichter überzeugen kann, kann die Zuwendung der Revisionsgerichte zu Kriterien der Leistungsfähigkeit die Beachtung des Gesetzes ersetzen: Zum einen sind ganz grundsätzlich, am Gesetz orientierte, methodische Kriterien praktischen oder teleologischen Ansätzen überlegen, welche eine dogmatische Legitimation des Rekonstruktionsverbots nicht entbehrlich machen können. Zum anderen verwendet die Rechtsprechung ihre eigenen Kriterien nicht einmal einheitlich, wenn sie trotz vorhandener Leistungs*fähigkeit* in ihrem

---

1365 *Herdegen,* StraFo 1995, 31; ebenso *Pfitzner,* Bindung (Fn. 1325), 40 unter Hinweis auf allgemeine Verfahrensgrundsätze.

1366 Vgl. dazu auch *Pauly,* in: FS Hamm, 557, 573 sowie zur Übertragung auf Zeugenaussagen *Wilhelm,* StV 2012, 75, 78.

1367 Vgl. dazu die Diskussion um die Revisionszwecke, 2. Kapitel C IV.

wesentlichen Inhalt protokollierte Aussagen nach § 273 Abs. 2 StPO nicht als parates Faktum anerkennt, obwohl ihr ein Vergleich zwischen Aussage und Urteil unschwer möglich wäre[1368]; die Praxis greift insofern auf andere Gesichtspunkte – die fehlende Zuverlässigkeit der Protokollierung – zurück, anstatt diese Fallgruppe trotz Vorliegens „objektiver Grundlagen“ mit den anderen Fällen gleichzubehandeln. Auch inhaltlich überzeugt die Ungleichbehandlung nicht, da sich das Revisionsgericht auch im Rahmen der Beweiswürdigung mit der Darstellung der „wesentlichen“ Beweisgründe durch den Tatrichter zufriedengibt und diese als ausreichend für eine Nachprüfung ansieht. Ebenso entbehrt die unterschiedliche Behandlung der Fallgruppe der Diskrepanz zwischen Urteil und paraten Fakten und der Nichtausschöpfung/Alternativrüge eines sachlichen Grundes, da bei beiden Fällen Abweichungen zwischen Urteil und Akten durch Vergleich der schriftlichen Unterlagen unschwer feststellbar sind und Gründe für eine Ungleichbehandlung weder genannt noch ersichtlich sind. Ähnlich ist die Sachlage bei der – freilich uneinheitlichen – jedoch häufigen Ablehnung des revisionsgerichtlichen Augenscheinsbeweises: Auch hier wäre das Revisionsgericht „ohne weiters“ in der Lage sowohl ein bei den Akten befindliches Lichtbild zur Nachprüfung der ordnungsgemäßen Beweisführung gegen den Angeklagten einzusehen und offensichtliche Widersprüche in der Würdigung zwischen objektiven Grundlagen und Urteilsfeststellung aufzudecken als auch die Überprüfung der richtigen Annahme des pornographischen Charakters eines Bildes im Wege der Sachrüge bei Verweis auf die Abbildung nach § 267 Abs. 1 S. 3 StPO vorzunehmen. Bestimmend ist bei der Ablehnung einer eigenen Anschauung durch das Revisionsgericht mithin nicht die Leistungs*fähigkeit*, sondern die Leistungs*willigkeit*.

Es ist für eine Zulassung des revisionsgerichtlichen Augenscheinsbeweises sowie ein Eingreifen des Revisionsgerichts über eine Rechtsfehlerprüfung betreffend die objektive Komponente der Beweiswürdigung zu plädieren. Denn auch im Rahmen der Verfahrensrüge hat ein subjektiv-objektives Beweismaß für die Beweiswürdigung zu gelten, das zwar den originären Wertungsakt, der durch die individuelle Wahrnehmung des Angeklagten in der Hauptverhandlung bedingt ist, unberührt lässt, hingegen eine rationale, auf objektiven Grundlagen fußende Vorgehensweise des Tatrichters ausweisen muss, welche durch eine nachprüfbare Begründung des Würdigungsvorgangs ersichtlich wird. Letzterer Vorgang, die Frage, ob sich die Wertung des Tatrichters auf rationale Grundlagen stützen kann, ist der Nachprüfung durch das Revisionsgericht, wie die Beweiswürdigung überhaupt, in diesem Fall eben durch Ermöglichung der Einsehung der Beurteilungsgrundlage zur Aufdeckung etwaiger Fehler, zu unterwerfen. Das Revisionsgericht hat mithin dann einen Rechtsfehler zu attestieren, wenn die Beschreibung des Angeklagten in den Urteilsgründen und das Beweisfoto nicht miteinander in Einklang zu bringen sind, letzteres also – wie teils von der Rechtsprechung vertreten – eine Identifizierung nicht ermöglicht. Die (Fehl-) Bewertung des Tatrichtes „das ist der Betroffene“ muss

---

1368 Krit. im Hinblick auf diese Ungleichbehandlung auch *Franke,* in: LR-StPO, § 337 Rn. 62; *Frisch,* in: SK-StPO, § 337 Rn. 83; *Pelz,* NStZ 1993, 361, 363.

auf objektiver Basis revisionsgerichtlich angreifbar sein, ansonsten wären grobe Fehlurteile entgegen dem Gerechtigkeitszweck nicht zu verhindern, sodass jedenfalls eine Prüfung auf Ergiebigkeit als rechtsstaatliches Minimum stattfinden muss. Ebenso ist wegen der vergleichbaren Interessenlage die Anschauung eines Bildes im Rahmen der materiell-rechtlichen Strafbarkeitsbeurteilung, welches durch Verweis gemäß § 267 Abs. 1 S. 3 StPO zum Urteilsgegenstand wird, zu erlauben, wobei hinsichtlich der Annahme des Tatrichters, das Bild sei „pornographisch" zwischen der tatsächlichen Wertung, die zur Feststellung der zugrunde liegenden Tatsachen führt, sowie der rechtlichen Wertung durch Subsumtion unter den Begriff des Gesetzes zu unterschieden ist; ersteres obliegt dem Tatrichter, zweiteres dem Revisionsrichter in eigener Verantwortung für die *Rechts*frage.[1369] Auch bei der Frage der eigenen Anschauung durch das Revisionsgericht findet keine eigene Beweisaufnahme zur Schuldfrage, sondern lediglich eine Nachprüfung der tatrichterlichen Beweiserhebung statt, für welche ein Blick in die Beweisgrundlagen unumgänglich ist. Die Forderung eines revisionsgerichtlichen Augenscheinsbeweises darf nicht als ein Verlangen nach einer vollen strengbeweislichen Beweisaufnahme in der Revisionsinstanz unter Aufgabe des Bindungsgrundsatzes an die materiellen Feststellungen missverstanden werden: Das Verbot einer unmittelbaren, eigenen Beweisaufnahme zur Schuldfrage folgt schon aus dem Grundverständnis von der Revision und ist für deren Systematik als *Rechts*instanz unumgänglich; gleichzeitig lässt sich aus dem Grundsatz der Aufgabenteilung jedoch auch die Verantwortung des Revisionsgerichts für die *Rechts*frage sowie die Aufklärung von Verfahrensfehlern herleiten, die es bis an die Grenze seiner verfahrensrechtlichen Möglichkeiten zu verfolgen hat – worunter in jedem Fall schriftliche oder bildliche Unterlagen sowie die Darlegungen des Tatrichters zählen.

Zusammenfassend ist daher zu fordern, dass sich die Revisionsgerichte ihrer Aufgabe zur Aufklärung von Verfahrensfehlern wieder bewusst werden und ihr – jedenfalls im Hinblick auf Ablauf und Inhalt des Verfahrens mit Ausnahme des originären subjektiven Würdigungsakts – unter Verwerfung des Rekonstruktionsverbots wieder umfassend nachkommen. Die weitgehende Aufgabe des Rekonstruktionsverbots darf nicht mit einer Forderung nach einer allgemeinen Rüge der Aktenwidrigkeit verwechselt werden: Die Rüge, die Aussage eines Zeugen sei anders zu verstehen, als es der Richter getan hat oder die unspezifische Rüge, andere Wahrnehmungen des Tatrichters widersprächen den Akten, bleiben unzulässig; dies folgt bereits aus der subjektiven Komponente der freien Beweiswürdigung gemäß § 261 StPO, dafür bedarf es keines Rekonstruktionsverbotes, weil dem Tatrichter die originäre Wahrnehmungskompetenz obliegt. Relevant wird die „Aktenwidrigkeit" erst, wenn bestimmte Widersprüche zwischen Urteil und Akten konkrete Rechtsfehler des

1369 Vgl. dazu OLG Schleswig, Urt. v. 19.9.1969, zit. bei *W. Schmid,* ZStW 85 (1973), 893, 906, wo eine eigene Inaugenscheinnahme und Nachprüfbarkeit durch das Revisionsgericht mit der Subsumtion unter den Rechtsbegriff des Unzüchtigen in § 184 StGB begründet wird.

Tatgerichts etwa gemäß §§ 244 Abs. 2, 261 StPO aufdecken, nicht hingegen bereits, wenn Aktenstellen ein anderes Verständnis nahelegen, da diesbezüglich nur das Verständnis des Tatrichters maßgeblich ist. Im Übrigen ist bereits die Bezeichnung von Widersprüchen zwischen Urteil und Akten im Rahmen der Rüge der Nichtausschöpfung als unerheblich, schief, nachdem der generelle Zugriff auf die Akten gerade ein Spezifikum der Verfahrensrüge im Gegensatz zur Sachrüge darstellt, bei welcher die Akten als generelles Beweismittel neben dem Urteil anerkannt sind. Dem steht auch nicht eine etwaige Überlastung der Revisionsgerichte entgegen: Im Hinblick auf die speziellen Rügeanforderungen hinsichtlich der Behauptung eines konkreten, zum Zeitpunkt der Entscheidung noch erheblichen Widerspruchs zwischen einer bestimmten Urteilsfeststellung und einer genau anzugebenden Aktenstelle, stellt die erst einmal zu überwindende Zulässigkeitsprüfung ein zuverlässiges Sieb dar; nur die nicht unerheblichen Rügeanforderungen im Hinblick auf einen konkreten Rechtsfehler inklusive Nachweis desselben beachtenden Revisionsrügen werden die Revisionssenate demnach überhaupt näher beschäftigen. Im Übrigen können Kapazitätsprobleme in grundsätzlichen Diskussionen um die Effektivität eines verfassungrechtlich garantierten Rechtszuges – denen am besten durch Personalaufstockung zu begegnen ist – nicht zulasten des revidierenden Angeklagten gehen.

Die Erweiterung der Sachrüge darf nicht zur Bedeutungslosigkeit der Verfahrensrüge führen, da nur mit letzterer Widersprüche zwischen Urteil und objektiven Beweismitteln überhaupt nachweisbar sind. Vor dem Hintergrund der gesamtheitlichen restriktiven Handhabungen im Verfahrensrecht droht momentan ein Leerlaufen der Verfahrensrüge mit schwerwiegenden Folgen für die Verfahrensrechte des Angeklagten: Der jetzige Zustand, mit einer Erfolgsquote der Verfahrensrevision unter 1 %, mit der tatsächlichen Bedeutungslosigkeit der Verfahrensschutzvorschriften zugunsten des Angeklagten, welche die Revision de facto nicht begründen können, ist mit den verfassungsrechtlich garantierten Rechten des Angeklagten in Form des Rechts auf ein faires Verfahren als Ausprägung des Rechtsstaatsprinzip und dem Revisionszweck der Einzelfallgerechtigkeit nur schwer in Einklang zu bringen. Diese für jeden Revidenten furchteinflößende Zahl darf jedoch nicht verabsolutiert werden, da wie *Frisch* richtig bemerkt, viele Verfahrensrügen schon wegen ungenauen, unprofessionellen Revisionsvortrags an der Zulässigkeitshürde scheitern oder wegen Erfolgs der Sachrüge gar nicht mehr sachlich verbeschieden werden[1370] – insofern relativiert sich der eklatante Misserfolg der Verfahrensrüge wieder ein wenig; die Zahl sollte dennoch im Hinblick auf die beinahe ausschließlich restriktiven Tendenzen insbesondere die Revisionspraxis zum Nachdenken anregen, ob eine solche Degradierung von Verfahrensrechten noch zweckentsprechend und verfassungsgemäß erscheint.

1370 *Frisch*, in: FS Fezer, 353, 376, vgl. auch 377 ff. weiter relativierend zu den einzelnen Einschränkungen der Verfahrensrüge im Hinblick auf Ergebnisorientierung, Kapazitäten und Beschleunigung.

#### cc) Zwischenergebnis

Insofern kann sowohl bezogen auf die Verfahrensrüge im Allgemeinen, als auch betreffend Verfahrensnormen mit unbestimmten Rechtsbegriffen sowie das Rekonstruktionsverbot im Hinblick auf die *grundsätzliche* Außerkraftsetzung der eigentlichen *Grundsätze*, in der Tat von einem teilweisen „Abblocken“ erfolgreicher Verfahrensrügen[1371] gesprochen werden. In der Praxis spielt die Verfahrensrüge jedenfalls angesichts der vielfach angelegten hohen Hürden keine große Rolle.

## B. Vorlagepflicht

### I. Fallbeispiele aus der obergerichtlichen Rechtsprechung und Bewertung

Einen guten Einblick in das grundsätzliche Vorgehen der Obergerichte bei der Abgrenzung von *Tat*- und *Rechts*frage im Rahmen des Vorlageverfahrens bietet ein im Rechtsbeschwerdeverfahren ergangenes Urteil des BGH vom 19.8.1993 – 4 StR 627/92:

Das Amtsgericht Köln hat im Ordnungswidrigkeitenverfahren gegen den Betroffenen wegen fahrlässiger Überschreitung der zulässigen Höchstgeschwindigkeit gemäß §§ 41 Abs. 2, 49 StVO, 25 StVG eine Geldbuße sowie ein Fahrverbot verhängt. Nach den Feststellungen, die sich auf das Geständnis des Betroffenen stützen, fuhr der Betroffene mit 157 km/h bei einer zulässigen Höchstgeschwindigkeit von 100 km/h. Das Oberlandesgericht Köln möchte die Rechtsbeschwerde des Betroffenen verwerfen, sieht sich daran jedoch durch mehrere Beschlüsse des Oberlandesgerichts Düsseldorf gehindert, wonach die Feststellung, der Betroffene habe die zulässige Höchstgeschwindigkeit um einen bestimmten Wert überschritten „schlechterdings nicht auf einem Geständnis beruhen“ könne. Das OLG Köln hat die Sache gemäß §§ 79 Abs. 3 S. 1 OWiG, 121 Abs. 2 GVG dem BGH zur Entscheidung folgender Frage vorgelegt: „Kann die Feststellung, dass ein Betroffener die zulässige Höchstgeschwindigkeit in einer bestimmten Höhe überschritten hat, auf der Grundlage eines Geständnisses getroffen werden, oder ist dies „schlechterdings“ ausgeschlossen?“

Der Senat erachtete die Vorlegung als zulässig, obwohl aus dem Vorlegungsbeschluss nicht eindeutig hervorgehe, ob es sich um eine Rechts- oder Tatfrage handele: „Letztere wäre einer Vorlegung nicht zugänglich. Eine Tatfrage wäre es, wenn begehrt würde, festzulegen, ob ein Richter das Geständnis eines Betroffenen, die zulässige Höchstgeschwindigkeit überschritten zu haben, seiner Überzeugungsbildung von der Schuld des Betroffenen rechtlich unbedenklich zugrunde legen kann. Denn die insoweit an die richterliche Überzeugungsbildung zu stellenden Anforderungen werden von den tatsächlichen Umständen des jeweiligen Einzelfalles

1371 Vgl. dazu oben 2. Kapitel A I 3 b).

bestimmt[1372] und können deshalb nicht in einen Rechtssatz gekleidet werden, der eine allgemein gültige Antwort[1373] zum Inhalt hätte. Im Übrigen kann eine Tatfrage auch nicht dadurch zur Rechtsfrage werden, dass die beteiligten Gerichte sie als eine solche behandeln[1374] (...)." Trotz weiterer Unklarheiten im Hinblick auf die Stützung der Überführung allein auf die Angaben des Betroffenen oder einer zusätzlichen Geschwindigkeitsmessung seien die Zulässigkeitsvoraussetzungen gegeben, weil nicht auszuschließen sei, dass das vorlegende OLG „im Rahmen der Erörterung einer Tatfrage einen nicht bestehenden Erfahrungssatz gebildet" habe, wozu der Senat weiter vorträgt: „Dieser könnte Gegenstand einer Vorlegung sein. Denn ein der Vorlegung zugänglicher Verstoß gegen sachliches Recht liegt nicht nur vor, wenn ein Gericht einen bestehenden Erfahrungssatz ohne hinreichenden Grund missachtet, sondern auch dann, wenn der Tatrichter seiner Entscheidung einen tatsächlich nicht bestehenden Erfahrungssatz zugrunde legt (...). Der Bundesgerichtshof hat deshalb eine Abweichung in einer Rechtsfrage angenommen, wenn es Rechtsbegriffe[1375] (..), allgemeine Erfahrungssätze (BGHSt 21, 157, 158; 23, 156, 157; 31, 86, 90; 34, 133 (BGH

1372 BGHSt 39, 291, 293; vgl. dazu auch BGHSt 1, 358, 359: „bei verständiger Überlegung aller Umstände"; 22, 341, 342: „hängt (..) von den Umständen des Einzelfalls ab"; 28, 165, 167 f.: Abwägung (..) nur im Hinblick auf die tatsächlichen Umstände des einzelnen Falles"; 30, 55, 60: „kann nur aufgrund der Tatumstände des (..) Einzelfalls beurteilt werden"; 160, 164: „Frage tatsächlicher Beurteilung des Einzelfalls"; 41, 198, 204: „auf das Vorliegen oder Nichtvorliegen tatsächlicher Umstände gerichtet"; 43, 241, 244: „Wertung, die nur unter Berücksichtigung der Umstände des Einzelfalls getroffen werden kann"; NStZ 1995, 78: „von der tatsächlichen Gestaltung des einzelnen Falles abhäng(ig)"; 409: „auf Umstände des jeweiligen Einzelfalles gestützt"; VRS 55, 420, 421: „von den Besonderheiten des jeweiligen Falles abhäng(ig)"; OLG Koblenz NStZ 2011, 350, 352: „hängt weitgehend von den Umständen des Einzelfalls ab"; Urt. v. 18.3.2013 – 2 Ss 150/12 -, juris Rn. 25 und OLG Dresden, Beschl. v. 11.9.2013 – 2 OLG 21 Ss 652/13 -, juris Rn. 11: „hängt (..) von einer einzelfallbezogenen Prüfung ab".

1373 BGHSt 39, 291, 293; vgl. die ähnlichen Formulierungen in BGHSt 27, 212, 214: „Satz, der allgemeine Geltung beanspruchte"; 28, 165, 167: „allgemeingütige Aussagen", „von den jeweiligen tatsächlichen Besonderheiten abgelösten Inhalt"; 31, 86, 90: „unabhängig von den Umständen des jeweiligen Falles allgemein Gültigkeit", „allgemein beantwortbare Rechtsfrage"; 43, 241, 244: „generell-abstrakte Frage"; NStZ 1988, 270, 271: „verallgemeinernde Äußerung"; 1995, 409: „allgemeiner Rechtssatz"; VRS 59, 345, 346: „keine allgemein beantwortbare Rechtsfrage"; OLG Koblenz, Urt. v. 18.3.2013 – 2 Ss 150/12 -, juris Rn. 25 und OLG Dresden, Beschl. v. 11.9.2013 – 2 OLG 21 Ss 652/13 -, juris Rn. 10: „Satz, der allgemeine Geltung beanspruchen könnte".

1374 BGHSt 39, 291, 293; ebenso BGHSt 31, 314, 316; 41, 198, 204; ähnlich auch NJW 2013, 2616, 2617.

1375 BGHSt 29, 291, 294 unter Hinweis auf BGHSt 22, 341, 343; vgl. auch die nachfolgenden Entscheidungen in denen in Bezug auf Rechtsbegriffe *Rechts*fragen wie folgt angenommen wurden: BGHSt 23, 141, 144 sowie 35, 14, 16: „Anwendung des § 264 StPO"; 47, 252, 254: „Auslegung des Begriffs „Wenden auf einer Kraftfahrstraße"

17.07.1986 – 4 StR 543/85); 37, 89, 91)[1376] oder die rechtlichen Grenzen der freien richterlichen Beweiswürdigung[1377] (..) zu klären galt." Zwar sei zu bezweifeln, ob das OLG Düsseldorf, von dessen Entscheidung das vorlegende OLG abweichen wolle, mit der Formulierung „schlechterdings" einen „derart weitreichenden verallgemeinernden Schluss ziehen" wolle, dass dem Tatrichter die Heranziehung des Geständnisses zwingend unmöglich sei, jedoch lasse dies die Zulässigkeit der Vorlegung unberührt, da der Senat an die „nicht unvertretbare" Auslegung des vorlegenden Gerichts zur Einordnung der diesbezüglichen Äußerungen gebunden sei.[1378] In der Sache folgt der Senat der Auffassung des vorlegenden OLG Köln und hat die Rechtsbeschwerde in der Sache selbst entscheidend verworfen.

Der BGH trifft in diesem Urteil mehrere richtungsweisende, grundsätzliche Aussagen zur Einordnung der *Rechts*fragenqualität in § 121 GVG: Zum einen verknüpft er mit der Formulierung, es liege ein „der Vorlegung zugänglicher Verstoß gegen sachliches Recht" vor, die *Rechts*frage im Sinne des Vorlageverfahrens mit der Revisibilität, was als Auffassung des Senats dahingehend gedeutet werden kann, liege ein revisibeler Verstoß vor, sei die Frage auch der Vorlegung zugänglich.[1379] Insofern lässt sich – zurückblickend auf die Eingangs aufgeworfene Frage nach dem Verhältnis der Abgrenzungsfragen im Vorlageverfahren und allgemeinen Revisionsrecht zueinander[1380] – die Vermutung aufstellen, die Revisionsgerichte gingen von einem identischen Begriffsverständnis der der Vorlegung unterliegenden *Rechts*frage sowie der revisibelen (*Rechts-)* frage aus. Weiter erteilt der Senat einem subjektiven Verständnis

in § 18 Abs. 7 StVO"; 46, 358, 362: „Auslegung des § 24a Abs. 1 StVG", vgl. auch 28, 1, 2; NJW 2011, 2981, 2982: „Auslegung (..) nach § 17a I1 StrRehaG".

1376 BGHSt 39, 291, 294; vgl. dazu noch die weiteren Vorlageentscheidungen, die sich mit allgemeingültigen Erfahrungssätzen allesamt aus dem Bereich der BAK-Ermittlung befassen: BGHSt 23, 213, 216; 24, 200, 203 f.; 25, 246, 248; 28, 1, 2 f.; 30, 251, 252 f.; 34, 133 f.

1377 BGHSt 39, 291, 294 unter Hinweis auf BGHSt 25, 365, 366 zu der Frage, ob allein aus der Haltereigenschaft auf die Fahrereigenschaft geschlossen werden dürfe; vgl. dazu auch BGH, Beschl. v. 9.7.1996 – 1 StR 511/95 -, jurion Rn. 63, wo die Frage nach dem Bestehen eines Erfahrungssatzes unter die „Grenzen der freien richterlichen Beweiswürdigung" subsumiert wird.

1378 BGHSt 39, 291, 294; vgl. demgegenüber NJW 2013, 2916, 2918, wo der Senat die Entscheidungserheblichkeit und NStZ 2000, 222 die Abweichung wegen Unvertretbarkeit der Ansicht des vorlegenden Gerichts abweichend beurteilt.

1379 Vgl. zu einem solchen Zusammenhang auch BGH, Beschl. v. 9.7.1996 – 1 StR 511/95 -, jurion Rn. 63, wo aus der Rechtsfehlerhaftigkeit der Verwendung nicht existenter Erfahrungssätze die *Rechts*fragenqualität der „Fortentwicklung allgemeiner Erfahrungssätze" hergeleitet wird; vgl. auch BGHSt 36, 341, 343, wo sogar ein Kausalzusammenhang aufgestellt wird dergestalt: „Die Frage der Geltung und Tragweite allgemeiner Erfahrungssätze ist Rechtsfrage im Sinne des § 121 Abs. 2 GVG, da bei Bestehen eines allgemeinen Erfahrungssatzes dessen Nichtbeachtung einen Rechtsfehler darstellen würde".

1380 Siehe dazu 2. Kapitel B II 1 b).

vom Begriff der *Rechts*frage, welches durch die Behandlung der beteiligten Gerichte geprägt würde, eine klare Absage[1381]; auch insofern lässt sich insbesondere durch den hergestellten Zusammenhang der *Rechts*fragenausfüllung mit der Revisibilität vermuten, der Senat gehe stattdessen von einem objektiven Verständnis der Begrifflichkeit entsprechend der allgemeinen Grundsätze aus. Desweiteren bekennt sich der Senat zur grundsätzlichen Bindung an die Einschätzung des vorlegenden Gerichts hinsichtlich des Vorliegens der Vorlagevoraussetzungen, vorliegend bezüglich des Abweichens/der Entscheidungserheblichkeit. Inhaltlich macht der Senat in dieser Entscheidung klar, dass die Vorlagefrage betreffend den Beweiswert eine Geständnisses bei Verkehrsdelikten die Beweiswürdigung betrifft, die er grundsätzlich als nicht der Vorlegung unterliegende *Tat*frage ansieht[1382], hier jedoch ausnahmsweise „im Rahmen" dieser *Tat*frage ein nicht bestehender Erfahrungssatz angewandt wurde, was die Angelegenheit dann wohl aus seiner Sicht zur *Rechts*frage macht. Auch sein Obersatz zu zulässigen *Rechts*fragen macht deutlich, dass neben der klassischen *Rechts*frage bei Auslegung von Rechtsbegriffen im Bereich der Beweiswürdigung nur eine Überschreitung der *rechtlichen* Grenzen der freien Beweiswürdigung zulässiger Vorlagegegenstand sein kann. Dass dazu auch die Anwendung allgemeingültiger Erfahrungssätze gehört, entspricht der Handhabung im Rahmen der Revisibilität der Beweiswürdigung und ist daher wiederum für einen Gleichlauf der Grenzziehungen durch die Revisionsgerichte anzuführen. Auffallend ist ferner die Subdefinition der *Tat*frage als Abhängigkeit von den „tatsächlichen Umständen des jeweiligen Einzelfalls" sowie der *Rechts*frage als „allgemeingültiger Rechtssatz" – eine Differenzierung die von den teleologischen Revisionstheorien, welche sich am Revisionszweck der Rechtseinheit orientieren, bekannt vorkommt.

Dieser Differenzierung nimmt sich auch ein Beschluss des BGH vom 03.04.2001 – 4 StR 507/00 in markanter Weise an, wo die Vorlagefrage, die sich auf das Messgerät „Dräger Alcotest 7110 Evidential MK III" und einen Sicherheitsabschlag „in Höhe der jeweiligen Verkehrsfehlergrenze nach der Eichordnung zuzüglich eines weiteren Abschlags von 4 %" bezieht, in dieser Formulierung als unzulässig angesehen wird, da „die Frage der Zuverlässigkeit eines bestimmten Messverfahrens im Einzelfall (...) durch den Tatrichter zu beurteilen"[1383] sei, jedoch in eine zulässige Frage umformuliert wird dergestalt, ob der mit „einem" zugelassenen Atemalkoholmessgerät gewonnene Atemalkoholmesswert unmittelbar verwertbar sei oder

1381 Vgl. auch insofern die im Rahmen der Grundlagen aufgeworfene Frage nach dem Begriffsverständnis im Hinblick auf die *Rechts*frage, 2. Kapitel B II 1 a).

1382 Vgl. dazu auch ausdrücklich die Grundsatzentscheidung zur Differenzierung zwischen allgemeingültigen und nur Wahrscheinlichkeitsaussagen zulassenden Erfahrungssätzen in BGHSt 31, 86, 90, wonach es sich bei der Frage, ob Polizeibeamte den Abstand zwischen zwei Fahrzeugen hinreichend verlässlich abschätzen können, „um Fragen der Beweiswürdigung und Rechtsanwendung im Einzelfall und damit um Tatfragen" handele.

1383 BGHSt 46, 358, 361; ebenso BGHSt 43, 277, 280 f.

„allgemein" Sicherheitsabschläge vorzunehmen seien.[1384] Aus einer auf das im jeweiligen Einzelfall verwendete Gerät beschränkten *Tat*frage wird durch unspezifische Formulierungen eine allgemeine *Rechts*frage.

Als *Rechts*fragen wurden in der obergerichtlichen Rechtsprechung zudem die nachfolgenden, teils vom Vorlagegericht entsprechend umformulierten Vorlagefragen angesehen:

BGH, Beschl. v. 28.11.2013 – 3 StR 40/13 (umformuliert wegen Abweichung): „Setzt die Verurteilung nach § 4 Satz 1 GewSchG wegen einer Zuwiderhandlung gegen eine Anordnung nach § 1 Abs. 1 Satz 1 GewSchG voraus, dass das Strafgericht die materielle Rechtmäßigkeit der Anordnung überprüft und dabei deren tatbestandliche Voraussetzungen ohne Bindung an die Entscheidung des Familiengerichts selbst feststellt?"[1385]

BGH, Beschl. v. 12.9.2013 – 4 StR 503/12: „Ist es mit § 46 OWiG, § 264 StPO zu vereinbaren, wenn in Bußgeldsachen, die Verstöße gegen die Sozialvorschriften im Straßenverkehr zum Gegenstand haben, ohne Berücksichtigung der Umstände des Einzelfalls mehrere rechtlich selbstständige Handlungen i.S. des § 20 OWiG allein deshalb als eine prozessuale Tat angesehen werden, weil der Betroffene sie innerhalb eines als Kontroll- und Überprüfungszeitraum bezeichneten Tatzeitraums begangen hat?"[1386]

BGH, Beschl. v. 18.7.2012 – 4 StR 603/11: „Darf das Amtsgericht den Einspruch eines nicht vom persönlichen Erscheinen in der Hauptverhandlung entbundenen Betroffenen gegen den Bußgeldbescheid der Verwaltungsbehörde auch dann noch gemäß § 74 Abs. 2 Satz 1 OWiG verwerfen, wenn das vorangegangene Sachurteil vom Rechtsbeschwerdegericht nur im Rechtsfolgenausspruch aufgehoben und die Sache im Umfang der Aufhebung an das Amtsgericht zurückverwiesen worden war?"[1387]

BGH, Beschl. v. 7.7.2010 – 1 StR 212/10 (umformuliert wegen Entscheidungserheblichkeit) 13: „Auch bei einer wirksamen Beschränkung der Berufung auf die Frage der Strafaussetzung zur Bewährung ist eine Gesamtstrafenbildung nach § 55 StGB vorzunehmen, wenn der erstinstanzliche Richter eine Entscheidung zu dieser Frage nicht getroffen hat".[1388]

BGH, Beschl. v. 7.10.2008 – GSSt 1/08:

„Steht es der Anordnung der nachträglichen Sicherungsverwahrung nach § 66b Abs. 3 StGB entgegen, dass der Betroffene nach Erklärung der Erledigung der

1384 BGHSt 46, 358, 362; vgl. demgegenüber auch NJW 2013, 2916, 2917, wo Zweifel an der auf „eine Geschwindigkeitsmessanlage" bezogenen Vorlagefrage als zu „unbestimmt" laut wurden und deren Einordnung als „der öffentlichen Sicherheit und Ordnung dienende Anlage" iSv § 316b Abs. 1 Nr. 3 StGB wegen Abhängigkeit von deren „konkreten Beschaffenheit" als „Tatfrage" angesehen wurde.

1385 BGH, Beschl. v. 28.11.2013 – 3 StR 40/13 -, juris Rn. 9.

1386 BGH NJW 2013, 3668.

1387 BGH NStZ 2013, 486.

1388 BGHSt 55, 220, 224.

Unterbringung in einem psychiatrischen Krankenhaus (§ 67d Abs. 6 StGB) noch Freiheitsstrafe zu verbüßen hat, auf die zugleich mit der Unterbringung erkannt worden ist?"[1389]

BGH, Beschl. v. 23.4.2007 – GSSt 1/06: „Ist die Beweiskraft (§ 274 StGB) des berichtigten Protokolls für das Revisionsgericht auch dann beachtlich, wenn aufgrund einer Protokollberichtigung hinsichtlich einer zulässig erhobenen Verfahrensrüge zu Ungunsten des Revidenten die maßgebliche Tatsachengrundlage entfällt?"[1390]

BGH, Beschl. v. 30.10.1997 – 4 StR 24/97: „Muss der Tatrichter, um dem Rechtsbeschwerdegericht die Kontrolle der Beweiswürdigung zu ermöglichen, neben dem angewandten Messverfahren und dem Toleranzwert noch weitere Umstände (..) feststellen, wenn die Geschwindigkeitsmessung mit dem Lasergerät LTI 20/20 vorgenommen worden ist, oder reicht auch beim Einsatz des Laser-Messverfahrens unabhängig von dem jeweils verwendeten Gerät für eine materiell-rechtlich vollständige Beweiswürdigung grundsätzlich die Angabe des Messverfahrens und des Toleranzwerts aus?" – die Frage nach den rechtlichen Anforderungen an das tatrichterliche Urteil bei Geschwindigkeitsermittlung durch ein anerkanntes Lasermessgerät im standardisierten Verfahren sei „Rechtsfrage"[1391].

BGH, Beschl. v. 5.5.1988 – 1 StR 5/88: „Sind die Fernziele von Straßenblockaden bei der Prüfung der Rechtswidrigkeit der Nötigung oder nur bei der Strafzumessung zu berücksichtigen?" – die Frage bedürfe „im Interesse der Rechtseinheit der höchstrichterlichen Klärung."[1392]

BGH, Beschl. v. 22.12.1981 – 5 AR(Vs) 32/81 (umformuliert wegen Entscheidungserheblichkeit): „Hat die Strafvollstreckungskammer den Versagungsgrund der Fluchtbefürchtung in vollem Umfang nachzuprüfen und ist sie verpflichtet, den Sachverhalt in diesem Umfang aufzuklären?"[1393]

Die vorstehenden Vorlegungsfragen betreffen allesamt die Auslegung gesetzlicher Tatbestandsmerkmale oder die Konkretisierung rechtlicher Grundsätze und sind daher zu Recht als *Rechts*fragen anerkannt worden; die Nennung eines bestimmten Messgeräts in BGHSt 43, 277 ist ersichtlich im Gegensatz zu BGHSt 46, 358 wegen des standardisierten, oft verwendeten Verfahrens für unschädlich empfunden worden.

Desweiteren wurden auch die Fragen, ob ein niedergelassener, für die vertragsärztliche Versorgung zugelassener Arzt Amtsträger im Sinne der §§ 331 ff. StGB sei, wenn er im Rahmen der vertragsärztlichen Versorgung von Kassenpatienten diesen Medikamente verordne[1394], ob es für die Annahme eines vollendeten Handeltreibens mit Betäubungsmitteln ausreiche, wenn der Täter in ernsthafte Verhandlungen

1389 BGHSt 52, 379, 384; vgl. auch BGH, Beschl. v. 10.2.2009 – 4 StR 314/07 -, juris Rn. 9.
1390 BGHSt 51, 298, 301 f.
1391 BGHSt 43, 277, 281.
1392 BGHSt 35, 270, 272.
1393 BGHSt 30, 320, 323.
1394 BGH NJW 2012, 2530, 2531.

zum Verkauf eintrete, ohne jedoch eine Einigung zu erzielen[1395], ob ein Vermögensschaden im Sinne des Betrugstatbestandes bei Täuschung im Rahmen einer Beamtenbewerbung über die Tätigkeit für den MfS der DDR trotz fachlich nicht zu beanstandender Leistung vorliege[1396], ob das Kennzeichen der verbotenen Volkssozialistischen Bewegung Deutschland auch isoliert ohne Hinweis auf die Partei den objektiven Tatbestand des Verwendens von Kennzeichen verfassungswidriger Organisationen gemäß §§ 86, 86a StGB erfülle[1397] sowie ob bei Wegnahme einer eurocheque Karte in der Absicht diese nach der Geldabhebung zurückzugeben ein vollendeter Diebstahl sowie bezüglich der Abhebung eine straflose Verwertungshandlung, ein Diebstahl, ein besonders schwerer Diebstahl oder eine Unterschlagung anzunehmen sei[1398] als *Rechts*fragen gewertet.

Zu Recht werden damit auch konkrete Subsumtionsfragen mit Bezug zu bestimmten Sachverhaltsituationen des Einzelfalls als vorlegungsfähige *Rechts*fragen angesehen.

Wer nach dem bisher Gesagten meint, durch allgemeingehaltene Formulierung ließe sich eine *Rechts*frage „zaubern", der wird durch die neuere Rechtsprechung bitter enttäuscht – als weitere Grundsatzentscheidung für die modernen Tendenzen der Praxis sowie bezüglich der *Rechts*fragenqualität von die Strafzumessung betreffenden Fragen, lässt sich der Beschluss des BGH vom 15.11.2007 – 4 StR 400/07 einordnen:

Der Angeklagte wurde vom Amtsgericht Halle-Saalkreis wegen mehrfachen Erschleichens von Leistungen jeweils in Höhe eines Kurzstreckentarifs von 1,10 Euro sowie Ladendiebstahls von zwei Bierflaschen im Wert von 0,62 Euro zu einer Gesamtfreiheitsstrafe von zehn Monaten verurteilt. Das Amtsgericht hielt ebenso wie das Berufungsgericht die Verhängung von kurzen Freiheitsstrafen für die Einzeltaten von zwei bis drei Monaten unter Hinweis auf die einschlägigen Vorstrafen des Angeklagten und sein Bewährungsversagen für unerlässlich gemäß § 47 StGB. Mit der Revision richtet sich der Angeklagte gegen das verwerfende Berufungsurteil des Landgerichts Halle. Das Oberlandesgericht Naumburg ordnet die Strafen als angemessen und im Einklang mit dem Übermaßverbot stehend ein, sieht sich an der Verwerfung jedoch durch Urteile des OLG Braunschweig und des OLG Stuttgart gehindert, wonach es „schlechthin unangemessen" sei, den Diebstahl von Ware im Wert von 5,00 DM mit einer zweimonatigen Freiheitsstrafe zu ahnden sowie „unverhältnismäßig und nicht mehr vertretbar" eine Freiheitsstrafe von zwei Monaten für eine Leistungserschleichung von 1,65 Euro zu verhängen. Es hat daher dem BGH gemäß § 121 Abs. 2 GVG folgende Fragen vorgelegt: „Stehen das Übermaßverbot und das Gebot schuldangemessenen Strafens der Verhängung einer Freiheitsstrafe von mehr als einem Monat unabhängig von der strafrechtlichen Vergangenheit

1395 BGHSt 50, 252, 255.
1396 BGHSt 45, 1, 3 f.
1397 BGHSt 52, 364, 368 f.
1398 BGHSt 35, 152, 155.

des Täters stets entgegen, wenn der Täter einer Erschleichung der Beförderung durch ein Verkehrsmittel ein Entgelt von nicht mehr als 1,10 Euro nicht entrichten wollte?/wenn der Täter eines durch die Wegnahme zweier Bierflaschen aus einem Supermarkt begangenen Diebstahls einen Schaden von nicht mehr als 0,62 Euro verursacht hat?"

Der Senat hat die Sache an das vorlegende OLG Naumburg wegen Nichtbestehens der Vorlegungsvoraussetzungen zurückgegeben. Die Unterschiedlichkeit beziehe sich „auf die Bewertung von Tatsachen, nicht aber auf eine Rechtsfrage", weshalb das OLG „ungeachtet einer Ähnlichkeit der zu beurteilenden Sachverhalte" nicht gehindert sei, im beabsichtigten Sinn zu entscheiden. Der Senat hat sich folgende Ausführungen des Generalbundesanwalts zu Eigen gemacht: „Die Entscheidung, unter welchen Umständen die Grenze schuldangemessenen Strafens überschritten sind und dadurch das Übermaßverbot verletzt ist, gehört zur Strafzumessung und ist als tatrichterliche Wertung tatsächlicher Umstände eine Frage des Einzelfalls, die der Klärung im Wege eines Vorlageverfahrens nicht zugänglich ist[1399] (...); darauf, dass das vorlegende Oberlandesgericht die Frage als Rechtsfrage behandelt hat, kommt es nicht an[1400] (...). Im Hinblick auf das Wesen der Strafzumessung, die zugleich tatrichterlicher Wertungsakt und Rechtsanwendung auf einen bestimmten Strafzumessungssachverhalt unter vom Gesetzgeber formulierte Strafzumessungskriterien und -leitlinien ist (...), muss daher in der Regel davon ausgegangen werden, dass sich die Rechtsausführungen der Obergerichte zu den Grenzen schuldangemessenen Strafens nur auf den der Entscheidung zugrunde liegenden Einzelfall beziehen (..), mögen sie auch so formuliert sein, dass sie als grundsätzliche Aussage aufgefasst werden könnten[1401] (...). Denn unterschiedliche Ergebnisse rechtsfehlerfrei angewendeten tatrichterlichen Ermessens bei der Strafzumessung haben mit abweichenden Entscheidungen in Rechtsfragen nichts gemein[1402]; die denkbaren Umstände des Einzelfalls sind zu vielschichtig für generelle Aussagen"[1403].

---

1399 BGHSt 52, 84, 86; vgl. dazu auch BGHSt 27, 212, 215 m. krit. Anm. *Zipf*, JR 1978, 163 ff., wo betreffend die Bemessung der Tagessatzhöhe nach § 40 Abs. 2 StGB von einer „Würdigung aller tatsächlichen Umstände" die Rede ist; ähnlich OLG Dresden StV 2010, 487, 489: „Einzelfallanwendung"; vgl. auch OLG Dresden NStZ-RR 2005, 318, 319, wonach es sich bei einer Bewährungsentscheidung „nicht um schwierige Rechtsfragen (..), sondern um eine Prognoseentscheidung (...) für den jeweiligen Einzelfall" handele.

1400 BGHSt 52, 84, 87; ebenso NStZ 1995, 409, 410.

1401 BGHSt 52, 84, 87; vgl. die selbige allgemeingehaltene Formulierung in BGHSt 30, 160, 163 betreffend die Vorlagefrage, ob § 142 Abs. 2 Nr. 2 StGB auch bei nicht willensgetragenem Entfernen einschlägig ist sowie in VRS 55, 420, 421 bzgl. der Frage „unverzüglichen" Handelns im Sinne von § 142 Abs. 3 StGB.

1402 BGHSt 52, 84, 87; ebenso BGHSt 27, 212, 216 unter Betonung, das Ermessen des Tatrichters könne auch bei „vollkommen gleichartiger tatsächlicher Beurteilungsgrundlage" „zu unterschiedlicher Bewertung führen", so auch BGHSt 27, 228, 230.

1403 BGHSt 52, 84, 87; ebenso BGHSt 41, 198, 206; NStZ 1988, 270, 271; 1995, 409.

Daher sei nicht anzunehmen, dass die Oberlandesgerichte Braunschweig und Stuttgart die Verhängung über der Mindeststrafe liegender Freihheitsstrafen bei Delikten mit sehr geringfügigen Schäden „stets als Verstöße gegen das Gebot schuldangemessenen Strafens und gegen das Übermaßverbot bewertet" hätten. Dafür spreche auch die Rechtsprechung des Bundesverfassungsgerichts, wonach die Verhängung einer Freiheitsstrafe nicht von einer bestimmten Schadenshöhe abhänge und trotz geringen Schadens bei mehrfachen Vorstrafen verfassungsgemäß sei. Die Aussprüche der Oberlandesgerichte seien trotz allgemeiner Formulierung „bei verständiger Würdigung nur Ergebnis dieser Einzelfallabwägung".[1404]

Diese Entscheidung zieht bemerkenswerte Folgerungen aus dem Wesen der Strafzumessung: Obwohl der Senat neben der Wertungsentscheidung auch den rechtlichen Charakter der Strafzumessung durch Subsumtion unter das Gesetz anhand von Richtlinien der Rechtsprechung anerkennt, räumt er wohl dem Wertungsaspekt Vorrang ein und sieht die gesamte Strafzumessung als nicht der Vorlegung unterliegende *Tat*frage an.[1405] Obwohl er andeutet, dass das „tatrichterliche Ermessen" bei der Strafzumessung rechtsfehlerfrei ausgeübt werden muss und damit rechtliche Anforderungen an die Strafzumessung zugibt, sieht sich der Senat wohl wegen der Möglichkeit unterschiedlicher Ergebnisse infolge der dem Tatrichter nach wie vor eingeräumten, gewissen Ermessensfreiheit im Rahmen der Umwertung an einer Einordnung von Teilen der Strafzumessung als *Rechts*frage gehindert. Diese Einordnung widerspricht damit sowohl dem gerade noch selbst zugeschriebenen Charakter der Strafzumessung als Rechtsanwendung als auch der Handhabung im Rahmen der Revisibilität, wo im Wege der erweiterten Revision zunehmend die rechtlichen Komponenten der Strafzumessung herausgestellt und der Revision unterworfen wurden.[1406] Jedenfalls der gerechte Schuldausgleich und die Unvertretbarkeit der Strafe stellen nach stRspr selbst betreffend die Strafhöhe die Grenze der Irrevisibilität der Strafzumessung dar; insofern ist im Rahmen der Strafzumessung kein Gleichlauf der Begriffsausfüllungen im allgemeinen Revisionsrecht und im Vorlageverfahren zu verzeichnen.[1407]

---

1404 BGH, Beschl. v. 15.11.2007 – 4 StR 400/07 -, jurion Rn. 11; vgl. auch selbige Auslegungen als Einzelfallentscheidungen im Gegensatz zu grundsätzlichen Aussagen durch das Vorlagegericht in BGHSt 27, 212, 214 f.; 41, 198, 205; NStZ 1988, 270, 271; 2000, 222; 2013, 229, 230; VRS 55, 420, 421; vgl. auch schon OLG Stuttgart NJW 1958, 1833 m. krit. Anm. *Kohlhaas,* NJW 1959, 397 f.: BGH „wollte (..) keine abschließende Definition (..) aufstellen".

1405 Vgl. demgegenüber jedoch auch die ältere Entscheidung in BGHSt 22, 192, 194 f., wo bzgl. der Frage der Strafaussetzung zur Bewährung bei einer Trunkenheitsfahrt die Vorlagevoraussetzungen unproblematisch bejaht werden.

1406 Vgl. dazu die eingangs erwähnte Entwicklung der Strafmaßrevision, Einleitung B.

1407 Vgl. demgegenüber wiederum OLG Dresden StV 2010, 487, 489, wonach angesichts des Überprüfungsmaßstabs bei § 40 Abs. 2 StGB „deshalb regelmäßig" keine Rechtsfrage iSd Vorlage vorliege.

Die Annahme des Senats, Rechtsausführungen hätten stets nur Einzelfallbezug ist eine Fiktion und gleichzeitig eine Unterstellung infolge nachträglicher Auslegung, was das Gericht gemeint haben könnte; wenn dies selbst für den Fall gelten soll, dass grundsätzliche Formulierungen womöglich bewusst gewählt werden, um Bedeutung für künftige Fälle zu erreichen, stellt dies eine sehr bedenkliche Auslegung gegen den Wortlaut ohne Vorliegen objektiver Anhaltspunkte und damit gegen anerkannte Auslegungsregeln dar. Zugleich stellt sich das Vorlagegericht mit der Anlegung eines andersartigen Verständnisses als das vorlegende Gericht auch klar gegen dessen Einschätzung und nimmt ohne weiteres eine abweichende Beurteilung vor – von einer etwaigen Prüfung auf Vertretbarkeit hinsichtlich der Annahme der Vorlagevoraussetzungen durch das vorlegende Gericht ist dabei keine Spur. Die Relativierungen ausdrücklicher, wohlmöglich mit dem Zweck der Geltungskraft für zukünfige Fälle gewählter, allgemeingehaltener Aussagen erweist sich damit als Wiederaufleben aus Zeiten des *horror pleni* bekannter Einschränkungen der Vorlegung.[1408] Die Aussage, der jeweilige Einzelfall sei zu vielfältig für generelle Aussagen erscheint im Hinblick auf die Effektivität des Instituts brandgefährlich, da jedes Urteil eine Einzelfallentscheidung darstellt und sonst unter Hinweis auf den Einzelfallbezug der Entscheidung jede Vorlegung „vom Tisch gewischt" werden könnte.

Eine andere Konsequenz aus der Einzelfallabhängigkeit der Strafzumessungsentscheidung zieht ein Beschluss des Großen Senats für Strafsachen vom 10.4.1987 – GSSt 1/86:

Im Rahmen des Revisionsverfahrens hat der Generalbundesanwalt die Aufhebung des tatrichterlichen Urteils wegen Wertungsfehlern in der Strafzumessungsentscheidung beantragt, wonach gegenüber den wegen Bandendiebstahls verurteilten Angeklagten strafschärfend berücksichtigt wurde, sie seien „nicht in Geldnot" gewesen und hätten es nach ihren „Verdienstmöglichkeiten nicht nötig" gehabt zu stehlen; der GBA sieht darin einen Verstoß gegen den Rechtssatz, dass das bloße Fehlen eines Strafmilderungsgrundes nicht strafschärfend berücksichtigt werden dürfe. Der 1. Senat folgt dieser Auffassung nicht und möchte die Revision der Angeklagten verwerfen, weshalb er bei den anderen Senaten des BGH angefragt hat, ob eine solche Vorgehensweise in einer Rechtsfrage von der Entscheidung eines anderen Senats abweichen würde und dazu ausgeführt: Die Frage, in welcher Weise die wirtschaftlichen Verhältnisse des Täters die Strafe mitbestimmen dürfen und sollen, sei Sache „einzelfallbezogener tatrichterlicher Würdigung und einzelfallbezogener revisionsrichterlicher Nachprüfung". Eine Rechtsfrage läge vor, wenn die Begriffe „strafschärfend" und „strafmildernd" Rechtsbegriffe wären, „also eine rechtlich bestimmbare Bedeutung" hätten. Dies sei nur anzunehmen, wenn es „eine dem Gesetz zu entnehmende „Normalausprägung" der wirtschaftlichen Verhältnisse" ungeachtet sonstiger strafzumessungserheblicher Umstände gäbe, aus der eine entsprechende Strafschärfung oder –milderung zu folgern sei, was der Senat als „schwer vorstellbar" bezeichnet. Der 2. Strafsenat hat die Anfrage

---

1408 Vgl. dazu schon die Kritik des älteren Schrifttums, 2. Kapitel B II 2.

dergestalt beantwortet, es liege eine Rechtsfrage vor, die er abweichend entschieden habe. Der 1. Senat hat daher dem Großen Senat für Strafsachen gemäß § 136 Abs. 1 GVG a.F. folgende „Rechtsfrage“ vorgelegt: „Darf der Umstand, dass der Angeklagte „nicht in Geldnot“ war oder dass er es „bei seinen Verdienstmöglichkeiten (absolut) nicht nötig hatte zu stehlen“, strafschärfend (oder: „zu Ungunsten“, „zum Nachteil“, „erschwerend“) gewertet werden?“[1409]

Der Große Senat für Strafsachen hat die Vorlegungsvoraussetzungen bejaht und darauf abgestellt, der 1. Strafsenat gehe im Gegensatz zu einer Reihe andersartiger Entscheidungen anderer Senate davon aus, die Vorlagefrage hänge davon ab, ob der Satz – das bloße Fehlen eines Milderungsgrundes dürfe nicht strafschärfend herangezogen werden – nicht ausnahmslos gültig sei, da er den Normalfall einer Strafzumessungstatsache voraussetze; diese Ansicht sei „vertretbar und bei der Prüfung der Zulässigkeitsfrage hinzunehmen“. Die aufgeworfene Frage beantwortet der Große Senat für Strafsachen wie folgt: „Die Vorlegungsfrage kann nicht allgemein beantwortet werden. Ob die Auffassung des Tatrichters, die von ihm im einzelnen Fall festgestellten wirtschaftlichen Verhältnisse seien zumessungserheblich und in bestimmter Weise zu bewerten („strafschärfend“, „zu Ungunsten“, „zum Nachteil“, „erschwerend“), von Rechts wegen hinzunehmen oder zu beanstanden ist, entscheidet sich nach den Verhältnissen des Einzelfalls. Die Strafzumessung ist grundsätzlich Sache des Tatrichters. Es ist seine Aufgabe, auf der Grundlage des umfassenden Eindrucks, den er in der Hauptverhandlung von der Tat und der Persönlichkeit des Täters gewonnen hat, die wesentlichen entlastenden und belastenden Umstände festzustellen, sie zu bewerten und hierbei gegeneinander abzuwägen.“[1410] Es sei daher auch Sache des Tatrichters zu entscheiden, ob zumessungserhebliche Umstände für oder gegen den Angeklagten sprächen, das Revisionsgericht habe bei der Rechtsprüfung „nicht an der positiven oder negativen Formulierung zu haften“. Bei der Bewertungsrichtung wirtschaftlicher Verhältnisse gebe es wie bei der Strafzumessung überhaupt keinen normativen Normalfall, dem widerspreche die Öffnung weiter Strafrahmen und die „Komplexität dieser allein dem Einzelfall anhaftenden Umstände“ durch mannigfache Bedeutung der wirtschaftlichen Verhältnisse; anderenfalls könne das Revisionsgericht durch Bestimmung des Normalfalls einen „wesentlichen Teil der Strafzumessung an sich ziehen“. Der Große Senat für Strafsachen beantwortet daher die Vorlagefrage wie folgt: „Ob der Umstand, dass der Angeklagte „nicht in Geldnot“ war oder dass er es „bei seinen Verdienstmöglichkeiten (absolut) nicht nötig hatte zu stehlen“ strafschärfend (...) gewertet werden darf, kann nur nach Lage des Einzelfalles beurteilt werden.“[1411]

Die Entscheidung hinterlässt ein ambivalentes Bild: Zum einen bekennt sie sich zwar zur grundsätzlichen *Tat*fragenqualität der Strafzumessung, wenn sie die Aufgabenzuweisung zum Tatrichter betont und dies mit dem „umfassenden Eindruck“

---

1409 BGHSt 34, 345, 347.
1410 BGHSt 34, 345, 349.
1411 BGHSt 34, 345, 352.

in der Hauptverhandlung begründet; zum anderen bejaht sie jedoch die Zulässigkeit der Vorlegung im Hinblick auf das Bestehen oder Nichtbestehen einer Allgemeinverbindlichkeit bezüglich des Satzes, das Fehlen strafmildernder Umstände dürfe nicht strafschärfend gewertet werden – wohlmöglich aufgrund der Ansicht des 2. Senats, es liege eine *Rechts*frage vor –, um schließlich diesem Satz nicht sehr viel Beachtung zu schenken und die Vorlagefrage dergestalt zu beantworten, die Frage nach der Bewertungsrichtung von wirtschaftlichen Verhältnissen im Hinblick auf die Vielschichtigkeit möglicher Gestaltungen eben nicht allgemein beantworten zu können. Meines Erachtens zu Recht hat der Große Senat das Vorliegen einer *Rechts*frage angenommen, da auch im Rahmen der Strafzumessung allgemeine Grundsätze und Rechtsregeln gelten, die im Hinblick auf zukünftige Fälle bei ähnlicher Sachverhaltsgestaltung allgemeingehaltene, grundlegende Richtlinien vorgeben können und daher für die Rechtseinheit relevant sind. Auch im Rahmen der hinsichtlich der Abwägungsentscheidung stark einzelfallbezogenen Strafzumessung geht es um die Auslegung und Konkretisierung von Gesetzesnormen, wie hier des § 46 Abs. 2 StGB – einer typischen *Rechts*frage. Leider hat der Große Senat für Strafsachen die Möglichkeit nicht wahrgenommen, solche allgemeine Vorgaben zum Verhältnis verschiedener Bewertungsrichtungen zueinander zu machen, sondern sich vielmehr einzig auf den Einzelfallcharakter der Strafzumessung bezogen und auf das Aufstellen klärender Sätze verzichtet. Auch im Rahmen der Bewertungsrichtung bestimmter, häufig vorkommender Strafzumessungsumstände gibt es sehr wohl auch grundlegende Einordnungsrichtlinien der Obergerichte ungeachtet des konkreten Einzelfalls, wie etwa der Grundsatz, Schweigen oder Leugnen des Angeklagten dürfe nicht zu seinen Lasten bewertet werden. Wenn der Große Senat gerade der Meinung ist, dass allein der einzelne Fall zählt, leuchtet jedoch nicht ein, warum er dann entgegen der sonstigen Handhabung bei Strafzumessungsfragen überhaupt die Vorlage angenommen hat; die Formulierung deutet darauf hin, dass er die Maßgeblichkeit der Ansicht des vorlegenden Senats auch auf die Annahme der *Rechts*fragenqualität bezieht oder aber er hat auf die Behandlung als *Rechts*frage durch den 2. Senats abgestellt, von dessen Ansicht abgewichen werden soll – insofern erscheint hier ausnahmsweise ein subjektives Begriffsverständnis zu gelten. Jedenfalls macht es im Ergebnis keinen großen Unterschied, ob wie in der vorgehenden Vorlage schon die Zulässigkeit unter Verweis auf den Einzelfall abgelehnt wird oder bei der Beantwortung der Frage die Antwort gegeben wird, es könne keine allgemeine Antwort gegeben werden.

Der Verweis auf den Einzelfall zur Ablehnung einer *Rechts*frage wird in der neueren Rechtsprechung vielfach mit einem anderen, zur Einschränkung von Vorlagen verwendeten Mechanismus, der Berufung auf fehlende Sachverhaltsidentität verknüpft, so dass sich die diesbezüglichen Problemkreise miteinander verzahnen, vgl. KG, Urt. v. 17.4.2008 – (2) 1 Ss 394/07 (42/07), wo die Frage der Einordnung eines Diebstahls unter Mitführung eines Schweizer Taschenmessers als schwerer Diebstahl gemäß § 244 Abs. 1 Nr. 1a StGB als „Tatfrage“ angesehen wird, weil „sich die tatsächlichen Feststellungen grundlegend von deren der anderen Oberlandesgerichte unterscheiden" würden.[1412]

Als Musterbeispiel für die Verknüpfung der Identitäts- mit der *Rechts*frage dient ein Beschluss des BGH vom 24.4.1986 – 2 StR 565/85, in welchem zudem ein weiterer Begründungsansatz für eine Ablehnung von Vorlagen offenbar wird:

Der Angeklagte wurde vom Amtsgericht Waldbröl wegen der Teilnahme an einem Sitzstreik zum Zwecke der Demonstration gegen den Einsatz von Raketen durch die Bundeswehr der Nötigung schuldig gesprochen. Auf die Berufung des Angeklagten hin wurde das Urteil abgeändert und der Angeklagte wegen fehlender Verwerflichkeit seines Handelns gemäß § 240 Abs. 2 StGB freigesprochen. Dagegen wendet sich die Staatsanwaltschaft mit der Revision. Das Oberlandesgericht Köln möchte die Revision verwerfen, da die Zweck-Mittel-Abwägung des Berufungsgerichts rechtsfehlerfrei sei, sieht sich daran jedoch durch ein Urteil des BGH zu einem Sitzstreik von Studenten gegen Fahrpreiserhöhungen gehindert (BGHSt 23, 46), wonach „niemand (..) berechtigt (sei), tätlich in die Rechte anderer einzugreifen, insbesondere Gewalt zu üben, um auf diese Weise die Aufmerksamkeit der Öffentlichkeit zu erregen und eigenen Interessen oder Auffassungen Geltung zu verschaffen" und „eine öffentliche Aktion, deren Ziel und Zweck eine Verkehrsbehinderung sei, (..) nicht mehr der Garantie des Art. 8 Abs. 1 GG teilhaftig sein" könne. Das OLG folgert aus diesen Äußerungen, dass nach Ansicht des BGH ein Sitzstreik mit dem Ziel einer Verkehrsbehinderung rechtswidrig im Sinne von § 240 Abs. 2 StGB sei und hat daher die Sache gemäß § 121 Abs. 2 GVG dem BGH zur Entscheidung folgender Frage vorgelegt: „Sind Demonstrationen, die um der größeren Öffentlichkeitswirkung wegen darauf angelegt sind, die Bewegungs- und Handlungsfreiheit anderer durch Gewalt zu beeinträchtigen, stets rechtswidrig im Sinne des § 240 Abs. 2 StGB, oder kann auf Grund besonderer Umstände des Einzelfalles die Verwerflichkeit entfallen?"

Aus Sicht des Senats lägen die Vorlagevoraussetzungen nicht vor, da die zugrunde liegenden Sachverhalte „in wesentlichen Punkten voneinander" abwichen. Zwar habe das vorlegende OLG richtigerweise den Schluss gezogen, der Senat habe den Rechtssatz aufgestellt, ein Sitzstreik mit Verkehrbehinderung sei „stets rechtswidrig im Sinne von § 240 Abs. 2 StGB"; eine solche „von den Tatumständen sich lösende Betrachtung" lasse jedoch ein Kriterium unberücksichtigt, welches für die Festlegung der „Tragweite der Rechtsausführungen" des Senats, von welchem das vorlegende OLG abweichen will „von wesentlicher Bedeutung" sei: Ein tragender Rechtssatz könne nur für andere Fälle gelten, wenn sie der entschiedenen Sache „in

---

1412 KG, Urt. v. 17.4.2008 – (2) 1 Ss 394/07 -, juris Rn. 15; ähnlich OLG München, Beschl. v. 18.12.2013 – 4 OLG 13 Ss 571/13 -, juris Rn. 18, wonach es sich „nicht um Rechtsfragen, die von den Oberlandesgerichten unterschiedlich beurteilt werden, sondern um unterschiedliche Fallgestaltungen" handele; sehr ähnlich auch OLG Dresden NStZ-RR 2005, 318, 319; vgl. auch weitere Ablehnungen einer Rechtsfrage wegen Unterschieden „im Tatsächlichen": BGHSt 35, 60, 65; 40, 299, 303; NStZ 2014, 477, 480, siehe zudem BGHSt 28, 165, 166 f.

den wesentlichen Beziehungen" gleichkäme, „in wesentlichen Punkten gleichgelagert", „gleichartig" sei, wozu der Senat weiter ausführt: „Denn ein Revisionsurteil kann nur eine Antwort auf den zu entscheidenden Fall geben. Er bestimmt auch da, wo es dem Revisionsgericht nicht gelingt, sich in seiner Ausdrucksweise auf ihn zu beschränken, die Tragweite des Urteils für künftige Fälle[1413]. (...) Normativ-wertausfüllungsbedürftige Begriffe und Generalklauseln, die in Berücksichtigung aller Umstände des Einzelfalls „die elastische Lösung des ius aequum" ermöglichen (..), der „Vielgestaltigkeit der geregelten Lebensumstände und Rechtsprobleme" gerecht werden und dem Wandel „der herrschenden sozialethischen Vorstellungen" Rechnung tragen wollen (..), lassen sich nicht in lückenloser Katalogisierung der bewerteten Sachverhalte erschöpfend erfassen[1414]." Das gelte vor allem für die Verwerflichkeitsklausel des § 240 Abs. 2 StGB. Im Rahmen der Zweck-Mittel-Relation könne nicht „abstrakt-definitorisch" gesagt werden, was rechtmäßig oder –widrig sei, es bedürfe vielmehr einer Abwägung aller Umstände des Einzelfalls nach deren Inhalt und Gewicht, auch bei Anwendung von Gewalt. „Die Vielfalt ihrer Formen und die Unterschiede in der Intensität ihrer Wirkungen" sprächen gegen ein Pauschalurteil, sodass es „ausgeschlossen" sei allein wegen der beabsichtigten Verkehrsbehinderung „stets" von einer verwerflichen Zweck-Mittel-Relation auszugehen. Das vorlegende OLG habe daher eine Gesamtabwägung vorzunehmen, woran es nicht durch BGHSt 23, 46 gehindert sei, da der dortige Sachverhalt hinsichtlich Ausmaß und verfolgter Zwecke nicht „gleichgelagert" sei. Am Ende hält der Senat noch fest, er habe lediglich aufzeigen wollen, warum er die Vorlagevoraussetzungen verneint habe, nicht hingegen das vorlegende OLG beeinflussen wollen.

Diese Entscheidung befindet sich in einem steten fließenden Übergang zwischen Ausführungen zur fehlenden Identität der Sachverhalte und Erwägungen, die von der Herleitung der *Tat*fragenqualität der Ausfüllung unbestimmter Begriffe bekannt sind: fließende Grenzen, keine zwingenden Regeln, Reaktion auf veränderte gesellschaftliche Bedürfnisse, Abwägungsbedürftigkeit. Das Erfordernis wesentlich gleichgelagerter Sachverhalte wird verknüpft mit dem Einzelfallcharaker von Revisionsurteilen sowie dem besonderen Wertungsbedarf bei der Subsumtion unter unbestimmte Rechtsbegriffe. Auffällig ist weiter, dass der Senat die Prüfung der Tatsachenidentität vollständig unabhängig von einer etwaigen Bindung an die Einschätzung des vorlegenden Gerichts vornimmt, welche doch grundsätzlich

1413 BGHSt 34, 71, 76 m. krit. Anm. *Kuhlen,* JA 1986, 589, 597 ff.; ebenso BGHSt 18, 324, 326.

1414 BGHSt 34, 71, 76; vgl. auch ähnliche Gedankengänge in BGHSt 27, 212, 215, wo auf die fehlende „starre Bindung" des § 40 Abs. 2 StGB abgestellt und 27, 228, 231 m. krit. Anm. *Zipf,* JR 1978, 163 ff., wo hervorgehoben wird, dass für die Bemessung der Tagessatzhöhe „keine starren Regeln" gälten, der Tatrichter vielmehr „von Fall zu Fall" zu entscheiden habe sowie BGHSt 28, 165, 167, wonach es bei der Abgrenzung von Gemeingebrauch und erlaubnispflichtiger Sondernutzung die „Vielfalt der (..) Erscheinungsformen" nicht erlaube „rechtliche Grenzen allenthalber gleichmäßig zu ziehen".

hinsichtlich der Vorlagevoraussetzungen die entscheidende sein soll. Im Ergebnis beantwortet der Senat die Vorlagefrage ganz klar und im Detail, um am Ende zu dem Ergebnis zu kommen, die Vorlagevoraussetzungen seien nicht gegeben.[1415] Es scheint ihm daher doch ein Bedürfnis zu sein, grundsätzliche Antworten zu geben, welchen jedoch später nach der aufgezeigten Handhabung durch die Vorlagegerichte die Bedeutung für andere Fälle wieder abgesprochen werden wird. Das Vorlageverfahren büßt bei einer derartigen Praktizierung seine Systematik und seinen Legimitierungsgrund ein – die Klärung genereller Problemkreise zur Gewährleistung der Rechtseinheit.

Die Revisionsgerichte haben ferner in den nachfolgenden Fällen *Rechts*fragen und damit Vorlagen abgelehnt:

OLG Zweibrücken, Beschl. v. 16.8.2010 – 1 SsBs 2/10: Der Senat hat die Frage, ob aus einem Verstoß gegen den Richtervorbehalt in § 81a Abs. 2 StPO ein Beweisverwertungsverbot zu folgern sei, trotz uneinheitlicher Rechtsprechung nicht dem BGH zur Entscheidung vorgelegt, da die Annahme eines Verwertungsverbotes nach den „Umständen des Einzelfalls" zu entscheiden sei, sodass „die Problematik nur bedingt auf eine die Vorlage gebietende, allgemeine Rechtsfrage zurückgeführt" werden könne; zwar seien im Rahmen der Abwägung „durchaus Rechtssätze allgemeinerer Art" beteiligt, jedoch stehe die Entscheidung des Senats „unter dem Vorbehalt der weiteren Rechtsentwicklung" und werde durch die „Verhältnisse des hiesigen Bezirks mitgeprägt". Eine Vorlegung könne deshalb „der von § 121 Abs. 2 GVG bezweckten Wahrung der Einheitlichkeit der Rechtsprechung im Ergebnis nicht dienen".[1416] Unter Hinweis auf die Einzelfallabhängigkeit und Abwägungsbedürftigkeit der Folgerung eines Beweisverwertungsverbots aus einem Beweiserhebungsverbot spricht der Senat sogar seiner eigenen Revisionsentscheidung die Bedeutung für die Rechtseinheitlichkeit, welcher die Revision unstreitig zu dienen verpflichtet ist, ab! In die eigene Systematik der Obergerichte passt die Einordnung hingegen bestens, nachdem die Bejahung eines Beweisverwertungsverbots nach stRspr eine Abwägungsentscheidung im konkreten Fall voraussetzt.

BGH, Beschl. v. 10.12.1982 – 2 StR 601/82:

Der Senat erachtet die Vorlegung der Frage, „ob die Darstellung des Buchstabens „ß" durch „SS-Runen" im Namen Strauß auf einer in schwarz-rot-weiß gehaltenen und öffentlich getragenen runden Plakette mit der Aufschrift: Antifaschistische Aktion – Stoppt Strauß – den objektiven Tatbestand des § 86a Abs. 1 StGB in Verbindung mit § 86 Abs. 1 Nr. 4 StGB erfüllt" als unzulässig, da sich die Unterschiede der Ansichten des vorlegenden Gerichts und der anderen OLGs nicht auf den „rechtlichen Maßstab", sondern lediglich auf „dessen Anwendung im jeweils zu entscheidenden Fall" bezögen; ob das Verhalten des Täters „unter Berücksichtigung aller hierfür wesentlichen

---

1415 Zuzustimmen ist daher *Kuhlen,* JA 1986, 589, 591, die Entscheidung des BGH sei „in das Gewand einer Nicht-Entscheidung gekleidet".

1416 OLG Zweibrücken VRS 119, 358, 364.

Umstände tatbestandsmäßig“ sei, sei eine dem Vorlageverfahren nicht zugängliche „Tatfrage“.[1417]

Obwohl es sich bei der Subsumtionskontrolle um eine schon nach der historischen Intention typische, revisibele *Rechts*frage handelt, die konkrete Revisibilität im Grundsatz unstreitig ist und die Vorlagerichte jedenfalls im Bereich der Beweiswürdigung Revisibilität im Sinne von § 337 StPO und *Rechts*frage im Vorlageverfahren gleich behandeln, bezeichnet der Senat vorliegend die konkrete Subsumtion unter einen Rechtsbegriff als *Tat*frage.

OLG München, Beschl. v. 18.12.2013 – 4 OLG 13 Ss 571/13:

Der Senat lehnte eine Vorlage der Frage, ob der „All Cops are Bastards“ bedeutende Schriftzug ACAB auf einer Hose eine Beleidigung darstellt, wenn er vor einem klar überschaubaren Kreis gezeigt wird, an dem auch Polizisten teilnehmen, ab und bediente sich dabei folgender Begründung: „Es handelt sich nicht um Rechtsfragen, die von den Oberlandesgerichten unterschiedlich beurteilt werden, sondern um unterschiedliche Fallgestaltungen. Denn bei der Beurteilung der Frage, ob eine Beleidigung objektiv vorliegt, kommt es auf die Umstände des Einzelfalls an. Handlungen oder Äußerungen von schlechthin beleidigendem Charakter gibt es nicht, vielmehr kommt es immer darauf an, wer was zu wem sagt und unter welchen Umständen dies geschieht“.[1418]

Unter Berufung auf die Abhängigkeit vom Einzelfall – was ausnahmslos für jede Subsumtionsfrage gilt, da stets ein konkreter Sachverhalt unter das Gesetz geordnet wird – entzieht sich der Senat seiner Aufgabe, klärend *Rechts*fragen einer einheitlichen Lösung zuzuführen.

Abweichend dazu ist der Beschluss des BGH vom 24.7.1987 – 3 StR 36/87 einzuordnen:

Die Vorlagefrage „Liegt bei einem von vornherein auf illegale Beschäftigung von Arbeitnehmern abzielenden Betrieb eines Baugewerbes, das seine Löhne auf der Grundlage von Nettolohnabreden „schwarz“ (..) auszahlt und damit diese Auszahlung laufend verschleiert, verfahrensrechtlich Tatidentität von Lohnsteuerhinterziehung und Beitragsvorenthaltung vor, soweit hinsichtlich derselben Arbeitnehmer innerhalb derselben Zeiträume weder Lohnsteueranmeldungen vorgenommen noch Beiträge zur gesetzlichen Sozialversicherung an die berechtigte Kasse abgeführt werden?“, betreffend die Bejahung einer prozessualen Tat im Sinne von § 264 StPO erachtete der Senat als zulässig und führte dazu aus: „Dabei kommt es zwar stets auf die Umstände des Einzelfalls an, sodass die Beurteilung weitgehend Tatfrage ist. Doch kann bei Sachverhalten, die in den rechtlich erheblichen tatsächlichen Umständen gleich liegen, die Frage nach der prozessualen Tateinheit rechtlich richtig nur im selben Sinn beantwortet werden“.[1419]

---

1417 BGH NStZ 1983, 261, 262.
1418 OLG München, Beschl. v. 18.12.2013 – 4 OLG 13 Ss 571/13 -, juris Rn. 18.
1419 BGHSt 35, 14, 17.

Es geht doch: Trotz der Einzelfallberührung erkennt der BGH in dieser Entscheidung den Gewinn einer verallgemeinernden Aussage für die Rechtseinheit, die für künftige Fälle mit vergleichbarer Sachlage Bedeutung haben kann.

BGH, Beschl. v. 12.4.1983 – 5 StR 513/82:

Die Vorlagefrage bezüglich der Strafbarkeit eines Asyl begehrenden Ausländers nach § 47 I Nr. 5 AuslG, der für einen kürzeren Zeitraum den Bezirk verlässt, wurde vom Senat mit der Begründung an das vorlegende OLG zurückgegeben, die Strafbarkeit hänge vom Inhalt eines Verwaltungsakts ab, welcher „vom Tatrichter festzustellen" sei; ob die Duldungsbescheinigung eines Asylbewerbers Beschränkungen hinsichtlich des kurzzeitigen Verlassens des zugewiesenen Aufenthaltsortes enthalte, sei „Tatfrage".[1420]

Zum Abschluss dient ein Beschluss des BGH vom 14.1.2010 – 4 StR 93/09 als erschreckendes Beispiel für die Umsetzung der Bedürfnisse der Praxis im Gegensatz zu dogmatisch richtiger Rechtsanwendung: Obwohl sich der Senat an einer Schuldspruchänderung durch ein abweichendes Urteil gehindert sieht und damit wohl die Vorlegungsvoraussetzungen bejaht, sieht der Senat von einer Vorlage ab und begründet dies wie folgt: „Mit Rücksicht darauf, dass sich der Abschluss des Revisionsverfahrens durch die Durchführung des zur Klärung der Rechtsfrage erforderlichen Anfrageverfahrens und die möglicherweise danach gebotene Anrufung des Großen Senats für Strafsachen erheblich verzögern würde, sieht der Senat von der Klärung dieser Rechtsfrage in diesem Verfahren ab."[1421] Da das betroffene Vergehen gegenüber anderen, ebenfalls verwirklichten Verbrechen nicht beträchtlich ins Gewicht falle, nimmt der Senat dieses von der Strafverfolgung gemäß § 154a StPO aus.

Diese Entscheidung offenbart wohl die wahren Hintergründe, welche die Revisionsgerichte bei der Bearbeitung von Vorlagefällen vielfach anzutreiben scheinen: In der Praxis scheint Prozessökonomie und Beschleunigung vor effektiver Umsetzung der gesetzlichen Vorgaben zu gelten.

## II. Zusammenfassende These: Abhängigkeit von den Umständen des Einzelfalls

Zusammenfassend lässt sich damit sagen, dass die Revisions- und Vorlagegerichte immer dann von einer vorlagefähigen *Rechts*frage ausgehen, wenn ein allgemeingültiger Rechtssatz ohne Bezug zu den Einzelfallumständen in Frage steht und eine der Vorlegung nicht zugängliche *Tat*frage annehmen, wenn die Beantwortung der Frage von den Umständen des einzelnen Falles abhängt.

Grundsätzlich gelten als *Rechts*fragen nur mehr die abstrakte Gesetzesauslegung, Subsumtionsfragen lediglich bei allgemeinem Bezug sowie Fragen betreffend die Grenzen der Beweiswürdigung, insbesondere das Bestehen oder Nichtbestehen

1420 BGHSt 31, 314, 315 f.
1421 BGH NStZ 2010, 275, 276.

allgemeingültiger Erfahrungssätze. Als *Tat*fragen werden dagegen vielfach Subsumtionsfragen unter Hinweis auf den Einzelfallbezug sowie generell die tatrichterliche Beweiswürdigung und die Strafzumessung deklariert.

Insbesondere im Bereich der Erfahrungssätze wird vielfach auf deren Revisibilität zur Begründung verwiesen, sodass diesbezüglich ebenso wie bei der Auslegung von Rechtsbegriffen und der Beweiswürdigung und Strafzumessung im engeren Sinne von einer identischen Begriffsausfüllung im Sinne eines objektiven Begriffsverständnisses von *Rechts*frage im Sinne von §§ 121, 132 GVG und Revisibilität auszugehen ist. Abweichungen bei der Einordnung sind bei Subsumtionsfragen auch betreffend hinreichend bestimmte Begriffe, die vielfach als *Tat*frage bezeichnet werden sowie bei der generellen Ausscheidung der Strafzumessung aus der Divergenzvorlage anzutreffen. Die Praxis bekennt sich klar zu einem objektiven Verständnis von der *Rechts*frage und macht dieses nicht von der Behandlung durch die beteiligten Gerichte abhängig. Grundsätzlich fühlen sich die Vorlagegerichte zwar an die Einschätzung des vorlegenden Gerichts gebunden, in neueren Entscheidungen, insbesondere betreffend die neuartigen Einschränkungen der Sachverhaltsidentität, wird eine solche jedoch vielfach stillschweigend über Bord geworfen. Mithilfe des letztgenannten Kriteriums wird neuerdings mit dem Argument, die Sachverhaltskonstellationen unterschieden sich wesentlich, die Verknüpfung zur Verneinung einer *Rechts*frage gesucht und mit Floskeln wie, ein Revisionsurteil gebe „nur eine Antwort auf den zu entscheidenden Fall“, unter Hinweis auf den Einzelfallbezug jede Vorlegung zunichte gemacht. Vielfach wird durch Auslegung der „abweichenden“ Entscheidung versucht, deren auch allgemein gefasste Formulierungen als ausschließlich den Einzelfall betreffend zu relativieren, um ihr damit jegliche grundsätzliche Bedeutung für zukünftige Fälle abzusprechen. Zur Begründung der Verneinung der Vorlagevoraussetzungen wird immer wieder auf die „tatsächlichen Umstände des Einzelfalls“, auf das Erfordernis einer „Wertung“ oder „Abwägung“ sowie im Rahmen der Strafzumessung zusätzlich auf das „tatrichterliche Ermessen“ und die dadurch möglichen „unterschiedlichen Ergebnisse“ verwiesen.

## III. Kritik aus der Literatur

Insbesondere die Kommentarliteratur hat sich der Rechtsprechungspraxis angeschlossen und dieser offenbar wenig entgegenzusetzen.[1422] Auch will die hM in der Literatur dem BGH folgend nicht darauf abstellen, ob die Revisionsgerichte die Frage bisher als Rechtsfrage behandelt haben[1423] – sie folgen vielmehr einem objektiven Begriffsverständnis nach den allgemeinen Grundlagen.

---

1422 *Franke*, in: LR-GVG, § 121 Rn. 58b, 59, 88; *Hannich*, in: KK-StPO, § 121 GVG Rn. 14, 35; vgl. auch *Lilie*, Obiter dictum und Divergenzausgleich in Strafsachen, 52.

1423 *Franke*, in: LR-GVG, § 121 Rn. 58 b; *Hannich*, in: KK-StPO, § 121 GVG Rn. 35; a.A. *Schroth*, JR 1990, 93, 95.

Von seinen Gegnern wird dem BGH vorgeworfen, eigentlich die rechtliche Bewertung betreffende Fragen als *Tat*fragen zu deklarieren, um ein Vorlageverfahren zu umgehen.[1424] Kritik ist insbesondere an der generellen Einordnung der Strafzumessung als der Vorlegung nicht zugängliche Tatfrage entflammt, da es innerhalb der Strafzumessung auch Auslegungsfragen mit Geltkraft für andere Fälle gebe.[1425] Es findet sich im Zusammenhang mit den weiteren einschränkenden Mechanismen zur Dezimierung des Vorlageverfahrens, insbesondere des Erfordernisses des tragenden Grundes der früheren Entscheidung sowie der Sachverhaltsidentität[1426], die Rüge einer zu restriktiven Handhabung des Divergenzvorlageverfahrens[1427], teils werden auch Forderungen nach einer Erweiterung[1428] erhoben. Formulierungen der Obergerichte wie, ein Revisionsurteil gebe „nur eine Antwort auf den zu entscheidenden Fall" werden zum Anlass für eine allgemeine Kritik am zunehmenden fallorientierten Rechtsdenken genommen, wonach allgemeine Rechtssätze mit Relevanz für zukünftige Fälle zugunsten von Einzelfallentscheidungen vermieden würden.[1429] *Kuhlen* befürchtet etwa, dass das Institut der Vorlegung dadurch „obsolet"[1430] werde.

## IV. Stellungnahme

Die Verneinung einer *Rechts*frage durch die Obergerichte bei Beeinflussung der Frage (auch) durch den Einzelfall ist scharf zu kritisieren und hat mit einem effektiven, realitätsgetreuen Institut zur Klärung streitiger, allgemeiner Problemkreise nicht mehr viel gemein. Denn unter Hinweis auf den Einzelfall ließe sich eine jede, eigentlich auch allgemeingehaltene Aussagen treffende Frage als *Tat*frage abtun[1431], weil sie in einer Gerichtsentscheidung verortet ist, die stets auf den Einzelfall gerichtet ist, die von den konkreten Umständen lebt, die insbesondere als Revisionsentscheidung auch Folge des Rechtsmittels des Einzelnen ist und daher nie rein abstrakte Aussagen ohne Bezug zum konkreten Fall trifft! Der generelle Hinweis auf den „Einzelfall" erweist sich daher als gefährliche Methode zur Abwehr von Divergenzvorlagen und ist in dieser Allgemeinheit abzulehnen.

Es gibt Fragen, bei denen der Hinweis auf die besonderen Umstände des Einzelfalls in der Tat die Zuweisung zur *Tat*frage rechtfertigt: Das betrifft vor allem die subjektive Komponente der Beweiswürdigung sowie die Abwägungsentscheidung im engeren Sinne im Rahmen der Strafzumessung. Bei diesen beiden, von der restlichen Beweiswürdigung und Strafzumessung streng abzutrennenden Teilen

---

1424 *Grosse-Wilde*, HRRS 2009, 363, 368; *Neumann*, in: FS Meyer-Goßner, 683.

1425 Vgl. *Grosse-Wilde*, HRRS 2009, 363, 367; *Zipf*, JR 1978, 163, 164.

1426 Vgl. zur restriktiven Entwicklung des Vorlageverfahrens, 2. Kapitel B II 2.

1427 *Neumann*, in: FS Meyer-Goßner, 683.

1428 *Schäfer*, in: LR-GVG, 23. Aufl., § 121 Rn. 88.

1429 Vgl. *Kuhlen*, JA 1986, 589, 599 f.; *Neumann*, in: FS Meyer-Goßner, 699 ff.

1430 *Kuhlen*, JA 1986, 589, 600; vgl. auch *Lilie*, Obiter dictum (Fn. 1422), 56.

1431 Vgl. zu ähnlichen Gedanken auch *Neumann*, in: FS Meyer-Goßner, 683, 691; *Schroth*, JR 1990, 93, 98.

beeinflussen die Besonderheiten des Einzelfalls, die Wahrnehmungssituation, der Eindruck vom Angeklagten oder Zeugen in der unmittelbar mündlichen Hauptverhandlung und die persönlichen Fähigkeiten und Einschätzungen des Tatrichters seine Entscheidung derart mittelbar und versteckt, dass die Einschätzung, der Zeuge sei glaubwürdig, das Geständnis glaubhaft oder eine Strafe von drei Jahren und sechs Monaten und nicht etwa von drei Jahren und acht Monaten tat- und schuldangemessen, ausschließlich Ausdruck der Besonderheiten des jeweiligen Falles ist und keine Bedeutung für weitere Fälle hat. Hinsichtlich dieser konkreten Wertentscheidungen ist der Tatrichter frei, es schreibt ihm kein Gesetz vor, wann er eine Beweisperson für glaubwürdig halten muss oder welche konkrete Strafe er innerhalb des Spielrahmens der Schuld zu treffen hat – im Rahmen der persönlichkeitsspezifischen Komponente der Beweiswürdigung und Strafzumessung ist die Zuweisung dieses originär subjektiven, tatsächlichen Wertungsaktes zur *Tat*frage daher entsprechend des Grundverständnisses von der Revision gerechtfertigt. Sobald jedoch der Bereich nicht vollständig rational erfassbarer, unbewusst entscheidungserheblicher Gesichtspunkte verlassen ist, insbesondere der Ablauf der Beweiserhebungen und der Strafzumessung, der „Weg" zur richtigen Entscheidung betroffen ist, sind Gesetzesvorschriften und von der Rechtsprechung vorgegebene rechtliche Grundsätze und Richtlinien im Spiel, deren Einhaltung sowohl revisibel als auch der Vorlegung zugängliche *Rechts*frage sein muss; auch im Rahmen konkreter Subsumtionsfragen lässt sich differenzieren zwischen der *tatsächlichen* Wertung, ob die konkreten Tatsachen, die für die Ausfüllung des Tatbestandsmerkmals benötigt werden, vorliegen und der anschließenden *rechtlichen* Wertung, ob diese mit dem Gesetzeswortlaut in Deckung zu bringen sind. Ebenso erweist sich die Sachlage im Rahmen der Strafzumessung, auch dort bedarf es zum einen der *tatsächlichen* Würdigung einer komplexen Einzelsituation und der anschließenden *rechtlichen* Bewertung im Hinblick auf Strafrahmen, Zumessungsrichtlinien und bestimmte Bewertungsverbote – im letzteren Bereich ist eine Vielzahl allgemeiner Rechtsprobleme denkbar, die für weitere Fälle im Sinne einer einheitlichen Handhabung Bedeutung haben können. Eine generelle Zuweisung der Beweiswürdigung oder Strafzumessung zur *Tat*frage lässt sich daher systematisch nicht legitimieren. Jede dieser Fragen hat auf der einen Seite Bedeutung für den Einzelfall, kann aber auch in ihren allgemeinen Aussagen für spätere Fälle mit vergleichbarer Sachverhaltsgestaltung Bedeutung haben und dient damit auch der Rechtseinheit als Endziel des Divergenzvorlageverfahrens. Die Auslegungen durch die Revisionsgerichte, das Gericht habe „trotz grundsätzlicher Formulierung" keine generelle Aussage treffen wollen, verletzt sowohl die grundsätzliche Verständnishoheit des betroffenen Revisionsgerichts, welches es als letztinstanzlich entscheidendes Gericht alleine in der Hand haben sollte, die Rechtseinheit fördernde Maßnahmen durch Aufstellen bewusst allgemeingehaltener Aussagen zu treffen, als auch den in der Rechtsprechung selbst aufgestellten Grundsatz der Maßgeblichkeit der Beurteilung des vorlegenden Gerichts hinsichtlich des Gegebenseins der Vorlagevoraussetzungen. Solche Maßnahmen lassen sich, da sie jeglichen Auslegungsgrundsätzen und den im Vorlageverfahren geltenden Grundlagen widersprechen, nur mehr als gezieltes Tätigwerden zur Verhinderung von Vorlagen deuten, was schon jetzt zu einer massiven Schwächung des Instituts der Divergenzvorlage im deutschen Strafprozess geführt hat. Zu befürchten ist eine noch restriktivere Vorgehensweise durch Ausdehnung der Verhinderungsmaßnahmen bis zur faktischen Bedeutungslosigkeit der Vorlage, wenn sie sich nur mehr auf die abstrakte Auslegung von Rechtsbegriffen und auf das Bestehen von gesicherten Erfahrungssätzen bezieht; die Mehrheit der relevanten Fragen stellen nun einmal Subsumtionsfragen mit Bezug zum Einzelfall oder Grundlagen im Rahmen der Beweiswürdigung oder Strafzumessung dar. Die momentane Handhabung des Vorlageverfahrens lässt sich ohne weiteres als Rückschritt in Zeiten des *horror pleni* bezeichnen, wo die Deutungs-Mechanismen, der Sachverhalt liege „wesentlich anders" und der Senat habe die „Sache nicht grundsätzlich entscheiden wollen" ihren Ursprung hatten, wobei damals eine gewisse Plenarabneigung angesichts der Komplexität und des Aufwands des Vorlageverfahrens noch nachvollziehbar waren; heute allerdings gibt es für die Verhinderungstaktik keinen sachlichen Grund, die Gerichte scheinen derart von Kapazitäts- und Beschleunigungsgedanken sowie von persönlichen Befindlichkeiten bezüglich Zurückhaltung gegenüber Kollegenkritik sowie der erkannten Gefahr der öffentlichen Entpuppung der eigenen Ansicht als „falsch" umtrieben zu sein[1432], dass sie diese über das eigentliche Ziel der Divergenzvorlage, der Gewährleistung von Rechtseinheit- und Rechtsfortbildung stellen. Der Verweis auf das Vorliegen einer *Tat*frage oder fehlende Sachverhaltsidentität erweist sich dabei als effektives Mittel zur Umgehung eines offenbar von Anfang an missliebigen Instituts, betrachtet man die bereits durch das Reichsgericht aufgenommenen Hinderungsmechanismen sowie deren Fortführung und Ausweitung durch den BGH. Allgemein verbirgt sich hinter diesen Begründungsansätzen eine Strategie, die auch von der Handhabung unbestimmter Begriffe her bekannt ist: Die „Ver-Einzelfall-ung" von Erwägungen, die Herausnahme jeglicher allgemeingültiger Qualität, um sich größtmögliche richterliche Entscheidungsfreiheiten[1433] im Einzelfall zu erhalten. Der Verzicht allgemeingehaltene Richtlinien für künftige Fälle aufzustellen widerspricht zum einen der richtungsweisenden Funktion des BGH als letztinstanzlichem und oberstem Gericht in Strafsachen; wird durch diese Methode eigentlich zu bejahende Revisibilität abgelehnt oder werden wie vorliegend an sich zulässige Vorlagen abgewehrt, ergeben sich zudem verfassungsrechtliche Probleme im Hinblick auf die Garantie effektiven Rechtsschutzes nach Art. 19 Abs. 4 GG sowie des gesetzlichen Richters gemäß Art. 101 Abs. 1 S. 2 GG. Zwar verstößt der BGH bei Ablehnung einer Vorlage nicht selbst gegen Art. 101 Abs. 1 S. 2 GG, da er bei einer

---

1432 Vgl. zu möglichen Ursachen der Vorlegungsscheu auch *Leisner*, NJW 1989, 2246, 2248 f., insbesondere *Hanack*, Der Ausgleich divergierender Entscheidungen in der oberen Gerichtsbarkeit, 38 Fn. 176 und *Reichel*, Das Recht 1910, 346 zur befürchteten Inkollegialität.

1433 Von „zu wenig Spielraum" für den jeweiligen Einzelfall spricht auch *Neumann*, in: FS Meyer-Goßner, 683, 699.

Vorlage ja der zugewiesene gesetzliche Richter ist; aber die Oberlandesgerichte orientieren sich an der Rechtsprechung des BGH bezüglich zulässiger Vorlagefragen und legen entsprechende, vom BGH regelmäßig zu *Tat*fragen degradierte, eigentliche *Rechts*fragen gar nicht mehr vor und berühren damit die Kompetenzzuweisung gemäß Art. 101 Abs. 1 S. 2 GG.

Bedauerlich erweist sich auch die unterschiedliche Handhabung der *Rechts*frageneinordnung betreffend weitere Teile der Beweiswürdigung als nur die Erfahrungssätze sowie die rechtlichen Komponenten der Strafzumessung im Gegensatz zur Handhabung im Rahmen der Revisibiliät. Die Revision an sich und das Divergenzvorlageverfahren stehen in unmittelbarem, verfahrensrechtlichem Zusammenhang, die Revision soll auch der Rechtseinheit dienen und ist nach ihrer Konzeption auf die *Rechts*frage beschränkt; dennoch wird die Revisibilität deutlich großzügiger gehandhabt als die Annahme einer *Rechts*frage im Rahmen der §§ 121, 132 GVG. Eine grundsätzlich als sachlicher Grund anzuerkennende Ursache dafür liegt in der immer weiteren Öffnung der Revision auch für Belange der Einzelfallgerechtgkeit, während die Divergenzvorlage ein Institut der Rechtseinheit ist und bleibt. Durch die Verknüpfung mit dem Rechtsmittel der Revision sowie durch die Heranziehung auf den Einzelfall zugeschnittener Kriterien wie dasjenige der Entscheidungserheblichkeit lässt sich jedoch ein gewisser Einfluß der Fallgerechtigkeit auf das Institut der Vorlegung nicht leugnen. Vor dem Hintergrund veränderter gesellschaftlicher Bedürfnisse, die zur Ausweitung der Revisibilität im Bereich der Sachrüge geführt haben, erscheint auch im Bereich der Vorlage als wandelbarem Rechtsinstitut eine Reaktion im Wege der Rechtsfortbildung veranlasst, um noch ein zeitgemäßes Mittel zur Erfassung der gegenwärtigen Fragen der Revision darstellen zu können. Angesichts der vorsichtigen Öffnung der Divergenzvorlage für Einzelfallerwägungen zeigt sich auch ein Ansatz für eine großzügigere Handhabung der vorhandenen Möglichkeiten durch offenere und realitätsgerechtere Auslegung der Begrifflichkeiten, insbesondere vom Verständnis der Rechtseinheit dienlicher Entscheidungen; Bedeutung für weitere Fälle und darum geht es maßgeblich bei Belangen der Rechtsvereinheitlichung, haben eben nicht ausschließlich allgemeingültige Sätze ohne jeglichen Bezug zum konkreten Fall, sondern aus jedem Einzelfall lassen sich auch allgemeine Gedanken ziehen, die in ähnlichen Fällen wiederum richtungsweisend sein können. Die zur gebotenen weiteren Auslegung des Begriffs der Rechtseinheit unter Loslösung vom trügerischen Gegenstück „Einzelfall" im Rahmen der sachlich-rechtlichen Rechtsanwendung getätigten Ausführungen[1434] sind daher sinngemäß auf die Divergenzvorlage zu übertragen: Zur Herausfilterung allgemeiner Grundsätze aus Einzelfallentscheidungen muss sich ein der Rechtseinheitlichkeit verpflichtetes Vorlagegericht in der Lage sehen, wenn es seinen Auftrag im Lichte eines gewandelten Revisionsverständnisses ernst nehmen will. Eine Festhaltung an der ausschließlichen *Rechts*fragenqualität vom Einzelfall losgelöster Aussagen schadet zum einen – durch Dezimierung zulässiger Vorlagen auf ein nicht mehr nennenswertes Maß – der Rechtseinheit wegen massiven

1434 Siehe oben A I 4.

Bedeutungsverlustes mehr als es sie fördert und steht zudem im Widerspruch zur moderndern Revisionsrealität, in welcher die Befassung mit solch abstrakten Fragen die seltene Ausnahme bildet; die Revisionswirklichkeit beschäftigt sich mit konkreten Subsumtionsfragen und rechtlichen Fragen im Rahmen der „Einzelfallentscheidungen" der Beweiswürdigung und Strafzumessung, sodass diese Neuorientierung bei der Auslegung des Begriffs der *Rechts*frage im Bereich des Vorlageverfahrens Berücksichtigung finden muss.

Die möglichen Gefahren einer solchen, an den modernen Revisionsrealitäten orientierten Auslegung des Begriffs der Rechtseinheit sollen nicht verschwiegen werden: Natürliche Folge einer großzügigeren Handhabung durch die Vorlagegerichte sind häufigere Vorlagen und Vorlageentscheidungen und dadurch mehr Arbeitsbelastung für die Vorlagegerichte; den vorlegenden Oberlandesgerichten könnte eine Einengung bezüglich ihrer Handlungsfähigkeit und den Vorlagegerichten, allen voran den Großen Senaten des BGH, ein Bedeutungsverlust drohen[1435], da ihre Entscheidungen nichts „Außergewöhnliches" mehr wären. Meines Erachten dürfen solche Befürchtungen indes nicht überbewertet werden: Eine Beschneidung der Entscheidungsbefugnisse der vorlegenden Gerichte ist logische Folge einer Vorlegung, die bewusst vom Gesetzgeber in Kauf und gegenüber Belangen der Rechtseinheit hintangestellt wurde; insofern ist die Einschränkung deren Autonomie in einem gesunden Rahmen wegen des vorrangigen Zwecks der Rechtsvereinheitlichung und Rechtsfortbildung durch die Vorlagegerichte, zu Lasten der vorlegenden Gerichte hinzunehmen. Den Vorlagegerichten würde hingegen kein weiterer Prüfungsstoff obliegen, als ihnen ohnehin im Rahmen der Grenzen der Revisibilität zur Prüfung vorliegt: Die rechtlichen Komponenten der Beweiswürdigung und der Strafzumessung sind dort längst gegenwärtig und können auch im Rahmen der Divergenzvorlage nicht mehr länger ausgeblendet werden, will letztere nicht hinter der rasanten Revisionsentwicklung endgültig auf der Strecke bleiben. Das Vorlageverfahren soll nicht über Gebühr ausgedehnt werden, aber zum Zwecke der Rechtseinheit und Rechtsgleichheit, welche über beiden Instituten stehen, sollte nicht ein und dieselbe Frage im Rahmen der Revision als revisibel, die *Rechts*fragenqualität im Rahmen der Vorlage hingegen ohne hinreichenden, aus dem Zweck der Rechtseinheit abzuleitenden Grund abgelehnt werden – und letzterer steht bei richtiger Auslegung einer gemäßigten Ausweitung zulässiger Vorlagefragen im oben beschriebenen Rahmen nicht entgegen. Zudem ist der beschriebene Bedeutungsverlust der Entscheidungen der Vorlagegerichte gerade durch Degradierung allgemeiner Aussagen zu Einzelfallentscheidungen bereits real, eine Vermehrung der Vorlagen würde die herausragende Stellung der Vorlagegerichte zur Lösung umstrittener Rechtsprobleme nur wieder gegenwärtig machen und diese aufwerten.

Hinsichtlich der Anlegung eines subjektiven oder objektiven Begriffsverständnisses lässt sich festhalten, dass für ersteres zum einen ein Gleichlauf mit der grundsätzlich subjektiven Beurteilung der Vorlagevoraussetzungen durch das vorlegende

1435 Vgl. zu letzterem *Jungmann,* JZ 2009, 380, 385.

Gericht spricht und wie *Schroth* zutreffend erkennt, eine rechtsvereinheitlichende Wirkung zu begrüßen wäre, wenn die Abgrenzung von Tat- und Rechtsfrage selbst auch der Vorlage unterläge[1436]. Auf der anderen Seite spricht für die Anlegung grundsätzlich gleicher Maßstäbe wie bei der Frage der Revisibilität jedoch die erwähnten engen verfahrensrechtlichen und teilweisen Zwecküberschneidungen der Institute; eine einheitliche Bestimmung im ganzen Revisionsrecht würde ihrerseits zur Rechtseinheit als Ziel sowohl der Revision als auch der Divergenzvorlage als übergeordnetem Gesamtanliegen beitragen, sodass eine beide Institute möglichst eng zusammenbringende, objektive Lösung aus Rechtssicherheitsgesichtspunkten zu bevorzugen ist. Ob letztlich eine identische Begriffsausfüllung für die Zwecke der Revisibilität und der Vorlage unter Beachtung der möglichen Zweckkollision zwischen Rechtseinheit, Rechtsfortbildung und Einzelfallgerechtigkeit[1437] faktisch überhaupt in Frage kommt, hängt davon ab, ob für die Grenzziehung des revisibelen Bereichs an der Abgrenzung von *Tat-* und *Rechts*frage festzuhalten ist, was dem nachfolgenden Kapitel vorbehalten bleibt.

---

1436 *Schroth,* JR 1990, 93, 95.
1437 Vgl. dazu die Ausführungen im 2. Kapitel B I 3, II 1 b).

# 5. Kapitel: Fazit

## A. Zusammenfassung der Ergebnisse der Rechtsprechungsanalyse

Zum Zwecke eines abschließenden Fazits im Hinblick auf die Rechtsprechungsanalyse lässt sich zusammenfassend festhalten:

Die Rechtsprechung verwendet zur Umschreibung bzw. Begründung der Irrevisibilität und der *Tat*frageneinordnung im Rahmen der Vorlage immer wieder folgende Schlagwörter:

Wertung, Einzelfall, Abwägung, Gesamtschau, Ermessen, Beurteilungsspielraum, unterschiedliche Ergebnisse möglich, keine festen Grenzen, Prognose

Damit lässt sich eine grundsätzliche Definition der *Tat*frage im Sinne einer irrevisibelen, der Vorlegung nicht unterliegenden Frage in der Rechtsprechung wie folgt aufstellen:

Als *Tat*frage gelten diejenigen Bestandteile des tatrichterlichen Urteils, die von einer Würdigung der tatsächlichen Umstände des Einzelfalls abhängen.

Diese Formulierung erklärt die grundsätzliche Irrevisibilität und *Tat*frageneinordnung von unbestimmten Rechtsbegriffen sowie der Beweiswürdigung und Strafzumessung wegen der dort nötig werdenden Wertungs- und Abwägungsentscheidungen.

Der Begriff der *Rechts*frage lässt sich schwerer umschreiben, da deren Bejahung oder Verneinung oft von der gewünschten Eingriffsintensität der Revisionsgerichte abhängt. Als unproblematische *Rechts*frage gilt beinahe nur mehr die abstrakte Gesetzesauslegung in allen Bereichen; Subsumtionsfragen oft nur bei fehlender Einzelfallabhängigkeit, was in der grundsätzlichen Irrevisibilität unbestimmter Begriffe sowie deren *Tat*fragenqualität im Bereich der Vorlage deutlich wird. Im Rahmen sachlich-rechtlicher Angriffe gegen die Beweiswürdigung werden hingegen auch vielfach ungeachtet eines Einzelfallbezugs allgemeine Grundsätze und Richtlinien als revisibel anerkannt, während bei der Vorlage mit Ausnahme von Erfahrungssätzen die gesamte Beweiswürdigung und Strafzumessung als *Tat*frage gilt.

Eine nachträgliche Zuordnung der Vorgehensweise der Rechtsprechung zu den Begriffen *Tat-/Rechts*frage erweist sich damit als möglich, ob eine solche noch sinnvoll erscheint und mit den von der Literatur vertretenen Abgrenzungstheorien in Einklang zu bringen ist, kann nur im Zusammenhang mit den Revisionstheorien beurteilt werden, zu denen nachfolgend Stellung zu beziehen ist.

## B. Stellungnahme zur Abgrenzungsfrage

Vor dem Hintergrund der durch die Rechtsprechungsanalyse gewonnenen Erkenntnisse sind die im 3. Kapitel erörterten Revisionstheorien, insbesondere im Hinblick auf ihre Praxistauglichkeit kritisch zu würdigen. Vorab ist zu den (Un-) Trennbarkeitstheorien Stellung zu nehmen.

## I. (Un-)Trennbarkeitstheorien

Dass *Tat*- und *Rechts*frage oftmals miteinander verschlungen sind, ist insbesondere bei zusammengefassten rechtlichen Formulierungen im Rahmen der Tatsachenfeststellung augenscheinlich und bedarf keiner weiteren Erörterung; aus dieser Tatsache ist jedoch, wie die Vertreter der Trennbarkeitsthese richtig bemerken, nicht ohne weiteres auf die Untrennbarkeit zu schließen. Das Hauptargument der Untrennbarkeitslehre, jede Tatsachenfeststellung enthalte zugleich eine Wertung, ist in dieser Undifferenziertheit als ungenau zurückzuweisen: Dabei ist zunächst die Frage aufzuwerfen, was der Begriff „Wertung" bedeutet und in welchen Bereichen er auftreten kann. Ich würde „Wertung" als persönliche Einschätzung definieren, ob nach den besonderen Umständen des Einzelfalls eine bestimmte Tatsache oder ein konkretes Tatbestandsmerkmal gegeben ist, die oftmals eine Gesamtabwägung aller Gegebenheiten des Einzelfalls erfordert. Eine solche Wertung ist wie die Definition aufzeigt, einerseits im *tatsächlichen* Bereich denkbar, etwa im Rahmen der Beschreibung einer Situation in natürlichen Begriffen z.B. zu der Frage, wie ein vor Gericht erscheinender Zeuge angezogen ist, insbesondere wenn die Kleidung nicht sofort feststehenden Begriffen wie „Kleid" oder „Hose" zugeordnet werden kann, sondern eher ungewöhnlich ist und etwa weiterer Adjektive zur Beschreibung bedarf, wie z.B. „traditionelle bayerische Tracht".[1438] Eine nach den konkreten Einzelfallumständen stattfindende Einordnung kann daneben auch im *rechtlichen* Bereich stattfinden, etwa zur Beantwortung der Frage, ob nach Feststellung der Frage, wie der Zeuge gekleidet ist, dieser Aufzug als „ungebührlich" im Sinne des Gesetzes zu erachten ist. Man kann daher auch wie *Scheuerle* zwischen faktischer und rechtlicher Subsumtion[1439] im Sinne einer Unterordnung unter verschiedenartige Begriffe differenzieren. Die Wertung im *tatsächlichen* Bereich ist der *Tat*frage, dieselbe im *rechtlichen* Bereich der *Rechts*frage zuzuordnen. Beachtet man das von *Scheuerle* hervorgehobene „Postulat des Prius der natürlichen Begriffe" und befolgt streng die vorgegebene Reihenfolge, sich zunächst in natürlichen Begriffen klarzumachen, was geschehen ist und sich erst nachträglich zu fragen, wie das als geschehen Festgestellte rechtlich einzuordnen ist, gelingt meines Erachtens eine saubere Trennung zwischen *Tat*- und *Rechts*frage. Ebenso ist der von *Engisch* vorgebrachte Untrennbarkeitsfall zu beurteilen, in dem sich zu der Frage ob „ruhestörender Lärm" vorliege, welche ein Nervenbündel anders als ein robuster Mensch mit festem Schlaf beantworten werde, Tatsachenfeststellung und rechtliche Würdigung angeblich durch persönliche Wertung faktisch wechselseitig beeinflussten.[1440] Letzteres ist

1438 Vgl. dazu den in Tracht vor Gericht auftretenden Zeugen als Beispiel für ein „ungebührliches Auftreten" bei *Scheuerle*, AcP 157 (1958/59), 1, 75.

1439 *Scheuerle*, AcP 157 (1958/59), 1, 17, 21, 23.

1440 *Engisch*, Logische Studien zur Gesetzesanwendung, 103 Fn. 2.

richtig, daraus ist jedoch nicht die Untrennbarkeit zu folgern, wenn man sauber zwischen der *tatsächlichen* Wertung, ob vorliegend eine unangenehme, empfindliche Lautstärke vorliegt und der *rechtlichen* Wertung, ob die festgestellte Beeinträchtigung „ruhestörenden Lärm“ im Sinne des Gesetzes darstellt, differenziert. Das von der Untrennbarkeitstheorie vorgebrachte Argument der Synonymität der Begriffe vermag ebenfalls nicht durchzudringen, wenn man mit den Trennbarkeitsvertretern durch eine logische Analyse der Rechtsanwendungsakte die Beschreibung des tatsächlichen Geschehens in natürlichen Begriffen von der Subsumtion unter die möglicherweise – durch den Zweck der Rechtsnormen bedingt – abweichend zu verstehenden Rechtsbegriffe differenziert. Gegen die Theorie der bedingten Trennbarkeit ist einzuwenden, dass auch bei unbestimmten Begriffen und Wendungen durch eine genaue Aufgliederung des Rechtsanwendungsvorgangs in seine logischen Bestandteile eine exakte Trennung möglich ist, wenn man sich zunächst fragt, was geschehen ist, um anschließend im Rahmen der rechtlichen Würdigung den unbestimmten Begriff durch feststehende Definitionen oder Beispiele aus der Rechtsprechung zu vergleichbaren Fällen zu interpretieren und den konkreten Fall mit den vergangenen Fällen gleichzustellen.

Eine weitere Ungenauigkeit, der viele Untrennbarkeitsvertreter unterliegen, liegt in der fehlenden Differenzierung zwischen grundsätzlicher Trenn*barkeit*, d.h. der generellen Möglichkeit der Trennung und der tatsächlichen Trenn*ung* von *Tat*- und *Rechts*frage in tatrichterlichen Urteilen. Dass eine Trennung faktisch, insbesondere in einfach gelagerten Fällen aus Praktikabilitätsgründen in der täglichen Urteilspraxis oftmals nicht stattfindet, d.h. der Richter zwar für sich in seinem Denkprozess zunächst den Sachverhalt klärt, bevor er zur Subsumtion schreitet, letztere jedoch in seiner Darstellung in die Tatsachenfeststellung zugleich mithinein mischt, ist augenscheinlich und von *Henke* zutreffend als Trennungskomplikation erkannt. Verfolgt man die von den Vertretern der Trennbarkeitsthese gelehrte Zergliederung der rechtlich durchsetzten Formulierungen in der tatrichterlichen Sachverhaltsdarstellung in ihre tatsächlichen und rechtlichen Bestandteile[1441], *kann* eine klare Scheidung entsprechend dem Postulat der Trennung von *Tat*- und *Rechts*frage in der Revisionsinstanz erfolgen. Das Trennungsprinzip ist als allgemeiner Grundsatz in allen Verfahrensordnungen fest verankert, indem sowohl im Rahmen von anwaltlichen, als auch von behördlichen Schriftsätzen, ebenso wie in richterlichen Urteilen zur besseren Übersichtlichkeit und Verständlichkeit stets eine klare Differenzierung zwischen tatsächlichem Geschehen und rechtlicher Beurteilung gefordert wird. Das Trennungspostulat ist damit aus Gründen der Rechtssicherheit und Rechtsklarheit unumgänglich und wurde insbesondere auch vom Gesetzgeber der strafprozessualen Revisionsvorschriften gesehen, indem er in den Motiven zur StPO klar zwischen der „tatsächliche(n) Würdigung des Straffalles“ und der „rechtlichen Beurteilung

1441 *Henke*, Die Tatfrage, 177.

der Sache“ differenziert hat.[1442] Um diesem rechtsstaatlichen Erfordernis gerecht zu werden, ist daher mit *Mezger* zu fordern, eine Trennung „soweit (...) irgend möglich“[1443] durchzuführen. Es ist daher zwischen der hypothetischen Trenn*barkeit* und der tatsächlichen Trenn*ung* von *Tat*- und *Rechts*frage in der Rechtspraxis zu unterscheiden. Erstere ist mit dem von der traditionellen Lehre verfolgten Trennbarkeitsmodell grundsätzlich gegeben, letztere ist in dieser Allgemeinheit klar zu verneinen, weil in tatrichterlichen Urteilen oftmals *Tat*- und *Rechts*frage nicht klar geschieden sind. Die Möglichkeit der Trennung besteht jedoch auch in Fällen zusammengesetzter Formulierungen nachträglich durch Aufspaltung verkürzter Urteilsfeststellungen in ihre tatsächlichen und rechtlichen Elemente. Meines Erachtens besteht die grundsätzliche Möglichkeit der Trennung auch in den Fällen der sog. Gesamtsituation, insbesondere bei der Subsumtion eines komplexen Sachverhalts unter unbestimmte Rechtsbegriffe. Zwar sind auch hier durch schlagwortartige Bezeichnung der Situation durch einen Rechtsbegriff *Tat*- und *Rechts*frage miteinander vermengt, dies schließt jedoch ebenfalls nicht die Möglichkeit nachträglicher Aufspaltung des Rechtsbegriffs in die zugrunde liegenden tatsächlichen und rechtlichen Erwägungen aus. Eine Situation kann gar nicht so subtil sein, dass sich dafür gar keine natürlichen Begriffe zur Umschreibung der etwa durch Anschauung erfassten tatsächlichen Gegebenheiten finden lassen würden. Sollten einzelne Begriffe der Umgangssprache zur Beschreibung des Sachverhalts nicht hinreichend scharf sein, bedarf es eben einer Vielzahl natürlicher Begriffe, um den einzelnen Rechtsbegriff, der die tatsächliche Lage auf den Punkt bringt, zu umschreiben. Die Erfassung sog. Imponderabilien des Eindrucks in hinreichend aussagekräftigen Begrifflichkeiten der Umgangssprache mag zwar im Einzelfall schwierig sein, erscheint jedoch nicht unmöglich. Eine andere Frage betrifft die Problematik, ob allgemein in Fällen zusammengefasster, rechtlicher Formulierungen und speziell bei der schlagwortartigen Umschreibung von Gesamtsituationen durch Rechtsbegriffe jedes Mal eine klare Trenn*ung* in der Revisionsinstanz erfolgen kann. Dies ist im Hinblick auf die allgemeine menschliche Unzulänglichkeit, nicht zu wissen, was der rechtlich durchsetzten Formulierung für konkrete Einzeltatsachen zugrunde lagen sowie die hierarchische und in der Regel örtliche Distanz zwischen Tat- und Revisionsrichter, mit der Folge dass der eine den anderen nicht einfach schnell nach den fehlenden Einzelheiten des Sachverhalts fragen kann, zu bezweifeln. Die tatsächliche Trenn*ung* mag damit vielfach an praktischen Gründen scheitern, insbesondere an den Grenzen der Revisionsinstanz, welche für die Nachprüfung auf die schriftliche Darstellung im Urteil angewiesen ist, da diese jedenfalls im Rahmen der Sachrüge die alleinige Prüfungsgrundlage darstellt. Wird dort etwa eine subtile Gesamtsituation nur durch ein einziges rechtliches Schlagwort beschrieben, wird es in der Revisionsinstanz faktisch unmöglich sein, die nicht in natürlichen Begriffen beschriebenen, auf dem

1442 *Hahn/Mugdan,* Die gesamten Materialien zu den Reichs-Justizgesetzen, Bd. 3 StPO, 249 f.

1443 *Mezger,* Der psychiatrische Sachverständige im Prozess, 136.

Gesamteindruck der mündlichen Hauptverhandlung beruhenden Zwischenglieder, die zur Endfeststellung geführt haben, zu erfahren und damit eine klare Trenn*ung* zwischen Sachverhaltsfeststellung und rechtlicher Würdigung zu gewährleisten. Dieser Einwand ist jedoch dahingehend zu entkräften, dass solche Fälle nicht häufig vorkommen werden, die wegen ihrer fehlenden oder besonderen Komplexität an bestimmten Stellen zusammenfassende Formulierungen gestatten, aber gleichzeitig wegen genau dieser Punkte zu Streitigkeiten führen, die bis in die Revisionsinstanz reichen und daher entsprechend des Problembewusstseins eine ausführliche Darstellung verlangen würden. Zum anderen ist aus rechtsstaatlichen Gesichtspunkten ein lediglich Rechtsbegriffe erfassender Sachverhalt nicht zu akzeptieren, der den Revisionsrichter nicht einmal nachvollziehen lässt, welche Tatsachen der Tatrichter seiner Verurteilung zugrunde gelegt hat. Es stellt nach heute allgemein vertretener Ansicht einen Revisionsgrund wegen eines materiell-rechtlichen Fehlers dar, wenn dem Revisionsgericht mangels einer hinreichenden Tatsachengrundlage, die den Schuldspruch trägt, die Nachprüfung des Urteils in rechtlicher Hinsicht nicht möglich ist, sodass ein solches Urteil, welches nur durch Rechtsbegriffe zusammengefasste, nicht in ihren Einzelheiten genannte Tatsachenfeststellungen enthält, auf die Sachrüge hin aufzuheben wäre.[1444] Insoweit ist mit *Frisch* die praktische Relevanz der Einschränkung im Hinblick auf das Erfordernis der Rechtsklarheit und Bestimmtheit schwerer Grundrechtseingriffe durch das Strafrecht zu bezweifeln und eine sorgfältige Darstellung des strafrechtlich relevanten Sachverhalts mittels allgemein verständlicher Begriffe durch den Tatrichter im Urteil anzumahnen, sodass die Rechtfertigung des staatlichen Eingriffs soweit wie möglich nachvollzogen werden kann.[1445]

Zusammengefasst ist daher von einer grundsätzlichen logischen Trenn*barkeit* von *Tat-* und *Rechts*frage auszugehen, die soweit wie möglich durch Zergliederung des Rechtsanwendungsvorgangs in seine logischen Bestandteile spätestens in der Revisionsinstanz im Sinne des Postulats der Trennung von *Tat-* und *Rechts*frage zu vollziehen ist; im Einzelfall kann die logische Trenn*ung* jedoch durch verfahrensbedingte Besonderheiten des Revisionsverfahrens erschwert oder ausnahmsweise ganz verhindert werden.

---

1444 Vgl. dazu sehr deutlich OLG Hamburg, Beschl. v. 8.3.2011 – 2-39/10 (REV) -, juris Rn. 26: „Sofern es sich nicht um unmissverständliche einfache Rechtsbegriffe handelt, muss das Urteil die Merkmale des gesetzlichen Tatbestandes dabei in einzelne konkrete Handlungen und Tatsachen auflösen; da andernfalls das Revisionsgericht nicht in der Lage ist, die Subsumtion der Tatsachen unter das Gesetz auf ihre Richtigkeit zu überprüfen, begründet ein Verstoß gegen diese Anforderungen die Sachrüge."

1445 Vgl. *Frisch,* in: SK-StPO, § 337 Rn. 17; vgl. schon *Planck,* in: Preußische Jahrbücher, Bd. 31, 189.

## II. logische Methode

In Hinblick auf die logisch-begriffliche Abgrenzungstheorie, welche zwischen der Subsumtion unter natürliche und Rechtsbegriffe unterscheidet, ist den Kritikern zuzugeben, dass Begriffe wie z.B. Eigentum, töten, kaufen usw. sowohl in der Rechts- wie auch in der Umgangssprache verwendet werden. Mit *Schünemann* ist jedoch auf Hinweise wie etwa demjenigen *Hamms*, es ermangele an einem Unterschied zwischen Rechts- und Alltagssprache[1446] zu entgegnen, dass die begriffliche Methode als „statische Trennung von fachjuristischen und umgangssprachlichen Termini missverstanden“[1447] wurde. Denn behauptet wird seitens der Vertreter der begrifflichen Methode nicht die ausschließliche Zuordnung eines Begriffs zur *Tat-*/bzw. *Rechts*frage; es kommt vielmehr auf die konkrete Formulierung im Urteil bzw. deren Auflösung in natürliche Begriffe bei zusammengesetzten Formulierungen an, die über eine Zuordnung entscheiden soll. Ebenso verhält es sich mit dem Einwand, eine generelle Zuordnung zur Rechts- oder Alltagssprache sei mangels selbstständiger Sprachebenen nicht möglich: auf eine abstrakte Zuweisung kommt es nach dem telos der Methode auch gar nicht an, vielmehr ist im konkreten Verwendungszusammenhang eine Zuordnung dergestalt vorzunehmen, ob der Begriff vorliegend als natürlicher, zur Beschreibung des tatsächlichen Geschehens im Untersatz – oder als Rechtsbegriff im Obersatz verwendet wird. Ist die Sachverhaltsfeststellung mit der rechtlichen Würdigung aus Praktikabilitätsgründen vermengt worden, soll nach der begrifflichen Trennungsmethode ja gerade eine Zergliederung der Feststellung in ihre tatsächlichen und rechtlichen Bestandteile unter Rückführung einer rechtlich durchsetzten Formulierung auf die „nackten“ Tatsachen erfolgen. Dieser flexible Zuordnungsmechanismus zeigt, dass die Kritiker die begriffliche Methode entgegen ihrer Grundgedanken als abstrakt-generelle Zuschreibung zur Rechts- oder Umgangssprache fehlinterpretiert haben. Durch den geschilderten Zerlegungsvorgang ist die begrifflich-logische Methode im Grundsatz geeignet, auch bei scheinbar aussichtslosen Fällen der Verschlingung von *Tat-* und *Rechts*frage durch zusammenfassende Formulierungen des Sachverhalts in Rechtsbegriffen, eine klare Scheidung herbeizuführen. Gegen die begriffliche Revisionsmethode ist jedoch einzuwenden, dass sie allein nicht in der Lage ist, den Umfang des in der Revisionswirklichkeit praktizierten, revisibelen Bereichs zu erklären: Besonders augenscheinlich wird die fehlende Realitätsnähe der logisch-begrifflichen Methode, wenn man sich den inzwischen allgemein als revisibel anerkannten Rechtsfehler der unzureichend erschöpfenden Beweiswürdigung vor Augen führt: Im tatrichterlichen Urteil findet sich dabei im Rahmen der Sachverhaltsfeststellung, zu welcher die Beweiswürdigung methodisch gehört, insbesondere bei unterlassener Gesamtwürdigung oder Nichterwähnung erhobenerBeweise, mangels der Verwendung spezieller Rechtsbegriffe – mit Ausnahme des allgemeinen Rechtsbegriffs „Beweis“ – keinerlei Hinweis auf das

---

1446 *Sarstedt/Hamm*, Die Revision in Strafsachen, Rn. 325.

1447 *Schünemann*, in: FS A. Kaufmann, 299, 316.

Vorliegen einer *Rechts*frage, das tatsächliche Geschehen wird vielmehr ausschließlich in natürlichen Begriffen umschrieben, sodass nach der begrifflichen Revisionsmethode eine klare *Tat*frage vorläge. Eine Erklärung, warum mangels Subsumtion unter Rechtsbegriffe bei der Schilderung der tatsächlichen Vorgänge dennoch eine revisibele *Rechts*frage vorliegen könnte, vermag die begriffliche Revisionsmethode – was freilich an deren Entwicklung zu einer Zeit, als die Beweiswürdigung noch als irrevisibel galt, liegen mag – nicht zu leisten. Schon früh begann die Rechtsprechung zudem die Nachprüfung unbestimmter Rechtsbegriffe wie etwa solche der „groben Fahrlässigkeit" oder des „wichtigen Grundes" unter Hinweis auf das Vorliegen einer „Frage des Einzelfalls" abzulehnen, obwohl sie im selben Atemzug das Bewusstsein erkennen ließ, dass es sich dabei um Rechtsbegriffe handelte. Ihren Kritikern ist insofern zuzugeben, dass die begriffliche Methode ohne Hinzukommen weiterer nicht begriffs-logischer Kriterien nicht imstande ist, diese in der Revisionswirklichkeit praktizierte Einschränkung der Revisibilität zu erklären.

Ähnlich wie im Rahmen der begrifflichen Methode ist es durch den sprachanalytischen Ansatz im Prinzip möglich mittels einer logischen Unterscheidung zwischen den verschiedenen Sätzen der Sprache eine scharfe Trennung zwischen *Tat-* und Rechtsfrage zu ermöglichen. Wie bei jeder logischen Methode gelingt es ferner Widersprüche und Verstöße gegen die Denkgesetze aufzudecken, zudem ist zu befürworten, dass *Rüssmann* entsprechend der Erweiterung der Revision auch durch richterliche Rechtsfortbildung gebildete Grundsätze unter die Rechtssätze fassen will[1448]. Eben solcher – der Erfassung der durch die Entwicklungen in der Revision neu zu ziehenden Grenzen – bemüht sich *Rüssmann* auch, wenn er eine zusätzliche Regel zur Sachverhaltsbegründung kreieren will, um dem Zahn der Zeit zu entsprechen. Zur Begründung derselben muss jedoch auch er auf teleologische, verfahrensbedingte Erwägungen zurückgreifen, indem er feststellt, dass die Differenzierung nur nach Rechts- und außerrechtlichen Sätzen „noch keine sinnvolle Kompetenzverteilung zwischen Revisionsgericht und Instanzgerichten" verbürge[1449]. Diese Herleitung erscheint als hilfsweiser Rückgang auf ein kasuistisches Kriterium unter Berücksichtigung des Prinzips der prozessualen Arbeits- und Verantwortungsteilung zwischen Tat- und Revisionsrichter, um die logische Methode in dem Bewusstsein der fortschreitenden, mit den traditionellen logischen Ansätzen kaum mehr zu erklärenden Revisibilität, zu „retten". Dass die von ihm vorgeschlagene Zusatzregel inhaltlich unbestimmt ist und damit die Ungewissheit über die Grenzen der Revisibilität nicht erhellt, gibt er indirekt selbst zu.

Die Differenzierung von *Nierwetberg*, ob eine Frage nach der „Erfüllung" eines Begriffes nur mit „ja" oder „nein" beantwortet werden kann, erweist sich nicht als griffig, da auch eine klassische *Rechts*frage, welche die Subsumtion des konkreten Sachverhalts unter einen Gesetzesbegriff in eindeutigen Fällen betrifft, etwa ob die Zerstörung einer „Puppe" unter die „Tötung eines Menschen" im Sinne von

1448 *Rüssmann,* in: Juristische Methodenlehre und analytische Philosophie, 242, 250.
1449 *Rüssmann,* in: Juristische Methodenlehre (Fn. 1448), 242, 257.

§ 212 StGB fällt, ebenfalls keiner weiteren Auslegung bedarf und nur mit „ja" oder „nein" beantwortet werden kann; soweit derselbe ferner Abweichungen von seiner Methode in Form von Einschränkungen der Revisibilität bei der Auslegung von Willenserklärungen, die „keine ausreichend große Bedeutung für andere Rechtsfälle"[1450] haben, billigt, ist ihm vorzuhalten, dass er sich weiterer Kriterien – vorliegend teleologischer nach dem Rechtseinheitszweck der Revision – bedienen muss, um im Einzelfall zu gerechten Ergebnissen zu gelangen.

Der Auffassung *Mannheims*, der sich anstelle des Gegensatzpaares *Tat-/Rechts*frage mit den Begrifflichkeiten „Tatsachenfeststellung" – „Tatsachenbewertung" eines anderen Ansatzpunktes zur Bestimmung der Revisibilitätsgrenzen bedient, ist entsprechend der überwiegenden Meinung im Schrifttum vorzuhalten, dass dieses Kriterium einer dogmatischen Ableitung aus dem Gesetz entbehrt. Die Worte „Tatsachenfeststellung" – „Tatsachenbewertung" sind ebenso wenig im Gesetz genannt wie das Gegensatzpaar „*Tat-/Rechts*frage". Entgegen der Ansicht *Mannheims* beruhen aber gerade die Begriffe *Tat-/Rechts*frage auf einer Auslegung des Begriffs „Gesetzesverletzung" mittels Analyse des gesetzlichen Wortlautes unter Berücksichtigung der gesetzgeberischen Intention bei Erlass der Revisionsvorschriften.[1451] Zudem bringt *Mannheim* selbst die überragende Bedeutung der Gegenüberstellung von Rechtlichem und Tatsächlichem vor, indem er die Gegensätzlichkeit von *Tat-* und *Rechts*frage als „beherrschendes allgemeines Prinzip" und als „einen das gesamte Recht durchziehenden Gegensatz" bezeichnet.[1452] Eine entsprechende Herleitung der Begriffe „Tatsachenfeststellung" – „Tatsachenbewertung" anhand der anerkannten Auslegungsmethoden hat *Mannheim* weder unternommen, noch ist eine solche ersichtlich: Es leuchtet nicht ein, warum in beiden gegensätzlichen Begrifflichkeiten zur Bestimmung der Revisionsgrenzen der Begriff der „Tatsache" enthalten ist, wo das Gesetz doch von „Gesetzes" verletzung spricht. Daraus die Annahme zu folgern, das Gesetz habe es auf die Gegenüberstellung von Rechtlichem und Tatsächlichem angelegt, liegt bei weitem näher als zwei Begrifflichkeiten gegenüberzustellen, die beide den selben Ursprung enthalten, wo hingegen ein rechtliches Kriterium ganz fehlt. Zudem ist *Mannheim* aus dem allgemeinen Rechtsgedanken des Verbots widersprüchlichen Verhaltens die Inkonsequenz seiner eigenen Auffassung vorzuwerfen: Indem er die praktische Untrennbarkeit mittels der Abgrenzung zwischen Feststellung und Bewertung quasi einräumt, spricht er der eigenen Methode die Legitimation ab und versucht diese durch zweckbedingte und verfahrensorientierte Überlegungen zu retten. Wie soll solch eine ursprünglich als logisch intendierte These dann noch überzeugend wirken?

---

1450 *Nierwetberg*, JZ 1983, 237, 241.

1451 Vgl. dazu die methodische Herleitung oben, 2. Kapitel, A I 2.

1452 *Mannheim*, Beiträge zur Lehre von der Revision wegen materiellrechtlicher Verstöße im Strafverfahren, 34, 36.

## III. teleologische Methode

Zur teleologischen Methode *Schwinges* ist zu bemerken, dass sie zum Zeitpunkt ihrer Entwicklung, in den 1940er Jahren dem Bedürfnis der Rechtspflege entsprochen haben mag, eine nach vielen umstritten gebliebenen Abgrenzungsversuchen „neue Wende" einzuschlagen, die auch noch die restriktive Handhabung der Revisibilität und das Gedankengut in der damaligen Praxis[1453] abzubilden vermochte. Heutzutage ist ein alleiniges Abstellen auf den historischen Rechtseinheitszweck der Revision aber weder praxisgerecht noch rechtsstaatlich akzeptabel. Zum einen hat in der Zwischenzeit eine erhebliche Ausweitung der Revisionsangriffe in Richtung der Beweiswürdigung und Strafzumessung stattgefunden, die nicht ohne weiteres unter die theorieeigene Definition des „Richtliniencharakters" fallen, sondern typische Einzelfallentscheidungen darstellen und dennoch der Nachprüfung des Revisionsgerichts unterworfen werden. Zum anderen hat damit einhergehend ein Umdenken in Form der Betonung auch des Gerechtigkeitszwecks der Revision als Rechtsmittel stattgefunden, welcher heutzutage aus rechtsstaatlichen Gesichtspunkten im Hinblick auf die erheblichen Eingriffe eines verurteilenden Strafurteils in die Grundrechte des Angeklagten unumgänglich und zur Wahrung der Verfahrensrechte des Beschuldigten als Subjekt eines rechtsstaatlich ausgeprägten Verfahrens erforderlich ist. Das Interesse des Angeklagten an einer Berichtigung ihn schwer belastender Fehlentscheidungen muss auch in der Revisionsinstanz im Rahmen der begrenzten Möglichkeiten als mindestens gleichrangig neben dem Rechtseinheits- und Rechtsfortbildungszweck anerkannt werden, sodass ein alleiniges Abstellen auf den Zweck der Rechtseinheit nicht mehr verfängt.

Ferner sind inhaltliche Bedenken gegen einzelne Ausführungen *Schwinges* anzumelden, die umso mehr zu einer Ablehnung seiner Meinung führt: Wenn *Schwinge* ausführt, dass „Rechtsfragen, die einmalig sind, ausschließlich in dem einzelnen Prozess eine Rolle spielen und nur für ihn entschieden werden" irrevisibel seien[1454], ist ihm entgegenzuhalten, dass dann die Berufung auf die Besonderheiten des Einzelfalles jede *Rechts*frage zu einer irrevisibelen Frage machen würde, was den Grundsatz der Revisibilität der *Rechts*frage entgegen der eindeutigen gesetzgeberischen Intention und damit die Grundlagen, auf denen das gesamte Konzept der Revision in allen Rechtsgebieten aufbaut, ad absurdum führen würde. Jede Gerichtsentscheidung ist Einzelfallentscheidung, sodass jedes Abstellen auf die Besonderheiten des konkreten

---

1453 Vgl. BGHZ 10, 14, 17, das in der konkreten Anwendung des Begriffs der „groben Fahrlässigkeit" iSv § 932 BGB eine nicht-revisibele Tatfrage sieht, da deren Beantwortung „nicht einheitlich für alle Fälle, sondern nur von Fall zu Fall erfolgen" könne; ebenso BGH, VersR 1963, 711, 712; vgl. auch BAGE 2, 175, 181 f., welches dem Tatrichter bei der Anwendung des Begriffs „grobe Pflichtverletzung" einen angemessenen Spielraum einräumen will, da die Revision „vor allem der Rechtseinheit und Rechtsfortbildung zu dienen" habe und „die Richtigkeit der Entscheidungen gewährleisten soll, die Bedeutung über den einzelnen Fall hinaus" hätten.

1454 *Schwinge*, Grundlagen des Revisionsrechts, 53.

Falles das Institut der Revision leer laufen lassen könnte. In eklatantem Widerspruch zur Beschreibung solcher „individueller Rechtsfragen" befindet sich *Schwinge*, wenn er kurz darauf die Revisibilität sog. „konkreter Rechtsfragen" und damit die konkrete Revisibilität zubilligt, da auch die konkrete Beurteilung wegen der „Möglichkeit der Wiederholung" die Rechtseinheit berühren könne.[1455] Dieses im Hinblick auf die Intention des Gesetzgebers der ZPO[1456] und damit beinahe auf ein unabweisbares Bedürfnis erfolgende Zugeständnis, ist nicht mit der These *Schwinges*, nur „rechtsgrundsätzliche Verstöße" seien nachprüfbar, nicht dagegen solche, „denen keine über den einzelnen Fall hinausreichende rechtliche Tragweite" zukäme[1457] in Einklang zu bringen, da schon die Begrifflichkeiten „rechtsgrundsätzlich" und „konkret" in einem klassischen Widerstreit stehen. Aus der für die konkrete Revisibilität abgegebenen Begründung der Wiederholungsmöglichkeit, ergeben sich nur noch mehr offene Fragen, weil eine solche hypothetische – und nur auf so eine kommt es bei der bloßen Möglichkeit an – Gegebenheit bei allen sich in einem Rechtsstreit stellenden *Rechts*fragen und insbesondere auch bei den von *Schwinge* als irrevisbel bezeichneten „individuellen" *Rechts*fragen gegeben wäre. Denn auch bei zwei im Übrigen völlig unterschiedlich gearteten Sachverhaltskonstellationen kann sich im Hinblick auf einen bestimmten Umstand eine solche Ähnlichkeit der Tatumstände ergeben, dass sich plötzlich in einem zukünftigen Fall die gleiche *Rechts*frage wegen der Vergleichbarkeit des dem konkreten Einzelproblem zugrundeliegenden Sachverhalts noch einmal stellt. Es erhellt nicht, wie Schwinge zwischen „individuellen" *Rechts*fragen, nach eigener Angabe z.B. die Frage, ob ein „wichtiger Grund" im Sinne von § 626 BGB vorliegt, die er für irrevisibel hält und „konkreten" *Rechts*fragen, wie etwa die Frage, ob der Goldfinger der rechten Hand ein „wichtiges Glied" im Sinne des § 223 a StGB a.F. darstellt, die revisibel sein sollen[1458], unterscheiden will. Im Ergebnis ist im Hinblick auf die fehlende Überzeugungskraft und Ableitbarkeit der Behauptung der Zulassung der konkreten Revisibilität aus dem sonstigen Vorbringen *Schwinges* der Bewertung *Henkes* zuzustimmen, dass mit *Schwinges* Methode die konkrete Revisibilität a.E. nicht zu erfassen ist[1459]; diese ist aber sowohl nach der gesetzgeberischen Intention als auch nach dem Grundverständnis von Revision im Hinblick auf die Revisibilität der Subsumtionsfrage, also der Unterordnung des konkreten Sachverhalts unter die Rechtsnorm, zu Recht allgemein anerkannt, da auch konkrete Einzelfälle bei Vergleichbarkeit Wirkung für zukünftige Entscheidungen haben können.

Gegen die Ansicht *Rosenaus,* den Zweck der Revision in der Qualitätssicherung zu sehen und mit dessen Hilfe die Revisionsgrenzen festzulegen, ist anzuführen, dass mangels Bezuges zu den Besonderheiten des Revisionsverfahrens nicht ersichtlich

1455 *Schwinge,* Grundlagen (Fn. 1454), 57.
1456 Vgl. dazu oben Fn. 625.
1457 *Schwinge,* Grundlagen (Fn. 1454), 50.
1458 *Schwinge,* Grundlagen (Fn. 1454), 51, 53, 57.
1459 *Henke,* Die Tatfrage, 32.

wird, warum dies gerade der Zweck des Revisionsverfahrens und nicht auch anderer bzw. aller Rechtsmittel darstellen soll, weil die Rechtsschutzgarantie des Art. 19 Abs. 4 GG ganz allgemein für alle gerichtlichen Verfahren gilt. Mangels hinreichender dogmatischer Legitimation gerade im Hinblick auf die strafprozessuale Revision scheidet eine Besinnung auf einen nicht ausreichend begründeten und in der Folge nicht anerkannten Revisionszweck aus.

Den Kritikern der teleologischen Methode *Kuchinkes* ist beizupflichten, dass es wegen der Verwendung unbestimmter Kriterien, deren Vorliegen im Einzelfall in das Ermessen des Revisionsgerichts gestellt wird, an einem am Gedanken der Rechtssicherheit orientierten, von Fall zu Fall anwendbarem Abgrenzungskriterium fehlt. Gegen *Kuchinkes* These von der ausnahmsweisen Revisibilität offensichtlicher Mängel ist einzuwenden, dass eine solche „Billigkeitsgrenze" zwar im Hinblick auf das allgemeine Ziel der rechtsprechenden Gewalt, Fehlurteile zu vermeiden und die Bindung der Revisionsgerichte an Recht und Gesetz interessensgerecht erscheinen mag, aber weder einen Anhaltspunkt im Gesetz noch in der Revisionswirklichkeit findet; im Gegenteil widerspricht eine solche dem Grundverständnis von der Revision, welche von einer uneingeschränkten Bindung des Revisionsgerichts an die materiellen Feststellungen ausgeht, mögen diese auch noch so offensichtlich fehlerhaft sein. Die Ansicht *Kuchinkes,* die Beweiswürdigung sei wegen ihrer individuellen Elemente mit Ausnahme einer fehlenden oder offenbar unzureichenden Würdigung grundsätzlich frei von Rechtsregeln und der Revision nicht unterworfen[1460] verwechselt die dem Tatrichter tatsächlich obliegende Freiheit im tatsächlichen Beweiswürdigungsbereich, mit rechtlicher Freiheit, die diesem auch im Rahmen seiner originären Beweiswürdigungskompetenz von Gesetzes wegen nicht eingeräumt ist; denn der Tatrichter ist ungeachtet des Grundsatzes der freien Beweiswürdigung niemals von der Befolgung rechtlicher Regeln befreit, deren Einhaltung der Prüfung des Revisionsgerichts stets, auch im Bereich der dem Tatrichter grundsätzlich obliegenden Beweiswürdigung, als originäre Aufgabe im Rahmen der Rechtsfehlerkontrolle obliegt. *Kuchinke* geht damit von falschen Voraussetzungen aus und stellt sich zudem gegen die Revisionspraxis, die ebenfalls zwischen der verwehrten inhaltlichen Überprüfung des Ergebnisses der Beweiswürdigung und der zulässigen Prüfung deren rechtlich einwandfreien Zustandekommens unterscheidet. Inhaltlich widersprüchlich und damit der Überzeugungskraft entbehrend ist die These *Kuchinkes,* die einerseits die Irrevisibilität von Erfahrungssätzen bei Beurteilung der individuellen Elemente des Sachverhalts betont[1461], andererseits aber das als Ausnahmefall postulierte Vorliegen offenbarer Mängel in der Urteilsbildung auf die Fälle der Nichtberücksichtigung oder fehlerhaften Verwertung von gesichertem Erfahrungswissen immer weiter

1460 *Kuchinke,* Grenzen der Nachprüfbarkeit tatrichterlicher Würdigung und Feststellungen in der Revisionsinstanz, 194 f., 199, 211.
1461 *Kuchinke,* Grenzen der Nachprüfbarkeit (Fn. 1460), 197.

ausbaut[1462]; dadurch relativiert *Kuchinke* seine eigene Auffassung wieder und ruft Zweifel an der Berechtigung derselben hervor.

## IV. Leistungsmethode

Für die Leistungsmethode ist anzuführen, dass sie den praktischen Bedürfnissen der Rechtspflege entspricht, da die Grenzziehung des revisibelen Bereichs in der höchstrichterlichen Rechtsprechung, insbesondere des BGH, im Wesentlichen damit zusammenfällt, was das Revisionsgericht zu leisten vermag: Wenn der BGH etwa dem Revisionsgericht die Nachprüfung des tatrichterlichen Urteils auf die Missachtung von offenkundigen Tatsachen sowie Denkgesetzen und Erfahrungssätzen zugesteht, dann stehen dem Revisionsgericht bei der Prüfung auf Rechtsfehler damit die selben, allgemein bekannten Erkenntnisquellen offen, wie dem Tatgericht. Ebenso verfährt der BGH nach dem Gedanken der Leistungsfähigkeit des Revisionsgerichts, wenn er im Rahmen der Verfahrensrüge solche Fehler als revisibel anerkennt, die mit den „Mitteln des Revisionsrechts" erkennbar sind. Das von den Revisionsgerichten im Rahmen der (Ir-) Revisibilität der Beweiswürdigung und Auslegung praktizierte Regel-Ausnahme-Prinzip beruht ferner auf dem Grundsatz der Arbeits- und Verantwortungsteilung zwischen Tat- und Revisionsrichter, das damit korreliert, was der jeweilige Spruchkörper nach der Vorstellung des Gesetzes im System der Revision (besser) leisten kann. Insofern ist *Barton* zuzustimmen, dass sich die Revisionsgerichte zu einer Abgrenzung des revisibelen Bereichs nach der Leistungsfähigkeit des Revisionsgerichts zwar nie ausdrücklich bekannt haben, eine solche aber vielfach stillschweigend vornehmen.[1463]

Die Theorie überzeugt ferner durch ihren engen Zusammenhang mit dem Prinzip der prozessualen Arbeits- und Verantwortungsteilung, welches einen der Grundpfeiler der strafprozessualen Revision darstellt und die wesentliche Grundlage des gesetzlichen Verständnisses von der Revision in Strafsachen bildet: Demnach ist der Tatrichter grundsätzlich für die Tatsachenfeststellung durch förmliche Beweisaufnahme in unmittelbarer, mündlicher Hauptverhandlung – der Revisionsrichter dagegen für die Rechtsfehlerkontrolle anhand der schriftlichen Urteilsgrundlage – verantwortlich. Auch im Rahmen der Leistungsmethode wird maßgeblich auf die Möglichkeit des Revisionsrichters, Fehler im schriftlichen Verfahren, ohne eine eigene Beweisaufnahme, zu erkennen, abgestellt. Die Leistungsmethode geht dadurch jedoch einen erheblichen Schritt über die Grundgedanken der gesetzlichen Aufgabenteilung hinaus, wenn sie dem Revisionsgericht die Überprüfungsbefugnis auch bezüglich solcher Fehler etwa im Bereich der Beweiswürdigung zuweist, die es entgegen der gesetzlichen Kompetenzzuteilung – Beweiswürdigung ist Sache des Tatrichters – aus den Urteilsgründen zu ersehen glaubt. In einem solchen Fall der

1462 *Kuchinke,* Grenzen der Nachprüfbarkeit (Fn. 1460), 197, 207 ff.
1463 *Barton,* JuS 2007, 977, 980.

Kollision der Grundgedanken des Prinzips der Aufgaben- und Verantwortungsteilung mit der Leistungsmethode schließt sich die Frage an, welchem Grundsatz der Vorrang gebührt: Dem offensichtlich vom Gesetzgeber intendierten und anfangs streng so praktizierten Trennungsprinzip bezüglich der Tätigkeit von Tat- und Revisionsrichter, auf dem die gesetzlichen Regelungen der Revision aufbauen – oder dem infolge der Entwicklungen der Revision veränderten praktischen Bedürfnis nach stärkerer Handhabe des Revisionsgerichts im Rahmen seiner prozessualen Möglichkeiten? Blickt man auf die Handhabung in der Praxis, ergibt sich eine klare Präferierung der Leistungs*fähigkeit* im Gegensatz zur Leistungs*befugnis:* Der mit großer Mehrheit am 52. Deutschen Juristentag gefasste Beschluss für eine extensive Auslegung des § 337 StPO und eine Orientierung der Revision am Zweck der Gewährleistung einer gerechten Entscheidung im Einzelfall, sofern die Revision einziges Rechtsmittel darstellt[1464], wird im Schrifttum sowie von den Abstimmenden als „eindeutiges Bekenntnis zur sogenannten Leistungsmethode“[1465] verstanden. Statt starr an dem ursprünglichen Verständnis des Prinzips der Aufgaben- und Verantwortungsteilung unter monotoner Wiedergabe der inzwischen zur formelhaften Wendung mutierten Feststellung der obergerichtlichen Rechtsprechung, Beweiswürdigung und Strafzumessung seien „Sache des Tatrichters“, festzuhaften, ist angesichts der klar zu Tage tretenden veränderten Bedürfnisse hinsichtlich der Reichweite der Revisionsentscheidung, die Frage veranlasst, inwiefern das Prinzip der Arbeits- und Verantwortungsteilung mit dem ursprünglich ihm zugeschriebenen Inhalt heute noch realitätsgemäß ist. Wie jedes Recht, ist auch das Revisionsrecht dem Wandel durch wechselnde Bedürfnisse in der Gesellschaft unterworfen, sodass auslegungsbedürftige Rechtsbegriffe und rechtliche Grundsätze im Laufe der Zeit unterschiedlicher Ausfüllung bedürfen, um dem modernen Zeitgeist gerecht zu werden. Ebenso verhält es sich mit dem Prinzip der Aufgabenverteilung zwischen Tat- und Revisionsrichter, das angesichts der frappierenden Veränderungen in der Revisionswirklichkeit, nicht mehr einfach in seinem ursprünglichen Verständnis angesetzt werden kann, sondern einer Anpassung an die gewandelten Anforderungen an eine effektive Revisionsinstanz bedarf. Dieses Vorgehen hat nichts mit einer Aufgabe der das Grundverständnis der Revision prägenden Grundsätze unter stiller Befolgung der Marschroute des BGH ohne kritisches Hinterfragen der rechtlichen Legitimation derselben zu tun; zum einen müssen, wenn das Rechtsinstitut der strafprozessualen Revision bestehen bleiben soll, deren wesentliche Grundideen erhalten bleiben, um den Kern der Revision, ihre Identität zu erhalten, sodass es bei einer Aufteilung der Aufgaben zwischen Tat- und Revisionsrichter in Form von Tatsachenverhandlung vs. Rechtsfehlerkontrolle bleiben muss. Die konkrete Ausgestaltung derselben bedarf jedoch erweiternder Auslegung in der Form einer näheren Konkretisierung und darf nicht

1464 Verhandlungen des 52. DJT, Bd. II Sitzungsberichte, L 182, L 222.
1465 *Riess,* ZRP 1979, 193, 195; Verhandlungen des 52. DJT, Bd. II Sitzungsberichte, L 182.

mehr pauschal lauten „Beweiswürdigung = Sache des Tatrichters". Zum anderen darf die Rechtsprechung, die über die Rechtsfälle der einzelnen Bürger als wesentliches Spiegelbild der Bedürfnisse der Gesellschaft entscheidet, bei der Fortentwicklung des Rechts nicht vernachlässigt werden. Ungeachtet der wichtigen Anstoßfunktion der Literatur für neue Entwicklungen und Veränderungen in der Rechtspflege, erscheint die Rechtsprechung in einem funktionierenden Rechtssystem ebenso essentiell, um den Puls der Zeit, die Bedürfnisse der Praxis, der Bürger, die tagtäglich Empfänger der von Ihnen gesprochenen Urteile sind, zuverlässig abzubilden. Welchen Sinn hat eine Lehre, welche über Jahrzehnte hinweg schlicht Theorie geblieben ist, von der Rechtsprechung nie beachtet und daher nie an realen Fällen erprobt wurde? Rückblickend betrachtet, einen wesentlich geringeren als den einer realiter gelebten Lehre. Für das Recht weitaus wertvoller sind dagegen solche wissenschaftlichen Vorschläge, die in der Rechtsprechung ihren Einsatz finden, die in der praktischen Rechtsanwendung zur Anwendung kommen und die Rechtspflege mitprägen. Aus diesem Grund ist für eine Lösung des Revisionsproblems eine Berücksichtigung der praktischen Bedürfnisse der Rechtspflege unumgänglich, um zu brauchbaren Ergebnissen zu gelangen.

Für die in diesem Rahmen zu tätigende Stellungnahme zur Leistungsmethode bedeutet dies, dass die vorgebrachte Kritik, der Kollision derselben mit dem Prinzip der prozessualen Arbeits- und Verantwortungsteilung jedenfalls pauschal nicht durchgreift, weil letzteres einer Anpassung an die moderne Revisionsrealität in der Form bedarf, dass auch dem Revisionsrichter Prüfungskompetenzen im Bereich der Beweiswürdigung und Strafzumessung hinsichtlich des Vorliegens von Rechtsfehlern ausdrücklich zuzugestehen, Beweiswürdigung und Strafzumessung eben nicht mehr „alleinige Aufgabe" des Tatrichters sind; ein solches Zugeständnis vermeidet mithin einen generellen Konflikt zwischen beiden Prinzipien.

Entscheidend gegen die Leistungsmethode spricht jedoch, dass auch sie nicht geeignet ist, abschließend die gegenwärtige Revisionspraxis abzubilden. Denn die Obergerichte sprechen regelmäßig auch solchen Fehlern die Revisibilität ab, deren Erkennbarkeit unproblematisch im Rahmen der Leistungsfähigkeit des Revisionsgerichts läge: So wird der revisionsgerichtliche Augenscheinsbeweis trotz der Nachprüfpflicht des Revisionsgericht bezüglich Verfahrensfehlern überwiegend nicht zugelassen, obwohl eine Überprüfung der Beweiswürdigung im Urteil anhand einer Besehung eines bei den Akten befindlichen Augenscheinsstücks möglich und damit ein Beweiswürdigungsfehler für das Revisionsgericht auch ohne eigene Beweisaufnahme nach den Regeln des Strengbeweises erkennbar wäre. Das Revisionsgericht wäre hier theoretisch zur Leistung „fähig", faktisch ist es aber „nicht willig". Ebenso verhält es sich bei der vom BGH als „Rüge der Aktenwidrigkeit" gescholtenen Rüge der Nichtausschöpfung eines Beweismittels, bei welcher der BGH unter starrer Hervorhebung des Rekonstruktionsverbots einen Blick in die zur Verfügung stehenden Akten grundsätzlich partout scheut, obwohl etwaige Beweiswürdigungsfehler für das Revisionsgericht ohne weiteres aus den schriftlichen Unterlagen erkennbar wären.

*Rosenau* prangert hinsichtlich dieses Widerspruchs zu Recht eine gewisse Willkür der Rechtsprechungsorgane an und wirft den Revisionsgerichten vor, als „leistbar" das anzusehen, „was man von der Revision umfasst sehen will."[1466] Betrachtet man solche Fälle der fehlenden Nachprüfung durch das Revisionsgericht trotz faktisch vorhandener Leistungs*fähigkeit*, liegt die Vermutung nahe, dass die Revisionsgerichte oftmals Ausnahmen von ihrer grundsätzlichen Praktizierung in solchen Fällen machen, in denen eine Nachprüfung nicht gewollt ist, sodass in der Praxis etwa in Fällen der Rüge der Aktenwidrigkeit nicht die Leistungs*fähigkeit*, sondern vielmehr die Leistungs*willigkeit* der Revisionsgerichte entscheidend ist. Die Leistungsmethode krankt ferner an Ungenauigkeiten, wenn sie eine Beschränkung der Revisibilität von Fragen, deren Lösung „Ansichtssache" ist, auf ihre Vertretbarkeit annehmen will, ohne sauber zwischen *tatsächlichen* und *rechtlichen* Wertungen zu differenzieren: Geht man von einer umfangreichen, alle für die *rechtliche* Wertung maßgeblichen Gesichtspunkte mitteilenden Urteilsgrundlage aus, erscheint aus der Erkennbarkeit des Fehlers heraus kein Grund für eine Einschränkung ersichtlich[1467], da das Revisionsgericht die *rechtliche* Wertung ebenso gut wie der Tatrichter vornehmen kann; der Grund für eine etwaige Einschränkung der Revisibilität ist ausschließlich in der subjektiven Komponente der *tatsächlichen* Wertung zu sehen, die nach dem Grundsatz der Verantwortungsteilung etwa im Rahmen der Beweiswürdigung dem Tatrichter obliegt und sich von der anhand schriftlicher Unterlagen vornehmbaren *rechtlichen* Wertung streng unterscheidet. Angesichts immer umfangreicherer Urteilsgründe ist der Revisionsrichter mehr und mehr in der Lage die Ausfüllung unbestimmter Rechtsbegriffe und die Beantwortung wertungsbedürftiger Fragen voll durchzuprüfen.

## V. begrifflich-teleologische Methode

Für die begrifflich-teleologische Methode aus der Feder *Henkes* ist anzuführen, dass sie einige der gegen die traditionelle Lehre vorgebrachten Kritikpunkte berücksichtigt, indem sie etwa die manchen logischen Vertretern vorgeworfene Korrektur der logischen Trennung durch zweckgerichtete Erwägungen „durch die Hintertür" offen anspricht und nach methodischer Herleitung einfach vornimmt. Inhaltlich überzeugt die Differenzierung *Henkes* zwischen dem vom persönlichen Eindruck beeinflussten, irrevisibelen Beweiswürdigungsergebnis und dem methodisch richtigen Weg dorthin durch Beachtung von Beweiswürdigungsregeln, deren Verletzung irrevisibel sei.[1468] Ferner ist *Henke* zuzugeben, dass seine Methode auch Verstöße gegen Denk- und Erfahrungssätze sowie die mangelnde Ausschöpfung des Prozessstoffs[1469] zu erfassen vermag und damit die Entwicklungen der Revision hin zur erweiterten Revision berücksichtigt werden. Im Hinblick auf den Wandel im Revisionsrecht überzeugt jedoch das alleinige Abstellen auf den Revisionszweck der Rechtseinheit nicht, vielmehr hätte es – um der Revisionswirklichkeit gerecht zu

1466 *Rosenau*, in: FS Widmaier, 521, 534.
1467 Vgl. auch *Gottwald*, Die Revisionsinstanz als Tatsacheninstanz, 180.
1468 Vgl. *Henke*, ZZP 81 (1968), 321, 379.
1469 Vgl. *Henke*, ZZP 81 (1968), 321, 342 f.

werden – bei Anstellen einer teleologischen Betrachtungsweise eines Eingehens auf die mit der Betonung des Revisionszwecks der Einzelfallgerechtigkeit einhergehende Ausweitung des revisibelen Bereiches und damit auf eine mögliche diesbezügliche Korrektur der begrifflichen Methode bedurft. Inhaltlich ist weiter zu kritisieren, dass *Henke* offenbar von einer unterschiedlichen Zuordnung zur *Tat-/Rechts*frage im materiell-rechtlichen und im revisionsrechtlichen Sinn ausgeht, etwa wenn er versucht, die praktizierte Irrevisibilität des unbestimmten Begriffs zu erklären und meint die materiell-rechtliche Rechtsfrage werde im Revisionsrecht prozessual zur Tatfrage[1470]; meines Erachtens ist eine solche Aufspaltung jedoch einerseits unpraktikabel und der Rechtssicherheit im Revisionsrecht weiter abträglich, da sie einer klaren Zuweisung im Wege steht und lediglich neue Ungewissheiten hervorbringt, in welchen Fällen ein solcher Wandel von der *Rechts-* zur *Tat*frage zu vollziehen ist; zum anderen gibt es keinen dogmatisch einleuchtenden Grund, warum etwa dem unbestimmten Rechtsbegriff die *Rechts*fragenqualität abzusprechen ist, nur weil eine neue Instanz eingeläutet wird: Denn *Tat*frage bleibt *Tat*frage und *Rechts*frage bleibt *Rechts*frage.

Ohne den erheblich zu honorierenden Ausarbeitungen *Henkes* zur begrifflich-logischen Methode – welchen wir im Hinblick auf die traditionelle logische Revisionstheorie und die Trennbarkeitsthese viel zu verdanken haben – den Wert absprechen zu wollen, werden seine logischen Erörterungen doch im Ergebnis in den Hintergrund gedrängt, weil *Henke* derartig viele teleologische Korrekturen vornimmt, dass seine Ansicht a.E. im Wesentlichen zu den gleichen Ergebnissen führt wie die reine teleologische Methode *Schwinges*. Das zeigt sich insbesondere in der zusammenfassenden These *Henkes*, eine revisibele Gesetzesverletzung liege vor, „wenn das Revisionsgericht mit *Richtlinien-* oder mit Beispielswirkung zu zeigen vermag, dass der Tatrichter das Gesetz unrichtig anwandte, oder wenn die tatrichterliche Rechtsfindungsmethode falsch war"[1471]. Der Nachteil einer solchen gemischten Methode, die zwar möglichst viele Problemfelder abzudecken vermag, ist darin zu sehen, dass sie durch die berücksichtigte Vielfalt an möglichst vielen Fallgruppen an Schärfe verliert, unter welcher die Rechtssicherheit leidet. Da die Umstände des Einzelfalls vielseitig sein können, bedürfte es damit bei Befolgung der begrifflich-teleologischen Methode in jedem Einzelfall der Prüfung, ob vorliegend Raum für eine Korrektur der grundsätzlichen Einordnung besteht, sodass im Ergebnis ein trennscharfes Abgrenzungskriterium zwischen *Tat-* und *Rechts*frage nicht festgestellt werden kann.

Insgesamt lässt sich damit festhalten, dass die Abgrenzungstheorien entweder an dogmatischen Mängeln leiden, an der modernen Revisionswirklichkeit vorbeigehen oder nicht praktikabel sind, sodass sie allein nicht zur Problemlösung geeignet erscheinen.

1470 *Henke,* ZZP 81 (1968), 196, 209.
1471 *Henke,* ZZP 81 (1968), 321, 343; vgl. *Schwinge,* Grundlagen (Fn. 1454), 50.

# C. Eigener Ansatz zur Abgrenzung von *Tat*- und *Rechts*frage

## I. Grundüberlegungen

Da keiner der bisherigen Theorien unbedingt gefolgt werden kann, bedarf es mithin der Entwicklung eines eigenen Ansatzes zur Abgrenzung von *Tat*- und *Rechts*frage in der strafprozessualen Revision. Dabei ist vorweg festzuhalten, dass zur Problemlösung vorrangig nur ein logisches Abgrenzungskriterium in Frage kommt, da die Trennung von *Tat*- und *Rechts*frage sowohl vom Gesetzgeber gewollt als auch grundsätzliche Trenn*barkeit* zu bejahren ist, sodass eine möglichst weitgehende Umsetzung des Trennungspostulats mithilfe logischer Erwägungen anzustreben ist.

Ein möglicher Ansatzpunkt wäre die Parallelisierung einer etwaigen Handhabung bei der Abgrenzung von „Tatsache“ und „Werturteil“, welche in mehreren Tatbeständen des materiellen Strafrechts erforderlich wird: Tatbestandsmerkmal des Betrugstatbestandes gemäß § 263 StGB ist eine Täuschung über „Tatsachen“, die Unterscheidung des Beleidigungstatbestandes nach § 185 StGB von demjenigen der üblen Nachrede, § 186 StGB und der Verleumndung, § 187 StGB erfolgt über das Merkmal der Verbreitung von Tatsachen oder Werturteilen und eine falsche uneidliche Aussage im Sinne von § 153 StGB kann nur über Tatsachen erfolgen. Als Tatsachen in diesem Sinne werden dabei überwiegend konkrete Zustände oder Vorgänge der Gegenwart und der Vergangenheit erfasst, die sinnlich wahrnehmbar und dem Beweise zugänglich sind.[1472] Ausgenommen vom weiten Tatsachenbegriff werde der Bereich intersubjektiven Meinens und Wertens.[1473] Fasst man diese Definition in der Gestalt zusammen, dass unter Tatsachen beweisbare Fakten und unter Werturteilen subjektive Bewertungen verstanden werden, wird schnell klar, dass durch eine etwaige Anknüpfung an die Begriffsausfüllungen für die Zwecke der Entwicklung konkreter Abgrenzugskriterien keine Fortschritte zu erzielen sind: Die im allgemeinen Strafrecht angewandte Differenzierung spiegelt nur sehr allgemeine, aus den Anfängen der Beschäftigung mit der Abgrenzungsfrage im Revisionsrecht gut bekannte Überlegungen wieder, das Tatsächliche sei die Beweisführung von konkreten Vorgängen, das Wertende deren Beurteilung. Die Begriffe „Tatsache“-„Werturteil“ stellen damit nur ein weiteres Synonym für das Gegensatzpaar *Tat*- und *Rechts*frage dar, deren allgemeingehaltene Ausfüllung keine konkreten Merkmale für eine Differenzierung bereitzustellen vermag; undifferenzierte, pauschale Unterscheidungen führen bei solch diffizilen Prozessen nicht weiter, es bedarf vielmehr konkreter Ansatzpunkte im Rahmen dieser zu allgemeinen Zuweisungen. Hinzukommt, dass bereits einmal versucht wurde, die Unterscheidung von „Tatsache“ und „Werturteil“ für die Lösung des Revisionsproblems fruchtbar zu machen, jedoch alsbald erkannt wurde, dass damit nur ein weiteres, ähnliches Gegensatzpaar

---

1472 Vgl. *Fischer,* StGB, § 186 Rn. 2, § 263 Rn. 6; w.Nw. bei *Bitzilekis,* in: FS Hirsch, 29, 31.
1473 *Fischer,* StGB, § 186 Rn. 2.

kreiert ist, das viel zu ungenau für eine klare Grenzziehung ist[1474], also inhaltlich keine näheren Erkenntnisse bringt. Denn auch bei der Tatsachenermittlung fließen zwangsläufig Wertungen mit ein, sodass wegen einer wechselseitigen Beeinflussung beider Bereiche eine ausdifferenziertere Sichtweise geboten ist. Der Begriff „Wertung" erweist sich allein als wenig aussagekräftig, es ist vielmehr zwingend zwischen *tatsächlicher* und *rechtlicher* Wertung zu unterscheiden, welche wiederum eine entsprechende Zuordnung der „Wertung" sowohl zum Tatsächlichen als auch zum Rechtlichen möglich macht und damit endgültig nicht weiter führt. Zudem tritt bei einer Übertragung der Gedanken, die Ermittlung der Fakten sei *Tat*frage, dieselbe Problematik wie bei dem herkömmlichen Verständnis von der *Tat*frage als Tatsachenfeststellung und Beweiswürdigung auf, dass es eben auch in diesem Bereich revisibele „Gesetzesverletzungen" im Sinne von § 337 Abs. 1 StPO geben kann, die durch diese Begrifflichkeiten nicht erfasst werden. Es bedarf im Folgenden der Vorstellung einer weiteren Revisionstheorie, die möglicherweise weiter führt.

## II. Das „Regelkriterium"[1475] *Neumanns*

*Neumann* schlägt eine rechtslogische Abgrenzung von *Tat-* und *Rechts*frage anhand der Unterscheidung vor, es liege eine revisibele *Rechts*frage vor, wenn sie sich auf die Existenz bzw. den Gehalt einer „rechtlichen Regel" beziehe; eine irrevisibele *Tat*frage dagegen, wenn es um eine „singuläre Feststellung" gehe.[1476]

Mit dem Regelkriterium ist ein Merkmal gefunden, dass die der Revision wesengemäße Beschränkung auf die *Rechts*frage treffend wiederspiegelt: Die Hauptaufgabe der Revision ist die Aufdeckung von Regelverletzungen[1477] und mit dem Bezug zur Anwendung einer rechtlichen Regel lassen sich eine Vielzahl „singulärer Feststellungen" zur revisibelen *Rechts*frage „ummünzen", wie etwa bei einem Verstoß gegen Denk- oder Erfahrungssätze oder andere Beweiswürdigungsregeln. Nach *Neumann* ist diesbezüglich zwischen einem wörtlichen und einem funktionalen Sinn der Einordnung als *Tat-/Rechts*frage zu unterscheiden, wobei er davon ausgeht, dass es eine Vielzahl revisibeler *Tat*fragen und irrevisibeler *Rechts*fragen gäbe und eine *Rechts*frage zur *Tat*frage werde, wenn sie irrevisibel sein soll.[1478] In dieser Ansicht spiegelt sich zum einen der Versuch wieder, die Revisibilität der erweiterten Revision im Bereich der Beweiswürdigung als *Tat*frage sowie die Irrevisibilität der Subsumtion unter unbestimmte Begriffe zu erklären, die eigentlich mit dem Terminus der Regelanwendung in Form der Berücksichtigung von seitens der Rechtsprechung vorgegebenen Definitionen von Gesetzesbegriffen der *Rechts*frage

1474 Vgl. dazu schon die Ausführungen oben 3. Kapitel A I.

1475 *Neumann,* in: FS Hamm, 525, 534.

1476 *Neumann,* in: FS Hamm, 525, 526, 534; *ders.,* GA 1988, 387; *ders.,* in: FS Androulakis, 1091, 1096; ihm folgend *Hamm,* Die Revision in Strafsachen, Rn. 1278; *Schroth,* JR 1990, 93, 96.

1477 Vgl. *Schroth,* JR 1990, 93, 95.

1478 *Neumann,* in: FS Hamm, 525, 530 f.

zuzuordnen wäre; zum Anderen zieht *Neumann* damit selbst die Fähigkeit seiner Methode in Frage, mit Hilfe des Gegensatzpaares *Tat-/Rechts*frage die Grenzen der Revisibilität abschließend festlegen zu können und entgegen seiner Grundaussage indirekt die Verknüpfung *Tat*frage – Irrevisibilität, *Rechts*frage – Revisibilität wieder in Zweifel.

Dieser Ansicht ist auch inhaltlich zu widersprechen, da es meines Erachtens aus Rechtssicherheitsgesichtspunkten in der ohnehin von so vielen Ungewissheiten geplagten Revision keine relative Zuordnung zur *Tat-* und *Rechts*frage je nach Fallgestaltung geben kann, sondern eine Abgrenzungsmethode mit allgemeingültigen Aussagen anzustreben ist.

Isoliert man zunächst das Regelkriterium und stellt lediglich auf die Einordnung als „singuläre Feststellung" ab, erscheinen wiederum zunächst die Tatsachenfeststellung und die Beweiswürdigung als ganzheitliche *Tat*frage, da es sich dabei stets um einzelne, auf den konkreten Fall bezogene Feststellungen handelt. Möglicherweise erscheint daher eine gewisse Modifikation der Neumann´schen Abgrenzungsmethode angebracht, die ein Stufenverhältnis durch eine vorrangige primäre und eine nachrangige sekundäre Einordnung anhand der Merkmale des Regelkriteriums sowie der singulären Feststellung vorsieht und dadurch die Zuweisung erleichtert.

## III. These: Kombination aus begrifflich-logischer Methode und Regelkriterium

Angesichts der fehlenden Überzeugungskraft der einzelnen Theorien bis in letzte Detail erscheint eine Kombination zweier logischer Theorien zur grundsätzlichen Lösung der Abgrenzungsfrage veranlasst. Inhaltlich ist dabei zunächst die grundsätzliche Frage der Abgrenz*barkeit* und erst anschließend die Frage nach einer tatsächlichen Verwendung zur Abgren*zung* zu unterscheiden.

Die begrifflich-logische Methode liefert viele wichtige Erkenntnisse zum Thema grundsätzliche Trennbarkeit von *Tat-* und *Rechts*frage durch Aufspaltung der logischen Schritte der Rechtsanwendung in die Beschreibung des tatsächlichen Geschehens in natürlichen Begriffen und die anschließende rechtliche Wertung der so festgestellten Tatsachen. Grundsätzlich erweist sich diese Methode durch eine logische Analyse der Rechtsanwendungsakte auch als geeignet, *Tat-* und *Rechts*frage zu scheiden, indem das Festhalten des Geschehens in natürlichen Begriffen der *Tat*frage, die erst anschließende Bewertung des festgestellten Sachverhalts der *Rechts*frage zugerechnet wird. Das Abstellen auf eine Subsumtion unter Rechtsbegriffe führt vielfach zu richtigen Ergebnissen: Die Subsumtion unter deskriptive Tatbestandsmerkmale gilt allgemein im Schrifttum und grundsätzlich auch in der Praxis – mit zu kritisierenden Uneinheitlichkeiten – als voll revisibel; dieselbe unter normative und unbestimmte Begriffe wird zwar in der Praxis vielfach nur beschränkter Überprüfung zugeführt, nach der hier vertretenen Auffassung[1479] müsste

1479 Vgl. dazu oben 4. Kapitel A I 4.

sie hingegen wegen der klaren Zuordnung zur *Rechts*frage wegen der eindeutigen Unterordnung unter einen Rechtsbegriff und der Trennbarkeit von *tatsächlicher* und *rechtlicher* Wertung voll revisibel sein, was zugleich von der Revisionspraxis gefordert wird, da eine Einschränkung der Nachprüfung einer dogmatischen Rechtfertigung entbehrt. Nicht eindeutig ist die Zuordnung hingegen, wenn der Tatrichter die ihm obliegende Pflicht der Trennung der natürlichen und rechtlichen Begriffe nicht beachtet und eine nachträgliche Aufgliederung der zusammengesetzten Formulierung nicht zum Ziel führt.

Was die begriffliche Methode nicht zu leisten vermag ist zudem eine Erklärung für die praktizierte und von der Verfasserin unterstützte teilweise Revisibilität der tatrichterlichen Feststellungen und der Beweiswürdigung: Die Revisionsgerichte prüfen ohne direkte Subsumtion unter einen Rechtsbegriff die Tragfähigkeit der Feststellungen sowie die Klarheit, Nachvollziehbarkeit, Widerspruchsfreiheit, Denkmöglichkeit, Erfahrungsgemäßheit und Vollständigkeit der Beweiswürdigung im Wege der Rechtsfehlerkontrolle nach. Ähnlich verhält es sich mit der Einordnung der Verletzung von sicheren Erfahrungssätzen oder der Anwendung nicht bestehender Erfahrungssätze im Rahmen der Divergenzvorlage, die auch ohne Bezug zu einem konkreten Rechtsbegriff als *Rechts*fragen gelten.

Zu Ergänzung dieser Unzulänglichkeiten der begrifflichen Methode kommt nun das Regelkriterium *Neumanns* ins Spiel, welches in Weiterentwicklung der begrifflichen Methode zusätzlich diejenigen Teile des juristischen Ausspruchs als *Rechts*fragen einordnet, welche eine rechtliche „Regel" anwenden.

Es lässt sich damit folgende These aufstellen: Eine *Rechts*frage im Sinne des Revisionsrechts liegt bei einer Subsumtion unter einen Rechtsbegriff oder bei Anwendung einer rechtlichen Regel vor, eine *Tat*frage ist anzunehmen, wenn keine *Rechts*frage vorliegt.

Ein Kombinationsansatz aus methodisch im Wesentlichen richtigen, aber zur Abdeckung aller Problemfelder alleine nicht ausreichenden Ansätzen erscheint sachgerecht, um die Abgrenzungsfrage im Revisionsrecht einer sinnvollen Lösung zuzuführen. Die Kombination hat den Vorteil, dass die positiven Aspekte beider Theorien hervorgehoben und ihre Schwächen durch ein gegenseitiges Eingreifen kompensiert werden. In einer Vielzahl der Abgrenzungsfälle wird bereits das Kriterium der Subsumtion unter einen Rechtsbegriff eine klare Zuordnung zur *Rechts*frage ermöglichen, da bei einer solchen entgegen der Revisionsrechtsprechung zu unbestimmten Rechtsbegriffen stets eine *rechtliche* Wertung im Gegensatz zur vorangegangenen *tatsächlichen* Wertung erforderlich ist, welche die rechtliche Qualität der Frage offenbart. Zugleich wird in diesen Fällen eine rechtliche Regel angewandt, weil die Unterordnung des konkreten Lebenssachverhalts unter das Gesetz nach rechtlichen Regeln, insbesondere vom Gesetz vorgegebenen oder von der Rechtsprechung entwickelten Definitionen und Subdefinitionen unter Berücksichtigung der konkreten Lage des Falles erfolgt. Zusätzlich zu dieser unproblematischer zu beurteilenden Situation der sachlich-rechtlichen Rechtsanwendung im engeren Sinne, sind auch im Rahmen der Tatsachenfeststellung und der Beweiswürdigung rechtliche Mechanismen am Werk, die nicht so einfach mit der Formel der Subsumtion unter einen Rechtsbegriff erfasst werden können. Zwar ließe sich eine Zuordnung bestimmter Fragen der Beweiswürdigung auch insofern der *Rechts*frage zuordnen, als man vertritt, dass es sich bei dem „Beweis“ um einen Rechtsbegriff handelt[1480], sodass der gesamte Beweisvorgang, die Vollziehung der Beweisaufnahme (auch) im rechtlichen Bereich stattfindet. Um etwaige, bei diesem Ansatz wegen der fehlenden Differenzierung zwischen den einzelnen Schritten der Beweiswürdigung zu erwartende Ungenauigkeiten zu vermeiden, bietet sich als alternativer, ungleich an Klarheit und Bestimmtheit überlegener Ansatz bei fehlender Passgenauigkeit des Rechtsbegriffs oder bei Zweideutigkeit wegen zusammengesetzter Formulierung ein Rückgriff auf das Regelkriterium an: Wenn sich unter Anwendung der Rechtsbegriffskriteriums keine eindeutigen Ergebnisse erzielen lassen, ist daneben und zusätzlich eine *Rechts*frage auch dann gegeben, wenn eine rechtliche „Regel“ verwendet wird.

Auch *Neumann* versteht seinen Ansatz gewisserweise als Ergänzung der begrifflichen Methode, wenn er das Regelkriterium zur Abgrenzung zwischen Rechts- und Alltagsbegriffen heranziehen will, in der Form, dass ein Rechtsbegriff vorliege, wenn über seine Anwendung nicht ohne die Formulierung einer Regel entschieden werden könne[1481]. Der hier vertretene Ansatz setzt ähnlich an, lässt das Regelkriterium hingegen wegen der fehlenden Passgenauigkeit und Griffigkeit des Rechtsbegriffskriteriums bei den Feststellungen und der Beweiswürdigung zusätzlich zu letzterem eingreifen und sogleich unter den Terminus der *Rechts*frage subsumieren.

Unter dem Begriff rechtliche „Regel“ sind entsprechend der oben vorgenommenen ergänzenden Auslegung des Begriffs der „Gesetzesverletzung“ gemäß § 337 Abs. 1 StPO[1482] nicht nur Gesetze im formellen oder materiellen Sinne zu verstehen; vielmehr stellen von der Rechtsprechung in Auslegung der geltenden Gesetzeslage unter Anpassung derselben an veränderte Sachlagen oder in Konkretisierung des Gesetzes allgemeinverbindlich vorgegebene Grundsätze und Prinzipien mit gesetzesähnlichem Charakter, ebenso rechtliche „Regeln“ in diesem Sinne dar. Daher bilden sowohl ungeschriebene Regeln, wie die Gesetze der Logik und der Erfahrung, die bei der Anwendung des Rechts zu beachten sind, als auch die von der Revisionsrechtsprechung entwickelten Auslegungsgrundsätze und Gebote der nachvollziehbaren und erschöpfenden Beweiswürdigung ebenso wie Beweiswertvorgaben des BGH zu bestimmten Beweismitteln und andere, allgemein für bestimmte Fallsituationen gültige Gebote an den Tatrichter, solche rechtlichen Regeln[1483]. Dabei müssen etwa Beweiswürdigungsregeln nicht ebenso zwingend wie Gesetze sein, sie stellen bei Vorliegen einer vergleichbaren Sachlage grundsätzlich gültige Regeln auf, gewähren

---

1480 So *Hamm,* in: FS Fezer, 393, 396.

1481 *Neumann,* in: FS Androulakis, 1091, 1096 f.; *ders.,* in: FS Hamm, 525, 535; *ders.,* GA 1988, 387, 393.

1482 Siehe dazu meine Ausführungen oben 4. Kapitel, A II 1 b) (aa) (3) (c) und e).

1483 Vgl. auch *Fezer,* StV 1995, 95, 98, der insofern von „Regeln“ mit „rechtliche(r) Relevanz“ spricht und *Henke,* ZZP 81 (1968), 196, 246, der Auslegungsregeln der revisibelen Rechtsfrage zuweist.

jedoch wegen des Einzelfallcharakters der Beweiswürdigung eine Abweichungsmöglichkeit bei besonderen Umständen, um den Feinheiten des konkreten Falles im Einzelfall gerecht werden zu können; das bedeutet für das Revisionsgericht, dass es wegen besonderer Gegebenheiten von seinen grundsätzlichen Vorgaben abweichen und ein tatrichterliches Urteil trotz Abweichung von den generellen Vorgaben bestehen lassen kann, für das Tatgericht folgt aus der Abweichungsbefugnis eine besondere Begründungspflicht bezüglich dem Vorliegen besonderer Umstände, welche bei unterlassener oder unzureichender Darlegung ausnahmsweise bestehender, die Regel ausschaltender Umstände die Aufhebung zur Folge haben kann; der Einzelfallbezug ändert dabei nichts an dem grundsätzlich bestehenden Richtliniencharakter der Vorgaben für den Regelfall.

Das vorgeschlagene Konzept definiert damit positiv rechtlich die *Rechts*frage und weist den übrig gebliebenen Rest der *Tat*frage zu. Zur typischen *Tat*frage gehören etwa der irrational beeinflusste, subjektiv eingefärbte Teil der Beweiswürdigung, die Würdigung des Beweisergebnisses an sich im Gegensatz zum Würdigungsvorgang, dem Weg zu den Feststellungen; dabei ist der Richter an keinerlei Beweisregeln oder andere Vorgaben, wie er ein bestimmtes Beweismittel zu würdigen hat gebunden und nur seinem Gewissen unterworfen. Tatsächlicher Natur ist zudem die Entscheidung, welche konkrete Strafhöhe in den Grenzen des Schuldrahmens, in welchem mehrere Strafen vertretbar sind, vergeben wird. Als *Tat*frage lässt sich allgemein nur mehr der (kleine) subjektive, irrationale, keinen übergeordneten Regeln unterworfene Teil der Beweiswürdigung und Strafzumessung bezeichnen.

Methodisch findet dabei vorrangig die Definition der *Rechts*frage statt, der übrigbleibende Teil ist dann automatisch der *Tat*frage zuzuordnen. Durch diese Konzentration auf die *Rechts*frage und die sich erst danach anschließende Benennung der davon ausgeschlossenen *Tat*frage, wird das Bekenntnis zu einem bestimmten Tatsachenbegriff oder gar ein diesbezüglicher Streitentscheid entbehrlich, da die Bestimmung der *Tat*frage erst nachrangig stattfindet und nicht positiv vorab definiert werden muss. Generell lässt sich jedoch entsprechend der allgemeinen Definition des Tatsachenbegriffs im Strafrecht konstatieren, dass eine *Tat*sache ein objektives Geschehen des Einzelfalls bildet, das dem Beweise zugänglich ist. Auch eine innere *Tat*sache wie z.B. die Bereicherungsabsicht beim Betrug ist ein konkreter Umstand, der sich anhand objektiver Anhaltspunkte, aufgrund derer auf die subjektive Tatseite zu schließen ist, nachweisen lässt.

Für eine solche vorrangige Orientierung am Begriff der *Rechts*frage spricht die wesensgemäße Ausrichtung der Revision als *Rechts*instanz auf die *Rechts*frage und der gesetzliche Ausgangspunkt des § 337 Abs. 1 StPO, der eine Rechtsverletzung verlangt und damit die *Rechts*frage in den Mittelpunkt der Erörterungen um die Revisibilität stellt sowie § 132 Abs. 2 GVG, der das *Rechts*fragenerfordernis für die Divergenzvorlage aufstellt. Eine solche Vorgehensweise ermöglicht die primäre Erfassung rechtlicher Komponenten der Beweiswürdigung und Strafzumessung von der *Rechts*frage, ohne den Umweg über die „eigentliche" Zuordnung zur *Tat*frage gehen zu müssen und dem Bedürfnis nach einer möglichst effektiven Gestaltung der Revision im Hinblick auf die *Rechts*frage Genüge zu tun.

Nach den vorstehenenden Überlegungen ist damit eine grundsätzliche Abgrenz*barkeit* von *Tat*- und *Rechts*frage durch eine Orientierung am Rechtsbegriff- und Regelkriterium möglich.

Wenden wir uns nun der Frage nach einer tatsächlichen Abgrenz*ung* durch den vorgeschlagenen Ansatz zu:

Bei der Vorlagefrage stellt das Gesetz ausdrücklich auf den Begriff der *Rechts*frage ab, welcher in natürlichem Gegensatz zur *Tat*frage steht, sodass diesbezüglich sowohl von einer Abgrenz*barkeit*, als auch von einer optimalen Abgrenz*ung* durch die vorgestellte These auszugehen ist. Das Gesetz legt es auf die Verwendung des Gegensatzpaares zur Abgrenzung an und einer solchen stehen auch keine grundsätzlichen Bedenken entgegen. Durch eine Orientierung am Begriffskriterium lässt sich unproblematisch die Einordnung der Auslegung von Rechtsbegriffen, die auch von der Vorlegungspraxis als *Rechts*frage angesehen wird sowie die konkrete Subsumtion unter Rechtsbegriffe erfassen, die nach der hier vertretenen Ansicht ungeachtet einer Verwendung bestimmter oder unbestimmter Begriffe wegen des Erfordernisses einer *rechtlichen* Wertung der *Rechts*frage zuzuordnen ist. Das Regelkriterium hilft die geforderte *Rechts*fragenqualität derjenigen Bereiche der Beweiswürdigung und Strafzumessung zu erklären, die nicht dem irrational, subjektiven Teil des originären Würdigungsakts angehören, sondern von gesetzlichen Vorschriften, rechtlichen Grundsätzen und allgemeinen Vorgaben der Rechtsprechung, mithin *rechtlichen* Regeln durchdrungen sind. Die nähere Qualifizierung und Ausgestaltung *rechtlicher* Regeln sollte in der Rechtsprechung ungeachtet eines gewissen Einzelfallbezugs wegen grundsätzlicher Relevanz für zukünftige Fälle hinsichtlich des Bestehens oder Nichtbestehens oder des Inhalts der fraglichen Regeln, als *Rechts*fragen anerkannt und der Vorlegung zugänglich gemacht werden.

Differenzierter ist die Lage hingegen bei der Abgrenz*ung* des revisibelen Bereichs zu werten: Auch die Grenzziehung der Revisibilität ist zwar durch die Kriterien des Rechtsbegriffs sowie der Anwendung einer rechtlichen Regel abgrenz*bar*, das Gesetz spricht hingegen nur von „Gesetzesverletzung“ und lässt eine Ableitung der Abgrenzung von *Tat*- und *Rechts*frage zwar zu[1484], setzt eine solche aber nicht zwingend voraus. Aufgrund der aufgezeigten Schwierigkeiten, ist zur Frage, ob eine Abgrenzung über das Gegensatzpaar *Tat-/Rechts*frage weiterhin sinnvoll erscheint, ein Resümee der bisherigen Ergebnisse der Arbeit unter dem Blickwinkel der anfangs aufgeworfenen Frage der Bedeutung der Abgrenzungsfrage in der modernen Revisionspraxis veranlasst.

1484 Siehe zur methodischen Legitimation der Bezugnahme auf das Gegensatzpaar 2. Kapitel A I 2.

# D. Stellungnahme zur gegenwärtigen Bedeutung der Abgrenzung für den Umfang der Revisibilität

## I. Ergebnisthesen Rechtsprechungsanalyse

Resümiert man die wesentlichen, aus der Rechtsprechungsanalyse bezüglich des Umfangs der Revisibilität gewonnenen Aussagen, lassen sich folgende zentrale Ergebnisthesen, geordnet nach den untersuchten Fallgruppen unter Verwendung der ursprünglichen Definitionen der *Tat-* und *Rechts*frage, erstellen:

### 1.

Im Rahmen der sachlich-rechtlichen Rechtsanwendung wird dem Tatrichter insbesondere bei der Anwendung normativer und unbestimmter Rechtsbegriffe unter Hinweis auf das Erfordernis einer Wertung der Einzelumstände vielfach ein Beurteilungsspielraum eingeräumt, in dessen Folge nur eine beschränkte Nachprüfung der Subsumtionsfrage als klassische *Rechts*frage durch das Revisionsgericht erfolgt. Über „Ausweichkonstruktionen" versuchen die Revisionsgerichte in Einzelfällen diese selbst auferlegten Hürden wieder zu umgehen.

### 2.

Die Prüfung der „Tragfähigkeit" der tatrichterlichen Feststellungen, der klassischen *Tat*frage, verschafft dem Revisionsgericht als verlängerter Arm der sachlich-rechtlichen Rechtsprüfung eine Eingriffsmöglichkeit, wenn die Feststellungen nicht ausreichen, um dem Revisionsgericht die rechtliche Nachprüfung zu ermöglichen.

### 3.

Unter Anwendung eines Regel-Ausnahme-Prinzips überprüfen die Revisionsgerichte die grundsätzlich allein dem Tatrichter obliegende *Tat*frage der Beweiswürdigung über die Sachrüge durch Verwendung offener Eingriffstatbestände auf die Rechtsfehler der fehlenden Tragfähigkeit oder Nachvollziehbarkeit, der Unklarheit, des Widerspruchs, der Verstöße gegen Denkgesetze oder Erfahrungssätze, der Vollständigkeit sowie in besonderen Beweissituationen – zumeist als Unterfall der Vollständigkeit – auf die Einhaltung von Beweiswertvorgaben und anderer Beweiswürdigungsregeln. Die Auslegung von Erklärungen wird wie die Beweiswürdigung behandelt und trotz Trennbarkeit der Tatsachenermittlung von der *rechtlichen* Wertung nur beschränkter revisionsrechtlicher Kontrolle zugänglich gemacht.

### 4.

Über die Verfahrensrüge wird die eigentlich der *Rechts*frage zugehörige, klassische Subsumtionsfrage betreffend unbestimmte Rechtsbegriffe oder Ermessensermächtigungen in Verfahrensnormen vielfach nur beschränkter Nachprüfung auf Willkür oder Vertretbarkeit zugeführt; obgleich es sich bei Verfahrensverletzungen wohl unstreitig um *Rechts*fragen handelt, dominiert in der Rechtsprechung die Weigerung diese aufzudecken, wenn die Fehler nicht mit den „Mitteln des Revisionsrechts" aufzuklären seien.

Insgesamt lässt sich damit festhalten, dass die ursprüngliche Abgrenzung der *Tat*frage als die Tatsachenfeststellung und die Beweiswürdigung von der *Rechts*frage als die Auslegungs- und Subsumtionsfrage die heutige Revisionswirklichkeit nicht mehr abzubilden vermag. Weder wird die Irrevisibilität der Beweiswürdigung als *Tat*frage gewahrt, noch wird die klassische *Rechts*frage der Subsumtion stets voller Revisibilität unterworfen. Die Zuweisung der Subsumtion unter unbestimmte Begriffe zum Tatrichter beruht auf verfahrensrechtlichen Gesichtspunkten des fehlenden „persönlichen Eindrucks" des Revisionsrichters in einer unmittelbaren mündlichen Hauptverhandlung, im Rahmen der Beweiswürdigung und der Auslegung verfährt die Rechtsprechung im Wege eines Regel-Ausnahme-Verhältnisses nach dem Prinzip der Arbeits- und Verantwortungsteilung zwischen Tat- und Revisionsgericht und bei der Verfahrensrüge orientiert sie sich ebenfalls an prozessualen Gesichtspunkten der Leistungsfähigkeit bzw. – willigkeit des Revisionsgerichts.

Es lässt sich damit folgende Ergebnisthese zur Frage der Bedeutung der Abgrenzungsfrage aufstellen:

Die Abgrenzung von *Tat-* und *Rechts*frage hat in der modernen Revisionsrealität keine Bedeutung für die Bestimmung der Revisionsgrenzen mehr.

Es schließt sich die Frage an, welche Konsequenzen aus diesem Ergebnis zu folgern sind.

## II. These: Abgrenzung von *Tat-* und *Rechts*frage zur Bestimmung der Revisionsgrenzen nicht mehr geeignet

Feststeht, dass – verbleibt man bei der ursprünglichen Einschätzung *Tat*frage = Feststellungen und Beweiswürdigung = irrevisibel, *Rechts*frage = Subsumtion = revisibel – die Abgrenzungsfrage mangels praktischer Relevanz gescheitert ist. Die ursprünglich avisierte Verknüpfung des Gegensatzpaares mit der (Ir-) Revisibilität in dem Sinne, „die Rechtsfrage ist revisibel, die Tatfrage ist irrevisibel" ist in dieser Allgemeinheit heute nicht mehr gültig.

Die Erkenntnis der Unzulänglichkeit der Abgrenzungsfrage nach ihrem ursprünglichen Verständnis bietet im Wesentlichen zwei mögliche Reaktionsmöglichkeiten an: Die Neudefinition von *Tat-* und *Rechts*frage wie oben dargestellt mittels des kombinierten begrifflich-regelorientierten Ansatzes oder die Verwerfung des Gegensatzpaares für die Zwecke der Grenzziehung des revisibelen Bereichs unter Zuwendung zu einem anderen, passenderen Kriterium.

Bei einer Neuordnung wäre Folgendes zu berücksichtigen: Ebenso wie feststeht, dass nicht die gesamte Beweiswürdigung im ursprünglichen Sinne irrevisibele *Tat*frage ist, dürfte wohl auch kaum jemand bestreiten, dass die Feststellung des Sachverhalts und die Würdigung des Beweise im Grunde eine Arbeit im tatsächlichen Bereich, etwas Tatsächliches darstellen, ebenso wie der BGH die grundsätzlich

„alleinige Aufgabe“ des *Tat*richters sowie einen irrevisibelen Teil der Beweiswürdigung nach wie vor anerkennt, sodass eine generelle Verbannung der Feststellungen und der Beweiswürdigung aus der *Tat*frage infolge einer vollen Zuordnung zur *Rechts*frage ausscheidet. Ein Lösungsansatz wäre mithin, die Zuordnung zu den Termini *Tat-/Rechts*frage relativ, in Bezug auf die jeweilige konkrete richterliche Tätigkeit zu bestimmen: Wenn der Tatrichter die Glaubwürdigkeit eines Zeugen beurteilt, die Zuverlässigkeit eines Sachverständigen einschätzt oder eine Gesamtwürdigung aller Einzelumstände vornimmt, bewegt er sich im Bereich der *Tat*frage, Fehler in diesem Bereich sind irrevisibel; befindet er sich auf dem Weg zu seiner Überzeugung, wendet er Denkgesetze oder Erfahrungssätze an, legt er seine einzeln berücksichtigten und gewürdigten Beweismittel im Urteil nieder, befindet er sich im Bereich der *Rechts*frage, die Fehler in diesem Bereich sind revisibel.[1485] Damit wäre eine mögliche neue Begriffsausfüllung in der Form möglich, eine *Tat*frage liege vor, soweit eine Tatsachenfeststellung an sich in Form des der Beweiswürdigung innewohnenden, originären Wertungsakts betroffen ist, eine *Rechts*frage sei gegeben, soweit unter Rechtsbegriffe subsumiert wird oder wenn im Rahmen der sachlich-rechtlichen Rechtsanwendung, Tatsachenfeststellung oder Beweiswürdigung eine rechtliche Regel verwendet wird.

*Androulakis* nimmt wohl eine solche vom jeweiligen Blickwinkel aus differierende Sichtweise ein, wenn er feststellt, bei Beweiswürdigungsfehlern sei die Tatfrage „zugleich eine Rechtsfrage“[1486].

Die andere mögliche Vorgehensweise liegt unter Verwerfung dieser relativen Einordnung in der Einsicht, dass eine bestimmte Frage nur entweder *Tat-* oder *Rechts*frage, nicht hingegen beides in einem sein kann. Eine solche These lässt sich als absolute, einheitliche Begriffsbestimmung von *Tat-* und *Rechts*frage bezeichnen.

Meines Erachtens erscheint im Hinblick auf das allgemeine strafrechtliche Bestimmtheitserfordernis aus Art. 103 Abs. 2 GG i.V.m. § 1 StGB, der Absolutheit der Verwendung einer bestimmten Terminologie sowie dem Interesse nach Rechtssicherheit und Rechtsklarheit als dem Anspruch jedes Strafverfahrens nur eine einmalige Begriffsbestimmung zur Ausfüllung der Begriffe *Tat-* oder *Rechts*frage sinnvoll, um dem Begehren nach möglichst eindeutigen, allgemeingültigen Abgrenzungskriterien nachkommen zu können. Eine Zuordnung anhand des Begriffspaares, das nicht im Gesetz genannt ist, weshalb an deren Heranziehung besondere Legitimationsanforderungen zu stellen sind und das mit so vielen Unsicherheiten behaftet ist wie die *Tat-/Rechts*frage macht nur Sinn, wenn sie eindeutig und für alle Fallgruppen einheitlich erfolgt, eine Begriffsbestimmung von Fall zu Fall würde nur

---

1485 Vgl. im Ansatz *Neumann,* in: FS Androulakis, 1091, 1093, wonach die Frage rechtlich korrekten Vorgehens bei der Tatsachenfeststellung „Rechtsfrage“ und die Frage, was sich tatsächlich ereignet habe „Tatfrage“ sei.

1486 *Androulakis,* in: FS II Roxin, 1375, 1379; ähnlich auch *Hamm,* Revision (Fn. 1467) Rn. 1283; vgl. auch *Sauer,* Grundlagen des Prozessrechts, 66, wo nach der „konkreten Betrachtungsweise“ differenziert wird; siehe auch *Neumann,* in: FS Hamm, 525, 531, wonach die Rechtsfrage zur Tatfrage werde, wenn sie irrevisibel sein solle.

zu neuen Verwirrungen im Bereich der ohnehin schon wegen seiner Unberechenbarkeiten scharf kritisierten Revision führen. Wenn die veraltete Kategorie schon beibehalten werden soll, muss auch eine eindeutige, neue Einordnung erfolgen können, ansonsten hat die allein nach theoretischen Kriterien erfolgende, in der Praxis keine Bestätigung findende Abgrenzung keinen Wert. Meines Erachtens wird eine *Tat*frage durch die Verwendung rechtlicher Grundsätze nicht zur *Rechts*frage[1487], sondern bleibt im Grundsatz *Tat*frage. Daraus darf jedoch nicht der Schluss gezogen werden, dass diese *Tat*frage nicht revisibel sein kann; denn auch im Rahmen der Tatsachenfeststellung und der Beweiswürdigung als klassischer *Tat*frage sind eine Vielzahl von Rechtsfehlern denkbar[1488]. Nach der hier vertretenen Auffassung, sind die Abgrenz*barkeit* von *Tat*- und *Rechts*frage und die tatsächliche Verwendung zur Abgren*zung* der Grenzen der Revisibilität auseinanderzuhalten und beides zunächst einmal selbstständig und unabhängig voneinander zu betrachten. Auf die Tatsache, dass die Grenze zwischen *Tat*- und *Rechts*frage und die Revisibilität nicht zwingend deckungsgleich sind, hat schon *Schünemann* als Verfechter der logischen Trennbarkeit von *Tat*- und *Rechts*frage hingewiesen und daraus gefolgert, die Relevanz der Abgrenzung sei stets erst in einem weiteren Prüfungsschritt zu ermitteln[1489]. Zieht man eine solche Schlussfolgerung, wird jedoch meines Erachtens der Wert einer Grenzziehung der Revisibilität mithilfe des Gegensatzpaares *Tat-/Rechts*frage relativiert, wenn letztere für die Grenzziehung der Revisibilität gar nicht verbindlich sein soll.

Innerhalb der Bereiche der Tatsachenfeststellung, Beweiswürdigung und Strafzumessung finden sich Mischformen und Überschneidungen zwischen tatsächlichen und rechtlichen Formen, die ein breitfächrigeres Muster erforderlich werden lassen. Eine ein für alle Male verbindliche Zuordnung etwa der Beweiswürdigung zur irrevisibelen *Tat*frage unter Ausschluss der revisibelen *Rechts*frage ist wegen der rechtlichen Strukturen, die den gesamten Beweiswürdigungsvorgang in Form von rechtlichen Regeln durchweben, nicht möglich, da mögliche Fehler im Urteilsfindungsprozess zu vielschichtig und zu differenziert für generelle Aussagen sind.[1490]

---

1487 BGHSt 41, 198, 204 ist daher zuzustimmen, wo festgehalten ist: „Tatfragen werden nicht zur Rechtsfrage weil Gerichte sie als solche behandeln"; vgl. zur umgekehrten Situation der von der Rechtsprechung praktizierten Irrevisibilität unbestimmter Begriffe *Henke,* Die Tatfrage, 188 f., wonach die Subsumtion durch eine Beschränkung der Revisibilität nicht ihren Charakter als logische Rechtsfrage verliere und der Begriff Tatfrage zum Ausdruck deren Irrevisibilität an „logische(r) Fehlerhaftigkeit" leide und die „Hauptschuld an den Missverständnissen über die Grenzen der Revision" trage.

1488 Vgl. *Lamertz,* Revisibilität der Strafzumessung in der höchstrichterlichen Rechtsprechung, 40; *Peters,* Strafprozess, 2. Aufl., 565.

1489 *Schünemann,* in: FS A. Kaufmann, 299, 314.

1490 I.E. ähnlich *Frisch,* in: SK-StPO, § 337 Rn. 10 f., 13 f., der sich gegen eine schematische Zuordnung der Tatfrage zur Irrevisibilität und der Rechtsfrage zur Revisibilität verwahrt.

Die Abgrenzung von *Tat-* und *Rechts*frage für die Bestimmung der Revisionsgrenzen mithilfe eines kombinierten Ansatzes aus begrifflich-logischer Methode und dem Regelkriterium erweist sich dadurch zwar theoretisch möglich, aber faktisch weder geeignet noch praxistauglich, da eine klare Zuordnung nicht erfolgen kann, was der Rechtssicherheit abträglich ist. Da eben die Verletzung von allgemeingültigen Beweiswürdigungsregeln an der generellen *Tat*fragenqualtät der Beweiswürdigung nichts ändert, ist *Wittig* zuzustimmen, wenn sie feststellt, dass Zweifelsfälle oft „gewaltsam und im Ergebnis wenig einleuchtend in das Schema Rechtsfrage/Tatfrage gepresst“[1491] würden.

Die grundsätzliche Abgrenz*barkeit* der Revisionsgrenzen durch das Gegensatzpaar ist damit zu bejahen, eine tatsächlich durchzuführende Abgrenz*ung* wegen fehlender eindeutiger Zuweisbarkeit hingegen abzulehnen. Hinzukommen die mit einer etwaigen identischen Begriffsausfüllung im Verhältnis zur Vorlagefrage einhergehenden Schwierigkeiten möglicher Zweckkollisionen zwischen Rechtseinheit und Einzelfallgerechtigkeit, die einer für alle Fälle gleichen Handhabung entgegenstehen könnten.[1492] Ich schlage daher anstelle des Gegensatzpaares *Tat-/Rechts*frage für die Zwecke der Abgrenzung des revisibelen Bereichs ein anderes Kriterium vor, das unter dem nachfolgenden Gliederungspunkt vorgestellt wird. Das hat jedoch nicht zur Folge, den Begriff der *Rechts*frage aus der Revision ganz zu verbannen: Der Begriff der Rechtsfrage bleibt für das Grundverständnis von der Revision als reiner Rechtsinstanz mit beschränkten Prüfungsmöglichkeiten relevant und sollte zur Vergegenwärtigung ihrer Zuständigkeit für die *Rechts*frage, ausgefüllt durch die Subsumtion unter einen Rechtsbegriff oder die Anwendung einer rechtlichen Regel, von den Revisionsgerichten im Blick behalten werden, um insbesondere eine vollständige Überprüfung der Subsumtion unter Rechtsbegriffe zu gewährleisten sowie wesensfremde Übergriffe auf die subjektiven Komponenten der Beweiswürdigung und Strafzumessung entgegen ihrer Aufgabe zu verhindern.

Für eine Abkehr vom Gegensatzpaar in der modernen Revisionsrealität lässt sich zum einen der Gesetzeswortlaut des § 337 Abs. 1 StPO anführen, der keinen ausdrücklichen Hinweis auf die *Tat-* und *Rechts*frage enthält, der Wortlaut sich vielmehr offen für ein abweichendes Abgrenzungskriterium zeigt. Der historische Gesetzgeber hat es zwar unstreitig bei Erlass der Revisionsvorschriften auf eine Abgrenzung von *Tat-* und *Rechts*frage angelegt, er ist jedoch auch davon ausgegangen, dass die gesamte Tatsachenfeststellung, Beweiswürdigung und Strafzumessung als *Tat*frage irrevisibel sein soll, was heute wie gezeigt, nicht mehr haltbar ist. Dass diese Einschätzung von einer gänzlich anderen Sach- und Rechtslage ausgegangen und angesichts der Entwicklungen in Theorie und Praxis längst überholt ist, wurde ausführlich erörtert. Es sprechen zudem die praktischen Bedürfnisse in Theorie und Praxis für einen Wandel auch der Terminologie der Abgrenzungsfrage: Die Revisionsgerichte verfahren überhaupt nicht mehr nach einer logischen Differenzierung

---

1491 *Wittig*, GA 2000, 267, 273.

1492 Vgl. dazu die Erwägungen im Rahmen der Grundlagen 2. Kapitel B II 1 b).

zwischen *Tat-* und *Rechts*frage, sie blitzt höchstens noch im berücksichtigten Prinzip der Arbeits- und Verantwortungsteilung durch – in Form der Betonung der Beweiswürdigung/Auslegung/Strafzumessung als „alleinige Aufgabe" des Tatrichters unter Verweis des Revisionsgerichts auf die Rechtsfehlerkontrolle –, ansonsten orientiert sich die Judikatur beinahe ausschließlich an ihrer Fallgruppenkasuistik sowie an Gedanken der Leistungsfähigkeit/-willigkeit. Im Hinblick auf die vielfältigen, mit den Begrifflichkeiten verbundenen Verwirrungen und Fehlerquellen, scheint die Zeit reif zu sein für eine neue Terminologie.

Teile der Literatur fordern schon lange eine Verwerfung des Gegensatzpaares, so etwa *Peters* mit der Entwicklung der Leistungstheorie bereits 1938[1493], schon 1973 kam *W. Schmid* zu dem Ergebnis, dass der Abgrenzungsstreit für die Revisionspraxis „nur geringe Bedeutung" habe[1494], *Tröndle* hat 1975 festgestellt, die Grenze des revisibelen Bereiches werde nicht durch die Abgrenzung von Tat- und Rechtsfrage bestimmt[1495] und *Meyer-Goßner* bezeichnet heute dieselbe als zur Bestimmung der Revisibilitätsgrenzen „nicht erforderlich"[1496]. Es wird Zeit die praktischen Bedürfnisse der Rechtsanwender ernst zu nehmen.

Insofern ist auch die Frage eines gleichen Begriffsverständnisses der *Rechts*frage im Rahmen der Divergenzvorlage mit der revisibelen *Rechts*frage im Sinne von § 337 StPO gelöst: Theoretisch ja, wegen des Bedürfnisses nach einheitlicher Auslegung des Revisionsrechts, praktisch nein, da anstelle des Gegensatzpaars *Tat-/Rechts*frage für die Abgrenzung der Revisibilität ein anderes Kriterium heranzuziehen ist, sodass es einer differenzierteren Auseinandersetzung mit den unterschiedlichen Zwecksetzungen gar nicht bedarf.

## III. These: Kriterium des *Rechts*fehlers in Form einer Regelverletzung

Als neues Kriterium zur Bestimmung der Revisionsgrenzen wird dasjenige des *Rechts*fehlers vorgeschlagen, welches immer dann anzunehmen ist, wenn eine Regelverletzung vorliegt. Revisibel sind damit diejenigen Teile des tatrichterlichen Urteils – egal ob im Bereich der sachlich-rechtlichen Rechtsanwendung, Tatsachenfeststellung, Beweiswürdigung oder Strafzumessung –, die einen *Rechts*fehler offenbaren. *Rechts*fehler liegen vor bei Regelverletzungen. Nicht revisibel sind diejenigen Urteilsbestandteile, die keinen *Rechts*fehler aufweisen.

Der Maßstab des *Rechts*fehlers kann zum einen eine dogmatische Berechtigung unmittelbar aus dem Gesetz vorweisen: § 337 Abs. 1 StPO unterstellt *Gesetzes*verletzungen der Revision und Gesetze unterliegen dem Recht, sodass als Synonym

---

1493 *Peters,* ZStW 57 (1938), 53, 68 f.; auch später noch *ders.*, in: FS Schäfer, 137, 139, 151; *ders.,* Strafprozess, 4. Aufl., 638.

1494 *W. Schmid,* ZStW 85 (1973), 360, 361 f.

1495 *Tröndle,* in: Probleme der Strafprozessreform, 73, 93.

1496 *Meyer-Goßner/Schmitt,* StPO, § 337 Rn. 1.

auch von *Rechts*verletzungen gesprochen werden kann, welche gleichbedeutend sind mit *Rechts*fehlern. Die gesetzgeberische Intention von 1877 steht nur scheinbar entgegen: Da sich die damals zugrunde gelegte Sach- und Rechtslage grundlegend gewandelt hat und die ursprünglichen Planungen heute schlichtweg nicht mehr praktiziert werden, ist die gegenteilige Ansicht des historischen Gesetzgebers rechtlich unbeachtlich. Für eine möglichst weite und flexible Erfassung neuer, auch heute noch unbekannter, da durch die Rechtsprechung in steter Entwicklung befindlicher *Rechts*fehler durch Regelverletzungen, ist der Gerechtigkeitszweck der Revision anzuführen: Die Berücksichtigung auch der gerechten Entscheidung im einzelnen Fall, muss es für den Revisionsführer möglich machen, jegliche Verletzung *rechtlicher* Regeln unabhängig von der generellen Zuordnung des Bereichs zur eigentlich irrevisibelen *Tat*frage erfolgreich rügen zu können. Auch der Rechtseinheitszweck steht einer solchen Auslegung nicht hingegen, wenn man Beweiswürdigungsregeln und andere höchstrichterliche Vorgaben als für den Regelfall gültige, auf andere Fälle bei vergleichbarer Sachlage übertragbare Grundsätze begreift, deren Entscheidung für die Zukunft Bedeutung haben kann.

Der Ansatz besticht ferner durch seine Praxisrelevanz: Wie die Rechtsprechungsanalyse gezeigt hat, sind Fehler in allen Bereichen des tatrichterlichen Urteils, eben auch im Bereich der Tatsachenfeststellung und Beweiswürdigung möglich, die allesamt mit dem Kriterium des *Rechts*fehlers erfassbar sind. Insbesondere im Bereich der Beweiswürdigung und Auslegung von Willenserklärungen verwendet die Rechtsprechung sogar explizit den Terminus des *Rechts*fehlers zur Kennzeichnung der Revisibilität. Die Verfasserin verwahrt sich strikt gegen den in der Vergangenheit im Streit um die Kennzeichnung der Revisionsgrenzen immer wieder anklingenden Vorwurf mancher Autoren, dass heutzutage im Abgrenzungsstreit ohne eine echte wissenschaftliche Auseinandersetzung nur mehr ein Ergebnis gesucht werde, das der Rechtsprechung entspricht: Zum einen werden nach der hiesigen Auffassung gewisse Strömungen der Judikatur im Bereich der unbestimmten Rechtsbegriffe, der Auslegung sowie der Praktizierung der Verfahrensrüge als dogmatisch nicht legitimiert abgelehnt und die vorgeschlagene Abgrenzungsformel insofern zur Erklärung der geforderten vollen Revisibilität entgegen der Revisionspraxis verwendet. Allgemein lässt sich solcher Kritik entgegen halten, dass ein rein theoretischer Ansatz, der die Revisionswirklichkeit vollkommen verfehlt, weil er schlicht gar keine Berücksichtigung findet, nur sehr bedingt sinnvoll erscheint. Ohne die wichtige Aufgabe auch von Mindermeinungen im wissenschaftlichen Schrifttum zur Herbeiführung von Rechtsprechungsänderung und damit als wesentliches Glied zur Rechtsfortbildung zu verkennen, lässt sich jedoch vorliegend ein solcher Effekt beinahe sicher ausschließen. Denn die Diskussion um die Abgrenzung von *Tat*- und *Rechts*frage ist fast so alt wie die RStPO und die Revisionsgerichte haben sie zumindest seit der Gerichtsverfassungsreform von 1924 schlicht ignoriert. Es ist daher nicht zu erwarten, dass sich die Obergerichte diesbezüglich noch einmal umorientieren werden. Zudem entspricht ein Festhalten am vom historischen Gesetzgeber avisierten Gegensatzpaar aufgrund veralterter Hintergründe nicht mehr dem Zahn der Zeit und ist daher als unpraktikabel zu verwerfen. Erforderlich – und mit dem hier vorgeschlagenen auch erreicht – ist eine praxistaugliche Abgrenzungsformel, welche die Rechtsunsicherheiten im Bereich der für juristische Laien ohnehin schwer erklärlichen Revision minimiert, da sie in wesentlichen Bereichen mit der Praxis in Einklang stehend, deren voraussichtliche Vorgehensweise etwas deutlicher zu erhellen vermag und in den abweichend eingestuften Bereichen der Subsumtion unter unbestimmte Rechtsbegriffe, der Auslegung und der Handhabung der Verfahrensrüge durch den neuen Ansatz des Rechtsfehlers möglicherweise zu Verbesserungen der Effektivität des Rechtsmittels der Revision Anlass gibt.

Mit dem Regelkriterium lassen sich sämtliche, zu Recht als revisibel anerkannte *Rechts*fehler erfassen:

Bezugnehmend auf die obigen Gedanken im Rahmen der Vorstellung der begrifflich-regelorienterten Methode zur Abgrenzung von *Tat-* und *Rechts*frage im Rahmen der Vorlegung[1497] sind in erweiternder Auslegung des § 337 Abs. 1 StPO unter rechtlichen „Regeln" in diesem Sinne nicht nur Gesetze im geschriebenen Sinn oder Gewohnheitsrecht zu fassen, sondern ebenso gesetzesähnliche, allgemeingültige Richtlinien und Prinzipien, die bei der Rechtsanwendung zu beachten sind: Dazu zählen die Gesetze der Logik und der Erfahrung, ebenso wie die von der Rechtsprechung als verbindlich vorgegebenen Gebote der Tragfähigkeit der Feststellungen, der Nachvollziehbarkeit, Widerspruchsfreiheit und Vollständigkeit der Beweiswürdigung wie zudem grundsätzlich zu beachtende Beweiswürdigungsregeln. Einen Gedanken *Brauses* bezüglich Denkfehlern weiter ausdehnend, sind damit viele vom Revisionsgericht – angeblich in die tatrichterliche Beweiswürdigung eingreifend – aufgedeckte Beweiswürdigungsfehler „Regelverstöße"[1498]. Ihre Legitimation leitet die Zuordnung auch daraus ab, dass die Obergerichte zumeist ihre Vorgaben im Hinblick auf Definitionen und konkrete Ausfüllungen von bestimmten Rechtsnormen formulieren, sodass diese vielfach unmittelbar akzessorisch zum Gesetzesrecht bestehen. Die vergleichbare Verbindlichkeit solch allgemeiner Vorgaben im Verhältnis zum Gesetzesrecht wird deutlich, wenn man sich vergegenwärtigt, dass die Untergerichte solch regelhaft gültige Prinzipien im Interesse der Beständigkeit ihrer Urteile auch ohne eine generelle Präjudizienbindung zumeist beachten und ihren Urteilen als maßgebliche, obergerichtliche Rechtsauffassung zugrunde legen. *Langer* spricht insofern treffend von einem „weitaus größere(n) Gewicht" der faktischen Bindungswirkung für die Rechtsprechung der Untergerichte als der rechtlichen nach § 358 Abs. 1 StPO[1499] und macht damit die tatsächliche Verbindlichkeit revisionsgerichtlicher Vorgaben deutlich.

Die Verknüpfung des maßgeblichen Kriteriums des *Rechts*fehlers als Wegweiser zur Revisibilität, unter Negativbestimmung des nicht-revisibelen Bereichs bei Nichtvorliegen eines *Rechts*fehlers mit dem Definitionsansatz der Verletzung rechtlicher Regeln, lässt sich zum einen methodisch aus dem Gesetz und den allgemeinen

1497 Siehe oben C III.
1498 *Brause,* NStZ 2013, 129, 131.
1499 *Langer,* in: FS Meyer-Goßner, 496, 514.

Auslegungsmethoden herleiten und entspricht zum anderen in weiten Bereichen der Revisionspraxis. Das Kriterium ermöglicht mithin dem praktischen Anwender des Revisionsrechts, insbesondere dem Revisionsführer, eine möglichst genaue Einschätzung der Erfolgsaussichten seiner Revision – unter Vorbehalt jederzeit möglicher Abweichungen im Einzelfall -vorzunehmen. Im Hinblick auf die Anwendung unbestimmter Begriffe, der Auslegung von Willenserklärungen sowie der Aufdeckung von Verfahrensfehlern, entspricht der Ansatz der hier vertretenen Forderung nach voller Revisibilität: Die Subsumtion unter Rechtsbegriffe unter Missachtung der vom BGH aufgestellten Definitionen und Begriffsinhalte sowie der genereller Vorgaben im Hinblick auf regelmäßige Fallkonstellationen, stellt eine Verletzung rechtlicher Regeln dar, ebenso wie bei fehlerhafter Auslegung Regelverletzungen im Hinblick auf gesetzliche oder allgemeingültige, grundsätzliche Auslegungsregeln vorliegen. Als Regelverletzungen sind dabei wegen der Rechtseinheits- und Rechtsfortbildungsfunktion der Revision von der Ansicht der Revisionsgerichts abweichende, auch rechtlich „vertretbare" Ansichten der Untergerichte anzuerkennen, da die Entscheidung des Revisionsgerichts die letztlich verbindliche ist. Bei der Verfahrensrüge sind Regelverletzungen bei sämtlichen auch im Revisionsverfahren mit Hilfe schriftlicher oder visuell verfügbarer Unterlagen ohne unmittelbar mündliche Hauptverhandlung und damit innerhalb der natürlichen Grenzen der Revision erkennbaren Verstößen gegen Verfahrensnormen oder allgemeine Grundsätze gegeben, die nach der hiesigen Forderung voller Revisibilität zugeführt werden sollten.

## E. Fazit zum gegenwärtigen Stand der Revision und Empfehlungen für die Rechtspraxis

Ganzheitlich betrachtet könnte die Revision in ihrer jetzigen Form bei richtiger, extensiver und verfassungskonformer Auslegung der gesetzlichen Grundlagen ein geeignetes Instrument zur Gewährleistung einer effektiven Rechtsmittelinstanz, auch einer einzigen bei schweren Straftaten, darstellen. Lobenswert ist die Handhabung der Revisibilität im Bereich der tatsächlichen Feststellungen und der Beweiswürdigung durch eine auch neuere Entwicklungen aufgreifende, vorbildliche, umfassende Rechtsfehlerkontrolle. Die geltende Gesetzeslage ist in der Lage, die Revisionspraxis zu legitimieren, eine Anpassung etwa des Gesetzeswortlauts in § 267 Abs. 1 StPO etwa in folgendem Sinne, vermag jedoch möglicherweise den Anstoß zu einer endgültigen Einebnung des Streits um die Berechtigung der erweiterten Revision zu leisten:

§ 267 Abs. 1 S. 2 StPO könnte etwa folgende Formulierung erhalten: Der Tatrichter ist verpflichtet, die für seine Überzeugungsbildung wesentlichen, entscheidungslenkenden Gründe im Urteil anzugeben.

Im Rahmen von § 337 Abs. 1 StPO kann meines Erachtens über den vorgeschlagenen Maßstab des *Rechts*fehlers, der unmittelbar dem Gesetz zu entnehmen ist, ausgefüllt durch das Regelkriterium sowohl die geltende Rechtslage abgebildet als auch die Forderung nach einer Ausweitung der Überprüfung erfasst werden, sodass eine Neuregelung entbehrlich erscheint. Die Rechtsprechung ist vielmehr aufzufordern, grundsätzlich jede Regelverletzung der Revision zu unterwerfen.

Bedauerlich ist demgegenüber die Verweigerung einer vollen Revisibilität der *Rechts*frage bei der Anwendung unbestimmter Rechtsbegriffe und der Auslegung von Willenserklärungen, obwohl diesbezüglich *rechtliche* von *tatsächlichen* Wertungen trenn*bar* sind. Insofern ist eine Rückbesinnung auf das Trennungspostulat sowie ein umfängliches Nachkommen der dem Revisionsgericht ursprünglich zugedachten Aufgabe, der vollständigen Kontrolle im *rechtlichen* Bereich, zu verlangen.

Auch die restriktive Handhabung der Verfahrensrüge ist zu bemängeln und sowohl eine vollständige Nachprüfung unbestimmter Verfahrensbegriffe als auch eine Verwerfung des Rekonstruktionsverbots, soweit es über den originären, subjektiven Beweiswürdigungsakt hinausgeht und deswegen die Revisibilität unnötig eingrenzt und einer dogmatischen Rechtfertigung entbehrt, anzumahnen. Zur Ermöglichung einer möglichst umfassenden verfahrensrechtlichen Kontrolle ist auf eine Erleichterung der Nachweisproblematik von Verfahrensfehlern hinzuwirken: Insofern ist die Einführung einer Dokumentation auch des Inhalts der Beweisaufnahme durch ein Wortprotokoll oder andere präsente Beweismittel wie Tonband- oder Videoaufzeichnungen von der Hauptverhandlung zu erwägen, um dem Revisionsgericht eine möglichst weitreichende Prüfungsgrundlage zur Verfügung zu stellen und die panische „Angst" der Praxis vor einer freibeweislichen Wiederholung der Beweisaufnahme endgültig zu bannen.

Zu bemängeln ist ferner der Bedeutungsverlust der Divergenzvorlage als Mittel zur Sicherung der Rechtseinheit, was durch großzügigere Auslegung des geltenden Rechts einfach verhindert werden könnte; es ist daher eine extensivere Handhabung von Vorlagen unter Wertschätzung der vereinheitlichenden Wirkung allgemeingehaltener Antworten auf Subsumtionsfragen sowie die Herausstellung rechtlicher Regeln im Bereich der Beweiswürdigung und Strafzumessung zu fordern.

Infolge der alleinigen Tendenz zu mehr Einzelfallgerechtigkeit und verstärkten subjektiven Rechten des Angeklagten ist damit nur eine Ausweitung der Revisibilität und der Vorlage zu akzeptieren, die originäre Zuständigkeit des Revisionsgerichts für die *Rechts*frage darf nicht in Frage gestellt werden.

Als Fazit sei ein Zitat von *Riess* aufgegriffen, dem kommentarlos zuzustimmen ist: „Ein Rechtsmittel, das nur positive Seiten hat, wird sich nicht finden lassen."[1500]

1500 *Riess*, JZ 2000, 813, 819.

# Literaturverzeichnis

*Albrecht, Peter-Alexis:* Überzeugungsbildung und Sachverständigenbeweis in der neueren strafrechtlichen Judikatur zur freien Beweiswürdigung (§ 261 StPO), in: NStZ 1983, S. 486–493

*Alsberg, Max / Nüse, Karl-Heinz:* Der Beweisantrag im Strafprozess, 4. Aufl., Köln u.a. 1969

*Alsberg, Max / Nüse, Karl-Heinz / Meyer, Karlheinz:* Der Beweisantrag im Strafprozess, 5. Auflage, Köln u.a. 1983

*Alsberg, Max:* Anmerkung zu RG, Urt. v. 26.1.1931 – 3 D 1084/30, in: JW 1931, S. 2030–2031

*Alsberg, Max:* Anmerkung zu RG, Urt. v. 10.1.1930 – 1 D 1294/29, in: JW 1930, S. 931–933

*Alsberg, Max:* Anmerkung zu RG, Urt. v. 26.9.1929 – 2 D 1124/29, in: JW 1930, S. 714–715

*Alsberg, Max:* Anmerkung zu RG, Urt. v. 21.2.1928 – 1 D 37/28, in: JW 1928, S. 1506

*Alsberg, Max:* Die Nachprüfung strafprozessualer Revisionsrügen auf ihre tatsächliche Grundlage, in: JW 1915, S. 306–311

*Alsberg, Max:* Justizirrtum und Wiederaufnahme, Hamburg 1913

*Altvater, Gerhard:* Rechtsprechung des BGH zu den Tötungsdelikten, in: NStZ 1998, S. 342–347

*Androulakis, Nikolaos K.:* Das Wesen des strafrechtlichen Beweises und seine Bestandteile, unter Einschluss seiner revisionsrechtlichen Kontrolle. Die Falsifizierung durch den vernünftigen Zweifel, in: Strafrecht als Scientia Universalis, Festschrift für Claus Roxin zum 80. Geburtstag am 15. Mai 2011, hrsg. v. Manfred Heinrich u.a., Berlin u.a. 2011, S. 1369–1384 (zit.: *Androulakis,* in: FS II Roxin)

*von Bar* (ohne Vornamen): Das deutsche Reichsgericht, Berlin 1875

*Bartel, Louisa:* Tatrichterliche Beurteilungsspielräume im Strafrecht – Zur Motivgeneralklausel des § 211 Abs. 2 StGB und den Grenzen revisionsgerichtlicher Kontrolle, in: Grundlagen und Dogmatik des gesamten Strafrechtssystems, Festschrift für Wolfgang Frisch zum 70. Geburtstag, hrsg. v. Georg Freund u.a., Berlin 2013, S. 1255–1288

*Barton, Stephan:* Die erweiterte Revision in der Rechtsprechung des Bundesgerichtshofes. Rechtstatsächliche Befunde: 1970 und 2005, in: Festschrift für Gerhard Fezer zum 70. Geburtstag am 29. Oktober 2008, hrsg. v. Edda Weßlau u.a., Berlin 2008, S. 333–352

*Barton, Stephan:* Die Abgrenzung der Sach- von der Verfahrensrüge bei der klassischen und der erweiterten Revision in Strafsachen, in: JuS 2007, S. 977–983

*Barton, Stephan:* Kennzeichen und Effekte der modernen Revisionsrechtsprechung. Führt die Materialisierung des Strafrechts auf den Weg nach Pappenheim?, in: StV 2004, S. 332–340

*Barton, Stephan:* Die Revisionsrechtsprechung des BGH in Strafsachen – Eine empirische Untersuchung der Rechtspraxis, Neuwied 1999

*Barton, Stephan:* Die alltägliche Revisionsrechtsprechung des BGH in Strafsachen – Ergebnisse einer rechtstatsächlichen Untersuchung, in: StraFo 1998, S. 325–334

*Bauer, Wolfram:* Die alternative Rüge gemäß §§ 244 II, 261 StPO – Eine notwendige Einschränkung des Unmittelbarkeitsprinzips zugunsten des Angeklagten –, in: NStZ 2000, S. 72–75

*Beling, Ernst:* Deutsches Reichsstrafprozessrecht mit Einschluss des Gerichtsverfassungsrechts, Berlin u.a. 1928

*Beling, Ernst:* Anmerkung zu RG, Urt. v. 24.9.1928 – 3 D 422/28, in: JW 1928, S. 2988

*Beling, Ernst:* Der nicht mitangefochtene und der teilweise angefochtene Schuldspruch, in: Münchener Festgabe für Karl v. Birkmeyer zum 27. Juni 1917. Erster Beitrag, in: GA 63 (1917), S. 163–208

*Beling, Ernst:* Bindings Lehre von der Abstimmung im Strafgericht, in: ZStW 37 (1916), S. 365–385

*Bender, Rolf / Nack, Armin / Wolf-Dieter, Treuer:* Tatsachenfeststellung vor Gericht. Glaubwürdigkeits- und Beweislehre. Vernehmungslehre, 3. Auflage, München 2007

*Benecke, Hans / Beling, Ernst:* Lehrbuch des deutschen Reichs-Strafprozessrechts, Breslau 1900

*Binding, Karl:* Strafrechtliche und strafprozessuale Abhandlungen, Zweiter Band Strafprozess, München u.a. 1915

*Binding, Karl:* Grundriss des deutschen Strafprozessrechts, 4. Auflage, Leipzig 1900

*Birkmeyer, Karl:* Deutsches Strafprozessrecht mit eingehender Bezugnahme auf die preußischen und bayerischen Ausführungsbestimmungen und unter Berücksichtigung des österreichischen Strafprozessrechtes, Berlin 1898

*Bitzilekis, Nikolaos:* Der Tatsachenbegriff im Strafrecht, in: Festschrift für Hans Joachim Hirsch zum 70. Geburtstag am 11. April 1999, hrsg. v. Thomas Weigend u.a., Berlin u.a. 1999, S. 29–43

*Blau* (ohne Vornamen)*:* Anmerkung zu BGH, Urt. v. 6.2.1987 – 2 StR 630/86 und Urt. v. 6.3.1987 – 2 StR 652/86, in: JR 1988, S. 210–214

*Bloy, René:* Die Ausgestaltung der Rechtsmittel im deutschen Strafprozessrecht, in: JuS 1986, S. 585–596

*Blunck, Detlev:* Beweiswürdigung und rechtliche Würdigung im Strafurteil, in: MDR 1970, S. 470–473

*Böse, Martin:* Anmerkung zu BVerfG – Kammer-Beschluss vom 30. April 2003 – 2 BvR 2045/02, in: JR 2004, S. 40–43

*Bötticher* (ohne Vornamen): Abhandlungen. Der Bundesgerichtshof, in: DRiZ 1950, S. 251–255

*Bottke* (ohne Vornamen): Anmerkung zu OLG Hamburg, Urt. v. 27.5.1981 – 1 Ss 45/81, in: JR 1982, S. 77–78

*Braum, Stefan:* Geschichte der Revision im Strafverfahren von 1877 bis zur Gegenwart. Zugleich eine Kritik der Kontinuität politischer Macht im Recht, Frankfurt a.M. u.a. 1996

*Brause, Peter:* Glaubhaftigkeitsprüfung und -bewertung einer Aussage im Spiegel der höchstrichterlichen Rechtsprechung, in: NStZ 2013, S. 129–136

*Brause, Hans Peter:* Zum Zeugenbeweis in der Rechtsprechung des BGH, in: NStZ 2007, S. 505–512

*Bruns, Hans-Jürgen:* Das Recht der Strafzumessung. Eine systematische Darstellung für die Praxis, 2. Aufl., Köln u.a. 1985

*Bruns, Hans-Jürgen:* Zum Revisionsgrund der – ohne sonstige Rechtsfehler – „ungerecht" bemessenen Strafe. Bedarf es zur vollen revisionsrechtlichen Strafzumessungskontrolle der Einführung der „Urteilsrüge"?, in: Festschrift für Karl Engisch zum 70. Geburtstag, hrsg v. Paul Bockelmann u.a., Frankfurt am Main 1969, S. 708–723

*Busch, Richard:* Die Rechtsprechung des Großen Senats des Bundesgerichtshofs, in: DRiZ 1960, S. 347–349

*Cramer, Peter:* Gedanken zur Reform des Rechtsbeschwerdeverfahrens nach dem OWiG, in: Straf- und Strafverfahrensrecht, Recht und Verkehr, Recht und Medizin, Festschrift für Hannskarl Salger zum Abschied aus dem Amt als Vizepräsident des Bundesgerichtshofs, hrsg. v. Albin Eser u.a., Köln 1995, S. 447–460

*Cuypers, Manfred:* Die Revisibilität der strafrichterlichen Beweiswürdigung, Bochum 1975

*Dahs, Hans:* Die Revision im Strafprozess. Bedeutung für die Praxis der Tatsacheninstanz, 8. Auflage, München 2012

*Dahs, Hans:* Die „Plausibilitätsrüge", in: Festschrift für Rainer Hamm zum 65. Geburtstag am 24.2.2008, hrsg. v. Regina Michalke u.a., Berlin 2008, S. 41–52

*Dahs, Hans*: Die Revisionsbegründung – Puzzle oder Glücksspiel?, in: StraFo 1995, S. 41–45

*Dahs, Hans:* Die Urteilsrüge – ein Irrweg. Zur Reform des Rechtsmittelsystems in Strafsachen, in: NJW 1978, S. 1551–1557

*Dahs, Hans:* Die Relativierung absoluter Revisionsgründe, in: GA 1976, S. 353–361

*Dahs, Hans / Dahs Hans:* Die Revision im Strafprozess. Bedeutung für die Praxis der Tatsacheninstanz, 6. Auflage, München 2001

*Deckers, Rüdiger:* Aussage gegen Aussage – zur Entwicklung der revisionsgerichtlichen Rechtsprechung und der Aussagepsychologie, in: Festschrift für Rainer

Hamm zum 65. Geburtstag am 24. Februar 2008, hrsg. v. Regina Michalke u.a., Berlin 2008, S. 53–62

*Dencker, Friedrich:* Anmerkung zu BGH, Urt. v. 10.8.1994 – 3 StR 53/94, in: StV 1995, S. 232–236

*Detter, Klaus:* Ausbau der Rechtskontrolle tatrichterlicher Beweiswürdigung und Strafzumessung, in: Festschrift aus Anlass des fünfzigjährigen Bestehens von Bundesgerichtshof, Bundesanwaltschaft und Rechtsanwaltschaft beim Bundesgerichtshof, hrsg. v. Karlmann Geiß u.a., Köln u.a. 2000, S. 679–706 (zit. *Detter,* in: FS 50 Jahre BGH)

*Graf zu Dohna, Alexander:* Die Stellung des Reichsgerichtes zum neuen Strafgesetzbuch, in: Reichsgerichtspraxis im deutschen Rechtsleben, Festgabe der juristischen Fakultäten zum 50jährigen Bestehen des Reichsgerichts (1. Oktober 1929) in 6 Bänden, hrsg. v. Otto Schreiber, V. Band Strafrecht und Strafprozessrecht, Berlin u.a. 1929, S. 30–43

*Graf zu Dohna, Alexander:* Anmerkung zu RG, Urt. v. 22.9.1921 – 6 a D 671/21, in: JW 1922, S. 1011

*Graf zu Dohna, Alexander:* Das Strafverfahren, Berlin 1913

*Drost* (ohne Vornamen): Das Ermessen des Strafrichters. Zugleich ein Beitrag zu dem allgemeinen Problem Gesetz und Richteramt, Berlin 1930

*Duske, Klaus:* Die Aufgaben der Revision, Marburg 1960

*Eisenberg, Ulrich:* Anmerkung zu BGH, Beschl. v. 21.7.2009 – 5 StR 235/09, in: JR 2011, S. 121–124

*Engisch, Karl:* Logische Studien zur Gesetzesanwendung, 2. Aufl., Heidelberg 1960

*Erb, Volker:* Ein Freibrief zur Willkür? Zur Akzeptanz dubioser tatrichterlicher Unterstellungen durch den 1. Strafsenat des BGH, in: GA 2012, S. 72–88

*Erb, Volker:* Zur „Legitimation“ von Fehlverurteilungsrisiken, in: Festschrift für Peter Riess zum 70. Geburtstag am 4. Juni 2002, hrsg. v. Ernst-Walter Hanack u.a., Berlin u.a. 2002, S. 77–92

*Erb, Volker:* Strafrechtswissenschaft, höchstrichterliche Rechtsprechung und tatrichterliche Praxis des Strafrechts, in: ZStW 113 (2001), S. 1–39

*Fahl, Christian:* Anmerkung zu BVerfG, Beschl. v. 15.1.2009 – 2 BvR 2044/07, in: JR 2009, S. 259–262

*Fezer, Gerhard:* Revisionsurteil oder Revisionsbeschluss – Strafverfahrensnorm und Strafverfahrenspraxis in dauerhaftem Widerstreit?, in: StV 2007, S. 40–48

*Fezer, Gerhard:* Zur fortschreitenden Relativierung der Verfahrensvorschriften durch den Bundesgerichtshof – § 274 StPO als Beispiel –, in: Festschrift für Harro Otto zum 70. Geburtstag am 1. April 2007, hrsg. v. Gerhard Dannecker u.a., Köln u.a. 2007, S. 901–912

*Fezer, Gerhard:* Pragmatismus und Formalismus in der revisionsgerichtlichen Rechtsprechung, in: Festschrift für Hans-Walter Hanack zum 70. Geburtstag am 30. August 1999, hrsg. v. Udo Ebert, Berlin u.a. 1999, S. 331–353

*Fezer, Gerhard:* Rechtsprechung des Bundesgerichtshofs zum Strafverfahrensrecht – Teil 2, in: JZ 1996, S. 655–668

*Fezer, Gerhard:* Tatrichterlicher Erkenntnisprozess – „Freiheit" der Beweiswürdigung –, in: StV 1995, S. 95–101

*Fezer, Gerhard:* Anmerkung zu BGH, Urt. v. 3.7.1991 – 2 StR 45/91, in: JZ 1992, S. 107–108

*Fezer, Gerhard:* Grenzen der Beweisaufnahme durch das Revisionsgericht, in: Aktuelle Probleme der Strafrechtspflege, hrsg. v. Udo Ebert, Berlin u.a. 1991, S. 89–115

*Fezer, Gerhard:* Anmerkung zu BGH, Urt. v. 3.11.1982 – 2 StR 434/82, in: JZ 1983, S. 355–356

*Fezer, Gerhard:* Anmerkung zu BGH, Urt. v. 2.11.1982 – 5 StR 622/82, in: NStZ 1983, S. 278–279

*Fezer, Gerhard:* Möglichkeiten einer Reform der Revision in Strafsachen. Eine Untersuchung unter besonderer Berücksichtigung der gegenwärtigen Vorschläge zur Rechtsmittelreform, Tübingen 1975

*Fezer, Gerhard:* Die erweiterte Revision – Legitimierung der Rechtswirklichkeit? – Inhaltsanalyse eines Jahrgangs unveröffentlichter Entscheidungen des Bundesgerichtshofs in Strafsachen, Tübingen 1974

*Fezer, Gerhard:* Reform der Rechtsmittel in Strafsachen. Bericht über die Entstehung der gegenwärtigen Rechtsmittelvorschriften und die Bemühungen um ihre Reform, hrsg. v. Bundesministerium der Justiz, Tübingen 1974

*Fincke, Martin:* Die Gewissheit als hochgradige Wahrscheinlichkeit, GA 1973, S. 266–272

*Fischer, Robert:* Zur Entwicklung des Revisionsrechts seit dem Bestehen des Bundesgerichtshofes, in: DRiZ 1978, S. 2–6

*Fischer, Thomas:* Strafgesetzbuch und Nebengesetze, 61. Auflage, München 2014

*Fischer, Thomas:* Zum Verhältnis zwischen tatrichterlicher Beweiswürdigung und revisionsrichterlicher Kontrolle, in: Festgabe des Instituts für Strafrecht und Kriminologie der Juristischen Fakultät der Julius-Maximilians-Universität Würzburg für Rainer Paulus zum 70. Geburtstag am 20. Januar 2009, hrsg. v. Klaus Laubenthal, Würzburg 2009, S. 53–72

*Fischer, Thomas:* Glaubwürdigkeitsbeurteilung und Beweiswürdigung – Von der Last der „ureigenen Aufgabe"-, in: NStZ 1994, S. 1–5

*Foth, Eberhard:* Tatgericht, Revisionsgericht – wer würdigt die Beweise?, in: DRiZ 1997, S. 201–208

*Foth, Eberhard:* Anmerkung zu BVerfG (2. Kammer des 2. Senats), Beschl. v. 8.5.1991 – 2 BvR 1380/90, in: NStZ 1992, S. 444–447

*Freund, Georg:* Die Tatfrage als Rechtsfrage. „Persönliche Gewissheit", „objektive Schuldwahrscheinlichkeit" und rechtsgenügender Beweis, in: Strafverfahrensrecht in Theorie und Praxis, Festschrift für Lutz Meyer-Gossner, hrsg. v. Albin Eser u.a., München 2001, S. 409–429

*Freund, Gerorg:* Normative Probleme der „Tatsachenfeststellung". Eine Untersuchung zum tolerierten Risiko einer Fehlverurteilung im Bereich subjektiver Deliktsmerkmale, Heidelberg 1987

*Friesenhahn, Ernst:* Der Richter in unserer Zeit. Festvortrag zur Eröffnung des Dritten Kongresses der Union Internationale des Magistrats am 8.5.1969 in der Kongresshalle in Berlin, in: DRiZ 1969, S. 169–176

*Frisch, Wolfgang:* Wandel der Revision als Ausdruck geistigen und gesellschaftlichen Wandels, in: Festschrift für Gerhard Fezer zum 70. Geburtstag am 29. Oktober 2008, hrsg. v. Edda Weßlau u.a., Berlin 2008, S. 353–392

*Frisch, Wolfgang:* Die erweiterte Revision. Verwirklichung von Gerechtigkeitspostulaten ohne tragfähiges Fundament?, in: Menschengerechtes Strafrecht, Festschrift für Albin Eser zum 70. Geburtstag, hrsg. v. Jörg Arnold u.a., München 2005, S. 257–290

*Frisch, Wolfgang:* Ermessen, unbestimmter Begriff und „Beurteilungsspielraum" im Strafrecht, in: NJW 1973, 1345–1349

*Frisch, Wolfgang:* Revisionsrechtliche Probleme der Strafzumessung. Eine Untersuchung über die Struktur und Revisibilität des richterlichen Ermessens bei der Strafzumessung, Köln u.a. 1971

*Frister, Helmut:* Die persönliche Gewissheit als Verurteilungsvoraussetzung im Strafprozess, in: Festschrift für Gerald Grünwald zum siebzigsten Geburtstag, hrsg. v. Erich Samson u.a., Baden-Baden 1999, S. 169–196

*Fuchs, Ernst:* Der horror pleni, in: LZ 1927, S. 83–94

*Fuchs, Ernst:* Zur juristischen Neuorientierung, in: JW 1917, S. 633–635

*Geerds, Friedrich:* Revision bei Verstoß gegen Denkgesetze oder Erfahrungssätze? Ein Beitrag zum Umfang und zur Art richterlicher Kontrolle, in: Einheit und Vielfalt des Strafrechts, Festschrift für Karl Peters zum 70. Geburtstag, hrsg. v. Jürgen Baumann u.a., Tübingen 1974, S. 267–283

*Geisler, Claudius:* „Der Tatrichter als Revisionsrichter". Kritische Anmerkungen zur Beschränkung der Revision in Strafsachen durch tatrichterliche Beurteilungsspielräume, in: Festschrift für Klaus Geppert zum 70. Geburtstag am 10. März 2011, hrsg. v. Claudius Geisler u.a., Berlin u.a. 2011, S. 113–135

*Geppert* (ohne Vornamen): Anmerkung zu OLG Hamburg, Urt. v. 17.1.1985 – 1 Ss 168/84, in: JR 1985, S. 430–433

*Gerland, Heinrich:* Der deutsche Strafprozess. Eine systematische Darstellung, Mannheim u.a. 1927

*Gössel, Karl Heinz:* Empfehlen sich Änderungen des Strafverfahrensrechts mit dem Ziel, ohne Preisgabe rechtsstaatlicher Grundsätze den Strafprozess, insbesondere die Hauptverhandlung, zu beschleunigen? Gutachten C für den 60. Deutschen Juristentag, in: Verhandlungen des Sechzigsten Deutschen Juristentages Münster 1994, hrsg. von der ständigen Deputation des Deutschen Juristentages, Band I Gutachten Teil C, C 7-C 94

*Gössel, Karl Heinz:* Anmerkung zu BGH, Urt. v. 24.3.1982 – 3 StR 28/82, in: JR 1983, S. 118–120

*Gössel, Karl Heinz:* Die Nachprüfung von Tatsachenfeststellungen in der Revisionsinstanz in Strafsachen, in: Schlosser / Jonqueres / Rasenack / Chapus / Gössel / Décocq, Tatsachenfeststellung in der Revisionsinstanz, hrsg. von Ernst von Caemmerer u.a., Frankfurt am Main 1982, S. 117–138

*Gollwitzer, Walter:* Anmerkung zu Hanseatisches OLG Hamburg, Urt. v. 3.11.1978 – 2 Ss 58/78, in: JR 1980, S. 34–36

*Goydke, Jürgen:* Strafmaßrevision, Strafberufung und Strafrüge, in: Strafverfahrensrecht in Theorie und Praxis, Festschrift für Lutz Meyer-Gossner zum 65. Geburtstag, hrsg v. Albin Eser u.a., München 2001, S. 541–558

*Gottwald, Peter:* Die Revisionsinstanz als Tatsacheninstanz, Berlin 1975

*Graf, Jürgen* (Hrsg.): Strafprozessordnung. Mit Gerichtsverfassungsgesetz und Nebengesetzen. Kommentar, 2. Auflage, München 2012 (zit.: *Wiedner,* in: Graf, StPO)

*Grave, Helmut / Mühle, Hans-Jochen:* Denkgesetze und Erfahrungssätze als Prüfungsmaßstab im Revisionsverfahren, in: MDR 1975, S. 274–279

*Grosse-Wilde, Thomas:* Eine normentheoretische Rekonstruktion der Strafzumessungsentscheidung und die Unterscheidung von Rechts- oder Tatfrage, in: HRRS 2009, S. 363–372

*Grünwald, Gerald:* Tatrichterliches Ermessen bei der Strafzumessung? (II), in: MDR 1959, S. 808–811

*Habetha, Jörg / Trüg, Gerson:* Erosion des Beweisantragsrechts. Aktuelle Entwicklungen in der Rechtsprechung des Bundesgerichtshofs, in: GA 2009, S. 406–428

*Hahn, Carl / Mugdan, Benno:* Die gesamten Materialien zu den Reichs-Justizgesetzen auf Veranlassung des Kaiserlichen Reichs-Justizamtes herausgegeben, Band 1 Materialien zum Gerichtsverfassungsgesetz, Abteilung 1, 2. Auflage, hrsg. v. Eduard Stegemann, Neudruck der Ausgabe Berlin 1883, Aalen 1983; Band 2 Materialien zur Zivilprozessordnung, Abteilung 1, 2. Auflage, hrsg. v. Eduard Stegemann, Neudruck der Ausgabe Berlin 1881, Aalen 1983; Band 3 Materialien zur Strafprozessordnung, Abteilung 1, 2. Auflage, hrsg. v. Eduard Stegemann, Neudruck der Ausgabe Berlin 1885, Aalen 1983

*Hamm, Rainer:* Die Revision in Strafsachen, 7. Auflage, Berlin u.a. 2010

*Hamm, Rainer:* Beweis als Rechtsbegriff und seine revisionsrechtliche Kontrolle, in: Festschrift für Gerhard Fezer zum 70. Geburtstag am 29. Oktober 2008, hrsg. v. Edda Weßlau u.a., Berlin 2008, S. 393–412

*Hamm, Rainer:* Die revisionsgerichtliche Kontrolle der Beweiswürdigung des Tatgerichts, in: Rechtssicherheit versus Einzelfallgerechtigkeit, Kolloquium anlässlich des 65. Geburtstages von Herrn VRiBGH Gerhard Herdegen, Karlsruhe 12. Oktober 1991, Bonn u.a. 1992, S. 20–29

*Hamm, Rainer:* Tendenzen der revisionsgerichtlichen Rechtsprechung aus anwaltlicher Sicht, in: StV 1987, S. 262–269

*Hanack, Ernst-Walter:* Die Verteidigung vor dem Revisionsgericht, in: Festschrift für Hanns Dünnebier zum 75. Geburtstag am 12. Juni 1982, Berlin u.a. 1982, S. 301–325

*Hanack, Ernst-Walter:* Maßstäbe und Grenzen richterlicher Überzeugungsbildung im Strafprozess – OLG Celle, NJW 1976, 2030, in: JuS 1977, S. 727–732

*Hannack, Ernst-Walter:* Bedürfnisprüfung und Methodenkritik einer Justizreform, in: ZRP 87 (1974), S. 405–446

*Hanack, Ernst-Walter:* Die Rechtsprechung des Bundesgerichtshofs zum Strafverfahrensrecht, in: JZ 1973, S. 727–732

*Hanack, Ernst-Walter:* Der Ausgleich divergierender Entscheidungen in der oberen Gerichtsbarkeit. Eine prozessrechtliche Studie insbesondere zur Vorlegungspflicht und der Rechtsmittelzulässigkeit wegen Abweichung, Hamburg 1962

*Hannover, Heinrich:* Anmerkung zu BGH, Urt. v. 25.3.1987 – 3 StR 574/86, in: StV 1987, S. 425–426

*Hebenstreit, Ulrich:* Gedanken zur Alternativrüge, in: Strafverteidigung, Revision und die gesamten Strafrechtswissenschaften, Festschrift für Gunter Widmaier zum 70. Geburtstag, hrsg. v. Heinz Schöch u.a., München 2008, S. 267–276

*Heescher, Dieter:* Untersuchungen zum Merkmal der freien Überzeugung in § 286 ZPO und § 261 StPO – Versuch einer Neubestimmung –, Münster 1974

Heidelberger Kommentar, Strafprozessordnung, Gercke / Julius / Temming / Zöller (Hrsg.), 5. Auflage, Heidelberg u.a. 2012 (zit.: *Temming,* in: HK-StPO)

*Heinsheimer, Karl:* Die Freiheit der richterlichen Überzeugung und die Aufgaben der Revisionsinstanz, in: Festschrift für Franz Klein zu seinem 60. Geburtstage, Wien 1914, S. 133–146

*Henke, Horst-Eberhard:* Rechtsfrage oder Tatfrage – eine Frage ohne Antwort? Betrachtungen zum Revisionsrecht des deutschen Zivilprozesses, in: ZZP 81 (1968), S. 196–251; S. 321–379

*Henke, Horst-Eberhard:* Die Tatfrage. Der unbestimmte Rechtsbegriff im Zivilrecht und seine Revisibilität, Berlin 1966

*Henkel, Heinrich:* Strafverfahrensrecht. Ein Lehrbuch, 2. Auflage, Stuttgart u.a. 1968

*Herdegen, Gerhard:* Was ist unter „Beweiswürdigung“ im Sinne von § 261 StPO zu verstehen?, in: Festschrift für Ulrich Eisenberg, hrsg. v. Henning Ernst Müller u.a., München 2009, S. 527–542

*Herdegen, Gerhard:* Strafrichterliche Aufklärungspflicht und Beweiswürdigung, in: NJW 2003, S. 3513–3516

*Herdegen, Gerhard:* Die Eingriffe des Revisionsgerichts in die tatrichterliche Beweiswürdigung, in: Der Strafprozess vor neuen Herausforderungen? Über den Sinn und Unsinn von Unmittelbarkeit und Mündlichkeit im Strafverfahren. Beiträge zur 12. Alsberg-Tagung 1999 in Berlin und zur Verleihung des Max-Alsberg-Preises an Vorsitzenden Bundesrichter a.D. Gerhard Herdegen, hrsg. v. Otto Lagodny, Baden-Baden 2000, S. 27–46

*Herdegen, Gerhard:* Die strafprozessualen Beweiswürdigungstheorien des Bundesgerichtshofs, in: Festschrift für Ernst-Walter Hanack zum 70. Geburtstag am 30. August 1999, hrsg. v. Udo Ebert u.a., Berlin u.a. 1999, S. 311–329

*Herdegen, Gerhard:* Das Beweisantragsrecht. Betrachtungen anhand von und zur Rechtsprechung – Teil II –, in: NStZ 1999, S. 176–181

*Herdegen, Gerhard:* Anmerkung zu BGH, Beschl. v. 3.9.1997 – 5 StR 237/97, in: JZ 1998, S. 54–56

*Herdegen, Gerhard:* Die Rüge der Nichtausschöpfung eines Beweismittels, in: Straf- und Strafverfahrensrecht, Recht und Verkehr, Recht und Medizin, Festschrift für Hannskarl Salger zum Abschied aus dem Amt als Vizepräsident des Bundesgerichtshofs, hrsg. v. Albin Eser u.a., Köln 1995, S. 301–318

*Herdegen, Gerhard:* Strafprozessuale Novitäten, in: StraFo 1995, S. 31–41

*Herdegen, Gerhard:* Grundfragen der Beweiswürdigung, in: Beweisantragsrecht, Beweiswürdigung, strafprozessuale Revision. Abhandlungen und Vorträge, Mit einer Einleitung von Rainer Hamm, Baden-Baden 1995, S. 97–107

*Herdegen, Gerhard:* Die Überprüfung der tatsächlichen Feststellungen durch das Revisionsgericht auf Grund der Sachrüge, in: StV 1992, S. 527–534

*Herdegen, Gerhard:* Die Überprüfung der tatsächlichen Feststellungen durch das Revisionsgericht auf Grund einer Verfahrensrüge, in: StV 1992, S. 590–597

*Herdegen, Gerhard:* Die revisionsgerichtliche Kontrolle der Beweiswürdigung – Diskussionsbeitrag –, in: Rechtssicherheit versus Einzelfallgerechtigkeit, Kolloquium anlässlich des 65. Geburtstages von Herrn VRiBGH Gerhard Herdegen, Karlsruhe 12. Oktober 1991, Bonn u.a. 1992, S. 30–43

*Herdegen, Gerhard:* Bemerkungen zur Beweiswürdigung, in: NStZ 1987, S. 193–199

*Herdegen, Gerhard:* Tatgericht und Revisionsgericht, insbesondere die Kontrolle verfahrensrechtlicher „Ermessensentscheidungen“, in: Strafverfahren im Rechtsstaat, Festschrift für Theodor Kleinknecht zum 75. Geburtstag am 18.August 1985, hrsg. v. Karl-Heinz Gössel u.a., München 1985, S. 173–190

*von Hippel, Robert:* Der deutsche Strafprozess, Marburg 1941

*Hofmann, Anja:* Personenidentifizierung durch Zeugen im Strafverfahren. Anforderungen an die ordnungsgemäße Durchführung von Wiedererkennungsverfahren und Beurteilung des Beweiswerts von Identifizierungsleistungen unter besonderer Berücksichtigung rechtspsychologischer und kriminalistischer Aspekte, Berlin 2013

*Hoyer, Andreas:* Der Konflikt zwischen richterlicher Beweiswürdigungsfreiheit und dem Prinzip „in dubio pro reo", in: ZStW 105 (1993), 523–556

*Jagusch, Heinrich:* Die Revision in Strafsachen – ausreichende Rechtsgarantie?, in: NJW 1971, S. 2009–2012

*Jähnke, Burkhard:* Über die Befugnis des Revisionsgerichts zur Nachprüfung der tatrichterlichen Beweiswürdigung, in: Festschrift für Hans-Walter Hanack zum 70. Geburtstag am 30. August 1999, hrsg. v. Udo Ebert, Berlin u.a. 1999, S. 355–367

*Jahn, Matthias:* Grundlagen der Beweiswürdigung und Glaubhaftigkeitsbeurteilung im Strafverfahren, in: JURA 2001, S. 450–456

*Jellinek, Walter:* Gesetz, Gesetzesanwendung und Zweckmäßigkeitserwägung. Zugleich ein System der Ungültigkeitsgründe von Polizeiverordnungen und -verfügungen. Eine staats- und verwaltungsrechtliche Untersuchung, Neudruck der Ausgabe Tübingen 1913, Aalen 1964

*Jerouschek, Günter:* Wie frei ist die freie Beweiswürdigung? Überlegungen zur Genese, Funktion und zu Perspektiven eines strafprozessualen Rechtsinstituts, in: GA 1992, S. 493–515

*Jourdan, Franz:* Eine unzulässige Umgehung des § 136 GVG, in: JW 1925, S. 929

*Jungmann, Carsten:* Ein neuer „horror pleni" in den Zivilsenaten des Bundesgerichtshofs? Zum sachgerechten Umgang mit Divergenz- und Grundsatzvorlagen gemäß § 132 GVG zur Sicherung einer einheitlichen Rechtsprechung, in: JZ 2009, S. 380–388

Karlsruher Kommentar zur Strafprozessordnung und zum Gerichtsverfassungsgesetz mit Einführungsgesetz, hrsg. v. Gerd Pfeiffer, 4. Auflage, München 1999 (zit. *Herdegen,* in: KK-StPO, 4. Aufl.); mit GVG, EGGVG und EMRK, hrsg. v. Rolf Hannich, 6. Aufl., München 2008 (zit. *Kuckein,* in: KK-StPO, 6. Aufl; *Schoreit,* in: KK-StPO, 6. Aufl.); 7. Auflage München 2013 (zit.: *Gericke,* in: KK-StPO; *Hannich,* in: KK-StPO; *Ott,* in: KK-StPO; *Paul,* in: KK-StPO)

*Katholnigg* (ohne Vornamen): Anmerkung zu BGH, Beschl. v. 7.6.1982 – 4 StR 60/82, in: JR 1983, S. 129–130

*Kern, Eduard:* Die Äußerungsdelikte, Tübingen 1919

*Kern, Eduard / Roxin, Claus:* Strafverfahrensrecht. Ein Studienbuch, München 1974

*Kindhäuser, Urs:* Rügepräklusion durch Schweigen im Strafverfahren, in: NStZ 1987, S. 529–535

*Klee* (ohne Vornamen): Bücherbesprechungen, in: GA 70, S. 158–160

*Kleinknecht / Müller / Reitberger* (ohne Vornamen): – KMR – StPO, Kommentar zur Strafprozessordnung, Band 5 §§ 296–406 h, Köln 2011 (zit.: *Momsen,* in: KMR-StPO (54. EL Mai 2009))

*Kleinknecht, Theodor / Müller, Hermann:* Kommentar zur Strafprozessordnung und zum Gerichtsverfassungsgesetz, 4. Auflage, Darmstadt u.a. 1958

*Kleinknecht, Paul W.:* Einige Gedanken über die Revision in Strafsachen, insbesondere über die Revisibilität der Strafzumessung, in: JR 1950, S. 716–719

*Klesczewski, Diethelm:* Strafprozessrecht, Köln u.a. 2007

*Klug, Ulrich:* Die Verletzung von Denkgesetzen als Revisionsgrund, in: Festschrift für Philipp Möhring zum 65. Geburtstag 4. September 1965, hrsg. v. Wolfgang Hefermehl u.a., München u.a. 1965, S. 363–384

*Kniesch, Joachim:* Teilfragen zum Revisionsrecht, in: MDR 1955, S. 132–134

*Köhler, August:* Plenarentscheidungen in Strafsachen, in: Die Reichsgerichtspraxis im deutschen Rechtsleben, Festgabe der juristischen Fakultäten zum 50jährigen Bestehen des Reichsgerichts (1. Oktober 1929) in 6 Bänden, hrsg. v. Otto Schreiber, V. Band Strafrecht und Strafprozessrecht, Berlin u.a. 1929, S. 159–172

*Kohlhaas, Max:* Buchbesprechungen, in: NJW 1961, S. 2346

*Kohlhaas, Max:* Anmerkung zu OLG Stuttgart, Urt. v. 11.7.1958 – 1 Ss 334/58, in: NJW 1959, S. 397–398

*Krause, Dietmar:* Die Revision im Strafverfahren, 5. Auflage, Köln u.a. 2001

*Krause, Friedrich-Wilhelm:* Grenzen richterlicher Beweiswürdigung im Strafprozess, in: Einheit und Vielfalt des Strafrechts, Festschrift für Karl Peters zum 70. Geburtstag, hrsg. v. Jürgen Baumann u.a., Tübingen 1974, S. 323–332 (zit.: *Krause,* in: FS I Peters)

*von Kries, August:* Die Rechtsmittel des Zivilprozesses und des Strafprozesses nach den Bestimmungen der deutschen Reichsgesetze, Neudruck der Ausgabe Breslau 1880, Aalen 1975

*Kuchinke, Kurt:* Grenzen der Nachprüfbarkeit tatrichterlicher Würdigung und Feststellungen in der Revisionsinstanz. Ein Beitrag zum Problem von Rechts- und Tatfrage, hrsg. v. G. Schiedermair u.a., Bielefeld 1964

*Kühne, Hans-Heiner:* Strafprozessrecht. Eine systematische Darstellung des deutschen und europäischen Strafverfahrensrechts, 8. Auflage, Heidelberg 2010

*Kühne, Hans-Heiner:* Strafprozessrecht. Ein Lehrbuch zum deutschen und europäischen Strafverfahrensrecht, 5. Auflage, Heidelberg 1999

*Küpper, Georg:* Anmerkung zu BGH, Urt. v. 16.2.1995 – 4 StR 729/94, in: JR 1996, 214–216

*Kuhlen, Lothar:* Die Unterscheidung von Rechts- und Tatfrage und ihre Bedeutsamkeit für das Strafprozessrecht, in: Elemente einer juristischen Begründungslehre, hrsg. v. Robert Alexy / Hans-Joachim Koch / Lothar Kuhlen / Helmut Rüssmann, Baden-Baden 2003, S. 323–356

*Kuhlen, Lothar:* Die Abweichung einer Entscheidung von einer anderen und die Betrachtung des Einzelfalles – zugleich eine Besprechung von BGH 2 StR 565/85 vom 24.4.1986 (StV. 1986, 297 ff.) -, in: JA 1986, S. 589–600

*Kunz, Karl-Ludwig:* Tatbeweis jenseits eines vernünftigen Zweifels. Zur Rationalität der Beweiswürdigung bei der Tatsachenfeststellung, in: ZStW 121 (2009), S. 572–606

*Kutzer, Klaus:* Sinkende Verfahrenskontrolle und steigende Rügeanforderungen im Revisionsverfahren, in: StraFo 2000, S. 325–328

*Lamertz, Walter:* Revisibilität der Strafzumessung in der höchstrichterlichen Rechtsprechung, Göttingen 1960

*Langer, Winrich:* Zu den Zielen der Revision in Strafsachen, in: Strafverfahrensrecht in Theorie und Praxis, Festsschrift für Lutz Meyer-Gossner zum 65. Geburtstag, hrsg. v. Albin Eser u.a., München 2001, S. 496–521

*Larenz, Karl:* Methodenlehre der Rechtswissenschaft, 5. Auflage, Berlin u.a. 1983

*Leipold, Klaus:* Die Hauptverhandlung vor dem Revisionsgericht, in: StraFo 2010, S. 353–358

*Leisner, Walter:* Urteilsverfassungsbeschwerde wegen Nichtvorlage bei Abweichung. Das Bundesverfassungsgericht als Garant der „Großen Senate", in: NJW 1989, S. 2446–2450

*Leitner, Werner:* Videoaufzeichnungen in der Hauptverhandlung und Rekonstruktionsverbot, in: StraFo 2004, S. 306–309

*Levin* (ohne Vornamen): Der dritte Rechtszug, in: DJZ 1930, S. 27–33

*Lilie, Hans:* Obiter dictum und Divergenzausgleich in Strafsachen. Ein Spannungsfeld zwischen Revisionsrecht und Gerichtsverfassungsrecht, Köln u.a. 1993

*Loddenkemper, Florian:* Revisibilität tatrichterlicher Zeugenbeurteilung. Eine Auseinandersetzung mit der neueren Rechtsprechung der Strafsenate des BGH, Baden-Baden 2003

*Löwe-Rosenberg*: Die Strafprozessordnung und das Gerichtsverfassungsgesetz. Großkommentar, Erster Band Einleitung, §§ 1–373a StPO, hrsg. v. Hanns Dünnebier u.a., 21. Auflage Berlin 1963 (zit. *Jagusch,* in: LR-StPO, 21. Aufl.); Dritter Band §§ 213 bis 358, 23. Auflage, Berlin u.a. 1978 (zit. *Meyer,* in: LR-StPO, 23. Aufl.); Fünfter Band GVG, EGGVG, Anhang, 23. Auflage, Berlin u.a. 1979 (zit. *Schäfer,* in: LR-GVG, 23. Aufl.); Siebenter Band §§ 1–198 GVG, EGGVG, GVGVO, hrsg. v. Peter Riess, 25. Auflage, Berlin 2003 (zit. *Franke,* in: LR-GVG); Fünfter Band §§ 296-373a, hrsg. v. Peter Rieß, 25. Auflage, Berlin 2003 (zit. *Hannack,* in: LR-StPO, 25. Aufl.); Siebenter Band §§ 296-373a, Zweiter Teilband (§§312-373a), 26. Auflage, Berlin u.a. 2013 (zit.: *Franke,* in: LR-StPO);

*Maatz, Kurt Rüdiger:* Der „tatrichterliche Beurteilungsspielraum" aus der Sicht des Revisionsrichters, in: StraFo 2002, S. 373–379

*Maatz, Kurt Rüdiger / Wahl, Bernhard:* Die Verminderung der Schuldfähigkeit infolge Alkoholisierung, in: Festschrift aus Anlass des fünfzigjährigen Bestehens von Bundesgerichtshof, Bundesanwaltschaft und Rechtsanwaltschaft beim Bundesgerichtshof, hrsg. v. Karlmann Geiß u.a., Köln u.a. 2000, S. 531–554 (zit. *Maatz/Wahl,* in: FS 50 Jahre BGH)

*Maier, Stefan:* Aussage gegen Aussage und freie Beweiswürdigung, in: NStZ 2005, S. 246–251

*Manigk, Alfred:* Beiträge zum Revisionsrecht, in: ZZP 60 (1936/37), S. 351–414

*Manigk, Alfred:* Die Revisibilität der Auslegung von Willenserklärungen. Mit Beiträgen zur Methodik der Rechts- und Tatfrage, in: Die Reichsgerichtspraxis im deutschen Rechtsleben. Festgabe der juristischen Fakultäten zum 50jährigen Bestehen des Reichsgerichts (1. Oktober 1929), in 6 Bänden, hrsg. v. Otto Schreiber, VI. Band Zivilprozessrecht, Berlin u.a. 1929, S. 94–188

*Mannheim, Hermann:* Beiträge zur Lehre von der Revision wegen materiellrechtlicher Verstöße im Strafverfahren, Berlin 1925

*Maul, Heinrich:* Die Überprüfung der tatsächlichen Feststellungen durch das Revisionsgericht in der neueren Rechtsprechung des Bundesgerichtshofs, in: Strafrecht, Unternehmensrecht, Anwaltsrecht, Festschrift für Gerd Pfeiffer zum Abschied aus dem Amt als Präsident des Bundesgerichtshofs, hrsg. v. Otto Friedrich Freiherr von Gramm u.a., Köln u.a. 1988, S. 409–424

*May, Artur:* Verfahrensfragen bei der Divergenzanrufung des Großen Senats, in: DRiZ 1983, S. 305–311

*Mayer, Albrecht:* Anmerkung zu BGH, Urt. v 22.11.1990 - 4 StR 117/90, in: NStZ 1991, 526–527

*Mehle, Volkmar:* Die „Relativierung" der absoluten Revisionsgründe – vom Niedergang der Formstrenge, in: Festschrift für Hans Dahs, hrsg. v. Gunter Widmaier, Köln 2005, S. 381–404

*Mendelssohn-Bartholdy* (ohne Vornamen): Anmerkung zu RG, Urt. v. 7.12.1920 – 195/20 III, in: JW 1921, S. 1237

*Meurer, Dieter:* Dogmatik und Pragmatismus – Marksteine der Rechtsprechung des BGH in Strafsachen, in: NJW 2000, S. 2936–2945

*Meyer* (ohne Vornamen): Anmerkung zu BGH, Urt. v. 21.4.1982 – 2 StR 657/81, in: JR 1982, S. 36–37

*Meyer-Goßner, Lutz / Schmitt, Bertram:* Beck'sche Kurz-Kommentare, Band 6, Strafprozessordnung. Gerichtsverfassungsgesetz, Nebengesetze und ergänzende Bestimmungen, 57. Auflage, München 2014 (zit.: *Meyer-Goßner/Schmitt,* StPO)

*Meyer-Goßner, Lutz:* Fortschritt durch Rückschritt um 100 Jahre, in: DRiZ 1997, S. 471–475

*Mezger, Edmund:* Der psychiatrische Sachverständige im Prozess, in: AcP Beilagenheft zu Band 117, hrsg. v. Blume u.a., Tübingen 1918

*Möllers, Christoph:* Nachvollzug ohne Maßstabbildung: richterliche Rechtsfortbildung in der Rechtsprechung des Bundesverfassungsgerichts. Zum Beschluss des BVerfG vom 15.1.2009 – 2 BvR 2044/07, in: JZ 2009, S. 668–673

*Mösl, Albert:* Sachverständigengutachten und freie Beweiswürdigung im Strafprozess, in: DRiZ 1970, S. 110–114

*Mosbacher, Andreas:* Der Spielraum des Tatrichters bei Wertungs- und Wahrscheinlichkeitsurteilen, in: Festschrift für Manfred Seebode zum 70. Geburtstag am 15. September 2008, hrsg. v. Hendrik Schneider u.a., Berlin 2008, S. 227–243

*Müller, Egon:* Anmerkung zu BGH, Urt. v. 12.1.1996 – 5 StR 756/94, in: StV 1996, S. 358–360

*Nack, Armin:* Revisibilität der Beweiswürdigung – Teil 1, in: StV 2002, S. 510–518; Revisibilität der Beweiswürdigung – Teil 2, in: StV 2002, 558–565

*Nack, Armin:* Aussagebeurteilung und Beweiswürdigung, in: Grundlagen der Strafverteidigung, hrsg. v. Ulrich Ziegert, Stuttgart u.a. 2000, S. 219–298

*Nack, Armin:* Aufhebungspraxis der Strafsenate des BGH – 1992 bis 1995, in: NStZ 1997, S. 153–159

*Neuhaus, Ralf:* Rekonstruktionsverbot und Alternativrüge, in: StraFo 2004, S. 407–412

*Neuhaus, Ralf:* Die strafprozessuale Überwachung der Telekommunikation (§§ 100a, 100b, 101 StPO) – Zum gegenwärtigen Stand der Erosion eines Grundrechts – in: Festschrift für Peter Riess zum 70. Geburtstag am 4. Juni 2002, hrsg. v. Ernst-Walter Hannack u.a, Berlin u.a. 2002, S. 375–411

*Neumann, Ulfrid:* Die Katze im Bier, oder: Die Abgrenzung von Tatfrage und Rechtsfrage im strafprozessualen Revisionsrecht, in: Festschrift für Rainer Hamm zum 65. Geburtstag am 24. Februar 2008, hrsg. v. Regina Michalke u.a., Berlin 2008, S. 525–536

*Neumann, Ulfrid:* „Tatfrage" und „Rechtsfrage" im strafprozessualen Revisionsrecht, in: Festschrift für Nikolaos K. Androulakis, Athen 2003, S. 1091–1103

*Neumann, Ulfrid:* Das Problem der Identität der Rechtsfrage beim Ausgleich divergierender obergerichtlicher Entscheidungen (§§ 121 II, 132 II GVG), in: Strafverfahrensrecht in Theorie und Praxis, Festsschrift für Lutz Meyer-Gossner zum 65. Geburtstag, hrsg. v. Albin Eser u.a., München 2001, S. 683–704

*Neumann, Ulfrid:* Die Abgrenzung von Rechtsfrage und Tatfrage und das Problem des revisionsgerichtlichen Augenscheinsbeweises, in: GA 1988, S. 387–402

*Neumann* (ohne Vornamen): Revision und Reichsgericht, in: JW 1910, S. 312–315

*Niemöller, Martin:* Die strafrichterliche Beweiswürdigung in der neueren Rechtsprechung des Bundesgerichtshofs, in: StV 1984, S. 431–442

*Nierwetberg, Rüdiger:* Die Unterscheidung von Tatfrage und Rechtsfrage, in: JZ 1983, S. 237–241

Nomos Kommentar, Strafgesetzbuch, Kindhäuser / Neumann / Paeffgen (Hrsg.), Band 1 Allgemeiner Teil §§ 1–79 b, 4. Auflage, Baden-Baden 2013 (zit. *Streng*, in: NK-StGB)

*Odenthal, Hans-Jörg:* Die Gegenüberstellung zum Zwecke des Wiedererkennens, in: NStZ 1985, S. 433–438

*Oetker* (ohne Vornamen): Anmerkung zu RG, Urt. v. 25.10.1927 – 1 D 441/27, in: JW 1928, S. 2266–2268

*Otto, Harro:* Möglichkeiten und Grenzen der Revision in Strafsachen, in: NJW 1978, S. 1–11

*Paeffgen, Hans-Ullrich:* „Ermessen" und Kontrolle. Probleme einer Begriffsanleihe in bezug auf die Revisibilität von Tatsachen, in: Wahrheit und Gerechtigkeit im Strafverfahren, Festgabe für Karl Peters aus Anlass seines 80. Geburtstages, hrsg. v. Klaus Wasserburg u.a., Heidelberg 1984, S. 61–92 (zit.: *Paeffgen*, in: FS II Peters)

*Pagendarm, Kurt:* Verstöße gegen die Denkgesetze, die Erfahrungssätze und das Ermessen als Revisionsgründe, 1928

*Paulus, Rainer:* Prozessuale Wahrheit und Revision, in: Festschrift für Günter Spendel zum 70. Geburtstag am 11.07.1992, hrsg. v. Manfred Seebode, Berlin u.a. 1992, S. 687–718

*Pauly, Jürgen:* Mündlichkeit der Hauptverhandlung und Revisionsrecht. Zu den Grenzen des Rekonstruktionsverbots, in: Festschrift für Rainer Hamm zum 65. Geburtstag am 24. Februar 2008, hrsg. v. Regina Michalke u.a., Berlin 2008, S. 557–574

*Pelz, Christian:* Die revisionsgerichtliche Überprüfung der tatrichterlichen Beweiswürdigung, in: NStZ 1993, S. 361–366

*Peters, Karl:* Strafprozess, 1. Auflage, Karlsruhe 1952; 2. Auflage, Karlsruhe 1966; 3. Auflage, Heidelberg u.a. 1981; 4. Auflage, Heidelberg 1985

*Peters, Karl:* Anmerkung zu BGH, Beschl. v. 24.6.1982 – 4 StR 183/82, in: JR 1983, S. 164

*Peters, Karl:* Literaturbericht. Gerichtswesen und Kriminalistik, in: ZStW 94 (1982), S. 1001–1043

*Peters, Karl:* Justizgewährungspflicht und Abblocken von Verteidigungsvorbringen, in: Festschrift für Hanns Dünnebier zum 75. Geburtstag am 12. Juni 1982, Berlin u.a. 1982, S. 53–74

*Peters, Karl:* Der Wandel im Revisionsrecht, in: Festschrift für Karl Schäfer zum 80. Geburtstag am 11. Dezember 1979, hrsg. v. Helwig Hassenpflug, Berlin u.a. 1980, S. 137–153

*Peters, Karl:* Anmerkung zu BGH, Urt. v. 2.7.1980 – 3 StR 204/80, in: JR 1981, S. 305–306

*Peters, Karl:* Anmerkung zu BGH, Beschl. v. 7.6.1979 – 4 StR 441/78, in: JR 1980, S. 169–170

*Peters, Karl:* Empfiehlt es sich, das Rechtsmittelsystem in Strafsachen, insbesondere durch Einführung eines Einheitsrechtsmittels, grundlegend zu ändern?, in: Verhandlungen des Zweiundfünfzigsten Deutschen Juristentages Wiesbaden 1978, hrsg. von der ständigen Deputation des Deutschen Juristentages, Band I (Gutachten), Teil C, München 1978, S. C 7–101

*Peters, Karl:* Diskussion, in: Verhandlungen des Zweiundfünfzigsten Deutschen Juristentages Wiesbaden 1978, hrsg. von der ständigen Deputation des Deutschen Juristentages, Band II (Sitzungsberichte) Teil L, München 1978, L 78-L 80

*Peters, Karl:* Anmerkung zu OLG Celle, Urt. v. 23.3.1976 – 1 Ss 1/76, in: JR 1977, S. 83–84

*Peters, Karl:* Der neue Strafprozess. Darstellung und Würdigung, Karlsruhe 1975

*Peters, Karl:* Anmerkung zu BayObLG, Urt. v. 14.7.1971 – 8 St 51/71, in: JR 1972, S. 31–32

*Peters, Karl:* Tat-, Rechts- und Ermessensfragen in der Revisionsinstanz, in: ZStW 57 (1938), S. 53–85

*Pfeiffer, Gerd:* Strafprozessordnung Kommentar, 5. Auflage, München 2005 (zit.: *Pfeiffer,* StPO)

*Pfeiffer, Gerd:* Der BGH – nur ein Gericht für das Grundsätzliche?, in: NJW 1999, S. 2617–2622

*Pfitzner, Thomas:* Bindung der Revisionsgerichte an vorinstanzliche Feststellungen im Strafverfahren, Frankfurt am Main u.a. 1988

*Philippi* (ohne Vornamen): Zur Reform des Zivilprozesses, in: Judicium. Vierteljahrsschrift für die gesamte Zivilrechtspflege, hrsg. v. W. Kisch u.a., I. Jahrgang, Hamburg 1928/29, S. 103–146

*Pohle, Rudolf:* Revision und neues Strafrecht, Leipzig 1930

*Puppe, Ingeborg:* „Naturgesetze" vor Gericht. Die sogenannte generelle Kausalität und ihr Beweis, dargestellt an Fällen strafrechtlicher Produkthaftung, in: JZ 1994, S. 1147–1151

*Radbruch, Gustaf:* Rechtsidee und Rechtsstoff. Eine Skizze, in: Archiv für Rechts- und Wirtschaftsphilosophie mit besonderer Berücksichtigung der Gesetzgebungsfragen, hrsg. v. Ernst Zitelmann u.a., Band XVII (1923/24), New York 1923/24, S. 343–350

*Ranft, Otfried:* Strafprozessrecht. Systematische Lehrdarstellung für Studium und Praxis, 3. Auflage, Stuttgart u.a. 2005

*Reichel, Hans:* Aus dem Rechtsleben. Horror pleni, in: Das Recht 1910, S. 346

*Riess, Peter:* Bemerkungen zum „Erfolg" der Revision im Strafverfahren, in: Festschrift für Ulrich Eisenberg, hrsg. v. Henning Ernst Müller u.a., München 2009, S. 569–582

*Riess, Peter:* Zum Verhältnis von Tatrichter und Revisionsrichter, in: Festschrift für Gerhard Fezer zum 70. Geburtstag am 29. Oktober 2008, hrsg. v. Edda Weßlau u.a., Berlin 2008, S. 455–475

*Riess, Peter:* Dreigliedriger Aufbau der Strafjustiz und Rechtsmittelreform in Strafsachen – empfehlenswert, möglich oder anzulehnen?, in: JZ 2000, S. 813–827

*Riess, Peter:* Gedanken zum gegenwärtigen Zustand und zur Zukunft der Revision in Strafsachen, in: Festschrift für Ernst-Walter Hanack zum 70. Geburtstag am 30. August 1999, hrsg. v. Udo Ebert u.a., Berlin u.a. 1999, S. 397–421

*Riess, Peter:* Hinweise an den Tatrichter bei der Zurückverweisung durch das Revisionsgericht, in: Aktuelle Probleme der Strafrechtspflege, hrsg. v. Udo Ebert, Berlin u.a. 1991, S. 117–142

*Riess, Peter:* Über Aufhebungsgründe in Revisionsentscheidungen des Bundesgerichtshofes, in: NStZ 1982, S. 49–54

*Riess, Peter:* Statistische Beiträge zur Wirklichkeit des Strafverfahrens, in: Festschrift für Werner Sarstedt zum 70. Geburtstag, hrsg. v. Rainer Hamm, Berlin u.a. 1981, S. 253–328

*Riess, Peter:* Was bleibt von der Reform der Rechtsmittel in Strafsachen? Zu den Ergebnissen der Abteilung Strafprozess des 52. Deutschen Juristentages, in: ZRP 1979, S. 193–196

*Riess, Peter:* Zur Revisibilität der freien tatrichterlichen Überzeugung, in: GA 1978, S. 257–277

*Riess, Peter:* Empfiehlt es sich, das Rechtsmittelsystem in Strafsachen, insbesondere durch Einführung eines Einheitsrechtsmittels, grundlegend zu ändern?, in: Verhandlungen des Zweiundfünfzigsten Deutschen Juristentages Wiesbaden 1978, hrsg. von der ständigen Deputation des Deutschen Juristentages, Band II (Sitzungsberichte) Teil L, München 1978, L 7-L 34

*Riess, Peter:* Das Strafverfahrensänderungsgesetz 1979, in: NJW 1978, S. 2265–2272

*Rissing-van Saan, Ruth:* Die Hauptverhandlung vor dem Revisionsgericht, in: StraFo 2010, S. 359–365

*Rissing-van-Saan, Ruth:* Divergenzausgleich und Fragen von grundsätzlicher Bedeutung. Stellung und Funktion des Großen Senats für Strafsachen des Bundesgerichtshofs und sein Verhältnis zu den Strafsenaten – ein Problem des gesetzlichen Richters (Art. 101 Abs. 1 S. 2 GG), in: Strafverteidigung, Revision und die gesamten Strafrechtswissenschaften, Festschrift für Gunter Widmaier zum 70. Geburtstag, hrg. v. Heinz Schöch u.a., Köln u.a. 2008, S. 505–520

*Roesener, August:* Die Gesamtentscheidungen nach § 137 des Gerichtsverfassungsgesetzes unter besonderer Berücksichtigung der Rechtsprechung des Reichsgerichts / Reichsgericht und horror pleni, Leipzig 1912

*Rosenau, Henning:* Die Revision – Qualitätskontrolle und Qualitätssicherung im Strafverfahren, in: Strafverteidigung, Revision und die gesamten Strafrechtswissenschaften, Festschrift für Gunter Widmaier zum 70. Geburtstag, hrg. v. Heinz Schöch u.a., Köln u.a. 2008, S. 521–543

*Rosenfeld, Ernst Heinrich:* Der Reichs-Strafprozess. Ein Lehrbuch, 4. Auflage, Berlin 1912

*Roxin, Claus:* Strafverfahrensrecht. Ein Studienbuch, 19. Auflage, München 1985

*Roxin, Claus / Schünemann, Bernd:* Strafverfahrensrecht. Ein Studienbuch, 27. Auflage, München 2012

*Rudolphi, Hans-Joachim:* Die Revisibilität von Verfahrensmängeln im Strafprozess, in: MDR 1970, S. 93–100

*Rüping, Hinrich:* Das Strafverfahren, 3. Auflage, München 1997

*Rüping, Hinrich:* Theorie und Praxis des Strafverfahrens. Grundriss für Praxis und Studium, Bonn 1979

*Rüssmann, Helmut:* Zur Abgrenzung von Rechts- und Tatfrage, in: Juristische Methodenlehre und analytische Philosophie, hrsg. v. Hans Joachim Koch, Kronberg 1976, S. 242 bis 270

*Sander, Günther M.:* Zur Beweiswürdigung, vor allem bei Aussage gegen Aussage, in: StV 2000, S. 45–48

*Sarstedt, Werner:* Zur Reform der Revision in Strafsachen, in: Festschrift für Eduard Dreher zum 70. Geburtstag am 29.4.1977, hrsg. v. Hans-Heinrich Jescheck u.a., Berlin u.a. 1977, S. 681–696

*Sarstedt, Werner:* Beweisregeln im Strafprozess, in: Berliner Festschrift für Ernst E. Hirsch, dargebracht von Mitgliedern der Juristischen Fakultät zum 65. Geburtstag, Berlin 1968, S. 171–186

*Sarstedt, Werner:* Die Revision in Strafsachen, 4. Auflage, Essen 1962

*Sarstedt, Werner / Hamm, Rainer:* Die Revision in Strafsachen, 5. Auflage, Berlin u.a. 1983

*Satzger, Helmut / Schluckebier, Wilhelm / Widmaier, Gunter:* Strafprozessordnung Kommentar, Köln 2014 (zit.: *Widmaier,* in: SSW-StPO)

*Sauer, Wilhelm:* Grundlagen des Prozessrechts. Mit einem Nachtrag über die neuere

Entwicklung der allgemeinen Prozessrechtslehre, 2. Auflage, Stuttgart 1929

*Schäfer, Gerhard:* Freie Beweiswürdigung und revisionsrechtliche Kontrolle, StV 1995, S. 147–157

*Schaffstein* (ohne Vornamen): Grundsätzliches zur Erneuerung des Strafverfahrens, in: DR 1935, S. 520–522

*Schalscha, Erich:* Die Aushöhlung der Vorlegungspflicht nach §§ 121, 136 GVG, in: MDR 1959, S. 90–91

*Schaper, Philipp:* Anmerkung zu BGH, Urt. v. 12.12.1962 – 2 StR 495/62, in: NJW 1963, S. 1883–1885

*Scheuerle, Wilhelm A.:* Beiträge zum Problem der Trennung von Tat- und Rechtsfrage, in: AcP 157 (1958/1959), S. 1–85

*Schlothauer, Reinhold:* Das Revisionsrecht in der Krise, in: StraFo 2000, S. 289–295

*Schlothauer, Reinhold:* Unvollständige und unzutreffende tatrichterliche Urteilsfeststellungen – Verteidigungsmöglichkeiten in der Revisions- und Tatsacheninstanz -, in: StV 1992, S. 134–141

*Schlothauer, Reinhold:* Anmerkung zu BGH, Beschl. v. 18.8.1987 – 1 StR 366/87, in: StV 1988, S. 139–140

*Schlüchter, Ellen:* Kernwissen Strafprozessrecht, 2. Auflage, Nürnberg u.a. 1995

*Schlüchter, Ellen:* Das Strafverfahren, 2. Auflage, Köln u.a. 1983

*Schmid, Werner:* Der Revisionsrichter als Tatrichter, in: ZStW 85 (1973), S. 360–398

*Schmid, Werner:* Der revisionsgerichtliche Augenscheinsbeweis, in: ZStW 85 (1973), S. 893–915

*Schmidt, Andrea:* Grundsätze der freien richterlichen Beweiswürdigung im Strafprozessrecht, Frankfurt am Main u.a., 1994

*Schmidt, Eberhard:* Anmerkung zu BGH, Urt. v. 13.12.1967 – 2 StR 544/67, in: JZ 1968, S. 435–436

*Schmidt, Eberhard:* Deutsches Strafprozessrecht. Ein Kolleg, Göttingen 1967

*Schmidt, Eberhard:* Anmerkung zu BGH, Urt. v. 28.06.1961, 2 StR 154/61, in: JR 1962, S. 109–110

*Schmidt, Eberhard:* Lehrkommentar zur Strafprozessordnung und zum Gerichtsverfassungsgesetz, Teil II: Erläuterungen zur Strafprozessordnung und zum Einführungsgesetz zur Strafprozessordnung, Göttingen 1957; Teil III: Erläuterungen zum Gerichtsverfassungsgesetz und zum Einführungsgesetz zum Gerichtsverfassungsgesetz, Göttingen 1960 (zit.: *Eb. Schmidt,* in: LK II-StPO; LK III-GVG)

*Schmidt, Eberhard:* Bemerkungen zur Rechtsprechung des Bundesgerichtshofs zur Frage des Züchtigungsrechts der Lehrer, in: JZ 1959, S. 518–522

*Schmidt, Eberhard:* Zur Auslegung des § 136 GVG, in: MDR 1958, S. 815–817

*Schmitt, Bertram:* Die richterliche Beweiswürdigung im Strafprozess. Eine Studie zu Wesen und Funktion des strafprozessualen Grundsatzes der „freien Beweiswürdigung“ sowie zu den Möglichkeiten und Grenzen einer Revision in Strafsachen; zugleich ein Beitrag zum Verhältnis von Kriminalistik und staatlicher Strafrechtspflege, hrsg. v. Friedrich Geerds, Lübeck 1992

*Schneider, Hartmut:* Anmerkung zu BGH, Beschl. v. 21.7.2009 – 5 StR 235/09, in: NStZ 2010, S. 54–56

*Schneider, Hartmut:* Höchstrichterliche Tendenzen zur „Psychologisierung“ der Motivgeneralklausel des § 211 Abs. 2. StGB – Entwicklungslinien und Korrekturbedarf –, in: Strafverteidigung, Revision und die gesamten Strafrechtswissenschaften,

Festschrift für Gunter Widmaier zum 70. Geburtstag, hrsg. v. Heinz Schöch u.a., Köln u.a. 2008, S. 759–778

*Schretzenmayer, Josef:* Der Tatsachenbegriff in den §§ 263, 186, 187, 271 und 153 ff. StGB, 1949

*Schröder, Jochen:* Der tragende Rechtsgrund einer Entscheidung. Zur Abgrenzung von ratio decidendi und obiter dictum, in: MDR 1960, S. 809–812

*Schröder, Jochen:* Rechtseinheit und richterliche Entscheidungsfreiheit. Eine kritische Betrachtung der Vorlegungspflicht im geltenden Recht, in: NJW 1959, S. 1517–1521

*Schroth, Ulrich:* Der bedingte Tötungsvorsatz im Spiegel der Rechtsprechung, in: Strafverteidigung, Revision und die gesamten Strafrechtswissenschaften, Festschrift für Gunter Widmaier zum 70. Geburtstag, hrg. v. Heinz Schöch u.a., Köln u.a. 2008, S. 779–799

*Schroth, Ulrich:* Die Rechtsprechung des BGH zum Tötungsvorsatz in Form des „dolus eventualis", in: NStZ 1990, S. 324–326

*Schroth, Ulrich:* Der Ausgleich divergierender Entscheidungen – Eine Untersuchung zur Vorlegungspflicht der oberen Gerichtsbarkeit im Rahmen des Straf- und Strafzumessungsrechts –, in: JR 1990, S. 93–100

*Schünemann, Bernd:* Wohin treibt der deutsche Strafprozess?, in: ZStW 114 (2002), S. 1–62

*Schünemann, Bernd:* Zum Verhältnis von Norm und Sachverhalt bei der Rechtsanwendung, von Ober- und Untersatz im Justizsyllogismus und von Rechts- und Tatfrage im Prozessrecht, in: Strafgerechtigkeit, Festschrift für Arthur Kaufmann zum 70. Geburtstag, hrsg. v. Fritjof Haft u.a., Heidelberg 1993, S. 299–320

*Schünemann, Bernd:* Grundfragen der Revision im Strafprozess (1.Teil), in: JA 1982, S. 71–77, (Teil 2), S. 123–131

*Schünemann, Bernd:* Fortsetzung der Diskussion am 21. September 1978, in: Verhandlungen des Zweiundfünfzigsten Deutschen Juristentages Wiesbaden 1978, hrsg. v. der ständigen Deputation des Deutschen Juristentages, Band II (Sitzungsberichte) Teil L, München 1978, L 106-L 110

*Schulte, Martin:* Rechtsprechungseinheit als Verfassungsauftrag. Dargestellt am Beispiel des Gemeinsamen Senats der obersten Gerichtshöfe des Bundes, Berlin 1986

*von Schwarze, Friedrich Oskar:* Die Rechtsmittel, in: Handbuch des deutschen Strafprozessrechts, In Einzelbänden, von Holtzendorff, Fr., Zweiter Band, Berlin 1879, S. 239–322

*Schweling, Otto:* Die Revisibilität der Erfahrung, in: ZStW 83 (1971), S. 435–467

*Schwinge, Erich:* Grundlagen des Revisionsrechts, 2. Auflage, Bonn 1960

*Schwinge, Erich:* Literaturbericht. Strafprozess und Gerichtsverfassung, in: ZStW 51 (1931), S. 415–441

*Siegert, Karl:* Die Rechtsmittel im neuen Strafverfahren, in: DR 1935, S. 533–536

*Sommer, Ulrich:* Lebenserfahrung. Gedanken über ein Kriterium richterlicher Beweiswürdigung, in: Festschrift für Peter Riess zum 70. Geburtstag am 4. Juni 2002, hrsg. v. Ernst-Walter Hannack u.a., Berlin u.a. 2002, S. 585–610

*Spendel, Günter:* Zur Lehre vom Strafmaß, Frankfurt am Main, 1954

*Stein, Friedrich:* Die Bindung des Tatrichters nach § 565 Abs. 2 der Zivilprozessordnung, in: JW 1922, S. 1489–1492

*Stein, Friedrich:* Das private Wissen des Richters. Untersuchungen zum Beweisrecht beider Prozesse, Neudruck der Ausgabe Leipzig 1893, Aalen 1969

*Stein, Ulrich:* „Gewissheit" und „Wahrscheinlichkeit" im Strafverfahren – Entscheidungsnormen als Teil des Verhaltensnormensystems, in: Zur Theorie und Systematik des Strafprozessrechts, hrsg. v. Jürgen Wolter, Neuwied u.a. 1995, S. 233–264

*Stein* (ohne Vornamen): Gesetzgebungs-Vorschläge zur Justizreform, in: LZ 1914, S. 313–321

*von Sternenfels* (ohne Vornamen): Gutachten, in: Verhandlungen des Zweiten Deutschen Juristentages, hrsg. v. dem Schriftführer-Amt der ständigen Deputation, Erster Band, Berlin 1861, S. 3–35

*Störmer, Rainer:* Beurteilungsspielräume im Strafverfahren, in: ZStW 108 (1996), S. 494–524

Strafverteidigung in der Praxis, Band 1: Grundlagen des Strafverfahrens, hrsg. v. Rainer Brüssow u.a., 3. Auflage, Bonn 2004 (zit. *Herdegen,* in: Strafverteidigung in der Praxis)

*Strate, Gerhard:* Anmerkung zu BGH, Urt. v. 12.1.1982 – 5 StR 745/81, in: StV 1982, S. 159

*Stree, Walter:* In dubio pro reo, Tübingen 1962

*von Stülpnagel, Harriet:* Die wesentlichen Voraussetzungen des Einlegens und der Begründung der strafprozessualen Revision, in: JA 2004, S. 231–237

Systematischer Kommentar zur Strafprozessordnung. Mit GVG und EMRK, hrsg. v. Jürgen Wolter, Band V §§ 246 a-295 StPO, 4. Auflage, Köln 2012 (*Velten,* in: SK-StPO); Band VII §§ 333–373a StPO, 4. Auflage Köln 2014 (*Frisch,* in: SK-StPO); Band IX GVG, 4. Auflage, Köln 2013 (*Frister,* in: SK-StPO)

*Teyssen, Hans:* Empfiehlt sich eine Erweiterung der Revision im Strafprozess? – Zur „Urteilsrüge" des DE-Rechtmittelgesetz –, in: JR 1978, S. 309–313

*Theune, Werner:* Die revisionsgerichtliche Kontrolle der Beweiswürdigung des Tatrichters, in: Rechtssicherheit versus Einzelfallgerechtigkeit, Kolloquium anlässlich des 65. Geburtstages von Herrn VRiBGH Gerhard Herdegen, Karlsruhe 12. Oktober 1991, Bonn u.a. 1992, S. 13–19

*Tolksdorf, Klaus:* Revision und tatrichterlicher Beurteilungsspielraum bei der Gesetzesanwendung, in: Strafverfahrensrecht in Theorie und Praxis, Festschrift für Lutz Meyer-Gossner zum 65. Geburtstag, hrsg. v. Albin Eser u.a., München 2001, S. 523–539

*Tröndle, Herbert:* Zur Reform des Rechtsmittelsystems in Strafsachen, in: Probleme der Strafprozessreform, hrsg. v. Hans Lüttger, Berlin u.a. 1975, 73–106

*Trück, Thomas:* Die Problematik der Rechtsprechung des BGH zum bedingten Tötungsvorsatz, in: NStZ 2005, S. 233–240

*Uhl, Matthias:* Die Abgrenzung der Rechtsprechungsbefugnisse von Tatsachengerichten und Revisionsgerichten, hrsg. v. Heiner Alwart, Stuttgart 2010

Verhandlungen des Zweiundfünfzigsten Deutschen Juristentages Wiesbaden 1978, hrsg. von der ständigen Deputation des Deutschen Juristentages, Band II (Sitzungsberichte), München 1978

*Volk, Klaus,* Grundkurs StPO, 7. Auflage München 2010

*Volk, Klaus:* Wahrheit und materielles Recht im Strafprozess, Konstanz 1980

*Volk, Klaus:* Anmerkung zu KG, Urt. v. 21.6.1979 – (4) Ss 57/79 (43/79), in: JR 1980, S. 291–295

*Volk, Klaus:* Strafrechtsdogmatik, Theorie und Wirklichkeit, in: Festschrift für Paul Bockelmann zum 70. Geburtstag am 7. Dezember 1978, hrsg. v. Arthur Kaufmann u.a., München 1979, S. 75–87

*Volk, Klaus:* Prozessvoraussetzungen im Strafrecht. Zum Verhältnis von materiellem Recht und Prozessrecht, Ebelsbach 1978

*Volk, Klaus / Engländer, Armin:* Grundkurs StPO, 8. Auflage, München 2013

*Wach, Adolf:* Vorträge über die Reichs-Civilprozessordnung, 2. Auflage, Bonn 1896

*Wach, Adolf:* Die That- und Rechtsfrage bei der Revision im Civilprozeß, in: JW 1881, S. 73–81

*Wach, Adolf:* Der Entwurf einer deutschen Civilproceß-Ordnung, in: Kritische Vierteljahrsschrift für Gesetzgebung und Rechtswissenschaft, hrsg. v. A. Brinz u.a., Fünfzehnter Band, München 1873, S. 88–106

*Wach, Adolf:* Der revidierte Entwurf der deutschen Civil-Prozeß-Ordnung, in: Kritische Vierteljahrsschrift für Gesetzgebung und Rechtswissenschaft, hrsg. v. A. Brinz u.a., Fünfzehnter Band, München 1873, S. 339–377

*Wagner, Heinz:* Die Beweiswürdigungspflicht im tatrichterlichen Urteil im Falle der Verurteilung, in: ZStW 106 (1994), S. 259–302

*Waider, Heribert:* Anmerkung zu OLG Düsseldorf, Beschl. v. 23.2.2007 – III 5 Ss 201/06 – 87/06 I, in: StV 2007, S. 348

*Walter, Gerhard:* Freie Beweiswürdigung, Tübingen 1979

*Warda, Günter:* Dogmatische Grundlagen des richterlichen Ermessens im Strafrecht, Köln u.a. 1962

*Weber-Petras, Doris:* Ordnungs- und Sollvorschriften im Strafprozessrecht, Frankfurt am Main 1992

*Wehli, Albert:* Beiträge zur Analyse der Urteilsfindung. Aus der Festschrift für Adolf Wach, Leipzig 1913

*Weigend, Thomas:* Unverzichtbares im Strafverfahrensrecht, in: ZStW 113 (2001), S. 271–304

*Widmaier, Gunter:* Quo vadis Revision? Revision, wohin gehst Du?, in: StraFo 2010, S. 310–316

*Wieder, Hans-Joachim:* Anmerkung zu BGH, Beschl. v. 11.11.1987 – 2 StR 575/78, in: StV 1988, S. 238–239

*Wildhagen* (ohne Vornamen): Der bürgerliche Rechtsstreit, Berlin 1912

*Wilhelm, Endrik:* Anmerkung zu OLG Hamburg, Beschl. v. 3.3.2011 – 2-25/10 (REV) – 1 Ss 75/10, in: StV 2012, S. 75–78

*Willms, Günther:* Sachrüge und erweiterte Revision, in: JR 1975, S. 52–55

*Willms, Günther:* Wesen und Grenzen des Freibeweises, in: Ehrengabe für Bruno Heusinger, gewidmet von Mitgliedern des Bundesgerichtshofes, der Bundesanwaltschaft und der Rechtsanwaltschaft beim Bundesgerichtshof, hrsg. v. Roderich Glanzmann, München 1968, S. 393–412

*Wittig, Petra:* Die Überprüfbarkeit der Auslegung von Äußerungen durch die Revisionsgerichte in Strafsachen, in: GA 2000, S. 267–284

*Wohlers, Wolfgang:* Verwertungsverbot bei Verstoß gegen § 168c Abs. 5 S. 1 StPO: Einschränkungen der Prüfungskompetenz des Tat- und Revisionsgerichts? – Besprechung von BGH, Urteil vom 24.7.2003, in: GA 2003, S. 895–900

*Wojtech, Michael:* Die Hemmschwellentheorie und die tatgerichtliche Urteilsbegründung, in: NJW Spezial 2012, S. 312

*Ziegert, Ulrich:* Die prozessuale Wahlfeststellung. Zur alternativen Feststellung einer Verletzung verfahrensrechtlicher Normen, in: StV 1996, S. 279–282

*Zipf, Heinz:* Anmerkung zu BGH, Beschl. v. 19.7.1977 – 1 StR 29/77 und Beschl. v. 28.6.1977 – 5 StR 30/77, in: JR 1978, S. 163–165

*Zipf, Heinz:* Die Strafmaßrevision. Eine strafrechtsdogmatische Untersuchung über den systematischen Aufbau der Strafzumessung und ihre Revisibilität im Erwachsenen- und Jugendstrafrecht, München 1969

*Zippelius, Reinhold:* Juristische Methodenlehre, 11. Auflage, München 2012

*Zschockelt, Alfons:* Rechtsgestaltung durch die Revisionsrechtsprechung des Bundesgerichtshofes, in: Rechtsgestaltende Wirkung des Revisionsrechts, IV. Strafverteidiger-Frühjahrssymposium, Karlsruhe 8.-9. Mai 1992, Bonn u.a. 1993, S. 86–97

www.bundesgerichtshof.de/DE/BGH/Statistik, zuletzt besucht am 13.12.2014

www.bundesgerichtshof.de/DE/BGH/Statistik/Taetigkeitsberichte, zuletzt besucht am 13.12.2014

www. jurion.de, zuletzt besucht am 13.12.2014

www. juris.de, zuletzt besucht am 13.12.2014

# Rechtsprechungsverzeichnis

BVerfG (1. Senat), Beschl. v. 26.2.1954 – 1 BvR 537/53 BVerfGE 3, 359–366

BVerfG (2. Senat), Beschl. v. 3.10.1961 – 2 BvR 4/60 BVerfGE 13, 132–153

BVerfG (2. Senat), Beschl. v. 11.05.1965 – 2 BvR 259/63 DRiZ 1965, 237–238

BVerfG (2. Senat), Beschl. v. 14.5.1968 – 2 BvR 544/63 BVerfGE 23, 288–321

BVerfG (2. Senat), Beschl. v. 29.6.1976 – 2 BvR 948/75 BVerfGE 42, 237–243

BVerfG (Plenum), Beschl. v. 11.6.1980 – 1 PBvU 1/79 BVerfGE 54, 277–300

BVerfG (2. Senat), Beschl. v. 26.5.1981 – 2 BvR 215/81 BVerfGE 57, 250–295

BVerfG (2. Senat), Beschl. v. 12.1.1983 – 2 BvR 864/81 BVerfGE 63, 45–73

BVerfG (Vorprüfungsausschuss), Beschl. v. 8.11.1983 – 2 BvR 1138/83 NJW 1984, 1451–1452

BVerfG, Beschl. des Ersten Senats v. 19.4.1990 – 1 BvR 40, 42/86 BVerfGE 82, 43–54

BVerfG (2. Kammer des 2. Senats), Beschl. v. 11.4.1991 – 2 BvR 196/91 NStZ 1991, 445–446

BVerfG (2. Kammer des 2. Senats), Beschl. v. 8.5.1991 – 2 BvR 1380/90 NStZ 1991, 499–500

BVerfG (2. Kammer des 2. Senats), Beschl. v. 10.1.1992 – 2 BvR 347/91 NJW 1992, 2075–2076

BVerfG (2. Kammer des 2.Senats), Beschl. v. 2.7.1992 – 2 BvR 972/92 NStZ 1993, 90–91

BVerfG (2. Kammer des 2. Senats), Beschl. v. 16.8.1994 – 2 BvR 647/93 NStZ 1995, 76

BVerfG (2. Kammer des 2. Senats), Beschl. v. 19.7.1995 – 2 BvR 1142/93 NStZ 1995, 600–601

BVerfG (2. Kammer des 2. Senats), Beschl. v. 18.9.1995 – 2 BvR 103/92 NJW 1996, 771–773

BVerfG (2. Kammer des 2. Senats), Beschl. v. 21.8.1996 – 2 BvR 1304/96 NJW 1997, 999–1000

BVerfG (3. Kammer des 2. Senats), Beschl. v. 20.12.2000 – 2 BvR 591/00 NJW 2001, 2245–2247

BVerfG (S. Senat), Urt. v. 20.2.2001 – 2 BvR 1444/00 BVerfGE 103, 142–164

BVerfG (3. Kammer des 2. Senats), Nichtannahmebeschl. v. 11.11.2001 – 2 BvR 1151/01 StV 2002, 521

BVerfG (4. Kammer des 2. Senats), Beschl. v. 28.3.2002 – 2 BvR 2104/01 NStZ 2002, 606–607

BVerfG (3.Kammer des 2. Senats), Beschl. v. 30.4.2003 – 2 BvR 2045/02 NJW 2003, 2444–2447

BVerfG (3. Kammer des Zweiten Senats), Beschl. v. 6.8.2003 – 2 BvR 1071/03 NJW 2004, 209–211

BVerfG (3. Kammer des 2. Senats), Nichtannahmebeschl. v. 7.1.2004 – 2 BvR 1704/01 StraFo 2004, 131–134

BVerfG (2. Senat), Beschl. v. 25.1.2005 – 2 BvR 656, 657, 683/99 BVerfGE 112, 185–216

BVerfG, Beschl. v. 8.11.2006 – 2 BvR 1378/06

BVerfG (1. Kammer des Zweiten Senats), Beschl. v. 12.2.2007 – 2 BvR 273/06 NJW 2007, 1345–1346

BVerfG, Beschl. v. 14.6.2007 – 2 BvR 1447/05 u.136/05 StV 2007, 393–399

BVerfG (2. Kammer des Zweiten Senats), Beschl. v. 28.7.2008 – 2 BvR 784/08 NJW 2008, 3053–3054

BVerfG, Beschl. v. 15.1.2009 – 2 BvR 2044/07 JZ 2009, 675–685 m. Anm. *Fahl*, JR 2009, 259–262

BVerfG (2. Kammer des 2. Senats), Beschl. v. 10.3.2009 – 2 BvR 49/09 StV 2009, 673–675

BGH, Urt. v. 28.11.1950 – 2 StR 42/50 NJW 1951, 122

BGH, Urt. v. 5.12.1950 – 3 StR 27/50 NJW 1951, 83–84

BGH, Urt. v. 11.1.1951 – 2 StR 534/51 NJW 1952, 430–431

BGH, Urt. v. 9.2.1951 – 4 StR 49/50 NJW 1951, 325

BGH, Urt. v. 27.2.1951 – 1 StR 14/51 BGHSt 1, 39–40

BGH, Urt. v. 7.6.1951 – 4 StR 29/51 BGHSt 1, 284–286

BGH, Beschl. v. 23.10.1951 – 2 StR 284/51 BGHSt 1, 358–360

BGH, Urt. v. 14.10.1952 – 2 StR 306/52 BGHSt 3, 213–215

BGH, Beschl. v. 15.10.1952 – 5 StR 763/52 BGHSt 3, 234–235

BGH, Urt. v. 6.11.1952 – 4 StR 561/51 -, jurion

BGH, Urt. v. 9.1.1953 – 1 StR 620/52 BGHSt 3, 384–386

BGH, Urt. v. 5.3.1953 – 5 StR 676/52 NJW 1953, 836–837

BGH, Beschl. v. 30.3.1953 – GSZ 1-3/53 BGHZ 9, 179–194

BGH, Urt. v. 11.5.1953 – IV ZR 170/52 BGHZ 10, 14–18

BGH, Urt. v. 15.5.1953 – 5 StR 17/53 BGHSt 4, 255–257

BGH, Urt. v. 21.5.1953 – 3 StR 9/53 GA 1954, 152–153

BGH, Urt. v. 2.7.1953 – 3 StR 195/53 BGHSt 4, 316–320

BGH, Urt. v. 18.3.1954 – 3 StR 87/53 BGHSt 6, 70–76

BGH, Beschl. v. 26.3.1954 – 1 StR 161/53 BGHSt 6, 41–46

BGH, Urt. v. 14.7.1954 – 6 StR 180/54 BGHSt 6, 292–296

BGH, Urt. v. 5.10.1954 – 2 StR 194/54 BGHSt 6, 326–329
BGH, Beschl. v. 5.10.1954 – V BLw 45/54 BGHZ 15, 5–12
BGH, Urt. v. 7.1.1955 – 6 StR 280/54 BGHSt 7, 104–109
BGH, Beschl. v. 6.4.1955 – 5 StR 471/54 BGHSt 7, 314–315
BGH, Urt. v. 14.4.1955 – 4 StR 631/54 bei *Dallinger*, MDR 1955, 394–398
BGH, Urt. v. 1.11.1955 – 5 StR 329/55 BGHSt 8, 226–237
BGH, Urt. v. 1.11.1955 – 5 StR 186/55 BGHSt 9, 24–29
BGH, Beschl. v. 7.11.1955 – GSSt 2/55 BGHSt 10, 94–100
BGH, Urt. v. 22.12.1955 – 1 StR 381/55 BGHSt 9, 71–77
BGH, Urt. v. 21.1.1956 – 6 StR 78/55 -, jurion
BGH, Urt. v. 23.8.1956 – 4 StR 266/56 NJW 1956, 1845–1846
BGH, Beschl. v. 15.10.1956 – GSSt 2/56 BGHSt 9, 390–399
BGH, Urt. v. 15.1.1957 – 5 StR 390/56 BGHSt 10, 104–107
BGH, Beschl. v. 7.2.1957 – 4 StR 453/56 BGHSt 10, 109–113
BGH, Urt. v. 9.2.1957 – 2 StR 508/56 BGHSt 10, 208–217
BGH, Beschl. v. 4.7.1957 – 2 StR 48/57 BGHSt 10, 344–353
BGH, Beschl. v. 24.10.1957 – 4 StR 395/57 BGHSt 11, 31–44
BGH, Urt. v. 16.1.1958 – 4 StR 652/57 BGHSt 11, 199–205
BGH, Beschl. v. 21.1.1958 – GSSt 4/57 BGHSt 11, 213–219
BGH, Urt. v. 10.7.1958 – 4 StR 180/58 NJW 1958, 1980–1982
BGH, Urt. v. 22.10.1958 – 3 StR 21/58 -, jurion
BGH, Urt. v. 18.12.1958 – 4 StR 399/58 BGHSt 12, 311–317
BGH, Urt. v. 17.2.1959 – 1 StR 3/59 -, jurion
BGH, Beschl. v. 20.2.1959 – 1 StR 90/57 BGHSt 13, 5–12
BGH, Beschl. v. 13.3.1959 – 9 BJs 384/58 BGHSt 13, 46–53
BGH, Beschl. v. 13.5.1959 – 4 StR 138/59 BGHSt 13, 129–135
BGH, Beschl. v. 13.5.1959 – 4 StR 115/59 BGHSt 13, 149–154
BGH, Beschl. v. 3.2.1960 – 4 StR 562/59 BGHSt 14, 116–123
BGH, Urt. v. 3.2.1960 – 2 StR 576/58 BGHSt 14, 137–147
BGH, Urt. v. 4.3.1960 – 4 StR 31/60 NJW 1960, 1397–1398
BGH, Beschl. v. 21.6.1960 – 5 StR 106/60 BGHSt 14, 319–321
BGH, Beschl. v. 9.8.1960 – 1 StR 675/59 BGHSt 15, 47–52
BGH, Urt. v. 23.9.1960 – 4 StR 344/60 MDR 1961, 161–162
BGH, Urt. v. 2.12.1960 – 4 StR 433/60 BGHSt 15, 263–265
BGH, Urt. v. 8.2.1961 – 2 StR 625/60 BGHSt 15, 347–350

BGH, Urt. v. 28.2.1961 – 5 StR 467/60 -, jurion

BGH, Urt. v. 21.4.1961 – 3 StR 10/61

BGH, Urt. v. 28.6.1961 – 2 StR 154/61 BGHSt 16, 164–167 m. Anm. *Eb. Schmidt,* JR 1962, 109

BGH, Urt. v. 28.6.1961 – 2 StR 194/61 BGHSt 16, 204–207

BGH, Urt. v. 14.7.1961 – 4 StR 191/61 NJW 1961, 2069–2070

BGH, Beschl. v. 16.8.1961 – 4 StR 166/61 BGHSt 16, 321–330

BGH, Urt. v. 28.11.1961 – 1 StR 432/61 NJW 1962, 260–261

BGH, Urt. v. 6.12.1961 – 2 StR 466/61 GA 1963, 19–20

BGH, Beschl. v. 18.5.1962 – 2 StR 366/61 BGHSt 17, 280–289

BGH, Urt. v. 3.7.1962 – 1 StR 157/62 BGHSt 17, 351–354

BGH, Beschl. v. 12.7.1962 – 1 StR 282/62 BGHSt 17, 360–363

BGH, Beschl. v. 1.8.1962 – 4 StR 122/62 BGHSt 17, 391–399

BGH, Beschl. v. 1.8.1962 – 4 StR 209/62 BGHSt 17, 399–404

BGH, Urt. v. 1.8.1962 – 3 StR 28/62 BGHSt 17, 382–388

BGH, Urt. v. 28.11.1962 – 3 StR 39/62 BGHSt 18, 151–156

BGH, Beschl. v. 4.12.1962 – 5 StR 440/62 BGHSt 18, 156–160

BGH, Urt. v. 12.12.1962 – 2 StR 495/62 BGHSt 18, 200–204

BGH, Urt. v. 21.12.1962 – 4 StR 405/62 VRS 24, 207–212

BGH, Urt. v. 10.1.1963 – 3 StR 22/62 NJW 1963, 598–599

BGH, Urt. v. 17.1.1963 – III ZR 173/61 VersR 1963, 711–714

BGH, Beschl. v. 20.2.1963 – 4 StR 497/62 BGHSt 18, 268–271

BGH, Beschl. v. 20.2.1963 – 4 StR 411/62 BGHSt 18, 279–283

BGH, Beschl. v. 9.4.1963 – 5 StR 50/63 BGHSt 18, 324–326

BGH, Urt. v. 16.7.1963 – 1 StR 118/63 BGHSt 19, 33–37

BGH, Beschl. v. 7.8.1963 – 4 StR 270/63 BGHSt 19, 82–85

BGH, Beschl. v. 13.8.1963 – 2 ARs 172/63 BGHSt 19, 177–184

BGH, Beschl. v. 28.8.1963 – 4 StR 319/63 NJW 1963, 2085–2086

BGH, Urt. v. 24.9.1963 – 5 StR 330/63 StV 1982, 158

BGH, Urt. v. 8.10.1963 – 1 StR 553/62 BGHSt 19, 141–144

BGH, Urt. v. 29.11.1963 – 4 StR 352/63 BGHSt 19, 141 ff. = NJW 1964, 308

BGH, Beschl. v. 6.5.1964 – 2 StR 514/63 BGHSt 19, 305–308

BGH, Urt. v. 15.5.1964 – 4 StR 386/63 VRS 27, 105–107

BGH, Ut. v. 27.10.1964 – 1 StR 358/64 BGHSt 20, 77–81

BGH, Urt. v. 3.8.1966 – 2 StR 242/66 BGHSt 21, 118–125

BGH, Urt. v. 7.10.1966 – 1 StR 305/66 BGHSt 21, 149–151
BGH, Beschl. v. 9.12.1966 – 4 StR 119/66 BGHSt 21, 157–167
BGH, Urt. v. 4.4.1967 – 1 StR 103/67 NJW 1967, 1140–1141
BGH, Urt. v. 2.5.1967 – 1 StR 119/67 GA 1968, 19
BGH, Urt. v. 15.11.1967 – 3 StR 4/67 BGHSt 21, 371–373
BGH, Urt. v. 13.12.1967 – 2 StR 544/67 BGHSt 22, 26–29 m.Anm. *Eb. Schmidt,* JR 1968, 435–436
BGH, Beschl. v. 21.2.1968 – 2 StR 360/76 BGHSt 22, 94–100
BGH, Beschl. v. 2.4.1968 – 5 StR 153/68 BGHSt 22, 113–114
BGH, Urt. v. 31.5.1968 – 4 StR 165/68 GA 1968, 305
BGH, Urt. v. 12.6.1968 – 2 StR 106/68 BGHSt 22, 180–185
BGH, Beschl. v. 19.7.1968 – 4 StR 4/68 BGHSt 22, 192–201
BGH, Urt. v. 25.10.1968 – 4 StR 412/68 BGHSt 22, 266–268
BGH, Urt. v. 17.12.1968 – 1 StR 161/68 BGHSt 22, 282–289
BGH, Beschl. v. 19.2.1969 – 4 StR 357/68 BGHSt 22, 321–328
BGH, Beschl. v. 5.3.1969 – 4 StR 375/68 BGHSt 22, 341–346
BGH, Beschl. v. 23.5.1969 – 4 StR 585/68 BGHSt 22, 385–394
BGH, Urt. v. 18.6.1969 – 2 StR 30/69 NJW 1969, 1911–1912
BGH, Urt. v. 23.7.1969 – 3 StR 326/68 BGHSt 23, 64–79
BGH, Urt. v. 6.8.1969 – 4 StR 233/69 NJW 1969, 2210–2211
BGH, Urt. v. 27.8.1969 – 4 StR 268/69 NJW 1970, 61–62
BGH, Urt v. 5.11.1969 – 4 StR 519/68 BGHSt 23, 141–151
BGH, Beschl. v. 18.11.1969 – 4 StR 66/69 BGHSt 23, 156–167
BGH, Beschl. v. 13.1.1970 – 4 StR 438/69 BGHSt 23, 213–220
BGH, Urt. v. 14.4.1970 – 5 StR 627/69 BGHSt 23, 244–246
BGH, Urt. v. 26.5.1970 – 4 StR 69/70 VRS 39, 103–105
BGH, Urt. v. 18.6.1970 – III ZR 95/68 NJW 1970, 1543–1544
BGH, Urt. v. 11.5.1971 – 1 StR 91/71 -, jurion
BGH, Beschl. v. 19.8.1971 – 4 StR 574/70 BGHSt 24, 200–205
BGH, Beschl. v. 16.9.1971 – 1 StR 284/71 BGHSt 24, 208–213
BGH, Urt. v. 16.5.1972 – 5 StR 56/72 BGHSt 24, 342–345
BGH, Urt. v. 26.7.1972 – 2 StR 62/72 BGHSt 24, 386–390
BGH, Beschl. v. 13.2.1973 – 1 StR 541/72 BGHSt 25, 122–127
BGH, Urt. v. 5.4.1973 – 2 StR 427/70 bei *Dallinger,* MDR 1974, 365–369
BGH, Beschl. v. 11.12.1973 – 4 StR 130/73 BGHSt 25, 246–252

BGH, Urt. v. 13.2.1974 – 2 StR 552/73 BGHSt 25, 285–287

BGH, Beschl. v. 14.5.1974 – 1 StR 366/73 BGHSt 25, 325–333

BGH, Urt. v. 15.5.1974 – 3 StR 96/74 bei *Dallinger,* MDR 1974, 721–725

BGH, Beschl. v. 29.8.1974 – 4 StR 171/74 BGH25, 365–369

BGH, Beschl. v. 18.12.1974 – 3 StR 105/74 BGHSt 26, 40–47

BGH, Beschl. v. 29.1.1975 – KRB 4 /74 BGHSt 26, 56–67 = NJW 1975, 788–790

BGH, Beschl. v. 21.2.1975 – 1 StR 107/74 BGHSt 26, 84–92

BGH, Urt. v. 27.2.1975 – 4 StR 310/74 NJW 1975, 1176–1177

BGH, Urt. v. 15.6.1976 – 1 StR 273/76 BGHSt 26, 355–358

BGH, Beschl. v. 28.6.1976 – 3 StR 226/76 *bei Holtz,* MDR 1976, 986–990

BGH, Urt. v. 30.6.1976 – 3 StR 143/76 bei *Holtz,* MDR 1976, 986–990

BGH, Beschl.v. 30.9.1976 – 4 StR 683/75 BGHSt 27, 5–10

BGH, Urt. v. 11.11.1976 – 2 StR 508/76 -, jurion

BGH, Urt. v. 30.11.1976 – 1 StR 394/76 bei *Holtz,* MDR 1977, 281–284

BGH, Urt. v. 8.12.1976 – 3 StR 452/76 bei *Holtz,* MDR 1977, 281–284

BGH, Beschl. v. 1.2.1977 – 1 StR 741/76 BGHSt 27, 110–115

BGH, Beschl. v. 23.2.1977 – IV ARZ (Vz) 2/77 NJW 1977, 1014–1015

BGH, Urt. v. 17.3.1977 – 4 StR 665/76 bei *Holtz,* MDR 1977, 637–640

BGH, Beschl. v. 28.6.1977 – 5 StR 30/77 BGHSt 27, 212–216 m. Anm. *Zipf,* JR 1978, 163–165

BGH, Beschl. v. 19.7.1977 – 1 StR 29/77 BGHSt 27, 228–231 m. Anm. *Zipf,* JR 1978, 163–165

BGH, Urt. v. 23.8.1977 – 1 StR 159/77 bei *Holtz,* MDR 1978, 108–112

BGH, Urt. v. 14.9.1977 – 3 StR 220/77 bei *Holtz,* MDR 1978, 108–112

BGH, Urt. v. 8.11.1977 – 5 StR 446/77, bei *Holtz,* MDR 1978, 279–282

BGH, Beschl v. 21.3.1978 – 4 StR 422/77 VRS 54, 376–378

BGH, Beschl. v. 13.4.1978 – 4 StR 236/77 BGHSt 28, 1–5

BGH, Urt. v. 21.6.1978 – 2 StR 46/78 -, jurion / bei *Holtz,* MDR 1978, 803–806

BGH, Beschl. v. 4.7.1978 – 4 StR 133/78 VRS 55, 226–228

BGH, Beschl. v. 13.7.1978 – 4 StR 82/78 BGHSt 28, 72–77

BGH, Urt. v. 30.8.1978 – 3 StR 255/78 BGHSt 28, 122–129

BGH, Beschl. v. 3.10.1978 – 4 StR 348/78 VRS 55, 420–421

BGH, Beschl. v. 31.10.1978 – 5 StR 432/78 BGHSt 28, 165–169

BGH, Urt. v. 14.11.1978 – 1 StR 448/78 BGHSt 28, 194–196

BGH, Beschl. v. 29.11.1978 – 4 StR 633/78 NJW 1979, 664

BGH, Beschl. v. 6.12.1978 – 3 StR 437/78 NJW 1978, 936–937

BGH, Urt. v. 21.2.1979 – 2 StR 749/78 NJW 1979, 1513

BGH, Urt. v. 10.4.1979 – 1 StR 47/79 bei *Holtz,* MDR 1979, 634–638

BGH, Beschl. v. 11.4.1979 – 2 StR 306/78 BGHSt 28, 384–388

BGH, Urt. v. 24.4.1979 – 5 StR 513/78 bei *Pfeiffer,* NStZ 1981, 93–96

BGH, Urt v. 2.5.1979 – 2 StR 99/79 BGHSt 29, 1–5

BGH, Beschl. v. 7.6.1979 – 4 StR 441/78 BGHSt 29, 18–23 m. Anm. *Peters,* JR 1980, 169–170

BGH, Urt. v. 12.6.1979 – 1 StR 158/79 -, jurion

BGH, Beschl. v. 17.10.1979 – 3 StR 361/79 -, jurion

BGH, Beschl. v. 25.10.1979 – 4 StR 491/79 bei *Pfeiffer,* NStZ 1981, 93–96

BGH, Urt. v. 12.12.1979 – 3 StR 334/79 (S) NJW 1980, 602–603

BGH, Urt. v. 19.12.1979 – 3 StR 313/79 BGHSt 29, 165–168

BGH, Urt. v. 8.1.1980 – 5 StR 716/79 GA 1980, 355

BGH, Beschl v. 29.1.1980 – 1 StR 773/79 bei *Holtz,* MDR 1980, 453–456

BGH, Urt. v. 30.1.1980 – 2 StR 758/79 bei *Pfeiffer,* NStZ 1982, 188–191/jurion

BGH, Urt. v. 6.2.1980 – 2 StR 729/79 JR 1980, 520–521

BGH, Urt. v. 26.2.1980 – 4 StR 700/79 VRS 58, 374–375

BGH, Urt. v. 7.2.1980 – 4 StR 680/79 bei *Pfeiffer,* NStZ 1982, 188–191

BGH, Urt. v. 21.2.1980 – 4 StR 700/79 -, jurion

BGH, Urt. v. 5.3.1980 – 2 StR 657/79 GA 1980, 256–257 = bei *Holtz,* MDR 1980, 628–631

BGH, Beschl. v. 22.4.1980 – 1 StR 625/97 BGHSt 29, 252–257

BGH, Beschl. v. 30.4.1980 – 2 StR 193/80 -, jurion

BGH, Urt. v. 2.7.1980 – 3 StR 204/80 NStZ 1981, 33 = JR 1981, 304–305 m. Anm. *Peters,* 305–306

BGH, Urt. v. 10.7.1980 – 4 StR 303/80 NJW 1980, 2423–2424

BGH, Beschl. v. 14.7.1980 – 4 StR 106/80 VRS 59, 345–346

BGH, Urt. v. 17.9.1980 – 2 StR 355/80 BGHSt 29, 319–325 = NJW 1981, 692–693

BGH, Beschl. v. 7.11.1980 – 2 StR 522/80 NStZ 1981, 55

BGH, Urt. v. 17.12.1980 – 2 StR 622/80 StV 1981, 114

BGH, Urt. v. 15.1.1981 – 4 StR 652/80 NJW 1981, 997 f.

BGH, Beschl. v. 26.1.1981 – 4 StR 430/80 NStZ 1981, 181–182

BGH, Beschl. v. 5.2.1981 – 1 StR 735/80 StV 1981, 169

BGH, Urt. v. 17.2.1981 – 1 StR 546/80 bei *Holtz,* MDR 1981, 452–457

BGH, Beschl. v. 11.3.1981 – 4 AR 18/80 BGHSt 30, 55–64

BGH, Urt. v. 24.3.1981 – 5 StR 100/81 -, jurion
BGH, Urt. v. 19.5.1981 – 1 StR 90/81 NStZ 1981, 488
BGH, Urt. v. 21.5.1981 – 4 StR 239/81 StV 1981, 508
BGH, Urt. v. 9.6.1981 – 4 StR 90/81 StV 1981, 509–510
BGH, Beschl. v. 11.6.1981 – 4 StR 298/80 BGHSt 30, 160–164
BGH, Beschl. v. 21.7.1981 – 1 StR 352/81 -, jurion
BGH, Beschl. v. 14.8.1981 – 2 StR 396/81 StV 1982, 23
BGH, Beschl. v. 2.9.1981 – 3 StR 314/81 NStZ 1981, 488–489
BGH, Urt. v. 18.9.1981 – 2 StR 237/81 -, jurion
BGH, Urt. v. 22.9.1981 – 1 StR 508/81 NStZ 1982, 27
BGH, Urt. v. 6.10.1981 – 1 StR 356/81 BGHSt 30, 215–220
BGH, Beschl. v. 29.10.1981 – 4 StR 262/81 BGHSt 30, 251–255
BGH, Urt. v. 3.11.1981 – 5 StR 566/81 BGHSt 30, 255–259
BGH, Urt. v. 4.11.1981 – 2 StR 443/81 -, jurion
BGH, Beschl. v. 2.12.1981 – 2 StR 689/81 StV 1982, 157–158
BGH, Urt. v. 18.12.1981 – 2 StR 417/81 -, jurion
BGH, Beschl. v. 22.12.1981 – 2 StR 748/81 StV 1982, 210–211
BGH, Beschl. v. 22.12.1981 – 5 AR(Vs) 32/81 BGHSt 30, 320–327
BGH, Urt. v. 12.1.1982 – 5 StR 736/81 -, juris
BGH, Urt. v. 12.1.1982 – 5 StR 745/81 StV 1982, 158–159 m. Anm. *Strate,* 159
BGH, Urt. v. 20.1.1982 – 2 StR 555/81 StV 1982, 210
BGH, Urt. v. 26.1.1982 – 4 StR 661/81 -, jurion
BGH, Urt. v. 10.2.1982 – 3 StR 398/81 -, jurion
BGH, Beschl. v. 19.2.1982 – 3 StR 39/82 StV 1982, 256
BGH, Urt. v. 24.2.1982 – 3 StR 444/81 StV 1983, 267–268
BGH, Urt. v. 17.3.1982 – 2 StR 793/81 NStZ 1982, 342
BGH, Urt. v. 25.3.1982 – 4 StR 705/81 VRS 63, 39–43
BGH, Beschl. v. 14.4.1982 – 2 StR 24/82 -, jurion
BGH, Urt. v. 21.4.1982 – 2 StR 657/81 JR 1983, 35–36 m. Anm. *Meyer*, 36–37
BGH, Urt. v. 21.4.1982 – 2 StR 780/81 NStZ 1982, 342
BGH, Urt. v. 4.5.1982 – 1 StR 642/81 -, juris
BGH, Beschl. v. 7.6.1982 – 4 StR 60/82 BGHSt 31, 86–91 = JR 1983, 128–129 m. Anm. *Katholnigg*, 129–130
BGH, Urt. v. 16.6.1982 – 2 StR 261/82 StV 1982, 474–475

BGH, Beschl. v. 24.6.1982 – 4 StR 183/82 NStZ 1982, 478 = JR 1983, 163–164 m. Anm. *Peters,* 164

BGH, Urt. v. 29.6.1982 – 5 StR 125/82 NStZ 1982, 433

BGH, Urt. v. 3.8.1982 – 1 StR 371/82 NStZ 1982, 478–479

BGH, Urt. v. 4.8.1982 – 2 StR 177/82 -, jurion

BGH, Beschl. v. 19.8.1982 – 1 StR 467/82 StV 1983, 8–9

BGH, Urt. v. 1.9.1982 – 2 StR 39/82 -, jurion

BGH, Beschl. v. 24.9.1982 – 2 StR 522/82 -, jurion

BGH, Urt. v. 5.10.1982 – 5 StR 466/82 NJW 1982, 527–528

BGH. Beschl. v. 19.10.1982 – 5 StR 670/82 NStZ 1983, 36

BGH, Urt. v. 20.10.1982 – 2 StR 515/82 -, jurion

BGH, Urt. v. 2.11.1982 – 5 StR 622/82 NStZ 1983, 278 m. Anm. *Fezer,* 278–279

BGH, Urt. v. 3.11.1982 – 2 StR 434/82 BGHSt 31, 140–145 m. Anm. *Fezer,* JZ 1983, 355–356

BGH, Urt. v. 25.11.1982 – 4 StR 564/82 NStZ 1983, 133–134

BGH, Beschl. v. 10.12.1982 – 2 StR 601/82 NStZ 1983, 261–262

BGH, Urt. v. 17.12.1982 – 3 StR 453/82 NStZ 1983, 133

BGH, Beschl. v. 13.1.1983 – 1 StR 737/83 BGHSt 31, 195–202

BGH, Urt. v. 18.1.1983 – 1 StR 757/82 BGHSt 31, 212–215

BGH, Urt. v. 26.1.1983 – 3 StR 431/82 NStZ 1983, 281

BGH, Urt. v. 3.2.1983 – 1 StR 823/82 NStZ 1983, 277–278

BGH, Beschl. v. 17.2.1983 – 1 StR 325/82 MDR 1983, 505–506

BGH, Urt. v. 17.2.1983 – 4 StR 27/83 StV 1983, 198

BGH, Beschl. v. 8.3.1983 – 1 StR 66/83 NStZ 1983, 322–323

BGH, Urt. v. 29.3.1983 – 1 StR 50/83 StV 1983, 267

BGH, Beschl. v. 12.4.1983 – 5 StR 513/82 BGHSt 31, 314–316

BGH, Urt. v. 15.4.1983 – 2 StR 78/83 StV 1983, 404–405

BGH, Beschl. v. 21.4.1983 – 4 StR 154/83 -, jurion

BGH, Beschl. v. 11.5.1983 – 2 StR 66/83 StV 1983, 403

BGH, Urt. v. 13.5.1983 – 3 StR 22/83 StV 1983, 360–361

BGH, Beschl. v. 19.5.1983 – 1 StR 640/82 StV 1983, 359–360

BGH, Urt. v. 26.5.1983 – III ZR 47/82 -, jurion

BGH, Urt. v. 7.6.1983 – 4 StR 9/83 BGHSt 31, 389–395

BGH, Urt. v. 7.6.1983 – 4 StR 51/83 NStZ 1983, 407

BGH, Beschl. v. 23.6.1983 – 4 StR 293/83 NStZ 1984, 19

BGH, Beschl. v. 26.7.1983 – 5 StR 396/83; 5 StR 51/82 StV 1983, 445
BGH, Beschl. v. 2.8.1983 – 5 StR 152/83 -, jurion
BGH, Urt. v. 24.8.1983 – 3 StR 136/83 BGHSt 32, 68–79
BGH, Beschl. v. 7.10.1983 – 2 StR 583/83 -, jurion
BGH, Urt. v. 21.10.1983 – 2 StR 367/83 -, jurion
BGH, Urt. v. 26.10.1983 – 3 StR 251/83 -, jurion
BGH, Beschl. v. 7.11.1983 – 1 StR 721/83 BGHSt 32, 162–165
BGH, Urt. v. 17.11.1983 – 4 StR 375/83 NStZ 1984, 180
BGH, Beschl. v. 8.12.1983 – 1 StR 598/83 wistra 1984,113
BGH, Beschl. v. 8.12.1983 – 4 StR 707/83 -, jurion
BGH, Beschl. v. 9.12.1983 – 3 StR 323/83 NStZ 1984, 179–180
BGH, Urt. v. 11.1.1984 – 2 StR 615/83 StV 1984, 187–188
BGH, Urt. v. 11.1.1984 – 2 StR 655/83 bei *Pfeiffer/Miebach,* NStZ 1985, 13–17
BGH, Urt. v. 18.1.1984 – 2 StR 419/83 StV 1984, 190/jurion
BGH, Urt. v. 19.1.1984 – 4 StR 730/83 -, jurion
BGH, Urt. v. 1.2.1984 – 2 StR 623/83 bei *Pfeiffer/Miebach,* NStZ 1985, 13–17
BGH, Beschl. v. 14.2.1984 – 5 StR 895/83 bei *Pfeiffer/Miebach,* NStZ 1985, 13–17
BGH, Urt. v. 15.2.1984 – 2 StR 704/83 -, juris
BGH, Beschl. v. 16.2.1984 – 1 StR 44/84 StV 1984, 241–242
BGH, Urt. v. 22.2.1984 – 3 StR 530/83 NJW 1984, 1245–1246
BGH, Beschl. v. 8.3.1984 – 2 StR 829/83 -, juris
BGH, Urt. v. 21.3.1984 – 2 StR 778/83 -, jurion
BGH, Urt. v. 29.3.1984 – 4 StR 149/84 NStZ 1984, 360
BGH, Urt. v. 4.4.1984 – 2 StR 767/83 NStZ 1984, 466
BGH, Urt. v. 15.5.1984 – 1 StR 169/84 NStZ 1984, 413–414
BGH, Urt. v. 18.7.1984 – 3 StR 183/84 BGHSt 33, 8–15
BGH, Urt. v. 1.8.1984 – 2 StR 220/84 NJW 1985, 208–209
BGH, Beschl. v. 22.8.1984 – 3 StR 209/84 NStZ 1985, 217–218
BGH, Beschl. v. 6.11.1984 – 4 StR 72/84 BGHSt 33, 61–66
BGH, Beschl. v. 15.11.1984 – 4 StR 675/84 NStZ 1985, 184
BGH, Urt. v. 4.12.1984 – 1 StR 430/84 StV 1985, 89–90
BGH, Urt. v. 5.12.1984 – 2 StR 526/84 BGHSt 33, 83–92
BGH, Urt. v. 23.1.1985 – 3 StR 496/84 -, jurion
BGH, Urt. v. 23.1.1985 – 3 StR 515/84 -, juris
BGH, Urt. v. 1.2.1985 – 2 StR 685/84 BGHSt 33, 133–142

BGH, Urt. v. 20.2.1985 – 2 StR 746/85 StV 1985, 401

BGH, Urt. v. 21.2.1985 – 1 StR 15/85 NStZ 1985, 375–376

BGH, Urt. v. 13.3.1985 – 3 StR 15/85 StV 1985, 356–357

BGH, Urt. v. 13.3.1985 – 3 StR 8/85 bei *Holtz,* MDR 1985, 626–630

BGH, Urt. v. 14.3.1985 – 1 StR 775/84 NStZ 1985, 324–325

BGH, Urt. v. 4.4.1985 – 4 StR 42/85 -, jurion

BGH, Urt. v. 11.4.1985 – 1 StR 507/84 BGHSt 33, 169–172

BGH, Beschl. v. 16.4.1985 – 4 StR 755/84 BGHSt 33, 172–177

BGH, Urt. v. 16.4.1985 – 5 StR 718/84 BGHSt 33, 178–183

BGH, Beschl. v. 19.4.1985 – 2 StR 317/84 BGHSt 33, 183–189

BGH, Urt. v. 9.5.1985 – 1 StR 63/85 BGHSt 33, 217–224

BGH, Urt.v. 13.6.1985 – 4 StR 213/85 BGHSt 33, 244–251

BGH, Urt. v. 13.6.1985 – 4 StR 219/85 -, jurion

BGH, Urt. v. 9.7.1985 – 1 StR 216/85 NStZ 1986, 179–180

BGH, Beschl. v. 10.9.1985 – 4 ARs 10/85 BGHSt 33, 310–321

BGH, Beschl. v. 2.10.1985 – 2 StR 377/85 NJW 1986, 2063–2064

BGH, Beschl. v. 29.11.1985 – 2 StR 596/85 NStZ 1986, 217–218

BGH, Urt. v. 8.1.1986 – 3 StR 457/85 NStZ 1986, 219

BGH, Urt. v. 5.2.1986 – 3 StR 477/85 BGHSt 34, 15–22

BGH, Urt. v. 20.2.1986 – 4 StR 684/85 bei *Pfeiffer/Miebach,* NStZ 1987, 16–19

BGH, Urt. v. 6.3.1986 – 4 StR 40/86 BGHSt 34, 22–29

BGH, Urt. v. 6.3.1986 – 4 StR 48/86 BGHSt 34, 29–34

BGH, Beschl. v. 18.3.1986 – 5 StR 74/86 StV 1986, 286–287

BGH, Urt. v. 19.3.1986 – 2 StR 712/85 StV 1986, 467

BGH, Beschl. v. 25.3.1986 – 2 StR 115/86 NStZ 1986, 373

BGH, Beschl. v. 24.4.1986 – 2 StR 565/85 BGHSt 34, 71–78 m. Anm. *Kuhlen,* JA 1986, 589–600

BGH, Urt. v. 30.4.1986 – 2 StR 755/85 StV 1988, 93–94

BGH, Beschl. v. 13.5.1986 – 1 StR 199/86 -, jurion

BGH, Beschl. v. 10.6.1986 – 1 StR 41/86 BGHSt 34, 94–100

BGH, Beschl. v. 19.6.1986 – 4 StR 622/85 BGHSt 34, 101–107

BGH, Urt. v. 27.6.1986 – 2 StR 312/86 StV 1986, 421

BGH, Urt. v. 3.7.1986 – 4 StR 182/86 StV 1986, 515

BGH, Urt. v. 3.7.1986 – 4 StR 258/86 StV 1987, 284–285

BGH, Beschl v. 17.7.1986 – 4 StR 543/85 BGHSt 34, 133–137

BGH, Urt. v. 7.8.1986 – 4 StR 308/86 -, jurion
BGH, Urt. v. 7.8.1986 – 4 StR 352/86 -, juris
BGH, Urt. v. 17.9.1986 – 2 StR 317/86 StV 1987, 50–51
BGH, Beschl. v. 2.10.1986 – 1 StR 238/86 -, jurion
BGH, Beschl. v. 21.10.1986 – 4 StR 563/86 StV 1987, 92–93
BGH, Beschl. v. 28.10.1986 – 1 StR 605/86 -, juris
BGH, Urt. v. 7.11.1986 – 2 StR 280/86 wistra 1987, 71–73
BGH, Beschl. v. 27.11.1986 – 4 StR 654/86 StV 1987, 91
BGH, Beschl. v. 10.12.1986 – 2 StR 614/86 -, jurion
BGH, Urt. v. 27.1.1987 – 5 StR 613/86 StV 1987, 188
BGH, Urt. v. 3.2.1987 – 1 StR 644/86 NStZ 1987, 288–289
BGH, Urt. v. 18.2.1987 – 2 StR 159/86 NJW 1987, 1833–1835
BGH, Urt. v. 6.3.1987 – 3 StR 52/87 NStZ 1987, 366–367
BGH, Urt. v. 25.3.1987 – 3 StR 574/86 NStZ 1987, 473–474
BGH, Beschl. v. 10.4.1987 – GSSt 1 /86 BGHSt 34, 345–352= NJW 1987, 3014–3015
BGH, Urt. v. 21.4.1987 – 1 StR 58/87 NStZ 1987, 424
BGH, Beschl. v. 22.4.1987 – 3 StR 141/87 NStZ 1987, 428
BGH, Urt. v. 12.5.1987 – 1 StR 43/87 NStZ 1987, 555–556
BGH, Urt. v. 29.5.1987 – 3 StR 242/86 BGHSt 34, 379–392
BGH, Beschl. v. 7.7.1987 – 4 StR 304/87 -, juris
BGH, Urt. v. 21.7.1987 – 1 StR 260/87 -, juris
BGH, Beschl. v. 24.7.1987 – 3 StR 36/87 BGHSt 35, 14–21
BGH, Beschl. v. 24.7.1987 – 2 StR 338/87 BGHSt 35, 6–13
BGH, Urt. v. 28.7.1987 – 1 StR 270/87 -, juris
BGH, Urt. v. 5.8.1987 – 2 StR 329/87 NStZ 1987, 554–555
BGH, Urt. v. 5.8.1987 – 2 StR 322/87 StV 1988, 8
BGH, Urt. v. 12.8.1987 – 3 StR 250/87 bei *Miebach,* NStZ 1988, 209–214
BGH, Beschl. v. 18.8.1987 – 1 StR 366/87 StV 1988, 138–139 m. Anm. *Schlothauer,* 139–140
BGH, Beschl. v. 28.8.1987 – 3 StR 370/87 StV 1987, 530
BGH, Urt. v. 29.9.1987 – 4 StR 376/87 BGHSt 35, 60–66
BGH, Urt. v. 19.10.1987 – 3 StR 93/88 StV 1989, 308
BGH, Urt. v. 11.11.1987 – 2 StR 575/87 StV 1988, 237–238 m. Anm. *Weider,* 238–239
BGH, Urt. v. 25.11.1987 – 3 StR 449/87 StV 1988, 328
BGH, Urt. v. 2.12.1987 – 2 StR 559/87 BGHSt 35, 116–128

BGH, Beschl. v. 16.12.1987 – 3 StR 209/87 BGHSt 35, 152–163

BGH, Urt. v. 8.1.1988 – 2 StR 551/87 NJW 1988, 3273–3274=NStZ 1988, 236–237

BGH, Urt. v. 13.1.1988 – 3 StR 450/87 StV 1988, 203–204

BGH, Beschl. v. 8.3.1988 – 5 StR 532/87 NStZ 1988, 270–271

BGh, Urt. v. 15.3.1988 – 1 StR 8/88 NJW 1989, 176–178

BGH, Beschl. v. 17.3.1988 – 1 StR 361/87 BGHSt 35, 238–243

BGH, Urt. v. 21.4.1988 – III ZR 255/86 NJW 1989, 96–99

BGH, Urt. v. 26.4.1988 – 1 StR 52/88 -, jurion

BGH, Urt. v. 27.4.1988 – 3 StR 499/87 NStZ 1988, 419–420

BGH, Urt. v. 4.5.1988 – 3 StR 148/88 StV 1988, 514–515

BGH, Beschl. v. 5.5.1988 – 1 StR 5/88 BGHSt 35, 270–283

BGHZ, Urt. v. 22.6.1988 – 3 StR 93/88 StV 1989, 308

BGH, Urt. v. 30.6.1988 – 1 StR 165/88 NJW 1989, 176

BGH, Urt. v. 27.7.1988 – 3 StR 273/88 NStZ 1988, 497–498

BGH, Urt. v. 4.11.1988 – 1 StR 262/88 BGHSt 36, 1–20

BGH, Urt. v. 6.12.1988 – 1 StR 620/88 BGHSt 36, 37–44

BGH, Beschl. v. 11.1.1989 – 2 StR 461/88 BGHSt 36, 74–80

BGH, Urt. v. 24.1.1989 – 1 StR 683/88 bei *Miebach,* NStZ 1990, 24–29

BGh, Urt. v. 14.3.1989 – 1 StR 19/89 StV 1989, 423

BGH, Urt. v. 31.3.1989 – 2 StR 706/88 BGHSt 36, 159–167

BGH, Urt. v. 27.4.1989 – 2 StR 466/89 StV 1990, 439–440

BGH, Urt. v. 19.7.1989 – 2 StR 182/89 StV 1990, 99–100

BGH, Beschl. v. 1.8.1989 – 1 StR 290/89 -, juris

BGH, Beschl. v. 29.8.1989 – 1 StR 453/89 StV 1989, 518–519

BGH, Urt. v. 5.9.1989 – 1 StR 291/89 NStZ 1990, 35–36

BGH, Beschl. v. 23.11.1989 – 2 StR 515/89 StV 1990, 99

BGH, Urt. v. 13.12.1989 – 3 StR 370/89 -, jurion

BGH, Beschl. v. 29.12.1989 – 4 StR 630/89 NStZ 1990, 244–245

BGH, Urt. v. 14.3.1989 – 1 StR 1 StR 19/89 StV 1989, 423

BGH, Urt. v. 27.6.1989 – 1 StR 266/89 -, juris

BGH, Urt. v. 19.7.1989 – 2 StR 182/89 StV 1990, 99–100

BGH, Beschl. v. 1.8.1989 – 1 StR 290/89 -, juris

BGH, Beschl. v. 29.8.1989 – 1 StR 453/89 StV 1989, 518–519

BGH, Urt. v. 5.9.1989 – 1 StR 291/89 NStZ 1990, 35–36

BGH, Urt. v. 4.11.1989 – 3 StR 314/89 wistra 1990, 197

BGH, Urt. v. 23.11.1989 – 2 StR 515/89 StV 1990, 99

BGH, Beschl. v. 29.12.1989 – 4 StR 630/89 NStZ 1990, 244–245

BGH, Beschl. v. 18.1.1990 – 4 StR 292/89 BGHSt 36, 341–348

BGH, Urt. v. 6.2.1990 – 2 StR 29/89 BGHSt 36, 354–361

BGH, Beschl. v. 1.3.1990 – 4 StR 47/90 StV 1990, 438–439

BGH, Urt. v. 9.3.1990 – 3 StR 58/90 NStZ 1990, 335–336

BGH, Urt. v. 14.3.1990 – 3 StR 22/90 NStZ 1990, 334–335/jurion

BGH, Beschl. v. 29.3.1990 – 1 StR 22/90 BGHSt 36, 389–396

BGH, Beschl. v. 6.4.1990 – 2 StR 627/89 StV 1990, 340/jurion

BGH, Beschl. v. 6.4.1990 – 2 StR 602/89 -, jurion

BGH, Urt. v. 18.4.1990 – 2 StR 99/90 StV 1990, 533–534

BGH, Urt. v. 26.4.1990 – 4 StR 24/90 BGHSt 37, 21–29

BGH, Urt. v. 27.4.1990 – 2 StR 466/89 StV 1990, 439–440

BGH, Beschl. v. 8.5.1990 – 3 StR 448/89 NStZ 1990, 501

BGH, Urt. v. 17.5.1990 – 4 StR 208/90 NStZ 1990, 448–449

BGH, Urt. v. 31.5.1990 – 4 StR 112/90 BGHSt 37, 48–54

BGH, Urt. v. 21.6.1990 – 1 StR 477/89 BGHSt 37, 55–69

BGH, Beschl. v. 26.6.1990 – 5 AR (VS) 8/90 BGHSt 37, 79–85

BGH, Beschl. v. 28.6.1990 – 2 StR 275/90 StV 1990, 494

BGH, Urt. v. 28.6.1990 – 4 StR 297/90 BGHSt 37, 89–99

BGH, Beschl. v. 27.7.1990 – 2 StR 324/90 StV 1990, 534=NStZ 1990, 603

BGH, Beschl. v. 8.8.1990 – 3 StR 153/90 StV 1990, 485

BGH, Urt. v. 21.8.1990 – 5 StR 145/90 BGHSt 37, 157–160

BGH, Urt. v. 29.8.1990 – 3 StR 184/90 BGHSt 37, 162–168

BGH, Beschl. v. 11.9.1990 – 5 AR Vollz 28/90 BGHSt 37, 176–179

BGH, Beschl. v. 12.9.1990 – 2 StR 380/90 StV 1991, 18–19

BGH, Beschl. v. 27.9.1990 – 4 StR 242/90 StV 1992, 261–262

BGH, Beschl. v. 31.10.1990 – 3 StR 332/90 -, jurion

BGH, Urt. v. 22.11.1990 – 4 StR 117/90 BGHSt 37, 231–245

BGH, Urt. v. 22.11.1990 – 4 StR 431/90 NStZ 1991, 126–127

BGH, Beschl. v. 27.11.1990 – 5 StR 497/90 StV 1991, 424

BGH, Beschl. v. 8.1.1991 – 1 StR 704/90 StV 1991, 197

BGH, Urt. v. 15.1.1991 – 5 StR 492/90 BGHSt 37, 289–294

BGH, Beschl. v. 25.1.1991 – 2 StR 409/90 StV 1991, 340

BGH, Beschl. v. 13.3.1991 – 2 StR 62/91 -, jurion

BGH, Urt. v. 20.3.1991 – 2 StR 610/90 NStZ 1991, 596–597
BGH, Beschl. v. 21.3.1991 – 1 StR 3/90 BGHSt 37, 350–355
BGH, Beschl. v. 9.4.1991 – 5 StR 85/91 StV 1991, 419
BGH, Beschl. v. 17.4.1991 – 3 StR 107/91 StV 1991, 409
BGH, Beschl. v. 18.4.1991 – 4 StR 518/90 BGHSt 37, 366–373
BGH, Urt. v. 24.4.1991 – 5 StR 10/91 StV 1991, 337–338
BGH, Beschl. v. 3.5.1991 – 3 StR 112/91 StV 1991, 451–452
BGH, Urt. v. 29.5.1991 – 2 StR 68/91 NStZ 1991, 448–449
BGH, Urt. v. 4.6.1991 – 5 StR 122/91 BGHSt 37, 397–402
BGH, Beschl v. 18.6.1991 – 5 StR 216/91 -, jurion
BGH, Urt. v. 3.7.1991 – 2 StR 45/91 BGHSt 38, 14–17 m. Anm. *Fezer*, JZ 1992, 107–108
BGH, Beschl. v. 29.7.1991 – 5 StR 278/91 -, jurion
BGH, Urt. v. 13.8.1991 – 5 StR 231/91 -, jurion
BGH, Beschl. v. 20.8.1991 – 5 StR 354/91 StV 1991, 549
BGH, Beschl. v. 26.8.1991 – 3 StR 33/91 -, jurion
BGH, Urt. v. 4.9.1991 – 2 StR 327/91 -, jurion
BGH, Beschl. v. 6.9.1991 – 2 StR 248/91 StV 1992, 2–3
BGH, Beschl. v. 20.9.1991 – 2 StR 17/91 NStZ 1992, 48–49
BGH, Beschl. v. 23.10.1991 – 5 StR 455/91 StV 1992, 98
BGH, Urt. v. 5.11.1991 – 4 StR 350/91 BGHSt 36, 106–111
BGH, Beschl. v. 15.11.1991 – 3 StR 404/91 -, jurion
BGH, Urt. v. 15.11.1991 – 2 StR 499/91 StV 1992, 97–98
BGH, Beschl. v. 29.11.1991 – 2 StR 504/91 StV 1992, 149
BGH, Urt. v. 3.12.1991 – 1 StR 120/90 BGHSt 38, 144–165
BGH, Beschl. v. 5.12.1991 – 1 StR 657/91 -, jurion
BGH, Beschl. v. 17.12.1991 – 5 StR 590/91 StV 1992, 261
BGH, Urt. v. 18.12.1991 – 5 StR 494/91 StV 1992, 149/jurion
BGH, Beschl. v. 14.1.1992 – 4 StR 639/91 -, jurion
BGH, Beschl. v. 22.1.1992 – 2 StR 520/91 StV 1992, 219
BGH, Urt. v. 28.1.1992 – 5 StR 491/91 StV 1992, 259–260
BGH, Beschl. v. 7.2.1992 – 2 StR 569/91 StV 1992, 271
BGH, Beschl. v. 18.2.1992 – 4 StR 11/92 NStZ 1992, 384
BGH, Beschl. v. 26.2.1992 – 3 StR 33/92 StV 1992, 555–556
BGH, Beschl. v. 27.2.1992 – 5 StR 190/91 BGHSt 38, 214–231
BGH, Beschl. v. 11.3.1992 – 2 StR 63/92 StV 1992, 556–557

BGH, Urt. v. 19.3.1992 – 4 StR 73/92 BGHSt 38, 248–251
BGH, Beschl. v. 29.4.1992 – 3 StR 141/92 -, jurion
BGH, Urt. v. 15.5.1992 – 3 StR 535/91 NJW 1992, 2103–2104
BGH, Urt. v. 15.5.1992 – 3 StR 419/91 BGHSt 38, 291–295
BGH, Urt. v. 2.6.1992 – 1 StR 182/92 StV 1992, 549–550/juris
BGH, Urt. v. 23.6.1992 – 5 StR 74/92 NJW 1992, 2838–2840
BGH, Urt. v. 7.7.1992 – 5 StR 300/92 NStZ 1992, 587–588
BGH, Urt. v. 12.8.1992 – 3 StR 335/92 StV 1992, 555
BGH, Urt. v. 12.8.1992 – 5 StR 239/92 BGHSt 38, 320–324
BGH, Beschl. v. 18.8.1992 – 4 StR 345/92 StV 1993, 71
BGH, Beschl. v. 19.8.1992 – 1 StR 467/82 StV 1983, 8–9
BGH, Beschl. v. 26.8.1992 – 3 StR 328/92 StV 1993, 26–27
BGH, Beschl. v. 3.9.1992 – 1 StR 559/92 -, jurion
BGH, Beschl. v. 7.9.1992 – 3 StR 278/92 StV 1993, 176–177
BGH, Urt. v. 29.9.1992 – 1 StR 494/92 NStZ 1993, 95
BGH, Urt. v. 21.10.1992 – 2 StR 370/92 NStZ 1993, 95
BGH, Urt. v. 23.10.1992 – 5 StR 364/92 NStZ 1993, 96
BGH, Urt. v. 28.10.1992 – 3 StR 367/92 -, jurion
BGH, Urt. v. 29.10.1992 – 4 StR 353/92 NJW 1993, 605–607
BGH, Urt. v. 19.11.1992 – 4 StR 490/92 StV 1993, 307
BGH, Beschl. v. 24.11.1992 – 5 StR 456/92 StV 1993, 510–511
BGH, Urt. v. 1.12.1992 – 5 StR 494/92 BGHSt 39, 72–74
BGH, Urt. v. 16.12.1992 – 2 StR 440/92 StV 1993, 234–235
BGH, Beschl. v. 7.1.1993 – 4 StR 588/92 StV 1993, 234
BGH, Beschl. v. 7.1.1993 – 4 StR 607/92 StV 1993, 115
BGH, Urt. v. 3.2.1993 – 2 StR 531/92 StV 1994, 526
BGH, Urt. v. 3.3.1993 – 2 StR 328/92 NStZ 1993, 349–350
BGH, Urt. v. 4.3.1993 – 2 StR 503/92 NStZ 1993, 395–397
BGH, Urt. v. 9.3.1993 – 1 StR 870/92 NStZ 1993, 438–439
BGH, Beschl. v. 11.3.1993 – 4 StR 31/93 StV 1993, 459
BGH, Urt. v. 24.3.1993 – 3 StR 485/92 -, jurion
BGH, Urt. v. 31.3.1993 – 2 StR 6/93 StV 1993, 509–510
BGH, Urt. v. 14.4.1993 – 3 StR 604/92 -, jurion
BGH, Urt. v. 22.4.1993 – 4 StR 153/93 BGHSt 39, 208–212
BGH, Urt. v. 26.5.1993 – 3 StR 156/93 -, jurion

BGH, Urt. v. 6.7.1993 – 5 StR 279/93 BGHSt 39, 251–256

BGH, Urt. v. 20.7.1993 – 5 StR 226/93 wistra 1993, 339–340

BGH, Beschl. v. 10.8.1993 – 4 A Rs 13/93 wistra 1994, 30–31

BGH, Beschl. v. 17.8.1993 – 4 StR 393/93 -, juris

BGH, Beschl. v. 18.8.1993 – 5 StR 477/93 StV 1993, 627–628

BGH, Beschl. v. 19.8.1993 – 4 StR 627/92 BGHSt 39, 291–305

BGH, Beschl. v. 24.8.1993 – 4 StR 470/93 StV 1994, 13–14

BGH, Beschl. v. 7.9.1993 – 4 StR 498/93 StV 1993, 622–623

BGH, Beschl. v. 14.9.1993 – 1 StR 450/93 -, jurion

BGH, Beschl. v. 21.9.1993 – 4 StR 413/93 StV 1994, 6

BGH, Urt. v. 5.10.1993 – 1 StR 547/93 StV 1994, 64

BGH, Beschl. v. 22.10.1993 – 2 StR 459/93 -, jurion

BGH, Urt. v. 26.10.1993 – 4 StR 347/93 -, juris

BGH, Urt. v. 24.11.1993 – 3 StR 517/93 StV 1994, 358–359

BGH, Urt. v. 8.12.1993 – 3 StR 446/93 BGHSt 40, 3–7

BGH, Beschl. v. 17.12.1993 – 2 StR 666/93 StV 1994, 175–176

BGH, Beschl. v. 19.1.1994 – 2 ARs 399/93 -, juris

BGH, Beschl. v. 26.1.1994 – 3 StR 629/93 StV 1994, 359–360

BGH, Beschl. v. 8.2.1994 – 5 StR 10/94 -, jurion

BGH, Beschl. v. 17.2.1994 – 1 StR 723/93 StV 1994, 227

BGH, Urt. v. 24.2.1994 – 4 StR 317/93 BGHSt 40, 66–73

BGH, Urt. v. 15.3.1994 – 1 StR 179/93 BGHSt 40, 97–105

BGH, Beschl. v. 23.3.1994 – 2 StR 67/94 NStZ 1994, 388/jurion

BGH, Beschl. v. 12.4.1994 – 4 StR 142/94 StV 1994, 638–639

BGH, Beschl. v. 26.4.1994 – 5 StR 172/94 StV 1994, 413–414

BGH, Urt. v. 28.4.1994 – 4 StR 81/94 NStZ 1994, 483–485

BGH, Urt. v. 31.5.1994 – 5 StR 557/93 NStZ 1995, 27–29

BGH, Urt. v. 7.6.1994 – 4 StR 105/94 StV 1994, 654–655

BGH, Beschl. v. 14.6.1994 – 1 StR 214/94 -, jurion

BGH, Beschl. v. 20.6.1994 – 3 StR 150/94 NStZ 1994, 501–502

BGH, Beschl. v. 20.6.1994 – 5 StR 283/94 StV 1994, 637–638

BGH, Beschl. v. 20.6.1994 – 5 StR 289/94 StV 1994, 638

BGH, Beschl. v. 19.7.1994 – 4 StR 348/94 NStZ 1994, 585

BGH, Urt. v. 21.7.1994 – 1 StR 83/94 NJW 1994, 2904–2908

BGH, Urt. v. 27.7.1994 – 3 StR 225/94 StV 1994, 580–581

BGH, Beschl. v. 10.8.1994 – 4 StR 274/94 StV 1995, 6–7
BGH, Urt. v. 10.8.1994 – 3 StR 53/94 StV 1995, 231–232
BGH, Beschl. v. 24.8.1994 – 1 StR 432/94 NStZ 1995, 78
BGH, Beschl. v. 30.8.1994 – 4 StR 45/94 NStZ 1995, 38–39
BGH, Beschl. v. 8.9.1994 – 1 StR 519/94 StV 1995, 62
BGH, Beschl. v. 26.9.1994 – 5 StR 453/94 StV 1995, 453–454
BGH, Urt. v. 25.10.1994 – 4 StR 173/94 BGHSt 40, 299–304
BGH, Urt. v. 3.11.1994 – 1 StR 470/94 -, jurion
BGH, Urt. v. 10.11.1994 – 4 StR 331/94 BGH NJW 1995, 539–540
BGH, Urt. v. 15.11.1994 – 1 StR 461/94 BGHSt 40, 336–340
BGH, Urt. v. 18.11.1994 – 2 StR 458/94 StV 1995, 115–116
BGH, Beschl v. 22.11.1994 – GSSt 2/94 BGHSt 40, 360–370
BGH, Urt. v. 15.12.1994 – 1 StR 656/94 NJW 1995, 340–341
BGH, Beschl. v. 25.1.1995 – 2 StR 456/94 BGHSt 40, 395–400
BGH, Urt. v. 16.2.1995 – 4 StR 729/94 BGHSt 41, 30–36
BGH, Beschl. v. 2.3.1995 – 4 StR 764/94 NStZ 1995, 558–559
BGH, Urt. v. 2.3.1995 – 1 StR 595/94 BGHSt 41, 57–64
BGH, Beschl. v. 3.3.1995 – 2 StR 58/95 StV 1995, 340
BGH, Beschl. v. 9.3.1995 – 4 StR 60/95 -, jurion
BGH, Beschl. v. 14.3.1995 – 4 StR 410/94 NStZ 1995, 409–410
BGH, Urt. v. 21.3.1995 – 5 StR 657/94 StV 1995, 511
BGH, Urt. v. 23.3.1995 – 4 StR 746/94 NJW 1995, 2300–2301
BGH, Beschl. v. 28.3.1995 – 4 StR 96/95 StV 1997, 8–9
BGH, Urt. v. 30.3.1995 – 4 StR 725/94 NJW 1995, 3131–3134
BGH, Urt. v. 2.5.1995 – 1 StR 595/94 BGHSt 41, 57–64
BGH, Beschl. v. 5.5.1995 – 2 StR 183/95 StV 1995, 398
BGH, Beschl. v. 16.5.1995 – 4 StR 237/95 StV 1995, 451–452
BGH, Urt. v. 5.7.1995 – 2 StR 137/95 BGHSt 41, 153–156
BGH, Beschl. v. 25.7.1995 – 1 StR 342/95 StV 1995, 133–134
BGH, Urt. v. 26.7.1995 – 4 StR 234/95 BGHSt 41, 198–206
BGH, Urt. v. 2.8.1995 – 2 StR 221/94 BGHSt 41, 206–219=NJW 1995, 2930–2933
BGH, Beschl. v. 23.8.1995 – 3 StR 163/95 NStZ 1995, 95–96
BGH, Urt. v. 31.8.1995 – 4 StR 299/95 NStZ-RR 1996, 35–36
BGH, Beschl. v. 4.9.1995 – 4 StR 471/95 MDR 1996, 88
BGH, Beschl. v. 4.9.1995 – 4 StR 480/95 StV 1996, 5

BGH, Urt. v. 4.10.1995 – 2 StR 180/95 NStZ 1996, 97–98
BGH, Beschl. v. 5.10.1995 – 4 StR 330/95 StV 1996, 582–583
BGH, Urt. v. 28.11.1995 – 5 StR 459/95 NStZ-RR 1996, 335–336
BGH, Beschl. v. 19.12.1995 – 4 StR 170/95 BGHSt 41, 376–385
BGH, Beschl. v. 19.12.1995 – 4 StR 691/95 -, jurion
BGH, Beschl. v. 19.12.1995 – 4 StR 699/95 -, jurion
BGH, Beschl. v. 20.12.1995 – 5 StR 445/95 NStZ 1996, 290–291
BGH, Beschl. v. 20.12.1995 – 5 StR 680/94 NStZ 1996, 200–202
BGH, Urt. v. 12.1.1996 – 5 StR 756/94 BGHSt 42, 15–26 m. Anm. *Müller*, StV 1996, 358–360
BGH, Beschl. v. 15.2.1996 – 4 StR 442/95 NStZ-RR 1996, 202–203
BGH, Beschl. v. 21.2.1996 – 5 StR 399/95 -, jurion
BGH, Urt. v. 27.2.1996 – 4 StR 6/96 NStZ 1996, 350–351
BGH, Urt. v. 4.3.1996 – 5 StR 524/95 NStZ 1996, 380
BGH, Urt. v. 5.3.1996 – 4 StR 54/96 StV 1996, 366–367
BGH, Urt. v. 7.3.1996 – 1 StR 707/95 -, jurion
BGH, Urt. v. 19.3.1996 – 1 StR 497/95 BGHSt 42, 86–93
BGH, Urt. v. 21.3.1996 – 4 StR 79/96 StV 1996, 365–366
BGH, Beschl. v. 23.3.1996 – 1 StR 685/95 BGHSt 42, 103–107
BGH, Urt. v. 24.4.1996 – 3 StR 131/96 StV 1997, 63–64
BGH, Urt. v. 7.5.1996 – 4 StR 187/96 NStZ-RR 1996, 300
BGH, Beschl. v. 13.5.1996 GSSt 1/96 BGHSt 42, 139–157
BGH Urt. v. 5.6.1996 – 2 StR 70/96 StV 1996, 530–531
BGH, Beschl. v. 20.6.1996 – 4 StR 680/95 StV 1996, 584–585
BGH, Urt. v. 20.6.1996 – 5 StR 625/95 StV 1996, 583
BGH, Beschl. v. 9.7.1996 – 1 StR 511/95 StV 1996, 593–604/jurion
BGH, Beschl. v. 9.7.1996 – 1 StR 728/95 NStZ-RR 1996, 374
BGH, Beschl. v. 16.7.1996 – 4 StR 315/96 -, jurion
BGH, Beschl. v. 16.7.1996 – 4 StR 326/96 StV 1997, 7–8
BGH, Beschl. v. 16.7.1996 – 5 StR 370/96 StV 1997, 9
BGH, Beschl. v. 30.7.1996 – 5 StR 288/95 BGHSt 42, 205–215
BGH, Beschl. v. 30.7.1996 – 5 StR 37/96 (KG) NJW 1996, 3219
BGH, Urt. v. 31.07.1996 – 1 StR 247/96 NStZ-RR 1997, 42–44
BGH, Urt. v. 1.8.1996 – 5 StR 254/96 StV 1996, 649–650
BGH, Urt. v. 14.8.1996 – 3 StR 183/96 -, jurion

BGH, Beschl. v. 20.8.1996 – 4 StR 361/96 BGHSt 42, 226–230
BGH, Urt. v. 28.8.1996 – 3 StR 180/96 NJW 1997, 265–267
BGH, Urt. v. 12.9.1996 – 4 StR 241/96 -, jurion
BGH, Urt. v. 2.10.1996 – 2 StR 332/96 bei *Kusch,* NStZ 1997, 396–380/NStZ 1997, 96
BGH, Beschl. v. 5.11.1996 – 4 StR 490/96 NStZ 1997, 123–124
BGH, Beschl. v. 6.11.1996 – 5 StR 219/96 bei *Kusch,* NStZ 1997, 376–380
BGH, Beschl. v. 8.11.1996 – 2 StR 534/96 bei *Kusch,* NStZ 1997, 376–380
BGH, Urt. v. 8.11.1996 – 5 StR 365/96 -, jurion
BGH, Urt. v. 5.12.1996 – 1 StR 628/96 -, jurion
BGH, Urt. v. 12.12.1996 – 4 StR 476/96 NStZ 1997, 232–233/juris
BGH, Urt. v. 12.12.1996 – 4 StR 499/96 NStZ 1997, 294–295
BGH. Beschl. v. 3.1.1997 – 3 StR 476/96 -, jurion
BGH, Beschl. v. 9.1.1997 – 5 StR 667/96 StV 1997, 293
BGH, Urt. v. 21.1.1997 – 1 StR 622/96 -, jurion
BGH, Urt. v. 23.1.1997 – 4 StR 526/96 NStZ-RR 1997, 172–173
BGH, Urt. v. 4.2.1997 – 5 StR 606/96 NStZ 1997, 296
BGH, Beschl. v. 6.2.1997 – 4 StR 672/96 BGHSt 42, 385–390
BGH, Beschl. v. 14.2.1997 – 2 StR 34/97 -, jurion
BGH, Urt. v. 26.2.1997 – 3 StR 586/96 NStZ 1997, 344
BGH, Beschl. v. 27.2.1997 – 1 StR 4/97 -, jurion
BGH, Beschl. v. 28.2.1997 – 2 BJs 65/95 – 3; StB 14/96 NJW 1997, 1591–1592
BGH, Urt. v. 28.2.1997 – 2 StR 556/96 BGHSt 43, 8–14
BGH, Urt. v. 4.3.1997 – 1 StR 657/97 NStZ-RR 1997, 225–226
BGH, Urt. v. 4.3.1997 – 1 StR 778/96 NStZ 1997, 355
BGH, Urt. v. 13.3.1997 – 1 StR 722/96 NStZ 1997, 494
BGH, Beschl. v. 25.3.1997 – 4 StR 75/97 NStZ-RR 1997, 258–259
BGH, Urt. v. 8.4.1997 – 5 StR 6/97 -, jurion
BGH, Urt. v. 9.4.1997 – 3 StR 2/97 NJW 1997, 2893–2894
BGH, Beschl. v. 10.4.1997 – 4 StR 138/97 StV 1997, 470–471
BGH, Beschl. v. 22.4.1997 – 1 StR 701/96 BGHSt 43, 53–61
BGH, Urt. v. 29.4.1997 – 1 StR 511/95 BGHSt 43, 66–78
BGH, Urt. v. 29.4.1997 – 1 StR 156/97 NStZ 1997, 450–451
BGH, Beschl. v. 5.8.1997 – 5 StR 178/97 NStZ-RR 1998, 15–16
BGH, Beschl. v. 13.5.1997 – 4 StR 216/97 StV 1998, 333–334
BGH, Urt. v. 4.6.1997 – 2 StR 188/97 StV 1997, 630

BGH, Beschl. v. 17.6.1997 – 4 StR 243/97 bei *Miebach,* NStZ–RR 1998, 1–5
BGH, Beschl. v. 18.6.1997 – 2 StR 140/97 NStZ-RR 1998, 16–17
BGH, Beschl. v. 4.7.1997 – 3 StR 520/96 NStZ-RR 1998, 17
BGH, Urt. v. 17.7.1997 – 1 StR 781/96 -, juris
BGH, Urt. v. 22.7.1997 – 1 StR 256/97 -, jurion
BGH, Beschl. v. 24.7.1997 – 1 StR 351/97 NStZ-RR 1998, 5–6
BGH, Urt. v. 24.7.1997 – 4 StR 222/97 StV 1997, 636–638
BGH, Urt. v. 7.8.1997 – 1 StR 319/97 -, jurion
BGH, Beschl. v. 3.9.1997 – 5 StR 237/97 BGHSt 43, 212–216 m. Anm. *Herdegen,* JZ 1998, 54–56
BGH, Beschl. v. 11.9.1997 – 4 StR 638/96 BGHSt 43, 241–252
BGH, Beschl. v. 23.9.1997 – 4 StR 154/97 -, jurion
BGH, Beschl. v. 23.9.1997 – 4 StR 433/97 NStZ 1998, 83
BGH, Urt. v. 25.9.1997 – 1 StR 481/97 NStZ-RR 1998, 68–69
BGH, Urt. v. 1.10.1997 – 2 StR 314/97 -, jurion
BGH, Urt. v. 24.10.1997 – 4 StR 222/97 StV 1997, 636–638
BGH, Beschl. v. 30.10.1997 – 4 StR 24/97 BGHSt 43, 277–284
BGH, Beschl. v. 30.10.1997 – 4 StR 647/96 BGHSt 43, 285–293
BGH, Beschl. v. 5.11.1997 – 3 StR 558/97 StV 1998, 362–363
BGH, Urt. v. 5.11.1997 – 5 StR 422/97 StV 1998, 116–117
BGH, Urt. v. 13.11.1997 – 4 StR 363/97 NStZ 1998, 265–266
BGH, Urt. v. 19.11.1997 – 2 StR 470/97 StV 1998, 249–250
BGH, Urt. v. 28.11.1997 – 3 StR 114/97 BGHSt 43, 321–335
BGH, Beschl. v. 3.12.1997 – 3 StR 569/97 NStZ-RR 1998, 101–102
BGH, Urt. v. 10.12.1997 – 3 StR 389/97 NStZ-RR 1998, 276–277
BGH, Beschl. v. 17.12.1997 – 2 StR 591/97 StV 1998, 250–251
BGH, Urt. v. 20.1.1998 – 5 StR 501/97 NStZ-RR 1998, 136–137
BGH. Urt. v. 21.1.1998 – 5 StR 469/97 NStZ-RR 1998, 303–304
BGH, Urt. v. 22.1.1998 – 4 StR 100/97 NJW 1998, 2753–2756
BGH, Beschl. v. 10.2.1998 – 4 StR 634/97 NStZ-RR 1999, 46
BGH, Urt. v. 5.3.1998 – 5 StR 432/97 StraFo 1998, 166–167
BGH, Beschl. v. 18.3.1998 – 5 StR 693/97 NStZ 1998, 426–427
BGH, Beschl. v. 25.3.1998 – 2 StR 49/98 StV 1999, 307
BGH, Beschl. v. 22.4.1998 – 5 StR 5/98 BGHSt 44, 68–82
BGH, Urt. v. 29.4.1998 – 2 StR 65/98 NStZ-RR 1998, 275–276

BGH, Urt. v. 6.5.1998 – 2 StR 57/98 NStZ 1998, 475–476

BGH, Beschl. v. 18.5.1998 – 1 StR 67/98 NStZ-RR 1999, 47–48

BGH, Beschl. v. 24.6.1998 – 5 AR (VS) 1/98 BGHSt 44, 107–118

BGH, Urt. v. 1.7.1998 – 1 StR 182/98 NStZ-RR 1999, 26–27

BGH, Beschl. v. 28.7.1998 – 4 StR 293/98 -, jurion

BGH, Urt. v. 29.7.1998 – 1 StR 152/98 -, jurion

BGH, Urt. v. 29.7.1998 – 1 StR 94/98 BGHSt 44, 153–160

BGH, Beschl. v. 5.8.1998 – 5 AR (VS) 1/97 BGHSt 44, 171–175

BGH, Urt. v. 11.8.1998 – 1 StR 306/98 StV 1999, 7–8

BGH, Urt. v. 2.9.1998 – 2 StR 144/98 NStZ 1999, 47

BGH, Beschl. v. 10.9.1998 – 1 StR 476/98 NStZ 1999, 45

BGH, Urt. v. 29.9.1998 – 1 StR 416/98 NStZ 1999, 153

BGH, Urt. v. 29.9.1998 – 1 StR 420/98 NStZ-RR 1999, 275

BGH, Beschl. v. 7.10.1998 – 1 StR 287/98 -, jurion

BGH, Beschl. v. 29.10.1998 – 5 StR 450/98 NStZ-RR 1999, 109

BGH, Urt. v. 6.11.1998 – 2 StR 636/98 NStZ-RR 1999, 301–303

BGH, Urt. v. 11.11.1998 – 3 StR 181/98 BGHSt 44, 243–250

BGH, Beschl. v. 12.11.1998 – 4 StR 511/98 NStZ-RR 1999, 139=StV 1999, 136

BGH, Beschl. v. 17.11.1998 – 1 StR 586/98 -, jurion

BGH, Urt. v. 17.11.1998 – 1 StR 450/98 BGHSt 44, 256–258

BGH, Beschl. v. 25.11.1998 – 2 StR 496/98 NStZ-RR 1999, 108–109

BGH, Beschl. v. 3.12.1998 – 4 StR 606/98 -, juris

BGH, Urt. v. 23.12.1998 – 3 StR 343/98 BGHSt 44, 328–338

BGH, Urt. v. 19.1.1999 – 1 StR 171/98 NJW 1999, 1562–1564

BGH, Beschl. v. 2.2.1999 – 1 StR 636/98 -, jurion

BGH, Beschl. v. 18.2.1999 – 5 StR 193/98 BGHSt 45, 1–16

BGH, Urt. v. 24.2.1999 – 3 StR 520/98 NStZ-RR 1999, 234–235

BGH, Beschl. v. 3.3.1999 – 5 StR 566/98 StV 1999, 360

BGH, Beschl. v. 10.3.1999 – 2 StR 613/98 StV 1999, 357–358

BGH, Beschl. v. 17.3.1999 – 3 StR 507/98 NStZ 1999, 418–419

BGH, Urt. v. 24.3.1999 – 3 StR 17/99 -, jurion

BGH, Urt. v. 25.3.1999 – 1 StR 26/99 NJW 1999, 2533–2535

BGH, Urt. v. 31.03.1999 – 5 StR 689/98 NStZ 1999, 423–424

BGH, Beschl. v. 13.4.1999 – 1 StR 107/99 NStZ 1999, 424

BGH, Urt.v. 14.4.1999 – 3 StR 45/99 NStZ 1999, 395

BGH, Beschl v. 15.4.1999 – 4 StR 93/99 -, juris
BGH, Urt. v. 21.4.1999 – 5 StR 714/98 NJW 1999, 2449–2452
BGH, Urt. v. 22.4.1999 – 4 StR 76/99 NStZ 1999, 395–396
BGH, Urt. v. 4.5.1999 – 1 StR 122/99 wistra 1999, 338–339
BGH, Urt. v. 26.5.1999 – 3 StR 110/99 NStZ-RR 2000, 45/jurion
BGH, Urt. v. 23.6.1999 – 3 StR 132/99 NStZ-RR 1999, 332–333
BGH, Urt. v. 7.7.1999 – 2 StR 177/99 NStZ 1999, 507–508
BGH; Beschl. v. 20.7.1999 – 4 StR 106/99 BGHSt 45, 140–148
BGH, Urt. v. 30.7.1999 – 1 StR 618/98 BGHSt 45, 164–182=StV 1999, 473–478
BGH, Beschl. v. 17.8.1999 – 1 StR 390/99 NStZ 1999, 607–608
BGH, Beschl. v. 18.8.1999 – 1 StR 186/99 NStZ 1999, 632–634
BGH, Beschl. v. 25.8.1999 – 5 AR (VS) 1/99 NJW 1999, 3499–3500
BGH, Urt. v. 31.08.1999 – 1 StR 268/99 -, jurion
BGH, Beschl. v. 8.9.1999 – 2 StR 369/99 StV 2000, 69
BGH, Beschl. v. 21.9.1999 – 4 StR 71/99 BGHSt 45, 197–202
BGH, Beschl. v. 21.9.1999 – 4 StR 248/99 -, jurion
BGH, Urt. v. 23.9.1999 – 4 StR 189/99 BGHSt 45, 203–210
BGH, Urt. v. 29.9.1999 – 2 StR 218/99 NStZ 2000, 48
BGH, Beschl. v. 19.10.1999 – 5 StR 442/99 NStZ 2000, 156
BGH, Beschl. v. 26.10.1999 – 4 StR 319/99 -, jurion
BGH, Urt. v. 27.10.1999 – 3 StR 241/99 NStZ 2000, 106–107
BGH, Beschl. v. 28.10.1999 – 4 StR 476/99 -, jurion
BGH, Beschl. v. 9.11.1999 – 4 StR 521/99 NStZ 2000, 136–137
BGH, Beschl. v. 9.11.1999 – 5 StR 552/99 StV 2000, 243–244
BGH, Beschl. v. 10.11.1999 – 5 StR 472/99 StV 2000, 67
BGH, Beschl. v. 17.11.1999 – 1 StR 560/99 -, jurion
BGH, Urt. v. 18.11.1999 – 1 StR 221/99 BGHSt 45, 321–342
BGH, Beschl. v. 26.11.1999 – 2 StR 461/99 -, jurion
BGH, Beschl. v. 7.12.1999 – 1 StR 570/99 -, jurion
BGH, Urt. v. 8.12.1999 – 3 StR 267/99 NJW 2000, 1580–1583
BGH, Beschl. v. 14.12.1999 – 5 AR (VS) 2/99 NStZ 2000, 222
BGH, Beschl. v. 17.12.1999 – 2 StR 376/99 wistra 2000, 151–152
BGH, Beschl. v. 5.1.2000 – 3 StR 560/99 -, jurion
BGH, Beschl. v. 19.1.2000 – 3 StR 531/99 StV 2000, 293–295
BGH, Beschl. v. 25.1.2000 – 5 StR 280/98 NStZ 2000, 387–388

BGH, Beschl. v. 26.1.2000 – 2 StR 541/99 -, jurion
BGH, Beschl. v. 2.2.2000 – 1 StR 537/99 NJW 2000, 1530
BGH, Urt. v. 8.2.2000 – 5 StR 310/99 NStZ-RR 2000, 171–172
BGH, Urt. v. 9.2.2000 – 3 StR 392/99 NStZ-RR 2000, 166–168
BGH, Urt. v. 11.2.2000 – 3 StR 377/99 NJW 2000, 1661–1663
BGH, Beschl. v. 16.2.2000 – 3 StR 28/00 StV 2000, 599–600
BGH, Urt. v. 22.2.2000 – 5 StR 573/99 NStZ-RR 2000, 165–166
BGH, Beschl. v. 9.3.2000 – 4 StR 513/99 -, jurion
BGH, Beschl. v. 21.3.2000 – 4 StR 287/99 BGHSt 46, 17–24
BGH, Urt. v. 23.3.2000 – 4 StR 19/00 NStZ 2000, 375–376
BGH, Beschl. v. 24.3.2000 – 3 StR 585/99 -, jurion
BGH, Beschl. v. 5.4.2000 – 5 StR 226/99 wistra 2000, 219–227
BGH, Urt. v. 11.4.2000 – 1 StR 55/00 NStZ 2000, 436–437
BGH, Beschl. v. 18.4.2000 – 5 StR 128/00 wistra 2000, 307
BGH, Urt. v. 2.5.2000 – 1 StR 146/00 NStZ-RR 2000, 312
BGH, Beschl. v. 3.5.2000 – 2 StR 629/99 wistra 2000, 339–340
BGH, Beschl. v. 17.5.2000 – 3 StR 161/00 StV 2001, 439–440
BGH, Beschl. v. 23.5.2000 – 1 StR 156/00 NStZ 2000, 496–497
BGH, Beschl. v. 30.5.2000 – 1 StR 610/99 NStZ 2000, 551–552
BGH, Beschl. v. 7.6.2000 – 3 StR 84/00 NStZ 2000, 607
BGH, Urt. v. 15.6.2000 – 4 StR 172/00 NStZ-RR 2000, 327–328
BGH, Urt. v. 20.6.2000 – 4 StR 162/00 NStZ 2000, 583–584
BGH, Urt. v. 20.6.2000 – 5 StR 25/00 NStZ-RR 2000, 328–329
BGH, Urt. v. 20.6.2000 – 5 StR 173/00 NStZ 2000, 550–551
BGH, Urt. v. 22.6.2000 – 5 StR 268/99 StV 2002, 26–29
BGH, Urt. v. 3.7.2000 – 5 StR 190/00 -, jurion
BGH, Urt. v. 5.7.2000 – 5 StR 456/99 (alt: 5 StR 469/97) NStZ-RR 2000, 334–335
BGH, Beschl. v. 13.7.2000 – 4 StR 230/00 NStZ 2000, 586
BGH, Beschl. v. 14.7.2000 – 3 StR 195/00 NStZ 2000, 585–586
BGH, Urt. v. 25.7.2000 – 1 StR 169/00 BGHSt 46, 93–106
BGH, Beschl. v. 3.8.2000 – 1 StR 283/00 -, jurion
BGH, Urt. v. 9.8.2000 – 3 StR 339/99 BGHSt 46, 120–130
BGH, Urt. v. 17.8.2000 – 4 StR 233/00 -, jurion
BGH, Beschl. v. 18.8.2000 – 3 StR 433/99 NStZ 2000, 643–644
BGH, Beschl. v. 5.9.2000 – 1 StR 355/00 -, jurion

BGH, Beschl. v. 6.9.2001 – 3 StR 285/01 NStZ 2002, 47–48
BGH, Beschl. v. 20.9.2000 – 5 StR 243/00 StV 2001, 461
BGH, Urt. v. 20.9.2000 – 2 StR 186/00 NJW 2001, 83–85
BGH, Urt. v. 11.10.2000 – 3 StR 321/00 -, jurion
BGH, Urt. v. 17.10.2000 – 1 StR 261/00 StV 2001, 181–182
BGH, Beschl. v. 19.10.2000 – 1 StR 439/00 NStZ 2001, 161–162
BGH, Beschl. v. 26.10.2000 – 3 StR 6/00 BGHSt 46, 178–187
BGH, Beschl. v. 7.11.2000 – 5 StR 150/00 NStZ 2001, 163
BGH, Beschl. v. 21.11.2000 – 4 StR 489/00 -, jurion
BGH, Urt. v. 21.11.2000 – 1 StR 433/99 NStZ-RR 2001, 148–149
BGH, Beschl. v. 24.11.2000 – 2 StR 361/00 bei *Becker,* NStZ-RR 2001, 257–268
BGH, Urt. v. 6.12.2000 – 2 StR 372/00 -, jurion
BGH, Urt. v. 14.12.2000 – 4 StR 375/00 -, jurion
BGH, Urt. v. 14.12.2000 – 4 StR 327/00 NJW 2001, 980–981
BGH, Beschl. v. 16.12.2000 – 3 StR 28/00 StV 2000, 599–600=wistra 2001, 599–600
BGH, Urt. v. 22.12.2000 – 3 StR 378/00 BGHSt 46, 238–256
BGH, Urt. v. 16.1.2001 – 1 StR 503/00 NStZ 2001, 333
BGH, Beschl. v. 20.2.2001 – 5 StR 3/01 StraFo 2001, 249–250
BGH, Beschl. v. 21.2.2001 – 3 StR 244/00 NJW 2001, 2732–2734
BGH, Urt. v. 6.3.2001 – 1 StR 554/00 StV 2002, 470
BGH, Beschl. v. 15.3.2001 – 3 StR 61/01 NStZ 2001, 555–556
BGH, Beschl. v. 23.3.2001 – 2 StR 449/00 StV 2001, 667
BGH, Beschl. v. 3.4.2001 – 1 StR 58/01 StV 2002, 354–355
BGH, Beschl. v. 3.4.2001 – 4 StR 507/00 BGHSt 46, 358–373
BGH, Beschl. v. 4.4.2001 – 5 StR 44/01 -, jurion
BGH, Beschl. v. 5.4.2001 – 4 StR 106/01 NStZ-RR 2001, 296
BGH, Beschl. v. 26.4.2001 – 5 StR 584/00 wistra 2001, 266–267
BGH, Beschl. v. 8.5.2001 – 1 StR 137/01 NStZ 2001, 475–477
BGH, Beschl. v. 10.5.2001 – 3 StR 96/01 NStZ-RR 2002, 50
BGH, Urt. v. 10.5.2001 – 1 StR 504/00 BGHSt 47, 16–21
BGH, Beschl. v. 15.5.2001 – 4 StR 306/00 BGHSt 47, 32–39
BGH, Urt. v. 12.6.2001 – 1 StR 190/01 -, jurion
BGH, Urt. v. 26.6.2001 – 5 StR 69/01 wistra 2001, 420–422
BGH, Beschl. v. 10.7.2001 – 5 StR 236/01 -, jurion
BGH, Urt. v. 8.8.2001 – 2 StR 166/01 NStZ-RR 2001, 369–370

BGH, Urt. v. 9.8.2001 – 1 StR 211/01 NJW 2002, 73–77
BGH, Beschl. v. 22.8.2001 – 1 StR 316/01 StV 2002, 17–18
BGH, Beschl. v. 6.9.2001 – 3 StR 285/01 NStZ 2002, 47–48
BGH, Urt. v. 12.9.2001 – 2 StR 172/01 NStZ 2002, 48–49
BGH, Beschl. v. 27.9.2001 – 1 StR 349/01 NStZ-RR 2002, 39–40
BGH, Urt. v. 19.10.2001 – 2 StR 259/01 BGHSt 47, 128–134
BGH, Beschl. v. 23.10.2001 – 1 StR 415/01 NStZ 2002, 466–467
BGH, Urt. v. 24.10.2001 – 3 StR 237/01 -, jurion
BGH, Urt. v. 31.10.2001 – 2 StR 315/01 NStZ-RR 2002, 74–75
BGH, Urt. v. 14.11.2001 – 3 StR 276/01 -, jurion
BGH, Urt. v. 22.11.2001 – 1 StR 220/01 BGHSt 47, 172–180
BGH, Urt. v. 22.11.2001 – 1 StR 369/01 NStZ 2002, 314–315
BGH, Beschl. v. 4.12.2001 – 4 StR 93/01 BGHSt 47, 181–187
BGH, Beschl. v. 12.12.2001 – 5 StR 520/01 StV 2002, 235
BGH, Urt. v. 12.12.2001 – 3 StR 303/01 NJW 2002, 1057–1059
BGH, Beschl. v. 18.12.2001 – 4 StR 497/01 -, jurion
BGH, Beschl. v. 17.1.2002 – 3 StR 417/01 NStZ-RR 2002, 146–147
BGH, Urt. v. 17.1.2002 – 4 StR 482/01 -, juris
BGH, Beschl. v. 22.1.2002 – 5 StR 549/01 NStZ-RR 2002, 146
BGH, Urt. v. 23.1.2002 – 5 StR 130/01 BGHSt 47, 220–224
BGH, Beschl. v. 5.2.2002 – 5 StR 588/01 BGHSt 47, 233–238
BGH, Urt. v. 6.2.2002 – 1 StR 513/01 NJW 2002, 2188–2190
BGH, Urt. v. 14.2.2002 – 4 StR 281/01 NStZ 2002, 375–377
BGH, Urt. v. 14.2.2002 – 4 StR 272/01 NStZ 2002, 429–431
BGH, Beschl. v. 20.2.2002 – 1 StR 545/01 NStZ-RR 2002, 176
BGH, Beschl. v. 20.2.2002 – 5 StR 538/01 NStZ 2002, 369–370
BGH, Beschl v. 6.3.2002 – 4 StR 30/02 -, jurion
BGH, Urt. v. 6.3.2002 – 5 StR 351/01 NStZ-RR 2002, 371–372
BGH, Urt. v. 6.3.2002 – 5 StR 501/01 NStZ-RR 2002, 174–176
BGH, Beschl. v. 12.3.2002 – 1 StR 557/01 NStZ 2002, 495
BGH, Beschl. v. 19.3.2002 – 4 StR 394/01 BGHSt 47, 252–260
BGH, Beschl. v. 20.3.2002 – 5 StR 448/01 StV 2002, 546–549
BGH, Urt. v. 21.3.2002 – 5 StR 566/01 wistra 2002, 260–263
BGH, Beschl. v. 3.4.2002 – 3 StR 32/02 NStZ 2002, 494–495
BGH, Urt. v. 11.4.2002 – 4 StR 585/01 NStZ-RR, 2002, 243–244

BGH, Urt. v. 16.5.2002 – 1 StR 40/02 NStZ 2002, 656–659
BGH, Urt. v. 23.5.2002 – 3 StR 513/01 -, jurion
BGH, Beschl. v. 25.6.2002 – 5 StR 60/02 NStZ-RR 2002, 270–271
BGH, Beschl. v. 1.8.2002 – 3 StR 122/02 BGHSt 47, 362–368
BGH, Urt. v. 22.8.2002 – 5 StR 240/02 NStZ-RR 2002, 338–339=wistra 2002, 430–431
BGH, Urt. v. 3.9.2002 – 5 StR 210/02 BGHSt 47, 383–387
BGH, Beschl. v. 4.9.2002 – 2 StR 307/02 NStZ-RR 2003, 16–17
BGH, Beschl. v. 10.9.2002 – 4 StR 318/02 StraFo 2003, 55
BGH, Urt. v. 12.9.2002 – 4 StR 165/02 BGHSt 48, 14–23
BGH, Beschl. v. 24.9.2002 – 3 StR 314/02 NStZ-RR 2003, 52
BGH, Beschl. v. 27.9.2002 – 5 StR 117/02 NStZ-RR 2003, 12–13
BGH, Beschl. v. 8.10.2002 – 4 StR 166/02 -, jurion
BGH, Beschl. v. 9.10.2002 – 2 StR 297/02 NStZ-RR 2003, 49–51
BGH, Urt. v. 9.10.2002 – 5 StR 42/02 NJW 2003, 150–155
BGH, Urt. v. 23.10.2002 – 1 StR 274/02 NStZ 2003, 165–167
BGH, Beschl. v. 24.10.2002 – 1 StR 314/02 NStZ 2003, 164–165
BGH, Urt. v. 24.10.2002 – 5 StR 600/01 BGHSt 48, 52–76
BGH, Urt. v. 6.11.2002 – 2 StR 289/02 -, jurion
BGH, Beschl. v. 7.11.2002 – 3 StR 216/02 NStZ 2004, 51–52
BGH, Beschl. v. 7.11.2002 – 3 StR 285/02 StraFo 2003, 134
BGH, Beschl. v. 27.11.2002 – 1 StR 462/02 -, jurion
BGH, Beschl. v. 27.11.2002 – 2 StR 427/02 StV 2003, 213–214
BGH, Beschl. v. 3.12.2002 – 4 StR 461/02 StV 2003, 542–543
BGH, Beschl. v. 10.12.2002 – 4 StR 370/02 StV 2004, 74–75
BGH. Beschl. v. 10.12.2002 – 5 StR 454/02 StraFo 2003, 134
BGH, Urt. v. 17.10.2002 – 3 StR 153/02 NStZ 2003, 253–254
BGH, Beschl. v. 22.10.2002 – 5 StR 441/02 NStZ-RR 2003, 52–53
BGH, Urt. v. 23.10.2002 – 1 StR 274/02 NStZ 2003, 165–167
BGH, Beschl. v. 7.11.2002 – 3 StR 216/02 NStZ 2004, 51–52
BGH, Beschl. v. 7.11.2002 – 3 StR 285/02 StraFo 2003, 134
BGH, Beschl. v. 27.11.2002 – 2 StR 427/02 StV 2003, 213–214
BGH, Beschl. v. 3.12.2002 – 4 StR 461/02 StV 2003, 542–543
BGH, Urt. v. 4.12.2002 – 4 StR 103/02 BGHSt 48, 119–126
BGH, Beschl. v. 10.12.2002 – 4 StR 370/02 StV 2004, 74–75
BGH, Beschl. v. 14.1.2003 – 4 StR 526/02 NStZ 2003, 369–370

BGH, Beschl. v. 15.1.2003 – 1 StR 464/02 BGHSt 48, 161–169
BGH, Beschl. v. 15.1.2003 – 5 StR 251/02 BGHSt 48, 170–180
BGH, Urt. v. 15.1.2003 – 5 StR 223/02 NStZ 2003, 307–308
BGH, Urt. v. 16.1.2003 – 4 StR 422/02 NStZ 2003, 431–432
BGH, Beschl. v. 28.1.2003 – 3 StR 441/02 StV 2004, 543–544/jurion
BGH, Urt. v. 6.2.2003 – 4 StR 450/02 -, jurion
BGH, Beschl. v. 12.2.2003 – 5 StR 165/02 NJW 2003, 1821–1824
BGH, Urt. v. 13.2.2003 – 3 StR 430/92 StV 2004, 58
BGH, Beschl. v. 19.2.2003 – 2 StR 478/02 NStZ-RR 2003, 186–189
BGH, Beschl. v. 26.2.2003 – 5 StR 20/03 StV 2003, 318–319
BGH, Beschl. v. 26.2.2003 – 5 StR 39/03 StV 2004, 58–59
BGH, Beschl. v. 26.2.2003 – 5 StR 423/02 BGHSt 48, 240–251
BGH, Urt. v. 27.2.2003 – 5 StR 224/02 wistra 2005, 259–260
BGH, Urt. v. 6.3.2003 – 4 StR 493/02 -, juris
BGH, Urt. v. 11.3.2003 – 1 StR 507/02 NStZ-RR 2003, 186–189
BGH, Urt. v. 11.3.2003 – 1 StR 266/02 -, jurion
BGH, Beschl. v. 26.3.2003 – 2 StR 54/03 NStZ-RR 2003, 214
BGH, Urt. v. 26.3.2003 – 2 StR 535/02 StraFo 2003, 274–275
BGH, Urt. v. 27.3.2003 – 1 StR 524/02 NStZ-RR 2003, 206–209
BGH, Urt. v. 27.3.2003 – 3 StR 446/02 NJW 2003, 2250–2252
BGH, Beschl. v. 3.4.2003 – 4 StR 84/03 StraFo 2003, 246–247
BGH, Beschl. v. 8.4.2003 – 3 StR 79/03 NStZ-RR 2003, 232–233
BGH, Urt. v. 8.4.2003 – 5 StR 448/02 NJW 2003, 2179–2181
BGH, Beschl. v. 15.4.2003 – 1 StR 64/03 StV 2003, 650–652
BGH, Beschl. v. 23.4.2003 – 2 StR 52/03 NStZ 2003, 603–604
BGH, Urt. v. 24.4.2003 – 3 StR 181/02 NJW 2003, 2692–2694
BGH, Beschl. v. 29.4.2003 – 1 StR 88/03 -, jurion
BGH, Urt. v. 30.4.2003 – 3 StR 386/02 wistra 2003, 351–353
BGH, Beschl. v. 24.6.2003 – 3 StR 96/93 NStZ-RR 2003, 332–333
BGH, Urt. v. 26.6.2003 – 1 StR 269/02 NStZ 2004, 35–36
BGH, Beschl. v. 1.7.2003 – 4 StR 55/03 StV 2004, 4
BGH, Beschl. v. 24.7.2003 – 4 StR 226/03 -, jurion
BGH, Urt. v. 24.7.2003 – 3 StR 212/02 NJW 2003, 3142–3144
BGH, Beschl. v. 29.7.2003 – 4 StR 253/03 -, jurion
BGH, Urt. v. 6.8.2003 – 2 StR 180/03 NStZ-RR 2003, 369–371

BGH, Urt. v. 12.8.2003 – 1 StR 111/03 NStZ-RR 2003, 371
BGH, Beschl. v. 14.8.2003 – 3 StR 17/03 StraFo 2004, 98
BGH, Beschl. v. 14.8.2003 – 3 StR 199/03 NJW 2003, 3644–3646
BGH, Beschl. v. 9.9.2003 – 4 StR 73/03 NStZ 2004, 453–454
BGH, Urt. v. 9.9.2003 – 1 StR 153/03 NStZ-RR 2004, 79–80
BGH, Beschl. v. 11.9.2003 – 4 StR 305/03 -, jurion
BGH, Beschl. v. 23.9.2003 – 1 StR 292/03 NStZ 2004, 277–278
BGH, Urt. v. 7.10.2003 – 1 StR 274/03 BGHSt 48, 360–365
BGH, Urt. v. 21.10.2003 – 1 StR 544/02 wistra 2004, 105–109
BGH, Urt. v. 12.11.2003 – 2 StR 354/03 -, jurion
BGH, Beschl. v. 13.11.2003 – 3 StR 359/03 -, jurion
BGH, Beschl. v. 2.12.2003 – 4 StR 385/03 NStZ 2004, 329–330
BGH, Urt. v. 4.12.2003 – 5 StR 250/03 NStZ-RR 2004, 116–118
BGH, Beschl. v. 16.12.2003 – 3 StR 438/03 StV 2004, 250–251
BGH, Beschl. v. 16.12.2003 – 5 StR 262/03 -, jurion
BGH, Urt. v. 16.12.2003 – 5 StR – (3) 458/03 NStZ 2004, 330–332/jurion
BGH, Beschl. v. 15.1.2004 – 3 StR 481/03 StraFo 2004, 173–174
BGH, Beschl. v. 20.1.2004 – 4 StR 464/03 NStZ-RR 2004, 204–205
BGH, Urt. v. 21.1.2004 – 1 StR 346/03 BGHSt 49, 45–56
BGH, Urt. v. 21.1.2004 – 1 StR 379/93 -, jurion
BGH, Urt. v. 22.1.2004 – 4 StR 319/93 -, juris
BGH, Beschl. v. 18.2.2004 – 2 StR 462/03 NStZ 2004, 630–631
BGH, Beschl. v. 24.2.2004 – 4 StR 582/03 -, jurion
BGH, Urt. v. 25.2.2004 – 4 StR 475/03 -, jurion
BGH, Urt. v. 4.3.2004 – 3 StR 218/03 BGHSt 49, 112–127
BGH, Urt. v. 16.3.2004 – 5 StR 490/03 -, jurion
BGH, Urt. v. 30.3.2004 – 1 StR 354/03 NStZ-RR 2004, 238–240
BGH, Urt. v. 31.3.2004 – 2 StR 2/04 -, jurion
BGH, Beschl. v. 20.4.2004 – 4 StR 67/04 -, jurion
BGH, Urt. v. 13.5.2004 – 5 StR 73/03 NJW 2004, 2248–2255
BGH, Beschl. v. 9.6.2004 – 5 StR 136/04 NJW 2004, 2603–2605
BGH, Urt. v. 24.6.2004 – 4 StR 15/04 wistra 2004, 432–434
BGH, Urt. v. 24.6.2004 – 5 StR 306/03 NJW 2004, 3051–3057
BGH, Urt. v. 1.7.2004 – 3 StR 494/03 NStZ 2005, 88
BGH, Beschl. v. 7.7.2004 – 5 StR 71/04 StV 2004, 578–580

BGH, Beschl. v. 13.7.2004 – 4 StR 120/04 StV 2004, 522/580
BGH, Urt. v. 17.8.2004 – 5 StR 591/93 -, juris
BGH, Urt. v. 17.8.2004 – 5 StR 93/04 BGHSt 49, 239–255
BGH, Urt. v. 19.8.2004 – 5 StR 218/04 -, jurion
BGH, Beschl. v. 10.9.2004 – 1 StR 304/04 NStZ–RR 2004, 368–369
BGH, Urt. v. 14.9.2004 – 1 StR 180/04 bei *Becker*, NStZ-RR 2006, 1–5/jurion
BGH, Urt. v. 15.9.2004 – 2 StR 242/04 NStZ 2005, 261–262
BGH, Urt. v. 16.9.2004 – 1 StR 233/04 NStZ 2005, 92–93
BGH, Beschl. v. 21.9.2004 – 3 StR 333/04 -, juris
BGH, Beschl. v. 13.10.2004 – 2 StR 206/04 -, juris
BGH, Urt. v. 22.10.2004 – 1 StR 248/04 NStZ 2005, 329–331
BGH, Urt. v. 10.11.2004 – 5 StR 403/04 NStZ-RR 2005, 71/juris
BGH, Beschl. v. 24.11.2004 – 5 StR 480/04 StV 2005, 253–254
BGH, Urt. v. 25.11.2004 – 5 StR 401/04 -, juris
BGH, Urt. v. 8.12.2004 – 2 StR 441/04 StV 2005, 487–488
BGH, Beschl. v. 21.12.2004 – 3 StR 451/04 -, jurion
BGH, Urt. v. 11.1.2005 – 1 StR 478/04 NStZ-RR 2005, 147–149/jurion
BGH, Beschl. v. 12.1.2005 – 5 StR 191/04 NStZ 2005, 519–520
BGH, Urt. v. 13.1.2005 – 4 StR 469/04 -, jurion
BGH, Beschl. v. 13.1.2005 – 3 StR 473/04 -, jurion
BGH, Urt. v. 20.1.2005 – 4 StR 491/04 NStZ 2005, 691–692
BGH, Urt. v. 26.1.2005 – 5 StR 290/04 NStZ 2005, 384–386
BGH, Urt. v. 3.2.2005 – 4 StR 540/04 NStZ-RR 2005, 149
BGH, Urt. v. 15.2.2005 – 1 StR 91/04 NStZ 2005, 458–460
BGH, Urt. v. 2.3.2005 – 5 StR 371/04 wistra 2005, 259–260
BGH, Urt. v. 2.3.2005 – 5 StR 518/04 -, jurion
BGH, Urt. v. 17.3.2005 – 4 StR 581/04 StV 2005, 421
BGH, Urt. v. 17.3.2005 – 5 StR 461/04 NStZ-RR 2005, 209–211
BGH, Beschl. v. 22.3.2005 – 3 StR 47/05 -, jurion
BGH, Urt. v. 24.3.2005 – 3 StR 402/04 -, jurion
BGH, Urt. v. 7.4.2005 – 5 StR 544/04 -, jurion
BGH, Beschl. v. 21.4.2005 – 4 StR 33/05 StV 2005, 488–489
BGH, Urt. v. 22.4.2005 – 2 StR 310/04 BGHSt 50, 80–93
BGH, Urt. v. 10.5.2005 – 1 StR 30/05 -, jurion
BGH, Urt. v. 12.5.2005 – 5 StR 283/04 -, jurion

BGH, Urt. v. 31.5.2005 – 1 StR 290/04 NStZ-RR 2005, 264–266
BGH, Urt. v. 1.6.2005 – 2 StR 405/04 NStZ 2006, 455–456
BGH, Urt. v. 9.6.2005 – 3 StR 269/04 NJW 2005, 2322–2326
BGH, Beschl. v. 14.6.2005 – 5 StR 129/05 NJW 2005, 2466–2469
BGH, Beschl. v. 28.6.2005 – 3 StR 195/05 NStZ-RR 2005, 304–305
BGH, Urt. v. 29.6.2005 – 1 StR 149/05 NStZ 2006, 568
BGH, Urt. v. 30.6.2005 – 5 StR 12/05 NStZ 2006, 44–45
BGH, Urt. v. 15.7.2005 – 2 StR 131/05 -, juris
BGH, Urt. v. 27.7.2005 – 2 StR 203/05 NStZ 2006, 55–56
BGH, Urt. v. 9.8.2005 – 5 StR 352/04 NStZ 2006, 98–100
BGH, Beschl v. 6.9.2005 – 4 StR 386/05 NStZ-RR 2006, 18
BGH, Urt. v. 6.9.2005 – 5 StR 284/05 NStZ-RR 2005, 373
BGH, Urt. v. 8.9.2005 – 1 StR 159/05 NStZ-RR 2006, 236–237
BGH, Urt. v. 15.9.2005 – 4 StR 107/05-, jurion
BGH, Beschl. v. 20.9.2005 – 3 StR 324/05 NStZ 2006, 169–170
BGH, Beschl. v. 21.9.2005 – 2 StR 311/05 NStZ 2007, 538/jurion
BGH, Urt. v. 11.10.2005 – 1 StR 195/05 NStZ 2006, 284–286
BGH, Urt. v. 25.10.2005 – 4 StR 185/05 NStZ-RR 2006, 11–12
BGH, Beschl. v. 26.10.2005 – GSSt 1/05 BGHSt 52, 252–267
BGH, Urt. v. 27.10.2005 – 4 StR 234/05 -, jurion
BGH, Urt. v. 2.12.2005 – 5 StR 119/05 NJW 2006, 925–933
BGH, Urt. v. 13.12.2005 – 1 StR 410/05 NJW 2006, 386–388
BGH, Urt. v. 10.1.2006 – 5 StR 341/05 NStZ 2006, 286–288
BGH, Urt. v. 24.1.2006 – 5 StR 410/05 NStZ-RR 2006, 140
BGH, Beschl. v. 25.1.2006 – 5 StR 593/05 StV 2007, 342–343
BGH, Urt. v. 8.2.2006 – 5 StR 431/05 -, jurion
BGH, Urt. v. 9.2.2006 – 5 StR 423/05 NStZ-RR 2006, 175–176
BGH, Urt. v. 21.2.2006 – 1 StR 278/05 -, jurion
BGH, Urt. v. 23.2.2006 – 4 StR 444/05 NStZ-RR 2006, 185–186
BGH, Beschl. v. 7.3.2006 – 1 StR 316/05 NStZ 2006, 402–404
BGH, Beschl. v. 7.3.2006 – 3 StR 52/06 NStZ-RR 2007, 74–75
BGH, Urt. v. 8.3.2006 – 5 StR 587/05 NStZ 2006, 625–628
BGH, Urt. v. 10.3.2006 – 2 StR 561/05 NStZ 2006, 338–340
BGH, Urt. v. 30.3.2006 – 4 StR 567/05 NStZ 2006, 505–506
BGH, Urt. v. 5.4.2006 – 2 StR 41/06 NStZ-RR 2006, 235–236

BGH, Beschl. v. 6.4.2006 – 3 StR 87/06 NStZ 2006, 454–455
BGH, Beschl. v. 24.4.2006 – 2 StR 497/05 StraFo 2006, 334
BGH, Beschl. v. 9.5.2006 – 1 StR 57/06 NJW 2006, 2275–2278
BGH, Urt. v. 11.5.2006 – 3 StR 23/06 -, jurion
BGH, Beschl. v. 16.5.2006 – 4 StR 17/06 NStZ-RR 2006, 243–244
BGH, Urt. v. 7.6.2006 – 2 StR 72/06 juris
BGH, Urt. v. 11.7.2006 – 1 StR 188/08 -, jurion
BGH, Beschl. v. 12.7.2006 – 5 StR 236/06 -, jurion
BGH, Urt. v. 25.7.2006 – 5 StR 97/06 – NStZ-RR 2006, 340–342
BGH, Urt. v. 22.8.2006 – 1 StR 547/05 NStZ 2007, 213–216
BGH, Urt. v. 30.8.2006 – 2 StR 198/06 NStZ-RR 2007, 43–45
BGH, Urt. v. 6.9.2006 – 5 StR 156/06 wistra 2007, 18–21
BGH, Urt. v. 13.9.2006 – 2 StR 268/06 NStZ 2007, 115
BGH, Beschl. v. 26.9.2006 – 4 StR 353/06 NStZ 2007, 352–353
BGH, Urt. v. 16.10.2006 – 1 StR 180/06 NJW 2007, 92–96
BGH, Urt. v. 18.10.2006 – 2 StR 340/06 NStZ 2007, 150–151
BGH, Urt. v. 7.11.2006 – 5 StR 164/06 NStZ-RR 2007, 345–347/bei *Cierniak*, NStZ-RR 2009, 33–41
BGH, Beschl. v. 8.11.2006 – 2 StR 465/06 NStZ-RR 2007, 73–74
BGH, Urt. v. 16.11.2006 – 3 StR 139/06 NJW 2007, 384–390
BGH, Beschl. v. 17.11.2006 – 2 StR 388/06 StV 2007, 132
BGH, Beschl. v. 29.11.2006 – 1 StR 493/06 BGHSt 51, 150–159
BGH, Urt. v. 13.12.2006 – 5 StR 211/06 -, juris
BGH, Urt. v. 14.12.2006 – 4 StR 419/06 NStZ-RR 2007, 111
BGH, Urt. v. 15.12.2006 – 5 StR 181/06 BGHSt 51, 165–180
BGH, Urt. v. 31.1.2007 – 5 StR 404/06 -, jurion
BGH, Beschl. v. 1.2.2007 – 5 StR 494/06 StV 2007, 284–286
BGH, Urt. v. 1.2.2007 – 4 StR 474/06 -, jurion
BGH, Urt. v. 13.2.2007 – 5 StR 508/06 NStZ 2007, 330–331
BGH, Urt. v. 15.2.2007 – 4 StR 467/06 -, juris
BGH, Beschl. v. 22.2.2007 – 4 StR 49/07 -, juris
BGH, Beschl. v. 27.2.2007 – 3 StR 38/07 NStZ 2007, 349
BGH, Urt. v. 28.2.2007 – 2 StR 516/06 BGHSt 51, 219–224
BGH, Beschl. v. 13.3.2007 – 4 StR 606/06 NStZ-RR 2007, 199–200
BGH, Beschl. v. 19.4.2007 – 4 StR 572/06 NStZ-RR 2007, 235

BGH, Urt. v. 19.4.2007 – 4 StR 23/07 -, jurion
BGH, Beschl. v. 23.4.2007 – GSSt 1/06 BGHSt 51, 298–317
BGH, Urt. v. 24.4.2007 – 1 StR 52/07 BGHSt 51, 318–323
BGH, Beschl. v. 25.4.2007 – 1 StR 156/07 NStZ 2007, 531
BGH, Beschl. v. 25.4.2007 – 1 StR 159/07 NJW 2007, 2274
BGH, Beschl. v. 8.5.2007 – 4 StR 591/06 bei *Cierniak/Zimmermann,* NStZ-RR 2010, 101–104
BGH, Beschl. v. 9.5.2007 – 1 StR 32/07 BGHSt 51, 333–345
BGH, Urt. v. 22.5.2007 – 1 StR 582/06 -, jurion
BGH, Urt. v. 25.5.2007 – 1 StR 126/07 NStZ 2007, 639–640/jurion
BGH, Beschl. v. 1.6.2007 – 2 StR 133/07 NStZ-RR 2007, 267–268
BGH, Urt. v. 21.6.2007 – 5 StR 532/06 -, jurion
BGH, Urt. v. 28.6.2007 – 3 StR 140/07 NStZ 2007, 697
BGH, Urt. v. 3.7.2007 – 1 StR 3/07 BGHSt 51, 367–376
BGH, Beschl. v. 10.7.2007 – 3 StR 233/07 NStZ-RR 2007, 307
BGH, Urt. v. 17.7.2007 – 5 StR 186/07 NStZ-RR 2008, 148–150
BGH, Beschl. v. 18.7.2007 – 1 StR 280/07 NStZ 2008, 48–49
BGH, Beschl. v. 7.8.2007 – 4 StR 142/07 -, juris
BGH, Beschl. v. 10.8.2007 – 2 StR 204/07 NStZ 2008, 235–236
BGH, Beschl. v. 28.8.2007 – 1 StR 331/07 NStZ 2008, 50
BGH, Urt. v. 29.8.2007 – 5 StR 103/07 -, juris
BGH, Urt. v. 29.8.2007 – 2 StR 284/07 -, jurion
BGH, Urt. v. 11.9.2007 – 5 StR 213/07 wistra 2008, 22–26
BGH, Beschl v. 27.9.2007 – 4 StR 1/07 -, jurion
BGH, Beschl. v. 2.10.2007 – 3 StR 412/07 NStZ-RR 2008, 39
BGH, Beschl. v. 18.10.2007 – 4 StR 481/07 NStZ 2008, 352–353
BGH, Urt. v. 18.10.2007 – 3 StR 226/07 NStZ 2008, 93–94
BGH, Beschl. v. 24.10.2007 – 5 StR 468/07 StV 2008, 236–237
BGH, Beschl. v. 6.11.2007 – 1 StR 370/07 BGHSt 52, 78–84
BGH, Urt. v. 7.11.2007 – 1 StR 164/07 NStZ-RR 2008, 343–344
BGH, Beschl. v. 14.11.2007 – 2 StR 308/07 StV 2008, 235
BGH, Beschl. v. 15.11.2007 – 4 StR 400/07 BGHSt 52, 84–89/jurion
BGH, Urt. v. 29.11.2007 – 4 StR 386/07 NStZ-RR 2008, 83–85/jurion
BGH, Urt. v. 6.12.2007 – 3 StR 342/07 NStZ-RR 2008, 146–147
BGH, Beschl. v. 15.1.2008 – 4 StR 533/07 -, jurion

BGH, Beschl. v. 22.1.2008 – 5 StR 200/07 NStZ-RR 2008, 273–274
BGH, Beschl. v. 24.1.2008 – 5 StR 585/07 NStZ-RR 2008, 254–255
BGH, Beschl. v. 13.2.2008 – 3 StR 481/07 StV 2008, 388–389
BGH, Urt. v. 14.2.2008 – 4 StR 317/07 NStZ-RR 2008, 206–207
BGH, Urt. v. 19.2.2008 – 5 StR 599/07 -, jurion
BGH, Urt. v. 5.3.2008 – 2 StR 626/07 NJW 2008, 2199–2201
BGH, Urt. v. 2.4.2008 – 2 StR 621/07 NStZ-RR 2008, 238–239
BGH, Urt. v. 16.4.2008 – 2 StR 95/08 -, jurion
BGH, Beschl. v. 29.4.2008 – 4 StR 617/07 StraFo 2008, 343
BGH, Beschl. v. 30.4.2008 – 2 StR 82/08 -, jurion
BGH, Beschl. v. 6.5.2008 – 5 StR 92/08 NStZ 2008, 569
BGH, Beschl v. 8.5.2008 – 3 StR 142/08 NStZ 2009, 91
BGH, Urt. v. 8.5.2008 – 3 StR 53/08 -, jurion
BGH, Beschl. v. 14.5.2008 – 2 StR 147/08 StV 2008, 451–452
BGH. Beschl. v. 9.6.2008 – 5 StR 169/08 -, jurion
BGH, Beschl. v. 12.6.2008 – 3 StR 154/08 NStZ-RR 2008, 338–339
BGH, Urt. v. 12.6.2008 – 3 StR 84/08 NStZ 2009, 258–260
BGH, Beschl. v. 18.6.2008 – 2 StR 485/07 StV 2008, 568–569
BGH, Urt. v. 19.6.2008 – 4 StR 105/08 NStZ-RR 2008, 308–309
BGH, Beschl. v. 25.6.2008 – 5 StR 219/08 NStZ 2008, 570–571
BGH, Urt. v. 26.6.2008 – 3 StR 159/08 NStZ-RR 2008, 350–351
BGH, Urt. v. 1.7.2008 – 1 StR 654/07 -, jurion
BGH, Urt. v. 15.7.2008 – 1 StR 231/08 -, jurion
BGH, Beschl. v. 23.7.2008 – 5 StR 257/08 NStZ-RR 2008, 341–342
BGH, Urt. v. 23.7.2008 – 2 StR 150/08 NJW 2008, 2792–2794
BGH, Beschl. v. 19.8.2008 – 3 StR 252/08 NStZ 2009, 404
BGH, Urt. v. 21.8.2008 – 3 StR 262/08 -, jurion
BGH, Beschl. v. 26.8.2008 – 3 StR 316/08 -, juris
BGH, Urt. v. 4.9.2008 – 1 StR 383/08 NStZ-RR 2009, 22–23
BGH, Beschl. v. 17.9.2008 – 5 StR 276/08 NStZ 2009, 106–107
BGH, Beschl. v. 17.9.2008 – 5 StR 284/08 NStZ 2009, 107–108
BGH, Urt. v. 17.9.2008 – 5 StR 189/08 NStZ 2009, 30–31
BGH, Urt. v. 18.9.2008 – 3 StR 296/08 -, jurion
BGH, Urt. v. 18.9.2008 – 5 StR 224/08 StV 2011, 3–4/jurion
BGH, Urt. v. 30.9.2008 – 5 StR 227/08 NStZ-RR 2008, 370

BGH, Beschl. v. 7.10.2008 – GSSt 1/08 BGHSt 52, 379–392
BGH, Beschl. v. 8.10.2008 – 1 StR 441/08 StraFo 2009, 19–20
BGH, Beschl. v. 1.10.2008 – 3 StR 164/08 BGHSt 52, 364–376
BGH, Beschl. v. 1.10.2008 – 5 StR 439/08 NStZ 2009, 283–284
BGH, Urt. v. 14.10.2008 – 1 StR 260/08 BGHSt 53, 6–22
BGH, Urt. v. 21.10.2008 – 1 StR 292/08 NStZ-RR 2009, 90–91
BGH, Beschl. v. 28.10.2009 – 5 StR 397/08 NStZ-RR 2009, 45–46
BGH, Urt. v. 30.10.2008 – 3 StR 156/08 NStZ 2009, 387–390
BGH, Urt. v. 30.10.2008 – 4 StR 352/08 NStZ 2009, 210
BGH, Urt. v. 19.11.2008 – 2 StR 394/08 NStZ 2011, 265
BGH, Urt. v. 2.12.2008 – 1 StR 416/08 BGHSt 53, 71–88
BGH, Urt. v. 3.12.2008 – 2 StR 86/08 BGHSt 53, 89–98
BGH, Urt. v. 4.12.2008 – 1 StR 327/08 -, juris
BGH, Urt. v. 4.12.2008 – 4 StR 371/08 -, jurion
BGH, Beschl. v. 5.12.2008 – 2 StR 424/08 bei *Cierniak/Zimmermann*, NStZ-RR 2011, 225–237
BGH, Beschl. v. 9.12.2008 – 3 StR 516/08 StV 2009, 454
BGH, Urt. v. 9.12.2008 – 5 StR 412/08 -, jurion
BGH, Beschl. v. 11.12.2008 – 3 StR 429/08 NStZ 2009, 343
BGH, Beschl. v. 18.12.2008 – 3 StR 460/08 wistra 2009, 241–242
BGH, Urt. v. 18.12.2008 – 4 StR 455/08 BGHSt 53, 112–118
BGH, Beschl. v. 8.1.2009 – 5 StR 578/08 NStZ-RR 2009, 145–146
BGH, Urt. v. 14.1.2009 – 1 StR 158/08 BGHSt 53, 145–169
BGH, Beschl. v. 21.1.2009 – 1 StR 722/08 NJW 2009, 1159
BGH, Beschl. v. 29.1.2009 – 3 StR 540/08 NStZ-RR 2009, 199–200
BGH, Beschl. v. 10.2.2009 – 4 StR 314/07 -, juris
BGH, Beschl. v. 10.2.2009 – 5 StR 12/09 StV 2009, 230–231
BGH, Urt. v. 12.2.2009 – 4 StR 529/08 -, juris
BGH, Beschl. v. 10.3.2009 – 5 StR 460/08 StV 2009, 342–344
BGH, Beschl. v. 11.3.2009 – 5 StR 40/09 NStZ-RR 2009, 180
BGH, Beschl. v. 17.3.2009 – 4 StR 662/08 StV 2009, 346–347
BGH, Urt. v. 18.3.2009 – 1 StR 549/08 NStZ-RR 2009, 248–250/jurion
BGH, Urt. v. 19.3.2009 – 4 StR 516/08 -, jurion
BGH, Urt. v. 1.4.2009 – 2 StR 601/08 NStZ 2009, 571–572
BGH, Urt. v. 8.4.2009 – 5 StR 65/09 -, jurion

BGH, Urt. v. 29.4.2009 – 1 StR 701/08 BGHSt 53, 294–311
BGH, Urt. v. 26.5.2009 – 1 StR 597/08 StV 2010, 172–175
BGH, Beschl. v. 9.6.2009 – 4 StR 170/09 NStZ 2009, 702–703
BGH, Urt. v. 18.6.2009 – 3 StR 89/09 StV 2010, 228–231
BGH, Urt. v. 18.6.2009 – 3 StR 171/09 -, juris
BGH, Beschl. v. 23.6.2009 – 5 StR 182/09 (alt: 5 StR 257/08) NStZ-RR 2009, 350–351
BGH, Urt. v. 23.6.2009 – 1 StR 191/09 NStZ 2009, 629–630/jurion
BGH, Beschl. v. 24.6.2009 – 5 StR 181/09 StV 2009, 386–388
BGH, Beschl. v. 9.7.2009 – 4 StR 124/09 -, jurion
BGH, Beschl. v. 16.7.2009 – 5 StR 84/09; 5 StR 597/07 -, jurion
BGH, Beschl. v. 21.7.2009 – 5 StR 235/09 NStZ 2010, 53–54=JR 2011, 119–121
BGH, Urt. v. 30.7.2009 – 3 StR 273/09 -, jurion
BGH, Urt. v. 12.8.2009 – 2 StR 226/09 -, jurion
BGH, Urt. v. 14.8.2009 – 3 StR 552/08 BGHSt 54, 69–132
BGH, Urt. v. 18.8.2009 – 1 StR 107/09 NStZ-RR 2010, 85–87
BGH, Urt. v. 27.08.2009 – 3 StR 246/09 NStZ-RR 2009, 372–373
BGH, Urt. v. 2.9.2009 – 2 StR 229/09 NStZ 2010, 102–103
BGH, Urt. v. 17.9.2009 – 5 StR 521/08 -, juris
BGH, Urt. v. 17.9.2009 – 4 StR 174/09 -, jurion
BGH, Urt. v. 18.9.2006 – 3 StR 89/09 StV 2010, 228–231
BGH, Beschl. v. 23.9.2009 – 5 StR 287/09 NStZ-RR 2010, 7–8
BGH, Beschl. v. 23.9.2009 – 5 StR 333/09 -, jurion
BGH, Urt. v. 30.09.2009 – 2 StR 300/09 wistra 2010, 70–72
BGH, Beschl. v. 28.10.2009 – 5 StR 443/09 NStZ-RR 2010, 51–52
BGH, Beschl. v. 28.10.2009 – 2 StR 383/09 NStZ-RR 2010, 73–74
BGH, Urt. v. 29.10.2009 – 4 StR 368/09 NStZ-RR 2010, 85
BGH, Urt. v. 12.11.2009 – 4 StR 275/09 NStZ 2010, 342–343
BGH, Beschl. v. 19.11.2009 – 4 StR 276/09 -, juris
BGH, Urt. v. 3.12.2009 – 3 StR 277/09 BGHSt 54, 216–236
BGH, Urt. v. 16.12.2009 – 1 StR 491/09 -, jurion
BGH, Urt. v. 17.12.2009 – 4 StR 424/09 NStZ 2010, 571–572
BGH, Urt. v. 13.1.2010 – 2 StR 428/09 NStZ 2010, 276–277
BGH, Beschl. v. 14.1.2010 – 4 StR 93/09 NStZ 2010, 275–276
BGH, Beschl. v. 28.1.2010 – 5 StR 524/09 StV 2011, 5–6
BGH, Urt. v. 28.1.2010 – 3 StR 533/09 NStZ-RR 2010, 144–145

BGH, Beschl. v. 2.2.2010 – 3 StR 558/09 NStZ 2010, 511–512
BGH, Urt. v. 10.2.2010 – 2 StR 391/09 NStZ-RR 2010, 175–176
BGH, Urt. v. 3.3.2010 – 2 StR 427/09 NStZ-RR 2010, 182–183
BGH, Beschl. v. 9.3.2010 – 4 StR 606/09 BGHSt 55, 65–70
BGH, Urt. v. 11.3.2010 – 4 StR 22/10 NStZ 2010, 529–530
BGH, Urt. v. 25.3.2010 – 4 StR 522/09 NStZ-RR 2010, 236–237
BGH, Beschl. v. 7.4.2010 – 4 StR 644/09 -, juris
BGH, Urt. v. 13.4.2010 – 1 StR 648/09 wistra 2010, 270–272
BGH, Beschl. v. 14.4.2010 – 5 StR 123/10 bei *Cierniak/Zimmermann,* NStZ-RR 2013, 97–104
BGH, Beschl. v. 27.4.2010 – 5 StR 127/10 -, jurion
BGH, Urt. v. 27.4.2010 – 1 StR 454/09 wistra 2010, 310–312
BGH, Beschl. v. 28.4.2010 – 5 StR 487/09 -, juris
BGH, Urt. v. 28.4.2010 – 2 StR 595/09 -, jurion
BGH, Beschl. v. 17.5.2010 – 5 StR 157/10 -, jurion
BGH, Beschl. v. 2.6.2010 – 5 StR 171/10 NStZ-RR 2011, 4
BGH, Beschl. v. 5.7.2010 – 5 StR 156/10 StV 2011, 4–5
BGH, Beschl. v. 6.7.2010 – 5 StR 194/10 NStZ-RR 2010, 317–318
BGH, Beschl. v. 7.7.2010 – 1 StR 212/10 BGHSt 55, 220–229
BGH, Beschl. v. 7.7.2010 – 5 StR 555/09 NStZ 2011, 52–53
BGH, Beschl. v. 20.7.2010 – 3 StR 193/10 StV 2011, 454–455
BGH, Beschl. v. 27.7.2010 – 1 StR 353/10 bei *Cierniak/Zimmermann,* NStZ-RR 2010, 97–104
BGH, Urt. v. 28.7.2010 – 1 StR 643/09 StV 2011, 211–212
BGH, Urt. v. 12.8.2010 – 4 StR 147/10 -, jurion
BGH, Beschl. v. 13.9.2010 – 1 StR 423/10 NStZ-RR 2010, 371–372
BGH, Beschl. v. 15.9.2010 – 5 StR 345/10 StV 2011, 8–19
BGH, Beschl. v. 28.9.2010 – 4 StR 245/10 NStZ 2011, 215–216
BGH, Beschl. v. 29.9.2010 – 2 StR 371/10 NStZ 2011, 232–233
BGH, Urt. v. 17.10.2010 – 1 StR 406/00 -, jurion
BGH, Beschl. v. 20.10.2010 – 2 StR 377/10 StV 2011, 270–271
BGH, Beschl. v. 25.10.2010 – 1 StR 57/10 BGHSt 56, 11–27
BGH, Beschl. v. 25.10.2010 – 1 StR 369/10 -, jurion
BGH, Beschl. v. 27.10.2010 – 2 StR 331/10 StV 2011, 210–211
BGH, Beschl. v. 27.10.2010 – 5 StR 319/10 NStZ-RR 2011, 51–52

BGH, Urt. v. 28.10.2010 – 4 StR 285/10 -, jurion

BGH, Urt. v. 2.11.2010 – 1 StR 581/09 BGHSt 56, 52–71

BGH, Beschl. v. 9.11.2010 – 5 StR 394/10, 5 StR 440/10, 5 StR 474/10 BGHSt 56, 73–94

BGH, Urt. v. 25.11.2010 – 3 StR 364/10 NStZ 2011, 338–339

BGH, Beschl. v. 7.12.2010 – 4 StR 401/10 StraFo 2011, 151–152

BGH, Urt. v. 15.12.2010 – 2 StR 495/10 NStZ-RR 2011, 214–215

BGH, Beschl. v. 16.12.2010 – 4 StR 508/10 NStZ-RR 2011, 118

BGH, Urt. v. 16.12.2010 – 4 StR 492/10 NStZ 2011, 280–281

BGH, Beschl. v. 11.1.2011 – 3 StR 441/10 NStZ 2011, 270

BGH, Urt. v. 13.1.2011 – 3 StR 332/10 BGHSt 56, 127–137

BGH, Urt. v. 18.1.2011 – 1 StR 600/10 NStZ 2011, 302–303

BGH, Urt. v. 25.1.2011 – 5 StR 418/10 -, jurion

BGH, Urt. v. 27.1.2011 – 4 StR 487/10 NStZ-RR 2011, 275–276/jurion

BGH, Urt. v. 27.1.2011 – 4 StR 502/10 NStZ 2011, 699–702

BGH, Urt. v. 9.3.2011 – 2 StR 467/10 -, jurion

BGH, Beschl. v. 15.3.2011 – 5 StR 35/11 StV 2011, 591–592

BGH, Urt. v. 16.3.2011 – 2 StR 521/10 -, jurion

BGH, Beschl. v. 14.4.2011 – 1 StR 458/10 StV 2011, 728–733

BGH, Urt. v. 14.4.2011 – 4 StR 571/10 -, juris

BGH, Urt. v. 14.4.2011 – 4 StR 501/10 NStZ 2011, 648–650

BGH, Beschl. v. 4.5.2011 – 5 StR 65/11 NStZ 2011, 634–635

BGH, Beschl. v. 5.5.2011 – 1 StR 116/11 NStZ 2011, 643–644

BGH, Beschl. v. 11.5.2011 – 4 StR 163/11 StraFo 2011, 400

BGH, Urt. v. 11.5.2011 – 2 StR 590/10 BGHSt 56, 235–239

BGH, Urt. v. 17.5.2011 – 1 StR 50/11 StV 2012, 85–88

BGH, Urt. v. 7.6.2011 – 5 StR 26/11 -, jurion

BGH, Urt. v. 7.7.2011 – 5 StR 561/10 NJW 2011, 2895–2898

BGH, Beschl. v. 14.7.2011 – 4 StR 548/10 NJW 2011, 2981–2983

BGH, Beschl. v. 25.7.2011 – 1 StR 631/10 BGHSt 56, 298–320

BGH, Beschl. v. 26.7.2011 – 4 StR 340/11 StV 2012, 217–218

BGH, Urt. v. 28.7.2011 – 4 StR 156/11 NJW 2011, 2819–2821

BGH, Urt. v. 10.8.2011 – 1 StR 114/11 StV 2013, 8–9/jurion

BGH, Urt. v. 11.8.2011 – 4 StR 191/11 -, jurion

BGH, Beschl. v. 23.8.2011 – 1 StR 153/11 -, jurion

BGH, Beschl. v. 13.9.2011 – 3 StR 231/11 NJW 2012, 325–329

BGH, Beschl. v. 13.9.2011 – 5 StR 308/11 -, jurion
BGH, Urt. v. 21.9.2011 – 1 StR 95/11 -, juris
BGH, Beschl. v. 22.9.2011 – 2 StR 263/11 NStZ-RR 2012, 52–53
BGH, Urt. v. 11.10.2011 – 1 StR 134/11 NStZ 2012, 205–206
BGH, Beschl. v. 12.10.2011 – 2 StR 362/11 NStZ-RR 2012, 53–54
BGH, Beschl. v. 19.10.2011 – 1 StR 476/11 NStZ-RR 2012, 49–50
BGH, Urt. v. 19.10.2011 – 1 StR 273/11 -, juris
BGH, Beschl. v. 20.10.2011 – 4 StR 344/11 NJW 2012, 693–694
BGH, Beschl. v. 9.11.2011 – 1 StR 524/11 NStZ 2012, 172–173
BGH, Urt. v. 17.11.2011 – 3 StR 315/10 NJW 2012, 400–403
BGH, Beschl. v. 22.11.2011 – 4 StR 522/11 NStZ-RR 2012, 123–124
BGH, Beschl v. 29.11.2011 – 3 StR 281/11 NStZ 2012, 344–345
BGH, Urt. v. 1.12.2011 – 5 StR 360/11 NStZ 2012, 207–209
BGH, Urt. v. 14.12.2011 – 1 StR 501/11 NStZ-RR 2012, 148–150
BGH, Beschl. v. 15.12.2011 – 1 StR 579/11 NJW 2012, 1015–1016
BGH, Urt. v. 21.12.2011 – 1 StR 400/11 -, jurion
BGH, Beschl. v. 28.12.2011 – 2 StR 523/11 -, jurion
BGH, Beschl. v. 10.1.2012 – 4 StR 632/11 NJW 2012, 1092–1093
BGH, Beschl. v. 10.1.2012 – 5 StR 508/11 -, jurion
BGH, Urt. v. 11.1.2012 – 2 StR 482/11 -, jurion
BGH, Urt. v. 12.1.2012 – 4 StR 499/11 -, jurion
BGH, Beschl. v. 17.1.2012 – 3 StR 449/11 -, jurion
BGH, Urt. v. 19.1.2012 – 3 StR 413/11 NStZ-RR 2012, 168–169
BGH, Urt. v. 24.1.2012 – 5 StR 433/11 StraFo 2012, 103–104
BGH, Beschl. v. 25.1.2012 – 1 StR 45/11 -, jurion
BGH, Beschl. v. 7.2.2012 – 5 StR 3/12 NStZ-RR 2012, 150–151
BGH, Beschl. v. 7.2.2012 – 5 StR 545/11 StV 2013, 19–20
BGH, Urt. v. 7.2.2012 – 1 StR 525/11 BGHSt 57, 123–137=StV 2012, 473–477
BGH, Urt. v. 8.2.2012 – 1 StR 427/11 NStZ-RR 2012, 241–244
BGH, Urt. v. 22.2.2012 – 1 StR 378/11 -, jurion
BGH, Urt. v. 23.2.2012 – 4 StR 608/11 NStZ 2012, 443–445
BGH, Urt. v. 23.2.2012 – 4 StR 602/11 -, jurion
BGH, Beschl. v. 6.3.2012 – 1 StR 623/11 -, juris
BGH, Beschl. v. 6.3.2012 – 3 StR 41/12 NStZ 2012, 464–465
BGH, Urt. v. 8.3.2012 – 4 StR 498/11 NStZ 2012, 411–443

BGH, Beschl. v. 14.3.2012 – 5 StR 28/12 StV 2013, 5–7

BGH, Beschl. v. 14.3.2012 – 5 StR 63/12 StV 2013, 7–8

BGH, Beschl. v. 14.3.2012 – 5 StR 8/12 NStZ-RR 2013, 21–22

BGH, Urt. v. 14.3.2012 – 2 StR 547/11 StV 2013, 73

BGH, Beschl. v. 22.3.2012 – 1 StR 359/11 StraFo 2012, 173–176

BGH, Urt. v. 22.3.2012 – 4 StR 558/11 -, jurion

BGH, Beschl. v. 27.3.2012 – 3 StR 49/12 NStZ 2012, 709

BGH, Beschl. v. 27.3.2012 – 3 StR 63/12 StV 2013, 387–388

BGH, Beschl. v. 29.3.2012 – GSSt 2/11 NJW 2012, 2530–2535

BGH, Beschl. v. 17.4.2012 – 1 StR 146/12 NStZ 2012, 578

BGH, Urt. v. 17.4.2012 – 1 StR 15/12 StV 2013, 694–697

BGH, Beschl. v. 19.4.2012 – 2 StR 5/12 -, jurion

BGH, Beschl. v. 25.4.2012 – 4 StR 30/12 StV 2012, 706–707

BGH, Beschl. v. 25.4.2012 – 5 StR 444/11 -, jurion

BGH, Urt. v. 26.4.2012 – 4 StR 599/11 -, jurion

BGH, Urt. v. 3.5.2012 – 3 StR 46/12 NStZ 2013, 177–179

BGH, Beschl. v. 15.5.2012 – 3 StR 164/12 -, jurion

BGH, Beschl. v. 22.5.2012 – 5 StR 15/12 NStZ-RR 2012, 287–288

BGH, Urt. v. 22.5.2012 – 1 StR 103/12 NJW 2012, 2599–2600/jurion

BGH, Beschl. v. 23.5.2012 – 5 StR 174/12 StV 2012, 582–584

BGH, Beschl. v. 29.5.2012 – 1 StR 59/12 NJW 2012, 2672–2675

BGH, Beschl. v. 31.5.2012 – 2 StR 610/11 -, jurion

BGH, Beschl. v. 12.6.2012 – 3 StR 166/12 NStZ 2013, 104

BGH, Beschl. v. 19.6.2012 – 5 StR 181/12 NStZ 2013, 55–57

BGH, Urt. v. 20.6.2012 – 5 StR 514/11 NStZ 2013, 159–161

BGH, Beschl. v. 18.7.2012 – 4 StR 603/11 NStZ 2013, 486–488

BGH, Beschl. v. 14.8.2012 – 5 StR 318/12 NStZ 2013, 289–290

BGH, Beschl. v. 16.8.2012 – 5 StR 238/12 (alt: 5 StR 561/10) NJW 2012, 2898–2899

BGH, Urt. v. 16.8.2012 – 3 StR 180/12 NStZ-RR 2013, 20–21

BGH, Beschl. v. 22.8.2012 – 4 StR 244/12 NStZ 2013, 43

BGH, Beschl. v. 22.8.2012 – 4 StR 211/12 -, juris

BGH, Beschl. v. 23.8.2012 – 1 StR 389/12 NStZ 2013, 98–99

BGH, Beschl. v. 23.8.2012 – 4 StR 305/12 NStZ-RR 2012, 383–385

BGH, Beschl. v. 30.8.2012 – 5 StR 394/12 NStZ-RR 2013, 19–20

BGH, Urt. v. 30.8.2012 – 4 StR 84/12 NStZ 2013, 337–339

BGH, Urt. v. 30.8.2012 – 4 StR 108/12 NStZ 2013, 122–124
BGH, Beschl. v. 5.9.2012 – 1 StR 272/12 -, jurion
BGH, Beschl. v. 12.9.2012 – 5 StR 363/12 NJW 2012, 3385–3387
BGH, Beschl. v. 12.9.2012 – 5 StR 401/12 -, jurion
BGH, Urt. v. 20.9.2012 – 3 StR 140/12 NStZ-RR 2013, 75–77
BGH, Urt. v. 20.9.2012 – 3 StR 158/12 NStZ-RR 2013, 89–91
BGH, Beschl. v. 25.9.2012 – 2 StR 340/12 NStZ-RR 2013, 45–46
BGH, Beschl. v. 25.9.2012 – 5 StR 372/12 (alt: 5 StR 397/11) NStZ-RR 2012, 381–383
BGH, Beschl. v. 26.9.2012 – 5 StR 402/12 -, jurion
BGH, Beschl. v. 27.9.2012 – 2 StR 349/12 NStZ-RR 2013, 51
BGH, Urt. v. 27.9.2012 – 4 StR 255/12 NStZ-RR 2013, 40–41
BGH, Urt. v. 27.9.2012 – 4 StR 197/12 StV 2013, 503–506
BGH, Beschl. v. 9.10.2012 – 2 StR 297/12 NJW 2013, 181–182
BGH, Urt. v. 10.10.2012 – 5 StR 316/12 NStZ 2013, 57–58
BGH, Beschl. v. 23.10.2012 – 1 StR 377/12 NStZ 2013, 179–180
BGH, Beschl. v. 24.10.2012 – 5 StR 472/12 StV 2013, 214–215
BGH, Beschl. v. 24.10.2012 – 5 StR 393/12 NJW 2012, 3736–3737
BGH, Urt. v. 24.10.2012 – 2 StR 253/12 -, jurion
BGH, Urt. v. 25.10.2012 – 4 StR 170/12 NStZ-RR 2013, 52–53
BGH, Beschl. v. 7.11.2012 – 5 StR 517/12 NStZ 2013, 179
BGH, Urt. v. 7.11.2012 – 5 StR 322/12 -, jurion
BGH, Urt. v. 15.11.2012 – 2 StR 388/12 NStZ-RR 2013, 110–112
BGH, Beschl. v. 20.11.2012 – 1 StR 504/12 NJW 2013, 246–247
BGH, Beschl. v. 20.11.2012 – 1 StR 530/12 StV 2013, 548–549
BGH, Beschl. v. 4.12.2012 – 4 StR 435/12 NStZ 2013, 167
BGH, Urt. v. 6.12.2012 – 4 StR 360/12 NStZ 2013, 180–181
BGH, Beschl. v. 11.12.2012 – 5 StR 431/12 NStZ 2013, 229–231
BGH, Urt. v. 11.12.2012 – 5 StR 438/12 NStZ 2013, 232–234
BGH, Urt. v. 12.12.2012 – 5 StR 544/12 NStZ-RR 2013, 119–120
BGH, Urt. v. 13.12.2012 – 4 StR 33/12 wistra 2013, 195–199
BGH, Urt. v. 13.12.2012 – 4 StR 177/12 NStZ-RR 2013, 117–119
BGH, Beschl. v. 19.12.2012 – 4 StR 494/12 StraFo 2013, 165–169
BGH, Urt. v. 20.12.2012 – 3 StR 407/12 -, juris
BGH, Urt. v. 20.12.2012 – 3 StR 426/12 StV 2013, 629–630
BGH, Urt. v. 20.12.2012 – 4 StR 125/12 StV 2014, 218–219/jurion

BGH, Beschl. v. 8.1.2013 – 5 StR 606/12 NStZ 2013, 549
BGH, Urt. v. 16.1.2013 – 2 StR 299/12 -, jurion
BGH, Beschl. v. 22.1.2013 – 1 StR 416/12 NJW 2013, 2608–2612
BGH, Urt. v. 5.2.2013 – 1 StR 405/12 NJW 2013, 1106–1107
BGH, Urt. v. 6.2.2013 – 1 StR 263/12 NJW 2013, 1545–1547
BGH, Urt. v. 20.2.2013 – 5 StR 306/12 NStZ 2013, 401–403
BGH, Urt. v. 20.2.2013 – 5 StR 466/12 -, jurion
BGH, Beschl. v. 21.2.2013 – 3 StR 496/12 NStZ 2013, 470
BGH, Urt. v. 28.2.2013 – 4 StR 357/12 NStZ 2013, 538–540
BGH, Beschl. v. 6.3.2013 – 1 StR 578/12 StV 2013, 632–637
BGH, Beschl. v. 6.3.2013 – 5 StR 423/12 NStZ 2013, 415–417
BGH, Beschl. v. 12.3.2013 – 2 StR 16/13 NStZ 2013, 550–551
BGH, Beschl. v. 13.3.2013 – 2 StR 586/12 NJW 2013, 2211–2212
BGH, Beschl. v. 19.3.2013 – 1 StR 8/13 NJW 2013, 2914–2916
BGH, Beschl. v. 19.3.2013 – 5 StR 79/13 NStZ 2013, 725
BGH, Urt. v. 21.3.2013 – 3 StR 247/12 NJW 2013, 2612–2614
BGH, Urt. v. 4.4.2013 – 3 StR 37/13 -, juris
BGH, Beschl. v. 9.4.2013 – 5 StR 58/13 -, jurion
BGH, Beschl. v. 9.4.2013 – 5 StR 138/13 -, jurion
BGH, Beschl. v. 9.3.2013 – 5 StR 612/12 -, juris
BGH, Urt. v. 10.4.2013 – 2 StR 604/12 NStZ 2013, 551–552
BGH, Beschl. v. 16.4.2013 – 3 StR 67/13 -, jurion
BGH, Beschl. v. 23.4.2013 – 1 StR 131/13 StV 2013, 706–707
BGH, Beschl. v. 24.4.2013 – 5 StR 135/13 NStZ 2013, 549–550
BGH, Urt. v. 25.4.2013 – 4 StR 551/12 NJW 2013, 2133–2136
BGH, Beschl. v. 15.5.2013 – 1 StR 469/12 NJW 2013, 2916–2918
BGH, Beschl. v. 15.5.2013 – 5 StR 123/13 StV 2013, 684–685
BGH, Urt. v. 16.5.2013 – 3 StR 45/13 NStZ-RR 2013, 242–244
BGH, Beschl. v. 30.5.2013 – 5 StR 239/13 -, jurion
BGH, Beschl. v. 4.6.2013 – 2 StR 4/13 -, jurion
BGH, Beschl. v. 10.6.2013 – 5 StR 191/13 wistra 2013, 400–401
BGH, Urt. v. 11.6.2013 – 5 StR 124/13 NStZ-RR 2013, 277–278
BGH, Urt. v. 12.6.2013 – 5 StR 129/13 NStZ 2013, 524–525
BGH, Beschl. v. 12.6.2013 – 5 StR 581/12 NStZ-RR 2013, 313–314
BGH, Beschl. v. 13.6.2013 – 1 StR 226/13 NStZ 2014, 105–107

BGH, Urt. v. 27.6.2013 – 3 StR 115/13 -, jurion
BGH, Urt. v. 17.7.2103 – 2 StR 176/13 NStZ-RR 2013, 341–342
BGH, Urt. v. 17.7.2013 – 2 StR 139/13 NStZ-RR 2013, 343/jurion
BGH, Beschl. v. 18.7.2013 – 4 StR 168/13 NJW 2013, 3383–3385
BGH, Beschl. v. 31.7.2013 – 4 StR 270/13 NStZ-RR 2014, 115–116
BGH, Beschl. v. 21.8.2013 – 1 StR 665/12 NJW 2014, 164–166
BGH, Beschl. v. 27.8.2013 – 2 StR 148/13 StV 2014, 344–345
BGH, Beschl. v. 27.8.2013 – 2 StR 156/13 NStZ 2014, 81
BGH, Beschl. v. 3.9.2013 – 1 StR 206/13 -, jurion
BGH, Beschl. v. 12.9.2013 – 4 StR 503/12 NJW 2013, 3668–3669
BGH, Urt. v. 2.10.2013 – 1 StR 75/13 -, jurion
BGH, Urt. v. 10.10.2013 – 4 StR 135/13 NStZ-RR 2014, 15
BGH, Urt. v. 22.10.2013 – 5 StR 229/13 NStZ-RR 2014, 9–10
BGH, Beschl. v. 22.10.2013 – 3 StR 69/13 NJW 2014, 951–952
BGH, Urt. v. 23.10.2013 – 5 StR 505/12 NJW 2014, 91–95
BGH, Urt. v. 20.11.2013 – 2 StR 460/13 NStZ-RR 2014, 56–57
BGH, Urt. v. 21.11.2013 – 4 StR 363/13 StraFo 2014, 75–76
BGH, Beschl. v. 26.11.2013 – 3 StR 217/13 -, jurion
BGH, Beschl. v. 28.11.2013 – 3 StR 40/13 -, juris
BGH, Urt. v. 5.12.2013 – 4 StR 371/13 NStZ-RR 2014, 87/jurion
BGH, Beschl. v. 8.1.2014 – 5 StR 602/13 NJW 2014, 565–566
BGH, Urt. v. 22.1.2014 – 2 StR 479/13 NJW 2014, 1192–1194
BGH, Urt. v. 22.1.2014 – 2 StR 314/13 NStZ-RR 2014, 152–153
BGH, Urt. v. 23.1.2014 – 3 StR 373/13 -, jurion
BGH, Beschl. v. 6.2.2014 – 1 StR 700/13 -, jurion
BGH, Beschl. v. 17.4.2014 – 2 StR 405/12 NJW 2014, 2738
BGH, Urt. v. 22.5.2014 – 4 StR 403/13 NJW 2014, 2132–2134
BGH, Urt. v. 28.5.2014 – 2 StR 70/14 -, jurion
BGH, Urt. v. 5.6.2014 – 4 StR 439/13 NStZ 2014, 477–480/jurion

BAG, Beschl. v. 2.11.1955 – 1 ABR 30/54 BAGE 2, 175–182

RG, Urt. v. 16.2.1881 – 3206/80 RGSt 4, 87–91
RG, Urt. v. 13.7.1881 – 1448/81 RGSt 4, 388–390
RG, Urt. v. 13.7.1881 – 1639/81 RGSt 4, 390–393
RG, Urt. v. 17.12.1881 – 2945/81 RGSt 5, 352–354

RG, Urt. v. 10.2.1882 – 114/82 RGSt 6, 25–27
RG, Urt. v. 30.9.1882 – 1347/82 RGSt 7, 180–183
RG, Urt. v. 11.1.1983 – 3224/82 RGSt 8, 76–78
RG, Urt. v. 19.2.1883 – 3257/82 RGSt 8, 128–132
RG, Urt. v. 10.5.1883 – 795/83 RGSt 8, 406–407
RG, Urt. v. 18.11.1884 – 2700/84 RGSt 11, 261–263
RG, Urt. v. 5.3.1885 – 464/85 RGSt 12, 104–106
RG, Urt. v. 28.2.1889 – 3304/88 RGSt 19, 55–62
RG, Urt. v. 15.1.1891 – 3623/90 RGSt 21, 306–307
RG, Urt. v. 28.6.1892 – 1877/92 RGSt 23, 199–202
RG, Urt. v. 15.12.1892 – 3616/92 RGSt 23, 347–348
RG, Urt. v. 27.2.1893 – 222/93 RGSt 24, 26–28
RG, Urt. v. 29.6.1893 – 1925/93 RGSt 24, 225–226
RG, Urt. v. 2.11.1893 – 2581/93 RGSt 24, 372–377
RG, Urt. v. 6.11.1893 – 2597/93 RGSt 24, 365–369
RG, Urt. v. 26.1.1894 – 4145/93 RGSt 25, 95–96
RG, Urt. v. 6.3.1894 – 326/94 RGSt 25, 157–160
RG, Urt. v. 10.5.1894 – 1438/94 RGSt 25, 361–362
RG, Urt. v. 10.7.1894 – 2127/94 RGSt 26, 40–42
RG, Urt. v. 25.7.1894 – 2714/94 RGSt 26, 97–101
RG, Urt. v. 30.11.1894 – 3591/94 RGSt 26, 261–265
RG, Urt. v. 17.1.1895 – 4269/94 RGSt 26, 370–373
RG, Urt. v. 22.3.1895 – 402/95 RGSt 27, 114–116
RG, Urt. v. 13.12.1895 – 4723/95 RGSt 28, 111–113
RG, Urt. v. 10.11.1896 – 3298/96 RGSt 29, 161–171
RG, Urt. v. 7.1.1897 – 4658/96 RGSt 29, 347–349
RG, Urt. v. 30.3.1897 – 804/97 RGSt 30, 56–67
RG, Urt. v. 20.9.1898 – 2213/98 RGSt 31, 260–262
RG, Urt. v. 24.11.1899 – 2639/99 RGSt 32, 418–421
RG, Urt. v. 7./18.12.1899 – 4167/99 RGSt 33, 17–23
RG, Urt. v. 22.1.1900 – 4468/99 RGSt 33, 85–90
RG, Urt. v. 11.7.1901 – 2220/01 RGSt 34, 435–440
RG, Urt. v. 4.3.1902 – 729/02 RGSt 35, 164–165
RG, Urt. v. 30.9.1902 – 2389/02 RGSt 35, 367–372
RG, Urt. v. 1.5.1905 – 5710/04 RGSt 38, 39–43

RG, Urt. v. 5.6.1905 – 27/05 RGSt 38, 108–111
RG, Urt. v. 12.1.1906 – 587/05 RGSt 38, 320
RG, Urt. v. 24.4.1906 – 3/06 RGSt 38, 417–421
RG, Urt. v. 2.10.1906 – V 349/06 RGSt 39, 239–245
RG, Urt. v. 7.5.1907 – II 104/07 RGSt 40, 157–158
RG, Urt. v. 19.12.1907 – I 674/07 RGSt 41, 78–81
RG, Urt. v. 20.12.1907 – V 520/07 RGSt 41, 14–16
RG, Urt. v. 10.12.1908 – III 779/08 RGSt 42, 105–112
RG, Urt. v. 29.1.1909 – II 975/08 RGSt 42, 168–171
RG, Urt. v. 27.4.1909 – V 216/09 RGSt 42, 321–322
RG, Urt. v. 16./20.6.1910 – I 467/10 RGSt 43, 441–444
RG, Urt. v. 24.6.1910 – V 437/10 RGSt 44, 11–16
RG, Urt. v. 7.11.1910 – I 728/10 RGSt 44, 120–122
RG, Urt. v. 30.12.1910 – V 797/10 RGSt 44, 196–203
RG, Urt. v. 13.1.1911 – V 721/10 RGSt 45, 88–97
RG, Urt. v. 28.3.1911 – V 281/11 RGSt 44, 380–386
RG, Urt. v. 4.7.1911 – V 474/11 RGSt 45, 85–88
RG, Urt. v. 7.7.1911 – V 458/11 RGSt 45, 128–132
RG, Urt. v. 13.7.1911 – II 470/11 RGSt 45, 138–143
RG, Urt. v. 3.10.1911 – V 421/11 RGSt 45, 271–281
RG, Urt. v. 7.6.1912 – II 399/12 RGSt 46, 114–117
RG, Urt. v. 21.1.1913 – II 881/12 RGSt 46, 408–412
RG, Urt. v. 18.3.1913 – V 738/12 RGSt 47, 100–109
RG, Urt. v. 6.2.1914 – IV 1106/13 RGSt 48, 153–160
RG, Urt. v. 15.6.1914 – III 494/14 RGSt 48, 359–361
RG, Urt. v. 23.9.1914 – V 963/12 RGSt 48, 389–400
RG, Urt. v. 22.1.1915 – II 729/14 RGSt 49, 136–137
RG, Urt. v. 26.1.1915 – V 385/14 RGSt 49, 170–171
RG, Urt. v. 22.10.1915 – 548/15 JW 1916, 1026
RG, Urt. v. 4.1.1916 – II 653/15 RGSt 49, 315–316
RG, Urt. v. 12.12.1916 – 5 D 537/16 GA 64 (1917), 118–119
RG, Urt. v. 23.4.1917 – III 61/17 RGSt 50, 364–366
RG, Urt. v. 24.4.1917 – V 74/17 RGSt 51, 71–73
RG, Urt. v. 23.11.1917 – IV 508/17 RGSt 51, 289–295
RG, Urt. v. 9.10.1918 – V 578/18 RGSt 52, 251–255

RG, Urt v. 6.2.1919 – III 433/18 RGSt 53, 189–191
RG, Urt. v. 24.3/22.5.1919 – I 709/18 RGSt 53, 81–89
RG, Urt. v. 5.5.1919 – III 134/19 RGSt 53, 260–262
RG, Urt. v. 23.9.1919 – IV 257/19 RGSt 54, 22–23
RG, Urt. v. 9.4.1920 – IV 1174/19 RGSt 54, 297–298
RG, Urt. v. 11.5.1920 – IV 645/19 RGSt 55, 12–14
RG, Urt. v. 18.6.1920 – II 476/20 RGSt 55, 44–46
RG, Urt. v. 20.9.1920 – I 384/20 RGSt 55, 82–87
RG, Urt. v. 17.12.1920 – IV 1687/20 RGSt 55, 183–184
RG, Urt. v. 21.12.1920 – II 1214/20 RGSt 55, 129–138
RG, Urt. v. 1.2.1921 – II 899/20 RGSt 55, 228–230
RG, Urt. v. 1.2.1921 – IV 1468/20 RGSt 55, 231
RG, Urt. v. 21.2.1921 – III 975/20 RGSt 55, 257–261
RG, Urt. v. 19.4.1921 – IV 1136/20 RGSt 56, 37–40
RG, Urt. v. 3.5.1921 – IV 1485/20 RGSt 56, 58–60
RG, Urt. v. 5.1.1923 – IV 559/22 RGSt 57, 186–189
RG, Urt. v. 6.3.1923 – I 1093/22 RGSt 57, 134–136
RG, Urt. v. 3.7.1923 – IV 229/23 RGSt 57, 347–349
RG, Urt. v. 27.11.1923 – IV 398/23 RGSt 58, 19–24
RG, Urt. v. 6.3.1924 III 68/24 RGSt 58, 100–101
RG, Urt. v. 13.5.1924 – IV 987/23 RGSt 58, 180–181
RG, Urt. v. 26.9.1924 – I 756/24 RGSt 58, 285–289
RG, Urt. v. 20.11.1924 – III 821/24 RGSt 58, 382–384
RG, Urt. v. 12.12.1924 – I 814/24 RGSt 58, 424–425
RG, Urt. v. 9.2.1925 – II 729/24 RGSt 59, 54–57
RG, Urt. v. 9.3.1925 – III 917/24 RGSt 59, 140–141
RG, Urt. v. 30.4.1925 – II 205/25 RGSt 59, 214–220
RG, Urt. v. 11.1.1926 – II 710/25 RGSt 60, 43–47
RG, Urt. v. 28.1.1926 – II 786/25 RGSt 60, 65–67
RG, Urt. v. 15.4.1926 – III 631/25 RGSt 60, 171–179
RG, Urt. v. 22.4.1926 – II 101/26 RGSt 60, 179–182
RG, Urt. v. 4.6.1926 – I 272/26 RGSt 60, 269
RG, Urt. v. 5.10.1926 – I 449/26 RGSt 60, 351–353
RG, Urt. v. 25.10.1926 – II 800/26 RGSt 60, 402–404
RG, Urt. v. 11.1.1927 – I 843/26 RGSt 61, 151–155

RG, Urt. v. 21.1.1927 – I 643/26 RGSt 61, 175–178

RG, Urt. v. 15.2.1927 – I 2/27 RGSt 61, 202–207

RG, Urt. v. 20.5.1927 – 518/26 IV JW 1927, 1931–1933

RG, Urt. v. 12.7.1927 – I 415/27 RGSt 61, 364–367

RG, Urt. v. 27.9.1927 – I 663/27 RGSt 61, 379–381

RG, Urt. v. 25.10.1927 – 1 D 441/27 JW 1928, 2265–2268

RG, Urt. v. 21.2.1928 – 1 D 37/28 JW 1928, 1506 m. Anm. *Alsberg*

RG, Urt. v. 27.2.1928 – 2 D 106/28 JW 1928, 2265

RG, Urt. v. 13.3.1928 – VII 477/27 RGZ 119, 284–288

RG, Urt. v. 19.3.1928 – II 193/28 RGSt 62, 76–78

RG, Urt. v. 20.3.1928 – I 963/27 RGSt 62, 83–96

RG, Urt. v. 18.6.1928 – III 297/28 RGSt 62, 203–207

RG, Urt. v. 24.9.1928 – 3 D 422/28 JW 1928, 2988 m. Anm. *Beling*

RG, Urt. v. 1.10.1928 – II 206/28 RGSt 62, 262–263

RG, Urt. v. 3.1.1929 – II 1007/28 RGSt 62, 420–422

RG, Urt. v. 25.4.1929 – II 1318/28 RGSt 63, 139–144

RG, Urt. v. 14.9.1929 – I 943/29 RGSt 63, 248–250

RG, Urt. v. 26.9.1929 – 2 D 1124/29 JW 1930, 714–715 m. Anm. *Alsberg*

RG, Urt. v. 28.11.1929 – 3 D 883/29 JW 1930, 760

RG, Urt. v. 10.1.1930 – 1 D 1294/29 JW 1930, 931–933 m. Anm. *Alsberg*

RG, Urt v. 14.4.1930 – II 597/30 RGSt 64, 133–134

RG, Urt. v. 12.5.1930 – 2 D 335/30 JW 1931, 1494–1495

RG, Urt. v. 19.5.1930 – II 233/30 RGSt 64, 201–202

RG, Urt. v. 26.1.1931 – 3 D 1084/30 JW 1931, 2030–2031 m. Anm. *Alsberg*

RG, Urt. v. 3.2.1931 – 1 D 1235/30 JW 1931, 950–951

RG, Urt. v. 3.7.1931 – I 586/31 RGSt 65, 337–338

RG, Urt. v. 14.3.1932 – III 52/32 RGSt 66, 163–165

RG, Beschl. v. 28.10.1932 – B 19/32 II JW 1933, 97–98

RG, Urt v. 1.11.1932 – I 1256/32 RGSt 66, 394–396

RG, Urt. v. 10.11.1933 – 4 D 94/33 RGSt 67, 373–375

RG, Urt. v. 17.11.1936 – 1 D 793/36 RGSt 71, 21–23

RG, Urt. v. 22.12.1936 – 1 D 741/36 RGSt 71, 25–28

RG, Urt. v. 14.6.1937 – 2 D 177/37 RGSt 71, 259–265

RG, Urt. v. 4.11.1937 – 5 D 723/37 JW 1937, 3301

RG, Urt. v. 29.11.1937 – 2 D 497/37 RGSt 72, 4–6

RG, Urt. v. 3.7.1939 – 3 D 191/39 RGSt 73, 246–250
RG, Urt. v. 10.3.1942 – 1 D 442/41 RGSt 76, 82–88
RG, Urt. v. 31.5.1943 – 2 D 40/43 RGSt 77, 75–81
RG, Urt. v. 23.7.1943 – 1 D 201/43 RGSt 77, 157–162

OGH, Urt. v. 19.10.1948 – StS 45/48 OGHSt 1, 117–119
OGH, Urt. v. 16.11.1948 – StS 126/48 OGHSt 1, 146–149
OGH, Urt. v. 22.5.1950 – StS 176/49 OGHSt 3, 59–61

BayObLG, Urt. v. 9.4.1929 – 203/29 JW 1929, 2751
BayObLG, Urt. v. 15.11.1950 – III 12/1950 BayObLGSt 1949–51, 174–215
BayObLG, Urt. v. 30.4.1954 – 2 St 464/53 BayObLGSt 1954, 38–43
BayObLG, Urt. v. 4.6.1970 – RReg 8 St 60/70 MDR 1970, 941–943
BayObLG, Urt. v. 14.7.1971 – 8 St 51/71 JR 1972, 30–31 m. Anm. *Peters,* 31–32
BayObLG, Beschl. v. 26.5.1982 – RReg 4 St 69/82 NStZ 1982, 472–473
BayObLG, Urt. v. 30.12.1987 – RReg 3 St 226/87 JZ 1988, 420
BayObLG, Urt. v. 31.1.1989 – RReg 4 St 232/88 -. juris
BayObLG, Urt. v. 28.2.1989 – RReg 4 St 229/88 -, juris
BayObLG, Urt. v. 30.6.1989 – RReg 3 St 66/89 NJW 1990, 921–922
BayObLG, Beschl. v. 11.10.1989 – RReg 1 St 276/89 NStZ 1990, 142–143
BayObLG, Beschl. v. 22.3.1990 – RReg 5 St 136/89 NJW 1990, 2479–2481
BayObLG, Urt. v. 20.4.1990 – RReg 1 St 41/90 BayObLGSt 1990, 41–44
BayObLG, Urt. v. 23.9.1993 – 2 St RR 190/92 NJW 1994, 396–398
BayObLG, Beschl. v. 31.1.1994 – 4 St RR 209/93 NJW 1994, 952–953
BayObLG, Beschl. v. 21.12.1994 – 4 St RR 116/94 BayObLGSt 1994, 264–273
BayObLG, Beschl. v. 29.4.1998 – 4 St RR 12/98 BayObLGSt 1998, 71–79
BayObLG, Beschl. v. 24.2.1999 – 5 St RR 237/98 JR 2000, 80–81
BayObLG, Beschl. v. 18.5.1999 – 1 St RR 109/99 VRS 97, 359–362
BayObLG, Beschl. v. 31.7.2000 – 2 St RR 102/00 NStZ-RR 2001, 49–52
BayObLG, Beschl. v. 19.8.2002 – 1 St RR 83/2002 NStZ-RR 2003, 150
BayObLG, Beschl. v. 6.11.2002 – 5 St RR 279/02 NStZ-RR 2003, 87–88
BayObLG, Beschl. v. 12.3.2003 – 5 St RR 20/2003 StV 2003, 660–661
BayObLG, Beschl. v. 8.5.2003 – 4 St RR 42/2003 NStZ-RR 2003, 304–305
BayObLG, Urt. v. 22.9.2004 – 1 St RR 110/04 wistra 2005, 235–237
BayObLG, Beschl. v. 2.11.2004 – 1 St RR 109/04 NStZ-RR 2005, 175
BayObLG, Beschl. v. 12.11.2004 – 4 St RR 165/04 NStZ 2005, 645

OLG Freiburg, Urt. v. 6.2.1947 – Ss 24/46 HESt 2, 112–114

OLG Koblenz, Urt. v. 24.4.1947 – Ss 12/47 HESt 1, 101–104

OLG Koblenz, Urt. v. 16.12.1948 – Ss 161/48 HESt 2, 120–123

OLG Braunschweig, Urt. v. 29.4.1955 – Ss 251/54 NJW 1955, 1201–1202

OLG Neustadt/Weinstr., Urt. v. 5.3.1958 – OJs 18/57 MDR 1958, 538 m. Anm. *Eb. Schmidt,* 815–817

OLG Stuttgart, Urt. v. 11.7.1958 – 1 Ss 334/58 NJW 1958, 1833 m. Anm. Kohlhaas, NJW 1959, 397–398

OLG Köln, Urt. v. 24.5.1968 – Ss 64/68 GA 1968, 344–346

OLG Köln, Beschl. v. 27.8.1968 – 1 Ws (B) 113/67 NJW 1969, 65–68

OLG Hamm, Urt. v. 17.8.1971 – 5 Ss 589/71 VRS 42, 115–117

OLG Bremen, Urt. v. 18.1.1972 – Ss 102/71 –1681 NJW 1972, 1678–1681

OLG Frankfurt a.M., Urt. v. 18.7.1973 – 1 Ss 223/73 JZ 1974, 516–518

OLG Koblenz, Urt. v. 18.10.1973 – 1 Ss 171/73 GA 1975, 28–29

OLG Koblenz, Urt. v. 13.12.1973 – 1 Ss 217/73 VRS 46, 435–437

OLG Köln, Urt. v. 8.1.1974 – Ss 213/73 MDR 1974, 420–421

OLG Hamm, Urt. v. 29.3.1974 – 4 Ss 69/74 VRS 47, 279–281

OLG Hamm, Beschl. v. 18.10.1974 – 4 Ss OWi 881/74 MDR 1975, 245–246

OLG Celle, Urt. v. 23.3.1976 – 1 Ss 1 /76 JR 1977, 82–83 m. Anm. *Peters,* 83–84

OLG Hamburg, Urt. v. 3.11.1978 – 2 Ss 58/78 JR 1980, 32–34 m. Anm. *Gollwitzer,* 34–36

OLG Köln, Urt. v. 2.4.1979 – 3 Ss 24–26/79 NJW 1979, 1562

OLG Köln, Urt. v. 28.10.1980 – 1 Ss 650 – 651/80 NJW 1981, 1280–1281

OLG Köln, Urt. v. 18.11.1980 – Ss 824/80 NStZ 1981, 183–184

OLG Stuttgart, Urt. v. 6.3.1981 – 4 Ss (14) 951/80 NJW 1981, 1569–1570

OLG Düsseldorf, Urt. v. 14.4.1981 – 2 Ss 580/79-183/79 III MDR 1981, 870

OLG Hamburg, Urt. v. 27.5.1981 – 1 Ss 45/81 JR 1982, 76 m. Anm. *Bottke,* 77–78

OLG Stuttgart, Beschl. v. 30.7.1981 – 3 Ss 375/81 NJW 1982, 295–296

OLG Stuttgart, Beschl. v. 12.8.1981 – 1 Ss 615/81 NStZ 1981, 490

OLG Köln, Urt. v. 11.11.1981 – 3 Ss 704/81 NJW 1982, 657–658

OLG Hamm, Beschl v. 10.2.1982 – 3 Ss 183/82 NStZ 1982, 298

OLG Celle, Beschl. v. 17.2.1982 – 1 Ss 616/81 NJW 1982, 1545–1546

OLG Celle, Urt. v. 1.4.1982 – 3 Ss 308/81 StV 1983, 284–285

OLG Düsseldorf, Beschl. v. 20.8.1982 – 5 Ss OWi 222/82-184/82 I VRS 64, 128–129

OLG Düsseldorf, Urt. v. 14.3.1983 – 5 Ss 547/82 StV 1983, 378–379

OLG Karlsruhe, Beschl. v. 17.3.1983 – 3 HEs 77/83 NStZ 1983, 377–378

OLG Hamburg, Urt. v. 13.5.1983 – 2 Ss 134/82 JR 1983, 508–511

OLG Düsseldorf, Urt. v. 16.4.1984 – 5 Ss 42/84-75/84 I JR 1985, 157–159

OLG Köln, Urt. v. 23.5.1984 – 3 Ss 252/84 StV 1985, 113

OLG Köln, Beschl. v. 3.10.1984 – Ss 220-221/85 StV 1986, 12–13

OLG Hamburg, Urt. v. 17.1.1985 – 1 Ss 168/84 JR 1985, 429–430 m. Anm. *Geppert*, 430–433

OLG Zweibrücken, Beschl. v. 14.2.1985 – 1 Ss 259/84 NStZ 1986, 135–136

OLG Karlsruhe, Urt. v. 17.10.1985 – 2 Ss 58/85 NStZ 1986, 363–365

OLG Köln, Urt. v. 17.12.1985 – 1 Ss 628/85 NJW 1986, 2896–2897

OLG Bremen, Beschl. v. 7.2.1986 – Ss 127/85 StV 1987, 11–12

OLG Köln, Beschl. v. 20.6.1986 – Ss 273/85 – 656 – VRS 71, 371–373

OLG Celle, Beschl. v. 14.7.1987 – 3 Ss 256/86 StV 1987, 429

OLG Frankfurt a.M., Beschl. v. 11.9.1987 – 1 Ss 292/87 NStZ 1988, 41–42

OLG Köln, Beschl. v. 20.10.1987 – Ss 486-487/87 NJW 1988, 1802–1803

OLG Stuttgart, Vorlagebeschl. v. 17.12.1987 – 4 Ss 361/87 NStZ 1988, 129–130

OLG Frankfurt a.M., Beschl. v. 3.2.1988 – 5 Ss 361/87 StV 1988, 290–291

OLG Koblenz, Beschl. v. 21.3.1988 – 1 Ss 122/88 VRS 75, 52–53

OLG Karlsruhe, Beschl. v. 6.9.1988 – 1 Ss 68/88 NStZ 1989, 287–288

OLG Düsseldorf, Beschl. v. 7.7.1989 – 5 Ss 250/89 – 101/89 I NJW 1989, 3030=JR 1990, 126–127

OLG Stuttgart, Beschl. v. 8.8.1989 – 1 Ss 492/89 VRS 77, 365–366

OLG Karlsruhe, Beschl. v. 13.10.1989 – 1 Ss 81/89 StV 1990, 103–104

OLG Köln, Beschl. v. 21.11.1989 – Ss 572/89 StV 1991, 151–152

OLG Bremen, Beschl. v. 1.12.1989 – Ss 63/89 StV 1990, 536–537

OLG Düsseldorf, Beschl. v. 10.5.1990 – 2 Ss 71/90 -19/90 III NStZ 1990, 506–507

OLG Köln, Beschl. v. 15.5.1990 – Ss 88/90 StV 1990, 441–442

OLG Karlsruhe, Beschl. v. 4.3.1991 – 3 Ss 201/90 NStZ 1991, 505–506

OLG Köln, Beschl. v. 13.12.1991 – Ss 379/91 StV 1992, 412–414

OLG Köln, Urt. v. 28.1.1992 – Ss 567-569/91 NJW 1993, 1486–1487

OLG Köln, Beschl. v. 24.7.1992 – Ss 314-315/92 StV 1992, 566–567

OLG Köln, Beschl. v. 4.8.1992 – Ss 325/92 StV 1994, 67–69

OLG Köln, Urt. v. 10.11.1992 – Ss 340-341/92-181-182 -, openJur 2012, 73632

OLG Düsseldorf, Beschl. v. 11.11.1992 – 2 Ss 370/92 StV 1993, 572

OLG Düsseldorf, Beschl. v. 7.12.1992 – 2 Ss 357/92 – 126/92 II NJW 1993, 2452–2453

OLG Düsseldorf, Beschl. v. 29.1.1993 – 2 Ss 444/92-8/93 II StV 1993, 476

OLG Düsseldorf, Beschl. v. 9.8.1993 – 2 Ss 187/93-86/93 II StV 1994, 8
OLG Karlsruhe, Beschl. v. 18.8.1993 – 3 Ss 89/93 StV 1995, 13–14
OLG Frankfurt a.M., Beschl. v. 10.9.1993 – 3 Ss 321/93 StV 1994, 9
OLG Celle, Urt. v. 12.10.1993 – 2 Ss 147/93 -, juris
OLG Oldenburg, Beschl. v. 1.11.1983 – Ss 340/93 StV 1994, 8–9
OLG Düsseldorf, Beschl. v. 2.8.1985 – 5 Ss 135/85 – 185/85 I StV 1987, 9–10
OLG Düsseldorf, Beschl. v. 5.9.1986 – 2 Ss 375/86 – 200/86 II StV 1987, 9
OLG Köln, Beschl. v. 11.11.1993 – Ss 449/93 StV 1994, 247
OLG Karlsruhe, Urt. v. 18.11.1993 – 3 Ss 121/93 MDR 1994, 500–501
OLG Köln, Beschl. v. 7.1.1994 – Ss 555/93 – 253 StV 1994, 289–290
OLG Zweibrücken, Beschl. v. 20.4.1994 – 1 Ss 43/94 StV 1994, 545–547
OLG Frankfurt a.M., Beschl. v. 1.11.1994 – 3 Ws 732/94 StV 1995, 628–629
OLG Zweibrücken, Urt. v. 27.5.1994 – 1 Ss 40/94 NStZ 1994, 602–603
OLG Düsseldorf, Beschl. v. 5.4.1995 – 5 Ss 81/95 – 35/95 I VRS 89, 367–368
OLG Frankfurt a.M., Beschl. v. 19.6.1995 – 3 Ss 105/95 StV 1996, 202–203
OLG Düsseldorf, Urt. v. 11.9.1995 – 5 Ss 220/95 – 26/95 IV NStZ-RR 1996, 5–7
OLG Karlsruhe, Urt. v. 8.2.1996 – 2 Ss 107/95 -, juris
OLG Köln, Beschl. v. 21.2.1996 – Ss 58/96 -, openJur 2012, 75218
OLG Rostock, Beschl. v. 29.3.1996 – 2 Ss 217/95 I 7/96 StV 1996, 419–420
OLG Köln, Urt. v. 11.6.1996 – Ss 194/96 NStZ 1996, 509
OLG Hamm, Beschl. v. 26.9.1996 – 3 Ss 1079/96 NStZ-RR 1997, 78–79
OLG Naumburg, Urt. v. 27.11.1996 – 2 Ss 307/96 -, juris
OLG Zweibrücken, Beschl. v. 10.2.1998 – 1 Ss 19/98 StV 1998, 363–364
OLG Köln, Beschl. v. 19.6.1998 – Ss 151/98 StV 1998, 640–641
OLG Karlsruhe, Beschl. v. 25.6.1998 – 3 Ss 77/98 StraFo 1999, 25–26
OLG Düsseldorf, Beschl. v. 27.10.1998 – 2 Ss 371/98 – 66/98 III StV 1999, 202–203
OLG Karlsruhe, Beschl. v. 5.11.1998 – 2 Ss 260/98 StV 1999, 139–141
OLG Hamm, Beschl. v. 26.11.1998 – 3 Ss 1117/98 StV 1999, 360–364
OLG Hamm, Beschl. v. 22.7.1999 – 5 Ss 677/99 StV 1999, 641–642
OLG Karlsruhe, Beschl. v. 27.9.1999 – 3 Ss 109/99 StV 2000, 658–659
OLG Frankfurt a.M., Urt. v. 27.9.1999 – 3 Ss 271/99 NStZ-RR 1999, 365–366
OLG Köln, Beschl. v. 12.12.1999 – Ss 37/99 StV 2000, 607–608
OLG Hamm, Beschl. v. 17.2.2000 – 2 Ss 108/2000 NStZ-RR 2000, 213–215
OLG Koblenz, Beschl. v. 28.9.2000 – 2 Ss 216/00 NStZ-RR 2001, 110–111
OLG Köln, Beschl. v. 3.11.2000 – Ss 430/00 – 237 VRS 100, 185–186

OLG Düsseldorf, Beschl. v. 20.11.2000 – 2 a Ss 328/00 – 82/00 II NStZ-RR 2001, 109–110

OLG Köln, Beschl. v. 9.1.2001 – Ss 477/00 VRS 100, 123–130

OLG Düsseldorf, Beschl. v. 23.1.2001 – 2 b Ss 286/00 StV 2002, 471–473

Brandenburgisches OLG, Beschl. v. 28.11.2001 – 1 Ss 46/01 NStZ-RR 2002, 184–185

OLG Köln, Beschl. v. 22.1.2002 – Ss 1/02-8 -, openJur 2011, 22407

OLG Düsseldorf, Beschl. v. 23.5.2002 – 2 a Ss 97/02 – 41/02 II NJW 2002, 2118

OLG Koblenz, Beschl. v. 6.6.2002 – 1 Ss 93/02 NStZ 2002, 660–661

Brandenburgisches OLG, Beschl. v. 19.03.2003 – 1 Ws 27/03 -, juris

OLG Zweibrücken, Beschl. v. 26.5.2003 – 1 Ss 211/02 StV 2004, 65–67

OLG Dresden, Urt. v. 13.10.2003 – 2 Ss 228/03 -, juris

OLG Köln, Beschl. v. 16.12.2003 – Ss 499/03 StV 2004, 419–420

OLG Hamm, Beschl. v. 22.4.2004 – 2 Ss 594/03 StV 2004, 588

OLG Hamm, Beschl. v. 20.9.2004 – 2 Ss 354/04 StV 2004, 643–644

OLG Hamm, Beschl. v. 25.11.2004 – 2 Ss 413/04 StV 2005, 71–72

OLG Hamm, Beschl. v. 29.11.2004 – 3 Ss 467/04

OLG Koblenz, Beschl. v. 1.12.2004 – 1 Ss 307/04 NStZ-RR 2005, 79–80

OLG Köln, Urt. v. 11.1.2005 – 8 Ss 460/04 NJW 2005, 1000–1001

OLG Hamm, Beschl. v. 25.1.2005 – 1 Ss 454/04

Thüringer OLG, Beschl. v. 25.4.2005 – 1 Ss 244/04 -, juris

OLG Hamm, Beschl. v. 3.5.2005 – 3 Ss 84/05 -, open Jur 2011, 34746

OLG Hamm, Beschl. v. 13.5.2005 – 2 Ss OWi 274/05 VRS 108, 435–437

OLG Dresden, Urt. v. 1.7.2005 – 2 Ss 173/05 NStZ-RR 2005, 318–319

OLG Hamm, Beschl. v. 10.8.2005 – 3 Ss 224/04 NStZ-RR 2006, 18

OLG Stuttgart, Beschl. v. 8.12.2005 – 4 Ws 163/05 -, openJur 2012, 64978

OLG Hamm, Beschl. v. 20.2.2006 – 2 Ss 61/06 -, juris

OLG Stuttgart, Beschl. v. 19.4.2006 – 1 Ss 137/06 NStZ-RR 2006, 313–315

OLG Koblenz, Beschl. v. 4.5.2006 – 1 Ss 93/06 StV 2007, 71

Schleswig-Holsteinisches OLG, Beschl. v. 29.12.2006 – 1 Ss 176/06 (105/06) -, juris

OLG Koblenz, Urt. v. 5.2.2007 – 2 Ss 312/06 StV 2007, 348–350

OLG Düsseldorf, Beschl. v. 23.2.2007 – III 5 Ss 201/06 – 87/06 I StV 2007, 347–348 m. Anm. *Waider,* 348

OLG Hamburg, Beschl. v. 4.2.2008 – 2-81/07 (REV) NJW 2009, 2597–2601

OLG Köln, Beschl. v. 5.2.2008 – 82 Ss 7/08 -, juris

Thüringer OLG, Beschl. v. 6.3.2008 – 1 Ss 362/06 -, juris

OLG Hamm, Beschl. v. 13.3.2008 – 3 Ss 25/08 – 3 Ws 67/08 -, openJur 2011, 49496
Thüringer OLG, Beschl. v. 15.5.2008 – 1 Ss 41/08 -, juris
OLG Hamburg, Beschl. v. 23.6.2008 – 2-39/08 (REV), 2–39/08 (REV) – 1 Ss 107/08 -, juris
OLG Hamm, Beschl. v. 21.7.2008 – 2 Ss 262/08 StV 2008, 511–512
OLG München, Beschl. v. 26.8.2008 – 5 St RR 167/08 wistra 2008, 480
OLG Hamm, Beschl. v. 16.9.2008 – 2 Ss 262/08 StV 2008, 511
OLG Hamm, Beschl. v. 30.9.2008 – 3 Ss 178/08 StV 2010, 124–126
Thüringer OLG, Urt. v. 27.11.2008 – 1 Ss 137/08 NStZ-RR 2009, 120–121
OLG Bamberg, Beschl. v. 19.3.2009 – 2 Ss 15/09 NJW 2009, 2146–2149
OLG Stuttgart, Beschl. v. 28.4.2009 – 2 Ss 747/08 -, juris
OLG Hamm, Beschl. v. 7.5.2009 – 3 Ss 85/08 NStZ-RR 2009, 283–286
OLG Hamm, Beschl. v. 25.6.2009 – 5 Ss 207/09 -, openJur 2011, 69790
OLG Dresden, Urt. v. 3.7.2009 – 2 Ss 163/09 StV 2009, 487–489
OLG Köln, Beschl. v. 21.8.2009 – 81 Ss 52 – 53/09, 81 Ss 52/09, 81 Ss 53/09 -, juris
OLG Hamm, Beschl. v. 22.9.2009 – 3 Ss 354/09 -, openJur 2011, 69264
OLG Frankfurt a.M., Beschl. v. 6.11.2009 – 1 Ss 390/08 StV 2011, 12–13
OLG München, Beschl. v. 30.11.2009 – 5 St RR 357/09 wistra 2010, 155–158
OLG Koblenz, Beschl. v. 21.12.2009 – 2 Ss 204/09 StV 2011, 11
Brandenburgisches OLG, Urt. v. 4.1.2010 – 1 Ss 105/09 -, juris
OLG Bamberg, Beschl. v. 6.4.2010 – 3 Ss OWi 378/10 -, openJur2012, 107774
OLG Stuttgart, Beschl. v. 9.4.2010 – 1 Ss 53/10 -, juris
OLG Koblenz, Beschl. v. 10.6.2010 – 2 Ss 48/10 StV 2011, 592–593
OLG Celle, Beschl. v. 29.7.2010 – 1 Ws 392/10 StV 2011, 84
OLG Zweibrücken, Beschl. v. 16.8.2010 – 1 SsBs 2/10 VRS 119, 358–365
OLG Düsseldorf, Beschl. v. 9.11.2010 – III–4 Ws 615/10, 4 Ws 615/10 StV 2011, 658–659
OLG München, Beschl. v. 15.2.2011 – 4 St RR 167/10 NStZ-RR 2011, 247-248/juris
OLG Hamm, Beschl. v. 17.2.2011 – III-4 RVS 12/11 -, openJur 2012, 79071
OLG Hamburg, Beschl. v. 3.3.2011 – 2-25/10 (REV) – 1 Ss 75/10 StV 2012, 74–75 m. Anm. *Wilhelm*, 75 ff.
OLG Hamburg, Beschl. v. 8.3.2011 – 2-39/10 (REV) – 1 Ss 104/10 -, juris
OLG Celle, Beschl. v. 18.5.2011 – 2 Ws 131/11 NJW 2012, 247
Brandenburgisches OLG, Beschl. v. 9.8.2011 – (2 B) 53 Ss – OWi 186/11 (89/11) StraFo 2011, 402
OLG Koblenz, Beschl. v. 7.11.2011 – 2 Ws 531/10 NStZ 2011, 350–352

OLG Frankfurt a.M., Urt. v. 19.12.2011 – 1 Ss 95/11 -, juris

OLG Köln, Urt. v. 20.12.2011 – III-1 RVs 218/11, III-1 RVs 222/11, III-1 RVs 223/11 -, juris

OLG Koblenz, Beschl. v. 29.12.2011 – 1 Ss 213/11 NJW 2012, 629–630

OLG Köln, Beschl. v. 20.1.2012 – III-1 RVs 290/11 NStZ-RR 2012, 178

OLG Karlsruhe, Urt. v. 27.1.2012 – 3 (4) Ss 561/11-AK 238/11 NJW 2012, 869

OLG Dresden, Beschl. v. 10.2.2012 – 2 Ss 9/12 StV 2013, 11

OLG Hamburg, Beschl. v. 15.2.2012 – 1-56/11 StV 2013, 216–217

OLG Hamm, Beschl. v. 16.2.2012 – III-5 RVs 113/11 NStZ-RR 2013, 13–14

OLG Celle, Beschl. v. 26.6.2012 – 32 Ss 78/12 NStZ 2012, 576–577

Brandenburgisches OLG, Beschl. v. 24.10.2012 – (1) 53 Ss 163/12 (79/12) -, juris

OLG München, Beschl. v. 15.11.2012 – 4 St RR 166/12 NStZ-RR 2013, 48

OLG Hamm, Beschl. v. 10.12.2012 – 3 RVs 89/12 -, openJur 2013, 29887

Schleswig-Holsteinisches OLG, Beschl. v. 13.3.2013 – 2 Ss 3/13 (5/13) -, juris

OLG Koblenz, Urt. v. 18.3.2013 – 2 Ss 150/12 -, juris

OLG Köln, Beschl. v. 14.5.2013 – III–1 RVs 67/13 NJW 2013, 2772–2774

OLG Naumburg, Urt. v. 10.06.2013 – 2 Ss 71/13 -, juris

OLG Celle, Beschl. v. 8.8.2013 – 31 Ss 20/13 NJW 2013, 3319-3320/jurion

OLG Hamm, Beschl. v. 6.9.2013 – III-5 RVs 80/13 -, juris

OLG Dresden, Beschl. v. 11.9.2013 – 2 OLG 21 Ss 652/13 -, juris

OLG Stuttgart, Urt. v. 25.9.2013 – 2 Ss 519/13 NJW 2014, 482–484

OLG Naumburg, Urt. v. 11.11.2013 – 2 Ss 125/13 -, juris

OLG München, Beschl. v. 18.12.2013 – 4 OLG 13 Ss 571/13 -, juris

KG, Urt. v. 10.12.1928 – 4 V 268/28 JW 1929, 885 m. Anm. *Scanzoni,* 885

KG, Urt. v. 21.6.1979 – (4) Ss 57/79 (43/79) JR 1980, 290–291 m. Anm. *Volk,* 291–295

KG, Urt. v. 23.12.1982 – (4) Ss 101/82 (45/82) StV 1983, 186

KG, Beschl. v. 19.7.1984 – (5) Ss 136/84 (11/84) StV 1984, 413

KG, Beschl. v. 28.5.1985 – (4) 1 Ss 111/85 (74/85) StV 1987, 11

KG, Urt. v. 3.12.1987 – (4) 1 Ss 162/87 (97/87) StV 1988, 518–519

KG, Urt. v. 9.6.1988 – (4) 1 Ss 247/87 (119/87) JR 1988, 522–523

KG, Urt. v. 3.7.1997 (4) 1 Ss 342/96 (2/97) -, juris

KG, Urt. v. 26.11.1997 – (5) 1 Ss 145/94 (30/94) JR 1998, 213–216

KG, Beschl. v. 26.2.1999 – 3 AR 162/95 – 4 Ws 257, 258/98 NStZ-RR 1999, 223–224

KG, Urt. v. 28.3.2000 – (4) 1 Ss 87/98 (74/98) -, juris

KG, Urt. v. 8.5.2000 – (4) 1 Ss 180/99 (90/99) StV 2002, 122–125
KG, Urt. v. 8.5.2001 – (4) 1 Ss 180/99 StV 2002, 122–125
KG, Beschl. v. 11.9.2002 – (4) 2 HEs 18/02 (113-115/02) NStZ 2003, 326–327
KG, Beschl. v. 16.12.2002 – (3) 1 Ss 68/02 StV 2003, 320/juris
KG, Urt. v. 17.4.2008 – (2) 1 Ss 394/07 (42/07) -, juris
KG, Beschl. v. 22.7.2009 – (4) 1 Ss 181/09 (130/09) -, openJur 2012, 11242
KG, Urt. v. 23.7.2009 – (2) 1 Ss 541/08 (11/09) -, juris
KG, Beschl. v. 31.5.2010 – 1 VAs 40/09 – 1 Zs 1865/09 StraFo 2010, 428–429
KG, Beschl. v. 12.3.2012 – (4) 121 Ss 27/12 (42/12) StV 2013, 10–11
KG, Beschl. v. 30.4.2012 – (4) 161 Ss 80/12 (104/12) NStZ-RR 2013, 8–10
KG, Beschl. v. 16.8.2012 – (4) 161 Ss 132/12 (178/12) -, juris
KG, Beschl. v. 23.8.2012 – (4) 121 Ss 170/12 (202/12) StV 2013, 763–764
KG, Urt. v. 11.9.2012 – (4) Ss 161 89/12 (175/12) -, juris
KG, Beschl. v. 8.3.2013 – (4) 161 Ss 21/13 (28/13) -, juris
KG, Beschl. v. 29.7.2013 – (4) 161 Ss 127/13 (138/13) -, juris
KG, Urt. v. 24.9.2013 – (4) 121 Ss 136/13 (170/13) -, juris
Landgericht Köln, Urt. v. 22.5.1990 – 112-4/89 NStZ 1991, 202–203

**Criminalia**

Abhandlungen aus den gesamten Strafrechtswissenschaften

Der Herausgeber der Reihe war bis zu seiner Emeritierung Vorstand des "Instituts für die gesamten Strafrechtswissenschaften" der Universität München. Das Programm der Reihe ist im Untertitel genannt. In ihr werden veröffentlicht Schriften zum Strafrecht und Strafverfahrensrecht, zu Kriminologie und Kriminalpolitik, zu den rechtstheoretischen und rechtssoziologischen Grundlagen des Strafrechts und zu seiner Geschichte. Die Reihe läßt deutsche und ausländische Wissenschaftler zu Wort kommen und will dazu einladen, an der Fortentwicklung aller Bereiche des Strafrechts über die Grenzen hinaus mitzuwirken.

**Criminalia**

Herausgegeben von Klaus Volk

Band 1 Ulrich Schroth: Vorsatz als Aneignung der unrechtskonstituierenden Merkmale. 1994.

Band 2 Torsten Poeck: Wartepflicht und Wartedauer des § 142 Abs. 1 Nr. 2 StGB. Ein Vorschlag zur Bestimmung der Wartelänge anhand rechtsprechungsanalytischer und empirischer Überlegungen. 1994.

Band 3 Tobias Schmid: Die Vergabe von Wirtschaftssubventionen und strafrechtliche Verantwortlichkeit gem. § 264 StGB (Subventionsbetrug). 1994.

Band 4 Erwin Lohner: Der Tatverdacht im Ermittlungsverfahren. Begriff, rechtliche Ausgestaltung, praktische Handhabung und Kontrolle am Beispiel der polizeilichen Verdachtsfeststellung. 1994.

Band 5 Gunther Lehleiter: Der rechtswidrige verbindliche Befehl. Strafrechtsdogmatische Untersuchung, demonstriert am Beispiel des militärischen Befehls. 1995.

Band 6 Dirk Steiner: Das Fairneßprinzip im Strafprozeß. 1995.

Band 7 Isabell Schwegler: Der Subsumtionsirrtum. 1995.

Band 8 Klaus Andreas Fischer: Die strafrechtliche Beurteilung von Werken der Kunst. 1995.

Band 9 Johannes Fredrikus Nijboer: Beweisprobleme und Strafrechtssysteme / Proof and Criminal Justice Systems. Rechtsvergleichende Aufsätze / Comparative Essays. 1995. 2. Auflage 1997.

Band 10 Winfried Hassemer / Karin Matussek: Das Opfer als Verfolger. Ermittlungen des Verletzten im Strafverfahren. 1996.

Band 11 Bettina Grunst: Steuerhinterziehung durch Unterlassen. 1996.

Band 12 Hans-Jörg Schwab: Täterschaft und Teilnahme bei Unterlassungen. 1996.

Band 13 Christos Mylonopoulos: Komparative und Dispositionsbegriffe im Strafrecht. 1998.

Band 14 Christina Erfurth: Verdeckte Ermittlungen. Problemlösung durch das OrgKG? 1997.

Band 15 Stephan Weber: Überstellung in den Heimatstaat. Ein internationales Konzept wider den Strafvollzug in der Fremde. Zugleich ein Beitrag zum Recht der internationalen Vollstreckungshilfe in Strafsachen. 1997.

Band 16 Bert Götting: Gesetzliche Strafrahmen und Strafzumessungspraxis. Eine empirische Untersuchung anhand der Strafverfolgungsstatistik für die Jahre 1987 bis 1991. 1997.

Band 17 Lars Otte: Der durch Menschen ausgelöste Defensivnotstand. 1998.

Band 18 Gregor Rieger: Die mutmaßliche Einwilligung in den Behandlungsabbruch. 1998.

Band 19 Yu-hsiung Lin: Richtervorbehalt und Rechtsschutz gegen strafprozessuale Grundrechtseingriffe. 1998.

Band 20 Sandra Pellkofer: Sockelverteidigung und Strafvereitelung. 1999.

Band 21 Christine Ferschl: Das Problem des unmittelbaren Zusammenhangs beim erfolgsqualifizierten Delikt. 1999.

Band 22 Peter König: Strafbarer Organhandel. 1999.

Band 23 Stefan Stauder: Die allgemeinen defenses des New York Penal Law. Eine rechtsvergleichende Untersuchung. 1999.

Band 24 Malte Merz: "Bewußte Selbstschädigung" und die Betrugsstrafbarkeit nach § 263 StGB. Zugleich ein Beitrag zur Zweckverfehlungslehre. 1999.

Band 25 Marc Tully: Poena sine Culpa? *Strict-Liability*-Sanktionen und Europäisches Gemeinschaftsrecht. 2000.

Band 26 Susanne Götting: Beweisverwertungsverbote in Fällen gesetzlich nicht geregelter Ermittlungstätigkeit. Durch V-Leute, Scheinaufkäufer und Privatleute. 2001.

Band 27 Christiane Hölscher: Der Rechtsschutz und die Mitteilungspflichten bei heimlichen strafprozessualen Zwangsmaßnahmen. 2001.

Band 28 Tobias Windhorst: Der Rechtsbegriff der "schweren Gesundheitsschädigung". Zugleich ein Beitrag zum 6. StrRG. 2001.

Band 29 Andrea Schmucker: Die "Dogmatik" einer strafrechtlichen Produktverantwortung. Das fahrlässige Unterlassen als Institut der Produktkriminalität. 2001.

Band 30 Stephan Beukelmann: Prävention von Computerkriminalität. Sicherheit in der Informationstechnologie. 2001.

Band 31 Markus B. Alder: Die Strafzumessungsrichtlinie der USA in ihrem Kontext mit Plea Bargaining. 2001.

Band 32 Tobias Brandis: Beweisverbote als Belastungsverbote aus Sicht des Beschuldigten? 2001.

Band 33 Britta Wolff: Begünstigung, Strafvereitelung und Hehlerei. Geschichtliche Entwicklung und Abgrenzung zur Beihilfe. 2002.

Band 34 Angelika Laitenberger: Die Strafbarkeit der Verbreitung rassistischer, rechtsextremistischer und neonazistischer Inhalte. Unter besonderer Berücksichtigung der Verbreitung über Netzwerke. Ein Rechtsvergleich. 2003.

Band 35 Antonia Seitz: *Die Todesstrafe ist keine Strafe.* Von der Beteiligung bedeutender Mediziner an Fragestellungen um Verbrechen und Strafe, unter besonderer Berücksichtigung der Todesstrafe 1865 bis 1933 im deutsch-italienischen Vergleich. 2003.

Band 36 Ro-Seop Park: Die Wahrheitsfindung im Ermittlungsverfahren. 2003.

Band 37 Ingo Jeckel: Schadenswiedergutmachung gem. § 46a Nr. 2 StGB über anwaltliche Schlichtungsstellen. Schlichtungsablauf und Auswirkungen auf das Strafverfahren. 2003.

Band 38 Katja Kassing: Ehrverletzende Personalsatire in Deutschland, Österreich, der Schweiz und England. 2004.

Band 39 Stefan Poller: Verbandsgeldbuße und Steueranspruch. 2004.

Band 40 Anna Trüstedt: Das Verbot von Börsenkursmanipulationen. 2004.

Band 41 Marialena Papachristou: Die strafrechtliche Behandlung von Börsen- und Marktpreismanipulationen. 2006.

Band 42 Verena Käbisch: Markenschutz im Strafrecht. Die Rechtslage in Deutschland und den USA. 2006.

Band 43 Dominik Härtl: Wahlstraftaten. Die §§ 107 ff. StGB im System des Rechts. 2006.

Band 44 Erick Gatgens: Ermessen und Willkür im Straf- und Strafverfahrensrecht. Eine dogmatische und rechtstheoretische Untersuchung zu den Grundlagen strafjuristischer Entscheidungsfindung. 2007.

Band 45 Christian A. Sirch: Die Strafbarkeit der Parteispendenakquisition. Ein Beitrag zum Tatbestand der Vorteilsannahme. 2008.

Band 46 Brigitte Bauer: Untreue durch Cash-Pooling im Konzern. 2008.

Band 47 Meng Yang: Die Strafbarkeit der Vorbereitungshandlung des Delikts nach dem deutschen und chinesischen StGB. 2009.

Band 48 Martin Patz: Die Effektivität der Strafrechtspflege. 2009.

Band 49 Maren Stölting: Das Tatbestandsmerkmal des fremden Vermögens bei der Untreue zum Nachteil von Personengesellschaften am Beispiel der GmbH & Co. KG. 2010.

Band 50 Seong Jin Choi: Patientenverfügung und Patientenautonomie zwischen Rechtsdogmatik und Rechtswirklichkeit. 2010.

Band 51 Nikolaus Föbus: Die Insuffizienz des strafrechtlichen Schutzes von Geschäfts- und Betriebsgeheimnissen nach § 17 UWG. 2011.

Band 52 Maximilian Heiß: Bestechung und Bestechlichkeit im geschäftlichen Verkehr. Die strafrechtliche Erfassung in Deutschland und England. Ein Vergleich. 2011.

Band 53 Lea Staudt: Medizinische Richt- und Leitlinien im Strafrecht. Eine Untersuchung zur Möglichkeit der Bestimmung der unerlaubten Handlung beim Fahrlässigkeitsdelikt mit Hilfe medizinischer Richt- und Leitlinien. 2012.

Band 54 Petr Kottek: Die Kooperation von deutschen Unternehmen mit der US-amerikanischen Börsenaufsicht SEC. Grenzen der strafprozessualen Verwertbarkeit unternehmensinterner Ermittlungen. 2012.

Band 55 Dong Lyoul Kim: Grundlagen der strafrechtlichen Aufarbeitung von DDR-Unrecht und Möglichkeiten ihrer Übertragung auf die Bewältigung nordkoreanischen Systemunrechts. 2012.

Band 56 Katharina Hermannstaller: Die Mehrlingsreduktion aus strafrechtlicher Sicht. 2014.

Band 57 Benjamin Kertai: Sicherheit, Risiko und Opferschutz. Anlässe der Strafgesetzgebung und Möglichkeiten wissenschaftlicher Einflussnahme. 2014.

Band 58 Claudia Karl: Die Bedeutung der Abgrenzung von Tat- und Rechtsfrage in der strafprozessualen Revision. Vor dem Hintergrund der neueren obergerichtlichen Rechtsprechung. 2016.

www.peterlang.com

www.ingramcontent.com/pod-product-compliance
Ingram Content Group UK Ltd.
Pitfield, Milton Keynes, MK11 3LW, UK
UKHW021826290926
8980IPUK00004B/280

9 783631 671085